AF814328

Practice the **Past**, **Perfect** the **Present**

SSC CGL

संयुक्त स्नातक स्तर

2025 (TIER I)

HIGHER SCORE GUARANTEED

9 से 26 सितम्बर 2024 तक आयोजित
सभी 36 सेट्स का कवरेज

36 सॉल्वड पेपर्स

3600 TCS MCQs

लेखकगण
प्रदीप श्रीवास्तव, सुशील सिंह
दीपाली, संजीव दीक्षित

arihant
SUCCESS AND NOTHING LESS

卐 **ISBN** 9837XXXXXX

arihant
SUCCESS AND NOTHING LESS

अरिहन्त पब्लिकेशन्स (इण्डिया) लिमिटेड

सर्वाधिकार सुरक्षित

Published by Arihant Publications (India) Ltd.
'अरिहन्त' की पुस्तकों के बारे में अधिक जानकारी के लिए हमारी वेबसाइट www.arihantbooks.com पर लॉग इन करें या info@arihantbooks.com पर सम्पर्क करें।

Follow us on...

卐 रजि. कार्यालय
'रामछाया' 4577/15, अग्रवाल रोड, दरिया गंज,
नई दिल्ली- 110002
फोन: 011-47630600, 43518550

मुख्य कार्यालय
कालिन्दी, टी.पी. नगर, मेरठ (यूपी)- 250002
फोन: 0121-7156203, 7156204

卐 शाखा कार्यालय
आगरा, अहमदाबाद, बरेली, बंगलुरु, चेन्नई,
दिल्ली, गुवाहाटी, हैदराबाद, जयपुर, झाँसी,
कोलकाता, लखनऊ, नागपुर तथा पुणे

卐 PO No : TXT-XX-XXXXXXX-X-XX

मूल्य ₹ 425.00

Search Index

Coverage of all 36 Sets Exam Held on 09 Sep. to 26 Sep. 2024

SSC Cutoff 2023-24 Exams

Exam	Tier	Year	SC	ST	EWS	OBC	UR	ESM
SSC CGL	TIER I	2024	126.45554	111.8893	142.01963	146.26291	153.18981	69.92674
		2023	126.68201	118.16655	143.44441	145.93743	150.04936	100.29326
	TIER II	2024	285.45	266.49	300.03	306.27	322.77	202.28
		2023	252	241	265	271	287	223
SSC CHSL	TIER I	2024	139.68408	129.44568	150.51731	156.61665	157.36168	78.23008
		2023	136.41166	124.52592	151.09782	152.26953	153.91142	102.47651
	TIER I	2024	89.8581	82.6568	111.4352	113.50911	119.80335	40.07024
		2023	79.3189	78.13852	103.97465	102.9603	115.04762	40
SSC CPO	Grade C	2024	-	-	-	-	-	-
		2023	136.08122	128.04746	-	145.03097	147.45086	147.45086
SSC STENO	Grade D	2024	-	-	-	-	-	-
		2023	109.41004	88.71217	40.15035	125.02167	131.32184	126.29805
SSC GD	Tier I	2024	148.21914	143.65896	151.15627	152.28771	153.56851	94.65261
		2023	129.75	126.45	139.16	140.75	142.03	75.01

SSC CGL Tier I
Know the Exam Trend

Keep in mind that these are based on the analysis of various shifts conducted throughout September 2024, and the exact weightage might have varied slightly between different dates and shifts. However, these trends offer a good understanding of the important areas for future SSC CGL Tier 1 aspirants.

Here's a consolidated chapter-wise trend analysis for each section:

I. GENERAL INTELLIGENCE AND REASONING

- **Series** (Number & Figural): 2-4 questions per shift were frequently observed.
- **Analogy:** 2-4 questions per shift.
- **Coding-Decoding:** 2-3 questions per shift.
- **Syllogism:** 1-3 questions per shift.
- **Classification** (Odd One Out): 1-2 questions per shift.
- **Blood Relations:** 1-2 questions per shift (often in coded form).
- **Mathematical Operations:** 2-3 questions per shift.
- **Mirror Image & Water Image:** 1-2 questions per shift.
- **Venn Diagrams:** 1-2 questions per shift.
- **Puzzles:** Around 1 question per shift.
- **Sitting Arrangement:** Around 1 question per shift.
- **Direction Sense:** 0-1 question per shift.
- **Order & Ranking:** 0-1 question per shift.
- **Paper Cutting & Folding:** 0-1 question per shift.
- **Dice:** 0-2 questions per shift.
- **Missing Number:** Around 1 question per shift.
- **Word Formation:** Around 1 question per shift.
- **Arithmetic Reasoning:** 0-2 questions per shift.

II. GENERAL AWARENESS

- **Current Affairs:** 3-6 questions per shift, with a focus on recent events, government schemes and important national and international happenings.
- **Static GK:** 4-5 questions per shift, covering topics like Indian history, geography, polity, economics, science (physics, chemistry, biology) and miscellaneous GK.
- **History:** 2-4 questions per shift (Ancient, Medieval and Modern Indian History).
- **Polity:** 2-4 questions per shift (Indian Constitution, Governance).
- **Science** (Biology, Physics, Chemistry combined): 3-4 questions per shift, with varying distribution.
- **Economics:** 1-2 questions per shift.
- **Geography:** 1-3 questions per shift (Indian and World Geography).
- **Computer:** 1-2 questions (though sometimes included in Static GK/Miscellaneous).

III. QUANTITATIVE APTITUDE

- **Data Interpretation** (DI): 2-4 questions per shift (Tabular, Bar Graph, Pie Chart).
- **Ratio and Proportion:** 2 questions per shift.
- **Percentage:** 1-2 questions per shift.

- **Profit and Loss:** 1-3 questions per shift.
- **Simple and Compound Interest:** 1-2 questions per shift.
- **Time and Work:** 1-3 questions per shift.
- **Time, Speed and Distance:** 1-2 questions per shift (including trains and boats & streams).
- **Geometry:** 2-4 questions per shift (including 2D and 3D figures, circles, triangles, etc.).
- **Mensuration:** 1-4 questions per shift (areas and volumes of various shapes).
- **Algebra:** 1-3 questions per shift (basic algebraic identities, linear equations, etc.).
- **Trigonometry:** 1-4 questions per shift (basic ratios, identities, heights and distances).
- **Number System:** 1-2 questions per shift (LCM, HCF, divisibility rules, etc.).
- **Average:** 1-2 questions per shift.
- **Simplification:** 1-3 questions per shift (including fractions, decimals, surds and indices).
- **Mixture and Alligation:** 0-3 questions (less frequent but can appear).

IV. ENGLISH COMPREHENSION

- **Reading Comprehension:** A passage with 4-5 questions.
- **Cloze Test:** A passage with 5 fill-in-the blanks.
- **Error Spotting:** 2-4 questions focusing on grammatical errors.
- **Idioms and Phrases:** 2-3 questions.
- **One-Word Substitution:** 2-3 questions.
- **Synonyms and Antonyms:** 2-3 questions.
- **Sentence Improvement:** 2-3 questions.
- **Fill in the Blanks:** 2 questions.
- **Spelling Errors:** 2 questions.
- **Active/Passive Voice:** 2 questions.
- **Direct/Indirect Narration:** 2 questions.
- **Sentence Rearrangement** (PQRS): 2 questions.

KEY TAKEAWAYS FOR FUTURE ASPIRANTS

- **Prioritise High Weightage Topics:** Focus more on the topics that consistently appear with a higher number of questions in each section.
- **Balance Preparation:** While high-weightage topics are crucial, don't neglect the others, as even a few questions from them can impact your overall score.
- **Practice Regularly:** Consistent practice is key to improving speed and accuracy, especially in Quantitative Aptitude and Reasoning.
- **Stay Updated on Current Affairs:** Regularly read newspapers, magazines and follow reliable online sources for current events.
- **Strengthen Fundamentals:** A strong understanding of basic concepts is essential for tackling questions in all sections.
- **Analyse Previous Year Papers:** While the 2024 analysis gives a recent trend, reviewing previous years' papers can further solidify your understanding of the exam pattern and important topics.
- **Take Mock Tests:** Regularly attempt mock tests to assess your preparation level, identify weak areas and improve time management skills.

By analysing these trends and focusing your preparation accordingly, you can increase your chances of success in the SSC CGL Tier 1 examination. Remember that the SSC can introduce slight variations in the question distribution, but these core areas generally remain important.

The Indispensable Role of PYQs
in SSC Exam Success

एसएससी परीक्षाओं में पिछले वर्ष के प्रश्नों (PYQs) का महत्त्व एसएससी (कर्मचारी चयन आयोग) की विभिन्न परीक्षाओं की तैयारी के दौरान, पिछले वर्षों के प्रश्न पत्र (Previous Year Questions-PYQs) एक अत्यंत महत्त्वपूर्ण भूमिका निभाते हैं। ये प्रश्न पत्र अभ्यर्थियों को परीक्षा के स्वरूप, कठिनाई स्तर और महत्त्वपूर्ण विषयों को समझने में मदद करते हैं। इनका महत्त्व निम्नलिखित बिंदुओं में स्पष्ट किया गया है:

01

परीक्षा पैटर्न और संरचना की समझ (Understanding Exam Pattern and Structure):

पिछले वर्षों के प्रश्न पत्रों को हल करने से अभ्यर्थियों को वास्तविक परीक्षा के पैटर्न, जैसे कि प्रश्नों की संख्या, अनुभागों का विभाजन और अंकों के वितरण की जानकारी मिलती है। इससे उन्हें पता चलता है कि परीक्षा ऑनलाइन होगी या ऑफलाइन और प्रत्येक अनुभाग के लिए कितना समय आवंटित किया जाएगा।

02

महत्त्वपूर्ण विषयों और दोहराए जाने वाली अवधारणाओं की पहचान (Identifying Important Topics and Repeated Concepts)

PYQs का विश्लेषण करने पर, अभ्यर्थी उन महत्त्वपूर्ण विषयों और अवधारणाओं की पहचान कर सकते हैं जिनसे बार-बार प्रश्न पूछे जाते हैं। यह जानकारी उन्हें अपनी तैयारी को सही दिशा में केंद्रित करने और उच्च अंक वाले क्षेत्रों पर अधिक ध्यान देने में मदद करती है। कई बार एसएससी परीक्षाओं में पिछले वर्षों के प्रश्नों को सीधे या थोड़े बदलाव के साथ भी पूछ लिया जाता है।

03

समय प्रबंधन कौशल का विकास (Developing Time Management Skills)

एसएससी परीक्षाओं में समय सीमित होता है और सभी प्रश्नों को दिए गए समय में हल करना महत्त्वपूर्ण है। PYQs को समयबद्ध तरीके से हल करने का अभ्यास करने से अभ्यर्थियों का समय प्रबंधन कौशल विकसित होता है। वे यह सीखते हैं कि किस प्रश्न को कितना समय देना है और परीक्षा के दौरान समय का बेहतर उपयोग कैसे करना है।

04

प्रश्नों के प्रकार और प्रारूप से परिचित होना (Familiarising with Questions Types and Formats)

PYQs अभ्यर्थियों को विभिन्न प्रकार के प्रश्नों, जैसे कि बहुविकल्पीय प्रश्न (MCQs), त्रुटि पहचान, रिक्त स्थान भरना आदि से परिचित कराते हैं। इससे परीक्षा के दिन अनपेक्षित आश्चर्यों से बचाव होता है और विभिन्न प्रकार के प्रश्नों को हल करने में आत्मविश्वास बढ़ता है।

05

कठिनाई स्तर का आकलन (Gauging the Difficulty Level)

PYQs को हल करने से अभ्यर्थियों को परीक्षा के कठिनाई स्तर का वास्तविक अंदाजा लगता है। इससे उन्हें अपनी तैयारी के स्तर का मूल्यांकन करने और यह समझने में मदद मिलती है कि उन्हें और कितनी मेहनत करने की आवश्यकता है।

06

आत्म-मूल्यांकन और कमजोर क्षेत्रों की पहचान (Self-Assessment and Identifying Weak Areas)

PYQs को हल करने के बाद, अभ्यर्थी अपने प्रदर्शन का विश्लेषण कर सकते हैं और अपनी ताकत और कमजोरियों की पहचान कर सकते हैं।
जिन क्षेत्रों में वे कमजोर हैं, उन पर अधिक ध्यान केंद्रित करके वे अपनी तैयारी को और बेहतर बना सकते हैं।

07

वास्तविक परीक्षा के माहौल का अनुभव (Simulating the Real Exam Environment)

PYQs को वास्तविक परीक्षा के माहौल में हल करने से अभ्यर्थियों को परीक्षा के दबाव और वातावरण का अनुभव होता है। इससे परीक्षा के प्रति उनका डर और घबराहट कम होती है और वे अधिक आत्मविश्वास के साथ परीक्षा दे पाते हैं।

08

सटीकता और गति में सुधार (Enhancing Accuracy and Speed)

नियमित रूप से PYQs का अभ्यास करने से प्रश्नों को हल करने की गति और सटीकता दोनों में सुधार होता है। अभ्यर्थी सामान्य गलतियों से बचने और प्रभावी समस्या-समाधान तकनीकों को विकसित करने में सक्षम होते हैं।

09

परीक्षक की मानसिकता को समझना (Understanding the Examiner's Mindset)

PYQs का विश्लेषण करके, अभ्यर्थी परीक्षक की मानसिकता को समझ सकते हैं अर्थात् वे किस प्रकार के प्रश्नों को प्राथमिकता देते हैं और किस स्तर के ज्ञान की अपेक्षा रखते हैं।

10

आत्मविश्वास में वृद्धि (Boosting Confidence)

PYQs में लगातार अच्छा प्रदर्शन करने से अभ्यर्थियों का आत्मविश्वास बढ़ता है जो उन्हें अधिक उत्साह के साथ अपनी तैयारी जारी रखने के लिए प्रेरित करता है।

निष्कर्ष:

संक्षेप में, एसएससी परीक्षाओं की तैयारी के लिए पिछले वर्ष के प्रश्न पत्र केवल अभ्यास सामग्री नहीं हैं, बल्कि ये एक महत्त्वपूर्ण मार्गदर्शक हैं। इनका गहन अध्ययन और अभ्यास करके अभ्यर्थी परीक्षा के स्वरूप को अच्छी तरह से समझ सकते हैं, अपनी कमजोरियों को पहचान सकते हैं और अपनी सफलता की संभावनाओं को काफी हद तक बढ़ा सकते हैं। इसलिए सभी एसएससी परीक्षा के उम्मीदवारों को पिछले वर्षों के प्रश्न पत्रों को गंभीरता से हल करना चाहिए।

सेट 01 09 सितम्बर 2024 (प्रथम पाली)

SSC CGL Tier-I सॉल्वड पेपर

निर्देश
1. इस सेट में कुल 100 प्रश्न हैं।
2. इस सेट में चार भाग हैं, **भाग-I** सामान्य बुद्धि एवं तर्कशक्ति, **भाग-II** सामान्य जागरुकता, **भाग-III** संख्यात्मक अभियोग्यता और **भाग-IV** अंग्रेजी भाषा।
3. प्रत्येक प्रश्न 2 अंक का है।

भाग I
सामान्य बुद्धि एवं तर्कशक्ति

1. 31 एक निश्चित तर्क का अनुसरण करते हुए 152 से सम्बन्धित है। इसी तर्क का अनुसरण करते हुए 47, 168 से सम्बन्धित है। समान तर्क का अनुसरण करते हुए, 66 निम्नलिखित में से किससे सम्बन्धित है?
(**नोट** संख्याओं को उनके घटक अंकों में विभक्त किए बिना, पूर्ण संख्याओं पर संक्रियाएँ की जानी चाहिए। उदाहरण के लिए 13 को लें-13 पर संक्रियाएँ, जैसे कि जोड़ना/घटाना/गुणा आदि, 13 में की जा सकती हैं। 13 को 1 और 3 में विभक्त करना और फिर 1 और 3 पर गणितीय संक्रियाएँ करने की अनुमति नहीं है।)
(a) 187 (b) 185
(c) 180 (d) 190

2. उस विकल्प आकृति की पहचान कीजिए जिसे प्रश्नचिह्न (?) के स्थान पर रखने पर शृंखला तार्किक रूप से पूरी हो जाएगी।

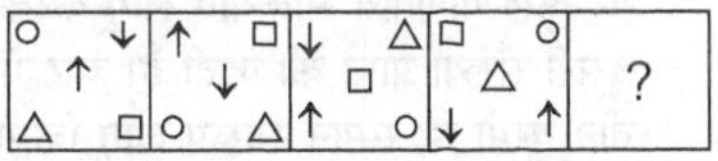

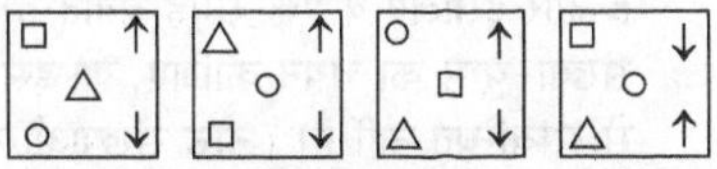

(a) (b) (c) (d)

3. यदि शब्द 'NIGHTMARES' के प्रत्येक अक्षर को अंग्रेजी वर्णमाला के क्रम में बाएँ से दाएँ पुनर्व्यवस्थित किया जाए, तो कितने अक्षरों की स्थिति अपरिवर्तित रहेगी?
(a) चार (b) तीन (c) एक (d) दो

4. निम्नलिखित में से कौन-सी संख्या दी गई शृंखला में प्रश्नचिह्न (?) का स्थान लेगी?
1, 3, 10, 41, ?, 1237
(a) 202 (b) 200
(c) 206 (d) 210

5. एक पासे के विभिन्न फलकों पर छः अक्षर Q, Z, V, T, L और A लिखे गए हैं। इस पासे की दो स्थितियाँ नीचे चित्र में दर्शाई गई हैं। Q के विपरीत वाले फलक पर आने वाला अक्षर ज्ञात कीजिए।

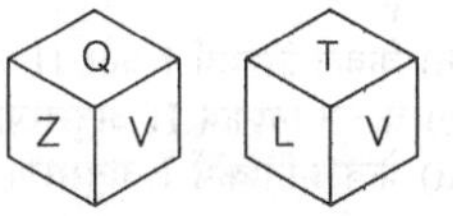

(a) A (b) T
(c) Z (d) V

6. चार विकल्पों में से कौन-सा निम्नलिखित शृंखला में प्रश्नचिह्न (?) के स्थान पर आएगा?
UE 88, VG 84, WI 80, XK76, ?
(a) YN73 (b) YM72
(c) ZM72 (d) ZN71

7. एक पासे के विभिन्न फलकों पर छः संख्याएँ 21, 22, 23, 24, 25 और 26 लिखी गई है। नीचे चित्र में इस पासे की तीन स्थितियाँ दिखाई गई हैं। संख्या 24 के विपरीत फलक पर कौन-सी संख्या है?

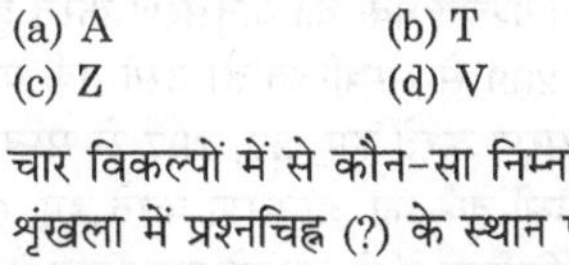

(a) 22 (b) 25
(c) 21 (d) 26

8. तीन कथन और उसके बाद तीन निष्कर्ष I, II और III दिए गए हैं। कथनों को सत्य मानते हुए, भले ही वे सामान्य रूप से ज्ञात तथ्यों से भिन्न प्रतीत होते हों, तय कीजिए कि कौन-सा/से निष्कर्ष इन कथनों का तार्किक रूप से अनुसरण करता है/करते हैं?

कथन
कुछ आँसू, बूंदें हैं।
कुछ बूंदें, धाराएँ हैं।
सभी धाराएँ, नदियाँ हैं।

निष्कर्ष
I. सभी आँसू कभी भी नदियाँ नहीं हो सकते हैं।
II. कुछ बूंदें, नदियाँ हैं।
III. सभी आँसुओं के धाराएँ होने की सम्भावना है।
(a) निष्कर्ष I और II दोनों अनुसरण करते हैं
(b) केवल निष्कर्ष I अनुसरण करता है
(c) निष्कर्ष II और III दोनों अनुसरण करते हैं
(d) केवल निष्कर्ष III अनुसरण करता है

9. उस विकल्प का चयन करें, जो पाँचवें अक्षर-समूह से उसी प्रकार सम्बन्धित है, जिस प्रकार दूसरा अक्षर-समूह पहले अक्षर-समूह से सम्बन्धित है और चौथा अक्षर-समूह तीसरे अक्षर-समूह से सम्बन्धित है।
MEK: NVP :: GYT : TBG :: JWH : ?
(a) PCR (b) QDS (c) QDT (d) PCS

10. यदि '+' और '−' को आपस में बदल दिया जाए और '×' और '÷' को आपस में बदल दिया जाए, तो निम्नलिखित समीकरण में प्रश्नचिह्न (?) के स्थान पर क्या आएगा?
$4515 \times 5 - 431 \div 3 + 821 = ?$
(a) 1575 (b) 1335 (c) 1375 (d) 1775

11. निम्नलिखित में से कौन-सा पद दी गई शृंखला में प्रश्नचिह्न (?) को प्रतिस्थापित करेगा?
YZUW, ?, QTQU, MQOT, INMS
(a) UWVS (b) USWV
(c) WUSV (d) UWSV

12. जब दर्पण को दर्शाए गए अनुसार MN पर रखा जाता है, तो दी गई आकृति के सही दर्पण प्रतिबिम्ब का चयन करें।

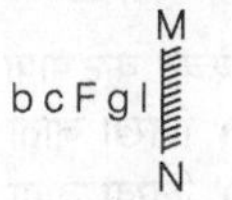

(a) lgFob (b) lgFod
(c) lgFcd (d) lgFcb

13. उस विकल्प का चयन कीजिए, जो उन अक्षरों को निरूपित करता है जिन्हें नीचे रिक्त स्थानों में बाएँ से दाएँ रखने पर अक्षर श्रृंखला पूरी हो जाएगी।
L_P_QS_K_P_S_KP_Q_L_ _PQS
(a) KPLPQQLPSK
(b) PKLPQPLSKP
(c) KPLPQLPSKP
(d) KPLPLQLSPK

14. दी गई आकृति में कितने त्रिभुज हैं?

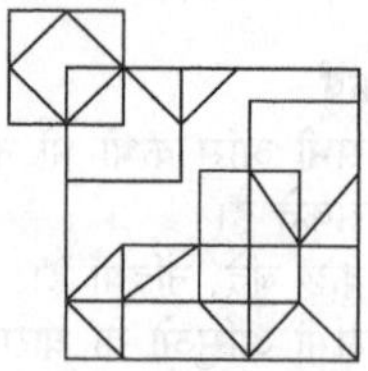

(a) 20 (b) 18 (c) 19 (d) 21

15. जब दर्पण को नीचे दर्शाए गए अनुसार MN पर रखा जाता है, तो दी गई आकृति के सही दर्पण प्रतिबिम्ब का चयन कीजिए।

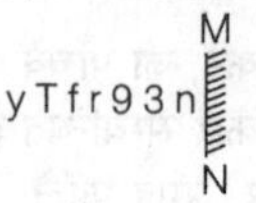

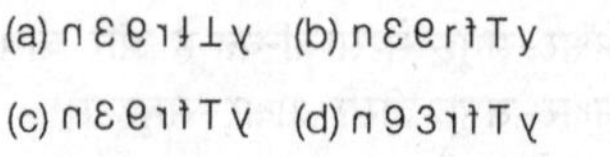

16. दिए गए विकल्पों में से उस आकृति की पहचान कीजिए, जिसे प्रश्नचिह्न (?) के स्थान पर रखने पर, श्रृंखला तार्किक रूप से पूर्ण हो जाएगी।

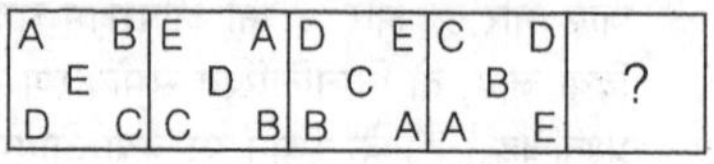

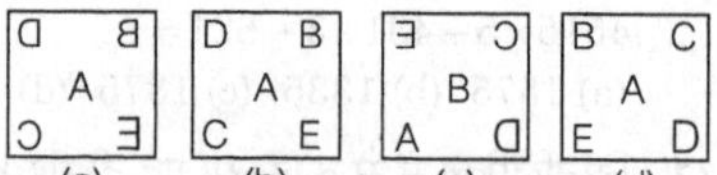

(a) (b) (c) (d)

17. एक निश्चित कूटभाषा में 'what where how' को 'aa dd ff' के रूप में लिखा जाता है, 'where there that' को 'dd zz pp' और 'which what here' को 'ff kk II' लिखा जाता है। उसी भाषा में 'how' कैसे लिखा जाता है?
(a) zz (b) ff (c) aa (d) kk

18. एक निश्चित कूटभाषा में, 'NAME' को 'FNBO' लिखा जाता है और 'NANO' को 'POBO' लिखा जाता है। इसी कूटभाषा में 'NAIL' को किस प्रकार लिखा जाएगा?
(a) MJOB (b) MOBJ
(c) MOJB (d) MJBO

19. तीन कथन और उसके बाद तीन निष्कर्ष I, II और III दिए गए हैं। कथनों को सत्य मानते हुए, भले ही वे सामान्य रूप से ज्ञात तथ्यों से भिन्न प्रतीत होते हों, तय कीजिए कि कौन-सा/से निष्कर्ष इन कथनों का तार्किक रूप से अनुसरण करता है/करते हैं?
कथन
कोई भी कार्ड, पार्सल नहीं है।
सभी कार्ड, लिफाफे हैं।
कुछ लिफाफे, बैग हैं।
निष्कर्ष
I. सभी लिफाफे कभी भी पार्सल नहीं हो सकते हैं।
II. कोई भी कार्ड, बैग नहीं है।
III. कम-से-कम कुछ बैग, पोस्टकार्ड हैं।
(a) केवल निष्कर्ष II और III अनुसरण करते हैं
(b) केवल निष्कर्ष I और II अनुसरण करते हैं
(c) केवल निष्कर्ष II अनुसरण करता है
(d) केवल निष्कर्ष I अनुसरण करता है

20. एक निश्चित तर्क का अनुसरण करते हुए, 19, 209 से सम्बन्धित है। उसी तर्क का अनुसरण करते हुए, 27, 297 से सम्बन्धित है। उसी तर्क का अनुसरण करते हुए, 61 निम्नलिखित में से किससे सम्बन्धित है? (**नोट** संख्याओं को उसके घटक अंकों में तोड़े बिना, पूर्ण संख्याओं पर संक्रियाएँ की जानी चाहिए। उदाहरण के लिए संख्या 13 को लें-13 पर संक्रियाएँ, जैसे कि 13 में जोड़ना/घटाना/गुणा करना आदि, की जा सकती है। 13 को 1 और 3 में तोड़ने और फिर 1 और 3 पर गणितीय संक्रियाएँ करने की अनुमति नहीं है।)
(a) 653 (b) 600
(c) 671 (d) 571

21. प्रश्न में ऐसे शब्द युग्म हैं, जो एक निश्चित तरीके से एक-दूसरे से सम्बन्धित हैं। निम्नलिखित चार शब्द युग्मों में से तीन शब्द युग्म एकसमान हैं, क्योंकि इनमें सम्बन्ध समान हैं और इस प्रकार वे एक समूह बनाते हैं। निम्नलिखित में से कौन-सा शब्द युग्म उस समूह से सम्बन्धित नहीं है? (शब्दों को अर्थपूर्ण अंग्रेजी/हिन्दी शब्द माना जाना चाहिए और शब्द में अक्षरों/ व्यंजनों/स्वरों की संख्या के आधार पर एक-दूसरे से सम्बन्धित नहीं होने चाहिए।)
(a) पंचभुज -5 भुजाएँ
(b) त्रिभुज - 3 भुजाएँ
(c) वर्ग -4 भुजाएँ
(d) षट्भुज - 8 भुजाएँ

22. उस विकल्प का चयन कीजिए, जिसमें संख्याएँ वही सम्बन्ध साझा करती हैं, जो संख्याओं के दिए गए युग्म द्वारा साझा किया गया है।
(149, 213)
(168,232)
(**नोट** पूर्ण संख्याओं पर संक्रिया का प्रयोग, संख्याओं को उनके घटक अंकों में विभक्त किए बिना किया जाना चाहिए। उदाहरण के लिए 13-13 पर संक्रिया, जैसे कि जोड़ने/घटाने/गुणा करने आदि, को 13 में किया जा सकता है। 13 को 1 और 3 में विभक्त करके और फिर 1 और 3 पर गणितीय संक्रियाओं का प्रयोग करने की अनुमति नहीं है।)
(a) (137, 211) (b) (162,222)
(c) (144, 198) (d) (153,217)

23. एक निश्चित कूटभाषा में,
'A + B' का अर्थ है 'A, B की माँ है',
'A – B' का अर्थ है 'A, B का पिता है',
'A$ B' का अर्थ है 'A, B का पुत्र है',
'A% B' का अर्थ है 'A, B की बहन है',
'A / B' का अर्थ है 'A, B की पत्नी है' और
'A = B' का अर्थ है 'A, B का भाई है'।
निम्नलिखित में से किसका अर्थ है कि A, K की पुत्री है?
I. A+ K/J – P = D
II. J% P = K +A=D
III. K + A/P – D% J
IV. D + K = A/P– J
(a) IV (b) I (c) III (d) II

24. निम्नलिखित संख्या-युग्मों में, पहली संख्या पर कुछ गणितीय संक्रियाएँ लागू करके दूसरी संख्या प्राप्त की जाती है। चार में से तीन युग्मों में, समान स्वरूप लागू किया गया है और इसलिए वे एक समूह बनाते हैं। उस संख्या-युग्म का चयन कीजिए, जो इस समूह से सम्बन्धित नहीं है। (**नोट** संख्याओं को उनके घटक अंकों में विभक्त किए बिना पूर्ण संख्याओं पर संक्रियाएँ की जानी चाहिए। उदाहरण के लिए संख्या 13 को लीजिए-13 पर संक्रियाएँ, जैसे कि 13 में जोड़ना/घटाना/गुणा करना आदि की जा सकती हैं। 13 को 1 और 3 में विभक्त करने और फिर 1 और 3 पर गणितीय संक्रियाएँ करने की अनुमति नहीं है।)
(a) 358-152
(b) 308-92
(c) 335-119
(d) 317-101

25. यदि '+' और '–' को परस्पर बदल दिया जाए और '×' और '÷' को परस्पर बदल दिया जाए, तो निम्नलिखित समीकरण में '?' के स्थान पर कितना मान आएगा?

$5 - 4 \div 9 + 80 \times 10 = ?$

(a) 31 (b) 30
(c) 33 (d) 35

भाग II
सामान्य जागरुकता

26. 1867 ई. में मुम्बई में प्रार्थना-समाज की स्थापना किसने की थी?
(a) श्रीराम वाजपेयी
(b) राममोहन राय
(c) आत्माराम पाण्डुरंग
(d) गोपाल कृष्ण गोखले

27. टाइम मैगज़ीन की वर्ष 2021 के 100 सबसे प्रभावशाली लोगों की सूची में निम्नलिखित में से किस भारतीय का नाम है?
(a) नीरज चोपड़ा (b) नरेन्द्र मोदी
(c) विराट कोहली (d) अमित शाह

28. लता मंगेशकर को वर्ष 2001 में निम्नलिखित में से किस पुरस्कार से सम्मानित किया गया था?
(a) भारत रत्न
(b) दादा साहेब फाल्के पुरस्कार
(c) पद्म विभूषण
(d) फिल्मफेयर लाइफटाइम अचीवमेण्ट अवार्ड

29. निम्नलिखित में से कौन-सा अनुच्छेद रिट अधिकारिता से सम्बन्धित है और अनुच्छेद 32 के समान प्रावधान रखता है?
(a) अनुच्छेद 227 (b) अनुच्छेद 225
(c) अनुच्छेद 226 (d) अनुच्छेद 228

30. लठमार होली मुख्य रूप से किस राज्य में खेली जाती है?
(a) उत्तर प्रदेश
(b) हिमाचल प्रदेश
(c) कर्नाटक
(d) अरुणाचल प्रदेश

31. भारत में विदेशी निवेश को अधिकतर किस चुनौती का सामना करना पड़ता है?
(a) कुशल श्रमिक अभाव
(b) अत्यधिक विदेशी प्रतिस्पर्धा
(c) अस्थिर विनियामक परिवेश
(d) उपभोक्ता आधार अभाव

32. निम्नलिखित में से कौन-सा राज्य दालों का सबसे बड़ा उत्पादक है?
(a) हरियाणा (b) मध्य प्रदेश
(c) पंजाब (d) बिहार

33. सुदर्शन झील का विवरण गिरनार (जूनागढ़) के एक शिलालेख में उल्लिखित है, जिसकी रचना शक शासक .... की उपलब्धियों को दर्ज करने के लिए की गई थी।
(a) रुद्रदामन प्रथम (b) रुद्रसिम्हा तृतीय
(c) कनिष्क (d) चन्द्रगुप्त

34. निम्नलिखित में से कौन-सी अपघटन अभिक्रिया रेडॉक्स अभिक्रिया नहीं है?
(a) कैल्शियम कार्बोनेट का अपघटन
(b) हाइड्रोजन मोनोऑक्साइड का अपघटन
(c) सोडियम हाइड्रॉइड का अपघटन
(d) पोटैशियम क्लोरेट का अपघटन

35. भारत में प्रोजेक्ट टाइगर (Project Tiger) किस वर्ष शुरू किया गया था?
(a) 1973 में (b) 1970 में
(c) 1985 में (d) 1972 में

36. महेन्द्रवर्मन प्रथम, निम्नलिखित में से किस राजवंश के शासक थे?
(a) पल्लव (b) चालुक्य
(c) चोल (d) पाण्ड्य

37. जुलाई, 2023 तक की स्थिति के अनुसार, तमिलनाडु के मुख्यमन्त्री कौन थे?
(a) एम. के. स्टालिन (b) के. एन. नेहरू
(c) एम. येदुरप्पा (d) पिनाराई विजयन

38. भारत का पहला गोल्फ क्लब किस शहर में स्थित था?
(a) कलकत्ता (b) शिमला
(c) मैसूर (d) गुलमर्ग

39. निम्नलिखित में से कौन-सी भारत में राष्ट्रपति के पद के लिए एक शर्त नहीं है?
(a) वह किराए के भुगतान के बिना अपने आधिकारिक निवास का उपयोग करने का हकदार नहीं होगा
(b) वह संसद के किसी भी सदन का सदस्य नहीं होगा
(c) वह किसी लाभ के पद पर नहीं होगा
(d) उनके कार्यकाल के दौरान भत्तों में कमी नहीं की जाएगी

40. कौन-से पठार बहुत उपजाऊ होते हैं, क्योंकि वे काली मृदा में समृद्ध होते हैं, जो खेती के लिए बहुत अच्छी है?
(a) इथियोपिया का पठार
(b) दक्कन लावा पठार
(c) अफ्रीकी पठार
(d) कटंगा पठार

41. मोहन वीणा वादक, पण्डित विश्वमोहन भट्ट ने वर्ष 1994 में .... पुरस्कार जीता।
(a) ग्रैमी
(b) संगीत नाटक अकादमी
(c) ऑस्कर
(d) संगीत कलानिधि

42. जुलाई, 2023 तक की स्थिति के अनुसार, केन्द्रीय विज्ञान एवं प्रौद्योगिकी राज्य मन्त्री (स्वतन्त्र प्रभार) कौन हैं?
(a) जितेन्द्र सिंह (b) रमेश पोखरियाल
(c) अश्विनी वैष्णव (d) धर्मेंद्र प्रधान

43. .... एक उद्योग संघ और स्व-विनियामक संगठन (SRO) है, जिसका प्राथमिक उददेश्य सूक्ष्मवित्त क्षेत्र के सुदृढ़ विकास की दिशा में काम करना है।
(a) नाबार्ड
(b) सूक्ष्म वित्त संस्था नेटवर्क
(c) स्वयं सहायता समूह संघ
(d) सूक्ष्म वित्त एवं निवेश विनियामक प्राधिकरण

44. जब जनसंख्या घनत्व का विश्लेषण निवल खेती योग्य क्षेत्र के माध्यम से गणना करके किया जाता है, तो उस माप को क्या कहा जाता है?
(a) कार्यिकीय घनत्व
(b) सकल घनत्व
(c) कृषि घनत्व
(d) निवल घनत्व

45. निम्नलिखित में से कौन-सा क्षारकता का सही क्रम है?
(a) KOH>CSOH>NaOH>L_iOH
(b) LiOH>NaOH>KOH>CSOH
(c) LiOH>KOH>CSOH>NaOH
(d) CSOH>KOH>NaOH>LiOH

46. निम्नलिखित में से कौन-सा कथन उभयलिंगाश्रयी को सर्वोत्तम रूप से परिभाषित करता है?
(a) केवल पुमंग वाला फूल
(b) पुमंग और जायांग दोनों से युक्त फूल
(c) केवल जायांग वाला फूल
(d) द्विकोष्ठी फूल

47. भारतीय क्रिकेट कण्ट्रोल बोर्ड (BCCI) का मुख्यालय .... में स्थित है।
(a) कोलकाता (b) नई दिल्ली
(c) चेन्नई (d) मुम्बई

48. संगठन के ग्रेड और उसके उदाहरण के सम्बन्ध में निम्नलिखित में से कौन-सी जोड़ी गलत है?
(a) कोशिकीय ग्रेड संगठन - साइकोन
(b) ऊतक-अंग ग्रेड संगठन - यूप्लेक्टेला
(c) कोशिका-ऊतक ग्रेड संगठन-जेलीफ़िश
(d) प्रोटोप्लाज्मिक ग्रेड संगठन - पैरामीशियम

49. निम्नलिखित में से किसने 'नील दर्पण' नाटक लिखा है?
(a) सरोजिनी नायडू (b) चितरंजन दास
(c) दीनबन्धु मित्र (d) मोतीलाल नेहरू

50. निम्नलिखित में से किसके द्वारा वर्ष 1929 में बिहार प्रान्तीय किसान सभा का गठन किया गया था?
(a) जयप्रकाश नारायण
(b) स्वामी सहजानन्द सरस्वती
(c) जे.एम. सेनगुप्ता
(d) कुँवर सिंह

भाग III
संख्यात्मक अभियोग्यता

51. निम्नलिखित तालिका पाँच अलग-अलग विषयों में पाँच छात्रों द्वारा प्राप्त अंक (100 में से) दर्शाती है।

छात्र/विषय	गणित	भौतिकी	रसायन विज्ञान	अंग्रेजी	शारीरिक शिक्षा
तरुण	65	80	75	85	90
रोहित	69	76	80	88	94
मोहित	73	84	77	90	95
शोभित	76	85	76	86	78
सुमित	90	88	78	82	68

सभी विषयों को मिलाकर 79% अंक किसने प्राप्त किए?
(a) सुमित
(b) मोहित
(c) रोहित
(d) तरुण

52. दी गई जानकारी को ध्यानपूर्वक पढ़ें और आगे दिए गए प्रश्न का उत्तर दें। नीचे दी गई तालिका में एक परीक्षा के छः अलग-अलग विषयों में सात विद्यार्थियों द्वारा प्राप्त अंकों का प्रतिशत दर्शाया गया है।
कोष्ठक में दी गई संख्या प्रत्येक विषय के अधिकतम अंक को दर्शाती है।

विद्यार्थी	विषय (अधिकतम अंक)					
	गणित	रसायन विज्ञान	भौतिकी	भूगोल	इतिहास	कम्प्यूटर विज्ञान
	(150)	(130)	(120)	(100)	(60)	(40)
आयुष	90	50	90	60	70	80
अमन	100	80	80	40	80	70
सजल	90	60	70	70	90	70
रोहित	80	65	80	80	60	60
मुस्कान	80	65	85	95	50	90
तान्वी	70	75	65	85	40	60
तरुण	65	35	50	77	80	80

यदि किसी ने उपरोक्त तालिका में दिए गए छः विषयों में किसी भी विद्यार्थी या अन्य को प्राप्त अंकों की तुलना में उच्चतम अंक प्राप्त किए हैं, तो उस विद्यार्थी को प्राप्त कुल प्रतिशत अंक ज्ञात करें।
(a) $90\frac{5}{6}\%$ (b) 91%
(c) 95.16% (d) $91\frac{1}{6}\%$

53. एक पंसारी लागत मूल्य पर चावल बेचने का दावा करता है, लेकिन 1 किग्रा के लिए 870 ग्राम के नकली वजन का उपयोग करता है। उसका लाभ प्रतिशत (दो दशमलव स्थानों तक सही) ज्ञात कीजिए।
(a) 18.21% (b) 15.11%
(c) 11.11% (d) 14.94%

54. दो उम्मीदवारों के बीच हुए एक चुनाव में, y% मतदाताओं ने मत नहीं डाला। डाले गए मतों में से 10% मत अवैध घोषित कर दिए गए, जबकि सभी वैध मत दोनों उम्मीदवारों में से किसी एक के पक्ष में पड़े। जिस उम्मीदवार को कुल वैध मतों में से 59.375% मत मिले, उसे 2484 मतों से निर्वाचित घोषित किया गया। यदि उस चुनाव में मतदान करने के पात्र लोगों की संख्या 16000 थी, तो y का मान ज्ञात करें।
(a) 8 (b) 8.4 (c) 7.2 (d) 7.5

55. एक वस्तु पर ₹ 550 अंकित है। यदि इसे 40% की छूट पर बेचा जाता है, तो विक्रय मूल्य इसके क्रय मूल्य से 10% अधिक हो जाता है। क्रय मूल्य (₹ में) ज्ञात करें।
(a) 300 (b) 200
(c) 330 (d) 220

56. मोहन ने 20% वार्षिक साधारण ब्याज की दर से ₹ 422092 की राशि उधार ली। प्रथम वर्ष की समाप्ति पर, वह उधार ली गई मूल राशि की वापसी के लिए ₹ 21679 चुकाता है। यदि मोहन दूसरे वर्ष की समाप्ति पर सभी लंबित बकाया राशि का भुगतान करता है, जिसमें प्रथम वर्ष के दौरान अर्जित ब्याज भुगतान भी शामिल है, तो वह दूसरे वर्ष की समाप्ति पर कितना भुगतान (₹ में) करेगा?
(a) 558380 (b) 556367
(c) 561347 (d) 564914

57. निम्नलिखित तालिका विभिन्न परीक्षा केन्द्रों P, Q और R में कुल उपस्थित उम्मीदवारों और उपस्थित उम्मीदवारों की संख्या को दर्शाती है। तालिका का अध्ययन कीजिए और निम्नलिखित प्रश्न का उत्तर दीजिए।

वर्ष	P		Q		R	
	कुल	उप-स्थित	कुल	उप-स्थित	कुल	उप-स्थित
2016	45	42	56	45	55	50
2017	50	45	75	55	45	40
2018	64	60	65	45	65	55
2019	80	69	84	72	70	62
2020	55	44	80	66	90	85

'कुल' केन्द्र के लिए आवेदन करने वाले कुल उम्मीदवारों को दर्शाता है, 'उपस्थित' उपस्थित उम्मीदवारों को दर्शाता है। किस वर्ष में सभी केन्द्रों में अनुपस्थित रहने वालों की संख्या दूसरी सबसे अधिक थी?
(a) 2020
(b) 2018
(c) 2017
(d) 2019

58. दी गई तालिका में एक संस्थान में तीन अलग-अलग विषयों में तीन विद्यार्थियों द्वारा प्राप्त अंकों का प्रतिशत दर्शाया गया है।

विषय / विद्यार्थी	इतिहास (175)	भूगोल (200)	वनस्पति विज्ञान (125)
राम	54	87	71
मोहन	51	79	78
श्याम	75	49	76

यदि परीक्षा उत्तीर्ण करने के लिए इतिहास में न्यूनतम 105 अंक चाहिए, तो कितने विद्यार्थी परीक्षा में उत्तीर्ण हुए हैं?
(a) 0 (b) 1
(c) 2 (d) 3

59. 22 सेमी और 10 सेमी त्रिज्या वाले दो वृत्तों के केन्द्रों के बीच की दूरी 37 सेमी है। यदि इन वृत्तों की सीधी उभयनिष्ठ अनुस्पर्श रेखा के स्पर्श बिन्दु (points of contact) M और Q हैं, तो रेखाखण्ड MQ की लम्बाई ज्ञात कीजिए।
(a) 35 सेमी (b) 39 सेमी
(c) 20 सेमी (d) 25 सेमी

60. भरण पाइप P, भरण पाइप Q से 21 गुना तेज है। यदि Q एक टंकी को 110 मिनट में भर सकता है, तो दोनों भरण पाइपों को एकसाथ खोलने पर टंकी को भरने में कितना समय लगेगा?
(a) 5 मिनट (b) 6 मिनट
(c) 3 मिनट (d) 4 मिनट

61. 840 मी की एक वृत्ताकार दौड़ में A और B समान समय पर समान दिशा में समान बिन्दु से क्रमशः 6 मी/से और 12 मी/से की चाल से दौड़ना आरम्भ करते हैं। वे अगली बार कितने समय बाद मिलेंगे?

(a) 20 सेकण्ड (b) 40 सेकण्ड
(c) 140 सेकण्ड (d) 70 सेकण्ड

62. यदि $\frac{(88 \div 8 \times k - 3 \times 3)}{(6^2 - 7 \times 5 + k^2)} = 1$ है, तो निम्नलिखित में से k का मान क्या हो सकता है?

(a) 4,7 (b) 3,10
(c) 1,10 (d) 2,7

63. $\cos^2 29° + \cos^2 61°$ का मान ज्ञात कीजिए।

(a) $\frac{\sqrt{3}}{2}$ (b) 2
(c) 1 (d) 0

64. दो शंकुओं की त्रिज्याओं का अनुपात 2:5 और उनके आयतन का अनुपात 3 : 5 है। इनकी ऊँचाइयों का अनुपात क्या है?

(a) 11:15 (b) 13:11
(c) 4:11 (d) 15:4

65. सरल कीजिए

$$\frac{x^3 + 15x^2 + 75x + 125}{x^2 - 25}(x-5)$$

(a) $x^2 + 5x + 25$
(b) $x^2 + 25$
(c) $x^2 - 25$
(d) $x^2 + 10x + 25$

66. $\sin^2 30 - \sin^2 40 + \sin^2 45 - \sin^2 55 - \sin^2 35 + \sin^2 45 - \sin^2 50 + \sin^2 60$ का मान ज्ञात कीजिए।

(a) 4 (b) 1 (c) 0 (d) 2

67. निम्नलिखित में से कौन-सा 'k' का मान हो सकता है जिससे कि संख्या $217924k$, 6 से विभाज्य हो?

(a) 6 (b) 4
(c) 0 (d) 2

68. यदि $\text{cosec}\,\theta = 5/3$ है, तो $(\sec^2\theta - 1) \times \cot^2\theta \times (1 + \cot^2\theta)$ का मान ज्ञात कीजिए।

(a) $\frac{25}{16}$ (b) $\frac{9}{16}$
(c) $\frac{4}{5}$ (d) $\frac{25}{9}$

69. मान लीजिए कि, O वृत्त का केन्द्र है और AB और CD, केन्द्र के एक ही ओर दो समानान्तर जीवाएँ हैं। OP, AB के लम्बवत है और OQ, CD के लम्बवत है। यदि $AB = 10$ सेमी है, $CD = 24$ सेमी और $PQ = 7$ सेमी है, तो वृत्त का व्यास (सेमी में) होगा।

(a) 13 (b) 26
(c) 12 (d) 24

70. निम्नलिखित में से कौन-सा कथन यह निष्कर्ष निकालने के लिए पर्याप्त है कि दो त्रिभुज सर्वांगसम हैं?

(a) इनके आधार और ऊँचाई समान हैं।
(b) दोनों त्रिभुजों की एक भुजा और एक कोण बराबर हैं।
(c) इनकी दो भुजाएँ बराबर हैं और परिमाप समान हैं।
(d) इनके क्षेत्रफल और आधार समान हैं।

71. $\frac{(x^2 - 9)}{x + 3}$ का मान क्या होगा?

(a) $x - 9$ (b) $x - 3$
(c) $\sqrt{x^2 - 9}$ (d) $x + 3$

72. R, ₹ 5, ₹ 2 और ₹ 1 के सिक्कों में P को ₹ 100 का भुगतान करता है। भुगतान के लिए उपयोग किए गए सिक्कों की संख्या 40 है। भुगतान में ₹ 5 मूल्य-वर्ग के सिक्कों की संख्या कितनी है?

(a) 17 (b) 18
(c) 16 (d) 13

73. एक परीक्षा में लड़कों और लड़कियों के औसत अंक (100 में से) क्रमशः 75 और 80 हैं। यदि उस परीक्षा में सभी विद्यार्थियों के औसत अंक 78 हों, तो लड़कों की संख्या और लड़कियों की संख्या का अनुपात ज्ञात कीजिए।

(a) 2 : 3
(b) 1 : 3
(c) 3 : 4
(d) 1 : 2

74. यदि एक समबाहु त्रिभुज की दो भुजाओं का योग 16 सेमी है, तो तीसरी भुजा ज्ञात कीजिए।

(a) 4 सेमी
(b) 8 सेमी
(c) ज्ञात नहीं किया जा सकता है
(d) 16 सेमी

75. राजेश को उसके प्रिंटिंग प्रेस में कुछ किताबें छापने का ऑर्डर मिला, जिसमें से उसने ऑर्डर के $\frac{17}{27}$ को 34 दिनों में पूरा किया। उसने छपाई का पूरा ऑर्डर कितने दिनों में पूरा किया?

(a) 56 (b) 54
(c) 20 (d) 60

भाग IV
अंग्रेजी भाषा

76. Select the option that expresses the given sentence in passive voice.
Ishika saw the tiger in the forest.

(a) The tiger saw by Ishika in the forest.
(b) The tiger was seen by the forest in Ishika.
(c) The tiger was seen by Ishika in the forest.
(d) The tiger sees Ishika in the forest.

77. Select the most appropriate synonym of the given word.
Innuendo

(a) Prose (b) Crude
(c) Ragged (d) Insinuation

78. Select the most appropriate option that can substitute the underlined segment in the given sentence.
'Spy Family' is a graphic novel that is a narrative work in which the story is conveyed to the reader using <u>uninterrupted art in a traditional</u> comics format.

(a) sequential art in a traditional
(b) existential art in a traditional
(c) sedimental art in a traditional
(d) longitudinal art in a traditional

79. Select the most appropriate synonym of the given word.
Fatal

(a) Deadly (b) Additional
(c) Jovial (d) Easy

80. The following sentence has been divided into four segments. Identify the segment that contains an error.
Mr. Abhilash and his family / have received / no informations / about the incident.

(a) have received
(b) no informations
(c) about the incident.
(d) Mr. Abhilash and his family

81. Select the option that expresses the opposite meaning of the underlined word.
The explosive used is of my own formulation, and I can <u>vouch</u> for its efficiency.

(a) Maintain (b) Certify
(c) Invalidate (d) Witness

82. Select the most appropriate option to fill in the blank.
Vinod had a .... escape in the car accident.
(a) comfortable (b) full
(c) narrow (d) wide

83. Select the incorrectly spelt word.
(a) Embarrass
(b) Connoisseur
(c) Relevent
(d) Bureaucracy

84. Select the most appropriate synonym of the word in bold.
We'd better watch our step and not give him any excuse to **harass** us further.
(a) betray (b) relish
(c) soothe (d) intimidate

85. Select the option that can be used as a one-word substitute for the given phrase.
A short interesting story about a real person or event
(a) Poem (b) Sketch
(c) Anecdote (d) Narrative

86. Select the option that can be used as a one-word substitute for the underlined group of words.
She is <u>proficient in speaking many languages</u>.
(a) Monolithic
(b) Multilingual
(c) Heterolinguistic
(d) Bilingual

87. Select the most appropriate meaning of the given idiom.
To have bigger fish to fry
(a) To have an interest in cooking
(b) To know different kinds of fishing techniques
(c) To take calculated risks
(d) To have bigger things to take care of than the menial task at hand

88. The following sentence has been split into four segments. Identify the segment that contains a grammatical error.
My brother performed / extremely good / in the class test / held yesterday.
(a) held yesterday
(b) in the class test
(c) My brother performed
(d) extremely good

89. Select the most appropriate synonym of the given word.
Toxic
(a) Laudatory (b) Lanky
(c) Lethal (d) Licit

90. Select the option that can be used as a one-word substitute for the given group of words.
A person who likes to argue about anything.
(a) Reticent (b) Coward
(c) Veracious (d) Contentious

91. Select the most appropriate option to substitute the underlined segment in the given sentence.
She has been <u>studying for two o'clock</u>.
(a) study from two o'clock
(b) studying since two o'clock
(c) study for two o'clock
(d) studying two o'clock

92. In the following sentence, four words are underlined out of which one word is misspelt. Identify the incorrectly spelt word.
After the <u>recapture</u> (A) of Tololing and the adjacent features, <u>evacting</u> (B) the enemy from this well-<u>fortified</u> (C) position became a <u>priority</u>. (D)
(a) B (b) D (c) A (d) C

93. Select the option that expresses the given sentence in active voice.
Lovely tunes are composed by Domnica.
(a) Domnica composed lovely tunes.
(b) Domnica composes tunes lovely.
(c) Domnica will compose lovely tunes.
(d) Domnica composes lovely tunes.

94. Select the word which means same as the group of words given.
Unit of weight for precious stones
(a) Pure (b) Reliable
(c) Carat (d) Accurate

95. Select the most appropriate synonym to replace the underlined word in the given sentence.
No <u>altruistic</u> act is truly sincere.
(a) philanthropic
(b) phantasmal
(c) phenomenal
(d) phonotypical

Directions (Q. Nos. 96-100) *In the following passage, some words have been deleted. Read the passage carefully and select the most appropriate option to fill in each blank.*

There is a saying that coming events cast their shadows before. ......(1) ......, it is not universally true. Something can happen within a second, and one may not ......(2)...... it. ......(3)......, some instances show that predictions based on certain signs have gone wrong. People generally say that natural calamities can be predicted by observing the animals. But what if animals are suffering from some disease and don't show any signs before the event appears? They may fail to make peculiar sounds or actions about the events which are going to take place. ......(4)......, some unnatural calamities that are likely to appear may forecast their shadows by some bad omens. ......(5)......, we should not completely cancel out the possibilities that animals can sense certain unnatural happenings.

96. Select the most appropriate option to fill in blank number 1.
(a) Moreover (b) Therefore
(c) Furthermore (d) However

97. Select the most appropriate option to fill in blank number 2.
(a) legalise (b) foresee
(c) rescind (d) affect

98. Select the most appropriate option to fill in blank number 3.
(a) Therefore (b) Moreover
(c) Nevertheless (d) However

99. Select the most appropriate option to fill in blank number 4.
(a) Besides (b) Secondly
(c) Therefore (d) Despite

100. Select the most appropriate option to fill in blank number 5.
(a) However (b) Nevertheless
(c) Moreover (d) Therefore

उत्तरमाला

1. (a)	2. (b)	3. (a)	4. (c)
5. (b)	6. (b)	7. (c)	8. (c)
9. (b)	10. (c)	11. (d)	12. (b)
13. (c)	14 (d)	15. (c)	16. (d)
17. (c)	18. (d)	19. (d)	20. (c)
21. (d)	22. (d)	23. (c)	24. (a)
25. (c)	26. (c)	27. (b)	28. (a)
29. (c)	30. (a)	31. (c)	32. (b)
33. (a)	34. (a)	35. (a)	36. (a)
37. (a)	38. (a)	39. (a)	40. (b)
41. (a)	42. (a)	43. (b)	44. (a)
45. (d)	46. (b)	47. (d)	48. (b)
49. (c)	50. (b)	51. (d)	52. (d)
53. (d)	54. (a)	55. (a)	56. (d)
57. (d)	58. (b)	59. (a)	60. (a)
61. (c)	62. (c)	63. (c)	64. (d)
65. (d)	66. (c)	67. (d)	68. (d)
69. (b)	70. (c)	71. (b)	72. (d)
73. (a)	74. (b)	75. (b)	76. (c)
77. (d)	78. (a)	79. (a)	80. (b)
81. (c)	82. (c)	83. (c)	84. (d)
85. (c)	86. (b)	87. (d)	88. (d)
89. (c)	90. (d)	91. (b)	92. (a)
93. (d)	94. (c)	95. (a)	96. (d)
97. (b)	98. (b)	99. (a)	100. (d)

व्याख्या

1. *(a)* जिस प्रकार, 31, 152

⇒ 31 + 121 = 152

तथा 47, 168

⇒ 47 + 121 = 168

उसी प्रकार, 66, ?

⇒ ? = 66 + 121 = 187

2. *(b)* दी गई आकृति शृंखला की प्रत्येक अगली आकृति में निम्नवत् परिवर्तन हो रहा है।

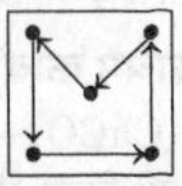

इसी क्रम का अनुसरण करते हुए आकृति (b) इस शृंखला को पूरा करेगी।

3. *(a)* प्रश्नानुसार,

दिया गया शब्द → N I G H T M A R E S

वर्णमाला क्रम → A E G H I M N R S T

∴ अभीष्ट अक्षर = चार (G, H, M, R)

4. *(c)* दी गई शृंखला का क्रम निम्न प्रकार है

1 → 3 → 10 → 41 → 206 → 1237

×2+1, ×3+1, ×4+1, ×5+1, ×6+1

5. *(b)* दिए गए पासे की दोनों स्थितियों में अक्षर V उभयनिष्ठ है। उभयनिष्ठ अक्षर V से दक्षिणावर्त दिशा में दोनों स्थितियों के अक्षरों को लिखने पर,

स्थिति I ⟶ V Z Q

स्थिति II ⟶ V L T

(Z ↕ L विपरीत, Q ↕ T विपरीत)

अतः अक्षर 'Q' के विपरीत फलक पर अक्षर 'T' होगा।

6. *(b)* दी गई शृंखला का क्रम निम्न प्रकार है,

U $\xrightarrow{+1}$ V $\xrightarrow{+1}$ W $\xrightarrow{+1}$ X $\xrightarrow{+1}$ Y

E $\xrightarrow{+2}$ G $\xrightarrow{+2}$ I $\xrightarrow{+2}$ K $\xrightarrow{+2}$ M

88 $\xrightarrow{-4}$ 84 $\xrightarrow{-4}$ 80 $\xrightarrow{-4}$ 76 $\xrightarrow{-4}$ 72

7. *(c)* दिए गए पासे की स्थिति II और स्थिति III में अंक 22 तथा 25 (दो अंक) उभयनिष्ठ हैं। इस स्थिति में शेष फलक एक-दूसरे के विपरीत होते हैं।

अतः अंक '24' के विपरीत फलक पर अंक '21' होगा।

8. *(c)* कथनानुसार,

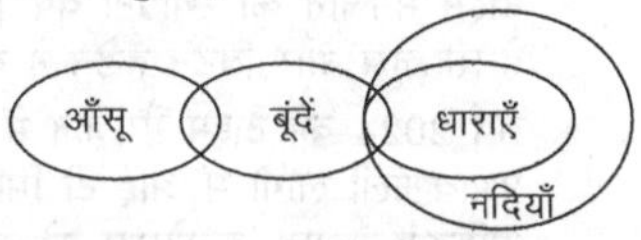

निष्कर्ष

I. (✗) II. (✓) III. (✓)

अतः निष्कर्ष II और III दोनों अनुसरण करते हैं।

9. *(b)* जिस प्रकार, M E K ↕ N V P (विपरीत)

तथा G Y T ↕ T B G (विपरीत)

उसी प्रकार, J W H ↕ Q D S (विपरीत)

∴ ? = QDS

10. *(c)* 4515 × 5 − 431 ÷ 3 + 821

प्रश्नानुसार, चिह्नों को परस्पर बदलने पर,

4515 ÷ 5 + 431 × 3 − 821

= 903 + 1293 − 821

= 2196 − 821 = 1375

11. *(d)* दी गई शृंखला का क्रम निम्न प्रकार है,

Y $\xrightarrow{-4}$ U $\xrightarrow{-4}$ Q $\xrightarrow{-4}$ M $\xrightarrow{-4}$ I

Z $\xrightarrow{-3}$ W $\xrightarrow{-3}$ T $\xrightarrow{-3}$ Q $\xrightarrow{-3}$ N

U $\xrightarrow{-2}$ S $\xrightarrow{-2}$ Q $\xrightarrow{-2}$ O $\xrightarrow{-2}$ M

W $\xrightarrow{-1}$ V $\xrightarrow{-1}$ U $\xrightarrow{-1}$ T $\xrightarrow{-1}$ S

12. *(b)* विकल्प आकृति (b) प्रश्न आकृति का सही दर्पण प्रतिबिम्ब है,

13. *(c)* दी गई शृंखला का क्रम निम्न प्रकार है,

LKPPQS/LKPPQS/LKPPQS/LKPPQS

⇒ KPLPQLPSKP

14. *(d)* दी गई आकृति में बिन्दुओं के नाम लिखने पर,

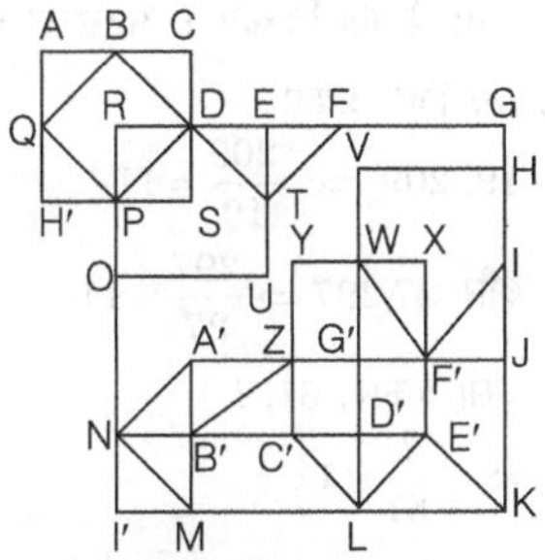

बनने वाले त्रिभुज निम्न होंगे,

ΔABQ, ΔBCD, ΔQH′P, ΔPSD, ΔPRD ΔDET, ΔEFT, ΔDTF, ΔA′NM, ΔA′B′N ΔB′NM, ΔA′B′Z, ΔC′D′L, ΔD′EL, ΔC′EL, ΔLE′K, ΔF′JI, ΔG′WF′, ΔWXF′, ΔB′C′Z, ΔNMI′

∴ आकृति में 21 त्रिभुज होंगे।

15. *(c)* विकल्प आकृति (c) प्रश्न आकृति का सही दर्पण प्रतिबिम्ब है,

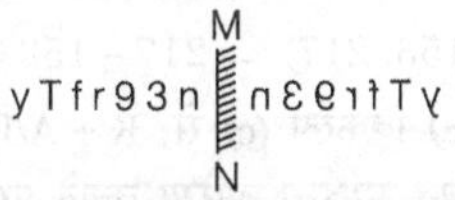

16. *(d)* दी गई आकृति शृंखला की प्रत्येक अगली आकृति में निम्न क्रम का अनुसरण हो रहा है।

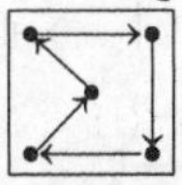

अतः इसी क्रम का अनुसरण करते हुए, आकृति (d) इस शृंखला को पूरा करेगी।

17. *(c)* प्रश्नानुसार,

what where how → aa dd ff

where there that → dd zz pp

which what here → ff kk ll

अतः how ⇒ aa

18. *(d)* जिस प्रकार,

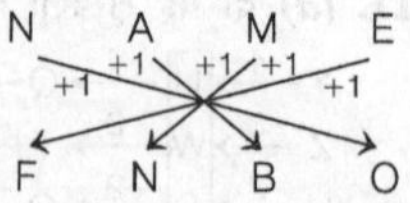

तथा

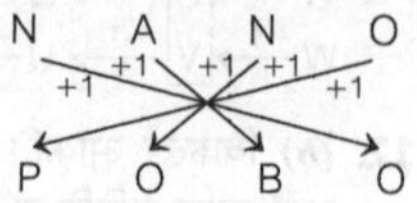

उसी प्रकार,

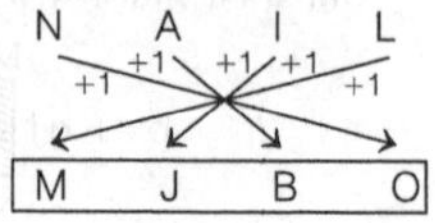

19. *(d)* प्रश्नानुसार,

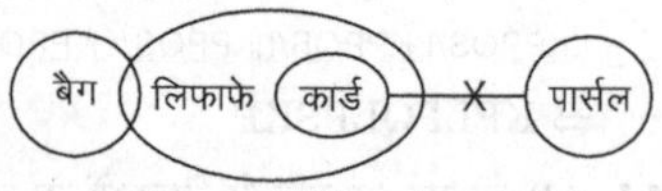

निष्कर्ष I. (✓) II. (✗) III. (✗)

अत: केवल निष्कर्ष I अनुसरण करता है।

20. *(c)* जिस प्रकार,

$19, 209 \Rightarrow \frac{209}{19} = 11$

और $27,297 \Rightarrow \frac{297}{27} = 11$

उसी प्रकार, 61, ?

$\Rightarrow \quad \frac{?}{61} = 11$

$? = 11 \times 61 = \boxed{671}$

21. *(d)* विकल्प (d) को छोड़कर, अन्य सभी युग्मों में दूसरा शब्द पहले शब्द की भुजाओं की संख्या को दर्शाता है।

22. *(d)* जिस प्रकार, (149, 213)

$\Rightarrow \quad 213 - 149 = 64$

और (168, 232)

$\Rightarrow \quad 232 - 168 = 64$

उसी प्रकार, विकल्प (d) से

$(153, 217) \Rightarrow 217 - 153 = 64$

23. *(c)* विकल्प (c) से, K + A/P – D % J

रक्त सम्बन्ध आरेख बनाने पर,

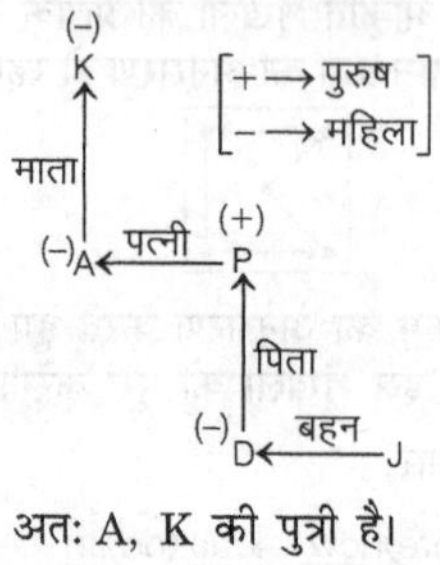

अत: A, K की पुत्री है।

24. *(a)* जिस प्रकार, (308-92)

$\Rightarrow \quad 308 - 92 = 216$ और (335-119)

$\Rightarrow \quad 335 - 119 = 216$

और (317-101)

$\Rightarrow \quad 317 - 101 = 216$

परन्तु, (358-152)

$\Rightarrow \quad 358 - 152 = 206 \neq 216$

25. *(c)* $5 - 4 \div 9 + 80 \times 10$

प्रश्नानुसार, चिह्नों को परस्पर बदलने पर,

$5 + 4 \times 9 - 80 \div 10$

$= 5 + 36 - 8 = 41 - 8 = 33$

26. *(c)* 1867 ई. में मुम्बई में प्रार्थना समाज की स्थापना **आत्माराम पाण्डुरंग** द्वारा की गई थी।

- प्रार्थना समाज की स्थापना एवं विकास ब्रह्म समाज की छत्रछाया में हुआ। यथार्थ रूप से यह ब्रह्म समाज की ही एक शाखा थी।
- प्रार्थना समाज का उद्देश्य लोगों को एक ईश्वर पर विश्वास दिलाना और एक ही ईश्वर की पूजा करना था।
- प्रार्थना समाज के प्रमुख उद्देश्य जाति प्रथा का विरोध, बाल विवाह पर रोक, विधवा-विवाह और महिला शिक्षा को बढ़ावा देना था।

27. *(b)* टाइम मैगजीन की वर्ष 2021 के 100 सबसे प्रभावशाली लोगों की सूची में भारतीय **प्रधानमन्त्री नरेन्द्र मोदी** का नाम शामिल है।

- टाइम मैगजीन की स्थापना वर्ष 1923 में हेनरी लूस और ब्रिटेन हैडेन ने की थी।
- वर्ष 2024 की टाइम मैगजीन में प्रभावशाली लोगों में आई टी मिनिस्टर अश्विनी वैष्णव, इन्फोसेस को-फाउण्डर नन्दन निलेकणी और एक्टर अनिल कपूर सहित कई भारतीयों के नाम शामिल किए गए हैं।

28. *(a)* लता मंगेशकर को वर्ष 2001 में **भारत रत्न पुरस्कार** से सम्मानित किया गया था।

- भारत रत्न देश का सर्वोच्च नागरिक सम्मान है, जो वर्ष 1954 में प्रारम्भ किया गया था।
- वर्ष 2024 में 5 व्यक्तियों (कर्पूरी ठाकुर, लालकृष्ण आडवाणी, चौधरी चरण सिंह, पीवी नरसिम्हा राव, एम.एस. स्वामीनाथन) को भारत रत्न से सम्मानित किया गया।

29. *(c)* **अनुच्छेद 226** रिट अधिकारिता से सम्बन्धित है और अनुच्छेद 32 के समान प्रावधान रखता है।

- भारतीय संविधान का अनुच्छेद 226 उच्च न्यायालयों को संविधान के भाग III के तहत प्रदत्त मौलिक अधिकारों के हनन के संरक्षण की गारण्टी की सुविधा प्रदान करता है।
- अनुच्छेद 226 के अन्तर्गत बन्दी प्रत्यक्षीकरण, परमादेश, प्रतिषेध, उत्प्रेषण और अधिकार पृच्छा रिट शामिल हैं।

30. *(a)* लठमार होली मुख्य रूप से **उत्तर प्रदेश** राज्य में बरसाना तथा नन्दगाँव में खेली जाती है।

- लठमार होली कृष्ण और राधा के प्रेम से जुड़ी है, जो लगभग एक हफ्ते तक चलती है।
- इस त्योहार के दौरान ब्रज मण्डल के होली गीत शुद्ध ब्रज भाषा में गाए जाते हैं तथा महिलाएँ पुरुषों पर लाठियाँ बरसाती हैं।

31. *(c)* भारत में विदेशी निवेश को अधिकतर **अस्थिर विनियामक परिवेश** को चुनौती का सामना करना पड़ता है।

- भारत में विदेशी निवेश से जुड़ी चुनौतियों में बुनियादी ढाँचे की कमी, लालफीताशाही, कुशल लोगों की कमी आदि शामिल हैं।
- भारत में विदेशी निवेश को आकर्षित करने के लिए भारत को अपनी प्रशासनिक व्यवस्था तथा जटिल कानून एवं कर व्यवस्था में सुधार की आवश्यकता है।

32. *(b)* भारतीय राज्यों में दालों का सबसे बड़ा उत्पादक राज्य **मध्य प्रदेश** है।

- वर्ष 2023-24 के दौरान दाल उत्पादन में अग्रणी राज्य मध्य प्रदेश, द्वितीय स्थान पर महाराष्ट्र तथा तीसरे स्थान पर राजस्थान राज्य है।

33. *(a)* सुदर्शन झील का विवरण गिरनार (जूनागढ़) के एक शिलालेख में उल्लिखित है, जिसकी रचना शक् शासक **रुद्रदामन प्रथम** की उपलब्धियों को दर्ज करने के लिए की गई थी।

- इस झील का निर्माण मौर्य वंश के संस्थापक चन्द्रगुप्त मौर्य के सौराष्ट्र के गवर्नर पुष्यगुप्त वैश्य ने करवाया था।
- सुदर्शन झील, गिरनार नामक पहाड़ी के मध्य सौराष्ट्र में स्थित है।

34. *(a)* **कैल्शियम कार्बोनेट ($CaCO_3$) का अपघटन** ($CaCO_3 \rightarrow CaO + CO_2$) एक अपघटन अभिक्रिया है, लेकिन यह रेडॉक्स अभिक्रिया नहीं है, क्योंकि इस अभिक्रिया में किसी भी तत्त्व की ऑक्सीकरण संख्या में परिवर्तन नहीं होता है।

- रेडॉक्स अभिक्रिया एक रासायनिक अभिक्रिया है, जिसमें ऑक्सीकरण और अपचयन दोनों प्रक्रियाएँ होती हैं। इस दौरान तत्त्वों की ऑक्सीकरण संख्या में परिवर्तन होता है।

- अपघटन अभिक्रिया एक रासायनिक अभिक्रिया है, जिसमें एक यौगिक टूटकर दो या अधिक सरल पदार्थ बनाता है।

35. *(a)* भारत में प्रोजेक्ट टाइगर **वर्ष 1973** में शुरू किया गया था।
- प्रोजेक्ट टाइगर पहल की शुरुआत वन्यजीव संरक्षण अधिनियम, 1972 के तहत की गई थी।
- इस परियोजना के तहत बाघों को अवैध शिकार एवं खतरों से बचाना तथा बाघों के लिए समर्पित अभयारण्यों का निर्माण करना शामिल है।
- वर्ष 2024 तक 55 बाघ अभयारण्य स्थापित किए जा चुके हैं। सबसे अधिक बाघ मध्य प्रदेश में पाए जाते हैं।
- भारत का सबसे बड़ा बाघ अभयारण्य नागार्जुन-सागर-श्रीशैलम बाघ अभयारण्य है, जो आन्ध्र प्रदेश में स्थित है।

36. *(a)* महेन्द्रवर्मन प्रथम (600-630 ई.) **पल्लव** राजवंश के शासक थे।
- वह सिंह विष्णु के पुत्र और उत्तराधिकारी थे।
- महेन्द्रवर्मन प्रथम को कला, साहित्य और वास्तुकला के संरक्षण के लिए जाना जाता है।
- महेन्द्रवर्मन ने 'मत्तविलास प्रहसन' नामक एक हास्य ग्रन्थ की रचना की, जिसमें कापालिकों एवं बौद्ध भिक्षुओं पर व्यंग्य किया गया है। महेन्द्रवर्मन शैव सन्त अप्पार के प्रभाव में शैव बन गया। वह पहले जैन धर्म का अनुयायी था।

37. *(a)* जुलाई, 2023 तक की स्थिति के अनुसार तमिलनाडु के मुख्यमन्त्री **एम. के. स्टालिन** थे। वर्तमान में भी अपने पद पर आसीन है।
- उन्होंने तमिलनाडु के 21वें तथा व्यक्तिगत रूप से आठवें मुख्यमन्त्री के रूप में शपथ ली।
- एम. के. स्टालिन द्रविड़ मुनेत्र कड़गम पार्टी के अध्यक्ष हैं।
- तमिलनाडु के पहले मुख्यमन्त्री सी.एन. अन्नादुरई तथा पहली महिला मुख्यमन्त्री जानकी रामचन्द्रन थीं।

38. *(a)* भारत का पहला गोल्फ क्लब **रॉयल कलकत्ता** गोल्फ क्लब 1829 ई. में कलकत्ता में स्थापित हुआ।
- यह पहला गोल्फ क्लब था, जो ग्रेट ब्रिटेन के बाहर स्थापित हुआ था।

39. *(a)* विकल्प (a) सही उत्तर है। भारत में राष्ट्रपति के पद के लिए यह शर्त नहीं है कि वह किराए के भुगतान के बिना अपने आधिकारिक निवास का उपयोग करने का हकदार नहीं होगा।
- भारत में राष्ट्रपति पद के लिए निम्न शर्तें हैं
  - वह संसद के किसी भी सदन का सदस्य नहीं होगा।
  - वह किसी लाभ के पद पर नहीं होगा।
  - उनके कार्यकाल के दौरान भत्तों में कमी नहीं की जाएगी।
- भारत के राष्ट्रपति पद की शर्तें संविधान के भाग-V अनुच्छेद 59 में दी गई हैं।

40. *(b)* **दक्कन लावा पठार** बहुत उपजाऊ पठार है, क्योंकि वे काली मृदा में समृद्ध होते हैं, जो खेती के लिए बहुत अच्छी होती है।
- दक्कन का पठार भारत का एक विशाल पठार है, जो लावा से बना है। यह कपास की खेती के लिए प्रसिद्ध है।
- यह पठार पश्चिमी घाट और पूर्वी घाट के बीच स्थित है।
- दक्कन लावा पठार का विस्तार महाराष्ट्र, कर्नाटक, आन्ध्र प्रदेश, तेलंगाना और तमिलनाडु तक है।

41. *(a)* मोहन वीणा वादक पण्डित विश्वमोहन भट्ट ने वर्ष 1994 में एल्बम 'ए मीटिंग वॉय द रिवर' के लिए **ग्रैमी पुरस्कार** जीता था।
- पण्डित विश्वमोहन भट्ट को पद्म भूषण, पद्मश्री, जैसे सम्मानों से भी सम्मानित किया गया था।
- इन्होंने मोहन वीणा का आविष्कार किया।
- पण्डित विश्वमोहन भट्ट जयपुर, राजस्थान से सम्बद्ध हैं। इनका जन्म वर्ष 1950 को हुआ था।

42. *(a)* जुलाई, 2023 तक की स्थिति के अनुसार, **जितेन्द्र सिंह** केन्द्रीय विज्ञान एवं प्रौद्योगिकी राज्य मन्त्री (स्वतन्त्र प्रभार) हैं। ये वर्तमान में भी अपने पद पर आसीन हैं।
- जितेन्द्र सिंह भारतीय जनता पार्टी की राष्ट्रीय कार्यकारिणी के सदस्य हैं।
- जितेन्द्र सिंह प्रधानमन्त्री कार्यालय, कार्मिक, लोक शिकायत और पेंशन, परमाणु ऊर्जा विभाग और अन्तरिक्ष विभाग में राज्य मन्त्री भी हैं।

43. *(b)* **सूक्ष्म वित्त संस्था (MFI) नेटवर्क** एक उद्योग संघ और स्व-विनियामक संगठन (SRO) है, जिसका प्राथमिक उद्देश्य सूक्ष्म वित्त क्षेत्र के सुदृढ़ विकास की दिशा में कार्य करना है।
- सूक्ष्म वित्त संस्था एक वित्तीय उपकरण है, जो छोटे स्तर पर वित्तीय लेन-देन और निवेश के लिए उपयोग होता है।
- सूक्ष्म वित्त संस्था को भारतीय रिजर्व बैंक द्वारा विनियमित और कार्यान्वित किया जाता है।
- MFI प्रशिक्षण और सहायता भी देती है।

44. *(a)* जब जनसंख्या घनत्व का विश्लेषण निवल खेती योग्य क्षेत्र के माध्यम से गणना करके किया जाता है, तो उस माप को **कार्यिकीय घनत्व** कहा जाता है।
- कार्यिकीय घनत्व इस बात का एक अच्छा संकेतक है कि किसी क्षेत्र की भूमि कितने समय तक अपनी आबादी का भरण-पोषण कर सकती है।
- उच्च जनसंख्या घनत्व वाले क्षेत्रों में कार्यिकीय घनत्व तक पहुँचने की सम्भावना भी अधिक होती है।
- कार्यिकीय घनत्व = जनसंख्या/निवल कृषित क्षेत्र

45. *(d)* दिए गए यौगिकों का क्षारीयता का सही क्रम है CSOH > KOH > NaOH > LiOH
- क्षारकता किसी पदार्थ की OH-आयन देने की क्षमता को दर्शाती है।
- क्षारकता को प्रभावित करने वाले मुख्य दो कारक धातु आयन का आकार तथा धातु आयन का घनत्व है।
- धातु आयन का आकार बढ़ता है, तो धातु – OH बन्ध कमजोर हो जाता है और OH-आयन आसानी से मुक्त हो जाता है। इसलिए बड़े धातु आयन वाले क्षारक (LiOH < NaOH < KOH) अधिक क्षारीय होते हैं।
- धातु आयन का आवेश घनत्व जितना अधिक होगा, उतना ही यह OH-आयन को अपनी ओर खींचेगा और क्षारकता कम होगी।
- Periodic Table के समूह में नीचे जाने पर क्षारीयता बढ़ती जाती है, जिसके कारण Cs की क्षारीयता K से अधिक होती है।

46. *(b)* **पुमंग और जायांग दोनों से युक्त फूल** उभयलिंगाश्रयी को सर्वोत्तम रूप से परिभाषित करता है।
- मोनोइकसियस उभयलिंगी या होमोथैलिक के समान है।
- मोनोइकसियस पौधों में एक ही पौधे में नर और मादा दोनों प्रजनन अंग होते हैं।

47. *(d)* भारतीय क्रिकेट कण्ट्रोल बोर्ड (BCCI) का मुख्यालय **मुम्बई** में स्थित है।
- बी.सी.सी.आई. की स्थापना दिसम्बर, 1928 को हुई थी।
- बी.सी.सी.आई. के वर्तमान कार्यवाहक अध्यक्ष देवजीत सैकिया हैं।

- बी.सी.सी.आई, अन्तर्राष्ट्रीय क्रिकेट परिषद् (ICC) से जुड़ी संस्था है।

48. *(b)* ऊतक-अंग ग्रेड संगठन-यूप्लेक्टेला के सम्बन्ध में ऊतक-अंग ग्रेड संगठन-यूप्लेक्टेला की जोड़ी गलत है।

- यूप्लेक्टेला एक स्पंज है और स्पंज में कोशिका स्तर संगठन होता है। इसलिए इसे ऊतक-अंग स्तर पर नहीं रखा जा सकता है।
- ऊतक-अंग स्तर संगठन, वह संगठन है, जिसके ऊतक एकसाथ मिलकर एक विशिष्ट अंग का निर्माण करते हैं और यह अंग एक विशेष कार्य करता है, लेकिन अंग तन्त्र अभी पूरी तरह विकसित नहीं होते हैं।
- ऊतक-अंग स्तर संगठन, कोशिका-ऊतक स्तर संगठन से अधिक विकसित होता है, लेकिन अंग-तन्त्र स्तर संगठन कम विकसित होता है।

49. *(c)* वर्ष 1858-59 ई. में दीनबन्धु मित्र ने बंगाली भाषा में 'नील दर्पण' नामक नाटक लिखा था।

- नीलदर्पण नील बागान मालिकों के अत्याचारों का खुला चिंतन था।
- यह नाटक 1859 ई. के नील विद्रोह पर आधारित था।

50. *(b)* **स्वामी सहजानन्द सरस्वती** द्वारा वर्ष 1929 में बिहार प्रान्तीय किसान सभा का गठन किया गया था।

- स्वामी सहजानन्द एक महान् समाज सुधारक तथा स्वतन्त्रता सेनानी और किसान नेता थे।
- बिहार प्रान्तीय किसान सभा का उद्देश्य जमींदारी व्यवस्था को समाप्त करना, कृषि और ग्रामीण मजदूरों को मुफ्त में जमीन देना एवं किसानों की शिकायतों को संगठित करना शामिल था।

51. *(d)* तरुण को सभी विषय में प्राप्त अंक

$= 65 + 80 + 75 + 85 + 90$
$= 395$

तरुण के अंकों का प्रतिशत $= \frac{395}{500} \times 100$
$= 79\%$

इसी तरह,
रोहित के अंकों का प्रतिशत

$= \frac{(69 + 76 + 80 + 88 + 94)}{500} \times 100$

$= \frac{407}{500} \times 100 = 81.4\%$

मोहित के अंकों का प्रतिशत

$= \frac{(73 + 84 + 77 + 90 + 95)}{500} \times 100$

$= \frac{419}{500} \times 100 = 83.8\%$

सुमित के अंकों का प्रतिशत

$= \frac{(90 + 88 + 78 + 82 + 68)}{500} \times 100$

$= \frac{406}{500} \times 100 = 812\%$

अत: सभी विषयों को मिलाकर 79% अंक तरुण ने प्राप्त किए।

52. *(d)* गणित में अमन को प्राप्त अंक

$= 150 \times 100\%$

$= 150 \times \frac{100}{100} = 150$

रसायन विज्ञान में अमन को प्राप्त अंक

$= 130 \times \frac{80}{100} = 104$

भौतिकी में अमन को प्राप्त अंक

$= 120 \times \frac{90}{100} = 108$

भूगोल में आयुष को प्राप्त अंक

$= 100 \times \frac{95}{100} = 95$

इतिहास में सजल को प्राप्त अंक

$= 60 \times \frac{90}{100} = 54$

कम्प्यूटर में मुस्कान को प्राप्त अंक

$= 40 \times \frac{90}{100} = 36$

∴ कुल प्रतिशत अंक

$= \frac{150 + 104 + 108 + 95 + 54 + 36}{150 + 130 + 120 + 100 + 60 + 40} \times 100$

$= \frac{547}{600} \times 100 = 91\frac{1}{6}\%$

53. *(d)* माना 1 किग्रा चावल का मूल्य = ₹ 1000

∴ CP = 870 ग्राम का क्रय मूल्य = ₹ 870
SP = 870 ग्राम का विक्रय मूल्य = ₹ 1000
लाभ = SP − CP = 130

$\therefore$ लाभ % $= \frac{130}{870} \times 100$

$= \frac{1300}{87} = 14.94\%$

54. *(a)* कुल मतदाता = 16000
अवैध मत = 10%
जीतने वाले उम्मीदवार को मिले वैध मत = 59.375%
वोट न डालने वाले मतदाता = $y\%$
हारने वाले उम्मीदवार को मिले वैध मत
$= (100\% - 59.375\%) = 40.625\%$

प्रश्नानुसार,

$16000 \times \frac{(100 - y\%)}{100} \times \frac{(100 - 10)}{100} \times \frac{(59.375 - 40.625)}{100} = 2484$

$\Rightarrow 16000 \times \frac{(100 - y)}{100} \times \frac{90}{100} \times \frac{18.75}{100} = 2484$

$\Rightarrow (100 - y) = \frac{2484 \times 100}{16 \times 9 \times 18.75}$

$\Rightarrow (100 - y) = 92$

$\Rightarrow -y = 92 - 100$

$\Rightarrow y = -8$

$\Rightarrow y = 8$

55. *(a)* अंकित मूल्य = ₹ 550
छूट = 40%

$\therefore$ विक्रय मूल्य $= 550 \times \frac{60}{100} =$ ₹330

प्रश्नानुसार,

330 = क्रय मूल्य $\times \frac{110}{100}$

$\frac{330 \times 100}{110}$ = क्रय मूल्य

∴ क्रय मूल्य = ₹ 300

56. *(d)* दिया है,
मूलधन (P) = ₹ 422092
समय $(T) = 2$
दर $(R) = 20\%$

∴ 2 वर्ष बाद मिश्रधन $= 422092 \times 140\%$

$= 422092 \times \frac{140}{100}$

= ₹ 590928.8

1 वर्ष बाद भुगतान की गई राशि
= ₹ 21679

भुगतान राशि का 1 वर्ष बाद मिश्रधन

$= 21679 \times \frac{120}{100} =$ ₹ 26014.8

∴ अभीष्ट भुगतान राशि
$= 590928.8 - 26014.8$
= ₹ 564914

57. *(d)* वर्ष 2020 में अनुपस्थित रहने वालो की संख्या $= (55 + 80 + 90)$
$-(44 + 66 + 85) = 225 - 195 = 30$

वर्ष 2018 में अनुपस्थित रहने वालो की संख्या = 64 − 60 + 65 − 45 + 65 − 55

= 4 + 20 + 10 = 34

वर्ष 2017 में अनुपस्थित रहने वालो की संख्या = 50 − 45 + 75 − 55 + 45 − 40

= 5 + 20 + 5 = 30

वर्ष 2019 में अनुपस्थित रहने वालो की संख्या = 80 − 69 + 84 − 72 + 70 − 62

= 11 + 12 + 8 = 31

अत: वर्ष 2019 में अनुपस्थित रहने वालो की संख्या दूसरी सबसे अधिक हैं।

58. *(b)* राम के इतिहास में अंक $= 175 \times \frac{54}{100}$

= 94.5 अंक

मोहन के इतिहास में अंक

$= 175 \times \frac{51}{100} = 89.25$ अंक

श्याम के इतिहास में अंक

$= 175 \times \frac{75}{100}$

= 131.25 अंक

∵ केवल श्याम ने न्यूनतम अंक 105 से अधिक प्राप्त किए हैं।

अत: 1 विद्यार्थी परीक्षा में उत्तीर्ण हुआ।

59. *(a)* दिया है

$r_1 = 22$ सेमी

$r_2 = 10$ सेमी

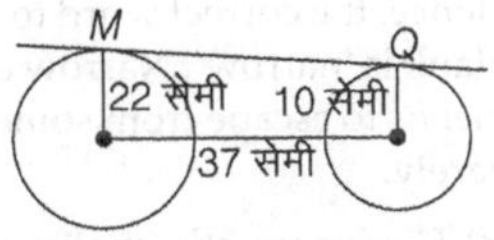

केन्द्रों के बीच की दूरी (*d*) = 37 सेमी

सीधी उभयनिष्ठ अनुस्पर्श रेखा *MQ* की लम्बाई

$MQ = \sqrt{d^2 - (r_1 - r_2)^2}$

$MQ = \sqrt{(37)^2 - (22 - 10)^2}$

$MQ = \sqrt{1369 - 144}$

$= \sqrt{1225}$

∴ $MQ = 35$ सेमी

60. *(a)* दिया है,

$P : Q$

क्षमता = 21 : 1

Q द्वारा टंकी को भरने में लगा समय

= 110 मिनट

∴ टंकी की कुल क्षमता = 110 × 1 = 110

दोनों भरण पाइप (*P* और *Q*) टंकी को भरने में लगा समय

$= \frac{110}{21 + 1}$

$= \frac{110}{22} = 5$ मिनट

61. *(c)* अभीष्ट समय $= \frac{\text{दूरी}}{\text{सापेक्ष चाल}}$

$= \frac{840}{12 - 6} = 140$ सेकण्ड

62. *(c)* $\frac{88 \div 8 \times k - 3 \times 3}{6^2 - 7 \times 5 + k^2} = 1$

$\Rightarrow \frac{\frac{88}{8} \times k - 9}{36 - 35 + k^2} = 1$

$\Rightarrow 11k - 9 = 1 + k^2$

$\Rightarrow k^2 - 11k + 10 = 0$

$\Rightarrow k^2 - 10k - 1k + 10 = 0$

$\Rightarrow k(k - 10) - 1(k - 10) = 0$

$\Rightarrow (k - 10)(k - 1) = 0$

$\Rightarrow k - 10 = 0, k - 1 = 0$

$k = 10, k = 1$

अत: *k* के मान 10, 1 होंगे।

63. *(c)* $\cos^2 29° + \cos^2 61°$

$\therefore \cos^2(90° - 61°) + \cos^2 61°$

$= \sin^2 61° + \cos^2 61°$

$= 1$

64. *(d)* दिया है,

शंकुओं की त्रिज्याओं का अनुपात

$r_1 : r_2 = 2 : 5$

तथा आयतन का अनुपात, $v_1 : v_2 = 3 : 5$

$\frac{3}{5} = \frac{\frac{1}{3}\pi r_1^2 h_1}{\frac{1}{3}\pi r_2^2 h_2} \Rightarrow \frac{3}{5} = \frac{4}{25} \times \frac{h_1}{h_2}$

$\Rightarrow \frac{3 \times 25}{5 \times 4} = \frac{h_1}{h_2}$

$\Rightarrow \frac{15}{4} = \frac{h_1}{h_2}$

अत: शंकुओं की ऊँचाइयों का अनुपात

= 15 : 4

65. *(d)* $\frac{x^3 + 15x^2 + 75x + 125}{x^2 - 25}(x - 5)$

$= \frac{x^3 + (5)^3 + 3 \times 5 \times x\,(x + 5)}{x^2 - 5^2} \times (x - 5)$

$= \frac{(x + 5)^3}{(x + 5)(x - 5)} \times (x - 5)$

$= \frac{(x + 5)^3}{(x + 5)}$

$= (x + 5)^2$

$= x^2 + 10x + 25$

66. *(c)* $\sin^2 30° - \sin^2 40° + \sin^2 45°$

$- \sin^2 55° - \sin^2 35° + \sin^2 45°$

$- \sin^2 50° + \sin^2 60°$

$= \sin^2 30° + \sin^2 45° + \sin^2 45°$

$+ \sin^2 60° - \sin^2 40° - \sin^2 55°$

$- \sin^2 35° - \sin^2 50°$

$\Rightarrow [\sin^2 30° + \sin^2 45°$

$+ \sin^2(90° - 45°) + \sin^2(90° - 30°)]$

$- \sin^2 40° + \sin^2(90° - 40°)$

$+ \sin^2 55°] + \sin^2(90° - 55°)$

$= [\sin^2 30° + \sin^2 45° + \cos^2 45°$

$+ \cos^2 30°]$

$- [\sin^2 40° + \cos^2 40° + \sin^2 55°$

$+ \cos^2 55°]$

$[\because \sin(90° - \theta) = \cos\theta]]$

$\therefore [\sin^2 30° + \cos^2 30° + \sin^2 45°$

$+ \cos^2 45°]$

$- [\sin^2 40° + \cos^2 40° + \sin^2 55°$

$+ \cos^2 55°]$

$= [1 + 1] - [1 + 1] = 2 - 2 = 0$

67. *(d)* संख्या = 217924*k*

हम जानते हैं कि 6 से विभाजित होने वाली संख्या 2 और 3 से पूर्णतया विभाजित होती है।

∴ 3 से विभाज्यता के नियम से,

अंकों का योग

= 2 + 1 + 7 + 9 + 2 + 4 + *k* = 25 + *k*

∴ *k* = 2, 5, 8

2 से विभाज्यता के नियम से,

k का मान = 2, 8

संख्या = 217924[2]

(∵ विकल्प में 8 नहीं है)

∴ *k* का मान 2 होगा।

68. *(d)* $\text{cosec}\theta = \frac{5}{3} = \frac{\text{कर्ण}}{\text{लम्ब}}$

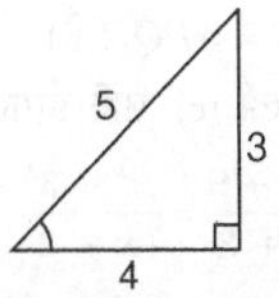

पाइथागोरस प्रमेय से,

(कर्ण)² = (लम्ब)² + (आधार)²

⇒ (5)² = (3)² + (आधार)²

⇒ 16 = (आधार)²

⇒ आधार = 4

$\therefore (\sec^2\theta - 1) \times \cot^2\theta \times (1 + \cot^2\theta)$

$= \left[\left(\frac{5}{4}\right)^2 - 1\right] \times \left(\frac{4}{3}\right)^2 \times \left(1 + \frac{16}{9}\right)$

$= \left(\frac{25}{16} - 1\right) \times \frac{16}{9} \times \frac{25}{9}$

$= \frac{9}{16} \times \frac{16}{9} \times \frac{25}{9} = \frac{25}{9}$

69. *(b)* माना $OQ = x$

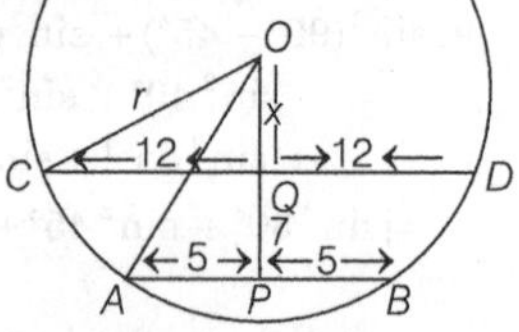

ΔOQC में पाइथागोरस प्रमेय से,

$r^2 = (12)^2 + x^2$ ...(i)

ΔOAP में पाइथागोरस प्रमेय से,

$r^2 = (5)^2 + (x + 7)^2$ ...(ii)

समी (i) व (ii) से

$(12)^2 + (x)^2 = (5)^2 + (x + 7)^2$

$\Rightarrow \quad 144 + x^2 = 25 + x^2 + 49 + 14x$

$\Rightarrow \quad 14x = 144 - 25 - 49$

$\Rightarrow \quad 14x = 70 \Rightarrow x = \frac{70}{14} = 5$

$\therefore \quad r^2 = (12)^2 + (5)^2$

$\Rightarrow \quad r^2 = 144 + 25$

$\therefore \quad r = \sqrt{169} = 13$

अत: वृत्त का व्यास $= 2 \times 13 = 26$ सेमी

70. *(c)* दो त्रिभुज तब सर्वांगसम होंगे, जब त्रिभुजों की सभी भुजाएँ बराबर होंगी तथा त्रिभुजों के सभी कोण बराबर होंगे।

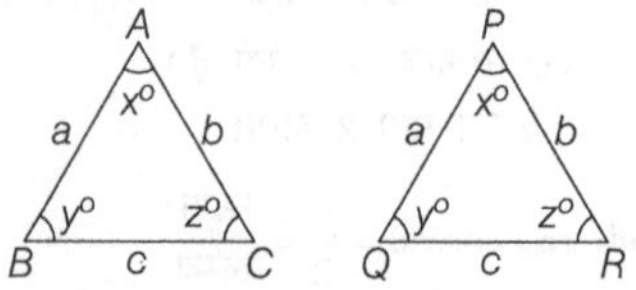

$\Delta ABC \cong \Delta PQR$ है।

$\therefore$ विकल्प (c) सही होगा।

71. *(b)* $\frac{x^2 - 9}{x + 3} = \frac{x^2 - 3^2}{x + 3}$

$= \frac{(x - 3)(x + 3)}{(x + 3)}$

$= (x - 3)$

72. *(d)* विकल्प (a), (b) और (c) कभी भी 5 के सिक्कों की संख्या नहीं हो सकती क्योंकि सिक्कों की संख्या 40 और कुल ₹ 100 नहीं बनेंगे।

$\therefore$ विकल्प (d) से

₹ 5 के सिक्के = 13

$\therefore$ 5 के सिक्कों से कुल रुपए

$= 13 \times 5 =$ ₹ 65

शेष रुपए $= 100 - 65 = 35$

शेष सिक्के $= 40 - 13 = 27$

₹ 2 के सिक्कों की संख्या = 8

₹ 2 के सिक्कों से कुल रुपए

$= 8 \times 2 =$ ₹ 16

₹ 1 के सिक्कों की संख्या = 19

₹ 2 के सिक्कों से कुल रुपए

$= 19 \times 1 =$ ₹ 19

$\because$ कुल रुपए $= 65 + 16 + 19 = 100$

$\therefore$ कुल सिक्के $= 13 + 8 + 19 = 40$

73. *(a)* प्रश्नानुसार,

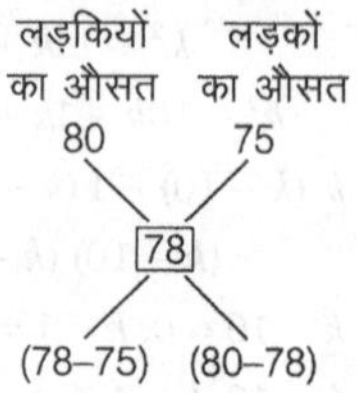

$= 3 : 2$

अत: लड़के और लड़कियों का अनुपात

$= 2 : 3$

74. *(b)* समबाहु त्रिभुज की दो भुजाओं का योग = 16

$\therefore$ समबाहु त्रिभुज की एक भुजा

$= \frac{16}{2} = 8$ सेमी होगी

[समबाहु त्रिभुज की सभी भुजाएँ बराबर होती हैं।]

अत: समबाहु त्रिभुज की तीसरी भुजा 8 सेमी होगी।

75. *(b)* राजेश द्वारा छपाई का $\frac{17}{27}$ भाग को करने में लगा समय = 34 दिन

$\therefore$ राजेश को छपाई का पूरा ऑर्डर करने में लगा समय $= \frac{34 \times 27}{17}$

= 54 दिन

76. *(c)* The tiger was seen by Ishika in the forest.

- The sentence is in past tense. When such a sentence is transformed into passive voice, the structure followed is Object + was/were+ V3+ by+ Subject.

77. *(d)* Innuendo means a remark or remarks that suggest something unpleasant indirectly.

Hence, its synonym is 'insinuation' which means an unpleasant hint or suggestion of something bad.

- **Prose** means written or spoken language in its ordinary form, without metrical structure.
- **Crude** means raw.
- **Ragged** means torn and dirty.

78. *(a)* The underlined part of the given sentence contains an error.

- The use of the word 'uninterrupted' is incorrect in the context of the sentence.
- Hence, use 'sequential art in a traditional' to improve the sentence.

79. *(a)* Fatal means something that can cause death or deadly.

- **Jovial** means happy.

80. *(b)* Part 'no informations' contains an error. The word 'information' is an uncountable nouns and thus does not have a plural form.

81. *(c)* Vouch means to support or help. Hence, its antonym is 'invalidate' which means to prove as false.

- **Certify** means to attest or confirm in a formal statement.
- **Witness** someone who is required to appear in court to answer questions about a case.

82. *(c)* The given sentence presents that Vinod had just escaped the accident. Hence, the correct word to fill in the blank is 'narrow'. Narrow escape means to escape from something barely.

83. *(c)* The incorrectly spelt word is 'relevent'. The correct spelling is 'relevant'.

84. *(d)* Harass means subject to aggressive pressure or intimidation or to make repeated small-scale attacks on someone.

- **Betray** means to deceive someone.
- **Relish** means to appreciate.
- **Soothe** means to comfort.

85. *(c)* An anecdote is a short interesting story about a real person or event.

86. *(b)* Someone who is proficient in speaking many languages is called **multilingual**.

- **Monolithic** means formed of a single large block of stone.
- **Heterolinguistic** is a person who can speak more than one language.
- **Bilingual** is someone who can speak two languages.

87. *(d)* To have bigger fish to fry means to have something more important to take care of than the menial task at hand.

88. *(d)* Part 'extremely good' contains an error. The expression is used to modify the verb 'performed' and hence, is an adverb phrase. However, the word 'good' is used as an adjective. Hence, 'well' should be used to correct the sentence.

89. *(c)* Toxic means poisonous containing or contaminated with a substance capable of injuring or killing a living thing. Hence, its nearest synonym is lethal which means deadly.
- **Laudatory** means praiseworthy.
- **Lancy** means 'enclosure' or 'church'.
- **Licit** means not forbidden; lawful.

90. *(d)* A person who like to argue about everything is called contentious.
- **Reticent** means a person who speaks less in a forum.
- **Veracious** means speaking or representing the truth.

91. *(b)* The underlined part of the sentence contains an error. The use of preposition 'for' is correct. 'For' is used to refer to a period of time, while 'since' is used to refer to a point in time.
- Hence, replace it with 'studying since two o'clock' to correct the sentence.

92. *(a)* The incorrectly spelt word is 'evacting'. The correct spelling is 'evicting' which means to remove forcibly.

93. *(d)* Domnica composes lovely tunes.
- The sentence has the structure Object+ is/are+ past participle form of the verb+ Subject. Hence, its active voice would have the simple present tense.

94. *(c)* The unit of weight for precious stones is called a **carat**.

95. *(a)* Altruistic means having or showing a concern for the well-being of others, even if it results in disadvantage for yourself. Hence, its synonym is 'philanthropist' which means a person who seeks to promote the welfare of others, especially by the generous donation of money to good causes.
- **Phantasmal** means something is unreal or only exists in the imagination.
- **Phenomenal** means remarkable or exceptional, especially exceptionally good.
- **Phonotypical** means relating to a phonetic symbol or text printed in phonetic symbols.

96. *(d)* The correct filler for the given blank is 'however'.

97. *(b)* The correct filler for the given blank is 'foresee'.

98. *(b)* The correct filler for the given blank is 'moreover'.

99. *(a)* The correct filler for the given blank is 'besides'.

100. *(d)* The correct filler for the given blank is 'therefore'.

सेट 02 09 सितम्बर 2024 (द्वितीय पाली)

SSC CGL Tier-I
सॉल्वड पेपर

निर्देश

1. इस सेट में कुल 100 प्रश्न हैं।
2. इस सेट में चार भाग हैं, **भाग-I** सामान्य बुद्धि एवं तर्कशक्ति, **भाग-II** सामान्य जागरुकता, **भाग-III** संख्यात्मक अभियोग्यता और **भाग-IV** अंग्रेजी भाषा।
3. प्रत्येक प्रश्न 2 अंक का है।

भाग I
सामान्य बुद्धि एवं तर्कशक्ति

1. उस त्रिक का चयन कीजिए, जिसमें संख्याएँ उसी प्रकार सम्बन्धित हैं, जिस प्रकार निम्नलिखित त्रिकों की संख्याएँ सम्बन्धित हैं।
(**नोट** संख्याओं को उनके घटक अंकों में विभक्त किए बिना, पूर्ण संख्याओं पर संक्रिया किया जाना चाहिए। उदाहरण के लिए 13-13 पर संक्रिया, जैसे 13 में जोड़ना/घटाना/गुणा करना आदि, किया जा सकता है। 13 को 1 और 3 में विभक्त कर और फिर 1 और 3 पर गणितीय संक्रियाएँ करने की अनुमति नहीं है।)

(2, 3, 17) (5, 2, 21)

(a) (5, 6, 72) (b) (3, 4, 23)
(c) (1,4, 17) (d) (2, 5, 42)

2. दिए गए विकल्पों में से उस संख्या का चयन कीजिए, जो निम्नलिखित श्रृंखला में प्रश्नचिह्न (?) को प्रतिस्थापित कर सकती है।

99, 123, 150, 180, 213, ?

(a) 259 (b) 248
(c) 249 (d) 258

3. एक कागज को नीचे दिए गए चित्र के अनुसार मोड़ा और काटा जाता है। यह कागज खोलने पर कैसा दिखाई देगा?

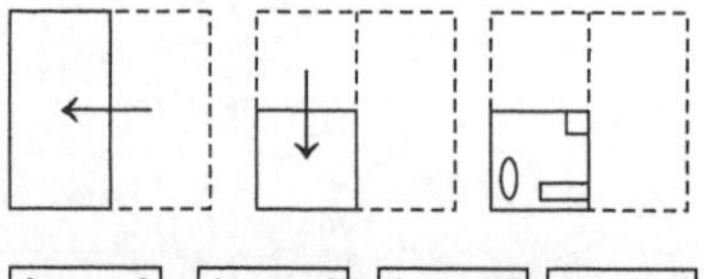

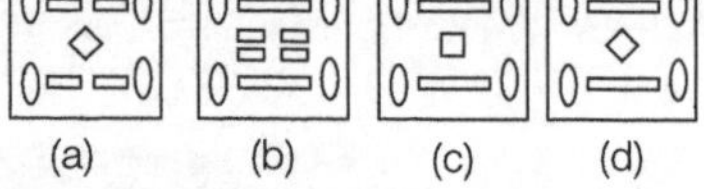

(a) (b) (c) (d)

4. एक निश्चित कूटभाषा में,
R + T का अर्थ है कि 'R, T की बहन है'।
R – T का अर्थ है कि 'R, T का पिता है'।
R* T का अर्थ है कि 'R, T की पत्नी है'।
R ÷ T का अर्थ है कि 'R, T की माता है'।
उपरोक्त के आधार पर, यदि 'A + B – C ÷ D * E – F ÷ G' है, तो F का C से क्या सम्बन्ध है?

(a) पुत्री (b) पत्नी
(c) माता (d) नातिन/नातिनी

5. दिए गए विकल्पों में से उस अक्षर-समूह का चयन कीजिए, जो निम्नलिखित श्रृंखला को पूरा करने के लिए प्रश्नचिह्न (?) को प्रतिस्थापित कर सकता है।

BVTO, DTVM, ?, HPZI, JNBG

(a) FKXR (b) RXFK
(c) FRXK (d) RFXK

6. दिए गए कथनों और निष्कर्षों को ध्यानपूर्वक पढ़ें। आपको दिए गए कथनों को सत्य मानना है, भले ही वे सामान्यत: ज्ञात तथ्यों से भिन्न प्रतीत होते हों। आपको तय करना है कि कौन-सा/कौन-से निष्कर्ष दिए गए कथनों का तार्किक रूप से अनुसरण करता है/करते हैं?

कथन कोई भी नदी, पहाड़ नहीं है।
कुछ नदियाँ, जानवर हैं।
कुछ पक्षी, पहाड़ हैं।

निष्कर्ष
I. कोई भी जानवर, पहाड़ नहीं है।
II. कोई भी नदी, पक्षी नहीं है।

(a) केवल निष्कर्ष II अनुसरण करता है
(b) न तो निष्कर्ष I और न ही II अनुसरण करता है
(c) दोनों निष्कर्ष I और II अनुसरण करते हैं
(d) केवल निष्कर्ष I अनुसरण करता है

7. निम्नलिखित समीकरण में, यदि '+' और '–' को आपस में बदल दिया जाए तथा '×' और '÷' को आपस में बदल दिया जाए, तो '?' के स्थान पर क्या आएगा?

$4 \div 6 + 91 \times 7 - 5 = ?$

(a) 12 (b) 21 (c) 17 (d) 16

8. निम्नलिखित चार अक्षर-समूह युग्मों में से तीन अक्षर-समूह युग्म एक निश्चित तरीके से समान हैं और इस प्रकार एक समूह बनाते हैं। इनमें से वह अक्षर-समूह युग्म कौन-सा है, जो इस समूह से सम्बन्धित नहीं है?
(**नोट** असंगत अक्षर-समूह युग्म, अक्षर-समूह में व्यंजनों/स्वरों की संख्या या उनकी स्थिति पर आधारित नहीं है।)

(a) EJ-OT (b) PF-OI
(c) CH-MR (d) KP-UZ

9. यदि शब्द 'SYSTEM' के प्रत्येक अक्षर को अंग्रेजी वर्णमाला के क्रम में व्यवस्थित किया जाए, तो कितने अक्षरों की स्थिति बदल जाएगी?

(a) पाँच (b) तीन
(c) चार (d) छ:

10. विकल्पों में दी गई उस आकृति की पहचान कीजिए, जिसे प्रश्नचिह्न (?) के स्थान पर रखने पर श्रृंखला तार्किक रूप से पूरी हो जाएगी।

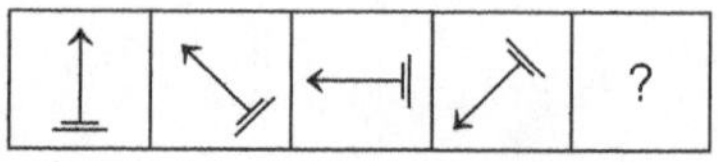

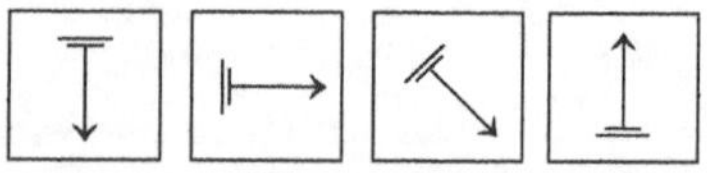

(a) (b) (c) (d)

11. उस विकल्प का चयन करें, जो उन अक्षरों को निरूपित करता है। जिन्हें नीचे दिए गए रिक्त स्थानों में बाएँ से दाएँ रखे जाने पर दी गई अक्षर श्रृंखला पूरी हो जाएगी।

N _ B A N A _ A _ A N A N A B _ N A N A B A _ A N A

(a) ANBAN
(b) NANAB
(c) ANANB
(d) ANABN

12. दर्पण को MN पर रखे जाने पर दी गई आकृति के सही दर्पण प्रतिबिम्ब का चयन कीजिए।

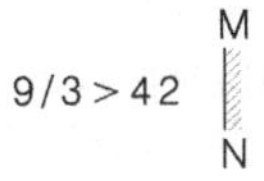

13. उस त्रिक का चयन कीजिए, जिसमें संख्याएँ एक-दूसरे से उसी तरह सम्बन्धित हैं, जैसे दिए गए त्रिकों की संख्याएँ हैं।
(16, 33, 67), (19, 39, 79)
(**नोट** संख्याओं को उनके घटक अंकों में विभाजित किए बिना, पूर्ण संख्याओं पर संक्रियाएँ की जानी चाहिए। उदाहरण के लिए 13-13 पर संक्रिया, जैसे कि जोड़ना / घटाना / गुणा करना आदि, 13 पर किया जा सकता है। 13 को 1 और 3 में तोड़ना और फिर 1 और 3 पर गणितीय संक्रियाएँ करने की अनुमति नहीं है।)
(a) (21,45,90) (b) (22,45, 91)
(c) (14, 27, 53) (d) (18,36, 80)

14. जब दर्पण को दर्शाए गए अनुसार MN पर रखा जाता है, तो दी गई आकृति के सही दर्पण प्रतिबिम्ब का चयन करें।

(a) U W X J W (b) U M X J M
(c) U M X L M (d) U W X L M

15. उस विकल्प का चयन करें, जो निम्नलिखित शृंखला में प्रश्नचिह्न (?) के स्थान पर आ सकता है।
VO39, TM35, RK31, PI27, ?
(a) OH24 (b) MG22
(c) MH24 (d) NG23

16. उस समुच्चय का चयन करें, जिसमें दी गई संख्याएँ आपस में उसी प्रकार सम्बन्धित हैं, जिस प्रकार प्रश्न में दिए गए समुच्चय की संख्याएँ आपस में सम्बन्धित हैं।
(**नोट** संख्याओं को उनके घटक अंकों में तोड़े बिना, पूर्ण संख्याओं पर गणितीय संक्रियाएँ की जानी चाहिए। जैसे, 13 के मामले में 13 पर की जाने वाली विभिन्न गणितीय संक्रियाएँ जैसे जोड़ना/घटाना/गुणा करना आदि, केवल 13 के साथ की जा सकती हैं। लेकिन 13 को 1 और 3 में तोड़ने और फिर 1 और 3 पर गणितीय संक्रियाएँ करने की अनुमति नहीं है।)
(18, 378, 7)
(14, 210, 5)
(a) (23, 230, 5) (b) (17, 204, 6)
(c) (17, 272, 8) (d) (15,405, 9)

17. कागज की एक वर्गाकार शीट को बिन्दीदार रेखाओं के अनुदिश दिखाई गई दिशाओं में क्रमिक रूप से मोड़ा जाता है और फिर अन्त में पंच किया जाता है। कागज को खोलने पर यह कैसा दिखाई देगा?

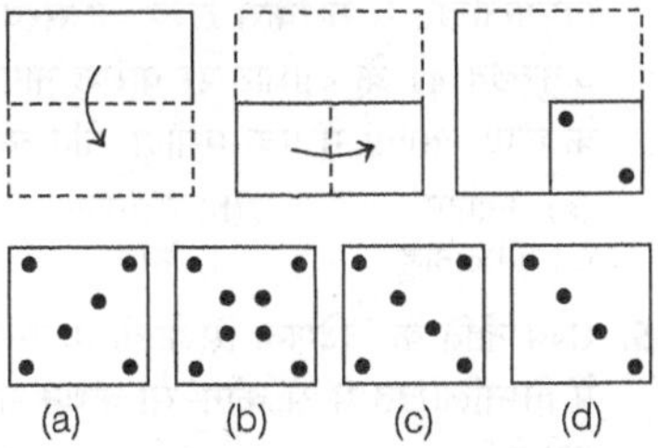

18. एक निश्चित कूटभाषा में 'It's your life' को 'Ao Bo Co' के रूप में लिखा जाता है और 'It's your food' को 'Ba Co Bo' के रूप में लिखा जाता है। उसी भाषा में 'food' को किस प्रकार लिखा जाएगा?
(a) Ao (b) Co
(c) Bo (d) Ba

19. उस शब्द युग्म का चयन करें, जो नीचे दिए गए शब्दों के युग्म में व्यक्त किए गए सम्बन्ध के समान सम्बन्धों का सबसे बेहतर ढंग से प्रतिनिधित्व करता है। शब्दों को अर्थपूर्ण हिन्दी शब्द माना जाना चाहिए और शब्दों में अक्षरों की संख्या/व्यंजनों/स्वरों की संख्या के आधार पर एक-दूसरे से सम्बन्धित नहीं होना चाहिए।
Egypt : Nile (मिस्र : नील)
(a) South Korea : Mekong (दक्षिण कोरिया : मेकोंग)
(b) Brazil : Colorado (ब्राजील : कोलोराडो)
(c) Russia : Mississippi (रूस मिसीसिप्पी)
(d) Myanmar : Irrawaddy (म्यांमार : इरावदी)

20. एक निश्चित कूटभाषा में 'let it go' को 'vc nt ap' के रूप में कूटबद्ध किया जाता है और 'this is it' को 'mq vc ih' के रूप में कूटबद्ध किया जाता है। उस भाषा में 'it' के लिए कूट क्या है?
(a) ih (b) vc
(c) mq (d) nt

21. यदि '+' और '–' को आपस में बदल दिया जाए और '×' और '÷' को आपस में बदल दिया जाए, तो निम्नलिखित समीकरण में प्रश्नचिह्न (?) के स्थान पर क्या आएगा?
$1604 \times 4 - 525 \div 5 + 73 = ?$
(a) 2395 (b) 2539
(c) 2953 (d) 2935

22. इस प्रश्न में, तीन कथन और उसके बाद तीन निष्कर्ष क्रमांक I, II और III दिए गए हैं। कथनों को सत्य मानते हुए, भले ही वे सामान्य रूप से ज्ञात तथ्यों से भिन्न प्रतीत होते हों, तो तय कीजिए कि कौन-सा/से निष्कर्ष कथनों का तार्किक रूप से अनुसरण करता/करते हैं/हैं।

कथन
सभी पंखे, ब्राउन हैं।
कुछ ब्राउन, कुर्सियाँ हैं।
कुछ कुर्सियाँ, प्लास्टिक हैं।

निष्कर्ष
I. कुछ ब्राउन, पंखें हैं।
II. कुछ कुर्सियाँ, ब्राउन हैं।
III. कोई कुर्सी, प्लास्टिक नहीं है।
(a) केवल निष्कर्ष III अनुसरण करता है
(b) केवल निष्कर्ष I और II अनुसरण करते हैं
(c) कोई भी निष्कर्ष अनुसरण नहीं करता है
(d) केवल निष्कर्ष II और III अनुसरण करते हैं

23. दिए गए विकल्पों में से उस आकृति का चयन कीजिए, जो प्रश्नचिह्न (?) को प्रतिस्थापित कर सकती है और शृंखला को तार्किक रूप से पूरा कर सकती है।

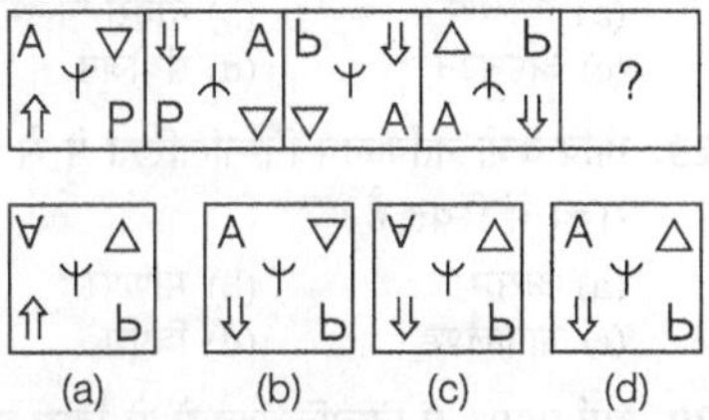

24. दी गई आकृति में कितने त्रिभुज हैं?

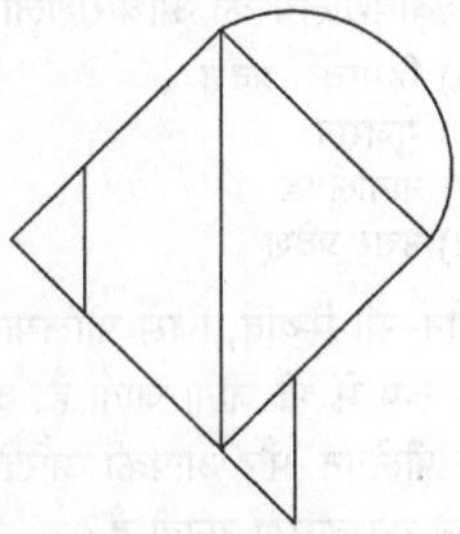

(a) 3 (b) 6
(c) 5 (d) 4

25. दिए गए संख्या युग्मों में से एक को छोड़कर अन्य सभी में समान संक्रिया/संक्रियाओं का अनुसरण किया गया है। वह असंगत संख्या युग्म ज्ञात कीजिए।
(**नोट** संख्याओं को उसके संघटक अंकों में खण्डित किए बिना, संक्रियाएँ पूर्णांकों पर की जानी चाहिए। उदाहरण के लिए 13-13 पर की जाने वाली संक्रियाएँ, जैसे कि जोड़ना/घटाना/गुणा इत्यादि, 13 पर ही की जानी चाहिए। 13 को 1 और 3 में खण्डित करना और फिर 1 और 3 पर गणितीय संक्रियाएँ करना वर्जित है।)
(a) 15 : 48 (b) 13 : 42
(c) 12 : 39 (d) 11 : 35

भाग II
सामान्य जागरुकता

26. भारत के किस राज्य में जल संचयन के लिए कुण्ड या टाँका का उपयोग किया जाता है?
(a) राजस्थान (b) पंजाब
(c) आन्ध्र प्रदेश (d) उत्तर प्रदेश

27. ब्याज दर और मुद्रा की माँग के बीच क्या सम्बन्ध है?
(a) प्रतिलोम
(b) समानुपातिक
(c) प्रत्यक्ष
(d) कोई सम्बन्ध नहीं है

28. जब जल में विद्युत धारा प्रवाहित की जाती है, तो किस प्रकार की रासायनिक अभिक्रिया होती है?
(a) विस्थापन (b) दोहरा विस्थापन
(c) अपघटन (d) संयोजन

29. गोविन्दजी नर्तनालय निम्नलिखित में से किस राज्य में स्थित है?
(a) असम (b) मणिपुर
(c) नागालैण्ड (d) त्रिपुरा

30. वर्ष 2021 में निम्नलिखित में से किस राज्य में प्रधानमन्त्री ने राजा महेन्द्र प्रताप सिंह राज्य विश्वविद्यालय की आधारशिला रखी?
(a) हिमाचल प्रदेश
(b) गुजरात
(c) नागालैण्ड
(d) उत्तर प्रदेश

31. कौन-सी स्थिति, जिसे पीलिया (इक्टेरस) के रूप में भी जाना जाता है, आपकी त्वचा के पीलेपन और आपकी आँखों के सफेद होने का कारण बनती है?
(a) जॉण्डिस (b) एक्जिमा
(c) इक्थियोसिस (d) पेम्फीगस

32. निम्नलिखित में से किस क्रान्तिकारी के नेतृत्व में चटगाँव शस्त्रागार पर छापा मारा गया था?
(a) सूर्यसेन (b) रास बिहारी बोस
(c) बादल गुप्ता (d) हेमू कालानी

33. महिला प्रीमियर लीग, 2023 क्रिकेट का उद्घाटन मैच निम्नलिखित में से किस स्थान पर खेला गया था?
(a) चेन्नई (b) मुम्बई
(c) कोलकाता (d) दिल्ली

34. वरिष्ठ नागरिकों के कल्याण के लिए एक निदेशालय बनाने के उद्देश्य से, निम्नलिखित में से किस राज्य की सरकार ने अनुच्छेद 41 के आधार पर वरिष्ठ नागरिकों के लिए, 2022 में एक मसौदा नीति बनाई?
(a) कर्नाटक (b) तेलंगाना
(c) तमिलनाडु (d) केरल

35. राज्य नीति के निदेशक सिद्धान्तों के सन्दर्भ में निम्नलिखित में से कौन-सा कथन सही नहीं है?
(a) ये देश के शासन के लिए दिशा-निर्देश प्रदान करते हैं।
(b) ये सामाजिक और आर्थिक विकास सुनिश्चित करते हैं।
(c) ये न्यायोचित प्रकृति के होते हैं।
(d) ये सरकार पर नैतिक रूप से बाध्यकारी होते हैं।

36. उच्च न्यायालय और सर्वोच्च न्यायालय न्यायाधीश (वेतन और सेवा की शर्तें) संशोधन विधेयक, 2021 लोकसभा में कब पेश किया गया था?
(a) 27 सितम्बर, 2021 को
(b) 29 मार्च, 2021 को
(c) 30 नवम्बर, 2021 को
(d) 28 अप्रैल, 2021 को

37. निम्न में से कौन-सा कथन हरित क्रान्ति को सही ढंग से परिभाषित करता है?
(a) यह वन के योगदान में वृद्धि करने की एक नई रणनीति है
(b) यह केवल हबेल उत्पादों का उपयोग करने की एक नई रणनीति है
(c) यह कृषि में खाद्यान्न, विशेषकर गेहूँ और चावल का उत्पादन करने की एक नई रणनीति है
(d) यह सभी उद्देश्यों के लिए हरे रंग का उपयोग करने की एक नई रणनीति है

38. संविधान का कौन-सा अनुच्छेद स्पष्ट करता है कि प्रत्येक राज्य की कार्यकारी शक्ति का प्रयोग इस प्रकार किया जाएगा कि संघ की कार्यकारी शक्ति के प्रयोग में बाधा या प्रतिकूल प्रभाव न पड़े और संघ की कार्यकारी शक्ति किसी राज्य को ऐसे निर्देश देने तक विस्तारित होगी, जो भारत सरकार को उस उद्देश्य के लिए आवश्यक प्रतीत होता हो?
(a) अनुच्छेद 257 (b) अनुच्छेद 261
(c) अनुच्छेद 247 (d) अनुच्छेद 123

39. भारत की जनगणना, 2011 के अनुसार ग्रामीण भारत में, निम्नलिखित में से कौन-से राज्य में, महिला कार्यबल भागीदारी दर सर्वाधिक है?
(a) हिमाचल प्रदेश (b) अरुणाचल प्रदेश
(c) आन्ध्र प्रदेश (d) उत्तर प्रदेश

40. 1307-1308 ई. में अलाउद्दीन खिलजी का पहला दक्षिणी अभियान निम्नलिखित में से किस क्षेत्र में हुआ था?
(a) वारंगल (b) मदुरै
(c) देवगिरि (d) द्वार समुद्र

41. निम्नलिखित में से किसे प्रकृति की कार्यात्मक इकाई के रूप में दर्शाया जा सकता है?
(a) पारिस्थितिकी तन्त्र (b) वाहन
(c) मनुष्य (d) वनस्पति

42. टर्शियरी ब्यूटाइल एल्कोहॉल का IUPAC नाम क्या है?
(a) 2-मेथाइलप्रोपेन-2-ol
(b) 1-एथाइलप्रोपेन-3-ol
(c)1-मेथाइलप्रोपेन-3-ol
(d) 1-प्रोपाइलप्रोपेन-3-ol

43. रुद्रदामन के निम्नलिखित शिलालेखों में से कौन-सा शुद्ध संस्कृत में रचित प्रारम्भिक भारत का पहला राजकीय शिलालेख है?
(a) चिरान्द (b) महरौली
(c) गिरनार (d) प्रयाग

44. गगन नारंग ने किस ओलम्पिक में कांस्य पदक जीता था?
(a) एथेंस 2004 (b) लन्दन 2012
(c) रियो 2016 (d) बीजिंग 2008

45. वर्ष 1952 में, निम्नलिखित में से किसने फिल्म अमर भूपाली, जो एकसाथ दो भाषाओं में निर्मित की जा रही थी, के लिए अपनी आवाज दी और उन्होंने बंगाली और मराठी दोनों भाषाओं में गीत गाए?
(a) मन्ना डे (b) देवव्रत बिस्वास
(c) हेमन्त मुखर्जी (d) किशोर कुमार

46. किस संगीत-रचयिता जोड़ी को वर्ष 2020 के राष्ट्रीय लता मंगेशकर पुरस्कार से सम्मानित किया गया था?
(a) सलीम-सुलेमान (b) सचिन-जिगर
(c) आनन्द-मिलिन्द (d) जतिन-ललित

47. गर्मियों के महीनों में पूर्वी जेट धारा प्रायद्वीपीय भारत के ऊपर किस अक्षांश पर बहती है?
(a) 28° N (b) 30° N
(c) 24° N (d) 14° N

48. अरबी, फ़ारसी और इस्लामी कानूनों के अध्ययन को बढ़ावा देने के लिए कोलकाता में मदरसा कब खोला गया था?
(a) 1781 ई. में (b) 1774 ई. में
(c) 1783 ई. में (d) 1772 ई. में

49. निम्नलिखित में से कौन-सा उत्सव सूर्यदेव और उनकी पत्नी उषा को पृथ्वी पर जीवन बनाए रखने और इच्छाएँ प्रदान करने के लिए धन्यवाद देने के लिए समर्पित है?
(a) मड़ई महोत्सव (b) सौराठ सभा
(c) विश्वकर्मा पूजा (d) छठ पूजा

50. भारत के किस भाग में गर्म हवा 'लू' चलती है?
(a) उत्तर और उत्तर-पश्चिम
(b) पूर्व और पूर्वोत्तर
(c) पश्चिम और दक्षिण-पश्चिम
(d) दक्षिण और दक्षिण-पश्चिम

भाग III
संख्यात्मक अभियोग्यता

51. निम्नलिखित को सरल कीजिए।

$$\frac{(8.3)^3 + (9.2)^3 + (6.1)^3 - 3 \times 8.3 \times 9.2 \times 6.1}{(8.3)^2 + (9.2)^2 + (6.1)^2 - 8.3 \times 9.2 - 9.2 \times 6.1 - 6.1 \times 8.3}$$

(a) 28.7 (b) 23.6
(c) 30.2 (d) 25.5

52. यदि ₹ 5000 की राशि 3 वर्षों के लिए 15% वार्षिक साधारण ब्याज दर पर ली जाती है और ₹ 8000 की अन्य राशि 4 वर्षों के लिए 12% वार्षिक साधारण ब्याज पर ली जाती है, तो भुगतान किए गए ब्याज का धनात्मक अन्तर ज्ञात करें।
(a) ₹ 1378
(b) ₹ 1643
(c) ₹ 1286
(d) ₹ 1590

53. वर्तमान में, A की आयु B की आयु की तीन गुनी है। C, B से 5 वर्ष बड़ा है। A, B, C की आयु का योग 75 वर्ष है। पाँच वर्ष पहले B की आयु का, अब से तीन वर्ष बाद A की आयु से अनुपात क्या होगा?
(a) 1 : 4 (b) 2 : 3
(c) 1 : 5 (d) 4 : 7

54. पाइप M, N और S एक टैंक को क्रमशः 25, 50 और 100 मिनट में भर सकते हैं। प्रारम्भ में, पाइप N और S को 10 मिनट के लिए खुला रखा जाता है, और फिर पाइप N को बन्द कर दिया जाता है जबकि पाइप M को खोल दिया जाता है। टैंक में अतिप्रवाह होने से 15 मिनट पहले पाइप S को बन्द कर दिया जाता है। यदि तीनों पाइप इस पैटर्न में कार्य करें तो टैंक को भरने में कितना समय (मिनट में) लगेगा?
(a) 27 (b) 42
(c) 30 (d) 33

55. निम्नलिखित का सरलीकरण करें:
$21 - 4.9 \div 7 + 3.9 \times 0.4 + 0.9$
(a) 18.23 (b) 22.76
(c) 26.32 (d) 24.12

56. एक वस्तु का अंकित मूल्य उसके क्रय मूल्य से 26% अधिक है। यदि 32% की छूट दी जाती है, तो हानि प्रतिशत क्या होगा?
(a) 15.25% (b) 18.64%
(c) 14.32% (d) 12.26%

57. यदि x, y के व्युत्क्रमानुपाती है और $y = 6$ होने पर $x = 2$ है, तो $x = 3$ होने पर y का मान क्या होगा?
(a) 2 (b) 3
(c) 6 (d) 4

58. सात वर्ष पूर्व, प्राची की आयु, उस समय उसकी पुत्री की आयु की चार गुनी थी। अब से चार वर्ष बाद प्राची अपनी पुत्री की आयु की ढाई गुनी हो जाएगी। प्राची और उसकी पुत्री की वर्तमान आयु (वर्ष में) का योग ज्ञात करें।
(a) 72 (b) 77
(c) 49 (d) 69

59. एक व्यक्ति प्रति माह ₹ 16000 कमाता है और अपनी आय का 80% खर्च करता है और शेष राशि की बचत करता है। यदि उसकी आय में 20% और खर्च में 10% की वृद्धि हो जाती है, तो उसकी बचत में प्रतिशत वृद्धि की गणना करें।
(a) 140% (b) 120%
(c) 90% (d) 60%

60. माधव ने ₹ 42000 में एक वस्तु खरीदी और उसे 20% की हानि पर बेच दिया। उस राशि से उसने एक और वस्तु खरीदी और उसे 30% के लाभ पर बेच दिया। कुल लाभ (₹ में) कितना है?
(a) 2520 (b) 1680
(c) 6720 (d) 4200

61. त्रिभुज के कोण इस प्रकार हैं कि एक कोण अन्य दो कोणों का औसत है, तो कोण निम्नलिखित में से कौन-से होंगे?
1. $\frac{\pi}{6}, \frac{\pi}{3}, \frac{\pi}{2}$ 2. $\frac{\pi}{3}, \frac{\pi}{3}, \frac{\pi}{2}$
3. $\frac{\pi}{6}, \frac{\pi}{3}, \frac{\pi}{4}$ 4. $\frac{\pi}{2}, \frac{\pi}{2}, \frac{\pi}{3}$
(a) 3 (b) 2
(c) 4 (d) 1

62. जनवरी के पहले सोलह दिनों के लिए एक शहर का औसत तापमान 22°C रहा, और उसी महीने के अन्तिम सोलह दिनों का औसत तापमान 26°C रहा। यदि पूरे महीने का औसत तापमान 24°C रहा, तो सोलहवें दिन का तापमान कितना रहा?
(a) 23°C (b) 25°C
(c) 22°C (d) 24°C

63. निम्नलिखित तालिका में, लड़कों के एक छात्रावास के भोजनालय के तीन कर्मचारियों, राहुल, सुनील और विपिन का तीन महीने का मासिक वेतन (₹ में) दिया गया है। तालिका का ध्यानपूर्वक अध्ययन कीजिए और नीचे दिए गए प्रश्न का उत्तर दीजिए।

भोजनालय कर्मचारी/माह	अक्टूबर	नवम्बर	दिसम्बर
राहुल	10800	11500	12000
सुनील	10000	10500	11500
विपिन	10400	11600	12200

नवम्बर में सुनील का वेतन, राहुल के वेतन का कितने प्रतिशत है? (दो दशमलव स्थान तक पूर्णांकित)
(a) 91.30% (b) 89.30%
(c) 90.23% (d) 88.23%

64. वरुण और सन्दीप ने एक कार रेस के लिए एक ही बिन्दु से, एक ही दिशा में और एक ही समय में 1635 मी लम्बाई के एक वृत्ताकार ट्रैक पर क्रमशः 90 किमी/घण्टा और 108 किमी/घण्टा की चाल से शुरुआत की। कितने समय बाद (सेकण्ड में) वे पहली बार फिर से मिलेंगे?
(a) 326 (b) 327
(c) 324 (d) 325

65. एक समकोण समद्विबाहु त्रिभुज का क्षेत्रफल 50 वर्ग इकाई है। इसके कर्ण की लम्बाई (इकाई में) कितनी है?
(a) $5\sqrt{5}$ (b) $5\sqrt{2}$
(c) $10\sqrt{2}$ (d) $10\sqrt{3}$

66. निम्न का मान ज्ञात करें। $\dfrac{\sin^3 A - \cos^3 A}{\sin A - \cos A}$

जहाँ, A एक न्यून कोण है।

(a) $\sin A + \cos A$
(b) $1 - 3\sin A$
(c) $1 + \sin A \cos A$
(d) $3\cos A - 1$

67. यदि एक बेलन की त्रिज्या 8 सेमी और ऊँचाई 14 सेमी है, तो उस बेलन का आयतन (सेमी^{3} में) क्या होगा? ($\pi = \frac{22}{7}$ लीजिए)

(a) 2784 (b) 2686
(c) 2456 (d) 2816

68. दिया गया बार ग्राफ 5 वर्षों (2018 से 2022) के दौरान संस्थान A और B में नामांकित छात्रों की संख्या को दर्शाता है।

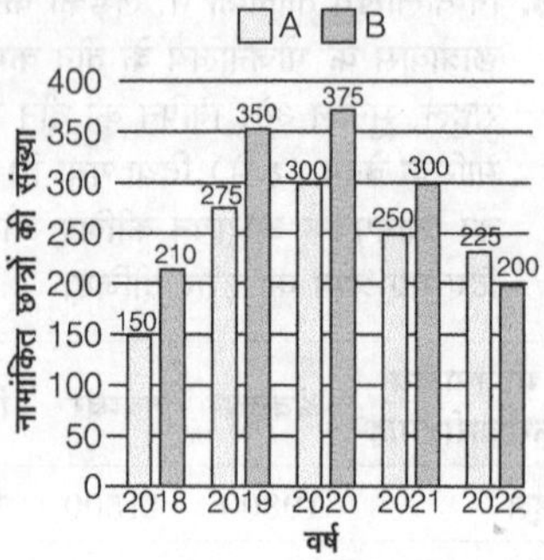

2019, 2020 और 2022 में संस्थान B में नामांकित छात्रों की कुल संख्या और 2018, 2020 और 2021 में संस्थान A में नामांकित छात्रों की कुल संख्या का अनुपात ज्ञात करें

(a) 28 : 11 (b) 37 : 28
(c) 28 : 37 (d) 11 : 28

69. यदि $\tan(t) = \frac{1}{3}$ है, तो $\sec(t)$ का मान कितना है?

(a) $\frac{\sqrt{3}}{3}$ (b) $\frac{\sqrt{10}}{9}$
(c) $\frac{2\sqrt{2}}{3}$ (d) $\frac{\sqrt{10}}{3}$

70. जब 28735429 को 9 से विभाजित किया जाता है, वास्तविक विभाजन किए बिना शेषफल ज्ञात कीजिए।

(a) 4 (b) 9
(c) 2 (d) 8

71. दिया गया चार्ट वर्ष 2021 में विभिन्न प्रकार की कारों के उत्पादन को दर्शाता है। दिए गए चार्ट का अध्ययन कीजिए और दिए गए प्रश्न का उत्तर दीजिए।

कारों के उत्पादन का बंटन

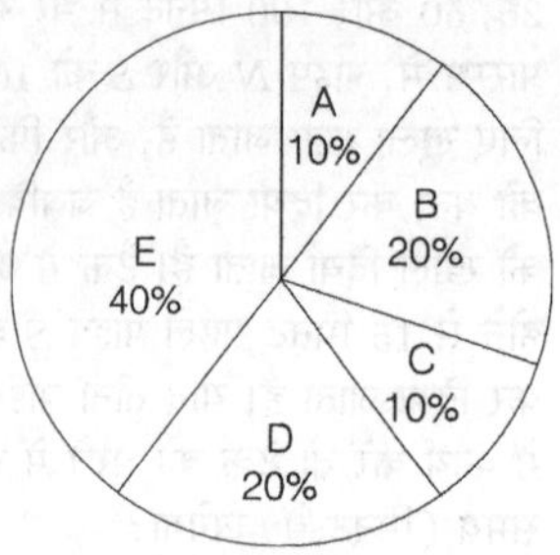

यदि वर्ष 2021 में कुल उत्पादन 20000000 था, तो 2021 में D किस्म की कारों के उत्पादन को निरूपित करने वाले क्षेत्र का केन्द्रीय कोण क्या होगा?

(a) 50° (b) 72°
(c) 42° (d) 36°

72. नीचे दिया गया पाई चार्ट आदित्य द्वारा किए जाने वाले खर्च (प्रतिशत में) को दर्शाता है। आदित्य की मासिक आय ₹ 54000 है।

वह भोजन पर कितना (₹ में) खर्च करता है?

(a) 12420 (b) 11240
(c) 13420 (d) 12240

73. 15.75 सेमी त्रिज्या वाले एक वृत्त से 11 सेमी की चाप लम्बाई त्रिज्यखण्ड काटा जाता है। इस त्रिज्यखण्ड का क्षेत्रफल (सेमी^{2} में) ज्ञात कीजिए।

(a) 86.875 (b) 86.525
(c) 86.625 (d) 86.125

74. बिन्दु P और S रेखाखण्ड QR के एक ही ओर इस प्रकार हैं कि $\angle PQR = 90°$, $\angle SRQ = 90°$ और $PQ = SR$ है। सही कथन का चयन कीजिए।

(a) $\Delta PQR \cong \Delta SQR$ SAS द्वारा
(b) $\Delta PQR \cong \Delta SRQ$ SAS द्वारा
(c) $\Delta PQR \cong \Delta SQR$ RHS द्वारा
(d) $\Delta PQR \cong \Delta SRQ$ RHS द्वारा

75. मान लीजिए C एक वृत्त है जिसका केन्द्र O है और P, C का एक बाह्य बिन्दु है। मान लीजिए। PA और PB, C की दो स्पर्श रेखाएँ हैं तथा A और B क्रमश: स्पर्श बिन्दु है। यदि PA और PB एक-दूसरे से 60° के कोण पर आनत हैं, तो $\angle POA$ ज्ञात कीजिए।

(a) 80° (b) 30° (c) 40° (d) 60°

भाग IV
अंग्रेजी भाषा

76. Select the most appropriate synonym of the given word.
Abundant

(a) Ample (b) Scarce
(c) Barren (d) Difficult

77. Select the option that can be used as a one-word substitute for the given group of words.
One who does not show response to good or bad

(a) Stoic (b) Sceptic
(c) Cynic (d) Phobic

78. Select the most appropriate antonym of the underlined word.
If you want to be a good detective, it helps to have an <u>inquisitive</u> nature.

(a) Comprehensive
(b) Itemised
(c) Intrusive
(d) Disinterested

79. Select the option that expresses the given sentence in active voice.
The meal was not prepared by us.

(a) We had not prepare the meal.
(b) We did not prepare the meal.
(c) We did not preparing the meal.
(d) We did prepare the meal.

80. Select the option that expresses the given sentence in active voice.
The homework must be done by you.

(a) You should have done the homework.
(b) You do the homework.
(c) You will do the homework.
(d) You must do the homework.

81. Select the correctly spelled sentence.

(a) I will definitely attend the conference.
(b) I will definitly attend the conference.
(c) I will definetely attend the conference.
(d) I will definately attend the conference.

82. Select the most appropriate synonym of the underlined word.

I would love to organise the farewell party at my house.

(a) Derange (b) Disorder
(c) Arrange (d) Confuse

83. Parts of a sentence are given below in jumbled order. Arrange the parts in the correct order to form a meaningful sentence.

(O) as it was the last one of the evening
(P) the city bus was overcrowded
(Q) and this gave an opportunity
(R) to the pickpockets
(S) to try their skill

(a) SRPOQ
(b) PSORQ
(c) POQRS
(d) SROPQ

84. Parts of the following sentence have been given as options. Select the option that contains an error.

Every students in the hostel decided to travel to Delhi to witness the Republic Day parade.

(a) Republic Day Parade.
(b) to witness the
(c) decided to travel to Delhi
(d) Every students in the hostel

85. Select the most appropriate meaning of the given idiom.

Break a leg

(a) Give advice on maintaining physical health.
(b) Encourage someone to engage in risky activities.
(c) Suggest taking a short break during work.
(d) Wish someone good luck before a performance.

86. Given below are four jumbled sentences. Select the option that gives their correct logical sequence.

A. These can turn around to track stars with the rotation of Earth.
B. Observatories are places to study place.
C. They are mostly built on the mountain tops.
D. Telescopes are placed in the dome-shaped roof of the building.

(a) BCDA (b) DCBA
(c) ACDB (d) CBDA

87. Select the incorrectly spelt word.

(a) Allocation
(b) Abismal
(c) Allegation
(d) Aversion

88. Select the most appropriate option to substitute the underlined segment in the given sentence.

Raju's job as a clerk seemed to be bad at first because of the low salary, but resulted in something good happening later because it saved him from being unemployed.

(a) a boon in disguise
(b) a blessing in disguise
(c) a jolt in disguise
(d) a gift in disguise

89. Parts of a sentence are given below in jumbled order. Arrange the parts in the correct order to form a meaningful sentence.

A. the use of animal research
B. throughout the past century
C. and it continues to be used to understand many diseases
D. has been of considerable importance
E. in the field of scientific and medical advancements

(a) AECDB
(b) ECDBA
(c) ADEBC
(d) EDCBA

90. Select the most appropriate option that can substitute the underlined segment in the given sentence. If there is no need to substitute it, select 'No substitution'.

Spreading awareness about the rights of the consumers and the relief open to them in case they did not get their money's worth of goods and service has rightly been identified as the first priority.

(a) were unable to get their money's worth
(b) No substitution
(c) did not getting their money's worth
(d) will not get their money's worth

91. Select the most appropriate option to substitute the underlined word in the given sentence.

Pollution levels have increased so largely that they are almost killing us.

(a) highly (b) slowly
(c) primarily (d) chiefly

92. Identify the most appropriate antonym of the given word.

Scary

(a) Bright (b) Pristine
(c) Awful (d) Comforting

93. The following sentence has been split into four segments. Identify the segment that contains a grammatical error.

By this time next year / I will had graduated from college / and starting my first job / in the field of marketing.

(a) in the field of marketing
(b) and starting my first job
(c) By this time next year
(d) I will had graduated from college

94. Select the most appropriate antonym of the word in bold.

Elisabeth stood at the piano, which did nothing to **allay** his anxiety.

(a) mitigate (b) simplify
(c) mollify (d) aggravate

95. Select the most appropriate synonym of the given word.

Berserk

(a) Demented
(b) Absurd
(c) Stubborn
(d) Lazy

Directions (Q.No. 96-100) *In the following passage, some words have been deleted. Read the passage carefully and select the most appropriate option to fill in each blank.*

From the beginning ...... (1) ...... the eighteenth century, the ladies of European cities covered ...... (2) ...... faces in layers of paint and powder. This particular fashion was largely brought ...... (3) ...... by the urgent need to disguise the ravages of smallpox, ... (4) ...... left their faces pitted and scarred. During this same period, the 'beauty spot' was introduced to cover ...... (5) ...... a facial defect.

96. Select the most appropriate option to fill in blank number 1.

(a) in (b) on
(c) of (d) about

97. Select the most appropriate option to fill in blank number 2.
(a) their (b) there
(c) them (d) they're

98. Select the most appropriate option to fill in blank number 3.
(a) within (b) around
(c) to (d) about

99. Select the most appropriate option to fill in blank number 4.
(a) that (b) which
(c) when (d) who

100. Select the most appropriate option to fill in blank number 5.
(a) on (b) to
(c) for (d) up

उत्तरमाला

1. (b)	2. (c)	3. (c)	4. (d)
5. (c)	6. (b)	7. (d)	8. (b)
9. (a)	10. (a)	11. (a)	12. (b)
13. (b)	14 (d)	15. (d)	16. (d)
17. (b)	18. (d)	19. (d)	20. (b)
21. (c)	22. (b)	23. (c)	24. (d)
25. (d)	26. (a)	27. (a)	28. (c)
29. (b)	30. (d)	31. (a)	32. (a)
33. (b)	34. (c)	35. (c)	36. (c)
37. (c)	38. (a)	39. (a)	40. (c)
41. (a)	42. (a)	43. (c)	44. (b)
45. (a)	46. (c)	47. (d)	48. (a)
49. (d)	50. (a)	51. (b)	52. (d)
53. (c)	54. (a)	55. (b)	56. (c)
57. (d)	58. (d)	59. (d)	60. (b)
61. (d)	62. (d)	63. (a)	64. (b)
65. (c)	66. (c)	67. (d)	68. (b)
69. (d)	70. (a)	71. (b)	72. (a)
73. (c)	74. (b)	75. (d)	76. (a)
77. (a)	78. (d)	79. (b)	80. (d)
81. (a)	82. (c)	83. (c)	84. (d)
85. (d)	86. (a)	87. (b)	88. (b)
89. (c)	90. (a)	91. (a)	92. (d)
93. (d)	94. (d)	95. (a)	96. (c)
97. (a)	98. (d)	99. (b)	100. (d)

व्याख्या

1. *(b)* जिस प्रकार,
$(2, 3, 17) \Rightarrow 2 \times 3 + 11 = 17$
तथा $(5, 2, 21) \Rightarrow 5 \times 2 + 11 = 21$
उसी प्रकार, (3, 4, 23)
$\Rightarrow 3 \times 4 + 11 = 23$

2. *(c)* दी गई श्रृंखला का क्रम निम्न है,

99 →(+24) 123 →(+27) 150 →(+30) 180 →(+33) 213 →(+36) [249]
+24, +27, +30, +33, +36 (अंतर +3, +3, +3, +3)

$\therefore ? =$ [249]

3. *(c)* प्रश्नानुसार, कागज के टुकड़े को मोड़ने, काटने तथा खोलने के पश्चात् यह विकल्प आकृति (c) जैसा दिखाई देगा।

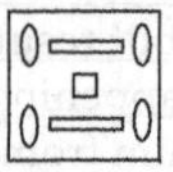

4. *(d)* A + B – C ÷ D * E – F ÷ G
रक्त सम्बन्ध आरेख बनाने पर,

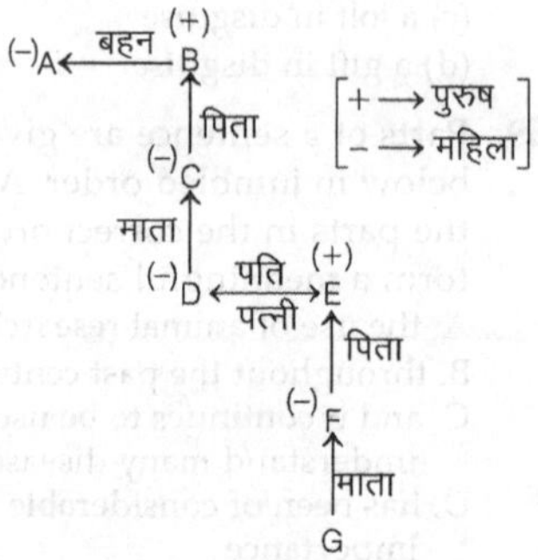

अत: F,C की नातिनी है।

5. *(c)* दी गई अक्षर श्रृंखला का क्रम निम्न है,

B →(+2) D →(+2) [F] →(+2) H →(+2) J
V →(–2) T →(–2) [R] →(–2) P →(–2) N
T →(+2) V →(+2) [X] →(+2) Z →(+2) B
O →(–2) M →(–2) [K] →(–2) I →(–2) G

6. *(b)* कथनानुसार,

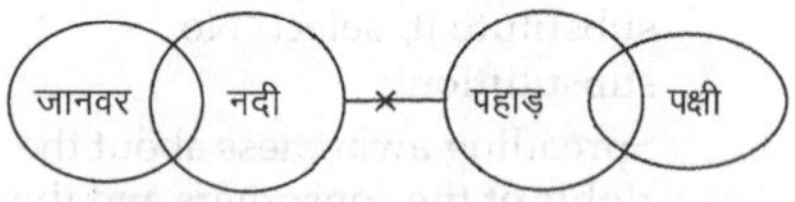

निष्कर्ष I. (✗) II. (✗)
अत: न तो निष्कर्ष I और न ही II अनुसरण करता है।

7. *(d)* $4 \div 6 + 91 \times 7 - 5 = ?$
प्रश्नानुसार, चिह्नों को परस्पर बदलने पर,
$4 \times 6 - 91 \div 7 + 5$
$= 24 - 13 + 5$
$= 29 - 13 = 16$

8. *(b)* जिस प्रकार,

5 10 15 20
E J – O T
(+5) (+5)

और
3 8 13 18
C H – M R
(+5) (+5)

और
11 16 21 26
K P – U Z
(+5) (+5)

परन्तु,
16 6 15 9
P F – O I
(–10) (–6)

9. *(a)* दिया गया शब्द → S Y [S] T E M
वर्णमाला के क्रमानुसार → E M [S] S T Y

अत: दिए गए शब्द के अक्षरों को वर्णमाला क्रमानुसार लगाने पर '5' अक्षरों ने अपने स्थान परिवर्तित किए हैं।

10. *(a)* दी गई आकृति श्रृंखला में प्रत्येक अगली आकृति 45° वामावर्त घुम रही है। अत: विकल्प आकृति (a) इस श्रृंखला को पूर्ण करेगी।

11. *(a)* दी गई अक्षर श्रृंखला का क्रम निम्न है,
N<u>A</u>/BANAN<u>A</u>/<u>B</u>ANANA/B<u>A</u>NANA/BA<u>N</u>ANA
$\therefore$ ANBAN

12. *(b)* दी गई आकृति का दर्पण प्रतिबिम्ब विकल्प आकृति (b) जैसा दिखाई देगा।

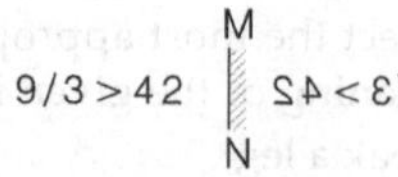

13. *(b)* जिस प्रकार,
$(16, 33, 67) \Rightarrow 67 - 33 = 34$
$(16 + 1) = 17 \times 2 = 34$
तथा $(19, 39, 79) \Rightarrow 79 - 39 = 40$
$(19 + 1) = 20 \times 2 = 40$
उसी प्रकार, (22, 45, 91)
$\Rightarrow 91 - 45 = 46$
$(22 + 1) = 23 \times 2 = 46$

14. *(d)* दी गई आकृति का दर्पण प्रतिबिम्ब विकल्प आकृति (d) जैसा दिखाई देगा।

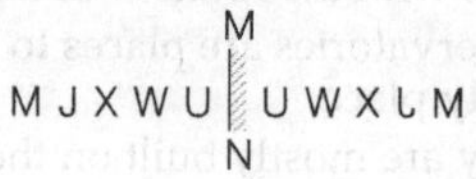

15. *(d)* दी गई श्रृंखला का क्रम निम्न है,

V →(–2) T →(–2) R →(–2) P →(–2) [N]
O →(–2) M →(–2) K →(–2) I →(–2) [G]
39 →(–4) 35 →(–4) 31 →(–4) 27 →(–4) [23]

16. *(d)* जिस प्रकार, (18, 378, 7)

$\Rightarrow \frac{378}{18} = 21 \Rightarrow \frac{21}{7} = 3$

तथा (14, 210, 5)

$\Rightarrow \frac{210}{14} = 15 \Rightarrow \frac{15}{5} = 3$

उसी प्रकार, (15, 405, 9)

$\Rightarrow \frac{405}{15} = 27 \Rightarrow \frac{27}{9} = 3$

17. *(b)* प्रश्न आकृति में दिए गए कागज की वर्गाकार शीट को मोड़कर तथा पंच करके, मोड़े गए पैटर्न में पुन: खोलने पर वह विकल्प आकृति (b) के समान दिखाई देगी।

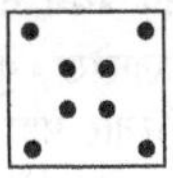

18. *(d)* प्रश्नानुसार,

It's your life → Ao Bo Co

It's your (food) → (Ba) Co Bo

$\therefore$ food का कूट = Ba

19. *(d)* जिस प्रकार नील नदी मिस्त्र में बहती है, उसी प्रकार इरावदी (Irrawaddy) नदी, म्यांमार में बहती है।

20. *(b)* प्रश्नानुसार,

let (it) go → (vc) nt ap

this is (it) → mq (vc) ih

$\therefore$ it का कूट = vc

21. *(c)* $1604 \times 4 - 525 \div 5 + 73 = ?$

प्रश्नानुसार, चिह्नों को परस्पर बदलने पर,

$= 1604 \div 4 + 525 \times 5 - 73$

$= 401 + 2625 - 73$

$= 3026 - 73 = 2953$

22. *(b)* कथनानुसार,

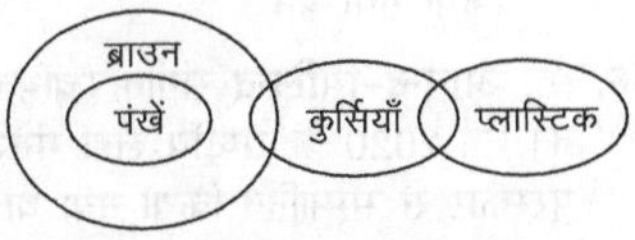

निष्कर्ष I. (✓) II. (✓) III. (✗)

अत: केवल निष्कर्ष I तथा II अनुसरण करते हैं।

23. *(c)* दी गई आकृति शृंखला में निम्न क्रम का अनुसरण हो रहा है।

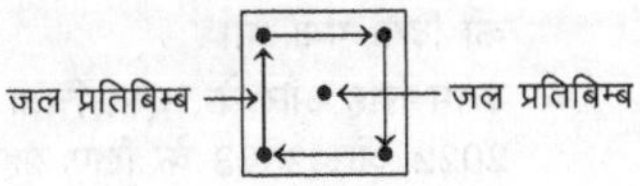

अत: इसी क्रम का अनुसरण करते हुए, इस आकृति शृंखला को विकल्प आकृति (c) पूरा करेगी।

24. *(d)* दी गई आकृति से,

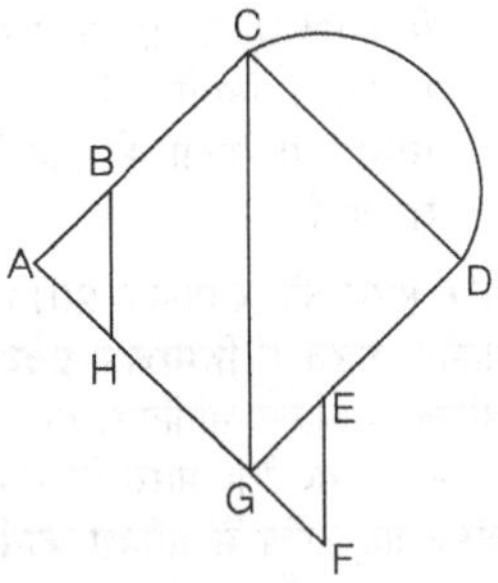

इस आकृति में निम्न त्रिभुज होंगे,

$\Delta ABH, \Delta ACG, \Delta GDC, \Delta GEF$

अत: दी गई आकृति में चार त्रिभुज हैं।

25. *(d)* जिस प्रकार,

$(15:48) \Rightarrow 15 \times 3 + 3 = 48$,

$(13:42) \Rightarrow 13 \times 3 + 3 = 42$

और $(12:39) \Rightarrow 12 \times 3 + 3 = 39$

परन्तु $(11:35) \Rightarrow 11 \times 3 + 3 = 36 \neq 35$

26. *(a)* टाँका वर्षा **राजस्थान** में जल संचयन की एक पारम्परिक तकनीक है। यह राज्य के रेगिस्तान क्षेत्र में उपयोग की जाती है।

- यह एक बेलनाकार या आयताकार आकार का भूमिगत गड्ढ़ा होता है।
- इसमें छतों, आँगनों या कृत्रिम रूप से तैयार किए गए जलग्रहण क्षेत्रों से बारिश का पानी आता है।
- जब टाँका भर जाता है, तो उसमें जमा पानी पूरे शुष्क मौसम में उपयोग किया जाता है।

27. *(a)* सामान्य तौर पर ब्याज दरों और मुद्रा की माँग में **प्रतिलोम** (विपरीत) सम्बन्ध होता है।

- इसका अर्थ, विपरीत अर्थव्यवस्था में ज्यादा पैसे का प्रवाह कम ब्याज दरों से जुड़ा होता है, जबकि कम पैसों का प्रवाह ज्यादा ब्याज दरों से जुड़ा होता है।
- जब ब्याज दरें उच्च होती हैं, तो लोगों को अपनी सम्पत्ति की ब्याज वाली सम्पत्तियों; जैसे—बाण्ड और बचत खातों में रखने के लिए अधिक प्रोत्साहन मिलता है। इससे मुद्रा की माँग कम हो जाती है।
- जब ब्याज दर कम होती है, तो मुद्रा की माँग अधिक होती है।

28. *(c)* जब जल में विद्युत धारा प्रवाहित की जाती है, तो जल का **विद्युत अपघटन** हो जाता है।

- यह उस प्रकार की प्रक्रिया है, जिसके द्वारा रासायनिक यौगिक के मध्यम से विद्युत धारा प्रवाहित करके रासायनिक बन्धों को तोड़ा जाता है।

29. *(b)* बिपिन सिंह ने मणिपुर (इम्फाल) में महिलाओं के लिए गोविन्दजी नृत्यालय की स्थापना की। वर्ष 1972 में उन्होंने कलकत्ता में मणिपुरी नृत्यालय नृत्य विद्यालय बनाया।

- बिपिन सिंह को मणिपुरी नृत्य का जनक माना जाता है।

30. *(d)* प्रधानमन्त्री नरेन्द्र मोदी ने 14 सितम्बर, 2021 को **उत्तर प्रदेश** राज्य के अलीगढ़ में राजा महेन्द्र प्रताप सिंह राज्य विश्वविद्यालय की आधारशिला रखी।

- यह एक आवासीय-सह-सम्बद्ध राज्य विश्वविद्यालय है।
- राजा महेन्द्र प्रताप सिंह, पश्चिमी उत्तर प्रदेश के हाथरस जिले के मुरसान रियासत के राजा थे।
- राजा महेन्द्र प्रताप सिंह एक महान् स्वतन्त्रता सेनानी, शिक्षाविद् और समाज सुधारक थे।

31. *(a)* **जॉण्डिस** (पीलिया) तब होता है, जब लिवर, रक्त में मौजूद बिलीरुबिन को संसाधित नहीं कर पाता है।

- बिलीरुबिन एक पीला पदार्थ होता है, जो लाल रक्त कोशिकाओं के टूटने पर बनता है।

32. *(a)* **सूर्यसेन** के नेतृत्व में इण्डियन रिपब्लिक आर्मी (IRA) के सदस्यों ने चटगाँव शस्त्रागार पर 18 अप्रैल, 1930 को आक्रमण कर हथियारों पर कब्जा कर लिया।

- सूर्यसेन को 'मास्टर दा' के नाम से भी जाना जाता है।
- चटगाँव शास्त्रागार पर हमले का मुख्य उद्देश्य दो प्रमुख ब्रिटिश शस्त्रागारों पर कब्जा करना और अन्य क्रान्तिकारियों को हथियार वितरित करना था।

33. *(b)* महिला प्रीमियर लीग, 2023 का उद्घाटन मैच **मुम्बई** के डीवाई पाटिल स्टेडियम में गुजरात ज्वॉइन्ट्स और मुम्बई इण्डियन्स के बीच खेला गया था।

- महिला प्रीमियर लीग, 2023 की विजेता टीम मुम्बई इण्डियन्स तथा उपविजेता टीम दिल्ली कैपिटल्स थी।
- इस लीग में दिल्ली कैपिटल्स की मेग लैनिंग ने सर्वाधिक 345 रन बनाए थे।

- महिला प्रीमियर लीग, 2024 की विजेता टीम रॉयल चैलेन्जर्स बेंगलुरु (RCB) है।

34. *(c)* वरिष्ठ नागरिकों के लिए **तमिलनाडु** सरकार ने सीनियर सिटीजन सेविंग्स स्कीम (SCSS) शुरू की है, इसका मुख्य उद्देश्य वरिष्ठ नागरिकों को सेवानिवृत्ति के बाद आय का एक स्थिर और सुरक्षित स्रोत देना है।

- अनुच्छेद 41 के अन्तर्गत राज्य को आर्थिक क्षमता और विकास की सीमाओं के अन्दर वरिष्ठ नागरिकों के लिए काम करने, शिक्षा पाने और लोक सहायता पाने का अधिकार सुनिश्चित करना है।

35. *(c)* कथन (c) सही नहीं है, ये न्यायोचित प्रकृति के होते हैं, इसका अभिप्राय यह है, कि इनके हनन के मामले में न्यायालय की शरण नहीं ली जा सकती है।

- राज्य नीति-निदेशक सिद्धान्त अनुच्छेद 36 से 51 के अन्तर्गत आते हैं।
- ये सिद्धान्त समान कार्य के लिए समान वेतन का प्रावधान देते हैं।
- इन सिद्धान्तों को लागू करने के लिए कानून की जरूरत नहीं होती है।
- ये सिद्धान्त कल्याणकारी प्रणाली की अवधारणा पर बल देते हैं।

36. *(c)* उच्च न्यायालय और सर्वोच्च न्यायालय न्यायाधीश (वेतन और सेवा की शर्तें) संशोधन विधेयक 2021 लोकसभा में 30 नवम्बर, 2021 को पेश किया गया था।

- **30 नवम्बर, 2021** को इस विधेयक के माध्यम से, उच्च न्यायालय न्यायाधीश (वेतन और सेवा की शर्तें) अधिनियम, 1954 तथा सर्वोच्च न्यायालय न्यायाधीश (वेतन और सेवा की शर्तें) अधिनियम, 1958 में संशोधन किया गया था।
- संसद, समय-समय पर उच्चतम न्यायालय के न्यायाधीशों के वेतन, भत्ते, विशेषाधिकार, अवकाश और पेंशन तय करती है।

37. *(c)* विकल्प (c) सही उत्तर है। यह कृषि में खाद्यान्न विशेषकर गेहूँ और चावल का उत्पादन करने की एक नई रणनीति है।

- हरित क्रान्ति की शुरुआत वर्ष 1960 के दशक में हुई थी।
- नॉर्मन बोरलॉग को विश्व में हरित क्रान्ति का जनक माना जाता है।
- भारत में हरित क्रान्ति का नेतृत्व एम.एस. स्वामीनाथन ने किया था।
- हरित क्रान्ति, कृषि में नवाचार का काल था, जिसके कारण फसल की पैदावार में उल्लेखनीय वृद्धि हुई थी।

38. *(a)* **अनुच्छेद 257** यह सुनिश्चित करने के लिए आवश्यक है, कि संघ और राज्य अपनी कार्यकारी शक्तियों का सामंजस्यपूर्ण तरीके से प्रयोग करें।

- इस अनुच्छेद के तहत संघ, राष्ट्रीय या सैन्य महत्त्व के माने जाने वाले संचार साधनों के निर्माण और रख-रखाव के सम्बन्ध में राज्यों को निर्देश दे सकता है।

39. *(a)* भारत की जनगणना 2011 के अनुसार ग्रामीण भारत में **हिमाचल प्रदेश** राज्य में महिला कार्यबल भागीदारी दर सर्वाधिक 47.47% थी तथा भारत के राज्यों में तमिलनाडु राज्य में महिला कार्यबल भागीदारी सबसे ज्यादा (21.8%) थी।

- 2011 में, सभी भारतीय स्तरों पर कार्यबल भागीदारी दर महिलाओं के लिए 25.51% और पुरुषों के लिए 53.26% थी।
- ग्रामीण क्षेत्र में महिला श्रमिकों की कार्य भागीदारी दर 30% थी।

40. *(c)* अलाउद्दीन खिलजी का पहला दक्षिण अभियान 1307-1308 ई. में देवगिरि था। यह दक्षिण भारत पर आक्रमण करने वाला प्रथम सुल्तान था।

- इस अभियान का नेतृत्व अलाउद्दीन खिलजी के सेनापति मलिक काफूर ने किया था।
- इस अभियान के माध्यम से अलाउद्दीन खिलजी ने दक्षिण भारत के राज्यों को जीतने की कोशिश की थी।
- दक्षिण भारत में अलाउद्दीन खिलजी के मुख्य अभियान थे।
- वारंगल के काकतीयों पर आक्रमण।
- देवगिरि के यादव राजा रामचन्द्र देव पर आक्रमण।
- द्वारसमुद्र के होयसल तथा मदुरै के पाण्डय राज्य पर आक्रमण।

41. *(a)* **पारिस्थितिकी तन्त्र,** जीवित जीवों और उनके आस-पास के पर्यावरण के बीच होने वाली जटिल अन्त: क्रियाओं का समूह है, जिसे प्रकृति की कार्यात्मक इकाई के रूप मे दर्शाया जा सकता है।

- इसमें जीवित जीवों (जैविक घटक) और निर्जीव घटक (जैसे-सूर्य का प्रकाश, मिट्टी का तापमान, पानी) दोनों शामिल होते हैं।
- पारिस्थितिकी तन्त्र में ऊर्जा और पदार्थ का प्रवाह खाद्य श्रृंखलाओं और खाद्य जालों के माध्यम से होता है।

42. *(a)* टर्शियरी ब्यूटाइल एल्कोहॉल का IUPAC नाम है **-2- मेथाइलप्रोपेन-2-ol** है।

- इसका रासायनिक सूत्र $(CH_3)_3COH$ होता है।
- यह एक रंगहीन ठोस पदार्थ है एवं इसमें कपूर जैसी गन्ध होती है।
- IUPAC का पूर्णरूप इण्टरनेशनल यूनियन ऑफ प्योर एण्ड एप्लाइड केमिस्ट्री है।

43. *(c)* **गिरनार शुद्ध** संस्कृत में रचित प्रारम्भिक भारत का पहला राजकीय शिलालेख है।

- यह शिलालेख पश्चिमी क्षत्रप राजा रुद्रदामन प्रथम ने बनवाया था।
- यह शिलालेख, गुजरात के जूनागढ़ के पास गिरनार पहाड़ी पर स्थित है।
- इस शिलालेख में सुदर्शन झील की मरम्मत का उल्लेख है।
- यह शिलालेख 130-150 ई. के बीच लिखा गया था।
- इस शिलालेख में सुबन्धु, दण्डी और बाण की गद्यशैली का पूर्वरूप देखा जा सकता है।

44. *(b)* गगन नारंग ने **लन्दन 2012** के ओलम्पिक में पुरुषों की 10 मीटर एयर राइफल स्पर्धा में कांस्य पदक जीता था।

- इन्होंने इस स्पर्धा में 701.1 अंकों के साथ कांस्य पदक जीता था।
- गगन नारंग वर्ष 2023 में पद्म पुरस्कार समिति के सदस्य थे।

45. *(a)* **मन्ना डे** एक प्रसिद्ध भारतीय गायक, संगीत निर्देशक और संगीतकार थे।

- इन्हें वर्ष 1966 में रैमन मैग्सेसे पुरस्कार से सम्मानित किया गया था।
- वर्ष 2007 में भारत सरकार द्वारा इन्हें दादा साहब फाल्के पुरस्कार से सम्मानित किया गया था।

46. *(c)* **आनन्द-मिलिन्द** संगीत रचयिता जोड़ी को वर्ष 2020 के राष्ट्रीय लता मंगेशकर पुरस्कार से सम्मानित किया गया था।

- यह पुरस्कार मध्य प्रदेश सरकार के द्वारा सुगम संगीत में कलात्मक उत्कृष्टता को बढ़ावा देने के लिए दिया जाता है।
- इस पुरस्कार में ₹ दो लाख नकद और एक सर्टिफिकेट दिया जाता है।
- वर्ष 2019 में यह पुरस्कार शैलन्द्र सिंह को दिया गया था।
- उत्तम सिंह और के. एस. चित्रा को वर्ष 2022 और 2023 के लिए यह पुरस्कार दिया गया था।

47. *(d)* यह हवा का एक प्रारूप है, जो जून से सितम्बर के दौरान भारतीय उपमहाद्वीप में पूर्व से पश्चिम की ओर **14° N** अक्षांश पर बहती है।

- पूर्वी जेट धारा तिब्बती पठार और हिन्द महासागर के बीच तापमान के अन्तर के कारण बनती है।
- पूर्वी जेट धारा बंगाल की खाड़ी और अरब सागर से नमी को भारतीय उपमहाद्वीप में लाती है।

48. *(a)* **1781** ई. में कोलकाता में मदरसा की स्थापना ईस्ट इण्डिया कम्पनी के पहले गवर्नर जनरल वॉरेन हेस्टिंग्स ने की थी।

- यह ब्रिटिश भारत का पहला शैक्षणिक संस्थान था।
- हेस्टिंग्स ने इसे कलकत्ता मोहम्मडन कॉलेज का नाम दिया था, लेकिन वर्तमान में इसे आलिया विश्वविद्यालय के नाम से जाना जाता है।

49. *(d)* **छठ पूजा**, सूर्यदेव और उनकी पत्नी उषा को पृथ्वी पर जीवन बनाए रखने और इच्छाएँ प्रदान करने के लिए मनाई जाती है।

- छठ पूजा कार्तिक महीने के छठे दिन मनाई जाती है, इसे सूर्य षष्ठी के नाम से भी जाना जाता है।
- यह चार दिनों का त्योहार होता है।
- इस पूजा के दौरान डूबते और उगते सूर्य को अर्घ्य देना होता है।
- यह त्योहार मुख्य रूप से पूर्वी उत्तर प्रदेश तथा बिहार राज्य में मनाया जाता है।

50. *(a)* भारत के **उत्तर और उत्तर-पश्चिम भाग** में गर्म हवा 'लू' चलती है।

- यह हवा गर्मियों के मौसम में भारत के थारमरुस्थल से चलने वाली गर्म हवा है।
- यह हवा उत्तर-पूर्व और पश्चिम से पूरब दिशा में चलती है।
- यह धूलभरी, शुष्क और तेज हवा होती है।

51. *(b)*
$$\frac{(8.3)^3 + (9.2)^3 + (6.1)^3 - 3 \times 8.3 \times 9.2 \times 6.1}{(8.3)^2 + (9.2)^2 + (6.1)^2 - 8.3 \times 9.2 - 9.2 \times 6.1 - 6.1 \times 8.3}$$
$$= \frac{(8.3 + 9.2 + 6.1)\,[(8.3)^2 + (9.2)^2 + (6.1)^2 - 8.3 \times 9.2 - 9.2 \times 6.1 - 6.1 \times 8.3]}{(8.3)^2 + (9.2)^2 + (6.1)^2 - 8.3 \times 9.2 - 9.2 \times 6.1 - 6.1 \times 8.3}$$
$[\because (a^3 + b^3 + c^3 - 3abc = (a + b + c)(a^2 + b^2 + c^2 - ab - bc - ca)]$

$= (8.3 + 9.2 + 6.1) = 23.6$

52. *(d)* अभीष्ट धनात्मक अन्तर
$$= \frac{8000 \times 4 \times 12}{100} - \frac{5000 \times 3 \times 15}{100}$$
$= 80 \times 48 - 50 \times 45$

$= 3840 - 2250 =$ ₹1590

53. *(c)* माना B की आयु $= x$ वर्ष

$\therefore A$ की आयु $= 3x$ वर्ष

तथा C की आयु $= (x + 5)$ वर्ष

प्रश्नानुसार,

$3x + x + x + 5 = 75$

$\Rightarrow 5x = 70 \Rightarrow x = 14$

$\therefore B$ की आयु $= x = 14$ वर्ष

A की आयु $= 3x = 3 \times 14 = 42$

$\therefore$ अभीष्ट अनुपात $= (14 - 5) : (42 + 3)$

$= 9 : 45 = 1 : 5$

54. *(a)* प्रश्नानुसार,

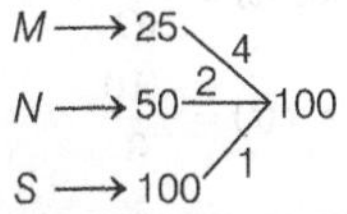

माना शेष टैंक x घण्टे में भर जाता है।

$\therefore 10(N + S) + x \times M + (x - 15) \times S = 100$

$\Rightarrow 10 \times 3 + x \times 4 + (x - 15) \times 1 = 100$

$\Rightarrow 30 + 4x + x - 15 = 100$

$\Rightarrow 5x = 85 \Rightarrow x = 17$

$\therefore$ कुल समय $= 10 + 17 = 27$ मिनट

55. *(b)* $21 - 4.9 \div 7 + 3.9 \times 0.4 + 0.9$

$= 21 - 0.7 + 1.56 + 0.9$

$= 23.46 - 0.7 = 22.76$

56. *(c)* माना क्रय मूल्य $= 100x$

$\therefore$ अंकित मूल्य $= 100x \times \frac{126}{100} = 126x$

विक्रय मूल्य $= 126x \times \frac{(100 - 32)}{100}$

$= 126x \times \frac{68}{100} = 85.68x$

$\therefore$ हानि % $= \frac{\text{हानि}}{\text{क्रय मूल्य}} \times 100\%$

$= \frac{(100x - 85.68x)}{100x} \times 100\% = 14.32\%$

57. *(d)* प्रश्नानुसार,

$x \propto \frac{1}{y}$

$xy = k$ ...(i)

(जहाँ, k एक स्थिर मान है)

$\therefore x = 2, y = 6$

$\Rightarrow 2 \times 6 = k$ ...(ii)

अब, $x = 3$

$\therefore 3 \times y = 2 \times 6$

(समी (i) और समी (ii) से)

$y = 4$

58. *(d)* माना, 7 वर्ष पूर्व पुत्री की आयु $= x$ वर्ष

प्राची की आयु $= 4x$ वर्ष

प्रश्नानुसार,

$4x + 7 + 4 = 2.5(x + 7 + 4)$

$4x + 11 = 2.5x + 27.5$

$1.5x = 16.5 \Rightarrow x = 11$

अत: अभीष्ट योग $= x + 7 + 4x + 7$

$= 5x + 14 = 55 + 14 = 69$

59. *(d)* व्यक्ति की आय = ₹ 16000

व्यक्ति की नई आय

$= 16000 \times \frac{120}{100} =$ ₹ 19200

व्यक्ति का खर्च

$= 16000 \times \frac{80}{100} =$ ₹12800

व्यक्ति का नया खर्च

$= 12800 \times \frac{110}{100} =$ ₹14080

व्यक्ति की बचत

$= 16000 - 12800 = 3200$

व्यक्ति की नई बचत

$= 19200 - 14080 = 5120$

बचत में वृद्धि $= 5120 - 3200 = 1920$

$\therefore$ अभीष्ट वृद्धि %

$= \frac{1920}{3200} \times 100\% = 60\%$

60. *(b)* क्रय मूल्य = ₹ 42000

प्रश्नानुसार,

विक्रय मूल्य

$= 42000 \times \frac{(100 - 20)}{100} \times \frac{(100 + 30)}{100}$

= ₹ 43680

$\therefore$ लाभ = ₹ (43680 − 42000) = ₹ 1680

61. *(d)* विकल्प (d) से,

$$\frac{\frac{\pi}{6} + \frac{\pi}{2}}{2} = \frac{(\pi + 3\pi)}{2 \times 6} = \frac{4\pi}{12} = \frac{\pi}{3}$$

अत: $\frac{\pi}{6}, \frac{\pi}{3}, \frac{\pi}{2}$ त्रिभुज के कोण होंगे।

62. *(d)* पहले सोलह दिनों का कुल तापमान

$= 22 \times 16 = 352°C$

तथा अन्तिम सोलह दिनों का कुल तापमान

$= 26 \times 16 = 416°C$

तथा 1 महीने का कुल तापमान

$= 24 \times 31 = 744°C$

$\therefore$ सोलहवें दिन का तापमान

$= (352 + 416) - 744$

$= 768 - 744$

$= 24°C$

63. *(a)* अभीष्ट प्रतिशत

$$= \frac{10500}{11500} \times 100\% = 91.30\%$$

64. *(b)* समय $= \frac{\text{दूरी}}{\text{सापेक्ष चाल}}$

$\therefore$ अभीष्ट समय

$$= \frac{1635}{(108 - 90) \times \frac{5}{18}}$$

$$= \frac{1635 \times 18}{18 \times 5}$$

= 327 सेकण्ड

65. *(c)* माना समकोण समद्विबाहु त्रिभुज की समान भुजा x इकाई है।

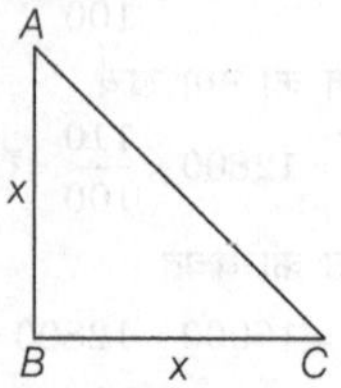

$\therefore \Delta ABC$ में,

$$(AC)^2 = x^2 + x^2 = 2x^2$$

$$AC = \sqrt{x^2 \times 2} = \sqrt{2}x \quad \ldots\text{(i)}$$

अब, ΔABC का क्षेत्रफल

$= \frac{1}{2} \times$ आधार $\times$ ऊँचाई

$\Rightarrow \quad 50 = \frac{1}{2} \times x \times x$

$\Rightarrow \quad x^2 = 100$

$x = 10$

$\therefore$ कर्ण की लम्बाई $= \sqrt{2}x = 10\sqrt{2}$

66. *(c)* $\frac{\sin^3 A - \cos^3 A}{\sin A - \cos A}$

$$= \frac{(\sin A - \cos A)(\sin^2 A + \cos^2 A + \sin A \cos A)}{(\sin A - \cos A)}$$

$[\because a^3 - b^3 = (a - b)(a^2 + b^2 + ab)]$

$= 1 + \sin A \cos A$

67. *(d)* बेलन का आयतन $= \pi r^2 h$

$$= \frac{22}{7} \times 8 \times 8 \times 14$$

= 2816 सेमी^{3}

68. *(b)* अभीष्ट अनुपात

$= (350 + 375 + 200) : (150 + 300 + 250)$

$= 925 : 700 = 37 : 28$

69. *(d)* $\tan(t) = \frac{1}{3}$

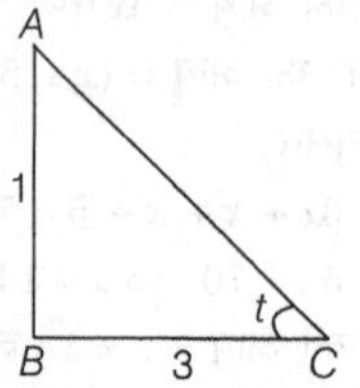

ΔABC में,

$\therefore \quad (AC)^2 = 1^2 + 3^2$

$(AC)^2 = 10 \Rightarrow AC = \sqrt{10}$

$\sec(t) = \frac{AC}{BC}$

$\therefore \quad \sec(t) = \frac{\sqrt{10}}{3}$

70. *(a)* संख्या = 28735429

यदि संख्या के अंकों का योग 9 से विभाजित हो तो संख्या 9 से विभाजित होती है।

$\therefore$ संख्या के अंकों का योग

$= 2 + 8 + 7 + 3 + 5 + 4 + 2 + 9$

$= 40 = 4 \times 9 + 4$

अत: अभीष्ट शेषफल = 4

71. *(b)* अभीष्ट कोण

$$= \frac{360° \times 20\%}{100\%} = 72°$$

72. *(a)* भोजन पर खर्च

$$= ₹\ 54000 \times \frac{23}{100} = ₹\ 12420$$

73. *(c)* त्रिज्यखण्ड का क्षेत्रफल

$= \frac{1}{2} \times$ त्रिज्या $\times$ चाप की लम्बाई

$= \frac{1}{2} \times 15.75 \times 11$ सेमी^{2} = 86.625 सेमी^{2}

74. *(b)* प्रश्नानुसार,

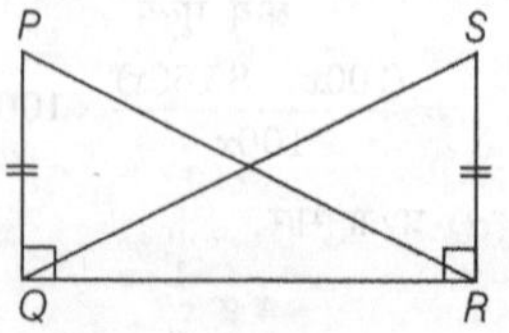

ΔPQR तथा ΔSRQ में,

$PQ = SR$ (दिया है)

$\angle PQR = \angle SRQ$ (90°)

$QR = QR$ (उभयनिष्ठ)

$\therefore \quad \Delta PQR \cong \Delta SRQ$ (SAS द्वारा)

75. *(d)* दिया है, $\angle APB = 60°$

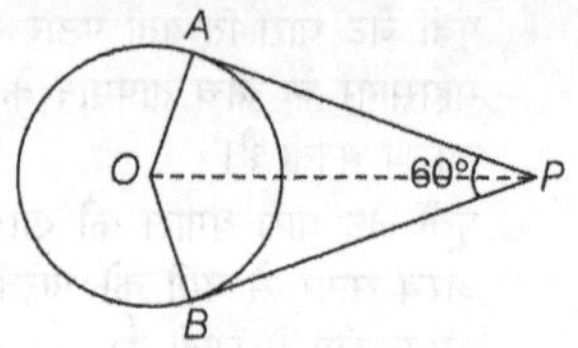

$\therefore \quad \angle AOB = 180° - 60° = 120°$

तथा $\angle POA = \frac{1}{2} \times \angle AOB$

$= \frac{1}{2} \times 120° = 60°$

76. *(a)* Abundant means excess or in large quantity. Hence, its synonym is 'ample' which means the same.
- Scarce means not enough.
- Barren means not productive.

77. *(a)* A person who does not show response to good or bad is called a 'stoic'.
- **Sceptic** means someone who is doubtful.
- **Cynic** means is a person who believes that people are motivated purely by self-interest rather than acting for honourable or unselfish reasons.
- **Phobic** means having or involving an extreme or irrational fear of or aversion to something.

78. *(d)* Inquisitive means curious and interested. Hence, its antonym is 'disinterested'.
- **Comprehensive** means including or dealing with all or nearly all elements or aspects of something.
- **Itemised** means present as a list of individual items.
- **Intrusive** means causing disruption or annoyance through being unwelcome or uninvited.

79. *(b)* We did not prepare the meal.
- The sentence follows the structure Object + was/were+ V3+ by+ Subject. When such a sentence is transformed into active voice, the structure followed is Subject +did+ V1+ Object.

80. *(d)* You must do the homework. The sentence is in past tense. In passive voice, it would take the present tense.

81. *(a)* The correctly spelled sentence is- I will definitely attend the conference.

82. *(c)* Organise means to 'arrange' properly.
- **Derange** means make (someone) insane.

83. *(c)* The correct order is POQRS.

The sentence formed will be- The city bus was overcrowded as it was the last one of the evening and this gave an opportunity to the pickpockets to try their skills.

84. *(d)* Part 'Every students in the hostel' contains an error.
- The use of the plural 'students' with 'every' is incorrect. Hence, replace it with 'student' to correct the sentence.

85. *(d)* To 'break a leg' means to wish someone good luck before a performance.

86. *(a)* The first sentence will be Sentence B which introduces the main theme of 'observatories'. The second sentence is C as it uses the pronoun 'They'. The third sentence is D as it introduces 'telescopes'. Sentence D is followed by A which presents the purpose of telescopes. Hence, the correct order is BCDA.

87. *(b)* The incorrectly spelt word is 'abismal'. The correct spelling is 'abysmal' which means extremely bad.

88. *(b)* 'A blessing in disguise' means something that seems bad at first but resulted in something good.

89. *(c)* The correct order is ADEBC. The sentence thus formed is- The use of animal research has been of considerable importance in the field of scientific and medical advancements throughout the past century and it continues to be used to understand many diseases.

90. *(a)* The underlined part of the sentence is correct. However, it can be better articulated by replacing it with were unable to get their money's worth.

91. *(a)* The underlined word is incorrect in the context of the sentence. It should be replaced by 'highly' to correct the sentence.

92. *(d)* The antonym of scary is 'comforting'.
- **Pristine** means perfectly clean.

93. *(d)* Part 'I will had graduated from college' contains an error. We do not use 'had' with 'will'. Hence, replace it with 'have' to correct the sentence.

94. *(d)* Allay means to diminish or put at rest (fear, suspicion or worry). Hence, its antonym is 'aggravate' which means make (a problem, injury, or offence) worse or more serious.
- Mitigate means make (something bad) less severe, serious or painful.
- **Mollify** means reduce the severity of (something).

95. *(a)* Beserk means to become very angry and often violent or to be out of control due to intense anger or excitement.

Hence, its synonym is 'demented' which means unable to think or act clearly because you are extremely worried, angry or excited by something.
- **Absurd** means strange.
- **Stubborn** means someone who doesn't change opinions.

96. *(c)* The correct filler for the given blank is 'of'.

97. *(a)* The correct filler for the given blank is 'their'.

98. *(d)* The correct filler for the given blank is 'about'.

99. *(b)* The correct filler for the given blank is 'which'.

100. *(d)* The correct filler for the given blank is 'up'.

SSC CGL Tier-I सॉल्वड पेपर

निर्देश

1. इस सेट में कुल 100 प्रश्न हैं।
2. इस सेट में चार भाग हैं, **भाग-I** सामान्य बुद्धि एवं तर्कशक्ति, **भाग-II** सामान्य जागरुकता, **भाग-III** संख्यात्मक अभियोग्यता और **भाग-IV** अंग्रेजी भाषा।
3. प्रत्येक प्रश्न 2 अंक का है।

भाग I
सामान्य बुद्धि एवं तर्कशक्ति

1. दिए गए आरेख का ध्यानपूर्वक अध्ययन करें और निम्नलिखित प्रश्न का उत्तर दें। विभिन्न खण्डों में दी गई संख्याएँ अलग-अलग पदों के लिए आवेदन करने वाले व्यक्तियों की संख्या को दर्शाती हैं।

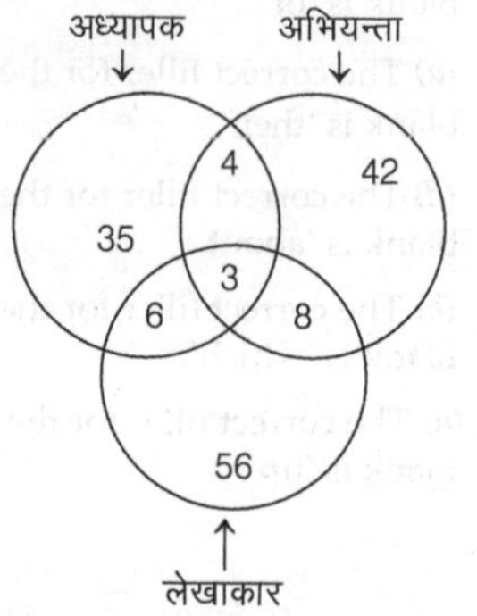

एक से अधिक पदों के लिए आवेदन करने वाले व्यक्तियों की कुल संख्या कितनी है?

(a) 21 (b) 113
(c) 18 (d) 15

2. चार विकल्पों में से कौन-सा विकल्प निम्नलिखित श्रृंखला में प्रश्नचिह्न (?) के स्थान पर आएगा?

XF 11, YI 15, ZL 19, AO 23, ?

(a) BP 26 (b) CQ 25
(c) CR 25 (d) BR 27

3. उस समुच्चय का चयन कीजिए, जिसमें संख्याएँ उसी प्रकार सम्बन्धित हैं, जिस प्रकार निम्नलिखित समुच्चयों की संख्याएँ सम्बन्धित हैं।

(34, 47, 62)
(119, 142, 167)

(**नोट** पूर्ण संख्याओं पर संक्रिया का प्रयोग, संख्याओं को उनके घटक अंकों में विभक्त किए बिना किया जाना चाहिए। उदाहरण के लिए, 13-13 पर संक्रिया, जैसे कि जोड़ने/घटाने/गुणा करने आदि, को 13 में किया जा सकता है। 13 को 1 और 3 में विभक्त करके और फिर 1 और 3 पर गणितीय संक्रियाओं का प्रयोग करने की अनुमति नहीं है।)

(a) (27, 38, 51) (b) (64, 78, 99)
(c) (48, 65, 82) (d) (79, 98, 119)

4. अक्षरों के उस संयोजन का चयन कीजिए, जिसके अक्षरों को दी गई श्रृंखला के रिक्त स्थानों में क्रमिक रूप से रखने पर श्रृंखला पूर्ण हो जाएगी।

P_AA_ _ZA_ _V_ _A_ _

(a) VZAAPVPZ (b) ZVPAPZAV
(c) VPZZPVAP (d) ZPVVAPVZ

5. एक पासे के विभिन्न फलकों पर छः अक्षर A, M, R, S, Y और Q लिखे गए हैं। इस पासे की दो स्थितियाँ नीचे चित्र में दर्शाई गई हैं। S के विपरीत वाले फलक पर आने वाला अक्षर ज्ञात कीजिए।

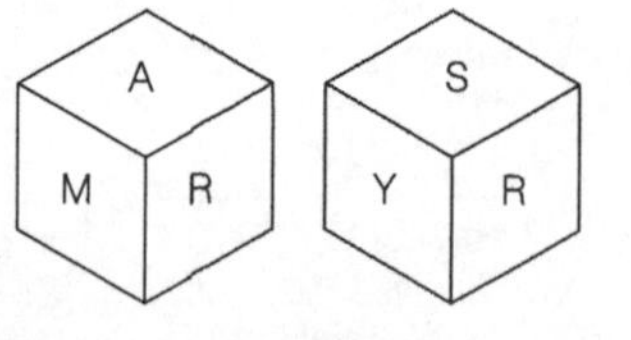

(a) M (b) Q
(c) Y (d) A

6. श्रृंखला को पूरा करने के लिए दिए गए विकल्पों में से संख्या का चयन करें।

35, 38, 43, 50, 59 ....

(a) 70 (b) 68
(c) 78 (d) 62

7. निम्नलिखित संख्याओं में से तीन किसी प्रकार से एकसमान हैं और एक उनसे असंगत है। उस असंगत का चयन कीजिए। (**नोट** गणितीय संक्रियाएँ संख्याओं को उनके घटक अंकों में तोड़े बिना पूर्ण संख्याओं पर की जानी चाहिए। उदाहरण के लिए 13-13 पर की जाने वाली संक्रियाएँ, जैसे जोड़ना, घटाना, गुणा करना इत्यादि, केवल 13 पर की जा सकती है। 13 को 1 और 3 में तोड़ना और तब 1 और 3 पर गणितीय संक्रियाएँ करने की अनुमति नहीं है।)

(a) 33-72 (b) 66-154
(c) 72-168 (d) 36-84

8. एक निश्चित कूटभाषा में,
'A + B' का अर्थ है 'A, B का पुत्र है',
'A – B' का अर्थ है 'A, B की बहन है',
'A × B' का अर्थ है 'A, B का भाई है' और
'A ÷ B' का अर्थ है 'A, B की माता है।
उपरोक्त के आधार पर, यदि 'P ÷ Q × R – M + T' है, तो T, P से किस प्रकार सम्बन्धित है?

(a) पिता (b) पति
(c) भाई (d) पुत्र

9. निम्नलिखित शृंखला को जारी रखने के लिए प्रश्नचिह्न (?) के स्थान पर कौन-सी आकृति आनी चाहिए?

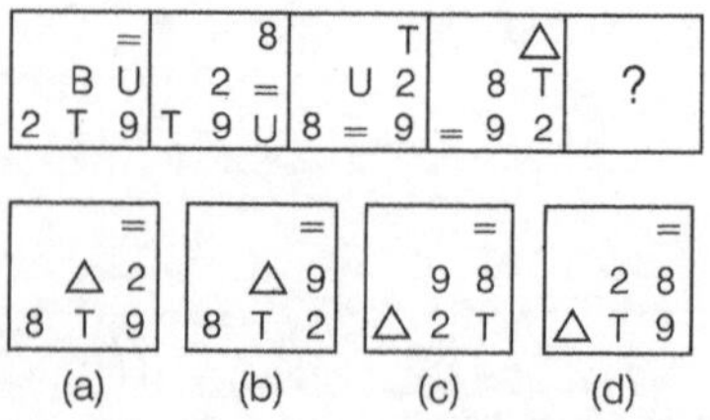

10. एक पासे के विभिन्न फलकों पर छः अक्षर P, Q, R, S, T और U लिखे गए हैं। नीचे दिए गए चित्र में इस पासे की दो स्थितियों को दर्शाया गया है। दिए गए विकल्पों में से R के विपरीत फलक पर लिखा अक्षर ज्ञात कीजिए।

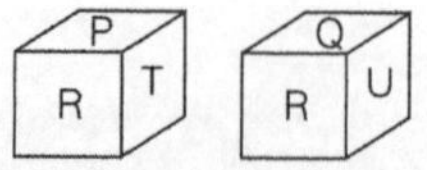

(a) S (b) Q
(c) T (d) U

11. यदि शब्द 'JANITOR' के प्रत्येक अक्षर को अंग्रेजी वर्णमाला क्रम में व्यवस्थित किया जाए, तो कितने अक्षरों की स्थिति अपरिवर्तित रहेगी?
(a) तीन (b) दो
(c) एक (d) शून्य

12. उस विकल्प का चयन करें, जो पैटर्न को पूरा करने के लिए नीचे दी गई आकृति में प्रश्नचिह्न (?) को प्रतिस्थापित करेगा।

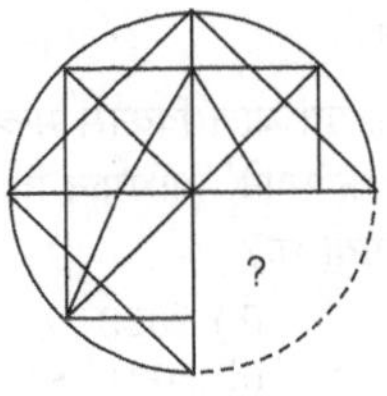

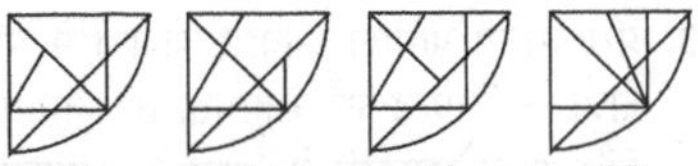

(a) (b) (c) (d)

13. एक निश्चित कूटभाषा में, 'SET' को '37' के रूप में कूटबद्ध किया जाता है और 'MIX' को '35' के रूप में कूटबद्ध किया जाता है। उसी भाषा में 'WAR' को किस प्रकार कूटबद्ध किया जाएगा?
(a) 39 (b) 21
(c) 32 (d) 29

14. एक निश्चित कोड भाषा में, 'SILK' को 'TIML' लिखा जाता है और 'INSECT' को 'IOTEDU' लिखा जाता है। उसी भाषा में 'CHANGE' को कैसे लिखा जाएगा?
(a) DEIOHA (b) DEIHAO
(c) DIAOHE (d) DOIHAE

15. चार अक्षर-समूह दिए गए हैं, जिनमें से तीन किसी न किसी रूप में एकसमान हैं और एक उनसे असंगत है। उस असंगत अक्षर-समूह का चयन कीजिए।
(**नोट** अक्षर समूह में, असंगत व्यंजनों/स्वरों की संख्या या उनकी स्थिति पर आधारित नहीं है।)
(a) FIKL (b) TWYZ
(c) BEHI (d) PSUV

16. दिए गए समीकरण को सही करने के लिए किन दो संख्याओं (अंक नहीं) को आपस में बदलना चाहिए?
$24 \div 3 - 4 \times 2 + 6 \times 5 + 12 = 50$
(a) 3 और 2
(b) 5 और 4
(c) 4 और 3
(d) 24 और 12

17. उस समुच्चय का चयन करें, जिसमें दी गई संख्याएँ आपस में उसी प्रकार सम्बन्धित हैं, जिस प्रकार प्रश्न में दिए गए समुच्चय की संख्याएँ आपस में सम्बन्धित हैं।
(**ध्यान दें** संख्याओं को उनके घटक अंकों में तोड़े बिना, पूर्ण संख्याओं पर गणितीय संक्रियाएँ की जानी चाहिए। जैसे, 13 के मामले में–13 पर की जाने वाली विभिन्न गणितीय संक्रियाएँ जैसे जोड़ना / घटाना / गुणा करना आदि, केवल 13 के साथ की जा सकती है। लेकिन 13 को 1 और 3 में तोड़ने और फिर 1 और 3 पर गणितीय संक्रियाएँ करने की अनुमति नहीं है।)
(19, 456, 6)
(16, 320, 5)
(a) (18,648, 9) (b) (21,504, 8)
(c) (18,378, 7) (d) (14, 210, 5)

18. यदि '+' और '–' को आपस में बदल दिया जाए और '×' और '÷' को आपस में बदल दिया जाए, तो निम्नलिखित समीकरण में प्रश्नचिह्न (?) के स्थान पर क्या आएगा?
$321 - 371 \div 22 + 216 \times 6 = ?$
(a) 7848 (b) 7884
(c) 8447 (d) 8747

19. निम्नलिखित में से कौन-सा पद दी गई शृंखला में प्रश्नचिह्न (?) का स्थान लेगा?
MFT, NIS, PLQ, SON, WRJ, ?
(a) RUE (b) BVD
(c) BUE (d) BUP

20. उस विकल्प का चयन करें, जो पाँचवें अक्षर-समूह से उसी प्रकार सम्बन्धित है, जिस प्रकार दूसरा अक्षर-समूह पहले अक्षर-समूह से सम्बन्धित है और चौथा अक्षर-समूह तीसरे अक्षर समूह से सम्बन्धित है।
CWE : ZFX :: PYT : MDI :: KIL : ?
(a) PQO (b) RTQ
(c) PRO (d) STQ

21. उस विकल्प आकृति का चयन करें, जिसमें दी गई आकृति (X) सन्निहित है (घुमाने की अनुमति नहीं है)।

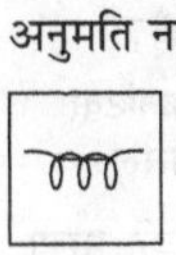

(X)

(a) (b) (c) (d)

22. विकल्पों में दिए गए उस चित्र की पहचान कीजिए, जिसे प्रश्नचिह्न (?) के स्थान पर रखने पर शृंखला तार्किक रूप से पूर्ण हो जाएगी?

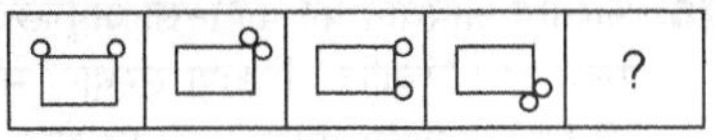

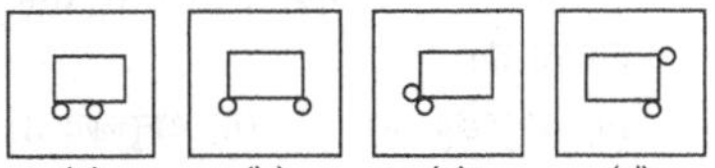

(a) (b) (c) (d)

23. नीचे दिया गया वेन आरेख डॉक्टरों और शतरंज खिलाड़ियों के रूप में पुरुषों के पेशे को दर्शाता है।

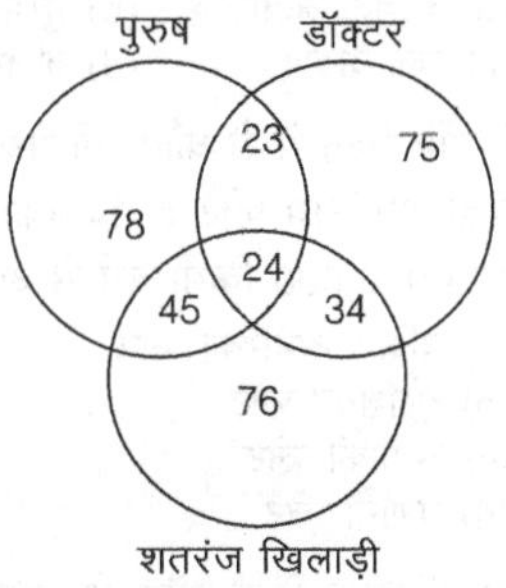

कितने पुरुष डॉक्टर हैं?
(a) 47 (b) 34 (c) 24 (d) 23

24. दी गई आकृति में कितने त्रिभुज हैं?

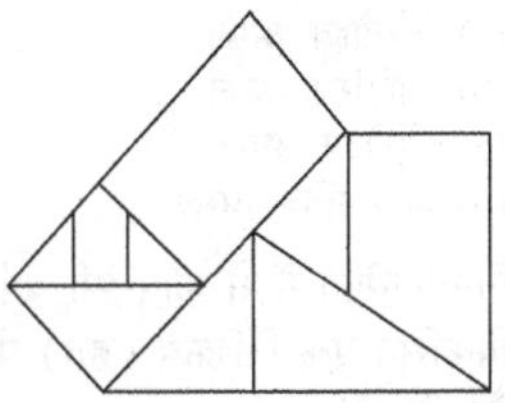

(a) 6 (b) 5 (c) 4 (d) 8

25. निम्नलिखित संख्या-युग्मों में, पहली संख्या पर निश्चित गणितीय संक्रियाएँ करके दूसरी संख्या प्राप्त की जाती है। उस समुच्चय का चयन कीजिए, जिसमें संख्याएँ उसी प्रकार सम्बन्धित हैं जिस प्रकार निम्नलिखित समुच्चय की संख्याएँ सम्बन्धित हैं।
(**नोट** संख्याओं को उसके घटक अंकों में तोड़े बिना, पूर्ण संख्याओं पर संक्रियाएँ की जानी चाहिए। उदाहरण के लिए संख्या 13 को लें-13 पर संक्रियाएँ, जैसे कि 13 में जोड़ना/घटाना/गुणा करना आदि, की जा सकती है। 13 को 1 और 3 में तोड़ने और फिर 1 और 3 पर गणितीय संक्रियाएँ करने की अनुमति नहीं है।)
(12,145) (9,82)
(a) (16,256) (b) (22,483)
(c) (8,69) (d) (14, 197)

भाग II

सामान्य जागरुकता

26. भारतीय संविधान का कौन-सा अनुच्छेद राज्य द्वारा संचालित शिक्षण संस्थानों में कोई भी धार्मिक शिक्षा प्रदान करने पर रोक लगाता है?
(a) अनुच्छेद 30 (b) अनुच्छेद 31
(c) अनुच्छेद 29 (d) अनुच्छेद 28

27. उत्तर प्रदेश राज्य से सम्बन्धित निम्नलिखित में से कौन पद्म श्री पुरस्कार विजेता लोक गायक/गायिका हैं?
(a) अजिता श्रीवास्तव (b) गुरमीत बावा
(c) इला अरुण (d) तीजनबाई

28. निम्नलिखित में से कौन-सी पृथ्वी पर सबसे बड़ी भूपर्पटीय प्लेट है, जिसका क्षेत्रफल 103,000,000 किमी वर्ग से अधिक है?
(a) दक्षिण अमेरिकी प्लेट
(b) यूरेशियन प्लेट
(c) अफ्रीकी प्लेट
(d) प्रशान्त प्लेट

29. निम्नलिखित में से कौन-सा, रासायनिक सूत्र $CH_3CH_2CH_2CO_2H$ युक्त एक सीधी-श्रृंखला अल्काइल कार्बोक्जिलिक अम्ल है?
(a) मेथेनोइक अम्ल
(b) ब्यूटिरिक अम्ल
(c) ईथेनोइक अम्ल
(d) प्रोपियॉनिक अम्ल

30. निम्नलिखित में से कौन-सी वर्ष 1952 में विकसित एक निष्क्रिय (हत) पोलियो वैक्सीन है?
(a) टैब (TAB) वैक्सीन
(b) साल्क वैक्सीन
(c) एच.डी.सी.वी. (HDCV) वैक्सीन
(d) इम्वेनेक्स वैक्सीन

31. निम्नलिखित में से कौन-से अधिनियम के तहत भारत पर शासन करने की शक्ति अंग्रेज़ी ईस्ट इण्डिया कम्पनी से ब्रिटिश क्राउन को हस्तान्तरित कर दी गई थी?
(a) पिट्स इण्डिया अधिनियम, 1784
(b) चार्टर अधिनियम, 1833
(c) विनियमन अधिनियम, 1773
(d) भारत सरकार अधिनियम, 1858

32. भारतीय संविधान का अनुच्छेद 77 .... से सम्बन्धित है।
(a) उप-राष्ट्रपति पद की शपथ
(b) उपराष्ट्रपति की पदावधि
(c) भारत के उपराष्ट्रपति
(d) भारत सरकार के करोबार के संचालन

33. अकबर के शासनकाल के दौरान राजस्व मन्त्री कौन था?
(a) मुल्ला दो प्याज़ा (b) तानसेन
(c) टोडरमल (d) अब्दुल रहीम

34. कौन-सी योजना सरकार द्वारा अर्थव्यवस्था में दीर्घकालिक हस्तक्षेप की सुविधा देती है।
(a) पंचवर्षीय योजना सदैव तृतीयक क्षेत्र के विकास पर केन्द्रित रहती है
(b) पंचवर्षीय योजना अर्थव्यवस्था में मुख्यत: निजी हस्तक्षेप पर केन्द्रित है
(c) पंचवर्षीय योजना सदैव बाजार-उन्मुख गतिविधियों पर जोर देती है
(d) पंचवर्षीय योजना सरकार की अर्थव्यवस्था में दीर्घकालिक हस्तक्षेप की सुविधा देती है

35. भारत की जनगणना की परिभाषा के अनुसार, एक सीमान्त श्रमिक वह व्यक्ति है, जो .... काम करता है।
(a) एक वर्ष में आठ महीने
(b) एक वर्ष में 183 दिनों (या छ: महीने) से कम
(c) एक वर्ष में 83 दिन
(d) एक वर्ष में 183 दिनों (या छ: महीने) से अधिक

36. निम्नलिखित में से कौन वर्ष 2002 में भारत के तीसरे सर्वोच्च नागरिक पुरस्कार पद्म भूषण से सम्मानित होने वाला सबसे कम आयु का वाद्ययन्त्र वादक था?
(a) पण्डित भीमसेन जोशी
(b) उस्ताद जाकिर हुसैन
(c) पण्डित रविशंकर
(d) उस्ताद बिस्मिल्लाह खान

37. निम्नलिखित में से कौन-सा कथन गलत है?
(a) चिप्स को खराब होने से बचाने के लिए, चिप्स निर्माता सामान्यत: चिप्स के बैगों को नाइट्रोजन से भर देते हैं
(b) उपचयन को रोकने के लिए वसा और तेल युक्त खाद्य पदार्थों में एण्टीऑक्सीडेण्ट मिलाए जाते हैं
(c) वसा और तेल, समय के साथ अपचयित हो जाते हैं और उनमें से दुर्गन्ध आने लगती है
(d) वसा और तेल उपचयित होने के कारण बासी हो जाते हैं

38. निम्नलिखित में से किस राज्य में ओडिसी नृत्य संस्थान नृत्यग्राम स्थित है?
(a) तमिलनाडु (b) कर्नाटक
(c) महाराष्ट्र (d) केरल

39. किस ओलम्पिक में खो-खो को मुख्य स्टेडियम में एक प्रदर्शनी में दिखाया गया था?
(a) वर्ष 1932 (b) वर्ष 2008
(c) वर्ष 2016 (d) वर्ष 1936

40. 'नुआखाई' किस राज्य का त्योहार है?
(a) बिहार (b) तमिलनाडु
(c) ओडिशा (d) मेघालय

41. तमिल में सबसे प्राचीन महाकाव्य, शिलप्पाधिकारम (रत्नजड़ित पायल, पाँचवीं-छठी शताब्दी ईसवी में ..... द्वारा लिखा गया था।
(a) तोल्काप्पियार
(b) तिरुमलिसाई अलवर
(c) इलंगो आदिगल
(d) सीतलै सत्तनार

42. मेटा और महिला एवं बाल विकास मन्त्रालय द्वारा 'नए भारत के सपने' अभियान किस वर्ष शुरू किया गया था?
(a) 2022 (b) 2023
(c) 2020 (d) 2021

43. प्रधानमन्त्री ग्रामीण आवास योजना में, मैदानी क्षेत्रों के लिए इकाई सहायता की लागत केन्द्र और राज्य सरकारों के बीच के अनुपात में साझा की जाती है
(a) 60 : 40 (b) 40 : 60
(c) 30 : 70 (d) 90 : 10

44. निम्नलिखित में से किस वस्तु को आर्थिक प्रक्रिया में और परिवर्तन की आवश्यकता है?
(a) अन्तिम वस्तुएँ
(b) पूँजीगत वस्तुएँ
(c) मध्यवर्ती वस्तुएँ
(d) उपभोक्ता टिकाऊ वस्तुएँ

45. मुस्लिम महिला (विवाह अधिकार संरक्षण) अधिनियम, 2019 की निम्नलिखित में से कौन-सी धारा निर्वाह भत्ते से सम्बन्धित है?
(a) धारा 5 (b) धारा 6
(c) धारा 4 (d) धारा 7

46. रेलवे वार्षिकी 2019-20 के अनुसार भारतीय रेलवे नेटवर्क की लम्बाई कितनी है?
(a) 63,950 किमी
(b) 67,956 किमी
(c) 2,402 किमी
(d) 1,604 किमी

47. निम्नलिखित में से कौन-सा चित्रण माइटोकॉण्ड्रिया का संरचनात्मक विवरण दिखाता है?

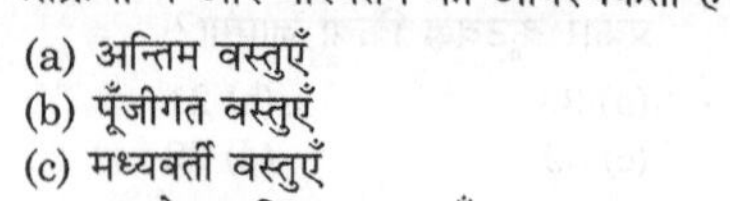

(i) (ii) (iii) (iv)

(a) (ii) (b) (iv)
(c) (iii) (d) (i)

48. निम्नलिखित में से किस देश ने पहली पुरुष एशियाई हॉकी चैम्पियनशिप ट्रॉफी जीती?
(a) चीन (b) पाकिस्तान
(c) जापान (d) भारत

49. निम्नलिखित में से किसने सहायक गठबन्धन की प्रणाली तैयार की?
(a) लॉर्ड विलियम बैण्टिक
(b) लॉर्ड वेलेजली
(c) लॉर्ड डलहौजी
(d) लॉर्ड कैनिंग

50. गर्मियों में उत्तर भारत में बहने वाली गर्म स्थानीय हवा कहलाती है
(a) पुर्गा (b) आम्र वर्षा
(c) लू (d) चिनूक

भाग III
संख्यात्मक अभियोग्यता

51. यदि $\frac{\sec\alpha + \tan\alpha}{\sec\alpha - \tan\alpha} = \frac{7}{4}$ है, तो $\operatorname{cosec}\alpha$ का मान ज्ञात कीजिए।
(a) $\frac{1}{3}$ (b) $\frac{3}{11}$
(c) $\frac{11}{3}$ (d) $\frac{1}{11}$

52. दिए गए आलेख का अध्ययन करें और निम्न प्रश्न का उत्तर दें। आलेख, 2018 में तीन कम्पनियों द्वारा रेफ्रिजरेटर के उत्पादन को दर्शाता है।

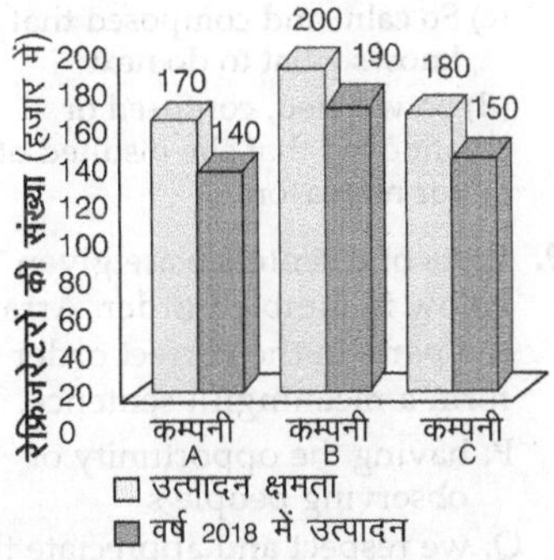

कम्पनी C द्वारा उत्पादित रेफ्रिजरेटर कुल उत्पादन का कितने प्रतिशत है?
(d) 34.35% (b) 30.25%
(c) 31.25% (d) 32.56%

53. एक पाइप एक ओवरहेड टैंक को 12 घण्टे में भर सकता है। लेकिन तली में रिसाव के कारण टैंक 18 घण्टे में भरता है। यदि टैंक भरा हुआ है, तो रिसाव के कारण इसे खाली होने में कितना समय लगेगा?
(a) 63 घण्टे (b) 3.6 घण्टे
(c) 7.2 घण्टे (d) 36 घण्टे

54. क्लीयरेंस सेल में, एक साड़ी जिसका अंकित मूल्य ₹ 10490 था, अब ₹ 9441 में बेची जाती है। साड़ी पर छूट प्रतिशत क्या है?
(a)15% (b) 10%
(c)18% (d)12%

55. किसी ΔPQR में, $\angle Q$ और $\angle R$ के समद्विभाजक, त्रिभुज के अन्दर बिन्दु O पर मिलते हैं। यदि $\angle QOR = 107°$ हो, तो $\angle P$ की माप ज्ञात कीजिए।
(a) 34° (b) 17° (c) 23° (d) 40°

56. एक बेईमान दुकानदार ₹ 25 किग्रा की दर से नमक बेचने का दावा करता है। नमक का क्रय मूल्य ₹ 25 किग्रा है। इससे सन्तुष्ट नहीं होने पर वह प्रत्येक किलोग्राम से 200 ग्राम निकालकर मुनाफा कमाने की कोशिश करता है। दुकानदार का लाभ प्रतिशत कितना है?
(a) 20% (b) 30%
(c) 25% (d) 15%

57. यदि A एक न्यून कोण है, तो निम्न में से कौन-सा विकल्प $\frac{\sin A}{1+\cos A}$ के बराबर है?
(a) $\frac{1-\sin A}{\cos A}$ (b) $\frac{1+\cos A}{\sin A}$
(c) $\frac{1-\cos A}{\sin A}$ (d) $\frac{1+\sin A}{\cos A}$

58. 10 सेमी त्रिज्या और 30°कोण वाले एक वृत्त के त्रिज्यखण्ड का परिमाप (सेमी में एक दशमलव स्थान तक पूर्णांकित) कितना होगा? ($\pi = 3.14$ का उपयोग कीजिए।)
(a) 82.8 (b) 20.4
(c) 25.2 (d) 35.7

59. उस त्रिज्यखण्ड का क्षेत्रफल (सेमी^{2} में) ज्ञात कीजिए जिसकी परिधि $\frac{64}{3}$ सेमी और केन्द्रीय कोण 60° है। $\pi = \frac{22}{7}$ का उपयोग कीजिए।
(a) $\frac{68}{3}$ (b) $\frac{85}{3}$ (c) $\frac{47}{3}$ (d) $\frac{77}{3}$

60. मान लीजिए $a + b = 2c$ है, तो निम्नलिखित में से कौन-सा व्यंजक सही है?
(a) $a^2 + 2ac = b^2 + 2bc$
(b) $a^2 + 2bc = b^2 + 2ac$
(c) $a^2 - ac = b^2 - bc$
(d) $a^2 - 2bc = b^2 - 2ac$

61. यदि एक घनाभ की लम्बाई, चौड़ाई और ऊँचाई क्रमश: 8 सेमी, 4 सेमी और 6 सेमी है, तो घनाभ का आयतन (सेमी^{3} में) ज्ञात कीजिए।
(a) 172 (b) 218 (c) 96 (d) 192

62. एक चोर ने 600 मी की दूरी पर एक पुलिसकर्मी को देखा। चोर भागने लगा और पुलिसकर्मी ने उसका पीछा किया। चोर और पुलिसकर्मी क्रमश: 12 किमी/घण्टा और 15 किमी/घण्टा की चाल से दौड़ रहे हैं। पुलिसकर्मी को चोर को पकड़ने में लगने वाला समय (मिनटों में) ज्ञात कीजिए।
(a) 8 (b) 15 (c) 10 (d) 12

63. $8a^2$ और $\frac{18}{a^4}$ का मध्यनुपाती क्या है, जहाँ a एक धनात्मक संख्या है।
(a) $\frac{12}{a^2}$ (b) $12a$
(c) $\frac{12}{a}$ (d) $12a^2$

64. दी गई तालिका तीन दिन में चार प्रिण्टरों द्वारा मुद्रित पृष्ठों की संख्या को दर्शाती है।

दिन	प्रिण्टर			
	L	M	N	O
शुक्रवार	10230	9580	7560	9600
शनिवार	8540	11230	6580	7890
रविवार	9235	8264	7546	10325

यदि बुधवार को सभी प्रिण्टरों द्वारा मिलाकर मुद्रित पृष्ठों की कुल संख्या, शनिवार को सभी प्रिण्टरों द्वारा मिलाकर मुद्रित पृष्ठों की कुल संख्या से 15% अधिक थी, तो बुधवार को सभी प्रिण्टरों द्वारा मिलाकर मुद्रित पृष्ठों की कुल संख्या क्या थी?
(a) 38450 (b) 39376
(c) 42577 (d) 40263

65. यदि $7845K854$, 11 से विभाज्य है, तो K का मान क्या है?
(a) 9 (b) 8
(c) 7 (d) 6

66. रमेश के पास ₹ 18000 है। उसने एक बैंक में 5% वार्षिक साधारण ब्याज की दर से ₹ 7000 और दूसरे बैंक में 6% वार्षिक साधारण ब्याज की दर से ₹ 6000 जमा किए। यदि उसे एक वर्ष के अन्त में साधारण ब्याज के रूप में ₹ 1160 प्राप्त हुए, तो शेष पूँजी पर वार्षिक ब्याज की दर किसके बराबर होगी?
(a) 11% (b) 10%
(c) 9% (d) 8%

67. निम्नलिखित तालिका दिए गए वर्षों में एक दुकान द्वारा विभिन्न प्रकार के हेलमेट की बिक्री (हजारों में) दर्शाती है।

हेलमेट का प्रकार/वर्ष	1998	1999	2000	2001	2002
A	78	45	56	63	88
B	58	64	78	60	68
C	46	54	58	64	68
D	76	65	72	78	82
E	87	66	74	80	84

1999 की तुलना में 2002 में हेलमेट C की बिक्री में कितने प्रतिशत की वृद्धि हुई?
(a) 26.39%
(b) 25.93%
(c) 28.26%
(d) 27.62%

68. यदि समीकरण $4x + (k - 2)y + 3 = 0$ और $(k - 2)x + 9y - 5 = 0 (k > 0)$ समान्तर है, तो $k^2 + 6$ का मान ज्ञात कीजिए।
(a) 68
(b) 70
(c) 72
(d) 64

69. यदि x, y और z धनात्मक संख्याएँ हैं और $x + y + z = 1$ है, तो $\frac{1}{x} + \frac{1}{y} + \frac{1}{z}$ का न्यूनतम मान ज्ञात कीजिए।
(a) 9 (b) 5 (c) 11 (d) 7

70. यदि $\frac{7\sin\theta + 4\cos\theta}{9\sin\theta - 2\cos\theta} = \frac{5}{4}$, तो $\frac{\tan^2\theta + 5}{\tan^2\theta - 5}$ का मान.................है।
(a) $-\frac{2121}{769}$ (b) $\frac{2121}{769}$
(c) $-\frac{769}{2121}$ (d) $\frac{769}{2121}$

71. निम्नलिखित को सरल कीजिए।
$13 - [7 - (4 + 7) - \{7 - (7 - 4 + 7)\} + 14]$
(a) 0 (b) 9
(c) 13 (d) 26

72. एक संख्या में पहले 12% की वृद्धि की जाती है और फिर 23% की वृद्धि की जाती है। इस प्रकार प्राप्त संख्या में, अब 34% की कमी की जाती है। मूल संख्या में कुल वृद्धि या कमी प्रतिशत (निकटतम पूर्णांक में) ज्ञात कीजिए।
(a) 9% कमी
(b) 10% वृद्धि
(c) 9% वृद्धि
(d) 10% कमी

73. एक स्टॉक पोर्टफोलियों में चार स्टॉक हैं। स्टॉक A, पोर्टफोलियो के 20% को निरूपित करता है और इसका रिटर्न 6% है। स्टॉक B पोर्टफोलियो के 30% को निरूपित करता है और इसका रिटर्न 8% है। स्टॉक C, पोर्टफोलियो के 20% को निरूपित करता है और इसका रिटर्न 4% है। स्टॉक D, पोर्टफोलियो के शेष 30% को निरूपित करता है और इसका निगेटिव-रिटर्न 5% है। पोर्टफोलियो का औसत रिटर्न कितना है?
(a) 3.4% (b) 2.6% (c) 3.2% (d) 2.9%

74. दी गई तालिका का अध्ययन कीजिए और निम्नलिखित प्रश्न का उत्तर दीजिए।
दी गई तालिका चार वर्षों में चार कम्पनियों यानी C_1, C_2, C_3, और C_4 द्वारा किए गए टी-शर्ट के उत्पादन को दर्शाती है।

वर्ष	उत्पादन (हजारों में)			
	C_1	C_2	C_3	C_4
2019	243	244	244	240
2020	248	239	236	230
2021	232	240	235	248
2022	242	244	230	242

इन चार वर्षों के दौरान किस कम्पनी के टी-शर्ट का औसत उत्पादन सर्वाधिक रहा?
(a) C_3 (b) C_1
(c) C_4 (d) C_2

75. दो त्रिभुज EFG और HIJ सर्वांगसम हैं। यदि ΔEFG का क्षेत्रफल 124 सेमी^{2} है, तो ΔHIJ का क्षेत्रफल कितना होगा?
(a) 248 सेमी^{2} (b) 124 सेमी^{2}
(c) 31 सेमी^{2} (d) 62 सेमी^{2}

भाग IV
अंग्रेजी भाषा

76. Select the option that can be used as a one-word substitute for the given group of words.
Morbid compulsion to consume alcohol continuously
(a) Satyromania (b) Maniac
(c) Kleptomania (d) Dipsomania

77. Select the option that expresses the given sentence in active voice.
The painting was admired by art enthusiasts from around the world.
(a) The painting was being admired by art enthusiasts from around the world.
(b) Art enthusiasts from around the world admired the painting.
(c) Art enthusiasts from around the world have admired the painting.
(d) The painting has been admired by art enthusiasts from around the world.

78. Select the word segment that can substitute the bracketed word segment correctly and complete the sentence meaningfully.
(Each participant have) performed well.
(a) Each participant was
(b) Each participant has
(c) Each participant have been
(d) Each participant were

79. Select the most appropriate meaning of the underlined idiom.
Fatima was <u>at her wits' end</u> trying to decide on a serene place for spending the holidays in.
(a) So worried, confused or annoyed that she does not know what to do next
(b) So worried, confused or annoyed that she became unconscious
(c) So calm and composed that she knows what to do next
(d) So worried, confused or annoyed that she insulted others for no reason

80. Parts of a sentence are given below in jumbled order. Arrange the parts in the correct order to form a meaningful sentence.
P. having the opportunity of observing people's
Q. we respect and appreciate their point of views
R. the advantage of travelling different places and
S. culture, custom and lifestyle, is that
(a) RQPS (b) PSQR
(c) RPSQ (d) SQPR

81. Select the incorrectly spelt word.
(a) Accommodate
(b) Mischievious
(c) Millennium
(d) Privilege

82. Select the most appropriate synonym of the given word.
Taut
(a) Slack (b) Tight
(c) Torn (d) Flaccid

83. Select the option that expresses the given sentence in active voice.
He will be made President by the people.
(a) People will be making him the President.
(b) The people will make him President.
(c) By the people, he shall be made the President.
(d) He will be made President by the people.

84. Which of the following idioms means 'to steal from a shop'?
(a) Golden opportunity
(b) Green thumb
(c) Five-finger discount
(d) Black sheep

85. Parts of the following sentence have been given as options. Select the option that contains an error.
I are dancing with my husband at my sister's wedding.
(a) husband at my
(b) sister's wedding
(c) with my
(d) I are dancing

86. Parts of the following sentence have been given as options. Select the option that contains an error.
The tea at this café is best than at the Costa Café in our office.
(a) at the Costa Café
(b) The tea at this café
(c) is best than
(d) in our office

87. Select the most appropriate antonym of the given word.
Miserable
(a) Melodious (b) Settled
(c) Restrained (d) Cheerful

88. Select the most appropriate synonym of the given word.
Confiscate
(a) Re-stock (b) Destroy
(c) Seize (d) Titivate

89. Select the most appropriate meaning of the given word.
Edible
(a) noisome (b) mortal
(c) noxious (d) nutritive

90. Select the most appropriate option to substitute the underlined segment in the given sentence.
There are many factories in the <u>operative</u> area of the city.
(a) industrial
(b) serviceable
(c) industrious
(d) mechanical

91. Select the most appropriate synonym of the bracketed word in the following sentence to fill in the blank.
The elaborate syllabi had to be ………… (summarised) to make a presentation in the UGC assessment meeting.
(a) expanded
(b) recapitulated
(c) prolonged
(d) lengthened

92. Identify the incorrectly spelt word in the following sentence and select its correct spelling from the given options.
I receieved a parcel in the mail today.
(a) received
(b) recived
(c) recieved
(d) receaved

93. Select the option that can be used as a one-word substitute for the underlined group of words.
The question papers are placed in the lockers of the school in a way that they <u>can't be reached</u>.
(a) are irrepressible
(b) are inaccessible
(c) are affordable
(d) are affable

94. Select the most appropriate homophone to fill in the blank.
He has the ………….. to express his thoughts.
(a) right (b) ride
(c) write (d) rite

95. Select the option that can be used as a one-word substitute for the given group of words.
An order of law requiring people to remain indoors
(a) Restriction
(b) Curfew
(c) Limit
(d) Check-in

Directions (Q. Nos. 96-100) *In the following passage, some words have been deleted. Read the passage carefully and select the most appropriate option to fill in each blank.*

Tea prices in the domestic ......(1)...... continue to rule high in the current year despite the expectation of a higher production as compared to the previous year. During the past three months, tea prices have been ......(2)...... with the prices of other companies. Unlike last year, tea prices have generally shown ......(3)......, when tea prices rose dramatically, this year, prices seem to have ......(4)...... at a rather high level. In the subsequent four months, the ......(5)...... average price showed a downtrend.

96. Select the most appropriate option to fill in blank number 1.
(a) market (b) area
(c) zone (d) field

97. Select the most appropriate option to fill in blank number 2.
(a) aligning
(b) favouring
(c) countering
(d) encountering

98. Select the most appropriate option to fill in blank number 3.
(a) an inflow
(b) an innate
(c) a reduction
(d) an uptrend

99. Select the most appropriate option to fill in blank number 4.
(a) stabilised
(b) moderated
(c) equated
(d) abated

100. Select the most appropriate option to fill in blank number 5.
(a) monthly
(b) half yearly
(c) weekly
(d) yearly

उत्तरमाला

1. (a)	2. (d)	3. (d)	4. (b)
5. (d)	6. (a)	7. (a)	8. (b)
9. (d)	10. (a)	11. (d)	12. (d)
13. (a)	14 (c)	15. (c)	16. (d)
17. (a)	18. (c)	19. (c)	20. (b)
21. (d)	22. (b)	23. (a)	24. (d)
25. (d)	26. (d)	27. (a)	28. (d)
29. (b)	30. (b)	31. (d)	32. (d)
33. (c)	34. (d)	35. (b)	36. (b)
37. (b)	38. (b)	39. (d)	40. (c)
41. (c)	42. (b)	43. (a)	44. (c)
45. (a)	46. (b)	47. (b)	48. (d)
49. (b)	50. (c)	51. (c)	52. (c)
53. (d)	54. (b)	55. (a)	56. (c)
57. (c)	58. (c)	59. (d)	60. (b)
61. (d)	62. (d)	63. (c)	64. (b)
65. (a)	66. (c)	67. (b)	68. (b)
69. (a)	70. (a)	71. (a)	72. (a)
73. (d)	74. (d)	75. (b)	76. (d)
77. (b)	78. (b)	79. (a)	80. (c)
81. (b)	82. (b)	83. (b)	84. (c)
85. (d)	86. (c)	87. (d)	88. (c)
89. (d)	90. (a)	91. (b)	92. (a)
93. (b)	94. (a)	95. (b)	96. (a)
97. (a)	98. (d)	99. (a)	100. (a)

व्याख्या

1. *(a)* एक से अधिक पदों के लिए आवेदन करने वाले व्यक्तियों की कुल संख्या
$= 4 + 3 + 6 + 8 = 21$

2. *(d)* दी गई शृंखला का क्रम निम्न प्रकार है,

$X \xrightarrow{+1} Y \xrightarrow{+1} Z \xrightarrow{+1} A \xrightarrow{+1} \boxed{B}$

$F \xrightarrow{+3} I \xrightarrow{+3} L \xrightarrow{+3} O \xrightarrow{+3} \boxed{R}$

$11 \xrightarrow{+4} 15 \xrightarrow{+4} 19 \xrightarrow{+4} 23 \xrightarrow{+4} \boxed{27}$

3. *(d)* जिस प्रकार, (34, 47, 62)
$\Rightarrow (34 + 62) \div 2 = 48 \Rightarrow 48 - 1 = 47$
और (119, 142, 167)
$\Rightarrow (119 + 167) \div 2 = 143 \Rightarrow 143 - 1 = 142$
उसी प्रकार, (79, 98, 119)
$\Rightarrow (79 + 119) \div 2 = 99 \Rightarrow 99 - 1 = 98$

4. *(b)* दी गई शृंखला का क्रम निम्न प्रकार है,
PZAAV/PZAAV/P Z A A V
⇒ ZVPAPZAV

5. *(d)* दिए गए पासे की दोनों स्थितियों में अक्षर 'R' उभयनिष्ठ है। 'R' से दक्षिणावर्त लिखने पर,

स्थिति I ⟶ R M A
स्थिति II ⟶ R Y S
(M ↕ Y विपरीत, A ↕ S विपरीत)

अत: अक्षर 'S' के विपरीत फलक पर अक्षर 'A' होगा।

6. *(a)* दी गई शृंखला का क्रम निम्न प्रकार है,

35 →(+3) 38 →(+5) 43 →(+7) 50 →(+9) 59 →(+11) $\boxed{70}$

7. *(a)* जिस प्रकार,
$(66\text{-}154) \Rightarrow \frac{66}{6} \times 14 = 11 \times 14 = 154$
$(72\text{-}168) \Rightarrow \frac{72}{6} \times 14 = 12 \times 14 = 168$
तथा $(36\text{-}84) \Rightarrow \frac{36}{6} \times 14 = 6 \times 14 = 84$
परन्तु (33-72)
$\Rightarrow \frac{33}{6} \times 14 = 5.5 \times 14 = 77 \neq 72$

8. *(b)* $P \div Q \times R - M + T$
रक्त सम्बन्ध आरेख बनाने पर,

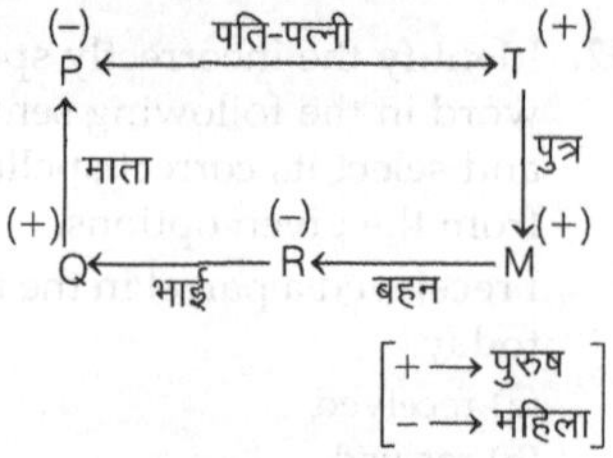

स्पष्टत: T, P का पति है।

9. *(d)* दी गई आकृति शृंखला में निम्न क्रम का अनुसरण हो रहा है।

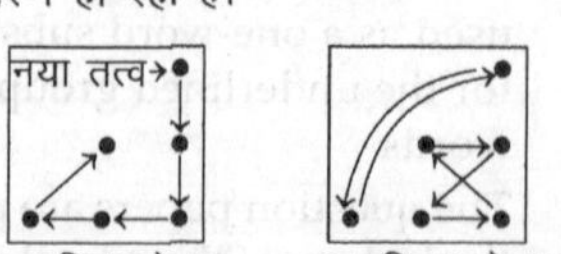

आकृति (i) से (ii) तथा (iii) से (iv) में   आकृति (ii) से (iii) तथा (iv) से (v) में

अत: आकृति (d) इस शृंखला को पूरा करेगी।

10. *(a)* दिए गए पासे की दोनों स्थितियों में अक्षर 'R' उभयनिष्ठ है, अक्षर 'R' से दक्षिणावर्त लिखने पर,

स्थिति I ⟶ R P T
स्थिति II ⟶ R Q U
(P ↕ Q विपरीत, T ↕ U विपरीत)

अत: अक्षर 'R' के विपरीत फलक पर शेष फलक अर्थात् अक्षर 'S' होगा।

11. *(d)*

दिया गया शब्द	J	A	N	I	T	O	R
वर्णमाला क्रम	A	I	J	N	O	R	T

अत: प्रत्येक अक्षर अंग्रेजी वर्णमाला के क्रम में व्यवस्थित करने के बाद 'शून्य' अक्षरों की स्थिति अपरिवर्तित रही।

12. *(d)* दी गई आकृति को विकल्प आकृति (d) पूरा करेगी।

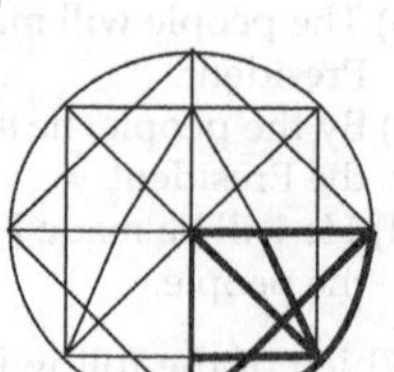

13. *(a)* जिस प्रकार, S E T (विपरीत अक्षरों के क्रमांक)
$8 + 22 + 7 = 37$

तथा M X (विपरीत अक्षरों के क्रमांक)
$14 + 18 + 3 = 35$

उसी प्रकार, W A R (विपरीत अक्षरों के क्रमांक)
$4 + 26 + 9 = \boxed{39}$

14. *(c)* जिस प्रकार,

S I L K
+1 +0 +1 +1
T I M L

[व्यंजन ⟶ +1, स्वर ⟶ +0]

तथा I N S E C T
+0 +1 +1 +0 +1 +1
I O T E D U

उसी प्रकार, C H A N G E
+1 +1 +0 +1 +1 +0
$\boxed{\text{D I A O H E}}$

15. *(c)* जिस प्रकार,

F →(+3) … →(+2) K →(+1) L

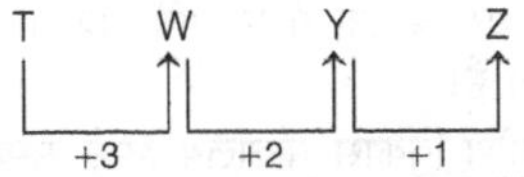

और 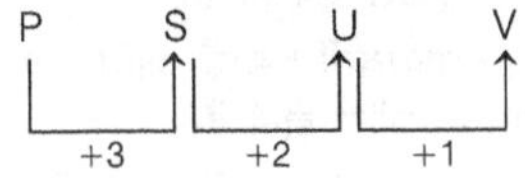

परन्तु, 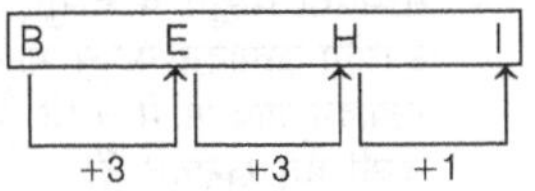

16. ***(d)*** $24 \div 3 - 4 \times 2 + 6 \times 5 + 12 = 50$

विकल्प (d) से, 24 तथा 12 को परस्पर बदलने पर,

$12 \div 3 - 4 \times 2 + 6 \times 5 + 24 = 50$

$\Rightarrow \quad 4 - 8 + 30 + 24 = 50$

$\Rightarrow \quad 30 + 24 + 4 - 8 = 50$

$\Rightarrow \quad 58 - 8 = 50$

$\Rightarrow \quad 50 = 50$

17. ***(a)*** जिस प्रकार, (19, 456, 6)

$\Rightarrow \quad 19 \times 6 = 114$

$\Rightarrow \quad 114 \times 4 = 456$

तथा (16, 320, 5)

$\Rightarrow \quad 16 \times 5 = 80$

$\Rightarrow \quad 80 \times 4 = 320$

उसी प्रकार, (18, 648, 9)

$\Rightarrow \quad 18 \times 9 = 162$

$\Rightarrow \quad 162 \times 4 = 648$

18. ***(c)*** $321 - 371 \div 22 + 216 \times 6 = ?$

चिह्नों को परस्पर बदलने पर,

$321 + 371 \times 22 - 216 \div 6$

$= 321 + 8162 - 36$

$= 8483 - 36 = 8447$

19. ***(c)*** दी गई शृंखला का क्रम निम्न प्रकार है,

M $\xrightarrow{+1}$ N $\xrightarrow{+2}$ P $\xrightarrow{+3}$ S $\xrightarrow{+4}$ W $\xrightarrow{+5}$ B

F $\xrightarrow{+3}$ I $\xrightarrow{+3}$ L $\xrightarrow{+3}$ O $\xrightarrow{+3}$ R $\xrightarrow{+3}$ U

T $\xrightarrow{-1}$ S $\xrightarrow{-2}$ Q $\xrightarrow{-3}$ N $\xrightarrow{-4}$ J $\xrightarrow{-5}$ E

20. ***(b)*** जिस प्रकार,

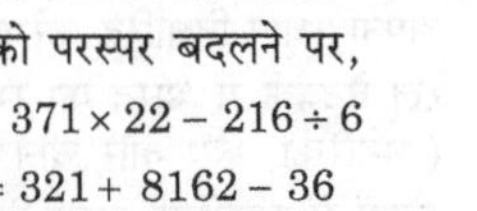

तथा 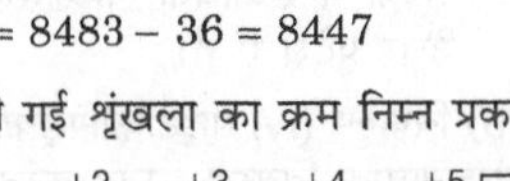

उसी प्रकार, 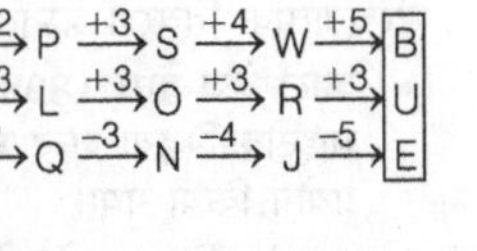

21. ***(d)*** आकृति (d) में दी गई आकृति सन्निहित है,

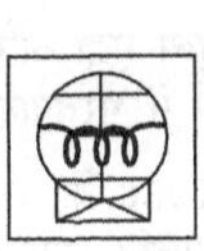

22. ***(b)*** दी गई आकृति शृंखला में वृत्त दक्षिणावर्त दिशा में एकान्तर रूप से घुम रहा है।

अत: आकृति (b) इस शृंखला को पूर्ण करेगी।

23. ***(a)*** पुरुषों की संख्या, जो डॉक्टर हैं

$= 23 + 24 = 47$

24. ***(d)*** दी गई आकृति में बिन्दुओं के नाम लिखने पर,

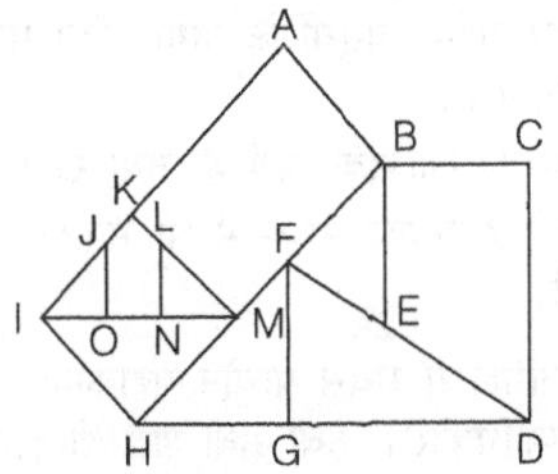

बनने वाले त्रिभुज निम्न होंगे,

$\Delta BEF, \Delta FGD, \Delta FGH, \Delta FHD, \Delta IOJ, \Delta MNL, \Delta IKM, \Delta IMH$

अत: आकृति में कुल 8 त्रिभुज हैं।

25. ***(d)*** जिस प्रकार,

(12, 145)

$\Rightarrow (12)^2 + 1 = 145$

तथा (9, 82)

$\Rightarrow (9)^2 + 1 = 82$

उसी प्रकार, विकल्प (d) से

$(14, 197) \Rightarrow (14)^2 + 1 = 197$

26. ***(d)*** **अनुच्छेद** 28 शैक्षणिक संस्थाओं में धार्मिक शिक्षा या धार्मिक उपासना में उपस्थिति के सम्बन्ध में स्वतन्त्रता से सम्बन्धित है।

- यह बताता है, कि राज्य निधि से पूर्णत: संचालित किसी भी शैक्षणिक संस्था में कोई धार्मिक शिक्षा प्रदान नहीं की जाएगी।
- यह संविधान के भाग 3 में शामिल है।

27. ***(a)*** **अजिता श्रीवास्तव** को कला क्षेत्र में उनके योगदान के लिए भारत सरकार द्वारा वर्ष 2022 में पद्मश्री से सम्मानित किया गया था।

- इन्हें वर्ष 2017 में उत्तर प्रदेश संगीत नाटक अकादमी पुरस्कार से सम्मानित किया गया।
- इन्होंने कजरी जैसे लोकगीतों को लोकप्रिय बनाया। वर्ष 2021 में इन्हें कजरी कोकिला पुरस्कार प्रदान किया गया।

28. ***(d)*** **प्रशान्त प्लेट** पृथ्वी की सबसे बड़ी भूपर्पटीय भौगोलिक प्लेट है, जिसका क्षेत्रफल 103000000 वर्ग किमी से अधिक है।

- प्रशान्त प्लेट उत्तर में उत्तरी अमेरिकी प्लेट से सम्बन्धित है।
- प्रशान्त प्लेट की मोटाई (औसत) 100 किमी है।
- प्रशान्त प्लेट उत्तर-पश्चिम की ओर 7 से 11 सेमी प्रतिवर्ष की गति से आगे बढ़ रही है।

29. ***(b)*** **ब्यूटिरिक एसिड** रासायनिक सूत्र $CH_3CH_2CH_2CO_2H$ युक्त एक सीधी शृंखला अल्काइल कार्बोक्सिलिक अम्ल है, जो एक अप्रिय गन्ध वाला एक तैलीय रंगहीन तरल है।

- ब्यूटिरिक एसिड के लवण और एस्टर को ब्यूटेनोएट्स के रूप में जाना जाता है।

30. ***(b)*** साल्क वैक्सीन वर्ष 1952 में विकसित एक निष्क्रिय पोलियो वैक्सीन है। **साल्क वैक्सीन** का वर्ष 1952 में प्रथम परीक्षण किया गया जो कि 5 वर्षों बाद उपयोग हेतु तैयार हुई।

- यह टीका रक्त में एण्टीबॉडी का उत्पादन करता है, जो पोलियो वायरस को केन्द्रीय तन्त्रिका तन्त्र में फैलने से रोकता है।

31. ***(d)*** **भारत सरकार अधिनियम** 1858 के तहत भारत पर शासन करने की शक्ति अंग्रेजी ईस्ट इण्डिया कम्पनी से ब्रिटिश क्राउन को हस्तान्तरित कर दी गई थी। इसके तहत भारत के गवर्नर-जनरल का नाम 'वायसराय' कर दिया गया।

- मूल रूप से इसे 'एन एक्ट फॉर बैटर गवर्नमेण्ट ऑफ इण्डिया' के रूप में प्रस्तुत किया गया।
- उस समय ब्रिटेन के तत्कालीन प्रधानमन्त्री **लॉर्ड पार्म स्टर्न** थे।

32. ***(d)*** अनुच्छेद 77 **भारत सरकार** के कारोबार के संचालन से सम्बन्धित है।

- अनुच्छेद 77 भाग V के अन्तर्गत भारतीय संविधान में शामिल है।
- अनुच्छेद 77 के अनुसार, राष्ट्रपति भारत सरकार के व्यवसायों के अधिक प्रयोग और उद्देश्यों के बीच उल्लेखित व्यवसायों के लिए नियम बनाएगा।

33. *(c)* अकबर के शासनकाल के दौरान राजस्व मन्त्री **टोडरमल** थे।
- इन्होंने बन्दोबस्त प्रणाली और भू-राजस्व की दहशाला प्रणाली नामक पद्धति की शुरुआत की।
- इन्होंने राजस्व प्रणाली को 'जब्त' नाम दिया था।

34. *(d)* पंचवर्षीय योजना सरकार को अर्थव्यवस्था में दीर्घकालिक हस्तक्षेप की सुविधा देती है।
- पंचवर्षीय योजनाएँ देश के आर्थिक विकास के सन्दर्भ में केन्द्रीकृत और एकीकृत कार्यक्रम थी।
- भारत में पहली पंचवर्षीय योजना वर्ष 1951 से 1956 तक लागू की गई।

35. *(b)* भारतीय जनगणना के अनुसार, एक सीमान्त श्रमिक वह व्यक्ति होता है, जो एक वर्ष में 183 दिन (छः महीने) से कम काम करता है।
- 2011 की जनगणना के अनुसार, भारत में 8.7% श्रमिक सीमान्त श्रमिक हैं।
- सीमान्त श्रमिकों का प्रतिशत एक कम विकासशील अर्थव्यवस्था और गरीबी को दर्शाता है।
- सीमान्त श्रमिक ग्रामीण क्षेत्रों में भूमिहीन खेतिहर मजदूर हैं।

36. *(b)* **उस्ताद जाकिर हुसैन** भारत के सुप्रसिद्ध तबला वादक हैं। वर्ष 2002 में ये पद्म भूषण से सम्मानित होने वाले सबसे कम आयु के वाद्ययन्त्र वादक थे।
- कला क्षेत्र में इन्हें वर्ष 1988 में पद्मश्री से सम्मानित किया गया।
- इन्हें मार्च, 2023 में राष्ट्रपति द्रौपदी मुर्मू द्वारा पद्म विभूषण से सम्मानित किया गया।
- 'लिविंग इन द मैटेरियल वर्ल्ड' इनका प्रथम एल्बम था।

37. *(b)* उपचयन को रोकने के लिए वसा और तेलयुक्त पदार्थों में एण्टीऑक्सीडेण्ट मिलाए जाते हैं, यह कथन गलत है।
- यह एक निष्क्रिय गैस है, जिससे खाद्य पदार्थों के ऑक्सीकरण की प्रक्रिया धीमी हो जाती है।
- यह गैस रंगहीन, गन्धहीन और स्वादहीन होती है।

38. *(b)* ओडिसी नृत्य संस्थान नृत्यग्राम **कर्नाटक** में स्थित है।
- ओडिसी नृत्य की प्रसिद्ध नृत्यांगना प्रोतिमा गोरी ने इस स्कूल की स्थापना की थी।
- ओडिसी नृत्य, ओडिशा का शास्त्रीय नृत्य है।
- यह नृत्य मुद्रा और अभिव्यक्ति के सन्दर्भ में भरतनाट्यम के समान है।

39. *(d)* **वर्ष 1936** के ओलम्पिक खेलों का आयोजन बर्लिन (जर्मनी) में हुआ था, जिसमें खो-खो को मुख्य स्टेडियम में एक प्रदर्शनी में दिखाया गया था।
- वर्ष 2028 के ओलम्पिक खेलों में क्रिकेट, बेसबॉल, फ्लैगफुटबॉल, स्क्वैश, आदि खेलों को सम्मिलित किया जाएगा।

40. *(c)* 'नुआखाई' **ओडिशा** राज्य का पारम्परिक त्योहार है।
- नुआखाई एक कृषि सम्बन्धी त्योहार है। यह गणेश चतुर्थी के अगले दिन मनाया जाता है।
- इसका शाब्दिक अर्थ है 'नया खाना'।
- इसे झारखण्ड राज्य में भी मनाया जाता है।

41. *(c)* तमिल में सबसे प्राचीन महाकाव्य 'शिलप्पाथिकारम' 5वीं-6वीं शताब्दी ई. में **इलांगो आदिगल** द्वारा लिखा गया था।
- इलांगो आदिगल, चेर वंश के राजा सेनगुट्टवन के छोटे भाई थे।
- शिलप्पाथिकारम महाकाव्य कन्नगी नाम की एक महिला की कहानी से सम्बन्धित है।
- इसकी रचना ईसा की दूसरी-तीसरी शताब्दी में की गई।
- यह महाकाव्य तीन भागों पुहारक्काण्डम, मदुरैक्काण्डम और वजिक्काण्डम में विभाजित है।

42. *(b)* नए भारत के सपने अभियान की शुरुआत **वर्ष 2023** में केन्द्रीय महिला एवं बाल कल्याण मन्त्री स्मृति ईरानी ने की थी।
- इसमें देशभर के युवाओं को इंस्टाग्राम और फेसबुक पर रील बनाकर रचनात्मकता प्रस्तुत करने के लिए आमन्त्रित किया गया था।
- इसमें # Amrit Generation का उपयोग करते हुए रील अपलोड करना होता है।

43. *(a)* प्रधानमन्त्री ग्रामीण आवास योजना में, मैदानी क्षेत्र में **60:40** और उत्तर-पूर्वी और हिमालयी राज्यों के लिए 90:10 के अनुपात में सहायता लागत राशि वितरित की जाती है।
- प्रधानमन्त्री ग्रामीण आवास योजना वर्ष 2016 में स्वीकृत हुई।
- ग्रामीण आवास योजना तथा इन्दिरा आवास योजना को प्रधानमन्त्री ग्रामीण आवास योजना में परिवर्तित किया गया है।
- ग्रामीण विकास मन्त्रालय इससे सम्बद्ध नोडल एजेन्सी है।

44. *(c)* **मध्यवर्ती वस्तुएँ** आर्थिक प्रक्रिया में परिवर्तनशील होती हैं।
- मध्यवर्ती वस्तुएँ वे वस्तुएँ हैं, जिनका उपयोग उत्पादन कच्चे माल के रूप में उत्पादन प्रक्रिया में करते हैं या उन्हें पुनः बिक्री हेतु खरीदते हैं।
- उत्पादन शृंखला में मध्यवर्ती वस्तुएँ कच्चे माल और तैयार माल के मध्य एक कड़ी के रूप में सम्बद्ध हैं।

45. *(a)* मुस्लिम महिला विवाह अधिकार संरक्षण अधिनियम 2019 की धारा 5 के तहत्, तलाकशुदा मुस्लिम महिलाएँ पति से गुजारा भत्ता पाने के लिए हकदार हैं।
- इसके तहत तलाकशुदा मुस्लिम महिलाएँ स्वयं के लिए व अपने आश्रित बच्चों के लिए गुजारा भत्ता पा सकती हैं।
- गुजारा भत्ता की रकम का निर्धारण मजिस्ट्रेट करता है।
- इसके अन्तर्गत धारा 4 के मुताबिक तीन साल की जेल व जुर्माने का प्रावधान है।

46. *(b)* रेल वार्षिकी 2019-20 के अनुसार भारतीय रेल नेटवर्क की कुल लम्बाई 67,956 किमी है।
- रेल वार्षिकी 2024-25 में आगामी पाँच वर्षों में 40 हजार रेल ट्रैक बनेगा, जिससे भारत विश्व में तृतीय स्थान पर अपना स्थान निर्धारित करेगा।
- रेल नेटवर्क में भारत का स्थान चतुर्थ (अमेरिका, रूस और चीन के बाद)है।
- राज्यों में सर्वाधिक लम्बा रेल नेटवर्क उत्तर प्रदेश में है।

47. *(b)* विकल्प (iv) माइटोकॉण्ड्रिया का संरचनात्मक विवरण प्रस्तुत करता है।
- कार्ल बेंज द्वारा 1898 ई. में माइटोकॉण्ड्रिया शब्द का प्रथम बार प्रयोग किया गया।
- माइटोकॉण्ड्रिया को कोशिका का पावरहाउस कहते हैं।
- ये खाद्य अणुओं को तोड़ते हैं और एटीपी बनाते हैं, जो शेष कोशिका के लिए आण्विक ईंधन है।

48. *(d)* पहली पुरुष एशियन हॉकी चैम्पियन्स ट्रॉफी, 2011 में शुरू हुई, जिसे **भारत** ने जीता था।
- भारत ने अब तक सर्वाधिक 5 बार यह चैपियन्स ट्रॉफी जीती है।
- वर्ष 2024 में इस ट्रॉफी की मेजबानी चीन द्वारा की गई। इसमें भारत विजेता और चीन उपविजेता रहा।

- वर्ष 2026 में इसका आयोजन बेल्जियम और नीदरलैण्ड में संयुक्त रूप से होगा।

49. *(b)* **लॉर्ड वेलेजली** द्वारा सहायक गठबन्धन प्रणाली तैयार की गई।

- इस सन्धि को स्वीकार करने वाले राज्यों के वैदेशिक सम्बन्ध अंग्रेजी राज्य के अधीन हो जाते थे, परन्तु उनके आन्तरिक मामलों में हस्तक्षेप नहीं किया जाता था।
- सहायक गठबन्धन को स्वीकार करने वाले पहले राज्यों में हैदराबाद के निजाम थे।

50. *(c)* गर्मियों में उत्तर भारत में बहने वाली गर्म स्थानीय हवा **लू** कहलाती हैं। लू तेज, धूलभरी, गर्म और शुष्क हवाएँ हैं।

- भारत में इस हवा का प्रवाह मई तथा जून महीने में सर्वाधिक होता है।
- इसी तरह यूएसए और कनाड़ा में चिनूक, गिनी के तट पर हरमट्टन और जावा, इण्डोनेशिया में कोयम बेंग गर्म हवाएँ चलती हैं।

51. *(c)* $\frac{\sec\alpha + \tan\alpha}{\sec\alpha - \tan\alpha} = \frac{7}{4}$

$\Rightarrow 4\sec\alpha + 4\tan\alpha = 7\sec\alpha - 7\tan\alpha$

$\Rightarrow 11\tan\alpha = 3\sec\alpha$

$\Rightarrow \frac{11\sin\alpha}{\cos\alpha} = \frac{3}{\cos\alpha}$

$\Rightarrow \sin\alpha = \frac{3}{11}$

$\therefore \operatorname{cosec}\alpha = \frac{11}{3}$ $\left[\because \operatorname{cosec}\alpha = \frac{1}{\sin\alpha}\right]$

52. *(c)* कम्पनी C द्वारा उत्पादित रेफ्रिजरेटर = 150

तीनों कम्पनी द्वारा उत्पादित कुल रेफ्रिजरेटर

$= (140 + 190 + 150) = 480$

$\therefore$ अभीष्ट % $= \frac{150}{480} \times 100 = 31.25\%$

53. *(d)* प्रश्नानुसार,

(टैंक की कुल क्षमता)

पाइप $\longrightarrow 12$ — 3

पाइप + रिसाव $\longrightarrow 18$ — 2 — 36

$\therefore$ रिसाव की क्षमता = (3 − 2) = 1

$\therefore$ रिसाव द्वारा टंकी खाली करने में लगा समय $= \frac{36}{1} = 36$ घण्टे

54. *(b)* साड़ी पर छूट प्रतिशत

$= \frac{10490 - 9441}{10490} \times 100$

$= \frac{1049}{10490} \times 100 = 10\%$

55. *(a)* हम जानते हैं,

$\angle QOR = 90^\circ + \frac{\angle P}{2}$ [$\because$ कोण समद्विभाजक]

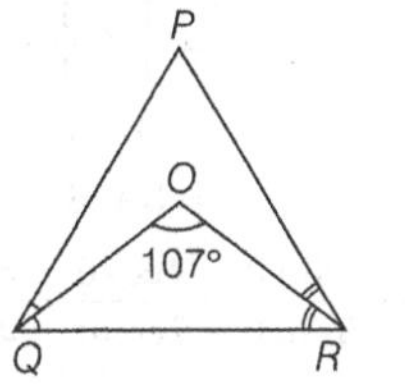

$\Rightarrow \frac{\angle P}{2} = 107^\circ - 90^\circ$

$\therefore \angle P = 17^\circ \times 2 = 34^\circ$

56. *(c)* अभीष्ट लाभ % $= \frac{200}{1000 - 200} \times 100$

$= \frac{200}{800} \times 100 = 25\%$

57. *(c)* $\frac{\sin A}{1 + \cos A} = \frac{\sin A(1 - \cos A)}{(1 + \cos A)(1 - \cos A)}$

$= \frac{\sin A(1 - \cos A)}{1 - \cos^2 A}$

$[(a + b)(a - b) = a^2 - b^2]$

$= \frac{\sin A(1 - \cos A)}{\sin^2 A}$

$[\because \sin^2 A + \cos^2 A = 1]$

$= \frac{1 - \cos A}{\sin A}$

58. *(c)* वृत्त की त्रिज्या = 10 सेमी

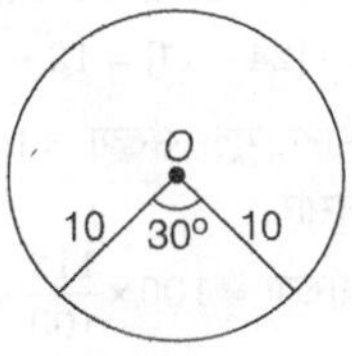

$\therefore$ त्रिज्यखण्ड का परिमाप

= 2 × त्रिज्या + चाप की लम्बाई

$= 2 \times 10 + \frac{30^\circ}{180^\circ} \times 3.14 \times 10$

[$\because$ चाप की लम्बाई $= \frac{\theta}{180^\circ} \times \pi r$]

= 20 + 5.2 = 25.2 सेमी

59. *(d)* माना वृत्त की त्रिज्या = r सेमी

त्रिज्यखण्ड का परिमाप $= 2r + \frac{60^\circ}{180^\circ} \times \pi r$

$\Rightarrow 2r + \frac{1}{3} \times \frac{22}{7} \times r = \frac{64}{3}$

$\Rightarrow \frac{42r + 22r}{21} = \frac{64}{3}$

$\Rightarrow \frac{64r}{21} = \frac{64}{3}$

$\therefore \quad r = 7$

$\therefore$ त्रिज्यखण्ड का क्षेत्रफल $= \frac{\pi r^2}{360^\circ} \times 60^\circ$

$= \frac{\frac{22}{7} \times 7 \times 7}{6} = \frac{77}{3}$ सेमी^{2}

60. *(b)* $a + b = 2c$

विकल्प (b) से,

$a^2 + 2bc = b^2 + 2ac$

$\Rightarrow \quad a^2 + 2c(b - a) = b^2$

$\Rightarrow a^2 - (a + b)(a - b) = b^2$

$\Rightarrow \quad a^2 - a^2 + b^2 = b^2$

$\Rightarrow \quad b^2 = b^2$

बायाँ पक्ष = दायाँ पक्ष

61. *(d)* घनाभ का आयतन

= लम्बाई × चौड़ाई × ऊँचाई

= 8 × 4 × 6

= 192 सेमी^{3}

62. *(d)* चोर की चाल = 12 किमी/घण्टा

पुलिसकर्मी की चाल = 15 किमी/घण्टा

सापेक्ष चाल = 15 − 12 = 3 किमी/घण्टा

$\therefore$ पुलिसकर्मी द्वारा चोर को पकड़ने में लगा समय

$= \frac{600}{\left(3 \times \frac{5}{18}\right)} = \frac{600 \times 18}{3 \times 5}$

= 720 सेकण्ड

$= \frac{720}{60} = 12$ मिनट

63. *(c)* $8a^2$ और $\frac{18}{a^4}$ का मध्यानुपाती

$= \sqrt{8a^2 \times \frac{18}{a^4}} = \sqrt{\frac{144}{a^2}} = \frac{12}{a}$

64. *(b)* शनिवार को सभी प्रिण्टरों द्वारा मिलाकर मुद्रित पृष्ठों की कुल संख्या

= 8540 + 11230 + 6580 + 7890

= 34240

$\therefore$ बुधवार को सभी प्रिण्टरों द्वारा मिलाकर मुद्रित पृष्ठों की कुल संख्या

$= 34240 \times \frac{115}{100} = 39376$

65. *(a)* संख्या = $7845K854$

किसी संख्या को 11 से विभाज्य होने के लिए विषम स्थान के अंकों का योग और सम स्थान के अंकों के योग का अन्तर 0 या 11 से विभाज्य होना चाहिए।

संख्या के विषम स्थान के अंकों का योग

$= 7 + 4 + K + 5 = 16 + K$

संख्या के सम स्थान के अंकों का योग

$= 8 + 5 + 8 + 4 = 25$

∴ विषम स्थान के अंकों का योग और सम स्थान के अंकों का योग के बीच का अन्तर = 0

$\Rightarrow 16 + K - 25 = 0$

$\therefore \quad K = 9$

66. ***(c)*** माना शेष पूँजी की दर = $r\%$

साधारण ब्याज $= \dfrac{P \times R \times T}{100}$

प्रश्नानुसार,

$$\frac{7000 \times 5 \times 1}{100} + \frac{6000 \times 6 \times 1}{100} + \frac{[18000 - (7000 + 6000)] \times r \times 1}{100} = 1160$$

$$\Rightarrow 350 + 360 + \frac{5000 \times r \times 1}{100} = 1160$$

$$\Rightarrow \quad 710 + 50r = 1160$$

$$\Rightarrow \quad 50r = 450$$

$$\therefore \quad r = \frac{450}{50} = 9\%$$

67. ***(b)*** वर्ष 1999 में हेलमेट C की बिक्री = 54

वर्ष 2002 में हेलमेट C की बिक्री = 68

$$\therefore \text{ प्रतिशत वृद्धि} = \frac{(68 - 54)}{54} \times 100$$

$$= \frac{14}{54} \times 100 = 25.93\%$$

68. ***(b)*** $4x + (k - 2)y + 3 = 0 \quad \ldots(\text{i})$

$(k - 2)x + 9y - 5 = 0 \quad \ldots(\text{ii})$

समी (i) की तुलना $a_1x + b_1y + c_1 = 0$ तथा समी (ii) की तुलना $a_2x + b_2y + c_2 = 0$ से करने पर,

$a_1 = 4,\ b_1 = k - 2,\ c_1 = 3$

$a_2 = k - 2,\ b_2 = 9,\ c_2 = -5$

हम जानते हैं, कि

$$\frac{a_1}{a_2} = \frac{b_1}{b_2} \neq \frac{c_1}{c_2}$$

$$\frac{4}{k-2} = \frac{k-2}{9} \neq -\frac{3}{5}$$

$$\therefore \quad \frac{4}{k-2} = \frac{k-2}{9}$$

$$\Rightarrow (k - 2)^2 = 36$$

$$\Rightarrow \quad k - 2 = 6$$

$$\therefore \quad k = 8$$

अब, $k^2 + 6$ का मान $= 8^2 + 6$

$= 64 + 6 = 70$

69. ***(a)*** $x + y + z = 1$

माना न्यूनतम मान के लिए, $x = y = z = a$

$\therefore \quad a + a + a = 1$

$\Rightarrow \quad 3a = 1$

$\Rightarrow \quad a = \dfrac{1}{3}$

अब, $\dfrac{1}{x} + \dfrac{1}{y} + \dfrac{1}{z} = \dfrac{1}{a} + \dfrac{1}{a} + \dfrac{1}{a}$

$$= \frac{1}{\frac{1}{3}} + \frac{1}{\frac{1}{3}} + \frac{1}{\frac{1}{3}}$$

$$= 3 + 3 + 3 = 9$$

70. ***(a)*** $\dfrac{7\sin\theta + 4\cos\theta}{9\sin\theta - 2\cos\theta} = \dfrac{5}{4}$

$$\Rightarrow 28\sin\theta + 16\cos\theta = 45\sin\theta - 10\cos\theta$$

$$\Rightarrow 17\sin\theta = 26\cos\theta$$

$$\Rightarrow \frac{\sin\theta}{\cos\theta} = \frac{26}{17}$$

$$\therefore \tan\theta = \frac{26}{17}$$

अब, $\dfrac{\tan^2\theta + 5}{\tan^2\theta - 5} = \dfrac{\left(\frac{26}{17}\right)^2 + 5}{\left(\frac{26}{17}\right)^2 - 5}$

$$= \frac{\frac{(676 + 1445)}{289}}{\frac{(676 - 1445)}{289}} = -\frac{2121}{769}$$

71. ***(a)*** $13 - [7 - (4 + 7) - \{7 - (7 - 4 + 7)\}\{+ 14\}]$

$= 13 - [7 - 11 - \{7 - 10\} + 14]$

$= 13 - [7 - 11 + 3 + 14]$

$= 13 - [24 - 11] = 13 - 13 = 0$

72. ***(a)*** माना, मूल संख्या = 100

प्रश्नानुसार,

$$\text{नयी संख्या} = 100 \times \frac{112}{100} \times \frac{123}{100} \times \frac{66}{100}$$

$$= 90.92 \approx 91$$

$$\therefore \text{ अभीष्ट कमी } \% = \frac{(100 - 91)}{100} \times 100$$

$$= 9\%$$

73. ***(d)*** माना कुल पोर्टफोलियो = 100

स्टॉक A का पोर्टफोलियो

$$= 100 \times \frac{20}{100} = 20$$

स्टॉक A का रिटर्न $= 20 \times \dfrac{6}{100} = 1.2$

स्टॉक B का पोर्टफोलियो

$$= 100 \times \frac{30}{100} = 30$$

स्टॉक B का रिटर्न $= 30 \times \dfrac{8}{100} = 2.4$

स्टॉक C का पोर्टफोलियो

$$= 100 \times \frac{20}{100} = 20$$

स्टॉक C का रिटर्न $= 20 \times \dfrac{4}{100} = 0.8$

स्टॉक D का पोर्टफोलियो

$$= 100 \times \frac{30}{100} = 30$$

स्टॉक D का रिटर्न $= 30 \times \dfrac{-5}{100} = -1.5$

∴ पोर्टफोलियों का औसत रिटर्न

$$= 1.2 + 2.4 + 0.8 - 1.5 = 2.9\%$$

74. ***(d)*** कम्पनी C_1 के टी-शर्ट का औसत उत्पादन

$$= \frac{243 + 248 + 232 + 242}{4} = 241.25$$

कम्पनी C_2 के टी-शर्ट का औसत उत्पादन

$$= \frac{244 + 239 + 240 + 244}{4} = 241.75$$

कम्पनी C_3 के टी-शर्ट का औसत उत्पादन

$$= \frac{244 + 236 + 235 + 230}{4} = 236.25$$

कम्पनी C_4 के टी-शर्ट का औसत उत्पादन

$$= \frac{240 + 230 + 248 + 242}{4} = 240$$

अत: कम्पनी C_2 का औसत उत्पादन सर्वाधिक है।

75. ***(b)*** $\Delta EFG \cong \Delta HIJ$

∴ ΔEFG का क्षेत्रफल = ΔHIJ का क्षेत्रफल = 124 सेमी²

76. ***(d)*** Dipsomania means a morbid compulsion to consume alcohol continuously.

- **Satyromania** means a man who has excessive and often uncontrollable sexual desire and behaviour.
- **Maniac** means a crazy person.
- **Kleptomania** is a desire to steal things.

77. ***(b)*** Art enthusiasts from around the world admired the painting.

- The sentence follows the structure Object + was/were+ V3+ by+ Subject. When such a sentence is transformed into active voice, the structure followed is Subject +V2+ Object.

78. ***(b)*** The bracketed part of the sentence contains an error. The word 'each' takes a singular verb. Hence, use 'has' to correct the sentence.

79. ***(a)*** 'At wit's end' means worried, confused or annoyed such that one does not know what to do next.

80. *(c)* The correct order is RPSQ.
- The sentence thus, formed is 'The advantage of travelling different places and having the opportunity of observing people's culture, custom and lifestyle, is that we respect and appreciate their point of views.

81. *(b)* The incorrectly spelt word is 'mischievious'.
The correct spelling is 'mischievous'.

82. *(b)* Taut means stretched or pulled tight; not slack.
- **Slack** means not taut or held tightly in position; loose.
- **Flaccid** means (of part of the body) soft and hanging loosely or limply, especially so as to look or feel unpleasant.

83. *(b)* The people will make him President.
- The sentence is in simple future tense.
- When such a sentence is transformed into passive voice, the structure followed is subject + will + be + past participle verb.

84. *(c)* Five-finger discount means to steal from a shop.
- **Golden opportunity** means a good opportunity.
- **Green thumb** means natural talent for growing plants; green fingers.
- **Black sheep** means a person who is different from the rest of a group, especially a family member who doesn't fit in.

85. *(d)* Part 'I are dancing' contains an error. The pronoun 'I' takes the verb 'am'.

86. *(c)* Part 'is best than' contains an error. As the sentence makes a comparison, 'better' should be used to correct the sentence.

87. *(d)* Miserable means sad and angry. Hence, its antonym is cheerful.
- **Melodious** means a sweet and pleasing voice.
- **Settled** means resolve or reach an agreement about (an argument or problem).
- **Restrained** means a limiting condition or measure, especially a legal one.

88. *(c)* Confiscate means take or seize (someone's property) with authority.
- **Titivate** means arouse (someone) to interest or mild excitement, especially through sexually suggestive images or words.

89. *(d)* Edible means something that can be eaten. The word nearest in meaning to it is nutritious.
- **Noisome** means having an extremely offensive smell.
- **Mortal** means someone who has to die.
- **Noxious** means harmful, poisonous or very unpleasant.

90. *(a)* Operative means functioning or having effect. Hence, its nearest means is 'industrial'.

91. *(b)* Summarised means to give a brief statement of the main points of (something).
Hence, its synonym is 'recapitulated' which means summarise and state again the main points of.
- **Expanded** means to grow in size.
- **Prolonged** means to increase in time.
- **Lengthened** means to increase in length.

92. *(a)* The correct spelling is 'received'.

93. *(b)* The underlined part of the sentence seems awkward in the context of the sentence. Replace it with 'are inaccessible'.

94. *(a)* The correct filler for the given blank is 'right'.

95. *(b)* A curfew is an order of law requiring people to remain indoors.
- **Restriction and Limit** means a limiting condition or measure, especially a legal one.**Check-in** means to arrive and register at a hotel or airport.

96. *(a)* The correct filler for the given blank is 'market'.

97. *(a)* The correct filler for the given blank is 'aligning'.

98. *(d)* The correct filler for the given blank is 'an uptrend'.

99. *(a)* The correct filler for the given blank is 'stabilised'.

100. *(a)* The correct filler for the given blank is 'monthly'.

सेट 04 10 सितम्बर 2024 (प्रथम पाली)

SSC CGL Tier-I सॉल्वड पेपर

निर्देश

1. इस सेट में कुल 100 प्रश्न हैं।
2. इस सेट में चार भाग हैं, भाग-I सामान्य बुद्धि एवं तर्कशक्ति, भाग-II सामान्य जागरुकता, भाग-III संख्यात्मक अभियोग्यता और भाग-IV अंग्रेजी भाषा।
3. प्रत्येक प्रश्न 2 अंक का है।

भाग I
सामान्य बुद्धि एवं तर्कशक्ति

1. निम्नलिखित में से कौन-सा अक्षर-समूह दी गई श्रृंखला को पूरा करने के लिए प्रश्नचिह्न (?) को प्रतिस्थापित करेगा?
ZVRN, VSPM, RPNL, ?, JJJJ
(a) RNLK (b) RMLN
(c) RNLL (d) NMLK

2. एक निश्चित कूटभाषा में, 'BELL' को 'MKFA' लिखा जाता है और 'BOND' को 'EMPA' लिखा जाता है। इसी कूटभाषा में 'BLEW' को किस प्रकार लिखा जाएगा?
(a) XMDA (b) XMAD
(c) XDAM (d) XDMA

3. चार अक्षर-समूह दिए गए हैं, जिनमें से तीन किसी न किसी रूप में एकसमान है। उस असमान विकल्प को चुनिए। अक्षर-समूह में, असमान विकल्प व्यंजनों/स्वरों की संख्या या उनकी स्थिति पर आधारित नहीं है।
(a) DIN (b) LQV
(c) PTX (d) AFK

4. एक निश्चित कूटभाषा में, 'sit on chair' को 'sk mi cn' के रूप में कूटबद्ध किया गया है और 'the chair broke' को 'gm fr mi' के रूप में कूटबद्ध किया गया है। दी गई भाषा में 'chair' को किस प्रकार से कूटबद्ध किया जाएगा?
(a) sk (b) cn (c) gm (d) mi

5. दी गई आकृति में कितने वर्ग हैं?

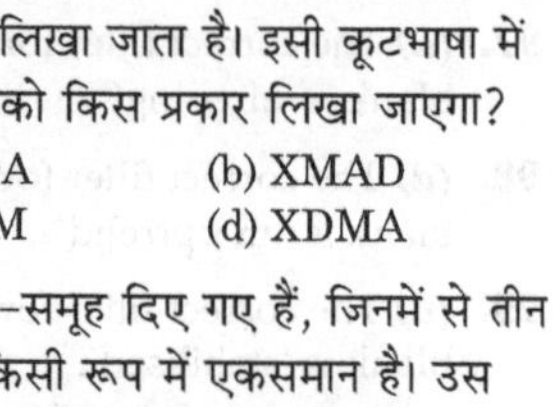

(a) 14 (b) 13
(c) 15 (d) 12

6. निम्नलिखित चार विकल्पों में से तीन एक निश्चित तरीके से समान हैं और इस प्रकार एक समूह बनाते हैं। वह कौन-सा विकल्प है जो उस समूह से सम्बन्धित नहीं है?
(**नोट** संख्याओं को उनके घटक अंकों में विभक्त किए बिना, पूर्ण संख्याओं पर संक्रियाएँ की जानी चाहिए। उदाहरण के लिए 13 को लें-13 पर संक्रियाएँ, जैसे कि जोड़ना/घटाना/गुणा आदि, 13 में की जा सकती हैं। 13 को 1 और 3 में विभक्त करना और फिर 1 और 3 पर गणितीय संक्रियाएँ करने की अनुमति नहीं है।)
(a) 2-4-8 (b) 1-3-3
(c) 2-2-4 (d) 3-2-5

7. जब दर्पण को नीचे दर्शाए गए अनुसार MN पर रखा जाता है, तो दी गई आकृति के सही दर्पण प्रतिबिम्ब का चयन कीजिए।

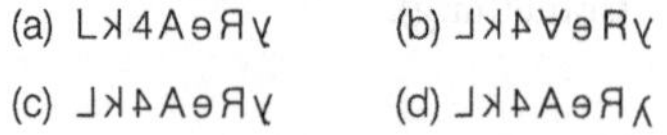

8. यदि शब्द 'PRANKED' के प्रत्येक अक्षर को अंग्रेजी वर्णमाला क्रम में व्यवस्थित किया जाए, तो कितने अक्षरों का स्थान अपरिवर्तित रहेगा?
(a) एक (b) कोई नहीं
(c) तीन (d) दो

9. उस विकल्प का चयन करें, जो तीसरे शब्द से उसी प्रकार सम्बन्धित है, जैसे दूसरा शब्द पहले शब्द से सम्बन्धित है। (शब्दों को अर्थपूर्ण अंग्रेजी शब्दों के रूप में माना जाना चाहिए और शब्द आपस में अक्षरों की संख्या/व्यंजन/स्वरों की संख्या के आधार पर एक-दूसरे से सम्बन्धित नहीं होना चाहिए।)
उतावलापन : शर्मीला :: मनमुटाव : ?
(a) अपराध (b) गुस्सा
(c) आनन्द (d) नाराज़गी

10. एक पासे के विभिन्न फलकों पर छः अक्षर S, T, M, P, R और C लिखे गए हैं। इस पासे की दो स्थितियाँ नीचे चित्र में दर्शाई गई हैं। M के विपरीत वाले फलक पर आने वाला अक्षर ज्ञात कीजिए।

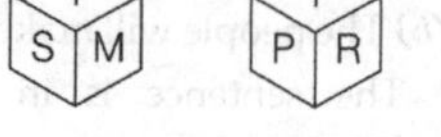

(a) P (b) C (c) R (d) S

11. दिए गए कथनों और निष्कर्षों को ध्यानपूर्वक पढ़िए। यह मानते हुए कि कथनों में दी गई जानकारी सत्य है, भले ही यह सामान्यतः ज्ञात तथ्यों से भिन्न प्रतीत होती हो, निर्णय लीजिए कि दिए गए निष्कर्षों में से कौन-सा/से निष्कर्ष कथनों का तार्किक रूप से अनुसरण करता है।/करते है/हैं।
कथन कुछ बक्से, कार्टन हैं।
सभी कार्टन, कागज हैं।
कुछ कार्टन, बर्तन हैं।
निष्कर्ष
I. कोई बक्सा, बर्तन नहीं है।
II. कुछ कागज, बर्तन हैं।
(a) केवल निष्कर्ष I अनुसरण करता है
(b) केवल निष्कर्ष II अनुसरण करता है
(c) न तो निष्कर्ष I और न ही II अनुसरण करता है
(d) निष्कर्ष I और II दोनों अनुसरण करते हैं

12. उस विकल्प का चयन करें, जो निम्नलिखित श्रृंखला में प्रश्नचिह्न (?) के स्थान पर आ सकता है।
FM61, EK58, DI55, CG52, ?
(a) BF48 (b) BE49
(c) CE46 (d) CD44

13. निम्नलिखित समीकरण को सही करने के लिए किन दो चिह्नों को आपस में बदलना चाहिए?
$18 - 23 \times 455 \div 7 + 28 = 377$
(a) – और + (b) – और ×
(c) ÷ और – (d) + और ×

14. उस विकल्प का चयन करें, जो उन अक्षरों को निरूपित करता है, जिन्हें नीचे दिए गए रिक्त स्थानों में बाएँ से दाएँ रखे जाने पर दी गई अक्षर शृंखला पूरी हो जाएगी।

LMBA_HOLMBAC_OLM_ACHOL_BACHOL_

(a) CMHBM (b) CHMBM
(c) CHBMM (d) CHMMB

15. उस समुच्चय का चयन कीजिए, जिसमें संख्याएँ उसी प्रकार सम्बन्धित है, जिस प्रकार निम्नलिखित समुच्चयों की संख्याएँ सम्बन्धित हैं।

(**नोट** पूर्ण संख्याओं पर संक्रिया का प्रयोग, संख्याओं को उनके घटक अंकों में विभक्त किए बिना किया जाना चाहिए। उदाहरण के लिए 13-13 पर संक्रिया, जैसे कि जोड़ने/घटाने/गुणा करने आदि, को 13 में किया जा सकता है। 13 को 1 और 3 में विभक्त करके और फिर 1 और 3 पर गणितीय संक्रियाओं का प्रयोग करने की अनुमति नहीं है।)

(7, 9, 48)

(6, 8, 42)

(a) (8, 10, 47) (b) (10, 12, 54)
(c) (9, 11, 56) (d) (11, 13, 72)

16. यदि '+' और '÷' को आपस में बदल दिया जाए और '×' और '−' को आपस में बदल दिया जाए, तो निम्नलिखित समीकरण में प्रश्नचिह्न (?) के स्थान पर क्या आएगा?

$4 - 12 + 3 \div 12 \times 6 = ?$

(a) 46 (b) 13
(c) 22 (d) 11

17. एक निश्चित कूटभाषा में,

A # B का अर्थ है A, B की बहन है।
A @ B का अर्थ है A, B का पुत्र है।
A & B का अर्थ है A, B की पत्नी है।
A % B का अर्थ है A, B का पिता है।
यदि P & Q % L # R & K है, तो Q, R से किस प्रकार सम्बन्धित है?

(a) माँ (b) पिता
(c) बहन (d) पत्नी

18. उस समुच्चय का चयन कीजिए, जिसमें संख्याएँ उसी प्रकार सम्बन्धित हैं, जिस प्रकार निम्नलिखित समुच्चयों की संख्याएँ सम्बन्धित हैं।

(**नोट** पूर्ण संख्याओं पर संक्रिया का प्रयोग, संख्याओं को उनके घटक अंकों में विभक्त किए बिना किया जाना चाहिए। उदाहरण के लिए 13-13 पर संक्रिया जैसे कि जोड़ने/घटाने/गुणा करने आदि, को 13 में किया जा सकता है। 13 को 1 और 3 में विभक्त करके और फिर 1 और 3 पर गणितीय संक्रियाओं का प्रयोग करने की अनुमति नहीं है।)

(79, 58, 62), (54, 33, 37)

(a) (66, 45, 49) (b) (59, 33, 43)
(c) (47, 36, 41) (d) (43, 25, 30)

19. निम्नलिखित शृंखला को जारी रखने के लिए प्रश्नचिह्न (?) के स्थान पर कौन-सी आकृति आनी चाहिए?

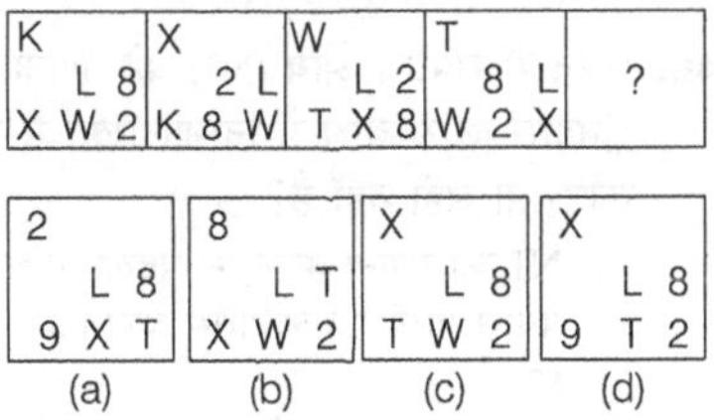

20. 'खिलना' (Blossom), 'मुरझाना' (Wither) से उसी प्रकार सम्बन्धित है, जिस प्रकार 'स्थिर होना' (Stagnate) .... से सम्बन्धित है।

(शब्दों को सार्थक हिन्दी शब्द माना जाना चाहिए और शब्दों को अक्षरों की संख्या/व्यंजनों/स्वरों की संख्या के आधार पर एक-दूसरे से सम्बन्धित नहीं किया जाना चाहिए।)

(a) विराम
(b) खड़े रहना
(c) बहना
(d) मंद पड़ना

21. विकल्पों में दी गई उस आकृति की पहचान कीजिए, जिसे प्रश्नचिह्न (?) के स्थान पर रखने पर शृंखला तार्किक रूप से पूरी हो जाएगी।

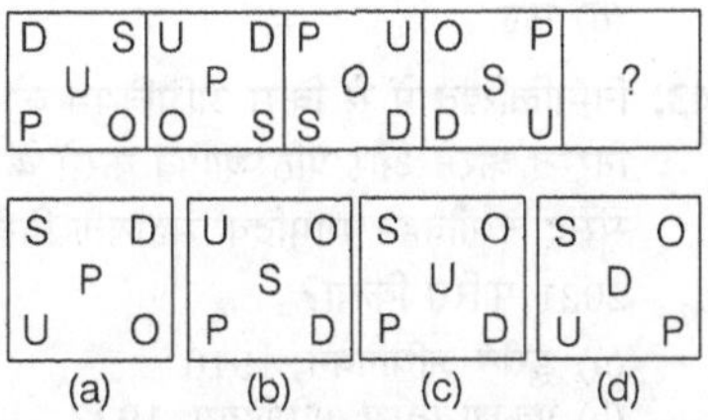

22. जब दर्पण को नीचे दर्शाए गए अनुसार MN पर रखा जाता है, तो दी गई आकृति के सही दर्पण प्रतिबिम्ब का चयन कीजिए।

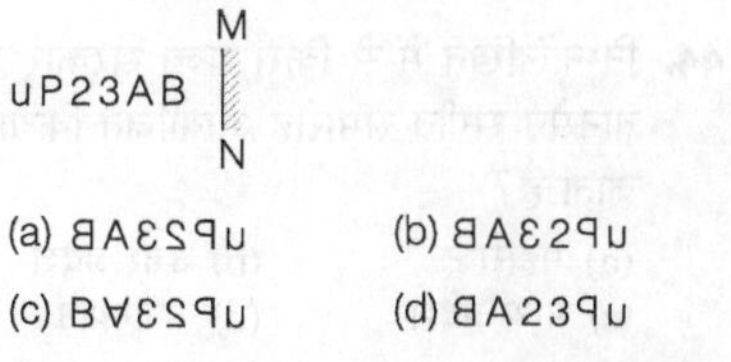

23. किसी निश्चित तर्क के अनुसार 10 का सम्बन्ध 15 से है। उसी तर्क के अनुसार 42 का सम्बन्ध 63 से है। उसी तर्क के अनुसार 22 निम्नलिखित में से किस संख्या से सम्बन्धित है?

(**नोट** संख्याओं को उनके घटक अंकों में विभक्त किए बिना, पूर्ण संख्याओं पर संक्रियाएँ की जानी चाहिए। उदाहरण के लिए 13 को लें-13 पर संक्रियाएँ, जैसे कि जोड़ना/घटाना/गुणा आदि, 13 में की जा सकती हैं। 13 को 1 और 3 में विभक्त करना और फिर 1 और 3 पर गणितीय संक्रियाएँ करने की अनुमति नहीं है।)

(a) 31 (b) 28 (c) 33 (d) 30

24. दिए गए विकल्पों में से उस संख्या का चयन करें, जो निम्नलिखित शृंखला में प्रश्नचिह्न (?) के स्थान पर आ सकती है।

23, 27, 43, 79, 143, ?

(a) 240 (b) 243
(c) 200 (d) 250

25. एक कागज को नीचे दिए गए चित्र के अनुसार मोड़ा और काटा जाता है। यह कागज खोलने पर कैसा दिखाई देगा?

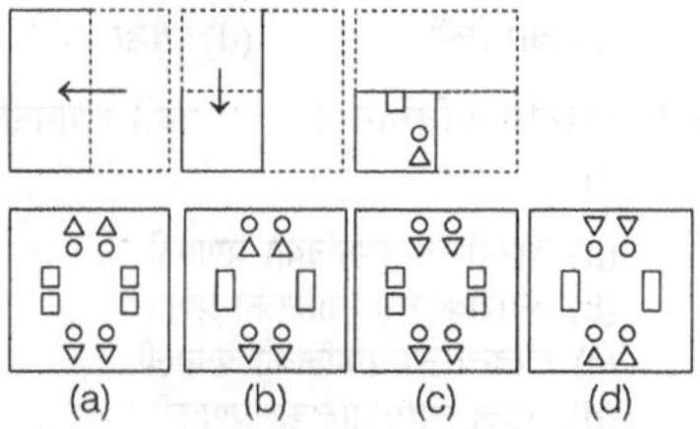

भाग II

सामान्य जागरुकता

26. निम्नलिखित में से कौन-सा कथन राज्य के नीति-निदेशक सिद्धान्तों के बारे में सही नहीं है?

(a) ये प्रकृति में सकारात्मक होते हैं, क्योंकि राज्यों को कुछ मामलों में इनकी आवश्यकता होती है
(b) इनका उद्देश्य देश में सामाजिक और आर्थिक लोकतन्त्र की स्थापना करना है
(c) ये लोगों के कल्याण को बढ़ावा देते हैं इसलिए ये निजी और व्यक्तिपरक हैं
(d) इन पर नैतिक और राजनीतिक प्रतिबन्ध हैं

27. एक गर्म प्लेटिनम सतह पर गैसीय अमोनिया का अपघटन उच्च दाब पर .... क्रम की अभिक्रिया है।

(a) तीन (b) दो
(c) शून्य (d) एक

28. भारतीय रेलवे (2019-2020) के अनुसार, भारत में सबसे बड़ा रेलवे ट्रैक किस राज्य में है?
(a) उत्तर प्रदेश (b) पंजाब
(c) मध्य प्रदेश (d) हरियाणा

29. निम्नलिखित में से कौन एफ. आई.एच. (FIH) पुरुष हॉकी विश्वकप, 2023 का शुभंकर था?
(a) जीतू (b) ऑली
(c) आशा (d) भीमा

30. 30 नवम्बर, 2022 को राष्ट्रपति भवन में आयोजित राष्ट्रीय खेल एवं साहसिक पुरस्कार-2022 समारोह में कितने पुरस्कार प्रदान किए गए?
(a) 32 (b) 52
(c) 44 (d) 28

31. पहली एशियाई कबड्डी चैम्पियनशिप कब आयोजित की गई थी?
(a) वर्ष 1970 में (b) वर्ष 1985 में
(c) वर्ष 1980 में (d) वर्ष 1975 में

32. निम्नलिखित में से कौन-सा स्थान वर्ष 1917 के गाँधीजी के सत्याग्रह से सम्बन्धित है?
(a) अहमदाबाद (b) चम्पारण
(c) बारदोली (d) खेड़ा

33. भारतीय संविधान ने .... की स्थापना की है।
(a) दोहरी न्यायपालिका प्रणाली
(b) आंशिक न्यायपालिका प्रणाली
(c) स्वतन्त्र न्यायपालिका प्रणाली
(d) बहुल न्यायपालिका प्रणाली

34. किसी स्थान की जलवायु निम्नलिखित में से किसके द्वारा प्रभावित नहीं होती है?
(a) समुद्र से दूरी
(b) मिट्टी के प्रकार
(c) उच्चावच
(d) स्थान

35. दक्षिण भारत के निम्नलिखित में से किस साम्राज्य के अन्तर्गत महाबलीपुरम मन्दिर वास्तुकला के एक महत्त्वपूर्ण केन्द्र के रूप में उभरा?
(a) चोल (b) पल्लव
(c) चेरा (d) चालुक्य

36. निम्नलिखित में से कौन-सा अविकारीय भोजन है?
(a) दही (b) दूध
(c) दाल (d) मांस

37. न्यूलैण्ड ने धातु Co और Ni को हैलोजन के साथ किस म्यूजिकल नोट में रखा था?
(a) MI (b) Re (c) Fa (d) Do

38. ब्रिटिश भारत के किस गवर्नर-जनरल ने सती प्रथा को कानूनी रूप से समाप्त करने में राजा राममोहन राय की मदद की?
(a) लॉर्ड विलियम बैण्टिंक
(b) लॉर्ड कार्नवालिस
(c) लॉर्ड कर्जन
(d) लॉर्ड रिपन

39. निम्नलिखित में से कौन-सा त्योहार गुरुनानक देव की जयन्ती के रूप में मनाया जाता है?
(a) बैसाखी (b) होला मोहल्ला
(c) गुरुपर्व (गुरपुरब) (d) छप्पर मेला

40. भारत में राष्ट्रीय आय (NI) की गणना के इतिहास के सम्बन्ध में निम्नलिखित में से कौन-सा सही नहीं है?
(a) NI की गणना करने का पहला अधिकारिक प्रयास पीसी महालनोबिस द्वारा किया गया था
(b) NI की गणना करने के लिए पहली वैज्ञानिक पद्धति का उपयोग डॉ. वी.के. आर.वी. राव ने किया था
(c) दादाभाई नौरोजी ने भारतीय अर्थव्यवस्था को दो भागों में विभाजित किया-प्राथमिक क्षेत्र और द्वितीयक क्षेत्र
(d) NI की गणना करने का पहला प्रयास दादाभाई नौरोजी ने किया था

41. किस सरकार ने वर्ष 2022 में पण्डित अनिन्दो चटर्जी नामक प्रतिष्ठित तालवादक को बंग विभूषण पुरस्कार से सम्मानित किया?
(a) असम (b) त्रिपुरा
(c) झारखण्ड (d) पश्चिम बंगाल

42. निम्नलिखित में से कौन-सा स्थान भौगोलिक रूप से श्रीलंका के समीप है?
(a) कराईकल
(b) कराईकल और यनम
(c) यानम
(d) माहे

43. निम्नलिखित में से किस अधिनियम को निरस्त करने और प्रतिस्थापित करने के लिए संसद ने नौवहन सामुद्रिक सहायता विधेयक, 2021 पारित किया?
(a) डुरीन अधिनियम, 1910
(b) प्रकाश स्तम्भ अधिनियम, 1927
(c) खतरनाक मशीन (विनियमन) अधिनियम, 1983
(d) वैयक्तिक क्षति (आपात उपबन्ध) अधिनियम, 1962

44. निम्नलिखित में से किस राज्य सरकार द्वारा तानसेन संगीत समारोह आयोजित किया जाता है?
(a) महाराष्ट्र (b) उत्तर प्रदेश
(c) मध्य प्रदेश (d) राजस्थान

45. कौन-सी पंचवर्षीय योजना मुख्य रूप से 'गरीबी हटाओ' पहल पर केन्द्रित थी?
(a) पाँचवीं (b) तीसरी
(c) छठी (d) चौथी

46. किन जीवों को एवेस (Aves) के रूप में वर्गीकृत किया जाता है?
(a) मेंढक (b) मछलियाँ
(c) साँप (d) पक्षी

47. हुमायूँ की मृत्यु के बाद, 13 वर्षीय अकबर का 1556 ई. में.........के कलानौर में राज्याभिषेक हुआ।
(a) गुजरात (b) बंगाल
(c) राजस्थान (d) पंजाब

48. मणिपुर के निम्नलिखित में से किस शहर में जवाहरलाल नेहरू मणिपुर नृत्य अकादमी स्थित है?
(a) इम्फाल (b) थौबल
(c) चन्देल (d) उखरूल

49. मार्च, 2023 में भारत के 28वें लेखा महानियन्त्रक (CGA) के रूप में किसे नियुक्त किया गया था?
(a) विक्रम देवदत्त
(b) प्रवीण शर्मा
(c) अरुण गोयल
(d) एस.एस. दुबे

50. हब्बार्डिया हेप्टेन्यूरोन, जो प्राय: लुप्त हो गया है, निम्नलिखित में से किसकी प्रजाति है?
(a) बाघ (b) बाँस
(c) घास (d) सारस

भाग III

संख्यात्मक अभियोग्यता

51. यदि तीन संख्याओं का योग 18 है और उनके वर्गों का योग 36 है, तो उनके घनों के योग और उनके गुणनफल के तीन गुना के बीच अन्तर ज्ञात कीजिए।
(a) – 1944
(b) 1449
(c) – 1494
(d) 4149

52. दो मित्रों, राम और रवि की आयु में 7 वर्ष का अन्तर है। राम की माता मायादेवी की आयु, राम की आयु की तीन गुनी है और रवि की आयु अपने भाई सोहम की आयु की चार गुनी है। मायादेवी और सोहम की आयु में 65 वर्ष का अन्तर है। मायादेवी की आयु (वर्षों में) ज्ञात कीजिए।
(a) 85 (b) 69 (c) 45 (d) 36

53. कोई बस, शुरू में किसी दूरी का $\frac{1}{3}$ भाग 40 किमी/घण्टा की चाल से तय करती है, दूरी का अगला $\frac{1}{3}$ भाग 50 किमी/घण्टा की चाल से तय करती है और दूरी का अन्तिम $\frac{1}{3}$ भाग 60 किमी/घण्टा की चाल से तय करती है। पूरी यात्रा के लिए बस की औसत चाल ज्ञात कीजिए।
(दो दशमलव स्थान तक पूर्णांकित)
(a) 51.43 किमी/घण्टा
(b) 54.13 किमी/घण्टा
(c) 48.65 किमी/घण्टा
(d) 46.85 किमी/घण्टा

54. रमेश ने 19 नवम्बर, 2019 को एक डीलर से कुछ सामान खरीदा। बिल ₹ 5480 का हुआ। उसने 10 नवम्बर, 2019 को भी कुछ सामान खरीदा था, जिसका बिल मूल्य ₹ 9800 था। उन्होंने इस बार दोनों बिलों का भुगतान किया और कुल राशि का नकद भुगतान किया यदि डीलर 10 दिनों के भीतर किए गए भुगतान पर 2% छूट और खरीद के समय नकद भुगतान के लिए 5% छूट की योजना देता है, तो रमेश द्वारा 19 नवम्बर, 2019 को भुगतान की गई राशि ज्ञात कीजिए।
(a) ₹ 14850 (b) ₹ 14890
(c) ₹ 14810 (d) ₹ 14950

55. एक मनी बैग में क्रमशः ₹ 1, ₹ 5 और ₹ 10 के सिक्के 3 : 5 : 7 के अनुपात में हैं। यदि उस बैग में कुल राशि ₹ 980 हो, तो ₹ 10 के सिक्कों की संख्या ज्ञात कीजिए।
(a) 71 (b) 70 (c) 69 (d) 68

56. 750 मी वाली एक वृत्ताकार दौड़ में, X और Y एक ही बिन्दु से और एक ही समय पर क्रमशः 9 किमी/घण्टा और 13.5 किमी/घण्टा की चाल से दौड़ना शुरू करते हैं। यदि वे एक ही दिशा में दौड़ रहे हैं, तो वे पुनः ट्रैक पर पहली बार कब मिलेंगे?
(a) 750 सेकण्ड में (b) 500 सेकण्ड में
(c) 600 सेकण्ड में (d) 900 सेकण्ड में

57. किरण ने दो व्यक्तियों को ₹ 4000 का एक भाग 8% प्रति वर्ष की दर से और शेष भाग 10% प्रति वर्ष की दर से उधार दिए। उसे ₹ 352 का वार्षिक साधारण ब्याज मिला। तो 10% पर उधार दी गई राशि ज्ञात करें।
(a) ₹ 2200 (b) ₹ 2400
(c) ₹ 1800 (d) ₹ 1600

58. X, Y और Z, किसी तल पर तीन बिन्दु हैं, जिसमें $XY = 11$ सेमी, $YZ = 13$ सेमी और $XZ = 24$ सेमी है। बिन्दु X, Y और Z से होकर गुजरने वाले वृत्तों की संख्या कितनी होगी?
(a) 1 (b) 3 (c) 0 (d) 2

59. तीन पाइप P, Q और R एक टंकी को क्रमशः 40 मिनट, 80 मिनट और 120 मिनट में भर सकते हैं। शुरूआत में सभी पाइप खोल दिए जाते हैं। कितने समय (मिनटों में) के बाद, Q पाइप और R को बंद कर देना चाहिए ताकि टंकी केवल आधे घण्टे में पूरी भर जाए?
(a) 10 (b) 12
(c) 16 (d) 14

60. निम्नलिखित में से कौन-सी, 47 से विभाज्य 5 अंकों की सबसे बड़ी संख्या है?
(a) 10000 (b) 99969
(c) 99999 (d) 98888

61. 18 सेमी और 12 सेमी त्रिज्या वाले दो वृत्त एक-दूसरे को बाह्य रूप से स्पर्श करते हैं। उनकी सीधी उभयनिष्ठ स्पर्श रेखा की लम्बाई (सेमी में) ज्ञात कीजिए।
(a) $18\sqrt{6}$ (b) $12\sqrt{6}$
(c) $10\sqrt{6}$ (d) $15\sqrt{6}$

62. यदि $a + \frac{1}{a} = 12$ है, तो $a^2 + \frac{1}{a^2}$ का मान ज्ञात कीजिए।
(a) 146 (b) 144 (c) 140 (d) 142

63. 10 मी लम्बा एक खम्भा क्षैतिज (जमीन) से 30° का कोण बनाते हुए एक ऊर्ध्वाधर दीवार AB पर तिरछा टिका हुआ है। ज्ञात कीजिए कि खम्भे का पाद दीवार से कितनी दूर (मी में) है।
(a) $\frac{5}{\sqrt{3}}$ (b) $5\sqrt{3}$
(c) 15 (d) 10

64. एक समबाहु त्रिभुज की भुजा 28 सेमी है। प्रत्येक शीर्ष को केन्द्र मानकर, त्रिभुज की भुजा की आधी लम्बाई के बराबर त्रिज्या वाले एक वृत्त को चित्रित किया गया है। त्रिभुज के उस भाग का क्षेत्रफल ज्ञात कीजिए, जो वृत्त में शामिल नहीं है ($\pi = \frac{22}{7}$ और $\sqrt{3} = 1.73$ का उपयोग कीजिए)।
(a) 38.08 सेमी^{2} (b) 39.08 सेमी^{2}
(c) 31.08 सेमी^{2} (d) 30.89 सेमी^{2}

65. $15 \div 3$ का $2 \times 2 + 9 \div 18$ का $2 \times 4 - 4 \div 8 \times 2$ का मान ज्ञात करें।
(a) $2\frac{3}{4}$ (b) 8 (c) $7\frac{3}{4}$ (d) 5

66. निम्नलिखित में से किस मानदंड को लागू करने से दो त्रिभुजों को सर्वांगसम सिद्ध नहीं किया जा सकता है?
(a) भुजा-भुजा-भुजा
(b) कोण-कोण-कोण
(c) भुजा कोण-भुजा
(d) कोण भुजा-कोण

67. $\frac{2 + \tan^2 2A + \cot^2 2A}{\sec 2A . \text{cosec} 2A}$ का मान.......के बराबर है।
(a) $\sec 2A \cdot \text{cosec} 2A$
(b) $\cot 2A - \text{cosec} 2A$
(c) $\sec 2A - \text{cosec} 2A$
(d) $\sec 2A + \tan 2A$

68. मान लीजिए $0° < t < 90°$ है, तो निम्नलिखित में से कौन-सा सत्य है?
(a) $\sin(t) \neq \cos(t)$ जब $t = 45°$
(b) $\sin(t) > \cos(t)$ जब $t < 45°$
(c) $\sin(t) < \cos(t)$ जब $t < 45°$
(d) $\sin(t) < \cos(t)$ जब $t > 45°$

69. यदि 24 सेमी ऊँचाई वाले एक लम्बवृत्तीय शंकु का आयतन 1232 सेमी^{3} है, तो शंकु का सम्पूर्ण पृष्ठीय क्षेत्रफल क्या है ($\pi = \frac{22}{7}$ का उपयोग कीजिए)?
(a) 904 सेमी^{2} (b) 608 सेमी^{2}
(c) 704 सेमी^{2} (d) 806 सेमी^{2}

70. निम्नलिखित तालिका एक विश्वविद्यालय के विभिन्न विभागों में शोधार्थियों की कुल संख्या और महिला शोधार्थियों की सम्बन्धित संख्या को दर्शाती है। तालिका का ध्यानपूर्वक अध्ययन कीजिए और निम्नलिखित प्रश्न का उत्तर दीजिए।

विभाग	शोधार्थियों की कुल संख्या	महिला शोधार्थियों की संख्या
भौतिकी	35	12
रसायन-शास्त्र	40	28
गणित	18	4
सांख्यिकी	12	3

गणित और सांख्यिकी विभाग में पुरुष शोधार्थियों का अनुपात कितना है?
(a) 14 : 9 (b) 9 : 14
(c) 7 : 6 (d) 6 : 7

71. नीचे दिया गया बार ग्राफ क्रमागत दो वर्षों, 2013 और 2014 के दौरान छ: स्कूलों की पुस्तकों की बिक्री को दर्शाता है।

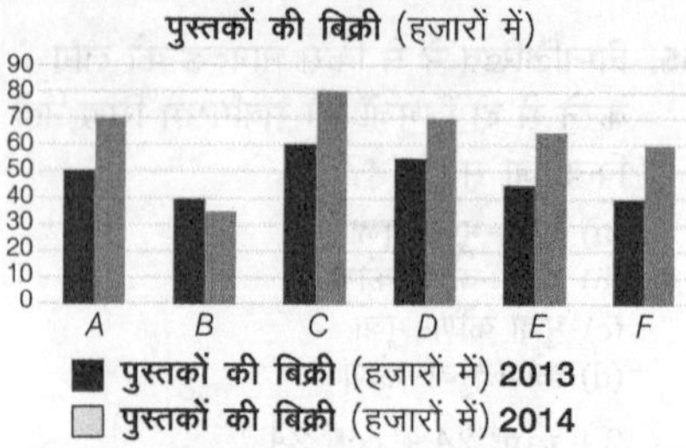

2014 में स्कूल A, B और C की औसत बिक्री, 2013 में स्कूल A, C और F की औसत बिक्री का कितना प्रतिशत है?

(a) 81.08% (b) 81%
(c) 80.08% (d) 80%

72. दी गई तालिका का अध्ययन कीजिए और निम्नलिखित प्रश्न का उत्तर दीजिए। दी गई तालिका पिछले कुछ वर्षों में एक ऑटोमोबाइल कम्पनी द्वारा निर्मित तीन प्रकार की कारों (A, B और C) का उत्पादन (हजार में) दर्शाती है।

वर्ष	A	B	C
2015	840	680	890
2016	900	750	960
2017	760	620	1000
2018	800	540	1200

वर्ष 2015 से 2018 तक सभी वर्षों के लिए, B प्रकार की कारों का औसत उत्पादन A प्रकार और C प्रकार की कारों के संयुक्त औसत उत्पादन से कितना कम (हजार में) है?

(a) 314.75 (b) 238.5
(c) 271.25 (d) 284.55

73. यदि अंकित मूल्य पर 65% की छूट और 30% और 40% की दो क्रमिक छूट के बाद विक्रय मूल्य के बीच का अन्तर ₹ 105 है, तो अंकित मूल्य (₹ में) क्या है?

(a) 1320 (b) 1500
(c) 1650 (d) 1050

74. दी गई तालिका में यदि $A : C = B : D$ है, तो D का मान कितना होगा?

A	B	C	D
25	40	30	?

(a) 48 (b) 56
(c) 42 (d) 45

75. प्रिया अपने स्कूटर को ₹ 42564 में बेचकर, विक्रय मूल्य के $\frac{1}{6}$ भाग के बराबर लाभ अर्जित करती है। उसका लाभ प्रतिशत ज्ञात कीजिए।

(a) 20% (b) 40% (c) 15% (d) 30%

भाग IV
अंग्रेजी भाषा

76. Identify the most appropriate antonym of the given word.
Timid

(a) Meek (b) Anxious
(c) Daring (d) Spooky

77. Select the most appropriate meaning of the given idiom.
On the ball

(a) Unaware of any changes or developments and lazy to react to them
(b) Aware of any changes or developments but slow to react to them
(c) Aware of any changes or developments and quick to react to them
(d) Aware of any changes or developments but doing nothing

78. Select the most appropriate option to substitute the underlined segment in the given sentence.
I have been living in Hyderabad <u>since I am born</u> .

(a) since I have born
(b) since I will be born
(c) since I born
(d) since I was born

79. Select the option that can be used as a one-word substitute for the given group of words.
A person who sells and arranges cut-flowers.

(a) Horticulturist (b) Botanist
(c) Gardener (d) Florist

80. The following sentence has been split into four segments. Identify the segment that contains a grammatical error.
After the concert was over, / they go to a restaurant, / had dinner together / and talked until midnight.

(a) had dinner together
(b) they go to a restaurant,
(c) After the concert was over,
(d) and talked until midnight

81. Select the option that can be used as a one-word substitute for the given group of words.
A small group of people who spend their time together and do not welcome other people into that group

(a) Squad (b) Clique
(c) Employees (d) Lobby

82. The following sentence contains a word with a spelling error. Rectify the sentence by selecting the correct spelling of the identified word from the given options.
He has to be conscious of his public manners as he is a decendent of a reputed family in this region.

(a) Dicsendent (b) Descendant
(c) Discendent (d) Decendant

83. Select the most appropriate synonym of the underlined word in the given sentence.
The Morbi bridge mishap has left Gujarat in a <u>deplorable</u> state.

(a) jubilation (b) despicable
(c) complaining (d) rejoicing

84. Select the most appropriate synonym of the underlined word.
He was <u>trembling</u> with fear.

(a) shivering (b) weeping
(c) running (d) intrepid

85. Sentences of a paragraph are given below in jumbled order. Arrange the sentences in the correct order to form a meaningful and coherent paragraph.

A. More children go to school than at any time in the past. But more children today are out of school than any time in the past.
B. But it is not enough to blame the high birth rate for this state of affairs.
C. Indeed, it can be reasonably argued that continued mass illiteracy is not the result but the cause of the high birth rate.
D. There are more literate people in India today than ever before. But there are also more illiterates than ever before.

(a) ABCD (b) CBAD
(c) DABC (d) BADC

86. Select the most appropriate synonym of the bold word in the following sentence.
He tried to **alleviate** the sufferings of his neighbours.
(a) swell (b) add
(c) intensify (d) relieve

87. The following sentence has been split into four segments. Identify the segment that contains a grammatical error.
Renewable energy /sources like solar and wind power / will replaced traditional fossil fuels / and help reduce carbon emissions.
(a) and help reduce carbon emissions
(b) Renewable energy
(c) will replaced traditional fossil fuels
(d) sources like solar and wind power

88. Identify from the given options the word which is similar in meaning to the following word.
Equivocal
(a) Clear (b) Ambiguous
(c) Representative (d) Balanced

89. Select the most appropriate antonym of the underlined word.
She was <u>elated</u> about her promotion, but her colleague felt quite disheartened.
(a) cheerful (b) proud
(c) discouraged (d) delighted

90. Select the option that expresses the given sentence in active voice.
The contract was grabbed by the biggest telecom company in India.
(a) The biggest telecom company in India grabbed the contract.
(b) The biggest telecom company in India grabs the contract.
(c) The biggest telecom company in India will grab the contract.
(d) The biggest telecom company in India has grabbed the contract.

91. Select the most appropriate idiom to fill in the blank.
I'm .... about whether to accept the job offer or continue freelancing. Both options have their advantages.
(a) on the fence (b) cutting corners
(c) left out in cold (d) up in arms

92. Select the correctly spelt word.
(a) Conscensus
(b) Entrepreneurship
(c) Collaegue
(d) Bizzaire

93. Select the option that expresses the given sentence in active voice.
By whom was grammar taught to you?
(a) Did he teach you grammar?
(b) Who had taught you grammar?
(c) You were taught grammar by whom?
(d) Who taught you grammar?

94. Select the option that can be used as a one-word substitute for the given group of words.
A place where fruit trees are grown
(a) Orchard (b) Garden
(c) Quay (d) Museum

95. Select the option that can be used as a one-word substitute for the given group of words.
A government by the officials
(a) Autocracy
(b) Bureaucracy
(c) Monarchy
(d) Plutocracy

Directions (Q.Nos. 96-100) *In the following passage, some words have been deleted. Read the passage carefully and select the most appropriate option to fill in each blank.*

The third National Wildlife Action Plan for 2017- 2031, underlying India's plan for wildlife conservation, was unveiled ......(1)...... the Global Wildlife Programme conference. The plan recognises ......(2)...... addresses concerns pertaining to climate changes and its impact on wildlife .

The plan details the importance of ecosystems for food production, health and other aspects of ......(3)...... survival and sustainable development. It also emphasises preservation of genetic ......(4)...... and sustainable utilisation of species and ecosystems which has direct bearing on our scientific advancements and support to millions of rural communities. The plan underscores rehabilitation of threatened wildlife species ......(5)...... inland aquatic, coastal and marine ecosystems while conserving their habitats.

96. Select the most appropriate option to fill in blank number 1.
(a) at (b) for
(c) in (d) to

97. Select the most appropriate option to fill in blank number 2.
(a) to (b) and
(c) in (d) for

98. Select the most appropriate option to fill in blank number 3.
(a) group (b) human
(c) species (d) breed

99. Select the most appropriate option to fill in blank number 4.
(a) conflict (b) diversity
(c) focus (d) rejection

100. Select the most appropriate option to fill in blank number 5.
(a) including (b) gathering
(c) counting (d) mixing

उत्तरमाला

1. (d)	2. (d)	3. (c)	4. (d)
5. (a)	6. (d)	7. (c)	8. (b)
9. (c)	10. (c)	11. (b)	12. (b)
13. (b)	14 (c)	15. (d)	16. (c)
17. (b)	18. (a)	19. (d)	20. (c)
21. (d)	22. (a)	23. (c)	24. (b)
25. (d)	26. (c)	27. (c)	28. (a)
29. (b)	30. (c)	31. (c)	32. (b)
33. (c)	34. (b)	35. (b)	36. (c)
37. (d)	38. (a)	39. (c)	40. (c)
41. (d)	42. (a)	43. (b)	44. (c)
45. (a)	46. (d)	47. (d)	48. (a)
49. (d)	50. (c)	51. (a)	52. (b)
53. (c)	54. (c)	55. (b)	56. (c)
57. (d)	58. (c)	59. (b)	60. (b)
61. (b)	62. (d)	63. (b)	64. (c)
65. (d)	66. (b)	67. (a)	68. (c)
69. (c)	70. (a)	71. (a)	72. (c)
73. (b)	74. (a)	75. (a)	76. (c)
77. (c)	78. (d)	79. (d)	80. (b)
81. (b)	82. (b)	83. (b)	84. (a)
85. (c)	86. (d)	87. (c)	88. (b)
89. (c)	90. (a)	91. (a)	92. (b)
93. (d)	94. (a)	95. (b)	96. (a)
97. (b)	98. (b)	99. (b)	100. (a)

व्याख्या

1. (d) श्रृंखला का क्रम निम्न प्रकार है,

$Z \xrightarrow{-4} V \xrightarrow{-4} R \xrightarrow{-4} \boxed{N} \xrightarrow{-4} J$

$V \xrightarrow{-3} S \xrightarrow{-3} P \xrightarrow{-3} \boxed{M} \xrightarrow{-3} J$

$R \xrightarrow{-2} P \xrightarrow{-2} N \xrightarrow{-2} \boxed{L} \xrightarrow{-2} J$

$N \xrightarrow{-1} M \xrightarrow{-1} L \xrightarrow{-1} \boxed{K} \xrightarrow{-1} J$

2. (d) जिस प्रकार,

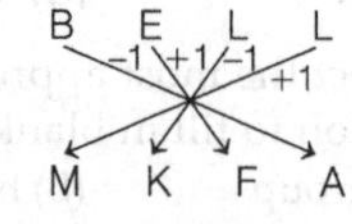

तथा

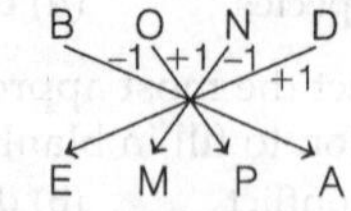

उसी प्रकार,

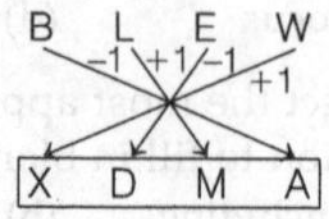

3. (c) जिस प्रकार,

$D \xrightarrow{+5} I \xrightarrow{+5} N$

$L \xrightarrow{+5} Q \xrightarrow{+5} V$

$A \xrightarrow{+5} F \xrightarrow{+5} K$

परन्तु, $\boxed{P \xrightarrow{+4} T \xrightarrow{+4} X}$

4. (d) प्रश्नानुसार,

sit on [chair] → sk [mi] cn

the [chair] broke → gm fr [mi]

अत: chair का कूट = mi

5. (a) दी गई आकृति के बिन्दुओं का नाम रखने पर,

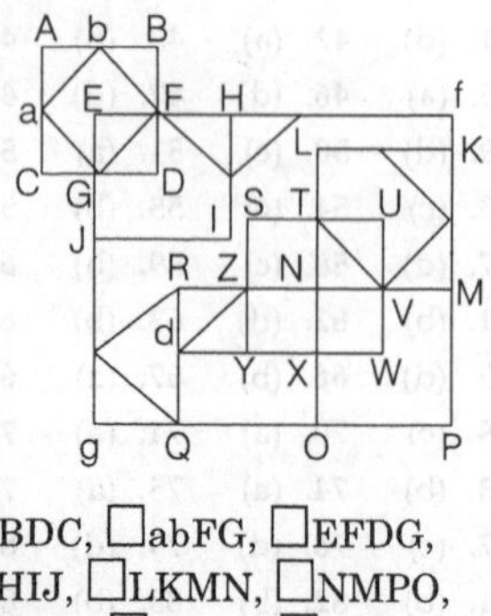

□ABDC, □abFG, □EFDG, □EHIJ, □LKMN, □NMPO, □RNOQ, □STNZ, □TUVN, □ZNXY, □NVWX, □SUWY, □RZYd तथा □EfPg

अत: चित्र में कुल 14 वर्ग हैं।

6. (d) जिस प्रकार,

$2\text{-}4\text{-}8 \Rightarrow 2 \times 4 = 8$

$1\text{-}3\text{-}3 \Rightarrow 1 \times 3 = 3$

$2\text{-}2\text{-}4 \Rightarrow 2 \times 2 = 4$

परन्तु, $3\text{-}2\text{-}5 \Rightarrow 3 \times 2 = 6 \neq 5$

7. (c) प्रश्न आकृति का सही प्रतिबिम्ब आकृति (c) है।

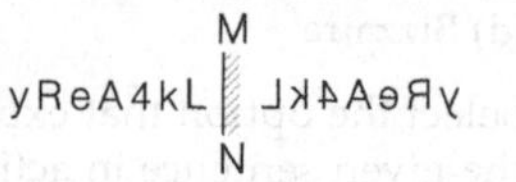

8. (b) दिया गया शब्द → P R A N K E D

अंग्रेजी वर्णमाला क्रम → A D E K N P R

अत: अंग्रेजी वर्णमाला क्रम में व्यवस्थित करने पर किसी भी अक्षर का स्थान अपरिवर्तित नहीं रहता है।

9. (c) जिस प्रकार, उतावलापन का विपरीत शर्मीला है। उसी प्रकार, मनमुटाव का विपरीत आनन्द है।

10. (c) चूँकि दोनों पासो में फलक 'T' उभयनिष्ठ हैं।

पासा 1 → T — [M] — S

पासा 2 → T — [R] — P

अत: M के विपरीत वाले फलक पर R होगा।

11. (b) प्रश्नानुसार,

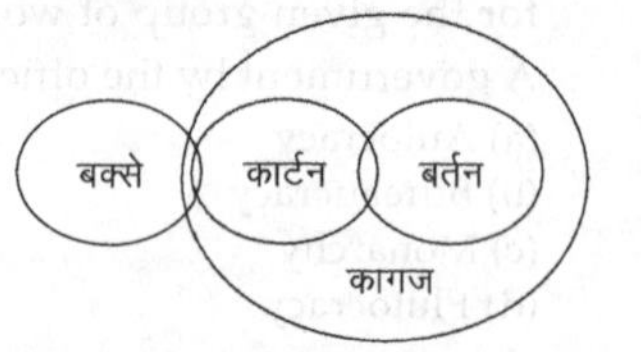

निष्कर्ष I. (✗) II. (✓)

अत: केवल निष्कर्ष II अनुसरण करता है।

12. (b) श्रृंखला का क्रम निम्न प्रकार है,

$F \xrightarrow{-1} E \xrightarrow{-1} D \xrightarrow{-1} C \xrightarrow{-1} \boxed{B}$

$M \xrightarrow{-2} K \xrightarrow{-2} I \xrightarrow{-2} G \xrightarrow{-2} \boxed{E}$

$61 \xrightarrow{-3} 58 \xrightarrow{-3} 55 \xrightarrow{-3} 52 \xrightarrow{-3} \boxed{49}$

13. (b) दिया गया समीकरण,

$18 - 23 \times 455 \div 7 + 28 = 377$

विकल्प (b) से, – और × को आपस में बदलने पर,

$18 \times 23 - 455 \div 7 + 28 = 377$

$414 - 65 + 28 = 377$

$349 + 28 = 377$

$377 = 377$

14. (c) श्रृंखला का क्रम निम्न प्रकार है,

L M B A C H O/L M B A C H O/L M B A C H O/L M B A C H O/L M

⇒ C H B M M

15. (d) जिस प्रकार, $(7, 9, 48)$

$= (7 + 9) \times 3 = 16 \times 3 = 48$

तथा $(6, 8, 42) = (6 + 8) \times 3$

$= 14 \times 3 = 42$

उसी प्रकार, विकल्प (d) से

$(11, 13, 72) = (13 + 11) \times 3$

$= 24 \times 3 = \boxed{72}$

16. (c) $4 - 12 + 3 \div 12 \times 6 = ?$

प्रश्नानुसार,

चिह्नों को आपस में बदलने पर,

$4 \times 12 \div 3 + 12 - 6$

$= 4 \times 4 + 12 - 6$

$= 16 + 12 - 6$

$= 28 - 6 = \boxed{22}$

17. (b) प्रश्नानुसार,

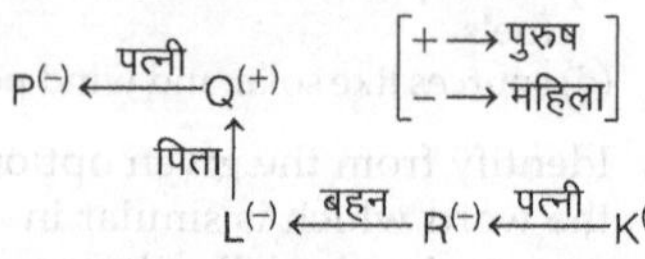

अत: Q, R का पिता है।

18. (a) जिस प्रकार,

$(79, 58, 62) \Rightarrow 79 - 21 = 58$

$58 + 4 = 62$

तथा $(54, 33, 37) \Rightarrow 54 - 21 = 33$

$33 + 4 = 37$

उसी प्रकार, $(66, 45, 49)$

$\Rightarrow 66 - 21 = 45 = 45 + 4 = 49$

19. (d) दी गई श्रृंखला निम्न एकान्तर पैटर्न का अनुसरण करती है।

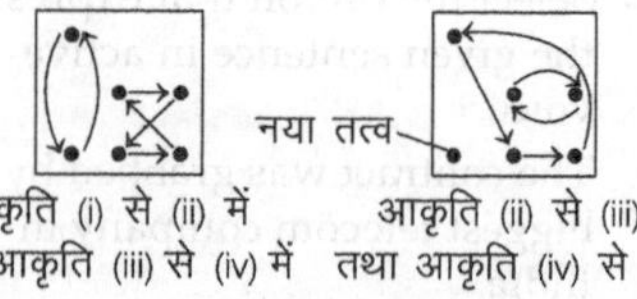

आकृति (i) से (ii) में तथा आकृति (iii) से (iv) में

आकृति (ii) से (iii) में तथा आकृति (iv) से (v) में

अत: सही विकल्प आकृति (d) होगा।

20. (c) जिस प्रकार, खिलना का विलोम शब्द मुरझाना होता है। उसी प्रकार, स्थिर होना का विलोम शब्द बहना होता है।

21. (d) श्रृंखला का क्रम निम्न प्रकार है,

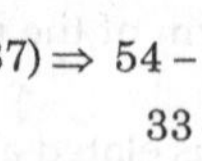

अत: प्रश्नचिह्न (?) के स्थान पर विकल्प आकृति (d) होगी।

22. *(a)* प्रश्न आकृति का सही दर्पण प्रतिबिम्ब विकल्प आकृति (a) है।

23. *(c)* जिस प्रकार, $10 \times 15 = 15$
तथा, $42 \times 15 = 63$
उसी प्रकार, 22×15
$= \boxed{33}$

24. *(b)* शृंखला का क्रम निम्न प्रकार है,

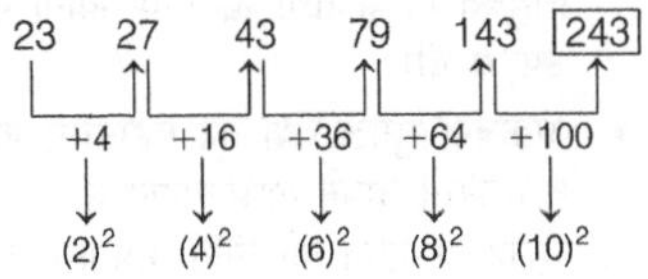

25. *(d)* प्रश्नानुसार, कागज को मोड़ने, काटने तथा खोलने के पश्चात् यह विकल्प आकृति (d) जैसी दिखाई देगी।

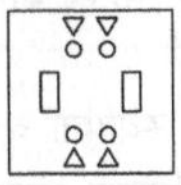

26. *(c)* विकल्प (c) सही नहीं हैं। राज्य के नीति-निदेशक तत्त्व लोगों के कल्याण को बढ़ावा देते हैं। इसलिए ये निजी और व्यक्तिपरक हैं।

- नीति-निदेशक तत्त्व का भारतीय संविधान के भाग-4 में अनुच्छेद 36 से 51 में उल्लेख किया गया है।
- ये प्रकृति में सकारात्मक होते हैं, क्योंकि राज्यों को कुछ मामलों में इनकी आवश्यकता होती है।
- इनका उद्देश्य देश में सामाजिक और आर्थिक लोकतन्त्र की स्थापना करना है।
- इन पर नैतिक और राजनैतिक प्रतिबन्ध हैं।

27. *(c)* एक गर्म प्लेटिनम सतह पर गैसीय अमोनिया का अपघटन उच्च दाब पर **शून्य** क्रम की अभिक्रिया है।

- इसका कारण यह है कि शून्य क्रम की अभिक्रिया में अभिक्रिया की दर प्रारम्भिक सान्द्रता से स्वतन्त्र होती है।
- प्लेटिनम की सतह पर अमोनिया पर अमोनिया का विघटन होता है।

$$2\,NH_3(g)\ Pt \longrightarrow N_2(g) + 3\,H_2(g)$$

28. *(a)* भारतीय रेलवे (2019-20) के अनुसार, भारत में सबसे बड़ा रेलवे ट्रैक **उत्तर प्रदेश** में था।

- वर्ष 2023 के अनुसार, उत्तर प्रदेश में रेलवे ट्रैक की कुल लम्बाई 16,986 किमी है, जबकि वर्ष 2022 में 16063 किमी थी।
- वर्ष 2023 के अनुसार, रेलवे ट्रैक की लम्बाई पंजाब में 3734 किमी, हरियाणा में 3239 किमी और मध्य प्रदेश में 10,090 किमी है।

29. *(b)* **ऑली**, एफ. आई. एच (FIH) पुरुष हॉकी विश्वकप-2023 का शुभंकर था।

- एफ. आई. एच. पुरुष हॉकी विश्वकप-2023 की शुरुआत 5 दिसम्बर, 2023 भुवनेश्वर (ओडिशा) में की गई थी।
- यह पुरुषों की हॉकी विश्वकप का 15वाँ संस्करण था।
- इसमें जर्मनी ने भुवनेश्वर के कलिंगा स्टेडियम में आयोजित फाइनल में बेल्जियम को हराकर विश्वकप जीता।

30. *(c)* 30 नवम्बर, 2022 को राष्ट्रपति भवन में आयोजित राष्ट्रीय खेल एवं साहसिक पुरस्कार-2022 समारोह में **44 पुरस्कार** प्रदान किए गए।

- इसके अन्तर्गत 6 प्रमुख पुरस्कार प्रदान किए जाते हैं।

1. मेजर ध्यानचन्द खेल रत्न पुरस्कार
2. द्रोणाचार्य पुरस्कार
3. अर्जुन पुरस्कार
4. मौलाना अबुल कलाम आजाद ट्रॉफी
5. तेनजिंग नोर्गे राष्ट्रीय साहसिक पुरस्कार, (वर्ष 2004 से प्रारम्भ)
6. राष्ट्रीय खेल प्रोत्साहन पुरस्कार

- इस वर्ष पहली बार केवल ऑनलाइन आवेदन आमन्त्रित किए गए थे।

31. *(c)* पहली एशियाई कबड्डी चैम्पियनशिप **वर्ष 1980** में आयोजित की गई थी।

- इस टूर्नामेण्ट में भारत चैम्पियन और बांग्लादेश उपविजेता रहा था।
- एशियाई खेल में कबड्डी सिर्फ पुरुषों का इवेण्ट हुआ करता था, बाद में वर्ष 2010 से महिलाओं के लिए भी प्रतिस्पर्धा शुरू की गई।
- कबड्डी में भारत ने अब तक कुल 7 खिताब जीते हैं।
- कबड्डी बांग्लादेश का राष्ट्रीय खेल है।

32. *(b)* बिहार का **चम्पारण** जिला वर्ष 1917 के गाँधीजी के सत्याग्रह से सम्बन्धित है।

- यह भारत में गाँधी द्वारा नेतृत्व किया गया पहला सत्याग्रह आन्दोलन था।
- यह ब्रिटिश औपनिवेशिक काल के दौरान एक किसान विद्रोह था।
- 2 नवम्बर, 1972 को चम्पारण जिले को दो जिलों में विभाजित किया गया। पहला पूर्वी चम्पारण और दूसरा पश्चिमी चम्पारण।

33. *(c)* भारतीय संविधान ने **स्वतन्त्र न्यायपालिका प्रणाली** की स्थापना की है।

- स्वतन्त्र न्यायपालिका प्रणाली का आशय सरकार के अन्य अंगों (विधायिका और कार्यपालिका) से स्वतन्त्र होना है।
- स्वतन्त्र न्यायपालिका में सभी न्यायालय और न्यायाधीश बाहरी प्रभावों और दबावों से मुक्त होकर काम करते हैं, जिससे उन्हें कानून और प्रत्येक मामलों के तथ्यों के आधार पर निष्पक्ष निर्णय लेने की अनुमति मिलती है।

34. *(b)* किसी स्थान की जलवायु **मिट्टी के द्वारा** प्रभावित नहीं होती है।

- किसी स्थान की जलवायु समुद्र से दूरी, उच्चावच और स्थान द्वारा प्रभावित होती है।
- जलवायु अक्षांश, देशान्तर, भू-भाग, ऊँचाई, भूमि उपयोग और आस-पास के जल निकायों और उनकी धाराओं से प्रभावित होती है।
- जलवायु शब्द किसी बड़े भू-भाग के लिए और लम्बे समय के लिए उपयोग किया जाता है।

35. *(b)* दक्षिण भारत में **पल्लव** साम्राज्य के अन्तर्गत महाबलीपुरम मन्दिर वास्तुकला के एक महत्त्वपूर्ण केन्द्र के रूप में उभरा।

- महाबलीपुरम सातवीं शताब्दी में पल्लवों की राजधानी थी।
- वर्तमान में यह तमिलनाडु राज्य में स्थित एक शहर है।
- इसे वर्ष 1980 में यूनेस्को की विश्व विरासत सूची में शामिल किया गया है।

36. *(c)* **दाल** अविकारीय भोजन है।

- दालें, फलीदार परिवार से सम्बन्धित हैं। इसमें विटामिन बी, फोलेट, आयरन और मसालों के अच्छे स्रोत हैं।
- इनमें प्रोटीन और शाकाहार की भी उच्च मात्रा होती है।
- अविकारी भोज्य पदार्थ वे पदार्थ हैं, जिन्हें 1-2 वर्ष तक सुरक्षित रखा जा सकता हैं। इसमें पानी की मात्रा अत्यन्त कम होती है।

37. *(d)* न्यूलैण्ड ने धातु Co और Ni को हैलोजन को **Do** के साथ म्यूजिकल नोट में रखा जाता है।

- 1866 ई. में जॉन न्यूलैण्ड्स द्वारा उनके अष्टक नियम के अनुसार न्यूलैण्ड की तालिका तैयार की गई थी।
- अपने सिद्धान्त में उन्होंने कहा कि जब तत्त्वों को अपने बढ़ते परमाणु भार के अनुसार व्यस्थित किया जाता है तो प्रत्येक आठ तत्त्वों में पहले तत्त्व के समान गुण होते हैं।

38. *(a)* ब्रिटिश भारत के गवर्नर **जनरल लॉर्ड विलियम बैंटिक** ने सती प्रथा को कानूनी रूप से समाप्त करने में राजा राममोहन राय की मदद की।

- एक्ट 17 द्वारा 4 दिसम्बर, 1829 को बैण्टिक ने सती प्रथा पर प्रतिबन्ध लगा दिया गया।
- यह एक प्राचीन हिन्दू प्रथा थी, जिसमें पति के अन्तिम संस्कार के दौरान उसकी विधवा पत्नी भी चिता के साथ आत्मदाह कर लेती थी।
- बैण्टिक ने नर बल पर प्रतिबन्ध लगाया तथा कन्या वध का निषेध किया।

39. *(c)* **गुरुपर्व या गुरपुरब** त्योहार गुरुनानक देव की जयन्ती के रूप में मनाया जाता है।

- यह पर्व प्रत्येक वर्ष कार्तिक पूर्णिमा के दिन मनाया जाता है।
- गुरुनानक देव सिख धर्म के संस्थापक थे, जिनका जन्म 15 अप्रैल, 1469 को तलवण्डी (पाकिस्तान) में हुआ था।
- इन्होंने जात-पात मिलाने के लिए और समाज में एकता स्थापित करने के लिए उपदेश दिए थे।

40. *(c)* भारत में राष्ट्रीय आय (NI) की गणना के सम्बन्ध में विकल्प C सही नहीं है, क्योंकि दादाभाई नौरोजी ने भारतीय अर्थव्यवस्था को प्राथमिक और द्वितीयक क्षेत्र में विभाजित नहीं किया था।

- दादाभाई नौरोजी ने 1867-68 ई. में राष्ट्रीय आय का पहला प्रयास किया था। इन्होंने प्रति व्यक्ति आय ₹ 20 होने का अनुमान लगाया।
- राष्ट्रीय आय की गणना का पहला अधिकारिक प्रयास पी. सी. महालनोबिस ने किया था, जबकि पहला वैज्ञानिक प्रयास डॉ. वी. के. आर. वी. राव ने किया था।
- राष्ट्रीय आय की गणना किसी देश में एक वित्तीय वर्ष के दौरान उत्पादित सभी वस्तुओं और सेवाओं के मूल्यों को जोड़कर की जाती है।

41. *(d)* पश्चिम बंगाल सरकार ने वर्ष 2022 में पण्डित अनिन्दो चटर्जी नामक प्रतिष्ठित तालवादक को बंग विभूषण पुरस्कार से सम्मानित किया।

- यह पुरस्कार बंगाल सरकार द्वारा विभिन्न क्षेत्रों में लोगों को सम्मानित करने के लिए 25 जुलाई, 2011 को शुरू किया गया था।
- पं. अनिंदो चटर्जी फर्रुखाबाद घराने के एक भारतीय तबला वादक हैं। इनका जन्म 30 मई, 1954 काशिमपुर (पं. बंगाल) में हुआ था।

42. *(a)* भौगोलिक रूप से **कराईकल** (पुदुचेरी) श्रीलंका के समीप है।

- यह भारत के केन्द्रशासित प्रदेश पुदुचेरी जिले में स्थित एक नगर है।
- यह दक्षिण भारत के पूर्वी तट के समीप बंगाल की खाड़ी में स्थित है।
- पुदुचेरी के अन्तर्गत पुदुचेरी, कराईकल, यनम और माहे चार पृथक् जिले हैं।

43. *(b)* प्रकाश स्तम्भ अधिनियम, 1927 को निरस्त करके प्रतिस्थापित करने के लिए संसद ने नौवहन सामुद्रिक सहायता विधेयक, 2021 पारित किया गया।

- इस अधिनियम का उद्देश्य भारत के मानदण्डों को अन्तर्राष्ट्रीय नौवहन सहायता से वाहन नेविगेशन लम्बी दूरी की पहचान और ट्रैकिंग प्रणाली में उपयोग होने वाली नई तकनीकों को कानूनी ढाँचा बनाना था।
- यह विधेयक प्रादेशिक जल, महाद्वीपीय, शेल्फ और अनन्य आर्थिक क्षेत्र सहित विभिन्न समुद्री क्षेत्रों सम्पूर्ण भारत पर लागू होता है।

44. *(c)* **मध्य प्रदेश** सरकार द्वारा तानसेन संगीत समारोह आयोजित किया जाता है।

- तानसेन सम्मान, हिन्दुस्तानी शास्त्रीय संगीत के क्षेत्र में उल्लेखनीय योगदान देने वाले कलाकारों को दिया जाता है।
- तानसेन सम्मान की स्थापना वर्ष 1980 में की गई थी।
- तानसेन एक भारतीय संगीतकार और कवि थे, जो अकबर के दरबार में नवरत्नों में से एक थे।

45. *(a)* **पाँचवीं** पंचवर्षीय योजना मुख्य रूप से गरीबी हटाओ पर केन्द्रित थी।

- पाँचवीं पंचवर्षीय योजना का कार्यकाल वर्ष 1974 से 1978 तक था, जिसका उद्देश्य रोजगार, गरीबी उन्मूलन और न्याय पर केन्द्रित था।
- गरीबी हटाओ अभियान इन्दिरा गाँधी ने वर्ष 1971 के चुनाव के दौरान किया था।

46. *(d)* **पक्षी वर्ग** के जीवों को एवेस (Aves) के रूप में वर्गीकृत किया जाता है।

- एवेस पशु जगत के कोर्डेटा संघ से सम्बन्धित है।
- सभी पक्षी एवेस वर्ग से सम्बन्धित हैं।
- इस वर्ग से सम्बन्धित लगभग 9000 प्रजातियाँ हैं।

47. *(d)* हुमायूँ की मृत्यु के बाद, 13 वर्षीय अकबर का 1556 ई. में **पंजाब के कलानौर** में राज्याभिषेक हुआ था।

- अकबर ने बैरम खाँ को अपना वजीर नियुक्त किया तथा खाने-ए-खाना की उपाधि दी।
- अकबर, मुगल वंश का महानतम् शासक था। उसने अपने शासनकाल में सुलह-ए-कुल की नीति अपनायी तथा सभी धर्मों के साथ सौहार्दपूर्ण रूप से राज्य का संचालन किया।

48. *(a)* मणिपुर के **इम्फाल** शहर में जवाहरलाल नेहरू मणिपुर नृत्य अकादमी स्थित है।

- इसकी स्थापना वर्ष 1954 में हुई थी।
- यह मणिपुरी संस्कृति और विरासत को बढ़ावा देने और संरक्षित करने के लिए एक प्रमुख संस्थान है।
- यह नई दिल्ली स्थित संगीत नाटक अकादमी की एक इकाई है।

49. *(d)* मार्च, 2023 में भारत के 28वें लेखा महानियन्त्रक (CGA) के रूप में **एस.एस. दुबे** को नियुक्त किया गया था।

- एस. एस. दुबे वर्ष 1989 बैंच के आई.सी.एस. अधिकारी हैं।
- नियन्त्रक एवं महालेखा परीक्षक का पद ब्रिटेन से लिया गया है।
- नियन्त्रक एवं महालेखा परीक्षक का उल्लेख भारत के संविधान के अनुच्छेद 148 से 151 के तहत किया गया है।

50. *(c)* हब्बार्डिया हेप्टेन्यूरोन, जो प्राय: लुप्त हो गया है, वह **एक घास** की प्रजाति है।

- यह प्रजाति चट्टानों, नम चट्टानों, झरनों के स्प्रे क्षेत्रों में, छायादार स्थानों में 400 से 500 मी की ऊँचाई पर पाई जाती है।
- इसे केवल कर्नाटक राज्य की स्थानिक प्रजाति माना जाता था, लेकिन वर्ष 2000 में महाराष्ट्र राज्य की कोल्हापुर जिले के टिल्लारी घाट से भी एकत्र किया गया था।
- इसके प्राय: लुप्त होने का कारण अधिक स्थानीय दबावों; जैसे—रौंदने, चराई, भूमि उपयोग आदि प्रमुख हैं।

51. *(a)* माना तीन संख्याएँ a, b और c हैं।

$\therefore \quad a + b + c = 18 \quad ...(i)$

$a^2 + b^2 + c^2 = 36 \quad ...(ii)$

$\because (a + b + c)^2$

$= a^2 + b^2 + c^2 + 2(ab + bc + ca)$

$\Rightarrow (18)^2 = 36 + 2(ab + bc + ca)$

$\therefore ab + bc + ca = \frac{288}{2} = 144$

अतः $a^3 + b^3 + c^3 - 3abc$

$= (a + b + c)(a^2 + b^2 + c^2 - ab - bc - ca)$

$= 18 \times (36 - 144)$

$= 18 \times (-108) = -1944$

52. *(b)* माना राम की आयु $= x$ वर्ष

$\therefore$ माया देवी की आयु $= 3x$ वर्ष

तथा सोहम की आयु $= (3x - 65)$ वर्ष

$\therefore$ रवि की आयु $= 4(3x - 65)$ वर्ष

प्रश्नानुसार, $x - 4(3x - 65) = 7$

$x - 12x + 260 = 7$

$11x = 253$

$\Rightarrow x = 23$ वर्ष

अतः माया देवी की आयु $= 3x = 3 \times 23$

$= 69$ वर्ष

53. *(c)* माना यात्रा की कुल दूरी = 90 किमी

$\therefore$ औसत चाल $= \frac{\text{कुल दूरी}}{\text{कुल समय}}$

$= \frac{90}{\frac{30}{40} + \frac{30}{50} + \frac{30}{60}} = \frac{90}{\frac{3}{4} + \frac{3}{5} + \frac{3}{6}}$

$= \frac{90 \times 20}{37} \approx 48.65$ किमी/घण्टा

54. *(c)* प्रश्नानुसार,

भुगतान की गई अभीष्ट राशि

$= \frac{9800 \times 98}{100} + \frac{5480 \times 95}{100}$

$= 9604 + 5206 =$ ₹ 14810

55. *(b)* माना बैग में क्रमशः ₹ 1, ₹ 5 तथा ₹ 10 के सिक्कों की संख्या क्रमशः $3x$, $5x$ तथा $7x$ है।

प्रश्नानुसार,

$3x \times 1 + 5x \times 5 + 7x \times 10 = 980$

$3x + 25x + 70x = 980$

$x = \frac{980}{98} = 10$

अतः ₹ 10 के सिक्कों की संख्या $= 7x$

$= 7 \times 10 = 70$

56. *(c)* दोनों को पुनः ट्रैक पर मिलने का समय

$= \frac{\text{वृत्ताकार ट्रैक की लम्बाई}}{\text{सापेक्ष चाल}}$

$= \frac{750}{(13.5 - 9) \times \frac{5}{18}}$

$= \frac{750 \times 18}{4.5 \times 5} = 600$ सेकण्ड

57. *(d)* माना 10% पर उधार दी गई राशि

$=$ ₹ x

$\therefore$ 8% पर उधार दी गई राशि

$=$ ₹ $(4000 - x)$

प्रश्नानुसार,

$\frac{x \times 10 \times 1}{100} + \frac{(4000 - x) \times 8 \times 1}{100} = 352$

$10x + 32000 - 8x = 35200$

$2x = 3200$

$x =$ ₹ 1600

58. *(c)*

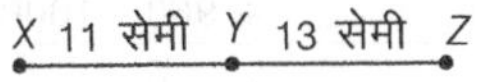

यहाँ, $xz = xy + yz$

$24 = 11 + 13$

$\therefore$ तीनों बिन्दु एक सीधी रेखा में उपस्थित हैं

अतः बिन्दु x, y और z से होकर गुजरने वाले वृत्तों की संख्या 0 होगी।

59. *(b)* प्रश्नानुसार,

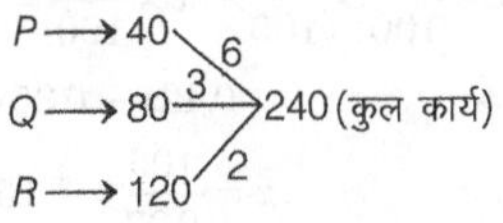

माना पाइप Q और R को x मिनट बाद बन्द किया जाता है।

$\therefore 6 \times 30 + 3x + 2x = 240$

$5x = 240 - 180$

$x = \frac{60}{5} = 12$ मिनट

60. *(b)* 5 अंकों की सबसे बड़ी संख्या

$= 99999$

अब,

```
47) 99999 (2127
   -94
    59
   -47
    129
   - 94
     359
   - 329
      30 (शेषफल)
```

अतः अभीष्ट संख्या $= 99999 - 30$

$= 99969$

61. *(b)* $\because$ दो वृत्त एक-दूसरे को बाह्य रूप से स्पर्श करते हैं।

$\therefore$ दोनों वृत्तों के केन्द्र के बीच की दूरी (d)

$= 18 + 12 = 30$ सेमी

अतः सीधी उभयनिष्ठ स्पर्श रेखा की लम्बाई

$= \sqrt{d^2 - (r_1 - r_2)^2}$

$= \sqrt{30^2 - (18 - 12)^2}$

$= \sqrt{30^2 - 6^2} = \sqrt{900 - 36}$

$= \sqrt{864} = 12\sqrt{6}$ सेमी

62. *(d)* दिया है,

$a + \frac{1}{a} = 12$

दोनों पक्षों का वर्ग करने पर,

$a^2 + \frac{1}{a^2} + 2 \times a \times \frac{1}{a} = 144$

$\therefore \quad a^2 + \frac{1}{a^2} = 144 - 2 = 142$

63. *(b)* प्रश्नानुसार,

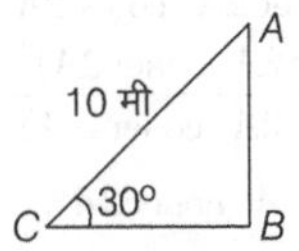

ΔABC में,

$\cos 30° = \frac{BC}{AC}$

$\frac{\sqrt{3}}{2} = \frac{BC}{10}$

$\therefore \quad BC = 5\sqrt{3}$ मी

अतः खम्भे का पाद दीवार से $5\sqrt{3}$ मी दूर है।

64. *(c)* प्रश्नानुसार,

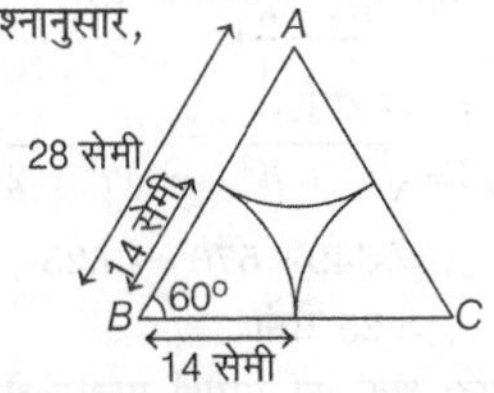

$\because$ समबाहु त्रिभुज का प्रत्येक कोण 60° होता है।

अतः अभीष्ट क्षेत्रफल का भाग

= त्रिभुज का क्षेत्रफल − 3 × वृत्तखण्ड का क्षेत्रफल

$= \frac{\sqrt{3}}{4} \times 28 \times 28 - 3 \times \frac{22}{7} \times 14 \times 14 \times \frac{60°}{360°}$

$= 339.08 - 308$

$= 31.08$ सेमी^{2}

65. *(d)* $15 \div 3$ का $2 \times 2 + 9 \div 18$ का $2 \times 4 - 4 \div 8 \times 2$

$= 15 \div 6 \times 2 + 9 \div 36 \times 4 - 4 \div 8 \times 2$

$= \frac{15}{6} \times 2 + \frac{9}{36} \times 4 - \frac{4}{8} \times 2$

$= 5 + 1 - 1 = 5$

66. *(b)* हम जानते हैं कि, कोण-कोण-कोण के मानदंड को लागू करने से दो त्रिभुजों को सर्वांगसम सिद्ध नहीं किया जा सकता है, लेकिन समरूप सिद्ध किया जा सकता है।

67. *(a)* $\frac{2 + \tan^2 2A + \cot^2 2A}{\sec 2A \operatorname{cosec} 2A}$

$= \frac{(\tan 2A + \cot 2A)^2}{\sec 2A \operatorname{cosec} 2A}$

$= \frac{\left(\frac{\sin 2A}{\cos 2A} + \frac{\cos 2A}{\sin 2A}\right)^2}{\sec 2A \operatorname{cosec} 2A}$

$= \frac{\left(\frac{\sin^2 2A + \cos^2 2A}{\cos 2A \cdot \sin 2A}\right)^2}{\sec 2A \cdot \operatorname{cosec} 2A}$

$= \frac{(\sec 2A \cdot \operatorname{cosec} 2A)^2}{(\sec 2A \cdot \operatorname{cosec} 2A)}$

$= \sec 2A \cdot \operatorname{cosec} 2A$

68. *(c)* $t = 30°$ लेने पर,

$\sin 30° = \frac{1}{2}$ तथा $\cos 30° = \frac{\sqrt{3}}{2}$

$\therefore \quad \sin t < \cos t$ जब $t < 45°$

69. *(c)* शंकु का आयतन $= \frac{1}{3}\pi r^2 h$

$\therefore \frac{1}{3} \times \frac{22}{7} \times r^2 \times 24 = 1232$

$r^2 = \frac{1232 \times 3 \times 7}{22 \times 24} = 49$

$\therefore r = 7$ सेमी

$l = \sqrt{r^2 + h^2} = \sqrt{7^2 + 24^2}$

$= \sqrt{49 + 576} = \sqrt{625}$

$= 25$ सेमी

अतः शंकु का सम्पूर्ण पृष्ठीय क्षेत्रफल

$= \pi r(l + r)$

$= \frac{22}{7} \times 7(25 + 7)$

$= 22 \times 32 = 704$ सेमी^{2}

70. *(a)* गणित में पुरुष शोधार्थियों की संख्या

$= 18 - 4 = 14$

सांख्यिकी में पुरुष शोधार्थियों की संख्या

$= 12 - 3 = 9$

अतः अभीष्ट अनुपात $= 14 : 9$

71. *(a)* 2014 में स्कूल A, B और C की औसत बिक्री $= \frac{70 + 35 + 80}{3}$

$= \frac{185}{3}$ हजार

तथा 2013 में स्कूल A, C और F की औसत बिक्री $= \frac{50 + 60 + 40}{3}$

$= \frac{150}{3}$ हजार

अतः अभीष्ट% $= \frac{\frac{150}{3}}{\frac{185}{3}} \times 100 = 81.08\%$

72. *(c)* वर्ष 2015 से 2018 तक सभी वर्षों के लिए, B प्रकार की कारों का औसत उत्पादन

$= \frac{680 + 750 + 620 + 540}{4}$

$= 647.5$ हजार

तथा A प्रकार और C प्रकार की कारों का संयुक्त औसत उत्पादन

$= \frac{840 + 900 + 760 + 800 + 890 + 960 + 1000 + 1200}{8}$

$= 918.75$ हजार

अतः अभीष्ट अन्तर $= 918.75 - 647.5$

$= 271.25$ हजार

73. *(b)* माना अंकित मूल्य $=$ ₹ x

प्रश्नानुसार,

$x \times \frac{70}{100} \times \frac{60}{100} - x \times \frac{35}{100} = 105$

$\Rightarrow \quad 0.42x - 0.35x = 105$

$x = \frac{105}{0.07} =$ ₹ 1500

74. *(a)* $\because \frac{A}{C} = \frac{B}{D}$

$\therefore \quad \frac{25}{30} = \frac{40}{D}$

$D = \frac{40 \times 30}{25} = 48$

75. *(a)* स्कूटर पर लाभ $= \frac{42564}{6} =$ ₹ 7094

$\therefore$ स्कूटर का क्रय मूल्य $= 42564 - 7094$

$=$ ₹ 35470

अतः अभीष्ट लाभ % $= \frac{7094}{35470} \times 100$

$= 20\%$

76. *(c)* 'Timid' means weak and showing a lack of courage or confidence. Hence, its antonym is 'daring'.

- **Meek** means weak.
- **Anxious** means nervous.
- **Spooky** means scary.

77. *(c)* 'On the ball' means to be aware of any changes or developments and quick to react to them.

78. *(d)* The underlined part of the sentence contains an error.

- As the first clause is in present perfect continuous tense, the since clause will be in past tense.
- Hence, replace 'since I was born' to correct the sentence.

79. *(d)* A florist is a person who sells and arranges cut-flowers.

- **Horticulturist** is an expert in garden cultivation and management.
- **Botanist** is an expert in or student of the scientific study of plants.

80. *(b)* Part 'they go to a restaurant,' contains an error. As the sentence is in past tense, use 'went' in place of 'go' to correct the sentence.

81. *(b)* A clique is a small group of people who spend their time together and do not welcome other people into that group.

- **Squad** means a small organised group of military personnel.
- **Lobby** means a room providing a space out of which one or more other rooms or corridors lead, typically one near the entrance of a public building.

82. *(b)* The incorrectly spelt word in the sentence is 'decendent'. The correct spelling is 'descendent'.

83. *(b)* 'Deplorable' means deserving strong condemnation; completely unacceptable. Hence, its synonym is 'despicable' which means deserving hatred and contempt.

- **Jubilation** and **Rejoicing** means being happy.

84. *(a)* 'Trembling' means shaking or quivering, typically as a result of anxiety, excitement or frailty. Hence, its synonym is 'shivering'.

- **Intrepid** means fearless; adventurous (often used for rhetorical or humorous effect).

85. *(c)* The first sentence of the paragraph will be sentence D as it introduces illiteracy. The second sentence will be sentence A which expands on the situation. The third sentence will be sentence B which presents a contrast. The last sentence will be sentence C which concludes the paragraph. Thus, the correct order is DABC.

86. *(d)* 'Alleviate' means make (suffering, deficiency or a problem) less severe. Hence, its synonym is 'relieve'.

87. *(c)* Part 'will replaced traditional fossil fuels' contains an error. Add 'be' after 'will' to correct the sentence.

88. *(b)* Equivocal means open to more than one interpretation; 'ambiguous'.

89. *(c)* Elated means happy. Hence, its antonym is 'discouraged'.

90. *(a)* The biggest telecom company in India grabbed the contract.

- The sentence follows the structure Object + was/were+ V3+ by+ Subject. When such a sentence is transformed into active voice, the structure followed is Subject +V2+ Object.

91. *(a)* The correct idiom for the given blank is 'on the fence' which means to be in a dilemma.

- **Cutting corners** means to do something in the easiest, cheapest or fastest way, often at the expense of quality or standards.
- **Left out in cold** means to be ignored.
- **Up in arms** means protesting vigorously about something.

92. *(b)* The correctly spelt word is 'Entrepreneurship'.

- The correct spellings of the other words are Consensus, Colleague and Bizarre.

93. *(d)* Who taught you grammar?

- The interrogative sentence in passive voice follows the structure. By whom + was/were+ Subject + V3. When such a sentence is transformed into passive voice, the structure followed is who+ V2+ Object.

94. *(a)* An orchard is a place where fruit trees are grown.

- **Quay** means a stone or metal platform lying alongside or projecting into water for loading and unloading ships.

95. *(b)* Bureaucracy is a government by the officials.

- **Autocracy** means a system of government by one person with absolute power.
- **Monarchy** means a form of government where a monarch, such as a king or queen, is the head of state and has supreme authority.
- **Plutocracy** means government by the wealthy.

96. *(a)* The correct filler for the given blank is 'at'.

97. *(b)* The correct filler for the given blank is 'and'.

98. *(b)* The correct filler for the given blank is 'human'.

99. *(b)* The correct filler for the given blank is 'diversity'.

100. *(a)* The correct filler for the given blank is 'including'.

सेट 05 10 सितम्बर, 2024 (द्वितीय पाली)

SSC CGL Tier-I
सॉल्वड पेपर

निर्देश
1. इस सेट में कुल 100 प्रश्न हैं।
2. इस सेट में चार भाग हैं, **भाग-I** सामान्य बुद्धि एवं तर्कशक्ति, **भाग-II** सामान्य जागरुकता, **भाग-III** संख्यात्मक अभियोग्यता और **भाग-IV** अंग्रेजी भाषा।
3. प्रत्येक प्रश्न 2 अंक का है।

भाग I
सामान्य बुद्धि एवं तर्कशक्ति

1. निम्नलिखित शृंखला को जारी रखने के लिए प्रश्नचिह्न (?) के स्थान पर कौन-सी आकृति आनी चाहिए?

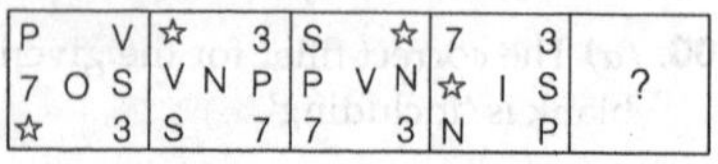

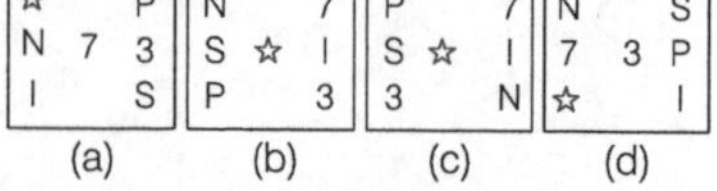

2. जब दर्पण को MN पर रखा जाता हो, तो दी गई आकृति के सही दर्पण प्रतिबिम्ब का चयन कीजिए।

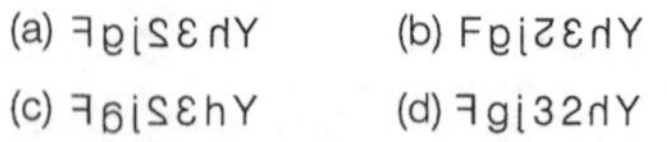

3. निम्नलिखित में से कौन-सा अक्षर-समूह दी गई शृंखला को तार्किक रूप से पूर्ण करने के लिए प्रश्नचिह्न (?) के स्थान पर आएगा?

ICT, FES, CGR, ZIQ, ?

(a) WJP (b) WKP
(c) XKP (d) XLO

4. दिए गए समीकरण को सही करने के लिए किन दो संख्याओं (अंक नहीं) को आपस में बदलना चाहिए?

$116 - 92 \div 4 + 25 \times 2 - 20 = 150$

(a) 116 और 92 (b) 2 और 4
(c) 25 और 20 (d) 20 और 92

5. दिए गए विकल्पों में से उस संख्या का चयन कीजिए, जो निम्नलिखित शृंखला में प्रश्नचिह्न (?) को प्रतिस्थापित कर सकती है।

543, 518, 495, 474, 455, ?

(a) 444 (b) 440
(c) 442 (d) 438

6. उस विकल्प का चयन करें, जो पाँचवें अक्षर-समूह से उसी प्रकार सम्बन्धित है जिस प्रकार दूसरा अक्षर-समूह पहले अक्षर-समूह से और चौथा अक्षर-समूह तीसरे अक्षर-समूह से सम्बन्धित है।

BACK: CCBI:: TEST: UGRR:: WORK:?

(a) YQPI (b) XQSI
(c) XQQI (d) YQQJ

7. उस समुच्चय का चयन करें, जिसमें दी गई संख्याएँ आपस में उसी प्रकार सम्बन्धित हैं, जिस प्रकार प्रश्न में दिए गए समुच्चय की संख्याएँ आपस में सम्बन्धित हैं।

(**नोट** संख्याओं को उनके घटक अंकों में तोड़े बिना, पूर्ण संख्याओं पर गणितीय संक्रियाएँ की जानी चाहिए। जैसे, 13 के मामले में-13 पर की जाने वाली विभिन्न गणितीय संक्रियाएँ जैसे—जोड़ना/घटाना / गुणा करना आदि केवल 13 के साथ की जा सकती हैं। लेकिन 13 को 1 और 3 में तोड़ने और फिर 1 और 3 पर गणितीय संक्रियाएँ करने की अनुमति नहीं है।)

(25, 300, 6)
(19, 342, 9)

(a) (18, 288, 8)
(b) (17,476, 7)
(c) (24, 600, 5)
(d) (14,364, 7)

8. एक निश्चित कूटभाषा में, 'TIZZ' को 'VKBB' के रूप में लिखा जाता है और 'QOPH' को 'SQRJ' के रूप में लिखा जाता है। उसी भाषा में 'CKAU' को किस प्रकार लिखा जाएगा?

(a) EMCW (b) DMBW
(c) DNBV (d) ENCV

9. निम्नलिखित चार विकल्पों में से तीन किसी न किसी रूप में एकसमान हैं और इस प्रकार एक समूह का निर्माण करते हैं। उसमें से कौन-सा विकल्प उस समूह से सम्बन्धित नहीं है? अक्षर समूह में, असमान विकल्प व्यंजनों/स्वरों की संख्या या उनकी स्थिति पर आधारित नहीं है।

(a) IMQ (b) EIM
(c) BFJ (d) DHK

10. तीन कथन दिए गए हैं, जिसके बाद तीन निष्कर्ष I, II और III दिए गए हैं। कथनों को सत्य मानते हुए, भले ही वे सामान्य रूप से ज्ञात तथ्यों से भिन्न प्रतीत होते हों, निर्धारित करें कि कौन-सा/से निष्कर्ष कथनों का तार्किक रूप से अनुसरण करता/करते है/हैं?

कथन

कोई भी बेंच, कुर्सी नहीं है।
सभी सोफे, बेंच हैं।
सभी मेजें, सोफे हैं।

निष्कर्ष

I. कोई मेज, कुर्सी नहीं है।
II. कुछ सोफे, कुर्सियाँ हैं।
III. सभी मेजें, बेंच हैं।

(a) केवल निष्कर्ष I और II अनुसरण करते हैं
(b) केवल निष्कर्ष II अनुसरण करता है
(c) केवल निष्कर्ष I और III अनुसरण करते हैं
(d) केवल निष्कर्ष I अनुसरण करता है

11. दी गई आकृति में कितने त्रिभुज हैं?

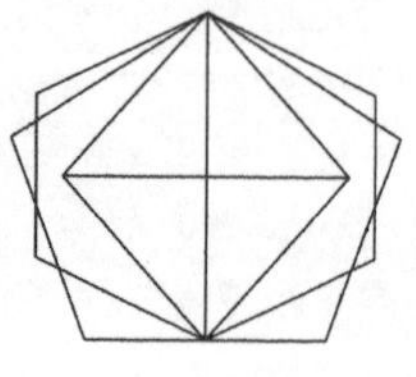

(a) 15 (b) 16
(c)14 (d) 17

12. एक निश्चित कूटभाषा में,

A + B का अर्थ है कि 'A, B का भाई है'।
A – B का अर्थ है कि 'A, B का पिता है'।

A × B का अर्थ है कि 'A, B की माता है'।
A ÷ B का अर्थ है कि 'A, B की पत्नी है'।
उपर्युक्त के आधार पर, यदि P × Q + R ÷ S − T है, तो P का T से क्या सम्बन्ध है?

(a) माता (b) नानी
(c) बहन (d) पत्नी

13. उस युग्म का चयन कीजिए, जिसमें संख्याएँ एक-दूसरे से उसी प्रकार सम्बन्धित हैं जिस प्रकार दिए गए युग्मों में संख्याएँ सम्बन्धित हैं।

(**नोट** संख्याओं को उनके घटक अंकों में विभाजित किए बिना, पूर्ण संख्याओं पर गणितीय संक्रियाएँ की जानी चाहिए। उदाहरण के लिए 13-13 पर गणितीय संक्रियाएँ जैसे 13 को जोड़ना/घटाना/ गुणा करना आदि की जा सकती है। 13 को 1 और 3 में तोड़ने और फिर 1 और 3 पर गणितीय संक्रियाएँ करने की अनुमति नहीं है।)

12 : 25
11 : 23

(a) 25 : 49 (b) 15 : 29
(c) 21 : 43 (d) 18 : 35

14. दिए गए कथनों और निष्कर्षों को ध्यानपूर्वक पढ़िए। यह मानते हुए कि कथनों में दी गई जानकारी सत्य है, भले ही यह सामान्यत: ज्ञात तथ्यों से भिन्न प्रतीत होती हो, निर्णय लीजिए कि दिए गए निष्कर्षों में से कौन-सा/से निष्कर्ष कथनों का तार्किक रूप से अनुसरण करता है/करते हैं?

कथन
कुछ बैग, पर्स हैं।
सभी पर्स, बटुए (वॉलेट) हैं।
सभी बटुए (वॉलेट), थैले (सैक) हैं।

निष्कर्ष
I. सभी पर्स, थैले (सैक) हैं।
II. कुछ बटुए (वॉलेट), बैग हैं।

(a) केवल निष्कर्ष II अनुसरण करता है
(b) केवल निष्कर्ष I अनुसरण करता है
(c) न तो निष्कर्ष I और न ही निष्कर्ष II अनुसरण करता है
(d) निष्कर्ष I और निष्कर्ष II दोनों अनुसरण करते हैं

15. उस विकल्प का चयन करें, जो उन अक्षरों को निरूपित करता है जिन्हें नीचे दिए गए रिक्त स्थानों में बाएँ से दाएँ रखे जाने पर दी गई अक्षर-शृंखला पूरी हो जाएगी।

DF_IJOD_HIJO_FHIJODF_IJOD_

(a) FHDHF (b) HFFDH
(c) HFHDF (d) HFDHF

16. जब दर्पण को MN पर रखा जाता हो, तो दी गई आकृति के सही दर्पण प्रतिबिम्ब का चयन कीजिए।

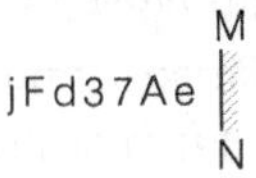

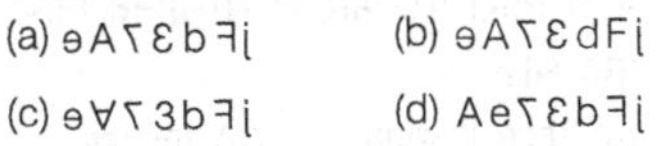

17. एक पासे के विभिन्न फलकों पर छ: अक्षर U, V, W, X, Y और Z लिखे गए हैं। नीचे दिए गए चित्र में इस पासे की दो स्थितियों को दर्शाया गया है। दिए गए विकल्पों में से Z के विपरीत फलक पर लिखा अक्षर ज्ञात कीजिए।

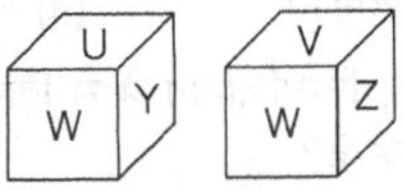

(a) W (b) U
(c) Y (d) X

18. उस विकल्प का चयन करें, जो पाँचवें अक्षर-समूह से उसी प्रकार सम्बन्धित है जिस प्रकार दूसरा अक्षर-समूह पहले अक्षर-समूह से सम्बन्धित है और चौथा अक्षर-समूह तीसरे अक्षर-समूह से सम्बन्धित है।

DOY : PAK : : BQM : NCY : : ILU : ?

(a) TYG (b) UYG
(c) UXG (d) TXG

19. एक निश्चित कूटभाषा में, 'COWS' को '7935' के रूप में कूटबद्ध किया जाता है और 'OILY' को '2568' के रूप में कूटबद्ध किया जाता है। उस भाषा में 'O' के लिए कूट क्या है?

(a) 2 (b) 8
(c) 5 (d) 9

20. शब्द 'SIMILAR' में प्रत्येक स्वर को अंग्रेजी वर्णानुक्रम में उत्तरवर्ती अक्षर से बदल दिया गया है और प्रत्येक व्यंजन को अंग्रेजी वर्णानुक्रम में पूर्ववर्ती अक्षर से बदल दिया गया है। इस प्रकार बने अक्षरों के समूह में बाएँ से दूसरे और बाएँ से तीसरे अक्षर के बीच अंग्रेजी वर्णानुक्रम में कितने अक्षर हैं?

(a) तीन (b) चार
(c) एक (d) दो

21. एक निश्चित तर्क का अनुसरण करते हुए 104, 13 से सम्बन्धित है। उसी तर्क का अनुसरण करते हुए, 136, 17 से सम्बन्धित है। उसी तर्क का अनुसरण करते हुए, 232 निम्नलिखित में से किससे सम्बन्धित है? (**नोट** संख्याओं को उसके घटक अंकों में तोड़े बिना, पूर्ण संख्याओं पर संक्रियाएँ की जानी चाहिए। उदाहरण के लिए संख्या 13 को लें 13 पर संक्रियाएँ, जैसे कि 13 में जोड़ना/घटाना/गुणा करना आदि, की जा सकती हैं। 13 को 1 और 3 में तोड़ने और फिर 1 और 3 पर गणितीय संक्रियाएँ करने की अनुमति नहीं है।)

(a) 29 (b) 27
(c) 33 (d) 31

22. एक पासे के विभिन्न फलकों पर छ: अक्षर A, T, M, P, S और R अंकित हैं। नीचे दी गई आकृति में इस पासे की दो स्थितियाँ दर्शाई गई हैं। R वाले फलक के विपरीत फलक पर अक्षर ज्ञात कीजिए।

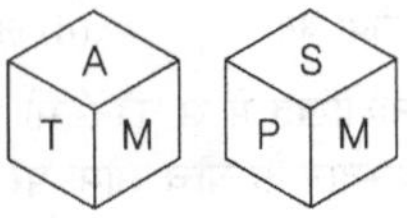

(a) S (b) T
(c) A (d) M

23. विकल्पों में दी गई उस आकृति की पहचान कीजिए जिसे प्रश्नचिह्न (?) के स्थान पर रखने पर शृंखला तर्कसंगत रूप से पूर्ण हो जाएगी।

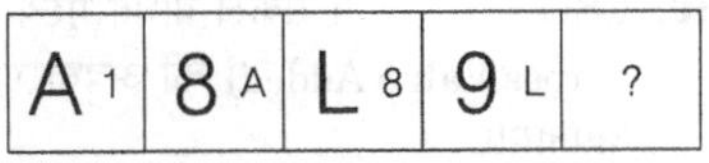

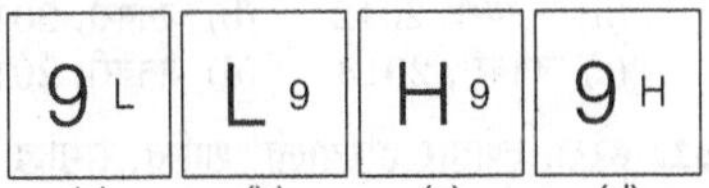

(a) (b) (c) (d)

24. निम्नलिखित संख्या-युग्मों में से तीन किसी तरह से समान हैं और इसलिए एक समूह बनाते हैं। कौन-सा संख्या-युग्म उस समूह से सम्बन्धित नहीं है? (**नोट** संख्याओं को उसके घटक अंकों में तोड़े बिना, पूर्ण संख्याओं पर गणितीय संक्रियाएँ की जानी चाहिए। उदाहरण के लिए 13-13 पर संक्रियाएँ जैसे कि 13 में जोड़ना/घटाना/गुणा करना आदि की जा सकती हैं। 13 को 1 और 3 में तोड़ने और फिर 1 और 3 पर गणितीय संक्रियाएँ करने की अनुमति नहीं है।)

(a) 22-462 (b) 21-420
(c) 18-306 (d) 15-240

25. दिए गए समीकरण को सही बनाने के लिए किन दो संख्याओं (अंक नहीं) को आपस में बदला जाना चाहिए?
$72 - 6 + (18 \div 4) + 17 - (22 \times 2) = 44$
(a) 22 और 18 (b) 6 और 22
(c) 2 और 4 (d) 6 और 4

भाग II
सामान्य जागरुकता

26. किस राज्य ने प्राथमिक विद्यालयों में मध्याह्न भोजन योजना के कार्यान्वयन की शुरुआत की?
(a) मध्य प्रदेश (b) तमिलनाडु
(c) कर्नाटक (d) उत्तर प्रदेश

27. निम्नलिखित में से किसकी लवणता सर्वाधिक है?
(a) ग्रेट साल्ट लेक (b) मृत सागर
(c) लेक वैन (d) लाल सागर

28. निम्नलिखित में से कौन-सी भारत और पाकिस्तान के बीच सीमा पर (tranboundary) नदी है?
(a) झेलम (b) व्यास
(c) रावी (d) सिन्धु

29. उस्ताद विलायत अली खान ····· के वादक हैं।
(a) बाँसुरी (b) सितार
(c) तबला (d) मृदंगम

30. CSO ने ········ में सकल वर्धित मूल्य (Gross Value Added) की अवधारणा को अपनाया।
(a) जनवरी, 2012 (b) जनवरी, 2015
(c) जनवरी, 2013 (d) जनवरी, 2017

31. हरेला त्योहार हरियाली, शान्ति, समृद्धि और पर्यावरण संरक्षण का एक त्योहार है, जो निम्नलिखित में से किस राज्य में मुख्य रूप से मनाया जाता है?
(a) असम (b) उत्तराखण्ड
(c) हरियाणा (d) मध्य प्रदेश

32. भारतीय संविधान के निम्नलिखित में से किस अनुच्छेद में मौलिक कर्त्तव्य शामिल हैं?
(a) 32A (b) 62B
(c) 51A (d) 45A

33. भारत के संविधान का कौन-सा अनुच्छेद राष्ट्रपति को सर्वोच्च न्यायालय के न्यायाधीश नियुक्त करने की शक्ति प्रदान करता है?
(a) अनुच्छेद 123 (i)
(b) अनुच्छेद 124 (ii)
(c) अनुच्छेद 127 (iii)
(d) अनुच्छेद 128 (iv)

34. निम्न में से कौन-सा विकल्प ठण्डे खून वाले जन्तुओं के वर्ग से सम्बन्धित है?
(a) *सिटाकुला* (b) *मैक्रोपस*
(c) *पावो* (d) *गिरगिट*

35. सितार वादक पण्डित रविशंकर को वर्ष 1999 में भारत सरकार द्वारा निम्नलिखित में से किस पुरस्कार से सम्मानित किया गया था?
(a) पद्म विभूषण (b) पद्मश्री
(c) भारत रत्न (d) पद्म भूषण

36. भारत की कौन-सी भौतिक विशेषता मध्य एशिया से आने वाली ठण्डी हवाओं को भारतीय उपमहाद्वीप में प्रवेश करने से रोकती है?
(a) तटीय क्षेत्र (b) भारतीय मैदान
(c) हिमालय (d) भारतीय रेगिस्तान

37. 'Au', निम्नलिखित में से किस तत्त्व का प्रतीक है?
(a) सोना (b) एल्युमीनियम
(c) चाँदी (d) ऑर्गन

38. राजराजा और महाराजा की उपाधि वाले गौतमीपुत्र शातकर्णी निम्नलिखित में से किस राजवंश से सम्बन्धित थे?
(a) शुंग (b) पाण्ड्य
(c) शक (d) सातवाहन

39. 19वीं सदी के भारत की निम्नलिखित समाज सुधारकों में से कौन 'स्त्री पुरुष तुलना' पुस्तक की लेखिका थी?
(a) ऊषा मेहता
(b) पण्डिता रमाबाई
(c) स्वर्णकुमारी देवी
(d) ताराबाई शिन्दे

40. कृषि और प्रसंस्कृत खाद्य उत्पाद निर्यात विकास प्राधिकरण (APEDA) 2020-2021 के अनुसार, अँगूर उत्पादन में भारत के किस राज्य का प्रथम स्थान है?
(a) उत्तर प्रदेश (b) बिहार
(c) कर्नाटक (d) महाराष्ट्र

41. मिस्र के काहिरा में आयोजित अन्तर्राष्ट्रीय शूटिंग स्पोर्ट फेडरेशन (ISSF) विश्व कप, 2022 में भारत ने कितने पदक जीते?
(a) 7 (b) 9
(c) 8 (d) 6

42. रेडियम, बेरियम और स्ट्रान्शियम जैसी क्षारीय मृदा धातुएँ किस समूह से सम्बन्धित हैं?
(a) समूह 1A (b) समूह 2A
(c) समूह 5A (d) समूह 3A

43. मोहिनीअट्टम निम्नलिखित में से किस पारम्परिक नृत्य शैली से सम्बन्धित है?
(a) चौक (b) समपदम
(c) त्रिभंग (d) लास्य शैली

44. मार्च, 2023 तक की स्थिति के अनुसार, भारत में कितने उच्च न्यायालय हैं?
(a) 20 (b) 35
(c) 25 (d) 30

45. भारत के निम्नलिखित स्वतन्त्रता सेनानियों में से कौन 'द इण्डियन स्ट्रगल' पुस्तक के लेखक हैं?
(a) सुभाषचन्द्र बोस (b) वल्लभभाई पटेल
(c) मोतीलाल नेहरू (d) महात्मा गाँधी

46. अन्तर्राष्ट्रीय ओलम्पिक समिति का गठन किस वर्ष किया गया था?
(a) 1894 ई. (b) 1896 ई.
(c) 1898 ई. (d) 1892 ई.

47. 7वीं शताब्दी ईसवी में, इस्लाम नामक एक नए धर्म का जन्म ······· में हुआ
(a) इण्डोनेशिया (b) दक्षिण अफ्रीका
(c) अरब (अरेबिया) (d) मलेशिया

48. किस प्रजाति को ब्लैक-लिप्ड मोती सीप के रूप में जाना जाता है, जो हिन्द-प्रशान्त क्षेत्र में उष्णकटिबन्धीय प्रवाल भित्तियों के भीतर पाई जाती है?
(a) *पिंक्टाडा मार्गरीटिफेरा*
(b) *ऐप्लीसिया डैक्टाइलोमेला*
(c) *डेण्टलियम नियोहेक्सागोनम*
(d) *कीटोप्ल्यूरा एपीकुलाटा*

49. निम्नलिखित में से किस खेल में एक खिलाड़ी को विकेटकीपर के नाम से जाना जाता है?
(a) हॉकी (b) फुटबॉल
(c) क्रिकेट (d) बास्केटबॉल

50. भारतीय संविधान के निम्नलिखित में से किस अनुच्छेद में ग्राम पंचायतों का उल्लेख है?
(a) अनुच्छेद 38 (b) अनुच्छेद 36
(c) अनुच्छेद 31 (d) अनुच्छेद 40

भाग III
संख्यात्मक अभियोग्यता

51. 3 सेमी, 4 सेमी और 5 सेमी भुजाओं वाले एक समकोण त्रिभुज को एक शंकु बनाने के लिए 3 सेमी वाली भुजा के परित: घुमाया जाता है। इस प्रकार बने शंकु का आयतन क्या होगा?
(a) 20π सेमी^{3} (b) 28π सेमी^{3}
(c) 16π सेमी^{3} (d) 25π सेमी^{3}

52. यदि $\cot\theta = \frac{4}{3}$ है, तो $\frac{\sec\theta(1+\cot^2\theta)(\csc^2\theta - \cot^2\theta)}{\csc^3\theta}$ का मान ज्ञात कीजिए।

(a) $\frac{3}{4}$ (b) $\frac{4}{3}$ (c) $\frac{4}{5}$ (d) $\frac{3}{5}$

53. तीन अम्लों, A, B और C की सांद्रता क्रमश: 20%, 30% और 40% के रूप में निर्दिष्ट की गई है। इन्हें $3:5:a$ के अनुपात में मिश्रित किया जाता है, जिससे 30% सांद्रता वाला विलयन प्राप्त होता है। 'a' का मान क्या है?

(a) 4 (b) 2 (c) 1 (d) 3

54. रवि के वेतन में 50% की वृद्धि की गई। कुछ समय बाद उसके नए वेतन में भी 50% की वृद्धि कर दी गई। उसके वेतन का लाभ-प्रतिशत ज्ञात कीजिए।

(a) 150% (b) 125%
(c) 200% (d) 100%

55. यदि किसी त्रिभुज के कोण 45° और 65° हैं, तो तीसरे कोण (शेष कोण) का बाह्य कोण ज्ञात कीजिए।

(a) 120° (b) 100°
(c) 70° (d) 110°

56. एक व्यापारी के पास 1000 किग्रा चीनी है, जिसका एक भाग वह 10% लाभ पर और शेष 40% लाभ पर बेचता है। उसे पूरे सौदे में 20% का लाभ होता है। 40% लाभ पर बेची गई मात्रा की गणना करें।

(a) $333\frac{1}{3}$ किग्रा (b) $383\frac{1}{3}$ किग्रा
(c) $443\frac{1}{3}$ किग्रा (d) $543\frac{1}{3}$ किग्रा

57. निम्नांकित बार ग्राफ दिए गए वर्षों में एक कम्पनी द्वारा बाइक के उत्पादन (हजारों में) को दर्शाता है।

कम्पनी द्वारा बाइक का उत्पादन (हजारों में)

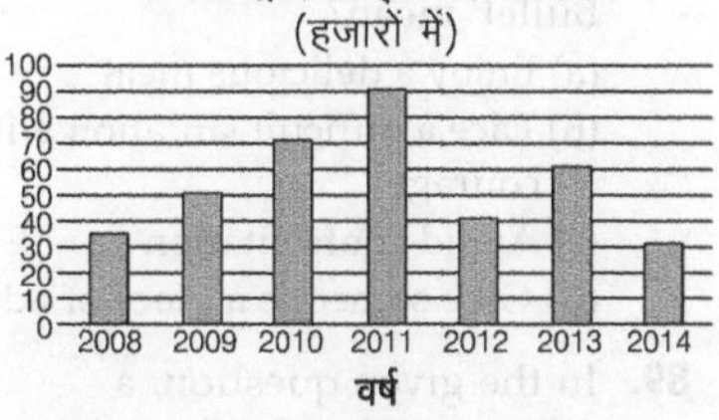

दिए गए वर्षों में से कितने वर्षों में बाइक का उत्पादन, दिए गए वर्षों में बाइक के औसत उत्पादन से अधिक था?

(a) 3 वर्ष (b) 1 वर्ष
(c) 2 वर्ष (d) 4 वर्ष

58. निम्नलिखित को सरल करें।

$$\frac{0.58 \times 0.58 \times 0.58 - 0.001}{0.58 \times 0.58 + 0.058 + 0.01}$$

(a) 0.48 (b) 0.28
(c) 0.37 (d) 0.42

59. x, y और z के वे मान ज्ञात करें, जिससे नीचे दिए गए समीकरणों को संतुष्ट किया जा सके।

$x + y + z = 12; x + y - z = 6;$
$x - y + z = 4$

(a) $x = 5, y = 4, z = -3$
(b) $x = 5, y = -4, z = 3$
(c) $x = 5, y = -4, z = -3$
(d) $x = 5, y = 4, z = 3$

60. 6% वार्षिक साधारण ब्याज़ पर 4 वर्षों में देय ₹ 26160 के ऋण को चुकता करने के लिए आवश्यक वार्षिक किस्त क्या होगी?

(a) ₹ 4500 (b) ₹ 5500
(c) ₹ 6000 (d) ₹ 5800

61. दी गई तालिका विभिन्न विषयों की पुस्तकों की संख्या को दर्शाती है।

विषय	पुस्तकों की संख्या
B_1	120
B_2	150
B_3	150
B_4	120
B_5	120

विषय B_1 की पुस्तकों की संख्या और प्रति विषय पुस्तकों की औसत संख्या का अनुपात क्या है?

(a) 10 : 11 (b) 2 : 5
(c) 4 : 5 (d) 3 : 5

62. 40% और 30% की दो क्रमिक छूट .... की एकल छूट के बराबर हैं।

(a) 35% (b) 70%
(c) 60% (d) 58%

63. $5\sqrt{13}$ सेमी त्रिज्या वाले एक वृत्त में, एक जीवा वृत्त के केन्द्र से 10 सेमी की दूरी पर है। जीवा की लम्बाई (सेमी में) ज्ञात कीजिए।

(a) 36 (b) 28
(c) 30 (d) 15

64. पाइप L एक पूल को 30 घण्टे में और पाइप M इसे 45 घण्टे में भर सकता है। यदि दोनों पाइपों को एक खाली पूल में खोल दिया जाए, तो उन्हें इसे भरने में कितना समय लगेगा?

(a) 18 घण्टे (b) 24 घण्टे
(c) 17 घण्टे (d) 20 घण्टे

65. ΔEFG और ΔHIJ समान हैं। साथ ही, $\angle E = \angle H$ और $\angle F = \angle I$ है। यदि $3EF = HI$ और $FG = 9$ सेमी है, तो IJ के बराबर है

(a) 3 सेमी (b) 18 सेमी
(c) 9 सेमी (d) 27 सेमी

66. दिए गए दण्ड-आलेख का अध्ययन कीजिए और नीचे दिए गए प्रश्न का उत्तर दीजिए। दण्ड-आलेख दो क्रमिक वर्षों 2000 और 2001 के दौरान एक प्रकाशन कम्पनी की छ: शाखाओं (B_1, B_2, B_3, B_4, B_5 और B_6) से पुस्तकों की बिक्री (हजार में) दर्शाता है।

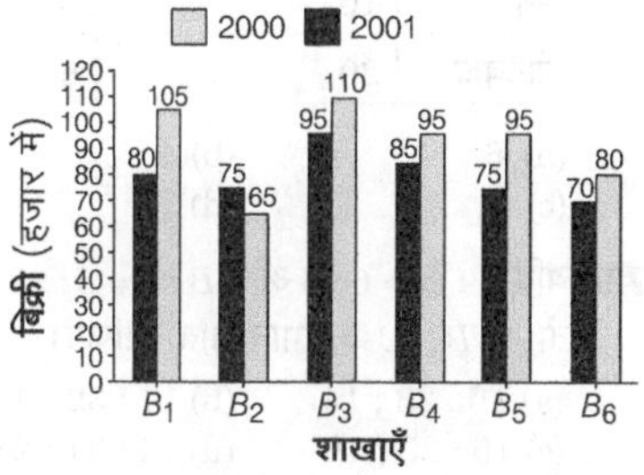

दोनों वर्षों के लिए शाखा B_6 की कुल बिक्री, दोनों वर्षों के लिए शाखा B_3 की कुल बिक्री का कितने प्रतिशत हैं (दो दशमलव स्थान तक पूर्णांकित)?

(a) 82.26% (b) 70.69%
(c) 69.25% (d) 73.17%

67. यदि $\sqrt{x} + \frac{1}{\sqrt{x}} = 7$ है, तो $x + \frac{1}{x}$ का मान निम्न में से किसके बराबर होगा?

(a) 45 (b) 47
(c) 49 (d) 51

68. राजमार्ग पर स्थान A और B एक-दूसरे से 20 किमी दूर हैं। एक कार A से और दूसरी कार B से एक ही समय पर चलना प्रारम्भ करती है। यदि कारें अलग-अलग चाल से एक ही दिशा में चलती हैं, तो वे एक घण्टे में मिलती हैं। यदि वे एक-दूसरे की ओर चलती हैं, तो वे 12 मिनट में मिलती हैं। दोनों कारों की चाल किमी/घण्टा में क्या है?

(a) 51, 49 (b) 52, 48
(c) 60, 40 (d) 55, 45

69. यदि $p\cos A = 2q\sin A$ और $2p\csc A - q\sec A = 3$ है, तो $p^2 + 4q^2$ का मान ज्ञात कीजिए।

(a) 2 (b) 1 (c) 4 (d) 3

70. एक पुलिसकर्मी ने 500 मी की दूरी पर एक चोर को देखा। पुलिसकर्मी दौड़ने लगा और चोर भी उसी समय दौड़ने लगा। चोर 15 किमी/घण्टा की चाल से दौड़ रहा है। चोर को पकड़ने में पुलिसकर्मी को 15 मिनट लग गए। पुलिसकर्मी की चाल (किमी/घण्टा में) ज्ञात कीजिए।

(a) 11 (b) 17
(c) 10 (d) 12

71. अक्षय ने किसी दुकान से कुल ₹ 180 के पेन और नोटबुक खरीदे। निम्नांकित आँकड़ों से 'X' का मान क्या होगा?

वस्तु	मूल्य प्रति इकाई (₹ में)	मात्रा
पेन	10	X
नोटबुक	20	6

(a) 6 (b) 4
(c) 5 (d) 7

72. यदि $A : B = 6 : 8$ और $B : C = 5 : 12$ है, तो $A : B : C$ का मान ज्ञात कीजिए।

(a) 10 : 23 : 14 (b) 11 : 32 : 44
(c) 15 : 20 : 48 (d) 14 : 31 : 28

73. सरल कीजिए

$21 - [6 + 7 - \{3.22 - (1.1 \times 0.2)\}$

(a) 11 (b) 12
(c) 13 (d) 10

74. यदि $2\tan\theta = 3$ है, तो $\frac{3\sin\theta - 2\cos\theta}{3\sin\theta + 2\cos\theta}$ का मान ज्ञात कीजिए।

(a) $\frac{5}{13}$ (b) $\frac{5}{7}$
(c) $\frac{6}{7}$ (d) $\frac{6}{13}$

75. यदि $(77^{77} + 77)$ को 78 से विभाजित किया जाए, तो शेषफल क्या होगा?

(a) 1 (b) 78
(c) 77 (d) 76

भाग IV
अंग्रेजी भाषा

76. Select the most appropriate antonym of the underlined word.

Their sporting achievements at the highest level are being utterly ignored.

(a) Extremely (b) Correctly
(c) Minimally (d) Totally

77. Select the most appropriate synonym of the given word.

Stationary

(a) Motile (b) Portable
(c) Swindle (d) Still

78. Select the most appropriate option that can substitute the underlined words in the given sentence.

Rare species of frogs were very quicker identified by Stella.

(a) to frogs were very quickly
(b) of frogs were very quickly
(c) in frogs were very quicker
(d) of frogs were very quicklier

79. Select the most appropriate antonym of the underlined word in the following sentence to fill in the blank.

Most of the flowers bloom in the spring season but they start to ……… during summer.

(a) flush (b) wither
(c) flourish (d) blossom

80. Parts of a sentence are given below in jumbled order. Arrange the parts in the correct order to form a meaningful sentence.

O. delicious R. she
Q. a P. baked
S. chocolate cake

(a) RPQOS (b) QOSRP
(c) OPQRS (d) SRPQO

81. Select the most appropriate meaning of the phrase in bold.

Your so-called friend has cooked your goose.

(a) To complete a lot of work or a wide range of things
(b) When something develops completely and reaches maturity; when a child becomes an adult
(c) To spend a lot of time and energy but achieve nothing
(d) To interfere with, disrupt or ruin something for someone

82. Select the option that can be used as a one word substitute for the given group of words.

An often-imaginary place or state of utter perfection and happiness

(a) Inferno (b) Dystopia
(c) Euphoria (d) Utopia

83. Select the most appropriate antonym of the given word.

Risible

(a) Serious (b) Curious
(c) Droll (d) Giddy

84. Select the most appropriate option that can substitute the underlined words in the given sentence.

He was an irresponsible person to the matter of taking up responsibilities.

(a) at the matter of taking up
(b) in the matter of taking up
(c) by the matter of taking up
(d) along the matter of taking up

85. Select the correct spelling to fill in the blank.

Subir's long absence is likely to have ……… for employees in the office.

(a) repercusions
(b) repercussions
(c) reperrcussions
(d) rapercussions

86. Select the correctly spelt word.

(a) Privelege (b) Priviledge
(c) Privilege (d) Privilej

87. Select the option that correctly expresses the given sentence in passive voice.

The shareholders will elect him a director.

(a) He will be elected as director by the shareholders.
(b) The shareholders have elected him a director.
(c) The shareholders elected him a director.
(d) He will be elected a director.

88. What does the idiom 'Bite the bullet' mean?

(a) Enjoy a delicious meal
(b) Face a difficult situation with courage
(c) Avoid confrontation
(d) Give someone a piece of advice

89. In the given question, a statement divided into different segments is given. Rearrange all the segments to form a coherent statement.

O: its first Constitution
P: and soon got himself elected

Q: the administration of the country
R: General Ayub Khan took over
S: after Pakistan framed
(a) SORQP (b) SPORQ
(c) POSRQ (d) ROPQS

90. Select the most appropriate synonym of the given word.
Pugnacious
(a) Ally
(b) Belligerent
(c) Sly
(d) Dogmatic

91. Sentences of a paragraph are given below in jumbled order. Arrange the sentences in the correct order to form a meaningful and coherent paragraph.
A. It is also called a nuclear family.
B. It is good to be in a small family because there is better management of resources.
C. A small family is one with parents and a maximum of two children.
D. The advantages of a small family are numerous.
(a) CADB
(b) BACD
(c) CBDA
(d) ACBD

92. Parts of the following sentence have been given as options. Select the option that contains an error.
No other place in this country is so better as Gulmarg, Kashmir.
(a) No other place
(b) in this country is
(c) so better as
(d) Gulmarg, Kashmir

93. Select the option that expresses the following sentence in active voice.
The letter will be delivered by the postman tomorrow.
(a) The postman delivered the letter tomorrow.
(b) The postman will have delivered the letter tomorrow.
(c) The postman will deliver the letter tomorrow.
(d) The postman will be delivering the letter tomorrow.

94. The following sentence has been split into four segments. Identify the segment that contains a grammatical error.
Our family is planning / a trip to Europe next summer / where we should visit several famous / landmarks and enjoy local cuisine.
(a) where we should visit several famous
(b) Our family is planning
(c) landmarks and enjoy local cuisine
(d) a trip to Europe next summer

95. Select the most appropriate antonym of the underlined word in the following sentence to fill in the blank.
Most of the land near the town is <u>barren</u>, but the efforts of the farmers have turned it ....
(a) sterile (b) infertile
(c) fertile (d) unfruitful

Directions (Q. Nos. 96-100) *In the following passage, some words have been deleted. Read the passage carefully and select the most appropriate option to fill in each blank.*

American have been arguing about pandemic ......(1)...... for two years and the debate is particularly fraught among parents of small children, for good reasons. While ......(2)...... such as masking and isolation mean temporary discomfort or inconvenience for most people, their ......(3)...... for still-developing young children are more mysterious and possibly more significant and lasting.

Children with speech or language disorders offer perhaps the ......(4)...... example of these murky trade-offs. Pandemic restrictions vary by state, county and school district, but I spoke with parents in California, New York, Massachusetts, Washington, New Jersey, Iowa and Maryland, who said their children's speech therapy has been. ......(5)...... : first by the loss of in-person therapy and then by masking requirements, in places that have them.

96. Select the most appropriate option to fill in blank number 1.
(a) restrictions
(b) intemperance
(c) advantages
(d) handicap

97. Select the most appropriate option to fill in blank number 2.
(a) brandings
(b) measures
(c) models
(d) sluggishness

98. Select the most appropriate option to fill in blank number 3.
(a) marginalisation
(b) foundations
(c) disapproval
(d) consequences

99. Select the most appropriate option to fill in blank number 4.
(a) clearest
(b) vague
(c) indistinct
(d) nebulous

100. Select the most appropriate option to fill in blank number 5.
(a) disrupted
(b) regulated
(c) measured
(d) normalised

उत्तरमाला

1. (b)	2. (a)	3. (b)	4. (b)
5. (d)	6. (c)	7. (a)	8. (a)
9. (d)	10. (c)	11. (b)	12. (b)
13. (c)	14 (d)	15. (d)	16. (a)
17. (c)	18. (c)	19. (c)	20. (c)
21. (a)	22. (d)	23. (c)	24. (d)
25. (d)	26. (b)	27. (c)	28. (c)
29. (b)	30. (b)	31. (b)	32. (c)
33. (b)	34. (d)	35. (c)	36. (c)
37. (a)	38. (d)	39. (d)	40. (d)
41. (a)	42. (b)	43. (d)	44. (c)
45. (a)	46. (a)	47. (c)	48. (a)
49. (c)	50. (d)	51. (c)	52. (a)
53. (d)	54. (b)	55. (d)	56. (a)
57. (a)	58. (a)	59. (d)	60. (c)
61. (a)	62. (d)	63. (c)	64. (a)
65. (d)	66. (d)	67. (b)	68. (c)
69. (c)	70. (b)	71. (a)	72. (c)
73. (a)	74. (a)	75. (d)	76. (c)
77. (d)	78. (b)	79. (b)	80. (a)
81. (d)	82. (d)	83. (a)	84. (b)
85. (b)	86. (c)	87. (a)	88. (b)
89. (a)	90. (b)	91. (a)	92. (c)
93. (c)	94. (a)	95. (c)	96. (a)
97. (b)	98. (d)	99. (a)	100. (a)

व्याख्या

1. *(b)* दी गई श्रृंखला का पैटर्न निम्न है,

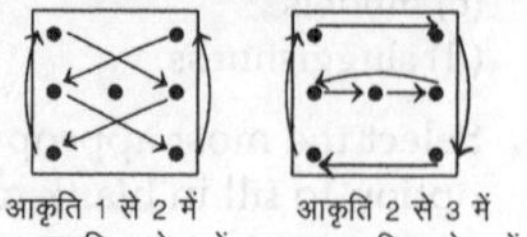

आकृति 1 से 2 में तथा आकृति 3 से 4 में — आकृति 2 से 3 में तथा आकृति 4 से 5 में

अत: प्रश्नचिह्न के स्थान पर विकल्प (b) की आकृति आएगी।

2. *(a)* प्रश्न आकृति का दर्पण प्रतिबिम्ब उत्तर आकृति (a) है।

M
Yh32jgF | Ⅎgj23hY
N

3. *(b)* दी गई श्रृंखला का क्रम निम्न प्रकार है,

I —(−3)→ F —(−3)→ C —(−3)→ Z —(−3)→ [W]
C —(+2)→ E —(+2)→ G —(+2)→ I —(+2)→ [K]
T —(−1)→ S —(−1)→ R —(−1)→ Q —(−1)→ [P]

4. *(b)* दिया गया व्यंजक,

$116-92\div4+25\times2-20=150$

विकल्प (b) से,

$116-92\div2+25\times4-20=150$

$\Rightarrow\ 116-46+100-20=150$

$\Rightarrow\ 70+80=150$

$\Rightarrow\ 150=150$

5. *(d)* दी गई श्रृंखला का क्रम निम्न प्रकार है,

543 518 495 474 455 [438]

−25 −23 −21 −19 −17

+2 +2 +2 +2

6. *(c)* जिस प्रकार, B A C K (+1, +2, −1, −2) → C C B I

तथा T E S T (+1, +2, −1, −2) → U G R R

उसी प्रकार, W O R K (+1, +2, −1, −2) → [X Q Q I]

7. *(a)* जिस प्रकार,

$(25, 300, 6)\Rightarrow25\times2\times6=300$

तथा $(19, 342, 9)\Rightarrow19\times2\times9=342$

उसी प्रकार, (18, 288, 8)

$\Rightarrow18\times2\times8=288$

8. *(a)* जिस प्रकार, T I Z Z (+2 +2 +2 +2) → V K B B

तथा Q O P H (+2 +2 +2 +2) → S Q R J

उसी प्रकार, C K A U (+2 +2 +2 +2) → [E M C W]

9. *(d)* जिस प्रकार, I —(+4)→ M —(+4)→ Q

E —(+4)→ I —(+4)→ M

B —(+4)→ F —(+4)→ J

परन्तु, [D —(+4)→ H —(+3)→ K]

10. *(c)* प्रश्नानुसार,

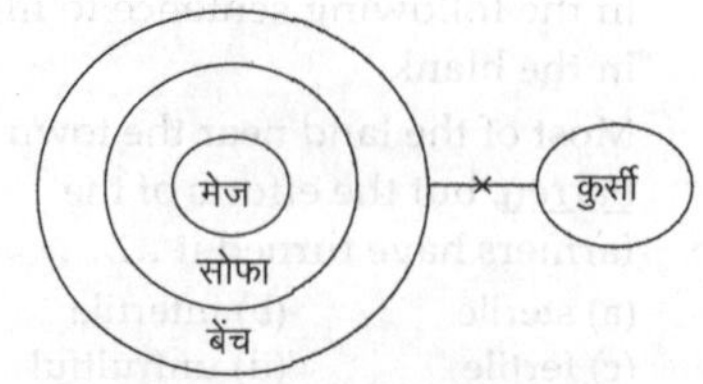

निष्कर्ष I. (✓) II. (✗) III. (✓)

अत: केवल निष्कर्ष I और III अनुसरण करते हैं।

11. *(b)* दी गई आकृति को नामांकित करने पर,

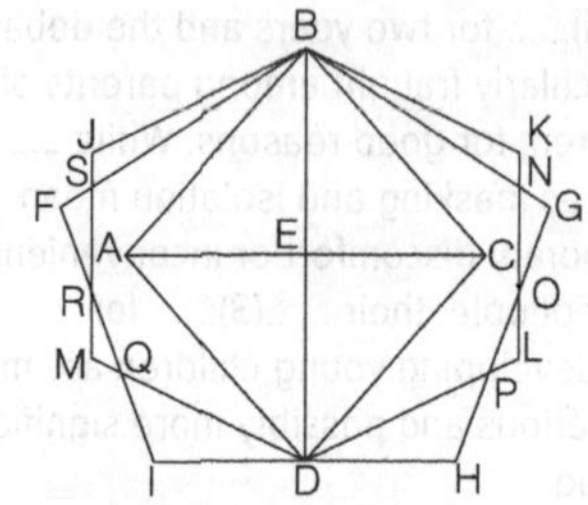

ΔABE, ΔBEC, ΔDEC, ΔADE, ΔABC, ΔBCD, ΔADC, ΔDAB, ΔSJB, ΔBKN, ΔNGO, ΔOLP, ΔPHD, ΔDIQ, ΔQMR, ΔRFS

अत: कुल त्रिभुजों की संख्या = 16

12. *(b)* प्रश्नानुसार,

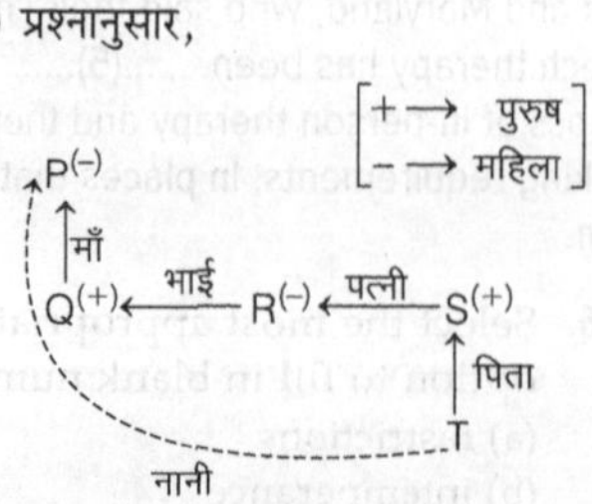

अत: P, T की नानी है।

13. *(c)* जिस प्रकार,

$12:25\Rightarrow12\times2+1=24+1=25$

तथा $11:23\Rightarrow11\times2+1=23$

उसी प्रकार, विकल्प (c) से

$21:43\Rightarrow21\times2+1=42+1=43$

14. *(d)* कथनानुसार,

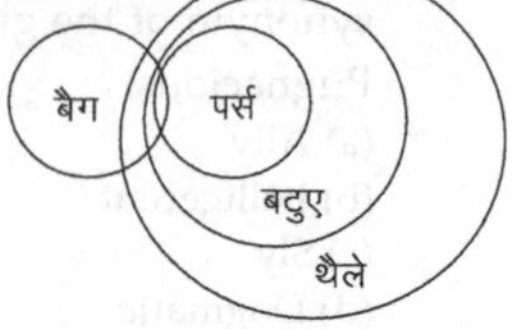

निष्कर्ष I. (✓) II. (✓)

अत: निष्कर्ष I और निष्कर्ष II दोनों अनुसरण करते हैं।

15. *(d)* श्रृंखला का क्रम निम्न प्रकार है,

D F <u>H</u> I J O / D <u>F</u> H I J O / <u>D</u> F H I J O / D F H I J O / D F

⇒ H F D H F

16. *(a)* प्रश्न आकृति का दर्पण प्रतिबिम्ब उत्तर आकृति (a) है।

M
jFd37Ae | eA73bFj
N

17. *(c)* प्रश्नानुसार,

पासा 1: W — U — Y
पासा 2: W — V — Z
(U, V विपरीत; Y, Z विपरीत)

अत: Z के विपरीत फलक Y होगा।

18. *(c)* जिस प्रकार, D O Y (+12 +12 +12) → P A K

तथा B Q M (+12 +12 +12) → N C Y

उसी प्रकार, I L U (+12 +12 +12) → [U X G]

19. *(c)* प्रश्नानुसार, C [O] W S → 7 9 3 [5]

[O] I L Y → 2 [5] 6 8

अत: O का कूट 5 है।

20. *(c)* दिया गया शब्द,

S I M I L A R (−1 +1 −1 +1 −1 +1 −1) → R [J] [L] J K B Q

अत: J और L के बीच केवल एक अक्षर अर्थात् K है।

21. ***(a)*** जिस प्रकार,

$104, 13 \Rightarrow 104 \div 8 = 13$

तथा $136, 17 \Rightarrow 136 \div 8 = 17$

उसी प्रकार,

$232, 29 \Rightarrow 232 \div 8 = 29$

22. ***(d)*** प्रश्नानुसार,

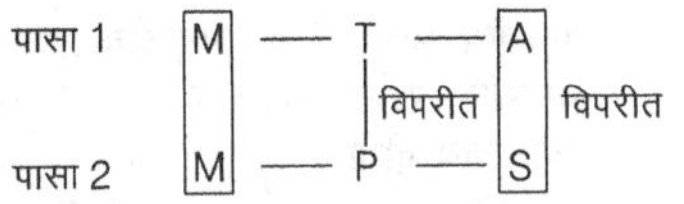

अत: M के विपरीत फलक R होगा।

23. ***(c)*** दी गई आकृति शृंखला के प्रत्येक अगले पद में अक्षर तथा संख्या अपने स्थान परिवर्तन कर रहे हैं। इसके अतिरिक्त एकान्तर क्रम में नये संख्या तथा अक्षर उपस्थित संख्या तथा अक्षर के स्थान पर आ जाते हैं।

अत: प्रश्नचिह्न के स्थान पर विकल्प (c) की आकृति आएगी।

24. ***(d)*** जिस प्रकार,

$22 - 462 \Rightarrow 22 \times 22 - 22$

$= 484 - 22 = 462$

तथा $21 - 420$

$\Rightarrow 21 \times 21 - 21 = 441 - 21$

$= 420$

तथा $18 - 306 \Rightarrow 18 \times 18 - 18$

$= 324 - 18$

$= 306$

परन्तु,

$15 - 240 = 15 \times 15 - 15$

$= 225 - 15$

$= 210 \neq 240$

अत: $15 - 240$ अन्य सभी से भिन्न है।

25. ***(d)*** दी गई समीकरण

$72 - 6 + (18 \div 4) + 17 - (22 \times 2) = 44$

विकल्प (d) से,

$72 - 4 + (18 \div 6) + 17 - (22 \times 2) = 44$

$\Rightarrow \quad 68 + 3 + 17 - 44 = 44$

$\Rightarrow \quad 88 - 44 = 44$

$\Rightarrow \quad 44 = 44$

26. ***(b)*** **तमिलनाडु** भारत का पहला राज्य था, जिसने प्राथमिक विद्यालयों में मध्याह्न भोजन की शुरुआत की थी।

- इस योजना को लागू करने वाला पहला स्कूल सौराष्ट्र बॉयज हॉयर सेकेण्डरी स्कूल, मदुरै था।
- इस योजना का उद्देश्य सरकारी प्राथमिक स्कूलों के बच्चों को पका हुआ दोपहर का भोजन उपलब्ध करना है।
- यह योजना दो महत्त्वपूर्ण सतत् विकास लक्ष्यों (एस डी जी) से जुड़ी है

(i) एस डी जी-2 भूखमरी को खत्म करना

(ii) एस डी जी-4-गुणवत्तापूर्ण शिक्षा

27. ***(c)*** **लेक वैन** संसार में सर्वाधिक लवणता (330%) वाली झील है। इसके बाद मृत सागर (238%) और संयुक्त राज्य अमेरिका की साल्ट लेक में 220% लवणता पाई जाती है।

- पूर्वी अनातोलिया में स्थित, लेक वैन तुर्की की सबसे बड़ी और मध्य पूर्व में दूसरी सबसे बड़ी झील है।
- इस झील का निर्माण ज्वालामुखी गतिविधि द्वारा हुआ है।

28. ***(c)*** **रावी नदी** भारत और पाकिस्तान के बीच सीमा पर बहने वाली नदी है।

- यह नदी पंजाब क्षेत्र से जुड़ी पाँच नदियों में से एक है।
- रावी नदी का उद्गम हिमाचल प्रदेश के रोहतांग दर्रे से होता है।
- रावी नदी की कुल लम्बाई 720 किमी है।

29. ***(b)*** उस्ताद विलायत अली खाँ ने बाएँ हाथ से **सितार** बजाने की एक नई तकनीक का आविष्कार किया है।

- इन्हें 'आफताब-ए-सितार' के नाम से भी जाना जाता है।
- उस्ताद विलायत खाँ को सितार पर गायकी अंग (मानव आवाज की नकल करने का एक प्रयास) के निर्माण और विकास में इमदाद खाँ, इनायत खाँ और इमरत खाँ के साथ श्रेय दिया जाता है।
- इन्होंने वर्ष 1964 में पद्मश्री और वर्ष 1968 में पद्म विभूषण नामक प्रतिष्ठित पुरस्कार ठुकरा दिए थे।

30. ***(b)*** **CSO ने 2 जनवरी, 2015** में सकल वर्धित मूल्य की अवधारणा को अपनाया था।

- सकल मूल्य वर्धित (जीवीए) एक आर्थिक उत्पादकता मीट्रिक प्रणाली है, जो किसी कॉर्पोरेट सहायक कम्पनी या नगरपालिका के किसी अर्थव्यवस्था, उत्पादक क्षेत्र या प्रदेश में योगदान को मापती है।
- जीवीए, देश के उत्पादन में मध्यवर्ती उपभोग को घटाने पर प्राप्त होने वाला परिणाम है, जो सकल उत्पादन और शुद्ध उत्पादन के बीच का अन्तर है।
- केन्द्रीय सांख्यिकी कार्यालय (सीएसओ) की स्थापना 2 मई, 1951 को हुई थी। यह भारत में सांख्यिकी गतिविधियों के समन्वय और सांख्यिकी मानकों को विकसित करने और बनाए रखने के लिए जिम्मेदार है।

31. ***(b)*** **हरेला** का अर्थ 'हरियाली का दिन' होता है और यह भगवान शिव और देवी पार्वती की पूजा के लिए सावन महीने में **उत्तराखण्ड** में मनाया जाता है।

- उत्तराखण्ड के लोग, हिमालय कुमाऊँ क्षेत्र के लोग 'हरियाली' को समृद्धि से जोड़ते हैं।
- इस उत्सव में पुवा, पूड़ी, रायता, छोले और अन्य व्यंजन तैयार किए जाते हैं।
- उत्तराखण्ड के अन्य त्योहार हैं-फूल देई महोत्सव, भिटौली महोत्सव, हिल जाता और नन्दा देवी राज जात यात्रा महोत्सव आदि।

32. ***(c)*** **अनुच्छेद 51A** के तहत मौलिक कर्त्तव्यों को भारतीय संविधान के भाग-IV A में रखा गया है।

- 42वें संविधान संशोधन अधिनियम, 1976 के द्वारा संविधान में 10 मौलिक कर्त्तव्यों को स्वर्ण सिंह समिति की सिफारिश पर जोड़ा गया था।
- इस अनुच्छेद का मुख्य उद्देश्य नागरिकों में जिम्मेदारी राष्ट्रीय एकता और देशभक्ति की भावना को बढ़ावा देना है।

33. ***(b)*** भारतीय संविधान के **अनुच्छेद 124(ii)** के तहत राष्ट्रपति को सर्वोच्च न्यायालय के न्यायाधीशों की नियुक्ति करने का अधिकार है।

- सर्वोच्च न्यायालय में मुख्य न्यायाधीश और राष्ट्रपति द्वारा नियुक्त 33 अन्य न्यायाधीश होते हैं।
- सर्वोच्च न्यायालय के न्यायाधीशों के वेतन, भत्ते, विशेषाधिकार अवकाश और पेंशन संसद तय करती है।
- राष्ट्रपति को सर्वोच्च न्यायालय और उच्च न्यायालयों के न्यायाधीशों से परामर्श लेने की शक्ति प्राप्त है।

34. ***(d)*** ***गिरगिट*** (Chameleon) ठण्डे खून वाले जन्तुओं के वर्ग से सम्बन्धित है।

- वे जानवर जो अपने शरीर में आन्तरिक तापमान को नियन्त्रित नहीं कर सकते हैं, उन्हें ठण्डे खून वाले जानवरों के रूप में जाना जाता है।
- ठण्डे खून वाले जानवरों को बाहरी वातावरण से ऊष्मा मिलती है, वे अत्यधिक तापमान की स्थिति में जीवित नहीं रह सकते हैं।
- मछली, सरीसृप और उभयचर ठण्डे खून वाले जानवर के उदाहरण हैं।

35. *(c)* सितार वादक पण्डित रविशंकर को वर्ष 1999 में भारत सरकार द्वारा **भारत रत्न** सम्मान से सम्मानित किया गया था।

- प्रसिद्ध सितार वादक पण्डित रविशंकर को भारत रत्न के अतिरिक्त वर्ष 1967 में पद्म भूषण, वर्ष 1981 में पद्म विभूषण आदि पुरस्कार प्रदान किए गए थे।
- पण्डित रविशंकर को उनके उत्कृष्ट कार्यों के लिए तीन बार 'ग्रैमी अवार्ड' भी प्रदान किए गए थे।
- मरणोपरान्त उन्हें 'ग्रैमी लाइफटाइम अचीवमेण्ट अवार्ड' से सम्मानित किया गया। यह पुरस्कार पाने वाले ये पहले भारतीय हैं।

36. *(c)* **हिमालय** मध्य एशिया से आने वाली ठण्डी हवाओं को भारतीय उपमहाद्वीप में प्रवेश करने से रोकता है। इस वजह से दक्षिण एशिया भारतीय उपमहाद्वीप में मध्य एशिया की तुलना में हल्की ठण्ड होती है।

- हिमालय विश्व की सबसे ऊँची पर्वत शृंखला है। यह भारतीय उपमहाद्वीप तथा मध्य एशिया के बीच एक भौतिक बाधा बनती है।
- हिमालय पृथ्वी के उपोष्णकटिबन्धीय उच्च दबाव बेल्ट क्षेत्र में स्थित पहाड़ों की एक श्रृंखला है और इसमें अफगानिस्तान, पाकिस्तान, चीन, भारत, नेपाल, भूटान और म्यांमार सहित दक्षिण एशियाई देश शामिल हैं।
- हिमालय की औसत चौड़ाई 300 किमी और लम्बाई 2500 किमी है।

37. *(a)* **Au सोने** का रासायनिक प्रतीक है। सोने का लैटिन नाम ऑरम है, जिससे इसका रासायनिक प्रतीक Au बना है।

- सोना आवर्त सारणी के समूह 11 और आवर्त 6 में आता है।
- सोने का परमाणु क्रमांक 79 होता है।
- चाँदी का रासायनिक प्रतीक (Ag) है।

38. *(d)* गौतमीपुत्र **शातकर्णी सातवाहन** वंश के सबसे महान शासकों में से एक थे।

- नासिक के शिलालेखों पर गौतमीपुत्र शातकर्णी की उपलब्धियाँ दर्ज हैं।
- उसका राज्य दक्षिण में कृष्णा से लेकर उत्तर में मालवा तक और पश्चिम में कोंकण से लेकर पूर्व में बरार तक फैला हुआ था।

39. *(d)* 'स्त्री-पुरुष तुलना' पुस्तक (1882 ई. में मराठी में प्रकाशित) की लेखिका ताराबाई शिन्दे थी। **ताराबाई शिन्दे** (1850-1910) एक नारीवादी कार्यकर्ता थी, जिसने 19वीं सदी के भारत में पितृसत्ता और जातिवाद का विरोध किया था।

- ज्योतिबा राव फुले ने शिंदे के कार्य की सराहना की और इसे अपनी पत्रिका 'सतसर' से भी सन्दर्भित किया।

40. *(d)* कृषि और प्रसंस्कृत खाद्य उत्पाद नियति विकास प्राधिकरण (APEDA) के मुताबिक, अँगूर उत्पादन में **महाराष्ट्र** पहले स्थान पर है। महाराष्ट्र में अँगूर उत्पादन का हिस्सा 67% से अधिक है।

- वहीं कर्नाटक अँगूर उत्पादन में दूसरे नम्बर पर है और यहाँ अँगूर का हिस्सा 28% है।
- APEDA भारत सरकार का एक सरकारी निकाय है, इसकी स्थापना दिसम्बर, 1985 में हुई थी।
- इसका मुख्यालय नई दिल्ली में स्थित है। यह कृषि और प्रसंस्कृत खाद्य उत्पादों के निर्यात को बढ़ावा देने का कार्य करता है।

41. *(a)* मिस्त्र के काहिरा में आयोजित अन्तर्राष्ट्रीय शूटिंग स्पोर्ट फेण्डरेशन (ISSF) विश्व कप 2022 में भारत में **7 पदक जीते** थे।

- इस टूर्नामेण्ट में भारत चीन के बाद दूसरे स्थान पर रहा।
- इस टूर्नामेण्ट में राही सरनोबत, ईशा सिंह और रिदम सांगवान ने स्वर्ण पदक जीता था।
- अन्तर्राष्ट्रीय शूटिंग स्पोर्ट फेडरेशन (ISSF) विश्व कप 2023 में भारत ने चार पदक जीते थे।

42. *(b)* क्षारीय मृदा धातुएँ आवर्त सारणी के **समूह 2A में** छ: रासायनिक तत्त्व हैं।

- वे सभी चमकदार चाँदी, मानक तापमान और दबाव पर कुछ हद तक प्रतिक्रियाशील धातुएँ हैं।
- इस समूह के तत्त्वों के क्वथनांक गलनांक तथा घनत्व कम होते हैं।

43. *(d)* मोहिनीअट्टम केरल की एक शास्त्रीय नृत्य परम्परा है, जो लास्य नृत्य शैली से सम्बन्धित है।

- मोहिनीअट्टम का नाम हिन्दू देवता विष्णु के महिला अवतार मोहिनी से लिया गया है।
- मोहिनीअट्टम की कुछ प्रसिद्ध हस्तियाँ हैं-जयाप्रभा मेनन सुनन्दा नायर, कलामण्डलम कल्याणिकुट्टी अम्मा, पल्लवी कृष्णन और गोपिका वर्मा।
- इस नृत्य की उत्पत्ति 16वीं शताब्दी से मानी जाती है।

44. *(c)* मार्च, 2023 तक भारत में कुल 25 उच्च न्यायालय हैं।

- आन्ध्र प्रदेश के अमरावती में देश का 25वाँ उच्च न्यायालय स्थापित किया गया है।
- भारतीय संविधान के अनुच्छेद 214 के अनुसार, प्रत्येक राज्य का एक उच्च न्यायालय होगा।
- अनुच्छेद 231 में कहा गया है कि दो या दो से अधिक राज्यों के लिए एक ही न्यायालय हो सकता है।
- उच्च न्यायालय भारतीय संविधान के अनुच्छेद 214 अध्याय 5 भाग 6 के अन्तर्गत स्थापित किए गए।
- न्यायिक प्रणाली के भाग के रूप में, उच्च न्यायालय राज्य विधायिकाओं और संस्था से स्वतन्त्र हैं।

45. *(a)* **सुभाषचन्द्र बोस** द इण्डियन स्ट्रगल पुस्तक के लेखक हैं। इस पुस्तक में ब्रिटिश शासन के खिलाफ लड़ाई और भारतीय राष्ट्रीय सेना के नेतृत्व पर नेताजी के विचारों का विवरण है।

- ब्रिटिश सरकार ने इस पुस्तक को भारत में प्रकाशित करने पर रोक लगा दी थी। आजादी के बाद वर्ष 1948 में इसे भारत में प्रकाशित किया गया।
- यह पुस्तक दो भागों में विभाजित है - पहला भाग वर्ष 1920 से 1934 तक और दूसरा भाग वर्ष 1935 से 1942 तक का है।
- वे वर्ष 1921 में भारतीय राष्ट्रीय कांग्रेस में शामिल हुए और 'स्वराज' नामक अखबार का सम्पादन किया।

46. *(a)* **23 जून, 1894** को स्थापित अन्तर्राष्ट्रीय ओलम्पिक समिति एक गैर-लाभकारी स्वतन्त्र अन्तर्राष्ट्रीय संगठन है।

- यह (IOC) ग्रीष्मकालीन, शीतकालीन और युवा ओलम्पिक के आयोजन के लिए जिम्मेदार प्राधिकरण है।
- 2020 तक 206 एनओसी (NOC) को आधिकारिक तौर पर IOC (आईओसी) द्वारा मान्यता दी गई थी।
- इसका मुख्यालय 'लुसाने' स्विट्जरलैण्ड में स्थित है।

47. *(c)* 7वीं शताब्दी ईसवी में इस्लाम नामक एक नए धर्म का जन्म **अरब** (अरेबिया) में हुआ था।

- इस धर्म की शुरुआत 7वीं सदी में अरब प्रायद्वीप में हुई। इसके संस्थापक पैगम्बर मुहम्मद थे।
- इस्लाम एकेश्वरवादी धर्म है।
- इस्लाम के अनुयायियों को मुसलमान कहा जाता है।
- यह दुनिया का दूसरा सबसे बड़ा धर्म है।

48. *(a)* ***पिंनक्टाडा मार्गरीटिफेरा*** को ब्लैक-लिप्ड मोती सीप के नाम से जाना जाता है।

- यह एक समुद्री द्विवाल्व मोलस्क है, जो इण्डोपैसिफिक क्षेत्र में उष्णकटिबन्धीय प्रवाल भित्तियों के अन्दर सामान्यत: पाया जाता है।
- यह इण्टरटाइडल जोन से लेकर 75 मी गहराई तक पाया जाता है।
- यह अण्डमान द्वीप समूह तक ही सीमित है, जहाँ यह कुछ जगहों पर सामान्य है।

49. *(c)* विकेटकीपर, **क्रिकेट** खेल में फील्डिंग साइड का एक खिलाड़ी होता है। विकेटकीपर बल्लेबाज पर नजर रखते हुए विकेट या स्टम्प के पीछे खड़ा रहता है।

- भारत में पार्थिव पटेल, दिनेश कार्तिक, महेन्द्र सिंह धोनी और नमन ओझा आदि प्रसिद्ध विकेटकीपर हैं।

50. *(d)* भारतीय संविधान के **अनुच्छेद 40** में ग्राम पंचायतों का उल्लेख है। इस अनुच्छेद में कहा गया है कि राज्य ग्राम पंचायतों को संगठित करने के लिए कदम उठाएँगे।

- पंचायतों को भारत के संविधान में 73वें संशोधन 1992 के द्वारा जोड़ा गया था। इसे संविधान की 11वीं अनुसूची और भाग IX में जोड़ा गया था।
- पंचायत में 29 विषय शामिल किए गए हैं।
- भाग IX में अनुच्छेद 243 या अनुच्छेद 243 (क) से 243 (ण) तक नवीन अनुच्छेदों को जोड़ा गया है।

51. *(c)* प्रश्नानुसार,

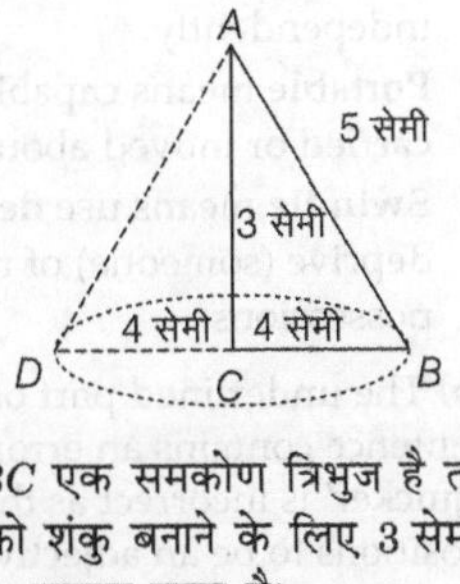

$\because \Delta ABC$ एक समकोण त्रिभुज है तथा त्रिभुज को शंकु बनाने के लिए 3 सेमी भुजा के परित: घुमाया जाता है।

$\therefore$ शंकु की त्रिज्या $(r) = 4$ सेमी

तथा शंकु की ऊँचाई $(h) = 3$ सेमी

अत: शंकु का आयतन $= \frac{1}{3}\pi r^2 h$

$= \frac{1}{3}\pi \times 4 \times 4 \times 3$

$= 16\pi$ सेमी^{3}

52. *(a)* दिया है, $\cot\theta = \frac{4}{3}$

$\therefore \quad \tan\theta = \frac{3}{4}$

$\therefore \quad \frac{\sec\theta(1+\cot^2\theta)(\text{cosec}^2\theta - \cot^2\theta)}{\text{cosec}^3\theta}$

$= \frac{\sec\theta \cdot \text{cosec}^2\theta \cdot 1}{\text{cosec}^3\theta}$

$= \frac{\sec\theta}{\text{cosec}\,\theta} = \tan\theta = \frac{3}{4}$

53. *(d)* माना तीनों अम्लों की मात्रा क्रमश: $3x$, $5x$ और ax इकाई है।

प्रश्नानुसार,

$\frac{3x \times 20}{100} + \frac{5x \times 30}{100} + \frac{ax \times 40}{100}$

$= (3x + 5x + ax) \times \frac{30}{100}$

$\Rightarrow \quad 60x + 150x + 40ax$

$= 90x + 150x + 30ax$

$\Rightarrow \quad 10a = 30$

$\therefore \quad a = \frac{30}{10} = 3$ इकाई

54. *(b)* माना रवि का वेतन = 100 इकाई

प्रश्नानुसार,

दो बार वृद्धि के बाद रवि का नया वेतन

$= 100 \times \frac{150}{100} \times \frac{150}{100} = 225$ इकाई

अत: अभीष्ट लाभ % $= \frac{225-100}{100} \times 100$

$= 125\%$

55. *(d)* हम जानते हैं त्रिभुज का बाह्य कोण, त्रिभुज के अन्य दो आन्तरिक कोणों के योग के बराबर होता है।

अत: अभीष्ट कोण $= 45° + 65° = 110°$

56. *(a)* प्रश्नानुसार,

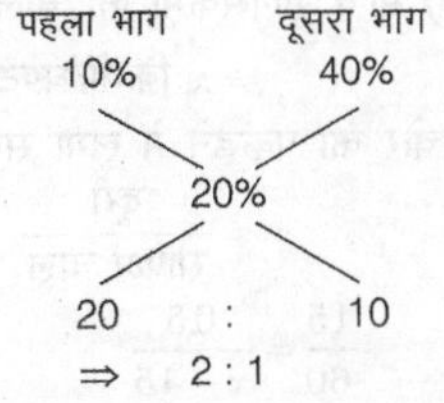

अत: 40% लाभ पर बेची गई चीनी की मात्रा

$= \frac{1000}{(2+1)} \times 1 = 333\frac{1}{3}$ किग्रा

57. *(a)* सभी वर्षों में बाइक का औसत उत्पादन

$= \frac{35+50+70+90+40+60+30}{7}$

$= 53.57$ हजार

अत: 3 वर्षों अर्थात् 2010, 2011 तथा 2013 में बाइकों का उत्पादन, औसत उत्पादन से अधिक था।

58. *(a)* $\frac{0.58 \times 0.58 \times 0.58 - 0.001}{0.58 \times 0.58 + 0.058 + 0.01}$

$= \frac{(0.58)^3 - (0.1)^3}{(0.58)^2 + 0.58 \times 0.1 + (0.1)^2}$

$= \frac{(0.58-0.1)[0.58^2 + 0.58 \times 0.1 + 0.1^2]}{0.58^2 + 0.58 \times 0.1 + 0.1^2}$

$= 0.58 - 0.1 = 0.48$

59. *(d)* $x + y + z = 12$ ...(i)

$x + y - z = 6$ ...(ii)

$x - y + z = 4$ ...(iii)

समी (i) व समी (ii) को जोड़ने पर,

$x + y = 9$ ...(iv)

इस मान को समी (i) में रखने पर,

$9 + z = 12 \Rightarrow z = 3$

z का मान समी (iii) में रखने पर,

$x - y = 1$ ...(v)

समी (iv) व (v) से,

$2x = 10 \Rightarrow x = 5$

तथा $y = 4$

अत: $x = 5$, $y = 4$ तथा $z = 3$

60. *(c)* आवश्यक वार्षिक किस्त

$= \frac{100A}{100 \times t + \frac{r \times t(t-1)}{2}}$

$= \frac{26160 \times 100}{100 \times 4 + \frac{6 \times 4 \times 3}{2}}$

$= \frac{26160 \times 100}{436} = ₹\ 6000$

स्पीडी विधि

माना प्रत्येक किस्त की राशि = 100 इकाई

किस्त	राशि
I	118 (100+18)
II	112 (100+12)
III	106 (100+6)
IV	+ 100
	436

दिया है, $436 \rightarrow 26160$

$\therefore \quad 100 \rightarrow \frac{26160}{436} \times 100 = ₹6000$

61. *(a)* विषय B_1 की पुस्तकों की संख्या

$= 120$

तथा प्रति विषय पुस्तकों की औसत संख्या

$$= \frac{120 + 150 + 150 + 120 + 120}{5}$$

$$= \frac{660}{5} = 132$$

अत: अभीष्ट अनुपात $= 120 : 132$

$= 10 : 11$

62. *(d)* अभीष्ट एकल छूट

$$= 40 + 30 - \frac{40 \times 30}{100}$$

$$= 70 - 12 = 58\%$$

63. *(c)* प्रश्नानुसार,

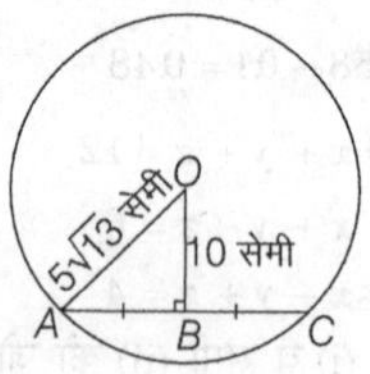

ΔAOB में,

$$AB = \sqrt{AO^2 - OB^2}$$

$$= \sqrt{325 - 100}$$

$$= \sqrt{225} = 15 \text{ सेमी}$$

अत: वृत्त की जीवा की लम्बाई

$(AC) = 2 \times AB = 2 \times 15 = 30$ सेमी

64. *(a)* प्रश्नानुसार,

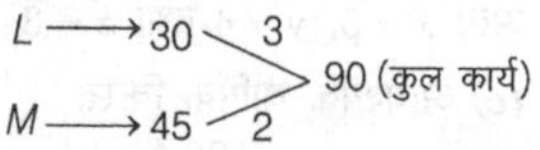

अत: अभीष्ट समय $= \frac{90}{3+2} = 18$ घण्टे

65. *(d)* दिया है, $\Delta EFG \sim \Delta HIJ$ तथा

$3EF = HI$

$$\Rightarrow \frac{EF}{HI} = \frac{1}{3}$$

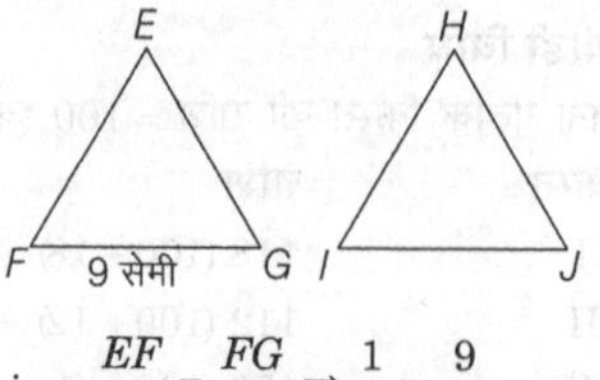

$$\therefore \frac{EF}{HI} = \frac{FG}{IJ} \Rightarrow \frac{1}{3} = \frac{9}{IJ}$$

$\Rightarrow IJ = 9 \times 3 = 27$ सेमी

66. *(d)* शाखा B_6 की कुल बिक्री $= 70 + 80$

$= 150$ हजार

तथा शाखा B_3 की कुल बिक्री $= 95 + 110$

$= 205$ हजार

अत: अभीष्ट प्रतिशत $= \frac{150}{205} \times 100$

$= 73.17\%$

67. *(b)* दिया है, $\sqrt{x} + \frac{1}{\sqrt{x}} = 7$

दोनों पक्षों का वर्ग करने पर,

$$x + \frac{1}{x} = 49 - 2 = 47$$

68. *(c)* माना पहली और दूसरी कार की चाल क्रमश: x किमी/घण्टा तथा y किमी/घण्टा है।

प्रश्नानुसार,

$$\frac{20}{x-y} = 1 \Rightarrow x - y = 20 \quad \text{...(i)}$$

तथा $\frac{20}{x+y} = \frac{12}{60} \Rightarrow x + y = 100 \quad \text{...(ii)}$

समी (i) व (ii) से,

$x = 60$ किमी/घण्टा

तथा $y = 40$ किमी/घण्टा

69. *(c)* दिया है,

$$p\cos A = 2q\sin A$$

$$p\cos A - 2q\sin A = 0 \quad \text{...(i)}$$

तथा $2p \operatorname{cosec} A - q\sec A = 3$

$$\frac{2p}{\sin A} - \frac{q}{\cos A} = 3$$

$$2p\cos A - q\sin A = 3\sin A \cdot \cos A \quad \text{....(ii)}$$

अब, $2 \times$ समी (ii) – समी (i)

$4p\cos A - 2q\sin A - p\cos A + 2q\sin A$

$= 6\sin A \cdot \cos A$

$= 3p\cos A = 6\sin A \cdot \cos A$

$p = 2\sin A$

p का मान समी (i) में रखने पर,

$2\sin A \cdot \cos A - 2q\sin A = 0$

$2q\sin A = 2\sin A \cdot \cos A$

$q = \cos A$

अत: $p^2 + 4q^2 = (2\sin A)^2 + 4(\cos A)^2$

$= 4\sin^2 A + 4\cos^2 A$

$= 4(\sin^2 A + \cos^2 A)$

$= 4$

70. *(b)* माना पुलिसकर्मी की चाल

$= x$ किमी/घण्टा

$\therefore$ चोर को पकड़ने में लगा समय

$$= \frac{\text{दूरी}}{\text{सापेक्ष चाल}}$$

$$\Rightarrow \frac{15}{60} = \frac{0.5}{x - 15}$$

$\Rightarrow 15x - 225 = 30$

$15x = 255$

$\therefore x = \frac{255}{15} = 17$ किमी/घण्टा

71. *(a)* प्रश्नानुसार,

$10x + 20 \times 6 = 180$

$$x = \frac{180 - 120}{10} = 6$$

72. *(c)* $\because A : B = 6 : 8$

$B : C = 5 : 12$

$\therefore A : B : C = 30 : 40 : 96$

$= 15 : 20 : 48$

73. *(a)* $21 - [6 + 7 - \{3.22 - (1.1 \times 0.2)\}]$

$= 21 - [6 + 7 - \{3.22 - 0.22\}]$

$= 21 - [6 + 7 - 3]$

$= 21 - 10 = 11$

74. *(a)* दिया है, $2\tan\theta = 3$

$$\Rightarrow \tan\theta = \frac{3}{2}$$

अब, $\frac{3\sin\theta - 2\cos\theta}{3\sin\theta + 2\cos\theta}$

$= \frac{3\tan\theta - 2}{3\tan\theta + 2}$ [$\cos\theta$ से भाग देने पर]

$$= \frac{3 \times \frac{3}{2} - 2}{3 \times \frac{3}{2} + 2} = \frac{9 - 4}{9 + 4} = \frac{5}{13}$$

75. *(d)* $\frac{77^{77} + 77}{78}$ का शेषफल

$= \left(\frac{77^{77}}{78}\right)$ का शेषफल $+ \left(\frac{77}{78}\right)$ का शेषफल

$= (-1)^{77} + (-1) = -1 - 1 = -2$

$= 78 - 2 = 76$

76. *(c)* Utterly means completely. Hence, its antonym is 'minimally'.

77. *(d)* Stationary means not moving or not intended to be moved. Hence, its synonym is 'still'.

- **Motile** means to be able to move independently.
- **Portable** means capable of being carried or moved about.
- **Swindle** means use deception to deprive (someone) of money or possessions.

78. *(b)* The underlined part of the sentence contains an error. The use of 'quicker' is incorrect as the word is positions to be an adjective. Hence, use 'quickly' to correct the sentence.

79. *(b)* Bloom means to grow. Hence, its antonym is 'wither' which means to become dry and shriveled.
- **Flush** means (of a person's skin, face, etc.) become red and hot, typically as the result of illness or strong emotion.
- **Flourish** means to grow.
- **Blossom** means a flower or a mass of flowers, especially on a tree or bush.

80. *(a)* The correct order is RPQOS.
- The sentence formed will be – She baked a delicious chocolate cake.

81. *(d)* Cooked your goose means to 'interfere with, disrupt or ruin something for someone'.

82. *(d)* Utopia is a concept with defines an ideal and often imaginary place or state of utter perfection and happiness.
- **Inferno** means a large fire that is dangerously out of control.
- **Dystopia** means an imagined state or society in which there is great suffering or injustice, typically one that is post-apocalyptic.
- **Euphoria** means extreme happiness.

83. *(a)* Risible means provoking laughter through being ludicrous. Hence, its nearest antonym is 'serious'.
- **Droll** means curious or unusual in a way that provokes dry amusement.
- **Giddy** means having a sensation of whirling and a tendency to fall or stagger; dizzy.

84. *(b)* The underlined part of the sentence contains an error. The use of preposition 'to' is incorrect. Hence, replace it with 'in' to correct the sentence.

85. *(b)* The correctly spelt word to fill in the blank is 'repercussions' which means an unintended consequence of an event or action, especially an unwelcome one.

86. *(c)* The correctly spelt word is 'Privilege'.

87. *(a)* He will be elected as director by the shareholders.
- The sentence is in simple future tense. When such a sentence is transformed into passive voice, the structure followed is Object + will + be + past participle verb.

88. *(b)* To bite the bullet means 'to face a difficult situation with courage'.

89. *(a)* The correct order is SORQP. The sentence formed will be- After Pakistan framed its first constitution general Ayub Khan took over the administration of the country and soon got himself elected.

90. *(b)* Pugnacious means eager or quick to argue, quarrel or fight. Hence, its synonym is 'belligerent' which means hostile and aggressive.
- **Ally** means friend.
- **Sly** means clever.
- **Dogmatic** means inclined to lay down principles as undeniably true.

91. *(a)* The first sentence will be C as it introduces the small family and what it is constituted of Next will be sentence A as it gives another name for the small family. The third sentence will be D as it states that a small family has advantages. The last sentence will be B as it expands on D.
- Hence, the correct order is CADB.

92. *(c)* Part 'so better as' contains an error. As the sentence presents a comparison, we should use the as.....as structure.

93. *(c)* The postman will deliver the letter tomorrow.

The sentence follows the structure Object+ will+ be+ V3 + Subject. When such a sentence is transformed into active voice, the structure followed is Subject + will+ V1+ Object.

94. *(a)* Part 'where we should visit several famous' contains an error. The use of modal 'should' is incorrect in the sentence presenting future action. Hence, use of modal 'would' be correct.

95. *(c)* Barren means too poor to produce much or any vegetation. Hence, its antonym is 'fertile'.
- **Sterile** means Unfruitful and Infertile.

96. *(a)* The correct filler for the given blank is 'restrictions'.

97. *(b)* The correct filler for the given blank is 'measures'.

98. *(d)* The correct filler for the given blank is 'consequences'.

99. *(a)* The correct filler for the given blank is 'clearest'.

100. *(a)* The correct filler for the given blank is 'disrupted'.

सेट 06 10 सितम्बर, 2024 (तृतीय पाली)

SSC CGL Tier-I
सॉल्वड पेपर

निर्देश

1. इस सेट में कुल 100 प्रश्न हैं।
2. इस सेट में चार भाग हैं, **भाग-I** सामान्य बुद्धि एवं तर्कशक्ति, **भाग-II** सामान्य जागरुकता, **भाग-III** संख्यात्मक अभियोग्यता और **भाग-IV** अंग्रेजी भाषा।
3. प्रत्येक प्रश्न 2 अंक का है।

भाग I
सामान्य बुद्धि एवं तर्कशक्ति

1. उस समुच्चय का चयन कीजिए, जिसमें संख्याएँ उसी प्रकार सम्बन्धित हैं, जिस प्रकार निम्नलिखित समुच्चयों की संख्याएँ सम्बन्धित हैं।

(173, 246)
(148, 196)

(**नोट** पूर्ण संख्याओं पर संक्रिया का प्रयोग, संख्याओं को उनके घटक अंकों में विभक्त किए बिना किया जाना चाहिए। उदाहरण के लिए 13-13 संक्रिया जैसे कि जोड़ने/घटाने/गुणा करने आदि को 13 में किया जा सकता है। 13 को 1 और 3 में विभक्त करके और फिर 1 और 3 पर गणितीय संक्रियाओं का प्रयोग करने की अनुमति नहीं है।)

(a) (142, 176)
(b) (154,208)
(c) (127, 194)
(d) (169,247)

2. एक निश्चित कूटभाषा में 'make some more' को 'pb gq st' के रूप में कूटबद्ध किया जाता है और 'need more time' को 'ru ek gq' के रूप में कूटबद्ध किया जाता है। उसी भाषा में 'more' के लिए कूट क्या है?

(a) pb (b) st (c) gq (d) ek

3. दी गई आकृति में कितने वर्ग हैं?

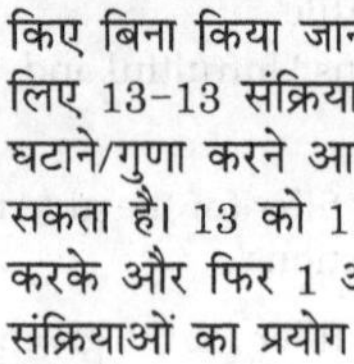

(a) 11 (b) 10
(c) 13 (d) 12

4. दिए गए विकल्पों में से उस आकृति का चयन कीजिए, जो निम्नलिखित शृंखला में प्रश्नचिह्न (?) को प्रतिस्थापित कर सकती है।

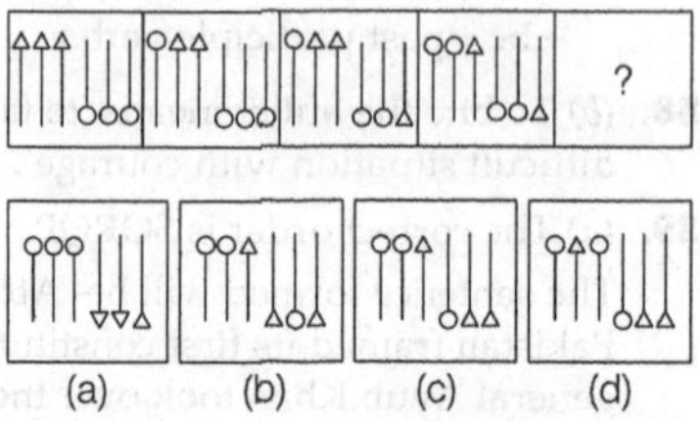

5. जब दर्पण को MN पर रखा जाता हो, तो दी गई आकृति के सही दर्पण प्रतिबिम्ब का चयन कीजिए।

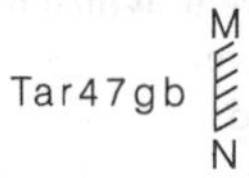

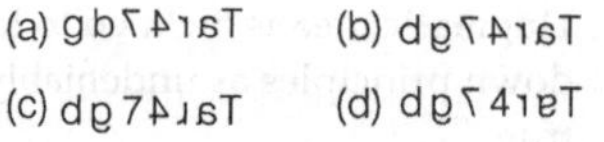

6. निम्नलिखित में से कौन-सी संख्याएँ दी गई शृंखला में प्रश्नचिह्न (?) के स्थान पर आएगी?

4, ?, ?, 49, 121, 169, 289

(a) 9, 25 (b) 3, 9
(c) 16, 25 (d) 9, 16

7. दिए गए वेन आरेख का अध्ययन करें और नीचे दिए गए प्रश्न का उत्तर दें।

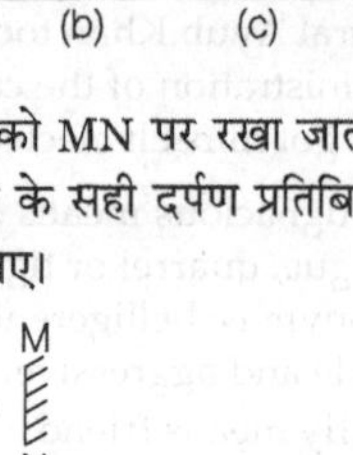

कितनी महिला उद्यमी भारतीय नहीं हैं?

(a) 18 (b) 29 (c) 17 (d) 11

8. उस विकल्प का चयन करें, जो उन अक्षरों को निरूपित करता है, जिन्हें नीचे दिए गए रिक्त स्थानों में बाएँ से दाएँ रखे जाने पर दी गई अक्षर-शृंखला पूरी हो जाएगी।

PQ_S_PPQP_APPQ_SAP_Q

(a) QPASP (b) QSPAP
(c) PQSAP (d) PASPP

9. एक पासे के विभिन्न फलकों पर छः अक्षर K, L, M, N, O और P लिखे गए हैं। नीचे चित्र में इस पासे की तीन स्थितियाँ दिखाई गई हैं। अक्षर M के विपरीत फलक पर कौन-सा अक्षर है?

(a) N (b) P
(c) K (d) L

10. विकल्पों में दी गई उस आकृति की पहचान कीजिए, जिसे प्रश्नचिह्न (?) के स्थान पर रखने पर शृंखला तार्किक रूप से पूरी हो जाएगी।

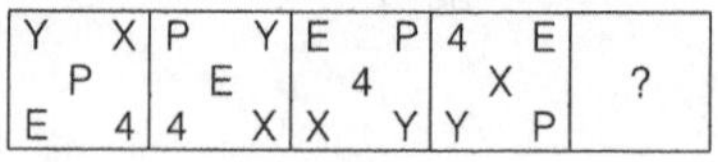

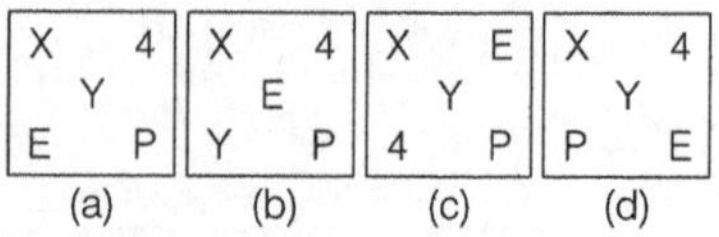

11. उस समुच्चय का चयन कीजिए, जिसमें संख्याएँ उसी प्रकार सम्बन्धित हैं, जिस प्रकार निम्नलिखित समुच्चयों की संख्याएँ सम्बन्धित हैं।

(121, 93, 214)
(115, 87, 202)

(**नोट** पूर्ण संख्याओं पर संक्रिया का प्रयोग, संख्याओं को उनके घटक अंकों में विभक्त किए बिना किया जाना चाहिए। उदाहरण के

लिए 13-13 पर संक्रिया, जैसे कि जोड़ने/घटाने/गुणा करने आदि को 13 में किया जा सकता है। 13 को 1 और 3 में विभक्त करके और फिर 1 और 3 पर गणितीय संक्रियाओं का प्रयोग करने की अनुमति नहीं है।)

(a) (110, 94, 224) (b) (135, 117, 259)
(c) (97, 112, 209) (d) (84, 99, 189)

12. उस विकल्प का चयन कीजिए, जो पाँचवें पद से उसी प्रकार सम्बन्धित है जैसे दूसरा पद पहले पद से और चौथा पद तीसरे पद से सम्बन्धित है।

SWEET : WSETE :: SALTY : ASLYT :: DRINK :?

(a) RDNIK (b) RDIKN
(c) DRIKN (d) ESJOL

13. एक निश्चित कूटभाषा में,
'A + B' का अर्थ है 'A, B की माता है'
'A − B' का अर्थ है 'A, B का भाई है,
'A × B' का अर्थ है 'A, B की पत्नी है',
'A ÷ B' का अर्थ है 'A, B का पिता है'।
उपर्युक्त के आधार पर, यदि '5 − 2 × 4 ÷ 3 है, तो 5, 3 से किस प्रकार सम्बन्धित है?

(a) पिता की बहन (b) पिता का भाई
(c) माता का भाई (d) माता की बहन

14. 'WISDOM' शब्द के सभी अक्षर वर्णानुक्रम में व्यवस्थित किए जाते हैं। इस प्रकार बने नए अक्षर-समूह में बाएँ छोर से तीसरे अक्षर और दाएँ छोर से दूसरे अक्षर के बीच अंग्रेजी वर्णमाला क्रम में कितने अक्षर हैं?

(a) छः (b) तीन (c) दो (d) पाँच

15. निम्नलिखित समीकरण में, यदि '÷' और '−' को आपस में बदल दिया जाए तथा '×' और '+' को आपस में बदल दिया जाए, तो '?' के स्थान पर क्या आएगा?

15 × 9 + 7 ÷ 26 − 13 = ?

(a) 68 (b) 76 (c) 84 (d) 72

16. निम्नलिखित आकृतियों में एक कागज को मोड़ने का क्रम और मुड़े हुए कागज को काटने का तरीका दर्शाया गया है। खोले जाने पर यह कागज़ कैसा दिखाई देगा?

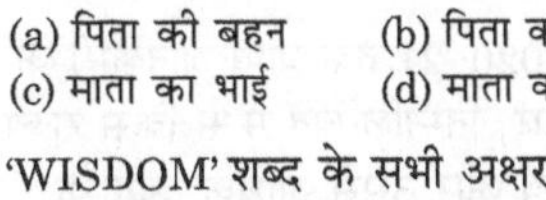

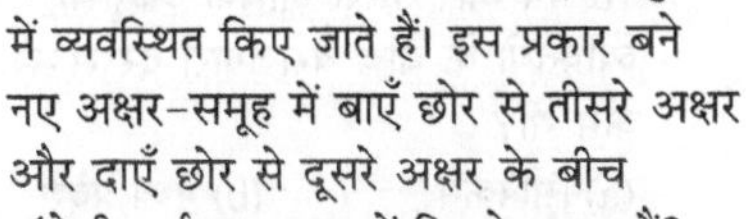

(a) (b) (c) (d)

17. उस शब्द-युग्म का चयन कीजिए, जो नीचे दिए गए शब्द-युग्म में व्यक्त किए गए सम्बन्ध के समान सम्बन्ध को सबसे अच्छा दर्शाता है। (शब्दों को अर्थपूर्ण हिन्दी शब्द माना जाना चाहिए और इन्हें शब्द में अक्षरों की संख्या/व्यंजनों/स्वरों की संख्या के आधार पर एक-दूसरे से सम्बन्धित नहीं किया जाना चाहिए)

मौजूदगी : प्रचुरता

(a) सार : विस्तार
(b) पालन-पोषण : उपेक्षा
(c) संक्षिप्त : विस्तृत
(d) अनन्त : लौकिक

18. निम्नलिखित चार विकल्पों में से तीन किसी न किसी रूप में एकसमान हैं और इस प्रकार एक समूह का निर्माण करते हैं। उसमें से कौन-सा विकल्प उस समूह से सम्बन्धित नहीं है?
(**नोट** अक्षर समूह में, असमान विकल्प व्यंजनों/स्वरों की संख्या या उनकी स्थिति पर आधारित नहीं है।)

(a) EJM (b) CHK
(c) DIM (d) FKN

19. किसी निश्चित तर्क के अनुसार 62 का सम्बन्ध 79 से है। उसी तर्क के अनुसार 98 का सम्बन्ध 119 से है। उसी तर्क के अनुसार 14, निम्नलिखित में से किस संख्या से सम्बन्धित है? (**नोट** संख्याओं को उनके घटक अंकों में विभक्त किए बिना पूर्ण संख्याओं पर संक्रियाएँ की जानी चाहिए। उदाहरण के लिए 13 को लें -13 पर संक्रियाएँ, जैसे कि जोड़ना/घटाना/गुणा करना आदि 13 में की जा सकती है। 13 को 1 और 3 में विभक्त करना और फिर 1 और 3 पर गणितीय संक्रियाएँ करने की अनुमति नहीं है।)

(a) 23 (b) 24 (c) 19 (d) 21

20. निम्नलिखित में से कौन-सा अक्षर-समूह, दी गई श्रृंखला को तार्किक रूप से पूर्ण बनाने के लिए इसमें प्रश्नचिह्न (?) को प्रतिस्थापित करेगा?

NUT, RYX, VCB, ZGF, ?

(a) DKL (b) EKJ
(c) DKJ (d) EKL

21. एक निश्चित कूटभाषा में 'VERY' को '6314' के रूप में लिखा जाता है और 'VARY' को '1438' के रूप में लिखा जाता है। उसी भाषा में 'A' को किस प्रकार लिखा जाएगा?

(a) 8 (b) 1 (c) 6 (d) 4

22. 3, 7, 8, 2, 9 और 4 फलकों वाले एक ही पासे की दो अलग-अलग स्थितियाँ नीचे दिखाई गई हैं। उस संख्या का चयन कीजिए, जो 4 संख्या वाले फलक के विपरीत फलक पर होगी।

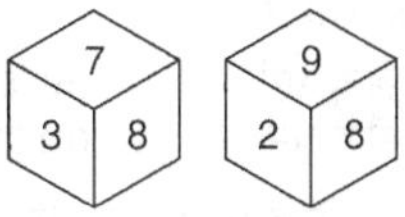

(a) 8 (b) 2
(c) 3 (d) 9

23. यदि निम्नलिखित समीकरण में '+' और '−' को आपस में बदल दिया जाए और '×' और '÷' को आपस में बदल दिया जाए, तो प्रश्नचिह्न (?) के स्थान पर कौन-सी संख्या आएगी?

11 ÷ 12 − 78 × 6 + 57 = ?

(a) 83 (b) 95
(c) 88 (d) 74

24. निम्नलिखित चार विकल्पों में से तीन किसी न किसी रूप में समान हैं और इस प्रकार, एक समूह बनाते हैं। कौन-सा विकल्प उस समूह से सम्बन्धित नहीं है?
(**नोट** संख्याओं को उनके घटक अंकों में तोड़े बिना, संक्रियाएँ पूर्ण संख्याओं पर की जानी चाहिए। उदाहरण के लिए 13 को लें- संख्या 13 में की जाने वाली संक्रिया, जैसे कि जोड़ना/घटाना/गुणा करना केवल 13 में किया जा सकता है। 13 को अंक 1 और 3 में तोड़ना और फिर 1 और 3 के साथ गणितीय संक्रियाएँ करने की अनुमति नहीं है।)

(a) 81 − 118 − 91
(b) 52 − 68 − 51
(c) 21 − 38 − 31
(d) 99 − 104 − 71

25. दिए गए वेन आरेख का अध्ययन करें और नीचे दिए गए प्रश्न का उत्तर दें।

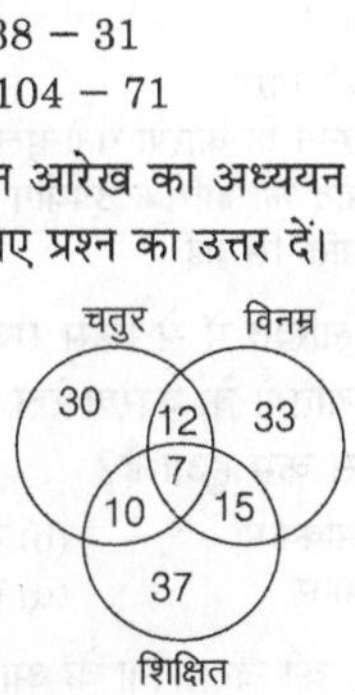

कितने चतुर लोग विनम्र हैं?

(a) 7
(b) 19
(c) 63
(d) 12

भाग II

सामान्य जागरुकता

26. 'सांगकेन' निम्नलिखित में से किस धर्म के लोगों द्वारा अरुणाचल प्रदेश में मनाया जाने वाला त्योहार है?
(a) हिन्दू धर्म (b) जैन धर्म
(c) बौद्ध धर्म (d) इस्लाम

27. निम्नलिखित में से कौन-सी पुस्तक अपने सम्बन्धित लेखक के साथ गलत रूप से युग्मित है?
(a) हिन्द स्वराज-महात्मा गाँधी
(b) गीतांजलि-रवीन्द्रनाथ टैगोर
(c) व्हाई आई एम एन एथीस्ट-भगत सिंह
(d) द डिस्कवरी ऑफ इण्डिया-सुभाषचन्द्र बोस

28. पद्म श्री 2022 से सम्मानित लोक गायिका माधुरी बर्थवाल भारत के निम्नलिखित में से किस राज्य से सम्बन्धित है?
(a) उत्तर प्रदेश (b) उत्तराखण्ड
(c) हिमाचल प्रदेश (d) महाराष्ट्र

29. निम्नलिखित में से कौन-सा विकल्प केन्द्र सरकार का विधायी अंग है?
(a) विधानसभा (b) संसद
(c) न्यायपालिका (d) कार्यकारिणी

30. किस कोशिका अंगक को छोटे गोलाकार कोशिकांग के रूप में परिभाषित किया गया है, जो हाइड्रोजन पेरॉक्साइड का उत्पादन करने के लिए ऑक्सीकरण अभिक्रिया से गुजरता है?
(a) *बैकुओल* (b) *न्यूक्लियस*
(c) *पेरॉक्सी सोम्स* (d) *सेण्ट्रोसोम*

31. निम्नलिखित में से क्या झारखण्ड और छत्तीसगढ़ में भूमि निम्नीकरण का मुख्य कारण है?
(a) अतिचारण
(b) खनन के कारण वनोन्मूलन
(c) खाद का अधिक उपयोग
(d) अति-सिंचाई

32. निम्नलिखित में से किस राज्य में भौगोलिक परिस्थितियों के कारण रेल परिवहन का विकास कम हुआ है?
(a) सिक्किम (b) उत्तर प्रदेश
(c) बिहार (d) हरियाणा

33. 2001 की जनगणना के आधार पर, त्वरित महिला साक्षरता कार्यक्रम उन जिलों में शुरू किया गया था, जहाँ महिला साक्षरता दर ······· थी।
(a) 35% से कम (b) 45% से कम
(c) 50% से कम (d) 30% से कम

34. अगस्त, 2021 में शुरू की गई पी.एम. उज्ज्वला 2.0 योजना का उद्देश्य क्या है?
(a) लाभार्थियों को 10 मिलियन एल. पी. जी. (LPG) कनेक्शन प्रदान किए जाएँगे
(b) बी.पी.एल. (BPL) परिवारों के लिए मुफ्त गैस चूल्हा
(c) व्यावसायिक उपयोग के लिए मुफ्त एल.पी.जी. (LPG) कनेक्शन
(d) लाभार्थियों को 20 मिलियन एल.पी.जी. (LPG) कनेक्शन प्रदान किए जाएँगे

35. एम.जी. संगीत पुरस्कार प्रतिवर्ष निम्नलिखित में से किस राज्य द्वारा प्रदान किया जाता है?
(a) नागालैण्ड
(b) छत्तीसगढ़
(c) मणिपुर
(d) मिज़ोरम

36. निम्नलिखित में से कौन-सी विशेषता, एवीज़ (Aves) की नहीं है?
(a) ये गर्म खून वाले जीव होते हैं
(b) ये जीवित बच्चों को जन्म देते हैं, कुछ अपवादों को छोड़कर जोकि अण्डे देते हैं
(c) ये फेफड़ों से सांस लेते हैं
(d) इनका हृदय चार कक्षीय होता है

37. बलबन द्वारा दिल्ली सल्तनत के निम्नलिखित में से किस विभाग का पुनर्गठन किया गया था?
(a) दीवान-ए-इशियाक
(b) दीवान-ए-मुस्तखराज
(c) दीवान-ए-अर्ज
(d) दीवान-ए-रिसालत

38. निम्नलिखित में से वह कौन-सा कवि था, जिसने वर्ष 1913 में साहित्य के लिए नोबेल पुरस्कार प्राप्त किया था?
(a) रवीन्द्रनाथ टैगोर
(b) रूडयार्ड किपलिंग
(c) अरबिन्दो घोष
(d) बंकिमचन्द्र चट्टोपाध्याय

39. राष्ट्रीय कथक नृत्य संस्थान की स्थापना किस वर्ष हुई थी?
(a) 1964 (b) 1961
(c) 1954 (d) 1969

40. निम्नलिखित में से कौन-सा तत्त्व एक उपधातु है?
(a) सोडियम (b) ऑक्सीजन
(c) सिलिकॉन (d) आयरन

41. यदि किसी बैंक की परिसम्पत्ति उसकी देनदारियों से अधिक है, तो इसे किस प्रकार दर्ज किया जाएगा?
(a) रिज़र्व
(b) शुद्ध सम्पत्ति (नेटवर्थ)
(c) देनदारियाँ
(d) परिसम्पत्तियाँ

42. निम्नलिखित में से किस राज्य ने पंजीकृत समाचार-पत्र हॉकरों को महामारी के दौरान हुए नुकसान और उनके असंगठित क्षेत्र का हिस्सा होने पर विचार करते हुए वर्ष 2021 में एक सामाजिक सुरक्षा योजना की घोषणा की थी?
(a) तमिलनाडु (b) महाराष्ट्र
(c) ओडिशा (d) गुजरात

43. रेडॉक्स अभिक्रिया का कारण क्या है?
(a) दो अभिकारकों के बीच हैलोजन का विनिमय
(b) दो अभिकारकों के बीच न्यूट्रॉनों का स्थानान्तरण
(c) दो उत्पादों के बीच इलेक्ट्रॉनों का स्थानान्तरण
(d) दो अभिकारकों के बीच इलेक्ट्रॉनों का स्थानान्तरण

44. हिमाचल प्रदेश द्वारा शुरू की गई 'मुख्यमन्त्री सुख आश्रय योजना' से किस समूह के लोग लाभान्वित होंगे?
(a) अनाथ, दिव्यांग बच्चे, निराश्रित महिलाएँ और वरिष्ठ नागरिक
(b) कृषक और खेतिहर श्रमिक
(c) विद्यार्थी और शिक्षक
(d) बेरोजगार युवा

45. वर्ष 2020-21 तक प्राप्त जानकारी के अनुसार, निम्नलिखित में से किस राज्य में 15 वर्ष और उससे अधिक आयु के व्यक्तियों के बीच बेरोजगारी दर सबसे कम थी?
(a) सिक्किम (b) मध्य प्रदेश
(c) छत्तीसगढ़ (d) गुजरात

46. भारतीय संविधान की गणतन्त्रात्मक व्यवस्था किस देश के संविधान से ली गई है?
(a) फ्रांस
(b) ब्रिटिश
(c) ऑस्ट्रेलिया
(d) आयरलैण्ड

47. वर्ष 2021 की स्थिति के अनुसार, लगभग 7000000 किमी^{2} के क्षेत्रफल के साथ दुनिया का सबसे बड़ा जल निकासी बेसिन कौन-सा है?
(a) एमेजान बेसिन (b) नील बेसिन
(c) अमूर बेसिन (d) कांगो बेसिन

48. राष्ट्रीय खेल विश्वविद्यालय ·········· में स्थित है।
(a) त्रिपुरा
(b) मेघालय
(c) मणिपुर
(d) मिजोरम

49. निम्नलिखित में से किस राजवंश के रुद्रसेन द्वितीय ने गुप्त राजवंश के चन्द्रगुप्त द्वितीय की बेटी प्रभावती से विवाह किया था?
(a) वाकाटक (b) पुष्यभूति
(c) पल्लव (d) चालुक्य

50. भारतीय हॉकी महासंघ की स्थापना कब हुई थी?
(a) वर्ष 1925 (b) वर्ष 1945
(c) वर्ष 1935 (d) वर्ष 1955

भाग III
संख्यात्मक अभियोग्यता

51. यदि $x^2 + y^2 = 280$ और $xy = 120$ है, तो $\frac{x-y}{x+y}$ का मान ज्ञात कीजिए।
(a) $\frac{1}{\sqrt{13}}$ (b) $\sqrt{15}$
(c) $\frac{1}{\sqrt{15}}$ (d) $\sqrt{13}$

52. स्थिर जल में एक नाव की चाल 18 किमी/घण्टा है और धारा की चाल 3 किमी/घण्टा है। वह धारा के अनुकूल 105 किमी की दूरी तय करने और वापस आने में कितना समय (घण्टों में) लेगी?
(a) 15 (b) 9
(c) 10 (d) 12

53. यदि दो वृत्तों की एक उभयनिष्ठ बाह्य स्पर्श रेखा की लम्बाई 9 है और एक उभयनिष्ठ आन्तरिक स्पर्श रेखा की लम्बाई 5 है, तो दोनों वृत्तों की त्रिज्याओं का गुणनफल क्या होगा?
(a) 12 (b) 8
(c) 10 (d) 14

54. कागज का एक आयताकार टुकड़ा 50 सेमी लम्बा और 22 सेमी चौड़ा है। यदि कागज को उसकी चौड़ाई के साथ लपेटकर एक बेलन बनाया जाता है, तो बेलन का आयतन कितना होगा ?
(a) 1825 सेमी^{3} (b) 1925 सेमी^{3}
(c) 2125 सेमी^{3} (d) 2025 सेमी^{3}

55. यदि $\Delta PQR \cong \Delta MON$ इस प्रकार है कि $\angle PQR = 82°, \angle QRP = 47°$, $\angle RPQ = 51°, \angle MON = (5y - 8)°$, $QR = 24$ सेमी और $ON = 3x + y$ है, तो $(x + y)$ का मान ज्ञात कीजिए।
(a) 16 सेमी (b) 14 सेमी
(c) 20 सेमी (d) 18 सेमी

56. दिया गया दण्ड आलेख दिए गए वर्षों में दुनिया भर से देश A में प्रत्यक्ष विदेशी निवेश (मिलियन डॉलर में) को दर्शाता है।

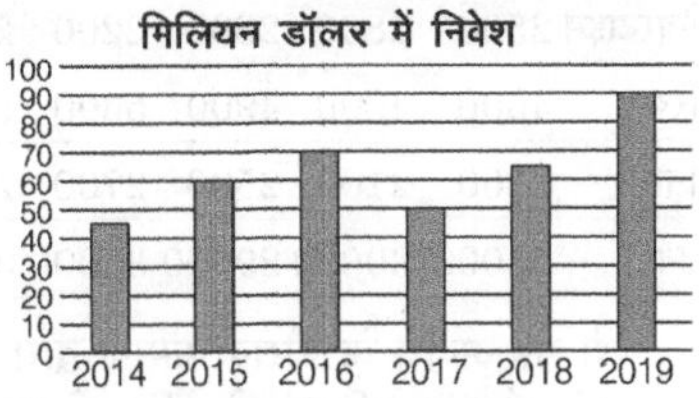

वर्ष 2018 और 2015 में निवेश का अनुपात क्या था?
(a) 11 : 12 (b) 13 : 11
(c) 12 : 11 (d) 13 : 12

57. एक वृत्त के उस त्रिज्यखण्ड का केन्द्रीय कोण कितना है जिसका क्षेत्रफल और परिमाप क्रमश: 209 सेमी^{2} और 63 सेमी के बराबर है, यदि यह दिया गया है कि इसकी त्रिज्या एक गैर-ऋणात्मक पूर्णांक है? (एक दशमलव स्थान तक पूर्णांकित मान)
(a) 51.5° (b) 53.5°
(c) 55.5° (d) 49.5°

58. प्रथम 45 प्राकृतिक संख्याओं के वर्गों का औसत ज्ञात कीजिए।
(a) 698.67 (b) 696.67
(c) 697.67 (d) 699.67

59. यदि एक आदमी 10 लीटर दूध में 6 लीटर पानी मिलाता है और दूसरा आदमी 8 लीटर दूध में 4 लीटर पानी मिलाता है। दोनों मिश्रणों में दूध का अनुपात ज्ञात कीजिए।
(a) 16 : 15 (b) 16 : 17
(c) 15 : 16 (d) 12 : 11

60. पाइप P और Q एक पानी की टंकी को क्रमशः 10 घण्टे और 15 घण्टे में पूरी तरह भर सकते हैं। एक पाइप R पानी से भरे उस टैंक को 12 घण्टे में खाली कर सकता है। प्रारम्भ में, टैंक खाली है और केवल पाइप P और Q, 6 am पर खोले जाते हैं और पाइप R को भी 9 am पर खोला जाता है। टैंक कितने बजे तक पूरी तरह भर जाएगा?
(a) 11 am (b) 3 pm
(c) 1 pm (d) 2 pm

61. नीचे दिया गया पाई-चार्ट एक कार्य दिवस में एक छात्र द्वारा विभिन्न गतिविधियों में बिताए गए घण्टों की संख्या को दर्शाता है। एक दिन में स्कूल में बिताए गए घण्टों का प्रतिशत .... है।

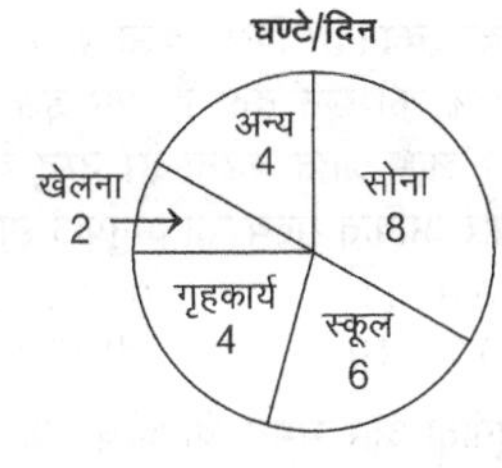

(a) 35% (b) 25% (c) 40% (d) 30%

62. फेस्टिवल सीजन में बिक्री के दौरान ₹1000 के अंकित मूल्य वाली काँस्य की एक वस्तु, 20% और 30% और 10% की तीन क्रमागत छूटों के बाद बेची जाती है। एक महिला ग्राहक द्वारा फेस्टिवल सीजन के दौरान वस्तु खरीदने पर भुगतान की जाने वाली राशि (₹ में) क्या होगी?
(a) 564 (b) 504 (c) 496 (d) 508

63. दी गई तालिका का अध्ययन कीजिए और निम्नलिखित प्रश्न का उत्तर दीजिए।
निम्नलिखित तालिका दिए गए वर्षों के अन्त में शहर की जनसंख्या को दर्शाती है।

वर्ष	जनसंख्या
2012	64.5
2013	68.4
2014	72.6
2015	83.8
2016	100.6
2017	112.8
2018	128.4
2019	134.6
2020	156.8
2021	176.4

निम्नलिखित में से किस वर्ष में पिछले वर्ष की तुलना में वृद्धि दर सबसे अधिक है?
(a) वर्ष 2016 (b) वर्ष 2015
(c) वर्ष 2019 (d) वर्ष 2018

64. एक निश्चित धनराशि पर साधारण ब्याज, धनराशि का पाँचवाँ हिस्सा है और प्रतिवर्ष ब्याज की दर वर्षों की संख्या की 5 गुनी है। यदि ब्याज की दर में 3% की वृद्धि हो जाती है, तो 6 वर्षों के लिए ₹5600 पर साधारण ब्याज (₹ में) कितना होगा?
(a) 4368 (b) 4668
(c) 4168 (d) 4268

65. यदि $45 \div 3 + 4 \times A - 48 \div 24 + 4 = 1$ है, तो A का मान क्या होगा?
(a) -4 (b) -2 (c) 4 (d) 2

66. एक दुकानदार किसी वस्तु के अंकित मूल्य पर 20% की छूट देता है और इस प्रकार 10% का लाभ प्राप्त करता है। वस्तु के क्रय मूल्य और अंकित मूल्य का अनुपात ज्ञात करें।
(a) 8 : 11 (b) 9 : 13
(c) 7 : 10 (d) 11 : 14

67. सुनीता और ममता के बीच एक चुनाव में, 85% मतदाताओं ने अपने मत डाले लेकिन 2% मत अवैध थे। यदि सुनीता को 64974 मत मिले जो वैध मतों का 78% है, तो चुनाव में नामांकित मतदाताओं की कुल संख्या कितनी थी?
(a) 165000 (b) 125000
(c) 180000 (d) 100000

68. $\frac{3\sin 58^\circ}{5\cos 32^\circ} + \frac{2\cos 62^\circ}{5\sin 28^\circ}$ का मान ज्ञात कीजिए।
(a) 0 (b) 1 (c) 3 (d) 2

69. यदि $7\cos^2\theta + 5\sin^2\theta - 6 = 0$ है, जहाँ $(0^\circ < \theta < 90^\circ)$, तो $1 + \sqrt{\frac{\sec\theta + \tan\theta}{\sec\theta - \tan\theta}}$ का मान ज्ञात कीजिए।
(a) $\sqrt{2} - 2$ (b) $\sqrt{2} + 2$
(c) $\sqrt{2} - 1$ (d) $\sqrt{2} + 1$

70. यदि 62684*#, 7 अंकों की एक ऐसी संख्या है, जो 8 और 5 दोनों से विभाज्य है, तो क्रमशः * और # के स्थान पर कौन-से अंक आने चाहिए?
(a) 4 और 0 (b) 0 और 5
(c) 2 और 0 (d) 5 और 0

71. दो वृत्तों की त्रिज्याएँ 5 सेमी और 10 सेमी हैं और उनके केन्द्रों के बीच की दूरी 17 सेमी है। उभयनिष्ठ अनुप्रस्थ स्पर्श रेखा की लम्बाई ज्ञात कीजिए।
(a) 6 सेमी (b) 8 सेमी
(c) 7.5 सेमी (d) 9 सेमी

72. किसी वर्ग का क्षेत्रफल $16x^2 + 40x + 25$ वर्ग इकाई है। उस वर्ग का परिमाप ज्ञात कीजिए।
(a) $3(10x + 8)$ (b) $2(8x + 10)$
(c) $3(8x + 10)$ (d) $2(10x + 8)$

73. यदि $7\tan\theta = 3$, और θ एक न्यून कोण है, तो $\frac{5\sin\theta - \cos\theta}{5\sin\theta + 2\cos\theta}$ का मान ज्ञात कीजिए।
(a) $\frac{8}{29}$ (b) $\frac{9}{29}$ (c) $\frac{11}{29}$ (d) $\frac{7}{29}$

74. नीचे दी गई तालिका मार्च, 2019 के माह के दौरान एक कम्पनी के पाँच कर्मचारियों द्वारा अर्जित आय (₹ में) और आय स्रोतों को दर्शाती है।

स्रोत/कर्मचारी का नाम	रीता	सीता	गीता	नीता	अनीता
ओवरटाइम	2500	2800	2300	2200	2600
एरियर	4500	4800	4900	5300	5600
बोनस	2300	2100	2500	2700	2800
वेतन	24000	30000	29000	32000	34000

दी गई अवधि के दौरान कम्पनी द्वारा भुगतान की गई कुल एरियर की राशि, दी गई अवधि के दौरान भुगतान किए गए बोनस की कुल राशि का कितना प्रतिशत है?
(a) 302.42% (b) 202.42%
(c) 102.42% (d) 402.42%

75. k के कौन-से मान के लिए समीकरण $2x + 7ky - 8 = 0$ और $x + y - 9 = 0$ का कोई हल नहीं होगा?
(a) $\frac{9}{7}$ (b) $\frac{2}{7}$ (c) $\frac{8}{9}$ (d) $\frac{1}{2}$

भाग IV
अंग्रेजी भाषा

76. Select the option that can be used as a one-word substitute for the given group of words.
Fear of closed spaces
(a) Photophobia
(b) Optophobia
(c) Agoraphobia
(d) Claustrophobia

77. Select the option that expresses the given sentence in passive voice.
Historians' tell us how this country was divided into three.
(a) We are told by historians how this country has been divided into three.
(b) We are told by historians how this country divided into three.
(c) We are told by historians how this country was divided into three.
(d) We have been told by historians how this country was divided into three.

78. Select the correctly spelt word to fill in the blank.
The transistors are used as the main ...., which are built into computer chips.
(a) components (b) cumponents
(c) kamponents (d) kumponents

79. Parts of a sentence are given below in jumbled order. Select the option that arranges the parts in the correct sequence to form a meaningful sentence.
(P) technology has revolutionised
(Q) and it has transformed the way
(O) every aspect of our lives
(R) we communicate and connect
(a) RPQO (b) RPOQ
(c) POQR (d) ORQP

80. Select the most appropriate antonym of the word in the brackets to fill in the blank.
The .... to the venue was decorated with beautiful lights. [exit]
(a) house (b) road
(c) entry (d) ceremony

81. Select the most appropriate meaning of the given idiom.
Care a hang
(a) Hanging clothes to dry
(b) Putting an outfit on a hanger
(c) Caring too much
(d) Showing no interest

82. Select the option that expresses the given sentence in passive voice.
The company will launch the new product next month and they are already promoting it through various marketing channels.
(a) The new product will be launched by the company next month and it is already being promoted through various marketing channels.
(b) The new product were been launched by the company next month, and it already was promoting through various marketing channels.
(c) The new product was launched by the company next month and it is already promoted through various marketing channels.
(d) The new product will have been launched by the company next month and it was already being promoted through various marketing channels.

83. Select the most appropriate antonym of the given word.
Mechanical
(a) Surrogate (b) Automatised
(c) Yielding (d) Manual

84. Select the most appropriate meaning of the underlined word.
Solomon's reputation as an accountant is taintless.
(a) flawed (b) faultless
(c) dubious (d) inconsistent

85. The following sentence has been divided into four segments. Identify the segment that contains a grammatical error.
My sister, Juliet, / got married / as her / was 23.
(a) was 23 (b) as her
(c) My sister, Juliet (d) got married

86. Select the option that can be used as a one-word substitute for the given group of words.
a short section (as of a book) that leads to or explains the main part.
(a) Foreword (b) Conclusion
(c) Postscript (d) Paraphrase

87. Select the incorrectly spelt word.
(a) Verminous (b) Vomitus
(c) Voluptuous (d) Verifibility

88. Select the most appropriate option to substitute the underlined word in the given sentence.
Mayra has the ability for mathematics.
(a) astute (b) altitude
(c) aptitude (d) attitude

89. Select the word which means the same as the group of words given.
Choice between two unsatisfactory alternatives
(a) Dilemma (b) Problem
(c) Confusion (d) Difficulty

90. Parts of the following sentence have been underlined and given as options. Select the option that contains an error.
The supermarket is open from 10 am still 10 pm
(a) open
(b) from 10 am
(c) The supermarket
(d) still 10 pm

91. Select the most appropriate option to substitute the underlined segment in the given sentence.
To tell others secret information only for enjoyment is not a good practice.
(a) spill the words
(b) spill the cat
(c) spill the onions
(d) spill the beans

92. Select the most appropriate synonym of the bracketed word in the following sentence to fill in the blank.
The media, these days, constructs .... (misleading) narratives on politics and celebrities to increase the viewership.
(a) sincere (b) true
(c) candid (d) mendacious

93. Select the most appropriate option to fill in the blank.
The group of travellers were wonderstruck by the .... of the coin.
(a) wait (b) white
(c) wide (d) weight

94. Select the most appropriate synonym of the given word.
Evaluate
(a) Misjudge (b) Assess
(c) Unity (d) Misquote

95. Select the option that can substitute/replace the bracketed word correctly and complete the sentence.
They could (always) stay in, or go for a walk.
(a) had better (b) not only
(c) either (d) neither

Directions (Q. Nos. 96-100) *In the following passage, some words have been deleted. Read the passage carefully and select the most appropriate option to fill in each blank.*

As a result of Covid-19, the quick ......(1)...... to digital training has exposed the hazards of student disengagement and the resulting consequences of lower student performance across ......(2)...... courses. The latest ......(3)...... has altered the education of millions of people around the world. New approaches and improvements in the school system are urgently required. Considering the increasing digital divide, the strategy may exacerbate existing inequality disparities. More than 500 million students, at various levels, around the world were forced to ......(4)...... their studies. These changes have caused and will continue to cause some inconvenience, but they will also foster innovation and future reforms inside this education system.

During a global Covid-19 pandemic, the 'pile-on effect' of the coronavirus can have long-term consequences for schooling, notably for the most vulnerable. Children, ...(5)...... basic, core learning (reading, math, languages, etc.) was weak to begin with, face a significant risk of regression. During Covid-19, millions of children whose right to education has already been violated, particularly girls, are exposed to greater health and well-being hazards (both psychosocial and physical).

96. Select the most appropriate option to fill in blank number 1.
(a) end (b) transition
(c) set (d) stagnation

97. Select the most appropriate option to fill in blank number 2.
(a) numerous (b) fewer
(c) particular (d) limit

98. Select the most appropriate option to fill in blank number 3.
(a) local
(b) endemic
(c) epidemic
(d) pandemic

99. Select the most appropriate option to fill in blank number 4.
(a) suspend (b) resume
(c) reopened (d) carry on

100. Select the most appropriate option to fill in blank number 5.
(a) which (b) whose
(c) whom (d) who

उत्तरमाला

1. (b)	2. (c)	3. (c)	4. (c)
5. (b)	6. (a)	7. (a)	8. (d)
9. (a)	10. (d)	11. (c)	12. (b)
13. (c)	14 (d)	15. (b)	16. (a)
17. (d)	18. (c)	19. (a)	20. (c)
21. (a)	22. (a)	23. (c)	24. (b)
25. (b)	26. (c)	27. (d)	28. (b)
29. (b)	30. (c)	31. (b)	32. (a)
33. (d)	34. (a)	35. (a)	36. (b)
37. (c)	38. (a)	39. (a)	40. (c)
41. (b)	42. (c)	43. (d)	44. (a)
45. (d)	46. (a)	47. (a)	48. (c)
49. (a)	50. (a)	51. (a)	52. (d)
53. (d)	54. (b)	55. (c)	56. (d)
57. (d)	58. (c)	59. (c)	60. (b)
61. (b)	62. (b)	63. (a)	64. (a)
65. (a)	66. (a)	67. (d)	68. (b)
69. (b)	70. (a)	71. (b)	72. (b)
73. (a)	74. (b)	75. (b)	76. (d)
77. (c)	78. (a)	79. (c)	80. (c)
81. (d)	82. (a)	83. (d)	84. (b)
85. (b)	86. (a)	87. (d)	88. (c)
89. (a)	90. (d)	91. (d)	92. (d)
93. (d)	94. (b)	95. (c)	96. (b)
97. (a)	98. (d)	99. (a)	100. (b)

व्याख्या

1. (b) जिस प्रकार,

(173, 246) ⇒ **173 + 73** = 246

तथा (148, 196) ⇒ **148 + 48** = 196

उसी प्रकार,

(154, 208) ⇒ **154 + 54** = 208

2. (c) प्रश्नानुसार,

make some more → pb gq st

need more time → ru ek gq

अत: more का कूट gq है।

3. (c) दी गई आकृति में, बिन्दुओं का नामकरण करने पर,

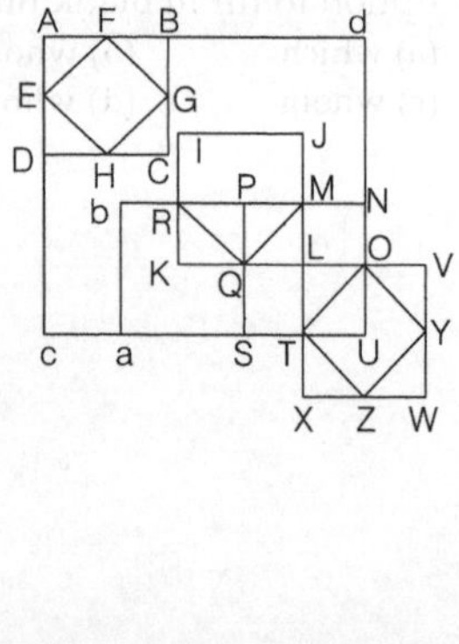

□ABCD, □EFGH, □IJLK, □RPQK, □PMLQ, □bPSa, □PNUS, □MNOL, □QLTS, □LOUT, □LVWX, □TOYZ तथा □AdUc

अत: दी गई आकृति में कुल 13 वर्ग हैं।

4. (c) दी गई शृंखला की प्रत्येक अगली आकृति में एकान्तर क्रम में पहले बाएँ ओर से एक त्रिभुज उसी दिशा में वृत्त में बदल जाता है तथा अगली आकृति में नीचे दाएँ ओर कोने का वृत्त त्रिभुज में बदल जाता है। अत: इस क्रम का अनुसरण करते हुए अगली आकृति विकल्प (c) की आकृति होगी।

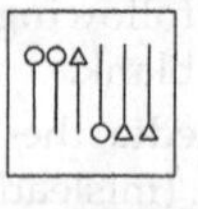

5. (b) दी गई आकृति का सही दर्पण प्रतिबिम्ब विकल्प आकृति (b) होगी।

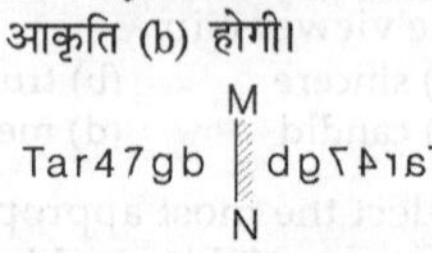

6. (a) शृंखला का क्रम निम्न प्रकार है,

4	9	25	49	121	169	289
2^2	3^2	5^2	7^2	11^2	13^2	17^2

∴ ? = 9,25

7. (a) प्रश्नानुसार, 18 महिला उद्यमी भारतीय नहीं हैं।

8. (d) दी गई शृंखला का क्रम निम्न प्रकार है,

PQPSAP/PQPSAP/PQPSAP/PQ

⇒ PASPP

9. (a) पासे की पहली तथा तीसरी स्थिति से,

पासा I → K — M — O

पासा III → K — N — L (विपरीत)

अत: M के विपरीत फलक पर N होगा।

10. (d) दी गई शृंखला निम्न पैटर्न पर आधारित है,

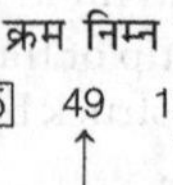

अत: प्रश्नचिह्न के स्थान पर विकल्प आकृति (d) होगी।

11. (c) जिस प्रकार,

(121, 93, 214) ⇒ 121 + 93 = 214

तथा (115, 87, 202)

⇒ 115 + 87 = 202

उसी प्रकार,

(97, 112, 209) ⇒ 97 + 112 = 209

12. (b) जिस प्रकार,

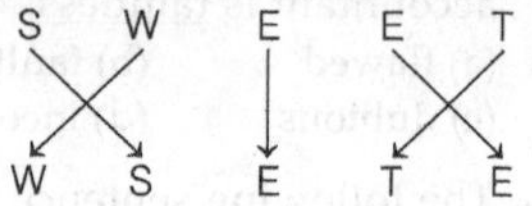

तथा

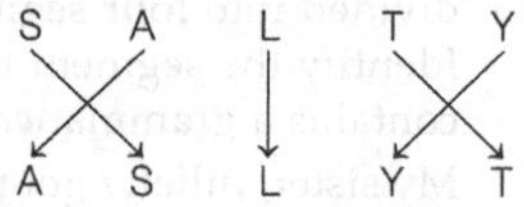

उसी प्रकार,

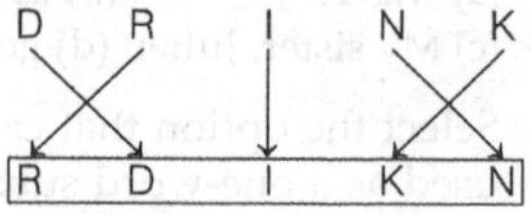

13. (c) प्रश्नानुसार,

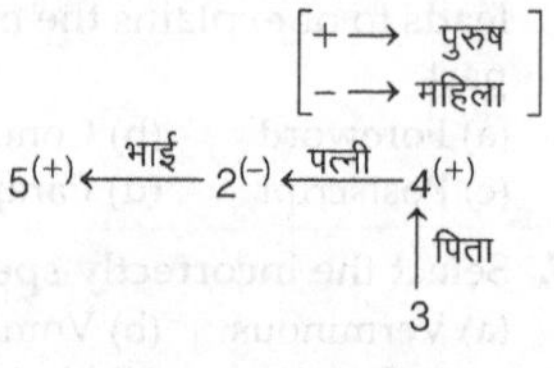

अत: 5,3 की माता का भाई है।

14. (d) प्रश्नानुसार,

दिया गया शब्द → W I S D O M

वर्णमाला क्रम में व्यवस्थित करने पर → D I M O S W

अत: M और S के बीच 5 अक्षर उपस्थित हैं।

15. (b) 15 × 9 + 7 ÷ 26 − 13 = ?

प्रश्नानुसार, चिह्न बदलने पर,

? = 15 + 9 × 7 − 26 ÷ 13

= 15 + 63 − 2 = 76

16. (a) प्रश्नानुसार, कागज को खोलने पर यह विकल्प आकृति (a) जैसा दिखाई देगा।

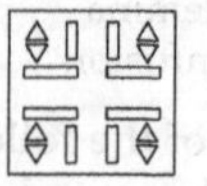

17. (d) जिस प्रकार, मौजूदगी का समानार्थी शब्द प्रचुरता है। उसी प्रकार, अनन्त का समानार्थी शब्द लौकिक है।

18. (c) यहाँ, E $\xrightarrow{+5}$ J $\xrightarrow{+3}$ M

C $\xrightarrow{+5}$ H $\xrightarrow{+3}$ K

और F $\xrightarrow{+5}$ K $\xrightarrow{+3}$ N

परन्तु, D $\xrightarrow{+5}$ I $\xrightarrow{+4}$ M

अत: DIM अन्य सभी से भिन्न है।

19. *(a)* जिस प्रकार,

$62 \longrightarrow 79$
$\uparrow \quad \uparrow$
$8^2-2 \quad 9^2-2$

तथा

$98 \longrightarrow 119$ (नहीं, केवल ऊपर तीर)
$\uparrow \quad \uparrow$
$10^2-2 \quad 11^2-2$

उसी प्रकार,

$14 \longrightarrow \boxed{23}$
$\uparrow \quad \uparrow$
$4^2-2 \quad 5^2-2$

20. *(c)* दी गई अक्षर श्रृंखला का क्रम निम्न प्रकार है

$N \xrightarrow{+4} R \xrightarrow{+4} V \xrightarrow{+4} Z \xrightarrow{+4} D$
$U \xrightarrow{+4} Y \xrightarrow{+4} C \xrightarrow{+4} G \xrightarrow{+4} K$
$T \xrightarrow{+4} X \xrightarrow{+4} B \xrightarrow{+4} F \xrightarrow{+4} J$

21. *(a)* प्रश्नानुसार,

$\boxed{V}$ E $\boxed{R\ Y} \longrightarrow 6\ \boxed{3\ 1\ 4}$
$\boxed{V}$ $\triangle$A $\boxed{R\ Y} \longrightarrow \boxed{1\ 4\ 3}$ $\triangle$8

अत: A का कूट 8 होगा।

22. *(a)* प्रश्नानुसार,

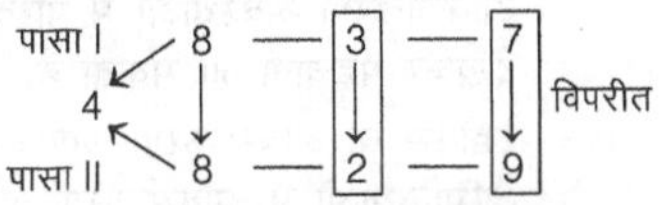

अत: 4 के विपरीत फलक पर 8 होगा।

23. *(c)* $11 \div 12 - 78 \times 6 + 57 = ?$
प्रश्नानुसार,
$? = 11 \times 12 + 78 \div 6 - 57$
$= 132 + 13 - 57$
$= 145 - 57 = \boxed{88}$

24. *(b)* जिस प्रकार,
$81 - 118 - 91 \Rightarrow (118 - 91) \times 3$
$= 27 \times 3 = 81$
और $21 - 38 - 31 \Rightarrow (38 - 31) \times 3$
$= 7 \times 3 = 21$
$99 - 104 - 71 \Rightarrow (104 - 71) \times 3$
$= 33 \times 3 = 99$
परन्तु, $(52 - 68 - 51) \Rightarrow (68 - 51) \times 3$
$= 17 \times 3 = 51 \neq 52$
अत: विकल्प (b) समूह से सम्बन्धित नहीं है।

25. *(b)* अत: उन चतुर लोगों की संख्या जो विनम्र हैं
$= 7 + 12 = 19$

26. *(c)* 'सांगकेन त्योहार' **बौद्ध धर्म** के लोगों द्वारा अरुणाचल प्रदेश के लोहित जिले में रहने वाले खामती समुदाय द्वारा मनाया जाता है।
- तीन दिनों तक चलने वाला यह त्योहार प्रत्येक वर्ष अप्रैल माह में मनाया जाता है।
- यह त्योहार नए वर्ष का स्वागत करने के लिए मनाया जाता है।
- इसमें भगवान बुद्ध की मूर्तियों को औपचारिक रूप से स्नान कराया जाता है तथा पवित्र जल का छिड़काव किया जाता है, जो शान्ति और पवित्रता का प्रतीक है।

27. *(d)* 'द डिस्कवरी ऑफ इण्डिया' सुभाषचन्द बोस, पुस्तक अपने सम्बन्धित लेखक के साथ गलत रूप से युग्मित है।
- 'द डिस्कवरी ऑफ इण्डिया' जवाहरलाल नेहरू की पुस्तक है।
- जवाहरलाल नेहरू की अन्य पुस्तकें-'एन ऑटोबायोग्राफी', 'ए बंच ऑफ ओल्ड लेटर्स', 'गिलम्पस ऑफ वर्ल्ड हिस्ट्री' आदि हैं।
- 'हिन्द स्वराज' महात्मा गाँधी, 'गीतांजलि' रवीन्द्रनाथ टैगोर, 'व्हाई आई एम एन एथीस्ट' भगत सिंह की पुस्तकें हैं।
- 'द इण्डियन स्ट्रगल' सुभाषचन्द्र बोस की पुस्तक है।

28. *(b)* पद्मश्री 2022 से सम्मानित लोक गायिका माधुरी बर्थवाल ऑल इण्डिया रेडियो में पहली महिला संगीतकार के रूप में जानी जाती हैं। ये **उत्तराखण्ड** राज्य से सम्बन्धित है।
- ये संगीत शिक्षिका बनने वाली उत्तराखण्ड की पहली महिला संगीतकार हैं।
- माधुरी बर्थवाल को वर्ष 2019 के अन्तर्राष्ट्रीय महिला दिवस पर '**नारी शक्ति पुरस्कार**' से सम्मानित किया गया था।

29. *(b)* संसद केन्द्र सरकार का विधायी अंग है।
- यह सरकार के संसदीय रूप को अपनाने के कारण भारतीय लोकतान्त्रिक राजनीतिक प्रणाली में एक प्रतिष्ठित और केन्द्रीय स्थान रखती है, जिसे सरकार के वेस्टमिंस्टर मॉडल के रूप में जाना जाता है।
- सामान्यत: प्रतिवर्ष संसद के तीन सत्र या अधिवेशन होते हैं, बजट सत्र, मानसून सत्र और शीतकालीन सत्र।
- संसद भारत का सर्वोच्च विधायी निकाय है।
- भारतीय संसद में राष्ट्रपति तथा दो सदन-राज्यसभा (राज्यों की परिषद् एवं लोकसभा (लोगों का सदन) होते हैं।

30. *(c)* पेरॉक्सी सोम्स, को छोटे गोलाकार कोशिकांग के रूप में परिभाषित किया गया है, जो हाइड्रोजन पेरॉक्साइड का उत्पादन करने के लिए ऑक्सीकरण अभिक्रिया से गुजरता है।
- ये एकल झिल्ली से घिरे होते हैं और उनमें एंजाइम्स का एक मैट्रिक्स होता है।
- ये यकृत में सर्वाधिक मात्रा में पाए जाते हैं।
- पेरॉक्सिसोमल रोग एकल एंजाइम दोष या पेरॉक्सिसोम के जैवजनन में दोष के कारण होता है। इसके कुछ उदाहरण एक्स-लिंक्ड एड्रेनोलेकोडिस्ट्रॉफील जेल्वेगर स्पेक्ट्रम, इन्फैटाइल रेफसम आदि हैं।

31. *(b)* खनन के कारण झारखण्ड, छत्तीसगढ़, मध्य प्रदेश और ओडिशा जैसे राज्यों में वनोन्मूलन भूमि निम्नीकरण का कारण बना है।
- झारखण्ड और छत्तीसगढ़ राज्यों में खनिज संसाधन प्रचुर मात्रा में हैं।
- खनन भूमि निम्नीकरण का सबसे महत्त्वपूर्ण कारण है। खनन के उपरान्त खदानों वाले स्थानों को गहरी खाइयों और मलवे के साथ खुला छोड़ दिया जाता है।
- यह देश की कुल भूमि का 9.45% भाग है और वर्ष 2015 में यह 4.42% था। यह रिपोर्ट संयुक्त राष्ट्र कन्वेशन टू कॉम्बेट डेजर्टिफिकेशन की है।

32. *(a)* सिक्किम एकमात्र पूर्वोत्तर राज्य है, जो रेल नेटवर्क से जुड़ा हुआ नहीं है।
- समतल मैदान न होने के कारण इस क्षेत्र में रेल यातायात का विकास नहीं हो पाया है।
- NH10 एकमात्र सड़क है, जो राज्य को देश के बाकी हिस्सों से जोड़ती है।
- सिक्किम के सबसे पास का स्टेशन पश्चिम बंगाल में सिलीगुड़ी और न्यू जलपाईगुड़ी है।

33. *(d)* 2001 की जनगणना के आधार पर त्वरित महिला साक्षरता कार्यक्रम उन जिलों में शुरू किया गया था, जहाँ महिला साक्षरता दर 30% से कम थी।

- वर्ष 2001 की जनगणना के अनुसार, देश की साक्षरता दर 65.38% थी, जिसमें पुरुषों की साक्षरता दर 75.85% तथा महिलाओं की साक्षरता दर 54.16% थी।
- वर्ष 2011 की जनगणना के अनुसार, देश की कुल साक्षरता दर 74.04% है, जिसमें पुरुषों की साक्षरता दर 82.14% तथा महिलाओं की साक्षरता दर 65.46% है।

34. *(a)* अगस्त, 2024 में शुरू की गई पी.एम. उज्ज्वला 2.0 योजना का उद्देश्य लाभार्थियों को 10 मिलियन एल.पी.जी. (LPG) कनेक्शन प्रदान किए जाएँगे।

- उज्ज्वला 2.0 योजना की शुरुआत वर्ष 2021 में हुई थी, जिसके अन्तर्गत गरीब परिवार से सम्बन्धित एक ऐसी वयस्क महिला, जिसके घर में एल.पी.जी कनेक्शन नहीं हो वह इस योजना की पात्र होती है।
- इस योजना का उद्देश्य कम आय वाले परिवारों को जमा मुक्त एल.पी.जी कनेक्शन प्रदान करना है, जो PMUY के पहले चरण के तहत कवर नहीं हो सके थे।
- उज्ज्वला 1.0 योजना की शुरुआत वर्ष 2016 में हुई थी।

35. *(a)* एम.जी. संगीत पुरस्कार म्यूजिशियन गिल्ड **नागालैण्ड** द्वारा आयोजित एक वार्षिक संगीत पुरस्कार समारोह है।

- यह पुरस्कार भारत के पूर्वोत्तर क्षेत्र के संगीतकारों के लिए प्रतिस्पर्धा करने का एक मंच है।
- वर्ष 2021 में पहला एम.जी. अवार्ड वर्चुअली (आभासी रूप से) आयोजित किया गया था।

36. *(b)* एवीज (Aves) जीवित बच्चों को जन्म देते हैं, कुछ अपवादों को छोड़कर, जोकि अण्डे देते हैं। विशेषता एवीन के बारे में सही नहीं है।

- एवीज (Aves) कशेरुकियों का एक वर्ग है, जिसमें पक्षी प्रजातियाँ शामिल हैं।
- पक्षी अण्डे देने वाले जानवर हैं, उनके पास फर, दो पैर होते हैं, वे एण्डोथर्मिक होते हैं।
- इनका आकार 5 सेमी (हमिंगबर्ड) से लेकर 2.75 मी (शुतुरमुर्ग) होता है।

37. *(c)* दिल्ली सल्तनत में सर्वप्रथम बलबन (1266-1286 ई.) ने सैन्य विभाग से सम्बन्धित **दीवान-ए-अर्ज** की स्थापना की।

- इस विभाग का कार्य सैनिकों की भर्ती करना, सैनिकों तथा घोड़ों का निरीक्षण, सेना की सजावट व निरीक्षण तथा वेतन का विवरण करना था।
- इस विभाग का प्रमुख अर्ज-ए-मामालिक होता था।
- अर्ज-ए-मामालिक, शाही सेना के प्रबन्धन और संरक्षण के लिए जिम्मेदार होता था।

38. *(a)* **रवीन्द्रनाथ टैगोर** ने वर्ष 1913 में अपनी काव्य-रचना गीतांजलि के लिए साहित्य का नोबेल पुरस्कार जीता।

- रवीन्द्रनाथ टैगोर साहित्य का नोबेल पुरस्कार प्राप्त करने वाले प्रथम भारतीय व्यक्ति हैं।
- ये एक बंगाली कवि, लेखक, संगीतकार, दार्शनिक व चित्रकार थे।
- रवीन्द्रनाथ टैगोर ने भारत का राष्ट्रीय गान **'जन गण मन'** तथा बांग्लादेश का राष्ट्रीय गान **'आमार सोनार बांग्ला'** लिखा।

39. *(a)* राष्ट्रीय कथक नृत्य संस्थान, भारतीय शास्त्रीय नृत्य शैली कथक के लिए एक प्रमुख नृत्य संस्थान है। इसकी स्थापना **1964** में की गई थी।

- यह संस्थान नई दिल्ली में स्थित संगीत नाटक अकादमी (भारत की राष्ट्रीय संगीत, नृत्य और नाटक अकादमी) की एक इकाई है।
- कथक नृत्य की नींव भरत मुनि द्वारा लिखित प्राचीन संस्कृत ग्रन्थ नाट्यशास्त्र पर आधारित है।
- कथक नृत्य से सम्बन्धित प्रमुख कलाकार पण्डित बिरजू महाराज, कालका प्रसाद, पण्डित कार्तिक राम आदि हैं।

40. *(c)* **सिलिकॉन** में उपधातु के वे तत्त्व होते हैं, जिनमें धातु और अधातु दोनों के गुण होते हैं।

- सिलिकॉन एक कठोर और भंगुर क्रिस्टलीय ठोस होते हैं।
- सिलिकॉन का उपयोग अर्द्धचालक उद्योग में होता है।
- यह ऑक्सीजन के बाद पृथ्वी की सतह पर पाया जाने वाला दूसरा सबसे प्रचुर तत्त्व है।

41. *(b)* **शुद्ध सम्पत्ति** (नेटवर्थ) किसी व्यक्ति या कम्पनी की कुल सम्पत्तियों में से उसकी कुल देनदारियों को घटाकर निकाली जाने वाली राशि है।

- यह किसी व्यक्ति या कम्पनी का मूल्य दर्शाता है, इसे प्रायः बुक वैल्यू भी कहा जाता है।
- अगर किसी बैंक की परिसम्पत्तियाँ उसकी देनदारियों से कम हैं, तो इसे शुद्ध सम्पत्ति में ऋणात्मक दर्ज किया जाएगा। इस स्थिति में बैंक दिवालिया हो जाता है।

42. *(c)* वर्ष 2021 में हॉकरों की सहायता के लिए एक सामाजिक सुरक्षा योजना **ओडिशा** द्वारा लॉन्च की गई थी।

- समाचार-पत्र 'हॉकरों' की दुर्घटना में मौत होने पर उसके परिजनों को ₹ दो लाख तथा प्राकृतिक मौत होने पर ₹ एक लाख मिलेंगे।
- 'हॉकर' खबरें और सूचनाएँ पहुँचाने में अहम भूमिका निभाते हैं।
- वे गर्मी बरसात, सर्दी में सूरज निकलने से पहले ही अपना काम शुरू कर देते हैं।

43. *(d)* रेडॉक्स अभिक्रिया को एक रासायनिक अभिक्रिया के रूप में परिभाषित किया जा सकता है, जिसमें भाग लेने वाले **दो अभिकारकों के बीच इलेक्ट्रॉनों का स्थानान्तरण** होता है।

- इलेक्ट्रॉनों के इस स्थानान्तरण को अभिक्रिया करने वाली प्रजातियों की ऑक्सीकरण अवस्थाओं में परिवर्तन को देखकर पहचाना जा सकता है।
- रेडॉक्स या ऑक्सीकरण-अपचयन अभिक्रियाओं में ऑक्सीकरण और अपचयन अभिक्रियाएँ हमेशा एकसाथ होती हैं।

44. *(a)* अनाथ, दिव्यांग बच्चे, निराश्रित महिलाएँ और वरिष्ठ नागरिक हिमाचल प्रदेश द्वारा शुरू की गई 'मुख्यमन्त्री सुख आश्रय योजना' से लाभान्वित होंगे।

- हिमाचल प्रदेश ने 16 फरवरी, 2023 को मुख्यमन्त्री सुख आश्रय योजना शुरू की, इसके तहत राज्य के 2700 नए चिह्नित अनाथ बच्चों को 27 वर्ष पूरे होने तक ₹ 4000 मासिक वित्तीय सहायता दी जाएगी।
- 'मुख्यमन्त्री सुख आश्रय योजना' का बजट ₹ 101 करोड़ है।
- इस योजना के तहत व्यावसायिक प्रशिक्षण के लिए 17 बच्चों को धनराशि वितरित की गई।

45. *(d)* वर्ष 2020 में, **गुजरात** राज्य में 15 वर्ष व उससे अधिक आयु के बीच बेरोजगारी दर सबसे कम थी।

- वर्ष 2023-24 में मध्य प्रदेश राज्य में बेरोजगारी दर सबसे कम (2.6%) थी, जिसमें महिलाओं की बेरोजगारी दर 2.1% एवं पुरुष बेरोजगारी दर 2.8% थी।
- भारत के केरल राज्य में वर्ष 2023-24 में सबसे अधिक बेरोजगारी 29.9% थी।

46. *(a)* भारतीय संविधान की गणतन्त्रात्मक व्यवस्था 26 जनवरी, 1950 को लागू हुई। इसे **फ्रांस** के संविधान से लिया गया है।

- भारतीय संविधान में स्वतन्त्रता, समानता और बन्धुत्व के सिद्धान्त फ्रांस के संविधान से लिए गए हैं।
- भारतीय संविधान गणतान्त्रिक है, क्योंकि इसमें वंशानुगत व्यवस्था नहीं है।
- भारत देश का प्रमुख राष्ट्रपति होता है।
- भारतीय संविधान में सरकार के संसदीय स्वरूप की व्यवस्था की गई है।

47. *(a)* **एमेजान (अमेजन) बेसिन** उत्तरी दक्षिण अमेरिका में स्थित विश्व का सबसे बड़ा बेसिन है।

- अमेजन नदी तथा उसकी सहायक नदियाँ 7 मिलियन वर्ग किमी से अधिक क्षेत्र को जल प्रदान करती हैं।
- मुख्य नदी और उसकी सभी सहायक नदियाँ, जो किसी क्षेत्र को जल प्रवाहित करती हैं, एक नदी बेसिन या जलग्रहण क्षेत्र बनाती है।
- अमेजन नदी बेसिन दक्षिण में ब्राजीलियाई हाइलैण्ड्स से लेकर उत्तर में गुयाना हाइलैण्ड्स तथा फैला हुआ है।

48. *(c)* राष्ट्रीय खेल विश्वविद्यालय की स्थापना वर्ष 2018 में **मणिपुर** में की गई थी।

- यह खेल शिक्षा पर आधारित भारत का पहला और एकमात्र केन्द्रीय विश्वविद्यालय है।
- विश्वविद्यालय की स्थापना के लिए मणिपुर सरकार ने लगभग 325.50 एकड़ जमीन मुफ्त में उपलब्ध कराई है।
- राष्ट्रीय खेल विश्वविद्यालय विधेयक, 2017 के तहत मणिपुर खेल विश्वविद्यालय के पास सम्बन्धित डिग्री, डिप्लोमा और प्रमाण-पत्र जारी करने की शक्ति है।

49. *(a)* गुप्त वंश के शासक चन्द्रगुप्त द्वितीय ने अपनी पुत्री प्रभावती (वैष्णव मत अनुयायी, रानी कुबेरनागा की पुत्री) का विवाह शैव मतानुयायी तथा वाकाटक राजवंश के शासक रुद्रसेन द्वितीय से किया था।

- चन्द्रगुप्त द्वितीय को विक्रमादित्य I के नाम से भी जाना जाता है।
- इस वैवाहिक सम्बन्ध से गुप्त वाकाटक गठबन्धन ने पश्चिमी भारत में शकों के शासन की समाप्त किया गया।

50. *(a)* भारतीय हॉकी महासंघ (IHF) भारत में सर्वोच्च शासी निकाय है, जिसकी स्थापना **7 नवम्बर, 1925** को ग्वालियर में हुई।

- भारत पहला गैर-यूरोपीय देश है, जो अन्तर्राष्ट्रीय महासंघ का हिस्सा था।
- अन्तर्राष्ट्रीय हॉकी महासंघ के सदस्य के रूप में IHF ने केपीएस गिल के पूर्व नेतृत्व व महासंघ के सचिव के. ज्योतिकुमारन के नेतृत्व में सभी अन्तर्राष्ट्रीय मैचों में भारत का प्रतिनिधित्व किया।

51. *(a)* $\therefore \dfrac{(x-y)^2}{(x+y)^2} = \dfrac{x^2+y^2-2xy}{x^2+y^2+2xy}$

$$= \frac{280 - 2\times 120}{280 + 2\times 120} = \frac{40}{520} = \frac{1}{13}$$

$$\therefore \frac{x-y}{x+y} = \frac{1}{\sqrt{13}}$$

52. *(d)* धारा के अनुकूल नाव की चाल

$= 18 + 3 = 21$ किमी/घण्टा

तथा धारा के प्रतिकूल नाव की चाल

$= 18 - 3 = 15$ किमी/घण्टा

अत: अभीष्ट समय $= \dfrac{105}{21} + \dfrac{105}{15}$

$= 5 + 7 = 12$ घण्टे

53. *(d)* उभयनिष्ठ बाह्य स्पर्श रेखा की लम्बाई

$= \sqrt{d^2 - (r_1 - r_2)^2}$

$\therefore\ 81 = d^2 - (r_1 - r_2)^2$

$d^2 = 81 + (r_1 - r_2)^2$ ...(i)

तथा उभयनिष्ठ आन्तरिक स्पर्श रेखा की लम्बाई $= \sqrt{d^2 - (r_1 + r_2)^2}$

$25 = d^2 - (r_1 + r_2)^2$

$d^2 = 25 + (r_1 + r_2)^2$ ...(ii)

समी (i) व समी (ii) से,

$81 + (r_1 - r_2)^2 = 25 + (r_1 + r_2)^2$

$\Rightarrow\ 81 + r_1^2 + r_2^2 - 2r_1 r_2 = 25 + r_1^2 + r_2^2 + 2r_1 r_2$

$\Rightarrow\ 4r_1 r_2 = 56 \Rightarrow r_1 r_2 = \dfrac{56}{4} = 14$

अत: दोनों वृत्तों की त्रिज्याओं का गुणनफल 14 सेमी है।

54. *(b)* $\because$ कागज को चौड़ाई के साथ लपेटकर बेलन बनाया गया है।

$\therefore$ बेलन के आधार की परिधि

= कागज की चौड़ाई

$\therefore\ 2\times\dfrac{22}{7}\times r = 22$

$\Rightarrow\ r = \dfrac{7}{2}$ सेमी

तथा बेलन की ऊँचाई = 50 सेमी

अत: बेलन का आयतन $= \pi r^2 h$

$= \dfrac{22}{7}\times\dfrac{7}{2}\times\dfrac{7}{2}\times 50 = 1925$ सेमी^{3}

55. *(c)* दिया है,

$\Delta PQR \cong \Delta MON$

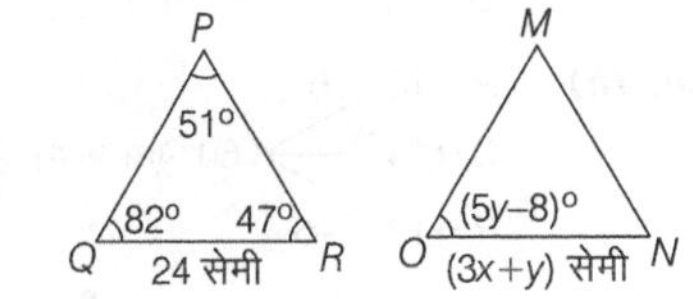

अब, $\angle PQR = \angle MON$

$82° = (5y - 8)°$

$y = \dfrac{82 + 8}{5} = 18$ सेमी

तथा $QR = ON$

$24 = 3x + y \Rightarrow 24 = 3x + 18$

$x = \dfrac{24 - 18}{3} = 2$ सेमी

अत: $x + y = 2 + 18 = 20$ सेमी

56. *(d)* वर्ष 2018 में निवेश = 65 मिलियन डॉलर

तथा 2015 में निवेश = 60 मिलियन डॉलर

अत: अभीष्ट अनुपात $= 65 : 60 = 13 : 12$

57. *(d)* प्रश्नानुसार,

$l + 2r = 63$ ...(i)

तथा त्रिज्यखण्ड का क्षेत्रफल $= \dfrac{\pi r^2 \theta}{360}$

$\therefore\ \dfrac{\pi r^2 \theta}{360} = 209$

$\dfrac{\theta}{360} = \dfrac{209}{\pi r^2}$ ...(ii)

समी (i) व समी (ii) से,

$2\pi r\ \dfrac{\theta}{360} + 2r = 63$

$\Rightarrow\ 2\pi r \times \dfrac{209}{\pi r^2} + 2r = 63$

$\Rightarrow\ 418 + 2r^2 = 63r$

$\Rightarrow\ 2r^2 - 63r + 418 = 0$

$\Rightarrow\ (r - 22)(2r - 19) = 0$

$\therefore\ r = 22$ सेमी

अब, $\dfrac{22}{7}\times 22\times 22\times\dfrac{\theta}{360} = 209$

$\theta = \dfrac{209\times 7\times 360}{22\times 22\times 22} = 49.5°$

58. *(c)* प्रथम 45 प्राकृतिक संख्याओं के वर्गों का औसत $= \frac{(n+1)(2n+1)}{6}$

$= \frac{(45+1)(2\times 45+1)}{6}$

$= \frac{46 \times 91}{6} = 697.67$

59. *(c)* दोनों मिश्रणों में दूध का अनुपात

$= \frac{10}{10+6} : \frac{8}{8+4}$

$= \frac{10}{16} : \frac{8}{12} = 15:16$

60. *(b)* $P \rightarrow 10$ 6, $Q \rightarrow 15$ 4, $R \rightarrow 12$ −5 → 60 (कुल कार्य)

6 am से 9 am तक पाइप P और Q द्वारा किया गया कार्य

$= (6+4) \times 3 = 30$

शेष कार्य $= 60 - 30 = 30$

शेष कार्य को करने में P, Q और R द्वारा लिया गया समय

$= \frac{30}{6+4-5} = \frac{30}{5} = 6$ घण्टे

अत: अभीष्ट समय = 9 am + 6 घण्टे

= 3 pm

61. *(b)* एक दिन में स्कूल में बिताए गए घण्टों का प्रतिशत $= \frac{6}{24} \times 100 = 25\%$

62. *(b)* भुगतान की जाने वाली राशि

$= 1000 \times \frac{80}{100} \times \frac{70}{100} \times \frac{90}{100}$

= ₹ 504

63. *(a)* वर्ष 2016 में वृद्धि दर

$= \frac{100.6 - 83.8}{83.8} \times 100$

$= \frac{16.8 \times 100}{83.8} = 20.04\%$

वर्ष 2015 में वृद्धि दर

$= \frac{83.8 - 72.6}{72.6} \times 100$

$= \frac{11.2}{72.6} \times 100 = 15.42\%$

वर्ष 2019 में वृद्धि दर

$= \frac{134.6 - 128.4}{128.4} \times 100$

$= \frac{6.2 \times 100}{128.4} = 4.82\%$

वर्ष 2018 में वृद्धि दर

$= \frac{128.4 - 112.8}{112.8} \times 100$

$= \frac{15.6 \times 100}{112.8} = 13.8\%$

अत: पिछले वर्ष की तुलना में वर्ष 2016 में वृद्धि दर सबसे अधिक है।

64. *(a)* माना धनराशि = ₹ x

$\therefore$ साधारण ब्याज = ₹ $\frac{x}{5}$ तथा दर $= r\%$

$\therefore$ समय $= \frac{r}{5}$ वर्ष

अब, $\frac{x}{5} = \frac{x \times r \times r}{5 \times 100}$

$\Rightarrow \quad r^2 = 100 \Rightarrow r = 10\%$

अत: अभीष्ट साधारण ब्याज

$= \frac{5600 \times (10+3) \times 6}{100}$

$= 56 \times 13 \times 6 =$ ₹ 4368

65. *(a)* $45 \div 3 + 4 \times A - 48 \div 24 + 4 = 1$

$\Rightarrow \quad 15 + 4A - 2 + 4 = 1$

$\Rightarrow \quad 4A = -16$

$\Rightarrow \quad A = -\frac{16}{4} = -4$

66. *(a)* प्रश्नानुसार, $\text{CP} \times \frac{110}{100} = \text{MP} \times \frac{80}{100}$

$\frac{\text{CP}}{\text{MP}} = \frac{80}{110} = 8:11$

अत: अभीष्ट अनुपात 8 : 11 है।

67. *(d)* माना नामांकित मतदाताओं की संख्या $= x$

प्रश्नानुसार,

$x \times \frac{85}{100} \times \frac{98}{100} \times \frac{78}{100} = 64974$

$\Rightarrow \quad x = \frac{64974 \times 100 \times 100 \times 100}{85 \times 98 \times 78}$

$= 100000$

68. *(b)* $\frac{3 \sin 58^\circ}{5 \cos 32^\circ} + \frac{2 \cos 62^\circ}{5 \sin 28^\circ}$

$= \frac{3 \sin (90^\circ - 32^\circ)}{5 \cos 32^\circ} + \frac{2 \cos (90^\circ - 28^\circ)}{5 \sin 28^\circ}$

$= \frac{3 \cos 32^\circ}{5 \cos 32^\circ} + \frac{2 \sin 28^\circ}{5 \sin 28^\circ} = \frac{3}{5} + \frac{2}{5} = 1$

69. *(b)* $7 \cos^2 \theta + 5 \sin^2 \theta - 6 = 0$

$\Rightarrow 7(1 - \sin^2 \theta) + 5 \sin^2 \theta - 6 = 0$

$\Rightarrow 7 - 7 \sin^2 \theta + 5 \sin^2 \theta - 6 = 0$

$\Rightarrow \quad \sin^2 \theta = \frac{1}{2} \Rightarrow \sin \theta = \frac{1}{\sqrt{2}}$

$\theta = 45^\circ$

$\therefore 1 + \sqrt{\frac{\sec\theta + \tan\theta}{\sec\theta - \tan\theta}}$

$= 1 + \sqrt{\frac{\sec 45^\circ + \tan 45^\circ}{\sec 45^\circ - \tan 45^\circ}}$

$= 1 + \sqrt{\frac{\sqrt{2}+1}{\sqrt{2}-1}}$

$= 1 + \sqrt{\frac{(\sqrt{2}+1)^2}{(\sqrt{2}-1)(\sqrt{2}+1)}}$

$= 1 + \sqrt{2} + 1 = \sqrt{2} + 2$

70. *(a)* हम जानते है कि यदि किसी संख्या का अन्तिम अंक 0 या 5 हो, तो वह संख्या 5 से विभाजित होगी।

यदि किसी संख्या के अन्तिम तीन अंक 8 से विभाज्य है, तो वह संख्या 8 से विभाजित होती है।

अब, # = 0 लेने पर,

$\because$ 440, 8 से पूर्णत: विभाजित है

$\therefore$ * = 4

अत: * और # के मान क्रमश: 4 और 0 हैं।

71. *(b)* उभयनिष्ठ अनुप्रस्थ स्पर्श रेखा की लम्बाई

$= \sqrt{d^2 - (r_1 + r_2)^2}$

$= \sqrt{17^2 - (10+5)^2}$

$= \sqrt{289 - 225} = \sqrt{64}$

= 8 सेमी

72. *(b)* वर्ग का क्षेत्रफल $= 16x^2 + 40x + 25$

$= (4x+5)^2$

$\therefore$ वर्ग की भुजा $= \sqrt{(4x+5)^2}$

$= 4x + 5$

अत: वर्ग का परिमाप $= 4 \times (4x+5)$

$= 2(8x+10)$ इकाई

73. *(a)* $\because 7 \tan\theta = 3 \Rightarrow \tan\theta = \frac{3}{7}$

अब, $\frac{5 \sin\theta - \cos\theta}{5 \sin\theta + 2\cos\theta}$

$= \frac{5 \tan\theta - 1}{5 \tan\theta + 2}$ [cosθ से भाग देने पर]

$= \frac{5 \times \frac{3}{7} - 1}{5 \times \frac{3}{7} + 2} = \frac{15 - 7}{15 + 14} = \frac{8}{29}$

74. *(b)* भुगतान की गई कुल एरियर की राशि

$= 4500 + 4800 + 4900 + 5300 + 5600$

= ₹ 25100

तथा भुगतान की गई कुल बोनस की राशि

$= 2300 + 2100 + 2500 + 2700 + 2800$

= ₹ 12400

अत: अभीष्ट प्रतिशत $= \frac{25100}{12400} \times 100$

$= 202.42\%$

75. *(b)* यहाँ, $a_1 = 2, b_1 = 7k\ c_1 = -8$

$a_2 = 1, b_2 = 1, c_2 = -9$

$\because$ समीकरण का कोई हल नहीं है।

$\therefore \quad \frac{a_1}{a_2} = \frac{b_1}{b_2} \neq \frac{c_1}{c_2}$

$\frac{2}{1} + \frac{7k}{1} \neq \frac{-8}{-9}$

$\therefore \quad \frac{2}{1} = \frac{7k}{1} \Rightarrow k = \frac{2}{7}$

76. *(d)* **Claustrophobia** is the fear of closed spaces.
- **Photophobia** is a fear of light.
- **Optophobia** is an uncommon and debilitating phobia that causes people to fear opening their eyes.
- **Agoraphobia** means an anxiety disorder that causes an intense fear of being in places where escape may be difficult or help may not be available.

77. *(c)* We are told by historians how this country was divided into three.
- In the given sentence, the subject is 'Historians', verb is 'tell' and the object is 'us' along with the noun clause- how this country was divided into three.
- When we change such a sentence, the tense use has the structure- is/are + the past participle form of the verb, subject and object interchange their place and the noun clause remains the same.

78. *(a)* The correctly spelt word to fill in the blank is 'components'.

79. *(c)* The correct order is POQR.
- The sentence formed will be- Technology has revolutionised every aspect of our lives and it has transformed the way we communicate and connect.

80. *(c)* The correct filler for the given blank is 'entry'.

81. *(d)* Care a hand means to 'show no interest'.

82. *(a)* The new product will be launched by the company next month and it is already being promoted through various marketing channels.
- The sentence is in simple future tense.
- When such a sentence is transformed into passive voice, the structure followed is Object + will + be + past participle verb.

83. *(d)* Mechanical means done by machine. Hence, its antonym is manual which means done by hands.
- **Surrogate** is a woman who carries and gives birth to a child for another person or couple.
- **Automatised** means to make automatic.
- **Yielding** means giving way under pressure; not hard or rigid.

84. *(b)* Taintless means 'perfect and faultless'.
- **Dubious** means doubtful, unsettled in opinion or lacking confidence.
- **Inconsistent** means not staying the same throughout.

85. *(b)* Part 'as her' contains an error. The use of objective pronoun 'her' is incorrect in the sentence. Hence, replace it with subjective case 'she' to correct the sentence.

86. *(a)* **Foreword** is a short section (as of a book) that leads to or explains the main part.
- **Postscript** means is a note or series of notes added to the end of a letter, essay, book or article.

87. *(d)* The incorrectly spelt word is 'verifibility'. The correct spelling is 'verifiability'.

88. *(c)* The synonym of ability is 'aptitude'.
- **Astute** means having or showing an ability to accurately assess situations or people and turn this to one's advantage.
- **Altitude** means height.

89. *(a)* **Dilemma** is a choice between two unsatisfactory alternatives.

90. *(d)* Part 'still 10 pm' contains an error. To mention a time duration using 'from', we use the preposition 'to' not 'still'.

91. *(d)* To **spill the beans** means to tell others secret information.

92. *(d)* **Mendacious** means not telling the truth; lying, misleading. Hence, it is the correct filler for the given blank.

93. *(d)* The correct filler for the given blank is 'weight'.

94. *(b)* Evaluate means to 'test or assess' something.

95. *(c)* The bracketed part of the sentence is erroneous. The use of 'always' with 'or' is incorrect. It should be 'either'.

96. *(b)* The correct filler for the given blank is 'transition'.

97. *(a)* The correct filler for the given blank is 'numerous'.

98. *(d)* The correct filler for the given blank is 'pandemic'.

99. *(a)* The correct filler for the given blank is 'suspend'.

100. *(b)* The correct filler for the given blank is 'whose'.

सेट 07 11 सितम्बर, 2024 (प्रथम पाली)

SSC CGL Tier-I सॉल्वड पेपर

निर्देश

1. इस सेट में कुल 100 प्रश्न हैं।
2. इस सेट में चार भाग हैं, **भाग-I** सामान्य बुद्धि एवं तर्कशक्ति, **भाग-II** सामान्य जागरुकता, **भाग-III** संख्यात्मक अभियोग्यता और **भाग-IV** अंग्रेजी भाषा।
3. प्रत्येक प्रश्न 2 अंक का है।

भाग I
सामान्य बुद्धि एवं तर्कशक्ति

1. अक्षरों के उस संयोजन का चयन कीजिए, जिसके अक्षरों को दी गई श्रृंखला के रिक्त स्थानों में क्रमिक रूप से रखने पर श्रृंखला पूर्ण हो जाएगी।

qp_r_rq_p_rp_q_pr_p_q

(a) r p q r r p r q (b) r p q r r q r p
(c) r p q q r q r p (d) r p q r r q r r

2. निम्नलिखित में से कौन-सा पद दी गई श्रृंखला में प्रश्नचिह्न (?) का स्थान लेगा?

GASM, CCOO, YEKQ, ?, QICU

(a) UCGS (b) UGGS
(c) TGFS (d) UGGT

3. दी गई आकृति में कितने त्रिभुज हैं?

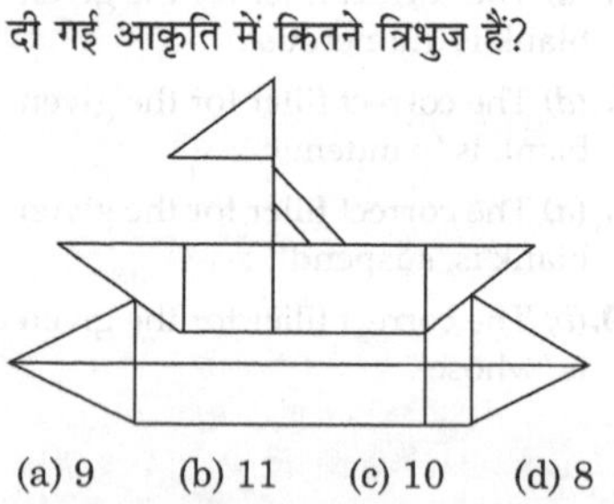

(a) 9 (b) 11 (c) 10 (d) 8

4. निम्नलिखित में से कौन-सी संख्या दी गई श्रृंखला में प्रश्नचिह्न (?) का स्थान लेगी?

17, 38, 84, ?, 376, 772

(a) 190 (b) 200
(c) 180 (d) 150

5. एक कागज को निम्न चित्र के अनुसार मोड़ा और काटा जाता है। खोलने पर यह कागज कैसा दिखाई देगा?

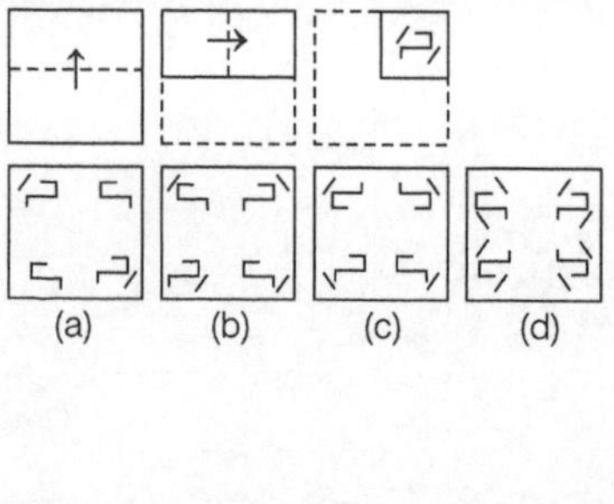

(a) (b) (c) (d)

6. प्रश्न में ऐसे शब्द युग्म हैं, जो एक निश्चित तरीके से एक-दूसरे से सम्बन्धित हैं। निम्नलिखित चार शब्द युग्मों में से तीन शब्द युग्म एकसमान हैं क्योंकि इनमें सम्बन्ध समान है और इस प्रकार वे एक समूह बनाते हैं। निम्नलिखित में से कौन-सा शब्द युग्म उस समूह से सम्बन्धित नहीं है?

(**नोट** शब्दों को अर्थपूर्ण अंग्रेजी/हिन्दी शब्द माना जाना चाहिए और शब्द में अक्षरों / व्यंजनों / स्वरों की संख्या के आधार पर एक-दूसरे से सम्बन्धित नहीं होने चाहिए।)

(a) पेट — जठरांत्र रोग विशेषज्ञ
(b) हड्डी — अस्थि रोग विशेषज्ञ
(c) आँख — नेत्र रोग विशेषज्ञ
(d) गर्भाशय - मूत्र रोग विशेषज्ञ

7. निम्नलिखित श्रृंखला को जारी रखने के लिए प्रश्नचिह्न (?) के स्थान पर कौन-सी आकृति आनी चाहिए?

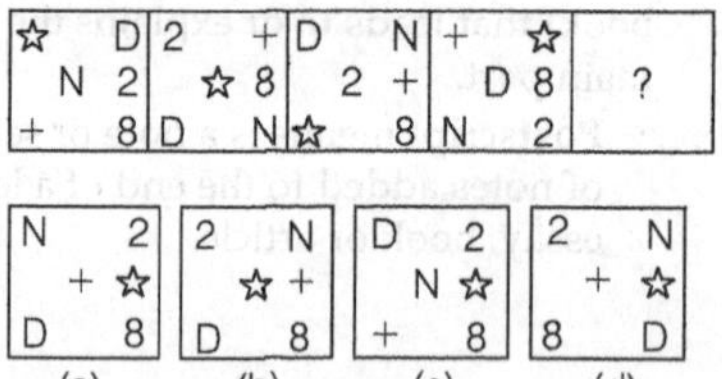

(a) (b) (c) (d)

8. यदि 'MEADOW' शब्द के सभी अक्षरों को अंग्रेजी वर्णमाला क्रम में व्यवस्थित किया जाए, तो कितने अक्षरों की स्थिति में कोई बदलाव नहीं होगा?

(a) दो (b) एक भी नहीं
(c) एक (d) तीन

9. एक निश्चित तर्क का अनुसरण करते हुए 16, 112 से सम्बन्धित है। उसी तर्क का अनुसरण करते हुए 26, 182 से सम्बन्धित है। उसी तर्क का अनुसरण करते हुए 44, निम्नलिखित में से किससे सम्बन्धित है?

(**नोट** संख्याओं को उसके घटक अंकों में तोड़े बिना, पूर्ण संख्याओं पर संक्रियाएँ की जानी चाहिए। उदाहरण के लिए संख्या 13 को लें-13 पर संक्रियाएँ, जैसे कि 13 में जोड़ना/घटाना/गुणा करना आदि, की जा सकती हैं। 13 को 1 और 3 में तोड़ने और फिर 1 और 3 पर गणितीय संक्रियाएँ करने की अनुमति नहीं है।)

(a) 312 (b) 310
(c) 302 (d) 308

10. तीन कथन दिए गए हैं, जिसके बाद तीन निष्कर्ष I, II और III दिए गए हैं। कथनों को सत्य मानते हुए, भले ही वे सामान्य रूप से ज्ञात तथ्यों से भिन्न प्रतीत होते हों, निर्धारित करें कि कौन-सा/से निष्कर्ष कथनों का तार्किक रूप से अनुसरण करता/करते है/हैं।

कथन सभी बोतलें, जग हैं।
कुछ बोतलें, फ्लास्क हैं।
सभी फ्लास्क, डब्बे हैं।

निष्कर्ष
I. कुछ बोतलें, डब्बे हैं।
II. कुछ जग, डब्बे हैं।
III. कुछ फ्लास्क, जग हैं।

(a) केवल निष्कर्ष II और III अनुसरण करते हैं
(b) निष्कर्ष I, II और III सभी अनुसरण करते हैं
(c) या तो निष्कर्ष I अनुसरण करता है या II अनुसरण करता है
(d) केवल निष्कर्ष I और II अनुसरण करते हैं

11. उस विकल्प का चयन करें, जो तीसरे शब्द से उसी प्रकार सम्बन्धित है जैसे दूसरा शब्द पहले शब्द से सम्बन्धित है। (**नोट** शब्दों को अर्थपूर्ण अंग्रेजी शब्दों के रूप में माना जाना चाहिए और शब्द आपस में अक्षरों की संख्या/व्यंजन/ स्वरों की संख्या के आधार पर एक-दूसरे से सम्बन्धित नहीं होने चाहिए।)

कटुता : मानवता : : सम्भालना : ?

(a) नियुक्त करना (b) निग्रह
(c) त्यागना (d) खींचना

12. एक निश्चित कूटभाषा में 'DEMAND' को '410132144' लिखा जाता है और 'SUPPLY' को '194216161225' लिखा जाता है। उसी भाषा में 'PRODUCT' को क्या लिखा जाएगा?
(a) 323615821640
(b) 161542320
(c) 161815421320
(d) 161830442320

13. दिए गए संख्या युग्मों में से एक को छोड़कर अन्य सभी में समान संक्रिया/संक्रियाओं का अनुसरण किया गया है। वह असंगत संख्या युग्म ज्ञात कीजिए।
(**नोट** संख्याओं को उसके संघटक अंकों में खण्डित किए बिना संक्रियाएँ, पूर्णांकों पर की जानी चाहिए। उदाहरण के लिए 13-13 पर की जाने वाली संक्रियाएँ, जैसे जोड़ना/घटाना/ गुणा करना इत्यादि 13 पर ही की जानी चाहिए। 13 को 1 और 3 में खण्डित करना और फिर 1 और 3 पर गणितीय संक्रियाएँ करना वर्जित है।)
(a) 135 : 17
(b) 128 : 16
(c) 103 : 13
(d) 151 : 19

14. उस विकल्प का चयन करें, जो पाँचवें अक्षर-समूह से उसी प्रकार सम्बन्धित है, जिस प्रकार दूसरा अक्षर-समूह पहले अक्षर-समूह से और चौथा अक्षर-समूह तीसरे अक्षर-समूह से सम्बन्धित है।
RATE: SCWI:: HIGH: IKJL:: OPEN:?
(a) PRHR (b) PQHR
(c) PRIS (d) PSIR

15. दिए गए समीकरण को सही करने के लिए किन दो संख्याओं (अंक नहीं) को आपस में बदलना चाहिए?
$48 \div 3 + 12 \times 4 - 6 \times 7 + 21 = 27$
(a) 4 और 7
(b) 3 और 4
(c) 12 और 21
(d) 3 और 6

16. आकृति X के बाद (1), (2), (3), (4) से क्रमांकित चार आकृतियाँ दी गई हैं। चारों में से उस आकृति का चयन करें, जिसमें आकृति X सन्निहित है (अर्थात जिसमें आकृति X उसी रूप में निहित है)।

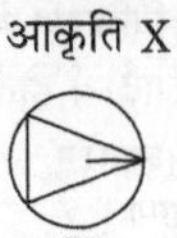

(X)

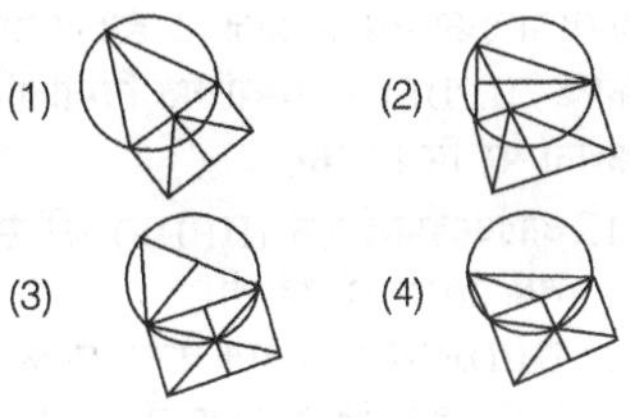

(a) 2 (b) 4 (c) 3 (d) 1

17. निम्नलिखित संख्या-युग्मों में, पहली संख्या पर निश्चित गणितीय संक्रियाएँ करके दूसरी संख्या प्राप्त की जाती है। उस समुच्चय का चयन कीजिए, जिसमें संख्याएँ उसी प्रकार सम्बन्धित हैं जिस प्रकार निम्नलिखित समुच्चय की संख्याएँ सम्बन्धित हैं।
(**नोट** संख्याओं को उसके घटक अंकों में तोड़े बिना, पूर्ण संख्याओं पर संक्रियाएँ की जानी चाहिए। उदाहरण के लिए संख्या 13 को लें - 13 पर संक्रियाएँ, जैसे कि 13 में जोड़ना/घटाना/गुणा करना आदि, की जा सकती हैं। 13 को 1 और 3 में तोड़ने और फिर 1 और 3 पर गणितीय संक्रियाएँ करने की अनुमति नहीं है।)
(280, 140) (186, 93)
(a) (92, 51) (b) (86, 48)
(c) (118, 59) (d) (166, 84)

18. यदि '+' और '–' को आपस में बदल दिया जाए और '×' और '÷' को आपस में बदल दिया जाए, तो निम्नलिखित समीकरण में प्रश्नचिह्न (?) के स्थान पर क्या आएगा?
$14014 \times 14 - 10 \div 8 + 14 = ?$
(a) 1062 (b) 1067
(c) 1063 (d) 1064

19. विकल्पों में दी गई उस आकृति की पहचान कीजिए, जिसे प्रश्नचिह्न के स्थान पर रखने पर श्रृंखला तर्कसंगत रूप से पूर्ण हो जाएगी।

@	@ *	@ * %	@ * % =	?

(a)	(b)	(c)	(d)
@ * % = $	@ * % $ =	@ * % @	@ * % %

20. जब दर्पण को दर्शाए गए अनुसार MN पर रखा जाता है, तो दी गई आकृति के सही दर्पण प्रतिबिम्ब का चयन करें।

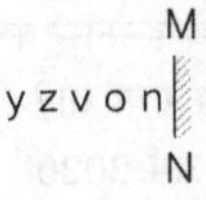

(a) novzy (b) novzy
(c) novzy (d) novzy

21. एक निश्चित तर्क का अनुसरण करते हुए 8,512 से सम्बन्धित है। उसी तर्क का अनुसरण करते हुए 12,1728 से सम्बन्धित है। उसी तर्क का अनुसरण करते हुए 15, निम्नलिखित में से किससे सम्बन्धित है?
(**नोट** संख्याओं को उसके घटक अंकों में तोड़े बिना, पूर्ण संख्याओं पर संक्रियाएँ की जानी चाहिए। उदाहरण के लिए संख्या 13 को लें–13 पर संक्रियाएँ, जैसे कि 13 में जोड़ना/घटाना/गुणा करना आदि, की जा सकती हैं। 13 को 1 और 3 में तोड़ने और फिर 1 और 3 पर गणितीय संक्रियाएँ करने की अनुमति नहीं है।)
(a) 3375 (b) 2275
(c) 3735 (d) 2725

22. 'ग्रीष्म' का सम्बन्ध 'ऋतु' से उसी प्रकार है, जैसे 'कपास' का सम्बन्ध' ....से है।
(a) अनाज (b) कपड़ा
(c) वृक्ष (d) रंग

23. एक निश्चित कूटभाषा में 'CONFUSED' को '7' के रूप में कूटबद्ध किया जाता है और 'CHAIN' को '4' के रूप में कूटबद्ध किया जाता है। उसी भाषा में 'ADULTHOOD' को किस प्रकार कूटबद्ध किया जाएगा?
(a) 7 (b) 9
(c) 6 (d) 8

24. एक कागज को निम्न चित्र के अनुसार मोड़ा और काटा जाता है। खोलने पर यह कागज कैसा दिखाई देगा?

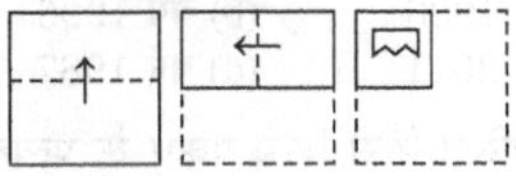

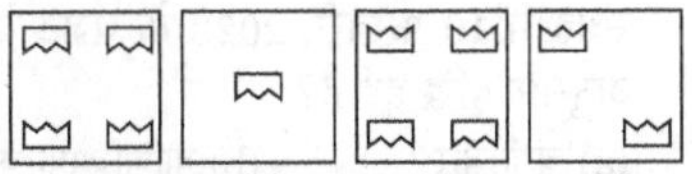

(a) (b) (c) (d)

25. एक निश्चित कूटभाषा में,
'A + B' का अर्थ है 'A, B का पुत्र है',
'A –B' का अर्थ है 'A, B की पत्नी है',
'A × B' का अर्थ है 'A, B का भाई है' और
'A ÷ B' का अर्थ है 'A, B की माता है'।
उपरोक्त के आधार पर, यदि 'P + Q ÷ R –T × M' है, तो निम्नलिखित में से कौन-सा सत्य है?
(a) P, R का भाई है
(b) Q, M की माता है
(c) M, T की बहन है
(d) T, P का भाई है

भाग II
सामान्य जागरुकता

26. वल्लभी, जो प्राचीन भारत का एक शहर था, पाँचवीं से आठवीं शताब्दी तक .... राजवंश की राजधानी थी।
(a) चालुक्य (b) मैत्रक
(c) पल्लव (d) वाकाटक

27. निम्नलिखित में से कौन-सा आमतौर पर अधिक जनसंख्या के कारण होता है?
(a) पर्याप्त प्राकृतिक संसाधन भण्डारण
(b) जल की अप्राप्यता में कमी
(c) भूमि और अन्य नवीकरणीय संसाधनों पर दबाव
(d) वनों के आच्छादित क्षेत्र में वृद्धि

28. निम्नलिखित कथनों पर विचार कीजिए
1. उड़ान (UDAN) योजना ने वर्ष 2017 में लागू होने के पाँच वर्ष पूरे कर लिए हैं।
2. यह विज्ञान और प्रौद्योगिकी मन्त्रालय की प्रमुख योजना है।
3. भारतीय विमानपत्तन प्राधिकरण इस योजना की कार्यान्वयन एजेन्सी है।

उपरोक्त में से कौन-सा/से कथन सही है/हैं?
(a) 2 और 3 (b) केवल 2
(c) 1 और 3 (d) केवल 3

29. निम्नलिखित में से किस वर्ष भारत ने आई.सी.सी. (ICC) क्रिकेट विश्व कप टूर्नामेण्ट की मेजबानी नहीं की?
(a) वर्ष 1983 (b) वर्ष 1996
(c) वर्ष 2011 (d) वर्ष 1987

30. निम्नलिखित में से किस प्रकार के प्रत्यक्ष कर संग्रह में 10 फरवरी, 2023 के बजट के अनुसार वृद्धि हुई है?
(a) चुंगी कर (b) वाणिज्यिक कर
(c) निगम कर (d) व्यक्तिगत आयकर

31. राज्यपाल के रूप में अपने कार्यकाल का वर्णन करते हुए जनवरी, 2021 में प्रकाशित पुस्तक 'फियरलेस गवर्नेंस' (Fearless Governance) किसने लिखी है?
(a) द्रौपदी मुर्मू (b) किरण बेदी
(c) बेबी रानी मौर्य (d) आनन्दी बेन पटेल

32. निम्नलिखित में से कौन-सा युग्म आपस में कोई सीमा साझा नहीं करता है?
(a) भूटान और अरुणाचल प्रदेश
(b) भूटान और मेघालय
(c) भूटान और पश्चिम बंगाल
(d) भूटान और असम

33. इण्डिया इंफ्रास्ट्रक्चर प्रोजेक्ट डेवलपमेण्ट फण्ड (IIPDF) से सम्बन्धित निम्नलिखित कथनों पर विचार करें
1. आईआईपीडीएफ (IIPDF) की स्थापना वर्ष 2017 में हुई थी।
2. IIPDF के लिए धन केन्द्र सरकार द्वारा प्रदान किया जाता है।
3. यह योजना आर्थिक कार्य विभाग के अन्तर्गत अधिसूचित है।

उपरोक्त में से कौन-सा/से कथन गलत है/हैं?
(a) 2 और 3 (b) 1 और 2
(c) केवल 1 (d) केवल 3

34. अप्रैल, 2023 में किस ग़ज़ल गायक को प्रतिष्ठित दीनानाथ मंगेशकर पुरस्कार से सम्मानित किया गया था?
(a) पंकज उधास
(b) ग़ज़ल श्रीनिवास
(c) तलत अज़ीज़
(d) भूपिन्दर सिंह

35. शब-ए-बरात किस धार्मिक समूह द्वारा मनाया जाता है?
(a) मुसलमान (b) बौद्ध
(c) जैन (d) पारसी

36. निम्नलिखित पुस्तकों का उनसे सम्बन्धित लेखकों के साथ मिलान कीजिए

सूची I (पुस्तक)	सूची II (लेखक)
A. ताजुल मआसिर	1. याह्या बिन अहमद सिरहिन्दी
B. खज़ैन-उल फुतुह	2. हसन निज़ामी
C. तारीख-ए-फ़िरोज़शाही	3. जियाउद्दीन बरनी
D. तारीख-ए-मुबारकशाही	4. अमीर खुसरो

कूट
	A B C D		A B C D
(a)	1 3 2 4	(b)	2 4 3 1
(c)	4 3 1 2	(d)	3 1 4 2

37. बेरियम सल्फेट ($Pd/BaSO_4$) पर पैलेडियम को ...... के रूप में भी जाना जाता है।
(a) रेजनमुण्ड उत्प्रेरक
(b) हिलमैन अभिक्रिया उत्प्रेरक
(c) ऐल्डॉल अभिक्रिया उत्प्रेरक
(d) कैनिजारो अभिक्रिया उत्प्रेरक

38. पीएम आयुष्मान भारत हेल्थ इन्फ्रास्ट्रक्चर मिशन किस वर्ष शुरू किया गया था?
(a) वर्ष 2023 (b) वर्ष 2020
(c) वर्ष 2021 (d) वर्ष 2022

39. आबनूस और महोगनी के पेड़ किस प्रकार के वनों में पाए जाते हैं?
(a) उष्णकटिबन्धीय पर्णपाती वन
(b) मैंग्रोव वन
(c) पर्वतीय वन
(d) उष्णकटिबन्धीय सदाबहार वन

40. दो शाखाओं में विभाजित निम्नलिखित में से किस संगठन की स्थापना लोकमान्य बालगंगाधर तिलक और ऐनी बेसेण्ट ने की थी?
(a) होमरूल लीग
(b) इण्डियन एसोसिएशन
(c) थियोसोफिकल सोसायटी
(d) ईस्ट इण्डियन एसोसिएशन

41. निम्नलिखित में से किस तिथि को भारत अपना संविधान दिवस मनाता है?
(a) 26 नवम्बर (b) 15 अगस्त
(c) 2 अक्टूबर (d) 26 जनवरी

42. निम्नलिखित में से कौन अकबर के नवरत्नों में से एक थे?
(a) पुरन्दर दास
(b) तानसेन
(c) स्वामी हरिदास
(d) अमीर खुसरो

43. कौन-सा भारतीय मैराथन आयोजन एशिया में सबसे बड़ा मैराथन माना जाता है?
(a) मुम्बई मैराथन
(b) पिंकथॉन
(c) कावेरी ट्रेल मैराथन
(d) दिल्ली हॉफ मैराथन

44. भारत द्वारा अल्प विकसित देशों (LDCs) के लिए शुल्क-मुक्त टैरिफ वरीयता (DFTP) योजना की घोषणा कब की गई थी?
(a) वर्ष 2006 (b) वर्ष 2009
(c) वर्ष 2010 (d) वर्ष 2008

45. भरतनाट्यम नृत्य शैली निम्नलिखित में से किस राज्य से सम्बन्धित है?
(a) मणिपुर (b) बिहार
(c) कर्नाटक (d) तमिलनाडु

46. वर्ष 1945 में ब्रिटेन में किस पार्टी की सरकार बनी?
(a) सोशलिस्ट (b) लेबर
(c) डेमोक्रेटिक (d) लिबरल

47. नाभिकीय विस्फोटों, आकाशीय तड़ित और रेडियोधर्मी क्षय की कम उत्तेजक गतिविधि द्वारा निर्मित किस प्रकार की विकिरण में बहुत छोटी ($<10^{-3}$ nm) तरंगदैर्ध्य होती है?
(a) अवरक्त (b) सूक्ष्मतरंग
(c) पराबैंगनी (d) गामा

48. नियन्त्रक और महालेखापरीक्षक जिस संगठन का प्रमुख होता है, उसे ········ के नाम से जाना जाता है।
(a) लेखा महानियन्त्रक
(b) इन्स्टीट्यूट ऑफ चार्टर्ड एकाउण्टेण्ट्स ऑफ इण्डिया
(c) भारतीय लेखापरीक्षा और लेखा विभाग
(d) भारतीय नागरिक लेखा संगठन

49. निम्नलिखित में से कौन-सी श्रेणी गोनिओलेक्स (Gonyaulax) से सम्बन्धित है?
(a) *यूग्लीनोएड्स* (b) *डाइनोफ्लैजलेट्स*
(c) *प्रोटोजोअन्स* (d) *क्राइसोफाइट्स*

50. ओजोन परत किस प्रकार की विकिरण को अवशोषित करती है?
(a) दृश्य (b) पराबैंगनी
(c) अवरक्त (d) ये सभी

भाग III
संख्यात्मक अभियोग्यता

51. 999 में जोड़ी जाने वाली वह छोटी-से-छोटी संख्या ज्ञात कीजिए, जिससे योगफल को 99 पूर्ण रूप से विभाजित कर दें।
(a) 99 (b) 90
(c) 0 (d) 9

52. एक समचतुर्भुज $ABCD$ में, O कोई आन्तरिक बिन्दु इस प्रकार है कि $OA = OC$ है। $\angle DOB$ की डिग्री में माप का $\frac{5}{9}$ हिस्सा कितना है?
(a) 100° (b) 120°
(c) 90° (d) 150°

53. अज्ञात मान प्राप्त करने के लिए दिए गए तीन समीकरणों के समूह को हल कीजिए

$$x + 2z = 3$$
$$x + 2y + 3z = 5$$
$$3x - 5z = -13$$

(a) $x = -1, y = 0, z = 2$
(b) $x = 0, y = -1, z = 2$
(c) $x = -1, y = 2, z = 0$
(d) $x = 2, y = 0, z = -1$

54. एक बेईमान व्यापारी अपने किराने का सामान वास्तविक बाँट से 12% कम बाँट का उपयोग करके बेचता है और 10% का लाभ अर्जित करता है। उसका कुल लाभ प्रतिशत ज्ञात करें।
(a) 25% (b) 20%
(c) 10% (d) 15%

55. एक धनराशि को P, Q, R और S के बीच 4 : 9 : 2 : 3 के अनुपात में विभाजित किया जाता है। यदि Q को R से ₹560 अधिक प्राप्त होते हैं, तो S का हिस्सा ज्ञात कीजिए।
(a) ₹340 (b) ₹240
(c) ₹440 (d) ₹140

56. एक वृत्त में, दो जीवाएँ MN और PQ हैं, जो O पर प्रतिच्छेद करती हैं। यदि MO = 9 सेमी, ON = 5 सेमी और OQ = 6 सेमी है, तो OP का मान (सेमी में) कितना है?
(a) 7.5 (b) 6
(c) 7 (d) 6.5

57. मृदुला एक निश्चित मासिक वेतन के साथ अपनी नौकरी शुरू करती है और प्रत्येक वर्ष एक निश्चित वेतन वृद्धि अर्जित करती है। यदि उसका वेतन छह वर्ष की सेवा के बाद ₹28400 था और पन्द्रह वर्ष की सेवा के बाद ₹52997 था, तो उसकी वार्षिक वेतन वृद्धि ज्ञात कीजिए।
(a) ₹1824 (b) ₹1200
(c) ₹12002 (d) ₹2733

58. निम्नलिखित पाई-चार्ट विश्वविद्यालय में विभिन्न पाठ्यक्रमों में छात्रों के प्रतिशत के वितरण को दर्शाता है। विश्वविद्यालय में छात्रों (केवल लड़के और लड़कियों) की कुल संख्या 7000 है।

बी. कॉम में 60% लड़कियाँ हैं और बी.एस.सी. कम्प्यूटर विज्ञान में 40% लड़के हैं। बी.एस.सी. कम्प्यूटर विज्ञान और बी. कॉम पाठ्यक्रमों में प्रवेश लेने वाली लड़कियों की कुल संख्या विश्वविद्यालय में प्रवेश पाने वाले कुल छात्रों का कितना प्रतिशत है?
(a) 29% (b) 23%
(c) 25% (d) 27%

59. $\frac{\sec 35^\circ}{\text{cosec} 55^\circ} - \frac{\cos 25^\circ}{\sin 65^\circ}$ का मान ज्ञात कीजिए।
(a) 0 (b) 2
(c) 1 (d) $\frac{1}{2}$

60. उन कई वर्षों में 14% की साधारण ब्याज की दर पर उधार दी गई ₹16000 की राशि पर अर्जित ब्याज कितना होगा, जितने वर्षों में 10% पर एक निश्चित राशि का 3/5 भाग साधारण ब्याज के रूप में प्राप्त होता है?'
(a) ₹12970
(b) ₹14280
(c) ₹13440
(d) ₹15360

61. ΔABC में, जो C पर समकोण है, यदि $\tan A = \sqrt{3}$ है, तो $\sin A \cos B \cot(A + B)$ का मान ज्ञात कीजिए।
(a) 0 (b) 2
(c) 1 (d) $\sqrt{3}$

62. एक वृत्ताकार पथ की आन्तरिक और बाहरी त्रिज्याएँ क्रमशः 28 मी और 25 मी हैं। ₹28 प्रति मी^{2} की दर से पथ को समतल करने की लागत (₹ में) कितनी है? [$\pi = \frac{22}{7}$ लें]
(a) 13992 (b) 17355
(c) 15421 (d) 11229

63. एक टंकी को भरने के लिए दो पाइप हैं। वे मिलकर टंकी को 15 मिनट में भर सकते हैं। यदि एक पाइप दूसरे पाइप की तुलना में डेढ़ गुना तेजी से टंकी को भर सकता है, तो तेज गति से भरने वाला पाइप अकेले टंकी को कितने समय में भर सकता है?
(a) 10 मिनट (b) 25 मिनट
(c) 20 मिनट (d) $32\frac{1}{2}$ मिनट

64. एक आयताकार आँगन 4 मी 95 सेमी लम्बा और 16 मी 65 सेमी चौड़ा है। इसे समान आकार की वर्गाकार टाइलों से पक्का किया जाना है। आयताकार आँगन को पक्का करने के लिए आवश्यक ऐसी वर्गाकार टाइलों की न्यूनतम संख्या ज्ञात कीजिए।
(a) 388 (b) 944
(c) 877 (d) 407

65. दी गई तालिका का अध्ययन कीजिए और निम्नलिखित प्रश्न का उत्तर दीजिए।
दी गई तालिका दो राज्यों X और Z से एक लोक सेवा परीक्षा में उपस्थित होने वाले उम्मीदवारों (पुरुष और महिला दोनों) की संख्या तथा परीक्षा में उत्तीर्ण होने वाले उम्मीदवारों का प्रतिशत दर्शाती है। तालिका में कुछ मान लुप्त हैं (------ द्वारा दर्शाया गया है)। आपको प्रश्न के अनुसार इन्हें पूर्ण करना होगा।

वर्ष	राज्य X		राज्य Z	
	उपस्थित उम्मीद-वारों की संख्या	उत्तीर्ण उम्मीदवारों का प्रतिशत	उपस्थित उम्मीद-वारों की संख्या	उत्तीर्ण उम्मीद-वारों का प्रतिशत
2008	480	70%	...	70%
2009	560	75%	500	80%
2010	...	60%	650	50%
2011	450	89%	720	72%
2012	790	...	660	...

वर्ष 2010 में राज्य X से उत्तीर्ण उम्मीदवारों की संख्या में से, पुरुष और महिला उम्मीदवारों का अनुपात 5 : 7 है। यदि वर्ष 2010 में राज्य X से उत्तीर्ण महिला उम्मीदवारों की संख्या 168 है, तो वर्ष 2010 में राज्य X से उपस्थित उम्मीदवारों (पुरुष और महिला दोनों) की संख्या कितनी है?

(a) 480 (b) 360
(c) 540 (d) 640

66. दो उम्मीदवारों P और Q के बीच हुए एक चुनाव में, P को कुल वैध मतों के 78% मत प्राप्त हुए। यदि निर्वाचन क्षेत्र में कुल मतों की संख्या 7560000 थी और 10% मतदाताओं ने अपने मत नहीं डाले और डाले गए 15% मत अवैध घोषित कर दिए गए, तो Q को प्राप्त वैध मतों की संख्या क्या थी?

(a) 147312 (b) 1272348
(c) 141732 (d) 141372

67. एक भाग-प्रश्न में भाजक, भागफल का 4 गुना और शेषफल का 2 गुना है। यदि शेषफल 32 है, तो भाज्य ज्ञात कीजिए।

(a) 1065 (b) 3240
(c) 1650 (d) 1056

68. एक दुकानदार ने दिवाली की पूर्व संध्या पर टेलीविजन सेटों पर कई छूटें दी। यदि टेलीविजन सेट का अंकित मूल्य ₹ 1200 है और क्रमागत छूटें 15% और 10% हैं, तो टेलीविजन का विक्रय मूल्य ज्ञात कीजिए।

(a) ₹ 965 (b) ₹ 945
(c) ₹ 918 (d) ₹ 975

69. यदि $a\sin^3 x + b\cos^3 x = \sin x \cos x$ और $a\sin x = b\cos x$ हो, तो $a^2 + b^2$ का मान ज्ञात कीजिए, बशर्ते कि x न तो 0° हो और न ही 90° हो।

(a) $a^2 - b^2$ (b) 1
(c) $a^2 + b^2$ (d) 0

70. नीचे दिया गया बार ग्राफ 2010 से 2013 तक चार वर्षों की अवधि में चार कम्पनियों A, B, C और D द्वारा कॉफी का उत्पादन (लाख टन में) दर्शाता है। ग्राफ का अध्ययन कीजिए और नीचे दिए गए प्रश्न का उत्तर दीजिए।

वर्ष 2010 से 2013 तक चार वर्षों की अवधि में चार कम्पनियों A, B, C और D द्वारा कॉफी का उत्पादन (लाख टन में)

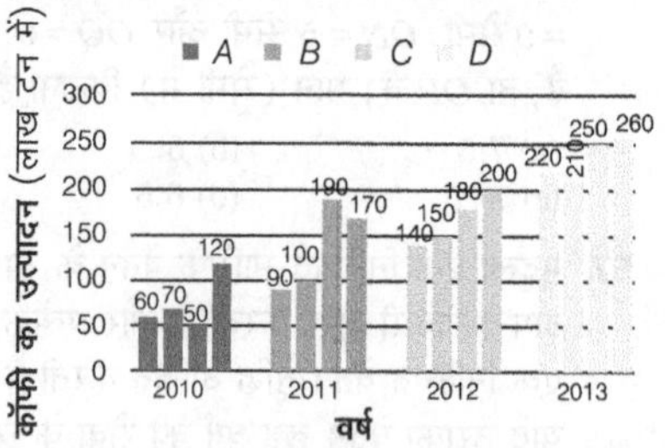

कम्पनी A और C का चार वर्षों का संयुक्त औसत उत्पादन, कम्पनी B और D के चार वर्षों के संयुक्त औसत उत्पादन से कितने प्रतिशत (2 दशमलव स्थान तक पूर्णांकित) अधिक/कम है?

(a) कम, 10.51% (b) अधिक, 10.51%
(c) अधिक, 7.81% (d) कम, 7.81%

71. यदि एक समबाहु त्रिभुज का परिमाप 36 इकाई है, तो इसका क्षेत्रफल (वर्ग इकाई में) है, कितना होगा?

(a) $36\sqrt{2}$ (b) $144\sqrt{3}$
(c) $144\sqrt{2}$ (d) $36\sqrt{3}$

72. 900 मी की एक दौड़ में अतुल ने विशु को 20 सेकण्ड की बढ़त दी और उसे 135 मी से हरा दिया। फिर से वही दौड़ लगाते समय अतुल ने 189 मी की बढ़त दी और उसे 8 सेकण्ड से हरा दिया। विशु 900 मी की पूरी दौड़ कितने समय में पूरी कर सकता है?

(a) 3 मिनट 20 सेकण्ड
(b) 3 मिनट 10 सेकण्ड
(c) 3 मिनट 30 सेकण्ड
(d) 2 मिनट 50 सेकण्ड

73. यदि $x + \frac{1}{x} = 2\sqrt{10}$ है, जहाँ $x > 1$ है, तो $\left(x^3 - \frac{1}{x^3}\right)$ का मान ज्ञात कीजिए।

(a) 198 (b) 216
(c) 221 (d) 234

74. 30 छात्रों के एक समूह ने एक टेस्ट दिया। 12 छात्रों का औसत स्कोर 62 है और बाकी छात्रों का औसत स्कोर भी 62 है। समूह का औसत स्कोर ज्ञात करें।

(a) 61 (b) 63
(c) 60 (d) 62

75. निम्न तालिका किसी परीक्षा में चार अलग-अलग विषयों में 100 अंकों में से पाँच छात्रों द्वारा प्राप्त अंकों को दर्शाती है। तालिका का अध्ययन कीजिए और निम्नलिखित प्रश्न का उत्तर दीजिए।

छात्र/विषय	गणित	भौतिकी	जीव विज्ञान	अंग्रेजी
सुरेश	70	80	65	60
रमेश	85	70	70	55
अंकित	90	80	60	65
रंजीत	95	70	65	60
आर्यन	75	65	65	70

गणित विषय में सभी पाँच छात्रों द्वारा प्राप्त औसत अंक कितने हैं?

(a) 80 (b) 84
(c) 85 (d) 83

भाग IV
अंग्रेजी भाषा

76. Select the option that can be used as a one-word substitute for the underlined group of words in the following sentence.

Despite recent superficial moves toward political reconciliation, Libya remains in the grip of a bloodstained corrupt military <u>exclusive circle of people with a common purpose.</u>

(a) oblique (b) pique
(c) clique (d) antique

77. Select the option that can be used as a one-word substitute for the given group of words.

An instrument for viewing distant objects in space.

(a) Microscope (b) Spectrograph
(c) Telescope (d) Binoculars

78. The following sentence contains a word with a spelling error. Rectify the sentence by selecting the correct spelling of the identified word from the given options.

I was upstaires when somebody rang the doorbell.

(a) Upstares
(b) Upstaire
(c) Upsatires
(d) Upstairs

79. Select the most appropriate synonym of the given word.
Adversity
(a) Success (b) Misfortune
(c) Pleasure (d) Advantage

80. Select the most appropriate ANTONYM of the following word.
Forbid
(a) Prohibit (b) Allow
(c) Call (d) Forsake

81. Parts of a sentence are given below in jumbled order. Arrange the parts in the correct order to form a meaningful sentence.
(A) while the employees
(B) meeting on time
(C) the boss arrived at the
(D) despite the heavy traffic
(E) were late
(a) DCBAE
(b) DACEB
(c) BACED
(d) ACEDB

82. Select the most appropriate option to substitute the underlined segment in the given sentence.
Charles Darwin is renowned for his book on evolution, 'On the Origin of Species', which laid down a treasure of substantiation that evolution occurs and projected a mechanism, that is, natural selection, for how it does so.
(a) laid into a treasure of substantiation
(b) laid about a treasure of substantiation
(c) laid away a treasure of substantiation
(d) laid out a treasure of substantiation

83. Parts of the following sentence have been given as options. Select the option that contains an error.
It is he who work for the company for more than a decade.
(a) for more than a decade
(b) who work
(c) for the company
(d) It is he

84. Select the option that correctly expresses the given sentence in passive voice.
The teachers of our school have already taken this training.
(a) This training has already been taken by the teachers of our school.
(b) This training has been taken by the teachers of our school.
(c) This training has already been taken by the our school teachers.
(d) This training was already taken by the teachers of our school.

85. Select the most appropriate ANTONYM of the underlined word.
He was very cruel in dealing with the students.
(a) Skittish (b) Kind
(c) Malevolent (d) Kingly

86. Parts of a sentence are given below in jumbled order. Arrange the parts in the correct order to form a meaningful sentence.
(A) he had to take the bus
(B) his friend, who used to give
(C) to his office because he had
(D) him a lift, was on vacation
(E) never learned to drive and
(a) DACEB (b) ACEBD
(c) EBADC (d) BADEC

87. Select the option that expresses the following sentence in passive voice.
Ravi will play the match.
(a) The match is played by Ravi.
(b) The match will have been played by Ravi.
(c) The match will be playing by Ravi.
(d) The match will be played by Ravi.

88. Select the most appropriate option that can substitute the underlined word in the given sentence.
Our legal system must frame proper legal rules for juvenile criminals.
(a) senile (b) dotage
(c) old (d) young

89. Substitute the underlined word-segment with most appropriate idiom.
The doctors tried very hard to save his mother but they were unsuccessful.
(a) faced the music
(b) drew the line
(c) moved heaven and earth
(d) ran like clockwork

90. Select the most appropriate meaning of the given idiom.
Hit the nail on the head
(a) They are experiencing a headache.
(b) They have accurately identified or explained something.
(c) They're uncertain about a decision.
(d) They hit a nail with a hammer.

91. The following sentence has been split into four segments. Identify the segment that contains a grammatical error.
The windows / violent banged / during the / storm yesterday.
(a) during the
(b) The windows
(c) storm yesterday
(d) violent banged

92. Identify the incorrectly spelt word in the following sentence and select its correct spelling from the given options.
His acquiantance with the author led to many fruitful collaborations.
(a) acuiantance (b) acquaintance
(c) acquaintence (d) aquaintance

93. Identify the correct synonym of the word given below.
FATIGUE
(a) Mission (b) Tiredness
(c) Vigour (d) Obese

94. Select the most appropriate synonym of the underlined word.
She was overstrung before her dance performance.
(a) Cheerful (b) Calm
(c) Placid (d) Nervous

95. Select the option that can be used as a one-word substitute for the given group of words.
Awkward in movement or manner
(a) Alert (b) Imbalanced
(c) Clumsy (d) Clownish

Directions (Q. Nos. 96-100) *In the following passage, some words have been deleted. Read the passage carefully and select the most appropriate option to fill in each blank.*

Azadi Ka Amrit Mahotsav is an ......(1)...... by the Government of India to celebrate and remember 75 years of independence and the beautiful history of its people, culture and achievements. This Mahotsav is ......(2)...... to the people of India, who have not only been instrumental in bringing India this far in its evolutionary journey but also ......(3)...... the power and potential to realise Prime Minister, Narendra Modi's ......(4)...... of activating India 2.0, fuelled by the spirit of Aatmanirbhar Bharat. The formal journey of Azadi Ka Amrit Mahotsav began on 12th March, 2021, beginning a ......(5)...... to our 75th anniversary of independence and will finish a year later on 15th August, 2023.

96. Select the most appropriate answer for blank number 1.
(a) associate (b) initiative
(c) obligation (d) occult

97. Select the most appropriate answer for blank number 2.
(a) dedicated (b) alienated
(c) refused (d) withhold

98. Select the most appropriate answer for blank number 3.
(a) clarifies (b) possess
(c) concludes (d) obtains

99. Select the most appropriate answer for blank number 4.
(a) graphics (b) vision
(c) design (d) control

100. Select the most appropriate answer for blank number 5.
(a) allocation (b) countdown
(c) custom (d) breakdown

उत्तरमाला

1. (d)	2. (b)	3. (b)	4. (c)
5. (d)	6. (d)	7. (a)	8. (a)
9. (d)	10. (b)	11. (c)	12. (d)
13. (b)	14 (a)	15. (b)	16. (a)
17. (c)	18. (b)	19. (a)	20. (b)
21. (a)	22. (b)	23. (d)	24. (a)
25. (a)	26. (b)	27. (c)	28. (d)
29. (a)	30. (d)	31. (b)	32. (b)
33. (c)	34. (a)	35. (a)	36. (b)
37. (a)	38. (c)	39. (d)	40. (a)
41. (a)	42. (b)	43. (a)	44. (d)
45. (d)	46. (b)	47. (d)	48. (c)
49. (b)	50. (b)	51. (b)	52. (a)
53. (a)	54. (a)	55. (b)	56. (a)
57. (d)	58. (d)	59. (a)	60. (c)
61. (a)	62. (a)	63. (b)	64. (d)
65. (a)	66. (b)	67. (d)	68. (c)
69. (b)	70. (d)	71. (d)	72. (a)
73. (d)	74. (d)	75. (d)	76. (c)
77. (c)	78. (d)	79. (b)	80. (b)
81. (a)	82. (d)	83. (b)	84. (a)
85. (b)	86. (b)	87. (d)	88. (d)
89. (c)	90. (b)	91. (d)	92. (b)
93. (b)	94. (d)	95. (c)	96. (b)
97. (a)	98. (b)	99. (b)	100. (b)

व्याख्या

1. *(d)* दी गई शृंखला का क्रम निम्न है,
q p r r p r q/q p r r p r q/q p r r p r q
अभीष्ट संयोजन = rpqrrqrr

2. *(b)* दी गई शृंखला का क्रम निम्न प्रकार है,

G $\xrightarrow{-4}$ C $\xrightarrow{-4}$ Y $\xrightarrow{-4}$ U $\xrightarrow{-4}$ Q
A $\xrightarrow{+2}$ C $\xrightarrow{+2}$ E $\xrightarrow{+2}$ G $\xrightarrow{+2}$ I
S $\xrightarrow{-4}$ O $\xrightarrow{-4}$ K $\xrightarrow{-4}$ G $\xrightarrow{-4}$ C
M $\xrightarrow{+2}$ O $\xrightarrow{+2}$ Q $\xrightarrow{+2}$ S $\xrightarrow{+2}$ U

3. *(b)* दी गई आकृति को नामांकित करने पर,

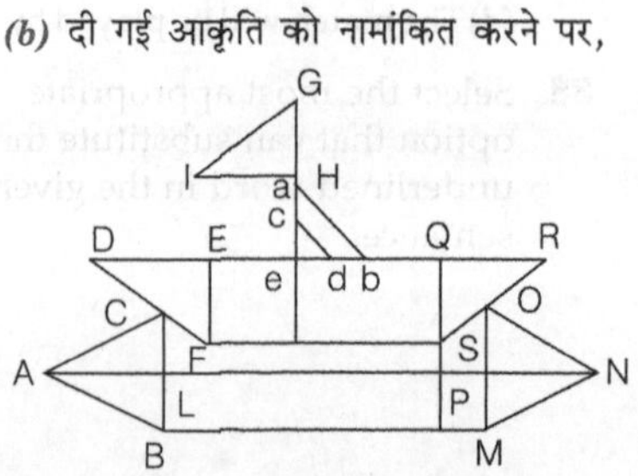

उपर्युक्त आकृति में निम्न 11 त्रिभुज हैं,
ΔABL, ΔALC, ΔABC, ΔMNP, ΔPNO ΔMNO, ΔDEF, ΔQRS, ΔGHI, Δ cde तथा Δabe
अत: कुल त्रिभुजों की संख्या = 11

4. *(c)* दी गई संख्या शृंखला का क्रम निम्न है,

17 → 38 → 84 → 180 → 376 → 772
×2+4, ×2+8, ×2+12, ×2+16, ×2+20
+4, +4, +4, +4

5. *(d)* दिए गए कागज को चित्रानुसार खोलने पर यह विकल्प आकृति (d) जैसा दिखाई देगा।

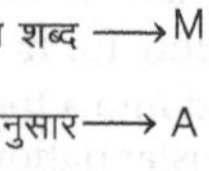

6. *(d)* विकल्प (d) के शब्द-युग्म के अतिरिक्त अन्य सभी विकल्पों में पहले शब्द (भाग) की विशेषज्ञता वाले दूसरा भाग रखता है।, जबकि मूत्र रोग विशेषज्ञ, गर्भाशय की जाँच नहीं करता है।

7. *(a)* दी गई शृंखला एकान्तर क्रम शृंखला में है, जो निम्न प्रकार से पैटर्न का अनुसरण करती है।

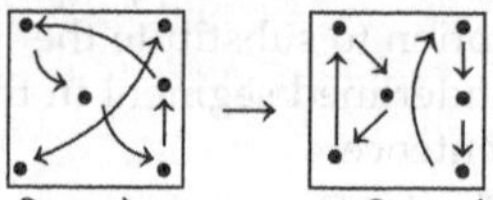

आकृति (i) से (ii) और आकृति (iii) से (iv)   आकृति (ii) से (iii) और आकृति (iv) से (v)

अत: विकल्प आकृति (a) शृंखला को पूरा करेगी।

8. *(a)*
दिया गया शब्द ⟶ M E A D O W
वर्णमाला क्रमानुसार ⟶ A D E M O W

अत: केवल दो अक्षरों (O और W) की स्थिति में कोई बदलाव नहीं होगा।

9. *(d)* जिस प्रकार, $16 \rightarrow 16 \times 7 = 112$
तथा $26 \rightarrow 26 \times 7 = 182$
उसी प्रकार, $44 \rightarrow 44 \times 7 = \boxed{308}$

10. *(b)* कथनानुसार,

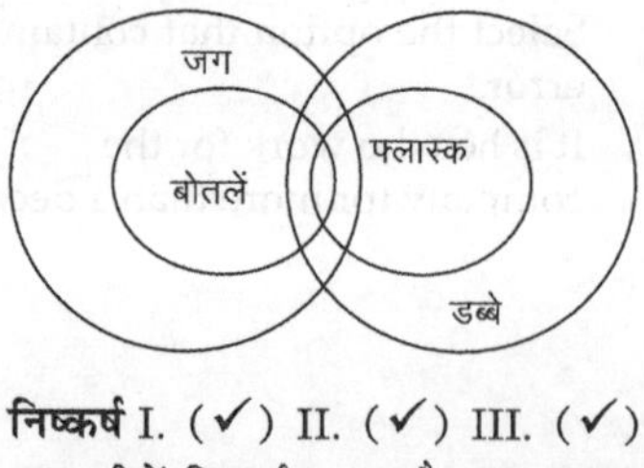

निष्कर्ष I. (✓) II. (✓) III. (✓)
अत: तीनों निष्कर्ष I, II और III अनुसरण करते हैं।

11. *(c)* जिस प्रकार, कटुता व मानवता परस्पर विपरीतार्थक शब्द हैं, उसी प्रकार सम्भालना व त्यागना भी विपरीतार्थक शब्द हैं।

12. *(d)* जिस प्रकार,

D	E	M	A	N	D
4	5	13	1	14	4
4	10 (×2)	13	2 (×2)	14	4

नोट यहाँ स्वर (vowel) के स्थानीय मान में '2' से गुना हो रही है।

तथा

S	U	P	P	L	Y
19	21	16	16	12	25
19	42 (×2)	16	16	12	25

उसी प्रकार,

P	R	O	D	U	C	T
16	18	15	4	21	3	20
16	18	30 (×2)	4	42 (×2)	3	20

13. *(b)* जिस प्रकार,
$17 \rightarrow 17 \times 8 - 1 = 136 - 1 = 135$
$13 \rightarrow 13 \times 8 - 1 = 104 - 1 = 103$
और $19 \rightarrow 19 \times 8 - 1 = 152 - 1 = 151$
परन्तु, $16 \rightarrow 16 \times 8 - 1$
$= 128 - 1 = \boxed{127} \neq 128$

14. *(a)* जिस प्रकार,

R A T E → (+1, +2, +3, +4) → S C W I

तथा H I G H → (+1, +2, +3, +4) → I K J L

उसी प्रकार, O P E N → (+1, +2, +3, +4) → P R H R

15. *(b)* $48 \div 3 + 12 \times 4 - 6 \times 7 + 21 = 27$
संख्या 3 और 4 को परस्पर बदलने पर,
$48 \div 4 + 12 \times 3 - 6 \times 7 + 21 = 27$
$\Rightarrow 12 + 12 \times 3 - 6 \times 7 + 21 = 27$
$\Rightarrow 12 + 36 - 42 + 21 = 27$
$\Rightarrow 69 - 42 = 27$
$\therefore 27 = 27$

16. *(a)* दी गई आकृति (X) आकृति (2) में सन्निहित है।

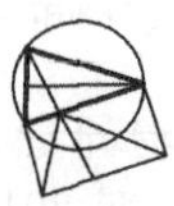

17. *(c)* जिस प्रकार,
$(280, 140) \rightarrow 280 \div 2 = 140$
तथा $(186, 93) \rightarrow 186 \div 2 = 93$
उसी प्रकार, $(118, 59) \rightarrow 118 \div 2 = 59$

18. *(b)* $14014 \times 14 \sim 10 \div 8 + 14 = ?$
प्रश्नानुसार,
$? = 14014 \div 14 + 10 \times 8 - 14$
$= 1001 + 80 - 14$
$= 1081 - 14 = \boxed{1067}$

19. *(a)* दी गई शृंखला में प्रत्येक अगली आकृति में नया संकेत दक्षिणावर्त दिशा में जुड़ता जा रहा है।
इस प्रकार अगली आकृति विकल्प (a) की आकृति होगी।

20. *(b)* दिए गए संयोजन का सही दर्पण प्रतिबिम्ब विकल्प (b) का संयोजन है।

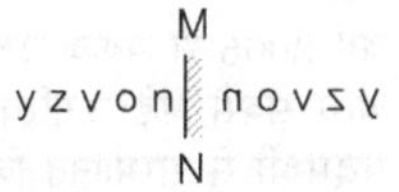

21. *(a)* जिस प्रकार, $8 \rightarrow (8)^3 = 512$
तथा $12 \rightarrow (12)^3 = 1728$
उसी प्रकार, $15 \rightarrow (15)^3 = \boxed{3375}$

22. *(b)* जिस प्रकार, ग्रीष्म एक प्रकार की ऋतु है तथा ग्रीष्म, ऋतु से सम्बन्धित है। उसी प्रकार, कपास से कपड़े बनाए जाते हैं तथा कपास, कपड़े से सम्बन्धित है।

23. *(d)* जिस प्रकार,
CONFUSED में कुल अक्षरों की संख्या $= 8$
$\Rightarrow 8 - 1 = 7$
तथा CHAIN में अक्षरों की संख्या = 5
$\Rightarrow 5 - 1 = 4$
उसी प्रकार,
ADULTHOOD में अक्षरों की संख्या = 9
$\Rightarrow 9 - 1 = \boxed{8}$

24. *(a)* दिए गए चित्रानुसार कागज को मोड़ने, काटने तथा खोलने पर यह विकल्प (a) की आकृति जैसा दिखाई देगा।

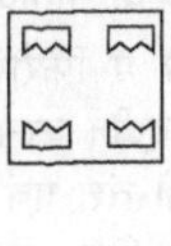

25. *(a)* प्रश्नानुसार,

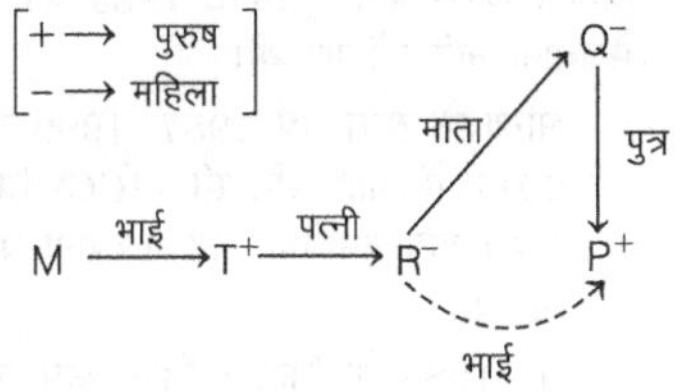

स्पष्टतः P, R का भाई है।

26. *(b)* वल्लभी, जो प्राचीन भारत का एक शहर था, पाँचवीं से आठवीं शताब्दी तक **मैत्रक** राजवंश की राजधानी थी।

- मैत्रक राजवंश का शासन 475 ई. से 767 ई. तक गुजरात (सौराष्ट्र) क्षेत्र में था।
- इस राजवंश की स्थापना का श्रेय सेनापति भट्टारक को दिया जाता है, जो गुप्त साम्राज्य के अन्तर्गत सौराष्ट्र के सैन्य गवर्नर थे।
- सोमनाथ मन्दिर का निर्माण वल्लभी के मैत्रक राजाओं ने करवाया था।

27. *(c)* अधिक जनसंख्या के कारण **भूमि और अन्य नवीकरणीय संसाधनों पर दबाव** होता है।

- अधिक जनसंख्या अथवा जनसंख्या वृद्धि के प्रमुख घटक जन्म दर, मृत्यु दर एवं प्रवास हैं।
- जनसंख्या वृद्धि से खाद्य आपूर्ति की समस्या उत्पन्न होती है।
- यह गरीबी, बेरोजगारी एवं अशिक्षा में वृद्धि करता है।

28. *(d)* दिए गए कथनों में से केवल कथन 3 सही हैं।

- भारतीय विमानपत्तन, प्राधिकरण इस योजना की कार्यान्वयन एजेन्सी है।
- उड़ान योजना ने वर्ष 2022 में अपने पाँच वर्ष पूर्ण कर लिए हैं।
- इस योजना को नागरिक उड्डयन मन्त्रालय के द्वारा 27 अप्रैल, 2017 में प्रारम्भ किया गया था।
- उड़ान (UDAN) का तात्पर्य है 'उड़े देश का आम नागरिक।
- यह टियर-II एवं टियर-III शहरों को अर्थात् देश के ग्रामीण क्षेत्रों को हवाई जहाज की सेवा से जोड़ती है।
- इसके अन्तर्गत 200 से 800 किमी लम्बी दूरी के मार्ग को संलग्न किया जाता है।

29. *(a)* भारत के द्वारा आई. सी. सी (ICC) क्रिकेट विश्व कप टूर्नामेण्ट **1983** की मेजबानी नहीं की गई थी।
- भारत के द्वारा वर्ष 1987, 1996 एवं 2011 में आई. सी. सी. (ICC) क्रिकेट विश्व कप टूर्नामेण्ट की मेजबानी की गई थी।
- वर्ष 1983 के क्रिकेट विश्व कप का आयोजन इंग्लैण्ड में किया गया था।
- कपिल देव के नेतृत्व में इस विश्व कप को भारत ने वेस्टइण्डीज को हराकर जीता था।

30. *(d)* प्रश्नानुसार, फरवरी 2023 के बजट के अनुसार **व्यक्तिगत आयकर** में वृद्धि हुई। यह वृद्धि दर 29.63% अधिक है।
- किसी व्यक्ति की आय पर लगाए गए कर को 'व्यक्तिगत आयकर' कहा जाता है।
- इसके अन्तर्गत वेतन, व्यावसायिक आय एवं ब्याज तथा रॉयल्टी जैसी निष्क्रिय आय को शामिल किया जाता है।
- वित्तीय वर्ष 2024-25 के अन्तर्गत व्यक्तिगत आयकर की सीमा
  0 से 3 लाख = 0%
  3,00,001 से 70,0000 = 5%
  700001 से 1000000 = 10%
  100000 से 1200000 = 15%
  1200001 से 1500000 = 20%
  1500001 से ऊपर = 30%

31. *(b)* फियरलेस गवर्नेन्स पुस्तक **किरण बेदी** द्वारा लिखित है।
- किरण बेदी भारतीय पुलिस सेवा में नियुक्त होने वाली पहली महिला अधिकारी हैं।
- वर्तमान में ये पुदुचेरी की उपराज्यपाल हैं।
- इनकी अन्य पुस्तकें 'वॉट वेंट रॉन्ग एण्ड वाई', 'अपराइजिंग 2011: इण्डियन अगेंस्ट करप्पशन', 'क्रिएटिंग लीडरशिप', 'इम्पावरिंग वूमेन एज आई सी' इत्यादि हैं।

32. *(b)* **भूटान व मेघालय** आपस में सीमा साझा नहीं करते हैं।
- भूटान एवं भारत के मध्य 699 किमी लम्बी सीमा रेखा है।
- भूटान की सीमा भारत के चार राज्यों असम, अरुणाचल प्रदेश, पश्चिम बंगाल एवं सिक्किम के साथ लगती है।
- मेघालय एक उत्तर-पूर्वी राज्य है। इसकी सीमा बांग्लादेश के साथ लगती है।
- भारत एवं बांग्लादेश के मध्य की सीमा 4096 किमी लम्बी है।

33. *(c)* दिए गए कथनों में से केवल कथन 1 सही है।
- आई आई पी डी एफ (IIPDF) की स्थापना वर्ष 2017 में की गई थी। यह केन्द्रीय क्षेत्र की योजना है।
- आईआईपीडीएफ परियोजना प्रायोजक प्राधिकरणों को लेन-देन से जुड़ी लागतें कवर करने में मदद करती है।
- इस योजना के तहत्, एक प्रस्ताव के लिए अधिकतम ₹ 5 करोड़ की राशि का वित्त पोषण किया जा सकता है।
- वित्तीय वर्ष 2022-23 से वर्ष 2024-25 हेतु कुल ₹ 150 करोड़ आवण्टित किए गए हैं।
- इसके अन्तर्गत अवसंरचनाओं का विकास किया जा रहा है।
- इसका संचालन वित्त मन्त्रालय के आर्थिक मामलों के विभाग द्वारा किया जा रहा है।

34. *(a)* अप्रैल, 2023 में **पंकज उधास** को दीनानाथ मंगेशकर पुरस्कार से सम्मानित किया गया था।
- वर्ष 2006 में पंकज उधास को भारत के चौथे सबसे बड़े नागरिक सम्मान **पद्मश्री** से सम्मानित किया गया था।

35. *(a)* शब-ए-बरात मुसलमानों द्वारा मनाया जाता है।
- 'शब' एक फारसी शब्द है, जिसका अभिप्राय 'रात' होता है, जबकि 'बरात' एक अरबी शब्द है, जिसका अभिप्राय 'मोक्ष' और 'क्षमा' होता है।
- शब-ए-बरात की रात को मुसलमान समुदाय के लोग अल्लाह से अपने पापों की क्षमा माँगते हैं।

36. *(b)* सही सुमेलन A-2, B-4, C-3, D-1 है।
- 'तआजुल मआसिर' पुस्तक के लेखक हसन निजामी हैं। हसन निजामी कुतुबुद्दीन ऐबक के दरबारी कवि थे। इस पुस्तक में गुलाम वंश के प्रारम्भिक शासन का उल्लेख किया गया है।
- 'खजैन उल फुतुह' पुस्तक के लेखक अमीर खुसरो हैं। इस शब्द का तात्पर्य 'विजय का खजाना' होता है। इस पुस्तक में अलाउद्दीन खिलजी की दक्षिण विजय, उसके निर्माण कार्य, युद्ध एवं प्रशासनिक गतिविधियों का उल्लेख है।
- 'तारीख-ए-फिरोजशाही' इसके लेखक जियाउद्दीन बरनी हैं। इसमें बलबन वंश, खिलजी वंश एवं तुगलक वंश का उल्लेख किया गया है।
- 'तारीख-ए-मुबारकशाही' के लेखक याह्या बिन अहमद सरहिन्दी हैं। इस पुस्तक में दिल्ली के सैयद वंश का उल्लेख किया गया है।

37. *(a)* बेरियम सल्फेट पर पैलेडियम को **रेजनमुण्ड उत्प्रेरक** के रूप में जाता जाता है।
- रेजनमुण्ड उत्प्रेरक एक हाइड्रोजनीकरण प्रक्रिया है, जिसमें आणविक हाइड्रोजन बेरियम सल्फेट पैलेडियम की उपस्थिति में एसाइल क्लोराइड के साथ प्रतिक्रिया करता है।
- इस प्रतिक्रिया की खोज सर्वप्रथम वर्ष 1918 में **विल्हेम रेजनमुण्ड** के द्वारा की गई थी।

38. *(c)* प्रधानमन्त्री आयुष्मान भारत हेल्थ इन्फ्रास्ट्रक्चर मिशन (PM-ABHIM) 25 **अक्टूबर, 2021** को प्रधानमन्त्री नरेन्द्र मोदी के द्वारा लॉन्च किया गया था।
- यह एक केन्द्र प्रायोजित योजना है।
- इस योजना के अन्तर्गत वित्तीय वर्ष 2021-22 से 2025-26 की अवधि के लिए ₹ 64,180 करोड़ की राशि आवण्टित की गई थी।
- इसके अन्तर्गत ग्रामीण एवं शहरी क्षेत्रों में आयुष्मान आरोग्य केन्द्र का निर्माण किया जा रहा है।

39. *(d)* उष्णकटिबन्धीय सदाबहार वन का विकास 200 सेमी से अधिक वार्षिक वर्षा एवं 22 डिग्री से अधिक औसत वार्षिक तापमान वाले उष्ण एवं आर्द्र स्थानों में होता है, इसमें मुख्य रूप से आबनूस एवं महागोनी, कटहल, सुपारी, जामुन, आम आदि के वृक्ष पाए जाते हैं।
- इस प्रकार के वनों में वृक्षों की लम्बाई 60 मीटर से अधिक होती है।
- ये वन वर्षभर हरियाली से अच्छादित रहते हैं।
- भारत के पश्चिमी घाट, अण्डमान व निकोबार द्वीप समूह एवं उत्तर-पूर्वी प्रदेशों में इस प्रकार के वन पाए जाते हैं।

40. *(a)* होमरूल लीग की स्थापना वर्ष 1916 में बालगंगाधर तिलक एवं ऐनी बेसेण्ट के द्वारा की गई थी।
- तिलक के द्वारा अप्रैल, 1916 में बॉम्बे में होमरूल लीग की स्थापना की गई थी।
- इसका मुख्यालय पुणे में था।
- इसका कार्यक्षेत्र महाराष्ट्र, बरार, कर्नाटक एवं मध्य प्रान्त था।

- ऐनी बेसेण्ट के द्वारा होमरूल लीग की स्थापना सितम्बर, 1916 में मद्रास में की गई थी।

41. *(a)* **26 नवम्बर,** (कानून दिवस) 1949 को भारत की संविधान सभा के द्वारा भारतीय संविधान को अपनाया गया।

- इस संविधान सभा के अध्यक्ष डॉ. राजेन्द्र प्रसाद थे।
- संविधान का प्रारूप (मसौदा) तैयार करने में मसौदा समिति को कुल 166 दिन लगे।
- मसौदा समिति के अध्यक्ष डॉ. भीमराव अम्बेडकर थे।

42. *(b)* **तानसेन** अकबर के नवरत्नों में से एक थे। इनका वास्तविक नाम रामतनु पाण्डे था।

- तानसेन अकबर के द्वारा प्रदान की गई उपाधि थी।
- इन्होंने हिन्दू देवी-देवताओं पर 'ध्रुपद' की रचना की।
- ये 1562 ई. में अकबर के दरबार में शामिल हुए थे।

43. *(a)* **मुम्बई मैराथन** एशिया में सबसे बड़ा मैराथन माना जाता है। मुम्बई मैराथन टाटा एवं टाटा कंसल्टेंसी सर्विस के द्वारा संयुक्त रूप से आयोजित किया जाता है।

- इसका आयोजन प्रत्येक वर्ष जनवरी माह के तीसरे रविवार को मुम्बई में किया जाता है।
- इस आयोजन में कुल 42 किमी की दौड़ (मैराथन) होती है।

44. *(d)* शुल्क-मुक्त टैरिफ वरीयता (DFTP) योजना की घोषणा 8 अप्रैल, 2008 को भारतीय प्रधानमन्त्री मनमोहन सिंह के द्वारा नई दिल्ली में भारत अफ्रीका मंच शिखर सम्मेलन के दौरान की गई थी।

- यह एकतरफा टैरिफ वरीयता योजना है, जो अल्पविकसित देशों (एलडीसी) के वैश्विक निर्यात के 92.5% उत्पादों पर शुल्क मुक्त बाजार पहुँच प्रदान करती है।

45. *(d)* भरतनाट्यम की उत्पत्ति **तमिलनाडु** के तंजौर जिले से हुई थी।

- यह नाट्यशास्त्र नामक संस्कृत ग्रन्थ पर आधारित है।
- भरतनाट्यम की शिक्षा भगवान ब्रह्मा के द्वारा ऋषि भरत को दी गई थी।
- इस नृत्य में नर्तकियों की वेशभूषा अत्यधिक भव्य होती है।
- इस नृत्य का समापन 'तिल्लाना' के साथ होता है।

46. *(b)* वर्ष 1945 में ब्रिटेन में **लेबर पार्टी** के नेतृत्वकर्ता एटली थे, जिनकी तत्कालीन समय में सरकार बनी।

- यह एक सामाजिक लोकतान्त्रिक राजनीतिक दल है।
- एटली के द्वारा चुनाव में चर्चिल को पराजित किया गया था।

47. *(d)* नाभिकीय विस्फोटों, आकाश तड़ित और रेडियोधर्मी क्षय की कम उत्तेजक गतिविधि द्वारा निर्मित **गामा विकिरण** अत्यन्त सूक्ष्म विकिरण है।

- इसकी तरंगदैर्ध्य सबसे छोटी ($< 10^{-3}$ nm) होती है।
- सामान्यत: यह एक्स विकिरण की तुलना में छोटी होती है।

48. *(c)* नियन्त्रक और महालेखा परीक्षक जिस संगठन का प्रमुख होता है, उसे **भारतीय लेखापरीक्षा और लेखा विभाग** के नाम से जाना जाता है।

- भारत के नियन्त्रक एवं महालेखा परीक्षक भारत की सर्वोच्च लेखा परीक्षा संस्था है, जिसे भारतीय संविधान के **अनुच्छेद 148** के तहत् स्थापित किया गया है।
- सीएजी लेखपाल का वैधानिक लेखा परीक्षक भी है।

49. *(b)* **डाइनोफ्लैजलेट्स** एक प्रकार का शैवाल है,

- यह प्रोटेस्टा जगत से सम्बन्धित है, जो गोनिओलेक्स से सम्बन्धित है।
- इसमें प्रोटोजोआ उपस्थित नहीं होते हैं।
- इसमें गतिशीलता हेतु फ्लैजिला होते हैं।

50. *(b)* वायुमण्डल की ओजोन परत के द्वारा **पराबैंगनी विकिरण** का अवशोषण कर लिया जाता है।

- पराबैंगनी विकिरण का तरंगदैर्ध्य दृश्य प्रकाश से कम होता है।
- पृथ्वी को गर्म करने में इसकी बड़ी भूमिका होती है।
- इसके प्रभावस्वरूप त्वचा कैंसर होता है।

51. *(b)* 99) 999 (10
-99
9 (शेषफल)

अत: अभीष्ट संख्या = 99 − 9 = **90**

52. *(a)* दिया है, समचतुर्भुज *ABCD*

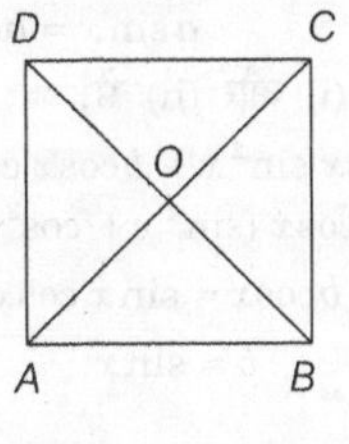

$\Rightarrow \angle DOB = 180°$ (रैखिक कोण)

अब, $\angle DOB \times \frac{5}{9} = 180° \times \frac{5}{9} = 100°$

53. *(a)* $x + 2z = 3$ ...(i)

$x + 2y + 3z = 5$ ...(ii)

तथा $3x - 5z = -13$ ...(iii)

समी (i) × 3 − समी (iii) से,

$11z = 9 + 13$

$z = 2$

$\therefore \quad x = 3 - 2 \times 2 = -1$ [समी (i) से]

समी (ii) से,

$2y = 5 - 3 \times (2) + 1 = 0$

$y = 0$

$\therefore \ x = -1, y = 0$ तथा $z = 2$

54. *(a)*

क्रय मूल्य		विक्रय मूल्य
10	:	11
88	:	100
88	:	110

(22)

अभीष्ट लाभ प्रतिशत

$= \frac{22}{88} \times 100\% = 25\%$

55. *(b)* माना, *P*, *Q*, *R* और *S* को प्राप्त राशि क्रमश: ₹ 4*x*, ₹ 9*x*, ₹ 2*x* और ₹ 3*x* हैं।

$\therefore \quad 9x - 2x = 560$

$x = \frac{560}{7} = 80$

अत: *S* का हिस्सा $= 3x = 3 \times 80$

= ₹ 240

स्पीडी विधि

$\because (9 - 2) \rightarrow 560$

$\therefore \quad 3 \rightarrow \frac{560}{7} \times 3 =$ ₹ 240

56. *(a)* प्रश्नानुसार,

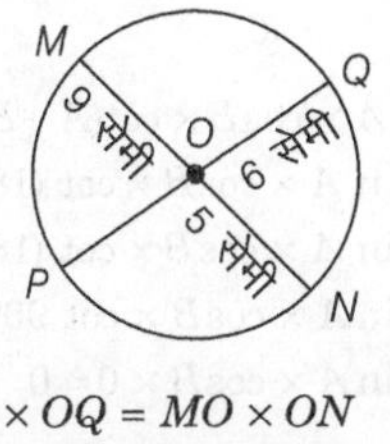

अब, $OP \times OQ = MO \times ON$

$\Rightarrow \quad OP \times 6 = 9 \times 5$

$\therefore \quad OP = 7.5$ सेमी

57. *(d)* 9 वर्ष में वेतन में वृद्धि

= 52997 − 28400 = ₹ 24597

∴ 1 वर्ष में वेतन में वृद्धि

$= \frac{24597}{9} =$ ₹ 2733

58. *(d)* बी.कॉम में लड़कियाँ

$= 7000 \times \frac{20}{100} \times \frac{60}{100} = 840$

बी. एस.सी. कम्प्यूटर विज्ञान में लड़कियाँ

$= 7000 \times \frac{25}{100} \times \frac{60}{100}$

$= 1050$

अभीष्ट प्रतिशत $= \frac{(840 + 1050)}{7000} \times 100$

$= 27\%$

59. *(a)* $\frac{\sec 35^\circ}{\text{cosec } 55^\circ} - \frac{\cos 25^\circ}{\sin 65^\circ}$

$= \frac{\text{cosec }(90^\circ - 35^\circ)}{\text{cosec } 55^\circ} - \frac{\sin (90^\circ - 25^\circ)}{\sin 65^\circ}$

$= \frac{\text{cosec } 55^\circ}{\text{cosec } 55^\circ} - \frac{\sin 65^\circ}{\sin 65^\circ}$

$= 1 - 1 = 0$

60. *(c)* माना मूलधन $= P$

$\therefore$ साधारण ब्याज $= P \times \frac{3}{5}$

समय $= \frac{P \times 3 \times 100}{10 \times 5 \times P} = 6$ वर्ष

$\therefore$ अभीष्ट साधारण ब्याज

$= \frac{16000 \times 14 \times 6}{100}$

$= ₹\ 13440$

61. *(a)* दिया है, $\tan A = \frac{\sqrt{3}}{1}$

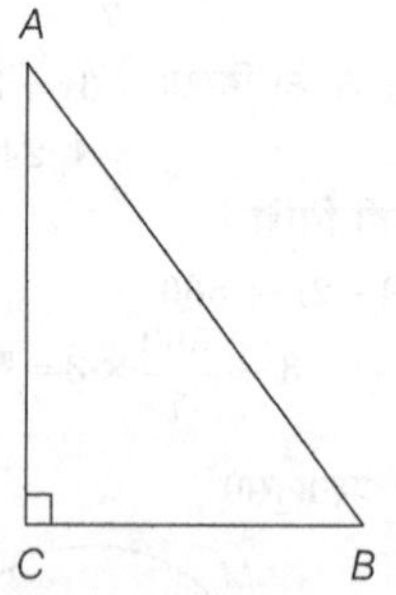

$\sin A \times \cos B \times \cot (A + B)$

$= \sin A \times \cos B \times \cot (180^\circ - C)$

$= \sin A \times \cos B \times \cot (180^\circ - 90^\circ)$

$= \sin A \times \cos B \times \cot 90^\circ$

$= \sin A \times \cos B \times 0 = 0$

62. *(a)* समतल पथ का क्षेत्रफल

$= \pi [R^2 - r^2]$

$= \pi [28^2 - 25^2]$

$= \frac{22}{7} \times 53 \times 3$

$\therefore$ कुल लागत $= 28 \times \frac{22}{7} \times 53 \times 3$

$= ₹\ 13992$

63. *(b)* माना दो पाइप क्रमशः A तथा B है।

पाइप A और B की क्षमता का अनुपात

$\therefore \quad = 1.5 : 1 = 3 : 2$

टंकी की कुल क्षमता $= 5 \times 15$

$\therefore$ अभीष्ट समय $= \frac{5 \times 15}{3}$ मिनट

$= 25$ मिनट

64. *(d)* आयताकार मैदान का क्षेत्रफल

$= 495 \times 1665$ सेमी^{2}

तथा 495 और 1665 का म. स. = 45

$\therefore$ अभीष्ट संख्या $= \frac{495 \times 1665}{45 \times 45} = 407$

65. *(a)* वर्ष 2010 में राज्य X में उत्तीर्ण पुरुषों की संख्या $= \frac{168}{7} \times 5 = 120$

$\therefore$ वर्ष 2010 में राज्य X में कुल उत्तीर्ण उम्मीदवार $= 120 + 168 = 288$

अत: वर्ष 2010 में राज्य X में उपस्थित उम्मीदवार $= \frac{288}{60} \times 100 = 480$

66. *(b)* Q को प्राप्त कुल मत

$= 7560000 \times \frac{90}{100} \times \frac{85}{100} \times \frac{22}{100}$

$= 1272348$

67. *(d)* भाजक $= 2 \times$ शेषफल $= 2 \times 32 = 64$

भाजक = भागफल $\times 4$

$\Rightarrow$ भागफल $= \frac{64}{4} = 16$

$\therefore$ भाज्य = भाजक $\times$ भागफल + शेषफल

$= 64 \times 16 + 32 = 1056$

68. *(c)* विक्रय मूल्य

$=$ अंकित मूल्य $\times \frac{(100 - \text{छूट }\%)}{100}$

$= 1200 \times \frac{85}{100} \times \frac{90}{100}$

$= ₹\ 918$

स्पीडी विधि

एकल छूट $= 15 + 10 - \frac{15 \times 10}{100} = ₹\ 23.5$

अत: विक्रय मूल्य $= \frac{1200 \times 76.5}{100} = ₹ 918$

69. *(b)* $a \sin^3 x + b \cos^3 x = \sin x \cos x$ ...(i)

$a \sin x = b \cos x$ ...(ii)

समी (i) और (ii) से,

$b \cos x \sin^2 x + b \cos x \cos^2 x = \sin x \cos x$

$\Rightarrow b \cos x (\sin^2 x + \cos^2 x) = \sin x \cos x$

$\Rightarrow \quad b \cos x = \sin x \cos x$

$\Rightarrow \quad b = \sin x$

समी (ii) से,

$a \times b = b \cos x$

$a = \cos x$

$\therefore a^2 + b^2 = \sin^2 x + \cos^2 x = 1$

70. *(d)* कम्पनी A और C का चार वर्षों का औसत उत्पादन

$= \frac{60 + 50 + 90 + 190 + 140 + 180 + 220 + 250}{8}$

$= \frac{1180}{8}$

कम्पनी B और D का चार वर्षों का औसत उत्पादन

$= \frac{70 + 120 + 100 + 170 + 150 + 200 + 210 + 260}{8}$

$= \frac{1280}{8}$

$\therefore$ अभीष्ट प्रतिशत कम

$= \frac{\frac{1280}{8} - \frac{1180}{8}}{\frac{1280}{8}} \times 100$

$= \frac{100 \times 100}{1280} = 7.81\%$

71. *(d)* समबाहु त्रिभुज की भुजा

$= \frac{36}{3} = 12$ इकाई

समबाहु त्रिभुज का क्षेत्रफल

$= \frac{\sqrt{3}}{4} \times (\text{भुजा})^2 = \frac{\sqrt{3}}{4} \times 12 \times 12$

$= 36\sqrt{3}$ वर्ग इकाई

72. *(a)* माना विशु की चाल $= x$ मी/से

तथा अतुल की चाल $= y$ मी/से

प्रश्नानुसार,

$x = \frac{765}{t_1}$ और $y = \frac{900}{t_1 - 20}$

जहाँ, t_1 = विशु द्वारा 765 मी की दूरी तय करने में लिया गया समय है।

अब, $x = \frac{711}{t_2}$ और $y = \frac{900}{t_2 - 8}$

जहाँ, t_2 = विशु द्वारा 711 मी की दूरी तय करने में लिया गया समय है।

$\therefore \quad \frac{765}{t_1} = \frac{711}{t_2}$

$\Rightarrow \quad t_1 = \frac{85}{79} t_2$ ...(i)

और $\quad \frac{900}{t_1 - 20} = \frac{900}{t_2 - 8}$

$t_1 - t_2 = 12$ ...(ii)

समी (i) और (ii) से,

$t_1 = 170$ सेकण्ड, $t_2 = 158$ सेकण्ड

$x = \frac{765}{170}$ मी/से

$\therefore$ अभीष्ट समय $= \frac{900 \times 170}{765}$ सेकण्ड

$= 200$ सेकण्ड

$= 3$ मिनट 20 सेकण्ड

स्पीडी विधि

विशु की चाल $= \frac{189 - 135}{20 - 8}$

$= \frac{54}{12} = \frac{9}{2}$ मी/से

अत: विशु द्वारा दौड़ पूरी करने में लिया गया समय $= \frac{900}{9} \times 2 = 200$ सेकण्ड

$= 3$ मिनट 20 सेकण्ड

73. *(d)* $x + \frac{1}{x} = 2\sqrt{10}$

दोनों पक्षों का वर्ग करने पर,

अब, $x^2 + \frac{1}{x^2} + 2 = 2 \times 2 \times \sqrt{10} \times \sqrt{10}$

$x^2 + \frac{1}{x^2} = 40 - 2 = 38$ ...(i)

अब, $x^2 + \frac{1}{x^2} - 2 = 38 - 2$

$\left(x - \frac{1}{x}\right)^2 = 36$

$x - \frac{1}{x} = 6$ ...(ii)

अब, $x^3 - \frac{1}{x^3} = \left(x - \frac{1}{x}\right)\left(x^2 + \frac{1}{x^2} + 1\right)$

$= 6 \times (38 + 1)$

$= 6 \times 39 = 234$

74. *(d)* अभीष्ट औसत

$= \frac{12 \times 62 + 18 \times 62}{30}$

$= \frac{62 \times (12 + 18)}{30}$

$= \frac{62 \times 30}{30} = 62$

75. *(d)* अभीष्ट औसत अंक

$= \frac{70 + 85 + 90 + 95 + 75}{5} = \frac{415}{5} = 83$

76. *(c)* A clique is an exclusive circle of people with a common purpose.
- Oblique means not expressed or done in a direct way.
- Antique means old and valuable things.
- Pique means a feeling of irritation or resentment resulting from a slight, especially to one's pride.

77. *(c)* A telescope is an instrument for viewing distant objects in space.
- Spectrographis a device that separates light from an object into its component wavelengths.

78. *(d)* The incorrectly spelt word in the sentence is 'upstaires'. The correct spelling is 'upstairs'.

79. *(b)* Adversities means hardships, sufferings and misfortunes.

80. *(b)* Forbid means refuse to allow (something). Hence, its antonym is 'to allow'.
- Prohibit means to stop someone to do something.
- Forsake means to give up.

81. *(a)* The correct order is DCBAE.
The sentence formed will be- Despite the heavy traffic the boss arrived at the meeting on time while the employees were late.

82. *(d)* The underlined part of the sentence contains an error. The use of phrasal verb 'laid down' is incorrect as it means to state something plainly, especially as an official rule. Hence, replace it with 'laid out' which means stated.

83. *(b)* Part 'who work' contains an error of tense. The sentence should use the present perfect tense as the sentence states an action has an effect on the present too. Hence, 'has worked' should be used to correct the sentence.

84. *(a)* This training has already been taken by the teachers of our school.
- The sentence is in present perfect tense.
- When such a sentence is transformed into passive voice, the structure followed is has/have been' + the past participle form of verb.

85. *(b)* The antonym of cruel is kind.
- Skittish means (of an animal, especially a horse) nervous or excitable; easily scared.
- Malevolent means evil.
- Kingly means related to the king.

86. *(b)* The correct order is ACEBD.
- The sentence formed will be - He had to take the busto his office because he had never learned to drive andhis friend, who used to give him a lift, was on vacation.

87. *(d)* The match will be played by Ravi.
- The sentence is in simple future tense. When such a sentence is transformed into passive voice, the structure followed is Object + will + be + past participle verb.

88. *(d)* Juvenile means a young person, a characteristic of children or a sign of immaturity.
- Senile means (of a person) having or showing the weaknesses or diseases of old age, especially a loss of mental faculties.
- Dotage means the period of life in which a person is old and weak.

89. *(c)* Moved heaven and earth means tried very hard.
- Faced the music means be confronted with the unpleasant consequences of one's actions.
- Drew the line means to never do something because you think it is wrong.
- Ran like clockwork means to happen exactly as planned, without any trouble.

90. *(b)* Hit the nail on the head means to have accurately identified or explained something.

91. *(d)* Part 'violent banged' contains an error.
The use of adjective 'violent' is incorrect as the sentence requires an adverb to modify the verb 'banged'. Hence, use 'violently' to correct the sentence.

92. *(b)* The incorrectly spelt word in the sentence is 'acquiantance'. The correct spelling is 'acquaintance'.

93. *(b)* Fatigue means tiredness.
- **Mission** means goal.
- **Vigour** means energy.
- **Obese** means fat.

94. *(d)* Overstrung means extremely nervous or tense.
Placid means not easily upset or excited.

95. *(c)* Clumsy means awkward in movement or manner.

96. *(b)* The correct filler for the given blank is 'initiative'.

97. *(a)* The correct filler for the given blank is 'dedicated'.

98. *(b)* The correct filler for the given blank is 'possess'.

99. *(b)* The correct filler for the given blank is 'vision'.

100. *(b)* The correct filler for the given blank is 'countdown'.

SSC CGL Tier-I
सॉल्वड पेपर

सेट 08 11 सितम्बर, 2024 (द्वितीय पाली)

निर्देश

1. इस सेट में कुल 100 प्रश्न हैं।
2. इस सेट में चार भाग हैं, **भाग-I** सामान्य बुद्धि एवं तर्कशक्ति, **भाग-II** सामान्य जागरुकता, **भाग-III** संख्यात्मक अभियोग्यता और **भाग-IV** अंग्रेजी भाषा।
3. प्रत्येक प्रश्न 2 अंक का है।

भाग I
सामान्य बुद्धि एवं तर्कशक्ति

1. निम्नलिखित शृंखला को जारी रखने के लिए प्रश्नचिह्न (?) के स्थान पर कौन-सी आकृति आनी चाहिए?

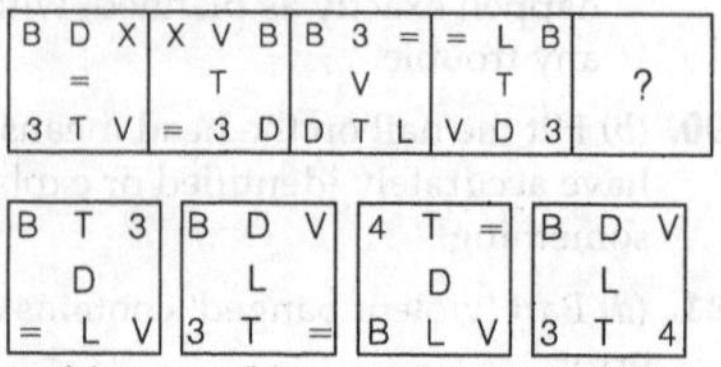

(a) (b) (c) (d)

2. विकल्पों में दी गई उस आकृति की पहचान कीजिए, जिसे प्रश्नचिह्न (?) के स्थान पर रखने पर शृंखला तार्किक रूप से पूरी हो जाएगी।

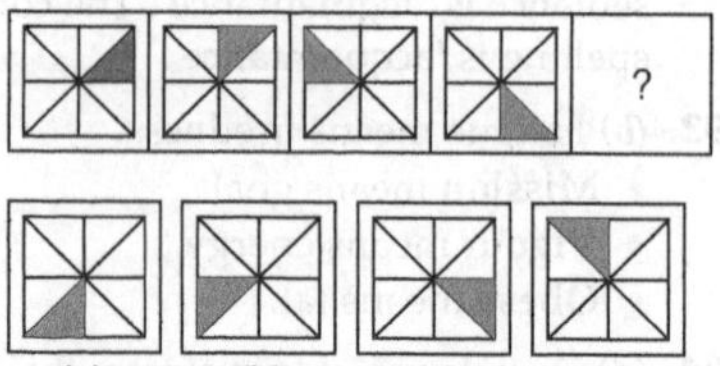

(a) (b) (c) (d)

3. यदि शब्द JEALOUS के प्रत्येक अक्षर को अंग्रेजी वर्णमाला के क्रम में व्यवस्थित किया जाए, तो कितने अक्षरों की स्थिति अपरिवर्तित रहेगी?

(a) एक (b) तीन
(c) दो (d) चार

4. एक निश्चित कूटभाषा में 'VAIN' को 'OKBY' लिखा जाता है और 'VAST' को 'UUBY' लिखा जाता है। इसी कूटभाषा में 'VERB' को किस प्रकार लिखा जाएगा?

(a) CFYT
(b) CTYF
(c) CFTY
(d) CTFY

5. दी गई आकृति में कितने त्रिभुज हैं?

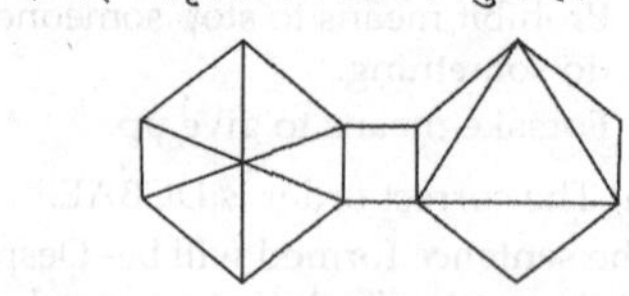

(a) 9 (b) 11
(c) 10 (d) 12

6. उस विकल्प का चयन कीजिए, जो पाँचवें पद से उसी प्रकार सम्बन्धित है जिस प्रकार दूसरा पद पहले पद से और चौथा पद तीसरे पद से सम्बन्धित है।

TRAINER : VTCIQHU : RADIANT : TCFIDQW : : CUSHION : ?

(a) FXUHLRQ
(b) EWUHLRQ
(c) FWUHLRQ
(d) EXUHLRQ

7. नीचे एक ही पासे की दो अलग-अलग स्थितियाँ दी गई हैं। संख्या 1 वाले फलक के विपरीत फलक पर कौन-सी संख्या है?

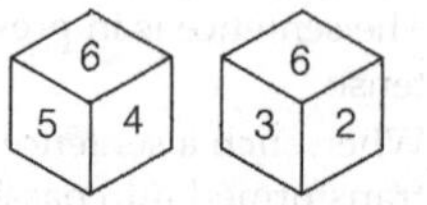

(a) 4 (b) 5
(c) 6 (d) 3

8. उस समुच्चय का चयन कीजिए, जिसमें संख्याएँ उसी प्रकार सम्बन्धित हैं, जिस प्रकार निम्नलिखित समुच्चयों की संख्याएँ सम्बन्धित हैं।

(34, 15, 64)
(29, 17, 63)

(**नोट** पूर्ण संख्याओं पर संक्रिया का प्रयोग, संख्याओं को उनके घटक अंकों में विभक्त किए बिना किया जाना चाहिए। उदाहरण के लिए 13-13 पर संक्रिया, जैसे कि जोड़ने/घटाने/गुणा करना आदि को 13 में किया जा सकता है। 13 को 1 और 3 में विभक्त करके और फिर 1 और 3 पर गणितीय संक्रियाओं का प्रयोग करने की अनुमति नहीं है।)

(a) (25, 14, 53) (b) (44, 32, 98)
(c) (31, 23, 54) (d) (24, 28, 76)

9. चार अक्षर-समूह दिए गए हैं, जिनमें से तीन किसी-न-किसी रूप में एक जैसे हैं और एक भिन्न है। भिन्न समूह का चयन कीजिए। (**नोट** अक्षर-समूह में भिन्न व्यंजनों/स्वरों की संख्या या उनकी स्थिति पर आधारित नहीं है।)

(a) LKP (b) SPU
(c) XUZ (d) GDI

10. यदि निम्नलिखित समीकरण में '+' और '–' को आपस में बदल दिया जाए और '×' और '÷' को आपस में बदल दिया जाए, तो प्रश्नचिह्न (?) के स्थान पर कौन-सी संख्या आएगी?

$41 - 54 \times 6 \div 9 + 7 = ?$

(a) 108 (b) 115
(c) 104 (d) 119

11. दिए गए विकल्पों में से उस संख्या का चयन कीजिए, जो निम्नलिखित शृंखला में प्रश्नचिह्न (?) को प्रतिस्थापित कर सकती है।

3, 20, 121, 604, 2417, ?

(a) 7275 (b) 7200
(c) 7250 (d) 7300

12. उस त्रिक का चयन करें, जिसमें दी गई संख्याएँ एक-दूसरे से उसी प्रकार सम्बन्धित हैं, जिस प्रकार निम्नलिखित त्रिकों की संख्याएँ एक-दूसरे से सम्बन्धित हैं।

8-17-35
23-47-95

(**नोट** संख्याओं को उनके घटक अंकों में विभक्त किए बिना पूर्ण संख्याओं पर संक्रियाएँ की जानी चाहिए। उदाहरण के लिए 13 को लें—13 पर संक्रियाएँ, जैसे कि जोडना/ घटाना /गुणा करना आदि 13 में की जा सकती हैं। 13 को 1 और 3 में

विभक्त करना और फिर 1 और 3 पर गणितीय संक्रियाएँ करने की अनुमति नहीं है।)

(a) 16-32-62 (b) 9-20-41
(c) 13-29-55 (d) 12-25-51

13. निम्नलिखित समीकरण में, यदि '÷' और '–' को आपस में बदल दिया जाए तथा '×' और '+' को आपस में बदल दिया जाए, तो प्रश्नचिह्न '?' के स्थान पर क्या आएगा?

$8 + 6 \div 51 - 17 \times 13 = ?$

(a) 58 (b) 63
(c) 32 (d) 71

14. दिए गए कथनों और निष्कर्षों को ध्यानपूर्वक पढ़िए। आपको दिए गए कथनों को सत्य मानना है, भले ही वे सामान्यत: ज्ञात तथ्यों से भिन्न प्रतीत होते हों। आपको यह तय करना है कि कौन-सा/से निष्कर्ष दिए गए कथनों का तार्किक रूप से अनुसरण करता है/करते हैं।

कथन सभी सेब, आम हैं।
सभी आम, नीबू है।
सभी नींबू, कीवी हैं।

निष्कर्ष
I. सभी सेब, नींबू हैं।
II. सभी आम, कीवी हैं।

(a) निष्कर्ष I और II दोनों अनुसरण करते हैं
(b) न तो निष्कर्ष I अनुसरण करता है और न ही II अनुसरण करता है
(c) केवल निष्कर्ष II अनुसरण करता है
(d) केवल निष्कर्ष I अनुसरण करता है

15. निम्नलिखित में से कौन-सा पद दी गई शृंखला में प्रश्नचिह्न (?) का स्थान लेगा?

DBOI, FEQL, ?, JKUR, LNWU

(a) HISP (b) HHSO
(c) HISO (d) IHSP

16. एक कागज को नीचे दिए गए चित्र के अनुसार मोड़ा और काटा जाता है। यह कागज खोलने पर कैसा दिखाई देगा?

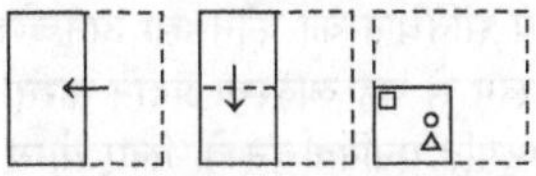

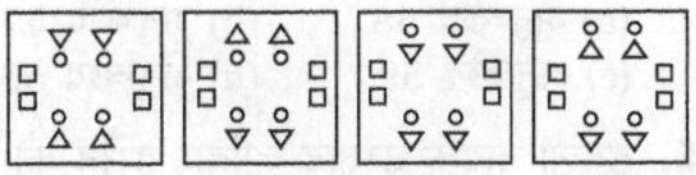

(a) (b) (c) (d)

17. निम्नलिखित संख्याओं में से तीन किसी प्रकार से एकसमान हैं और एक उनसे असंगत है। उस असंगत का चयन कीजिए। (**नोट** गणितीय संक्रियाएँ संख्याओं को उनके घटक अंकों में तोड़े बिना पूर्ण संख्याओं पर की जानी चाहिए। उदाहरण के लिए 13-13 पर की जाने वाली संक्रियाएँ, जैसे जोड़ना/घटाना/गुणा करना इत्यादि, केवल 13 पर की जा सकती हैं। 13 को 1 और 3 में तोड़ना और फिर 1 और 3 पर गणितीय संक्रियाएँ करने की अनुमति नहीं है।)

(a) 45-70 (b) 75-120
(c) 65-104 (d) 90-144

18. उस विकल्प का चयन कीजिए, जो उन अक्षरों को प्रदर्शित करता है जिन्हें नीचे दिए गए रिक्त स्थानों में बाएँ से दाएँ क्रमिक रूप से रखने पर अक्षर शृंखला पूर्ण हो जाएगी।

_C_W_ _ _C_W_ _

(a) CWCWWCCW
(b) WWCWWWCW
(c) WCCWWWCC
(d) CCWWCCWW

19. एक निश्चित कूटभाषा में,
A + B का अर्थ है कि 'A, B की पत्नी है'।
A – B का अर्थ है कि 'A, B का पुत्र है'।
A × B का अर्थ है कि 'A, B का पति है'।
A ÷ B का अर्थ है कि 'A, B का पिता है'।
उपर्युक्त के आधार पर, यदि 'P – Q + R ÷ S × T' है, तो P का T से क्या सम्बन्ध है?

(a) पिता (b) ससुर (c) पौत्र (d) देवर

20. अतिव्ययी' (Lavish), 'मिताहारी' (Austere) से उसी प्रकार सम्बन्धित है, जिस प्रकार 'पक्षपातपूर्ण' (Prejudiced) ...... से सम्बन्धित है।
(**नोट** शब्दों को सार्थक हिन्दी शब्द माना जाना चाहिए और शब्दों को अक्षरों की संख्या/व्यंजनों/स्वरों की संख्या के आधार पर एक-दूसरे से सम्बन्धित नहीं किया जाना चाहिए।)

(a) सावधान (Careful)
(b) समझौताकारी (Compromised)
(c) विचारपूर्ण (Thoughtful)
(d) निष्पक्ष (Impartial)

21. एक निश्चित कूटभाषा में 'BUZZY' को '10' के रूप में कूटबद्ध किया जाता है और 'KING' को '8' के रूप में कूटबद्ध किया जाता है। उसी भाषा में 'ABROAD' को किस प्रकार कूटबद्ध किया जाएगा?

(a) 7 (b) 12 (c) 9 (d) 10

22. नीचे दर्शाए गए अनुसार दर्पण को MN पर रखे जाने पर, दी गई आकृति की सही दर्पण छवि का चयन कीजिए।

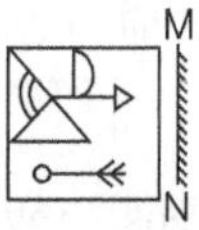

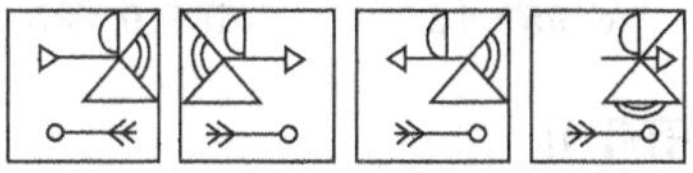

(a) (b) (c) (d)

23. तीन कथनों के बाद तीन निष्कर्ष I, II और III दिए गए हैं। आपको इन कथनों को सत्य मानना है, भले ही वे सामान्य रूप से ज्ञात तथ्यों से भिन्न प्रतीत होते हों। निर्धारित करें कि दिए गए निष्कर्षों में से कौन-सा/से निष्कर्ष दिए गए कथनों का तार्किक रूप से अनुसरण करता है/करते हैं।

कथन
सभी पेन, पेज हैं।
कुछ पेज, पिन हैं।
कुछ पिन, बोर्ड हैं।

निष्कर्ष
I. कुछ पिन, पेन हैं।
II. कुछ बोर्ड, पेज हैं।
III. कुछ पेन, बोर्ड हैं।

(a) केवल निष्कर्ष II अनुसरण करता है
(b) कोई भी निष्कर्ष अनुसरण नहीं करता है
(c) या तो निष्कर्ष I अनुसरण करता है या निष्कर्ष III अनुसरण करता है
(d) केवल निष्कर्ष I अनुसरण करता है

24. उस विकल्प आकृति का चयन कीजिए, जिसमें दी गई आकृति (X) सन्निहित है (आकृति को घुमाने की अनुमति नहीं है)।

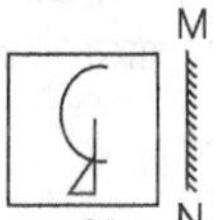

(X)

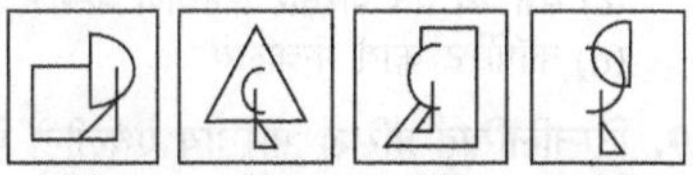

(a) (b) (c) (d)

25. उस विकल्प का चयन कीजिए, जिसमें संख्याओं के मध्य वही सम्बन्ध है जो नीचे दिए गए युग्म की संख्याओं के मध्य है।
(**नोट** संख्याओं को उनके घटक अंकों में विभाजित किए बिना, पूर्ण संख्याओं पर संक्रियाएँ की जानी चाहिए। उदाहरण के लिए 13 को लें-13 पर की जाने वाली संक्रियाएँ, जैसे जोड़ना/घटाना/गुणा करना आदि केवल 13 पर की जा सकती हैं। 13 को 1 और 3 में तोड़ना और फिर 1 और 3

पर गणितीय संक्रियाएँ करने की अनुमति नहीं है।)

(186 : 103), (156 : 73)

(a) 83 : 1 (b) 208 : 127
(c) 95 : 12 (d) 119 : 35

भाग II

सामान्य जागरुकता

26. सुमेलित कीजिए

सूची I	सूची II
A. अवमूल्यन	1. विनिमय की बाजार दर में गिरावट
B. मूल्यह्रास	2. घरेलू मुद्रा का संकुचन
C. अपस्फीति	3. विदेशी मुद्रा नियन्त्रण विनिमय
D. विनिमय नियन्त्रण	4. आयात का संकुचन
	5. मुद्रा के बाह्य मूल्य में आधिकारिक कमी

कूट

	A	B	C	D		A	B	C	D
(a)	2	1	4	3	(b)	5	1	2	3
(c)	2	3	4	1	(d)	5	3	2	1

27. उच्च न्यायालय में न्यायाधीश के रूप में सेवाएँ देने वाली पहली भारतीय महिला अन्ना चाण्डी किस उच्च न्यायालय में नियुक्त थीं?

(a) तमिलनाडु (b) आन्ध्र प्रदेश
(c) केरल (d) पश्चिम बंगाल

28. जुलाई, 2021 के दौरान, निम्नलिखित में से किस मन्त्रालय ने NIPUN भारत योजना का शुभारम्भ किया?

(a) शिक्षा मन्त्रालय
(b) कृषि एवं किसान मन्त्रालय
(c) स्वास्थ्य एवं परिवार कल्याण मन्त्रालय
(d) कॉर्पोरेट कार्य मन्त्रालय

29. निम्नलिखित प्रसिद्ध भारतीय एथलीटों में से किसने सितम्बर, 2022 में ज्यूरिख डायमण्ड लीग फाइनल 2022 में जीत दर्ज की थी?

(a) बजरंग पुनिया (b) नीरज चोपड़ा
(c) पी.टी. उषा (d) मीराबाई चानू

30. निम्नलिखित में से किसने भारतीय संविधान की संशोधित विशेषता की प्रशंसा करते हुए कहा था कि 'संशोधन प्रक्रिया में यह विविधता बुद्धिमानी है, लेकिन बहुत कम पाई जाती है?

(a) ग्रैनविले ऑस्टिन (b) के. सी. व्हीरे
(c) इवोर जेनिंग्स (d) एचएम सीरवई

31. जल निकायों के सन्दर्भ में लघु ज्वारभाटा कब आता है?

(a) जब सूर्य और चन्द्रमा विपरीत दिशाओं में होते हैं
(b) जब पृथ्वी, चन्द्रमा और सूर्य एक सीधी रेखा में आ जाते हैं
(c) जब महाद्वीपों द्वारा बहुत अधिक हस्तक्षेप होता है
(d) जब सूर्य और चन्द्रमा एक-दूसरे के समकोण पर होते हैं

32. वर्ष 2023 में नीति आयोग की रिपोर्ट के अनुसार, भारत में निम्नलिखित में से किस राज्य में कुल जनसंख्या का सबसे कम प्रतिशत बहुआयामी गरीबी का है?

(a) केरल (b) उत्तराखण्ड
(c) गोवा (d) सिक्किम

33. निम्नलिखित में से कौन-सी टेबल टेनिस विश्व चैम्पियनशिप प्रतियोगिता भारत में आयोजित की गई थी?

(a) 18वीं विश्व चैम्पियनशिप, 1951
(b) 17वीं विश्व चैम्पियनशिप, 1950
(c) 20वीं विश्व चैम्पियनशिप, 1953
(d) 19वीं विश्व चैम्पियनशिप, 1952

34. निम्नलिखित में से कौन-सा कप/ट्रॉफी भारतीय घरेलू क्रिकेट से सम्बन्धित नहीं है?

(a) रणजी ट्रॉफी (b) डूरण्ड कप
(c) देवधर ट्रॉफी (d) दिलीप ट्रॉफी

35. टेक्सस वालिचियाना (Taxus wallichiana) जुक्क (हिमालयी यू) एक औषधीय पौधा (वृक्ष) है, जो निम्नलिखित में से किस राज्य में पाया जाता है?

(a) हिमाचल प्रदेश (b) झारखण्ड
(c) गोवा (d) बिहार

36. वैदिक जीवन की आश्रम प्रणाली के अनुसार निम्नलिखित में से जीवन का तीसरा चरण कौन-सा था?

(a) वानप्रस्थ (b) संन्यास
(c) ब्रह्मचर्य (d) गृहस्थ

37. गंगूबाई हंगल और प्रभा अत्रे ...... घराने की प्रतिपादक थीं।

(a) रामपुर (b) मेवाती
(c) जयपुर (d) किराना

38. चित्तानी रामचन्द्र हेगड़े निम्नलिखित में से किस नृत्य से सम्बन्धित थे?

(a) छऊ (b) यक्षगान
(c) छपेली (d) हुत्तारी

39. निम्नलिखित में से किस युद्ध को भारत में ब्रिटिश राज की औपचारिक शुरुआत माना जाता है?

(a) बक्सर (b) कर्नाटक
(c) प्लासी (d) वाण्डीवाश

40. निम्नलिखित में से किस शहर में महात्मा गाँधी ने ब्रिटिश बागान मालिकों द्वारा थोपी गई नील की खेती के खिलाफ किसान आन्दोलन का नेतृत्व किया था?

(a) खेड़ा (b) बारदोली
(c) चम्पारण (d) गोरखपुर

41. भारत सरकार ने उद्योगों की नौ श्रेणियों में भारतीय रिज़र्व बैंक द्वारा ......% तक की एफडीआई (FDI) की स्वचालित स्वीकृति की अनुमति दी।

(a) 60 (b) 51 (c) 74 (d) 41

42. निम्नलिखित में से कौन दिल्ली सल्तनत का अन्तिम सुल्तान था?

(a) इब्राहिम लोदी
(b) सिकन्दर लोदी
(c) फिरोजशाह तुगलक
(d) मुहम्मद बिन तुगलक

43. निम्नलिखित में से कौन-सा युग्म गलत सुमेलित है?

(a) माइटोकॉण्ड्रिया-सेल का पावर हाउस
(b) राइबोसोम-प्रोटीन का कारखाना
(c) लाइसोसोम-आत्मघाती थैली
(d) नाभिक-लिपिड चयापचय

44. 2022 तक की स्थिति के अनुसार निम्नलिखित में से किस भारतीय राज्य में सबसे कम परिचालित हवाई अड्डे हैं?

(a) महाराष्ट्र (b) बिहार
(c) मिजोरम (d) कर्नाटक

45. लेंस की ऑप्टिकल पावर (प्रकाशीय शक्ति) के लिए माप की इकाई क्या है?

(a) रेडियन (b) डायोप्टर
(c) योट्टा (d) कटल

46. जब हैलोऐल्केन, एरिल और विनाइल हैलाइड मैग्नीशियम धातु के साथ अभिक्रिया करते हैं, तो वे किस अभिकर्मक का उत्पादन करते हैं?

(a) फेलिंग अभिकर्मक (b) ग्रिग्नार्ड अभिकर्मक
(c) टॉलेंस अभिकर्मक (d) हिंसबर्ग अभिकर्मक

47. भारतीय संविधान का कौन-सा अनुच्छेद स्पष्ट रूप से यह व्यवस्था प्रदान करता है कि राष्ट्रपति पुनर्निर्वाचन के लिए योग्य है?

(a) अनुच्छेद 58 (b) अनुच्छेद 57
(c) अनुच्छेद 59 (d) अनुच्छेद 56

48. तबला वादक उस्ताद जाकिर हुसैन को वर्ष 2023 में भारत सरकार द्वारा निम्नलिखित में से किस पुरस्कार से सम्मानित किया गया?

(a) पद्म भूषण (b) पद्मश्री
(c) भारत रत्न (d) पद्म विभूषण

49. जगन्नाथ मन्दिर, पुरी में किनकी मूर्तियाँ स्थापित हैं?
(a) जगन्नाथ, बलभद्र और सुभद्रा
(b) ब्रह्मा, विष्णु और महेश
(c) राधा, कृष्ण और बलराम
(d) राम, लक्ष्मण और सीता

50. मछलियों के हृदय में कितने प्रकोष्ठ होते हैं?
(a) 2 (b) 4
(c) 1 (d) 3

भाग III
संख्यात्मक अभियोग्यता

51. यदि दो समरूप त्रिभुजों के क्षेत्रफलों का अनुपात 25 : 144 है, तो उनकी संगत भुजाओं का अनुपात क्या होगा?
(a) 5:12 (b) 5:144
(c) 25:12 (d) 12:5

52. $(\text{cosec}56° \cos34° - \cos59° \text{cosec}31°)$ का मान ज्ञात कीजिए।
(a) −1 (b) 1
(c) 2 (d) 0

53. पाँच अलग-अलग कम्पनियाँ P, Q, R, S और T, प्लास्टिक और लकड़ी के बल्ले बनाती हैं। इन बल्लों को ब्राण्ड A या ब्राण्ड B के रूप में लेबलित किया जाता है। दी गई तालिका प्रत्येक कम्पनी द्वारा निर्मित कुल बल्लों के प्रतिशत के रूप में लकड़ी के बल्लों की संख्या दर्शाती है। यह तालिका, ब्राण्ड A और ब्राण्ड B लेबल वाले प्लास्टिक के बल्लों के अनुपात को भी दर्शाती है। प्रत्येक कपनी 100000 बल्ले बनाती है। इस तालिका का ध्यानपूर्वक अध्ययन कीजिए और निम्नलिखित प्रश्न का उत्तर दीजिए।

कम्पनी	लकड़ी के बल्ले	ब्राण्ड A : ब्राण्ड B
P	65%	3:7
Q	70%	7:8
R	60%	19:6
S	70%	7:8
T	50%	2:3

सभी कम्पनियों को मिलाकर ब्राण्ड B के कुल कितने प्लास्टिक के बल्ले बनाए गए हैं?
(a) 96100
(b) 80500
(c) 90500
(d) 86100

54. व्यंजक $(1.55^2 + 0.55^2 + 1.55 \times 0.55)$ का मान...... के बराबर है।
(a) $1.55^2 - 0.55^2$ (b) $1.55^2 + 0.55^2$
(c) $1.55^3 + 0.55^3$ (d) $1.55^3 - 0.55^3$

55. एक बल्ले का क्रय मूल्य उसके अंकित मूल्य का 75% है। 15% की छूट देने के बाद लाभ प्रतिशत की गणना करें।
(a) 21.33% (b) 18.16%
(c) 13.33% (d) 25.6%

56. S ने R से कुछ राशि उधार ली और उसे 8% ब्याज देने का वादा किया। फिर S ने उधार ली गई राशि को एक योजना में निवेश किया, जिससे उसने ब्याज समेत R के मूलधन का भुगतान करने के बाद 5% का लाभ अर्जित किया। यदि R ने सीधे ऐसी योजना में निवेश किया होता, तो उसको कितने प्रतिशत लाभ होता?
(a) 14% (b) 13.4%
(c) 14.4% (d) 13%

57. एक पुलिसकर्मी 200 मी की दूरी से एक चोर को देखता है। चोर भागने लगता है और पुलिसकर्मी उसका पीछा करता है। चोर और पुलिसकर्मी क्रमशः 10 किमी/घण्टा और 11 किमी/घण्टा की चाल से भागते हैं। 9 मिनट बाद उनके बीच की दूरी (मी में) कितनी होगी?
(a) 30 (b) 60 (c) 50 (d) 40

58. एक त्रिभुज ΔABC में, $\angle ABC = 90°$ है। यदि $\sin(A) = \frac{1}{2}$, तो $\cos(C)$ किसके बराबर है?
(a) $\frac{1}{\sqrt{2}}$ (b) 1
(c) $\frac{1}{2}$ (d) $\frac{\sqrt{3}}{2}$

59. एक कर्मचारी के वेतन में पहले 25% की वृद्धि की जाती है, फिर 12% की कमी की जाती है। उसके वेतन में प्रतिशत परिवर्तन कितना है?
(a) 13% कमी (b) 10% वृद्धि
(c) 13% वृद्धि (d) 10% कमी

60. $\left[\frac{4}{3}\tan^2 60° + 3\cos^2 30° - 2\sec^2 30° - \frac{3}{4}\cot^2 60°\right] \div [\sin 60° \cos 30° - \cos 60° \sin 30°]$ का मान ज्ञात कीजिए।
(a) $4\frac{1}{3}$ (b) $6\frac{3}{2}$
(c) $3\frac{1}{2}$ (d) $6\frac{2}{3}$

61. निम्नांकित तालिका स्कूल में अक्षय द्वारा विभिन्न विषयों में प्राप्त अंकों को दर्शाती है। तालिका का अध्ययन करें और उसके बाद दिए गए प्रश्न का उत्तर दीजिए।

विषय	प्राप्तांक	पूर्णांक
अंग्रेजी	73	100
हिन्दी	56	80
विज्ञान	45	75
गणित	90	125
आईटी	45	60

उसने किस विषय में सबसे अधिक अंक (% में) प्राप्त किए?
(a) गणित (b) आईटी
(c) अंग्रेजी (d) हिन्दी

62. 50 और 76 के बीच आने वाली अभाज्य संख्याओं का औसत ज्ञात करें।
(a) 62 (b) 64
(c) 66 (d) 60

63. यदि $0.4x + 0.16y = 1.7$ और $0.3x + 0.12y = 3.4$ है, तो निम्नलिखित में से कौन-सा कथन सही है?
(a) निकाय का कोई हल नहीं है।
(b) निकाय में परिमित रूप से अनेक हल हैं लेकिन अद्वितीय नहीं हैं।
(c) निकाय का अद्वितीय हल है।
(d) निकाय के अपरिमित रूप से अनेक हल हैं।

64. 245 और $7\frac{1}{5}$ के मध्यानुपाती को एक सम अभाज्य संख्या से विभाजित किए जाने पर प्राप्त भागफल ज्ञात करें।
(a) 42 (b) 36
(c) 21 (d) 49

65. निम्नलिखित को सरल कीजिए।
$1020 \div \left[\frac{4}{3} \text{ का } (26+4) - 11\frac{2}{3}\right]$
(a) 28 (b) 36
(c) 17 (d) 31

66. निम्न तालिका वर्ष 2016 से 2020 तक पाँच निर्माताओं की कारों की बिक्री दर्शाती है। सभी आँकड़े सैकड़ा में हैं।

निर्माता \ वर्ष	2016	2017	2018	2019	2020
M_1	180	190	200	210	220
M_2	160	170	180	190	200
M_3	190	200	210	220	230
M_4	200	210	220	230	240
M_5	210	220	230	240	250

वर्ष 2016 से 2019 के दौरान निर्माता M_2 की कुल बिक्री संख्या और निर्माता M_4 की कुल बिक्री संख्या के बीच कितना अन्तर है?

(a) 12000 (b) 14000
(c) 16000 (d) 18000

67. उस वर्ग का क्षेत्रफल ज्ञात करें, जिसका एक विकर्ण 4.8 मी लम्बा है।

(a) 12.5 मी^{2}
(b) 10.5 मी^{2}
(c) 11.52 मी^{2}
(d) 9.5 मी^{2}

68. ₹ 8400 की राशि को साधारण ब्याज की 7% वार्षिक दर पर ₹ 11928 होने में कितने वर्ष लगेंगे?

(a) 6 (b) 2
(c) 5 (d) 8

69. ΔPQR में, M, N और S क्रमशः भुजाओं PQ, PR और QR के मध्य-बिन्दु हैं। यदि ΔPQR का क्षेत्रफल 46 सेमी^{2} है, तो चतुर्भुज $MNRQ$ का क्षेत्रफल (सेमी^{2} में) क्या है?

(a) 39 (b) 34.5
(c) 23 (d) 27.6

70. निम्नलिखित में से कौन-सी संख्या 2 और 5 दोनों से विभाज्य है?

(a) 37254 (b) 37915
(c) 20792 (d) 63840

71. सरल कीजिए $\dfrac{(4.2)^3 - (1.2)^3}{(4.2)^2 + 5.04 + (1.2)^2}$

(a) 3 (b) 2
(c) 1 (d) 5

72. ΔABC और ΔRPQ सर्वांगसम हैं, तो ΔABC की वह भुजा ज्ञात कीजिए, जो PQ के संगत है।

(a) BC (b) AB
(c) AR (d) CA

73. पाइप A आमतौर पर एक टैंक को 6 घण्टे में भरता है। लेकिन टैंक के निचले भाग में रिसाव के कारण, टैंक को भरने में 2 घण्टे अतिरिक्त लगते हैं। यदि टैंक भरा हुआ है, तो रिसाव के कारण इसे खाली होने में कितना समय लगेगा?

(a) 20 घण्टे (b) 12 घण्टे
(c) 24 घण्टे (d) 16 घण्टे

74. एक त्रिभुज ΔABC में, $AB = AC$ और $\angle A = 80°$ है, तो $\angle B$ ज्ञात कीजिए।

(a) 40° (b) 45°
(c) 50° (d) 80°

75. निम्न बार-ग्राफ जुलाई 2022 से दिसम्बर 2022 तक ABC पत्रिका की प्रसार वृद्धि दर्शाता है।

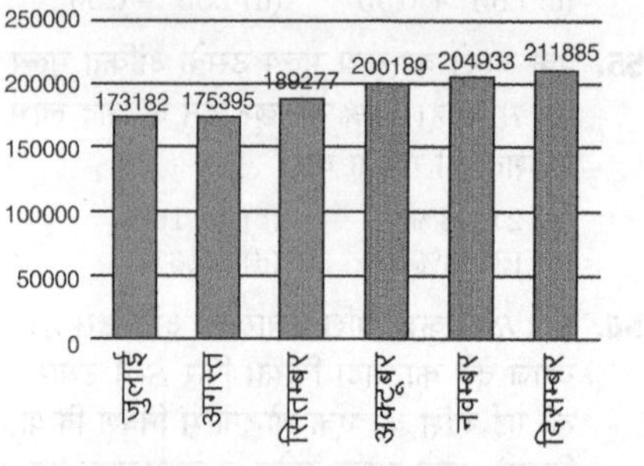

अक्टूबर से दिसम्बर के दौरान एक समान वृद्धि दर थी, जिसका औसत ......है (एक दशमलव स्थान तक सही)।

(a) 3.2% (b) 3.8%
(c) 2.9% (d) 2.4%

भाग IV
अंग्रेजी भाषा

76. The following sentence has been divided into parts. One of them may contain an error. Select the part that contains the error from the given options. If you don't find any error, mark 'No error' as your answer.

Neither my brother nor my brothers-in-law / attended the meeting / as his health is not more good.

(a) Neither my brother nor my brothers-in-law
(b) attended the meeting
(c) No error
(d) as his health is not more good

77. Parts of a sentence are given below in jumbled order. Select the option that arranges the parts in the correct sequence to form a meaningful sentence.

(P) kindness and empathy
(Q) in a world that can be
(O) bring light and positivity
(R) harsh and challenging

(a) PORQ (b) ROQP
(c) QRPO (d) QROP

78. Select the incorrectly spelt word from the given sentence.

She recieved an award for her outstanding performance.

(a) recieved (b) award
(c) performance (d) outstanding

79. Select the most appropriate meaning of the given idiom.

To read between the lines

(a) To underline some words
(b) To read differently
(c) To read aloud to public
(d) To understand more than what the words suggest

80. Select the word opposite in meaning to the given word.

Deficient

(a) Skimpy (b) Broken
(c) Ample (d) Terrible

81. Select the most appropriate antonym of the given word.

Meander

(a) Ramble (b) Deputise
(c) Confirm (d) Direct

82. Select the most appropriate antonym of the underlined word in the following sentence.

In Shakespeare's The Merchant of Venice, Shylock's connivance aimed to <u>jeopardise</u> Antonio's life.

(a) Safeguard (b) Risk
(c) Peril (d) Jape

83. Select the most appropriate option to fill in the blank.

Two of the fugitives managed to remain free by adeptly avoiding the .... of the police.

(a) following (b) repression
(c) pursuit (d) discovery

84. Select the correctly spelt word.

(a) Conscientous
(b) Conscencious
(c) Conscientious
(d) Conscietious

85. Select the option that can replace the underlined phrase and make the sentence grammatically correct.

The programme on TV was now <u>shown the blurring faces</u> of the inmates of the rehabilitation centre.

(a) were now showing the blurred faces of the inmates of the rehabilitation centre.
(b) was now showing the blurred faces of the inmates of the rehabilitation centre.

(c) were now showing the blurring faces of the inmates from the rehabilitation centre.
(d) was now showing the blurred faces of the inmates upon the rehabilitation centre.

86. Given below are four jumbled sentences. Select the option that gives their correct logical sequence.

A. It contains high levels of Vitamin A and D.
B. Cod liver oil is thus used to treat arthritis.
C. This supplement is made from the liver of cod fish.
D. Cod liver oil is a nutritional supplement.

(a) ABCD (b) CBAD
(c) DCAB (d) BACD

87. Select the option that can be used as a one-word substitute for the given group of words.
A person who is trained to travel in a spacecraft.
(a) Astronaut (b) Anthropologist
(c) Alchemist (d) Curator

88. Select the most appropriate synonym of the given word.
Merit
(a) Fatigue (b) Oblique
(c) Virtue (d) Residue

89. Select the most appropriate synonym of the given word.
Jovial
(a) Miserable (b) Solemnity
(c) Cheerful (d) Profane

90. Select the option that expresses the given sentence in passive voice.
Each candidate was making tall promises.
(a) Tall promises were being made by each candidate.
(b) Tall promises are made by each candidate.
(c) Tall promises will be made by each candidate.
(d) Tall promises are being made by each candidate.

91. Select the most appropriate meaning of the given idiom.
Jump the gun
(a) To start all over again
(b) Using a gun for sports
(c) To stop a process
(d) To do something too soon and too quickly

92. Select the most appropriate synonym of the underlined word in the given sentence.
Layla is the Sultan's <u>consort</u>.
(a) Foe (b) Alcoholic
(c) Enemy (d) Partner

93. Parts of the following sentence have been given as options. Select the option that contains an error.
Rahul thinks he is as smarter as his friends in the class.
(a) his friends
(b) he is as smarter as
(c) Rahul thinks
(d) in the class

94. In the given question, a statement divided into different segments is given. Rearrange all the segments to form a coherent statement.

O. population is expected to triple in
P. the next 50 years
Q. among the world's poorest countries
R. population shrinkage in that period
S. whereas many rich countries will see

(a) POSQR (b) RSOPQ
(c) SPORQ (d) QOPSR

95. Select the option that expresses the following sentence in active voice.
The car was repaired by the mechanic.
(a) The mechanic repairs the car.
(b) The mechanic has repaired the car.
(c) The mechanic is repairing the car.
(d) The mechanic repaired the car.

Directions (Q. Nos. 96-100) *In the following passage, some words have been deleted. Read the passage carefully and select the most appropriate option to fill in each blank.*

Appearances may not reveal the man. So, you shouldn't make ......(1)...... about a man's character based on how he ......(2)...... . People smile and smile, yet prove to be ......(3)...... . On the other hand, people with rough exteriors prove to be the ......(4)...... and most considerate people on earth. They are the people who are beautiful from ......(5)...... .

96. Select the most appropriate option to fill in blank number 1.
(a) ascend (b) derivations
(c) deficient (d) assumptions

97. Select the most appropriate option to fill in blank number 2.
(a) admits (b) shows
(c) glitters (d) looks

98. Select the most appropriate option to fill in blank number 3.
(a) grumpy (b) ecstatic
(c) joyful (d) sparkling

99. Select the most appropriate option to fill in blank number 4.
(a) bitterest (b) strangest
(c) gloomiest (d) kindest

100. Select the most appropriate option to fill in blank number 5.
(a) within (b) personality
(c) style (d) exterior

उत्तरमाला

1. (d)	2. (d)	3. (b)	4. (d)
5. (c)	6. (b)	7. (c)	8. (a)
9. (a)	10. (b)	11. (c)	12. (d)
13. (a)	14 (a)	15. (b)	16. (a)
17. (a)	18. (b)	19. (d)	20. (d)
21. (b)	22. (c)	23. (b)	24. (c)
25. (c)	26. (b)	27. (c)	28. (a)
29. (b)	30. (b)	31. (d)	32. (a)
33. (d)	34. (b)	35. (a)	36. (a)
37. (d)	38. (b)	39. (c)	40. (c)
41. (c)	42. (a)	43. (d)	44. (c)
45. (b)	46. (b)	47. (b)	48. (d)
49. (a)	50. (a)	51. (a)	52. (d)
53. (a)	54. (d)	55. (c)	56. (d)
57. (c)	58. (c)	59. (b)	60. (d)
61. (b)	62. (b)	63. (a)	64. (c)
65. (b)	66. (c)	67. (c)	68. (a)
69. (b)	70. (d)	71. (a)	72. (a)
73. (c)	74. (c)	75. (c)	76. (d)
77. (c)	78. (a)	79. (d)	80. (c)
81. (d)	82. (a)	83. (c)	84. (c)
85. (b)	86. (c)	87. (a)	88. (c)
89. (c)	90. (a)	91. (d)	92. (d)
93. (b)	94. (d)	95. (d)	96. (d)
97. (d)	98. (a)	99. (d)	100. (a)

व्याख्या

1. *(d)* दी गई शृंखला एकान्तर शृंखला क्रम में हैं, जो निम्न पैटर्न का अनुसरण करती है।

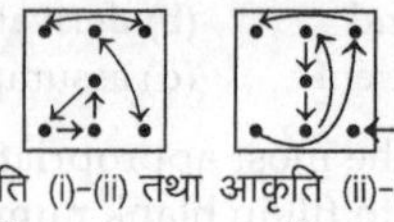

अत: अगली आकृति विकल्प (d) की आकृति होगी।

2. *(d)* दी गई आकृति शृंखला के प्रत्येक अगली आकृति में छायांकित भाग क्रमश: 1, 2, 3, 4 स्थान वामावर्त दिशा में स्थानान्तरित हो रहा है, इस प्रकार शृंखला की अगली आकृति विकल्प (d) की आकृति होगी।

3. *(b)*

मूल शब्द → J E A L O U S

वर्णमालानुसार क्रम → A E J L O S U

अत: केवल तीन अक्षरों की स्थिति अपरिवर्तित होगी।

4. *(d)* जिस प्रकार,

V A A N → (+3, +1, +2, +1) → O K B Y

तथा

V A S T → (+3, +1, +2, +1) → U U B Y

उसी प्रकार,

V E R B → (+3, +1, +2, +1) → C T F Y

5. *(c)* दी गई आकृति से,

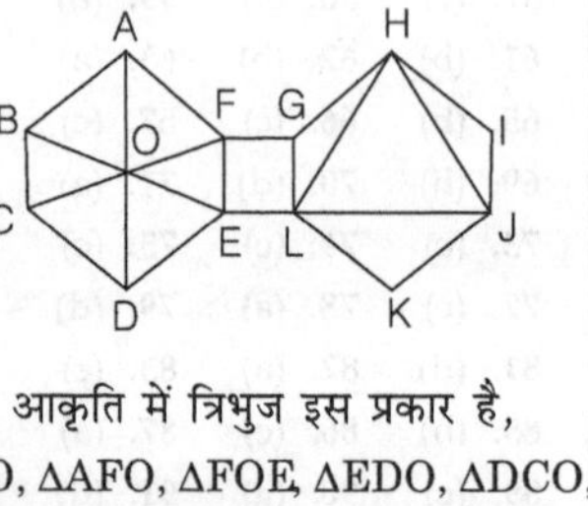

दी गई आकृति में त्रिभुज इस प्रकार है,

ΔABO, ΔAFO, ΔFOE, ΔEDO, ΔDCO, ΔCBO, ΔGHL, ΔHIJ, ΔLHJ, ΔLJK

कुल त्रिभुजों की संख्या = 10

6. *(b)* जिस प्रकार,

T R A I N E R → (+2, +2, +2, +3, +3, +3) → V T C I Q H U

तथा

R A D I A N T → (+2, +2, +2, +3, +3, +3) → T C F I D Q W

उसी प्रकार,

C U S H I O N → (+2, +2, +2, +3, +3, +3) → E W U H R Q

7. *(c)* दिए गए पासे की दोनों स्थितियों में संख्या '6' उभयनिष्ठ है।

स्थिति I 6 4 5

स्थिति II 6 2 3

स्पष्टत: शेष बचे फलक '1' के विपरीत फलक पर संख्या '6' होगी।

8. *(a)* जिस प्रकार,

$(34, 15, 64) \Rightarrow \frac{64-34}{2} = \frac{30}{2} = 15$

तथा $(29, 17, 63) \Rightarrow \frac{63-29}{2} = \frac{34}{2} = 17$

उसी प्रकार, (25, 14, 53)

$\Rightarrow \frac{53-25}{2} = \frac{28}{2} = 14$

9. *(a)* जिस प्रकार,

S $\xrightarrow{-3}$ P $\xrightarrow{+5}$ U

X $\xrightarrow{-3}$ U $\xrightarrow{+5}$ Z

G $\xrightarrow{-3}$ D $\xrightarrow{+5}$ I

परन्तु, L $\xrightarrow{-1}$ K $\xrightarrow{+5}$ P

10. *(b)* दिया है, 41 − 54 × 6 ÷ 9 + 7 = ?

प्रश्नानुसार,

? = 41 + 54 ÷ 6 × 9 − 7

= 41 + 9 × 9 − 7

= 41 + 81 − 7

= 122 − 7 = 115

11. *(c)* दी गई संख्या श्रेणी का क्रम निम्न है,

3 →(×7−1)→ 20 →(×6+1)→ 121 →(×5−1)→ 604 →(×4+1)→ 2417 →(×3−1)→ 7250

12. *(d)* जिस प्रकार, (8 − 17 − 35)

⇒ 8 × 2 + 1 = 17

⇒ 17 × 2 + 1 = 35

तथा (23 − 47 − 95)

⇒ 23 × 2 + 1 = 47

⇒ 47 × 2 + 1 = 95

उसी प्रकार, (12 − 25 − 51)

⇒ 12 × 2 + 1 = 25

⇒ 25 × 2 + 1 = 51

13. *(a)* 8 + 6 ÷ 51 − 17 × 13

प्रश्नानुसार,

? = 8 × 6 − 51 ÷ 17 + 13

= 48 − 3 + 13

= 61 − 3 = 58

14. *(a)* कथनानुसार,

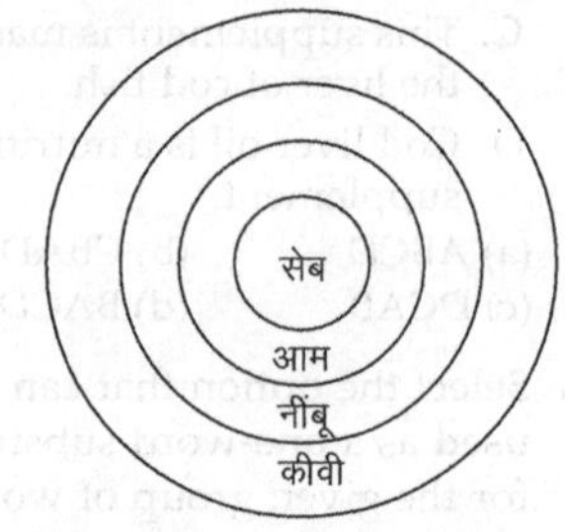

निष्कर्ष I. (✓) II. (✓)

अत: दोनों निष्कर्ष I और II अनुसरण करते हैं।

15. *(b)* दी गई शृंखला का पैटर्न निम्न है,

D $\xrightarrow{+2}$ F $\xrightarrow{+2}$ H $\xrightarrow{+2}$ J $\xrightarrow{+2}$ L

B $\xrightarrow{+3}$ E $\xrightarrow{+3}$ H $\xrightarrow{+3}$ K $\xrightarrow{+3}$ N

O $\xrightarrow{+2}$ Q $\xrightarrow{+2}$ S $\xrightarrow{+2}$ U $\xrightarrow{+2}$ W

I $\xrightarrow{+3}$ L $\xrightarrow{+3}$ O $\xrightarrow{+3}$ R $\xrightarrow{+3}$ U

16. *(a)* चित्र के अनुसार दी गई आकृति को मोड़ने, काटने तथा खोलने पर यह विकल्प (a) की आकृति जैसा दिखाई देगा।

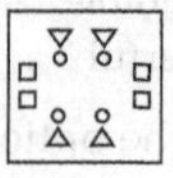

17. *(a)* जिस प्रकार,

$(75-120) \Rightarrow \frac{75}{5} \times 8 = 120$

$(65-104) \Rightarrow \frac{65}{5} \times 8 = 104$

$(90-144) \Rightarrow \frac{90}{5} \times 8 = 144$

परन्तु, $(45-70) \Rightarrow \frac{45}{5} \times 8 = \boxed{72} \neq 70$

18. *(b)* दी गई अक्षर-शृंखला का अनुक्रम निम्न प्रकार है,

W C W/W C W/W C W/W C W

अभीष्ट संयोजन = W W C W W W C W

19. *(d)* प्रश्नानुसार,

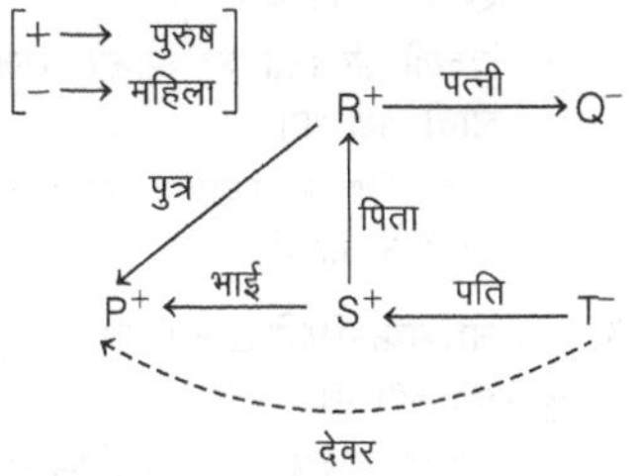

स्पष्टतः P, T का 'देवर' है।

20. *(d)* जिस प्रकार, अतिव्ययी का विलोम शब्द मिताहारी है। उसी प्रकार, पक्षपातपूर्ण का विलोम शब्द निष्पक्ष है।

21. *(b)* जिस प्रकार, 'BUZZY' में अक्षरों की संख्या $= 5 \Rightarrow 5 \times 2 = 10$

तथा 'K I N G' में अक्षरों की संख्या $= 4 \Rightarrow 4 \times 2 = 8$

उसी प्रकार, 'ABROAD' में अक्षरों की संख्या $= 6 \Rightarrow 6 \times 2 = \boxed{12}$

22. *(c)* दी गई आकृति की दर्पण छवि विकल्प (c) की आकृति होगी।

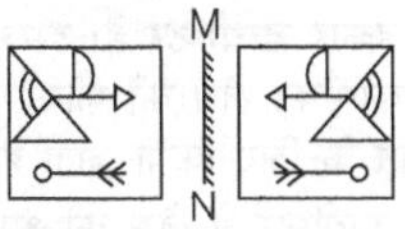

23. *(b)* कथनानुसार,

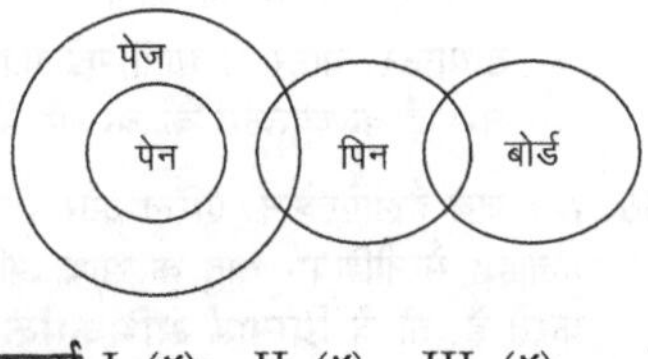

निष्कर्ष I. (✗) II. (✗) III. (✗)

अत: कोई भी निष्कर्ष अनुसरण नहीं करता है।

24. *(c)* दी गई आकृति (X) विकल्प आकृति (c) में सन्निहित है।

25. *(c)* जिस प्रकार,

$(186 : 103) \Rightarrow 186 - 103 = 83$

तथा $(156 : 73) \Rightarrow 156 - 73 = 83$

उसी प्रकार, $(95 : 12) \Rightarrow 95 - 12 = 83$

26. *(b)* सही सुमेलन A-5, B-1, C-2, D-3 है।

- मुद्रा के बाह्य मूल्य में आधिकारिक कमी को अवमूल्यन कहा जाता है। अवमूल्यन करने का मकसद, व्यापार सन्तुलन को बेहतर बनाना होता है। अवमूल्यन से देश के निर्यात की लागत कम हो जाती है।
- विनिमय की बाजार दर में गिरावट को मूल्यह्रास कहा जाता है। मूल्य ह्रास से निर्यात की प्रतिस्पर्धात्मकता बढ़ सकती है, जिससे व्यापार सन्तुलन में सुधार हो सकता है।
- घरेलू मुद्रा के संकुचन को अपस्फीति कहा जाता है। अपस्फीति के कारण मुद्रा का वास्तविक मूल्य बढ़ता है।
- विदेशी मुद्रा नियन्त्रण विनियमन विनिमय नियन्त्रण के अन्तर्गत आता है। विनिमय नियन्त्रण सरकार द्वारा मुद्राओं की खरीद और बिक्री पर लगाए गए नियन्त्रण और प्रतिबन्ध होते हैं।

27. *(c)* अन्ना चाण्डी 9 फरवरी, 1959 से 5 अप्रैल, 1967 तक **केरल** उच्च न्यायालय में न्यायाधीश रही थीं।

- ये वर्ष 1937 में भारतीय जिला अदालत में पहली महिला न्यायाधीश बनी थीं।
- इन्हें पहली पीढ़ी की नारीवादी कहा जाता है।
- इन्होंने श्रीमुलम पॉपुलर असेम्बली से चुनाव लड़ा था और ये वर्ष 1932-34 के कार्यकाल के लिए चुनी गई थीं।

28. *(a)* NIPUN योजना का उद्देश्य 3 से 9 वर्ष के बच्चों की सीखने की जरूरतों को पूरा करना है एवं इसका शुभारम्भ शिक्षा मंत्रालय द्वारा किया गया।

- NIPUN का पूर्ण रूप : नेशनल इनिशिएटिव फॉर प्रोफिशिएन्सी इन रीडिंग विद अण्डरस्टैण्डिंग एण्ड न्यूमेरेसी है।
- इसका उद्देश्य बच्चों में बुनियादी साक्षरता और संख्या को बढ़ाना है।
- इसका लक्ष्य वर्ष 2026-27 तक हर बच्चे को तीसरी कक्षा के अन्त तक आधारभूत साक्षरता और संख्या को हासिल करना है।

29. *(b)* ज्यूरिख डायमण्ड लीग फाइनल 2022 में **नीरज चोपड़ा** ने 88.44 मी का थ्रो फेंका था।

- नीरज चोपड़ा डायमण्ड लीग फाइनल जीतने वाले पहले भारतीय एथलीट थे।
- वर्ष 2022 और 2023 में नीरज चोपड़ा दूसरे स्थान पर थे।
- नीरज चोपड़ा ने वर्ष 2018 के एशियाई खेलों और वर्ष 2021 के टोक्यो ओलम्पिक में स्वर्ण पदक जीता था।

30. *(b)* **के. सी. व्हीरे** एक ऑस्ट्रेलियाई शिक्षाविद् थे। जिन्होंने कहा था कि 'संशोधन प्रक्रिया में विविधता बुद्धिमानी है, लेकिन यह बहुत कम पाई जाती है।

- ये ब्रिटिश राष्ट्रमण्डल के संविधानों के विशेषज्ञ थे।
- इन्हें वर्ष 1966 में नाइट की उपाधि से सम्मानित किया गया था।
- इन्हें वर्ष 1974 में ब्रिटिश अकादमी का 'मास्टर-माइण्ड व्याख्यान' पुरस्कार से सम्मानित किया गया था।

31. *(d)* जब **सूर्य और चन्द्रमा पृथ्वी** के समकोण पर होते हैं, तब पृथ्वी, चन्द्रमा और सूर्य के बीच गुरुत्वाकर्षण बल के कारण लघु ज्वार आता है।

- चन्द्रमा का गुरुत्वाकर्षण खिंचाव ज्वारभाटा का कारण बनता है।
- लघु ज्वारभाटा, एक-चौथाई चन्द्रमा के दौरान आता है।
- लघु ज्वारभाटा, हर चन्द्रमास की शुक्ल पक्ष और कृष्ण पक्ष की सप्तमी-अष्टमी तिथि को आता है। ये सामान्य ज्वार से कम ऊँचे होते हैं।

32. *(a)* वर्ष 2023 में आयोग की रिपोर्ट के अनुसार, केरल राज्य में कुल जनसंख्या का सबसे कम प्रतिशत बहुआयामी गरीबी का है।

- नीति आयोग द्वारा जारी राष्ट्रीय बहुआयामी गरीबी सूचकांक के तहत पिछले पाँच वर्षों में उत्तर प्रदेश में सबसे ज्यादा लोग बहुआयामी गरीबी से बाहर निकले हैं।
- एमपीआई में स्वास्थ्य, शिक्षा और जीवन स्तर से जुड़े अभावों का आकलन किया जाता है।
- केरल में गरीबी का अनुपात 0.71% था।
- पुदुचेरी, लक्षद्वीप, गोवा और सिक्किम के बाद केरल में गरीबी का अनुपात सबसे कम था।

33. *(d)* **19वीं विश्व चैम्पियन,** 1952 टेबल टेनिस प्रतियोगिता 1 से 10 फरवरी के बीच मुम्बई में आयोजित हुई थी।

- इन टूर्नामेण्ट के मुख्य रेफरी एक भारतीय प्रोफेसर अरकलगुड सुब्बाराव थे।
- अन्तर्राष्ट्रीय टेबल टेनिस महासंघ (ITTF) का मुख्यालय **स्विट्जरलैण्ड** के लुसाने में स्थित है।
- वर्ष 1926 में लन्दन में पहली बार विश्व टेबल टेनिस चैम्पियनशिप का आयोजन किया गया था।

34. *(b)* **डूरण्ड कप** एशिया का सबसे पुराना और दुनिया का पाँचवाँ सबसे पुराना फुटबॉल

टूर्नामेण्ट है। यह भारतीय घरेलू क्रिकेट से सम्बन्धित नहीं है।

- यह खेल पहली बार 1888 ई. में शिमला में आयोजित किया गया था।
- इस टूर्नामेण्ट का नाम इसके संस्थापक सर हेनरी मार्टिमर डूरण्ड के नाम पर रखा गया है।
- कोलम्बो कप, मर्डेका कप का सम्बन्ध भी फुटबॉल से है।

35. *(a)* टेक्सस विलिचियाना एक मध्यम आकार का सदाबहार शंकुधारी वृक्ष है। यह **हिमाचल प्रदेश** में पाया जाता है।

- इसकी छाल, सूइयों, टहनियों और जड़ों से टैक्सॉल नामक एक रासायनिक पदार्थ निकाला जाता है।
- टैक्सॉल का उपयोग कैंसर के इलाज में किया जाता है।
- यह औषधि अब तक विश्व में सबसे अधिक बिकने वाली कैंसर-रोधी दवाओं में से एक है।

36. *(a)* **वानप्रस्थ** वैदिक जीवन की आश्रम प्रणाली के अनुसार जीवन का तीसरा चरण था।

- वैदिक काल में आर्यों में मानव जीवन को चार आश्रमों में बाँटा गया था—ब्रह्मचर्य, गृहस्थ, वानप्रस्थ और संन्यास।
- आश्रम व्यवस्था हिन्दू धर्म में धर्म अवधारणा का एक पहलू है।
- वानप्रस्थ जीवन में व्यक्ति के त्याग, तप, अहिंसा और ज्ञान का अर्जन करता है।
- वानप्रस्थ आश्रम गृहस्थ आश्रम के बाद आता है। वानप्रस्थ आश्रम में व्यक्ति घरेलू जिम्मेदारियाँ अगली पीढ़ी को सौंप देता है।

37. *(d)* गंगूबाई हंगल और प्रभा अत्रे **किराना** घराने की प्रतिपादक थीं।

- गंगूबाई हंगल को कर्नाटक संगीत नृत्य अकादमी पुरस्कार वर्ष 1922 में दिया गया था।
- इन्हें संगीत नाटक अकादमी पुरस्कार वर्ष 1973 में दिया गया था।
- गंगूबाई हंगल हिन्दुस्तानी शास्त्रीय संगीत की प्रख्यात गायिका थी।
- प्रभा अत्रे को वर्ष 1990 में पद्मश्री, वर्ष 2002 में पद्म भूषण और वर्ष 2022 में पद्म विभूषण पुरस्कार दिया गया था।

38. *(b)* चित्तानी रामचन्द्र हेगड़े **यक्षगान** नृत्य से सम्बन्धित हैं।

- यक्षगान नृत्य की उत्पत्ति कर्नाटक और केरल के तटीय क्षेत्रों में हुई थी।
- यक्षगान कलाकार विस्तृत वेशभूषा, बड़े-सिर के वस्त्र तथा पैरों में संगीतमय माला पहनते हैं।
- यक्षगान में प्रयुक्त संगीत में ढोल, हारमोनियम, मडाले, ताल और बाँसुरी शामिल हैं।

39. *(c)* **प्लासी का युद्ध** 23 जून, 1757 को उत्तर-पूर्वी भारत में लड़ा गया था। इस युद्ध को भारत में ब्रिटिश राज की औपचारिक शुरूआत माना जाता है।

- इस युद्ध में रॉबर्ट क्लाइव के नेतृत्व में ब्रिटिश ईस्ट इण्डिया कम्पनी की सेना ने बंगाल के अन्तिम नवाब सिराजुद्दौला और उनके फ्रांसीसी सहयोगियों की सेना को हराया था।
- इस युद्ध के बाद अंग्रेज भारत में सबसे बड़ी आर्थिक और सैन्य शक्ति बन गए।

40. *(c)* **चम्पारण** शहर में महात्मा गाँधी ने ब्रिटिश बागान मालिकों द्वारा थोपी गई नील की खेती के खिलाफ किसान आन्दोलन का नेतृत्व किया था।

- चम्पारण शहर में यह आन्दोलन वर्ष 1917 में हुआ था।
- इस आन्दोलन के दौरान गाँधीजी ने मजरूल हक, नरहरि पारिख, राजेन्द्र प्रसाद और जे. बी. कृपलानी के साथ कार्य किया था।
- यह ब्रिटिश औपनिवेशिक काल के दौरान भारतीय उपमहाद्वीप में बिहार के चम्पारण जिले में हुआ एक किसान विद्रोह था।

41. *(c)* भारत सरकार ने उद्योगों की नौ श्रेणियों में भारतीय रिज़र्व बैंक द्वारा 74% तक की एफडीआई (FDI) की स्वचालित स्वीकृति की अनुमति दी। भारत में विदेशी निवेश के लिए विदेशी पोर्टफोलियो निवेशक (एफपीआई) के रूप में पंजीकरण किया जा सकता है।

- कुछ क्षेत्रों में एफडीआई के लिए अनुमति नहीं दी जाती है।
- इन क्षेत्रों में निवेश करने के लिए एफआईपीबी से अनुमोदन लेना होता है।

42. *(a)* **इब्राहिम लोदी** सिकन्दर लोदी का बेटा था। यह दिल्ली सल्तनत का अन्तिम सुल्तान था।

- सिकन्दर लोदी ने 1504 ई. में आगरा की स्थापना की थी।
- दिल्ली सल्तनत की शुरुआत कुतुबुद्दीन ऐबक ने की थी।
- दिल्ली सल्तनत का अन्तिम राजवंश लोदी वंश था।
- लोदी वंश की स्थापना बहलोल खान लोदी ने की थी।

43. *(d)* **नाभिक-लिपिड चयापचय** युग्म सुमेलित नहीं है।

- लिपिड चयापचय में, लिपिड को ट्राइग्लिसरॉइड्स के रूप में संगृहीत किया जाता है।
- लिपिड चयापचय से जुड़े विकारों में गौचर रोग और टे-सैक्स रोग शामिल हैं।

44. *(c)* **मिजोरम** राज्य में सबसे कम हवाई अड्डे हैं। राज्य में एक ही हवाई अड्डा है, जिसका नाम लेंगपुई हवाई अड्डा है।

- उत्तर प्रदेश में सबसे ज्यादा हवाई अड्डे हैं। यहाँ कुल 10 हवाईअड्डे हैं।
- लद्दाख में स्थित कुशोक बकुला रिनपोछे हवाई अड्डा भारत का सबसे ऊँचा हवाई अड्डा है।

45. *(b)* लेंस की ऑप्टिकल पावर के लिए माप की इकाई **डायोप्टर** है। इसका उपयोग चश्मे या कॉन्टैक्ट लेंस की फोकस क्षमता को मापने के लिए किया जाता है।

- डायोप्टर में लेंस की क्षमता की गणना 1 मी को मी में फोकस लम्बाई से विभाजित करके की जाती है।
- डायोप्टर, मीटर में मापी गई फोकल लम्बाई के व्युत्क्रम के बराबर होता है।

46. *(b)* जब हैलोऐल्केन, एरिल और विनाइल हैलाइड मैग्नीशियम धातु के साथ अभिक्रिया करते हैं, तो वे **ग्रिग्नार्ड अभिकर्मक** का उत्पादन करते हैं। ग्रिग्नार्ड अभिकर्मक, एल्कोहॉल के संश्लेषण में काफी उपयोगी होता है।

- ये बहुत अच्छे न्यूक्लियोफाइल होते हैं और इलेक्ट्रोफाइल के साथ प्रतिक्रिया करते हैं।
- ग्रिग्नार्ड अभिकर्मक का उपयोग कार्बनिक यौगिकों को संश्लेषित करने में इस्तेमाल किया जाता है।
- ये अत्यधिक क्रियाशील होते हैं।

47. *(b)* **अनुच्छेद** 57 में कहा गया है कि एक व्यक्ति, जो राष्ट्रपति के रूप में पद धारण करता है या जिसने पद धारण किया है, इस संविधान के अन्य प्रावधानों के अधीन, राष्ट्रपति पुनर्निर्वाचन के लिए फिर से चुनाव के लिए पात्र होगा।

- अनुच्छेद 58 में राष्ट्रपति के रूप में चुनाव के लिए योग्यता का वर्णन है।
- अनुच्छेद 59 में राष्ट्रपति कार्यालय की शर्तों का वर्णन है।
- अनुच्छेद 56 में राष्ट्रपति के पद की अवधि का वर्णन है।

48. *(d)* तबला वादक जाकिर हुसैन को वर्ष 2023 में भारत सरकार द्वारा पद्म विभूषण से सम्मानित किया गया।

- जाकिर हुसैन को वर्ष 1988 में पद्मश्री और वर्ष 2002 में पद्म भूषण से सम्मानित किया गया था।
- इन्हें अमेरिकी सरकार ने वर्ष 1990 में 'इण्डो-अमेरिकी सम्मान' से भी सम्मानित किया था।
- वर्ष 2009 में इन्हें ग्रैमी अवार्ड भी प्राप्त हुआ था।

49. *(a)* जगन्नाथ मन्दिर पुरी में **जगन्नाथ, बलभद्र और सुभद्रा** की मूर्तियाँ स्थापित हैं।

- ये मूर्तियाँ पवित्र नीम की लकड़ी से बनी हैं, जिन्हें दारु कहा जाता है।
- ये मूर्तियाँ रत्नजड़ित मंच या रत्नबेदी पर विराजमान हैं।
- सुभद्रा, श्रीकृष्ण और बलराम की बहन है।
- इन मूर्तियों को हर हफ्ते दोबारा रंगा जाता है।

50. *(a)* मछली के हृदय में **2 प्रकोष्ठ** होते हैं।

- मछली के हृदय को 'शिरापरक हृदय' कहा जाता है।
- मछली के हृदय में साइनस वेनोसस, अलिंद, निलय और कोनस या बल्बस आर्टेरियोसस होते हैं।
- मछली के हृदय में तीन वाल्व होते हैं।

51. *(a)* $\frac{\text{क्षेत्रफल } (\Delta ABC)}{\text{क्षेत्रफल } (\Delta PQR)} = \frac{AB^2}{PQ^2} = \frac{25}{144}$

$\Rightarrow \frac{AB}{PQ} = \sqrt{\frac{25}{144}} = \frac{5}{12}$

$\therefore$ अभीष्ट अनुपात $= 5 : 12$

52. *(d)* $\text{cosec}56° \cos34° - \cos59° \text{cosec}31°$

$= \text{cosec } 56° \times \sin (90° - 34°) - \sin(90° - 59°) \times \text{cosec } 31°$

$= \text{cosec } 56° \times \sin 56° - \sin 31° \times \text{cosec}31°$

$= \frac{1}{\sin 56°} \times \sin 56° - \sin 31° \times \frac{1}{\sin 31°}$

$= 1 - 1 = 0$

53. *(a)* ब्राण्ड B के प्लास्टिक के कुल बल्ले

$= 100000 \times \left(\frac{35}{100} \times \frac{7}{10} + \frac{30}{100} \times \frac{8}{15} + \frac{40 \times 6}{100 \times 25} + \frac{30}{100} \times \frac{8}{15} + \frac{50}{100} \times \frac{3}{5}\right)$

$= 1000 \times (24.5 + 16 + 9.6 + 16 + 30)$

$= 1000 \times 96.1 = 96100$

54. *(d)* $(1.55^2 + 0.55^2 + 1.55 \times 0.55)$

$= (1.55 - 0.55)\,(1.55^2 + 0.55^2 + 1.55 \times 0.55)$

$= 1.55^3 - 0.55^3$

55. *(c)* माना बल्ले का अंकित मूल्य $=$ ₹ $100x$

$\therefore$ क्रय मूल्य $=$ ₹ $100 \times \frac{75}{100} x =$ ₹ $75x$

अब, विक्रय मूल्य

$= 100x \times \frac{85}{100} =$ ₹ $85x$

$\therefore$ लाभ % $= \frac{(85x - 75x)}{75x} \times 100$

$= \frac{10x}{75x} \times 100 = 13.33\%$

56. *(d)* S द्वारा R को दिया ब्याज $= 8\%$

S को प्राप्त लाभ $= 5\%$

$\therefore S$ को योजना से हुआ कुल लाभ

$= 8 + 5 = 13\%$

यदि R ने सीधे ऐसी योजना में निवेश किया होता, तो उसको 13% का लाभ होता।

57. *(c)* 9 मिनट बाद चोर और पुलिसकर्मी के बीच की दूरी

$= 200 - \left[(11 - 10) \times \frac{5}{18} \times 9 \times 60\right]$

$= 200 - 150 = 50$ मी

58. *(c)* $\sin A = \frac{1}{2} = \frac{BC}{AC} = \frac{P}{H}$

$\cos C = \frac{BC}{AC} = \frac{B}{H} = \left(\frac{1}{2}\right)$

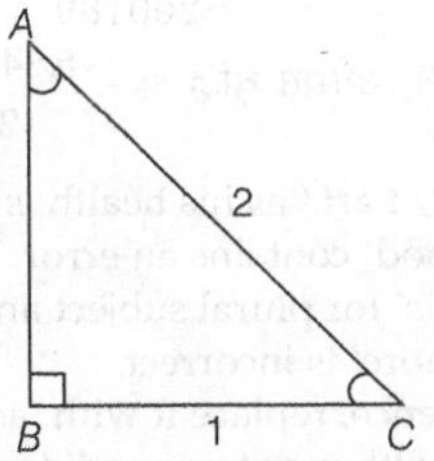

59. *(b)* माना कर्मचारी का प्रारम्भिक वेतन

$= 100x$

कर्मचारी का अन्तिम वेतन

$= 100x \times \frac{125}{100} \times \frac{88}{100} = 110x$

$\therefore$ अभीष्ट % $= \frac{110x - 100x}{100x} \times 100$

$= 10\%$ (वृद्धि)

60. *(d)* $\left[\frac{4}{3}\tan^2 60° + 3\cos^2 30° - 2\sec^2 30° - \frac{3}{4}\cot^2 60°\right]$

$\div [\sin 60° \cos 30° - \cos 60° \sin 30°]$

$= \frac{\frac{4}{3} \times (\sqrt{3})^2 + 3 \times \left(\frac{\sqrt{3}}{2}\right)^2 - 2 \times \left(\frac{2}{\sqrt{3}}\right)^2 - \frac{3}{4} \times \left(\frac{1}{\sqrt{3}}\right)^2}{\sin(60° - 30°)}$

$= \frac{\left[\frac{4}{3} \times 3 + 3 \times \frac{3}{4} - \frac{8}{3} - \frac{3}{4} \times \frac{1}{3}\right]}{\sin 30°}$

$= 2\left[\frac{48 + 27 - 32 - 3}{12}\right]$

$= \frac{2 \times (75 - 35)}{12}$

$= \frac{2 \times 40}{12} = \frac{80}{12} = 6\frac{2}{3}$

61. *(b)* अंग्रेजी में प्राप्त अंक

$= \frac{73}{100} \times 100 = 73\%$

आईटी में प्राप्त अंक

$= \frac{45}{60} \times 100 = 75\%$

गणित में प्राप्त अंक $= \frac{90}{125} \times 100 = 72\%$

हिन्दी में प्राप्त अंक $= \frac{56}{80} \times 100 = 70\%$

$\therefore$ आईटी में सबसे अधिक % अंक प्राप्त किए।

62. *(b)* 50 और 76 के बीच अभाज्य संख्या

$= 53, 59, 61, 67, 71, 73$

$\therefore$ औसत

$= \frac{53 + 59 + 61 + 67 + 71 + 73}{6}$

$= \frac{384}{6} = 64$

63. *(a)* $0.4x + 0.16y = 0.17$ ...(i)

$0.3x + 0.12y = 3.4$ ...(ii)

अब, $\frac{a_1}{a_2} = \frac{0.4}{0.3} = \frac{4}{3}$

$\frac{b_1}{b_2} = \frac{0.16}{0.12} = \frac{4}{3}$

$\frac{c_1}{c_2} = \frac{17}{3.4} = \frac{1}{2}$

अब, $\frac{a_1}{a_2} = \frac{b_1}{b_2} \neq \frac{c_1}{c_2}$

अत: निकाय का कोई हल नहीं है।

64. *(c)* मध्यानुपाती $= \sqrt{245 \times \frac{36}{5}}$

$= \sqrt{49 \times 36} = 7 \times 6$

$\therefore$ अभीष्ट संख्या $= \frac{7 \times 6}{2} = 21$

65. *(b)* $1020 \div \left[\frac{4}{3}\text{ का } (26+4) - 11\frac{2}{3}\right]$

$= 1020 \div \left[\frac{4}{3} \times 30 - \frac{35}{3}\right]$

$= 1020 \div \left[\frac{85}{3}\right] = \frac{1020 \times 3}{85} = 36$

66. *(c)* वर्ष 2016 से 2019 के दौरान निर्माता M_2 की कुल बिक्री

$= (160 + 170 + 180 + 190) \times 100$

$= 70000$

M_4 की कुल बिक्री (2016 से 2019 तक)

$= (200 + 210 + 220 + 230) \times 100$

$= 86000$

अभीष्ट अन्तर $= 86000 - 70000$

$= 16000$

67. *(c)* वर्ग की भुजा $(a) = \frac{48}{\sqrt{2}}$ मी

अत: वर्ग का क्षेत्रफल $= a^2 = \frac{48}{\sqrt{2}} \times \frac{48}{\sqrt{2}}$

$= \frac{48 \times 48}{2} = 1152$ मी^{2}

68. *(a)* SI $= 11928 - 8400 =$ ₹ 3528

$\therefore$ समय $= \frac{\text{ब्याज} \times 100}{\text{मूलधन} \times \text{दर}}$

$= \frac{3528 \times 100}{8400 \times 7} = 6$ वर्ष

69. *(b)* क्षेत्रफल $(\Delta PQR) = 46$ सेमी^{2}

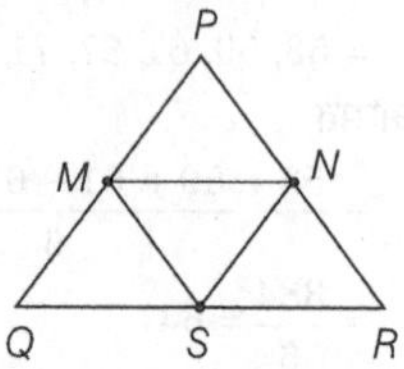

$\therefore \Delta PMN$ का क्षेत्रफल $= \frac{46}{4} = 11.5$ सेमी^{2}

अत: चतुर्भुज $MNRQ$ का क्षेत्रफल

$= \Delta PQR$ का क्षेत्रफल $- \Delta PMN$ का क्षेत्रफल

$= 46 - 11.5 = 34.5$ सेमी^{2}

70. *(d)* 2 और 5 से विभाजित होने वाली संख्या 10 से पूर्णत: विभाजित होगी।
यदि किसी संख्या का अन्तिम अंक 0 हो तो वह संख्या 10 से विभाजित होती है।
चारों विकल्पों में से केवल विकल्प (d) में अन्तिम अंक 0 है। इसलिए केवल संख्या 63840, 2 और 5 दोनों से विभाज्य है।

71. *(a)* $\frac{(4.2)^3 - (1.2)^3}{(4.2)^2 + 5.04 + (1.2)^2}$

$= \frac{(4.2 - 1.2)\,((4.2)^2 + 4.2 \times 1.2 + (1.2)^2)}{(4.2)^2 + 4.2 \times 1.2 + (1.2)^2}$

$= 3$

72. *(a)* दिया है,

$\Delta ABC \cong \Delta RPQ$

$\therefore$ BC, PQ के संगत है।

73. *(c)* माना रिसाव पाइप B है।

$A \to 6$ (4), $A - B \to 8$ (3) → 24 (कुल कार्य)

$\therefore B$ की कार्य क्षमता $= 4 - 3 = 1$

$\therefore$ अभीष्ट समय $= \frac{24}{1} = 24$ घण्टे

74. *(c)*

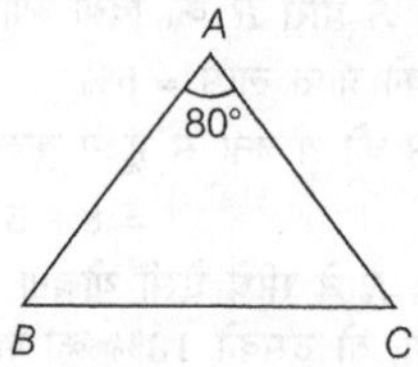

$\because \quad AB = AC$

$\therefore \quad \angle B = \angle C$

$\angle A + \angle B + \angle C = 180°$

$\angle B = \frac{180° - 80°}{2} = 50°$

75. *(c)* अक्टूबर में पत्रिका $= 200189$

दिसम्बर में पत्रिका $= 211885$

वृद्धि $= 211885 - 200189 = 11696$

$\therefore$ वृद्धि % $= \frac{11696 \times 100}{200189} = 5.842\%$

अत: औसत वृद्धि % $= \frac{5.842\%}{2} = 2.9\%$

76. *(d)* Part ' as his health is not more good' contains an error. The use of 'his' for plural subject and the use of 'more' is incorrect.
Hence, replace it with 'as their health is not as good' to correct the sentence.

77. *(c)* The correct order is QRPO.
- The sentence formed will be- In a world that can be harsh and challenging kindness and empathy bring light and positivity.

78. *(a)* Except option (a) all of the spellings in the sentence are correct.

79. *(d)* To read between the lines means 'to understand more than what the world suggests'.

80. *(c)* Deficient means lacking. Hence, its antonym is 'ample' which means more than enough.
- **Skimpy** means (of clothes) short and revealing.

81. *(d)* Meander means curving or zig-zag. Hence, its antonym is **direct**.
- **Ramble** means walk for pleasure in the countryside.
- **Deputise** means temporarily act or speak on behalf of someone else.

82. *(a)* Jeopardise means put (someone or something) into a situation in which there is a danger of loss, harm or failure. Hence, its antonym is to '**safeguard**'.
- **Peril** means danger.
- **Jape** means a practical joke.

83. *(c)* The given sentence indicates that the fugitive was not caught by the police who were following them. Hence, the correct filler for the given blank is 'pursuit'.

84. *(c)* The correctly spelt word is 'Conscientious'.

85. *(b)* The underlined part of the sentence contains an error. As the sentence presents a continuous action, the use of 'shown' is incorrect. Hence, replace it with 'showing' to correct the sentence.

86. *(c)* The first sentence will be sentence D as it presents the main topic– Cod Liver oil. The second sentence will be C as it presents more information about it using 'this'. Sentence A comes third as it presents more information. The last sentence is B as it contains 'thus'. Hence, the correct order is DCAB.

87. *(a)* An astronaut is a person who is trained to travel in a spacecraft.
- Anthropologist is a scientist who studies the origins, development, and behaviors of humans.
- Alchemist is someone Who Transforms Things for the Better.
- Curator is someone who manages a museum.

88. *(c)* Merit means 'morals and virtue'.
- **Fatigue** means tiredness.
- **Oblique** means not expressed or done in a direct way.
- **Residue** means a small amount of something that remains after the main part has gone or been taken or used.

89. *(c)* Jovial means 'cheerful and happy'.

- **Miserable** means sad and unhappy.
- **Solemnity** means the state or quality of being serious and dignified.
- **Profane** means not relating to that which is sacred or religious secular.

90. *(a)* Tall promises were being made by each candidate.

- The sentence in past continuous tense in passive voice will follow the structure Object + was/were + being + the past participle form of the verb.

91. *(d)* Jump the gun means 'to do something too soon and too quickly'.

92. *(d)* Consort means 'friend or partner'.

93. *(b)* Part 'he is as smarter as' contains an error. The structure 'as....as' takes the positive degree of adjective to make the comparison.

94. *(d)* The correct order is QOPSR.

The sentence formed will be - Among the world's poorest countries population is expected to triple in the next 50 years whereas many rich countries will see population shrinkage in that period.

95. *(d)* The mechanic repaired the car.

- The sentence in passive voice follows the structure
- By whom + was/were+ Subject + V3. When such a sentence is transformed into passive voice, the structure followed is- who+ V2+ Object.

96. *(d)* The correct filler for the given blank is 'assumptions'.

97. *(d)* The correct filler for the given blank is 'looks'.

98. *(a)* The correct filler for the given blank is 'grumpy'.

99. *(d)* The correct filler for the given blank is 'kindest'.

100. *(a)* The correct filler for the given blank is 'within'.

सेट 09 11 सितम्बर, 2024 (तृतीय पाली)

SSC CGL Tier-I सॉल्वड पेपर

निर्देश

1. इस सेट में कुल 100 प्रश्न हैं।
2. इस सेट में चार भाग हैं, भाग–I सामान्य बुद्धि एवं तर्कशक्ति, भाग–II सामान्य जागरुकता, भाग–III संख्यात्मक अभियोग्यता और भाग–IV अंग्रेजी भाषा।
3. प्रत्येक प्रश्न 2 अंक का है।

भाग I
सामान्य बुद्धि एवं तर्कशक्ति

1. R, P, T, S, M और B फलकों वाले एक ही पासे की दो अलग-अलग स्थितियाँ नीचे दिखाई गई हैं। उस अक्षर का चयन कीजिए जो S अक्षर वाले फलक के विपरीत फलक पर होगा।

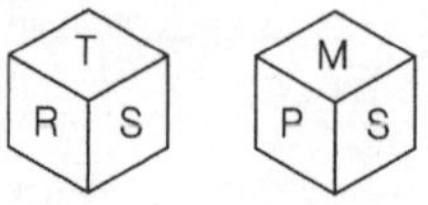

(a) M (b) R
(c) B (d) T

2. चार अक्षर समूह दिए गए हैं, जिनमें से तीन किसी-न-किसी रूप में एकसमान हैं। उस असमान विकल्प को चुनिए।

(**नोट** अक्षर समूह में, असमान विकल्प व्यंजनों/स्वरों की संख्या या उनकी स्थिति पर आधारित नहीं है।)

(a) RST (b) ONM
(c) JKL (d) BCD

3. दिए गए संख्या युग्मों में से एक को छोड़कर अन्य सभी में समान संक्रिया/संक्रियाओं का अनुसरण किया गया है। वह असंगत संख्या युग्म ज्ञात कीजिए।

(**नोट** संख्याओं को उसके संघटक अंकों में खण्डित किए बिना संक्रियाएँ पूर्णांकों पर की जानी चाहिए। उदाहरण के लिए 13-13 पर की जाने वाली संक्रियाएँ जैसे जोड़ना/घटाना/गुणा करना इत्यादि 13 पर ही की जानी चाहिए। 13 को 1 और 3 में खण्डित करना और फिर 1 और 3 पर गणितीय संक्रियाएँ करना वर्जित है।)

(a) 56 : 9
(b) 72 : 12
(c) 44 : 7
(d) 68 : 11

4. शब्द 'JUNGLE' के सभी अक्षर वर्णानुक्रम में व्यवस्थित किए जाते हैं। इस प्रकार बने नए अक्षर-समूह में बाएँ छोर से दूसरे और दाएँ छोर से तीसरे अक्षर के बीच अंग्रेजी वर्णमाला क्रम में कितने अक्षर हैं?

(a) तीन (b) दो
(c) चार (d) पाँच

5. जब दर्पण को MN पर रखा जाता हो, तो दी गई आकृति के सही दर्पण प्रतिबिम्ब का चयन कीजिए।

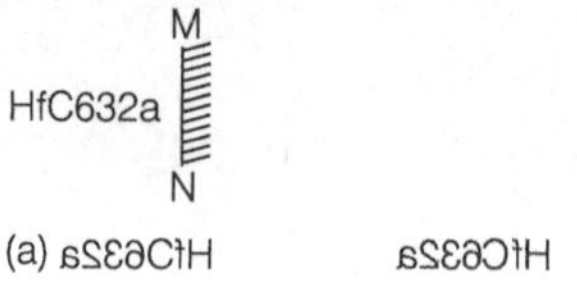

6. दिए गए विकल्पों में से उस आकृति का चयन कीजिए जिसे प्रश्नचिह्न (?) के स्थान पर रखने पर श्रृंखला तार्किक रूप से पूर्ण हो जाएगी।

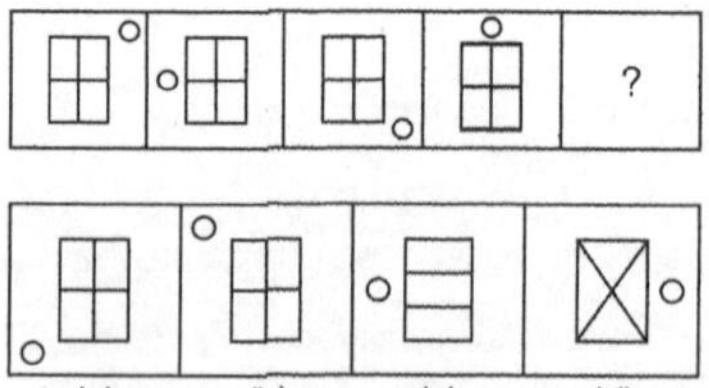

(a) (b) (c) (d)

7. उस विकल्प का चयन कीजिए जो उन अक्षरों को दर्शाता है, जिन्हें नीचे दिए गए रिक्त स्थानों में बाएँ से दाएँ क्रमिक रूप से रखने पर अक्षर-श्रृंखला पूरी हो जाएगी।

R F _ G T R _ V G _ R F V _ T _ F V G T

(a) VFTGR
(b) VTTGR
(c) VFTGG
(d) VFVGR

8. यदि '+' और '–' को आपस में बदल दिया जाए और '×' और '÷' को आपस में बदल दिया जाए, तो निम्नलिखित समीकरण में प्रश्नचिन्ह (?) के स्थान पर क्या आएगा?

$304 \times 19 - 101 + 23 \div 5 = ?$

(a) 21 (b) 6
(c) 2 (d) 12

9. नीचे संख्याओं के दो समुच्चय दिए गए हैं। संख्याओं के प्रत्येक समुच्चय में, पहली संख्या पर कुछ निश्चित गणितीय संक्रिया करने पर दूसरी संख्या प्राप्त होती है। इसी प्रकार, दूसरी संख्या पर कुछ निश्चित गणितीय संक्रिया करने पर तीसरी संख्या प्राप्त होती है और इसी तरह आगे भी होती हैं। दिए गए विकल्पों में से कौन-सा विकल्प दिए गए समुच्चयों की तरह संक्रियाओं के समान समुच्चय का अनुसरण करता है?

(**नोट** संख्याओं को उनके घटक अंकों में तोड़े बिना, पूर्ण संख्याओं पर संक्रियाएँ की जानी चाहिए। उदाहरण के लिए 13 लीजिए 13 पर की जाने वाली संक्रियाएँ जैसे कि 13 में जोड़ना/घटाना/गुणा करना आदि केवल 13 पर किया जा सकता है। 13 को 1 और 3 में तोड़ना, तथा 1 और 3 पर गणितीय संक्रिया करने की अनुमति नहीं है।)

(14–196–186–172)
(15–225–215–200)

(a) 3-9-19-14 (b) 9-81-71-62
(c) 8-64-54-40 (d) 6-36-26-22

10. एक कागज को नीचे दिखाए अनुसार मोड़ा और काटा जाता है। खोलने पर यह कैसा दिखाई देगा?

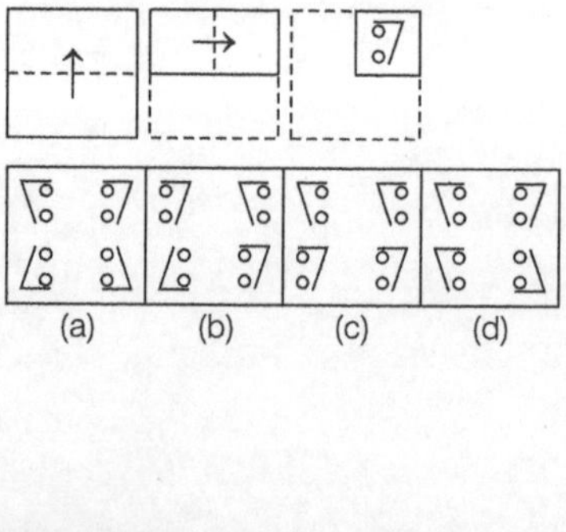

(a) (b) (c) (d)

11. एक निश्चित कूटभाषा में, BRING को '7149182' से कूटबद्ध किया जाता है और SMILE को '51291319' से कूटबद्ध किया जाता है। उसी कूटभाषा में FORGIVE के लिए कूट क्या होगा?

(a) 5229179156 (b) 5228717156
(c) 5219717166 (d) 5229718156

12. उस विकल्प आकृति का चयन करें, जिसमें दी गई आकृति (X) सन्निहित है (घुमाने की अनुमति नहीं है)।

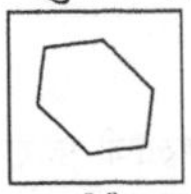
(X)

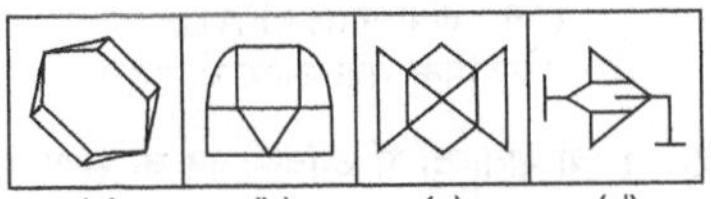
(a) (b) (c) (d)

13. उस विकल्प का चयन कीजिए, जिसमें संख्याओं के मध्य वही सम्बन्ध है जो नीचे दिए गए युग्म की संख्याओं के मध्य है।
(**नोट** संख्याओं को उनके घटक अंकों में विभाजित किए बिना पूर्ण संख्याओं पर संक्रियाएँ की जानी चाहिए। उदाहरण के लिए 13 को लें -13 पर की जाने वाली संक्रियाएँ जैसे जोड़ना/घटाना/ गुणा करना आदि केवल 13 पर की जा सकती हैं। 13 को 1 और 3 में तोड़ना और फिर 1 और 3 पर गणितीय संक्रियाएँ करने की अनुमति नहीं है।)

(17 : 253) (19 : 271)

(a) 23 : 207 (b) 32 : 387
(c) 31: 400 (d) 21 : 289

14. उस वेन आरेख का चयन करें, जो निम्नलिखित वर्गों के बीच के सम्बन्ध को सर्वोत्तम रूप से दर्शाता है।

पुरुष, इन्जीनियर और पिता

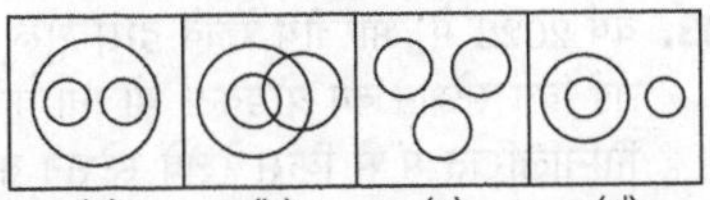
(a) (b) (c) (d)

15. उस समुच्चय का चयन कीजिए, जिसमें संख्याएँ उसी प्रकार सम्बन्धित हैं, जिस प्रकार निम्नलिखित समुच्चयों की संख्याएँ सम्बन्धित हैं।

(66, 57, 48)
(94, 85, 76)

(**नोट** पूर्ण संख्याओं पर संक्रिया का प्रयोग, संख्याओं को उनके घटक अंकों में विभक्त किए बिना किया जाना चाहिए। उदाहरण के लिए, 13-13 पर संक्रिया जैसे कि जोड़ने/घटाने/गुणा करने आदि को 13 में किया जा सकता है। 13 को 1 और 3 में विभक्त करके और फिर 1 और 3 पर गणितीय संक्रियाओं का प्रयोग करने की अनुमति नहीं है।)

(a) (79,70,59) (b) (98,90,83)
(c) (85,77,64) (d) (81,72,63)

16. उस शब्द-युग्म का चयन कीजिए जो नीचे दिए गए शब्द-युग्म में व्यक्त किए गए सम्बन्ध के समान सम्बन्ध को सबसे अच्छा दर्शाता है। (**नोट** शब्दों को अर्थपूर्ण हिन्दी शब्द माना जाना चाहिए और इन्हें शब्द में अक्षरों की संख्या/व्यंजनों/स्वरों की संख्या के आधार पर एक-दूसरे से सम्बन्धित नहीं किया जाना चाहिए।

कैल्शियम : अस्थिमृदुता

(a) आमाशय: दृष्टिहीनता
(b) फेफड़े : क्षयरोग
(c) आयरन : रक्ताल्पता
(d) हृदय : हृदवाहिनी

17. उस विकल्प का चयन करें जो पाँचवें अक्षर-समूह से उसी प्रकार सम्बन्धित है जिस प्रकार दूसरा अक्षर-समूह पहले अक्षर-समूह से और चौथा अक्षर-समूह तीसरे अक्षर-समूह से सम्बन्धित है।

OUR : NPTVQS :: BIG : ACHJFH :: FOR : ?

(a) GENPRS (b) EGNOQR
(c) EGNPQS (d) GEPNSQ

18. तीन कथन दिए गए हैं, जिसके बाद तीन निष्कर्ष I, II और III दिए गए हैं। कथनों को सत्य मानते हुए, भले ही वे सामान्य रूप से ज्ञात तथ्यों से भिन्न प्रतीत होते हों, निर्धारित करें कि कौन-सा/से निष्कर्ष कथनों का तार्किक रूप से अनुसरण करता/करते है/हैं?

कथन

कुछ चूहे, मूषक हैं।
कोई मूषक, कृतक नहीं है।
कुछ चूहे, बिल्ली-शावक हैं।

निष्कर्ष

I. कोई कृतक, बिल्ली-शावक नहीं है।
II. कुछ चूहे, कृतक हैं।
III. कोई बिल्ली-शावक, चूहा नहीं है।

(a) कोई भी निष्कर्ष अनुसरण नहीं करता है
(b) केवल निष्कर्ष II अनुसरण करता है
(c) केवल निष्कर्ष III अनुसरण करता है
(d) केवल निष्कर्ष I अनुसरण करता है

19. निम्न आकृति में त्रिभुजों की संख्या कितनी है?

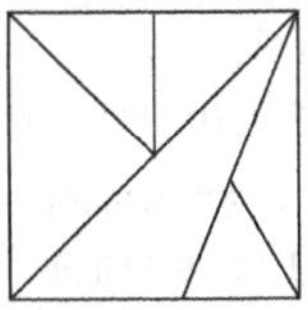

(a) 9 (b) 11
(c) 10 (d) 8

20. एक निश्चित कूटभाषा में, 'MAN' को '15316' के रूप में कूटबद्ध किया जाता है और 'SHE' को '21107' के रूप में कूटबद्ध किया जाता है। उसी भाषा में 'OUT' को किस प्रकार कूटबद्ध किया जाएगा?

(a) 152120 (b) 172322
(c) 152222 (d) 172121

21. निम्नलिखित में से कौन-सी संख्या दी गई श्रृंखला में प्रश्नचिह्न (?) का स्थान लेगी?

12, 25, 49, ?, 197, 395

(a) 99 (b) 100
(c) 121 (d) 96

22. विकल्पों में दी गई उस आकृति की पहचान कीजिए, जिसे प्रश्नचिह्न (?) के स्थान पर रखने पर श्रृंखला तार्किक रूप से पूरी हो जाएगी।

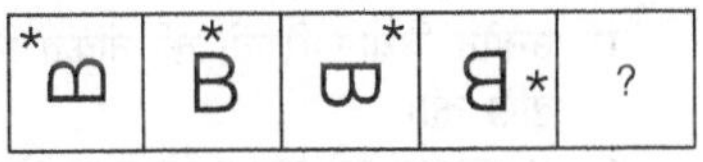

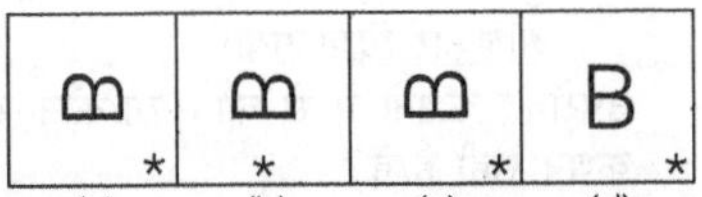
(a) (b) (c) (d)

23. यदि '+' और '−' को आपस में बदल दिया जाए और '×' और '÷' को आपस में बदल दिया जाए, तो निम्नलिखित समीकरण में प्रश्नचिह्न (?) के स्थान पर क्या आएगा?

$164 - 173 \div 110 + 140 \times 5 = ?$

(a) 19166
(b) 11619
(c) 19616
(d) 11916

24. एक निश्चित कूटभाषा में,
R + T का अर्थ है कि 'R, T की बहन है'।
R – T का अर्थ है कि 'R, T का पिता है'।
R * T का अर्थ है कि 'R, T की पत्नी है'।
R ÷ T का अर्थ है कि 'R, T की माता है'।
उपरोक्त के आधार पर, यदि 'M * N – P + Q ÷ R + T' है, तो M का Q से क्या सम्बन्ध है?
(a) मौसी (b) माता (c) बहन (d) नानी

25. अक्षरों के उस संयोजन का चयन कीजिए, जिसे दी गई श्रृंखला के रिक्त स्थानों में क्रमिक रूप से रखे जाने पर श्रृंखला तार्किक रूप से पूरी हो जाएगी।
BYN_J_YNF_X_NFJVY_FJ
(a) FJZNY (b) FZYVJ
(c) FZJYN (d) FNJYV

भाग II
सामान्य जागरुकता

26. भारत में निम्न में से किस प्रकार की बेरोजगारी तब पाई जाती है, जब लोग एक वर्ष की एक निश्चित अवधि के लिए पर्वतीय क्षेत्रों में पर्यटन रिसोर्ट्स और विभिन्न पर्यटन सम्बन्धी गतिविधियों में कार्यरत होते हैं, लेकिन ऑफ-सीजन में बेरोजगार होते हैं?
(a) चक्रीय बेरोजगारी (b) प्रच्छन्न बेरोजगारी
(c) अल्प रोजगार (d) मौसमी बेरोजगारी

27. वर्ष 1909 के मार्ले-मिण्टो सुधारों के सन्दर्भ में निम्नलिखित कथनों पर विचार करें
A. इन्हें भारतीय परिषद् अधिनियम, 1909 भी कहा जाता है।
B. उन्होंने विधानपरिषदों की ताकत में वृद्धि की।
C. मुसलमानों को पृथक् निर्वाचन क्षेत्र का अधिकार दिया गया।
उपरोक्त कथनों में से कौन-सा/कौन-से कथन सही है/हैं?
(a) A, B (b) C, A
(c) A, B, C (d) B, C

28. एकबीजपत्री पत्तियों में संवहन बण्डल के समान आकार का कारण क्या है?
(a) अरीय शिरा-विन्यास
(b) आयताकार शिरा-विन्यास
(c) समानान्तर शिरा-विन्यास
(d) घनाकार शिरा-विन्यास

29. लता मंगेशकर को वर्ष .... में भारत रत्न से सम्मानित किया गया था।
(a) 2002 (b) 2003
(c) 2001 (d) 2004

30. 'पौष मेला' निम्नलिखित में से किस भारतीय राज्य में मनाया जाने वाला एक अनूठा त्योहार है?
(a) पश्चिम बंगाल (b) मध्य प्रदेश
(c) उत्तर प्रदेश (d) हिमाचल प्रदेश

31. राजस्थान के निम्नलिखित में से किस जिले में 'बार्चन' (Barchans) पाए जाते हैं?
(a) भीलवाड़ा (b) जैसलमेर
(c) उदयपुर (d) अलवर

32. निम्नलिखित में से कौन-सी परिभाषा माइक्रोफाइनेंस की अवधारणा का सर्वोत्तम वर्णन करती है?
(a) एक माइक्रोफाइनेंस संस्था सिर्फ डिजिटल और प्राथमिकत: मोबाइल केन्द्रित बैंक है
(b) माइक्रोफाइनेंस का तात्पर्य ग्रामीण क्षेत्रों में रहने वाले व्यक्तियों को बैंकिंग सेवाएँ प्रदान करना है
(c) माइक्रोफाइनेंस ऐसी बैंकिंग सेवा है, जो उन बेरोजगार या कम आय वाले व्यक्तियों या समूहों को प्रदान की जाती है, जिनके पास अन्य वित्तीय सेवाओं तक कोई पहुँच न हो
(d) एक माइक्रोफाइनेंस संस्था कम्पनी अधिनियम, 1956 के तहत पंजीकृत एक कम्पनी है और सरकार द्वारा जारी किए गए ऋणों एवं अग्रिमों और शेयरों/स्टॉक्स/ब्राण्डों/डिबेंचर/प्रतिभूतियों के अधिग्रहण के कारोबार में लगी हुई है

33. फरवरी, 1922 में संयुक्त प्रान्त में निम्नलिखित में से कौन-सी घटना घटी?
(a) भारत छोड़ो (b) काकोरी काण्ड
(c) खिलाफत आन्दोलन (d) चौरी-चौरा

34. सोने (दीनार और चौथाई दीनार) और ताँबे (एकल मूल्यवर्ग) में सिक्के जारी करने वाला वासुदेव प्रथम एक ········· शासक था।
(a) शुंग (b) वाकाटक (c) कुषाण (d) शक

35. एलन के नियम से हमारा क्या तात्पर्य है?
(a) ठण्डी जलवायु वाले स्तनधारियों के कान और अंग (भुजा/टाँग) सामान्यत: छोटे होते है, ताकि ऊष्मा की हानि न्यूनतम हो।
(b) शरीर लाल रक्त कोशिकाओं के उत्पादन को बढ़ाकर, हीमोग्लोबिन की बाध्यकारी सादृश्यता को कम करके और सांस लेने की दर को बढ़ाकर कम ऑक्सीजन की उपलब्धता की भरपाई करता है।।
(c) रेगिस्तानी छिपकलियों में शारीरिक क्षमता की कमी होती है, क्योंकि स्तनधारियों को अपने आवास के उच्च तापमान से निपटना पड़ता है।
(d) कुछ पौधों में पत्ते नहीं होते हैं, वे कांटों में परिवर्तित हो जाते हैं और प्रकाश संश्लेषक कार्य चपटे तनों द्वारा होता है।

36. महालनोबिस मॉडल किस पंचवर्षीय योजना का आधार था?
(a) चौथी (b) दूसरी
(c) छठी (d) पहली

37. जवाहरलाल नेहरू मणिपुर नृत्य अकादमी की स्थापना कब की गई थी?
(a) वर्ष 1954 (b) वर्ष 1952
(c) वर्ष 1951 (d) वर्ष 1953

38. निम्नलिखित में से कौन-सी योजना उच्च शिक्षा संस्थानों में विद्यार्थियों की गतिशीलता को सक्षम बनाती है?
(a) पीएम उम्मीद स्कीम
(b) नेशनल एजुकेशनल टेक्नोलॉजी फोरम
(c) स्ट्रक्चर्ड ऐसेसमेण्ट फॉर एनालाइजिंग लर्निंग लेवल्स (SAFAL)
(d) एकेडमिक बैंक ऑफ क्रेडिट्स

39. 18वीं शताब्दी में ऑक्सीजन के साथ रासायनिक अभिक्रिया के रूप में दहन के सिद्धान्त को किसने विकसित किया, जिसमें फ्लॉजिस्टन सिद्धान्त शामिल नहीं था?
(a) रॉबर्ट बॉयल (b) जोहान बीचर
(c) एण्टोनी लवॉजिएर (d) फ्रेडरिक वोहलर

40. मैदान में कबड्डी टीम की प्रत्येक टीम में कितने खिलाड़ी होते हैं?
(a) 10 (b) 7 (c) 9 (d) 8

41. निम्नलिखित में से किस संविधान ने भारत में कानून बनाने की प्रक्रिया को प्रेरित किया?
(a) अमेरिका के संविधान
(b) ब्रिटेन के संविधान
(c) आयरलैण्ड के संविधान
(d) कनाडा के संविधान

42. भारत के संविधान का कौन-सा अनुच्छेद किसी राज्य सरकार के कामकाज के संचालन से सम्बन्धित है?
(a) अनुच्छेद 177 (b) अनुच्छेद 164
(c) अनुच्छेद 167 (d) अनुच्छेद 166

43. वर्ष 2022 में, भारतीय रेलवे द्वारा शुरू की गई 'वन स्टेशन वन प्रोडक्ट' योजना के लिए निम्नलिखित में से किस रेलवे स्टेशन का चयन किया गया है, जिसकी पहचान चयनित उत्पाद के रूप में काँचीपुरम साड़ियों से होती है?
(a) पटना जं. (b) विशाखापट्टनम
(c) हावड़ा (d) चेन्नई सेण्ट्रल

44. निम्नलिखित में से किस विदेशी यात्री के अनुसार दिल्ली के लोग सुल्तान को अपशब्दों भरे पत्र लिखते थे, जिसके कारण

सुल्तान ने उन्हें दण्डित करने के लिए राजधानी को स्थानान्तरित करने का निर्णय लिया?

(a) इसामी (b) इब्नबतूता
(c) अलबरुनी (d) हसन निज़ामी

45. एक ध्वनि तरंग को 1.5 किमी की दूरी तय करने में लगभग कितना समय लगेगा, जिसकी आवृत्ति 5 kHz और तरंग दैर्ध्य 6 सेमी है?

(a) 25 सेकण्ड (b) 2.5 सेकण्ड
(c) 50 सेकण्ड (d) 5 सेकण्ड

46. मई, 2022 में, तत्कालीन राष्ट्रपति रामनाथ कोविन्द ने ········ को दिल्ली का उप-राज्यपाल नियुक्त किया।

(a) विनय कुमार सक्सेना (b) अनिल बैजल
(c) किरण बेदी (d) विजय कपूर

47. निम्नलिखित में से कौन-सा शब्द क्रिकेट से सम्बन्धित नहीं है?

(a) वाइड बॉल (b) विकेट
(c) नो बॉल (d) ड्यूस

48. भारत के किस राज्य में जल संग्रहण संरचनाओं के निर्माण के लिए नीरू-मीरू कार्यक्रम शुरू किया गया था?

(a) राजस्थान (b) पंजाब
(c) आन्ध्र प्रदेश (d) उत्तर प्रदेश

49. हिन्दुस्तानी शास्त्रीय परम्परा में भारतीय बाँसुरीवादक हरिप्रसाद चौरसिया को वर्ष 2000 में निम्नलिखित में से किस पुरस्कार से सम्मानित किया गया था?

(a) पद्मश्री (b) भारत रत्न
(c) पद्म भूषण (d) पद्म विभूषण

50. अर्नेस्ट रदरफोर्ड ने अल्फा प्रकीर्णन प्रयोगों के लिए लगभग मोटी सोने की पन्नी का प्रयोग किया था।

(a) 900 परमाणु (b) 700 परमाणु
(c) 1000 परमाणु (d) 500 परमाणु

भाग III

संख्यात्मक अभियोग्यता

51. उस त्रिभुज PQR पर विचार कीजिए, जो R पर समकोण है, जिसमें $PQ = 29$ इकाई है, $QR = 21$ इकाई और $\angle PQR = \theta$ है। $\cos^2\theta - \sin^2\theta$ का मान ज्ञात कीजिए।

(a) 1 (b) $\frac{21}{841}$
(c) $\frac{41}{841}$ (d) $\frac{20}{841}$

52. P और Q दो ऐसे वृत्तों के केन्द्र हैं जिनकी त्रिज्या क्रमशः 7 सेमी और 3 सेमी हैं। यदि वृत्तों की सीधी उभयनिष्ठ अनुस्पर्श रेखा विस्तारित PQ से A पर मिलती हैं, तो A, PQ को .... विभाजित करता है।

(a) आन्तरिक रूप से 7:3 के अनुपात में
(b) बाह्य रूप से 3:7 के अनुपात में
(c) आन्तरिक रूप से 3:7 के अनुपात में
(d) बाह्य रूप से 7:3 के अनुपात में

53. 30 छात्रों वाली एक कक्षा के सभी छात्रों ने एक टेस्ट दिया। 12 छात्रों का औसत स्कोर 62 है और बाकी छात्रों का औसत स्कोर 74 है। कक्षा का औसत स्कोर ज्ञात करें।

(a) 69.2 (b) 70.2
(c) 68.2 (d) 67.2

54. सलोनी की मासिक आय का, विभिन्न मदों पर व्यय का प्रतिशत वितरण निम्नलिखित तालिका में दिया गया है। तालिका का ध्यानपूर्वक अध्ययन कीजिए और निम्नलिखित प्रश्न का उत्तर दीजिए।

मद	किराया	भोजन	शिक्षा	बिल	विविध
प्रतिशत वितरण	30%	20%	25%	20%	5%

यदि सलोनी की मासिक आय ₹ 75000 है, तो वह किराए और शिक्षा पर कितना धन (₹ में) व्यय करती है?

(a) 41250 (b) 42150
(c) 40150 (d) 43250

55. निम्नलिखित व्यंजक को सरल करें।

$\left(\frac{3}{a} + 3a\right)\left(\frac{9}{a^2} - 9 + 9a^2\right)$ यदि $a = 1$

(a) 81 (b) 63
(c) 54 (d) 27

56. 50 सेमी, 150 सेमी, 175 सेमी विमाओं वाले एक घनाभ को एक जैसे कितने विशालतम घनों में विभाजित किया जा सकता है?

(a) 75 (b) 84
(c) 90 (d) 85

57. यदि $p\sin A - \cos A = 1$ है, तो $p^2 - (1 + p^2)\cos A$ का मान ज्ञात करें।

(a) 1 (b) 2 (c) −1 (d) 0

58. सरल कीजिए

$4\frac{4}{5} \times \frac{3}{8} + \left(3\frac{1}{2} + \frac{2}{3}\right) \times \frac{4}{5}$

(a) $\frac{3}{10}$ (b) $\frac{77}{15}$ (c) $\frac{10}{3}$ (d) $\frac{15}{77}$

59. एक नाव धारा के विपरीत दिशा में 54 किमी की दूरी 6 घण्टे में तय कर सकती है। यदि धारा की चाल 4.8 किमी/घण्टा है, तो नाव को धारा की दिशा में 279 किमी की दूरी तय करने में कितना समय (घण्टे में) लगेगा?

(a) 16 (b) 18 (c) 20 (d) 15

60. 5 वर्षों में 5 कम्पनियों के माल के कुल आयात (लाख में) के लिए दी गई तालिका पर विचार करें और निम्नलिखित प्रश्न का उत्तर दें।

वर्ष \ कम्पनियाँ	R	S	T	U	V
2012	60	40	15	45	25
2013	30	60	70	15	90
2014	51	25	55	100	110
2015	45	51	20	70	65
2016	24	35	60	55	125

यदि वर्ष 2013 में सभी कम्पनियों का कुल निर्यात ₹ 300 लाख है, तो वर्ष 2013 में सभी कम्पनियों का कुल लाभ/हानि ज्ञात कीजिए। (मान लें लाभ = निर्यात-आयात)

(a) ₹ 35 लाख का लाभ
(b) ₹ 18 लाख की हानि
(c) ₹ 30 लाख का लाभ
(d) ₹ 27 लाख की हानि

61. सिद्धि अपने स्कूटर को ₹ 31902 में बेचकर, विक्रय मूल्य के $\frac{1}{6}$ भाग के बराबर लाभ अर्जित करती है। उसका लाभ प्रतिशत ज्ञात कीजिए।

(a) 5% (b) 30% (c) 25% (d) 20%

62. ΔABC में, यदि $\frac{1}{2}\angle A + \angle B + \angle C = 120°$ है, तो $\frac{1}{4}\angle A$ का मान ज्ञात कीजिए।

(a) 60° (b) 20°
(c) 30° (d) 40°

63. दी गई तालिका 4 वर्षों में पाँच फार्मों द्वारा उत्पादित केलों की संख्या को दर्शाती है।

वर्ष	फार्म				
	L	M	N	O	P
2020	17500	14180	16300	17405	15805
2021	11200	13900	14600	15304	16207
2022	12300	17652	14800	15150	16404
2023	14650	15558	17465	14185	15450

वर्ष 2022 में फार्म M द्वारा उत्पादित दर्जनों केलों और फार्म P द्वारा उत्पादित दर्जनों केलों का सम्बन्धित अनुपात क्या है?

(a) 1471 : 1367 (b) 1367 : 1471
(c) 1230 : 1331 (d) 1331 : 1230

64. एक टंकी को विभिन्न एकसमान प्रवाह दर वाले तीन पाइपों द्वारा भरा जाता है। जब पहले दो पाइप एकसाथ कार्य करते हैं, तो वे टंकी को उतनी ही अवधि में भरते हैं जितनी अवधि में अकेले तीसरा पाइप इसे भरता है। दूसरा पाइप, पहले पाइप की तुलना में टंकी को 5 घण्टे जल्दी से भर सकता है, किन्तु तीसरे पाइप की तुलना में 4 घण्टे धीमे भर सकता है। पहले पाइप द्वारा टंकी को भरने में कितना समय (घण्टे में) लगेगा?

(a) 18 (b) 15
(c) 12 (d) 9

65. नमन, किसी दुकान से ₹ 720 में कुछ सेब खरीदता है। वह कीमत पर मोल-भाव करता है और दुकानदार कीमत में प्रति सेब ₹ 2 की कमी कर देता है। इसके कारण नमन, पहले खरीदे गए सेब से चार अधिक सेब खरीद लेता है। उसने पहले कितने सेब खरीदे थे?

(a) 40 (b) 44
(c) 48 (d) 36

66. एक महिला अपनी आय का $\frac{2}{3}$ व्यय करती है। यदि उसकी आय में 18% की वृद्धि होती है और व्यय में 24% की वृद्धि होती है, तो उसकी बचत में कितने प्रतिशत की वृद्धि होगी?

(a) 6% (b) 3%
(c) 5% (d) 4%

67. यदि $x + \frac{1}{9x} = 3$ हो, तो $9x^2 + \frac{1}{9x^2}$ का मान ज्ञात कीजिए।

(a) 79 (b) 87
(c) 81 (d) 77

68. ΔABC में, दो माध्यिकाएँ AD और BE, बिन्दु G पर समकोण पर प्रतिच्छेदित करती हैं। यदि $AD = 12$ सेमी और $BE = 9$ सेमी हैं, तो AB की लम्बाई कितनी है?

(a) 14 सेमी (b) 10 सेमी
(c) 12 सेमी (d) 16 सेमी

69. यहाँ दी गई तालिका दो एथलीटों X और Y द्वारा एक ही दिशा में तय की गई दूरी (किमी में) दर्शाती है।

घण्टे	तय की गई दूरी (किमी में)	
	X	Y
पहला	25	30
दूसरा	35	45
तीसरा	25	40
चौथा	20	30
पाँचवाँ	25	20
छठवाँ	20	15

पहले पाँच घण्टे के दौरान Y की औसत चाल (किमी/घण्टा में) कितनी है?

(a) 34 (b) 32
(c) 33 (d) 31

70. सोहन ने 11% वार्षिक साधारण ब्याज की दर से ₹ 141545 की राशि उधार ली। प्रथम वर्ष की समाप्ति पर, वह उधार ली गई मूल 'राशि' की वापसी के लिए ₹ 25490 चुकाता है। यदि सोहन दूसरे वर्ष की समाप्ति पर सभी लम्बित बकाया राशि का भुगतान करता है, जिसमें प्रथम वर्ष के दौरान अर्जित ब्याज भुगतान भी शामिल है, तो वह दूसरे वर्ष की समाप्ति पर कितना भुगतान (₹ में) करेगा?

(a) 141222 (b) 144391
(c) 136453 (d) 137407

71. * को उस लघुत्तम अंक से प्रतिस्थापित कीजिए, जिससे 723*56* संख्या 6 से विभाज्य हो जाए।

(a) 4 (b) 2 (c) 3 (d) 1

72. एक ΔLMN में, $\angle L = 118°$ और $LM = LN$ है। $\angle N$ ज्ञात कीजिए।

(a) 42° (b) 31°
(c) 65° (d) 62°

73. यदि राम एक पंखा खरीदता है, तो उसे 8% की छूट मिलती है, हालाँकि, यदि वह तीन पंखे खरीदता है, तो उसे पहले पर 6%, दूसरे पर 10% और तीसरे पर 12% की छूट मिलती है। यदि राम द्वारा तीन पंखों के लिए भुगतान की गई राशि 6800 है, तो प्रत्येक पंखे का अंकित मूल्य क्या होगा?

(a) ₹ 2500 (b) ₹ 2450
(c) ₹ 2400 (d) ₹ 2550

74. $\sin 74° + \tan 74°$ को 0° और 45° के बीच के कोणों के त्रिकोणमितीय अनुपात के रूप में व्यक्त करें।

(a) $\cos 16° + \cot 16°$
(b) $\sec 16° + \cot 16°$
(c) $\operatorname{cosec} 16° + \cot 16°$
(d) $\operatorname{cosec} 16° + \sec 16°$

75. 1.21 और 0.09 के मध्यानुपाती तथा 0.16 और 0.36 के मध्यानुपाती का अनुपात क्या है?

(a) 13 : 8 (b) 13 : 12
(c) 11 : 8 (d) 11 : 13

भाग IV

अंग्रेजी भाषा

76. Select the correctly spelt word to fill in the blank.
All the chefs in the world are famous because of their .... skills.

(a) kulinary (b) kolinary
(c) culinary (d) colinary

77. Select the option that will improve the underlined part of the given sentence.
When <u>I saw him</u>, I will ask him to return the book he borrowed.

(a) shall see him
(b) have seen him
(c) had seen him
(d) see him

78. Select the most appropriate synonym of the given word.
Paramount

(a) Inferior (b) Collateral
(c) Supreme (d) Trivial

79. Select the option that can be used as a one-word substitute for the given group of words.
Failing to give proper care and attention

(a) Lax (b) Cautious
(c) Wild (d) Provident

80. Select the most appropriate antonym of the given word.
Brittle

(a) Crunchy (b) Resilient
(c) Delicate (d) Aloof

81. Select the option that can be used as a one-word substitute for the underlined group of words.
Out of those group members, Rohan is the one who opposes others, no matter what they tell him.
(a) antagonist (b) agonist
(c) anatomist (d) protagonist

82. Select the option that expresses the given sentence in active voice.
The letter was being typed by the secretary when the phone rang.
(a) The secretary will type the letter when the phone rings.
(b) The secretary types the letter when the phone rings.
(c) The secretary was typing the letter when the phone rang.
(d) The secretary is typing the letter when the phone rings.

83. Select the most appropriate meaning of the given idiom.
A dime a dozen
(a) Variety of amenities
(b) Something common and not special
(c) Very wealthy
(d) A fair trade

84. Select the most appropriate synonym of the given word.
Expertise
(a) Proficiency (b) Ignorance
(c) Clumsiness (d) Lack

85. In the following sentence, four words are underlined out of which one word is misspelt. Identify the incorrectly spelt word.
I took out a water tumbler (A) for a drink, but found the water in the metal container (B) had frozen so I couldn't quanch (C) my thirst. I ate some biscuits and offered (D) some to Hillary.
(a) C (b) D
(c) B (d) A

86. Parts of a sentence are given below in jumbled order. Select the option that arranges the parts in the correct sequence to form a meaningful sentence.
P. an open mind
Q. seek it with
O. for personal growth and development
R. knowledge is a powerful tool
(a) PQRO (b) ORPQ
(c) QROP (d) ROQP

87. Parts of the following sentence have been given as options. Select the option that contains an error.
Solutions to the country's interior problems are still a long way away.
(a) problems are still
(b) a long way away
(c) Solutions to
(d) the country's interior

88. Select the most appropriate antonym of the underlined word in the given sentence.
Success is not a destination, it's a journey.
(a) Sensation (b) Opulence
(c) Victory (d) Failure

89. Select the most appropriate synonym of the bold word in the following sentence.
His eloquent speech always persuades people to work for their betterment.
(a) Vague (b) Inarticulate
(c) Articulate (d) Short

90. Sentences of a paragraph are given below in jumbled order. Arrange the sentences in the correct order to form a meaningful and coherent paragraph.
A. A big fancy dress ball was arranged to celebrate their homecoming.
B. It must have been a terrible shock for a young girl.
C. They had been married a month, just home from their honeymoon.
D. Just as the guests were starting to arrive, Charnley locked himself into his bedroom and shot himself.
(a) BCDA (b) ABCD
(c) BCAD (d) DACB

91. Select the option that expresses the given sentence in passive voice.
He must deliver pizza.
(a) Pizza has to be delivered by him.
(b) Pizza have to be delivered by him.
(c) Pizza must be delivered by him.
(d) Pizza can be delivered by him.

92. Select the most appropriate synonym of the word in brackets to fill in the blank.
The .... (crux) of his argument was that education should continue throughout life.
(a) essence (b) proposal
(c) etiquette (d) draft

93. Select the most appropriate option to substitute the underlined segment in the given sentence.
She believed she had been blamed for the mistakes of others for what happened.
(a) Made a sceptic
(b) Made a scapegoat
(c) Made a spinster
(d) Made a savage

94. Select the most appropriate meaning of the given idiom.
Nobody's fool
(a) Not easily deceived
(b) The wisest person
(c) A complete fool
(d) All are fools

95. The following sentence has been split into four segments. Identify the segment that contains an error.
They secret / decided / to leave / the town.
(a) They secret (b) decided
(c) the town (d) to leave

Directions (Q. Nos. 96-100) *In the following passage, some words have been deleted. Read the passage carefully and select the most appropriate option to fill in each blank.*
Now, we have Mr. X as the President of India. It has come as a surprise ...... (1) ...... Scheduled Tribes who are ...... (2) ...... the most marginalised groups of the country.
The Adivasis of India have been ......(3) ...... socially, economically and culturally. Despite various efforts taken by the Government of India, they are still under ...... (4) ...... and suffering. Therefore, the ...... (5) ...... a leader from a marginalised community or group does not indicate that now the entire community will be uplifted. However, this kind of move may bring certain changes in the status of the Adivasis.

96. Select the most appropriate option to fill in blank number 1.
(a) off (b) in
(c) to (d) at

97. Select the most appropriate option to fill in blank number 2.
(a) through (b) therefore
(c) onto (d) among

98. Select the most appropriate option to fill in blank number 3.
(a) censored (b) marginalised
(c) elevated (d) uplifted

99. Select the most appropriate option to fill in blank number 4.
(a) abundance (b) forest
(c) river (d) poverty

100. Select the most appropriate option to fill in blank number 5.
(a) rejection of
(b) president of
(c) exclusion of
(d) elevation of

उत्तरमाला

1. (c)	2. (b)	3. (b)	4. (c)
5. (b)	6. (a)	7. (a)	8. (c)
9. (b)	10. (a)	11. (d)	12. (a)
13. (d)	14 (b)	15. (d)	16. (c)
17. (c)	18. (a)	19. (c)	20. (b)
21. (a)	22. (c)	23. (a)	24. (b)
25. (c)	26. (c)	27. (c)	28. (c)
29. (c)	30. (a)	31. (b)	32. (c)
33. (d)	34. (c)	35. (a)	36. (b)
37. (a)	38. (d)	39. (c)	40. (b)
41. (b)	42. (d)	43. (d)	44. (b)
45. (d)	46. (a)	47. (d)	48. (c)
49. (d)	50. (c)	51. (c)	52. (d)
53. (a)	54. (a)	55. (c)	56. (b)
57. (a)	58. (b)	59. (d)	60. (a)
61. (d)	62. (c)	63. (a)	64. (b)
65. (d)	66. (a)	67. (a)	68. (b)
69. (c)	70. (b)	71. (b)	72. (b)
73. (a)	74. (a)	75. (c)	76. (c)
77. (d)	78. (c)	79. (a)	80. (b)
81. (a)	82. (c)	83. (b)	84. (a)
85. (a)	86. (d)	87. (d)	88. (d)
89. (c)	90. (c)	91. (c)	92. (a)
93. (b)	94. (a)	95. (a)	96. (c)
97. (d)	98. (b)	99. (d)	100. (d)

व्याख्या

1. *(c)* दिए गए पासों की दोनों स्थिति में अक्षर 'S' उभयनिष्ठ है।

स्थिति I → S R T
स्थिति II → S P M
(R ↕ P, T ↕ M)

अत: शेष अक्षर 'B' फलक 'S' के विपरीत फलक पर होगा।

2. *(b)* जिस प्रकार,

R —(+1)→ S —(+1)→ T
J —(+1)→ K —(+1)→ L

तथा B —(+1)→ C —(+1)→ D

परन्तु, O —(−1)→ N —(−1)→ M

3. *(b)* दिए गए युग्मों से,

$9 \to 9 \times 6 + 2 = 54 + 2 = 56$
$7 \to 7 \times 6 + 2 = 42 + 2 = 44$
$11 \to 11 \times 6 + 2 = 66 + 2 = 68$
$12 \to 12 \times 6 + 2 = 72 + 2 = 74 \neq 72$

अत: युग्म (72 : 12) अन्य युग्मों से भिन्न है।

4. *(c)* मूल शब्द → J U N G L E
वर्णमालानुसार क्रम → E G J L N U
(G — बाएँ से दूसरा, L — दाएँ से तीसरा)

अब G तथा L के बीच वर्णमाला क्रम में अक्षर = H, I, J, K
अभीष्ट अक्षरों की संख्या = 4

5. *(b)* दिए गए संयोजन का सही दर्पण प्रतिबिम्ब विकल्प (b) का संयोजन है।

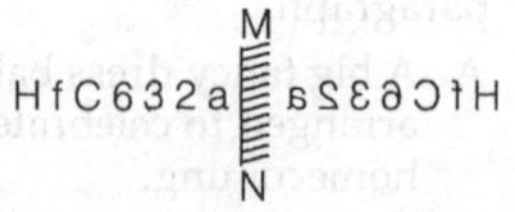

6. *(a)* दी गई आकृति श्रृंखला में बाहरी वृत्त 135° वामावर्त दिशा में प्रतिस्थापित हो रहा है। इस प्रकार श्रृंखला की अगली आकृति विकल्प (a) की आकृति होगी।

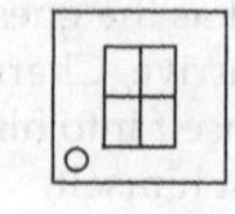

7. *(a)* दी गई अक्षर श्रृंखला का क्रम निम्न है

R F V G T/R F V G T/R F V G T/R F V G T

अभीष्ट संयोजन = V F T G R

8. *(c)* मूल व्यंजक,

$304 \times 19 - 101 + 23 \div 5 = ?$

चिह्न '+' और '−' तथा '×' और '÷' को परस्पर बदलने पर,

$304 \div 19 + 101 - 23 \times 5$
$= 16 + 101 - 115$
$= 117 - 115 = 2$

9. *(b)* जिस प्रकार,

(14 − 196 − 186 − 172) में,
$14 \to 14^2 = 196 \to 196 - 10 = 186$
$\to 186 - 14 = 172$
तथा (15 − 225 − 215 − 200) में
$15 \to 15^2 = 225 \to 225 - 10 = 215$
$\to 215 - 15 = 200$
उसी प्रकार, विकल्प (b) से,
(9 − 81 − 71 − 62) में,
$9 \to 9^2 = 81 \to 81 - 10$
$= 71 \to 71 - 9$
$= 62$

10. *(a)* दिए गए चित्र के अनुसार कागज को मोड़ने और काटने के बाद खोलने पर यह विकल्प (a) की आकृति जैसा दिखाई देगा।

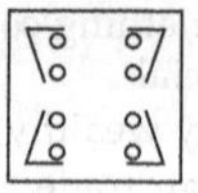

11. *(d)* जिस प्रकार,

B R I N G
↓ ↓ ↓ ↓ ↓
2 18 9 14 7 —विपरीत→ 7149182

तथा

S M I L E
↓ ↓ ↓ ↓ ↓
19 13 9 12 5 —विपरीत→ 51291319

उसी प्रकार,

F O R G I V E
↓ ↓ ↓ ↓ ↓ ↓ ↓
6 15 18 7 9 22 5 —विपरीत→ 5229718156

12. *(a)* दी गई आकृति (X) विकल्प (a) की आकृति में सन्निहित है।

13. *(d)* जिस प्रकार, 17 : 253
$\Rightarrow 17 \times 9 + 100 = 153 + 100 = 253$
तथा 19 : 271 $\Rightarrow 19 \times 9 + 100$
$= 171 + 100 = 271$
उसी प्रकार, 21 : 289
$\Rightarrow \quad 21 \times 9 + 100$
$= 189 + 100 = 289$
अभीष्ट युग्म = 21 : 289

14. *(b)* सभी पिता पुरुष होगे तथा कुछ इन्जीनियर पुरुष तथा पिता हो सकते हैं।

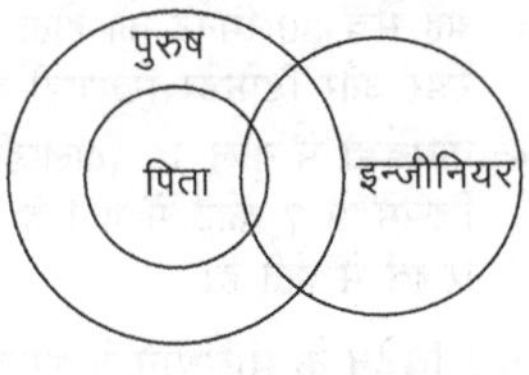

15. *(d)* जिस प्रकार, (66, 57, 48)
$\Rightarrow 48 + 9 = 57$ और $57 + 9 = 66$
तथा (94, 85, 76)
$\Rightarrow 76 + 9 = 85$ और $85 + 9 = 94$
उसी प्रकार, (81, 72, 63)
$\Rightarrow 63 + 9 = 72$ और $72 + 9 = 81$

16. *(c)* जिस प्रकार कैल्शियम की कमी से अस्थिमृदुता का रोग उत्पन्न होता है, उसी प्रकार, आयरन की कमी से शरीर में रक्ताल्पता उत्पन्न होती है।

17. *(c)* जिस प्रकार,

O (−1 → N, +1 → P), U (−1 → T, +1 → V), R (−1 → Q, +1 → S)

तथा B (−1 → A, +1 → C), I (−1 → H, +1 → J), G (−1 → F, +1 → H)

उसी प्रकार, F (−1 → E, +1 → G), O (−1 → N, +1 → P), R (−1 → Q, +1 → S)

E G N P Q S

18. *(a)* कथनानुसार,

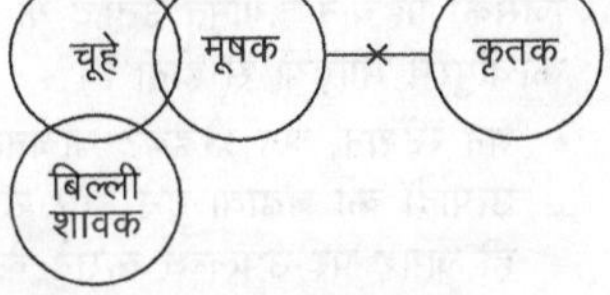

निष्कर्ष I. (✗) II. (✗) III. (✗)
स्पष्टत: कोई भी निष्कर्ष अनुसरण नहीं करता है।

19. *(c)* दी गई आकृति को नामांकित करने से,

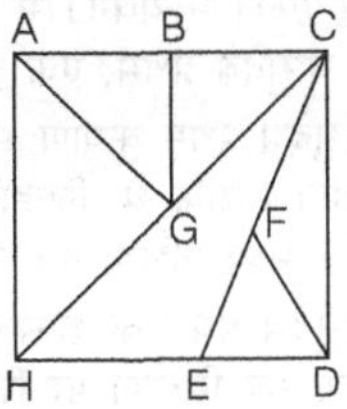

विभिन्न त्रिभुज निम्न हैं,
$\Delta ABG, \Delta BCG, \Delta ACG, \Delta EFD, \Delta CFD, \Delta ECD, \Delta HCE, \Delta HCD, \Delta AHC$ तथा ΔAGH
कुल त्रिभुजों की संख्या = 10

20. *(b)* जिस प्रकार,

M(13) A(1) N(14) → +2, +2, +2 → 15, 3, 16

तथा S(19) H(8) E(5) → +2, +2, +2 → 21, 10, 7

उसी प्रकार, O(15) U(21) T(20) → +2, +2, +2 → 17 23 22

21. *(a)* दी गई संख्या शृंखला का क्रम निम्न है,

12, 25, 49, 99, 197, 395
×2+1, ×2−1, ×2+1, ×2−1, ×2+1

22. *(c)* दी गई आकृति शृंखला के प्रत्येक अगली आकृति में बीच का अक्षर अपने स्थान पर ही 90° दक्षिणावर्त दिशा में घूम रहा है तथा चिह्न (*) 45° दक्षिणावर्त दिशा में आगे बढ़ रहा है।
इस प्रकार शृंखला की अगली आकृति विकल्प (c) की आकृति होगी।

23. *(a)* मूल व्यंजक,
$164 - 173 \div 110 + 140 \times 5 = ?$
प्रश्नानुसार,
चिह्न परस्पर बदलने पर,
नया व्यंजक
$= 164 + 173 \times 110 - 140 \div 5$
$= 164 + 19030 - 28$
$= 19194 - 28 = 19166$

24. *(b)* कथनानुसार,

$M^- * N^+ - P^- + Q^- \div R^- + T$
पत्नी पिता बहन माता बहन

रक्त सम्बन्ध स्थापित करने से,

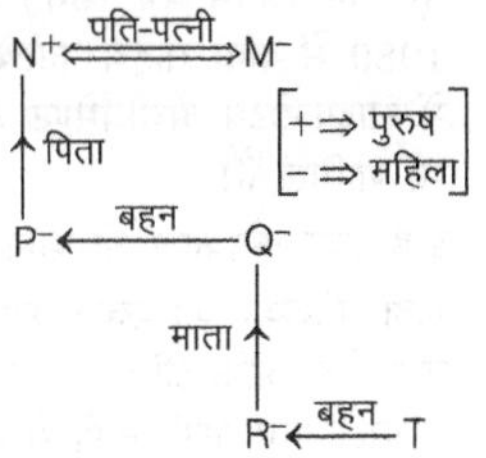

चूँकि P तथा Q बहनें हैं, अत: M, Q की माता है।

25. *(c)* दी गई शृंखला का क्रम निम्न प्रकार है,

−2 −2 −2
B Y N F J / Z Y N F J / X Y N F J / V Y N F J

अभीष्ट संयोजन = F Z J Y N

26. *(c)* भारत में **अल्प रोजगार** की बेरोजगारी पाई जाती है। जब लोग एक वर्ष को एक निश्चित अवधि के लिए पर्वतीय क्षेत्रों में पर्यटन रिसॉर्ट्स और विभिन्न पर्यटन सम्बन्धी गतिविधियों में कार्यरत् होते हैं, लेकिन ऑफ-सीजन में बेरोजगार होते हैं।

- अल्प बेरोजगारी में लोग अपनी क्षमता से कम काम करते हैं या ऐसी नौकरी स्वीकार करते हैं, जो उनके कौशल और जरूरतों के मुताबिक नहीं होती है।

27. *(c)* वर्ष 1909 के मार्ले-मिण्टो सुधार को भारतीय परिषद् अधिनियम, 1909 भी कहा जाता है।

- इस अधिनियम ने विधानपरिषदों की ताकत में वृद्धि कर दी।
- इस अधिनियम ने मुसलमानों को पृथक् निर्वाचन क्षेत्र का अधिकार दिया।
- मार्ले-मिण्टो सुधारों का प्रस्ताव राज्य के सचिव जॉन मॉर्ले और वायसराय लॉर्ड मिण्टो ने रखा था, जिनके नाम पर अधिनियम का नाम पड़ा।
- इस अधिनियम का उद्देश्य केन्द्रीय और प्रान्तीय प्रशासन में भारतीयों की भागीदारी में सीमित वृद्धि करना था।

28. *(c)* एकबीजपत्री पत्तियों में संवहन बण्डल के समान आकार का कारण **समानान्तर शिरा-विन्यास** है।

- जिन पौधों में तन्तुमय जड़ें होती है और पत्तियों में समान्तर शिरा विन्यास होता हैं, इनमें गेहूँ, मक्का, घास, केला, बाँस आदि शामिल हैं।

29. *(c)* लता मंगेशकर को **वर्ष 2001** में भारत रत्न से सम्मानित किया गया था।

- भारत रत्न के अतिरिक्त इन्हें अन्य कई पुरस्कार जिनमें वर्ष 1969 में पद्मभूषण, 1989 में दादा साहेब फाल्के वर्ष 2008 में लाइफटाइम अचीवमेण्ट अवार्ड आदि भी शामिल हैं।
- इन्हें स्वर कोकिला भी कहा जाता था।
- लता मंगेशकर को क्वीन ऑफ मेलोडी, नाइटिंगेल ऑफ इण्डिया और वॉयस ऑफ द मिलेनियम आदि नामों से जाना जाता है।
- इनका जन्म वर्ष 1929 (इन्दौर) में हुआ था।

30. *(a)* 'पौष मेला' **पश्चिम बंगाल** में मनाया जाने वाला एक अनूठा त्योहार है।
- यह एक वार्षिक मेला है, जो फसल के मौसम की शुरुआत का प्रतीक माना जाता है।
- यह मेला सामान्यत: 21 से 23 दिसम्बर के बीच शुरू होता है।

31. *(b)* राजस्थान के **जैसलमेर** जिले में बार्चन (Barchans) पाए जाते हैं।
- यह एक रेत के टीलों का एक प्रकार है, जो अर्द्ध-चन्द्राकार होता है।
- यह मुख्य रूप से एक दिशा से आने वाली हवा से बनता है।
- इसे बरचान या बरखान के नाम से भी जाना जाता है।

32. *(c)* माइक्रोफाइनेन्स ऐसी बैंकिंग सेवा है, जो उन बेरोजगार एवं कम आय वाले व्यक्तियों या समूहों को प्रदान की जाती है, जिनके पास अन्य वित्तीय सेवाओं तक कोई पहुँच न हो।
- मुहम्मद युनस को माइक्रोफाइनेन्स का जनक माना जाता है।
- इन्होंने ग्रामीण बैंक की स्थापना 'गरीबों के बैंक के रूप में की थी, जिसका उद्देश्य कम आय वाले व्यक्ति को छोटे व्यवसाय हेतु ऋण प्रदान करना था।
- इन्हें वर्ष 2006 में माइक्रोफाइनेन्स की अवधारणा के लिए नोबेल शान्ति पुरस्कार मिला।

33. *(d)* फरवरी, 1922 में संयुक्त प्रान्त में **चौरी-चौरा** घटना घटी।
- यह घटना उत्तर प्रदेश के गोरखपुर जिले में हुई थी।
- इस घटना में असहयोग आन्दोलन में भाग लेने वाले प्रदर्शनकारियों ने एक पुलिस स्टेशन में आग लगा दी, जिसमें तीन नागरिक और 22 पुलिसकर्मियों की मृत्यु हो गई थी।
- इस घटना के बाद महात्मा गाँधी ने असहयोग आन्दोलन स्थगित कर दिया।

34. *(c)* सोने (दीनार और चौथाई दीनार) और ताँबे (एकल मूल्यवर्ग) में सिक्के जारी करने वाला वासुदेव प्रथम, एक कुषाण शासक था।
- वासुदेव प्रथम कुषाण सम्राज्य के अन्तिम महान शासक थे, जिन्होंने उत्तरी भारत और मध्य एशिया तक शासन किया।
- वासुदेव प्रथम के शासनकाल में जारी किए गए सिक्कों पर शिव, त्रिशूल और नन्दी की तस्वीरें थीं।

35. *(a)* एलन के नियम से तात्पर्य ठण्डी जलवायु वाले स्तनधारियों के कान और अंग (भुजा, टाँग) सामान्यत: छोटे होते हैं, ताकि ऊष्मा की हानि न्यूनतम हो।
- इस नियम को जोएल असफ एलन ने 1877 ई. में तैयार किया। यह एक पारिस्थितिक भौगोलिक नियम है।

36. *(b)* **दूसरी पंचवर्षीय योजना** महालनोबिस मॉडल पर आधारित थी।
- महालनोबिस एक प्रसिद्ध भारतीय वैज्ञानिक और सांख्यिकीविद् थे।
- इन्होंने औद्योगिक उत्पादन को तेज करने और बेरोजगारी खत्म करने के लिए खाका तैयार किया था।
- इसका कार्यकाल वर्ष 1956-1961 तक था।

37. *(a)* जवाहरलाल नेहरू मणिपुर नृत्य अकादमी की स्थापना **वर्ष 1954** में की गई थी।
- यह मणिपुर की राजधानी इम्फाल में स्थित है।
- यह मणिपुरी संस्कृति और विरासत को बढ़ावा देने और संरक्षित करने के लिए एक प्रमुख संस्थान है।
- यह भारत सरकार के संस्कृति मन्त्रालय के अन्तर्गत आता है।

38. *(d)* **एकेडमिक बैंक ऑफ क्रेडिट्स** योजना उच्च शिक्षा संस्थानों में विद्यार्थियों की गतिशीलता को सक्षम बनाती है।
- ए. बी. सी. एक वर्चुअल/डिजिटल स्टोर हाउस है, जिसमें एक छात्र अपने शैक्षणिक करियर के दौरान क्रेडिट डेटा होता है।
- यदि कोई स्टूडेण्ट बीच में ही पढ़ाई छोड़ देता है, तो उसे टाइम पीरियड के हिसाब से सर्टिफिकेट, डिप्लोमा या डिग्री दी जाएगी।

39. *(c)* 18वीं शताब्दी में ऑक्सीजन के साथ रासायनिक अभिक्रिया के रूप में दहन के सिद्धान्त को **एण्टोनी लवॉजिएर** ने विकसित किया था, जिसमें फ्लॉजिस्टन सिद्धान्त शामिल नहीं था।
- यह एक फ्रांसीसी रसायनज्ञ थे, जिन्हें आधुनिक रसायन विज्ञान का जनक कहा जाता है।

40. *(b)* मैदान में कबड्डी में प्रत्येक टीम में 7 खिलाड़ी होते हैं।
- कबड्डी दक्षिण एशिया का लोकप्रिय खेल है, जो पहली बार प्राचीन भारत में उत्पन्न हुआ था।
- कबड्डी, बांग्लादेश का राष्ट्रीय खेल है। बांग्लादेश में इसे हडुडू के नाम से जाना जाता है।
- यह मैच 30 मिनट का होता है। इसमें रेडर और डिफेंडर खिलाड़ी होते हैं।
- कबड्डी में कुल 12 खिलाड़ी होते हैं, जिसमें से 7 कोर्ट में होते हैं और 5 रिजर्व में होते हैं।

41. *(b)* **ब्रिटेन के संविधान** ने भारत में कानून बनाने की प्रक्रिया को प्रेरित किया।
- भारतीय संविधान में कानून का शासन द्विसदनीय विधायिका और राज्यपाल का कार्यालय आदि कई प्रावधान ब्रिटिश संविधान से लिए गए हैं।
- ब्रिटिश संविधान दुनिया के सबसे प्राचीन संविधानों में से एक है। यह संविधान एक लम्बे समय के ऐतिहासिक विकास का परिणाम है।
- भारत का संविधान विश्व का सबसे बड़ा लिखित संविधान है।

42. *(d)* भारत के संविधान का **अनुच्छेद 166** किसी राज्य सरकार के कामकाज के संचालन से सम्बन्धित है।
- **अनुच्छेद 177** सदनों के सम्बन्ध में मन्त्रियों और महाधिवक्ता के अधिकार का वर्णन है।
- **अनुच्छेद 164** राज्य विधानसभाओं और संसद के चुनाव से सम्बन्धित है।
- **अनुच्छेद 167** राज्यपाल को सूचना देने आदि के सम्बन्ध में मुख्यमन्त्री के कर्त्तव्यों का वर्णन है।

43. *(d)* वर्ष 2022 में भारतीय रेलवे द्वारा शुरू की गई 'वन स्टेशन वन प्रोडक्ट' योजना के लिए **चेन्नई सेण्ट्रल** का चयन किया गया है, जिसकी पहचान चयनित उत्पाद के रूप में काँचीपुरम साड़ियों से होती है।
- वन स्टेशन, वन प्रोडक्ट योजना स्थानीय उत्पादों को बढ़ावा देने और उन्हें एक ही जगह पर उपलब्ध कराने के लिए शुरू की गई रेल मन्त्रालय की एक पहल है।

- वन स्टेशन वन प्रोडक्ट (OSOP) योजना का पायलट प्रोजेक्ट 25 मार्च, 2022 को शुरू किया गया था।

44. *(b)* विदेशी यात्री **इब्नबतूता** के अनुसार, दिल्ली के लोग सुल्तान को अपशब्दों भरे पत्र लिखते थे, जिसके कारण सुल्तान ने उन्हें दण्डित करने के लिए राजधानी को स्थानान्तरित करने का निर्णय लिया।
- इब्नबतूता मोरक्को का विद्वान् और लेखक था। इसने रेहला नामक प्रसिद्ध पुस्तक लिखी।
- यह मुहम्मद बिन तुगलक के शासन के दौरान भारत आया था और 1333 ई. से 1340 ई. तक (लगभग 7 वर्ष) भारत में रहा।
- इब्नबतूता का पूरा नाम मुहम्मद बिन अब्दुल्ला इब्नबतूता था।

45. *(d)* एक ध्वनि तरंग को 1.5 किमी की दूरी तय करने में लगभग 5 सेकण्ड का समय लगेगा, जिसकी आवृत्ति 5 kHz और तरंगदैर्ध्य 6 सेमी है।

$\lambda = 6\,(m.\,n) = 5\,\text{kHz}$

$= 6 \times \frac{1}{100}\,m = 0.06$

$= 5 \times 1000\,\text{Hz} = 5000\,\text{Hz}$

$V = n\lambda$

$\Rightarrow V = 5000 \times 0.06$

$= 300.00 = 300$ मी/से

तरंग को 1.5 किमी दूरी तय करने में लगा समय $t = \frac{d}{v}$

$= \frac{15 \times 1000 \text{ मी}}{300 \text{ मी / से}} = \frac{15}{3} = 5$ सेकण्ड

46. *(a)* मई, 2022 में तत्कालीन राष्ट्रपति रामनाथ कोविन्द ने **विनय कुमार सक्सेना** को दिल्ली का उप-राज्यपाल नियुक्त किया।
- ये दिल्ली के 22वें राज्यपाल के रूप में कार्यरत हैं।
- विनय कुमार का जन्म 23 मार्च, 1958 को उत्तर प्रदेश में हुआ था।
- ये वर्ष 2015 में खादी और ग्रामोद्योग आयोग के अध्यक्ष भी रहे थे।

47. *(d)* वाइड बॉल, विकेट और नो बॉल क्रिकेट से सम्बन्धित हैं, जबकि ड्यूस टेनिस खेल से सम्बन्धित है।
- ड्यूस का सम्बन्ध कई खेलों और कार्ड गेम से है।
- टेनिस में जब दोनों खिलाड़ियों का स्कोर 40-40 हो जाता है, तो इसे ड्यूस कहा जाता है।
- बैडमिण्टन और वॉलीबॉल में भी जब स्कोर बराबर हो जाता है, तो इसे ड्यूस कहा जाता है।
- जर्मन कार्ड गेम में, ड्यूस सबसे ज्यादा वैल्यू वाला प्लेइंग कार्ड होता है।
- ड्यूस स्थिति में खिलाड़ियों में से एक को बढ़त अंक मिलते हैं और वह मैच जीत जाता है।

48. *(c)* भारत के **आन्ध्र प्रदेश** राज्य में जल संग्रहण संरचनाओं के निर्माण के लिए जल संरक्षण मिशन द्वारा 1 मई, 2000 को नीरू-मीरू (जल और आप) कार्यक्रम शुरू किया गया था।
- इस कार्यक्रम का दुर्लभ जल संसाधनों के संरक्षण के लिए सामुदायिक भागीदारी को बहुत महत्त्व दिया जाता है।

49. *(d)* हिन्दुस्तानी शास्त्रीय परम्परा में भारतीय बाँसुरी वादक हरिप्रसाद चौरसिया को वर्ष 2000 में **पद्म विभूषण** पुरस्कार दिया गया।
- ये एक शास्त्रीय परम्परा में एक भारतीय बाँसुरी वादक हैं, जिनके प्रदर्शन और रचनाओं ने बाँसुरी को वैश्विक पहचान दिलाई।
- इनका जन्म 1 जुलाई, 1938 को इलाहाबाद (वर्तमान प्रयागराज) में हुआ था।
- हरिप्रसाद चौरसिया का सम्बन्ध मैहर सेनिया संगीत घराने से है।

50. *(c)* अर्नेस्ट रदरफोर्ड ने अल्फा प्रकीर्णन प्रयोगों के लिए लगभग **1000 परमाणु** मोटी सोने की पन्नी का प्रयोग किया था।
- अर्नेस्ट रदरफोर्ड न्यूजीलैण्डीय भौतिक शास्त्रीय थे।
- इन्हें परमाणु भौतिकी के जनक के रूप में जाना जाता है।
- प्रोटॉन की खोज का श्रेय भौतिक विज्ञानी अर्नेस्ट रदरफोर्ड को दिया जाता है।

51. *(c)* दिया है,

$PQ = 29$ इकाई

$QR = 21$ इकाई

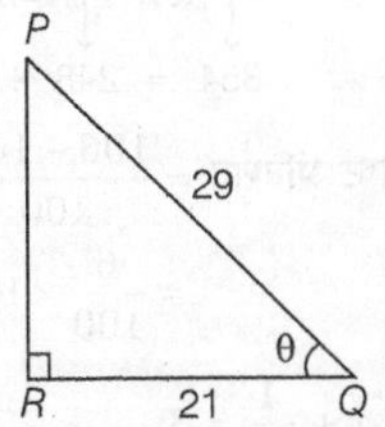

ΔPQR में,

$PR^2 = PQ^2 - RQ^2$

$PR^2 = 29^2 - 21^2 = 841 - 441 = 400$

$\therefore PR = \sqrt{400} = 20$

$\therefore \cos^2\theta - \sin^2\theta = \left(\frac{RQ}{PQ}\right)^2 - \left(\frac{PR}{PQ}\right)^2$

$= \left(\frac{21}{29}\right)^2 - \left(\frac{20}{29}\right)^2$

$= \frac{441 - 400}{841} = \frac{41}{841}$

52. *(d)* प्रश्नानुसार,

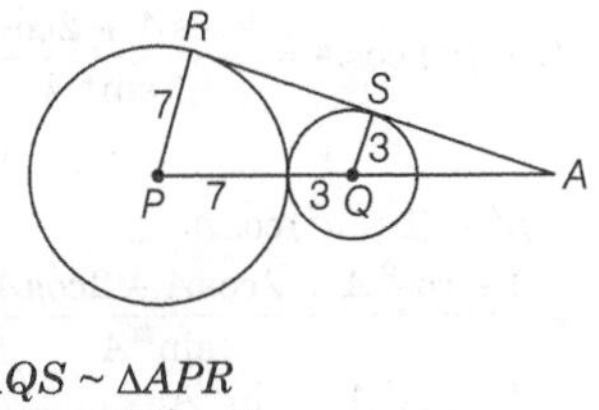

$\Delta AQS \sim \Delta APR$

$\frac{AQ}{AP} = \frac{QS}{PR} = \frac{3}{7}$

माना $AQ = 3x$, $AP = 7x$

$PQ = AP - AQ = 4x = 10$

$\Rightarrow x = \frac{5}{2}$

$\therefore AP = 7 \times \frac{5}{2} = 17.5$

$\therefore \frac{AP}{PQ} = \frac{17.5}{3 \times \frac{5}{2}} = \frac{17.5}{7.5} = \frac{7}{3}$

$\therefore A$, PQ को बाह्य रूप से 7 : 3 के अनुपात में विभाजित करता है।

53. *(a)* औसत स्कोर $= \frac{12 \times 62 + 18 \times 74}{30}$

$= \frac{744 + 1332}{30} = \frac{2076}{30} = 69.2$

54. *(a)* मासिक आय = ₹ 75000

किराए और शिक्षा पर व्यय

$= 75000 \times (30 + 25)\%$

$= 75000 \times \frac{55}{100} =$ ₹ 41250

55. *(c)* $\left(\frac{3}{a} + 3a\right)\left(\frac{9}{a^2} - 9 + 9a^2\right)$

($a = 1$ रखने पर)

$= \left(\frac{3}{1} + 3 \times 1\right)\left(\frac{9}{1^2} - 9 + 9 \times 1^2\right)$

$= (3 + 3)\,(9 - 9 + 9 \times 1) = 6 \times 9 = 54$

56. *(b)* (50, 150, 175) का महत्तम समापवर्तक = 25 सेमी

$\therefore$ प्रत्येक घन की भुजा = 25 सेमी

$\therefore$ अभीष्ट घनों की संख्या

$= \frac{\text{घनाभ का आयतन}}{\text{घन का आयतन}} = \frac{50 \times 150 \times 175}{25 \times 25 \times 25}$

$= 84$

57. *(a)* $p\sin A - \cos A = 1$

$$p = \frac{1+\cos A}{\sin A}$$

$$p^2 = \frac{1+\cos^2 A + 2\cos A}{\sin^2 A} \quad ...(i)$$

अब,

$$1+p^2 = \frac{\sin^2 A + 1 + \cos^2 A + 2\cos A}{\sin^2 A}$$

$$1+p^2 = \frac{2+2\cos A}{\sin^2 A}$$

$$(1+p^2)\cos A = \frac{2\cos A + 2\cos^2 A}{\sin^2 A} \quad ...(ii)$$

$$\therefore p^2 - (1+p^2)\cos A$$

$$= \frac{1+\cos^2 A + 2\cos A - 2\cos A - 2\cos^2 A}{\sin^2 A}$$

$$= \frac{1-\cos^2 A}{\sin^2 A} = \frac{\sin^2 A}{\sin^2 A} = 1$$

58. *(b)* $4\frac{4}{5} \times \frac{3}{8} + \left(3\frac{1}{2} + \frac{2}{3}\right) \times \frac{4}{5}$

$$= \frac{24}{5} \times \frac{3}{8} + \left(\frac{7}{2} + \frac{2}{3}\right) \times \frac{4}{5}$$

$$= \frac{9}{5} + \frac{25}{6} \times \frac{4}{5}$$

$$= \frac{9}{5} + \frac{10}{3} = \frac{77}{15}$$

59. *(d)* माना नाव की चाल = x किमी/घण्टा

प्रश्नानुसार,

$$x - 4.8 = \frac{54}{6}$$

$$x = 13.8$$

$\therefore$ अभीष्ट समय $= \frac{279}{x+4.8}$ घण्टे

$$= \frac{279}{13.8+4.8} = \frac{279}{18.6} = 15 \text{ घण्टे}$$

60. *(a)* 2013 में सभी कम्पनियों का कुल निर्यात = ₹ 300 लाख

2013 में सभी कम्पनियों का कुल आयात = ₹ (30 + 60 + 70 + 15 + 90)

= ₹ 265 लाख

$\therefore$ लाभ = ₹ 300 लाख – ₹ 265 लाख

= ₹ 35 लाख

61. *(d)* माना विक्रय मूल्य = $6x = 31902$

लाभ = x

$\therefore$ क्रय मूल्य = $6x - x = 5x$

$\therefore$ लाभ % $= \frac{x}{5x} \times 100\% = 20\%$

62. *(c)* ΔABC में,

$$\frac{1}{2}\angle A + \angle B + \angle C = 120° \quad ...(i)$$

$$\angle A + \angle B + \angle C = 180° \quad ...(ii)$$

समी (ii) – समी (i) से,

$$\frac{1}{2}\angle A = 60° \Rightarrow \frac{1}{4}\angle A = 30°$$

63. *(a)* अभीष्ट अनुपात $= 17652 : 16404$
$= 1471 : 1367$

64. *(b)* माना तीसरा पाइप टैंक को भरता है = t घण्टे में

$\therefore$ दूसरा पाइप टैंक को भरेगा = $(t+4)$ घण्टे में

तथा पहला पाइप टैंक को भरेगा = $(t+9)$ घण्टे में

प्रश्नानुसार,

$$\therefore \frac{1}{t+9} + \frac{1}{t+4} = \frac{1}{t}$$

$$\frac{2t+13}{t^2+13t+36} = \frac{1}{t}$$

$$2t^2 + 13t = t^2 + 13t + 36$$

$$t^2 = 36 \Rightarrow t = 6 \text{ घण्टे}$$

$\therefore$ पहले पाइप द्वारा टंकी को भरने में लगा समय = $(9+6) = 15$ घण्टे

65. *(d)* माना नमन ने प्रारम्भ में x सेब खरीदें।

$\therefore$ प्रति सेब मूल्य $= \frac{720}{x}$

प्रश्नानुसार,

$$\frac{720}{x} - 2 = \frac{720}{x+4}$$

$$\frac{720-2x}{x} = \frac{720}{x+4}$$

$$\Rightarrow 720x + 2880 - 2x^2 - 8x = 720x$$

$$\Rightarrow 2x^2 + 8x - 2880 = 0$$

$$\Rightarrow x^2 + 4x - 1440 = 0$$

$$\Rightarrow (x+40)(x-36) = 0$$

$$x = 36$$

66. *(a)* माना व्यक्ति की आय = 300

$\therefore$ व्यय $= \frac{2}{3} \times 300 = 200$

$\therefore$ आय = व्यय + बचत

$300 = 200 + 100$

+18% ↓ +24% ↓ ? ↓

$354 = 248 + 106$

अभीष्ट प्रतिशत $= \frac{106-100}{100} \times 100$

$$= \frac{6}{100} \times 100 = 6\%$$

67. *(a)* $x + \frac{1}{9x} = 3$

'3' से दोनों तरफ गुणा करने पर,

$$\Rightarrow 3x + \frac{1}{3x} = 9$$

दोनों पक्षों का वर्ग करने पर,

$$9x^2 + \frac{1}{9x^2} + 2 = 81$$

$$9x^2 + \frac{1}{9x^2} = 81 - 2 = 79$$

68. *(b)* दिया है, $AD = 12$ सेमी, $BE = 9$ सेमी

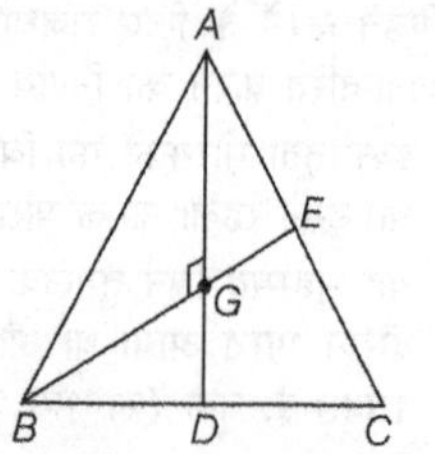

ΔABC में, G केन्द्रक है।

$$AG = \frac{2}{3} \times AD = \frac{2}{3} \times 12 = 8 \text{ सेमी}$$

$$BG = \frac{2}{3} \times BE = \frac{2}{3} \times 9 = 6 \text{ सेमी}$$

अब, ΔABG में,

$$AB^2 = 6^2 + 8^2 = 36 + 64$$

$$AB = 10 \text{ सेमी}$$

69. *(c)* अभीष्ट औसत चाल

$$= \frac{Y \text{ द्वारा तय की गई कुल दूरी}}{\text{कुल समय}}$$

$$= \frac{30+45+40+30+20}{5}$$

$$= \frac{165}{5} = 33 \text{ किमी/घण्टा}$$

70. *(b)* मूलधन = ₹ 141545, दर = 11%

प्रथम वर्ष का ब्याज $= \frac{141545 \times 11 \times 1}{100}$

= ₹ 15569.95

अब, दूसरे वर्ष का मूलधन

= (141545 – 25490) = ₹ 116055

$\therefore$ दूसरे वर्ष का ब्याज $= \frac{116055 \times 11 \times 1}{100}$

= ₹ 12766.05

$\therefore$ दूसरे वर्ष की समाप्ति पर कुल भुगतान की गई राशि

= (15569.95 + 116055 + 12766.05)

= ₹ 144391

71. *(b)* $\because$ संख्या 723 * 56 *, 6 से विभाज्य है।

$\therefore$ संख्या 2 तथा 3 से विभाज्य होगी।

अब संख्या के अंकों का योग

= 7 + 2 + 3 + * + 5 + 6 + *

= 23 + * + *

यह संख्या 3 से विभाजित होगी यदि अंकों का योग 3 से विभाजित हो।

$\therefore$ * = 2 रखने पर यह 3 से पूर्णत: विभाजित है।

72. *(b)* दिया है, ΔLMN में,

$LM = LN, \angle L = 118°$

$\therefore LM = LN$

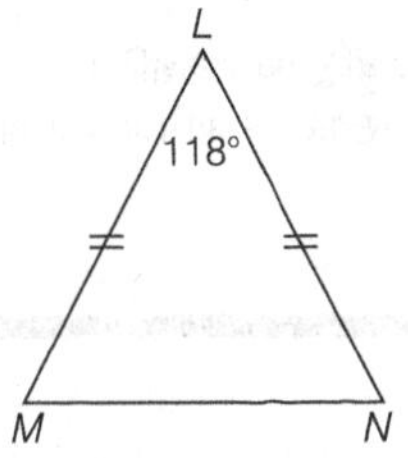

अब, $\angle L + \angle M + \angle N = 180°$

$118° + \angle M + \angle N = 180°$

$\angle M + \angle N = 62°$ ...(i)

$2\angle N = 62°$ (समी (i) से)

$\therefore \angle N = 31°$

73. *(a)* माना प्रत्येक पंखे का अंकित मूल्य $= ₹\, 100x$

$\therefore$ कुल विक्रय मूल्य $= 100x \times \frac{94}{100} + 100x \times \frac{90}{100} + 100x \times \frac{88}{100}$

$= 94x + 90x + 88x = 272x$

प्रश्नानुसार, $272x = 6800$

$\therefore x = \frac{6800}{272} = 25$

प्रत्येक पंखे का अंकित मूल्य $= 100x$

$= 25 \times 100 = ₹\, 2500$

74. *(a)* $\sin 74° + \tan 74°$

$= \sin(90° - 16°) + \tan(90° - 16°)$

$= \cos 16° + \cot 16°$

75. *(c)* अभीष्ट अनुपात

$= \sqrt{121 \times 0.09} : \sqrt{0.16 \times 0.36}$

$= 11 \times 0.3 : 0.4 \times 0.6$

$= 11 : 8$

76. *(c)* The correct spelling to fill in the given blank is 'culinary'.

77. *(d)* The underlined part of the sentence contains an error. The given sentence is a present conditional clause where in the if/when clause is in present tense and the second clause is in future tense. Hence, 'see him' should be used to correct the sentence.

78. *(c)* 'Paramount' means superior or supreme.

- **Collateral** means property (such as securities) pledged by a borrower to protect the interests of the lender.
- **Trivial** means insignificant.

79. *(a)* 'Lax' means failing to give proper care and attention.

- **Provident** means frugal, saving.

80. *(b)* Brittle means hard but liable to break easily. Hence, its antonym is 'resilient' which means strong.

81. *(a)* An antagonist is someone who opposes others.

- Agonist is a substance that mimics the actions of a neuro transmitter or hormone to produce a response when it binds to a specific receptor in the brain.
- **Anatomist** is an expert in anatomy.
- **Protagonist** is the main character of the story.

82. *(c)* The secretary was typing the letter when the phone rang.

- The sentence follows the structure- is Object + was/were + being + the past participle form of the verb. When such a sentence is transformed into active voice, the verb is in past continuous tense.

83. *(b)* A dime a dozen means something common and not special.

84. *(a)* Expertise means expert skill or knowledge in a particular field. Hence, its synonym is 'proficiency' which means the same.

- **Ignorance** means not knowledgable.
- **Clumsiness** means the quality of being awkward or careless in one's movements.

85. *(a)* The incorrectly spelt word is 'quanch'. The correct spelling is 'quench'.

86. *(d)* The correct order is ROQP.

- The sentence formed will be 'Knowledge is a powerful tool for personal growth and development seek it with an open mind.'

87. *(d)* Part 'the country's interior' contains an error. The use of the word 'interior' is incorrect in the context of the sentence.

- Use the word 'internal' to correct the sentence.

88. *(d)* The antonym of 'success' is failure.

- **Opulence** means great wealth or luxuriousness.

89. *(c)* Eloquent means fluent or persuasive in speaking or writing. Hence, its synonym is 'articulate' which means the same.

- **Vague** means not clear.
- **Inarticulate** means not spoken in a elegant way.

90. *(c)* The first sentence of the paragraph will be B as it introduces the story wherein the girl was shook.

- The next sentence will be C as it sets the background for the shock. It will be followed by sentence A presents how there was a party. The last sentence will be D as it reveals the reason for the shock. Hence, the correct order is BCAD.

91. *(c)* Pizza must be delivered by him.

The sentence is in present tense. In passive voice, it would take the past tense.

92. *(a)* 'Crux' means summary or essence. Hence, 'essence' is the correct filler for the blank.

- **Proposal** means a plan, scheme or offer that can be accepted or rejected.
- **Etiquette** means socially acceptable behaviour.
- **Draft** means a preliminary version of a piece of writing.

93. *(b)* 'Made a scapegoat' means to blame someone for the mistakes of others.

94. *(a)* 'Nobody's fool' means not easily deceived.

95. *(a)* Part 'they secret' contains an error. The use of 'secret' is incorrect in the sentence. It should be adverb 'secretly'.

96. *(c)* The correct filler for the given blank is 'to'.

97. *(d)* The correct filler for the given blank is 'among'.

98. *(b)* The correct filler for the given blank is 'marginalised'.

99. *(d)* The correct filler for the given blank is 'poverty'.

100. *(d)* The correct filler for the given blank is 'elevation of'.

सेट 10 12 सितम्बर, 2024 (प्रथम पाली)

SSC CGL Tier-I सॉल्वड पेपर

निर्देश

1. इस सेट में कुल 100 प्रश्न हैं।
2. इस सेट में चार भाग हैं, **भाग-I** सामान्य बुद्धि एवं तर्कशक्ति, **भाग-II** सामान्य जागरुकता, **भाग-III** संख्यात्मक अभियोग्यता और **भाग-IV** अंग्रेजी भाषा।
3. प्रत्येक प्रश्न 2 अंक का है।

भाग I
सामान्य बुद्धि एवं तर्कशक्ति

1. उस शब्द-युग्म का चयन करें, जो नीचे दिए गए शब्दों के युग्म में व्यक्त किए गए सम्बन्ध के समान सम्बन्धों का सबसे बेहतर ढंग से प्रतिनिधित्व करता है। (शब्दों को अर्थपूर्ण हिन्दी शब्द माना जाना चाहिए और शब्द में अक्षरों की संख्या/व्यंजनों/स्वरों की संख्या के आधार पर एक-दूसरे से सम्बन्धित नहीं होना चाहिए)

Virus : Parasite (विषाणु : परजीवी)

(a) Algae : Flower (शैवाल : पुष्प)
(b) Fungus : Jasmine (कवक : चमेली)
(c) Amaltas : Tree (अमलतास : वृक्ष)
(d) Fenugreek : Micro organism (मेथी : सूक्ष्मजीव)

2. अंग्रेजी वर्णमाला क्रम के आधार पर, निम्नलिखित चार अक्षर-समूहों में से तीन किसी निश्चित तरीके से एकसमान हैं और इस प्रकार एक समूह बनाते हैं। कौन-सा अक्षर-समूह उस समूह से सम्बन्धित नहीं है?

(**नोट** असंगत अक्षर-समूह, व्यंजनों/स्वरों की संख्या या अक्षर-समूह में इनके स्थान पर आधारित नहीं है।)

(a) JHD (b) AYU
(c) FDZ (d) KJE

3. यदि BINDER शब्द के सभी अक्षरों को वर्णानुक्रम में व्यवस्थित किया जाए, तो कितने अक्षरों की स्थिति अपरिवर्तित बनी रहेगी?

(a) एक
(b) तीन
(c) दो
(d) किसी की भी नहीं

4. निम्नलिखित समीकरण को सही करने के लिए किन दो चिह्नों को आपस में बदलना चाहिए?

$247 \div 13 + 16 \times 3 - 148 = 119$

(a) ÷ और × (b) − और +
(c) + और × (d) − और ×

5. जब दर्पण को MN पर रखा जाता है, तो दी गई आकृति के सही दर्पण प्रतिबिम्ब का चयन कीजिए।

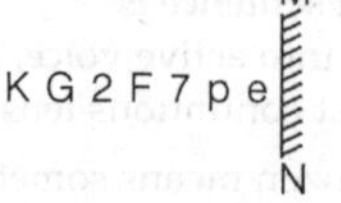

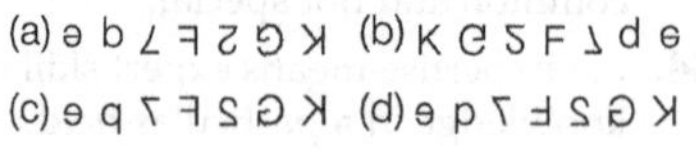

6. एक निश्चित कूट में, 'FACED' को 'GZDDE' के रूप में लिखा जाता है और 'VACAY' को 'WZDZZ' के रूप में लिखा जाता है। उसी भाषा में 'LABOR' को किस प्रकार लिखा जाएगा?

(a) MBCPS
(b) MZCNS
(c) MBDPS
(d) MADMS

7. दी गई आकृति में कितने त्रिभुज हैं?

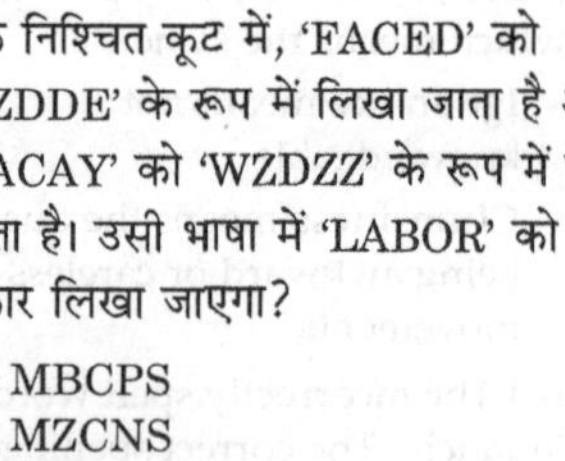

(a) 21 (b) 20
(c) 16 (d) 18

8. एक निश्चित तर्क का अनुसरण करते हुए $\left[\frac{24}{7}\right]$ का सम्बन्ध $\left[\frac{12}{7}\right]$ से है। समान सम्बन्ध का अनुसरण करते हुए $\left[\frac{11}{15}\right]$, $\left[\frac{11}{30}\right]$ से सम्बन्धित है। समान तर्क का अनुसरण करते हुए $\left[\frac{9}{13}\right]$ का सम्बन्ध निम्नलिखित में से किससे है?

(**नोट** संख्याओं को उनके घटक अंकों में विभक्त किए बिना पूर्ण संख्याओं पर संक्रियाएँ की जानी चाहिए। उदाहरण के लिए 13 को लें 13 पर संक्रियाएँ जैसे कि जोड़ना/घटाना/गुणा आदि 13 में की जा सकती हैं। 13 को 1 और 3 में विभक्त करना और फिर 1 और 3 पर गणितीय संक्रियाएँ करने की अनुमति नहीं है।)

(a) $\left[\frac{10}{27}\right]$ (b) $\left[\frac{15}{26}\right]$
(c) $\left[\frac{9}{26}\right]$ (d) $\left[\frac{9}{39}\right]$

9. एक निश्चित कूटभाषा में,
'A + B' का अर्थ है 'A, B की माता है';
'A − B' का अर्थ है 'A, B का भाई है';
'A × B' का अर्थ है 'A, B की पत्नी है'
और 'A ÷ B' का अर्थ है 'A, B का पिता है'।
उपर्युक्त के आधार पर,
यदि '4 ÷ 3 ÷ 2 + 1 − 5' है, तो 4, 2 से किस प्रकार सम्बन्धित है?

(a) पिता की माता (b) माता का पिता
(c) पिता का पिता (d) माता की माता

10. यदि 'ENTOMB' शब्द के सभी अक्षरों को अंग्रेजी वर्णमाला क्रम में व्यवस्थित किया जाए, तो कितने अक्षरों की स्थिति में कोई बदलाव नहीं होगा?

(a) दो (b) एक भी नहीं
(c) एक (d) तीन

11. उस समुच्चय का चयन कीजिए, जिसमें संख्याएँ एक-दूसरे से उसी तरह सम्बन्धित हैं, जैसे दिए गए समुच्चय की संख्याएँ हैं।

(213, 157), (185, 129)

(**ध्यान दीजिए** संख्याओं को उनके घटक अंकों में विभाजित किए बिना, पूर्ण संख्याओं पर संक्रियाएँ की जानी चाहिए। उदाहरण के लिए 13-13 पर संक्रिया जैसे जोड़ना/घटाना/गुणा करना आदि 13 पर किया जा सकता है। 13 को 1 और 3 में तोड़ना और फिर 1 और 3 पर गणितीय संक्रियाएँ करने की अनुमति नहीं है)

(a) (164, 108) (b) (189, 141)
(c) (171, 123) (d) (192, 152)

12. T, O, B, L, Y और V फलकों वाले एक ही पासे की दो अलग-अलग स्थितियाँ नीचे दिखाई गई हैं। उस अक्षर का चयन कीजिए जो L अक्षर वाले फलक के विपरीत फलक पर होगा।

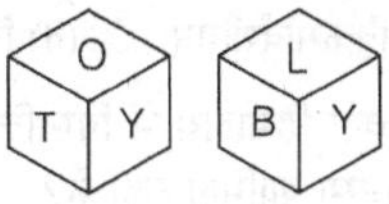

(a) Y (b) V
(c) B (d) O

13. निम्नलिखित में से कौन-सा पद दी गई शृंखला में प्रश्नचिह्न (?) को प्रतिस्थापित करेगा?

IMHP, MPJQ, QSLR, UVNS, ?

(a) YYPT (b) YYOT
(c) XYPT (d) YXPT

14. तीन कथन दिए गए हैं, जिसके बाद तीन निष्कर्ष I, II और III दिए गए हैं। कथनों को सत्य मानते हुए, भले ही वे सामान्य रूप से ज्ञात तथ्यों से भिन्न प्रतीत होते हों, निर्धारित करें कि कौन-सा/से निष्कर्ष कथनों का तार्किक रूप से अनुसरण करता है/करते हैं।

कथन

सभी पेज, डायरियाँ हैं।

कुछ डायरियाँ, किताबें हैं।

सभी किताबें, नोटबुक हैं।

निष्कर्ष

I. कोई पेज, नोटबुक नहीं है।

II. सभी पेज, नोटबुक हैं।

III. सभी डायरियों के नोटबुक होने की सम्भावना है।

(a) केवल निष्कर्ष I और III अनुसरण करते हैं
(b) केवल निष्कर्ष III अनुसरण करता है
(c) निष्कर्ष I और II, दोनों अनुसरण करते हैं
(d) केवल निष्कर्ष II अनुसरण करता है

15. निम्नलिखित शृंखला में, केवल एक अक्षर-समूह गलत है। गलत अक्षर-समूह का चयन कीजिए।

YCG IMQ SVZ CGK MQU

(a) CGK (b) SVZ (c) MQU (d) IMQ

16. दिए गए विकल्पों में से उस आकृति की पहचान कीजिए, जिसे '?' के स्थान पर रखने पर शृंखला तार्किक रूप से पूर्ण हो जाएगी।

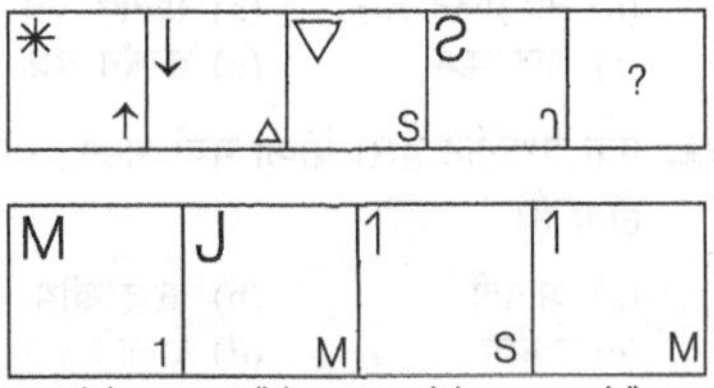

(a) (b) (c) (d)

17. निम्नलिखित चार विकल्पों में से तीन किसी न किसी रूप में समान हैं और इस प्रकार, एक समूह बनाते हैं। कौन-सा विकल्प उस समूह से सम्बन्धित नहीं है?

(**ध्यान दें** संख्याओं को उनके घटक अंकों में तोड़े बिना, संक्रियाएँ पूर्ण संख्याओं पर की जानी चाहिए। उदाहरण के लिए 13 को लें- संख्या 13 में की जाने वाली संक्रिया, जैसे कि जोड़ना/घटाना/गुणा करना केवल 13 में किया जा सकता है। 13 को अंक 1 और 3 में तोड़ना और फिर 1 और 3 के साथ गणितीय संक्रियाएँ करने की अनुमति नहीं है।)

(a) 81-101-92 (b) 90-22-12
(c) 540-188-128 (d) 72-284-266

18. शृंखला को पूरा करने के लिए दिए गए विकल्पों में से संख्या का चयन करें।

25, 30, 40, 55, 75, ...

(a) 105 (b) 85 (c) 80 (d) 100

19. अंग्रेजी वर्णमाला-क्रम के आधार पर 'WISK' एक निश्चित तरीके से 'DRHP' से सम्बन्धित है। उसी तरह 'LENT' का सम्बन्ध 'OVMG' से है। उसी तर्क के अनुसार 'BANG' का सम्बन्ध निम्नलिखित में से किससे है?

(a) YZNU (b) ZYNS
(c) YZMT (d) ZYLU

20. संख्याओं के दो सेट नीचे दिए गए हैं। संख्याओं के प्रत्येक सेट में, पहले नम्बर पर कुछ गणितीय संक्रियाओं का परिणाम दूसरे नम्बर पर होता है। इसी प्रकार, दूसरे नम्बर पर कुछ गणितीय संक्रियाओं का परिणाम तीसरे नम्बर पर होता है, और इसी प्रकार आगे भी होता है। दिए गए विकल्पों में से कौन-सा विकल्प दिए गए सेटों की तरह समान संक्रियाओं वाले सेट का अनुसरण करता है?

(**नोट** संख्याओं को उनके घटक अंकों में तोड़े बिना, ये संक्रियाएँ सम्पूर्ण संख्याओं पर की जानी चाहिए। उदाहरण के लिए 13 को लीजिए—13 पर संक्रियाएँ जैसे कि 13 में जोड़ना/घटाना/गुणा करना, आदि की जा सकती हैं। 13 को 1 और 3 में तोड़ना और फिर 1 और 3 पर गणितीय संक्रियाएँ करने की अनुमति नहीं है।)

18-36-72-107, 15-30-60-95

(a) 25-50-100-125 (b) 11-22-66-101
(c) 22-44-88-123 (d) 30-60-90-115

21. एक निश्चित कोड भाषा में, 'FIVE' को '12184410' और 'FOUR' को '12304236' लिखा जाता है। उसी भाषा में THREE' कैसे लिखा जाएगा?

(a) 4016361310 (b) 4016361010
(c) 4016361110 (d) 4016361212

22. दिए गए विकल्पों में से उस आकृति का चयन कीजिए, जो निम्नलिखित शृंखला में प्रश्नचिह्न (?) को प्रतिस्थापित कर सकती है।

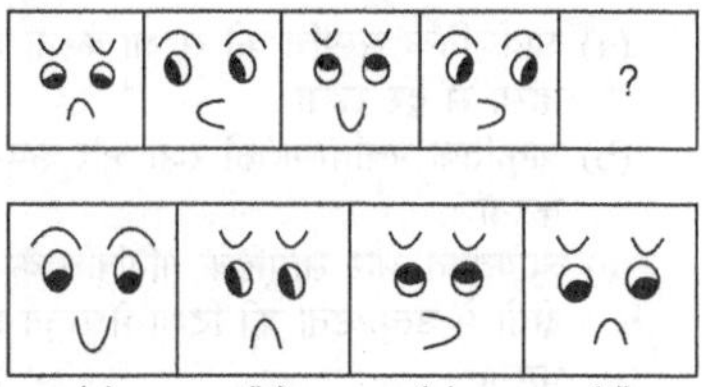

(a) (b) (c) (d)

23. यदि '+' और '–' को आपस में बदल दिया जाए और '×' और '÷' को आपस में बदल दिया जाए, तो निम्नलिखित समीकरण में प्रश्नचिह्न (?) के स्थान पर क्या आएगा?

$342 \times 18 + 79 - 45 \div 3 = ?$

(a) 75 (b) 55 (c) 65 (d) 85

24. जब दर्पण को नीचे दर्शाए गए अनुसार MN पर रखा जाता है, तो दी गई आकृति के सही दर्पण प्रतिबिम्ब का चयन कीजिए।

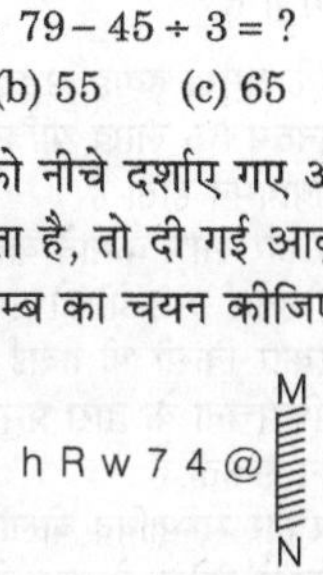

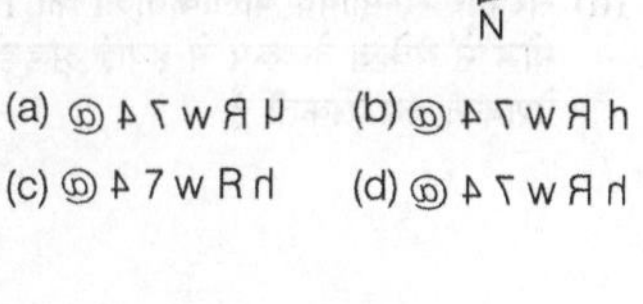

25. एक पासे के विभिन्न फलकों पर छः शब्द खाना, रोना, खेलना, सोना, दौड़ना और नहाना लिखे हुए हैं। नीचे चित्र में इस पासे की तीन स्थितियाँ दिखाई गई है। खाना (Eat) शब्द के विपरीत फलक पर कौन-सा शब्द है?

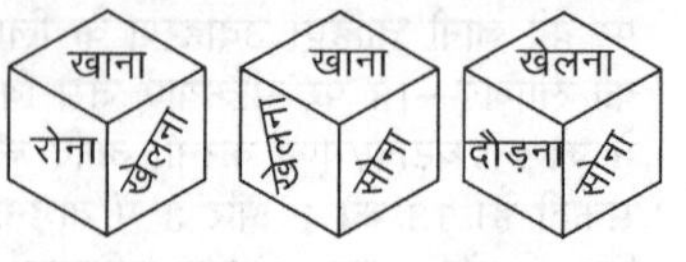

(a) रोना (b) खेलना
(c) दौड़ना (d) सोना

भाग II

सामान्य जागरुकता

26. $H_2S_2O_7$ में 'S' की ऑक्सीकरण संख्या की गणना कीजिए
(a) 3 (b) 7
(c) 6 (d) 2

27. एक विद्यार्थी अपने स्कूल असाइनमेण्ट में, पार्क में उपयोग करने के लिए घर पर खाद बनाने का तरीका सीख रहा है। वह निम्नलिखित में से कौन-सा मौलिक कर्त्तव्य निभा रहा है?
(a) सार्वजनिक सम्पत्ति की सुरक्षा करना और हिंसा से दूर रहना
(b) प्राकृतिक पर्यावरण की रक्षा और संवर्द्धन करना
(c) व्यक्तिगत और सामूहिक गतिविधि के सभी क्षेत्रों में उत्कृष्टता की दिशा में सतत प्रयास करना
(d) वैज्ञानिक दृष्टिकोण, मानवतावाद और अन्वेषण की भावना विकसित करना

28. विमानपत्तन आर्थिक नियामक प्राधिकरण (AERA) संशोधन अधिनियम, 2021 में निम्नलिखित में से कौन-सा संशोधन नहीं किया गया है?
(a) एक प्रमुख हवाई अड्डा वह है, जिसमें न्यूनतम 35 लाख यात्रियों का वार्षिक आवागमन होता है
(b) सरकार लाभ कमाने वाले और घाटे में चल रहे हवाई अड्डों को एकसाथ मिला देगी
(c) सरकार किसी भी हवाई अड्डे को सिर्फ अधिसूचना के द्वारा प्रमुख हवाई अड्डा मान सकती है
(d) सरकार सम्भावित बोलीकर्ताओं को PPP मोड में पैकेज के रूप में हवाई अड्डों की पेशकश कर सकती है

29. निम्नलिखित में से किस वर्ष भारत ने पहली बार आई.सी.सी. (ICC) पुरुष क्रिकेट विश्व कप जीता?
(a) 1996 में (b) 1983 में
(c) 1992 में (d) 1987 में

30. राइजोबियम, नाइट्रोसोमोनास और नाइट्रोबैक्टर जैसे सूक्ष्मजीवों का उपयोग कहाँ किया जाता है?
(a) नाइट्रोजन चक्र (b) सल्फर चक्र
(c) जल चक्र (d) कार्बन चक्र

31. एक एथलीट द्वारा फेंका गया भाला, गति में होता है।
(a) आवर्ती (b) ऋजुरेखीय
(c) वक्रीय (d) दोलनी

32. भारत ने हॉकी ओलम्पिक में अपनी शुरुआत किस वर्ष की थी?
(a) 1924 (b) 1936 (c) 1932 (d) 1928

33. शुद्ध निवेश क्या है?
(a) सकल निवेश-मूल्यह्रास
(b) सकल पूँजी निवेश-अप्रत्यक्ष कर
(c) किसी देश में सभी निवेशों का योग
(d) सकल निवेश + मूल्यह्रास

34. निम्नलिखित विकल्पों में से भारत की सबसे पुरानी लौह-इस्पात कम्पनी की पहचान कीजिए
(a) टाटा आयरन एण्ड स्टील कम्पनी (TISCO)
(b) विश्वेश्वरैया आयरन एण्ड स्टील वर्क्स
(c) मैसूर आयरन एण्ड स्टील वर्क्स
(d) इण्डियन आयरन एण्ड स्टील कम्पनी (IISCO)

35. वे जीव जिनमें निश्चित केन्द्रक या अंगक नहीं होते, उन्हें जगत में वर्गीकृत किया जाता है।
(a) फंजाई (b) प्रॉटिस्टा
(c) मोनेरा (d) प्लाण्टी

36. हेमिस उत्सव किस राज्य या केन्द्रशासित प्रदेश में मनाया जाता है?
(a) लद्दाख (b) सिक्किम
(c) पंजाब (d) लक्षद्वीप

37. वित्तीय सेवाओं अर्थात् मूल बचत और जमा खातों, विप्रेषण, ऋण, बीमा, पेन्शन तक किफायती तरीके से पहुँच सुनिश्चित करने के लिए वित्तीय समावेशन के लिए राष्ट्रीय मिशन कौन-सा है?
(a) स्वर्ण जयन्ती ग्राम स्वरोजगार योजना
(b) दीनदयाल अन्त्योदय योजना
(c) दीनदयाल उपाध्याय ग्रामीण कौशल्य योजना
(d) प्रधानमन्त्री जन-धन योजना

38. निम्नलिखित में से कौन-सी एशिया की सबसे बड़ी कृत्रिम झील है?
(a) डल झील (b) नैनी झील
(c) भोपाल झील (d) चिलिका झील

39. कथकली, जो भारत के शास्त्रीय नृत्यों में से एक नृत्य है, मुख्य रूप से भारत के निम्नलिखित में से किस राज्य में किया जाता है?
(a) असम (b) मणिपुर
(c) केरल (d) उत्तर प्रदेश

40. भारत के संविधान के किस अनुच्छेद में यह प्रावधान है कि 'भारत का एक उप-राष्ट्रपति होगा?
(a) अनुच्छेद 62 (b) अनुच्छेद 63
(c) अनुच्छेद 66 (d) अनुच्छेद 61

41. निम्नलिखित में से कौन-सा नाटक हर्षवर्द्धन द्वारा नहीं लिखा गया था?
(a) रत्नावली (b) नागानन्द
(c) विक्रमोर्वशीयम् (d) प्रियदर्शिका

42. पूर्वांचल हिमालय में निम्नलिखित में से कौन-सा शामिल नहीं है?
(a) मणिपुर की पहाड़ियाँ
(b) नागा पहाड़ियाँ
(c) पीरपंजाल पर्वत श्रृंखला
(d) मिजो पहाड़ियाँ

43. 1857 के सिपाही विद्रोह के सन्दर्भ में, निम्नलिखित में से किस तारीख को मेरठ के सैनिकों ने दिल्ली के लिए यात्रा शुरू की थी?
(a) 10 मई (b) 29 मार्च
(c) 19 अप्रैल (d) 2 जून

44. वर्ष 2002 में, ज़ाकिर हुसैन किस पुरस्कार से सम्मानित होने वाले सबसे कम आयु के तालवादक बने?
(a) ग्रैमी पुरस्कार
(b) नेशनल हेरिटेज फैलोशिप
(c) पद्म भूषण
(d) संगीत नाटक अकादमी पुरस्कार

45. एलोरा का भव्य कैलाश मन्दिर किस राष्ट्रकूट राजा के शासनकाल के दौरान बनाया गया था?
(a) इन्द्र तृतीय
(b) अमोघवर्ष
(c) गोविन्द तृतीय
(d) कृष्ण प्रथम

46. हरित क्रान्ति प्रौद्योगिकी के परिणामस्वरूप अनाज उत्पादन में वृद्धि हुई, जिससे उत्पादन वर्ष 1965-66 में 72.4 मिलियन टन से वर्ष 1978-79 में .... मिलियन टन हो गया।

(a) 141.2 (b) 150.8
(c) 165.9 (d) 131.9

47. अगस्त, 2022 में सामाजिक न्याय और अधिकारिता मन्त्रालय ने 75 नगरपालिकाओं में भीख माँगने वाले ने लोगों को व्यापक पुनर्वास सेवाएँ प्रदान करने के उद्देश्य से योजना शुरू की।

(a) राइज-75 (b) स्माइल-75
(c) बीम-75 (d) ट्विकल-75

48. निम्नलिखित में से कौन बाँस की बाँसुरी के विश्व विख्यात प्रतिपादक हैं?

(a) एम. एस. सुब्बुलक्ष्मी (b) हरिप्रसाद चौरसिया
(c) बिस्मिल्ला खाँ (d) रवि शंकर

49. निम्नलिखित में से किसे वर्ष 2022-23 में आयोजित हुए जी-20 सम्मेलन में शेरपा के रूप में चुना गया?

(a) अश्विनी वैष्णव (b) शक्तिकान्त दास
(c) पीयूष गोयल (d) अमिताभ कान्त

50. सुमेलित कीजिए।

	सूची I (संस्थान)	सूची II (उनसे सम्बन्धित संस्थापक)
A.	बंगाल की एशियाटिक सोसायटी	I. वॉरेन हेस्टिंग्स
B.	बनारस संस्कृत कॉलेज	II. लॉर्ड वेलेजली
C.	फोर्ट विलियम कॉलेज	III. जोनाथन डंकन
D.	कलकत्ता मदरसा	IV. सर विलियम जोन्स

कूट

	A	B	C	D
(a)	I	II	III	IV
(b)	III	IV	I	II
(c)	IV	III	II	I
(d)	II	I	IV	III

भाग III
संख्यात्मक अभियोग्यता

51. ₹120 का भुगतान ₹10, ₹5 और ₹2 के सिक्कों से किया जाता है। इसके लिए कुल 25 सिक्कों का उपयोग किया जाता है। निम्नलिखित में से कौन-सी संख्या, भुगतान में उपयोग किए गए ₹ 10 के सिक्कों की संख्या है?

(a) 10 (b) 4
(c) 8 (d) 6

52. दो वृत्त C_1 और C_2 एक-दूसरे को बाह्य रूप से स्पर्श करते हैं। C_1 की त्रिज्या 16 सेमी और C_2 की त्रिज्या 8 सेमी है। उनकी उभयनिष्ठ स्पर्श रेखा की लम्बाई (सेमी में) ज्ञात कीजिए।

(a) $8\sqrt{3}$ (b) $8\sqrt{2}$
(c) $16\sqrt{3}$ (d) $16\sqrt{2}$

53. राज ₹ 1200 को अपने तीन मित्रों के बीच 2 : 1 : 3 के अनुपात में बाँटता है। सबसे बड़े हिस्से के तीन गुना और सबसे छोटे हिस्से के दोगुना के योग के बराबर धनराशि ज्ञात करें।

(a) ₹ 2000 (b) ₹ 2400
(c) ₹ 2200 (d) ₹ 1800

54. निम्नलिखित व्यंजक का मान ज्ञात कीजिए।

$$\sqrt{\frac{1+\sin\theta}{1-\sin\theta}}$$

(a) $\operatorname{cosec}\theta+\tan\theta$ (b) $\sec\theta+\tan\theta$
(c) $\operatorname{cosec}\theta+\cot\theta$ (d) $\sec\theta+\cot\theta$

55. मान लीजिए $t=\frac{2}{5}$ है, तो व्यंजक

$t^3+\left(\frac{3}{5}\right)^3+\frac{9}{5}t$ का मान कितना है?

(a) $\frac{1}{5}$ (b) 2
(c) 1 (d) $\frac{1}{2}$

56. त्रिभुज PQR में, भुजा QR पर, S एक बिन्दु इस प्रकार है कि $PS\perp QR$ है, तो निम्नलिखित में से कौन-सा विकल्प सत्य है?

(a) $PQ^2+PR^2=QS^2+SR^2$
(b) $PR^2+QS^2=PQ^2+SR^2$
(c) $PS^2+PR^2=PQ^2+QR^2$
(d) $PS^2+QS^2=PQ^2+PR^2$

57. M और N एक वृत्ताकार पथ पर चलते हैं। वे विपरीत दिशाओं में एक ही बिन्दु से 5 : 00 am को चलना शुरू करते हैं। M और N क्रमशः 5 चक्कर प्रति घण्टे और 2 चक्कर प्रति घण्टे की चाल से चलते हैं। वे उसी दिन 6 : 30 am से पहले कितनी बार एक-दूसरे को पार करेंगे?

(a) 5 (b) 7
(c) 3 (d) 10

58. एक बेलन की ऊँचाई 20 सेमी है। पार्श्व पृष्ठ का क्षेत्रफल 1760 सेमी^{2} है। इसका आयतन क्या है?

(a) 12320 सेमी^{3} (b) 12032 सेमी^{3}
(c) 12203 सेमी^{3} (d) 12302 सेमी^{3}

59. एक त्रिभुज के तीनों कोणों की मापों का अनुपात 17 : 13 : 15 है। इन तीनों कोणों में सबसे बड़े और सबसे छोटे कोण के बीच का धनात्मक अन्तर ज्ञात कीजिए।

(a) 16° (b) 20°
(c) 12° (d) 24°

60. एक दुकानदार ने एक वस्तु पर ₹ 5000 मूल्य अंकित किया। दुकानदार 20%, 15% और 10% की क्रमिक छूट देता है। वस्तु का विक्रय मूल्य क्या है?

(a) ₹ 3060 (b) ₹ 3000
(c) ₹ 2800 (d) ₹ 2750

61. एक परीक्षा में अंग्रेजी और गणित में प्राप्त अंकों के आधार पर 100 छात्रों का वर्गीकरण नीचे दी गई तालिका में दिया गया है। तालिका का अध्ययन कीजिए और निम्नलिखित प्रश्न का उत्तर दीजिए।

50 में से अंक

विषय	40 और उससे ऊपर	30 और उससे ऊपर	20 और उससे ऊपर	10 और उससे ऊपर	0 और उससे ऊपर
अंग्रेजी	10	31	80	92	100
गणित	3	23	65	81	100
कुल	7	27	73	87	100

यदि गणित में उच्च अध्ययन करने के लिए गणित में कम-से-कम 40% अंक आवश्यक हैं, तो कितने छात्र गणित में उच्च अध्ययन करने के पात्र होंगे?

(a) 50 (b) 55
(c) 70 (d) 65

62. सरल कीजिए

15.5 – [3 – {7 – (5 – (14.5 – 13.5))}]

(a) 13.5 (b) 14.5
(c) 12.5 (d) 15.5

63. P, Q और R की आय का अनुपात 10 : 12 : 9 है और उनके व्यय का अनुपात 12 : 15 : 8 है। यदि Q अपनी आय का 25% भाग बचाता है, तो P, Q और R की बचत का अनुपात क्या है?

(a) 21 : 15 : 14 (b) 21 : 14 :15
(c) 15 : 14 : 21 (d) 14 : 15 : 21

64. दो पाइप, A और B एक टंकी को क्रमश: 10 मिनट और 20 मिनट में भर सकते हैं। पाइप C टंकी को 30 मिनट में खाली कर सकता है। प्रारम्भ में तीनों पाइप एकसाथ खोले जाते हैं। हालाँकि, टंकी भरने से 2 मिनट पहले पाइप C बन्द कर दिया जाता है। कितने समय (मिनट में) में टंकी भर जाएगी?

(a) 6 (b) 10 (c) 12 (d) 8

65. त्रिभुज ABC और DEF में $AB = FD$ और $\angle A = \angle D$ है। SAS कसौटी के अनुसार दो त्रिभुज सर्वांगसम होते हैं, यदि .... है।

(a) $BC = EF$ (b) $AC = DE$
(c) $BC = DE$ (d) $AC = EF$

66. दिए गए पाई-चार्ट का ध्यानपूर्वक अध्ययन करें और उसके बाद पूछे गए प्रश्न का उत्तर दें। दिया गया पाई-चार्ट एक विशेष वर्ष में विभिन्न क्षेत्रों में स्टार्ट-अप दर्शाता है।

विभिन्न क्षेत्रों में स्टार्ट-अप

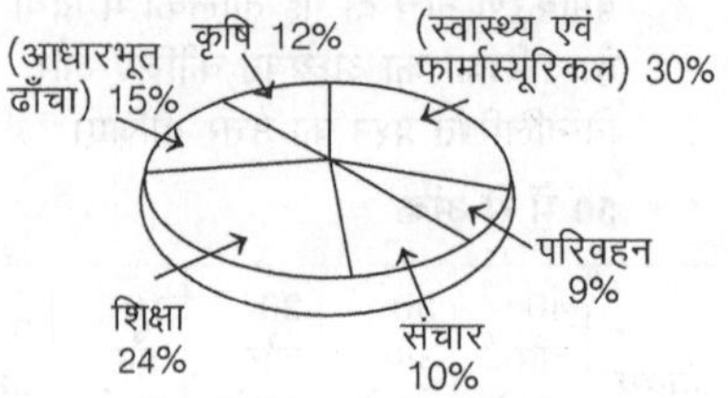

यदि सफल स्टार्ट-अप की कुल संख्या 2910 है, तो शिक्षा और कृषि क्षेत्रों में स्टार्ट-अप की संख्या ज्ञात कीजिए। (दशमलव भाग की उपेक्षा करें।)

(a) 698 (b) 1047
(c) 1048 (d) 1074

67. दी गई तालिका 4 अलग-अलग महीनों में चार अलग-अलग कम्पनियों द्वारा बेचे गए साबुनों की संख्या को दर्शाती है।

महीना / कम्पनी	मई	जून	जुलाई	अगस्त
P	1924	1780	1820	1490
Q	1540	1245	1648	2450
R	2035	1485	1350	1650
S	1736	1855	1470	1180

मई में कम्पनी Q और S द्वारा बेचे गए साबुनों की कुल संख्या, जुलाई में कम्पनी P द्वारा बेचे गए साबुनों की संख्या से कितने प्रतिशत अधिक हैं?

(a) 90% (b) 75%
(c) 80% (d) 65%

68. दी गई तालिका का अध्ययन कीजिए और निम्नलिखित प्रश्न का उत्तर दीजिए। दी गई तालिका एक कम्पनी में विभिन्न प्रकार के रेफ्रिजरेटरों के उत्पादन को दर्शाती है।

वर्ष	रेफ्रिजरेटर के प्रकार		
	A	B	C
2011	2018	1800	1932
2012	2040	1890	1800
2013	2035	1910	1890
2014	2020	1940	1978
2015	1997	1960	1900

दिए गए वर्षों में से किस वर्ष/वर्षों में B प्रकार के रेफ्रिजरेटर का उत्पादन दिए गए वर्षों में उसके औसत उत्पादन के सबसे करीब था?

(a) 2014
(b) 2013 और 2015 दोनों
(c) 2012 और 2013 दोनों
(d) केवल 2012

69. यदि $x + \frac{1}{x} = 15$ है, तो $\frac{7x^2 - 9x + 7}{x^2 - x + 1}$ का मान क्या है?

(a) $\frac{48}{7}$ (b) $-\frac{22}{7}$ (c) $-\frac{48}{7}$ (d) $\frac{22}{7}$

70. यदि $2\operatorname{cosec}^2\theta + 3\cot^2\theta = 17$ है, तो $0° \le \theta \le 90°$ होने पर, 'θ' का मान ज्ञात कीजिए।

(a) 90° (b) 75° (c) 45° (d) 30°

71. 12 संख्याओं का औसत 48 है। पहली 5 संख्याओं का औसत 45 है और अगली 4 संख्याओं का औसत 52 है। यदि 10वीं संख्या, 11वीं संख्या से 10 कम है और 12वीं संख्या से 5 अधिक है, तो 11वीं संख्या और 12वीं संख्या का औसत क्या है?

(a) 50.5 (b) 47.5
(c) 48.5 (d) 46.5

72. यदि 72864*$ एक ऐसी संख्या है, जो 8 और 5 दोनों से विभाज्य है, तो क्रमश: * और $ के स्थान पर कौन-से अंक आने चाहिए?

(a) 2 और 0 (b) 4 और 0
(c) 2 और 5 (d) 4 और 5

73. यदि $28.9 : x :: x : 361$ और $x > 0$ है, तो x का मान ज्ञात करें।

(a) 32.3 (b) 35
(c) 38.3 (d) 30.4

74. $\left(\frac{\sin\theta - 2\sin^3\theta}{2\cos^3\theta - \cos\theta}\right)\frac{1}{\tan\theta} - \sec^2\theta$ का मान ज्ञात कीजिए।

(a) 1 (b) 2 (c) 0 (d) -1

75. साधारण ब्याज की एक निश्चित दर पर निवेश करने पर एक निश्चित धनराशि 14 वर्षों में स्वयं की सात गुना हो जाती है। इसे उसी ब्याज दर पर स्वयं की 18 गुना होने में कितना समय (वर्षों में, 2 दशमलव स्थानों तक पूर्णांकित) लगेगा?

(a) 27.33 (b) 35.5
(c) 42.78 (d) 39.67

भाग IV
अंग्रेजी भाषा

76. Select the option that can be used as a one-word-substitute for the given group of words.
A false idea or belief

(a) Reticence (b) Atrophy
(c) Fallacy (d) Entropy

77. Identity the most appropriate antonym of the given word.
Secure

(a) Succeed (b) Save
(c) Attack (d) Trundle

78. Select the most appropriate option to substitute the underlined segment in the given sentence.
Gaurav was <u>no good</u> than a foolish person.

(a) no better (b) not good
(c) no best (d) not best

79. Select the option that corrects the error in the given sentence.
He ran quick to catch the bus.

(a) quiet (b) rapid
(c) insipid (d) quickly

80. Select the most appropriate synonym of the given word.
Acquiesce

(a) Desist (b) Cease
(c) Thwart (d) Concur

81. Select the option that can be used as a one-word substitute for the given group of words.
That which cannot be conquered

(a) Invisible (b) Indelible
(c) Ineffable (d) Invincible

82. Select the most appropriate synonym for the underlined word in the given sentence.
His ambition in life is to become a happy and satisfied man.
(a) Apathy
(b) Satisfaction
(c) Eagerness
(d) Amend

83. Read the sentence carefully and select the most suitable idiom to fill in the blank.
The renowned publisher decided to withdraw a book from the market. No one was interested in the book as the arguments presented were ....
(a) high and mighty
(b) out of the woods
(c) beside the mark
(d) under the rose

84. Select the most appropriate antonym of the given word.
Receive
(a) Admit (b) Exile
(c) Reward (d) Fund

85. Select the option that expresses the following sentence in passive voice.
Sonam does not like bananas.
(a) Banana is not liked by Sonam.
(b) Bananas have not been liked by Sonam.
(c) Bananas are not liked by Sonam.
(d) Bananas had not been liked by Sonam.

86. Sentences of a paragraph are given below in jumbled order. Arrange the sentences in the correct order to form a meaningful and coherent paragraph.
A. The genuine beliefs, though not unconsciously acquired by most children; and even if they depart from these beliefs in later life
B. Something of them remains deeply implanted, ready to emerge in a time of stress of crisis
C. The importance of education in forming character and opinion is very great and well recognised by all
D. Education is, as a rule, the strongest force on the side of what exists and again fundamental change
(a) DCAB (b) DABC
(c) CBAD (d) CABD

87. Select the option that can be used as a one-word substitute for the underlined group of words.
In Indian mythology, most of the Asuras wish to be never able to die.
(a) Invincible
(b) Impervious
(c) Invisible
(d) Immortal

88. Select the option that expresses the given sentence in passive voice
Someone has taken my secret diary.
(a) My secret diary had been taken by someone.
(b) My secret diary has to be taken by someone.
(c) My secret diary has been taken by someone.
(d) My secret diary will have been taken by someone.

89. Select the most appropriate synonym of the bracketed word in the following sentence to fill in the blank.
During Covid times, many organisations made .... (sentimental) appeals to raise funds for migrant workers.
(a) mawkish (b) sincere
(c) cynical (d) practical

90. Select the most appropriate meaning of the underlined word in the given sentence.
He is an atheist, although he respects everyone's belief.
(a) One who believes in God
(b) One who believes in nature
(c) One who is extremist
(d) One who does not believe in God

91. Select the most appropriate meaning of the underlined idiom in the following sentence.
In my new office, all employees were different, so I felt like a fish out of water.
(a) Uncomfortable
(b) Homeless
(c) Frustrated
(d) Disappointed

92. Select the incorrectly spelt word.
(a) Embarrass (b) Occurrence
(c) Exhilerate (d) Accommodate

93. The following sentence has been divided into four segments. Identify the segment that contains an error.
Mrs. Sreelakshmi's / musical intelligence / is superior than / Mrs. Suma's.
(a) Mrs. Suma's.
(b) musical intelligence
(c) is superior than
(d) Mrs. Sreelakshmi's

94. Select the option that will improve the underlined part of the given sentence.
If I was the queen, I would give a handsome sum towards education.
(a) will be the queen
(b) were the queen
(c) have been the queen
(d) would be the queen

95. Select the incorrectly spelt word.
(a) Exceed (b) Proceed
(c) Succeed (d) Preceed

Directions (Q. Nos. 96-100) *In the following passage, some words have been deleted. Read the passage carefully and select the most appropriate option to fill in each blank.*

The beginning of the story is ...... (1) ...... in its presentation but ...... (2) ...... the style eases out and becomes haunting in its simplicity. The author brings out the human elements in his story. This common element of sympathy and sacrifice is given a new ...... (3) ...... by the old artist who shows by his last desperate act that one can be a hero for one day if only one cares ...... (4) .... O Henry's treatment of his material is balanced and controlled, a fine ...... (5) ...... of humour and pathos.

96. Select the most appropriate option to fill in blank number 1.
(a) prone (b) delectable
(c) quaint (d) habitual

97. Select the most appropriate option to fill in blank number 2.
(a) hardly (b) recently
(c) initially (d) gradually

98. Select the most appropriate option to fill in blank number 3.
(a) supervision (b) condition
(c) dimension (d) infection

99. Select the most appropriate option to fill in blank number 4.
(a) through (b) though
(c) tough (d) enough

100. Select the most appropriate option to fill in blank number 5.
(a) legend (b) ascend
(c) blend (d) amend

उत्तरमाला

1. (c)	2. (d)	3. (c)	4. (b)
5. (c)	6. (b)	7. (a)	8. (c)
9. (a)	10. (b)	11. (a)	12. (d)
13. (a)	14 (b)	15. (b)	16. (b)
17. (d)	18. (d)	19. (c)	20. (c)
21. (b)	22. (d)	23. (a)	24. (d)
25. (c)	26. (c)	27. (b)	28. (a)
29. (b)	30. (a)	31. (c)	32. (d)
33. (a)	34. (a)	35. (c)	36. (a)
37. (d)	38. (c)	39. (c)	40. (b)
41. (c)	42. (c)	43. (a)	44. (c)
45. (d)	46. (d)	47. (b)	48. (b)
49. (d)	50. (c)	51. (c)	52. (d)
53. (c)	54. (b)	55. (c)	56. (b)
57. (d)	58. (a)	59. (a)	60. (a)
61. (d)	62. (d)	63. (d)	64. (d)
65. (b)	66. (b)	67. (c)	68. (c)
69. (a)	70. (d)	71. (c)	72. (b)
73. (a)	74. (d)	75. (d)	76. (c)
77. (c)	78. (a)	79. (d)	80. (d)
81. (d)	82. (c)	83. (c)	84. (b)
85. (c)	86. (*)	87. (d)	88. (c)
89. (a)	90. (d)	91. (a)	92. (c)
93. (c)	94. (b)	95. (d)	96. (c)
97. (d)	98. (c)	99. (d)	100. (c)

व्याख्या

1. (c) जिस प्रकार, virus (विषाणु) एक Parasite (परजीवी) है, उसी प्रकार Amaltas (अमलतास) एक Tree (वृक्ष) है।

2. (d) जिस प्रकार, J →(–2) H →(–4) D

और A →(–2) Y →(–4) U

F →(–2) D →(–4) Z

परन्तु, K →(–1) J →(–5) E

∴ KJE असंगत अक्षर-समूह है।

3. (c) दिया गया शब्द → B I N D E R
अंग्रेजी वर्णमाला के क्रम अनुसार → B D E I N R

अत: दो अक्षरों, B और R की स्थिति अपरिवर्तित रहेगी।

4. (b) दिया गया समीकरण

$247 \div 13 + 16 \times 3 - 148 = 119$

विकल्प (b) से, '–' और '+' को आपस में बदलने पर,

$247 \div 13 - 16 \times 3 + 148$
$= 19 - 48 + 148 = 119$

5. (c) विकल्प (c) की आकृति, प्रश्न आकृति का सही दर्पण प्रतिबिम्ब है।

KG2F7pe | (दर्पण प्रतिबिम्ब)

6. (b) जिस प्रकार, F A C E D →(+1, –1, +1, –1, +1) G Z D D E

और V A C A Y →(+1, –1, +1, –1, +1) W Z D Z Z

उसी प्रकार, L A B O R →(+1, –1, +1, –1, +1) M Z C N S

7. (a) आकृति के बिन्दुओं का नामकरण करने पर,

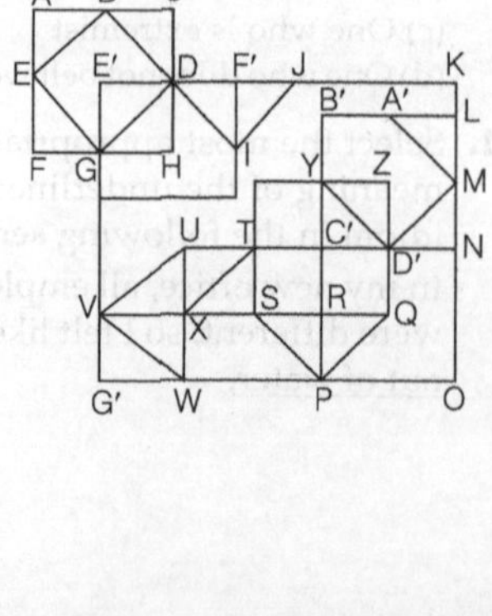

दी गई आकृति में कुल 21 त्रिभुज है ΔAEB, ΔEFG, ΔBCD, ΔGED, ΔGDH, ΔDFI, ΔFJI, ΔDJI, ΔVUX, ΔVWX, ΔUTX, ΔTXS, ΔUVW, ΔSRP, ΔQRP, ΔSQP, ΔD′MN, ΔD′C′Y, ΔYZD′, ΔA′LM, ΔVWG′

8. (c) जिस प्रकार,

$\frac{24}{7} \times \frac{1}{2} = \frac{12}{7}$

और $\frac{11}{15} \times \frac{1}{2} = \frac{11}{30}$

उसी प्रकार,

$\frac{9}{13} \times \frac{1}{2} = \frac{9}{26}$

9. (a) दिया है,

4 + 3 ÷ 2 ÷ 1 – 5

प्रश्नानुसार, सम्बन्ध आरेख बनाने पर,

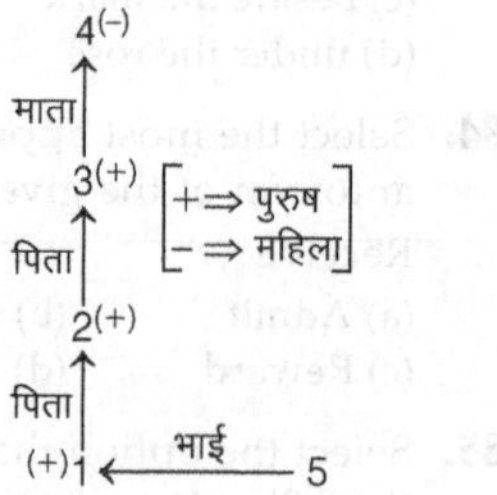

अत: 4, 2 के पिता की माता है।

10. (b) प्रश्नानुसार,

दिया गया शब्द : E N T O M B
अक्षरों को वर्णमाला क्रम में व्यवस्थित करने पर : B E M N O T

अत: ऐसा एक भी अक्षर नहीं है। जिसकी स्थिति में बदलाव न हो।

11. (a) जिस प्रकार,

213 : 157 (–56)

और 185 : 129 (–56)

उसी प्रकार, 164 : 108 (–56)

12. (d) प्रश्नानुसार,
पासे की दोनों स्थितियों से,

स्थिति I → Y T O
स्थिति II → Y B L

अत: 'L' अक्षर वाले फलक के विपरीत फलक पर अक्षर 'O' होगा।

13. *(a)* दी गई शृंखला का क्रम निम्न प्रकार से है

I $\xrightarrow{+4}$ M $\xrightarrow{+4}$ Q $\xrightarrow{+4}$ U $\xrightarrow{+4}$ Y
M $\xrightarrow{+3}$ P $\xrightarrow{+3}$ S $\xrightarrow{+3}$ V $\xrightarrow{+3}$ Y
H $\xrightarrow{+2}$ J $\xrightarrow{+2}$ L $\xrightarrow{+2}$ N $\xrightarrow{+2}$ P
P $\xrightarrow{+1}$ Q $\xrightarrow{+1}$ R $\xrightarrow{+1}$ S $\xrightarrow{+1}$ T

14. *(b)* प्रश्नानुसार,

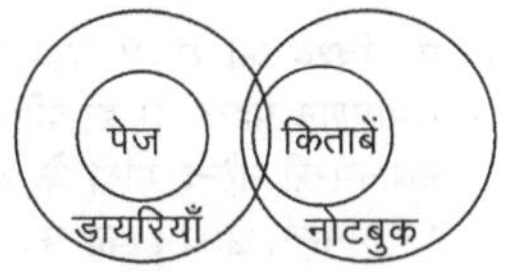

निष्कर्ष I. (✗) II. (✗) III. (✓)
अत: केवल निष्कर्ष III अनुसरण करता है।

15. *(b)* दी गई शृंखला का क्रम निम्न प्रकार से है

Y $\xrightarrow{+10}$ I $\xrightarrow{+10}$ S $\xrightarrow{+10}$ C $\xrightarrow{+10}$ M
C $\xrightarrow{+10}$ M $\xrightarrow{+10}$ W $\xrightarrow{+10}$ G $\xrightarrow{+10}$ Q
G $\xrightarrow{+10}$ Q $\xrightarrow{+10}$ A $\xrightarrow{+10}$ K $\xrightarrow{+10}$ U

अत: 'SVZ' गलत अक्षर-समूह है। इसके स्थान पर 'SWA' होना चाहिए।

16. *(b)* दी गई आकृति शृंखला में प्रत्येक चरण के साथ निचले दाएँ कोने पर दी गई उपआकृति आकार में बढ़ जाती है और ऊर्ध्वाधर रूप से पलटकर ऊपरी बाएँ कोने पर स्थानान्तरित हो जाती है। इसके अतिरिक्त निचले दाएँ कोने पर नई आकृति आ जाती है। अत: इसी क्रम का अनुसरण करने पर विकल्प आकृति (b) दी गई आकृति शृंखला को पूरा करेगी।

17. *(d)* जिस प्रकार, (81-101-92)
$\Rightarrow 101 - 92 = 9 \times 9 = 81$
और (90-22-12)
$\Rightarrow 22 - 12 = 10 \times 9 = 90$
(540 – 188 – 128)
$\Rightarrow 188 - 128 = 60 \times 9 = 540$
परन्तु, (72-284-266)
$\Rightarrow 284 - 266 = 18 \times 9 = 162 \neq 72$
अत: विकल्प (d) असंगत संख्या समूह है।

18. *(d)* दी गई शृंखला का क्रम निम्न प्रकार से है

25 $\xrightarrow{+5}$ 30 $\xrightarrow{+10}$ 40 $\xrightarrow{+15}$ 55 $\xrightarrow{+20}$ 75 $\xrightarrow{+25}$ 100

$\therefore ? = 100$

19. *(c)* जिस प्रकार,

W I S K
↕ ↕ ↕ ↕ वर्णमाला में विपरीत वर्ण
D R H P

और L E N T
↕ ↕ ↕ ↕ वर्णमाला में विपरीत वर्ण
O V M G

उसी प्रकार,

B A N G
↕ ↕ ↕ ↕ वर्णमाला में विपरीत वर्ण
Y Z M T

20. *(c)* जिस प्रकार, 18 – 36 – 72 – 107 (×2, ×2, +35)

और 15 – 30 – 60 – 95 (×2, ×2, +35)

उसी प्रकार, 22 – 44 – 88 – 123 (×2, ×2, +35)

21. *(b)* जिस प्रकार,

F	I	V	E	
6	9	22	5	(अक्षरों के क्रमांक)
×2	×2	×2	×2	
12	18	44	10	

और

F	O	U	R	
6	15	21	18	(अक्षरों के क्रमांक)
×2	×2	×2	×2	
12	30	42	36	

उसी प्रकार,

T	H	R	E	E	
20	8	18	5	5	(अक्षरों के क्रमांक)
×2	×2	×2	×2	×2	
40	16	36	10	10	

22. *(d)* दी गई आकृति शृंखला में निम्न क्रम/नियम का अनुसरण हो रहा है।

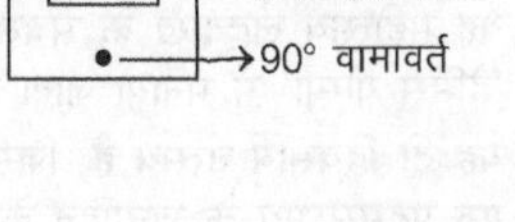

अत: उपरोक्त क्रम/नियम का अनुसरण करते हुए शृंखला को विकल्प आकृति (d) पूर्ण करेगी।

23. *(a)* दिया है,

+ ⟷ –
× ⟷ ÷

व्यंजक $342 \times 18 + 79 - 45 \div 3 = ?$
प्रश्नानुसार, चिह्नों को परस्पर बदलने पर, नया व्यंजक
$342 \div 18 - 79 + 45 \times 3$
$= 19 - 79 + 135$
$= 154 - 79 = 75$

24. *(d)* दी गई प्रश्न आकृति का दर्पण प्रतिबिम्ब उत्तर आकृति (d) के समान दिखाई देगा।

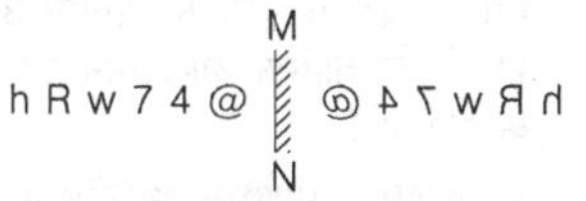

25. *(c)* दिए गए पासे की स्थिति II तथा III में खेलना तथा सोना उभयनिष्ठ है। इस अवस्था में शेष फलक एक-दूसरे के विपरीत होते हैं।

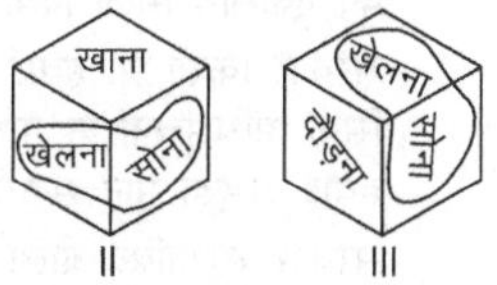

अत: फलक खाना के विपरीत फलक दौड़ना होगा।

26. *(c)* ऑक्सीकरण संख्या एक परमाणु पर आवेश को दर्शाती है।

- दिया गया यौगिक $H_2S_2O_7$ है, जिसमें हाइड्रोजन (H) की ऑक्सीकरण अवस्था = +1
  ऑक्सीजन (O) की ऑक्सीकरण अवस्था = –2
  माना कि सल्फर (S) की ऑक्सीकरण अवस्था = x
  यौगिक उदासीन है, इसलिए समग्र ऑक्सीकरण अवस्था शून्य होगी।
  $\therefore\ 2(1) + 2(x) + 7(-2) = 0$
  $2x = 14 - 2$
  $x = +6$
  इस प्रकार, $H_2S_2O_7$ में सल्फर की ऑक्सीकरण अवस्था + 6 है।

27. *(b)* एक विद्यार्थी अपने स्कूल असाइनमेण्ट में, पार्क में उपयोग करने के लिए घर पर खाद बनाने के तरीके को सीखने के दौरान वह प्राकृतिक पर्यावरण की रक्षा करने एवं उसके संवर्द्धन करने का मौलिक कर्त्तव्य निभा रहा है।
- जैविक खाद गोबर, सड़ी-गली पत्तियों एवं टहनियों इत्यादि के माध्यम से निर्मित किए जाते हैं।
- इस तरह अपशिष्ट पदार्थों का उपयोगी तरीके से अपघटन हो जाता है और ये खाद्य-मिट्टी की गुणवत्ता बढ़ाने में मद्द करते हैं।

28. *(a)* विमानपत्तन आर्थिक नियामक प्राधिकरण (AERA) संशोधन अधिनियम, 2021 द्वारा संशोधित प्रावधान के अन्तर्गत एक प्रमुख हवाई अड्डे के रूप में न्यूनतम 35 लाख यात्रियों के वार्षिक आवागमन को शामिल नहीं किया गया है।
- AERA संशोधन अधिनियम, 2021 में निम्न प्रावधान हैं
  - सरकार द्वारा लाभ अर्जित करने वाले एवं घाटे में चल रहे हवाई अड्डों को एकसाथ मिला दिया जाएगा।
  - सरकार किसी भी हवाई अड्डे को सिर्फ अधिसूचना के माध्यम से प्रमुख हवाई अड्डा मान सकती है।
  - सरकार सम्भावित बोली कर्ताओं को PPP मोड में पैकेज के रूप में हवाई अड्डों की पेशकश कर सकती है।

29. *(b)* भारत ने पहली बार आई. सी. सी. (ICC) पुरुष क्रिकेट विश्व कप वर्ष 1983 में जीता था।
- भारत ने वेस्टइण्डीज को लन्दन के लॉर्ड्स क्रिकेट ग्राउण्ड पर 43 रनों से हराया था।
- इस विश्व कप में कपिल देव के द्वारा भारतीय टीम की कप्तानी की गई थी।

30. *(a)* राइजोबियम, नाइट्रोसोमोनास और नाइट्रोबैक्टर जैसे सूक्ष्मजीवों का उपयोग **नाइट्रोजन चक्र** में किया जाता है।
- नाइट्रोजन चक्र एक जैव-रासायनिक प्रक्रिया है, जिसके अन्तर्गत नाइट्रोजन कई रूपों में परिवर्तित होती है एवं क्रमिक रूप से वायुमण्डल से मिट्टी में, तत्पश्चात् जीवों में एवं पुन: वायुमण्डल में वापस चली जाती है।
- नाइट्रोजन पौधों (फसलों) के लिए एक महत्त्वपूर्ण पोषक तत्त्व है।
- वायुमण्डल में इसकी उपस्थिति सर्वाधिक 78% है।

31. *(c)* एक एथलीट द्वारा फेंका गया भाला **वक्रीय गति** में होता है।
- जब कोई कण अथवा वस्तु सीधी रेखा के अतिरिक्त किसी अन्य वक्र पर गति करता है, तो उसे वक्रीय गति कहते हैं।
- वक्रीय गति में त्वरण होता है, जिसका कारण वेग की दिशा का लगातार परिवर्तित होना है।

32. *(d)* भारत ने हॉकी ओलम्पिक में अपनी शुरुआत **वर्ष 1928** में की थी।
इस ओलम्पिक में भारत ने जयपाल सिंह मुण्डा के नेतृत्व में नीदरलैण्ड को 3-0 से हराकर हॉकी खेल में स्वर्ण पदक जीता था। इस ओलम्पिक का आयोजन नीदरलैण्ड के एम्सटर्डम में किया गया था।

33. *(a)* **शुद्ध निवेश = सकल निवेश – मूल्यह्रास।**
- सकल निवेश का तात्पर्य किसी फर्म अथवा कम्पनी में किए गए कुल निवेश की मात्रा है।
- मूल्यह्रास का तात्पर्य समय अन्तराल में मशीनों अथवा संसाधनों के गुण एवं उत्पादकता में कमी है।

34. *(a)* भारत की सबसे पुरानी लौह-इस्पात कम्पनी **टाटा आयरन एण्ड स्टील कम्पनी** (TISCO) है।
- इसकी स्थापना वर्ष 1907 में जमशेदजी टाटा के द्वारा झारखण्ड (जमशेदपुर) में की गई थी।
- यहाँ उत्पादन कार्य वर्ष 1912 से प्रारम्भ हुआ।
- यह स्वर्ण रेखा एवं खरकई नदी के मिलन स्थल पर अवस्थित है।

35. *(c)* वे जीव जिनमें निश्चित केन्द्रक या अंगक नहीं होते, उन्हें **मोनेरा** जगत में वर्गीकृत किया जाता है।
- मोनेरा एक कोशिकीय जीव होते हैं, जिसमें नाभिक अनुपस्थित होता है।
- मोनेरा जीव स्वपोषी अथवा विषमपोषी दोनों हो सकते हैं।
- मोनेरा जीवों का प्रजनन अलैंगिक प्रजनन द्विविखण्डन विधि के माध्यम से होता है।

36. *(a)* हेमिस उत्सव केन्द्रशासित प्रदेश **लद्दाख** में मनाया जाता है।
यह महोत्सव लद्दाख के सबसे बड़े मठ 'हेमिस गोम्पा' में मनाया जाता है।
यह दो द्विवसीय उत्सव है, जिसका आयोजन गुरु पद्मसम्भव के जन्मदिन के अवसर पर किया जाता है।

37. *(d)* वित्तीय सेवाओं अर्थात् मूल बचत और जमा खातों, विप्रेषण, ऋण, बीमा, पेन्शन तक किफायती तरीके से पहुँच सुनिश्चित करने के लिए वित्तीय समावेशन हेतु राष्ट्रीय मिशन के रूप में **प्रधानमन्त्री जन-धन योजना** संचालित की जा रही है।
- वर्ष 2014 में पूरे देश में इस योजना को लागू किया गया।
- यह विश्व की सबसे बड़ी वित्तीय समावेशन पहल है। इसकी घोषणा प्रधानमन्त्री नरेन्द्र मोदी के द्वारा 15 अगस्त, 2014 को की गई थी।

38. *(c)* एशिया की सबसे बड़ी कृत्रिम झील **भोपाल झील** है।
- इसे भोजताल अथवा बड़ी झील के नाम से भी जाना जाता है।
- यह भारत की सबसे पुरानी मानव निर्मित झील है, जिसका निर्माण 11वीं शताब्दी में मालवा के शासक राजा भोज के द्वारा कोलान्स नदी पर मिट्टी का बाँध बनाकर किया गया था।

39. *(c)* कथकली, जो भारत के शास्त्रीय नृत्यों में से एक नृत्य है, मुख्य रूप से यह भारत के **केरल** राज्य में किया जाता है।
- इस नृत्य की उत्पति 17वीं शताब्दी में त्रावणकोर प्रान्त में हुई।
- प्रारम्भ में इस नृत्य का प्रदर्शन मन्दिर परिषद् में किया जाता था, लेकिन बाद के वर्षों में इसे राज-दरबारों में भी प्रदर्शित किया जाने लगा।
- कथकली नृत्य पर आधारित प्राचीन ग्रन्थ 'नाट्यशास्त्र' है।
- नाट्यशास्त्र के रचियता ऋषि भरत हैं।
- नाट्यशास्त्र शैली में नृत्य के अतिरिक्त संगीत, चेहरे की भाव-भंगिमा एवं नाटक के तत्त्व इत्यादि शामिल होते हैं।

40. *(b)* भारत के संविधान के **अनुच्छेद 63** में यह प्रावधान है कि 'भारत का एक उप-राष्ट्रपति होगा'।
- वह राज्यसभा का पदेन सभापति होता है।
- राष्ट्रपति का पद रिक्त रहने पर इनके द्वारा राष्ट्रपति की भूमिका का निर्वहन किया जाता है।
- राज्यसभा में प्रस्तुत वित्तीय विधेयक का निर्धारण इनके द्वारा किया जाता है।

41. *(c)* **विक्रमोर्वशीयम्** नाटक हर्षवर्द्धन के द्वारा नहीं, बल्कि कालिदास के द्वारा लिखा गया है।

- रत्नावली, नागानन्द एवं प्रियदर्शिका नामक नाटक हर्षवर्धन के द्वारा लिखे गए हैं।
- यह संस्कृत नाटक है, जिसमें राजा पुरुरवा एवं उर्वशी नामक अप्सरा की प्रेम कहानी दर्शाई गई है।

42. *(c)* पूर्वांचल हिमालय के अन्तर्गत मणिपुर की पहाड़ियाँ, नागा पहाड़ियाँ एवं मिजो पहाड़ियाँ शामिल हैं। **पीरपंजाल पर्वत श्रृंखला** लघु हिमालय के अन्तर्गत आती है।

- इसका विस्तार केन्द्रशासित प्रदेश जम्मू-कश्मीर एवं हिमाचल प्रदेश तक है।
- यह पर्वत श्रृंखला 4000 मीटर से अधिक ऊँची है।
- इसमें रोहतांग दर्रा अवस्थित है, जोकि हिमाचल प्रदेश के कुल्लू एवं लाहौल तथा स्पीति जिले को जोड़ता है।

43. *(a)* 1857 के सिपाही विद्रोह के समय मेरठ के सैनिकों ने दिल्ली के लिए **10 मई** को यात्रा शुरू की थी।

- मेरठ के 85 सैनिकों ने सिपाही विद्रोह को चर्बीयुक्त रायफल का प्रयोग करने के विरोध में शुरू किया था तत्पश्चात् इन सैनिकों को 10 वर्ष की सजा दी गई थी।
- उस समय दिल्ली का शासक बहादुरशाह जफर था।

44. *(c)* वर्ष 2002 में जाकिर हुसैन पद्म भूषण से सम्मानित होने वाले सबसे कम आयु के तालवादक बने।

- इन्हें वर्ष 2023 में पद्म विभूषण सम्मान से सम्मानित किया गया।
- इससे पूर्व वर्ष 1988 में इन्हें पद्मश्री से सम्मानित किया गया था।
- इन्हें वर्ष 1990 में संगीत नाटक अकादमी पुरस्कार से तथा वर्ष 2009 में ग्रैमी पुरस्कार से सम्मानित किया गया।

45. *(d)* एलोरा का भव्य कैलाश मन्दिर राष्ट्रकूट राजा कृष्ण प्रथम के शासनकाल के दौरान 8वीं शताब्दी में बनाया गया था।

- कैलाश मन्दिर, महाराष्ट्र की एलोरा गुफाओं में चट्टानों को काटकर बनाए गए हिन्दू मन्दिरों में सबसे बड़ा है।
- यह मन्दिर एलोरा की गुफा संख्या 16 में रथ के आकार का बनाया गया है, जो भगवान शिव को समर्पित है।
- इस मन्दिर को यूनेस्को विश्व विरासत स्थल के रूप में वर्ष 1983 में घोषित किया गया।

46. *(d)* हरित क्रान्ति प्रौद्योगिकी के परिणामस्वरूप अनाज उत्पादन में वृद्धि हुई, जिससे उत्पादन वर्ष 1965-66 में 72.4 मिलियन टन से वर्ष 1978-79 में **131.9** मिलियन टन हो गया।

- इस अवधि के दौरान भारत एक खाद्यान्न आयातक अथवा कमी वाले देश की श्रेणी से बाहर निकलकर विश्व के अग्रणी कृषि देशों की श्रेणी में शामिल हो गया।
- हरित क्रान्ति का सकारात्मक प्रभाव पंजाब, हरियाणा, पश्चिमी उत्तर प्रदेश इत्यादि उत्तरी राज्यों में देखा गया।
- हरित क्रान्ति विशेष रूप से गेहूँ उत्पादन से सम्बन्धित थी।
- भारत में हरित क्रान्ति को लाने का श्रेय डॉ. एम. एस. स्वामीनाथन को जाता है, हालाँकि विश्व में हरित क्रान्ति का जनक नॉर्मन बोरलॉग को माना जाता है।

47. *(b)* अगस्त, 2022 में सामाजिक न्याय और अधिकारिता मन्त्रालय ने 75 नगरपालिकाओं में भीख माँगने वाले लोगों को व्यापक पुनर्वास सेवाएँ प्रदान करने के उद्देश्य से **स्माइल-75** योजना शुरू की।

- आगामी वित्तीय वर्ष 2025-26 तक के लिए इस योजना हेतु कुल ₹ 100 करोड़ का बजट आवण्टित किया गया है।
- इस योजना के अन्तर्गत पुनर्वास के अतिरिक्त चिकित्सा सुविधा, शिक्षा तथा कौशल विकास इत्यादि पर मुख्य बल प्रदान किया जा रहा है।

48. *(b)* **हरिप्रसाद चौरसिया** बाँस की बाँसुरी के विश्व विख्यात वादक हैं।

- वर्ष 1984 में इन्हें संगीत नाटक अकादमी पुरस्कार, 1992 में पद्म भूषण तथा 2000 में पद्म विभूषण से सम्मानित किया गया।

49. *(d)* **अमिताभ कान्त** को वर्ष 2022-23 में आयोजित हुए जी-20 सम्मेलन में शेरपा के रूप में चुना गया।

- शेरपा का कार्य जी-20 सदस्य देशों के मध्य समन्वय स्थापित करना एवं वार्तालाप करना होता है।
- यह किसी सदस्य देश के नेता के निजी प्रतिनिधि होते हैं।
- अमिताभ कान्त-6 वर्ष तक नीति आयोग के सीईओ रह चुके हैं।
- ये केरल कैडर के आईएएस अधिकारी हैं।

50. *(c)* सही सुमेलन A-IV, B-III, C-II, D-I है।

- बंगाल एशियाटिक सोसाइटी इसकी स्थापना सर विलियम जोन्स के द्वारा 25 जनवरी, 1784 को कलकत्ता के फोर्ट विलियम में की गई थी।
- बनारस संस्कृत कॉलेज इसकी स्थापना जोनाथन डंकन के द्वारा संयुक्त प्रान्त के बनारस में 1791 ई. में की गई थी।
- फोर्ट विलियम कॉलेज इसकी स्थापना लॉर्ड वेलेजली के द्वारा 10 जुलाई, 1800 में कलकत्ता में की गई थी।
- कलकत्ता मदरसा इसकी स्थापना वॉरेन हेस्टिंग्स के द्वारा 1781 ई. में कलकत्ता के सियालदह में की गई थी।

51. *(c)* माना ₹ 10, ₹ 5 और ₹ 2 के सिक्कों की संख्या क्रमश: x, y और z है।

प्रश्नानुसार,

$$x + y + z = 25$$

$$z = 25 - x - y \quad \text{...(i)}$$

$$10x + 5y + 2z = 120$$

$$\Rightarrow 10x + 5y + 2(25 - x - y) = 120$$

[समी (i)]

$$\Rightarrow 10x + 5y + 50 - 2x - 2y = 120$$

$$\Rightarrow \quad 8x + 3y = 70 \quad \text{...(ii)}$$

समी (ii) में $y = 2$ रखने पर,

$$8x + 3 \times 2 = 70$$

$$\Rightarrow \quad 8x + 6 = 70$$

$$\therefore \quad x = \frac{64}{8} = 8$$

52. *(d)* दिया है,

C_1 की त्रिज्या = 16 सेमी

C_2 की त्रिज्या = 8 सेमी

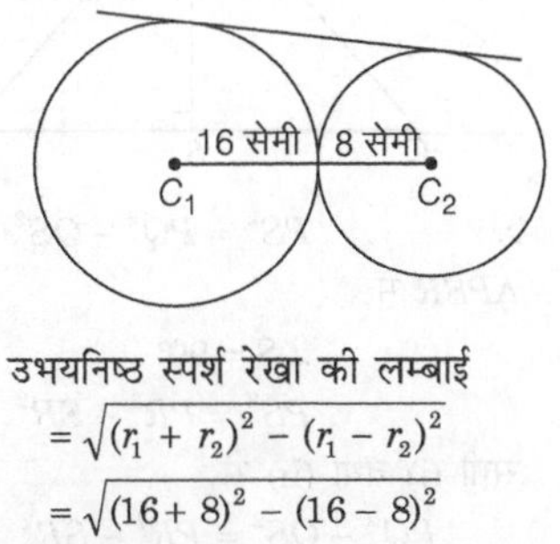

∴ उभयनिष्ठ स्पर्श रेखा की लम्बाई

$$= \sqrt{(r_1 + r_2)^2 - (r_1 - r_2)^2}$$

$$= \sqrt{(16 + 8)^2 - (16 - 8)^2}$$

$$= \sqrt{576 - 64}$$

$$= \sqrt{512}$$

$$= 16\sqrt{2} \text{ सेमी}$$

53. *(c)* सबसे बड़ा हिस्सा

$$= 1200 \times \frac{3}{2 + 1 + 3} = ₹\ 600$$

सबसे छोटा हिस्सा

$= 1200 \times \frac{1}{2+1+3}$

$=$ ₹ 200

$\therefore$ अभीष्ट धनराशि $= 3 \times$ सबसे बड़ा हिस्सा $+ 2 \times$ सबसे छोटा हिस्सा

$= 3 \times 600 + 2 \times 200$

$= 1800 + 400 =$ ₹ 2200

54. *(b)* $\sqrt{\frac{1+\sin\theta}{1-\sin\theta}}$

$= \sqrt{\frac{(1+\sin\theta)(1+\sin\theta)}{(1-\sin\theta)(1+\sin\theta)}}$

$= \sqrt{\frac{(1+\sin\theta)^2}{1-\sin^2\theta}}$

$= \sqrt{\frac{(1+\sin\theta)^2}{\cos^2\theta}}$ $(\because \sin^2\theta + \cos^2\theta = 1)$

$= \frac{1+\sin\theta}{\cos\theta}$

$= \sec\theta + \tan\theta$

55. *(c)* $t^3 + \left(\frac{3}{5}\right)^3 + \frac{9}{5}t$

$= \left(\frac{2}{5}\right)^3 + \left(\frac{3}{5}\right)^3 + \frac{9}{5} \times \frac{2}{5}$ $\left(\because t = \frac{2}{5}\right)$

$= \frac{8}{125} + \frac{27}{125} + \frac{18}{25}$

$= \frac{8+27+90}{125} = \frac{125}{125} = 1$

56. *(b)* ΔPQS में,

$\angle S = 90°$

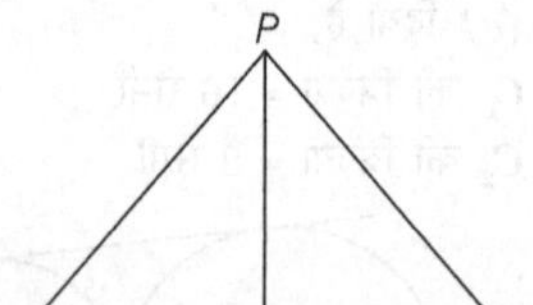

$\therefore \quad PS^2 = PQ^2 - QS^2$ ...(i)

ΔPSR में,

$\angle S = 90°$

$PS^2 = PR^2 - SR^2$ ...(ii)

समी (i) तथा (ii) से,

$PQ^2 - QS^2 = PR^2 - SR^2$

$\Rightarrow \quad PQ^2 + SR^2 = PR^2 + QS^2$

57. *(d)* M की गति $= 5$ चक्कर/घण्टा

N की गति $= 2$ चक्कर/घण्टा

M तथा N दोनों विपरीत दिशा में चलते हैं।

$\therefore$ सापेक्षिक गति

$= 5 + 2 = 7$ चक्कर/घण्टा

5 : 00 am से 6 : 30 am के बीच का समय

$= 1 : 30$ घण्टा $= 1\frac{30}{60}$ घण्टा $= \frac{3}{2}$ घण्टा

$\frac{3}{2}$ घण्टे में चक्करों की कुल संख्या

$= 7 \times \frac{3}{2} = \frac{21}{2}$ चक्कर

$= 10\frac{1}{2}$ चक्कर ≈ 10 चक्कर

अत: वे दोनों 6 : 30 am से पहले 10 बार एक-दूसरे को पार करेंगे।

58. *(a)* बेलन का पार्श्व पृष्ठ का क्षेत्रफल

$= 2\pi rh$

प्रश्नानुसार,

$2 \times \frac{22}{7} \times r \times 20 = 1760$

$\therefore \; r = \frac{176 \times 7}{88} = 14$ सेमी

$\therefore$ बेलन का आयतन $= \pi r^2 h$

$= \frac{22}{7} \times 14 \times 14 \times 20$

$= 12320$ सेमी^{3}

59. *(a)* माना त्रिभुज के तीनों कोणों की माप क्रमश: $17x$, $13x$ तथा $15x$ है।

त्रिभुज के तीनों कोणों का योग $= 180°$

$\Rightarrow \; 17x + 13x + 15x = 180$

$\Rightarrow \; 45x = 180$

$\therefore \quad x = \frac{180}{45} = 4$

$\therefore$ त्रिभुज के सबसे बड़े और सबसे छोटे कोणों के बीच का अन्तर

$= (17x - 13x)$

$= 4x = 4 \times 4 = 16°$

60. *(a)* वस्तु का अंकित मूल्य $=$ ₹ 5000

$\therefore$ वस्तु का विक्रय मूल्य

$= 5000 \times \frac{80}{100} \times \frac{85}{100} \times \frac{90}{100}$

$=$ ₹ 3060

61. *(d)* सभी विषय के अधिकतम अंक $= 50$

$\therefore$ अधिकतम अंक का 40%

$= 50 \times \frac{40}{100} = 20$

$\therefore$ गणित में 20 और उससे अधिक प्राप्त करने वाले छात्र $= 65$

$\therefore$ गणित में उच्च अध्ययन प्राप्त करने के कुल पात्र छात्र $= 65$

62. *(d)* $15.5 - [3 - \{7 - (5 - (14.5 - 13.5))\}]$

$= 15.5 - [3 - \{7 - (5 - 1)\}]$

$= 15.5 - [3 - \{7 - 4\}]$

$= 15.5 - [3 - 3] = 15.5$

63. *(d)* माना P, Q और R की आय क्रमश: $10x, 12x$ तथा $9x$ है।

तथा P, Q और R का व्यय क्रमश: $12y, 15y$ तथा $8y$ है।

प्रश्नानुसार,

$12x - 15y = 12x \times \frac{25}{100}$

$\Rightarrow \quad 12x - 3x = 15y$

$\Rightarrow \quad \frac{x}{y} = \frac{15}{9}$

$\therefore$ P, Q और R की बचत का अनुपात

$= (10x - 12y) : (12x - 15y) : (9x - 8y)$

$= (150 - 108) : (180 - 135) : (135 - 72)$

$= 42 : 45 : 63$

$= 14 : 15 : 21$

64. *(d)* प्रश्नानुसार,

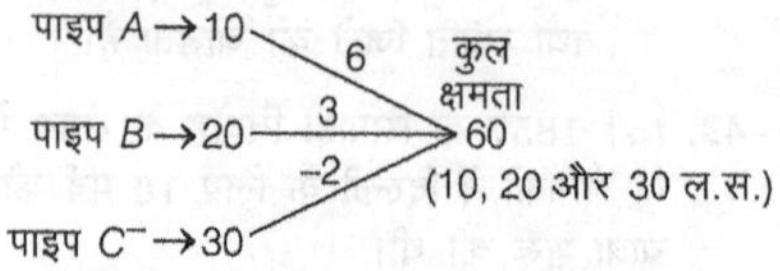

माना टंकी को भरने में कुल x मिनट लगता है।

प्रश्नानुसार,

$6x + 3x + (x - 2) \times (-2) = 60$

$\Rightarrow \quad 9x - 2x + 4 = 60$

$\Rightarrow \quad 7x = 56$

$\therefore \quad x = \frac{56}{7} = 8$ मिनट

65. *(b)* प्रश्नानुसार,

ΔABC और ΔDEF में,

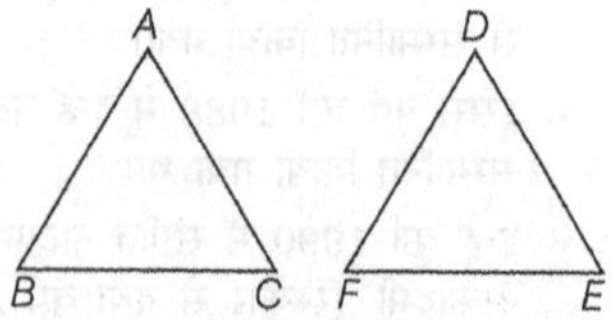

$AB = FD$

$\angle A = \angle D$

$\therefore \quad AC = DE$

$\Delta ABC \cong \Delta DFC$

(SAS नियम से)

66. *(b)* सफल स्टार्ट-अप की कुल संख्या $= 2910$

$\therefore$ शिक्षा और कृषि के क्षेत्रों में कुल स्टार्ट-अप की संख्या

$= 2910 \times (24 + 12)\%$

$= 2910 \times \frac{36}{100}$

$= 1047.6 \approx 1047$

67. *(c)* मई में कम्पनी Q और S द्वारा बेचे गए साबुनों की संख्या

$= 1540 + 1736 = 3276$

जुलाई में कम्पनी P द्वारा बेचे गए साबुनों की संख्या = 1820

$\therefore$ % अधिक $= \dfrac{(3276 - 1820)}{1820} \times 100$

$= \dfrac{1456}{1820} \times 100 = 80\%$

68. *(c)* सभी वर्षों में B प्रकार के रेफ्रिजरेटर का औसत उत्पादन

$= \dfrac{1800 + 1890 + 1910 + 1940 + 1960}{5}$

$= \dfrac{9500}{5} = 1900$

तालिका अनुसार, वर्ष 2012 और 2013 में B प्रकार के रेफ्रिजरेटर का उत्पादन उसके औसत उत्पादन के सबसे करीब है।

69. *(a)* $x + \dfrac{1}{x} = 15$ ...(i)

$\therefore \quad \dfrac{7x^2 - 9x + 7}{x^2 - x + 1}$

हर तथा अंश में x से भाग करने पर,

$\dfrac{7\left(x + \dfrac{1}{x}\right) - 9}{x + \dfrac{1}{x} - 1}$

$= \dfrac{7 \times 15 - 9}{15 - 1}$ [समी (i) से]

$= \dfrac{105 - 9}{14} = \dfrac{96}{14} = \dfrac{48}{7}$

70. *(d)* $2\operatorname{cosec}^2\theta + 3\cot^2\theta = 17$

$\Rightarrow 2(1 + \cot^2\theta) + 3\cot^2\theta = 17$

$\Rightarrow 2 + 2\cot^2\theta + 3\cot^2\theta = 17$

$\Rightarrow 5\cot^2\theta = 15$

$\Rightarrow \cot^2\theta = 3$

$\Rightarrow \cot\theta = \sqrt{3}$

$\Rightarrow \cot\theta = \cot 30^\circ$

($\because$ दिया है, $0^\circ \le \theta \le 90^\circ$)

$\therefore \theta = 30^\circ$

71. *(c)* माना 10वीं संख्या $= x$

11वीं संख्या $= x + 10$

$\therefore$ 12वीं संख्या $= x - 5$

प्रश्नानुसार,

12 संख्याओं का औसत

$= \dfrac{5 \times 45 + 4 \times 52 + x + x + 10 + x - 5}{12}$

$\Rightarrow \dfrac{225 + 208 + 3x + 5}{12} = 48$

$\Rightarrow 438 + 3x = 576$

$\Rightarrow 3x = 576 - 438$

$\therefore \quad x = \dfrac{138}{3} = 46$

$\therefore$ 11वीं संख्या और 12वीं संख्या का औसत

$= \dfrac{x + 10 + x - 5}{2}$

$= \dfrac{2 \times 46 + 5}{2} = 48.5$

72. *(b)* संख्या = 72864 * $

कोई संख्या 5 से विभाज्य तब होगी, जब उसके इकाई अंक 0 या 5 हो।

$ = 5, 0

यदि हम $ = 5 लेते हैं, तो संख्या विषम हो जाती है।

एक विषम संख्या 8 से विभाज्य नहीं होगी।

$\therefore$ $ = 0

कोई संख्या 8 से विभाज्य होती है जब संख्या के अन्तिम तीन अंकों से बनी संख्या 8 से विभाज्य हो।

अन्तिम तीन अंक से बनी संख्या = 4 * 0

* = 1, 2, 3 लेने पर अन्तिम तीन अंकों से बनी संख्या को 8 से भाग देने पर प्रत्येक स्थिति में शेषफल प्राप्त होता है। इसलिए * की जगह पर ये संख्या नहीं ले सकते हैं।

* = 4 लेने पर अन्तिम तीन अंकों से बनी संख्या को 8 से विभाजित करने पर हमें शेषफल के रूप में 0 प्राप्त होता है।

$\therefore$ * और $ के स्थान पर क्रमशः अंक 4 और 0 होगा।

73. *(a)* $28.9 : x :: x : 36.1$

$\Rightarrow \quad \dfrac{28.9}{x} = \dfrac{x}{36.1}$

$\Rightarrow \quad x^2 = 28.9 \times 36.1$

$\therefore \quad x = \sqrt{\dfrac{289 \times 361}{100}}$

$= \dfrac{17 \times 19}{10} = 32.3$

74. *(d)* $\left(\dfrac{\sin\theta - 2\sin^3\theta}{2\cos^3\theta - \cos\theta}\right)^3 \dfrac{1}{\tan\theta} - \sec^2\theta$

$= \left(\dfrac{\sin\theta\,(1 - 2\sin^2\theta)}{\cos\theta\,(2\cos^2\theta - 1)}\right)^3 \dfrac{1}{\tan\theta} - \sec^2\theta$

$= \left[\tan\theta \dfrac{(\sin^2\theta + \cos^2\theta - 2\sin^2\theta)}{(2\cos^2\theta - \sin^2\theta - \cos^2\theta)}\right]^3 \times \dfrac{1}{\tan\theta} - \sec^2\theta$

$= \left[\tan\theta \dfrac{(\cos^2\theta - \sin^2\theta)}{(\cos^2\theta - \sin^2\theta)}\right]^3 \dfrac{1}{\tan\theta} - \sec^2\theta$

$= \tan^3\theta \cdot \dfrac{1}{\tan\theta} - \sec^2\theta$

$= \tan^2\theta - \sec^2\theta$

$= -(\sec^2\theta - \tan^2\theta) = -1$

75. *(d)* माना निवेश राशि = ₹x

मिश्रधन = ₹$7x$

साधारण ब्याज = $(7x - x)$ = ₹ $6x$

समय = 14 वर्ष

$\therefore$ दर $= \dfrac{\text{ब्याज} \times 100}{\text{मूलधन} \times \text{समय}}$

$= \dfrac{6x \times 100}{x \times 14} = \dfrac{300}{7}\%$

पुनः मिश्रधन $= 18x$

साधारण ब्याज $= 18x - x = 17x$

$\therefore$ समय $= \dfrac{17x \times 100}{x \times \dfrac{300}{7}}$

$= \dfrac{17 \times 100 \times 7}{300}$

= 39.67 वर्ष

76. *(c)* Fallacy means a false idea or belief.

- **Reticence** means an unwillingness to do something or talk about something.
- **Atrophy** is the partial or complete wasting away of a part of the body.
- **Entropy** is the measure of a system's thermal energy per unit temperature that is unavailable for doing useful work.

77. *(c)* The antonym of 'secure' is 'attack'.

- **Trundle** means (with reference to a wheeled vehicle or its occupants) move or cause to move slowly and heavily.

78. *(a)* The underlined part of the sentence contains an error. The use of 'good' is incorrect as the sentence makes a comparison. Hence, replace it with 'better' to correct the sentence.

79. *(d)* The sentence contains an error. The use of 'quick' is erroneous as the sentence requires an adverb. Hence, replace it with 'quickly' to correct the sentence.

80. *(d)* Acquiesce means accept something reluctantly but without protest. Hence, its synonym is 'concur' which means the same.

- **Desist** and Cease means to stop.
- **Thwart** means to prevent (someone) from accomplishing something

81. *(d)* **Invincible** is used for something that cannot be conquered.

- **Indelible** means (of ink or a pen) making marks that cannot be removed.
- **Ineffable** means too great or extreme to be expressed or described in words.

82. *(c)* Ambition means a strong desire to do or achieve something. Hence, its nearest synonym is 'eagerness.'

- **Apathy** is a lack of interest, enthusiasm or concern.
- **Amend** means to correct.

83. *(c)* The correct filler for the given blank is 'beside the mark' which means something is irrelevant or not to the point.

- **High and mighty** means to behave with superiority.
- **Out of the woods** means out of difficulty or problem.
- **Under the rose** means secrecy or confidentiality.

84. *(b)* The nearest antonym of receive' is 'exile' which means to exit.

85. *(c)* Bananas are not liked by Sonam. The sentence is in present tense. In passive voice, it would take the past tense.

86. *(*)* The sentence cannot form a coherent paragraph.

87. *(d)* Someone who can never die is called 'immortal'.

- **Invincible** means someone who cannot be defeated.
- **Impervious** means not allowing fluid to pass through.

88. *(c)* My secret diary has been taken by someone.

- The sentence follows the structure- Subject + has/have+ V3+ Object. When such a sentence is transformed into passive voice, the structure followed is Object + has/have been'+ the past participle form of verb+ Subject.

89. *(a)* **Mawkish** means emotional and sentimental. Hence, it is the correct filler for the passage.

- **Cynical** means believing that people are motivated purely by self-interest; distrustful of human sincerity or integrity.

90. *(d)* An **atheist** is someone who does not believe in God.

91. *(a)* Fish out of water means to be 'uncomfortable.'

92. *(c)* The incorrectly spelt word is 'exhilerate'. The correct spelling word is 'exhilarate'.

93. *(c)* Part 'is superior than' contains an error. When we make a comparison using the word 'superior', we do not use 'than' but use 'to'.

94. *(b)* The underlined part of the sentence contains an error. In hypothetical conditional sentence we use 'were'.

95. *(d)* The incorrectly spelt word is 'preceed'. The correct spelling is proceed.

96. *(c)* The correct word for the given blank is 'quaint' which means calm.

97. *(d)* The correct word for the given blank is 'gradually'.

98. *(c)* The correct word for the given blank is 'dimension'.

99. *(d)* The correct word for the given blank is 'enough'.

100. *(c)* The correct word for the given blank is 'blend'.

सेट 11 12 सितम्बर, 2024 (द्वितीय पाली)

SSC CGL Tier-I
सॉल्वड पेपर

निर्देश
1. इस सेट में कुल 100 प्रश्न हैं।
2. इस सेट में चार भाग हैं, भाग-I सामान्य बुद्धि एवं तर्कशक्ति, भाग-II सामान्य जागरुकता, भाग-III संख्यात्मक अभियोग्यता और भाग-IV अंग्रेजी भाषा।
3. प्रत्येक प्रश्न 2 अंक का है।

भाग I
सामान्य बुद्धि एवं तर्कशक्ति

1. दिए गए समीकरण को सही बनाने (सन्तुलित करने) के लिए निम्नलिखित में से किन संक्रियाओं को आपस में बदलना होगा?

$12 + 12 - 4 \times 4 \div 2 = 22$

(a) + और ÷ (b) ÷ और −
(c) − और + (d) × और −

2. दी गई आकृति में कितने वर्ग हैं?

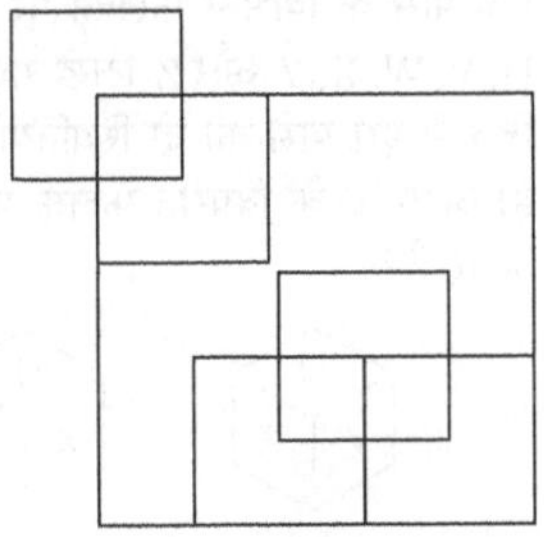

(a) 10 (b) 8
(c) 9 (d) 7

3. तीन कथन और उसके बाद तीन निष्कर्ष I, II और III दिए गए हैं। कथनों को सत्य मानते हुए, भले ही वे सामान्य रूप से ज्ञात तथ्यों से भिन्न प्रतीत होते हों, तय कीजिए कि कौन-सा/से निष्कर्ष इन कथनों का तार्किक रूप से अनुसरण करता है/करते हैं।

कथन
सभी कार्ड, पोस्टकार्ड हैं।
कुछ पोस्टकार्ड, किताबें हैं।
सभी किताबें, उपन्यास हैं।

निष्कर्ष
I. कुछ पोस्टकार्ड, उपन्यास हैं।
II. कोई भी कार्ड, किताब नहीं है।
III. सभी कार्ड, उपन्यास हैं।

(a) केवल निष्कर्ष I अनुसरण करता है
(b) केवल निष्कर्ष III अनुसरण करता है
(c) केवल निष्कर्ष I और II अनुसरण करते हैं
(d) केवल निष्कर्ष II और III अनुसरण करते हैं

4. नीचे संख्याओं के दो समुच्चय दिए गए हैं। संख्याओं के प्रत्येक समुच्चय में, पहली संख्या पर कुछ निश्चित गणितीय संक्रिया करने पर दूसरी संख्या प्राप्त होती है। इसी प्रकार, दूसरी संख्या पर कुछ निश्चित गणितीय संक्रिया करने पर तीसरी संख्या प्राप्त होती है और इसी तरह आगे भी होती है। दिए गए विकल्पों में से कौन-सा विकल्प दिए गए समुच्चयों की तरह संक्रियाओं के समान समुच्चय का अनुसरण करता है?
(**नोट** संख्याओं को उनके घटक अंकों में तोड़े बिना, पूर्ण संख्याओं पर संक्रियाएँ की जानी चाहिए। उदाहरण के लिए 13 लीजिए—13 पर की जाने वाली संक्रियाएँ जैसे कि 13 में जोड़ना/घटाना/गुणा करना आदि केवल 13 पर किया जा सकता है। 13 को 1 और 3 में तोड़ना, तथा 1 और 3 पर गणितीय संक्रिया करने की अनुमति नहीं है।)

10-12-8-15; 12-14-10-19

(a) 6-8-12-16 (b) 8-6-10-18
(c) 15-13-9-19 (d) 11-13-9-17

5. उस विकल्प आकृति का चयन करें, जो नीचे दी गई आकृति में प्रश्नचिह्न (?) को प्रतिस्थापित करेगी और पैटर्न को पूरा करेगी।

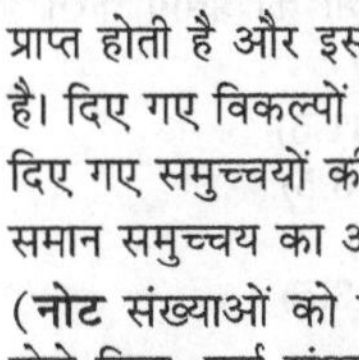

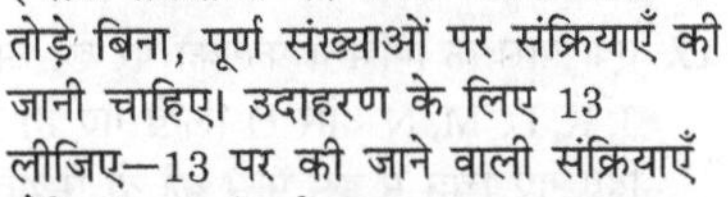

(a) (b) (c) (d)

6. एक निश्चित कोड भाषा में, 'BOOK' को 'ZNNI' लिखा जाता है और 'SHOP' को 'QFNN' लिखा जाता है। उसी भाषा में 'NOTES' को कैसे लिखा जाएगा?

(a) LDNQR (b) QDRNL
(c) LRDQN (d) LNRDQ

7. निम्नलिखित शृंखला को जारी रखने के लिए प्रश्नचिह्न (?) के स्थान पर कौन-सी आकृति आनी चाहिए?

B 0 0 0 X X	0 0 0 X X B	0 0 X X X X B B	X X X X B B 0 0	?

(a)	(b)	(c)	(d)
X X X X X B B B B 0 0 0	X X X X B B B 0 0	X X X B B B 0 0 0	X X X B B B B 0 0 0

8. निम्नलिखित संख्याओं में से तीन किसी प्रकार से एकसमान हैं और एक उनसे असंगत है। उस असंगत का चयन कीजिए।
(**नोट** गणितीय संक्रियाएँ संख्याओं को उनके घटक अंकों में तोड़े बिना पूर्ण संख्याओं पर की जानी चाहिए। उदाहरण के लिए 13-13 पर की जाने वाली संक्रियाएँ, जैसे जोड़ना, घटाना, गुणा करना इत्यादि, केवल 13 पर की जा सकती हैं। 13 को 1 और 3 में तोड़ना और तब 1 और 3 पर गणितीय संक्रियाएँ करने की अनुमति नहीं है।)

(a) 23-8-343
(b)19-11-330
(c) 12-7-209
(d) 15-9-264

9. निम्नलिखित में से कौन-सी संख्याएँ दी गई शृंखला में प्रश्नचिह्न (?) का स्थान लेंगी?

16, 36, 64, ?, ?, 196, 256, 324

(a) 81, 121 (b) 81, 100
(c) 81, 100 (d) 100, 144

10. 346 एक निश्चित तर्क का अनुसरण करते हुए 245 से सम्बन्धित है। इसी तर्क का अनुसरण करते हुए 580, 479 से सम्बन्धित है। समान तर्क का अनुसरण करते हुए, 613 निम्नलिखित में से किससे सम्बन्धित है?
(**नोट** संख्याओं को उनके घटक अंकों में विभक्त किए बिना पूर्ण संख्याओं पर संक्रियाएँ की जानी चाहिए। उदाहरण के लिए 13 को लें— 13 पर संक्रियाएँ, जैसे कि जोड़ना/घटाना/गुणा आदि 13 में की जा सकती हैं। 13 को 1 और 3 में विभक्त करना और फिर 1 और 3 पर गणितीय संक्रियाएँ करने की अनुमति नहीं है।)
(a) 512 (b) 460
(c) 720 (d) 630

11. दिए गए विकल्पों में से उस आकृति की पहचान कीजिए, जिसे प्रश्नचिह्न (?) के स्थान पर रखने पर, शृंखला तार्किक रूप से पूर्ण हो जाएगी।

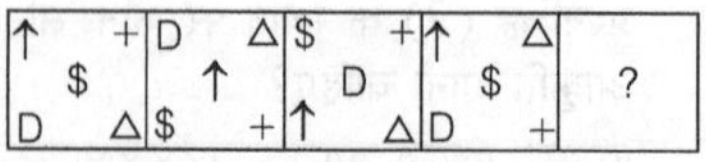

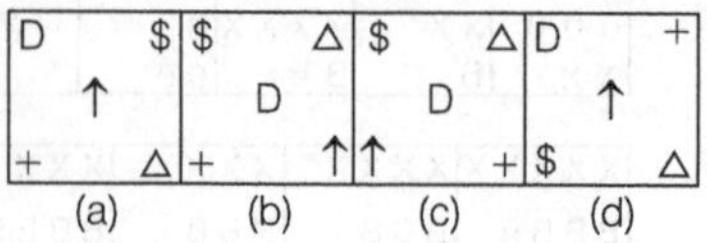

12. जब दर्पण को नीचे दर्शाए गए अनुसार MN पर रखा जाता है, तो दी गई आकृति के सही दर्पण प्रतिबिम्ब का चयन कीजिए।

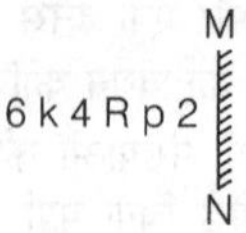

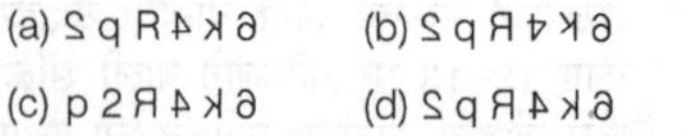

13. यदि '+' और '–' को आपस में बदल दिया जाए और '×' और '÷' को आपस में बदल दिया जाए, तो निम्नलिखित समीकरण में प्रश्नचिह्न (?) के स्थान पर क्या आएगा?
$16 \div 4 + 8 \times 8 - 4 = ?$
(a) 36 (b) 11
(c) 42 (d) 67

14. निम्नलिखित में से कौन-सा पद दी गई शृंखला में प्रश्नचिह्न (?) का स्थान लेगा?
HPL, KLQ, NHV, QDA, TZF, ?
(a) XVK (b) WVK
(c) XWK (d) WDK

15. अंग्रेजी वर्णमाला-क्रम के आधार पर 'NGRP' एक निश्चित तरीके से 'JCNL' से सम्बन्धित है। उसी तरह 'FKLT' का सम्बन्ध 'BGHP' से है। उसी तर्क के अनुसार 'SQUO' का सम्बन्ध निम्नलिखित में से किससे है?
(a) OMQK (b) PNRL
(c) ONQL (d) PMRK

16. उस समुच्चय का चयन कीजिए, जिसमें संख्याएँ उसी प्रकार सम्बन्धित हैं, जिस प्रकार निम्नलिखित समुच्चयों की संख्याएँ सम्बन्धित हैं।
(11, 16.5, 22)
(14.5, 20, 25.5)
(**नोट** पूर्ण संख्याओं पर संक्रिया का प्रयोग, संख्याओं को उनके घटक अंकों में विभक्त किए बिना किया जाना चाहिए। उदाहरण के लिए, 13:-13 पर संक्रिया जैसे कि जोड़ने/घटाने/गुणा करने आदि को 13 में किया जा सकता है। 13 को 1 और 3 में विभक्त करके और फिर 1 और 3 पर गणितीय संक्रियाओं का प्रयोग करने की अनुमति नहीं है।)
(a) (21.5, 25, 31.5)
(b) (24.5, 30, 36.5)
(c) (18,23.5.29)
(d) (14, 18.5, 23.5)

17. एक पासे के विभिन्न फलकों पर छः अक्षर J, K, L, M, N और O लिखे गए हैं। नीचे दिए गए चित्र में इस पासे की दो स्थितियों को दर्शाया गया है। दिए गए विकल्पों में से J के विपरीत फलक पर लिखा अक्षर ज्ञात कीजिए।

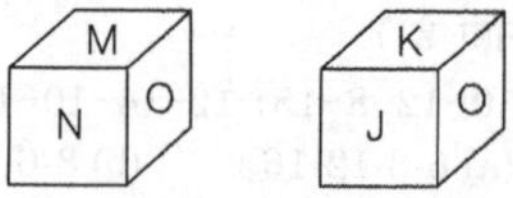

(a) M (b) O
(c) L (d) N

18. अंग्रेजी वर्णानुक्रम पर आधारित, निम्नलिखित चार अक्षर-समूहों में से तीन अक्षर-समूह एक निश्चित तरीके से समान हैं और इसलिए एक समूह बनाते हैं। वह कौन-सा अक्षर-समूह है, जो उस समूह से सम्बन्धित नहीं है?
(**नोट** असंगत अक्षर-समूह, अक्षर-समूह में व्यंजनों/स्वरों की संख्या या उनकी स्थिति पर आधारित नहीं है।)
(a) ACG (b) MPT
(c) HKO (d) DGK

19. उस शब्द-युग्म का चयन करें, जो नीचे दिए गए शब्दों के युग्म में व्यक्त किए गए सम्बन्ध के समान सम्बन्धों का सबसे बेहतर ढंग से प्रतिनिधित्व करता है। (शब्दों को अर्थपूर्ण हिन्दी शब्द माना जाना चाहिए और शब्द में अक्षरों की संख्या/व्यंजनों/स्वरों की संख्या के आधार पर एक-दूसरे से सम्बन्धित नहीं होना चाहिए)
दलीप ट्रॉफी : क्रिकेट
(a) आगा खान कप : हॉकी
(b) ध्यानचंद ट्रॉफी : बैडमिंटन
(c) डूरण्ड कप : क्रिकेट
(d) बर्दवान ट्रॉफी : पोलो

20. शब्द 'STAMINA' में प्रत्येक स्वर को अंग्रेजी वर्णानुक्रम में उससे पहले वाले अक्षर में बदल दिया जाता है और प्रत्येक व्यंजन को अंग्रेजी वर्णानुक्रम में उससे बाद वाले अक्षर में बदल दिया जाता है। इस प्रकार बने अक्षरों के समूह में दाएँ से तीसरे और बाएँ से चौथे अक्षर के बीच अंग्रेजी वर्णानुक्रम में कितने अक्षर हैं?
(a) चार (b) छह
(c) सात (d) पाँच

21. एक पासे के विभिन्न फलकों पर छः अक्षर U, V, W, X, Y और Z लिखे गए हैं। नीचे चित्र में इस पासे की दो स्थितियाँ दिखाई गई है। अक्षर V के विपरीत फलक पर कौन-सा अक्षर है?

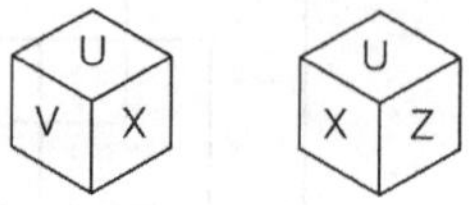

(a) Z (b) W
(c) X (d) Y

22. एक निश्चित कूटभाषा में 'talk to me' को 'aq yt bl' के रूप में कूटबद्ध किया जाता है और 'do not talk' को 'yt me wc' के रूप में कूटबद्ध किया जाता है। उस भाषा में 'talk' के लिए कूट क्या है?
(a) aq (b) wc
(c) yt (d) bl

23. उन अक्षरों के संयोजन का चयन कीजिए, जिन्हें दी गई शृंखला के रिक्त स्थानों में क्रमिक रूप से रखने पर शृंखला पूरी हो जाएगी।
E_GHEI_GELK_ _OME
(a) FGEI (b) IGFE
(c) FIFE (d) IFGE

24. एक निश्चित कूटभाषा में,
A + B का अर्थ है 'A, B का पुत्र है'
A − B का अर्थ है 'A, B की पत्नी है'
A × B का अर्थ है 'A, B का 'भाई है' और
A ÷ B का अर्थ है 'A, B की पुत्री है'।
उपरोक्त के आधार पर, यदि 'P × S ÷ M − T + R' है, तो P, R से किस प्रकार सम्बन्धित है?
(a) पुत्री (b) भाई
(c) पोता (d) दादी

25. एक निश्चित कूटभाषा में, 'can we play' को 'ae tc nx' के रूप में कूटबद्ध किया जाता है और 'play in school' को 'tc rm ef' के रूप में कूटबद्ध किया जाता है। उस भाषा में 'play' को किस प्रकार कूटबद्ध किया है?
(a) ef (b) rm
(c) ae (d) tc

भाग II
सामान्य जागरुकता

26. भारत में प्रो कबड्डी लीग की स्थापना निम्नलिखित में से किस वर्ष की गई थी?
(a) 2014 (b) 2016
(c) 2013 (d) 2015

27. सुमेलित करें

	सूची I		सूची II
A.	वलयांकित कृमि	1.	फीताकृमि
B.	सन्धिपाद	2.	समुद्री तारा मछली
C.	इकाइनोडर्मेटा	3.	चींटी
D.	पृथुकृमि	4.	केंचुआ

कूट

	A	B	C	D
(a)	2	1	3	4
(b)	1	3	2	4
(c)	4	3	2	1
(d)	1	2	3	4

28. निम्नलिखित में से कौन-सा भारतीय नागरिकों का मौलिक कर्त्तव्य नहीं है?
(a) सार्वजनिक सम्पत्ति की रक्षा करना और हिंसा को समाप्त करना
(b) स्वतन्त्रता के लिए हमारे राष्ट्रीय संघर्ष को प्रेरित करने वाले महान विचारों को संजोना और उनका पालन करना
(c) वैज्ञानिक सोच, मानवतावाद और ज्ञानार्जन एवं सुधार की भावना विकसित करना
(d) 5 वर्ष की अनिवार्य सैन्य सेवा

29. डिजिटल इण्डिया मिशन (Digital India mission) किस वर्ष शुरू किया गया?
(a) 2017 में (b) 2016 में
(c) 2014 में (d) 2015 में

30. विनिमय के माध्यम के रूप में माल का उपयोग किस प्रकार के विनिमय में किया जाता है?
(a) ऑनलाइन विनिमय (b) क्रेडिट विनिमय
(c) मुद्रा विनिमय (d) वस्तु विनिमय

31. गणगौर महोत्सव, पुष्कर मेला, नागौर मेला और उर्स मेला किस राज्य के लोकप्रिय मेले और महोत्सव हैं?
(a) पंजाब (b) महाराष्ट्र
(c) राजस्थान (d) त्रिपुरा

32. अप्रत्यक्ष संचरण के पाँच F कौन-से हैं?
(a) fruit (फल), fingers (अँगुलियाँ), flu (फ्लू), food (भोजन) और fluid (तरल)
(b) flies (मक्खियाँ), fingers (अँगुलियाँ), friends (मित्र), food (भोजन) और fruit (फल)
(c) flies (मक्खियाँ), fingers (अँगुलियाँ), fomites (फोमाइट), food (भोजन) और fruit (फल)
(d) flies (मक्खियाँ), fingers (अँगुलियाँ), fomites (फोमाइट), food (भोजन) और fluid (तरल)

33. निम्नलिखित में से कौन-सा/सी खिलाड़ी टेबल टेनिस से सम्बन्धित हैं?
(a) के. श्रीकान्त (b) पंकज आडवानी
(c) मनीष नरवाल (d) मनिका बत्रा

34. चन्दबरदाई की प्रसिद्ध साहित्यिक कृति …… में पृथ्वीराज चौहान की प्रेम कहानी और वीरतापूर्ण कार्यों का उल्लेख है।
(a) हरकेली नाटक
(b) राजमार्तण्ड
(c) अभिधान चिन्तामणि
(d) पृथ्वीराजरासो

35. हिन्दुस्तानी गायक पण्डित वेंकटेश कुमार को किस राज्य सरकार द्वारा 'कालिदास सम्मान 2022' से सम्मानित किया गया था?
(a) मध्य प्रदेश (b) महाराष्ट्र
(c) उत्तर प्रदेश (d) गुजरात

36. निम्नलिखित स्वतन्त्रता सेनानियों में से किसे देशबन्धु के नाम से जाना जाता है?
(a) गोपाल कृष्ण गोखले
(b) भगत सिंह
(c) सुभाषचन्द्र बोस
(d) चितरंजन दास

37. शान्ति निकेतन की स्थापना किसने और कब की?
(a) देवेन्द्रनाथ टैगोर, 1915 में
(b) महात्मा गाँधी, 1910 में
(c) रवीन्द्रनाथ टैगोर, 1901 में
(d) रवीन्द्रनाथ टैगोर, 1905 में

38. निम्नलिखित में से कौन-सी पहाड़ी पूर्वी घाट में स्थित है?
(a) नागा पहाड़ियाँ
(b) अन्नामुडी पहाड़ियाँ
(c) खासी पहाड़ियाँ
(d) शेवरॉय पहाड़ियाँ

39. राज्य विधानसभा में धन विधेयक को …… की पूर्व अनुमति से पेश किया जा सकता है।
(a) वित्तमन्त्री
(b) भारत के नियन्त्रक एवं महालेखापरीक्षक
(c) राज्यपाल
(d) उपरोक्त में से कोई नहीं

40. भारत की जनगणना 2011 के अनुसार, भारत में पुरुष एवं महिला साक्षरता दर के बीच कितना अन्तर है?
(a) 16.68% (b) 18.30%
(c) 24.84% (d) 21.59%

41. निम्नलिखित में से कौन-सा विकल्प भारत में सार्वजनिक क्षेत्र के उद्योग का एक उदाहरण है?
(a) बजाज ऑटो
(b) भारत हैवी इलेक्ट्रिकल्स लिमिटेड
(c) डाबर
(d) टाटा आयरन स्टील कम्पनी

42. हाल ही में संसद में पारित चुनाव कानून संशोधन विधेयक का उद्देश्य कुछ चुनावी सुधारों को लागू करना है। उनमें से एक पात्रता तिथि है। अब तक, केवल एक तिथि- 1 जनवरी को आयु के सम्बन्ध में पात्रता तय करने के लिए माना जाता था। इस सम्बन्ध में विधेयक क्या सुधार चाहता है?
(a) दो तिथियाँ 1 जनवरी और 1 जून लागू करना
(b) चार तिथियाँ 1 जनवरी, 1 अप्रैल, 1 जुलाई, 1 अक्टूबर लागू करना
(c) तीन तिथियाँ 1 जनवरी, 1 मई, 1 सितम्बर लागू करना
(d) वर्ष भर पात्रता तिथि-नामांकन के विचार को समाप्त करना

43. जिंक और सल्फ्यूरिक अम्ल की अभिक्रिया से कौन-सा उत्पाद निर्मित होता है?
(a) जिंक हाइड्रॉक्साइड (b) जिंक ऑक्साइड
(c) जिंक सल्फाइड (d) जिंक सल्फेट

44. प्रथम पंचवर्षीय योजना की वास्तविक विकास दर क्या थी?
(a) 2.6% (b) 4.2%
(c) 2.1% (d) 3.6%

45. निम्नलिखित में से किस गैस से विद्युत प्रवाहित करने पर लाल प्रकाश उत्सर्जित होता है?
(a) नियॉन (b) हाइड्रोजन
(c) आर्गन (d) हीलियम

46. बुद्धदेवदास गुप्ता निम्नलिखित में से किस संगीत वाद्ययन्त्र को बजाने के लिए प्रसिद्ध हैं?
(a) सरोद (b) सारंगी
(c) मृदंगम (d) बाँसुरी

47. वेदांग हिन्दू धर्म के सहायक विषय हैं, जिनकी उत्पत्ति प्राचीनकाल में हुई थी और वे वेदों के अध्ययन से जुड़े हुए हैं। इनकी संख्या .... है।
(a) 4 (b) 6
(c) 7 (d) 5

48. निम्नलिखित में से किस संस्थान की स्थापना मृणालिनी साराभाई ने की थी, जो एक भरतनाट्यम और कथकली नृत्यांगना थीं?
(a) नालन्दा नृत्य कला महाविद्यालय
(b) दर्पण एकेडमी ऑफ परफॉर्मिंग आर्ट्स
(c) श्री त्यागराज कॉलेज ऑफ म्यूजिक एण्ड डान्स
(d) नृत्यांजलि इंस्टीट्यूट ऑफ परफॉर्मिंग आर्ट्स

49. बीड़ी बनाने के काम में आने वाले पत्तों की पहचान कीजिए
(a) चम्पा (b) तेन्दू
(c) पान (d) नीम

50. जुलाई, 2020 में किस राज्य ने अल्पतर आय अर्जित करने वाले परिवारों से सम्बन्धित बेटियों के विवाह हेतु आर्थिक सहायता प्रदान करने के लिए 'आशीर्वाद योजना' की शुरुआत की?
(a) उत्तर प्रदेश (b) पंजाब
(c) बिहार (d) राजस्थान

भाग III

संख्यात्मक अभियोग्यता

51. किसी बिन्दु T से, एक वृत्त की स्पर्श रेखा की लम्बाई 32 सेमी है और केन्द्र से T की दूरी 40 सेमी है। वृत्त का व्यास (सेमी में) ज्ञात कीजिए।
(a) 48 (b) 16 (c) 36 (d) 32

52. सिद्धि अपने स्कूटर को ₹ 24318 में बेचकर, विक्रय मूल्य के $\frac{1}{6}$ भाग के बराबर लाभ अर्जित करती है। उसका लाभ प्रतिशत ज्ञात कीजिए।
(a) 25% (b) 5%
(c) 20% (d) 35%

53. एक क्लब में पुरुष और महिला सदस्यों के बीच अनुपात 2 : 3 है। यदि पुरुष सदस्यों की संख्या 200 बढ़ा दी जाए, तो अनुपात 5 : 6 हो जाता है। क्लब में कितनी महिला सदस्य हैं?
(a) 1400 (b) 1200
(c) 1000 (d) 900

54. एक पुलिसकर्मी द्वारा पीछा किए जाने पर एक चोर शुरुआत में 150 मी आगे था। यदि पुलिसकर्मी की चाल और चोर की चाल का अनुपात 5: 4 था, तो पुलिसकर्मी द्वारा पकड़े जाने से पहले चोर कितनी दूरी (मी में) तय कर चुका था?
(a) 600 (b) 400
(c) 350 (d) 200

55. निम्नलिखित समीकरणों के लिए a और b के मान क्या हैं, जिनके अपरिमित रूप से अनेक हल हों?
$ax + by = 2$
$3x - (5 - 2a)y = 6$
(a) $a = -1, b = -1$
(b) $a = 1, b = -1$
(c) $a = 1, b = 1$
(d) $a = -1, b = 1$

56. दो बेलनों के आधारों की त्रिज्याएँ 4 : 5 के अनुपात में हैं और उनकी ऊँचाइयाँ 5 : 7 के अनुपात में हैं। उनके वक्रपृष्ठीय क्षेत्रफलों का अनुपात ज्ञात कीजिए।
(a) 4 : 7 (b) 1 : 2
(c) 4 : 5 (d) 5 : 4

57. दिया गया पाई-चार्ट एक विशेष वर्ष के दौरान विभिन्न खेलों पर राज्य सरकार द्वारा किए गए व्यय को दर्शाता है।

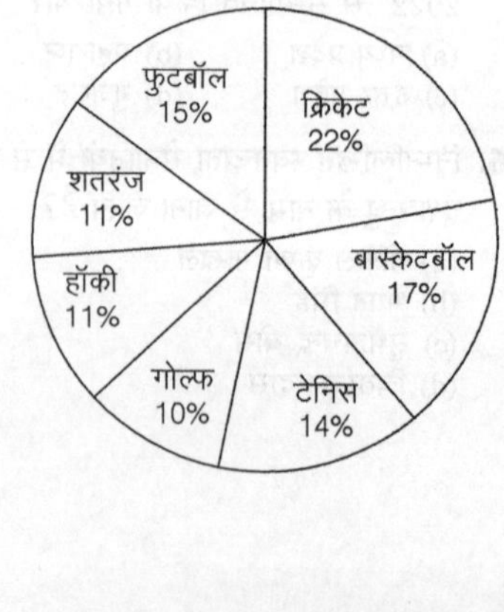

यदि टेनिस और फुटबॉल पर खर्च की गई कुल राशि ₹ 145000 है, तो दिए गए सभी खेलों पर खर्च की गई कुल राशि (₹ में) कितनी है?
(a) 410000 (b) 500000
(c) 450000 (d) 310000

58. निम्नलिखित को हल कीजिए।
$$\left[[(2.5 + 1.5)^2 + 4 \text{ का } \frac{1}{2} \times 8 - 1\right]$$
(a) 81 (b) 63
(c) 27.1 (d) 0

59. निम्नलिखित पाई-चार्ट एक विद्यार्थी के द्वारा एक दिन में विभिन्न विषयों के अध्ययन में दिए गए समय को दर्शाता है। पाई-चार्ट का अध्ययन करें और प्रश्न का उत्तर दें।

विभिन्न विषयों के अध्ययन में दिए गए समय का प्रतिशत वितरण

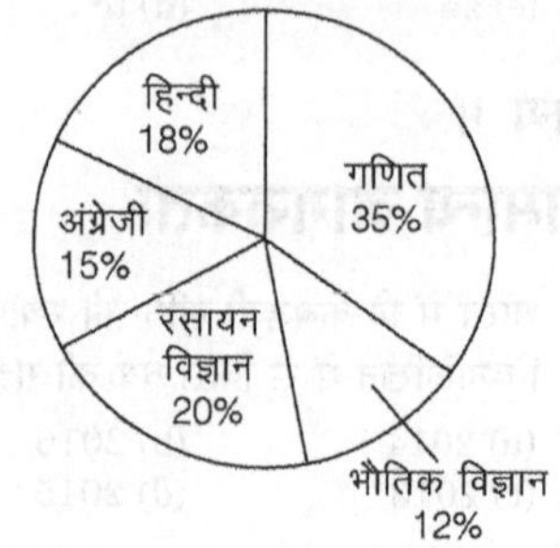

यदि विद्यार्थी अंग्रेजी 3 घण्टे पढ़ता है, तो वह गणित कितने घण्टे पढ़ता है?
(a) 5 घण्टे (b) 2 घण्टे
(c) 7 घण्टे (d) 1 घण्टा

60. दिया गया पाई-चार्ट किसी कम्पनी के 20000 कर्मचारियों का प्रतिशत बंटन दर्शाता है। दिए गए चार्ट का अध्ययन कीजिए और दिए गए प्रश्न का उत्तर दीजिए।

कम्पनी के विभिन्न विभागों में कर्मचारियों का प्रतिशत बंटन

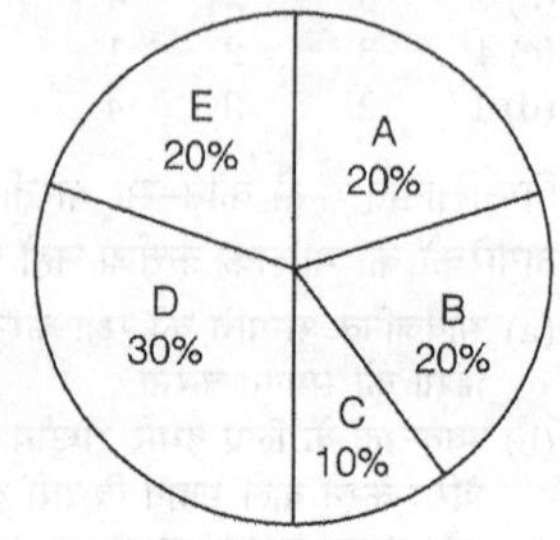

यदि विभाग D में 30% कर्मचारी महिलाएँ हों, तो उस विभाग में कितने पुरुष कर्मचारी हैं?
(a) 5000 (b) 4000
(c) 4500 (d) 4200

61. दी गई तालिका 6 महीने की अवधि के लिए किसी कम्पनी द्वारा लोहे की छड़ों के उत्पादन को दर्शाती है। तालिका का अध्ययन कीजिए और निम्नांकित प्रश्न का उत्तर दीजिए।

महीना	जनवरी	मार्च	मई	जुलाई	सितम्बर	नवम्बर
उत्पादन	60	75	45	85	90	108

सर्वाधिक उत्पादन वाले महीने और न्यूनतम उत्पादन वाले महीने का अनुपात कितना है?

(a) 9 : 5 (b) 1 : 2
(c) 5 : 12 (d) 12 : 5

62. एक वस्तु का अंकित मूल्य (MP) ₹ 180 था और इसे 15% की छूट पर बेचा गया, छूट (₹ में) ज्ञात करें।

(a) 18 (b) 15 (c) 27 (d) 12

63. निम्न को हल कीजिए।

$$\frac{1}{1+\cos\theta}+\frac{1}{1-\cos\theta}=?$$

(a) $2\text{cosec}^2\theta$ (b) $2\sin^2\theta$
(c) $2\sec^2\theta$ (d) $2\tan^2\theta$

64. निम्नलिखित में से कौन-सी संख्या 11 से विभाज्य नहीं है?

(a) 128041 (b) 80124
(c) 5445 (d) 109153

65. त्रिभुज ABC में, भुजा BC की लम्बाई, भुजा AB की लम्बाई के दोगुने से 2 सेमी कम है। भुजा AC की लम्बाई, भुजा AB की लम्बाई से 10 सेमी अधिक है। त्रिभुज का परिमाप 40 सेमी है। त्रिभुज की सबसे छोटी भुजा की लम्बाई (सेमी में) ज्ञात कीजिए।

(a) 10 (b) 8 (c) 14 (d) 12

66. एक व्यक्ति ने साधारण ब्याज पर कुछ धन उधार लिया। 4 वर्षों के बाद उसने ऋणदाता को धन का 9/5 भाग वापस कर दिया। ब्याज की दर कितनी थी?

(a) 19% प्रतिवर्ष (b) 18% प्रतिवर्ष
(c) 20% प्रतिवर्ष (d) 17% प्रतिवर्ष

67. यदि $7\tan\theta = 3$ है, तो $\dfrac{7\sin\theta + 5\cos\theta}{7\sin\theta - 2\cos\theta}$ का मान ज्ञात कीजिए।

(a) 7 (b) 6
(c) 5 (d) 8

68. यदि $m + n = 24$ है, तो $(m-16)^3 + (n-8)^3$ का मान .... है।

(a) 576 (b) 320
(c) 40 (d) 0

69. यदि $\cot^4\phi - \cot^2\phi = 1$ है, तो $\cos^4\phi + \cos^2\phi$ का मान ज्ञात कीजिए।

(a) 2 (b) $\frac{3}{2}$ (c) $\frac{1}{\sqrt{3}}$ (d) 1

70. प्रथम 46 प्राकृतिक संख्याओं के वर्गों का औसत ज्ञात कीजिए।

(a) 727.5 (b) 729.5
(c) 728.5 (d) 730.5

71. ΔDEF में, $\angle D$ का समद्विभाजक भुजा EF को बिन्दु N पर प्रतिच्छेद करता है। यदि $DE = 36$ सेमी, $DF = 40$ सेमी और $EF = 38$ सेमी है, तो NF की लम्बाई (सेमी में) .... है

(a) 20 (b) 16
(c) 18 (d) 12

72. एक बगीचे में, पहले वर्ष गुलबहार के 6 पौधे हैं। प्रत्येक वर्ष, माली गुलबहार के 3 नए पौधे उगाता है। बगीचे में पहले वर्ष चमेली के भी 26 पौधे हैं, जिसमें से प्रत्येक वर्ष 2 पौधे खत्म हो जाते हैं। पहले वर्ष के बाद कितने समय में गुलबहार के पौधों की संख्या चमेली के पौधों की संख्या के बराबर हो जाएगी?

(a) 6 वर्ष (b) 5 वर्ष
(c) 4 वर्ष (d) 2 वर्ष

73. दो पाइप A और B एक टैंक को क्रमश: 48 मिनट और 66 मिनट में भर सकते हैं। यदि दोनों पाइप एकसाथ खोले जाए, तो कितने मिनट बाद पाइप B को बन्द कर देना चाहिए ताकि टैंक 32 मिनट में भर जाए?

(a) 20 (b) 16
(c) 18 (d) 22

74. 44 सेमी की चाप लम्बाई वाले एक ऐसे त्रिज्यखण्ड का क्षेत्रफल ज्ञात करें, जो 30° का केन्द्रीय कोण अन्तरित करता है।

(a) 1488 सेमी^{2}
(b) 1584 सेमी^{2}
(c) 1884 सेमी^{2}
(d) 1848 सेमी^{2}

75. एक आदमी प्रत्येक माह 20 किग्रा चावल और 8 किग्रा गेहूँ का उपभोग करता है। चावल का मूल्य, गेहूँ के मूल्य का 20% है, जिसके परिणामस्वरूप चावल और गेहूँ को मिलाकर प्रति माह कुल ₹ 300 का व्यय होता है। यदि गेहूँ के मूल्य में 20% की वृद्धि हो जाती है, तो ₹ 300 के समान व्यय को बनाए रखने के लिए चावल के उपभोग में कितने प्रतिशत की कमी करने की आवश्यकता है? (मान लें कि चावल का मूल्य और गेहूँ का उपभोग स्थिर है।)

(a) 38% (b) 40%
(c) 22% (d) 24%

भाग IV

अंग्रेजी भाषा

76. Select the most appropriate synonym of the underlined word.

Many people love to visit <u>enchanting</u> hills.

(a) alluring (b) cool
(c) risky (d) echoing

77. Select the most appropriate antonym of the word in brackets to fill in the blank.

She has.......(witty) remarks about everything.

(a) sorry (b) whimsical
(c) unamusing (d) woeful

78. Select the sentence that does not have a spelling error.

(a) The paintings are structured chronologically, starting from cubism to surealism.
(b) The artist received recognition for her impressive etchings, buclic landscapes and recreation of natural scenes around her.
(c) The insouciance of the rock star considering the importance of the occasion, came as a shock to the audience who expected stressful moments.
(d) The focus of the exibition is to reinforce versatility and creative thinking.

79. Select the most appropriate synonym of the given word.

Repulse

(a) Repel (b) Substitute
(c) Recover (d) Reprove

80. The given sentence is divided into four segments. Select the option that has the segment with a grammatical error.

The employees were comfortable / with me and they talked about / their problems since / I has worked there as a manager.

(a) I has worked there as a manager.
(b) with me and they talked about
(c) their problems since
(d) The employees were comfortable

81. Parts of a sentence are given below in jumbled order. Select the option that arranges the parts in the correct sequence to form a meaningful sentence.
(P) the Sun
(Q) to our planet, Earth
(O) provides essential energy
(R) sustaining life and warmth
(a) POQR (b) QROP
(c) ROQP (d) ORPQ

82. Select the correct option to form a meaningful sentence.
I / that / the chef / to work / in /
(a) (b) (c) (d) (e)
the new / heard / restaurant /
(f) (g) (h)
is going / across the road.
(i) (j)
(a) a, c, g, b, h, i, f, e, d, j
(b) a, b, d, c, e, f, h, g, i, j
(c) a, b, d, c, g, e, f, h, i, j
(d) a, g, b, c, i, d, e, f, h, j

83. Select the most appropriate synonym of the word in brackets to fill in the blank.
Listening to the same lecture everyday appeared very .... to him. (boring)
(a) monotonous
(b) furious
(c) nervous
(d) monolithic

84. Select the most appropriate option to substitute the underlined segment in the given sentence.
My sisters <u>wished me good luck</u> before I went on the stage to sing.
(a) Told me to sit on the fence
(b) Told me to break a leg
(c) Told me to break the ice
(d) Told me to break an arm

85. Select the most appropriate option that can substitute the underlined segment in the given sentence.
Five years later, I <u>was eating</u> this same dish at the same restaurant.
(a) will have be eating
(b) has been eating
(c) am eating
(d) had been eating

86. Parts of a sentence are given below in jumbled order. Arrange the parts in the correct order to form a meaningful sentence.
O. went P. yesterday
Q. we R. to the
S. park
(a) RQOSP (b) OPQRS
(c) PSROQ (d) QORSP

87. Select the incorrectly spelt word in the given sentence.
One must be confident of winning and gaining one's goals and must face situations, disasters, trials and setbecks of life with confidence.
(a) Trials (b) Disasters
(c) Confident (d) Setbecks

88. Select the most appropriate antonym of the given word.
Paralysed
(a) Demure (b) Stifled
(c) Sultry (d) Healthy

89. Select the option that can be used as a one-word substitute for the given group of words.
The list of subjects to be discussed at a meeting
(a) Minutes
(b) Objectives
(c) Agenda
(d) Menu

90. Select the option that expresses the given sentence in active voice.
The drug pedlar was arrested by the narcotics team.
(a) The narcotics team was arrested the drug pedlar.
(b) The narcotics team arrest the drug peddlar.
(c) The narcotics team arrested the drug pedlar.
(d) The narcotics team has arrested the drug pedlar.

91. The following sentence has been divided into four segments. Identify the segment that contains an adverbial usage error.
Mr. Arun / will pay dear / for his / financial mistake.
(a) will pay dear
(b) Mr. Arun
(c) for his
(d) financial mistake

92. Select the most appropriate option to fill in the blank.
We have postponed this movie outing too many times, so we are going tomorrow, come .... or shine.
(a) rain (b) mountain
(c) hail (d) thunder

93. Parts of a sentence are given below in jumbled order. Arrange the parts in the correct order to form a meaningful sentence.
A. needs to be
B. the shelf in
C. a piece of wood
D. the kitchen
E. need to buy
F. replaced, so I will
(a) BEFCAD (b) ACDBFE
(c) DEBACF (d) BDAFEC

94. Select the option that expresses the given sentence in passive voice.
Scientists were conducting experiments on the newly discovered species.
(a) Experiments on the newly discovered species had been conducted by the scientists.
(b) The newly discovered species has been conducting experiments by scientists.
(c) The newly discovered species has been experimented on by scientists.
(d) Experiments were being conducted on the newly discovered species by scientists.

95. Select the most appropriate option to fill in the blanks.
He had .... the .... into smaller clips.

(a) clipping, clips
(b) clipping, clipped
(c) clips, clipping
(d) clipped, clipping

Directions (Q. Nos. 96-100) *In the following passage, some words have been deleted. Read the passage carefully and select the most appropriate option to fill in each blank.*

People often say that the stars govern their fate but they forget the fact that success or failure is the result of one's own ..... (1) ....

If we sow chaff, we can't reap grain; and the result or consequence of an action depends on what one does and to the extent he ...... (2) ...... it. If we work hard, we succeed only to the extent that we work. People who think that the law of karma is ...... (3) ...... may feel that if one is destined to get something he will always get it whether he strives for it or not. But experience tells us that reward and punishments are the direct result of our action. Honesty and hard work never go unrewarded and ...... (4) ...... and evil deeds never go ...... (5) .... In fact even the law of karma, in its proper sense, means the fruit we get is decided by whatever actions we did in the past.

96. Select the most appropriate option to fill in blank number 1.
(a) power
(b) incidents
(c) case
(d) actions

97. Select the most appropriate option to fill in blank number 2.
(a) does (b) have
(c) create (d) put

98. Select the most appropriate option to fill in blank number 3.
(a) supreme (b) greatest
(c) more (d) most

99. Select the most appropriate option to fill in blank number 4.
(a) horribly (b) badly
(c) dishonesty (d) fairness

100. Select the most appropriate option to fill in blank number 5.
(a) unpunished (b) vile
(c) punished (d) waste

उत्तरमाला

1. (b)	2. (c)	3. (a)	4. (d)
5. (a)	6. (d)	7. (d)	8. (a)
9. (d)	10. (a)	11. (d)	12. (d)
13. (d)	14 (b)	15. (a)	16. (c)
17. (d)	18. (a)	19. (a)	20. (d)
21. (a)	22. (c)	23. (c)	24. (c)
25. (d)	26. (a)	27. (c)	28. (d)
29. (d)	30. (d)	31. (c)	32. (d)
33. (d)	34. (d)	35. (a)	36. (d)
37. (c)	38. (d)	39. (c)	40. (a)
41. (b)	42. (b)	43. (d)	44. (d)
45. (a)	46. (a)	47. (b)	48. (b)
49. (b)	50. (b)	51. (a)	52. (c)
53. (b)	54. (a)	55. (b)	56. (a)
57. (b)	58. (b)	59. (c)	60. (d)
61. (d)	62. (c)	63. (a)	64. (a)
65. (b)	66. (c)	67. (d)	68. (d)
69. (d)	70. (c)	71. (a)	72. (c)
73. (d)	74. (d)	75. (b)	76. (a)
77. (c)	78. (c)	79. (a)	80. (a)
81. (a)	82. (d)	83. (a)	84. (b)
85. (c)	86. (d)	87. (d)	88. (d)
89. (c)	90. (c)	91. (a)	92. (a)
93. (d)	94. (d)	95. (d)	96. (d)
97. (a)	98. (a)	99. (c)	100. (a)

व्याख्या

1. *(b)* दिया गया समीकरण
$12 + 12 - 4 \times 4 \div 2 = 22$
प्रश्नानुसार, विकल्प (b) से चिह्नों को परिवर्तित करने पर,
$12 + 12 \div 4 \times 4 - 2 = 22$
$\Rightarrow \quad 12 + 3 \times 4 - 2 = 22$
$\Rightarrow \quad 12 + 12 - 2 = 22$
$\Rightarrow \quad 24 - 2 = 22 \Rightarrow 22 = 22$

2. *(c)* प्रश्नानुसार, आकृति के बिन्दुओं के नाम रखने पर,

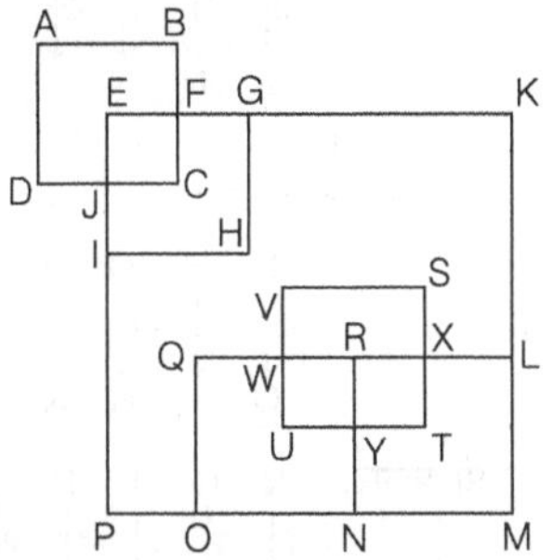

□ABCD, □EFCJ, □EGHI, □VSTU, □WRYU, □RXTY, □RLMN, □RNOQ, □EKMP = कुल 9 वर्ग हैं।
अत: दिए गए चित्र में कुल 9 वर्ग हैं।

3. *(a)* कथनानुसार,

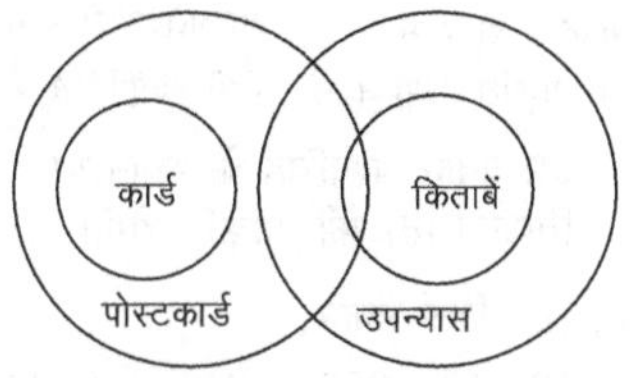

निष्कर्ष I. (✓) II. (✗) III. (✗)
अत: केवल निष्कर्ष I अनुसरण करता है।

4. *(d)* जिस प्रकार, $10 - 12 - 8 - 15$
$\Rightarrow \quad 10 + 2 = 12$
$\Rightarrow \quad 10 - 2 = 8$
$\Rightarrow 8 \times 2 - 1 = 15$
तथा $12 - 14 - 10 - 19$
$\Rightarrow \quad 12 + 2 = 14$
$\Rightarrow \quad 12 - 2 = 10$
$\Rightarrow 10 \times 2 - 1 = 19$
उसी प्रकार, $11 - 13 - 9 - 17$
$\Rightarrow \quad 11 + 2 = 13 = 11 - 2 = 9$
$\Rightarrow \quad 9 \times 2 - 1 = 17$

5. *(a)* दी गई आकृति में प्रश्नचिह्न के स्थान पर विकल्प आकृति (a) रखने पर पैटर्न पूरा होगा।

6. *(d)* जिस प्रकार,

B O O K → (−2, −1, −1, −2) → Z N N I

[∵ तर्क = स्वर में − 1 हो रहा है। तथा व्यंजन में से −2 हो रहा है।]

तथा S H O P → (−2, −2, −1, −2) → Q F N N

उसी प्रकार, N O T E S → (−2, −1, −2, −1, −2) → L N R D Q

7. *(d)* दी गई आकृति शृंखला का क्रम निम्न पैटर्न पर आधारित है।

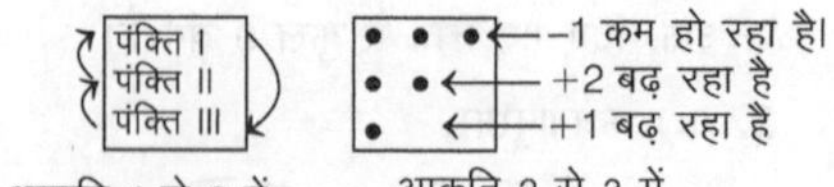

आकृति 1 से 2 में तथा आकृति 3 से 4 में

आकृति 2 से 3 में तथा आकृति 4 से 5 में

इस प्रकार प्रश्नचिह्न के स्थान पर विकल्प (d) की आकृति होगी।

8. *(a)* जिस प्रकार,

$19 - 11 - 330 \Rightarrow (19 + 11) \times 11 = 30 \times 11 = 330$

$12 - 7 - 209 \Rightarrow (12 + 7) \times 11 = 19 \times 11 = 209$

$15 - 9 - 264 \Rightarrow (15 + 9) \times 11 = 24 \times 11 = 264$

परन्तु, $23 - 8 - 343 \Rightarrow (23 + 8) \times 11 = 341 \neq 343$

अत: 23-8-343 अन्य सभी से भिन्न है।

9. *(d)* शृंखला का क्रम निम्न प्रकार है

16, 36, 64, 100, 144, 196, 256, 324

4^2, 6^2, 8^2, 10^2, 12^2, 14^2, 16^2, 18^2

10. *(a)* जिस प्रकार, (346, 245) = 346 − 101 = 245

तथा (580, 479) = 580 − 101 = 479

उसी प्रकार, (613, 512) = 613 − 101 = 512

11. *(d)* शृंखला का क्रम निम्न पैटर्न पर आधारित है

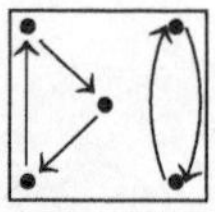

अत: प्रश्नचिह्न के स्थान पर विकल्प आकृति (d) होगी।

12. *(d)* प्रश्नानुसार,

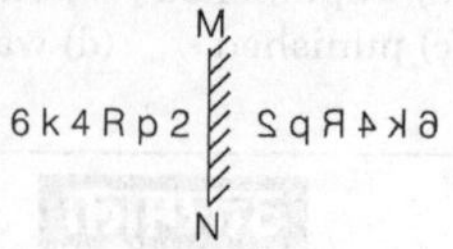

अत: सही दर्पण प्रतिबिम्ब विकल्प (d) होगा।

13. *(d)* दिया गया समीकरण

$16 \div 4 + 8 \times 8 - 4 = ?$

प्रश्नानुसार, चिह्नों को आपस में बदलने पर,

$16 \times 4 - 8 \div 8 + 4 = 64 - 1 + 4 = 67$

14. *(b)* शृंखला का क्रम निम्न प्रकार है

H →(+3) K →(+3) N →(+3) Q →(+3) T →(+3) W

P →(−4) L →(−4) H →(−4) D →(−4) Z →(−4) V

L →(+5) Q →(+5) V →(+5) A →(+5) F →(+5) K

15. *(a)* जिस प्रकार,

N G R P → (−4, −4, −4, −4) → J C N L

तथा F K L T → (−4, −4, −4, −4) → B G H P

उसी प्रकार, S Q U O → (−4, −4, −4, −4) → O M Q K

16. *(c)* जिस प्रकार,

$(11, 16.5, 22) \Rightarrow \frac{11 + 22}{2} = \frac{33}{2} = 16.5$

तथा $(14.5, 20, 25.5) \Rightarrow \frac{14.5 + 25.5}{2} = \frac{40}{2} = 20$

उसी प्रकार,

$(18, 23.5, 29) \Rightarrow \frac{18 + 29}{2} = \frac{47}{2} = 23.5$

17. *(d)* दिए गए पासे की दोनों स्थिति में अक्षर 'O' उभयनिष्ठ है।

स्थिति I → O → N → M

स्थिति II → O → J → K

अत: J के विपरीत फलक पर N होगा।

18. *(a)* जिस प्रकार,

M →(+3) P →(+4) T

H →(+3) K →(+4) O

D →(+3) G →(+4) K

परन्तु, A →(+2) C →(+4) G

अत: ACG अन्य से भिन्न है।

19. *(a)* जिस प्रकार, दलीप ट्रॉफी की प्रतियोगिता 'क्रिकेट' से सम्बन्धित है। उसी प्रकार, आगा खान कप 'हॉकी' से सम्बन्धित है।

20. *(d)* प्रश्नानुसार,

दिए गए शब्द → S T A M I N A

(+1, +1, −1, +1, −1, +1, −1)

प्रश्नानुसार, अक्षरों को व्यवस्थित करने पर → T U Z N H O Z

बाएँ से चौथा (N), दाएँ से तीसरा (H)

अत: अक्षर H और N के बीच अंग्रेजी वर्णानुक्रम के अनुसार कुल अक्षर = 5

21. *(a)* दिए गए पासे की दोनों स्थिति में अक्षर 'U' और 'X' उभयनिष्ठ है इसलिए तीसरा अक्षर एक-दूसरे के विपरीत होगा।

अत: अक्षर V के विपरीत फलक पर Z होगा।

22. *(c)* प्रश्नानुसार, दी गई कूटभाषा में

talk to me → aq yt bl

do not talk → yt me wc

अत: talk का कूट = yt होगा

23. *(c)* शृंखला का क्रम निम्न प्रकार है

E →(+0) E →(+0) E →(+0) E

F →(+3) I →(+3) L →(+3) O

G →(+2) I →(+2) K →(+2) M

H →(−1) G →(−1) F →(−1) E

∴ अभीष्ट अक्षरों का संयोजन = FIFE

24. *(c)* प्रश्नानुसार,

$P \times S \div M - T + R$

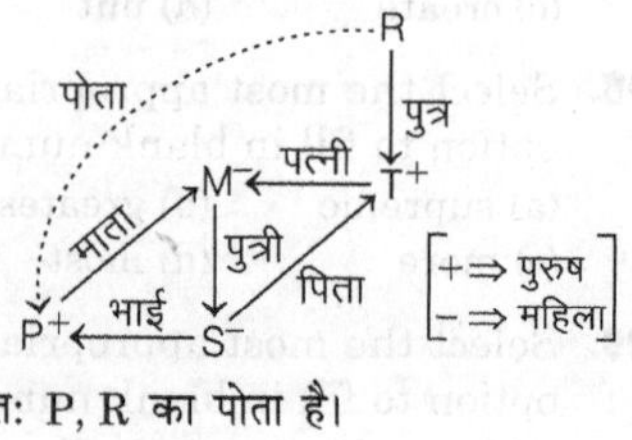

अत: P, R का पोता है।

25. *(d)* प्रश्नानुसार,

can we play → ae tc nx

play in school → tc rm ef

अत: play का कूट = tc

26. *(a)* भारत में प्रो कबड्डी लीग की स्थापना **वर्ष 2014** में की गई थी इसका प्रबन्धन मशाल स्पोर्ट्स करती है।

- प्रो कबड्डी लीग वर्ष 2024 की शुरुआत 18 अक्टूबर से हुई।
- वर्ष 2024 में इसका 11वाँ संस्करण आयोजित किया जा रहा है।
- यह हैदराबाद, नोएडा और पुणे में खेला जाएगा।

27. *(c)* सही सुमेलन A-4, B-3, C-2, D-1 है। वलयांकित कृमि का सम्बन्ध केंचुए से है।

- वलयांकित कृमि *एनिमेलिया किंगडम* से सम्बन्धित है।
- सन्धिपाद से चींटी (Ants) सम्बन्धित है। इनका शरीर द्विपक्षीय रूप से सममित होता है। इनका शरीर सिर, वक्ष और उदर में विभाजित होता हैं।
- इकाइनोडर्मेटा का सम्बन्ध समुद्री तारा मछली से है। यह अकशेरुकी समुद्री जानवरों की प्रजाति है। इनके शरीर काँटेदार, कठोर त्वचा से बने होते हैं।
- पृथुकृमि का सम्बन्ध फीताकृमि से है। ये कोमल शरीर वाले अकशेरुकी जानवरों का एक समूह है।

28. *(d)* **5 वर्ष की अनिवार्य सैन्य सेवा** भारतीय नागरिकों का मौलिक कर्त्तव्य नहीं है।

- मौलिक कर्त्तव्यों को संविधान के **भाग-IV(A)** में शामिल किया गया है।
- इनकी संख्या वर्तमान में 11 है (मूल संविधान में 10 थी)।
- मौलिक कर्त्तव्यों का विचार रूस के संविधान से प्रेरित है।
- **स्वर्ण सिंह समिति** का सम्बन्ध मौलिक कर्त्तव्यों से है।

29. *(d)* डिजिटल इण्डिया मिशन की शुरुआत **1 जुलाई, 2015** को प्रधानमन्त्री नरेन्द्र मोदी ने की थी।

- इसका उद्देश्य मिशन के तहत इलेक्ट्रॉनिक सेवाओं, उत्पादों, उपकरणों, विनिर्माण और रोजगार के अवसर को बढ़ावा देना है।
- इस मिशन के तहत Data Xgen Technologies pvt Ltd ने विश्व का पहला फ्री लिंग्विस्टिक ई-मेल अकाउण्ट लॉन्च किया था, जिसे **'DATAMAIL'** नाम दिया गया था।
- इलेक्ट्रॉनिक और सूचना प्रौद्योगिकी मन्त्रालय इसका नोडल मन्त्रालय है।

30. *(d)* विनिमय के माध्यम के रूप में माल का उपयोग **वस्तु विनिमय** के रूप में किया जाता है।

- वस्तु विनिमय को बार्टरिंग सिस्टम भी कहा जाता है।
- यह दो-या-दो से अधिक पक्षों के मध्य वस्तुओं या सेवाओं का आदान-प्रदान करते हैं।

उदाहरण दो बोरी गेहूँ के बदले एक गाय का विनिमय।

31. *(c)* गणगौर महोत्सव, पुष्कर मेला, नागौर मेला और उर्स मेला **राजस्थान** राज्य के लोकप्रिय मेले और महोत्सव हैं।

- गणगौर महोत्सव एक नृत्य महोत्सव है। यह भगवान शिव और माता पार्वती को समर्पित है।
- इसे **'अखण्ड सुहाग'** का पर्व भी कहते हैं।
- पुष्कर मेला विश्व के सबसे बड़े पशु मेले में सम्मिलित है। 'ऊँटों की दौड़' के साथ यह मेला प्रारम्भ होता है। पुष्कर में विश्व प्रसिद्ध 'ब्रह्म मन्दिर' है।
- 'उर्स' से तात्पर्य है— किसी सूफी सन्त की पुण्यतिथि। इसे आमतौर पर सूफी सन्त की दरगाह पर मनाया जाता है।
- इस उपलक्ष्य में आयोजित मेले में हम्द, नात और कव्वाली का आयोजन होता है।

32. *(d)* अप्रत्यक्ष संचरण के 5 F निम्न हैं— flies (मक्खियाँ), fingers (अँगुलियाँ), fomites (फोमाइट), food (भोजन) और fluid (तरल)।

- 5 'F' संचारी रोग से सम्बन्धित हैं, जो एक जीव से दूसरे जीव में रोगजनकों के संचरण के कारक हैं।
- दूषित भोजन, बिना धोए हाथ और गन्दे नाखून, पानी और अन्य तरल पदार्थ और मिट्टी में पाए जाने वाले रोगाणु प्रमुख संचरण के रूप हैं।

33. *(d)* **मनिका बत्रा** टेबल टेनिस से सम्बन्धित हैं।

- मनिका बत्रा को वर्ष 2020 में मेजर ध्यानचन्द खेल रत्न पुरस्कार प्राप्त हुआ।
- टेबल टेनिस में मनिका सिंगल रैंकिंग में टॉप-25 में स्थान बनाने वाली प्रथम भारतीय महिला हैं।
- मनिका बत्रा ओलम्पिक टेबल टेनिस के अन्तिम 16 में पहुँचने वाली प्रथम भारतीय खिलाड़ी हैं।
- मनीष नरवाल पैरा पिस्टल निशानेबाज हैं, पंकज अडवानी स्नूकर और विलियडर्स से सम्बन्धित हैं, जबकि के. श्रीकान्त बैडमिण्टन से सम्बन्धित हैं।

34. *(d)* चन्दबरदाई की हिन्दी रचना **पृथ्वीराजरासो** की भाषा को 'पिंगल' भी कहते हैं, जो ब्रजभाषा का पर्याय है।

- पृथ्वीराजरासो में सम्राट पृथ्वीराज चौहान के जीवन चरित का वर्णन किया गया है।
- पृथ्वीराजरासो को हिन्दी का प्रथम महाकाव्य माना जाता हैं।

35. *(a)* पण्डित वेंकटेश कुमार को मध्य प्रदेश सरकार द्वारा कालिदास सम्मान वर्ष 2022 में प्रदान किया गया था।

- पण्डित वेंकटेश का सम्बन्ध किराना और ग्वालियर घराने से है।
- इन्हें वर्ष 2012 में संगीत नाटक अकादमी पुरस्कार और वर्ष 2016 में पद्मश्री से सम्मानित किया गया।
- कालिदास सम्मान मध्य प्रदेश सरकार द्वारा वर्ष 1980 से प्रतिवर्ष प्रदान किया जा रहा है।

36. *(d)* **चितरंजन दास** को देशबन्धु के नाम से जाना जाता है। चितरंजन दास ने वर्ष 1923 में 'स्वराज पार्टी' की स्थापना की।

- ये कलकत्ता नगर निगम के पहले महापौर थे।
- नागपुर अधिवेशन में इन्होंने गाँधीजी के असहयोग प्रस्ताव का विरोध किया।
- ढाका में इन्होंने 'राष्ट्रीय विद्यालय' की स्थापना की।

37. *(c)* शान्ति निकेतन की स्थापना रवीन्द्रनाथ **टैगोर ने वर्ष 1901** में की थी। यह पश्चिम बंगाल के वीरभूम जिले के बोलपुर में स्थित है।

- वर्ष 1921 में शान्ति निकेतन को राष्ट्रीय विश्वविद्यालय का दर्जा प्राप्त हुआ। इसे विश्व भारती भी कहते हैं।
- शान्ति निकेतन भारत का 41वाँ यूनेस्को विश्व धरोहर स्थल है।
- इसे विश्वविद्यालय शहर के रूप में जाना जाता है।

38. *(d)* **शेवरॉय पहाड़ियाँ** पूर्वीघाट से सम्बन्धित हैं। पूर्वी घाट ओडिशा से लेकर तमिलनाडु तक विस्तृत क्षेत्र है। इसकी औसत ऊँचाई 600 मी तक है।

- शेवरॉय, जवादी, पल्कोण्डा और नाल्लामल्ला पूर्वी घाट की प्रमुख पहाड़ियाँ हैं।
- शेवरॉय पहाड़ी तमिलनाडु राज्य में सेलम नगर के समीप स्थित है।

- शेवरॉय पहाड़ी का सर्वोच्च शिखर यासी मलाई (डीएफ पर्वत) है, जबकि दक्षिण भारत का सबसे ऊँचा शिखर **अनाइमुडी** (2695 मी) है।

39. *(c)* राज्य विधानसभा में धन विधेयक को **राज्यपाल** की पूर्व अनुमति से ही पेश किया जाता है। धन विधेयक को केवल विधानसभा में ही पेश किया जा सकता है, विधानपरिषद् में नहीं।
- धन विधेयक का उल्लेख संविधान के अनुच्छेद 110 में (केन्द्र के सम्बन्ध में) व अनुच्छेद 198 में (राज्य के सन्दर्भ में) है।

40. *(a)* भारत की जनगणना 2011 के अनुसार भारत में पुरुष एवं महिला साक्षरता दर के बीच **16.68%** का अन्तर है। 2011 की जनगणना के अनुसार कुल साक्षरता दर 74.04% है, जिसमें पुरुष साक्षरता दर 82.14% और महिला साक्षरता दर 65.46% है।
- वर्ष 2011 में केरल की साक्षरता दर **सबसे अधिक** (94% सर्वाधिक) थी।
- बिहार की साक्षरता दर **सबसे कम** 6180% है। इसमें महिला साक्षरता दर 5150% और पुरुष साक्षरता दर 7120% है।

41. *(b)* **भेल** (BHEL) सार्वजनिक क्षेत्र का उद्यम है।
- भेल (BHEL) की स्थापना वर्ष 1964 में हुई। इसका मुख्यालय नई दिल्ली में स्थित है।
- सार्वजनिक उद्यम से आशय ऐसे औद्योगिक तथा वणिज्यिक उपक्रम से है, जिसका स्वामित्व, प्रबन्धन, संचालन तथा नियन्त्रण केन्द्रीय सरकार, राज्य सरकार अथवा किसी अन्य सार्वजनिक प्राधिकरण के अधीन है।
- बजाज ऑटो, डॉबर व टाटा आयरन स्टील कम्पनी सार्वजनिक क्षेत्र के उद्यम नहीं हैं, क्योंकि इनका स्वामित्व, प्रबन्धन, संचालन और नियन्त्रण निजी व्यक्तियों के पास है।

42. *(b)* विधेयक एक कैलेण्डर वर्ष में 4 अर्हता तिथियाँ प्रदान करता है, जो **1 जनवरी, 1 अप्रैल, 1 जुलाई** और **1 अक्टूबर** होगी।
- चुनाव कानून (संशोधन विधेयक) 2021 मतदाता सूची डेटा और मतदाता पहचान-पत्र को इकोसिस्टम से जोड़ने हेतु प्रयासरत् है।
- इसका उद्देश्य विभिन्न स्थानों पर एक ही व्यक्ति के एकाधिक नामांकन को रोकना है।
- इस विधेयक के अनुसार, सेवा मतदाताओं की पत्नियों के पंजीकरण की भाषा को अब 'जीवनसाथी' से बदल दिया जाएगा। यह कानूनों को और अधिक **'लिंग तटस्थ'** बनाएगा।

43. *(d)* जिंक और सल्फ्यूरिक अम्ल की अभिक्रिया से **जिंक सल्फेट** का निर्माण होता है।
- जिंक सल्फेट को गर्म करने पर यह सल्फर डाइऑक्साइड गैस और जिंक ऑक्साइड धुएँ में बदल जाता है।
- जिंक सल्फेट का उपयोग खाद्य पूरक के रूप में होता है।
- इसे **'श्वेत विट्रिऑल'** भी कहते हैं।

44. *(d)* प्रथम पंचवर्षीय योजना की वास्तविक विकास दर 3.6% थी।
- प्रथम पंचवर्षीय योजना वर्ष 1951 से 1956 की अवधि के लिए थी।
- यह **हेरॉड-डोमर मॉडल** पर आधारित थी।

45. *(a)* नियॉन गैस से विद्युत प्रवाहित करने पर लाल प्रकाश उत्सर्जित होता है।
- नियॉन गैस की खोज 1898 ई. में ब्रिटिश वैज्ञानिक **सर विलियम रामसे** और **सर मॉरिस ट्रेवर्स** ने की थी।
- नियॉन एक रासायनिक तत्त्व है, जिसका परमाणु क्रमांक 10 है।
- नियॉन, हीलियम के बाद दूसरी सबसे हल्की गैस है।
- यह रंगहीन, गन्धहीन और स्वादहीन गैस है, जो हवा से दो-तिहाई गुना भारी है।

46. *(a)* बुद्धदेवदास गुप्ता प्रसिद्ध **सरोद वादक** हैं, इन्हें वर्ष 2012 में पद्म भूषण से सम्मानित किया गया।

कुछ अन्य सरोद वादक
- **अमजद अली खान** ये सेनिया बंगश घराने से सम्बन्धित थे। इन्होंने 'राग बापू कौस' की रचना की। इन्हें वर्ष 1975 में पद्मश्री, वर्ष 1991 में पद्म भूषण और वर्ष 2001 में पद्म विभूषण प्राप्त हुआ।
- **मोहम्मद आमिर खान** ये दरभंगा और राजशाही के दरबारी संगीतकार थे।
- **अलाउद्दीन खान** ये सरोद के अतिरिक्त शहनाई, सितार व बाँसुरी में भी निपुण थे।

47. *(b)* वेदांग हिन्दू धर्म के सहायक विषय हैं, जिनकी उत्पत्ति प्राचीनकाल में हुई थी और वे वेदों के अध्ययन से जुड़े हुए हैं। इनकी संख्या 6 है। ये हैं,
- शिक्षा, कल्प, व्याकरण, ज्योतिष, छन्द, निरुक्त।
- वेदांग की रचना इनके छ अंगों के अनुसार, अलग-अलग पाणिनी, पिंगल और यास्क द्वारा की गई।

48. *(b)* **दर्पण अकेडमी ऑफ परफॉर्मिंग आर्ट्स** की स्थापना मृणालिनी साराभाई द्वारा वर्ष 1949 में गुजरात में की गई।
- मृणालिनी साराभाई को वर्ष 1992 में भारत सरकार द्वारा कला के क्षेत्र में पद्म भूषण से सम्मानित किया गया। इनका सम्बन्ध भरतनाट्यम, कथकली और मोहिनीअट्टम से है।
- वी.पी. रामकृष्णन और कलामण्डल मुरली इस एकेडमी से सम्बद्ध प्रसिद्ध व्यक्ति हैं।

49. *(b)* बीड़ी बनाने में **तेन्दू** के पत्ते का प्रयोग किया जाता है।
- तेन्दू पत्ता का वैज्ञानिक नाम *डायोस्पायरोस मेला नॉक्सिलॉन* है।
- तेन्दू के पत्तों का उत्पादन भारत में सालाना लगभग 16.72 लाख मानक बैग होता है।
- मध्य प्रदेश में इसका उत्पादन सर्वाधिक होता है।

50. *(b)* जुलाई, 2020 में पंजाब राज्य में अल्पतर आय अर्जित करने वाले परिवारों से सम्बन्धित बेटियों के विवाह हेतु आर्थिक सहायता प्रदान करने के लिए 'आशीर्वाद योजना' की शुरुआत की।
- आशीर्वाद योजना को पूर्व में पंजाब शगुन योजना के नाम से जाना जाता था।
- इस योजना के तहत वर्तमान में ₹ 51000 की आर्थिक सहायता दी जाती है।
- इस योजना का लाभ अधिकतम दो बेटियों वाले परिवारों को मिलता है।
- राज्य वार्षिक बजट 2024 के अनुसार, इस योजना हेतु ₹ 14 करोड़ आवण्टित किए गए।

51. *(a)* दिया है,

$PT = 32$ सेमी

$OT = 40$ सेमी

$\angle P = 90°$

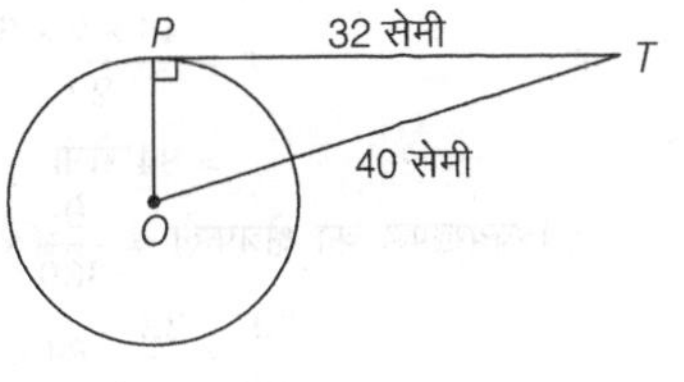

ΔOPT में,

$OP^2 = OT^2 - PT^2$

$\therefore OP = \sqrt{(40)^2 - (32)^2}$

$= \sqrt{1600 - 1024}$

$= \sqrt{576} = 24$ सेमी

$\therefore$ वृत्त का व्यास $= 2 \times 24 = 48$ सेमी

52. *(c)* स्कूटर का विक्रय मूल्य = ₹ 24318

लाभ $= 24318 \times \frac{1}{6} =$ ₹ 4053

$\therefore$ स्कूटर का क्रय मूल्य

$= (24318 - 4053)$

= ₹ 20265

$\therefore$ लाभ % $= \frac{4053}{20265} \times 100 = 20\%$

53. *(b)* माना क्लब में पुरुष और महिला सदस्यों की संख्या क्रमशः $2x$ तथा $3x$ है।

प्रश्नानुसार,

$\frac{2x + 200}{3x} = \frac{5}{6}$

$\Rightarrow 12x + 1200 = 15x$

$\Rightarrow 3x = 1200$

$\therefore x = \frac{1200}{3} = 400$

$\therefore$ क्लब में महिला सदस्यों की संख्या

$= 3 \times 400 = 1200$

54. *(a)* पुलिसकर्मी तथा चोर की चाल का अनुपात = 5 : 4

$\because$ समय $\propto \frac{1}{\text{चाल}}$

$\therefore$ पुलिसकर्मी तथा चोर के समय का अनुपात = 4 : 5

$\because (5 - 4) \Rightarrow 150$

$\therefore$ चोर द्वारा तय की गई दूरी

$= 150 \times 4 = 600$ मी

55. *(b)* $ax + by = 2$ ...(i)

$3x - (5 - 2a)y = 6$ ...(ii)

अनेक हल के लिए

$\frac{a_1}{a_2} = \frac{b_1}{b_2} = \frac{c_1}{c_2}$

$\Rightarrow \frac{a}{3} = \frac{b}{-(5-2a)} = \frac{2}{6}$

अब, $\frac{a}{3} = \frac{2}{6}$

$\therefore a = 1$

पुनः $\frac{b}{-5 + 2a} = \frac{2}{6}$

$\Rightarrow 3b = -5 + 2a$

$\Rightarrow 3b = -5 + 2$ $[\because a = 1]$

$\Rightarrow 3b = -3$

$\therefore b = -1$

अतः a और b का मान क्रमशः 1 और −1 होगा।

56. *(a)* माना दो बेलनों की त्रिज्या क्रमशः $4r$ तथा $5r$ और उनकी ऊँचाई क्रमशः $5h$ तथा $7h$ है।

प्रश्नानुसार,

दोनों बेलनों का वक्रपृष्ठीय क्षेत्रफल का अनुपात $= \frac{2\pi \times 4r \times 5h}{2\pi \times 5r \times 7h} = 4 : 7$

57. *(b)* माना सभी खेलों पर खर्च की गई कुल राशि = ₹ x

टेनिस और फुटबॉल पर खर्च की गई राशि का प्रतिशत $= (14 + 15) = 29\%$

प्रश्नानुसार,

$x \times \frac{29}{100} = 145000$

$x = \frac{145000 \times 100}{29} = 500000$

58. *(b)* $\left[(2.5 + 1.5)^2 \div 4 \text{ का } \frac{1}{2} \times 8 - 1\right]$

$= \left[16 \div 4 \text{ का } \frac{1}{2} \times 8 - 1\right]$

$= [16 \div 2 \times 8 - 1]$

$= [8 \times 8 - 1] = [64 - 1] = 63$

59. *(c)* अंग्रेजी के अध्ययन में दिए गए समय का प्रतिशत = 15%

$\Rightarrow 15 \equiv 3$ घण्टा

$1 \equiv \frac{3}{15}$

$35 \equiv \frac{3}{15} \times 35 = 7$ घण्टा

$\therefore$ विद्यार्थी द्वारा गणित के पढ़ने में दिया गया समय = 7 घण्टे

60. *(d)* कम्पनी में कुल कर्मचारियों की संख्या = 20000

$\therefore$ विभाग D में कुल कर्मचारियों की संख्या

$= 20000 \times \frac{30}{100} = 6000$

$\therefore$ विभाग D में पुरुष कर्मचारियों की संख्या

$= 6000 \times \frac{(100 - 30)}{100}$

$= 6000 \times \frac{70}{100} = 4200$

61. *(d)* अभीष्ट अनुपात $= \frac{108}{45} = \frac{12}{5} = 12 : 5$

62. *(c)* वस्तु का अंकित मूल्य = ₹ 180

छूट = 15%

$\therefore$ वस्तु पर कुल छूट $= 180 \times \frac{15}{100} =$ ₹ 27

63. *(a)* $\frac{1}{1 + \cos\theta} + \frac{1}{1 - \cos\theta}$

$= \frac{1 - \cos\theta + 1 + \cos\theta}{(1 + \cos\theta)(1 - \cos\theta)}$

$= \frac{2}{1 - \cos^2\theta}$ $[(a - b)(a + b) = a^2 - b^2]$

$= \frac{2}{\sin^2\theta}$ $[\because \sin^2\theta + \cos^2\theta = 1]$

$= 2\text{cosec}^2\theta$

64. *(a)* 11 से विभाज्यता के लिए दी गई संख्या के विषम स्थान के अंकों का योग तथा सम स्थान के अंकों के योग का अन्तर या तो शून्य अथवा 11 का गुणज हो, तो संख्या 11 से विभाज्य होती है।

विकल्प (a) से,

संख्या = 128041

सम तथा विषम स्थान के अंकों के योग का अन्तर

$= (1 + 8 + 4) - (2 + 0 + 1)$

$= 13 - 3 = 10$ जो 11 का गुणज नहीं है।

अतः संख्या 128041, 11 से विभाज्य नहीं है।

65. *(b)* माना ΔABC में भुजा AB की लम्बाई $= x$ सेमी

भुजा BC की लम्बाई $= (2x - 2)$ सेमी

भुजा AC की लम्बाई $= (x + 10)$ सेमी

प्रश्नानुसार,

त्रिभुज का परिमाप $= x + 2x - 2 + x + 10$

$\Rightarrow 4x + 8 = 40$

$\Rightarrow 4x = 32$

$\therefore x = \frac{32}{4} = 8$

$\therefore AB = 8$

$BC = 2x - 2 = 2 \times 8 - 2 = 14$

$AC = x + 10 = 8 + 10 = 18$

$\therefore$ त्रिभुज की सबसे छोटी भुजा की लम्बाई

$= x$

$= 8$ सेमी

66. *(c)* माना ऋण राशि $= x$

मिश्रधन $= \frac{9x}{5}$

साधारण ब्याज $= \frac{9x}{5} - x = \frac{4x}{5}$

समय = 4 वर्ष

दर $= \frac{\text{ब्याज} \times 100}{\text{मूलधन} \times \text{समय}}$

$= \frac{\frac{4x}{5} \times 100}{x \times 4} = 20\%$

67. *(d)* $7\tan\theta = 3$

$\tan\theta = \frac{3}{7}$ ...(i)

$\frac{7\sin\theta + 5\cos\theta}{7\sin\theta - 2\cos\theta}$

हर तथा अंश में $\cos\theta$ से भाग देने पर,

$\frac{7\tan\theta + 5}{7\tan\theta - 2} = \frac{7 \times \frac{3}{7} + 5}{7 \times \frac{3}{7} - 2}$ [समी (i) से]

$= \frac{3+5}{3-2} = 8$

68. *(d)* $m + n = 24$

$\therefore m = 24 - n$ ...(i)

अब, $(m-16)^3 + (n-8)^3$

समी (i) से m का मान रखने पर,

$(24 - n - 16)^3 + (n-8)^3$

$= (-n+8)^3 + (n-8)^3$

$= -(n-8)^3 + (n-8)^3 = 0$

69. *(d)* $\cot^4\phi - \cot^2\phi = 1$

$\Rightarrow \cot^4\phi = 1 + \cot^2\phi$

$\Rightarrow \frac{\cos^4\phi}{\sin^4\phi} = \text{cosec}^2\phi$

$\Rightarrow \frac{\cos^4\phi}{\sin^4\phi} = \frac{1}{\sin^2\phi}$

$\Rightarrow \cos^4\phi = \sin^2\phi$ ...(i)

अत: $\cos^4\phi + \cos^2\phi$

$= \sin^2\phi + \cos^2\phi$ (समी (i) से)

$= 1$

70. *(c)* $\because$ प्रथम n प्राकृतिक संख्याओं के वर्गों का औसत $= \frac{(n+1)(2n+1)}{6}$

यहाँ, $n = 46$

$\therefore$ प्रथम 46 प्राकृतिक संख्याओं का औसत

$= \frac{(46+1)(2 \times 46 + 1)}{6}$

$= \frac{47 \times 93}{6} = \frac{4371}{6} = 728.5$

71. *(a)* दिया है,

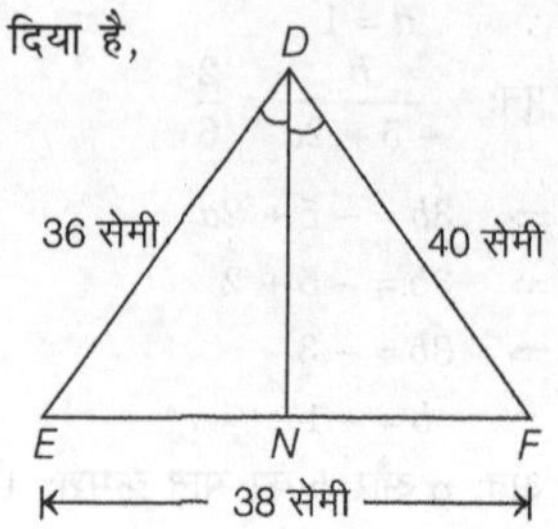

DE = 36 सेमी; DF = 40 सेमी

EF = 38 सेमी

समद्विभाजक प्रमेय से,

$\frac{EN}{NF} = \frac{DE}{DF} = \frac{36}{40}$

$\Rightarrow \frac{EN}{NF} = \frac{9}{10}$

माना $EN = 9x$ तथा $NF = 10x$

प्रश्नानुसार,

$EN + NF = EF$

$\Rightarrow 9x + 10x = 38$

$\Rightarrow 19x = 38$

$\therefore x = \frac{38}{19} = 2$

$\therefore NF$ की लम्बाई $= 10x$

$= 10 \times 2 = 20$ सेमी

72. *(c)* माना अभीष्ट समय $= x$ वर्ष

प्रश्नानुसार,

$6 + 3x = 26 - 2x$

$\Rightarrow 5x = 26 - 6$

$\therefore x = \frac{20}{5} = 4$ वर्ष

73. *(d)* प्रश्नानुसार,

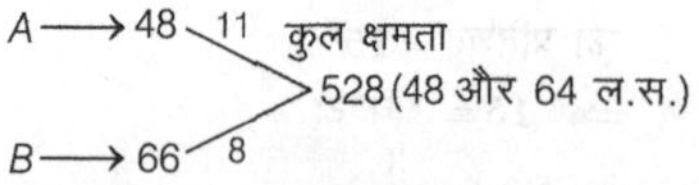

माना B को x मिनट बाद बन्द कर दिया गया, तब

$11 \times 32 + 8 \times x = 528$

$\Rightarrow 352 + 8x = 528$

$\Rightarrow 8x = 528 - 352$

$\therefore x = \frac{176}{8} = 22$ मिनट

74. *(d)* चाप की लम्बाई $= \frac{\theta}{180}\pi r$

$\Rightarrow \frac{30}{180} \times \frac{22}{7} \times r = 44$

$\therefore r = \frac{44 \times 7 \times 6}{22}$

= 84 सेमी

$\therefore$ त्रिज्यखण्ड का क्षेत्रफल $= \frac{\theta}{360} \times \pi r^2$

$= \frac{30}{360} \times \frac{22}{7} \times 84 \times 84$

$= 1848$ सेमी^{2}

75. *(b)* माना गेहूँ का मूल्य = ₹ x/किग्रा

चावल का मूल्य $= x \times \frac{20}{100}$ = ₹ $\frac{x}{5}$/किग्रा

20 किग्रा चावल का मूल्य $= 20 \times \frac{x}{5} = 4x$

8 किग्रा गेहूँ का मूल्य $= x \times 8 = 8x$

कुल मासिक खर्च $= 4x + 8x = 12x$

प्रश्नानुसार,

$12x = 300$

$\therefore x = \frac{300}{12} = 25$

गेहूँ का आरम्भिक मूल्य = ₹ 25/किग्रा

चावल का आरम्भिक मूल्य

$= \frac{25}{5}$ = ₹ 5/किग्रा

गेहूँ का बढ़ा हुआ मूल्य

$= 25 \times \frac{120}{100}$ = ₹ 30/किग्रा

पुन: माना चावल का उपभोग y किग्रा है।

प्रश्नानुसार,

$30 \times 8 + 5y = 300$

$\Rightarrow 5y = 300 - 240 = 60$

$\therefore y = 12$

चावल के उपभोग में कमी

$= 20 - 12 = 8$ किग्रा

प्रतिशत कमी $= \frac{8 \times 100}{20} = 40\%$

76. *(a)* Enchanting means attractive. Hence, its synonym is 'alluring' which means the same.

77. *(c)* Witty means wise but funny. Hence, its antonym is 'unamusing' which is the correct filler for the given blank.

- **Whimsical** means fanciful.
- **Woeful** means characterised by, expressive of or causing sorrow or misery.

78. *(c)* The sentence without any spelling error is- The insouciance of the rock star considering the importance of the occasion, came as a shock to the audience who expected stressful moments.

- In sentence 1, the incorrectly spelt word is 'surealism'. The correct spelling is 'surrealism'.
- In sentence 2, the incorrectly spelt word is 'buclic'. The correct spelling is 'bucolic'.
- In sentence 4, the incorrectly spelt word is 'exibition'. The correct spelling is 'exhibition'.

79. *(a)* Repulse means to cause dislike. Hence, its synonym is 'repel' which means the same.

- **Reprove** means reprimand (someone).

80. *(a)* Part 'I has worked there as a manager' contains an error. The correct tense for the part of the sentence will be present perfect continuous tense.

81. *(a)* The correct order is POQR.

- The sentence formed will be- The Sun provides essential energy to our planet, Earth, sustaining life and warmth.

82. *(d)* The correct order is a, g, b, c, i, d, e, f, h, j.

- The sentence formed will be- I heard that the chef is going to work in the new restaurant across the road.

83. *(a)* The synonym of boring is 'monotonous' which is the correct filler for the given blank.

- **Monolithic** means formed of a single large block of stone.

84. *(b)* Told me to 'break a leg' means to wish good luck.

- Told me to **sit on the fence** means to remain neutral, to refuse to take sides in a dispute.
- Told me to **break the ice** means to remove the tension at a first meeting, at the opening of a party, etc.
- Told me to **break an arm** means to crack or break one or more of the bones in the arm.

85. *(c)* The underlined part of the sentence contains an error. The pronoun 'I' takes 'am' as the primary auxiliary.

86. *(d)* The correct order is QORSP.

- The sentence formed will be- We went to the park yesterday.

87. *(d)* The incorrectly spelt word in the given sentence is 'setbecks'.

The correct spelling is setbacks.

88. *(d)* The antonym of paralysed is 'healthy'.

- **Demure** means reserved, modest and shy (typically used of a woman).
- **Stifled** means make (someone) unable to breathe properly; suffocate.
- **Sultry** means (of the air or weather) hot and humid.

89. *(c)* The list of subjects to be discussed at a meeting is called 'an agenda'.

90. *(c)* The narcotics team arrested the drug peddlar.

- The sentence follows the structure Object + was/were+ V3+ by+ Subject. When such a sentence is transformed into active voice, the structure followed is Subject +V2+ Object.

91. *(a)* Part 'will pay dear' contains an error. The use of the word 'dear' is incorrect in the sentence. Replace it with adverb 'dearly' to correct the sentence.

92. *(a)* The correct filler for the given blank is 'rain'. The idiom 'come rain or shine' means no matter what the circumstances are, something will be done.

93. *(d)* The correct order is BDAFEC.

- The sentence formed will be- The shelf in the kitchen needs to be replaced, so I will need to buy a piece of wood.

94. *(d)* Experiments were being conducted on the newly discovered species by scientists.

- The sentence is in past continuous tense. When such a sentence is transformed into passive voice, the structure followed is Object + was/were + being + the past participle.

95. *(d)* The correct fillers for the given blanks are 'clipped' and 'clipping'.

- **Clipped** means to cut short and
- **Clipping** means small pages.

96. *(d)* The correct filler for the given blank is 'actions'.

97. *(a)* The correct filler for the given blank is 'does'.

98. *(a)* The correct filler for the given blank is 'supreme'.

99. *(c)* The correct filler for the given blank is 'dishonesty'.

100. *(a)* The correct filler for the given blank is 'unpunished'.

सेट 12 12 सितम्बर, 2024 (तृतीय पाली)

SSC CGL Tier-I

सॉल्वड पेपर

निर्देश

1. इस सेट में कुल 100 प्रश्न हैं।
2. इस सेट में चार भाग हैं, भाग–I सामान्य बुद्धि एवं तर्कशक्ति, भाग–II सामान्य जागरुकता, भाग–III संख्यात्मक अभियोग्यता और भाग–IV अंग्रेजी भाषा।
3. प्रत्येक प्रश्न 2 अंक का है।

भाग I

सामान्य बुद्धि एवं तर्कशक्ति

1. उस विकल्प का चयन करें, जो पाँचवें अक्षर-समूह से उसी प्रकार सम्बन्धित है, जिस प्रकार दूसरा अक्षर-समूह पहले अक्षर-समूह से सम्बन्धित है और चौथा अक्षर-समूह, तीसरे अक्षर-समूह से सम्बन्धित है।

ALW : NYJ :: CNY : PAL :: DEP : ?

(a) QRD (b) SRD
(c) QRC (d) SRC

2. एक निश्चित कूटभाषा में, 'MUTUAL' को '12121202113' लिखा जाता है और 'MARKET' को '2051118113' लिखा जाता है, उसी कूटभाषा में, 'MODULE' को कैसे लिखा जाएगा?

(a) 5122141513
(b) 14122361522
(c) 5122141613
(d) 1315421125

3. उस विकल्प का चयन कीजिए, जो उन अक्षरों को दर्शाता है, जिन्हें नीचे दिए गए रिक्त स्थानों में बाएँ से दाएँ क्रमिक रूप से रखने पर अक्षर-श्रृंखला पूरी होगी।

fd_e_ef_dd_d_ff_d_d_f

(a) ddfdedef (b) ddfeedee
(c) ddfeeded (d) ddfefdee

4. दी गई आकृति में कितने त्रिभुज हैं?

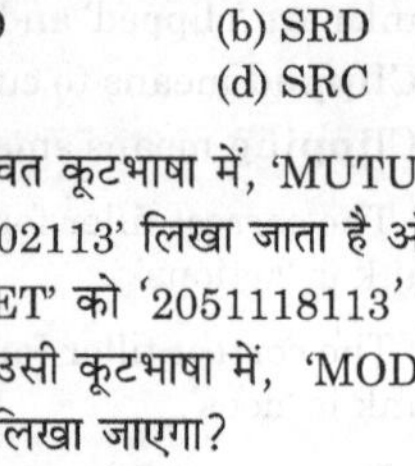

(a) 15 (b) 13
(c) 12 (d) 14

5. दिए गए विकल्पों में से उस आकृति की पहचान कीजिए, जिसे प्रश्नचिह्न (?) के स्थान पर रखने पर श्रृंखला तार्किक रूप से पूरी हो जाएगी।

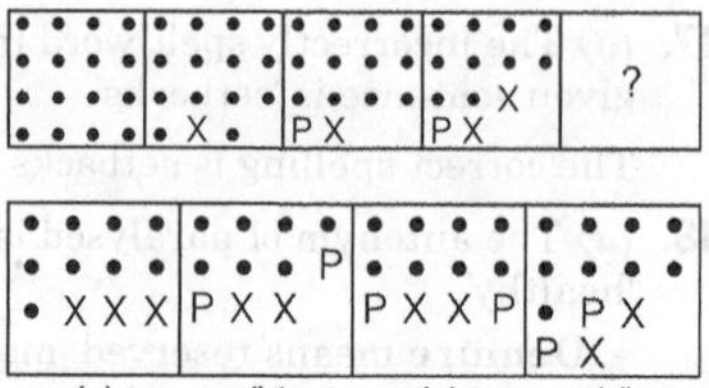

(a) (b) (c) (d)

6. दी गई श्रृंखला को पूरा करने के लिए कौन-सा अक्षर-समूह प्रश्नचिह्न (?) के स्थान पर आ सकता है?

AZFX, EWHW, ?, MQLU, QNNT

(a) JTIV (b) IJTV
(c) JITV (d) ITJV

7. यदि निम्नलिखित समीकरण में '+' और '–' को आपस में बदल दिया जाता है तथा '×' और '÷' को आपस में बदल दिया जाता है, तो प्रश्नचिह्न (?) के स्थान पर कौन-सी संख्या आएगी?

$49 \times 7 - 6 \div 2 + 15 = ?$

(a) 5 (b) 2
(c) 4 (d) 8

8. उस समुच्चय का चयन कीजिए, जिसमें संख्याएँ उसी प्रकार से सम्बन्धित हैं, जिस प्रकार निम्नलिखित समुच्चय की संख्याएँ सम्बन्धित हैं।

(3-5-30), (2-4-16)

(**नोट** संख्याओं को उनके घटक अंकों में तोड़े बिना, पूर्ण संख्याओं पर संक्रियाएँ की जानी चाहिए। उदाहरण के लिए 13 को लें 13 पर संक्रियाएँ जैसे 13 में जोड़ना/घटाना/गुणा करना आदि की जा सकती हैं। 13 को 1 और 3 में तोड़ने और फिर 1 और 3 पर गणितीय संक्रियाएँ करने की अनुमति नहीं है)

(a) 9-5-27 (b) 6-6-72
(c) 5-5-45 (d) 9-4-7

9. एक निश्चित कूटभाषा में, 'RIVAL' को 'PKTCJ' के रूप में कूटबद्ध किया जाता है और 'TEXTS' को 'RGVVQ' के रूप में कूटबद्ध किया जाता है। दी गई भाषा में 'POINT' को किस प्रकार कूटबद्ध किया जाएगा?

(a) OQGOQ (b) NQGPR
(c) NRGOR (d) OQGPO

10. तीन कथन दिए गए हैं, जिनके बाद तीन निष्कर्ष I, II और III दिए गए हैं। कथनों को सत्य मानते हुए, भले ही वे सामान्य रूप से ज्ञात तथ्यों से भिन्न प्रतीत होते हों, निर्धारित करें कि कौन-सा/से निष्कर्ष कथनों का तार्किक रूप से अनुसरण करता/करते है/हैं?

कथन

कोई भी कमल, डेज़ी नहीं है।
सभी कमल, टयूलिप हैं।
सभी टयूलिप, सूरजमुखी हैं।

निष्कर्ष

I. सभी डेज़ी, टयूलिप हैं।
II. कुछ सूरजमुखी, डेज़ी हैं।
III. कोई सूरजमुखी, डेज़ी नहीं है।

(a) या तो निष्कर्ष II या III अनुसरण करता है
(b) केवल निष्कर्ष I अनुसरण करता है
(c) केवल निष्कर्ष III अनुसरण करता है
(d) केवल निष्कर्ष II अनुसरण करता है

11. दर्पण को MN पर रखे जाने पर दी गई आकृति के सही दर्पण प्रतिबिम्ब का चयन कीजिए।

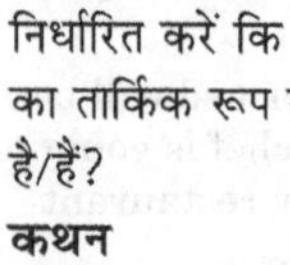

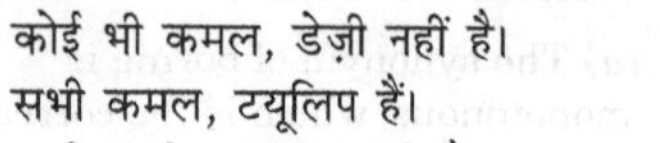

12. नीचे एक ही पासे की दो अलग-अलग स्थितियाँ दर्शाई गई हैं। '5' दर्शाने वाले फलक के विपरीत वाले फलक पर कौन-सी संख्या होगी?

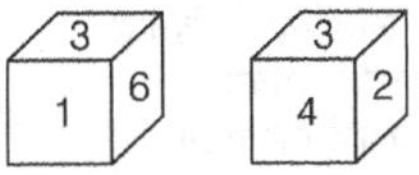

(a) 2 (b) 1 (c) 3 (d) 6

13. निम्नलिखित संख्या-युग्मों में से तीन किसी प्रकार से समान हैं और इसलिए एक समूह बनाते हैं। कौन-सा संख्या-युग्म उस समूह से सम्बन्धित नहीं है?
(**नोट** संख्याओं को उसके घटक अंकों में तोड़े बिना, पूर्ण संख्याओं पर गणितीय संक्रियाएँ की जानी चाहिए। उदाहरण के लिए 13-13 पर संक्रियाएँ जैसे कि 13 में जोड़ना/घटाना/गुणा करना आदि की जा सकती हैं। 13 को 1 और 3 में तोड़ने और फिर 1 और 3 पर गणितीय संक्रियाएँ करने की अनुमति नहीं है।)

(a) 11-81 (b) 21-361
(c) 18-256 (d) 14-121

14. दी गई शीट को दर्शाई गई रेखाओं के अनुदिश मोड़कर एक घन का निर्माण किया जाता है। इस प्रकार बनने वाले घन में '#' के विपरीत फलक पर कौन-सा चिह्न होगा?

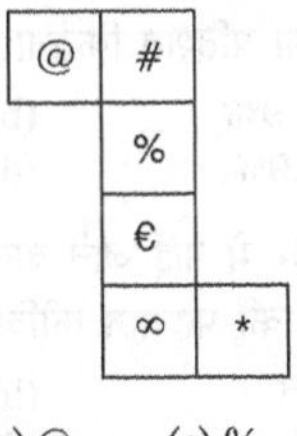

(a) € (b) @ (c) % (d) ∞

15. दिए गए विकल्पों में से उस आकृति का चयन कीजिए, जो नीचे दी गई शृंखला में प्रश्नचिह्न (?) को प्रतिस्थापित कर सके।

(a) (b) (c) (d)

16. उस विकल्प का चयन कीजिए, जो पाँचवें अक्षर-समूह से उसी प्रकार सम्बन्धित है, जिस प्रकार दूसरा अक्षर-समूह पहले अक्षर-समूह से और चौथा अक्षर-समूह तीसरे अक्षर-समूह से सम्बन्धित है।

FISH : DKQJ : : POND : NQLF : : SIZE : ?

(a) UGXC (b) QGXG
(c) UKXC (d) QKXG

17. 44 एक निश्चित तर्क का अनुसरण करते हुए, 1936 से सम्बन्धित है। इसी तर्क का अनुसरण करते हुए 59, 3481 से सम्बन्धित है। समान तर्क का अनुसरण करते हुए, 77 निम्नलिखित में से किससे सम्बन्धित है?
(**नोट** संख्याओं को उनके घटक अंकों में विभक्त किए बिना पूर्ण संख्याओं पर संक्रियाएँ की जानी चाहिए। उदाहरण के लिए 13 को लें-13 पर संक्रियाएँ, जैसे कि जोड़ना/घटाना/गुणा करना आदि 13 में की जा सकती हैं। 13 को 1 और 3 में विभक्त करना और फिर 1 और 3 पर गणितीय संक्रियाएँ करने की अनुमति नहीं है।)

(a) 5824 (b) 7642
(c) 4469 (d) 5929

18. निम्नलिखित में से कौन-सी संख्या दी गई शृंखला में प्रश्नचिह्न (?) के स्थान पर आएगी?

7, 13, ?, 145, 721, 4321

(a) 23 (b) 37
(c) 36 (d) 25

19. एक कागज को नीचे दिखाए अनुसार मोड़ा और काटा जाता है। खोलने पर यह कैसा दिखाई देगा?

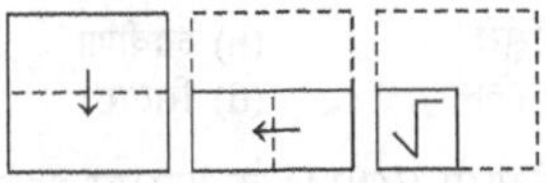

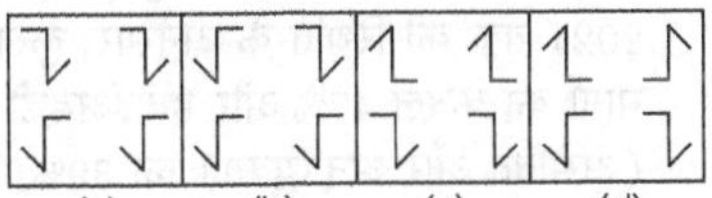

(a) (b) (c) (d)

20. दिए गए वेन आरेख के अनुसार कितने लोग या तो केवल कार या केवल फॉक्सवैगन वाहन पसन्द करते हैं?

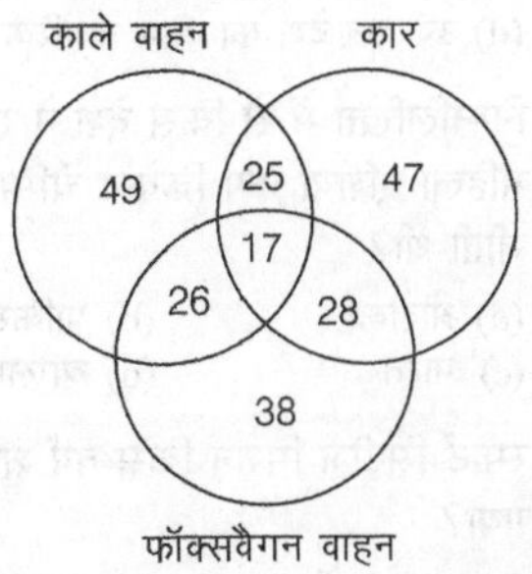

(a) 28 (b) 75 (c) 66 (d) 85

21. शब्द 'FROWNED' के सभी अक्षर वर्णानुक्रम में व्यवस्थित किए जाते हैं। इस प्रकार बने नए अक्षर-समूह में बाएँ छोर से चौथे और दाएँ छोर से दूसरे अक्षर के बीच अंग्रेजी वर्णमाला क्रम में कितने अक्षर हैं?

(a) चार (b) तीन
(c) पाँच (d) दो

22. एक निश्चित कूटभाषा में,
'A + B' का अर्थ है 'A, B की माँ है'।
'A – B' का अर्थ है 'A, B का पति है'।
'A × B' का अर्थ है 'A, B का पिता है'।
'A ÷ B' का अर्थ है 'A, B की पुत्री है'।
उपरोक्त के आधार पर, यदि 'K ÷ L – M + N × O है, तो K, O से किस प्रकार सम्बन्धित है?

(a) पिता की माँ (b) बहन की पुत्री
(c) माँ की बहन (d) पिता की बहन

23. उस समुच्चय का चयन कीजिए, जिसमें संख्याएँ उसी प्रकार सम्बन्धित हैं, जिस प्रकार निम्नलिखित समुच्चयों की संख्याएँ सम्बन्धित हैं।

(34, 17, 27)
(42, 21, 31)

(**नोट** पूर्ण संख्याओं पर संक्रियाओं का प्रयोग, संख्याओं को उनके घटक अंकों में विभक्त किए बिना किया जाना चाहिए। उदाहरण के लिए, 13-13 पर संक्रियाएँ जैसे कि जोड़ना/घटाना/गुणा करना आदि को 13 में किया जा सकता है। 13 को 1 और 3 में विभक्त करके और फिर 1 और 3 पर गणितीय संक्रियाओं का प्रयोग करने की अनुमति नहीं है।)

(a) (38, 16, 36) (b) (64, 34, 54)
(c) (46, 23, 35) (d) (54, 27, 37)

24. निम्नलिखित विकल्पों में से तीन किसी-न-किसी रूप में एकसमान हैं और इस प्रकार एक समूह का निर्माण करते हैं। उसमें से कौन-सा विकल्प उस समूह से सम्बन्धित नहीं है? अक्षर-समूह में, असमान विकल्प व्यंजनों/स्वरों की संख्या या उनकी स्थिति पर आधारित नहीं है।

(a) MRU (b) LQS
(c) AFI (d) JOR

25. दिए गए समीकरण को सही करने के लिए किन दो संख्याओं (अंक नहीं) को आपस में बदला जाना चाहिए?

$$2^{57-33\div11\times13-2}+3^{64-56\div8\times4-44}=35$$

(a) 57 और 64 (b) 33 और 44
(c) 56 और 57 (d) 2 और 4

भाग II
सामान्य जागरुकता

26. जून, 2021 तक प्राप्त जानकारी के अनुसार, भारत में कितने बायोस्फीयर रिजर्व स्थापित थे?
(a) 15 (b) 18 (c) 20 (d) 26

27. तबला वादक बिक्रम घोष को वर्ष 2023 में समकालीन श्रेणी में निम्नलिखित में से किस पुरस्कार से सम्मानित किया गया?
(a) संगीत कलानिधि (b) संगीत नाटक अकादमी
(c) पद्म भूषण (d) पद्मश्री

28. सुमेलित कीजिए

	सूची I		सूची II
A.	सकल राष्ट्रीय उत्पाद	1.	किसी निश्चित अवधि में व्यक्ति के उत्पादन द्वारा प्राप्त वार्षिक आय
B.	कुल राष्ट्रीय उत्पाद	2.	व्यक्तिगत आय के कर के बाद
C.	व्यक्तिगत आय	3.	राष्ट्रीय उत्पादन का मौद्रिक मूल्य
D.	प्रयोज्य व्यक्तिगत आय	4.	वर्ष के दौरान माल सेवाओं का कुल उत्पादन

कूट
A B C D A B C D
(a) 3 1 2 4 (b) 2 1 3 4
(c) 4 3 2 1 (d) 3 4 1 2

29. फरवरी, 2023 में अमेरिका स्थित मॉर्निंग कंसल्ट द्वारा जारी ग्लोबल लीडर अप्रूवल रेटिंग के अनुसार दुनिया का सबसे लोकप्रिय नेता कौन है?
(a) जो बाइडन
(b) व्लादिमीर पुतिन
(c) शी जिनपिंग
(d) नरेन्द्र मोदी

30. भारतीय संविधान का कौन-सा अनुच्छेद यह व्यवस्था प्रदान करता है कि राज्य को लोगों के कल्याण को बढ़ावा देने के लिए सामाजिक व्यवस्था को सुरक्षित करना चाहिए?
(a) अनुच्छेद 36 (b) अनुच्छेद 38
(c) अनुच्छेद 37 (d) अनुच्छेद 39

31. खुल्लम (Khuallam) किस राज्य का प्रसिद्ध नृत्य है?
(a) उत्तर प्रदेश (b) बिहार
(c) मिजोरम (d) आन्ध्र प्रदेश

32. निम्नलिखित में से जिलों के उस समूह की पहचान कीजिए, जो भारत के औद्योगिक जिलों का उदाहरण नहीं है
(a) कानपुर और आगरा
(b) अलवर और भिवानी
(c) कटक और कोटा
(d) जबलपुर और भोपाल

33. भारत ने एथलेटिक्स में अपना पहला विश्व चैम्पियनशिप पदक कब और कहाँ जीता था?
(a) 2003, फ्रांस
(b) 2007, जापान
(c) 2009, जर्मनी
(d) 2005, फिनलैण्ड

34. लघु पथन (Short circuiting) को रोकने के लिए विद्युत इस्तरी (Electric iron) को ······ के फ्यूज की आवश्यकता होती है।
(a) 5A (b) 3A
(c) 4 A (d) 2 A

35. निम्नलिखित में से कौन मुख्य रूप से 1893 ई. में शिकागो में आयोजित की गई विश्व धर्म संसद से सम्बन्धित है?
(a) दयानन्द सरस्वती
(b) राजा राममोहन राय
(c) स्वामी विवेकानन्द
(d) रामकृष्ण परमहंस

36. उस्ताद जिया मोहिउद्दीन डागर गहन गूढ़ ······ वादक थे, जो रागों की विरल और मंथर अनुभूति के पक्षधर थे।
(a) बाँसुरी (b) रुद्रवीणा
(c) वायलिन (d) सितार

37. आईसीआरए (ICRA) के अनुसार 31 मई, 2021 तक की स्थिति के अनुसार, कुल मार्गों का केवल 47% और हवाईअड्डों (असेवित और अनुपयुक्त) का 39%, UDAN (उड़ान) के तहत परिचालित किया गया है। UDAN का पूर्ण रूप क्या है?
(a) उड़े देश का आम नागरिक
(b) उन्नत देश का आम नागरिक
(c) उड़ता देश का आम नायक
(d) उज्ज्वल देश का आम नागरिक

38. निम्नलिखित में से किस देश ने सात बार महिला एशिया कप क्रिकेट चैम्पियनशिप जीती थी?
(a) श्रीलंका (b) पाकिस्तान
(c) भारत (d) बांग्लादेश

39. स्मार्ट सिटीज मिशन किस वर्ष शुरू किया गया?
(a) 2018 में (b) 2019 में
(c) 2013 में (d) 2015 में

40. 12 मार्च, 1930 को जब महात्मा गाँधी ने दाण्डी मार्च शुरू किया, तब भारत का वायसराय कौन था?
(a) लॉर्ड चेम्सफोर्ड
(b) लॉर्ड मिण्टो द्वितीय
(c) लॉर्ड इरविन
(d) लॉर्ड विलिंग्टन

41. जनहित याचिका की अवधारणा की उत्पत्ति ······ में हुई थी।
(a) स्विट्ज़रलैण्ड (b) आइसलैण्ड
(c) यूएसए (d) न्यूजीलैण्ड

42. निम्नलिखित में से किस युद्ध में गौर के मुहम्मद ने 1194 ई. में गहड़वाल वंश के जयचन्द्र को हराया था?
(a) तराइन का द्वितीय युद्ध
(b) अन्हिलवाड़ा का युद्ध
(c) चन्दावर का युद्ध
(d) तराइन का प्रथम युद्ध

43. ········ गुप्तों के सहायक प्रमुख थे। उन्होंने पश्चिमी भारत में एक स्वतन्त्र राज्य की स्थापना की थी। ध्रुवसेन द्वितीय इस राजवंश का सर्वाधिक महत्त्वपूर्ण शासक था।
(a) मौखरि (b) मैत्रक
(c) पुष्यभूति (d) गुर्जर-प्रतिहार

44. भारत की जनगणना 2011 के अनुसार, कुल जनसंख्या में किशोर जनसंख्या (10-19 वर्ष) का प्रतिशत कितना है?
(a) 20.9% (b) 22.9%
(c) 19.9% (d) 21.9%

45. जैसलमेर में पाई जाने वाली जल संचयन प्रणाली की पहचान कीजिए
(a) कुल (b) जोहड़
(c) गुल (d) खड़ीन

46. निम्नलिखित में से कौन-सा भारत में बेरोजगारी के लिए सबसे उपयुक्त कारण है?
(a) श्रम शक्ति का अभाव
(b) पर्यावरण की स्थिति
(c) उच्च शिक्षा प्रणाली
(d) अत्यधिक जनसंख्या

47. एक पौधे का विकास रूप, जिसमें उसका आकार, आकृति और अभिविन्यास शामिल होता है, किस रूप में जाना जाता है?
(a) स्वभाव (b) प्राकृतिक वास
(c) पर्यावरण (d) विकास स्वरूप

48. द्वितीय हरित क्रान्ति प्रकोष्ठ का मुख्यालय ·········· में था।
(a) पटना (b) कोलकाता
(c) भुवनेश्वर (d) रायपुर

49. 1789 ई. में एण्टोनी-लॉरेण्ट लेवोज़ियर (Antoine-Laurent Lavoisier) का रसायन विज्ञान में सर्वाधिक महत्त्वपूर्ण योगदान क्या था?
(a) गुणित अनुपात का नियम
(b) द्रव्यमान संरक्षण का नियम
(c) स्थिर अनुपात का नियम
(d) ऊर्जा संरक्षण का नियम

50. त्रिशूर पूरम .... में मनाए जाने वाले प्रसिद्ध मन्दिर उत्सवों में से एक है।
(a) आन्ध्र प्रदेश (b) कर्नाटक
(c) तमिलनाडु (d) केरल

भाग III
संख्यात्मक अभियोग्यता

51. एक नाविक धारा के प्रतिकूल 1 घण्टे में 2 किमी जाता है और धारा के अनुकूल 10 मिनट में 1 किमी जाता है। उसे स्थिर जल में 6 किमी जाने में कितना समय लगेगा?
(a) 1 घण्टा 45 मिनट
(b) 2 घण्टे 30 मिनट
(c) 1 घण्टा 30 मिनट
(d) 1 घण्टा 15 मिनट

52. 91876a2 को 8 से विभाज्य बनाने के लिए संख्या 'a' को दिया जाने वाला सबसे छोटा मान ज्ञात कीजिए।
(a) 0 (b) 3 (c) 2 (d) 1

53. एक वृत्ताकार चाप, जिसकी त्रिज्या 12 सेमी है, केन्द्र पर 30° का कोण बनाता है। बने हुए त्रिज्यखण्ड का परिमाप (सेमी में) ज्ञात कीजिए। ($\pi = 3.14$ का उपयोग कीजिए)
(a) 28.64 (b) 26.24
(c) 30.28 (d) 32.38

54. 12% प्रति वर्ष ब्याज दर से 13 महीनों में ₹ 6700 पर कितना साधारण ब्याज अर्जित होगा?
(a) ₹ 821 (b) ₹ 871
(c) ₹ 813 (d) ₹ 889

55. 8 मी ऊँचाई वाले एक शंक्वाकार तम्बू के आधार की परिधि 32π मी है। इसका वक्रपृष्ठीय क्षेत्रफल ज्ञात कीजिए।
(a) $164\sqrt{5}\,\pi$ मी^{2} (b) $128\sqrt{5}\,\pi$ मी^{2}
(c) $162\sqrt{3}\,\pi$ मी^{2} (d) $132\sqrt{3}\,\pi$ मी^{2}

56. sin150° का सटीक मान ज्ञात कीजिए।
(a) 0.5 (b) 1.5
(c) –0.5 (d) 0.75

57. यदि समीकरणों $2x + y = a, 8x + by = 12$ के अनन्त हल हैं, तो a और b के मान का योग निम्नलिखित में से कौन-सा है?
(a) 9 (b) 7
(c) 18 (d) 16

58. एक निश्चित बिल पर 25% की छूट तथा 15% और 20% की दो क्रमिक छूटों के बीच का अन्तर ₹ 28 था। बिल की राशि ज्ञात कीजिए।
(a) ₹ 550 (b) ₹ 500
(c) ₹ 450 (d) ₹ 400

59. 2010 में एक कम्पनी के कुल व्यय को विभिन्न व्यय मदों के तहत् वर्गीकृत किया गया था और उनका प्रतिशत बंटन नीचे दिए गए बार-ग्राफ में दर्शाया गया है।

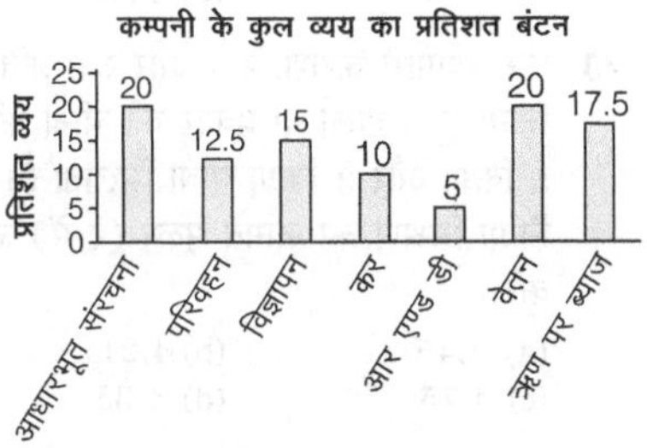

कम्पनी के व्यय की कुल राशि, आर एण्ड डी पर व्यय की ..... है
(a) 38 गुना (b) 20 गुना
(c) 28 गुना (d) 32 गुना

60. यदि 9.6 इकाई त्रिज्या वाला त्रिज्यखण्डीय कोण 75° है, तो चाप की लम्बाई कितनी है?
(a) 4π इकाई (b) 3π इकाई
(c) π इकाई (d) 2π इकाई

61. यदि $a^2 + b^2 + c^2 = 2(a + c - 1)$ है, तो $a^3 + b^3 + c^3 = ?$
(a) 1 (b) 0
(c) 2 (d) 4

62. नीचे दी गई तालिका पिछले कुछ वर्षों में एक ऑटोमोबाइल कम्पनी द्वारा निर्मित तीन प्रकार की कारों (A, B और C) के उत्पादन (हजार में) को दर्शाती है।

वर्ष	कारें		
	A	B	C
2012	1750	1880	1900
2013	1800	2950	2070
2014	2950	3020	3150
2015	3100	3240	3290

2012 से 2014 के दौरान कम्पनी द्वारा उत्पादित A-प्रकार की कारों की औसत संख्या, 2013 से 2015 तक कम्पनी द्वारा उत्पादित B-प्रकार और C-प्रकार की कारों की संयुक्त औसत संख्या से कितने प्रतिशत (1 दशमलव स्थान तक पूर्णांकित) कम है?
(a) 25.5% (b) 28.4%
(c) 36.6% (d) 26.6%

63. दिए गए चार्ट का अध्ययन करें और निम्नलिखित प्रश्न का उत्तर दें।
निम्नलिखित चार्ट क्रमशः मुद्रणालय A, B और C से वर्ष 2018, 2020 और 2022 में हजारों की संख्या में पाठ्य-पुस्तकों के प्रकाशन को दर्शाता है।

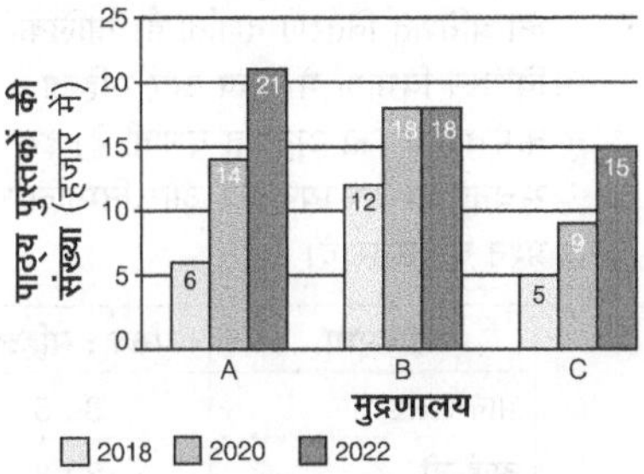

वर्ष 2018 में मुद्रणालय B द्वारा प्रकाशित पाठ्य-पुस्तकों और वर्ष 2020 में मुद्रणालय C द्वारा प्रकाशित पाठ्य-पुस्तकों का अनुपात है
(a) 4 : 3 (b) 3 : 4
(c) 4 : 5 (d) 2 : 3

64. दो पाइप A और B, किसी टंकी को क्रमशः $1\frac{1}{3}$ घण्टे और 2 घण्टे में भर सकते हैं। यदि दोनों पाइप एकसाथ खोले जाते हैं, तो कितने समय में खाली टंकी भर जाएगी?
(a) $1\frac{1}{4}$ घण्टे (b) 55 मिनट
(c) 48 मिनट (d) $1\frac{2}{3}$ मिनट

65. 2 और 32 का मध्यानुपाती है
(a) 8 (b) 6
(c) 16 (d) 12

66. यदि $7\cos A = 6$ है, तो $\frac{\operatorname{cosec}A + \cot A}{\operatorname{cosec}A - \cot A}$ का संख्यात्मक मान कितना होगा?
(a) 13 (b) – 13
(c) 0 (d) 1

67. निम्नलिखित में से कौन-सी संख्या 2, 5, 10 और 11 से विभाज्य है?
(a) 830942 (b) 589270
(c) 203467 (d) 1234560

68. सुरेश के खर्च और बचत का अनुपात 3 : 1 है। उसका वेतन 25% बढ़ जाता है। यदि उसकी बचत 10% बढ़ जाए, तो उसके खर्च में कितने प्रतिशत की वृद्धि होगी?

(a) 20% (b) 10%
(c) 30% (d) 40%

69. यदि $\tan 4\theta \cdot \tan 6\theta = 1$ है, जहाँ 6θ एक न्यूनकोण है, तो $\cot 5\theta$ का मान ज्ञात कीजिए।

(a) $\sqrt{3}$ (b) $-\sqrt{3}$
(c) -1 (d) 1

70. निम्नलिखित पाई-चार्ट एक कम्पनी के विभिन्न विभागों में कुल 1600 कर्मचारियों का प्रतिशत वितरण दर्शाता है। तालिका विभिन्न विभागों में पुरुष और महिला कर्मचारियों का अनुपात दर्शाती है। इस सूचना का अध्ययन करें और निम्नलिखित प्रश्न का उत्तर दें।

विभाग	पुरुष : महिलाएँ
मानव संसाधन	3 : 5
आई टी	2 : 3
लेखा	3 : 7
विपणन	7 : 4
उत्पादन	5 : 3

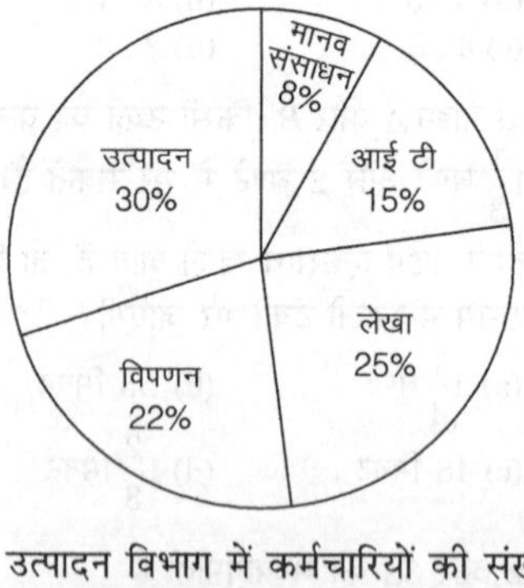

उत्पादन विभाग में कर्मचारियों की संख्या, सभी विभागों की महिला कर्मचारियों की संख्या का कितना प्रतिशत है? (दशमलव के एक स्थान तक सन्निकटित)

(a) 50.7% (b) 64.3%
(c) 59.1% (d) 44.9%

71. x, y और z के वे मान ज्ञात करें, जिससे नीचे दिए गए समीकरणों को सन्तुष्ट किया जा सके।

$5x - 3y + 7z = 22;\ 3x - 5y - 2z = -46;$
$2x - 2y + 5z = 24$

(a) $x = 5, y = -8, z = 3$
(b) $x = -5, y = 3, z = 8$
(c) $x - 5, y = 3, z = -8$
(d) $x = -5, y = -3, z = 8$

72. ΔABD और ΔFEC में, $\angle BAD = 60°$, $BD = EC$, $\angle ABD = \angle FEC = 90°$, और $AB = FE$ है। $\dfrac{\angle BAD}{\angle FCE}$ का अनुपात ज्ञात कीजिए।

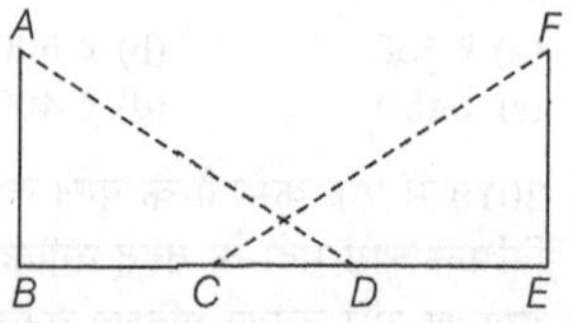

(a) 1 : 2 (b) 2 : 1
(c) 2 : 3 (d) 2 : 5

73. एक व्यापारी क्रमशः ₹ 4 और ₹ 6 प्रति किग्रा मूल्य वाली दो प्रकार की चीनी की 5 किग्रा और 3 किग्रा मात्रा मिलाता है। प्रति किग्रा मिश्रण का लागत मूल्य (₹ में) ज्ञात करें।

(a) 4.45 (b) 4.21
(c) 4.75 (d) 4.35

74. एक निश्चित उत्पाद को बेचने पर प्राप्त लाभ लागत का 320% है। यदि लागत में 10% की वृद्धि होती है, लेकिन विक्रय मूल्य स्थिर रहता है, तो विक्रय मूल्य का कितना प्रतिशत लाभ (एक दशमलव स्थान तक) होगा?

(a) 75.7% (b) 63.8%
(c) 73.8% (d) 70.2%

75. बाह्य बिन्दु F से सीधी रेखाओं का एक युग्म, वृत्त को A और B $(FA < FB)$ पर प्रतिच्छेद करता है और C पर वृत्त को स्पर्श करता है। O वृत्त का केन्द्र है। यदि $\angle ACF = 50°$ और $\angle AFC = 30°$ है, तो $\angle AOB$ का मान ज्ञात कीजिए।

(a) 90° (b) 100°
(c) 40° (d) 80°

भाग IV

अंग्रेजी भाषा

76. Select the option that correctly expresses the given sentence in passive voice.

I will never overlook this creativity.

(a) This creativity will never be overlooked by me.
(b) This creativity will be overlooked by me.
(c) This creativity will being overlooked by me.
(d) This creativity will not never be overlooked by me.

77. Select the option that can be used as a one-word substitute for the given group of words.

A place where birds are kept

(a) Zoo (b) Aviary
(c) Sanctuary (d) Hive

78. Select the most appropriate antonym of the given word.

Catastrophe

(a) Success (b) Nurture
(c) Immaculate (d) Disaster

79. Select the most appropriate option that can substitute the underlined segment in the given sentence.

Beyond skills, experience and training, companies search for applicants who display excitement — those they believe <u>shall carry out allocated responsibilities</u> cheerfully and cooperatively.

(a) shall take up any designated obligations
(b) will execute assigned duties
(c) will demonstrate non-biased work
(d) should pick up all skills and works

80. Select the most appropriate option to fill in the blank.

After years of fights with his neighbour Ram, Shekhar decided to hold out the........ and invited Ram for tea.

(a) poker face
(b) comparing apples to oranges
(c) chip on shoulder
(d) olive branch

81. Select the incorrectly spelt word.

(a) Centenary
(b) Consumerist
(c) Capitalist
(d) Countemptible

82. Select the most appropriate antonym of the underlined word in the given sentence.
One must be very strong to lift this box of glass jars.
(a) Mighty
(b) Weak
(c) Complicated
(d) Rugged

83. Select the most appropriate meaning of the underlined idiom.
Anand personally believes in the motto, 'When life gives you lemons, make lemonade.'
(a) Earn the maximum out of business
(b) Nourish health
(c) Enjoy the most when the season is favourable
(d) Make the best out of difficult situations

84. Select the most appropriate antonym of the given word.
Monotonous
(a) Tiresome (b) Tedious
(c) Engrossing (d) Rational

85. Identify the Incorrectly spelt word in the following sentence.
You need to be concious enough to listen to the question.
(a) concious (b) enough
(c) question (d) listen

86. Select the most appropriate synonym to replace the underlined word in the given sentence.
How did we end up in this rapturous situation?
(a) ecstatic
(b) terrifying
(c) misleading
(d) disastrous

87. Select the most appropriate option that can substitute the underlined segment in the given sentence.
The mother asked the child, "Will you tell me who did accompany you to the airport?"
(a) who accompanies you
(b) who does accompany you
(c) who accompanied you
(d) who must be accompanied you

88. Sentences of a paragraph are given below in jumbled order. Select the option that arranges the sentences in the correct sequence to form a meaningful and coherent paragraph.
(A) This past summer, my dream finally came true.
(B) Strange lands, exciting places and new cultures have always fascinated me.
(C) Ever since I was a little girl, I dreamed about travelling overseas.
(D) I got to travel to England, France, Switzerland and Germany.
(a) DCBA (b) CBAD
(c) ABCD (d) BADC

89. Select the most appropriate synonym of the given word.
Rectify
(a) Mar (b) Amend
(c) Corrupt (d) Upset

90. Select the most appropriate option to fill in the blank.
To .... the ticket, Amith had to visit the travel agency many times.
(a) contract (b) confirm
(c) conform (d) convention

91. The following sentence has been divided into parts. One of them may contain an error. Select the part that contains the error from the given options. If you don't find any error, mark 'No error' as your answer.
My brother received / his MBA degree into / the university last year.
(a) the university last year
(b) his MBA degree into
(c) No error
(d) My brother received

92. Sentences of a paragraph are given below in jumbled order. Arrange the sentences in the correct order to form a meaningful and coherent paragraph.
A. Mobile phones or smartphones are becoming popular all over the world.
B. But at the same time, it also harms us in many ways.
C. It is the most widely used means of communication today.
D. Today, it is very affordable and available to everyone.
(a) ABCD (b) DACB
(c) CABD (d) ACDB

93. Select the option that can be used as a one-word substitute for the given phrase.
Incapable of being defeated
(a) Invisible (b) Unavoidable
(c) Invincible (d) Ineluctable

94. Select the option that correctly expresses the following sentence in passive voice.
Who invited you to this party?
(a) By whom you are invited to this party?
(b) By whom are you invited to this party?
(c) By whom you were invited to this party?
(d) By whom were you invited to this party?

95. The following sentence has been divided into four segments. Identify the segment that contains an error in the usage of the interjection.
He replied / in a dry tone, / 'Ouch! I will not work / for you anymore.'
(a) in a dry tone,
(b) He replied
(c) for you anymore.'
(d) 'Ouch! I will not work

Directions (Q. Nos. 96-100) *In the following passage, some words have been deleted. Read the passage carefully and select the most appropriate option to fill in each blank.*

Gandhi, ... (1) ...... father of the Indian nation, practiced 'ahimsa' in his personal and political life. He firmly believed that non-violence is not meant merely for monks, saints and priests; it is for commoners too. If violence is the law of the ...... (2) ...... beasts, non-violence is the law of the civilised human species. 'The spirit of the brute is inactive and so he knows no law; he knows only physical might. The dignity of man requires obedience to a higher law, to strength of the spirit,' Gandhi said. Ahimsa, to Gandhiji, meant that one should love all; even ...... (3) ...... enemies. And the expression of love, ahimsa, should be in such a manner that it impresses itself indelibly upon the so-called enemy and then the enemy must return that love. It is a practically ...... (4) ...... philosophy. Gandhi was realistic; he believed that non-violence provides the fullest protection to one's self-respect and sense of humour. It won't work in the defence of ...... (5) ...... gains and immoral acts. He called his marches off when people indulged in violence during protests for India's freedom. His faith in 'ahimsa' played an influential role in enabling the creation of an independent India in 1947, with minimum bloodshed, breaking the shackles framed by the British.

96. Select the most appropriate option to fill in blank number 1.
(a) an (b) for
(c) the (d) a

97 Select the most appropriate option to fill in blank number 2.
(a) forest-living
(b) life
(c) forest-lived
(d) alive

98 Select the most appropriate option to fill in blank number 3.
(a) her (b) its
(c) one's (d) one

99 Select the most appropriate option to fill in blank number 4.
(a) prove (b) approved
(c) proven (d) proving

100 Select the most appropriate option to fill in blank number 5.
(a) relevant (b) ill-gotten
(c) ill-will (d) moral

उत्तरमाला

1. (c)	**2.** (a)	**3.** (b)	**4.** (d)
5. (c)	**6.** (d)	**7.** (c)	**8.** (b)
9. (b)	**10.** (a)	**11.** (d)	**12.** (c)
13. (d)	**14** (a)	**15.** (a)	**16.** (d)
17. (d)	**18.** (b)	**19.** (d)	**20.** (d)
21. (b)	**22.** (d)	**23.** (d)	**24.** (b)
25. (b)	**26.** (b)	**27.** (b)	**28.** (d)
29. (d)	**30.** (b)	**31.** (c)	**32.** (b)
33. (a)	**34.** (a)	**35.** (c)	**36.** (b)
37. (a)	**38.** (c)	**39.** (d)	**40.** (c)
41. (c)	**42.** (c)	**43.** (b)	**44.** (a)
45. (d)	**46.** (d)	**47.** (a)	**48.** (a)
49. (b)	**50.** (d)	**51.** (c)	**52.** (b)
53. (c)	**54.** (b)	**55.** (b)	**56.** (a)
57. (b)	**58.** (d)	**59.** (b)	**60.** (a)
61. (c)	**62.** (d)	**63.** (a)	**64.** (c)
65. (a)	**66.** (a)	**67.** (b)	**68.** (c)
69. (d)	**70.** (c)	**71.** (b)	**72.** (b)
73. (c)	**74.** (c)	**75.** (b)	**76.** (a)
77. (b)	**78.** (a)	**79.** (b)	**80.** (d)
81. (d)	**82.** (b)	**83.** (d)	**84.** (c)
85. (a)	**86.** (a)	**87.** (c)	**88.** (b)
89. (b)	**90.** (b)	**91.** (b)	**92.** (d)
93. (c)	**94.** (d)	**95.** (d)	**96.** (c)
97. (a)	**98.** (c)	**99.** (c)	**100.** (b)

व्याख्या

1. *(c)* जिस प्रकार,

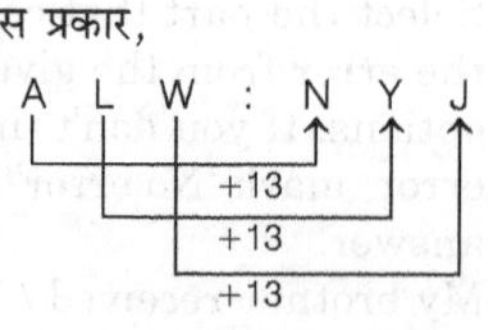

तथा

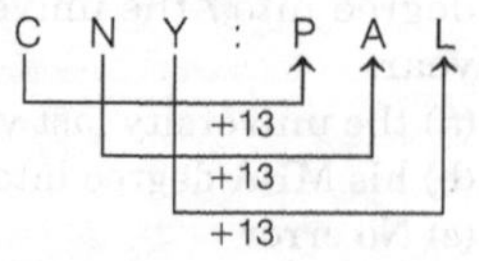

उसी प्रकार,

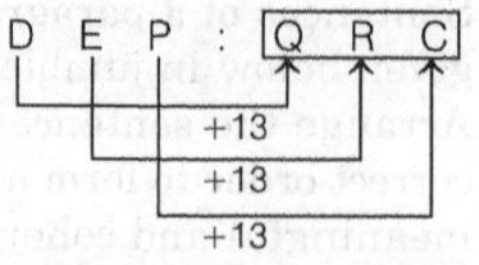

2. *(a)* जिस प्रकार,

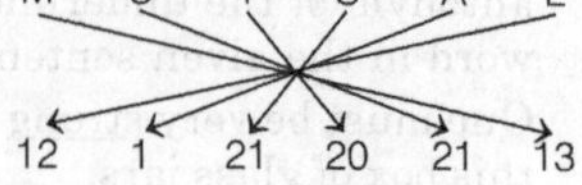

तथा

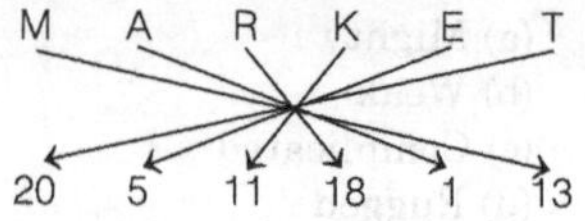

उसी प्रकार,

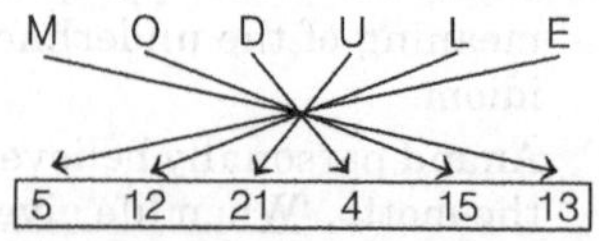

3. *(b)* दी गई शृंखला का क्रम निम्न प्रकार है,
fddedef/fddedef/fddedef
⇒ ddfeedee

4. *(d)* दिए गए बिन्दुओं के नाम रखने पर,

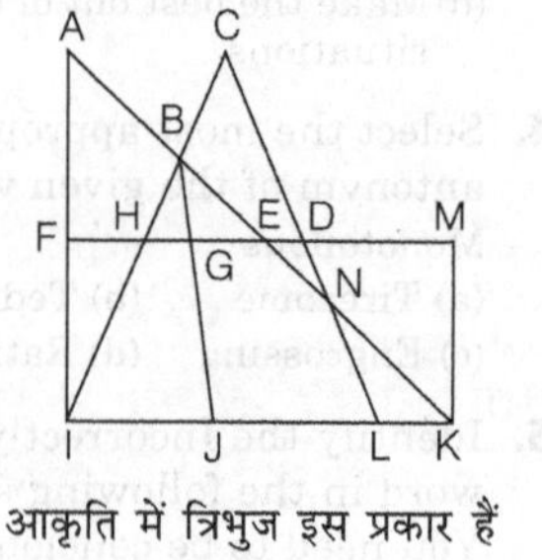

दी गई आकृति में त्रिभुज इस प्रकार हैं
ΔABI, ΔFHI, ΔHBG, ΔBEG, ΔBCN, ΔEDN, ΔNKL, ΔEMK, ΔBJI, ΔCLI, ΔAKI, ΔBKI, ΔBEH तथा ΔCDH
अत: आकृति में कुल 14 त्रिभुज हैं।

5. *(c)* दी गई आकृति शृंखला में प्रत्येक अगली आकृति में दो बिन्दु कम हो जाते है तथा एकान्तर क्रम में क्रमश: एक X और एक P जुड़ जाते हैं। अत: प्रश्नचिह्न के स्थान पर विकल्प (c) की आकृति होगी।

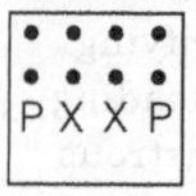

6. *(d)* दी गई शृंखला का क्रम निम्न प्रकार है,

$A \xrightarrow{+4} E \xrightarrow{+4} I \xrightarrow{+4} M \xrightarrow{+4} Q$

$Z \xrightarrow{-3} W \xrightarrow{-3} T \xrightarrow{-3} Q \xrightarrow{-3} N$

$F \xrightarrow{+2} H \xrightarrow{+2} J \xrightarrow{+2} L \xrightarrow{+2} N$

$X \xrightarrow{-1} W \xrightarrow{-1} V \xrightarrow{-1} U \xrightarrow{-1} T$

7. *(c)* $49 \times 7 - 6 \div 2 + 15 = ?$
प्रश्नानुसार,

$? = 49 \div 7 + 6 \times 2 - 15$

$= 7 + 12 - 15 = 19 - 15 = 4$

8. *(b)* जिस प्रकार,

$3 - 5 - 30 = 3 \times 5 \times 2 = 30$

तथा $2 - 4 - 16 = 2 \times 4 \times 2 = 16$

उसी प्रकार, $6 - 6 - 72 = 6 \times 6 \times 2 = 72$

9. *(b)* जिस प्रकार,

R I V A L → (−2, +2, −2, +2, −2) → P K T C J

तथा

T E X T S → (−2, +2, −2, +2, −2) → R G V V Q

उसी प्रकार,

P O I N T → (−2, +2, −2, +2, −2) → N Q G P R

10. *(a)* कथनानुसार,

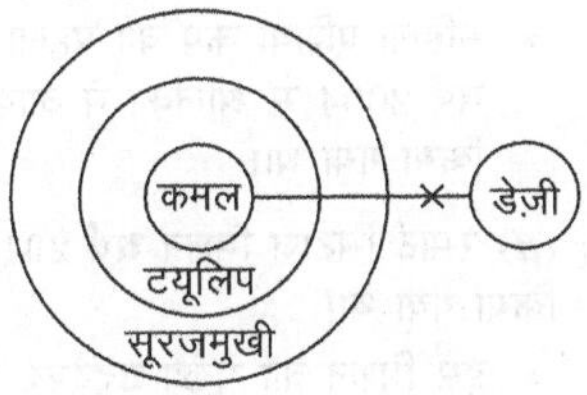

निष्कर्ष I. (✗) II. (✗) III. (✗)

तब, निष्कर्ष II तथा III एक-दूसरे के पूरक हैं। अत: या तो निष्कर्ष II या III अनुसरण करता है।

11. *(d)* दी गई आकृति का दर्पण प्रतिबिम्ब विकल्प (d) की आकृति है।

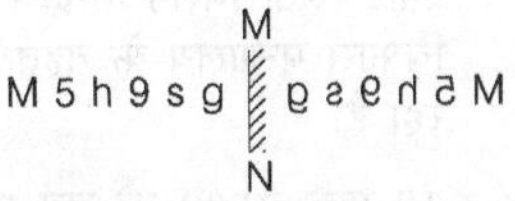

12. *(c)* ∵ दोनों पासों में फलक '3' उभयनिष्ठ है

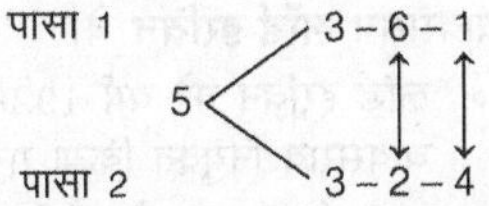

अत: '5' दर्शाने वाले फलक के विपरीत फलक पर '3' होगा।

13. *(d)* जिस प्रकार,

$11 - 81 \Rightarrow (11 - 2)^2 = 81$

$21 - 361 \Rightarrow (21 - 2)^2 = 361$

$18 - 256 \Rightarrow (18 - 2)^2 = 256$

लेकिन $14 - 121 \Rightarrow (14 - 2)^2$

$= 144 \neq 121$

अत: (14 – 121) समूह से सम्बन्धित नहीं है।

14. *(a)* प्रश्नानुसार,

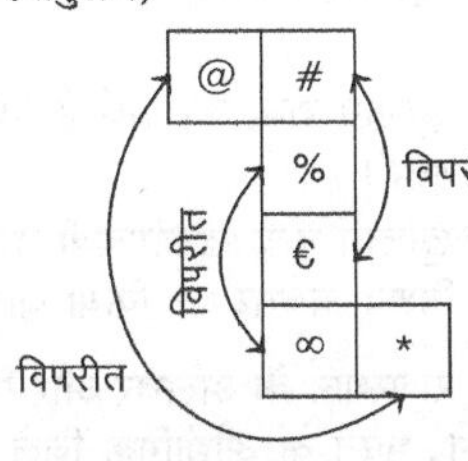

अत: '#' के विपरीत फलक पर € होगा।

15. *(a)* दी गई आकृति शृंखला की प्रत्येक अगली आकृति में अन्दर एक सीधी रेखा जुड़ जाती है तथा अगली संख्या षट्भुज की वामावर्त अगली भुजा पर आ जाती है।

अत: विकल्प (a) की आकृति प्रश्नचिह्न के स्थान पर आएगी।

16. *(d)* जिस प्रकार,

F I S H → (−2, +2, −2, +2) → D K Q J

तथा

P O N D → (−2, +2, −2, +2) → N Q L F

उसी प्रकार,

S I Z E → (−2, +2, −2, +2) → Q K X G

17. *(d)* जिस प्रकार,

$44 - 1936 \Rightarrow (44)^2 = 1936$

तथा $59 - 3481 \Rightarrow (59)^2 = 3481$

उसी प्रकार, $77 - 5929 \Rightarrow (77)^2 = 5929$

18. *(b)* दी गई शृंखला का क्रम निम्न प्रकार है,

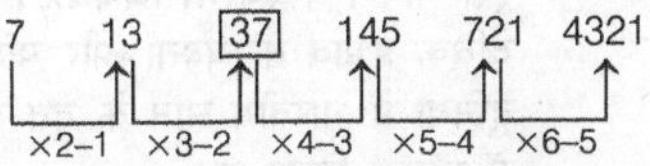

19. *(d)* कागज को मोड़ने, काटने तथा खोलने पर आकृति विकल्प (d) जैसी दिखाई देगी।

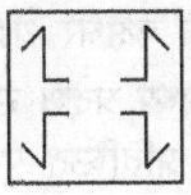

20. *(d)* वेन आरेख के अनुसार, केवल कार या केवल फॉक्सवैगन वाहन पसन्द करने वाले व्यक्तियों की संख्या = 47 + 38 = 85

21. *(b)*

दिया गया शब्द → F R O W N E D

वर्णानुक्रम में व्यवस्थित करने पर → D E F [N] O [R] W

चौथा, दूसरा

अत: N और R के बीच अंग्रेजी वर्णमाला के तीन अक्षर अर्थात् O, P, Q हैं।

22. *(d)* प्रश्नानुसार,

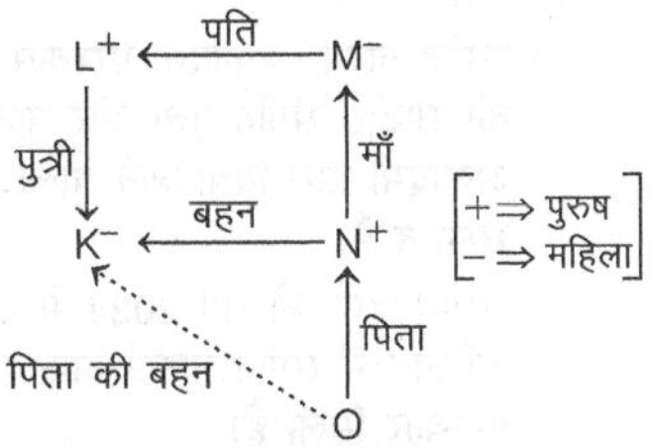

अत: K, O के पिता की बहन है।

23. *(d)* जिस प्रकार, (34, 17, 27)

$\Rightarrow 34 - 17 = 17 + 10 = 27$

तथा (42, 21, 31)

$\Rightarrow 42 - 21 = 21 + 10 = 31$

उसी प्रकार, (54, 27, 37)

$\Rightarrow 54 - 27 = 27 + 10 = 37$

24. *(b)* जिस प्रकार,

$M \xrightarrow{+5} R \xrightarrow{+3} U$

$A \xrightarrow{+5} F \xrightarrow{+3} I$

$J \xrightarrow{+5} O \xrightarrow{+3} R$

लेकिन, $L \xrightarrow{+5} Q \xrightarrow{+2} S$

अत: LQS अन्य सभी से भिन्न है।

25. *(b)* दिया गया समीकरण

$2^{57-33 \div 11 \times 3-2} + 3^{64-56 \div 8 \times 4-44} = 35$

विकल्प (b) से,

$2^{57-44 \div 11 \times 3-2} + 3^{64-56 \div 8 \times 4-33} = 35$

$\Rightarrow 2^{57-4 \times 3-2} + 3^{64-7 \times 4-33} = 35$

$\Rightarrow 2^{57-52-2} + 3^{64-28-33} = 35$

$\Rightarrow 2^{57-54} + 3^{64-61} = 35$

$\Rightarrow 2^3 + 3^3 = 35$

$\Rightarrow 8 + 27 = 35$

$\Rightarrow 35 = 35$

26. *(b)* 18 जून, 2021 तक प्राप्त जानकारी के अनुसार, भारत में 18 बायोस्फीयर रिजर्व स्थापित थे।

- बायोस्फीयर रिजर्व संरक्षित भूमि होती है, जिसे वनस्पतियों और जानवरों के संरक्षण के लिए बनाया जाता है।
- यूनेस्को द्वारा मैन एण्ड बायोस्फीयर (MAB) कार्यक्रम में 21 देशों में 20 नई साइटों को बायोस्फीयर रिज़र्व के विश्व नेटवर्क में जोड़ा गया है, जिसमें भारत के 12 बायोस्फीयर क्षेत्र शामिल हैं।

27. *(b)* तबला वादक बिक्रम घोष को वर्ष 2023 में समकालीन श्रेणी में **संगीत नाटक अकादमी** पुरस्कार से सम्मानित किया गया था।
- संगीत नाटक अकादमी पुरस्कार, भारत की राष्ट्रीय संगीत नृत्य और नाटक अकादमी द्वारा दिया जाने वाला **सर्वोच्च सम्मान** है।
- राजीव वर्मा को वर्ष 2024 में रंगमंच अभिनय में संगीत नाटक अकादमी पुरस्कार मिला है।

28. *(d)* सही सुमेलन A-3, B-4, C-1, D-2 है,
- सकल राष्ट्रीय उत्पाद का सम्बन्ध राष्ट्रीय उत्पादन के मौद्रिक मूल्य से है।
- कुल राष्ट्रीय उत्पाद का सम्बन्ध वर्ष के दौरान माल सेवाओं के कुल उत्पादन से है।
- व्यक्तिगत आय का सम्बन्ध किसी निश्चित अवधि में व्यक्ति के उत्पादन द्वारा प्राप्त वार्षिक आय से है।
- प्रयोज्य व्यक्तिगत आय का सम्बन्ध व्यक्तिगत आय के कर के बाद के सम्बन्ध है।

29. *(d)* फरवरी, 2023 में अमेरिका स्थित मॉर्निंग कंसल्ट द्वारा जारी ग्लोबल लीडर अप्रूवल रेटिंग के अनुसार दुनिया के सबसे लोकप्रिय नेता **नरेन्द्र मोदी** हैं।
- रैंकिंग में दूसरे स्थान पर मैक्सिको के राष्ट्रपति एण्ड्रेस मैनुअल लोपेज थे।

30. *(b)* भारतीय संविधान का **अनुच्छेद** 38 यह व्यवस्था प्रदान करता है कि राज्य को लोगों के कल्याण को बढ़ावा देने के लिए सामाजिक व्यवस्था को सुरक्षित करना चाहिए।
- भारतीय संविधान के **भाग IV** के नीति-निदेशक तत्त्व, जोकि अनुच्छेद-36 से 51 तक वर्णित हैं, जिनका उद्देश्य देश में न्यायपूर्ण और समानता पर आधारित समाज स्थापित करना है।
- अनुच्छेद 36 में राज्य को परिभाषित किया गया है तथा अनुच्छेद 37 में यह कहा गया है कि संविधान के भाग IV के उपबन्ध किसी न्यायालय में प्रवर्तनीय नहीं होंगे, जबकि अनुच्छेद 39 में राज्य द्वारा अनुसरणीय कुछ नीतिगत तत्त्वों की चर्चा की गई है।

31. *(c)* खुल्लम, **मिजोरम** राज्य का प्रसिद्ध नृत्य है।
- खुल्लम शब्द का अर्थ है 'अतिथियों का नृत्य'।
- खुल्लम नृत्य खुआंगचवी उत्सव के विशेष अवसर पर किया जाता है।

32. *(b)* राजस्थान के **अलवर और भिवानी जिले**, भारत के औद्योगिक जिले नहीं हैं।
- औद्योगिक जिला एक ऐसा स्थान होता है, जहाँ मुख्य उद्योग और सहायक उद्योगों में विशेषता प्राप्त श्रमिक और फर्म रहते हैं।
- भारत में औद्योगिक जिलों में कोलकाता, हावड़ा, सतारा, पुणे आदि शामिल हैं।

33. *(a)* भारत ने एथलेटिक्स में अपना पहला विश्व चैम्पियनशिप पदक **2003, फ्रांस** में जीता था।
- भारत ने वर्ल्ड एथलेटिक्स चैम्पियनशिप में अपना पहला स्वर्ण पदक वर्ष 2023 में बुडापेस्ट में जीता था।
- नीरज चोपड़ा, ओलम्पिक और वर्ल्ड चैम्पियनशिप दोनों में गोल्ड जीतने वाले पहले भारतीय एथलीट हैं।

34. *(a)* लघु पथन को रोकने के लिए विद्युत इस्तरी को **5A** के फ्यूज की आवश्यकता होती है।
- फ्यूज इलेक्ट्रिकल सर्किट को ओवरकरण्ट से बचाने के लिए लगाया जाने वाला एक सुरक्षा उपकरण है।
- फ्यूज का मुख्य कार्य ज्यादा धारा प्रवाहित होने पर पावर सर्किट की सप्लाई बन्द करना होता है।

35. *(c)* 1893 ई. में शिकागो में आयोजित विश्व धर्म संसद में स्वामी विवेकानन्द ने भारत और हिन्दू धर्म का प्रतिनिधित्व किया था।
- यह पहली विश्व धर्म संसद थी।
- इस भाषण ने **स्वामी विवेकानन्द** को दैविक प्रभाव के वक्ता और पश्चिमी दुनिया में भारतीय ज्ञान के दूत के रूप में प्रसिद्ध किया था।

36. *(b)* उस्ताद जिया मोहिउद्दीन डागर **रुद्रवीणा** वादक थे, जो रागों की विरल अनुभूति के पक्षधर थे।
- इन्हें मध्य प्रदेश सरकार द्वारा भारत के सबसे प्रतिष्ठित पुरस्कारों में से एक कालिदास सम्मान पुरस्कार (1986) से सम्मानित किया गया।
- उस्ताद जिया को वर्ष 1981 में संगीत नाटक अकादमी पुरस्कार, राजस्थान संगीत नाटक अकादमी पुरस्कार भी प्राप्त हुए।

37. *(a)* UDAN (उड़ान) का पूर्ण रूप है– **उड़े देश का आम नागरिक।**
- आई.सी.आर.ए. (ICRA) के अनुसार, 31 मई, 2021 तक की स्थिति के अनुसार कुल मार्गों का केवल 47% और हवाई अड्डों का 39%, UDAN (उड़ान) के तहत परिचालित किया गया था।
- उड़ान योजना वर्ष 2016 में बनाई गई राष्ट्रीय नागरिक विमानन नीति का हिस्सा है। यह योजना नागरिक उड्डयन मन्त्रालय द्वारा संचालित की जाती है।

38. *(c)* **भारत** ने सात बार महिला एशिया कप क्रिकेट चैम्पियनशिप जीती थी।
- वर्ष 2024 में श्रीलंका ने भारत को हराकर महिला एशिया कप क्रिकेट चैम्पियनशिप का खिताब अपने नाम किया।
- महिला एशिया कप का पहला संस्करण वर्ष 2004 में श्रीलंका में आयोजित किया गया था।

39. *(d)* स्मार्ट सिटीज मिशन **वर्ष 2015** में शुरू किया गया था।
- इस मिशन का मुख्य उद्देश्य ऐसे शहरों को बढ़ावा देना है, जो बुनियादी ढाँचे, स्वच्छ और टिकाऊ वातावरण प्रदान करते हैं।
- स्मार्ट सिटी मिशन के तहत दो चरणों में 100 शहरों को स्मार्ट सिटी के रूप में विकसित किया जाना है।
- स्मार्ट सिटी मिशन केन्द्रीय शहरी विकास मन्त्रालय के तहत चलाया जा रहा है।

40. *(c)* 12 मार्च, 1930 को जब महात्मा गाँधी ने दाण्डी मार्च शुरू किया, तब भारत के वायसराय **लॉर्ड इरविन** थे।
- लॉर्ड इरविन को वर्ष 1926 में भारत का वायसराय नियुक्त किया गया था।
- 5 मार्च, 1931 को गाँधी-इरविन समझौता, महात्मा गाँधी और लॉर्ड इरविन के बीच हुआ, जिसका उद्देश्य सविनय अवज्ञा आन्दोलन को रोकना और भारत में राजनीतिक तनाव कम करना था।

41. *(c)* जनहित याचिका की अवधारणा की उत्पत्ति **यू.एस.ए** में हुई थी।

- जनहित याचिका का अर्थ, सार्वजनिक हित की रक्षा के लिए न्यायालय में दायर की जाने वाली याचिका है।
- न्यायमूर्ति वी.आर.कृष्ण अय्यर और न्यायमूर्ति पी.एन भगवती जनहित याचिका की अवधारणा के अग्रदूत थे।

42. *(c)* **चन्दावर के युद्ध** में गोर के मुहम्मद ने 1194 ई. में गहड़वाल वंश के जयचन्द्र को हराया था।
- चन्दावर युद्ध के बाद मुहम्मद गोरी का उत्तरी भारत के क्षेत्र पर अधिकार हो गया था।
- चन्दावर की वर्तमान भौगालिक स्थिति युमना नदी के तट पर उत्तर प्रदेश के इटावा जिले में है।
- तराइन का प्रथम युद्ध वर्ष 1911 में पृथ्वीराज चौहान और मोहम्मद गोरी के मध्य हुआ था। इस युद्ध में पृथ्वीराज चौहान ने मुहम्मद गोरी को पराजित किया था।
- तराइन का दूसरा युद्ध 1192 ई. में पृथ्वीराज चौहान और मुहम्मद गोरी के मध्य हुआ था। इस युद्ध में पृथ्वीराज चौहान की पराजय हुई थी।
- अन्हिलवाड़ का युद्ध 1178 ई. में मूलराज द्वितीय और गोरी के मध्य हुआ था, इसमें गोरी की पराजय हुई थी।

43. *(b)* **मैत्रक** गुप्तों के सहायक प्रमुख थे। इन्होंने पश्चिमी भारत में स्वतन्त्र राज्य की स्थापना की थी।
- ध्रुवसेन द्वितीय इस राजवंश का सर्वाधिक महत्त्वपूर्ण शासक था।
- गुप्त वंश के संस्थापक श्रीगुप्त थे।
- गुर्जर प्रतिहार वंश की स्थापना नागभट्ट प्रथम द्वारा की गई थी।
- पुष्यभूति वंश की स्थापना 'नरवर्धन' द्वारा की गई थी।
- मौखिर वंश का संस्थापक 'हरिवर्मन' था।

44. *(a)* भारत की जनगणना 2011 के अनुसार, कुल जनसंख्या में किशोर जनसंख्या (10-19 वर्ष) का **प्रतिशत 20.9** है।
- भारत में अब तक 15 बार जनगणना हो चुकी है।
- भारत में जनगणना की शुरुआत 1872 ई. में हुई थी, लेकिन पहली पूर्ण जनगणना 1881 ई. में हुई थी।
- भारत में प्रत्येक 10 वर्ष के अन्तराल पर जनगणना होती है।

45. *(d)* जैसलमेर में पाई जाने वाली जल संचयन प्रणाली **खड़ीन** कहलाती है।
- यह जल संचयन की एक पारम्परिक तकनीक है, जिसके द्वारा खेतों में पानी एकत्र किया जाता है।
- खड़ीन जल के कारण कृषि भूमि में नमी बनी रहती है।

46. *(d)* **अत्यधिक जनसंख्या** भारत में बेरोजगारी के लिए सबसे उपयुक्त कारण है।
- बढ़ती आबादी के साथ-साथ कार्य करने की क्षमता रखने वाले लोगों की संख्या भी बढ़ती है।
- भारत में दुनिया की कुल आबादी का लगभग 17.78% है।
- वर्ष 2011 की जनगणना के अनुसार, भारत की आबादी में लगभग 52% पुरुष और 48% महिलाएँ शामिल हैं।

47. *(a)* एक पौधे का विकास रूप, जिसमें उसका आकार, आकृति और अभिविन्यास शामिल होता है। उसे **स्वभाव** के रूप में जाना जाता है।
- पौधे के विकास के लिए जरूरी तत्त्व फॉस्फोरस, कैल्शियम, सल्फर, नाइट्रोजन एवं ऑक्सीजन आदि हैं।

48. *(a)* द्वितीय हरित क्रान्ति, प्रकोष्ठ का मुख्यालय **पटना** में स्थित था।
- द्वितीय हरित क्रान्ति कृषि उत्पादन में बदलाव का एक प्रयास थी, जिसका उद्देश्य पृथ्वी पर बढ़ती आबादी का खाद्यान्न उपलब्ध कराना था।
- भारत में हरित क्रान्ति की शुरुआत 1960 के दशक में हुई थी और इसका नेतृत्व **एम.एस.स्वामीनाथन** ने किया था।

49. *(b)* 1789 ई. में एण्टोनी लॉरेण्ट लेवोजियर का रसायन विज्ञान में सर्वाधिक महत्त्वपूर्ण योगदान **द्रव्यमान संरक्षण का नियम** था।
- इस नियम के अनुसार रासायनिक अभिक्रिया में अभिकारकों में जाने वाला द्रव्यमान, अभिक्रिया प्रक्रिया से उत्पादों के रूप में निकलने वाले द्रव्यमान की मात्रा के बराबर होना चाहिए।

50. *(d)* त्रिशूर पूरम **केरल** में मनाए जाने वाले प्रसिद्ध मन्दिर उत्सवों में से एक है।
- केरल के त्रिशूर पूरम में हाथियों की झाँकियाँ निकाली जाती हैं।
- इस उत्सव की शुरुआत कोच्चि के शासक ने की थी।

51. *(c)* नाविक की धारा के प्रतिकूल चाल

$(U) = \frac{2}{1} = 2$ किमी/घण्टा

तथा नाविक की धारा के अनुकूल चाल (D)

$= \frac{1}{10} \times 60 = 6$ किमी/घण्टा

$\therefore$ स्थिर जल में चाल $= \frac{D+U}{2} = \frac{6+2}{2}$

$= 4$ किमी/घण्टा

अतः अभीष्ट समय $= \frac{6}{4}$

$= 1$ घण्टा 30 मिनट

52. *(b)* हम जानते हैं कि किसी भी संख्या के अन्तिम तीन अंक अर्थात् $6a2$, 8 से विभाजित है, तो वह संख्या 8 से विभाजित होगी।

$\because 632$, 8 से पूर्णतः विभाजित है।

$\therefore a$ का सबसे छोटा मान $= 3$

53. *(c)* त्रिज्यखण्ड का परिमाप

$= 2\pi r \times \frac{\theta}{360°} + 2r$

$= 2 \times 3.14 \times 12 \times \frac{30°}{360°} + 2 \times 12$

$= 6.28 + 24 = 30.28$ सेमी

54. *(b)* साधारण ब्याज (SI) $= \frac{P \times R \times T}{100}$

$= \frac{6700 \times 12 \times 13}{100 \times 12}$

$= ₹ 871$

55. *(b)* शंक्वाकार तम्बू के आधार की परिधि

$= 32\pi$ मी

$\Rightarrow \quad 2\pi r = 32\pi$

$\Rightarrow \quad r = \frac{32\pi}{2\pi}$

$\Rightarrow \quad r = 16$ मी

$\therefore$ शंक्वाकार तम्बू का वक्रपृष्ठीय क्षेत्रफल

$= \pi r l \quad [l = \sqrt{h^2 + r^2}]$

$= \pi \times 16\sqrt{8^2 + 16^2}$

$= \pi \times 16\sqrt{320}$

$= 128\sqrt{5}\pi$ मी^{2}

56. *(a)* $\sin 150° = \sin(90° + 60°)$

$[\because \sin(90° + \theta) = \cos\theta]$

$= \cos 60°$

$= \frac{1}{2} = 0.5$

57. *(b)* यहाँ, $a_1 = 2, b_1 = 1, c_1 = a,$

$a_2 = 8, b_2 = b, c_2 = 12$

अनन्त हल के लिए

$$\frac{a_1}{a_2}=\frac{b_1}{b_2}=\frac{c_1}{c_2}$$

$$\therefore \quad \frac{2}{8}=\frac{1}{b}=\frac{a}{12}$$

अब, $\frac{2}{8}=\frac{1}{b} \Rightarrow b=4$

तथा $\frac{2}{8}=\frac{a}{12} \Rightarrow a=3$

अत: a और b का योग $= 4+3=7$

58. *(d)* माना बिल की राशि ₹ x है।

एकल छूट $=\left[-15\%-20\%+\frac{15\times20}{100}\%\right]$

$=\{-35\%+3\%\}$

$=-32\%$

प्रश्नानुसार,

$\therefore \quad x\times32\%-x\times25\%=28$

$x\times7\%=28$

$x=\frac{28\times100}{7}=$ ₹ 400

59. *(b)* कम्पनी के व्यय की कुल राशि

$=(20+12.5+15+10+5+20+17.5)\%$

$=$₹100

आर एण्ड डी पर व्यय $=$₹5%

अत: कम्पनी के व्यय की कुल राशि, आर एण्ड डी पर व्यय की 20 गुना है।

60. *(a)* चाप की लम्बाई $=2\pi r\times\frac{\theta}{360°}$

$=2\pi\times9.6\times\frac{75°}{360°}$

$=4\pi$ इकाई

61. *(c)* $a^2+b^2+c^2=2(a+c-1)$

$\Rightarrow a^2+b^2+c^2=2a+2c-2$

$\Rightarrow a^2+b^2+c^2-2a-2c+2=0$

$\Rightarrow a^2+1-2a+b^2+c^2+1-2c=0$

$\Rightarrow \quad (a-1)^2+b^2+(c-1)^2=0$

$\therefore (a-1)^2=0,\ b^2=0,\ (c-1)^2=0$

$a=1, b=0$ तथा $c=1$

अत: $a^3+b^3+c^3=(1)^3+(0)^3+(1)^3$

$=1+0+1=2$

62. *(d)* 2012 से 2014 के दौरान कम्पनी A द्वारा उत्पादित कारों का औसत

$$=\frac{1750+1800+2950}{3}=\frac{6500}{3}$$

2013 से 2015 के दौरान कम्पनी B और C द्वारा उत्पादित कारों का औसत

$$=\frac{2950+3020+3240+2070+3150+3290}{6}$$

$$=\frac{17720}{6}$$

$$\text{अभीष्ट प्रतिशत}=\frac{\frac{17720}{6}-\frac{6500}{3}}{\frac{17720}{6}}\times100$$

$$=\frac{4720}{17720}\times100=26.6\%$$

63. *(a)* वर्ष 2018 में मुद्रणालय B द्वारा प्रकाशित पाठ्य-पुस्तकों की संख्या

$=12$ हजार

वर्ष 2020 में मुद्रणालय C द्वारा प्रकाशित पाठ्य-पुस्तकों की संख्या $=9$ हजार

अभीष्ट अनुपात $=12:9=4:3$

64. *(c)* पाइप A का 1 घण्टे का कार्य

$$=\frac{1}{\frac{4}{3}}=\frac{3}{4}$$

पाइप B का 1 घण्टे का कार्य $=\frac{1}{2}$

पाइप $(A+B)$ का 1 घण्टे का कार्य

$$=\frac{3}{4}+\frac{1}{2}=\frac{5}{4}$$

अत: पाइप $(A+B)$ दोनों को एकसाथ टंकी को भरने में लगा समय $=\frac{4}{5}$ घण्टे

$=48$ मिनट

स्पीडी विधि

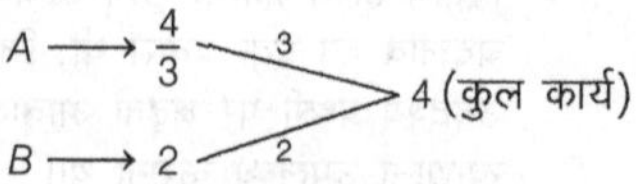

अत: पाइप A और B द्वारा टंकी को भरने में लगा समय $=\frac{4}{3+2}$ घण्टे

$$=\frac{4}{5}\times60=48 \text{ मिनट}$$

65. *(a)* 2, 32 का मध्यानुपाती $=\sqrt{2\times32}$

$=\sqrt{64}=8$

66. *(a)* $7\cos A=6\Rightarrow\cos A=\frac{6}{7}$

$\sin A=\sqrt{1-\cos^2A}$

$$=\sqrt{1-\left(\frac{6}{7}\right)^2}=\frac{\sqrt{13}}{7}$$

अब, $\operatorname{cosec}A=\frac{7}{\sqrt{13}}$

तथा $\cot A=\frac{6}{7}\times\frac{7}{\sqrt{13}}=\frac{6}{\sqrt{13}}$

$$\therefore \frac{\operatorname{coses}A+\cot A}{\operatorname{coses}A-\cot A}=\frac{\frac{7}{\sqrt{13}}+\frac{6}{\sqrt{13}}}{\frac{7}{\sqrt{13}}-\frac{6}{\sqrt{13}}}$$

$$=\frac{\frac{7+6}{\sqrt{13}}}{\frac{7-6}{\sqrt{13}}}=\frac{13}{1}=13$$

67. *(b)* विकल्प (a) और (c) 5 से विभाजित नहीं हैं।

विकल्प (b) 589270, यह संख्या 2, 5, 10 से पूर्णत: विभाजित है।

इसलिए, 11 से विभाजित की जाँच करने पर दी गई संख्या 589270

$\Rightarrow \quad (5+9+7)\sim(8+2+0)$

$\Rightarrow \quad 21-10=11$

अत: यह संख्या 11 से पूर्णत: विभाजित है।

68. *(c)* सुरेश के खर्च और बचत का अनुपात

$=3:1$

वेतन = खर्च + बचत

4 3 + 1

+1 ↓ 25%↑ ↓ 0.1 ↓ 10%↑

5 = 3.9 + 1.1

अत: खर्च में वृद्धि प्रतिशत

$$=\frac{(3.9-3)}{3}\times100$$

$$=\frac{9}{30}\times100=30\%$$

69. *(d)* दिया है,

$\tan4\theta\cdot\tan6\theta=1$

जब $\tan A\cdot\tan B=1$, तब $A+B=90°$ होता है।

$\therefore \quad 4\theta+6\theta=90°$

$\theta=9°$

$\therefore \cot5\theta=\cot5\times9°=\cot45°=1$

70. *(c)* उत्पादन विभाग में कर्मचारियों की संख्या

$=1600\times\frac{30}{100}=480$

सभी विभागों में महिला कर्मचारियों की संख्या

$$=1600\times\frac{8}{100}\times\frac{5}{8}+1600\times\frac{15}{100}\times\frac{3}{5}+1600\times\frac{25}{100}\times\frac{7}{10}+1600\times\frac{22}{100}\times\frac{4}{11}+1600\times\frac{30}{100}\times\frac{3}{8}$$

$=80+144+280+128+180=812$

अभीष्ट प्रतिशत $=\frac{480}{812}\times100=59.1\%$

71. *(b)* $5x-3y+7z=22$ ...... (i)

$3x-5y-2z=-46$ .... (ii)

$2x-2y+5z=24$ ...(iii)

समी (i) में 2 की गुणा और समी (ii) में 7 की गुणा करके जोड़ने पर,

$31x - 41y = -278$ ...(iv)

समी (ii) में 5 की गुणा और समी (iii) में 2 की गुणा करके जोड़ने पर,

$19x - 29y = -182$ ....(v)

समी (iv) व (v) से,

$y = 3, x = -5$

x और y का मान समी (i) में रखने पर,

$5 \times (-5) - 3 \times 3 + 7z = 22$

$\Rightarrow 7z = 22 + 25 + 9$

$\Rightarrow z = 8$

अत: x, y, z के मान, –5,3,8 हैं।

72. *(b)*

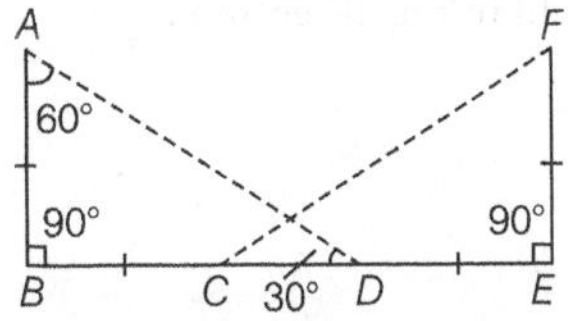

ΔABD तथा ΔFED में,

$AB = FE$ (दिया है)

$BD = CE$ (दिया है)

$\angle ABD = \angle FEC$ (दिया है)

$\therefore \Delta ABD \cong \Delta FED$

अब, $\angle F = \angle A = 60°$

तथा $\angle D = \angle C = 180° - (90° + 60°)$

$= 30°$

अत: $\dfrac{\angle BAD}{\angle FCE} = \dfrac{60°}{30°} = \dfrac{2}{1} = 2:1$

73. *(c)* पहले प्रकार की चीनी का कुल मूल्य

$= 4 \times 5 = ₹20$

दूसरे प्रकार की चीनी का कुल मूल्य

$= 6 \times 3 = ₹18$

$\therefore$ मिश्रण का लागत मूल्य $= \dfrac{20 + 18}{5 + 3}$

$= \dfrac{38}{8} = ₹4.75$

74. *(c)* माना वस्तु का लागत मूल्य $= ₹100$

लाभ $= 100 \times \dfrac{320}{100} = ₹320$

$\therefore$ विक्रय मूल्य $= 100 + 320 = ₹420$

10% वृद्धि के बाद लागत मूल्य

$= 100 \times \dfrac{110}{100} = ₹110$

अब, लाभ $= 420 - 110 = ₹310$

विक्रय मूल्य पर लाभ प्रतिशत

$= \dfrac{310}{420} \times 100$

$= \dfrac{3100}{42} = 73.8\%$

75. *(b)* दिया है,

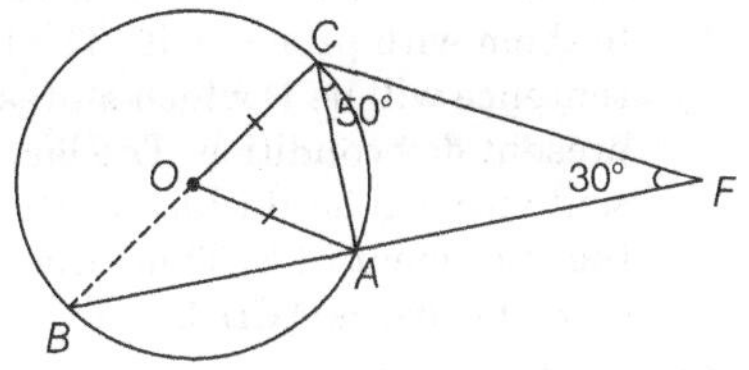

$\angle ACF = 50°$

$\angle AFC = 30°$

$OC = OA$ (त्रिज्याएँ)

$\angle OCF = 90°$ (त्रिज्या द्वारा स्पर्श रेखा पर बना कोण 90° होता है)

$\therefore \angle OCA = \angle OCF - \angle ACF$

$\angle OCA = 90° - 50°$

$\angle OCA = 40°$

$\angle CAO = 40°$ $[OC = OA]$

तथा ΔACF में,

$\angle CAF = 180° - (50° + 30°) = 100°$

अब,

$\angle OAB = 180 - (\angle CAO + \angle CAF)$

$= 180° - (100° + 40°)$

$= 40°$

$\therefore \angle OBA = \angle OAB = 40°$

ΔBOA में,

$\angle BOA = 180° - (40° + 40°) = 100°$

76. *(a)* This creativity will never be overlooked by us.

- The sentence is in simple future tense. When such a sentence is transformed into passive voice, the structure followed is subject + will + be + past participle verb.

77. *(b)* An **Aviary** refers to a place where birds are kept.

- **Zoo** is a facility in which animals are kept within enclosures for public exhibition and often bred for conservation purposes.
- **Sanctuary** is a place where birds or animals can live and be protected, especially from being hunted or dangerous conditions.
- **Hive** is a structure in which bees are kept, which is designed so that the beekeeper can collect the honey that they produce.

78. *(a)* Catastrophe means disaster. Hence, its antonym is 'success'.

- **Nurture** means care for and protect (someone or something) while they are growing.
- **Immaculate** means perfectly clean, neat, or tidy.

79. *(b)* The underlined part of the sentence is grammatically correct. However, it can be improved with - will execute assigned duties.

80. *(d)* The correct filler for the given blank is **olive branch** which means an offer of reconciliation.

- Poker face means an impassive expression that hides one's true feelings.
- **Comparing apples to oranges** means comparing two things that are very different and it's not sensible to do so.
- **Chip on shoulder** means someone has an unpleasant or angry attitude or way of behaving.

81. *(d)* The incorrectly spelt word is 'countemptible'. The correct spelling is 'contemptible'.

82. *(b)* The antonym of strong is 'weak'.

- **Complicated** means difficult.
- **Rugged** means a broken, rocky and uneven surface.

83. *(d)* When life gives you lemons, make lemonade is a proverb which means 'make the best out of difficult situations'.

84. *(c)* Monotonous means repetitive and boring. Hence, its antonym is 'engrossing'.

- **Tiresome** means tiring.
- **Tedious** means difficult.
- **Rational** means sensible.

85. *(a)* The incorrectly spelt word is 'concious'. The correct spelling is 'conscious'.

86. *(a)* Rapturous means characterised by, feeling or expressing great pleasure or enthusiasm. Hence, its synonym is 'ecstatic' which means happy.

87. *(c)* The underlined part of the sentence contains an error of tense. Use 'who accompanied you' to correct the sentence.

88. *(b)* The first sentence of the paragraph will be C as it introduces the main character 'I'. The second sentence will be B which expands on the dreams of I. The third sentence will be A which states that I's dream came true. The last sentence will be D which expands on it. Thus, the correct order is CBAD.

89. *(b)* Rectify means to 'correct or amend'.

- **Mar** means to impair the quality or appearance of; spoil.
- **Corrupt** means morally degenerate, dishonest or immoral.

90. *(b)* The correct filler for the given blank is 'confirm'.

91. *(b)* Part 'his MBA degree into' contains an error. The use of preposition 'into' is incorrect in the sentence. Hence, use 'from' to correct the sentence.

92. *(d)* The first sentence of the paragraph will be A as it introduces the main theme- Mobile Phone. The second sentence will be C as refers to them with pronoun 'it'. The third sentence will be D which states the present day condition. The last sentence will be B which contrasts the statement in D. Thus, the correct order is ACDB.

93. *(c)* 'Invincible' means incapable of being defeated.

- **Ineluctable** means unable to be resisted or avoided; inescapable.

94. *(d)* By whom were you invited to this party?

- The interrogative sentence is in past tense and uses 'who'. When such a sentence is transformed into passive voice, the structure followed is By whom + was/were+ Subject + V3.

95. *(d)* Part 'Ouch! I will not work' contains an error. The use of the interjection of 'ouch' is incorrect in the sentence.

96. *(c)* The correct filler for the given blank is 'the'.

97. *(a)* The correct filler for the given blank is 'forest-living'.

98. *(c)* The correct filler for the given blank is 'one's'.

99. *(c)* The correct filler for the given blank is 'proven'.

100. *(b)* The correct filler for the given blank is 'ill-gotten'.

सेट 13 13 सितम्बर, 2024 (प्रथम पाली)

SSC CGL Tier-I
सॉल्वड पेपर

निर्देश

1. इस सेट में कुल 100 प्रश्न हैं।
2. इस सेट में चार भाग हैं, **भाग-I** सामान्य बुद्धि एवं तर्कशक्ति, **भाग-II** सामान्य जागरुकता, **भाग-III** संख्यात्मक अभियोग्यता और **भाग-IV** अंग्रेजी भाषा।
3. प्रत्येक प्रश्न 2 अंक का है।

भाग I
सामान्य बुद्धि एवं तर्कशक्ति

1. एक निश्चित कूटभाषा में,
X + Y का अर्थ है 'X, Y का पिता है',
X − Y का अर्थ है 'X, Y का भाई है',
X × Y का अर्थ है 'X, Y की बहन है'
X ÷ Y का अर्थ है 'X, Y की पत्नी है'।
उपर्युक्त के आधार पर, यदि 'D × E ÷ F + G − H' है, तो D, H से किस प्रकार सम्बन्धित है?
(a) पिता की बहन (b) माता की बहन
(c) बहन (d) माता की माता

2. समीकरण को सही करने के लिए किन दो संख्याओं (अंक नहीं) को आपस में बदला जाना चाहिए?

$$\frac{480 \div 0.3 \times 5 + 500}{190 + 9 \times 27 \div 16} = 2$$

(a) 500 और 190
(b) 5 और 9
(c) 0.3 और 1.6
(d) 27 और 480

3. निम्नलिखित में से कौन-सा पद दी गई श्रृंखला में प्रश्नचिह्न (?) का स्थान लेगा?
KES, MIQ, PMN, TQJ, YUE, ?
(a) FYX (b) EXZ
(c) EXY (d) EYY

4. उस युग्म का चयन कीजिए, जिसमें संख्याएँ एक-दूसरे से उसी प्रकार सम्बन्धित हैं जिस प्रकार दिए गए युग्मों में संख्याएँ सम्बन्धित हैं।
(**नोट** संख्याओं को उनके घटक अंकों में विभाजित किए बिना, पूर्ण संख्याओं पर गणितीय संक्रियाएँ की जानी चाहिए। उदाहरण के लिए 13-13 पर गणितीय संक्रियाएँ जैसे 13 को जोड़ना/घटाना/ गुणा करना आदि की जा सकती हैं। 13 को 1 और 3 में तोड़ने और फिर 1 और 3 पर गणितीय संक्रियाएँ करने की अनुमति नहीं है।)
3 : 25
4 : 62
(a) 5 :123 (b) 6 :218
(c) 9 : 731 (d) 7 : 345

5. एक निश्चित कोड भाषा में, 'HUSBAND' को 'JVUDBPF' लिखा जाता है और 'SISTER' को 'UJUVFT' लिखा जाता है। उसी भाषा में 'BROTHER' को कैसे लिखा जाएगा?
(a) FJPVDTT (b) TFVJTPD
(c) DTPVJFT (d) DJTFPTV

6. निम्नलिखित श्रृंखला को जारी रखने के लिए प्रश्नचिह्न (?) के स्थान पर कौन-सी आकृति आनी चाहिए?

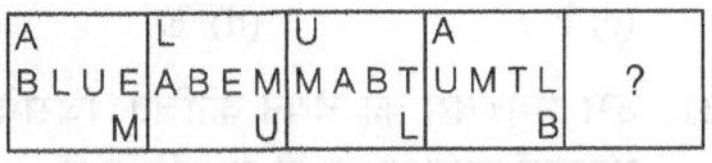

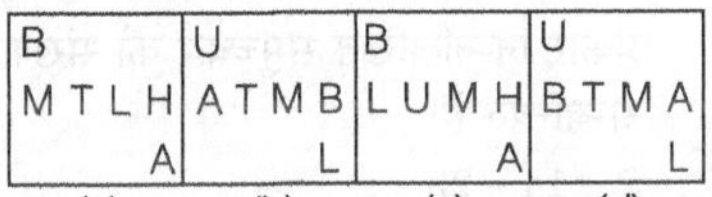

(a) (b) (c) (d)

7. यदि 'GRIMACE' शब्द के सभी अक्षरों को अंग्रेजी वर्णमाला क्रम में व्यवस्थित किया जाए, तो कितने अक्षरों की स्थिति में कोई बदलाव नहीं होगा?
(a) एक (b) शून्य (c) तीन (d) दो

8. दी गई आकृति में कितने त्रिभुज हैं?

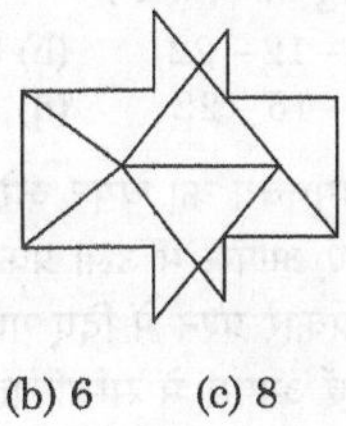

(a) 7 (b) 6 (c) 8 (d) 9

9. दर्पण को MN पर रखे जाने पर दी गई आकृति के सही दर्पण प्रतिबिम्ब का चयन कीजिए।

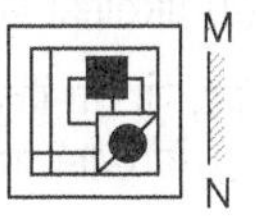

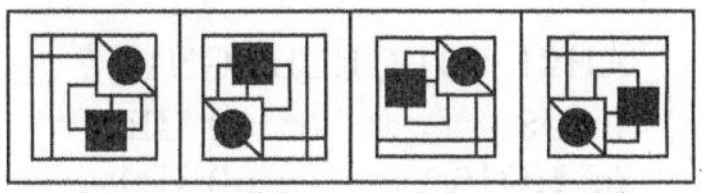
(a) (b) (c) (d)

10. दिए गए विकल्पों में से उस आकृति की पहचान कीजिए जिसे (?) के स्थान पर रखने पर श्रृंखला तार्किक रूप से पूर्ण हो जाएगी।

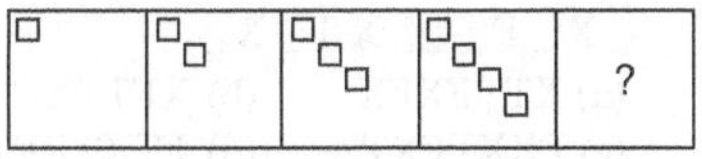

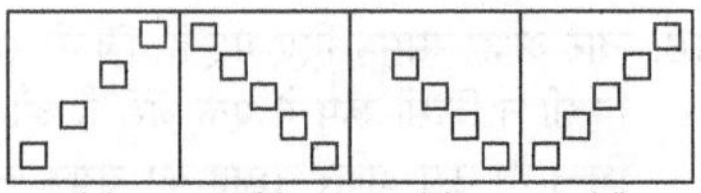
(a) (b) (c) (d)

11. यदि '+' और '−' को आपस में बदल दिया जाए और '×' और '÷' को आपस में बदल दिया जाए, तो निम्नलिखित समीकरण में प्रश्नचिह्न (?) के स्थान पर क्या आएगा?
$315 \times 15 - 93 + 16 \div 7 = ?$
(a) 4 (b) 2
(c) 12 (d) 8

12. आकृति X के बाद (a), (b), (c), (d) से क्रमांकित चार आकृतियाँ दी गई हैं। चारों में से उस आकृति की पहचान करें जिसमें आकृति X सन्निहित है (अर्थात् जिसमें आकृति X उसी रूप में निहित है)।

(X)

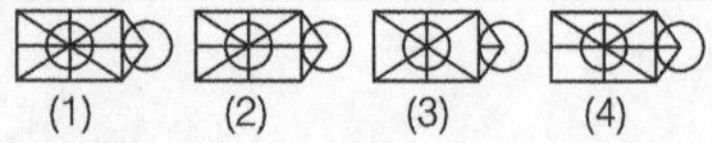

(1) (2) (3) (4)

(a) 1 (b) 4
(c) 2 (d) 3

13. उस विकल्प का चयन करें, जो तीसरे शब्द से उसी प्रकार सम्बन्धित है जैसे दूसरा शब्द पहले शब्द से सम्बन्धित है। (शब्दों को अर्थपूर्ण रूप में माना जाना चाहिए और शब्द आपस में अक्षरों की संख्या/व्यंजन/स्वरों की संख्या के आधार पर एक-दूसरे से सम्बन्धित नहीं होना चाहिए)

तुच्छ : प्रासंगिक :: उपहास : ?

(a) तिरस्कार (b) मज़ाक
(c) घृणा करना (d) प्रोत्साहित करना

14. उस विकल्प का चयन करें, जो निम्नलिखित शृंखला में प्रश्नचिह्न (?) के स्थान पर आ सकता है।

AH21, CJ18, EL15, GN12, ?

(a) J8 (b) HR11
(c) HQ10 (d) IP9

15. उस विकल्प का चयन कीजिए, जो उन अक्षरों को प्रदर्शित करता है जिन्हें नीचे दिए गए रिक्त स्थानों में बाएँ से दाएँ क्रमिक रूप से रखने पर अक्षर शृंखला पूर्ण हो जाएगी।

_ X _ F _ _ _ X T _ X _

(a) XTTFXFX (b) XFTTXFX
(c) FXXTFXT (d) FTXTFFT

16. चार अक्षर-समूह दिए गए हैं, जिनमें से तीन किसी न किसी रूप में एक जैसे हैं और एक भिन्न है। उस अक्षर-समूह का चयन करें जो भिन्न हो।

(**नोट** अक्षर समूह में, भिन्न व्यंजनों/स्वरों की संख्या या उनकी स्थिति पर आधारित नहीं है।)

(a) YXT (b) LKF
(c) NMI (d) SRN

17. 'बहुत' (Ample), 'प्रचुरता' (Abundant) से उसी प्रकार सम्बन्धित है, जिस प्रकार 'पर्याप्त' (Substantial)' .... से सम्बन्धित है। (शब्दों को सार्थक हिन्दी शब्द माना जाना चाहिए और शब्दों को अक्षरों की संख्या/व्यंजनों/स्वरों की संख्या के आधार पर एक-दूसरे से सम्बन्धित नहीं किया जाना चाहिए।)

(a) यथेष्ट (b) अल्प
(c) सम्मानित (d) अपर्याप्त

18. एक निश्चित कूटभाषा में 'mountain stand tall' को '33 66 44' के रूप में कूटबद्ध किया जाता है; 'rocky is tall' को '44 55 11' के रूप में कूटबद्ध किया गया है और 'rocky is mountain' को '33 55 11' के रूप में कूटबद्ध किया गया है। उसी भाषा में 'stand' को किस प्रकार कूटबद्ध किया गया है?

(a) 44 (b) 11
(c) 33 (d) 66

19. उस विकल्प का चयन करें जो उन अक्षरों का निरूपण करता है, जो नीचे दिए गए रिक्त स्थानों में बाएँ से दाएँ रखे जाने पर अक्षर शृंखला को पूरा करेंगे।

D_FD_F_F_D_F

(a) F F D F F (b) D F F D D
(c) F D D F F (d) D F D D F

20. एक पासे के विभिन्न फलकों पर छः अक्षर A, B, C, E, F और G लिखे गए हैं। नीचे दिए गए चित्र में इस पासे की दो स्थितियों को दर्शाया गया है। दिए गए विकल्पों में से A के विपरीत फलक पर लिखा अक्षर ज्ञात कीजिए।

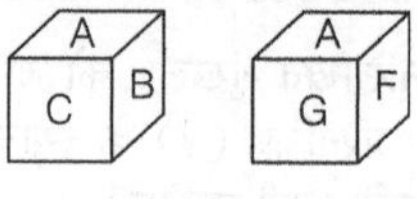

(a) C (b) G
(c) F (d) E

21. उस समुच्चय का चयन कीजिए, जिसमें संख्याएँ उसी प्रकार से सम्बन्धित हैं जिस प्रकार निम्नलिखित समुच्चय की संख्याएँ सम्बन्धित हैं।

7 – 14 – 23

4 – 11 – 20

(**नोट** संख्याओं को उनके घटक अंकों में तोड़े बिना, पूर्ण संख्याओं पर संक्रियाएँ की जानी चाहिए। उदाहरण के लिए 13 को लें-13 पर संक्रियाएँ जैसे 13 में जोड़ना/घटाना/गुणा करना आदि की जा सकती हैं। 13 को 1 और 3 में तोड़ने और फिर 1 और 3 पर गणितीय संक्रियाएँ करने की अनुमति नहीं है)

(a) 9 – 12 – 22 (b) 5 – 12 – 21
(c) 7 – 15 – 22 (d) 15 – 30 – 20

22. उस समुच्चय का चयन करें, जिसमें दी गई संख्याएँ आपस में उसी प्रकार सम्बन्धित हैं, जिस प्रकार प्रश्न में दिए गए समुच्चय की संख्याएँ आपस में सम्बन्धित हैं।

(**नोट** संख्याओं को उनके घटक अंकों में तोड़े बिना, पूर्ण संख्याओं पर गणितीय संक्रियाएँ की जानी चाहिए। जैसे, 13 के मामले में 13 पर की जाने वाली विभिन्न गणितीय संक्रियाएँ जैसे जोड़ना / घटाना / गुणा करना आदि केवल 13 के साथ की जा सकती है। लेकिन 13 को 1 और 3 में तोड़ने और फिर 1 और 3 पर गणितीय संक्रियाएँ करने की अनुमति नहीं है।)

(27, 405, 3)

(23, 690, 6)

(a) (16, 448, 7)
(b) (14, 364, 7)
(c) (24, 600, 5)
(d) (22, 616, 7)

23. निम्नलिखित संख्याओं में से तीन किसी प्रकार से एकसमान हैं और एक उनसे असंगत है। उस असंगत का चयन कीजिए।

(**नोट** गणितीय संक्रियाएँ संख्याओं को उनके घटक अंकों में तोड़े बिना पूर्ण संख्याओं पर की जानी चाहिए। उदाहरण के लिए 13-13 पर की जाने वाली संक्रियाएँ, जैसे जोड़ना, घटाना, गुणा करना इत्यादि, केवल 13 पर की जा सकती है। 13 को 1 और 3 में तोड़ना और तब 1 और 3 पर गणितीय संक्रियाएँ करने की अनुमति नहीं है।)

(a) 13 - 8 - 109
(b) 21 - 4 - 89
(c) 27 - 9 - 243
(d) 31 - 5 - 160

24. दिए गए विकल्पों में से उस संख्या का चयन कीजिए, जो निम्नलिखित शृंखला में प्रश्नचिह्न (?) को प्रतिस्थापित कर सकती है।

30, 20, ?, 60, 140

(a) 30 (b) 40 (c) 25 (d) 35

25. कागज की एक वर्गाकार शीट को बिन्दीदार रेखा के साथ दिखाई गई दिशाओं के साथ क्रमिक रूप से मोड़ा जाता है और फिर दिखाए गए चित्र के अनुसार अन्त में पंच किया जाता है। खुलने पर कागज कैसा दिखेगा?

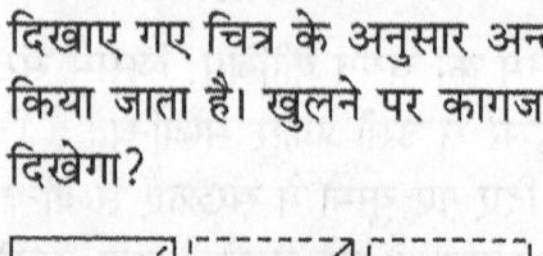

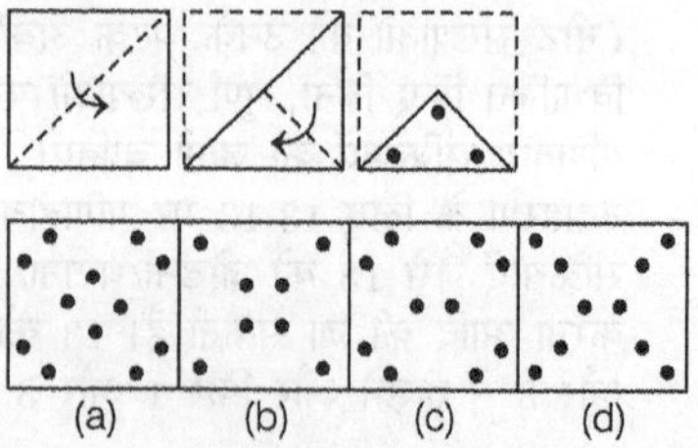

(a) (b) (c) (d)

भाग II

सामान्य जागरुकता

26. कौन-सा बहुपरमाणुक आयनी यौगिक ऐसा सफेद, क्रिस्टलीय पाउडर होता है, जिसका उपयोग अग्निशामक यन्त्रों में और अम्ल तथा क्षार को उदासीन करने में किया जाता है?
(a) सोडियम बाइकार्बोनेट
(b) सोडियम बाइसल्फाइट
(c) सोडियम थायोसल्फेट
(d) सोडियम क्रोमेट

27. छठ पूजा किस राज्य का प्रमुख त्योहार है?
(a) असम (b) बिहार
(c) कर्नाटक (d) तमिलनाडु

28. भारत के किस क्षेत्र में ग्रीष्म ऋतु में कम वर्षा होती है, लेकिन वापस लौट रही उत्तर-पूर्वी हवाओं के कारण सर्दियों के मौसम में भारी वर्षा होती है?
(a) पूर्वी तटीय क्षेत्र (b) दक्षिणी तटीय क्षेत्र
(c) पश्चिमी तटीय क्षेत्र (d) उत्तरी तटीय क्षेत्र

29. किस भारतीय गायक/गायिका ने 'राग सरिता' पुस्तक लिखी है?
(a) बालासाहेब पूँछवाले
(b) चिन्तामन रघुनाथ व्यास
(c) केसरबाई केरकर
(d) कुमार गन्धर्व

30. वर्ष 2020 में टोक्यो में भारत के लिए तीरन्दाजी में पैरालम्पिक कांस्य पदक किसने जीता?
(a) हरबिन्दर सिंह (b) अतानु दास
(c) प्रवीण जाधव (d) दीपिका कुमारी

31. निम्नलिखित में से कौन-सी पारिस्थितिकी तन्त्र की दो बुनियादी श्रेणियाँ हैं?
(a) स्थलीय और जलीय
(b) झील और तालाब
(c) वन और नदियाँ
(d) वन और जलचर

32. 1817 ई. में खुर्दा का विद्रोह निम्नलिखित में से किस क्षेत्र में किया गया था?
(a) संयुक्त प्रान्त (b) ओडिशा
(c) बंगाल (d) मद्रास

33. निम्नलिखित में से किन दो राशियों की विमाएँ समान हैं?
(a) शक्ति और जड़त्व आघूर्ण
(b) कार्य और कोणीय विस्थापन
(c) कार्य और बल आघूर्ण
(d) शक्ति और वृत्ताकार गति की त्रिज्या

34. भारतीय संविधान की निम्नलिखित में से कौन-सी विशेषता आयरलैण्ड के संविधान से ली गई है?
(a) समवर्ती सूची
(b) कानून का शासन
(c) मूल अधिकार
(d) राज्य के नीति-निदेशक तत्त्व

35. निम्नलिखित प्रसिद्ध भारतीय महिला क्रिकेटरों में से किसने जून, 2022 में संन्यास की घोषणा की थी?
(a) स्मृति मन्धाना
(b) मिताली राज
(c) अंजुम चोपड़ा
(d) झूलन गोस्वामी

36. किस बन्दरगाह को सैटेलाइट बन्दरगाह के रूप में विकसित किया गया है?
(a) हल्दिया (b) न्यू मैंगलोर
(c) जवाहरलाल नेहरू (d) मोरमुगाओ

37. निम्नलिखित में से कौन-सा मानव निर्मित पारिस्थितिकी तन्त्र है?
(a) मछलीघर (b) घास स्थल
(c) रेगिस्तान (d) वन

38. सुन्दरी वृक्ष भारत में किस प्रकार के वनों में पाए जाते हैं?
(a) उष्णकटिबन्धीय पर्णपाती वनों में
(b) मैंग्रोव वनों में
(c) उष्णकटिबन्धीय सदाबहार वनों में
(d) कण्टक वनों और झाड़ियों में

39. निम्नलिखित में से किस राज्य के लिए संविधान (अनुसूचित जाति और अनुसूचित जनजाति) आदेश (द्वितीय संशोधन) विधेयक, 2022 संसद में पेश किया गया था?
(a) उत्तर प्रदेश (b) ओडिशा
(c) बिहार (d) मध्य प्रदेश

40. सूची I में दिए गए खेलों का सूची II में दिए गए खिलाड़ियों के साथ मिलान कीजिए, जो वर्ष 2022 में अपनी खेल उपलब्धि के लिए खबरों में थे

	सूची I (खेल)		सूची II (खिलाड़ी)
A.	लक्ष्य सेन	i.	मुक्केबाजी
B.	रमेशबाबू प्रज्ञानानन्द	ii.	बैडमिण्टन
C.	निकहत जरीन	iii.	निशानेबाजी
D.	रुद्राक्ष पाटिल	iv.	शतरंज

कूट
A B C D A B C D
(a) ii iv i iii (b) iii iv i ii
(c) iv ii i iii (d) i iv ii iii

41. रंजना गौहर को निम्नलिखित में से किस भारतीय नृत्य शैली में उनके योगदान के लिए पद्मश्री पुरस्कार (2003) से सम्मानित किया गया था?
(a) मणिपुरी (b) कुचिपुड़ी
(c) ओडिसी (d) सत्रिया

42. भारत की जनगणना, 2011 के अनुसार, केन्द्रशासित प्रदेशों के किस समूह ने उच्चतम लिंगानुपात दर्ज किया?
(a) चण्डीगढ़, पुदुचेरी, लक्षद्वीप
(b) पुदुचेरी, दिल्ली, अण्डमान और निकोबार द्वीप समूह
(c) चण्डीगढ़, पुदुचेरी, दिल्ली
(d) पुदुचेरी, लक्षद्वीप, अण्डमान और निकोबार द्वीप समूह

43. टी-20 क्रिकेट प्रतियोगिता, 2022-2023 की सैयद मुश्ताक अली ट्रॉफी किस टीम ने जीती?
(a) हिमाचल प्रदेश (b) मुम्बई
(c) विदर्भ (d) पंजाब

44. हड़प नीति भारत के निम्नलिखित में से किस गवर्नर-जनरल द्वारा तैयार की गई एक विलय नीति थी?
(a) लॉर्ड मेयो (b) लॉर्ड कैनिंग
(c) लॉर्ड डलहौजी (d) लॉर्ड वेलेजली

45. निम्नलिखित में से किस राजवंश की स्थापना विंध्यशक्ति द्वारा की गई थी?
(a) चालुक्य (b) मौखरि
(c) पल्लव (d) वाकाटक

46. भारत का केन्द्रीय बैंक या भारतीय रिज़र्व बैंक स्वतन्त्रता से पहले वर्ष 1934 में बनाया गया था। एक केन्द्रीय बैंक बनाने की सिफारिश ……… द्वारा की गई थी।
(a) हिल्टन यंग आयोग
(b) नरसिम्हम समिति
(c) डॉ. राजा चेलैया समिति
(d) कोठारी आयोग

47. स्वतन्त्रता के बाद जीडीपी (GDP) में कृषि क्षेत्र के संघटन और रोजगार के सम्बन्ध में निम्नलिखित में से कौन-सा कथन सही है?
(a) जीडीपी (GDP) में रोजगार के अनुपात में उल्लेखनीय गिरावट आई है, लेकिन कृषि क्षेत्र की भागीदारी में कमी नहीं आई है

(b) कृषि क्षेत्र द्वारा जीडीपी (GDP) में योगदान के अनुपात में उल्लेखनीय गिरावट आई है, लेकिन कृषि क्षेत्र पर निर्भर रोजगार में गिरावट नहीं आई है
(c) जीडीपी (GDP) में कृषि क्षेत्र और रोजगार दोनों के अनुपात में उल्लेखनीय गिरावट आई है
(d) जीडीपी (GDP) में कृषि क्षेत्र और रोजगार दोनों के अनुपात में उल्लेखनीय वृद्धि हुई है

48. निम्नलिखित में से कौन संध्याकर नन्दी की संस्कृत की एक ऐतिहासिक कविता, 'रामचरित' का नायक है?
(a) देवपाल (b) गोपाल
(c) रामपाल (d) धर्मपाल

49. किस राज्य सरकार ने वाणी जयराम को वर्ष 2019 के एम. एस. सुब्बुलक्ष्मी पुरस्कार से सम्मानित किया था?
(a) ओडिशा (b) तमिलनाडु
(c) महाराष्ट्र (d) कर्नाटक

50. भारत के सर्वोच्च न्यायालय में भारत के राष्ट्रपति द्वारा नियुक्त मुख्य न्यायाधीश और अधिकतम .... अन्य न्यायाधीश शामिल होते हैं।
(a) 37 (b) 38
(c) 35 (d) 33

भाग III
संख्यात्मक अभियोग्यता

51. निम्नलिखित व्यंजक को सरल कीजिए
$[\{70-60\div 2 \text{ का } 6\}]+\{20-10\}\div 10] + 600\div 25 \text{ का } (2\times 3)\times(2 \text{ का } 3)+2 \text{ का } 5$
(a) 99 (b) 110
(c) 100 (d) 90

52. R और S के बीच एक चुनाव में, R को S को मिले मतों के 110% मत मिले और उसने S को 770 मतों से हरा दिया। यदि कोई अवैध मत नहीं थे, तो डाले गए मतों की कुल संख्या कितनी है?
(a) 17610 (b) 17160
(c) 16170 (d) 16710

53. नीचे दिया गया पाई-चार्ट एक दुकान के लिए एक दिन में विभिन्न फलों की बिक्री का प्रतिशत दर्शाता है। यदि एक फल विक्रेता द्वारा एक दिन में बेचे गए फलों की कुल संख्या 1200 है, तो सन्तरों और सेबों के लिए पाई-चार्ट में संयुक्त केन्द्रीय कोण क्या है?

(a) 160° (b) 90° (c) 180° (d) 220°

54. एक वस्तु को 250% के लाभ पर बेचा जाता है। इसके क्रय मूल्य और विक्रय मूल्य का अनुपात कितना है?
(a) 2 : 5 (b) 5 : 2
(c) 2 : 7 (d) 7 : 2

55. निम्नलिखित तालिका में अगस्त 2012 से अक्टूबर 2012 तक एक किराना स्टोर में वह वस्तुओं की बिक्री (लाख रुपये में) दर्शाई गई है।

माह/वस्तु	सूखे मेवे	चाय	दालें	चीनी	आटा	चावल
अगस्त	27	24	45	48	55	42
सितम्बर	32	15	34	42	33	23
अक्टूबर	25	30	42	47	49	27

अगस्त 2012 से अक्टूबर 2012 की अवधि के दौरान सूखे मेवे, चीनी और चावल की कुल संयुक्त बिक्री चाय, दालों और आटे की कुल संयुक्त बिक्री का कितने प्रतिशत (निकटतम पूर्णांक तक पूर्णांकित) है?
(a) 94% (b) 98% (c) 95% (d) 96%

56. यदि 321y72, 6 का एक गुणज है, जहाँ y एक अंक है, तो y का न्यूनतम मान क्या होगा?
(a) 3 (b) 0 (c) 7 (d) 2

57. एक कैफे में, रमा ने अपने 7 दोस्तों के लिए ₹ 240 में पेय खरीदे। उनमें से कुछ को कॉफी चाहिए थी, जबकि अन्य को काली चाय चाहिए थी। यदि एक नियमित कप कॉफी की कीमत ₹ 40 है और एक नियमित कप काली चाय की कीमत ₹ 30 है, तो ज्ञात कीजिए कि उसने कितने कप चाय खरीदी थी?
(a) 3 (b) 5 (c) 4 (d) 6

58. प्रणव ने 10% वार्षिक साधारण ब्याज की दर से ₹ 623305 की राशि उधार ली। प्रथम वर्ष की समाप्ति पर, वह उधार ली गई मूल राशि की वापसी के लिए ₹ 16390 चुकाता है। यदि प्रणव दूसरे वर्ष की समाप्ति पर सभी लम्बित बकाया राशि का भुगतान करता है, जिसमें प्रथम वर्ष के दौरान अर्जित ब्याज भुगतान भी शामिल है, तो वह दूसरे वर्ष की समाप्ति पर कितना भुगतान (₹ में) करेगा?
(a) 729025 (b) 729937
(c) 738700 (d) 725903

59. दिया गया बार ग्राफ पाँच कम्पनियों का टर्नओवर (करोड़ में) दर्शाता है।

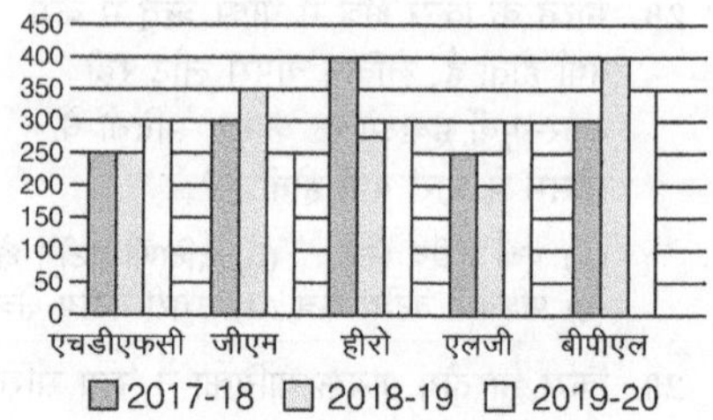

वर्ष 2018-2019 और 2019-2020 के बीच सभी कम्पनियों के कुल औसत बिक्री टर्नओवर के बीच कितना अन्तर है?
(a) ₹ 5 करोड़ (b) ₹ 2 करोड़
(c) ₹ 3.5 करोड़ (d) ₹ 6.5 करोड़

60. एक टंकी को भरने के लिए दो पाइपों का उपयोग किया जाता है और जब उन्हें एकसाथ चालू किया जाता है, तो वे टंकी को 20 मिनट में भर सकते हैं। यदि एक पाइप, दूसरे पाइप की तुलना में ढाई गुना तेजी से टंकी भर सकता है, तो तेज पाइप अकेले टंकी को कितने समय में भर सकता है?
(a) 30 मिनट
(b) 32 मिनट
(c) 28 मिनट
(d) 34 मिनट

61. A और B क्रमश: 2 सेमी और 1 सेमी की त्रिज्याओं वाले दो वृत्तों के केन्द्र हैं, जहाँ $AB=5$ सेमी है। C, त्रिज्या r सेमी वाले एक अन्य वृत्त का केन्द्र है, जो उपरोक्त प्रत्येक दोनों वृत्तों को बाहरी रूप से स्पर्श करता है। यदि $\angle ACB = 90°$ है, तो r का मान क्या होगा?
(a) 3 सेमी (b) 5 सेमी
(c) 4 सेमी (d) 2 सेमी

62. 21 सेमी त्रिज्या वाले वृत्ताकार पिज्जा का एक-चौथाई भाग, सम्पूर्ण पिज्जा से निकाल दिया जाता है। शेष पिज्जा का परिमाप (सेमी में) कितना होगा। ($\pi = 22/7$) का उपयोग कीजिए।

(a) 141 (b) 131
(c) 128 (d) 99

63. 7 इकाई की त्रिज्या वाले एक वृत्त से 7 इकाई लम्बाई की जीवा से एक चाप काटा जाता है। छोटे हिस्से के चाप की लम्बाई (इकाई में) क्या है?

(a) $\frac{7}{4}\pi$ (b) $\frac{8}{3}\pi$
(c) $\frac{7}{3}\pi$ (d) $\frac{7}{6}\pi$

64. यदि $P(\sqrt{3} + \cot 30°) = \tan^3 60° - 2\sin 60°$ है, तो P का मान ज्ञात करें।

(a) $\sqrt{3}$ (b) 1
(c) -1 (d) $2\sqrt{3}$

65. यदि क्रमिक छूट 10%, 15% है, तो छूट की एकल समतुल्य दर .... है।

(a) 24.2% (b) 43.4%
(c) 23.5% (d) 32.3%

66. यदि $\Delta PQR \cong \Delta ABC$, $AB = 6$ सेमी, $\angle B = 50°$ और $\angle A = 70°$ है, तो निम्नलिखित में से कौन-सा विकल्प सही है?

(a) $QP = 6$ सेमी, $\angle R = 60°$
(b) $QR = 6$ सेमी $\angle Q = 60°$
(c) $QP = 6$ सेमी, $\angle P = 60°$
(d) $QR = 6$ सेमी, $\angle R = 60°$

67. यदि $A:B = 6:8$ और $B:C = 5:10$ है, तो $A:B:C$ का मान ज्ञात कीजिए।

(a) 4 : 3 : 2 (b) 3 : 4 : 8
(c) 1 : 3 : 4 (d) 1 : 2 : 4

68. यदि $\sin 31° = \alpha$ है, तो $\cot 59°$ का मान ज्ञात कीजिए।

(a) $\frac{\sqrt{1-\alpha^2}}{2\alpha}$ (b) $\frac{\sqrt{1+\alpha^2}}{\alpha}$
(c) $\frac{\alpha}{\sqrt{1+\alpha^2}}$ (d) $\frac{\alpha}{\sqrt{1-\alpha^2}}$

69. यदि $\frac{1}{1-\sin\theta} + \frac{1}{1+\sin\theta} = 4\sec\theta$ है, जहाँ $(0 < \theta < 90°)$ है, तो $(\cot\theta + \text{cosec}\theta)$ का मान ज्ञात कीजिए।

(a) $\sqrt{2}$ (b) $\sqrt{5}$
(c) $\sqrt{6}$ (d) $\sqrt{3}$

70. एक नाव कुल 32 घण्टों में धारा की विपरीत दिशा में 78 किमी की दूरी तय कर सकती है और वापस आ सकती है। यह कुल 9 घण्टे में 15 किमी की दूरी धारा की विपरीत दिशा में और 52 किमी की दूरी धारा की दिशा में तय कर सकती है। यह नाव स्थिर जल में 12 घण्टे में कितनी दूरी तय करेगी?

(a) 100 किमी (b) 96 किमी
(c) 92 किमी (d) 104 किमी

71. निम्न व्यंजक सरल करें।

$$\frac{(x-y)^3 + (y-z)^3 + (z-x)^3}{(x-y)(y-z)(z-x)}$$

(a) 1 (b) 0
(c) 2 (d) 3

72. 70 मी त्रिज्या और 46200 मी^{3} आयतन वाली शंक्वाकार पानी की टंकी की ऊँचाई (मी में) कितनी है? ($\pi = \frac{22}{7}$ लीजिए।)

(a) 27 (b) 54 (c) 18 (d) 9

73. दी गई तालिका कक्षा 9 में एक विद्यार्थी द्वारा प्राप्त अंकों को दर्शाती है।

विषय	अंक (100 में से)
सामाजिक विज्ञान	93
विज्ञान	90
हिन्दी	90
अंग्रेजी	95
गणित	78

उस विद्यार्थी द्वारा प्राप्त किए गए अंकों का प्रतिशत क्या है?

(a) 89.2% (b) 88%
(c) 90% (d) 88.8%

74. एक दुकानदार दो प्रकार के चावल जिनकी कीमत ₹ 250/5 किग्रा और ₹ 280/5 किग्रा है को 7:8 के अनुपात में मिलाता है। परिणामी मिश्रण की शुद्ध लागत (प्रति किग्रा) ज्ञात कीजिए।

(a) ₹ 25.30 (b) ₹ 32.60
(c) ₹ 52.30 (d) ₹ 53.20

75. निम्नलिखित समीकरणों को हल करें।

$5x + 4y - 8z = 1$
$7x - 9y + z = -1$
$2x + 3y - 4z = 1$

(a) $x = 1, y = -1, z = 1$
(b) $x = -1, y = 1, z = 1$
(c) $x = 1, y = 1, z = 1$
(d) $x = 1, y = 1, z = -1$

भाग IV
अंग्रेजी भाषा

76. Select the most appropriate option that can substitute the underlined segment in the given sentence. If no substitution is required, select 'No substitution'.

Satya is always great to his friends who helped him when he was in trouble.

(a) greatful (b) thanked
(c) No substitution (d) grateful

77. Select the most appropriate antonym of the given word.

Epitome

(a) Exhort (b) Expansion
(c) Lucid (d) Precise

78. The following sentence has been divided into four segments. Identify the segment that contains an error. Mr. Surya / have no interior / motive in offering / you support.

(a) Mr. Surya
(b) you support.
(c) motive in offering
(d) have no interior

79. Select the most appropriate option that can substitute the underlined segment in the given sentence.

The team always anticipate a bowling friendly pitch on their easy victory in the T20 matches.

(a) pitch over their easy victory
(b) pitch for their easy victory
(c) pitch to their easy victory
(d) pitch of their easy victory

80. Select the option that expresses the given sentence in passive voice.

The team will announce the winner tomorrow.

(a) The team will announce tomorrow the winner.
(b) The winner will announce tomorrow by the team.
(c) The winner will be announced by the team tomorrow.
(d) Tomorrow will be announced the winner by the team.

81. The following sentence has been split into four segments. Identify the segment that contains a grammatical error.
By the end of / this month, he / will been working / for five years.
(a) for five years
(b) will been working
(c) By the end of
(d) this month, he

82. Select the most appropriate option to fill in the blank.
Kamal is not willing to purchase a house on the 12th floor of a sea-side apartment, as she is fearful of heights. She is suffering from ......
(a) heliophobia
(b) claustrophobia
(c) sociophobia
(d) acrophobia

83. Select the most appropriate option to fill in the blank.
The homophone for the word 'there' is ....
(a) that (b) their
(c) those (d) clear

84. Select the most appropriate meaning of the given idiom.
Turned a deaf ear to
(a) Disregarded
(b) At intervals
(c) By any means
(d) Rebuked

85. Select the most appropriate meaning of the given idiom.
A bad patch
(a) A path that is untravelled
(b) A period of time when a person faces lots of troubles
(c) A person who takes a difficult path
(d) A dangerous road to walk on

86. Select the most appropriate antonym of the underlined word in the given sentence.
An elephant is a <u>large</u> mammal.
(a) Bumper (b) Gigantic
(c) Tiny (d) Heroic

87. Select the option that can be used as a one-word substitute for the given group of words.
Cannot be corrected
(a) Illegible (b) Incorrigible
(c) Incredible (d) Ineligible

88. Select the most appropriate antonym of the word in bracket to fill in the blank.
The modern work is deliberately .... (ambiguous).
(a) puzzling (b) certain
(c) dubious (d) vague

89. Parts of a sentence are given below in jumbled order. Arrange the parts in the correct order to form a meaningful sentence.
A. Smoking in
B. Your youth stunts
C. The body and
D. Clouds the brain
(a) ABCD (b) CABD
(c) DCBA (d) DBCA

90. Select the most appropriate antonym of the given word.
Barbarity
(a) Callous (b) Compromise
(c) Compassion (d) Rivalry

91. Select the word which means the same as the group of words given.
A written statement made under oath
(a) Testimony (b) Affirmation
(c) Affidavit (d) Statement

92. Select the most appropriate antonym of the word in bold.
His mother never held a **grudge** against his father.
(a) rancour (b) compassion
(c) revulsion (d) malevolence

93. In the following sentence, four words have been underlined, out of which one word is misspelt. Select the option with the misspelt word.
In spite of the <u>dilemma</u> that <u>preveiled</u> during the discussion sessions, the <u>committee</u> remained committed to finding an <u>amicable</u> solution to the issue.
(a) amicable
(b) committee
(c) preveiled
(d) dilemma

94. Select the option that expresses the given sentence in passive voice.
Don't let Dylan fool you!
(a) Do not be fooled by Dylan.
(b) Do not ever be fooled by Dylan.
(c) Do not be fool by Dylan.
(d) Do not have been fooled by Dylan.

95. Select the incorrectly spelt word.
(a) Reinforcement
(b) Opportunity
(c) Atributes
(d) Motivational

Directions (Q. Nos. 96-100) *In the following passage, some words have been deleted. Read the passage carefully and select the most appropriate option to fill in each blank.*

Sleeping, dreaming and waking are three important ....(1)...... for ordinary humans. But for those who have ....(2)....... transcendental knowledge, all three are almost same and there is not much difference among these three. 'The world and life is a myth and it keeps on changing' ....(3).......Adi Shankaracharya, the greatest 'Advaita' preacher. Ramana Maharshi observed no difference between dreaming and waking states. What he said is that it is from one unreal world to another ....(4)....... world. There is no difference between the images one sees when waking up and the images he/she sees during dreams. According to this great sage of the modern century, the first one is daydream and the second one is a night dream. The usual philosophers say that mind and body are the two elements and mind is the source of all diverse thoughts. In the waking up state, the mind is active with all tensions and dissatisfactions, so happiness is missing: during sleep as the mind is absent and so is the physical world, the real happiness ....(5)....... . It is said that deep sleep, where there is no feeling of body, mind and the world, is the natural state of human beings.

96. Select the most appropriate option to fill in blank number 1.
(a) problems (b) aspects
(c) methods (d) angles

97. Select the most appropriate option to fill in blank number 2.
(a) large (b) deep
(c) superficial (d) depth

98. Select the most appropriate option to fill in blank number 3.
(a) tells by (b) was said
(c) saying (d) says

99. Select the most appropriate option to fill in blank number 4.
(a) confused
(b) reality
(c) unreal
(d) unimaginary

100. Select the most appropriate option to fill in blank number 5.
(a) is gained
(b) gains
(c) gained
(d) was gained

उत्तरमाला

1. (b)	2. (c)	3. (d)	4. (a)
5. (c)	6. (c)	7. (b)	8. (a)
9. (b)	10. (b)	11. (b)	12. (a)
13. (d)	14 (d)	15. (d)	16. (b)
17. (a)	18. (d)	19. (a)	20. (d)
21. (b)	22. (c)	23. (c)	24. (a)
25. (a)	26. (a)	27. (b)	28. (a)
29. (b)	30. (a)	31. (a)	32. (b)
33. (c)	34. (d)	35. (b)	36. (c)
37. (a)	38. (b)	39. (a)	40. (a)
41. (c)	42. (d)	43. (b)	44. (c)
45. (d)	46. (a)	47. (b)	48. (c)
49. (b)	50. (d)	51. (c)	52. (c)
53. (c)	54. (c)	55. (d)	56. (b)
57. (c)	58. (b)	59. (a)	60. (c)
61. (d)	62. (a)	63. (c)	64. (b)
65. (c)	66. (a)	67. (b)	68. (d)
69. (d)	70. (b)	71. (d)	72. (d)
73. (a)	74. (d)	75. (c)	76. (d)
77. (b)	78. (d)	79. (b)	80. (c)
81. (b)	82. (d)	83. (b)	84. (a)
85. (b)	86. (c)	87. (b)	88. (b)
89. (a)	90. (c)	91. (c)	92. (b)
93. (c)	94. (a)	95. (c)	96. (b)
97. (b)	98. (d)	99. (c)	100. (a)

व्याख्या

1. *(b)* प्रश्नानुसार,

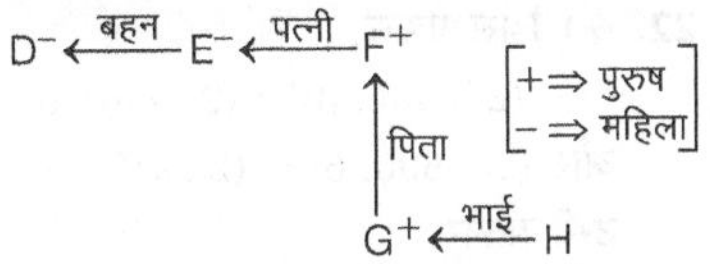

स्पष्टत: D, H की माता की बहन है।

2. *(c)* $\dfrac{480 \div 0.3 \times 5 + 500}{190 + 9 \times 27 \div 16} = 2$

विकल्प (c) के अनुसार अंक परिवर्तित करने पर,

$$\frac{480 \div 16 \times 5 + 500}{190 + 9 \times 27 \div 0.3} = 2$$

$$\Rightarrow \frac{300 \times 5 + 500}{190 + 9 \times 90} = 2$$

$$\Rightarrow \frac{1500 + 500}{190 + 810} = 2$$

$$\Rightarrow \frac{2000}{1000} = 2$$

$$\therefore 2 = 2$$

3. *(d)* दी गई शृंखला का क्रम निम्न प्रकार है

K $\xrightarrow{+2}$ M $\xrightarrow{+3}$ P $\xrightarrow{+4}$ T $\xrightarrow{+5}$ Y $\xrightarrow{+6}$ E

E $\xrightarrow{+4}$ I $\xrightarrow{+4}$ M $\xrightarrow{+4}$ Q $\xrightarrow{+4}$ U $\xrightarrow{+4}$ Y

S $\xrightarrow{-2}$ Q $\xrightarrow{-3}$ N $\xrightarrow{-4}$ J $\xrightarrow{-5}$ E $\xrightarrow{-6}$ Y

4. *(a)* जिस प्रकार,

$(3 : 25) \Rightarrow (3)^3 - 2 = 27 - 2 = 25$

तथा $(4 : 62) \Rightarrow (4)^3 - 2 = 64 - 2 = 62$

उसी प्रकार,

$(5 : 123) \Rightarrow (5)^3 - 2 = 125 - 2 = 123$

5. *(c)* जिस प्रकार,

H	U	S	B	A	N	D
↓+2	↓+1	↓+2	↓+2	↓+1	↓+2	↓+2
J	V	U	D	B	P	F

[व्यंजन → +2, स्वर → +1]

और

S	I	S	T	E	R
↓+2	↓+1	↓+2	↓+2	↓+1	↓+2
U	J	U	V	F	T

उसी प्रकार,

B	R	O	T	H	E	R
↓+2	↓+2	↓+1	↓+2	↓+2	↓+1	↓+2
D	T	P	V	J	F	T

6. *(c)* दी गई शृंखला एकान्तर क्रम में है जिसका पैटर्न निम्न प्रकार है

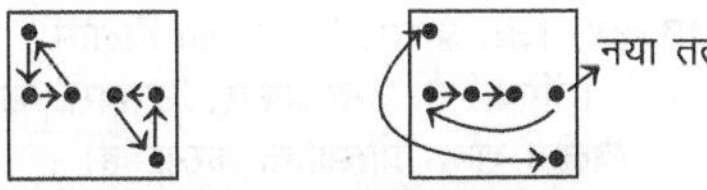

आकृति (i) से (ii) तथा आकृति (iii) से (iv)   आकृति (ii) से (iii) तथा आकृति (iv) से (v)

अत: विकल्प (c) की आकृति प्रश्नचिह्न के स्थान पर आएगी।

7. *(b)* प्रश्नानुसार,

दिया गया शब्द → G R I M A C E

अंग्रेजी की वर्णमाला क्रमानुसार → A C E G I M R

अत: दिए गए शब्द के अक्षरों की स्थिति में कोई बदलाव नहीं आया।

8. *(a)* आकृति में बिन्दुओं के नाम लिखने पर,

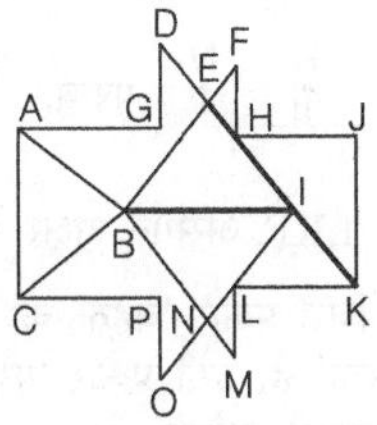

आकृति में निम्न त्रिभुज हैं

ΔABC, ΔEFH, ΔHJK, Δ EBI,
ΔLMN, ΔNBI, ΔIKL

अत: आकृति में 7 त्रिभुज हैं।

9. *(b)* विकल्प आकृति (b), दी गई आकृति का सही दर्पण प्रतिबिम्ब हैं।

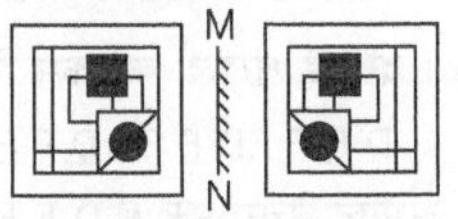

10. *(b)* दी गई आकृति शृंखला में प्रत्येक अगली आकृतियों के अन्दर वर्गों की संख्या लगातार बढ़ रही हैं। इसलिए उत्तर आकृति (b) इस शृंखला को पूरा करेगी।

11. *(b)* $315 \times 15 - 93 + 16 \div 7 = ?$

प्रश्नानुसार,

$? = 315 \div 15 + 93 - 16 \times 7$

$= 21 + 93 - 112$

$= 114 - 112 = 2$

12. *(a)* उत्तर आकृति (1) में, दी गई प्रश्न आकृति सन्निहित हैं।

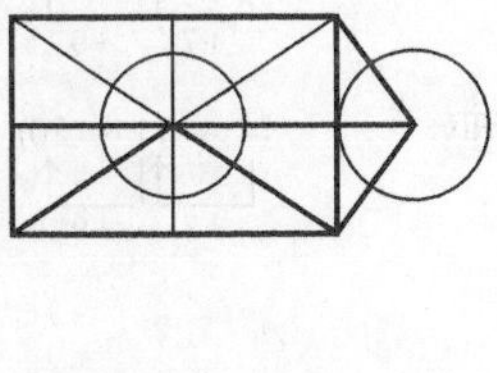

13. *(d)* जिस प्रकार, 'तुच्छ' का विलोम 'प्रासंगिक' है। उसी प्रकार, 'उपहास' का विलोम शब्द 'प्रोत्साहित करना' है।

14. *(d)* दी गई शृंखला का क्रम निम्न प्रकार है

A $\xrightarrow{+2}$ C $\xrightarrow{+2}$ E $\xrightarrow{+2}$ G $\xrightarrow{+2}$ I

H $\xrightarrow{+2}$ J $\xrightarrow{+2}$ L $\xrightarrow{+2}$ N $\xrightarrow{+2}$ P

21 $\xrightarrow{-3}$ 18 $\xrightarrow{-3}$ 15 $\xrightarrow{-3}$ 12 $\xrightarrow{-3}$ 9

15. *(d)* दी गई शृंखला का क्रम निम्न हैं

F X T / F X T / F X T / F X T

∴ अभीष्ट उत्तर = F T X T F F T

16. *(b)* जिस प्रकार,

Y X T (−1, −4) और N M I (−1, −4)

S R N (−1, −4) परन्तु, L K F (−1, −5)

अतः LKF, असंगत अक्षर समूह हैं।

17. *(a)* जिस प्रकार 'बहुत' का पर्यायवाची 'प्रचुरता' है, उसी प्रकार 'पर्याप्त' का पर्यायवाची 'यथेष्ट' है।

18. *(d)* प्रश्नानुसार,

mountain stand tall → 33 66 44

rocky is tall → 44 55 11

rocky is mountain → 33 55 11

अतः 'stand' को 66 कूटबद्ध किया गया है।

19. *(a)* दी गई शृंखला का क्रम निम्न है

D F F / D F F / D F F / D F F

∴ अभीष्ट उत्तर = F F D F F

20. *(d)* पासे की दोनों स्थितियों में अक्षर 'A' उभयनिष्ठ है, A से दक्षिणावर्त लिखने पर

स्थिति I → A B C

स्थिति II → A F G

(B–F विपरीत, C–G विपरीत)

अतः शेष फलक अर्थात् अक्षर 'E', अक्षर 'A' के विपरीत होगा।

21. *(b)* जिस प्रकार,

(7 – 14 – 23) (+7, +9)

और (4 – 11 – 20) (+7, +9)

उसी प्रकार, (5 – 12 – 21) (+7, +9)

22. *(c)* जिस प्रकार,

$(27, 405, 3) \Rightarrow (27 \times 3) \times 5 = 405$

और $(23, 690, 6) \Rightarrow (23 \times 6) \times 5 = 690$

उसी प्रकार,

$(24, 600, 5) \Rightarrow (24 \times 5) \times 5 = 600$

23. *(c)* जिस प्रकार, (13 – 8 – 109)

$\Rightarrow 13 \times 8 + 5 = 104 + 5 = 109$

(21 – 4 – 89)

$\Rightarrow 21 \times 4 + 5 = 84 + 5 = 89$

और (31 – 5 – 160)

$\Rightarrow 31 \times 5 + 5 = 155 + 5 = 160$

परन्तु, (27 – 9 – 243)

$\Rightarrow 27 \times 9 + 5 = 243 + 5 = 248 \neq 243$

24. *(a)* दी गई शृंखला का क्रम निम्न प्रकार है

30 → 20 → 30 → 60 → 140

(×.5+5, ×1+10, ×1.5+15, ×2+20)

25. *(a)* दिए गए कागज की शीट को मोड़कर तथा पंच कर पुनः कागज को खोलने पर आकृति उत्तर आकृति (a) के समान दिखाई देगी।

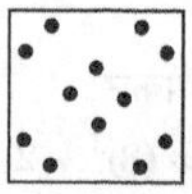

26. *(a)* **सोडियम बाइकार्बोनेट** का उपयोग अग्निशामक यन्त्रों में और अम्ल तथा क्षार को उदासीन करने में किया जाता है।

- सोडियम बाइकार्बोनेट जिसे सामान्यतः बेकिंग सोड़ा या सोडियम बाइकार्बोनेट के नाम से जाना जाता है, एक रासायनिक यौगिक है, जिसका रासायनिक सूत्र $NaHCO_3$ है।
- इसका उपयोग खाना पकाने में एवं बेकिंग पाउडर में एक लेवनिंग एजेण्ट के रूप में किया जाता है।
- यह एक क्षारीय पदार्थ है। सोडियम बाइकार्बोनेट का pH मान 9 होता है, इसलिए यह एक कमजोर क्षारीय है।

27. *(b)* छठ पूजा **बिहार राज्य** का प्रमुख त्योहार है। छठ पूजा बिहार या सम्पूर्ण भारत का ऐसा एकमात्र पर्व है, जो वैदिक काल से चला आ रहा है और अब तो यह बिहार की संस्कृति बन चुका है।

- छठ पर्व कार्तिक शुक्ल पक्ष की षष्ठी को मनाया जाने वाला एक हिन्दू पर्व है।
- सूर्योपासना का यह लोकपर्व मुख्य रूप से बिहार, झारखण्ड, पश्चिम बंगाल, पूर्वी उत्तर प्रदेश और नेपाल के तराई क्षेत्रों में मनाया जाता है।

28. *(a)* लौटते हुए मानसून से **पूर्वी तटीय क्षेत्र** पर भारी वर्षा होती है।

- लौटता हुआ मानसून उत्तर-पूर्वी वायु स्रोतों का प्रवाह होता है, जो अक्टूबर के बाद हिमालय पर्वतमाला के दक्षिण-पश्चिम दिशा में बहता है।
- यह शीतकालीन मानसून होता है, यह लौटते हुए अक्टूबर की शुरुआत में उत्तरी मैदानों से पूरी तरह समाप्त हो जाता है।
- लौटते मानसून के दौरान तमिलनाडु में काफी बारिश होती है और बंगाल की खाड़ी में भयंकर उष्णकटिबन्धीय चक्रवात उठते हैं।

29. *(b)* **चिन्तामन रघुनाथ व्यास** ने राग सरिता नामक पुस्तक लिखी है, जो संगीत के क्षेत्र में उनके कार्यों का सार प्रस्तुत करती है।

- चिन्तामन एक भारतीय शास्त्रीय गायक थे, इन्हें ख्याल शैली गाने के लिए जाना जाता था।
- इन्होंने पारम्परिक रागों और बंदिशों पर भी शोध किया और गुनिजान के नाम से विभिन्न रागों में 200 से अधिक बंदिशों की रचना की।
- इस पुस्तक का अद्यतन संस्करण वर्ष 2019 में उनके बेटे सुहास व्यास द्वारा जारी किया गया था।

30. *(a)* टोक्यो पैरालम्पिक, 2020 में भारत के लिए कांस्य पदक **हरबिन्दर सिंह** ने जीता है।

- हरबिन्दर सिंह ने वर्ष 2022 में एशिया पैरा खेलों में कांस्य पदक और वर्ष 2023 की एशियाई पैरा चैम्पियनशिप में पुरुष टीम स्पर्धा में रजत पदक जीता।
- पेरिस 2024 पैरालम्पिक में हरबिन्दर ने तीरन्दाजी में पहला स्वर्ण पदक विजेता बनकर इतिहास रच दिया है।
- पेरिस पैरालम्पिक 2024 में भारत ने कुल 29 पदक जीते हैं। इनमें सात स्वर्ण, नौ रजत और 13 कांस्य पदक शामिल हैं।
- मेडल तालिका में भारत 170 देशों में 18वें नम्बर पर रहा।

31. *(a)* पारिस्थितिकी तन्त्र के दो मुख्य प्रकार **स्थलीय और जलीय** हैं। स्थलीय पारिस्थितिकी तन्त्र जिसका अर्थ है कि वे भूमि पर मौजूद हैं, जलीय पारिस्थितिकी तन्त्र वे होते हैं, जो पानी में होते हैं; जैसे—तालाब आदि।

- पारिस्थितिकी तन्त्र में दो प्रमुख घटक होते हैं— जैविक और अजैविक।
- जैविक घटकों में पौधे, जानवर और अपघटक शामिल होते हैं।
- अजैविक घटकों में खनिज, जलवायु, मिट्टी, जल, धूप और अन्य सभी निर्जीव कारक शामिल होते हैं।

32. *(b)* खुर्दा का विद्रोह ओडिशा से सम्बन्धित है।

- 1817 ई. का खुर्दा विद्रोह अंग्रेजों के खिलाफ एक सशस्त्र विद्रोह था, जिसका प्रभाव ओडिशा के कटक जैसे अन्य जिलों पर भी पड़ा।
- इसे **पाइका विद्रोह** या पाइक विद्रोह के नाम से भी जाना जाता है। जिसका नेतृत्व **बक्सी जगबन्धु** ने किया था
- विद्रोह का मुख्य कारण कम्पनी द्वारा इस क्षेत्र में अचानक परिवर्तन किया जाना था, जिससे स्थानीय लोग भड़क गए।

33. *(c)* **कार्य और बल आघूर्ण** की विमाएँ समान होती हैं।

- विमाएँ भौतिक राशियों के मात्रक निकालने के लिए मात्रक पर लगाई जाने वाली घातें होती हैं। विमीय समघातता के सिद्धान्त के मुताबिक, किसी भी भौतिक सूत्र या समीकरण के बाएँ और दाएँ पक्षों के सभी पदों की विमाएँ समान होती हैं।
- बल आघूर्ण की विमा ML^2T^{-2} है, इसका SI मात्रक न्यूटन मीटर होता है। बल आघूर्ण एक सदिश राशि है।
- कार्य का विमीय सूत्र ML^2T^{-2} SI मात्रक न्यूटन-मीटर होता है।

34. *(d)* भारतीय संविधान में **राज्य के नीति-निदेशक तत्त्व** आयरलैण्ड के संविधान से लिए गए हैं।

- भारतीय संविधान के **भाग IV** में डीपीएसपी का उल्लेख है। इन सिद्धान्तों को लागू करना राज्य का कर्तव्य है।
- भारतीय संविधान में मौलिक अधिकारों का प्रावधान अमेरिकी संविधान से लिया गया है।
- समवर्ती सूची का प्रावधान ऑस्ट्रेलिया के संविधान से, जबकि कानून के शासन की अवधारणा इंग्लैण्ड से ली गई है।

35. *(b)* प्रसिद्ध भारतीय महिला क्रिकेटर **मिताली राज** ने जून, 2022 में संन्यास लेने की घोषणा की थी।

- ये वर्ष 2004 से वर्ष 2022 तक भारत की महिला राष्ट्रीय क्रिकेट टीम की कप्तान रह चुकी हैं।
- मिताली राज को कई राष्ट्रीय और अन्तर्राष्ट्रीय पुरस्कार मिले हैं, जिनमें 2017 में विजडन लीडिंग वुमन क्रिकेटर इन द वर्ल्ड, 2003 में अर्जुन पुरस्कार, 2015 में पद्मश्री और 2021 में मेजर ध्यानचन्द खेल रत्न शामिल हैं।
- वह महिला अन्तर्राष्ट्रीय क्रिकेट में सबसे ज्यादा रन बनाने वाली खिलाड़ी हैं, ईएसपीएन ने उन्हें अब तक की सबसे महान खिलाड़ी घोषित किया है।

36. *(c)* **जवाहरलाल नेहरू बन्दरगाह** को सैटेलाइट बन्दरगाह के रूप में विकसित किया गया है।

- यह पोर्ट मुम्बई के उत्तर के वधवन में बनाया जा रहा है।
- सैटेलाइट बन्दरगाह, एक बन्दरगाह सुविधा के पास बनाया जाने वाला बन्दरगाह होता है। यह पहले से मौजूद बन्दरगाह के पास या ऐसी जगह पर बनाया जा सकता है, जहाँ बन्दरगाह अपनी पूरी क्षमता का प्रयोग कर सके।
- हल्दिया बन्दरगाह पश्चिम बंगाल में स्थित है।
- न्यू मैंगलोर पोर्ट कर्नाटक में स्थित है।
- मोरमुगाओ बन्दरगाह गोवा में स्थित है।
- जेएनपीटी और महाराष्ट्र समुद्री बोर्ड (एमएमबी) के बीच संयुक्त उद्यम (जेवी) के तहत् इस पोर्ट का विकास किया जा रहा है।
- यह भारत का सबसे बड़ा कण्टेनर बन्दरगाह है।
- इसे पहले **न्हावा शेवा पोर्ट** के नाम से जाना जाता था।

37. *(a)* **मछलीघर** मानव निर्मित पारिस्थितिकी तन्त्र है।

- मानव निर्मित पारिस्थितिकी तन्त्र, कृत्रिम पारिस्थितिकी तन्त्र कहलाते हैं।
- ये पारिस्थितिकी तन्त्र मानव द्वारा अलग-अलग उद्देश्यों से बनाए जाते हैं। इनमें प्रकृति का योगदान नहीं होता और ये बने रहने के लिए मानव प्रयासों पर निर्भर रहते हैं।
- मानव निर्मित पारिस्थितिकी तन्त्र के उदाहरण-वृक्षारोपण, शहरी परिदृश्य, चावल के खेत आदि हैं।
- एक्वेरियम को जानबूझकर डिजाइन, विकसित और प्रबन्धित किया जाता है, जिससे प्रकृति में होने वाले विभिन्न चक्रों की स्थापना को सुगम बनाया जा सके।

38. *(b)* भारत और बांग्लादेश में लोग **मैंग्रोव वृक्ष** को सुन्दरीवृक्ष कहते हैं, जिसे शिक्षाविद् हेरिटिएरा फोमेस कहते हैं

- यह मैंग्रोव वृक्ष की एक प्रजाति है, जो सुन्दरवन के 10,000 वर्ग किमी के विशाल जंगल में पाई जाती है।
- भारत में सुन्दरवन डेल्टा अपनी अनूठी जैव विविधता के कारण वर्ष 1913 से WWF-India के लिए प्राथमिकता वाला क्षेत्र रहा है।
- यह दुनिया का एकमात्र मैंग्रोव वन है, जहाँ बाघ पाए जाते हैं।

39. *(a)* **उत्तर प्रदेश** राज्य के लिए संविधान (अनुसूचित जाति और अनुसूचित जनजाति) आदेश (द्वितीय संशोधन) विधेयक, 2022 संसद में पेश किया गया।

- यह विधेयक 28 मार्च, 2022 को लोकसभा में पेश किया गया था।
- 14 दिसम्बर, 2022 को राज्यसभा ने इसे सर्वसम्मत्ति से पारित किया था।
- इस विधेयक के तहत् गौण्ड समुदाय को उत्तर प्रदेश के चार जिलों चन्दौली, कुशीनगर, सन्तकबीर नगर और सन्त रविदास नगर में अनुसूचित जनजाति में शामिल किया गया है।
- इस विधेयक के तहत् धुरिया, नायक, ओझा, पठारी और राजगोण्ड समुदायों को भी उत्तर प्रदेश की अनुसूचित जनजाति की सूची में शामिल किया गया।

40. *(a)* सही सुमेलन A-ii, B-iv, C-i, D-iii हैं।

- लक्ष्य सेन एक भारतीय बैडमिण्टन खिलाड़ी हैं। लक्ष्मण ने विश्व चैम्पियनशिप में ब्रॉन्ज और यूथ ओलम्पिक में सिल्वर मेडल प्राप्त किए हैं।
- रमेशबाबू प्रज्ञानानन्द एक भारतीय शतरंज खिलाड़ी और ग्रैण्डमास्टर हैं। वर्ष 2023 में हुए शतरंज विश्व कप के फाइनल में पहुँचने वाले ये दूसरे भारतीय खिलाड़ी हैं।
- निकहत जरीन एक भारतीय महिला मुक्केबाज हैं। इन्होंने वर्ष 2011 में जूनियर और यूथ वर्ल्ड चैम्पियनशिप में स्वर्ण पदक जीता था। इसके तीन वर्ष बाद वह यूथ वर्ल्ड चैम्पियनशिप में एक और रजत पदक जीता था।

- रुद्राक्ष पाटिल एक युवा भारतीय निशानेबाज हैं। पाटिल ने काहिरा में शूटिंग वर्ल्ड चैम्पियनशिप में स्वर्ण पदक जीता है।

41. *(c)* रंजना गौहर को **ओडिसी नृत्य** शैली के लिए पद्मश्री पुरस्कार से सम्मानित किया गया है। रंजना गौहर राष्ट्रीय संगीत नाटक अकादमी पुरस्कार की विजेता भी हैं।

- ओडिसी राज्य ओडिशा राज्य के प्रसिद्ध शास्त्रीय नृत्यों में से एक है। इस नृत्य की उत्पत्ति पूर्वी तटीय राज्य ओडिशा के मन्दिरों में हुई थी।
- रंजना गौहर ने सन्त कबीर के जीवन और दर्शन को सामने लाने के लिए संगीतमय नृत्य नाटक, 'खुद में कबीर कबीर में हम' की कोरियोग्राफी और निर्देशन किया।
- इन्हें वर्ष 2007 में संगीत नाटक अकादमी पुरस्कार प्रदान किया गया।
- कुचिपुड़ी आन्ध्र प्रदेश का, मणिपुरी मणिपुर का तथा सत्रिया, असम का शास्त्रीय नृत्य है।

42. *(d)* भारत की जनगणना, 2011 के अनुसार केन्द्रशासित प्रदेशों के समूह **पुदुचेरी, लक्षद्वीप, अण्डमान और निकोबार द्वीप सूमह** में उच्चतम लिंगानुपात दर्ज किया गया है।

केन्द्रशासित प्रदेश	लिंगानुपात
चण्डीगढ़	818
पुदुचेरी	1037
लक्षद्वीप	947
दिल्ली	868
अण्डमान एवं निकोबार	876

वर्ष 2011 की जनगणना के अनुसार भारत का लिंगानुपात 943 है।

43. *(b)* टी-20 क्रिकेट प्रतियोगिता, 2022-23 में सैयद मुश्ताक अली ट्रॉफी **मुम्बई** ने जीती थी, जबकि वर्ष 2023-2024 में सैयद मुश्ताक ट्रॉफी पंजाब ने बड़ौदा को हराकर जीती थी।

- वर्ष 2023-24 सैयद मुश्ताक अली ट्रॉफी भारत में वार्षिक ट्वेटी-20 टूर्नामेंट का सोलवाँ संस्करण था।
- इसमें 38 वरिष्ठ राज्य टीमों को **पाँच समूहों** में विभाजित किया गया था।

44. *(c)* हड़प नीति को लॉर्ड डलहौजी ने वर्ष 1948 में लागू किया था।

- हड़प नीति या व्यपगत का सिद्धान्त भारत में ब्रिटिश साम्राज्य के विस्तार के लिए बनाई गई एक रणनीति थी।
- इस नीति के तहत् अगर किसी भारतीय रियासत के राजा का कोई उत्तराधिकारी नहीं था, तो अंग्रेज उस राज्य को हड़प लेते थे।
- इस नीति ने 1857 ई. में हुए ब्रिटिश शासन के खिलाफ भारतीय प्रतिशोध को जन्म देने में अहम भूमिका निभाई।

45. *(d)* **वाकाटक** राजवंश की स्थापना विंध्यशक्ति ने 255 ई. में की थी।

- वाकाटक राजवंश ने दक्कन क्षेत्र में सातवाहन राजवंश की जगह ली थी।
- वाकाटक राजवंश ने गुफा मन्दिरों का संरक्षण किया तथा हिन्दू और बौद्ध धर्म दोनों का समर्थन किया
- **प्रवरसेन प्रथम** वाकाटक राजवंश का सबसे प्रसिद्ध शासक था, उन्होंने सम्राट की उपाधि ली थी और चार अश्वमेघ यज्ञ कराए थे।
- मौखरि वंश के संस्थापक 'हरिवर्मन' थे।
- पल्लव वंश की स्थापना 'सिंह विष्णु' द्वारा की गई थी।
- बादामी के चालुक्य वंश की स्थापना 'जयसिंह' द्वारा की गई थी।
- वेंगी के चालुक्य वंश की स्थापना 'विष्णुवर्धन' ने की थी।
- कल्याणी के चालुक्य वंश की स्थापना 'तैलप II' ने की थी।

46. *(a)* भारत में केन्द्रीय बैंक बनाने की सिफारिश **हिल्टन यंग आयोग** द्वारा की गई थी।

- RBI की स्थापना के लिए भारतीय रिजर्व बैंक अधिनियम 1934 पारित किया गया था।
- रिजर्व बैंक का मुख्यालय मुम्बई में है।
- रिजर्व बैंक भारत में क्रेडिट और मुद्रा प्रणाली को नियन्त्रित करता है।
- वर्तमान (2024) में रिजर्व बैंक के गवर्नर संजय मल्होत्रा हैं।
- कोठारी आयोग शैक्षणिक सुधारों से सम्बन्धित है।
- नरसिम्हन समिति बैंकिंग संरचना सुधारों से सम्बन्धित है।
- राजा चेलैया समिति 'कर सुधार' से सम्बन्धित है।

47. *(b)* योगदान के अनुपात में उल्लेखनीय गिरावट आई है, लेकिन कृषि क्षेत्र पर निर्भर रोजगार में गिरावट नहीं आई है, कथन सही है।

- आजादी के समय भारत की जीडीपी में कृषि का योगदान लगभग 50% था।
- वर्ष 1950 और 1990 के बीच कृषि द्वारा योगदान किए गए सकल घरेलू उत्पाद का अनुपात 50% से घटकर लगभग 34% हो गया।

48. *(c)* रामचरित/रामपालचरित साहित्यिक कृतियों की रचना संध्याकर नन्दी ने की थी, जिसमें पाल राजा **रामपाल** की उपलब्धियों का वर्णन है।

- संध्याकर नन्दी द्वारा छन्द में लिखी गई एक संस्कृत महाकाव्य कविता है।
- रामपाल के शासनकाल में ही किसानों से सम्बन्धित 'कैवतों का विद्रोह' हुआ था, जिसका वर्णन 'रामपालचरित' में हुआ है।

49. *(b)* **तमिलनाडु राज्य** ने वाणी जयराम को वर्ष 2019 के एम.एस. सुब्बुलक्ष्मी पुरस्कार से सम्मानित किया है।

- वाणी जयराम को आधुनिक भारत की मीरा भी कहा जाता है, वह एक भारतीय गायिका थीं।
- वाणी जयराम ने हिन्दी के अतिरिक्त कई भारतीय भाषाओं; जैसे—तेलुगू, तमिल, मलयालम, कन्नड़, मराठी आदि भाषाओं में भी गाया।
- वर्ष 1980 में **मीरा** को (1979) के लिए फिल्मफेयर सर्वश्रेष्ठ पार्श्व गायिका पुरस्कार जीता।
- वाणी ने तीन बार सर्वश्रेष्ठ पार्श्व गायिका लिए राष्ट्रीय पुरस्कार जीता।

50. *(d)* भारत के सर्वोच्च न्यायालय में राष्ट्रपति द्वारा नियुक्त मुख्य न्यायाधीश और अधिकतम **33 अन्य** न्यायाधीश शामिल होते हैं।

- सर्वोच्च न्यायालय के समस्त न्यायाधीशों की नियुक्ति राष्ट्रपति के द्वारा की जाती है।
- सर्वोच्च न्यायालय के न्यायाधीश बनने के लिए न्यूनतम आयु-सीमा निर्धारित नहीं की गई है। एक बार नियुक्त होने के बाद इनके अवकाश ग्रहण करने की आयु-सीमा 65 वर्ष है।
- सर्वोच्च न्यायालय के मुख्य न्यायाधीश को ₹ 2,80,000 प्रतिमाह व अन्य न्यायाधीशों को ₹ 2,50,000 प्रतिमाह वेतन मिलता है।
- वर्तमान अक्टूबर, 2024 तक न्यायमूर्ति श्री संजीव खन्ना सर्वोच्च न्यायालय के मुख्य न्यायाधीश हैं।

51. *(c)* $[\{70 - 60 \div 2$ का $6\} + (20 - 10) \div 10]$

$+ 600 \div 25$ का $(2 \times 3) \times (2$ का $3) + 2$ का 5

$= [\{70 - 60 \div 12\} + 10 \div 10] + 600 \div 25$ का $6 \times 6 + 10$

$= [65 + 1] + 600 \div 150 \times 6 + 10$

$= 66 + 4 \times 6 + 10$

$= 66 + 24 + 10 = 100$

52. *(c)* माना S को मिले मत $= 100x$

$\therefore R$ को मिले मत $= 100x \times \frac{110}{100} = 110x$

$110x - 100x = 770$

$10x = 770$

$x = 77$

$\therefore S$ को मिले मत $= 100 \times 77 = 7700$

R को मिले मत $= 110 \times 77 = 8470$

अतः डाले गए मतों की कुल संख्या

$= 7700 + 8470 = 16170$

53. *(c)* सन्तरों और सेबों के संयुक्त केन्द्रीय कोण $= \frac{(20+30)}{100} \times 360°$

$= \frac{50}{100} \times 360° = 180°$

54. *(c)* माना वस्तु का क्रय मूल्य = ₹100

लाभ $= 100 \times \frac{250}{100} = 250$

$\therefore$ विक्रय मूल्य $= 100 + 250 =$ ₹ 350

क्रय मूल्य और विक्रय मूल्य का अनुपात

$= 100 : 350 = 2 : 7$

55. *(d)* अगस्त 2012 से अक्टूबर 2012 की अवधि में सूखे मेवे, चीनी और चावल की कुल बिक्री

$= (27 + 32 + 25) + (48 + 42 + 47) + (42 + 23 + 27)$

$= 84 + 137 + 92 =$ ₹ 313 लाख

चाय, दालों और आटे की संयुक्त बिक्री

$= (24 + 15 + 30) + (45 + 34 + 42) + (55 + 33 + 49)$

$= 69 + 121 + 137 =$ ₹ 327 लाख

अभीष्ट प्रतिशत $= \frac{313}{327} \times 100$

$= 95.71\% \approx 96\%$

56. *(b)* हम जानते हैं जो संख्या 2 और 3 से विभाजित होगी वह संख्या हमेशा 6 से विभाजित होगी।

$\therefore$ 3 के विभाज्यता नियम से, अंकों का योग 3 से विभाज्य होता है।

योग $= 3 + 2 + 1 + y + 7 + 2 = 15 + y$

y का मान 0 रखने पर, संख्या 6 से पूर्णतः विभाजित हो जाएगी।

अतः y का न्यूनतम मान 0 होगा।

57. *(c)* माना रमा ने x कप चाय खरीदी और y कप कॉफी खरीदी

$\therefore \quad x + y = 7 \quad \ldots(i)$

$30x + 40y = 240 \quad \ldots(ii)$

समी (i) व (ii) को हल करने पर,

$x = 4$

अतः रमा ने 4 कप चाय खरीदी।

58. *(b)* 1 वर्ष का साधारण ब्याज

$= \frac{623305 \times 10 \times 1}{100}$

$=$ ₹ 62330.5

भुगतान के बाद शेष बची राशि

$= 623305 - 16390$

$=$ ₹ 606915

शेष राशि पर दूसरे वर्ष का साधारण ब्याज

$= \frac{606915 \times 10 \times 1}{100}$

$=$ ₹ 60691.5

अतः भुगतान की गई अभीष्ट राशि

$= 606915 + 606915 + 62330.5$

$=$ ₹ 729937

59. *(a)* वर्ष 2018-2019 में सभी कम्पनियों की औसत बिक्री

$= \frac{250 + 350 + 275 + 200 + 400}{5}$

$= 295$ करोड़

वर्ष 2019-2020 में सभी कम्पनियों की औसत बिक्री

$= \frac{300 + 250 + 300 + 300 + 350}{5}$

$= 300$ करोड़

अभीष्ट अन्तर $= 300 - 295 = 5$ करोड़

60. *(c)* पहले और दूसरे पाइप की क्षमता का अनुपात $= 2.5 : 1$

टंकी की कुल क्षमता $= (2.5 + 1) \times 20$

$= 70$

अतः तेज पाइप द्वारा लिया गया समय

$= \frac{70}{2.5}$

$= 28$ मिनट

61. *(d)* माना वृत्त की त्रिज्या $= r$ सेमी

ΔACB में,

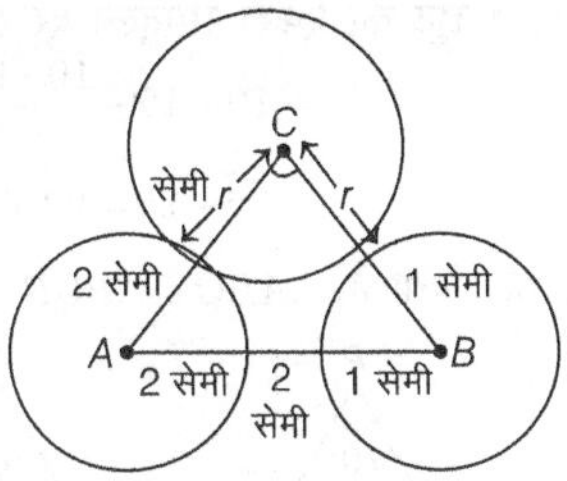

$AB^2 = AC^2 + CB^2$

$\Rightarrow (5)^2 = (2 + r)^2 + (r + 1)^2$

$\Rightarrow 25 = 4 + r^2 + 4r + r^2 + 1 + 2r$

$\Rightarrow 25 = 2r^2 + 6r + 5$

$\Rightarrow 2r^2 + 6r - 20 = 0$

$\Rightarrow r^2 + 3r - 10 = 0$

$\Rightarrow (r + 5)(r - 2) = 0$

$\Rightarrow r = -5, r = 2$

अतः वृत्त C की त्रिज्या 2 सेमी है।

62. *(a)* शेष पिज्जे का परिमाप

$= \frac{3}{4} \times 2\pi r + 2r$

$= \frac{3}{4} \times 2 \times \frac{22}{7} \times 21 + 2 \times 21$

$= 99 + 42 = 141$ सेमी

63. *(c)* ΔABC एक समबाहु त्रिभुज है।

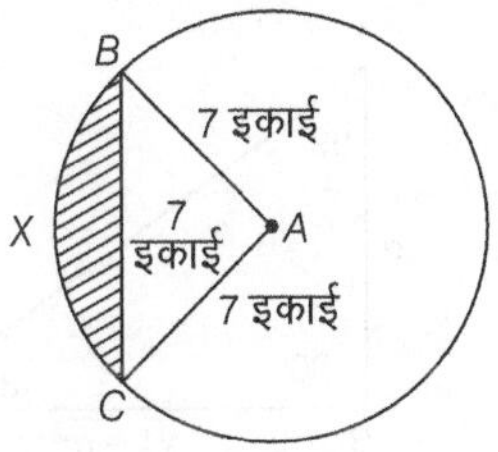

$\therefore \quad \angle A = 60°$

अतः BXC की लम्बाई $= 2\pi r \frac{\theta}{360°}$

$= 2 \times \pi \times 7 \times \frac{60°}{360°}$

$= \frac{7}{3}\pi$ इकाई

64. *(b)* $P(\sqrt{3} + \cot 30°) = \tan^3 60° - 2\sin 60°$

$\Rightarrow P(\sqrt{3} + \sqrt{3}) = (\sqrt{3})^3 - 2 \times \frac{\sqrt{3}}{2}$

$\Rightarrow \quad P \times 2\sqrt{3} = 3\sqrt{3} - \sqrt{3}$

$\Rightarrow \quad P \times 2\sqrt{3} = 2\sqrt{3}$

$\therefore \quad P = 1$

65. *(c)* छूट की एकल समतुल्य दर

$= 10 + 15 - \frac{10 \times 15}{100}$

$= 25 - 15 = 23.5\%$

66. *(a)* दिया है, $\Delta ABC \cong \Delta PQR$

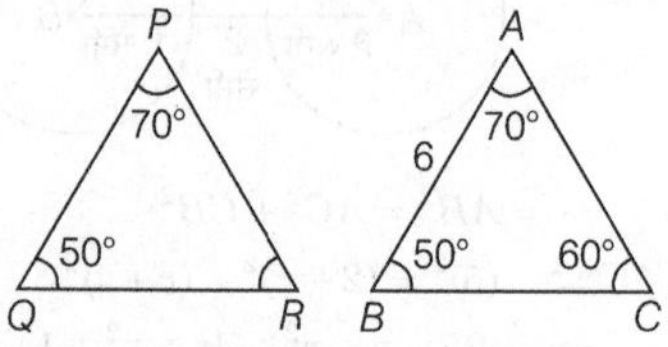

$\therefore \angle A = \angle P = 70°$

$\angle B = \angle Q = 50°$

$\angle C = \angle R = 180° - (70° + 50°)$

$= 60°$

$AB = PQ = 6$ सेमी

अत: विकल्प (a) सही है।

67. *(b)* $A : B = 6 : 8$

$B : C = 5 : 10$

$A : B : C = 6 \times 5 : 8 \times 5 : 8 \times 10$

$= 3 : 4 : 8$

68. *(d)* $\sin 31° = \frac{\alpha}{1} = \frac{AB}{AC}$

पाइथागोरस प्रमेय से,

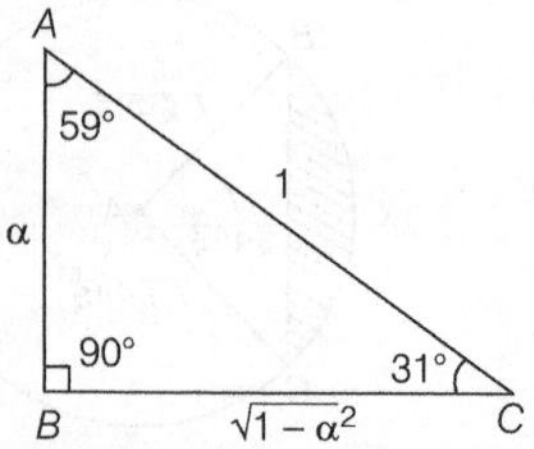

$BC = \sqrt{1 - \alpha^2}$

$\therefore \cot 59° = \frac{AB}{BC} = \frac{\alpha}{\sqrt{1-\alpha^2}}$

69. *(d)* $\frac{1}{1 - \sin\theta} + \frac{1}{1 + \sin\theta} = 4\sec\theta$

$\Rightarrow \frac{1 + \sin\theta + 1 - \sin\theta}{(1 - \sin\theta)(1 + \sin\theta)} = 4 \times \frac{1}{\cos\theta}$

$\Rightarrow \frac{2}{1 - \sin^2\theta} = \frac{4}{\cos\theta}$

$\Rightarrow \frac{1}{\cos^2\theta} = \frac{2}{\cos\theta}$

$\Rightarrow \frac{1}{\cos\theta} = 2$

$\Rightarrow \sec\theta = 2$

$\Rightarrow \sec\theta = \sec 60°$

$\Rightarrow \theta = 60°$

$\therefore \cot\theta + \text{cosec}\theta = \cot 60° + \text{cosec} 60°$

$= \frac{1}{\sqrt{3}} + \frac{2}{\sqrt{3}}$

$= \frac{3}{\sqrt{3}} = \sqrt{3}$

70. *(b)* माना धारा के विपरीत चाल

$= u$ किमी/घण्टा

धारा के अनुकूल चाल $= v$ किमी/घण्टा

प्रश्नानुसार,

$\frac{78}{u} + \frac{78}{v} = 32 \quad \ldots(i)$

$\frac{15}{u} + \frac{52}{v} = 9 \quad \ldots(ii)$

समी (i) व (ii) से,

$u = 3$ किमी/घण्टा, $v = 13$

स्थिर जल में नाव की चाल

$= \frac{13 + 3}{2} = 8$ किमी/घण्टा

अत: अभीष्ट दूरी $= 12 \times 8 = 96$ किमी

71. *(d)* $\frac{(x-y)^3 + (y-z)^3 + (z-x)^3}{(x-y)(y-z)(z-x)}$

$= \frac{3(x-y)(y-z)(z-x)}{(x-y)(y-z)(z-x)}$

$= 3$

72. *(d)* शंक्वाकार पानी की टंकी का आयतन

$= 46200$ मी^{3}

$\Rightarrow \frac{1}{3}\pi r^2 h = 46200$

$\Rightarrow \frac{1}{3} \times \frac{22}{7} \times 70 \times 70 \times h = 46200$

$\Rightarrow h = \frac{46200 \times 3 \times 7}{22 \times 70 \times 70}$

$\Rightarrow h = 9$ मी

73. *(a)* विद्यार्थी द्वारा प्राप्त अंकों का प्रतिशत

$= \frac{93 + 90 + 90 + 95 + 78}{500} \times 100$

$= \frac{446}{500} \times 100 = 89.2\%$

74. *(d)* परिणामी मिश्रण की लागत प्रतिकिग्रा

$= \frac{\frac{250}{5} \times 7 + \frac{280}{5} \times 8}{15}$

$= \frac{350 + 448}{15}$

$= \frac{798}{15} = ₹\ 53.2$

75. *(c)* $5x + 4y - 8z = 1 \quad \ldots(i)$

$7x - 9y + z = -1 \quad \ldots(ii)$

$2x + 3y - 4z = 1 \quad \ldots(iii)$

समी (ii) में 8 से गुणा करके समी (i) में जोड़ने पर,

$61x - 68y = -7 \quad \ldots(iv)$

समी (ii) में 4 से गुणा करके समी (iii) में जोड़ने पर,

$30x - 33y = -3 \quad \ldots(v)$

समी (iv) व (v) से,

$x = 1$, और $y = 1$

x और y का मान समी (i) में रखने पर,

$5 \times 1 + 4 \times 1 - 8z = 1$

$\Rightarrow 5 + 4 - 8z = 1$

$\Rightarrow -8z = 1 - 9$

$\Rightarrow -8z = -8$

$\Rightarrow z = 1$

अत: x, y, z के मान 1, 1, 1 हैं।

76. *(d)* The underlined word is incorrect in the context of the given sentence.

- The correct word for the sentence will be 'grateful' as the sentence presents that Satya was helped by her friends.

77. *(b)* Epitome means the highest order, place or position. Hence, its nearest antonym is 'expansion' as it indicates upwards movement.

- **Exhort** means strongly encourage or urge (someone) to do something.
- **Lucid** means expressed clearly, easy to understand.
- **Precise** means correct and accurate.

78. *(d)* Part 'have no interior' contains an error of Subject Verb agreement. As the subject of the sentence, Mr. Surya is singular, singular verb 'has' should be used to correct the sentence.

79. *(b)* The underlined part of the sentence contains an error. Use of preposition 'on' is incorrect. The correct preposition will be 'for'.

80. *(c)* The winner will be announced by the team tomorrow.

- This sentence is in simple future tense. When such a sentence is transformed into passive voice, the structure followed is Object + will + be + past participle verb.

81. *(b)* Part 'will been working' contains an error. As the sentence talks of an action that started in the past, is continuing and will continue in the future, future perfect continuous tense 'will have been working' should be used.

82. *(d)* The fear of heights is called 'acrophobia'.
- **Heliophobia** is the fear of the Sun.
- **Claustrophobia** is a fear of closed space.
- **Sociophobia** is a type of anxiety disorder

83. *(b)* Homophones are words who spellings or pronunciation may be the same but they have different meanings. Hence, the homophone of there is 'their'.

84. *(a)* To turn a deaf ear means to disregard or ignore.

85. *(b)* 'A bad patch' is a period of time when a person faces 'lots of troubles'.

86. *(c)* The antonym of large is 'tiny'.
- **Bumper** means a device to absorb shock, a slang term and a break between a programme and commercial on radio or television.
- **Gigantic** means huge.

87. *(b)* Incorrigible is something that cannot be correct.
- **Illegible** means not clear enough to be read.
- **Incredible** means impossible to believe.
- **Ineligible** means not eligible or qualified.

88. *(b)* Ambiguous means confusing and not certain of anything. Hence, its antonym is 'certain' which is the correct filler for the given blank.
- **Puzzling** means confusing.
- **Dubious** means hesitating or doubting.
- **Vague** means not clear.

89. *(a)* The correct order is ABCD. The sentence formed will be- Smoking in your youth stunts the body and clouds the brain.

90. *(c)* 'Barbarity' means 'cruelty'. Hence, its antonym is 'compassion' which means kindness.
- **Callous** means cruel and evil.
- **Compromise** means an agreement or settlement of a dispute that is reached by each side making concessions.
- **Rivalry** means competition for the same objective or for superiority in the same field.

91. *(c)* **Affidavit** is a written statement made under oath.
- **Testimony** means a formal written or spoken statement, especially one given in a court of law.
- **Affirmation** means agreement.

92. *(b)* Grudge means a strong feeling of anger and dislike for a person who you feel has treated you badly, especially one that lasts for a long time.
Hence, its nearest antonym is compassion which means kindness.
- **Rancour** means bitterness or resentfulness, especially when long standing.
- **Revulsion** means lack of attraction.
- **Malevolence** means evilness.

93. *(c)* The incorrectly spelt word in the sentence is 'preveiled'. The correct spelling is 'prevailed'.

94. *(a)* Do not be fooled by Dylan.
- The sentence in active voice is in simple present tense. In passive voice, it would take the past tense.

95. *(c)* The incorrectly spelt word is 'Atributes'. The correct spelling is 'Attributes'.

96. *(b)* The correct filler for the given blank is 'aspects'.

97. *(b)* The correct filler for the given blank is 'deep'.

98. *(d)* The correct filler for the given blank is 'says'.

99. *(c)* The correct filler for the given blank is 'unreal'.

100. *(a)* The correct filler for the given blank is 'is gained'.

सेट 14 13 सितम्बर, 2024 (द्वितीय पाली)

SSC CGL Tier-I सॉल्वड पेपर

निर्देश

1. इस सेट में कुल 100 प्रश्न हैं।
2. इस सेट में चार भाग हैं, भाग–I सामान्य बुद्धि एवं तर्कशक्ति, भाग–II सामान्य जागरुकता, भाग–III संख्यात्मक अभियोग्यता और भाग–IV अंग्रेजी भाषा।
3. प्रत्येक प्रश्न 2 अंक का है।

भाग I
सामान्य बुद्धि एवं तर्कशक्ति

1. उस विकल्प का चयन कीजिए, जो तीसरी आकृति से उसी प्रकार सम्बन्धित है, जिस प्रकार दूसरी आकृति पहली आकृति से सम्बन्धित है। सादृश्य का पालन कीजिए।

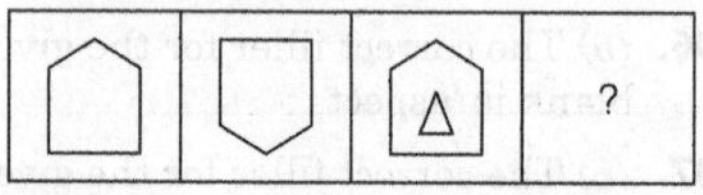

आकृति 1 : आकृति 2 :: आकृति 3 : आकृति 4

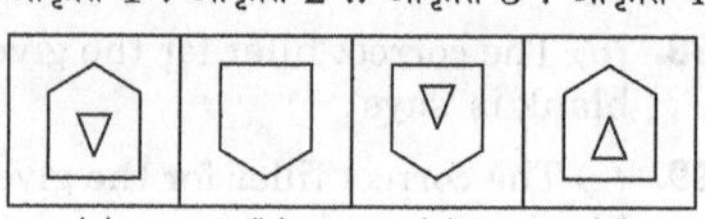

(a) (b) (c) (d)

2. निम्नलिखित आकृतियों में एक कागज़ को मोड़ने का क्रम और मुड़े हुए कागज़ को काटने का तरीका दर्शाया गया है। खोले जाने पर यह कागज़ कैसा दिखाई देगा?

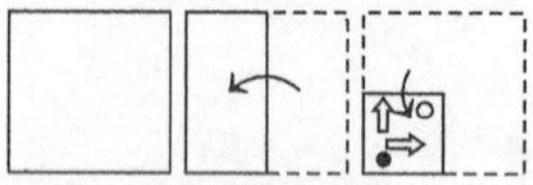

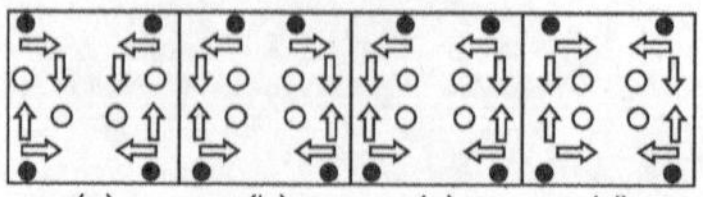

(a) (b) (c) (d)

3. एक पासे के विभिन्न फलकों पर छ: प्रतीक %, &, ?, +, $ और @ अंकित हैं। नीचे दी गई आकृति में इस पासे की दो स्थितियाँ दर्शाई गई हैं। @ वाले फलक के विपरीत फलक पर प्रतीक ज्ञात कीजिए।

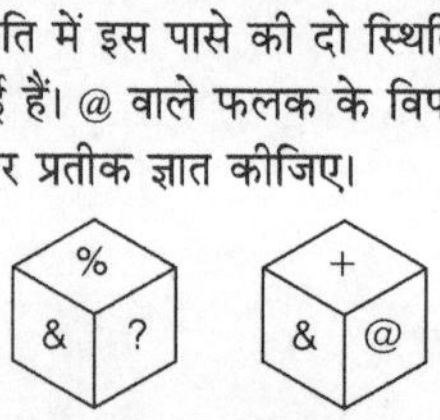

(a) ? (b) & (c) $ (d) %

4. दिए गए कथनों और निष्कर्षों का ध्यानपूर्वक अध्ययन कीजिए। कथनों में दी गई जानकारी को सत्य मानते हुए, भले ही यह सर्वज्ञात तथ्यों से भिन्न प्रतीत होती हों, निर्धारित कीजिए कि दिए गए निष्कर्षों में से कौन-सा/से निष्कर्ष कथनों का तर्कसंगत रूप से अनुसरण करता है/करते हैं।

कथन
कुछ खिलौने, प्लास्टिक हैं।
कुछ प्लास्टिक, धातु हैं।
कोई धातु, रसायन नहीं है।

निष्कर्ष
I. कुछ रसायन, प्लास्टिक हैं।
II. कोई खिलौना, रसायन नहीं है।

(a) निष्कर्ष I और II दोनों अनुसरण करते हैं
(b) केवल निष्कर्ष II अनुसरण करता है
(c) केवल निष्कर्ष I अनुसरण करता है
(d) न तो निष्कर्ष I और न ही निष्कर्ष II अनुसरण करता है

5. यदि '×' को '÷' से बदल दिया जाए, '÷' को '+' से बदल दिया जाए, '+' को '×' से बदल दिया जाए और '–' अपरिवर्तित रहे, तो निम्नलिखित समीकरण में प्रश्नवाचक चिह्न (?) के स्थान पर क्या आएगा?

$42 \times 3 \div 4 + 9 - 17 = ?$

(a) 29 (b) 23
(c) 33 (d) 30

6. एक निश्चित तर्क के अनुसार 16 का सम्बन्ध 30 से है। उसी तर्क का अनुसरण करते हुए 81 का सम्बन्ध 110 से है। उसी तर्क का अनुसरण करते हुए 49, का सम्बन्ध निम्नलिखित में से किससे है?
(**नोट** संख्याओं को उनके घटक अंकों में विभक्त किए बिना पूर्ण संख्याओं पर संक्रियाएँ की जानी चाहिए। उदाहरण के लिए 13 को लें-13 पर संक्रियाएँ, जैसे कि जोड़ना/घटाना/गुणा आदि 13 में की जा सकती हैं। 13 को 1 और 3 में विभक्त करना और फिर 1 और 3 पर गणितीय संक्रियाएँ करने की अनुमति नहीं है।)

(a) 64 (b) 72
(c) 60 (d) 90

7. दिए गए विकल्पों में से उस आकृति का चयन कीजिए, जो निम्नलिखित शृंखला में प्रश्नचिह्न (?) को प्रतिस्थापित कर सकती है।

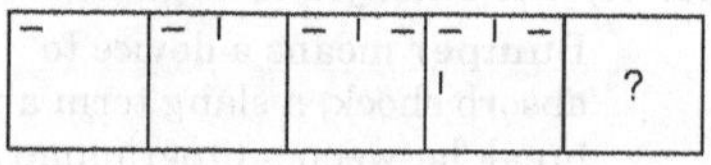

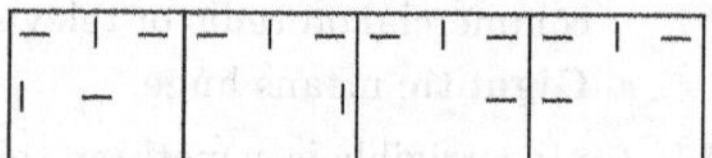

(a) (b) (c) (d)

8. निम्नलिखित में से कौन-सा पद दी गई शृंखला में प्रश्नचिह्न (?) को प्रतिस्थापित करेगा?

RLYV, PJWT, NHUR, ?, JDQN

(a) LFSP
(b) LFTP
(c) LGTP
(d) LGSP

9. निम्न आकृति में त्रिभुजों की संख्या कितनी है?

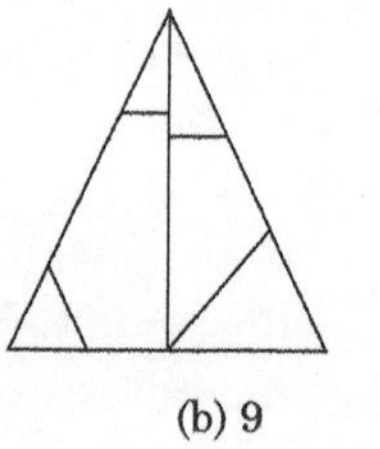

(a) 7 (b) 9
(c) 8 (d) 6

10. उस विकल्प आकृति का चयन कीजिए, जो पैटर्न को पूरा करने के लिए नीचे दी गई आकृति में प्रश्नचिह्न (?) को प्रतिस्थापित करेगी।

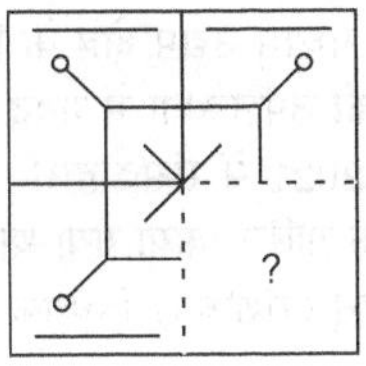

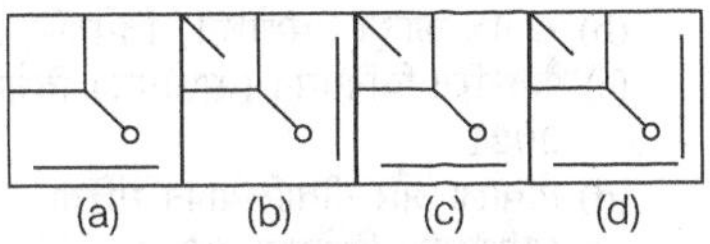

11. दी गई श्रृंखला में प्रश्नचिह्न (?) के स्थान पर क्या आना चाहिए?

9, 17, 33, 65, 129, ?

(a) 258 (b) 259
(c) 257 (d) 254

12. एक निश्चित कूटभाषा में, 'RETAINED' को 'ENIATERD' के रूप में लिखा जाता है और 'MATURITY' को 'TIRUTAMY' के रूप में लिखा जाता हैं। उसी भाषा में 'FIREWALL' को कैसे लिखा जाएगा?

(a) LAWERIFL (b) LAWEFIFR
(c) FLIREWAL (d) FLLAWERI

13. एक निश्चित कूटभाषा में 'GLOBAL' को '221714272817' लिखा जाता है, 'FOREST' को '23141124109' लिखा जाता है। उसी कूटभाषा में 'IMPACT' को कैसे लिखा जाएगा?

(a) 20161226259
(b) 18141126247
(c) 20161327259
(d) 20161328269

14. एक निश्चित कूटभाषा में,
'A + B' का अर्थ है, 'A, B की माँ है',
'A – B' का अर्थ है, 'A, B का पिता है',
'A $ B' का अर्थ है, 'A, B का पुत्र है',
'A % B' का अर्थ है, 'A, B की बहन है',
'A / B' का अर्थ है, 'A, B की पत्नी है',
'A * B' का अर्थ है, 'A, B का पति है'।
निम्नलिखित में से किसका अर्थ है कि P, T की पुत्रवधू है?

(i) T / B – K * P + O
(ii) T + K * P + B % O
(iii) K * P + B % T + P
(iv) P + T * K ÷ B % O

(a) (i) और (ii) दोनों
(b) (iii) और (iv)
(c) केवल (i)
(d) कवेल (ii)

15. दिए गए कथनों और निष्कर्षों को ध्यानपूर्वक पढ़िए। आपको दिए गए कथनों को सत्य मानना है, भले ही वे सामान्यत: ज्ञात तथ्यों से भिन्न प्रतीत होते हों। आपको यह तय करना है कि कौन-सा/से निष्कर्ष दिए गए कथनों का तार्किक रूप से अनुसरण करता करते है/हैं।

कथन
सभी फल, खट्टे हैं।
कुछ खट्टे, सब्जियाँ हैं।
कुछ सब्जियाँ, हरी हैं।

निष्कर्ष
I. सभी सब्जियाँ, खट्टे हैं।
II. कुछ खट्टे, हरे हैं।

(a) न तो निष्कर्ष I और न ही निष्कर्ष II अनुसरण करता है
(b) केवल निष्कर्ष I अनुसरण करता है
(c) निष्कर्ष I और II दोनों अनुसरण करते हैं
(d) केवल निष्कर्ष II अनुसरण करता है

16. उस विकल्प का चयन कीजिए, जो उन अक्षरों को दर्शाता है, जिन्हें नीचे दिए गए रिक्त स्थानों में बाएँ से दाएँ क्रमिक रूप से रखने पर अक्षर श्रृंखला पूरी होगी।

f h _ h _ gf _ hg _ h _ ff _ g _ h _ f

(a) ghffghfg (b) ghfhgffg
(c) ghfhghhg (d) ghfhghfg

17. उस विकल्प का चयन करें, जिसमें दी गई संख्याएँ एक-दूसरे से उसी प्रकार सम्बन्धित है, जिस प्रकार निम्नलिखित विकल्पों की संख्याएँ एक-दूसरे से सम्बन्धित है।

(16-40-100)
(8-20-50)

(**ध्यान दें** संख्याओं को उनके घटक अंकों में विभक्त किए बिना पूर्ण संख्याओं पर संक्रियाएँ की जानी चाहिए। उदाहरण के लिए 13 को लें- 13 पर संक्रियाएँ, जैसे कि जोड़ना/घटाना/गुणा आदि 13 में की जा सकती हैं। 13 को 1 और 3 में विभक्त करना और फिर 1 और 3 पर गणितीय संक्रियाएँ करने की अनुमति नहीं है।)

(a) 24-60-150
(b) 12-30-120
(c) 22-74-185
(d) 18-50-110

18. उस विकल्प का चयन कीजिए, जिसमें संख्याएँ एक-दूसरे से उसी तरह सम्बन्धित हैं, जैसे दिए गए विकल्पों की संख्याएँ हैं।

(148, 126, 104)
(98, 76, 54)

(**नोट** संख्याओं को उनके घटक अंकों में विभाजित किए बिना, पूर्ण संख्याओं पर संक्रियाएँ की जानी चाहिए। उदाहरण के लिए 13-13 पर संक्रियाएँ, जैसे जोड़ना/घटाना/गुणा करना आदि 13 पर किया जा सकता है। 13 को 1 और 3 में तोड़ना और फिर 1 और 3 पर गणितीय संक्रियाएँ करने की अनुमति नहीं है।)

(a) (149, 137, 115)
(b) (157, 135, 113)
(c) (134, 102, 90)
(d) (128, 104, 82)

19. यदि शब्द 'SIGHTED' के प्रत्येक अक्षर को अंग्रेजी वर्णमाला क्रम में व्यवस्थित किया जाए, तो कितने अक्षरों का स्थान अपरिवर्तित रहेगा?

(a) एक (b) दो
(c) तीन (d) इनमें से कोई नहीं

20. 'रिक्त' का सम्बन्ध 'खाली' से उसी प्रकार है, जैसे 'भीड़' का सम्बन्ध ⋯⋯ से है।

(a) जमघट (b) कष्ट
(c) अकेला (d) उखड़ना

21. निम्नलिखित चार संख्या-युग्मों में से तीन एक निश्चित तरीके से समान हैं और इस प्रकार एक समूह बनाते हैं। कौन-सा संख्या-युग्म उस समूह से सम्बन्धित नहीं है?
(**नोट** संख्याओं को उसके घटक अंकों में विभाजित किए बिना सम्बन्ध ज्ञात किया जाना चाहिए।)

(a) 31, 41 (b) 83, 97
(c) 73, 79 (d) 61, 71

22. यदि '+' और '–' को आपस में बदल दिया जाए और '×' और '÷' को आपस में बदल दिया जाए, तो निम्नलिखित समीकरण में प्रश्नचिह्न (?) के स्थान पर क्या आएगा।

$107 + 2028 \times 6 - 427 \div 7 = ?$

(a) 2268 (b) 2578
(c) 2758 (d) 2785

23. एक कागज को नीचे दिए गए चित्र के अनुसार मोड़ा और काटा जाता है। यह कागज खोलने पर कैसा दिखाई देगा?

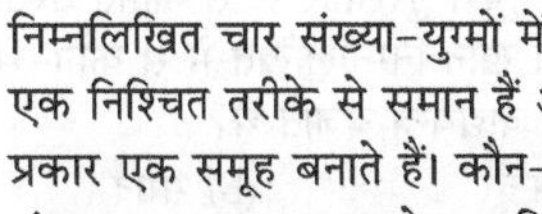

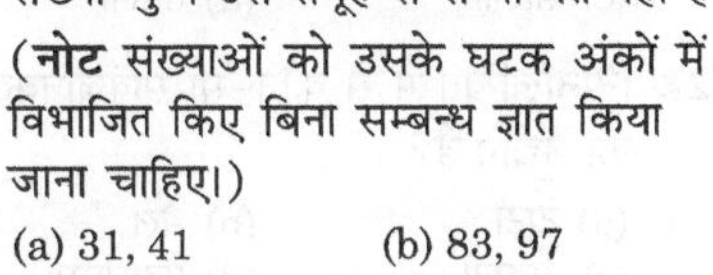

24. अंग्रेजी वर्णमाला क्रम में स्थिति के आधार पर, निम्नलिखित में से तीन अक्षर-समूह किसी न किसी रूप में संगत हैं और एक असंगत है। असंगत अक्षर-समूह का चयन करें।
(**नोट** असंगत, अक्षर-समूह में व्यंजनों/स्वरों की संख्या या उनकी स्थिति पर आधारित नहीं है।).
(a) SVXZ (b) EHJK
(c) TWYZ (d) YBDE

25. उस विकल्प का चयन करें, जो पाँचवें पद से उसी प्रकार सम्बन्धित है, जिस प्रकार दूसरा पद, पहले पद से सम्बन्धित है और चौथा पद, तीसरे पद से सम्बन्धित है।
READER : ERZWRE :: SERIAL: ESIRLA :: JINGLE: ?
(a) JIGNEL (b) JIMTEL
(c) IJMTEL (d) IJGNEL

भाग II
सामान्य जागरुकता

26. पद्म भूषण पुरस्कार से सम्मानित उस्ताद साबरी खान निम्नलिखित में से कौन-सा संगीत वाद्ययन्त्र बजाते थे?
(a) सन्तूर (b) सरोद
(c) सारंगी (d) तबला

27. निम्नलिखित में से कौन-सा सार्वजनिक क्षेत्र का उद्योग है?
(a) टाटा (b) भेल
(c) अडानी (d) रिलायन्स

28. निम्नलिखित पड़ोसी देशों का उनकी आधिकारिक भाषाओं के साथ सही मिलान कीजिए

	सूची I (देश का नाम)		सूची II (आधिकारिक भाषाएँ)
A.	अफगानिस्तान	1.	जोंग्खा
B.	भूटान	2.	बर्मी
C.	पाकिस्तान	3.	दारी
D.	म्यांमार	4.	उर्दू

कूट
	A B C D		A B C D
(a)	1 2 3 4	(b)	3 1 4 2
(c)	2 3 1 4	(d)	4 1 2 3

29. निम्नलिखित में से कौन-सी भारत की राष्ट्रीय नृत्य अकादमी है?
(a) भारतीय शास्त्रीय नृत्य केन्द्र
(b) सांस्कृतिक स्रोत एवं प्रशिक्षण केन्द्र
(c) संगीत नाटक अकादमी
(d) ललितकला अकादमी

30. महात्मा गाँधी की जयन्ती भारत में राष्ट्रीय पर्व के रूप में मनाई जाती है। निम्नलिखित में से किस वर्ष गाँधीजी का जन्म हुआ था?
(a) 1877 (b) 1890
(c) 1885 (d) 1869

31. निम्नलिखित में से कौन-सा अनुच्छेद राज्यसभा के गठन से सम्बन्धित है?
(a) अनुच्छेद 76 (b) अनुच्छेद 84
(c) अनुच्छेद 80 (d) अनुच्छेद 92

32. मार्च, 2023 में निम्नलिखित में से किसे पेंशन फण्ड नियामक और विकास प्राधिकरण (PFRDA) के नए अध्यक्ष के रूप में नियुक्त किया गया है?
(a) सुप्रतिम बन्दोपाध्याय
(b) शशिकान्त दास
(c) ममता शंकर
(d) दीपक मोहन्ती

33. जब एक निर्माण श्रमिक अपने 8 वर्षीय बेटे को स्कूल भेजने के अतिरिक्त उसे निर्माण स्थल पर ले जाता है, तो मौलिक कर्त्तव्य का कौन-सा अनुच्छेद लागू होता है?
(a) अनुच्छेद 51A (k)
(b) अनुच्छेद 51A (j)
(c) अनुच्छेद 51A (h)
(d) अनुच्छेद 51A (i)

34. निम्नलिखित में से किस देश ने वर्ष 2023 में भारत को हराकर आई.सी.सी. विश्व टेस्ट चैम्पियनशिप जीती?
(a) ऑस्ट्रेलिया (b) दक्षिण अफ्रीका
(c) न्यूजीलैण्ड (d) इंग्लैण्ड

35. जेम्स रेनेल को हिन्दुस्तान का मानचित्र तैयार करने के लिए किसने कहा था?
(a) लॉर्ड रिपन (b) वॉरेन हेस्टिंग्स
(c) रॉबर्ट क्लाइव (d) लॉर्ड डलहौजी

36. निम्नलिखित में से किस वर्ष में भारतीय ओलम्पिक संघ की स्थापना की गई थी?
(a) 1931 (b) 1933
(c) 1927 (d) 1929

37. वर्तमान में, निम्नलिखित में से कौन-सा देश भारत की शुल्क-मुक्त टैरिफ वरीयता (DFTP) योजना का लाभार्थी नहीं है?
(a) म्यांमार (b) अंगोला
(c) रवाण्डा (d) बुरुण्डी

38. संक्रमण तत्त्व वे तत्त्व हैं, जो आधुनिक आवर्त सारणी के समूह 3-12 में पाए जाते हैं, जो ……… का निर्माण करते हैं।
(a) *f*-ब्लॉक (b) *p*-ब्लॉक
(c) *s*-ब्लॉक (d) *d*-ब्लॉक

39. सूक्ष्म, लघु और मध्यम उद्यम क्षेत्र के लिए कार्यशील पूँजी की उपलब्धता में मदद करने के लिए जुलाई, 2021 में संसद द्वारा कौन-सा विधेयक पारित किया गया था?
(a) आवश्यक वस्तु (संशोधन) विधेयक, 2020
(b) खनिज कानून (संशोधन) विधेयक, 2020
(c) फैक्टरिंग विनियमन (संशोधन) विधेयक, 2021
(d) दिवाला और दीवालियापन संहिता (संशोधन) विधेयक, 2021

40. वर्ष 1977 में सर्वश्रेष्ठ पुरुष पार्श्वगायक के लिए नन्दी पुरस्कार की स्थापना किस राज्य द्वारा की गई थी?
(a) आन्ध्र प्रदेश (b) त्रिपुरा
(c) गुजरात (d) महाराष्ट्र

41. अपशल्कन ……… का एक रूप है।
(a) वृहत् क्षरण
(b) जैव रासायनिक अपक्षय
(c) रासायनिक अपक्षय
(d) भौतिक अपक्षय

42. निम्नलिखित में से कौन-सा विकल्प संसदीय कार्यवाही की विधि नहीं है?
(a) शून्य काल चर्चा
(b) आधे घण्टे की चर्चा
(c) दो घण्टे की (लघु) चर्चा
(d) पूरे दिन की चर्चा

43. निम्नलिखित में से कौन-सी नदी हिमालय की सबसे पूर्वी सीमा बनाती है?
(a) सतलुज (b) काली
(c) तीस्ता (d) ब्रह्मपुत्र

44. गुप्तों के पतन के बाद, भारत के विभिन्न भागों में विभिन्न साम्राज्यों का उदय हुआ। उनमें से, मौखरियों का उदय निम्नलिखित में से किस क्षेत्र में हुआ था?
(a) कन्नौज (b) वल्लभी
(c) कुन्नूर (d) थानेसर

45. मैग्नीशियम हाइड्रॉक्साइड के संरचनात्मक सूत्र की पहचान करें
(a) Mg_2H_2 (b) MgO_2
(c) MgOH (d) $Mg(OH)_2$

46. धन, मजदूरी में परिवर्तन की दर और बेरोजगारी की दर के बीच अनुभवजन्य रूप से स्थापित सम्बन्ध को किस रूप में जाना जाता है?
(a) केनेसियन मॉडल
(b) फ्रीडमैन मॉडल
(c) बॉमोल परिकल्पना
(d) फिलिप्स वक्र

47. अमरूद के पौधे में किस प्रकार का पर्णविन्यास पाया जाता है?
(a) अध्यारोपित (b) एकांतर
(c) चक्करदार (d) विपरीत

48. सबसे महान् चोल शासकों में से एक राजाराज प्रथम ने 985 ईसवी से .... तक शासन किया।
(a) 1014 ईसवी (b) 1018 ईसवी
(c) 1015 ईसवी (d) 1017 ईसवी

49. भारतीय राष्ट्रीय सेना का गठन निम्नलिखित में से किस देश में किया गया था?
(a) जर्मनी (b) सिंगापुर
(c) जापान (d) लन्दन

50. किसी उत्तल लेंस के बाईं ओर फोकस पर एक छोटी वस्तु रखे जाने पर, निम्नलिखित में से कौन-से स्थान पर प्रतिबिम्ब बनेगा?
(a) लेंस के दाईं ओर, केन्द्र पर
(b) लेंस के दाईं ओर, अनन्त पर
(c) लेंस के दाईं ओर, फोकस पर
(d) लेंस के बाईं ओर, अनन्त पर

भाग III
संख्यात्मक अभियोग्यता

51. एक वृत्त की त्रिज्या 8 सेमी है। वृत्त के बाहर एक बिन्दु की वृत्त के केन्द्र से दूरी 17 सेमी है। बाहर वाले बिन्दु से वृत्त तक खींची गई स्पर्श रेखा की लम्बाई .... होगी।
(a) 19 सेमी (b) 18 सेमी
(c) 16 सेमी (d) 15 सेमी

52. P और Q एक ही बिन्दु से एक वृत्ताकार ट्रैक पर विपरीत दिशाओं में दौड़ना शुरू करते हैं। यदि उनकी चाल क्रमशः 10 मी/से और 8 मी/से है, यदि ट्रैक की लम्बाई 1620 मी है, तो वे कितने समय बाद मिलेंगे?
(a) 120 सेकण्ड (b) 110 सेकण्ड
(c) 90 सेकण्ड (d) 70 सेकण्ड

53. किसी इन्वॉइस पर 10% और 16% की क्रमिक छूटें .... की एकल छूट के बराबर है।
(a) 22.4% (b) 23.4%
(c) 24.4% (d) 21.4%

54. $\dfrac{25a^2 - 10ab - 48b^2}{(5a + 6b)} \times (5a + 8b)$ का मान क्या होगा?
(a) $(5a + 8b)^2$ (b) $(5a - 8b)^2$
(c) $25a^2 - 64b^2$ (d) $25a^2 - 36b^2$

55. दिया गया ग्राफ़ विभिन्न बच्चों की आयु का डेटा दर्शाता है।
दिए गए ग्राफ़ का अध्ययन कीजिए और दिए गए प्रश्न का उत्तर दीजिए।

बच्चों की आयु का बंटन

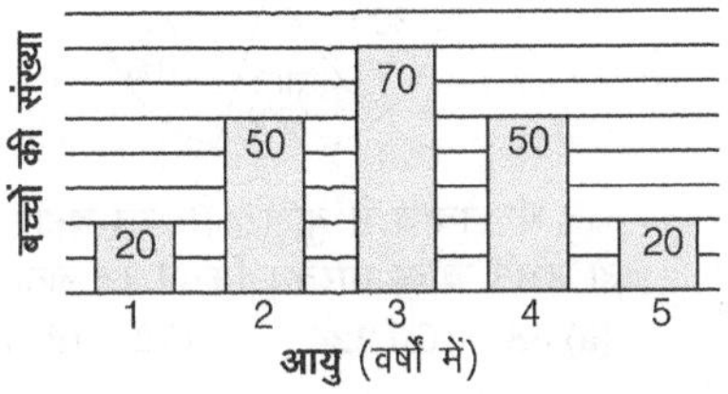

आयु के माध्य और बहुलक के बीच कितना अन्तर है?
(a) 0.5 (b) 1
(c) 2 (d) 0

56. निम्नलिखित तालिका चार महाविद्यालयों में तीन विषयों में पढ़ने वाले विद्यार्थियों की संख्या को दर्शाती है।

विषय	महाविद्यालय			
	W	X	Y	Z
भौतिक विज्ञान	420	435	412	285
रसायन विज्ञान	380	340	315	420
गणित	256	310	295	345

सभी चार महाविद्यालयों में मिलाकर भौतिक विज्ञान पढ़ने वाले विद्यार्थियों की कुल संख्या और गणित पढ़ने वाले विद्यार्थियों की कुल संख्या का अनुपात क्या है?
(a) 781 : 585 (b) 776 : 603
(c) 576 : 731 (d) 775 : 601

57. एक पाइप, एक खाली टंकी को 5 मिनट में भर सकता है और दूसरा पाइप इसे 6 मिनट में खाली कर सकता है। यदि दोनों पाइप को एकसाथ खोल दिया जाए, तो खाली टंकी को भरने में कितना समय (मिनट में) लगेगा?
(a) 33 मिनट (b) 25 मिनट
(c) 35 मिनट (d) 30 मिनट

58. ΔABC एक समबाहु त्रिभुज है। P, Q और R क्रमशः भुजा AB, BC और CA के मध्य-बिन्दु है। यदि त्रिभुज ABC की भुजा की लम्बाई 11 सेमी है, तो ΔPQR का क्षेत्रफल (सेमी^{2} में) ज्ञात कीजिए।
(a) $\dfrac{11\sqrt{3}}{16}$ (b) $\dfrac{111\sqrt{3}}{16}$
(c) $\dfrac{121\sqrt{3}}{16}$ (d) $\dfrac{21\sqrt{3}}{16}$

59. P और Q एक-दूसरे से 10 सेमी की दूरी पर दो नियत बिन्दु हैं, और R, PQ पर ऐसा बिन्दु है कि $PR = 6$ सेमी है। जब PR की लम्बाई 5% बढ़ाई जाती है, तो QR की लम्बाई कितने प्रतिशत कम हो जाती है?
(a) 7.5% (b) 7%
(c) 8% (d) 8.5%

60. ₹ 250/किग्रा और ₹ 300/किग्रा मूल्य के दो प्रकार के चाय के पाउडरों को तीसरे प्रकार के चाय के पाउडर के साथ 1:1:2 के अनुपात में मिलाया जाता है। यदि मिश्रण का मूल्य ₹ 350/किग्रा है, तो तीसरे प्रकार के चाय के पाउडर का मूल्य ज्ञात कीजिए।
(a) ₹ 500/किग्रा (b) ₹ 425/किग्रा
(c) ₹ 450/किग्रा (d) ₹ 400/किग्रा

61. निम्नलिखित को सरल कीजिए।
$1\frac{1}{3} + 1\frac{3}{4} \times 1\frac{2}{3} \div 3\frac{1}{2}$
(a) $3\frac{1}{4}$ (b) $2\frac{1}{5}$
(c) $2\frac{1}{6}$ (d) $2\frac{1}{3}$

62. एक बनिया पर एक व्यापारी का 1 वर्ष में ₹ 9810 बकाया है, लेकिन बनिया 6 महीने के बाद हिसाब चुका देना चाहता है। यदि साधारण ब्याज दर 9% वार्षिक है, तो उसे कितना नकद (₹ में) भुगतान करना चाहिए?
(a) 9540 (b) 9405
(c) 9450 (d) 9550

63. यदि $\dfrac{\tan(x)}{\sec(x)} = \dfrac{1}{2}$ है, तो $(\sin x + \cos x)^2$ का मान ज्ञात कीजिए।
(a) $\dfrac{2-\sqrt{3}}{3}$ (b) $\dfrac{2-\sqrt{3}}{2}$
(c) $\dfrac{2+\sqrt{3}}{2}$ (d) $\dfrac{2+\sqrt{3}}{2}$

64. व्यास के बराबर ऊँचाई और 4 इकाई त्रिज्या वाले बेलन का घन इकाई में आयतन क्या है?
(a) 128π (b) 32π
(c) $\dfrac{32\pi}{3}$ (d) $\dfrac{64\pi}{3}$

65. निम्नलिखित में से a और b के किन मानों के लिए दिए गए समीकरणों में कोई हल नहीं है?
$x - ay = 2 - a$
$(1 - a)x + 6y = a + b$
(a) $a = 3, b \neq 1$ (b) $a = -3, b \neq 1$
(c) $a = 3, b \neq -1$ (d) $a = -3, b \neq -1$

66. रमेश ₹ 36 प्रति किग्रा की दर से चावल बेचता है, जिसे उसने ₹ 30 प्रति किग्रा की दर से खरीदा था। इसके अतिरिक्त, वह बेचते समय 1 किग्रा की जगह केवल 800 ग्राम चावल देता है। रमेश का वास्तविक लाभ प्रतिशत ज्ञात कीजिए।
(a) 52% (b) 50%
(c) 48% (d) 46%

67. दो संकेन्द्रित वृत्तों में से बड़े वृत्त की एक जीवा की लम्बाई 20 सेमी है और यह छोटे वृत्त की स्पर्श रेखा है। दोनों वृत्तों के बीच के वलयाकार भाग का क्षेत्रफल (सेमी^{2} में) कितना है?
(a) 164π (b) 122π
(c) 100π (d) 175π

68. यदि $\sin B = \frac{15}{17}$ है, तो $\cos B(\sec B - \tan B)$ का मान कितना होगा? (दिया गया है कि $0 < B < \frac{\pi}{2}$ है।)
(a) $\frac{2}{17}$ (b) $\frac{2}{15}$ (c) $\frac{1}{16}$ (d) $\frac{8}{15}$

69. यदि $\tan A = \frac{5}{7}$ है, तो $\frac{7\sin A - 3\cos A}{7\sin A + 3\cos A} + 4$ का मान ज्ञात कीजिए।
(a) $3\frac{5}{7}$ (b) $7\frac{1}{3}$ (c) $4\frac{1}{4}$ (d) $3\frac{1}{5}$

70. यदि $a + b = 1$ है, तो $\left(\frac{1}{a^2} + \frac{1}{b^2} + \frac{2}{ab}\right)$ का मान कितना है?
(a) $\frac{1}{a^2b}$ (b) $\frac{1}{ab}$
(c) $\frac{1}{ab^2}$ (d) $\frac{1}{a^2b^2}$

71. यदि संख्या $62684xy$, 8 और 5 दोनों से विभाज्य है, तो क्रमशः x और y के स्थान पर कौन-से अंक आने चाहिए?
(a) 5 और 0 (b) 4 और 0
(c) 0 और 5 (d) 2 और 0

72. किसी वृत्त का केन्द्र, उसकी 50 सेमी लम्बी जीवा से 21 सेमी लम्बे लम्ब द्वारा जुड़ा हुआ है। वृत्त की त्रिज्या ज्ञात कीजिए।
(a) $\sqrt{1065}$ सेमी
(b) $\sqrt{1064}$ सेमी
(c) $\sqrt{1066}$ सेमी
(d) $\sqrt{1068}$ सेमी

73. दिया गया पाई-चार्ट एक टेस्ट पारी में बल्लेबाज द्वारा बनाए गए रनों का प्रतिशत वितरण दर्शाता है। चार्ट का अध्ययन कीजिए और निम्नलिखित प्रश्न का उत्तर दीजिए।

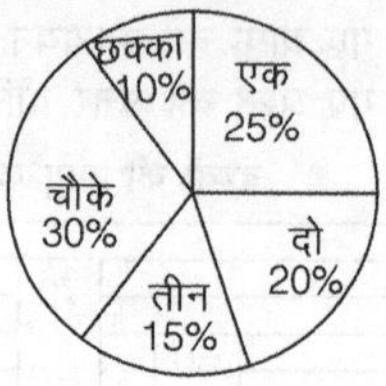

यदि बल्लेबाज ने कुल 440 रन बनाए हैं, तो उसने चौके मारकर कितने रन बनाए?
(a) 88 (b) 224 (c) 172 (d) 132

74. दी गई तालिका किसी विशेष वर्ष में चार भारतीय बल्लेबाजों द्वारा आई पी एल (IPL) मैचों में बनाए गए रनों की संख्या को दर्शाती है।

खिलाड़ी	बनाए गए रन
P	800
Q	620
R	1200
S	650

सभी चार बल्लेबाजों द्वारा बनाए गए रनों की कुल संख्या कितनी है?
(a) 3300 (b) 2900
(c) 3760 (d) 3270

75. सामग्रियों A और B वाले समान विलयन को दो भिन्न मात्राओं को दो भिन्न पात्रों में रखा जाता है। पहले पात्र में 252 लीटर A और 441 लीटर B है। दूसरे पात्र में विलयन की कुल मात्रा 1188 लीटर थी। दूसरे पात्र का कितना विलयन सामग्री B से बनाया गया था?
(a) 756 लीटर (b) 760 लीटर
(c) 752 लीटर (d) 765 लीटर

भाग IV
अंग्रेजी भाषा

76. Parts of the following sentence have been given as options. Select the option that contains an error.
I have the hundred reasons to not attend the meeting tomorrow.
(a) I have the hundred reasons
(b) the meeting
(c) tomorrow
(d) to not attend

77. Select the most appropriate antonym of the word in brackets to fill in the blank.
Sheila .... (failed) all her classes.
(a) passed (b) flunked
(c) fizzled (d) flopped

78. Select the most appropriate meaning of the underlined idiom.
All his friends admired him because he was <u>a straight shooter</u>.
(a) excellent shooter
(b) complicated and confusing person
(c) miserly and pessimistic individual
(d) a thoroughly upright straightforward person

79. Select the option that can be used as a one-word substitute for the given group of words.
A large, flat area surrounded by seats used for sports or entertainment
(a) Senate (b) Arena
(c) Department (d) Garden

80. The following sentence has been split into four segments. Identify the segment that contains a grammatical error.
After I retire, I started a second career / as a writer and published several books / which allowed me to share my stories / and insights with a wider audience.
(a) and insights with a wider audience
(b) After I retire, I started a second career
(c) as a writer and published several books
(d) which allowed me to share my stories

81. Select the most appropriate synonym of the given word.
Celebrate
(a) Daunt (b) Rejoice
(c) Bitch (d) Assure

82. Select the most appropriate homophone to fill in the blank.
The .... was decorated with candles and chocolates everywhere.

(a) flour (b) flower
(c) floor (d) flor

83. Select the incorrectly spelt word
(a) Tangiable (b) Terracotta
(c) Tertial (d) Terracide

84. Select the incorrectly spelt word.
(a) Occurence (b) Harassment
(c) Supersede (d) Exaggerate

85. Select the most appropriate antonym of the word in the brackets to fill in the blank.
She .... the target by an inch and lost the gold medal. [hit]
(a) touched (b) bashed
(c) missed (d) cleaned

86. Select the option that can be used as a one-word substitute for the given group of words.
A period of 10 years
(a) Century (b) Decade
(c) Biennium (d) Iustrum

87. Select the most appropriate meaning of the underlined idiom.
My uncle lives in New York, so I only see him <u>once in a blue moon</u>.
(a) not very often
(b) monthly
(c) weekly
(d) very often

88. Select the option that can be used as a one-word substitute for the given group of words.
One who eats alot
(a) Chauffeur (b) Steward
(c) Glutton (d) Chef

89. Select the most appropriate antonym of the underlined word.
I was <u>happy</u> to know that Sheila passed her final exams.
(a) sad (b) joyful
(c) upbeat (d) excited

90. Select the most appropriate synonym for the underlined word in the given sentence.
One of Ram's <u>leisure</u> activities is tennis.
(a) main (b) lead
(c) languish (d) recreation

91. Select the most appropriate option to substitute the underlined word segment in the given sentence.
The wedding was <u>put on</u> until January.
(a) put in (b) put off
(c) put down (d) put up

92. Select the option that expresses the given sentence in passive voice.
The children have made the box.
(a) The box is being made by the children.
(b) Children had made the box.
(c) The box had been made by the children.
(d) The box has been made by the children.

93. Parts of a sentence are given below in jumbled order. Arrange the parts in the correct order to form a meaningful sentence.
A. The upper part of the river
B. Continuous rain on
C. Week, there had been
D. During the previous
(a) DBAC (b) DCBA
(c) ADCB (d) ABCD

94. Select the option that expresses the given sentence in passive voice.
They are organising a concert for charity.
(a) A concert is being organised by them for charity.
(b) They are organising a charity concert.
(c) They are being organised a concert for charity.
(d) A concert for charity is organising by them.

95. Given below are four jumbled sentences. Select the option that gives their correct logical sequence.
A. When we connect this design with a wire, electricity flows.
B. These metal strips were put in a sulphuric acid solution.
C. He made two strips of different metals.
D. Alessandro Volta discovered electric battery.
(a) CBDA (b) DCBA
(c) BCDA (d) ACDB

Directions (Q. Nos. 96-100) *In the following passage, some words have been deleted. Read the passage carefully and select the most appropriate option to fill in each blank.*

Earthquake is the ......(1)...... breaking and displacement of substantial portions of the earth's outer rocky crust. During an earthquake, rock disturbances can cause rivers to change their flow. Landslides ......(2)...... by earthquakes can cause significant destruction and loss of life. Tsunamis are a ......(3)...... of damaging waves caused by large earthquakes that occur under the ocean. Earthquakes rarely directly kill anyone. Many ......(4)...... and injuries are caused by falling debris and the fall of structures. The ......(5)...... of an earthquake relies on how much and how far rock cracks and shifts.

96. Select the most appropriate option to fill in blank number 1.
(a) innovative (b) expansive
(c) deliberate (d) abrupt

97. Select the most appropriate option to fill in blank number 2.
(a) triggered
(b) subdued
(c) blocked
(d) prevented

98. Select the most appropriate option to fill in blank number 3.
(a) interruption
(b) arrest
(c) disorder
(d) succession

99. Select the most appropriate option to fill in blank number 4.
(a) survival
(b) fatalities
(c) durability
(d) viability

100. Select the most appropriate option to fill in blank number 5.
(a) depth
(b) corpse
(c) discipline
(d) magnitude

उत्तरमाला

1. (c)	2. (d)	3. (a)	4. (d)
5. (c)	6. (b)	7. (a)	8. (a)
9. (c)	10. (c)	11. (c)	12. (a)
13. (d)	14 (a)	15. (a)	16. (c)
17. (a)	18. (b)	19. (b)	20. (a)
21. (c)	22. (c)	23. (d)	24. (a)
25. (c)	26. (c)	27. (b)	28. (b)
29. (c)	30. (d)	31. (c)	32. (d)
33. (a)	34. (a)	35. (c)	36. (c)
37. (b)	38. (d)	39. (c)	40. (a)
41. (d)	42. (d)	43. (d)	44. (a)
45. (d)	46. (d)	47. (d)	48. (d)
49. (b)	50. (b)	51. (d)	52. (c)
53. (c)	54. (c)	55. (d)	56. (b)
57. (d)	58. (c)	59. (a)	60. (b)
61. (c)	62. (b)	63. (d)	64. (a)
65. (c)	66. (b)	67. (c)	68. (a)
69. (c)	70. (d)	71. (b)	72. (c)
73. (d)	74. (d)	75. (a)	76. (a)
77. (a)	78. (d)	79. (b)	80. (b)
81. (b)	82. (c)	83. (a)	84. (a)
85. (c)	86. (b)	87. (a)	88. (c)
89. (a)	90. (d)	91. (b)	92. (d)
93. (b)	94. (a)	95. (b)	96. (d)
97. (a)	98. (d)	99. (b)	100. (d)

व्याख्या

1. *(c)* जिस प्रकार, पहली आकृति को 180° घुमाने से दूसरी आकृति प्राप्त होती है, उसी प्रकार, तीसरी आकृति को 180° घुमाने से विकल्प (c) की आकृति प्राप्त होगी।

2. *(d)* दर्शाए गए चित्रानुसार, कागज को काटने के उपरान्त खोलने पर यह विकल्प (d) की आकृति जैसा दिखाई देगा।

3. *(a)* पासे की दोनों स्थितियों में संकेत '&' उभयनिष्ठ है।

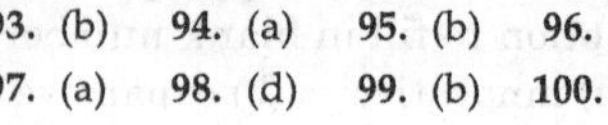

अत: '@' वाले फलक के विपरीत फलक पर संकेत '?' है।

4. *(d)* कथनानुसार,

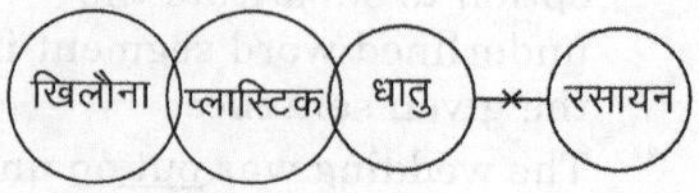

निष्कर्ष I. (✗) II. (✗)
अत: न तो निष्कर्ष I और न ही निष्कर्ष II अनुसरण करता है।

5. *(c)* प्रश्नानुसार,

×⇒÷	÷⇒+
+⇒×	−⇒−

मूल व्यंजक $= 42 \times 3 \div 4 + 9 - 17$
चिह्न बदलने से,
नया व्यंजक $= 42 \div 3 + 4 \times 9 - 17$
$= 14 + 4 \times 9 - 17$
$= 14 + 36 - 17$
$= 50 - 17 = 33$

6. *(b)* (16, 30) से,
$16 = 4^2$ तथा $(4+1)(4+2)$
$= 5 \times 6 = 30$
(81, 110) से,
$81 = 9^2$ तथा $(9+1)(9+2)$
$= 10 \times 11 = 110$
उसी प्रकार, (49, 72) से,
$49 = 7^2$ तथा $(7+1)(7+2)$
$= 8 \times 9 = 72$

7. *(a)* दी गई आकृति श्रृंखला के प्रत्येक अगली आकृति में एकान्तर क्रम में एक लम्बवत् व क्षैतिज रेखा जुड़ रही है। इस प्रकार, श्रृंखला की अगली आकृति विकल्प (a) की आकृति होगी।

8. *(a)* दी गई श्रृंखला का क्रम निम्न प्रकार है,

R —(−2)→ P —(−2)→ N —(−2)→ L —(−2)→ J
L —(−2)→ J —(−2)→ H —(−2)→ F —(−2)→ D
Y —(−2)→ W —(−2)→ U —(−2)→ S —(−2)→ Q
V —(−2)→ T —(−2)→ R —(−2)→ P —(−2)→ N

9. *(c)* दी गई आकृति को नामांकित करने से,

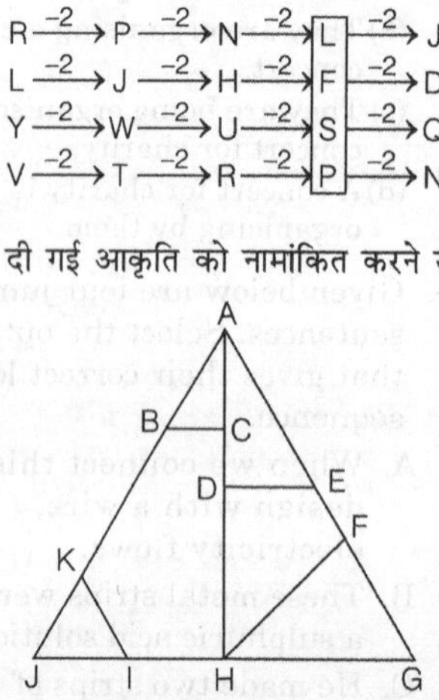

उपर्युक्त आकृति में निम्न त्रिभुज हैं
ΔABC, ΔADE, ΔAHF, ΔAHG, ΔHFG
ΔJKI, ΔAHJ, ΔAJG
अत: त्रिभुजों की कुल संख्या = 8

10. *(c)* दी गई आकृति के पैटर्न को विकल्प (c) की आकृति पूर्ण करेगी।

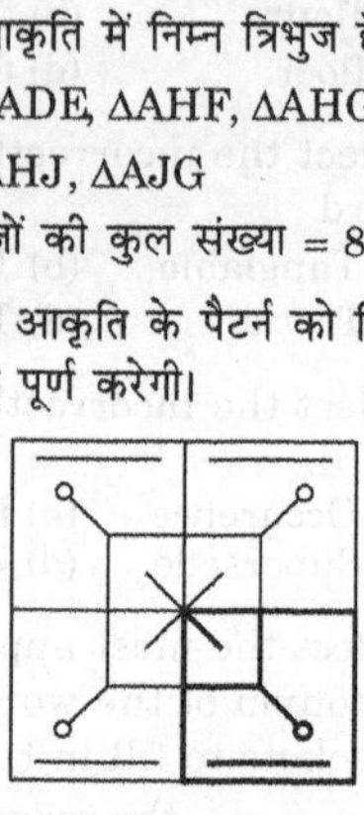

11. *(c)* दी गई संख्या श्रृंखला का क्रम निम्न प्रकार है,

9 —(×2−1)→ 17 —(×2−1)→ 33 —(×2−1)→ 65 —(×2−1)→ 129 —(×2−1)→ **257**

12. *(a)* जिस प्रकार,

RETAINED → ENIATERD
(RETAINE विपरीत क्रम में)

तथा MATURITY → TIRUTAMY
(MATURIT विपरीत क्रम में)

उसी प्रकार,

FIREWALL → LAWERIFL
(FIREWAL विपरीत क्रम में)

13. *(d)* जिस प्रकार,

G	L	O	B	A	L
7	12	15	2	1	12
22	17	14	27	28	17

(दोनों का योग 29 है।)

तथा

F	O	R	E	S	T
6	15	18	5	19	20
23	14	11	24	10	9

उसी प्रकार,

I	M	P	A	C	T
9	13	16	1	3	20
20	16	13	28	26	9

14. *(a)* सम्बन्ध (i) से,
व्यंजक = T/B − K * P + Q
रक्त सम्बन्ध स्थापित करने से,

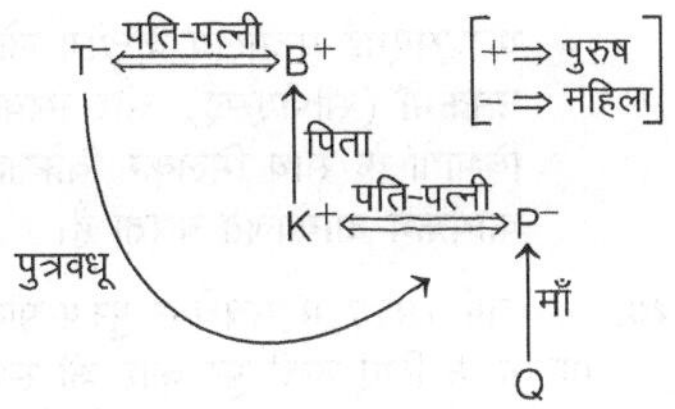

यहाँ, P, T की पुत्रवधू है।
सम्बन्ध (ii) से,
व्यंजक = T + K * P + B % O

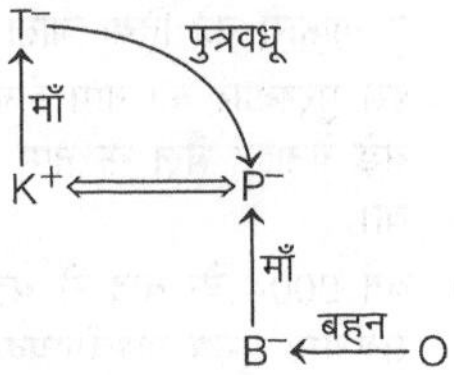

यहाँ P, T की पुत्रवधू है।
अत: सम्बन्ध (i) और (ii) दोनों सही हैं।

15. *(a)* कथनानुसार,

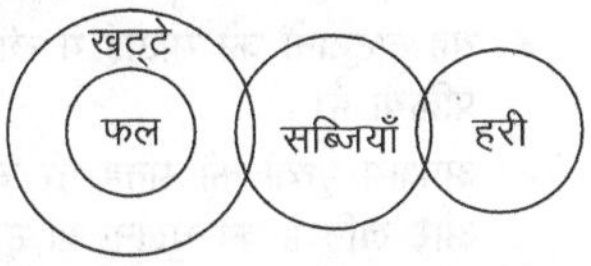

निष्कर्ष I. (✗) II. (✗)
अत: न तो निष्कर्ष I और न ही II अनुसरण करता है।

16. *(c)* दी गई अक्षर शृंखला का क्रम निम्न प्रकार है,
f h g h h g f / f h g h h g f / f h g h h g f
अभीष्ट संयोजन = g h f h g h h g

17. *(a)* जिस प्रकार,
(16 – 40 – 100) से,
$16\times2+\dfrac{16}{2}=32+8=40$
और $40\times2+\dfrac{40}{2}=100$
तथा (8 – 20 – 50) से,
$8\times2+\dfrac{8}{2}=16+4=20$
$20\times2+\dfrac{20}{2}=50$
उसी प्रकार, (24 – 60 – 150) से,
$24\times2+\dfrac{24}{2}=48+12=60$
और $60\times2+\dfrac{60}{2}=150$

18. *(b)* जिस प्रकार,
(148, 126, 104) से,
$\Rightarrow 148-22=126\rightarrow126-22=104$
तथा (98, 76, 54) से,
$\Rightarrow 98-22=76$ तथा $76-22=54$
उसी प्रकार, (157, 135, 113) से,
$\Rightarrow 157-135=22\rightarrow135-22=113$

19. *(b)*
मूल शब्द → S I [G] [H] T E D
वर्णमालानुसार क्रम → D E [G] [H] I S T
अत: केवल दो अक्षरों के स्थान अपरिवर्तित है।

20. *(a)* जिस प्रकार, 'रिक्त' का समानार्थी शब्द 'खाली' होता है। उसी प्रकार, 'भीड़' का समानार्थी शब्द 'जमघट' होता है।

21. *(c)* विकल्पों से,
31 के बाद दूसरी अभाज्य संख्या = 41
83 के बाद दूसरी अभाज्य संख्या = 97
61 के बाद दूसरी अभाज्य संख्या = 71
जबकि, 73 और 79 के बीच कोई भी अभाज्य संख्या नहीं है।

22. *(c)* प्रश्नानुसार,
$+\Leftrightarrow-$ तथा $\times\Leftrightarrow\div$
मूल व्यंजक $=107+2028\times6-427\div7$
चिह्न परस्पर बदलने से,
नया व्यंजक $=107-2028\div6+427\times7$
$=107-338+2989$
$=3096-338$
$=2758$

23. *(d)* दिए गए चित्रानुसार, कागज को मोड़ने और काटने के उपरान्त कागज को खोलने से यह विकल्प (d) की आकृति जैसा दिखाई देगा।

24. *(a)* यहाँ,
$E\xrightarrow{+3}H\xrightarrow{+2}J\xrightarrow{+1}K$
$T\xrightarrow{+3}W\xrightarrow{+2}Y\xrightarrow{+1}Z$
$Y\xrightarrow{+3}B\xrightarrow{+2}D\xrightarrow{+1}E$
परन्तु, $S\xrightarrow{+3}V\xrightarrow{+2}X\xrightarrow{+2}Z$

25. *(c)* जिस प्रकार,

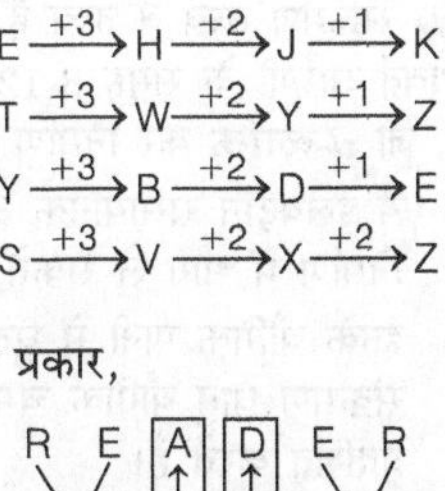

तथा

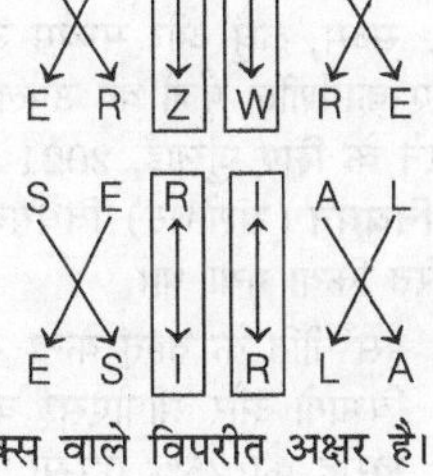

यहाँ, बॉक्स वाले विपरीत अक्षर है।
उसी प्रकार,

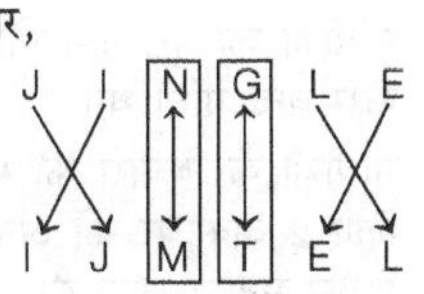

26. *(c)* पद्म भूषण पुरस्कार (2006) से सम्मानित उस्ताद साबरी खान **सारंगी** वाद्ययन्त्र बजाते थे।
- उस्ताद साबरी खान को वर्ष 1990 में संगीत नाटक अकादमी पुरस्कार से सम्मानित किया गया था।
- इन्हें वर्ष 1992 में पद्मश्री मिला था।
- ये सैनिया घराने के सदस्य थे।

27. *(b)* **भेल** सार्वजनिक क्षेत्र का उद्योग है।
- भेल (BHEL) का पूर्णरूप 'भारत हैवी इलेक्ट्रिकल्स लिमिटेड' है।
- भेल की स्थापना 13 नवम्बर, 1964 को हुई थी।
- यह विद्युत उपकरण बनाने वाली कम्पनी है।
- भेल का मुख्यालय नई दिल्ली में है।
- सार्वजनिक क्षेत्र की प्रमुख कम्पनियाँ ओएनजीसी, ऑयल इण्डिया, राष्ट्रीय थर्मल पावर कॉर्पोरेशन (एनटीपीसी), गैस अथॉरिटी ऑफ इण्डिया लिमिटेड (गेल) इत्यादि हैं।
- (BHEL) भेल, भारत सरकार के भारी उद्योग मन्त्रालय के अधीन है।

28. *(b)* सही सुमेलन A-3, B-1, C-4, D-2 है।
- अफगानिस्तान की आधिकारिक भाषा 'दारी' है।
- भूटान की आधिकारिक भाषा 'जोंगखा' है।
- पाकिस्तान की आधिकारिक भाषा 'उर्दू' तथा म्यांमार की आधिकारिक भाषा 'बर्मी' है।

29. *(c)* **संगीत** नाटक अकादमी भारत की राष्ट्रीय नृत्य अकादमी है।
- इसकी स्थापना वर्ष 1953 में हुई थी।
- इसका मुख्यालय नई दिल्ली में है।
- यह भारत की पहली राष्ट्रीय कला अकादमी है।
- मणिपुर नृत्य अकादमी, सतरिया केन्द्र, कथक केन्द्र और रवीन्द्र रंगशाला केन्द्र की स्थापना संगीत नाटक अकादमी द्वारा की गई है।

30. *(d)* महात्मा गाँधी की जयन्ती भारत में राष्ट्रीय पर्व के रूप में मनाई जाती है। गाँधीजी का जन्म 1869 ई. में हुआ था।

- गाँधीजी का पूरा नाम मोहनदास करमचन्द गाँधी था।
- गाँधीजी के विचारों को सम्मान देने के लिए 2 अक्टूबर को अन्तर्राष्ट्रीय अहिंसा दिवस मनाया जाता है।
- सुभाषचन्द्र बोस ने गाँधीजी को सबसे पहले राष्ट्रपिता कहा था।
- गाँधी ने सत्याग्रह, खिलाफत आन्दोलन और नमक सत्याग्रह जैसे आन्दोलन का नेतृत्व किया।

31. *(c)* **अनुच्छेद** 80 राज्यसभा के गठन से सम्बन्धित है।
- राज्यसभा में अधिकतम 250 सदस्य हो सकते हैं।
- यह भारतीय संसद का उच्च सदन होता है।
- भारत का उप-राष्ट्रपति राज्यसभा का पदेन सभापति होता है।
- राज्यसभा की पहली बैठक 13 मई, 1952 को आयोजित की गई थी।

32. *(d)* मार्च, 2023 में **दीपक मोहन्ती** को पेंशन फण्ड नियामक और विकास प्राधिकरण (PFRDA) के नए अध्यक्ष के रूप में नियुक्त किया गया है।
- PFRDA, भारत सरकार के वित्त मन्त्रालय के अधीन है।
- इसकी स्थापना 23 अगस्त, 2003 को हुई थी।
- इसका मुख्यालय नई दिल्ली में है।
- PFRDA का उद्देश्य पेंशन निधि की स्थापना और विनियमन करके वृद्धावस्था में आय सुरक्षा बढ़ाना है।

33. *(a)* जब एक निर्माण श्रमिक अपने 8 वर्षीय बेटे को स्कूल भेजने के अतिरिक्त उसे निर्माण स्थल पर ले जाता है, तो मौलिक कर्त्तव्य का अनुच्छेद 51 A (k) लागू होता है।
- मौलिक कर्त्तव्य नागरिकों को संविधान का पालन करने, आदर्श विचार को बढ़ावा देने व अनुसरण करने का आदेश देते हैं।
- इस अनुच्छेद के अनुसार, माता-पिता या अभिभावक को छ: से चौदह वर्ष के बच्चे को शिक्षा का अधिकार देना चाहिए।

34. *(a)* ऑस्ट्रेलिया ने वर्ष 2023 में भारत को हराकर (209 रन से) आई.सी.सी. विश्व टेस्ट चैम्पियनशिप जीती।
- आई.सी.सी. विश्व टेस्ट चैम्पियनशिप 2023 का फाइनल मैच जून, 2023 में खेला गया था।
- यह टेस्ट चैम्पियनशिप ओवल, लन्दन में आयोजित हुई।
- इस टेस्ट चैम्पियनशिप में सर्वश्रेष्ठ खिलाड़ी ट्रेविस हेड (ऑस्ट्रेलिया) को चुना गया।
- इसमें कुल 9 टीमों ने हिस्सा लिया।

35. *(c)* जेम्स रेनेल को हिन्दुस्तान का मानचित्र तैयार करने के लिए **रॉबर्ट क्लाइव** ने कहा था।
- रॉबर्ट क्लाइव बंगाल प्रेसीडेंसी के पहले ब्रिटिश गवर्नर थे।
- इन्होंने बंगाल में ब्रिटिश ईस्ट इण्डिया कम्पनी की नींव रखी।
- क्लाइव के समय ही बंगाल में अकाल आया था, जिसमें लगभग 30 लाख लोग मारे गए थे।

36. *(c)* वर्ष 1927 में भारतीय ओलम्पिक संघ की स्थापना की गई थी।
- भारतीय ओलम्पिक संघ के संस्थापक अध्यक्ष सर दोराबजी टाटा थे।
- पीटी उषा (वर्तमान अक्टूबर, 2024) भारतीय ओलम्पिक संघ की पहली महिला अध्यक्षा बनी हैं।

37. *(b)* वर्तमान में अंगोला, भारत की शुल्क मुक्त टैरिफ वरियता (DFTP) योजना का लाभार्थी नहीं है।
- डीएफटीपी योजना एक गैर-पारस्परिक टैरिफ वरीयता योजना है, जो एलडीसी के उत्पादों के लिए शुल्क मुक्त और अधिमान्य बाजार पहुँच प्रदान करती है।
- यह योजना भारत को अल्प विकसित देशों से आयात पर टैरिफ वरीयता प्रदान करती है।
- इसे आधिकारिक तौर पर 13 अगस्त, 2008 को पेश किया गया था।

38. *(d)* संक्रमण तत्त्व वे तत्त्व हैं, जो आधुनिक आवर्त सारणी के समूह 3-12 में पाए जाते हैं, जो ***d*-ब्लॉक** कर निर्माण करते हैं।
- ये इलेक्ट्रॉन रासायनिक आबन्धों के निर्माण में भाग ले सकते हैं।
- इनके यौगिक पानी में घुलने वाले संक्रमण धातु यौगिक चमकीला रंग प्रदर्शित करते हैं।

39. *(c)* सूक्ष्म, लघु और मध्यम उद्यम क्षेत्र के लिए कार्यशील पूँजी की उपलब्धता में मदद करने के लिए जुलाई, 2021 में **फैक्टरिंग विनियमन** (संशोधन) विधेयक, 2021 पारित किया गया था।
- इस नीति के तहत् केन्द्र सरकार के विभागों और सीपीएसई की वार्षिक खरीद का 25% हिस्सा एमएसई से करना होता है।
- एमएसएमई मन्त्रालय केन्द्रीय लोक उपक्रमों (सीपीएसई) और सरकारी विभागों के साथ मिलकर विक्रेता कार्यक्रम आयोजित करता है।

40. *(a)* वर्ष 1977 में सर्वश्रेष्ठ पुरुष पार्श्व गायक के लिए नन्दी पुरस्कार की स्थापना **आन्ध्र प्रदेश** राज्य द्वारा की गई।
- यह पुरस्कार तेलुगू सिनेमा, तेलुगू थिएटर, तेलुगू टेलीविजन और भारतीय सिनेमा में बेहतरीन कार्य करने वाले कलाकारों को दिया जाता है।
- इस पुरस्कार का नाम लेपाक्षी मन्दिर के बड़े ग्रेनाइट बैल के नाम पर रखा गया था।
- वर्ष 2004 के बाद से यह पुरस्कार सर्वश्रेष्ठ पुरुष पार्श्वगायक के लिए घण्टासला वेंकटेश्वराव पुरस्कार के नाम से जाना जाता है।

41. *(d)* अपशल्कन **भौतिक अपक्षय** का एक रूप है।
- यह चट्टानों को मोटाई में छीलने की प्रक्रिया है।
- अपक्षय पृथ्वी की सतह पर चट्टानों और खनिजों का घुलना या टूटने की प्रक्रिया है।

42. *(d)* पूरे दिन की चर्चा संसदीय कार्यवाही की विधि नहीं है।
- लोकसभा की बैठक का पहला घण्टा प्रश्नों के लिए होता है, जिसे प्रश्नकाल कहते हैं।
- शून्यकाल, संसद में राष्ट्रीय और सार्वजनिक महत्त्व के महत्त्वपूर्ण तथ्यों को उजागर करने के लिए शुरु किया गया था।

43. *(d)* ब्रह्मपुत्र नदी हिमालय की सबसे पूर्वी सीमा बनाती है।
- इस नदी का उद्गम तिब्बत के दक्षिण-पश्चिम में स्थित चेमायुंगडुंग ग्लेशियर से होता है।
- इस नदी को तिब्बत में सांगपो के नाम से जाना जाता है।
- अरुणाचल प्रदेश में इसे दिहांग के नाम से जाना जाता है।
- इसकी प्रमुख सहायक नदी लोहित, दिबांग, सुबनसिरी, जियाभरली, धनसिरि, मानस, तोरसा, संकोश और तिस्ता हैं।

44. *(a)* गुप्तों के पतन के बाद, भारत के विभिन्न भागों में विभिन्न साम्राज्यों का उदय हुआ। उनमें से मौखरियों का उदय कन्नौज क्षेत्र में हुआ।

- मौखरिया राजवंश ने उत्तर प्रदेश और मगध के अधिकांश भाग पर शासन किया था।
- ये राजवंश पहले गुप्त राजवंश में जागीरदार के रूप में कार्य करते थे।
- मौखरिया राजवंश की राजधानी कन्याकुब्ज थी।

45. *(d)* $Mg(OH)_2$ मैग्नीशियम हाइड्रॉक्साइड का संरचनात्मक सूत्र है।

- इसका उपयोग रेचक और एण्टासिड के रूप में किया जाता है।
- इसका उपयोग खाद्य उत्पादों में अम्लता नियामक और पीएच समायोजक के रूप में किया जाता है।
- इसका उपयोग डिओडोरेण्ट के रूप में किया जाता है।

46. *(d)* धन, मजदूरी में परिवर्तन की दर और बेरोजगारी की दर के बीच अनुभवजन्य रूप से स्थापित सम्बन्ध को फिलिप्स वक्र के रूप में जाना जाता है।

- न्यूजीलैण्ड के अर्थशास्त्री विलियम फिलिप्स ने इसकी खोज की थी।
- अल्पावधि में फिलिप्स वक्र नीचे की ओर झुका होता है, जबकि दीर्घावधि में यह लम्बवत् होता है।

47. *(d)* अमरूद के पौधे में विपरीत पर्णविन्यास पाया जाता है।

- विपरीत पर्णविन्यास में, नोड से विपरीत दिशाओं में दो पत्तियाँ निकलती हैं।
- एकान्तर पर्णविन्यास से हर गाँठ पर एक पत्ती एकान्तर तरीके से निकलती है; जैसे-गुड़हल, सरसों और सूरजमुखी के पौधे।
- चक्करदार पर्णविन्यास में दो-या-दो से ज्यादा पत्तियाँ एक गाँठ पर निकलती हैं और एक चक्र बनाती हैं।

48. *(d)* सबसे महान चोल शासकों में से एक राजाराज प्रथम ने 985 ई. से 1017 ई. तक शासन किया।

- इन्होंने तंजावुर में वृहदेश्वर मन्दिर का निर्माण करवाया था।
- इन्होंने नागपट्टिनम में बौद्ध मठ के निर्माण में मदद की थी।
- इनके शासनकाल में चोलों ने उत्तर में कलिंग से लेकर दक्षिण में श्रीलंका तक साम्राज्य का विस्तार किया था।
- राजाराज प्रथम के बाद उनके पुत्र राजेन्द्र चोल प्रथम ने शासन किया था।

49. *(b)* भारतीय राष्ट्रीय सेना का गठन 1 सितम्बर, 1942 को सिंगापुर में किया गया था।

- इसका गठन मोहन सिंह के नेतृत्व में किया गया था।
- इत्तेहाद, इतमाद और कुर्बानी (उर्दू में एकता, विश्वास और बलिदान) इसका सिद्धान्त था।
- सुभाषचन्द्र बोस ने भारतीय राष्ट्रीय सेना को 'आजाद हिन्द फौज' के रूप में नामित किया व वर्ष 1943 में इसका नेतृत्व किया।

50. *(b)* किसी उत्तल लेन्स के बाईं ओर फोकस पर एक छोटी वस्तु रखे जाने पर, प्रतिबिम्ब **लेन्स के दाईं ओर अनन्त पर** बनेगा।

- जब उत्तल लेंस किसी वस्तु का वास्तविक प्रतिबिम्ब बनाता है, तो वस्तु और प्रतिबिम्ब के बीच न्यूनतम दूरी उत्तल लेंस की फोकस दूरी के चार **गुना** के बराबर होती है।

51. *(d)* $\because OA \perp AP$

ΔAOP में,

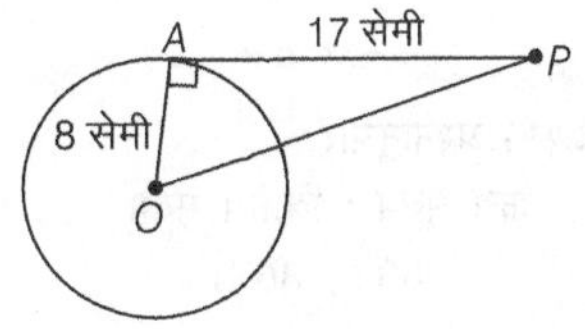

$$\therefore \quad (AP)^2 + (AO)^2 = (OP)^2$$
$$\Rightarrow \quad (AP)^2 + 8^2 = (17)^2$$
$$\Rightarrow \quad (AP)^2 = 289 - 64$$
$$\Rightarrow \quad AP = \sqrt{225} = 15$$

$\therefore$ स्पर्श रेखा की लम्बाई = 15 सेमी

52. *(c)* $\text{समय} = \dfrac{\text{दूरी}}{\text{सापेक्ष चाल}}$

$$\therefore \text{अभीष्ट समय} = \frac{1620}{(10+8)} \text{ सेकण्ड}$$
$$= \frac{1620}{18} \text{ सेकण्ड} = 90 \text{ सेकण्ड}$$

53. *(c)* $\text{एकल छूट} = \left(10 + 16 - \dfrac{10 \times 16}{100}\right)\%$

$$= (26 - 16)\% = 24.4\%$$

54. *(c)* $\dfrac{25a^2 - 10ab - 48b^2}{5a + 6b} \times (5a + 8b)$

$$= \frac{(5a)^2 - 2 \times 5a \times b + b^2 - 49b^2}{(5a + 6b)} \times (5a + 8b)$$
$$= \frac{(5a - b)^2 - (7b)^2}{(5a + 6b)} \times (5a + 8b)$$
$$= \frac{(5a - b + 7b)(5a - b - 7b)}{(5a + 6b)} \times (5a + 8b)$$
$$= \frac{(5a + 6b)(5a - 8b)}{(5a + 6b)} \times (5a + 8b)$$
$$= 25a^2 - 64b^2$$

55. *(d)* प्रश्नानुसार,

बहुलक = 3

$$\text{माध्य} = \frac{1 \times 20 + 2 \times 50 + 3 \times 70 + 4 \times 50 + 5 \times 20}{(20 + 50 + 70 + 50 + 20)}$$
$$= \frac{20 + 100 + 210 + 200 + 100}{20 + 50 + 70 + 50 + 20}$$
$$= \frac{630}{210} = 3$$

$\therefore$ अभीष्ट अन्तर = 3 − 3 = 0

56. *(b)* भौतिक विज्ञान में पढ़ने वाले कुल विद्यार्थी

$$= 420 + 435 + 412 + 285 = 1552$$

गणित में पढ़ने वाले कुल विद्यार्थी

$$= 256 + 310 + 295 + 345 = 1206$$

$\therefore$ अभीष्ट अनुपात = 1552:1206

= 776:603

57. *(d)* माना भरने वाला पाइप A तथा खाली करने वाला पाइप B है।

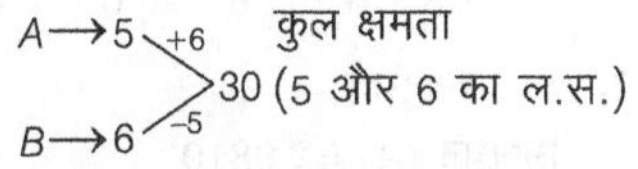

$\therefore$ अभीष्ट समय

$$= \frac{30}{(6-5)} = \frac{30}{1} = 30 \text{ मिनट}$$

58. *(c)* किसी त्रिभुज में भुजाओं के मध्य-बिन्दु से मिलाकर बनने वाले त्रिभुज का क्षेत्रफल बड़े त्रिभुज के क्षेत्रफल का $\frac{1}{4}$ गुना होता है।

$\therefore$ क्षेत्रफल (ΔPQR)

$$= \frac{1}{4} \times \text{क्षेत्रफल } (\Delta ABC)$$
$$= \frac{1}{4} \times \frac{\sqrt{3}}{4} \times 11 \times 11$$

[$\because$ समबाहु त्रिभुज का क्षेत्रफल $= \dfrac{\sqrt{3}}{4} \times \text{भुजा}^2$]

$$= \frac{121\sqrt{3}}{16} \text{ सेमी}^2$$

59. *(a)* प्रश्नानुसार,

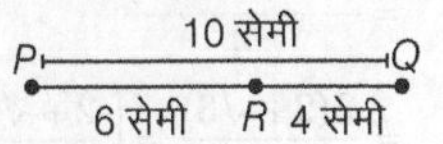

$PQ = 10$ सेमी

$RP = 6$ सेमी

$\therefore RQ = 4$ सेमी

अब, $PR : RQ = 6 : 4 = 300 : 200$

PR की नई लम्बाई $= 300 \times \frac{105}{100} = 315$

$\therefore QR$ की नई लम्बाई $= 500 - 315 = 185$

$\therefore$ अभीष्ट प्रतिशत

$= \frac{(200-185)}{200} \times 100\%$

$= \frac{15}{200} \times 100\% = 7.5\%$

60. *(b)* माना तीसरे प्रकार की चाय का मूल्य ₹ x किग्रा है।

प्रश्नानुसार,

$250 \times 1 + 300 \times 1 + 2 \times x = (1+1+2) \times 350$

$250 + 300 + 2x = 1400$

$2x = 850 \Rightarrow x = 425$

$\therefore$ अभीष्ट मूल्य = ₹ 425/किग्रा

61. *(c)* $1\frac{1}{3} + 1\frac{3}{4} \times 1\frac{2}{3} \div 3\frac{1}{2}$

$= \frac{4}{3} + \frac{7}{4} \times \frac{5}{3} \div \frac{7}{2}$

$= \frac{4}{3} + \frac{7}{4} \times \frac{5}{3} \times \frac{2}{7}$

$= \frac{4}{3} + \frac{5}{6} = \frac{8+5}{6} = \frac{13}{6} = 2\frac{1}{6}$

62. *(b)* प्रश्नानुसार,

मिश्रधन (A) = ₹ 9810

$\therefore$ मूलधन $= \frac{9810 \times 100}{(100+9)} =$ ₹ 9000

$\therefore 6$ माह का ब्याज $= \frac{9000 \times 9}{100 \times 2} =$ ₹ 405

$\therefore$ अभीष्ट राशि $= 9000 + 405 =$ ₹ 9405

63. *(d)* $\frac{\tan(x)}{\sec(x)} = \frac{1}{2}$

$\Rightarrow \frac{\sin(x)}{\cos(x) \times \frac{1}{\cos(x)}} = \frac{1}{2}$

$\Rightarrow \sin(x) = \frac{1}{2}$

$\Rightarrow \cos(x) = \sqrt{1 - \left(\frac{1}{2}\right)^2} = \frac{\sqrt{3}}{2}$

$\therefore [\sin(x) + \cos(x)]^2 = \left(\frac{1}{2} + \frac{\sqrt{3}}{2}\right)^2$

$= \frac{(3+1+2\sqrt{3})}{4}$

$= \frac{2(2+\sqrt{3})}{4} = \left(\frac{2+\sqrt{3}}{2}\right)$

64. *(a)* प्रश्नानुसार,

$r = 4$ इकाई

$h = 2r = 2 \times 4 = 8$ इकाई

$\therefore$ बेलन का आयतन $= \pi r^2 h$

$= \pi \times 4 \times 4 \times 8$

$= 128\pi$ इकाई^3

65. *(c)* $x - ay = 2 - a$

$x - ay + (a-2) = 0$ ...(i)

तथा $(1-a)x + 6y = a + b$

$(1-a)x + 6y - (a+b) = 0$ ...(ii)

कोई हल नहीं होगा।

यदि $\frac{a_1}{a_2} = \frac{b_1}{b_2} \neq \frac{c_1}{c_2}$

$\frac{1}{1-a} = \frac{-a}{6} \neq \frac{(a-2)}{-(a+b)}$

$\Rightarrow 6 = a(a-1)$

$\Rightarrow 3 \times 2 = a(a-1)$

$\therefore a = 3$

तथा $-(a+b) \neq (1-a)(a-2)$

$\Rightarrow -(3+b) \neq (1-3)(3-2)$

$\Rightarrow -3-b \neq (-2) \times 1$

$b \neq -1$

$\therefore a = 3, b \neq -1$

66. *(b)* प्रश्नानुसार,

क्रय मूल्य : विक्रय मूल्य

30 : 36

800 : 1000

$30 \times 800 : 36 \times 1000$

2 : 3

$\therefore$ लाभ प्रतिशत $= \frac{(3-2)}{2} \times 100$

$= \frac{1}{2} \times 100 = 50\%$

67. *(c)* $AB = 20$ सेमी

$AM = \frac{AB}{2} = \frac{20}{2} = 10$ सेमी

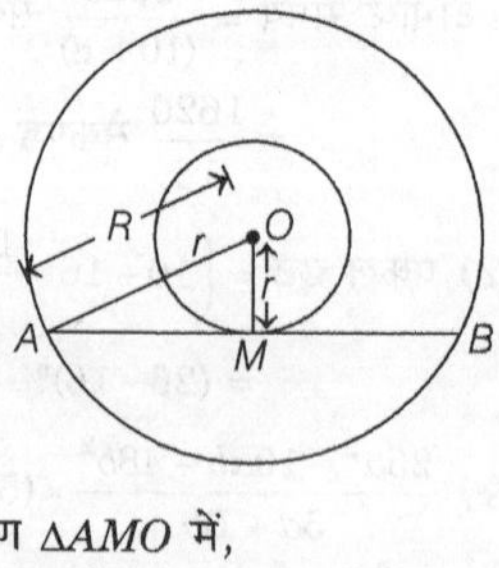

समकोण ΔAMO में,

$(AO)^2 = (AM)^2 + (OM)^2$

$\Rightarrow R^2 = (10)^2 + r^2$

$\Rightarrow R^2 - r^2 = 100$ ...(i)

$\therefore$ दोनों वृत्तों के बीच के वलयाकार भाग का क्षेत्रफल $= \pi R^2 - \pi r^2$

$= \pi(R^2 - r^2)$

$= 100\pi$ (समी (i) से)

68. *(a)* $\sin B = \frac{15}{17}$

अब, $\cos B(\sec B - \tan B)$

$= \cos B \times \sec B - \cos B \times \frac{\sin B}{\cos B}$

$= 1 - \sin B$

$= 1 - \frac{15}{17} = \frac{2}{17}$

69. *(c)* $\tan A = \frac{5}{7} = \frac{\sin A}{\cos A}$

$\frac{7\sin A - 3\cos A}{7\sin A + 3\cos A} + 4 = \frac{7 \times 5 - 3 \times 7}{7 \times 5 + 3 \times 7} + 4$

$= \frac{35-21}{35+21} + 4 = \frac{14}{56} + 4$

$= \frac{1}{4} + 4 = 4\frac{1}{4}$

70. *(d)* $a + b = 1$ ...(i)

$\left(\frac{1}{a^2} + \frac{1}{b^2} + \frac{2}{ab}\right) = \left(\frac{1}{a} + \frac{1}{b}\right)^2$

$= \left(\frac{a+b}{ab}\right)^2$

$= \frac{1}{a^2b^2}$ [समी (i) से]

71. *(b)* संख्या $= 62684xy$

5 से विभाज्य होने के लिए $= y = 0$

तथा 8 से विभाज्य होने के लिए अन्तिम 3 अंक से बनी संख्या 8 से विभाजित होनी चाहिए।

$\therefore \frac{4xy}{8} =$ पूर्णत: विभाजित

$\therefore \frac{4x0}{8} =$ पूर्णत: विभाजित

$\Rightarrow x = 4$

$\therefore x = 4$ तथा $y = 0$

72. *(c)* $AB = 50$ सेमी

$AM = \frac{AB}{2} = \frac{50}{2} = 25$ सेमी

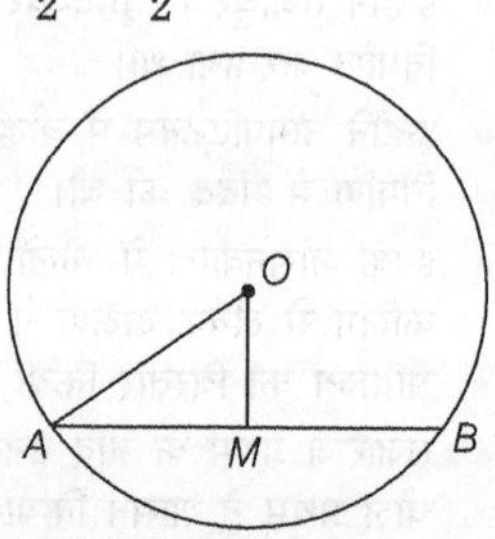

$OM = 21$ सेमी

ΔOMA में,

$\therefore \quad (OA)^2 = (AM)^2 + (OM)^2$

$= (25)^2 + (21)^2$

$= 625 + 441 = 1066$

$\therefore \quad OA = \sqrt{1066}$ सेमी

73. *(d)* बल्लेबाज द्वारा चौके मारकर बनाए गए रन $= 440 \times 30\%$

$= 440 \times \frac{30}{100} = 132$

74. *(d)* अभीष्ट कुल रन

$= 800 + 620 + 1200 + 650 = 3270$

75. *(a)* पहले पात्र में $(A : B) = 252 : 441$

$\therefore$ दूसरे पात्र में B की मात्रा $= \frac{441}{693} \times 1188$

$= \frac{523908}{693} = 756$ लीटर

76. *(a)* Part 'I have the hundred reasons' contains an error. The use of definite article 'the' is incorrect in the sentence. Use 'a' or no article to correct the sentence.

77. *(a)* The antonym of 'failed' is 'passed' which is the correct filler for the given blank.

78. *(d)* A straight shooter is a thoroughly upright straightforward person.

79. *(b)* An Arena is a large, flat area surrounded by seats used for sports or entertainment.
Senate is a group of politicians who have the most power to make laws in a government.

80. *(b)* Part 'After I retire, I started a second career' contains an error of tense. As the sentence makes future projection, simple future tense should be used. Hence, replace 'started' by 'will start' to correct the sentence.

81. *(b)* Celebrate means to acknowledge (a significant or happy day or event) with a social gathering or enjoyable activity. Hence, its synonym is 'rejoice'.

- **Daunt** means make (someone) feel intimidated or apprehensive.
- **Bitch** is a female dog.
- **Assure** means to tell someone something positively to dispel any doubts.

82. *(c)* The correct filler for the given blank is 'floor'.

83. *(a)* The incorrectly spelt word is 'tangiable'. The correct spelling is 'tangible'.

84. *(a)* The incorrectly spelt word is 'occurence'. The correct spelling is 'occurrence'.

85. *(c)* The antonym of 'hit' is 'missed'.

86. *(b)* A decade is a period of 10 years.

- **Century** is a period of 100 years.
- **Biennium** means a specified period of two years.
- **Lustrum** means a purificatory sacrifice made after a census every five years.

87. *(a)* Once in a blue moon means rarely or not very often.

88. *(c)* A glutton is someone who eats a lot.

- **Chauffeur** means someone who drives a car.
- **Steward** means a person employed to look after the passengers on a ship, aircraft or train.
- **Chef** is someone who cooks.

89. *(a)* The antonym of 'happy' is 'sad'.

90. *(d)* Leisure refers to a time of relaxation of refreshment.
Hence, its synonym is 'recreation' which means the same.

- Languish means (of a person, animal or plant) lose or lack vitality; grow weak.

91. *(b)* The underlined word is incorrect in the context of the given sentence.

- The phrasal verb put on means to wear, which is incorrect. The correct word for the sentence will be 'put off' which means to delay.

92. *(d)* Option (d) 'The box has been made by the children' is in present perfect tense. When such a sentence is transformed into passive voice, the structure followed is has/have been' + the past participle form of verb.

93. *(b)* The correct order DCBA.

- The sentence formed will be 'During the previous week, there had been continuous rain on the upper part of the river'.

94. *(a)* Option (a) 'A concert is being organised by them for charity' is in present continuous tense. When such a sentence is transformed into passive voice, the structure followed is Object + is/are + being + the past participle form of the verb.

95. *(b)* The first sentence of the paragraph will be D as it introduces Alessandro Volta and his discovery. The second sentence will be C which starts describing how he made the discovery.

- The third sentence will be B which expands the description. The last sentence will be A which concludes on it. Thus, the correct order is DCBA.

96. *(d)* The correct filler for the given blank is 'abrupt'.

97. *(a)* The correct filler for the given blank is 'triggerd'.

98. *(d)* The correct filler for the given blank is 'succession'.

99. *(b)* The correct filler for the given blank is 'fatalities'.

100. *(d)* The correct filler for the given blank is 'magnitude'.

सेट 15 13 सितम्बर, 2024 (तृतीय पाली)

SSC CGL Tier-I सॉल्वड पेपर

निर्देश

1. इस सेट में कुल 100 प्रश्न हैं।
2. इस सेट में चार भाग हैं, भाग-I सामान्य बुद्धि एवं तर्कशक्ति, भाग-II सामान्य जागरुकता, भाग-III संख्यात्मक अभियोग्यता और भाग-IV अंग्रेजी भाषा।
3. प्रत्येक प्रश्न 2 अंक का है।

भाग I
सामान्य बुद्धि एवं तर्कशक्ति

1. एक निश्चित कूटभाषा में, 'A ? B' का अर्थ है कि 'A, B की माता है', 'A ! B' का अर्थ है कि 'A, B की पत्नी है', 'A & B' का अर्थ है कि 'A, B का भाई है' और 'A × B' का अर्थ है कि 'A, B का पिता है'।
निम्नलिखित में से किसका अर्थ यह है कि Z, L की परसास (पत्नी के पिता की माता) है?
(a) Z ? B ! T & J × L
(b) Z ? B × T & J ! L
(c) Z ! B × T ? J & L
(d) Z & B ! T × J ? L

2. उस शब्द-युग्म का चयन करें, जो नीचे दिए गए शब्दों के युग्म में व्यक्त किए गए सम्बन्ध के समान सम्बन्धों का सबसे बेहतर ढंग से प्रतिनिधित्व करता है। (शब्दों को अर्थपूर्ण हिन्दी शब्द माना जाना चाहिए और शब्द में अक्षरों की संख्या/व्यंजनों/स्वरों की संख्या के आधार पर एक-दूसरे से सम्बन्धित नहीं होना चाहिए।)
काजीरंगा : गैंडा
(a) रणथम्भौर: मोर (b) गिर : तेन्दुआ
(c) पेरियार : हाथी (d) गहिरमाथा : सिंह

3. विकल्पों में दी गई उस आकृति की पहचान कीजिए, जिसे प्रश्नचिह्न (?) के स्थान पर रखने पर श्रृंखला तार्किक रूप से पूरी हो जाएगी।

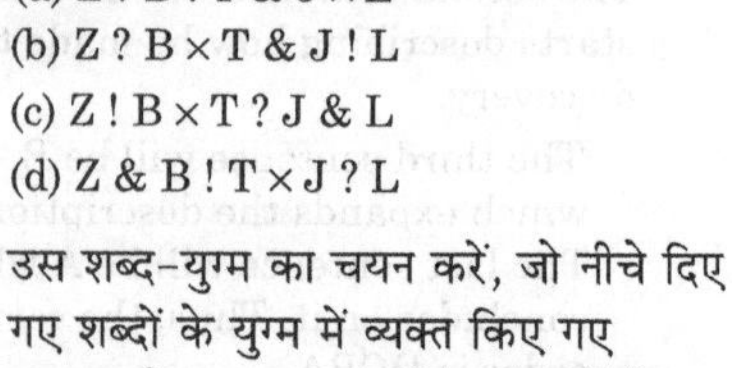

4. उस विकल्प का चयन कीजिए, जो उन अक्षरों को प्रदर्शित करता है जिन्हें नीचे दिए गए रिक्त स्थानों में बाएँ से दाएँ क्रमिक रूप से रखने पर अक्षर श्रृंखला पूर्ण हो जाएगी।
_ O _ O _ _ O _ P _ O _
(a) PPOOPOP
(b) OOPPPOO
(c) OPOPOOP
(d) PPOOOPO

5. दिए गए वेन आरेख के अनुसार ऐसे कितने लोग हैं जो या तो केवल वॉलीबॉल या केवल शतरंज खेलते हैं?

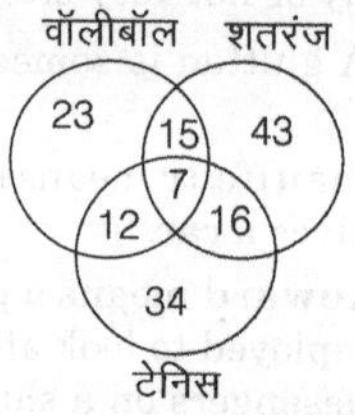

(a) 66 (b) 81 (c) 88 (d) 15

6. यहाँ दो शब्दों के युग्म दिए गए हैं जो एक निश्चित तरीके से एक-दूसरे से सम्बन्धित हैं। निम्नलिखित चार शब्द-युग्मों में से तीन शब्द-युग्म एकसमान हैं क्योंकि इनके बीच में समान सम्बन्ध है और इस प्रकार एक समूह बनाते हैं। निम्नलिखित में से कौन-सा शब्द-युग्म इस समूह से सम्बन्धित नहीं है? (शब्दों को सार्थक हिन्दी शब्दों के रूप में माना जाना चाहिए और शब्द में अक्षरों की संख्या व्यंजनों/स्वरों की संख्या के आधार पर समूहीकृत नहीं किया जाना चाहिए।)
(a) चिंता - भय
(b) आनंद - शांति
(c) कष्ट - खुशी
(d) समस्या - चिंता

7. जब दर्पण को नीचे दर्शाए गए अनुसार MN पर रखा जाता है, तो दी गई आकृति के सही दर्पण प्रतिबिम्ब का चयन कीजिए।

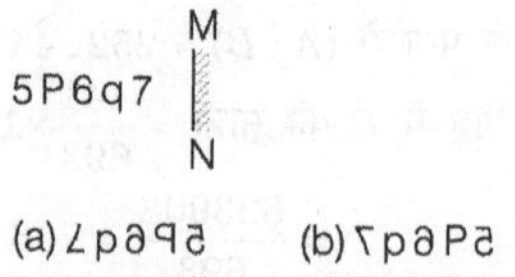

8. निम्नलिखित श्रृंखला को जारी रखने के लिए प्रश्नचिह्न (?) के स्थान पर कौन-सी आकृति आनी चाहिए?

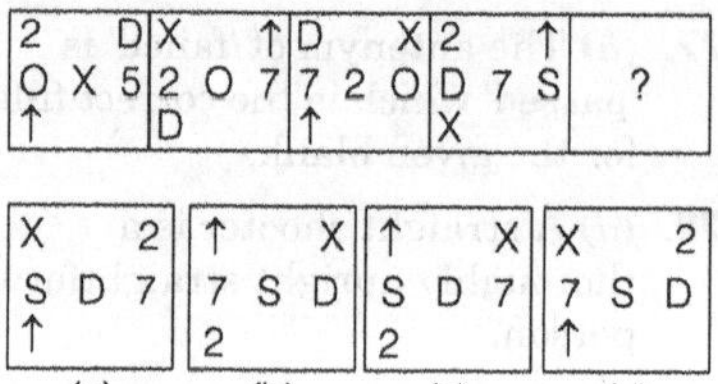

9. उस विकल्प का चयन करें, जो तीसरे शब्द से उसी प्रकार सम्बन्धित है। जिस प्रकार दूसरा शब्द पहले शब्द से सम्बन्धित है। (शब्दों को अर्थपूर्ण अंग्रेजी/हिन्दी शब्दों के रूप में माना जाना चाहिए और इन्हें शब्द में अक्षरों की संख्या/व्यंजनों की संख्या/स्वरों की संख्या के आधार पर एक-दूसरे से सम्बन्धित नहीं किया जाना चाहिए।)
जादूगर : जादू :: नर्तक: ?
(a) थिएटर (b) चलचित्र
(c) गीत (d) नृत्य

10. नीचे दर्शाई गई आकृति में कितने वर्ग हैं?

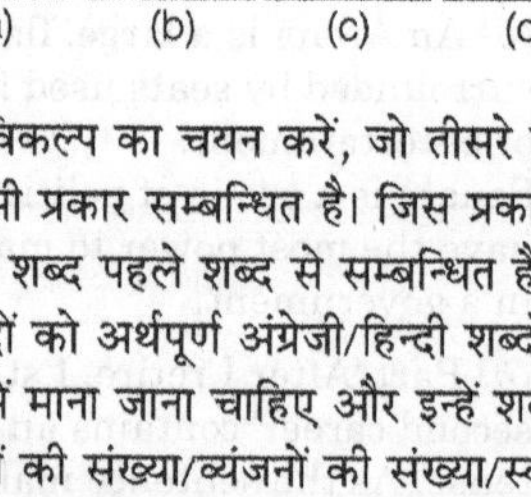

(a) 11 (b) 10
(c) 13 (d) 9

11. निम्नलिखित में से कौन-सी संख्या दी गई शृंखला में प्रश्नचिह्न (?) का स्थान लेगी?

22, 23, 27, 54, 70, 195, ?

(a) 200 (b) 196
(c) 230 (d) 231

12. शब्द 'REDUCTION' के प्रत्येक अक्षर को अंग्रेजी वर्णानुक्रम में व्यवस्थित किया गया है। इस प्रकार बने अक्षरों के समूह में बाएँ से तीसरे और बाएँ से चौथे अक्षर के बीच अंग्रेजी वर्णानुक्रम में कितने अक्षर हैं?

(a) तीन (b) चार
(c) एक (d) दो

13. उस विकल्प आकृति का चयन कीजिए, जो पैटर्न को पूरा करने के लिए नीचे दी गई आकृति में प्रश्नचिह्न (?) को प्रतिस्थापित करेगी।

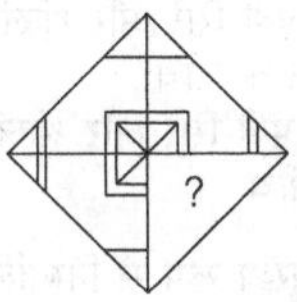

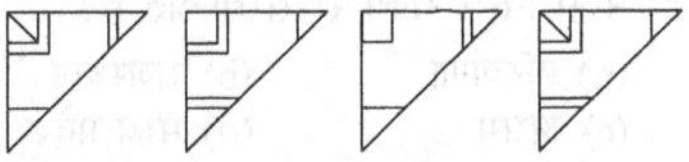

(a) (b) (c) (d)

14. एक निश्चित कूटभाषा में, 'VAT' को '43' के रूप में कूटबद्ध किया जाता है और 'AWW' को '47' के रूप में कूटबद्ध किया जाता है। उसी भाषा में 'ZHU' को किस प्रकार कूटबद्ध किया जाएगा?

(a) 62 (b) 55
(c) 63 (d) 48

15. यदि '+' और '−' को आपस में बदल दिया जाए और '×' और '÷' को आपस में बदल दिया जाए, तो निम्नलिखित समीकरण में प्रश्नचिह्न (?) के स्थान पर क्या आएगा?

$2864 \times 4 - 168 \div 2 + 69 = ?$

(a) 839 (b) 389
(c) 983 (d) 938

16. दिए गए वेन आरेख का अध्ययन करें और नीचे दिए गए प्रश्न का उत्तर दें।

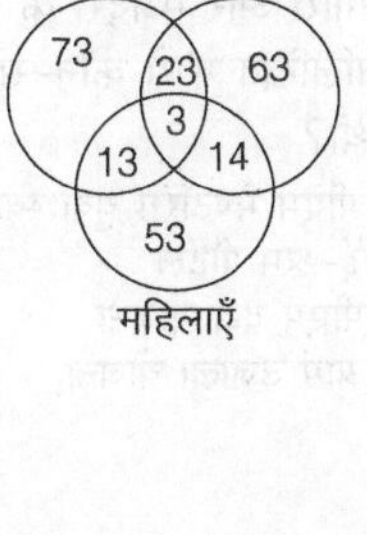

कितनी महिलाएँ या तो चतुर हैं या बहादुर हैं या दोनों हैं?

(a) 27 (b) 30
(c) 26 (d) 23

17. उस विकल्प का चयन कीजिए, जिसमें संख्याओं के मध्य वही सम्बन्ध है, जो नीचे दिए गए युग्म की संख्याओं के मध्य है।
(**ध्यान दें** संख्याओं को उनके घटक अंकों में विभाजित किए बिना, पूर्ण संख्याओं पर संक्रियाएँ की जानी चाहिए। उदाहरण के लिए 13 को लें-13 पर की जाने वाली संक्रियाएँ जैसे जोड़ना/घटाना/ गुणा करना आदि, केवल 13 पर की जा सकती हैं। 13 को 1 और 3 में तोड़ना और फिर 1 और 3 पर गणितीय संक्रियाएँ करने की अनुमति नहीं है।)

(63 : 441), (51 : 357)

(a) 68 : 340 (b) 39 : 273
(c) 89 : 96 (d) 54 : 324

18. निम्नलिखित चार विकल्पों में से तीन किसी न किसी रूप में समान हैं और इस प्रकार, एक समूह बनाते हैं। कौन-सा विकल्प उस समूह से सम्बन्धित नहीं है?
(**ध्यान दें** संख्याओं को उनके घटक अंकों में तोड़े बिना, संक्रियाएँ पूर्ण संख्याओं पर की जानी चाहिए। उदाहरण के लिए 13 को लें- संख्या 13 में की जाने वाली संक्रिया, जैसे कि जोड़ना/घटाना/गुणा करना, केवल 13 में किया जा सकता है। 13 को अंक 1 और 3 में तोड़ना और फिर 1 और 3 के साथ गणितीय संक्रियाएँ करने की अनुमति नहीं है।)

(a) 82-8-2 (b) 360-12-6
(c) 164-10-4 (d) 63-6-3

19. एक पासे के विभिन्न फलकों पर छः अक्षर G, H, I, J, K और L लिखे गए हैं। नीचे दिए गए चित्र में इस पासे की दो स्थितियों को दर्शाया गया है। दिए गए विकल्पों में से G के विपरीत फलक पर लिखा अक्षर ज्ञात कीजिए।

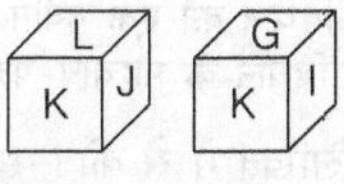

(a) K (b) L (c) I (d) J

20. एक निश्चित कूटभाषा में 'ESTATE' को '80' लिखा जाता है, 'FAMOUS' को '85' लिखा जाता है, उसी कूटभाषा में 'FOREST' को कैसे लिखा जाएगा?

(a) 83 (b) 88 (c) 93 (d) 90

21. एक निश्चित तर्क का अनुसरण करते हुए 13, 117 से सम्बन्धित है। उसी तर्क का अनुसरण करते हुए 23, 207 से सम्बन्धित है। उसी तर्क का अनुसरण करते हुए 51, निम्नलिखित में से किससे सम्बन्धित है?
(**नोट** संख्याओं को उसके घटक अंकों में तोड़े बिना, पूर्ण संख्याओं पर संक्रियाएँ की जानी चाहिए। उदाहरण के लिए संख्या 13 को लें-13 पर संक्रियाएँ, जैसे कि 13 में जोड़ना/घटाना/गुणा करना आदि की जा सकती हैं। 13 को 1 और 3 में तोड़ने और फिर 1 और 3 पर गणितीय संक्रियाएँ करने की अनुमति नहीं है।)

(a) 359 (b) 459
(c) 350 (d) 450

22. निम्नलिखित समीकरण में यदि '+' और '×' को आपस में बदल दिया जाए और '−' और '÷' को आपस में बदल दिया जाए, तो प्रश्नचिह्न (?) के स्थान पर कौन-सी संख्या आएगी?

$27 - 6 + 4 \times 8 \div 6 = ?$

(a) 16 (b) 18
(c) 20 (d) 22

23. नीचे संख्याओं के दो समुच्चय दिए गए हैं। संख्याओं के प्रत्येक समुच्चय में, पहली संख्या पर कुछ निश्चित गणितीय संक्रिया करने पर दूसरी संख्या प्राप्त होती है। इसी प्रकार, दूसरी संख्या पर कुछ निश्चित गणितीय संक्रिया करने पर तीसरी संख्या प्राप्त होती है और इसी तरह आगे भी होती है। दिए गए विकल्पों में से कौन-सा विकल्प दिए गए समुच्चयों की तरह संक्रियाओं के समान समुच्चय का अनुसरण करता है?
(**नोट** संख्याओं को उनके घटक अंकों में तोड़े बिना, पूर्ण संख्याओं पर संक्रियाएँ की जानी चाहिए। उदाहरण के लिए 13 लीजिए 13 पर की जाने वाली संक्रियाएँ, जैसे कि 13 में जोड़ना/घटाना/गुणा करना आदि, केवल 13 पर किया जा सकता है। 13 को 1 और 3 में तोड़ना तथा 1 और 3 पर गणितीय संक्रिया करने की अनुमति नहीं है।)

9-27-31-36; 10-30-34-39

(a) 8-24-28-35
(b) 11-33-38-44
(c) 15-45-50-55
(d) 5-15-19-24

24. एक पासे के विभिन्न फलकों पर छह अक्षर B, F, D, X, N और A लिखे गए हैं। इस पासे की दो स्थितियाँ नीचे चित्र में दर्शाई गई

हैं। D के विपरीत वाले फलक पर आने वाला अक्षर ज्ञात कीजिए।

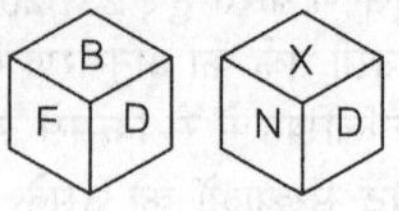

(a) B (b) F
(c) N (d) A

25. निम्नलिखित में से कौन-सा पद दी गई शृंखला में प्रश्नचिह्न (?) को प्रतिस्थापित करेगा?
BHVC, ZLTG, XPRK, ?, TXNS
(a) VTPO (b) VTPN
(c) VPTO (d) VPTN

भाग II
सामान्य जागरुकता

26. भारत में विशेष रूप से केरल, कर्नाटक और तमिलनाडु के कुछ हिस्सों में पूर्व-मानसून वर्षा की घटना का वर्णन करने के लिए आम बोलचाल में प्रयोग होने वाला शब्द कौन-सा है?
(a) कालबैसाखी
(b) सन्तरें की वर्षा (ऑरेंज शॉवर्स)
(c) नोर वेस्टर्स
(d) आम की वर्षा (मैंगो शॉवर्स)

27. निम्नलिखित में से कौन मुगल सम्राट अकबर के शासनकाल में वकील था, जिसे खान-ए-खाना की उपाधि प्राप्त थी?
(a) बीरबल (b) बैरम खान
(c) राजा टोडरमल (d) मुल्ला दो-पियाज़ा

28. निम्नलिखित मौर्य राजाओं में से 'पियदस्सी' नाम किससे सम्बन्धित है?
(a) अशोक (b) चन्द्रगुप्त मौर्य
(c) बिन्दुसार (d) वृहद्रथ

29. 1791 ई. में हिन्दू कॉलेज की स्थापना कहाँ हुई थी?
(a) बनारस (b) कोलकाता
(c) मथुरा (d) पटना

30. निम्नलिखित में से किस पौधे का उपयोग सर्दी और खाँसी को ठीक करने के लिए किया जाता है?
(a) जामुन (b) बबूल
(c) तुलसी (d) अर्जुन

31. ओडिशा में पुरी की 'रथ यात्रा' का त्योहार किस देवता को समर्पित है?
(a) भगवान हनुमान (b) भगवान शिव
(c) भगवान जगन्नाथ (d) भगवान गणेश

32. ग्रिग्नार्ड अभिकर्मक को निम्न रूप में दर्शाया जाता है:
(a) H-Mg-H (b) CH_3-Mg-Cl
(c) CH_3-Be-F (d) CH_3-Ca-F

33. निम्नलिखित में से किस वर्ष में भारत विश्व बैडमिण्टन चैम्पियनशिप की मेजबानी करेगा?
(a) 2028 में (b) 2025 में
(c) 2026 में (d) 2027 में

34. वर्ष 1993 से प्रत्येक वर्ष किस संस्था द्वारा संगीत कला आचार्य पुरस्कार दिया जाता है?
(a) मद्रास संगीत अकादमी
(b) सुब्रह्मण्यम एकेडमी ऑफ परफॉर्मिंग आर्ट्स
(c) शंकर महादेवन अकादमी
(d) कलकत्ता संगीत विद्यालय

35. निम्नलिखित में में से कौन-सा औद्योगिक नीति वक्तव्य 1980 का सामाजिक-आर्थिक उद्देश्य नहीं है?
(a) निर्यातोन्मुख उद्योगों को बढ़ावा देना
(b) अधिकतम प्रत्यक्ष विदेशी निवेश की अनुमति
(c) उच्च रोजगार सृजन
(d) ऊँची कीमतों और खराब गुणवत्ता के विरुद्ध उपभोक्ता संरक्षण

36. निम्नलिखित में से कौन-सी फसल भारत में जायद के मौसम में नहीं उगाई जाती है?
(a) चावल (b) खीरा
(c) खरबूजा (d) तरबूज

37. अनुच्छेद 123 के अनुसार, अध्यादेश बनाने की शक्ति .... की सबसे महत्त्वपूर्ण विधायी शक्ति है।
(a) भारत के मुख्य न्यायाधीश
(b) विधानपरिषद्
(c) राष्ट्रपति
(d) राज्यसभा

38. डॉ. बी.आर. अम्बेडकर ने भारतीय संविधान के .... के रूप में राज्य के नीति-निदेशक तत्त्वों का वर्णन किया है।
(a) संविधान के सवाधिक बहुमूल्य भाग
(b) राज्य की आत्मा
(c) संविधान की एक नवीन विशेषता
(d) संविधान के पहचान-पत्र

39. निम्नलिखित में से कौन-सा फूल का घटक नहीं है?
(a) काँटा (b) पुमंग
(c) दलपुंज (d) कर्णिका

40. संगीत नाटक अकादमी पुरस्कार से सम्मानित सुलोचना चह्वाण एक प्रसिद्ध गायिका थीं।
(a) लावणी (b) घूमर
(c) झूमर (d) गिद्धा

41. राष्ट्रपति द्वारा राज्यसभा के लिए कितने सदस्यों को मनोनीत किया जाता है?
(a) 20 (b) 12
(c) 10 (d) 15

42. धारा का SI मात्रक क्या है?
(a) ओम (b) मीटर
(c) वोल्ट (d) एम्पियर

43. गाँधी-इरविन समझौते पर किस वर्ष हस्ताक्षर किए गए थे?
(a) 1929 (b) 1931
(c) 1941 (d) 1935

44. मन्नार की खाड़ी कहाँ स्थित है?
(a) भारत के दक्षिण-पूर्वी सिरे और श्रीलंका के दक्षिणी तट के बीच
(b) भारत के दक्षिण-पूर्वी सिरे और श्रीलंका के पूर्वी तट के बीच
(c) भारत के दक्षिण-पूर्वी सिरे और श्रीलंका के उत्तर-पश्चिमी तट के बीच
(d) भारत के दक्षिण-पूर्वी सिरे और श्रीलंका के पश्चिमी तट के बीच

45. तेरहताली लोकनृत्य मुख्य रूप से निम्नलिखित में से किस राज्य से सम्बन्धित है?
(a) हरियाणा (b) राजस्थान
(c) असम (d) मध्य प्रदेश

46. भारत और ऑस्ट्रेलिया के बीच खेले गए T20 महिला विश्व कप, 2023 के सेमीफाइनल में प्लेयर ऑफ द मैच कौन रही थीं?
(a) हरमनप्रीत कौर (b) एशले गार्डनर
(c) दीप्ति शर्मा (d) मेग लैनिंग

47. निम्नलिखित में से किसने बुडापेस्ट, हंगरी में आयोजित 2021 विश्व कैडेट कुश्ती चैम्पियनशिप में स्वर्ण पदक जीता?
(a) पूजा ढांडा (b) विनेश फोगाट
(c) गीता फोगाट (d) प्रिया मलिक

48. निम्नलिखित में से कौन-सा सरकार के लिए गैर-कर राजस्व स्रोत का उदाहरण है?
(a) मूल्य वर्धित कर
(b) कॉर्पोरेट आय कर
(c) शुल्क और जुर्माना
(d) व्यक्तिगत आय कर

49. 26 अगस्त, 2021 को असंगठित क्षेत्र के कामगारों और मजदूरों के कल्याण के लिए निम्नलिखित में से कौन-सी योजना शुरू की गई थी?
(a) पीएम मेण्टरिंग युवा स्कीम
(b) ई-श्रम पोर्टल
(c) पीएम दक्ष योजना
(d) ग्राम उजाला योजना

50. एक सामान्य इलेक्ट्रोलाइट विकार का नाम बताइए, जो तब घटित होता है, जब आपके रक्त में सोडियम की मात्रा असामान्य रूप से कम हो जाती है
(a) अतिपोटैशियम रक्तता
(b) अवपोटैशियम रक्तता
(c) अवसोडियम रक्तता
(d) अतिसोडियम रक्तता

भाग III
संख्यात्मक अभियोग्यता

51. दिए गए ग्राफ़ का ध्यानपूर्वक अध्ययन करें और उसके बाद पूछे गए प्रश्न का उत्तर दें। दिया गया ग्राफ़ विकलांग लोगों की मदद के लिए चार विभिन्न जिलों A, B, C और D से पुरुष और महिला स्वयंसेवकों की संख्या को दर्शाता है।

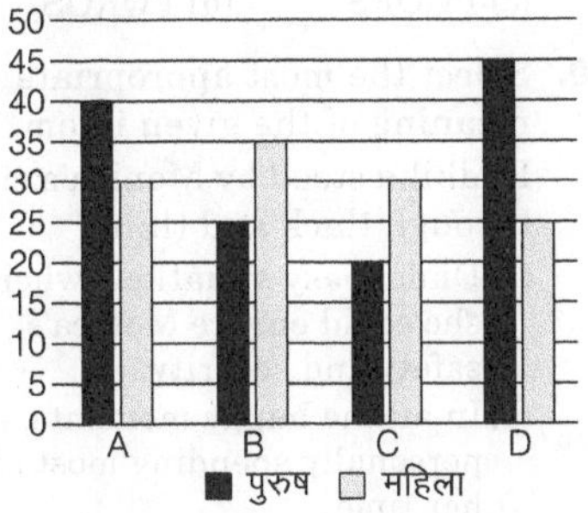

स्वयंसेवकों की कुल संख्या ज्ञात कीजिए।
(a) 250 (b) 240
(c) 260 (d) 230

52. 12 सेमी त्रिज्या वाले एक वृत्त के एक त्रिज्यखण्ड का क्षेत्रफल कितना होगा, जो 7 सेमी लम्बे चाप द्वारा निर्मित हुआ है?
(a) 84 सेमी^{2} (b) 42 सेमी^{2}
(c) 21 सेमी^{2} (d) 28 सेमी^{2}

53. 30 छात्रों वाली एक कक्षा के सभी छात्रों ने एक टेस्ट दिया। 12 छात्रों का औसत स्कोर 62 है और बाकी छात्रों का औसत स्कोर 72 है। कक्षा का औसत स्कोर ज्ञात करें।
(a) 68 (b) 67
(c) 69 (d) 66

54. 2 बिस्कुट और 1 चॉकलेट की कीमत ₹ 69 है। 2 चॉकलेट और 3 कप कॉफी की कीमत ₹ 127 है। 3 बिस्कुट, 4 चॉकलेट और 2 कप कॉफी की कीमत ₹ 229 है। 5 बिस्कुट, 5 चॉकलेट और 5 कप कॉफी की कुल कीमत (₹ में) ज्ञात करें।
(a) 304 (b) 355
(c) 345 (d) 375

55. 12.96 और 0.16 का मध्यानुपाती ज्ञात करें।
(a) 1.96 (b) 1.69
(c) 1.21 (d) 1.44

56. निम्न तालिका में चार राज्यों में गरीबी रेखा से नीचे रहने वाली जनसंख्या का प्रतिशत तथा गरीबी रेखा से ऊपर एवं गरीबी रेखा से नीचे रहने वाले पुरुष-महिला के अनुपात को दर्शाया गया है।

राज्य	गरीबी रेखा से नीचे रहने वाली जनसंख्या का प्रतिशत	पुरुष-महिला अनुपात	
		गरीबी रेखा से नीचे	गरीबी रेखा से ऊपर
		पुरुष : महिला	पुरुष : महिला
P	13	1:2	1:4
Q	19	2:5	3:5
R	11	3:4	2:9
S	15	1:6	7:4

यदि Q और S प्रत्येक राज्य की जनसंख्या 14700 है, तो इन राज्यों में गरीबी रेखा से नीचे रहने वाले पुरुषों की कुल संख्या कितनी है?
(a) 1276 (b) 1113
(c) 1479 (d) 1364

57. $(17^{13} - 21) \div 18$ का शेषफल ज्ञात करें।
(a) 17 (b) 21
(c) 15 (d) 14

58. कल्याण अपनी आय का 80% खर्च करता है। उसकी आय 15% बढ़ जाती है और उसका व्यय भी 5% बढ़ जाता है। उसकी बचत में वृद्धि का प्रतिशत क्या है?
(a) 40% (b) 55%
(c) 20% (d) 50%

59. दो समरूप त्रिभुजों ΔRST और ΔABC का परिमाप क्रमश: 26 सेमी और 39 सेमी है। यदि $AB = 24$ सेमी है, तो RS .... है।
(a) 16 सेमी (b) 24 सेमी
(c) 18 सेमी (d) 36 सेमी

60. एक नाविक को नाव से 30 किमी की दूरी तक जाने और वापस आने में 14 घण्टे का समय लगता है। वह पाता है कि वह जितने समय में धारा की दिशा में 10 किमी नाव चला सकता है, उतने ही समय में धारा के विपरीत दिशा में 4 किमी नाव चला सकता है। धारा की चाल (किमी/घण्टा में) ज्ञात कीजिए।
(a) $\frac{9}{4}$ (b) $\frac{4}{9}$ (c) $\frac{9}{2}$ (d) $\frac{2}{9}$

61. एक निर्माता अपने डीलरों को अपने उत्पाद पर 30% की व्यापार छूट प्रदान करता है। एक डीलर ₹ 25000 प्रत्येक की दर से कम्पनी द्वारा निर्मित 6 स्मार्ट फोन खरीदता है। व्यापार छूट की राशि क्या होगी?
(a) ₹ 55000 (b) ₹ 105000
(c) ₹ 50000 (d) ₹ 45000

62. निम्नलिखित का सरलीकरण करें।
$16 \div 2 - 7 \times 15 \div 3 + 5 \times 5 + 4 \times 3 - 10$
(a) 0 (b) 1
(c) 2 (d) – 1

63. राजेश द्वारा ₹ 10000 की राशि 2 वर्षों के लिए 15% साधारण ब्याज की दर पर ऋण के रूप में ली जाती है। लेकिन राजेश इसे तय समय पर नहीं चुका सका और उसने दो और वर्ष का समय मांगा। इसलिए, ऋणदाता ने उस अवधि की ब्याज राशि को उसी ब्याज दर पर अगले दो वर्षों के लिए मूलधन के रूप में शामिल किया। 4 वर्ष के अन्त में राजेश द्वारा भुगतान की गई कुल राशि ज्ञात करें।
(a) ₹ 15630 (b) ₹ 18590
(c) ₹ 17650 (d) ₹ 16900

64. निम्नलिखित व्यंजक को हल कीजिए।
$(g - h)^2 - (g + h)^2 + 4gh$
(a) $-4gh$ (b) $4gh$
(c) 4 (d) 0

65. एक बेईमान फल-विक्रेता 20% लाभ पर फल बेचता है लेकिन वह 1 किग्रा के स्थान पर 950 ग्राम बाट का उपयोग करता है। लाभ प्रतिशत क्या है?
(a) $\frac{700}{19}$% (b) $\frac{500}{19}$%
(c) $\frac{500}{32}$% (d) $\frac{500}{17}$%

66. यदि $m = a\sec A$ और $y = b\tan A$ है, तो $b^2m^2 - a^2y^2 + \frac{a^2y^2}{b^2m^2} + \cos^2 A$ का मान ज्ञात कीजिए।
(a) $a^2b^2 + 1$ (b) $1 - a^2b^2$
(c) a^2b^2 (d) $a^2b^2 + 2$

67. निम्नलिखित समुच्चयों में से कौन-सा समुच्चय एक त्रिभुज के कोणों को दर्शाता है?
(a) (30°, 50°, 110°)
(b) (30°, 60°, 90°)
(c) (30°, 50°, 90°)
(d) (80°, 50°, 90°)

68. P और Q केन्द्र वाले दो वृत्त दो बिन्दुओं C और D पर प्रतिच्छेदित करते हैं। AB, बिन्दु A और बिन्दु B पर खींची गई दोनों वृत्तों की स्पर्श रेखा है। यदि $\angle ADB = 68°$ है, तो $\angle ACB$ = ____ होगा।

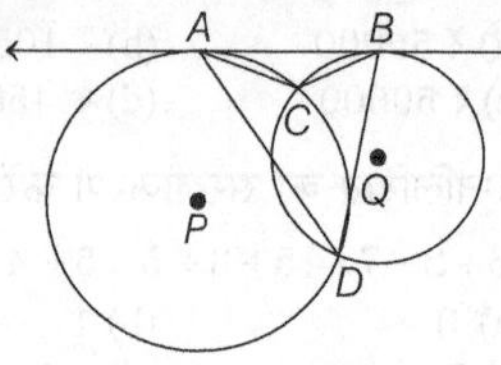

(a) 132° (b) 112° (c) 124° (d) 102°

69. दो पाइप P और Q एक टंकी को क्रमश: 36 मिनट और 45 मिनट में भर सकते हैं। यदि दोनों पाइपों को एकसाथ खोल दिया जाए, तो टंकी को भरने में कितना समय लगेगा?

(a) 81 मिनट (b) 20 मिनट
(c) 10 मिनट (d) 40.5 मिनट

70. दी गई सारणी का अध्ययन कीजिए और प्रश्न का उत्तर दीजिए।

सारणी 2018 और 2023 के बीच छ: अलग-अलग ब्राण्ड द्वारा उत्पादित कारों की संख्या (लाखों में) को दर्शाती है।

ब्राण्ड	2018	2019	2020	2021	2022	2023
A	36	40	42	45	47	42
B	23	37	28	32	34	26
C	45	47	51	54	56	48
D	35	37	42	32	36	28
E	57	56	52	38	48	42
F	43	45	56	41	52	40

किस ब्राण्ड का उत्पादन सबसे अधिक और किस वर्ष में है?

(a) E और 2019 (b) C और 2022
(c) E और 2018 (d) F और 2020

71. $A = 60°$ होने पर

$$\left(\frac{\operatorname{cosec}A}{\operatorname{cosec}A - 1} + \frac{\operatorname{cosec}A}{\operatorname{cosec}A + 1}\right)\left(\frac{\sec A}{\sec A - 1} + \frac{\sec A}{\sec A + 1}\right)^{-1}$$

का मान क्या होगा?

(a) 2 (b) 3 (c) 1 (d) 4

72. $$\frac{1.5 \times 1.5 + 2.5 \times 2.5 + 3.5 \times 3.5 + 2 \times 1.5 \times 2.5 + 2 \times 2.5 \times 3.5 + 2 \times 1.5 \times 3.5}{1.5 + 2.5 + 3.5}$$

को सरल कीजिए।

(a) 6.5 (b) 8.5 (c) 7.5 (d) 9.5

73. दी गई तालिका लिंग और साक्षरता के अनुसार जनसंख्या (केवल पुरुष और महिला) का प्रतिशत बंटन दर्शाती है।

राज्य	प्रतिशत साक्षर	लिंग	
		साक्षर	निरक्षर
		पुरुष : महिला	पुरुष : महिला
A	55	5 : 6	4 : 5
B	72	1 : 1	3 : 2
C	78	4 : 3	3 : 2

यदि राज्य A की साक्षर पुरुष जनसंख्या 500000 है, तो राज्य की कुल जनसंख्या ज्ञात करें।

(a) 3000000 (b) 4000000
(c) 2000000 (d) 1600000

74. यदि एक बेलन का वक्रपृष्ठीय क्षेत्रफल 880 सेमी^{2} है, तो उसकी ऊँचाई और त्रिज्या का गुणनफल क्या होगा?

(a) 90 सेमी^{2} (b) 140 सेमी^{2}
(c) 220 सेमी^{2} (d) 120 सेमी^{2}

75. किसी घड़ी में मिनट की सुई द्वारा 25 मिनट में बनाया गया कोण कितना है?

(a) $\frac{\pi}{2}$ (b) $\frac{5\pi}{3}$
(c) $\frac{5\pi}{6}$ (d) π

भाग IV

अंग्रेजी भाषा

76. Choose the most appropriate antonym for the underlined word in the given sentence.

The war was followed by a long period of <u>prosperity</u>.

(a) Security (b) Secure
(c) Affluence (d) Failure

77. Select the option that can be used as a one-word substitute for the given phrase.

An important person who represents his/her country in a foreign country

(a) Amateur
(b) Ambassador
(c) Altruist
(d) Anonymous

78. Select the option that expresses the given sentence in passive voice.

Martha made pancakes yesterday.

(a) Pancakes had been made by Martha yesterday.
(b) Pancakes were being made by Martha yesterday.
(c) Pancakes were made by Martha yesterday.
(d) Pancakes was made by Martha yesterday.

79. In the given question, a statement divided into different segments is given. Rearrange all the segments to form a coherent statement.

O : also benefit from knowing
P : there are several reasons
Q : why even parents would
R : more about how and why
S : children do the things that they do

(a) RQOPS (b) OPQSR
(c) PQORS (d) PQROS

80. Select the most appropriate meaning of the given idiom.

Radhika stood by Monica's side through thick and thin.

(a) Under easy situations wherein she could ensure Monica's safety and security.
(b) In all the happy moments, personally spending most of her time.
(c) Under all conditions, no matter how challenging or difficult.
(d) In the moments when Monica couldn't complete some simple tasks.

81. Give one-word substitution for A person who is unsure about God's existence

(a) Ignorant (b) Atheist
(c) Agnostic (d) Theist

82. Select the most appropriate synonym of the underlined word in the given sentence.

His approach was filled with such <u>perseverance</u> that it was difficult to overlook his merit.

(a) Ignorance
(b) Doggedness
(c) Reluctance
(d) Monotonous

83. Select the most appropriate option that can substitute the underlined part in the following sentence.

Everyone called the reporter a daredevil after he came back safely from the war zone.
(a) a common man
(b) a fearless person
(c) an insignificant person
(d) a hypocrite

84. Parts of the given sentence have been underlined. Identify the part that has an error. Select 'No error' if there is no error.
Although the team had trained diligently for months, they had still overwhelmed by the opponent's unexpected tactics.
(a) No error
(b) had still overwhelmed
(c) trained diligently
(d) for months

85. Select the most appropriate antonym of the underlined word.
If someone babbles, it means that they talk in a confused or excited way.
(a) Gossips (b) Quiet
(c) Talkative (d) Rants

86. Select the most appropriate antonym of the word in the brackets to fill in the blank.
Akash went to .... his school uniform. [sell]
(a) loan (b) rent
(c) buy (d) make

87. Select the most appropriate option to substitute the underlined word segment in the given sentence.
Carnatic music is usually performed by a small troupe of actors, consisting of a principal performer, a melodic accompaniment, and a rhythm accompaniment.
(a) board of directors
(b) ensemble of musicians
(c) panel of judges
(d) band of singers

88. Select the option that can be used as a one-word substitute for the given group of words.
One who speaks less in a forum.
(a) Eccentric (b) Loquacious
(c) Gabby (d) Reticent

89. Parts of a sentence are given below in jumbled order. Select the option that gives their correct logical sequence and forms a meaningful sentence.
In November, Lakshman fell (P) / with fever (Q) / seriously ill (R) and pneumonia (S).
(a) P, Q, S, R (b) P, R, Q, S
(c) P, Q, R, S (d) R, Q, S, P

90. In the following sentence, four words are underlined out of which one word is misspelt. Identify the incorrectly spelt word.
I felt absolutely (A) fit at the summit. My mind was absolutely clear.(B) I didn't feel tired, I felt exhelarated. (C) It was a very clear sensation.(D)
(a) C (b) D (c) B (d) A

91. The following sentence has been divided into five segments. The first segment has no error. Select the option that has the segment with the grammatical error.
Due to the pandemic, / the prices of / medicines increased / everyday since / last December.
(a) every day since
(b) medicines increased
(c) last December.
(d) the prices of

92. Select the option that expresses the given sentence in active voice.
I will be gifted a fancy doll by them the next day.
(a) They gifted me a fancy doll yesterday.
(b) They are gifting me a fancy doll the next day.
(c) They gift me a fancy doll the previous day.
(d) They will gift me a fancy doll tomorrow.

93. Select the most appropriate option that can rectify the incorrectly spelt word in the following sentence.
The government has ordered for the maintainance of the roads.
(a) maintenance (b) maintainence
(c) maintainiance
(d) maintennance

94. Select the most appropriate meaning of the given word.
Illiterate
(a) A person who cannot speak
(b) One who is well-educated
(c) A person who cannot read and write
(d) Highly rated thing

95. Select the most appropriate antonym of the given word.
Affirmative
(a) Sanction
(b) Negative
(c) Acquiescence
(d) Accession

Directions (Q.Nos. 96-100) *In the following passage, some words have been deleted. Read the passage carefully and select the most appropriate option to fill in each blank.*

......(1)....... a letter came to inform them that Raka's mother Tara had another breakdown and was in a nursing home in Geneva and that Raka's grandmother Asha, ...(2)....... seen another grandchild safely into the world, was flying to Switzerland to be with her, Nanda Kaul ......(3)....... her lips, ...(4)....... the blue sheets of paper with that distasteful sprawl ......(5)....... them and hid them in her desk.

96. Select the most appropriate option to fill in blank number 1.
(a) When (b) Sooner
(c) For (d) Unless

97. Select the most appropriate option to fill in blank number 2.
(a) have (b) has
(c) had (d) having

98. Select the most appropriate option to fill in blank number 3.
(a) stuck (b) dirt
(c) dusted (d) pursed

99. Select the most appropriate option to fill in blank number 4.
(a) folded up
(b) cleared up
(c) hid away
(d) tucked away

100. Select the most appropriate option to fill in blank number 5.
(a) across (b) at
(c) in (d) by

उत्तरमाला

1. (b)	2. (c)	3. (d)	4. (c)
5. (a)	6. (c)	7. (d)	8. (a)
9. (d)	10. (a)	11. (d)	12. (a)
13. (a)	14 (b)	15. (c)	16. (b)
17. (b)	18. (a)	19. (b)	20. (c)
21. (b)	22. (c)	23. (d)	24. (d)
25. (a)	26. (d)	27. (b)	28. (a)
29. (a)	30. (c)	31. (c)	32. (b)
33. (c)	34. (a)	35. (b)	36. (a)
37. (c)	38. (c)	39. (a)	40. (a)
41. (b)	42. (d)	43. (b)	44. (d)
45. (b)	46. (b)	47. (d)	48. (c)
49. (b)	50. (c)	51. (a)	52. (b)
53. (a)	54. (b)	55. (d)	56. (b)
57. (d)	58. (b)	59. (a)	60. (a)
61. (d)	62. (a)	63. (d)	64. (d)
65. (b)	66. (a)	67. (b)	68. (b)
69. (b)	70. (c)	71. (b)	72. (c)
73. (c)	74. (b)	75. (c)	76. (d)
77. (b)	78. (c)	79. (c)	80. (c)
81. (c)	82. (b)	83. (b)	84. (b)
85. (b)	86. (c)	87. (b)	88. (d)
89. (b)	90. (a)	91. (b)	92. (d)
93. (a)	94. (c)	95. (b)	96. (a)
97. (d)	98. (d)	99. (a)	100. (a)

व्याख्या

1. *(b)* विकल्प (b) के अनुसार,
व्यंजक = Z ? B × T & J ! L
दी गई जानकारी के अनुसार रक्त सम्बन्ध स्थापित करने से,

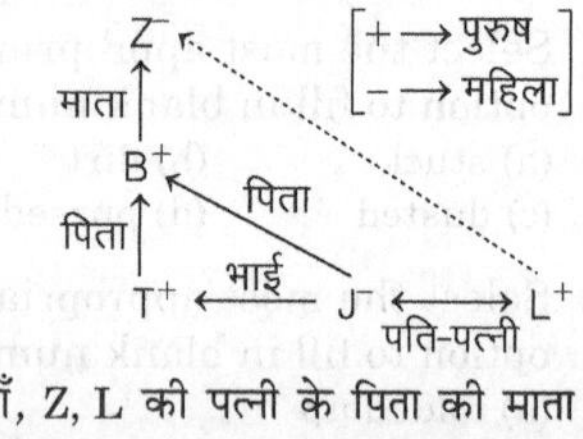

यहाँ, Z, L की पत्नी के पिता की माता है।

2. *(c)* जिस प्रकार, काजीरंगा राष्ट्रीय उद्यान गैंडा के लिए प्रसिद्ध है। उसी प्रकार, पेरियार राष्ट्रीय उद्यान 'हाथी' के लिए प्रसिद्ध है।

3. *(d)* दी गई शृंखला में प्रत्येक अगली आकृति में परिवर्तन का पैटर्न निम्न है,

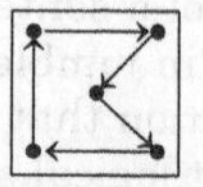

इस प्रकार शृंखला की अगली आकृति विकल्प (d) की आकृति होगी।

4. *(c)* दी गई अक्षर-शृंखला का क्रम निम्न है,
O O P / O O P / O O P / O O P
अभीष्ट संयोजन = O P O P O O P

5. *(a)* दिए गए आरेख के अनुसार,
या तो केवल वॉलीबॉल या केवल शतरंज खेलने वालों की संख्या = 23 + 43 = 66

6. *(c)* दिए गए शब्द युग्मों में कष्ट-खुशी विषम है, क्योंकि ये विपरीत अर्थ रखने वाले युग्म हैं, जबकि अन्य युग्म आपस में समान अर्थ रखते हैं।

7. *(d)* दिए गए संयोजन का सही दर्पण-प्रतिबिम्ब विकल्प (d) का संयोजन है।

8. *(a)* दी गई आकृति शृंखला एकान्तर क्रम शृंखला है।

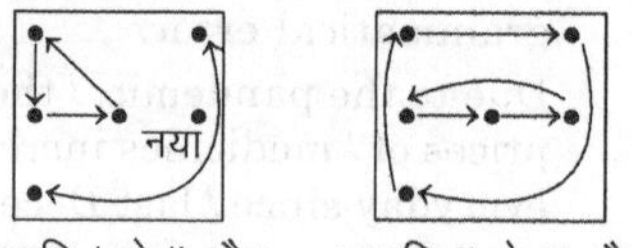

अत: शृंखला की अगली आकृति विकल्प (a) की आकृति होगी।

9. *(d)* जिस प्रकार, जादूगर का कार्य 'जादू' दिखाना है। उसी प्रकार, नर्तक का कार्य 'नृत्य' करना है।

10. *(a)* दी गई आकृति को नामांकित करने से,

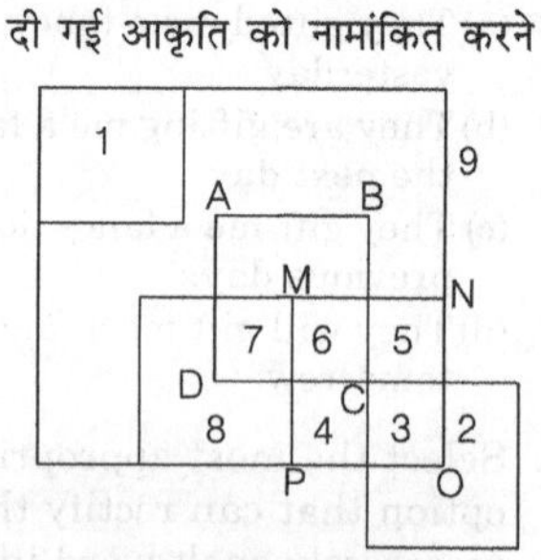

संख्यांकित वर्गों की संख्या = 9
अन्य वर्ग हैं □ABCD तथा □MNOP
अत: आकृति के कुल वर्गों की संख्या = 9 + 2 = 11

11. *(d)* दी गई संख्या शृंखला का पैटर्न निम्न है,

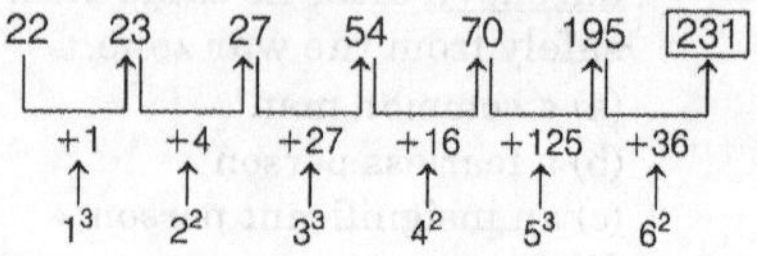

12. *(a)* मूल शब्द → R E D U C T I O N
वर्णमाला के अनुसार क्रम → C D E I N O R T U

बाएँ से तीसरा अक्षर = E
बाएँ से चौथा अक्षर = I
E तथा I के बीच के अक्षर हैं,
F, G तथा H
अभीष्ट अक्षरों की संख्या = 3

13. *(a)* दी गई प्रश्न आकृति के पैटर्न को विकल्प (a) की आकृति पूरा करेगी।

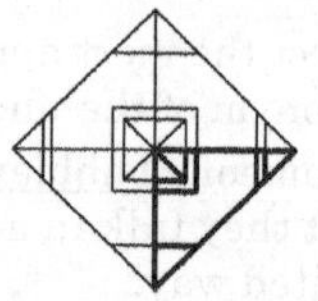

14. *(b)* जिस प्रकार,
VAT के क्रमांकिक मानों का योग
= 22 + 1 + 20 = 43
तथा AWW के क्रमांकिक मानों का योग
= 1 + 23 + 23 = 47
उसी प्रकार,
ZHU के क्रमांकिक मानों का योग
= 26 + 8 + 21 = 55

15. *(c)* प्रश्नानुसार, + ⇔ − तथा × ⇔ ÷
मूल व्यंजक = 2864 × 4 − 168 ÷ 2 + 69
चिन्हों को परस्पर बदलने से,
नया व्यंजक = 2864 ÷ 4 + 168 × 2 − 69
= 716 + 168 × 2 − 69
= 716 + 336 − 69
= 1052 − 69 = 983

16. *(b)* दिए गए वेन आरेख से,
ऐसी महिलाओं की संख्या जो या तो चतुर है या बहादुर हैं या दोनों हैं
= 13 + 14 + 3 = 30

17. *(b)* जिस प्रकार,
63 : 441 → 63 × 7 = 441
तथा 51 : 357 → 51 × 7 = 357
उसी प्रकार, 39 : 273 → 39 × 7 = 273

18. *(a)* (360 – 12 – 6)

$\Rightarrow \; 6^3 + 12^2 = 216 + 144 = 360$

(164 – 10 – 4)

$\Rightarrow \; 4^3 + 10^2 = 64 + 100 = 164$

$(63 - 6 - 3) \Rightarrow 3^3 + 6^2 = 27 + 36 = 63$

परन्तु, (82 – 8 – 2)

$\Rightarrow \; 2^3 + 8^2 = 8 + 64 = 72 \neq 82$

अत: विकल्प (a) का समुच्चय विषम है।

19. *(b)* पासे की दोनों स्थितियों में अक्षर 'K' उभयनिष्ठ है।

स्थिति I → K L J

$\updownarrow \; \updownarrow$

स्थिति II → K G I

अत: 'G' के विपरीत फलक पर अक्षर 'L' है।

20. *(c)* जिस प्रकार,

ESTATE के क्रमांकिक स्थानों का योग

$= 5 + 19 + 20 + 1 + 20 + 5 = 70$

$\rightarrow 70 + 10 = 80$

तथा FAMOUS के क्रमांकिक स्थानों का योग

$= 6 + 1 + 13 + 15 + 21 + 19 = 75$

$\rightarrow 75 + 10 = 85$

उसी प्रकार,

FOREST के क्रमांकिक स्थानों का योग

$= 6 + 15 + 18 + 5 + 19 + 20 = 83$

$\rightarrow 83 + 10 = \boxed{93}$

21. *(b)* जिस प्रकार,

$13 \longrightarrow 13 \times 9 = 117$

तथा $23 \longrightarrow 23 \times 9 = 207$

उसी प्रकार, $51 \longrightarrow 51 \times 9 = \boxed{459}$

22. *(c)* प्रश्नानुसार, $+ \Leftrightarrow \times$ तथा $- \Leftrightarrow \div$

मूल व्यंजक $= 27 - 6 + 4 \times 8 \div 6$

चिन्हों को परस्पर बदलने पर,

नया व्यंजक $= 27 \div 6 \times 4 + 8 - 6$

$= \frac{27}{6} \times 4 + 8 - 6$

$= 18 + 8 - 6$

$= 26 - 6 = \boxed{20}$

23. *(d)* जिस प्रकार,

(9 – 27 – 31 – 36)

$\Rightarrow 9 \xrightarrow{\times 3} 27 \xrightarrow{+4} 31 \xrightarrow{+5} 36$

तथा (10 – 30 – 34 – 39)

$\Rightarrow 10 \xrightarrow{\times 3} 30 \xrightarrow{+4} 34 \xrightarrow{+5} 39$

उसी प्रकार, (5 – 15 – 19 – 24)

$\Rightarrow 5 \xrightarrow{\times 3} 15 \xrightarrow{+4} 19 \xrightarrow{+5} 24$

24. *(d)* पासे की दोनों स्थितियों में 'D' उभयनिष्ठ है।

स्थिति I → D F B

$\updownarrow \; \updownarrow$

स्थिति II → D N X

अत: शेष अक्षर 'A', D के विपरीत वाले फलक पर होंगे।

25. *(a)* दी गई श्रृंखला का क्रम निम्न है,

$B \xrightarrow{-2} Z \xrightarrow{-2} X \xrightarrow{-2} \boxed{V} \xrightarrow{-2} T$

$H \xrightarrow{+4} L \xrightarrow{+4} P \xrightarrow{+4} \boxed{T} \xrightarrow{+4} X$

$V \xrightarrow{-2} T \xrightarrow{-2} R \xrightarrow{-2} \boxed{P} \xrightarrow{-2} N$

$C \xrightarrow{+4} G \xrightarrow{+4} K \xrightarrow{+4} \boxed{O} \xrightarrow{+4} S$

26. *(d)* भारत में विशेष रूप से केरल, कर्नाटक और तमिलनाडु के कुछ हिस्सों में पूर्व मानसून की घटना का वर्णन करने के लिए आम बोलचाल में प्रयोग शब्द **आम की वर्षा** (मैंगो शॉवर्स) है।

- मानसून वायु की दिशा में होने वाले मौसमी परिवर्तन हैं, जो उष्णकटिबन्धीय क्षेत्रों में नमीयुक्त और शुष्क मौसम के कारण निर्मित होते हैं।
- मैंगो शॉवर आम को जल्दी पकने में मद्द करती है।
- इस वर्षा को 'अप्रैल वर्षा' या 'ग्रीष्म वर्षा' के नाम से भी जाना जाता है।

27. *(b)* **बैरम खान** मुगल सम्राट अकबर के शासनकाल में वकील था, जिसे खान-ए-खाना की उपाधि प्राप्त थी।

- अकबर ने वर्ष 1556-1605 ई. तक शासन किया।
- अकबर ने केन्द्रीय प्रशासन में सुधार किया। वित्तीय प्रणाली को केन्द्रीकृत किया और कर संग्रह को पुनर्गठित किया।
- बैरम खान हुमायूँ की सेना का प्रमुख था।
- हुमायूँ के बाद 13 वर्ष की आयु में जब अकबर शासक बना, तो बैरम खान ने उसके संरक्षक की भूमिका निभाई थी।

28. *(a)* **अशोक** ने अपने अभिलेखों पर स्वयं के लिए 'देवानांपियदस्सी' सम्बोधित कराया, जिसका अर्थ होता है— 'देवताओं का प्रिय'।

- अशोक (268-232 ईसा पूर्व) मौर्य वंश का अन्तिम सम्राट था। मौर्य वंश की स्थापना चन्द्रगुप्त मौर्य ने की थी।
- अशोक ने अपने शासनकाल के 8वें वर्ष में कलिंग पर विजय प्राप्त की तथा युद्ध में हुए नरसंहार के कारण हिंसा को त्यागकर बौद्ध धर्म अपना लिया।

29. *(a)* जोनाथन डंकन ने 1791 ई. में हिन्दू कॉलेज की स्थापना **बनारस** में संस्कृत ग्रन्थों के अध्ययन को बढ़ावा देने के लिए की गई थी।

- वर्ष 1958 में इसे विश्वविद्यालय बनाया गया और वर्ष 1974 में इसका नाम बदलकर सम्पूर्णानन्द संस्कृत विश्वविद्यालय कर दिया गया।

30. *(c)* सर्दी और खाँसी को ठीक करने के लिए **तुलसी** के पौधे का उपयोग किया जाता है।

- इसका वैज्ञानिक नाम ओसीमम सैक्टम है।
- यह एक औषधीय पौधा है और इसमें कैंसर रोधी मेटावोलाइट होते हैं।

31. *(c)* ओडिशा में पुरी की 'रथ यात्रा' का त्योहार **भगवान जगन्नाथ** को समर्पित है।

- यह रथयात्रा आषाढ़ मास की शुक्ल पक्ष की द्वितीया को होती है।
- भगवान जगन्नाथ को भगवान विष्णु का रूप माना जाता है।
- जगन्नाथ मन्दिर, हिन्दू धर्म के चार तीर्थस्थलों में से एक है।
- भगवान जगन्नाथ के रथ को नन्दी घोष कहा जाता है।

32. *(b)* ग्रिग्नार्ड अभिकर्मक को $CH_3 - Mg - Cl$ के रूप में दर्शाया जाता है।

- ग्रिग्नार्ड अभिकर्मक मैग्नीशियम के धात्त्वीय कार्बनिक यौगिक हैं।
- कार्बन-कार्बन बन्धों के निर्माण के लिए यह अभिक्रिया अत्यन्त महत्त्वपूर्ण है।

33. *(c)* भारत विश्व बैडमिण्टन चैम्पियनशिप के 30वें संस्करण की मेजबानी वर्ष 2026 में करेगा।

- यह प्रतियोगिता प्रतिवर्ष आयोजित की जाती है।
- इससे पहले वर्ष 2009 में भारत ने इस चैम्पियनशिप की मेजबानी की थी।
- बैडमिण्टन वर्ल्ड फेडरेशन (BWF) की स्थापना 5 जुलाई, 1934 को हुई थी।

34. *(a)* वर्ष 1993 में **मद्रास संगीत अकादमी** द्वारा संगीत कला आचार्य पुरस्कार दिया जाता है।

- प्रत्येक वर्ष दो वरिष्ठ संगीतकारों/गुरुओं को यह पुरस्कार दिया जाता है।
- मद्रास संगीत अकादमी, संगीत कलानिधि, नृत्य कलानिधि तथा संगीत कला आचार्य जैसे कई पुरस्कार प्रदान करती है।

- इस अकादमी की स्थापना दिसम्बर, 1927 में हुई थी।

35. *(b)* **अधिकतम प्रत्यक्ष विदेशी निवेश की अनुमति** औद्योगिक नीति वक्तव्य 1980 का सामाजिक आर्थिक उद्देश्य नहीं है।

- वह औद्योगिक नीति जिसमें लघु उद्योग/इकाई के लिए निवेश सीमा बढ़ाकर ₹ 2 लाख कर दी गई है, 1980 की औद्योगिक नीति थी।
- यह नीति लघु उद्योगों को बढ़ावा देने और उन्हें वित्तीय सहायता प्रदान करने के उद्देश्य से शुरू की गई थी।
- इस नीति में उत्पादों का आरक्षण कच्चे माल पर सब्सिडी और लघु उद्योगों का प्राथमिकता वाले ऋण देने जैसे उपाय भी शामिल किए गए ताकि उनकी वृद्धि को और अधिक समर्थन मिल सके।

36. *(a)* **चावल** भारत में जायद के मौसम में नहीं उगाई जाती है।

- जायद मौसम, खरीफ और रबी मौसम के बीच एक छोटा मौसम है।
- खीरा, खरबूजा, तरबूज, कद्दू आदि सभी जायद प्रकार की फसलें हैं।
- खरीफ फसलों को मानसूनी फसलें भी कहा जाता है, क्योंकि इनकी खेती मानसून के मौसम में की जाती है।
- धान, मक्का, सोयाबीन, मूँगफली, कपास, ज्वार, बाजरा, अरहर इत्यादि खरीफ की फसलें हैं।
- रबी की फसलें मानसून के मौसम के अन्त में या सर्दियों के मौसम के शुरुआत में बोई जाती हैं। गेहूँ, जौ, चना, सरसों रबी की फसलें हैं।

37. *(c)* अनुच्छेद 123 के अनुसार, **राष्ट्रपति** केवल तभी अध्यादेश जारी कर सकता है, जब संसद के दोनों सदन सत्र में न हों या जब संसद के दोनों सदनों में से कोई एक सत्र में न हो।

- राष्ट्रपति, अध्यादेश को किसी भी समय वापस ले सकता है।
- अध्यादेश केवल उन्हीं विषयों पर जारी किया जा सकता है, जिन पर संसद कानून बना सकती है।
- अध्यादेश बनाने की शक्ति राष्ट्रपति व राज्यपाल की सबसे महत्त्वपूर्ण विधायी शक्ति है।

38. *(c)* डॉ. बी. आर. अम्बेडकर ने भारतीय **संविधान की एक नवीन विशेषता** के रूप में राज्य के नीति-निदेशक तत्त्वों का वर्णन किया है।

- भारतीय संविधान के भाग 4 में अनुच्छेद 36-51 तक राज्य के नीति-निदेशक सिद्धान्त वर्णित हैं।
- इसका उद्देश्य सामाजिक और आर्थिक परिस्थितियों का निर्माण करना है, जिसके तहत् नागरिक अच्छा जीवन जी सकें।
- इस भाग में अन्तर्विष्ट उपबन्धों को किसी न्यायालय द्वारा प्रवर्तित नहीं किया जा सकता।
- राज्य के नीति-निदेशक तत्त्वों को भारतीय संविधान में आयरलैण्ड के संविधान से शामिल किया गया था।

39. *(a)* फूल के घटकों में **काँटों** को सम्मिलित नहीं किया जाता।

- अधिकांश फूलों में चार मुख्य घटक होते हैं—बाह्यदल, पंखुड़ियाँ, पुंकेसर व अण्डप।
- पुंकेसर नर फूल के आधे हिस्से को दर्शाते हैं।
- अण्डप, मादा के आधे हिस्से को दर्शाते हैं।
- पंखुड़ियाँ, फूल का रंगीन भाग होती हैं।
- पुष्पदल (बाह्यदल), ये पुष्प के बाहरी भाग से जुड़ी हुई पत्ती जैसी संरचना होती है।

40. *(a)* संगीत नाटक अकादमी पुरस्कार से सम्मानित सुलोचना चह्वाण एक प्रसिद्ध **लावणी गायिका** थीं।

- संगीत नाटक अकादमी की स्थापना मई, 1952 में शिक्षा मन्त्रालय के अन्तर्गत की गई।
- सुलोचना चह्वाण को कला के क्षेत्र में उनके योगदान के लिए पद्मश्री पुरस्कार 2022 से सम्मानित किया गया।
- इनका जन्म वर्ष 1923 में मुम्बई में हुआ था।
- सुलोचना जी ने श्री कृष्ण बाल मेले के माध्यम से हिन्दी, गुजराती व उर्दू नाटकों में बाल भूमिकाएँ निभाई थीं।

41. *(b)* भारतीय संविधान के अनुच्छेद 80 के अनुसार, राज्यसभा में सदस्यों की अधिकतम संख्या 250 होती है, जिनमें से 12 सदस्य राष्ट्रपति मनोनीत करते हैं।

- राष्ट्रपति द्वारा मनोनीत यह सदस्य साहित्य, विज्ञान, कला व सामाजिक सेवा के क्षेत्र में विशेष ज्ञान व व्यावहारिक अनुभव रखते हैं।
- मनोनीत सदस्यों का कार्यकाल भी 6 वर्ष का होता है।

42. *(d)* धारा का SI मात्रक एम्पियर है।

- विद्युत धारा को प्रति इकाई समय अन्तराल पर प्रभावित होने वाले आवेश या आवेश की दर के रूप में परिभाषित किया जाता है।
- इसकी दिशा धनात्मक आवेश की प्रवाह की दिशा है।

43. *(b)* **5 मार्च, 1931** को दिल्ली में गाँधी इरविन समझौता हुआ, जिसे दिल्ली पैक्ट के नाम से भी जाना जाता है।

- इस समझौते के फलस्वरूप गाँधीजी ने सविनय अवज्ञा आन्दोलन को समाप्त करने तथा द्वितीय गोलमेज सम्मेलन (1931) में शामिल होने पर सहमति व्यक्त की।
- मार्च, 1931 में कांग्रेस का विशेष अधिवेशन सरदार वल्लभभाई पटेल की अध्यक्षता में 'पूर्ण स्वराज' के साथ गाँधी इरविन पैक्ट को स्वीकार कर लिया गया।

44. *(d)* मन्नार की खाड़ी भारत के दक्षिण-पूर्वी सिरे और श्रीलंका के पश्चिमी तट के बीच स्थित है।

- मन्नार की खाड़ी को हिन्द महासागर का प्रवेश द्वार कहते हैं।
- यह खाड़ी मोतियों के भण्डार और शंख के लिए प्रसिद्ध है।
- इसमें कई नदियाँ मिलती हैं, जिसमें ताम्रपर्णी (भारत) और अरुवी (श्रीलंका) शामिल हैं।

45. *(b)* तेरहताली, मुख्य रूप से **राजस्थान** की कामड जनजाति का लोकनृत्य है।

- यह जनजाति पारम्परिक रूप से सपेरे होते हैं।
- इस नृत्य में महिलाएँ जमीन पर बैठकर तेरहताली बजाती हैं।
- महिलाओं के शरीर के अलग-अलग अंगों पर तेरह झाँझ बाँधे जाते हैं।
- इस नृत्य में पुरुष सिर्फ गीत गाते हैं।

46. *(b)* भारत और ऑस्ट्रेलिया के बीच खेले गए टी 20 विश्व कप 2023 सेमीफाइनल में प्लेयर ऑफ द मैच **एशेल गार्डनर** को दिया गया।

- यह आईसीसी महिला टी 20 विश्व कप का आठवाँ संस्करण था।
- इसमें कुल 10 प्रतिभागी टीमों ने हिस्सा लिया।
- इस टूर्नामेण्ट में रनरअप देश दक्षिण अफ्रीका था।

- ऑस्ट्रेलिया ने छठी बार ICC वूमेन T-20 वर्ल्ड कप का खिताब जीता।
- महिला T-20 विश्व कप 2023 की मेजबानी दक्षिण अफ्रीका और ऑस्ट्रेलिया ने की।

47. *(d)* बुडापेस्ट, हंगरी में आयोजित 2021 विश्व कैडेट कुश्ती चैम्पियनशिप में **प्रिया मलिक** ने महिलाओं के 73 किलोग्राम भार वर्ग में बेलारूस की केसिया परापोविच को 5-0 से हराकर स्वर्ण पदक जीता था।

- यह चैम्पियनशिप जीतने वाली प्रिया पहली भारतीय पहलवान बनी।
- वर्ष 2021 के बुडापेस्ट में महिला चैम्पियनशिप में अन्तिम पंघाल ने रजत पदक जीता।
- भारत ने इस चैम्पियनशिप में कुल 13 पदक जीते।

48. *(c)* **शुल्क और जुर्माना** गैर-कर राजस्व का उदाहरण है।

- गैर-कर राजस्व सरकार द्वारा करों के अतिरिक्त अन्य स्रोतों से अर्जित आवर्ती आय है।
- सरकार विभिन्न प्रयोजनों के लिए राज्यों को दिए गए ऋणों और धनराशियों पर गैर-कर राजस्व के रूप में ब्याज एकत्र करती है।
- कर राजस्व किसी व्यक्ति या संस्था द्वारा अर्जित आय (प्रत्यक्ष कर) पर तथा वस्तुओं और सेवाओं के लेन-देन के मूल्य (अप्रत्यक्ष कर) पर लगाया जाता है।
- जबकि गैर-कर राजस्व सरकार द्वारा प्रदान की गई सेवाओं पर लगाया जाता है।

49. *(b)* श्रम एवं रोजगार मन्त्रालय ने असंगठित क्षेत्र के श्रमिकों का राष्ट्रीय डेटाबेस तैयार करने के उद्देश्य से 26 अगस्त, 2021 को **ई-श्रम पोर्टल** का शुभारम्भ किया।

- राष्ट्रीय डेटाबेस को ई-श्रम पोर्टल पर प्रवासी कामगारों सहित असंगठित क्षेत्र के श्रमिकों के पंजीकरण के लिए राज्यों/केन्द्रशासित प्रदेशों को उपलब्ध कराया गया है।
- ई-श्रम पोर्टल का मुख्य उद्देश्य आधार से जुड़े हुए सभी असंगठित श्रमिकों का एक राष्ट्रीय डेटाबेस बनाना है।

50. *(c)* जब रक्त में सोडियम की मात्रा असामान्य रूप में कम हो जाती है, तो इस विकार को हाइपोनेट्रेमिया या **अवसोडियम रक्तता** कहते हैं।

- सोडियम एक आवश्यक इलेक्ट्रोलाइट है, जो कोशिकाओं में और उसके आस-पास पानी के सन्तुलन को बनाए रखने में मदद करता है।
- मानव शरीर में 7 आवश्यक इलेक्ट्रोलाइट्स होते हैं।
- इलेक्ट्रोलाइट्स में सोडियम, पोटैशियम, क्लोराइड, मैग्नीशियम, कैल्शियम, फॉस्फेट और बाइकार्बोनेट शामिल हैं।
- इलेक्ट्रोलाइट्स भोजन और तरल पदार्थों से प्राप्त होते हैं।

51. *(a)* स्वयंसेवकों की कुल संख्या

$= 40 + 30 + 25 + 35 + 20 + 30 + 45 + 25$

$= 250$

52. *(b)* त्रिज्यखण्ड का क्षेत्रफल

$= \frac{1}{2} \times$ त्रिज्या $\times$ चाप की लम्बाई

$= \frac{1}{2} \times 12 \times 7 = 42$ सेमी^{2}

53. *(a)* अभीष्ट औसत $= \frac{12 \times 62 + 18 \times 72}{30}$

$= \frac{744 + 1296}{30} = \frac{2040}{30} = 68$

54. *(b)* माना 1 बिस्कुट, 1 चॉकलेट तथा 1 कप की कीमत क्रमशः x, y, z है।

$\therefore$ प्रश्नानुसार,

$2x + y = 69 \quad \ldots(i)$

$16x + 8y = 552 \quad \ldots(ii)$

$2y + 3z = 127 \quad \ldots(iii)$

$z = \frac{127 - 2y}{3} \quad \ldots(iv)$

तथा $3x + 4y + 2z = 229$

$\Rightarrow 3x + 4y + 2 \times \frac{(127 - 2y)}{3} = 229$

(समी (iv) से)

$\Rightarrow 9x + 12y + 254 - 4y = 687$

$\Rightarrow \quad 9x + 8y = 433 \quad \ldots(v)$

समी (ii) – समी (v)

$7x = 119$

$\Rightarrow \quad x = 17$

समी (i) से,

$y = 69 - 2 \times 17 = 69 - 34 = 35$

समी (iii) से,

$3z = 127 - 2 \times 35 = 127 - 70 = 57$

$z = 19$

$\therefore 5(x + y + z) = 5(17 + 35 + 19)$

$= 5 \times 71$

$=$ ₹ 355

$\therefore$ 5 बिस्कुट, 5 चॉकलेट तथा 5 कप कॉफी की कीमत = ₹ 355

55. *(d)* माना 12.96 तथा 0.16 का मध्यानुपाती x है।

$\therefore x = \sqrt{12.96 \times 0.16}$

$= \sqrt{\frac{1296}{100} \times \frac{16}{100}}$

$= \frac{36 \times 4}{100} = 1.44$

56. *(b)* अभीष्ट संख्या $= 14700 \times \frac{19}{100} \times \frac{2}{7} + 14700 \times \frac{15}{100} \times \frac{1}{7}$

$= 798 + 315 = 1113$

57. *(d)* $\frac{(17^{13} - 21)}{18} = \left(\frac{17^{13}}{18} - \frac{21}{18}\right)$

$= \left(\frac{17}{18} - \frac{3}{18}\right)$ में शेषफल

$= \frac{(17 - 3)}{18}$ में शेषफल

$= \frac{14}{18}$ में शेषफल

$\therefore$ अभीष्ट शेषफल = 14

58. *(b)* माना बचत में वृद्धि % = x

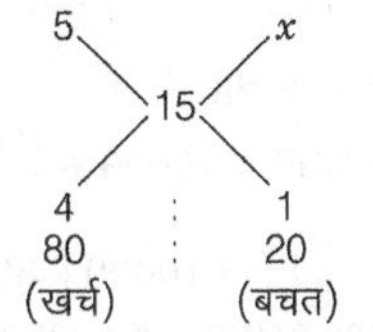

$\Rightarrow \quad 4 \times 5 + 1 \times x = 15 \times (4 + 1)$

$\Rightarrow \quad 20 + x = 75$

$\Rightarrow \quad x = 55$

$\therefore$ बचत में वृद्धि = 55%

59. *(a)* $\Delta RST \sim \Delta ABC$

$\therefore \frac{(\Delta RST) \text{ का परिमाप}}{(\Delta ABC) \text{ का परिमाप}} = \frac{RS}{AB}$

$\Rightarrow \quad \frac{26}{39} = \frac{RS}{24}$

$\Rightarrow \quad RS = \frac{26 \times 24}{39} = 16$ सेमी

60. *(a)* माना धारा की चाल = y किमी/घण्टा

नाव की चाल = x किमी/घण्टा

$\therefore \quad \frac{30}{x + y} + \frac{30}{x - y} = 14 \quad \ldots(i)$

तथा $\frac{10}{x + y} = \frac{4}{x - y}$

$\Rightarrow \quad 5x - 5y = 2x + 2y$

$\Rightarrow \quad 3x = 7y$

$\Rightarrow \quad x = \frac{7y}{3}$

समी (i) में x का मान रखने पर,

$$\frac{30}{\frac{7y}{3}+y} + \frac{30}{\frac{7y}{3}-y} = 14$$

$$\Rightarrow \quad 90\left[\frac{1}{10y}+\frac{1}{4y}\right] = 14$$

$$\Rightarrow \quad \frac{90}{14}\times\frac{14}{40} = y$$

$$\Rightarrow \quad y = \frac{9}{4} \text{ किमी/घण्टा}$$

अत: धारा की चाल $= \frac{9}{4}$ किमी/घण्टा

61. *(d)* एक स्मार्ट फोन पर छूट

$$= 25000\times\frac{30}{100} = 7500$$

∴ 6 स्मार्ट फोन पर छूट

$$= 7500\times 6 = ₹\ 45000$$

62. *(a)* $16\div 2-7\times 15 \div 3+5\times 5+4\times 3-10$

$= 8-7\times 5+25+12-10$

$= 8-35+25+12-10$

$= 45-45 = 0$

63. *(d)* मूलधन = ₹ 10000

दर = 15%

समय = 2 वर्ष

∴ मिश्रधन $= 10000+\frac{10000\times 15\times 2}{100}$

$= 10000+3000 = 13000$

∴ नया मूलधन = ₹ 13000

∴ नया मिश्रधन

$= 13000+\frac{13000\times 15\times 2}{100}$

$= 13000+3900$

$= 16900$

∴ अभीष्ट राशि = ₹ 16900

64. *(d)* $(g-h)^2-(g+h)^2+4gh$

$= g^2+h^2-2gh-g^2-h^2-2gh+4gh$

$= 0$

65. *(b)* $20\% = \frac{1}{5}$

∴ क्रय मूल्य : विक्रय मूल्य

5 : 6

$\frac{950}{5\times 950} : \frac{1000}{1000\times 6}$

19 : 24

लाभ% $= \frac{(24-19)}{19}\times 100\% = \frac{500}{19}\%$

66. *(a)* $m = a\sec A,\ y = b\tan A$

$b^2m^2-a^2y^2+\frac{a^2y^2}{b^2m^2}+\cos^2 A$

$= b^2a^2\sec^2 A - a^2\times b^2\tan^2 A + \frac{a^2\times b^2\tan^2 A}{b^2\times a^2\sec^2 A}+\cos^2 A$

$= a^2b^2(\sec^2 A-\tan^2 A) + \sin^2 A+\cos^2 A$

$= a^2b^2\times 1+1 = a^2b^2+1$

67. *(b)* विकल्प (b) से,

$30°+60°+90° = 180°$

∴ विकल्प (b) एक त्रिभुज के कोणों को दर्शाता है। क्योंकि, त्रिभुज के तीनों कोणों का योग 180° होता है।

68. *(b)* माना $\angle BAC = x$ तथा $\angle ABC = y$

∴ $\angle BAC = \angle ADC = x$

[एकान्तर अन्त:खण्ड प्रमेय]

तथा $\angle ABC = \angle BDC = y$

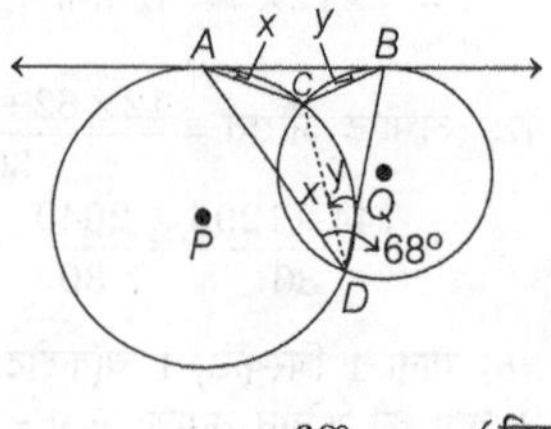

∴ $x+y = 68°$ (दिया है)

अब, ΔACB में,

$x+\angle ACB+y = 180°$

$\angle ACB = 180°-(x+y)$

$= 180°-68° = 112°$

69. *(b)* प्रश्नानुसार,

$P \longrightarrow 36$ — 5

>180 कुल क्षमता (36 और 45 का ल.स.)

$Q \longrightarrow 45$ — 4

∴ अभीष्ट समय $= \frac{180}{9}$ मिनट

$= 20$ मिनट

70. *(c)* ब्राण्ड E का उत्पादन वर्ष 2018 में सबसे अधिक है।

71. *(b)* $\left(\frac{\text{cosec}A}{\text{cosec}A-1}+\frac{\text{cosec}A}{\text{cosec}A+1}\right)\left(\frac{\sec A}{\sec A-1}+\frac{\sec A}{\sec A+1}\right)^{-1}$

$= \text{cosec}A\left(\frac{2\text{cosec}A}{\text{cosec}^2 A-1}\right)\times\sec^{-1}A\left(\frac{2\sec A}{\sec^2 A-1}\right)^{-1}$

$= 2\text{cosec}^2 A\times\frac{1}{\cot^2 A}\times\frac{1}{\sec A}\times\frac{\tan^2 A}{2\sec A}$

$= \cot^2 A\times\frac{1}{\cot^2 A}\times\tan^2 A$

$= \tan^2 A = \tan^2 60 = 3$

72. *(c)*

$$\frac{1.5\times 1.5+2.5\times 2.5+3.5\times 3.5+2\times 1.5\times 2.5+2\times 2.5\times 3.5+2\times 1.5\times 3.5}{1.5+2.5+3.5}$$

$$= \frac{(1.5+2.5+3.5)^2}{(1.5+2.5+3.5)}$$

$= 1.5+2.5+3.5 = 7.5$

73. *(c)* माना राज्य A की कुल जनसंख्या $= x$

∴ $x\times\frac{55}{100}\times\frac{5}{11} = 500000$

$x = \frac{500000\times 100\times 11}{55\times 5}$

$= 2000000$

∴ राज्य A की जनसंख्या = 2000000

74. *(b)* बेलन का वक्रपृष्ठीय क्षेत्रफल = 880

$\Rightarrow 2\pi rh = 880$

$\Rightarrow r\times h = \frac{880}{2\pi}$

$= \frac{880\times 7}{2\times 22} = 140$ सेमी²

75. *(c)* 60 मिनट में बनाया कोण = 360°

∴ 25 मिनट में बनाया कोण $= \frac{360°\times 25}{60}$

$= 150° = \frac{150\times\pi}{180} = \left(\frac{5\pi}{6}\right)$

76. *(d)* 'Prosperity' means success and wealth. Hence, its antonym is failure.
Affluence means wealth.

77. *(b)* An 'ambassador' is an important person who represents his/her country in a foreign country.

- **Amateur** is a person who participates in an activity for pleasure, not for pay.
- **Altruist** is a person who cares about others and helps them despite not gaining anything by doing this.
- **Anonymous** means not known.

78. *(c)* Pancakes were made by Martha yesterday.

- The sentence is in past tense. When such a sentence is transformed into passive voice, the structure followed is Object + was/were+ V3+ Subject.

79. *(c)* The correct order is PQORS.

- The sentence formed will be- There are several reasons why even parents would also benefit from knowing more about how and why children do the things that they do.

80. *(c)* 'Through thick and thin' means under all conditions, no matter how challenging or difficult.

81. *(c)* **Agnostic** is a person who is unsure about God's existence.

- **Ignorant** is a person who does not have much knowledge.
- **Atheist** is a person who does not believe in God.
- **Theist** is a person who believes in God.

82. *(b)* 'Perseverance' means persistence in doing something despite difficulty or delay in achieving success. Hence, its synonym is 'Doggedness' which means the same.

- **Ignorance** means not knowledgeable.
- **Reluctance** means doubt or hesitance.
- **Monotonous** means repetitive and boring.

83. *(b)* A daredevil is a fearless person.

84. *(b)* Part 'had still overwhelmed' contains an error. The use of 'had' is incorrect in the given sentence. Replace it with 'was' to correct the sentence.

85. *(b)* Babbles means continuously talking and making noise. Hence, its antonym is 'quiet'.

- **Rants** means speak or shout at length in an angry, impassioned way.

86. *(c)* The antonym of 'buy' is 'sell', which is the correct filler for the given blank.

87. *(b)* The underlined phrase in incorrect in the context of the given sentence. As the sentence talks about singing, a group of actors is incorrect for the sentence. Hence, replace it with 'ensemble of musicians' to correct the sentence.

88. *(d)* A **Reticent** is a person who speaks less in a forum.

- **Eccentric** means strange.
- **Loquacious** means talkative.
- **Gabby** means excessively or annoyingly talkative.

89. *(b)* The correct order is P, R, Q, S. The sentence formed will be - In November, Lakshman fell with fever seriously ill and pneumonia.

90. *(a)* The incorrectly spelt word is C 'exhelarated'. The correct spelling is 'exhilarated'.

91. *(b)* Part 'medicines increased' contains an error. As the sentence presents an action started in the past and still continuing in the present, present perfect continuous tense 'medicines has been increasing' should be used.

92. *(d)* They will gift me a fancy doll tomorrow.

- The sentence follows the structure Object+ will+ be+ V3 + Subject. When such a sentence is transformed into active voice, the structure followed is Subject + will+ V1+ Object.

93. *(a)* The incorrectly spelt word is 'maintainance'. The correct spelling is maintenance.

94. *(c)* An Illiterate is a person who cannot read and write.

95. *(b)* 'Affirmative' means to agree or positive. Hence, its antonym is 'negative'.

- **Sanction** means a threatened penalty for disobeying a law or rule.
- **Acquiescence** means the reluctant acceptance of something without protest.
- **Accession** means to take power or throne.

96. *(a)* The correct filler for the given blank is 'when'.

97. *(d)* The correct filler for the given blank is 'having'.

98. *(d)* The correct filler for the given blank is 'pursed'.

99. *(a)* The correct filler for the given blank is 'folded up'.

100. *(a)* The correct filler for the given blank is 'across'.

सेट 16 17 सितम्बर, 2024 (प्रथम पाली)

SSC CGL Tier-I सॉल्वड पेपर

निर्देश

1. इस सेट में कुल 100 प्रश्न हैं।
2. इस सेट में चार भाग हैं, भाग-I सामान्य बुद्धि एवं तर्कशक्ति, भाग-II सामान्य जागरुकता, भाग-III संख्यात्मक अभियोग्यता और भाग-IV अंग्रेजी भाषा।
3. प्रत्येक प्रश्न 2 अंक का है।

भाग I
सामान्य बुद्धि एवं तर्कशक्ति

1. चार अक्षर-समूह दिए गए हैं जिनमें से तीन किसी-न-किसी रूप में एकसमान हैं, और एक उनसे असंगत है। उस असंगत अक्षर-समूह का चयन कीजिए।
(**नोट** अक्षर समूह में, असंगत व्यंजनों/स्वरों की संख्या या उनकी स्थिति पर आधारित नहीं है।)

(a) BEH (b) SVY
(c) ILN (d) KNQ

2. 'Magnify' का सम्बन्ध 'Expand' से उसी प्रकार है जैसे 'Curtail' का सम्बन्ध '.........' से है।

(a) Big (b) Small
(c) Restrict (d) Measure

3. दिए गए विकल्पों में उस आकृति का चयन कीजिए, जो प्रश्नचिह्न (?) को प्रतिस्थापित कर सकती है और शृंखला को तार्किक रूप से पूरा कर सकती है।

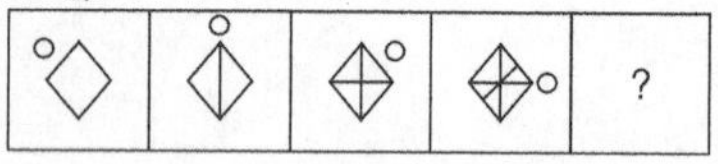

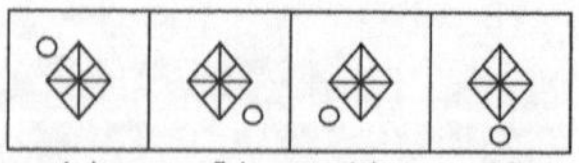

(a) (b) (c) (d)

4. दी गई शृंखला को पूरा करने के लिए कौन-सा अक्षर-समूह प्रश्नचिह्न (?) को प्रतिस्थापित करेगा?

BKUZ, ENWB, ?, KTAF, NWCH

(a) HRYD (b) HRZD
(c) HQYD (d) HRYE

5. जब दर्पण को MN पर रखा जाता हो, तो दी गई आकृति के सही दर्पण प्रतिबिम्ब का चयन कीजिए।

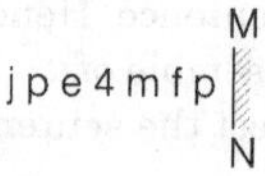

(a)
(b)
(c)
(d)

6. उस विकल्प का चयन कीजिए जो उन अक्षरों को दर्शाता है, जिन्हें नीचे दिए गए रिक्त स्थानों में बाएँ से दाएँ क्रमिक रूप से रखने पर अक्षर शृंखला पूरी जो जाएगी।

_ D R G _ Z D R _ B Z D _ G B Z _ R G B

(a) ZBDRD
(b) ZBGRD
(c) BBGRD
(d) ZBGRB

7. इस प्रश्न में, तीन कथन और उसके बाद तीन निष्कर्ष क्रमश: I, II और III दिए गए हैं। कथनों को सत्य मानते हुए, भले ही वे सामान्यत: रूप से ज्ञात तथ्यों से भिन्न प्रतीत होते हों, तय कीजिए कि कौन-सा/से निष्कर्ष कथनों का तार्किक रूप से अनुसरण करता/करते है/हैं?

कथन

सभी कारें, पक्षी हैं।
कुछ पक्षी, पौधे हैं।
सभी पौधे, पत्ते हैं।

निष्कर्ष

I. कुछ पक्षी, कारें हैं।
II. कुछ पौधे, पक्षी हैं।
III. कुछ पत्ते, पौधे हैं।

(a) केवल निष्कर्ष II और III अनुसरण करते हैं
(b) कोई भी निष्कर्ष अनुसरण नहीं करता है
(c) केवल निष्कर्ष I और III अनुसरण करते हैं
(d) सभी निष्कर्ष अनुसरण करते हैं

8. दी गई आकृति में कितने त्रिभुज हैं?

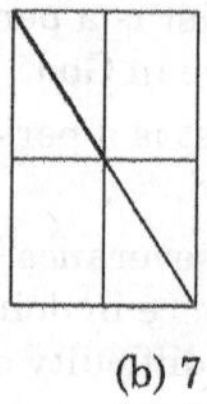

(a) 4 (b) 7
(c) 6 (d) 2

9. दिए गए विकल्पों में से उस संख्या का चयन कीजिए, जो निम्नलिखित शृंखला में प्रश्नचिह्न (?) को प्रतिस्थापित कर सकती है।

96, 77, 60, 47, 36, ?

(a) 32 (b) 29
(c) 30 (d) 28

10. एक निश्चित तर्क का अनुसरण करते हुए 189, 21 से सम्बन्धित है। उसी तर्क का अनुसरण करते हुए, 234, 26 से सम्बन्धित है। उसी तर्क का अनुसरण करते हुए, 468 निम्नलिखित में से किससे सम्बन्धित है?
(**नोट** संख्याओं को उनके घटक अंकों में तोड़े बिना, पूर्ण संख्याओं पर संक्रियाएँ की जानी चाहिए। उदाहरण के लिए संख्या 13 को लें 13 पर संक्रियाएँ, जैसे कि 13 में जोड़ना/घटाना/गुणा करना आदि की जा सकती हैं। 13 को 1 और 3 में तोड़ने और फिर 1 और 3 पर गणितीय संक्रियाएँ करने की अनुमति नहीं है।)

(a) 54 (b) 58
(c) 52 (d) 48

11. दिए गए विकल्पों में से उस पद का चयन कीजिए, जो निम्नलिखित शृंखला में प्रश्नचिह्न (?) को प्रतिस्थापित कर सकता है।

PJ 16, SM 25, VP 36, YS 49, ?

(a) DW 64
(b) CW 81
(c) BV 64
(d) CV 36

12. विकल्पों में दी गई उस आकृति की पहचान कीजिए जिसे प्रश्नचिह्न (?) के स्थान पर रखने पर श्रृंखला तर्कसंगत रूप से पूर्ण हो जाएगी।

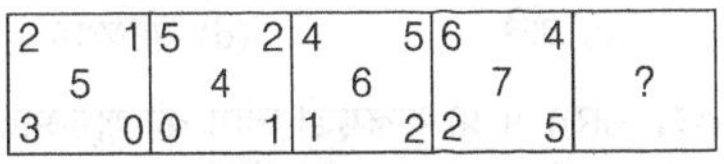

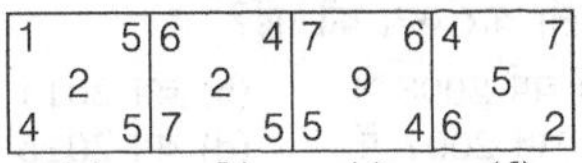

(a) (b) (c) (d)

13. एक पैटर्न के साथ एक पारदर्शी शीट नीचे दी गई है। उस विकल्प का चयन कीजिए, जो उस पैटर्न को दर्शाता है जो दी गई पारदर्शी शीट को मध्य क्षैतिज रेखा पर मोड़ने पर दिखाई देगा।

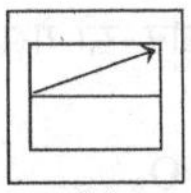

(X)

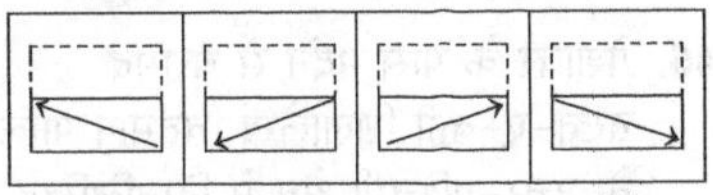

(a) (b) (c) (d)

14. दिए गए कथनों और निष्कर्षों को ध्यानपूर्वक पढ़ें। यह मानते हुए कि कथनों में दी गई जानकारी सत्य है, भले ही यह सामान्य रूप से ज्ञात तथ्यों से भिन्न प्रतीत होती हो, तय करें कि दिए गए निष्कर्षों में से कौन-सा/से निष्कर्ष, कथनों का तार्किक रूप से अनुसरण करता है/करते हैं?

कथन कुछ गेंदें, खिलौने हैं।
सभी वृत्त, गेंदें हैं।
सभी गेंदें, गड्डे हैं।

निष्कर्ष
I. कुछ वृत्त, खिलौने हैं।
II. सभी गड्डे, खिलौने हैं।

(a) न तो निष्कर्ष I और न ही निष्कर्ष II अनुसरण करता है
(b) केवल निष्कर्ष I अनुसरण करता है
(c) केवल निष्कर्ष II अनुसरण करता है
(d) निष्कर्ष I और निष्कर्ष II दोनों अनुसरण करते हैं

15. निम्नलिखित समीकरण में, यदि '÷' और '–' को आपस में बदल दिया जाए तथा '×' और '+' को आपस में बदल दिया जाए, तो प्रश्नचिह्न '?' के स्थान पर क्या आएगा?

$4 + 9 \times 48 - 6 \div 7 = ?$

(a) 37 (b) 41
(c) 27 (d) 30

16. निम्नलिखित चार विकल्पों में से तीन किसी-न-किसी रूप में समान हैं और इस प्रकार, एक समूह बनाते हैं। कौन-सा विकल्प उस समूह से सम्बन्धित नहीं है?
(**ध्यान दें** संख्याओं को उनके घटक अंकों में तोड़े बिना, संक्रियाएँ पूर्ण संख्याओं पर की जानी चाहिए। उदाहरण के लिए 13 को लें– संख्या 13 में की जाने वाली संक्रिया, जैसे कि जोड़ना/घटाना/गुणा करना केवल 13 में किया जा सकता है। 13 को अंक 1 और 3 में तोड़ना और फिर 1 और 3 के साथ गणितीय संक्रियाएँ करने की अनुमति नहीं है।)

(a) 20 – 15 – 51
(b) 16 – 45 – 21
(c) 22 – 67 – 22
(d) 26 – 95 – 21

17. किसी निश्चित तर्क के अनुसार 30 का सम्बन्ध 41 से है। उसी तर्क के अनुसार 14 का सम्बन्ध 21 से है। उसी तर्क के अनुसार 54 निम्नलिखित में से किस संख्या से सम्बन्धित है?
(**नोट** संख्याओं को उनके घटक अंकों में विभक्त किए बिना पूर्ण संख्याओं पर संक्रियाएँ की जानी चाहिए। उदाहरण के लिए 13 को लें– 13 पर संक्रियाएँ, जैसे कि जोड़ना/घटाना/गुणा करना आदि 13 में की जा सकती हैं। 13 को 1 और 3 में विभक्त करना और फिर 1 और 3 पर गणितीय संक्रियाएँ करने की अनुमति नहीं है।)

(a) 59 (b) 69
(c) 63 (d) 53

18. एक पासे के फलकों पर संख्याएँ 1, 2, 3, 5, 6 और 8 अंकित हैं। एक ही पासे की दो अलग-अलग स्थितियाँ नीचे दिखाई गई हैं। वह संख्या चुनिए, जो संख्या 6 वाले फलक के विपरीत फलक पर होगी।

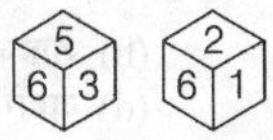

(a) 2 (b) 1
(c) 8 (d) 3

19. उस समुच्चय का चयन कीजिए, जिसमें संख्याएँ एक-दूसरे से उसी तरह सम्बन्धित हैं, जैसे दिए गए समुच्चय की संख्याएँ हैं।
(429, 514), (688, 773)
(**ध्यान दें** संख्याओं को उनके घटक अंकों में विभाजित किए बिना, पूर्ण संख्याओं पर संक्रियाएँ की जानी चाहिए। उदाहरण के लिए 13-13 पर संकिया जैसे कि जोड़ना/घटाना/गुणा करना आदि केवल 13 में की जा सकती हैं। 13 को 1 और 3 में तोड़ना और फिर 1 और 3 पर गणितीय संक्रियाएँ करने की अनुमति नहीं है।)

(a) (407, 512) (b) (396, 491)
(c) (319, 399) (d) (546, 631)

20. यदि '+' और '–' को आपस में बदल दिया जाए और '×' और '÷' को आपस में बदल दिया जाए, तो निम्नलिखित समीकरण में प्रश्नचिह्न '?' के स्थान पर क्या आएगा?

$101 \div 48 - 13013 \times 13 + 12 = ?$

(a) 5834 (b) 5835
(c) 5836 (d) 5837

21. G, F का भाई है। E, K का पिता है। C, A की पुत्री है। F, E की माता है। C, E की बहन है। G, A से किस प्रकार सम्बन्धित है?

(a) जीजा (b) ननद
(c) साला (d) भाभी

22. एक निश्चित कूटभाषा में, 'BIRTHDAY' को 'ADHTRIBY' के रूप में लिखा जाता है और 'CONGRESS' को 'SERGNOCS' के रूप में लिखा जाता है। उसी भाषा में 'DIVISION' को किस प्रकार लिखा जाएगा?

(a) DNOISIVI (b) NDOISIVI
(c) NOISIVID (d) OISIVIDN

23. एक निश्चित कूटभाषा में 'FLBS' को '156' और 'MXT' को '228' के रूप में कूटबद्ध किया जाता है। उस भाषा में 'VDZN' को किस प्रकार कूटबद्ध किया जाएगा?

(a) 220 (b) 264
(c) 160 (d) 180

24. यदि शब्द 'CERTAIN' के प्रत्येक अक्षर को अंग्रेजी वर्णमाला क्रम में व्यवस्थित किया जाए, तो कितने अक्षरों की स्थिति अपरिवर्तित रहेगी?

(a) शून्य (b) दो
(c) चार (d) एक

25. एक कागज को नीचे दिखाए गए अनुसार मोड़ा और काटा जाता है। खोलने पर यह कैसा दिखाई देगा?

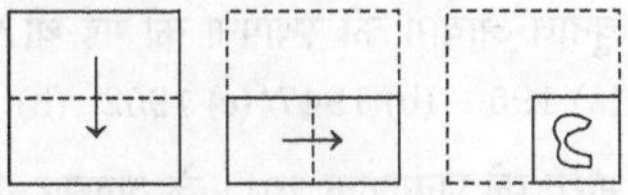

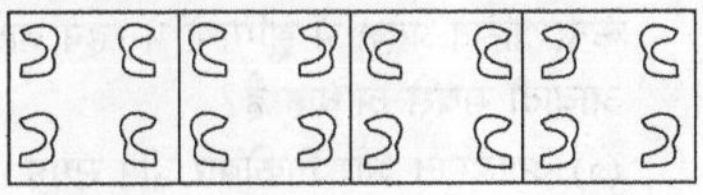

(a) (b) (c) (d)

भाग II
सामान्य जागरुकता

26. सुमेलित कीजिए

	सूची I		सूची II
i.	व्यापार प्राथमिकताओं की वैश्विक प्रणाली	a.	2021
ii.	भारत-खाड़ी सहयोग परिषद् मुक्त व्यापार समझौता	b.	1988
iii.	भारत-कोरिया गणराज्य व्यापक आर्थिक साझेदारी समझौता	c.	2004
iv.	7वीं व्यापार नीति समीक्षा	d.	2010

कूट
(a) i (c), ii (d), iii (a), iv (b)
(b) i (b), ii (c), iii (d), iv (a)
(c) i (b), ii (a), iii (d), iv (c)
(d) i (d), ii (a), iii (b), iv (c)

27. कथक से सम्बन्धित भारतीय शास्त्रीय नर्तक/नर्तकी की पहचान कीजिए
(a) शारोदी सैकिया
(b) रोहिणी भाटे
(c) केलुचरण महापात्र
(d) वेदान्तम सत्यनारायण सरमा

28. यदि जीएनपी पिछले वर्ष की तुलना में 16% अधिक है और मुद्रास्फीति की दर 9% है, तो अर्थव्यवस्था में उत्पादन में ……… की वृद्धि हुई है।
(a) 7% (b) 4% (c) 6% (d) 5%

29. भूपेन हजारिका ……… राज्य के सबसे प्रसिद्ध व्यक्तित्वों में से एक थे।
(a) मणिपुर (b) असम
(c) ओडिशा (d) नागालैण्ड

30. निम्नलिखित में से कौन-सा युग्म गलत सुमेलित है?
(a) माल्टोज गेहूँ, कॉर्नमील और जौ
(b) स्टार्च: अण्डे की जर्दी
(c) फ्रक्टोज अँगूर
(d) लैक्टोज दूध

31. निम्नलिखित में से किस वर्ष में भारत के चुनाव आयोग की स्थापना की गई थी?
(a) 1950 (b) 1947 (c) 1952 (b) 1955

32. भारत की जनगणना 2011 के अनुसार, किस केन्द्रशासित प्रदेश में झुग्गियों में रहने वाली आबादी सबसे अधिक है?
(a) अण्डमान और निकोबार द्वीप समूह
(b) पुदुचेरी (c) चण्डीगढ़ (d) दिल्ली

33. निम्नलिखित में से कौन-सा/से कर्त्तव्य भारतीय संविधान द्वारा मौलिक कर्त्तव्यों के रूप में निर्धारित नहीं किए गए हैं/हैं?
1. देश की रक्षा करना।
2. आयकर का भुगतान करना।
3. चुनाव में मतदान करना।
4. सार्वजनिक सम्पत्ति की सुरक्षा करना।

कूट
(a) कथन 1
(b) कथन 2
(c) 2 और 3 दोनों
(d) 2 और 4 दोनों

34. निम्नलिखित में से कौन-सी पहाड़ी पूर्वी घाट में स्थित है?
(a) खासी (b) शेवरॉय
(c) अन्नामुड़ी (d) मिज़ो

35. ऑस्ट्रेलिया में उष्णकटिबन्धीय चक्रवातों को ……… के रूप में जाना जाता है।
(a) विली-विलीज़ (b) साइक्लोन
(c) टाइफून (d) हरिकेन

36. पद्म विभूषण पुरस्कार 2022 प्राप्त करने वाली प्रभा अत्रे किस घराने से सम्बन्धित हैं?
(a) मेवाती घराना (b) आगरा घराना
(c) इन्दौर घराना (d) किराना घराना

37. रोगों का कौन-सा समूह जीवाणुओं के कारण होता है?
(a) इन्फ्लुएंजा, डेंगी, हैजा
(b) डेंगी, मलेरिया, हैजा
(c) आँत्र ज्वर, हैजा, तपेदिक
(d) मलेरिया, सामान्य सर्दी-जुकाम, इन्फ्लूएंजा

38. MPLADS योजना किस वर्ष लागू की गई थी?
(a) 2003 (b) 1993
(c) 2013 (d) 1983

39. निम्नलिखित में से कौन मुगल सम्राट बाबर का उत्तराधिकारी था?
(a) औरंगजेब (b) शाहजहाँ
(c) हुमायूँ (d) जहाँगीर

40. प्रधानमन्त्री किसान सम्मान निधि योजना में लाभार्थियों को प्रत्येक वर्ष कितनी राशि प्रदान की जाती है?
(a) ₹ 4,000 (b) ₹ 6,000
(c) ₹ 5,000 (d) ₹ 3,000

41. निम्नलिखित में से कौन-सी संख्या शतरंज में उपयोग होने वाली सफेद मोहरों की संख्या का सबसे अच्छा वर्णन करती है?
(a) 18 (b) 17
(c) 16 (d) 20

42. कैलोरीमीटर अच्छी तापीय चालकता वाली ……… की पतली शीट से बना एक छोटा कण्टेनर है।
(a) प्लैटिनम (b) चाँदी
(c) ताँबे (d) सीजियम

43. भारत में प्रो कबड्डी लीग की शुरुआत पहली बार कब की गई?
(a) वर्ष 2008 में (b) वर्ष 2014 में
(c) वर्ष 2007 में (d) वर्ष 2015 में

44. पर्यूषण पर्व निम्नलिखित में से किस समुदाय के लोगों द्वारा मनाया जाता है?
(a) सिख (b) मुसलमान
(c) जैन (d) हिन्दू

45. जब तनु सल्फ़्यूरिक अम्ल (H_2SO_4), मैग्नीशियम (Mg) के साथ अभिक्रिया करता है, तो निम्नलिखित में से कौन-सी गैस निकलती है?
(a) H_2 (b) O_2
(c) SO_2 (d) SO_3

46. पेशावर के पास मर्दन से बरामद तख्त-ए-बही शिलालेख, वर्तमान पाकिस्तान के उत्तर-पश्चिमी क्षेत्र में निम्नलिखित में से किस राजवंश के शासन का वर्णन करता है?
(a) हिन्द-यूनानी
(b) शक
(c) बैक्ट्रियन
(d) पार्थियन

47. वुड का घोषणा-पत्र, 1854 मुख्य रूप से निम्नलिखित में से किस विषय से सम्बन्धित था?
(a) वित्त (b) स्वास्थ्य
(c) शिक्षा (d) रेलवे

48. निम्नलिखित भारतीय महिला मुक्केबाजों में से किसे 2022 में अन्तर्राष्ट्रीय मुक्केबाजी संघ की अध्यक्ष और एक मतदान सदस्य के रूप में चुना गया था?
(a) मैरीकॉम (b) निकहत ज़रीन
(c) लवलीना बोरगोहेन (d) पूजा रानी

49. ब्रिटिश संसद ने किस वर्ष भारतीय उच्च न्यायालय अधिनियम पेश किया?
(a) 1858 (b) 1859
(c) 1860 (d) 1861

50. निम्नलिखित में से कौन-सा भारत में निजी क्षेत्र के उद्योग का एक उदाहरण है?
(a) भारत हैवी इलेक्ट्रिकल्स लिमिटेड
(b) स्टील अथॉरिटी ऑफ इण्डिया लिमिटेड
(c) ऑयल इण्डिया लिमिटेड
(d) टाटा आयरन एण्ड स्टील कम्पनी

भाग III

संख्यात्मक अभियोग्यता

51. एक कम्पनी में सभी कर्मचारियों को समान वेतन मिल रहा है। यदि कर्मचारियों की संख्या 20% बढ़ जाती है और प्रति व्यक्ति उनका वेतन 18% कम हो जाता है, तो कुल वेतन में कितने प्रतिशत की कमी होगी?

(a) 1.6% (b) 2.4%
(c) 1% (d) 1.4%

52. k का वह न्यूनतम मान ज्ञात करें जिसके लिए 7-अंकों वाली संख्या 249k876, 6 से विभाज्य हो।

(a) 7 (b) 1
(c) 0 (d) 5

53. AP और AQ केन्द्र O वाले किसी वृत्त पर बाह्य बिन्दु A से खींची गई दो स्पर्श रेखाएँ हैं। यदि $\angle PAQ = 40°$ है, तो $\angle POQ$ ज्ञात कीजिए।

(a) 150° (b) 130°
(c) 140° (d) 120°

54. यदि $x > 1$ और $x^2 + \frac{1}{x^2} = 83$ है, तो $x^3 - \frac{1}{x^3}$ का मान ज्ञात कीजिए।

(a) 754 (b) 756
(c) 884 (d) 876

55. यदि ₹ 7200 पर 18% प्रति वर्ष की दर से 3 वर्षों का साधारण ब्याज, ₹ 9600 पर x% प्रति वर्ष की दर से 4 वर्षों के साधारण ब्याज के बराबर है। तो x का मान किसके बराबर होगा?

(a) 10% (b) 8%
(c) 11% (d) 9%

56. सरलीकरण करें।

$$\left[\left(\frac{1}{6} \div \frac{1}{9} \times \frac{2}{3}\right) \times 18 + 5\right]$$

(a) 23 (b) 15 (c) 9 (d) 27

57. नीचे दी गई तालिका में, एक कम्पनी द्वारा तीन वर्ष में निर्मित तीन अलग-अलग प्रकार की कारों, X, Y और Z की संख्या दी गई है। तालिका का ध्यानपूर्वक अध्ययन कीजिए और उसके बाद प्रश्न का उत्तर दीजिए।

कार/वर्ष	2020	2021	2022
X	2560	3201	3551
Y	2250	2802	3020
Z	2750	2550	2600

वर्ष 2022 में कम्पनी द्वारा निर्मित कारों की औसत संख्या कितनी है?

(a) 3057 (b) 3227
(c) 2720 (d) 2851

58. एक समकोण ΔABC में, $\angle B = 90°$ है, यदि $\tan A = 1$ है, तो $4 \sin A \cos A =$ .... होगा।

(a) 4 (b) $\frac{1}{2}$
(c) 2 (d) 1

59. यदि $\sec\theta = \frac{29}{20}$ है, जहाँ $0 < \theta < 90°$ है, तो $3 \operatorname{cosec}\theta + 3 \cot\theta$ का मान क्या होगा?

(a) 7 (b) 49 (c) 7/3 (d) 14

60. एक दुकानदार अपने क्रय मूल्य से 20% अधिक मूल्य अंकित करता है। यदि वह 30% की छूट देता है, तो उसका हानि प्रतिशत ज्ञात कीजिए।

(a) 25% (b) 16%
(c) 15% (d) 20%

61. प्रथम 47 प्राकृतिक संख्याओं के वर्गों का औसत ज्ञात कीजिए।

(a) 760 (b) 762
(c) 761 (d) 759

62. यदि $A : B = 6 : 8$ और $B : C = 7 : 10$ है, तो $A : B : C$ का मान ज्ञात कीजिए।

(a) 23:32:40 (b) 21:23:40
(c) 21:28:40 (d) 14:31:20

63. किसी दुकानदार ने निम्नलिखित वस्तुएँ आरुषि को बेचकर लाभ कमाया। दिए गए आँकड़ों के आधार पर उसने कुल कितना लाभ (₹ में) कमाया?

वस्तु	प्रति इकाई क्रय मूल्य (₹ में)	क्रय मूल्य पर लाभ (% में)
मोबाइल	20000	10
लैपटॉप	72000	20
मोबाइल कवर	300	12

(a) 34760 (b) 16760
(c) 16436 (d) 16636

64. दुर्लभ सिक्कों के संग्रह में, प्रत्येक चार गैर-सोने के सिक्कों के लिए एक सोने का सिक्का है। यदि संग्रह में 20 और सोने के सिक्के जोड़े जाते हैं, तो सोने के सिक्कों की संख्या और गैर-सोने के सिक्कों की संख्या का अनुपात 2 : 3 होगा। संग्रह में सिक्कों की कुल संख्या अब .... हो जाएगी।

(a) 80 (b) 100 (c) 48 (d) 60

65. दिए गए ग्राफ का अध्ययन करें और उसके बाद पूछे जाने वाले प्रश्न का उत्तर दें। ग्राफ चार कम्पनियों A, B, C और D द्वारा निर्मित तीन उत्पादों P, Q और R की बिक्री दर्शाता है।

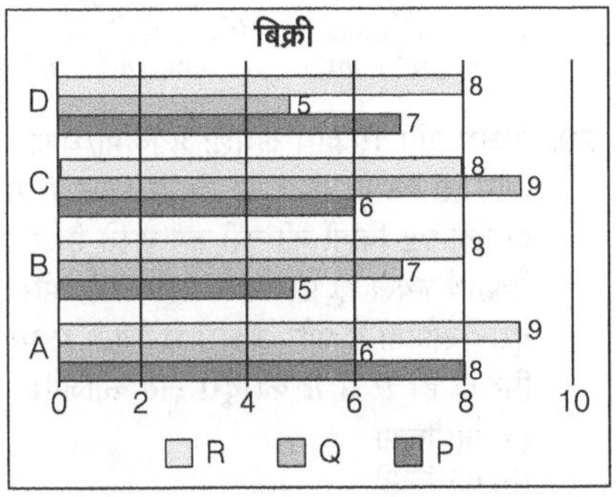

कम्पनी C का कुल उत्पादन, कम्पनी A के कुल उत्पादन का कितना प्रतिशत है?

(a) 100% (b) 110%
(c) 90% (d) 105%

66. यदि एक दुकानदार चीनी को ₹ 44.8 प्रति किग्रा की दर से बेचता है, तो वह 12% लाभ अर्जित करता है। पानी के रिसाव के कारण चीनी का $\frac{1}{5}$ हिस्सा खराब हो जाता है। 5% लाभ प्राप्त करने के लिए शेष चीनी का प्रति किग्रा विक्रय मूल्य क्या होना चाहिए?

(a) ₹ 51.5 (b) ₹ 52.5
(c) ₹ 48.5 (d) ₹ 49.5

67. दिया गया पाई चार्ट एक क्षेत्र में वार्षिक कृषि उत्पादन (टन में) दर्शाता है। कुल उत्पादन 8600 टन है।

इस क्षेत्र में चावल का वार्षिक उत्पादन कितना है?

(a) 1052 टन (b) 5012 टन
(c) 2150 टन (d) 2051 टन

68. 10 सेमी, 20 सेमी और 20 सेमी भुजाओं वाले ΔABC तथा 13 सेमी कर्ण और लम्बों में से 12 सेमी के एक लम्ब वाले समकोण त्रिभुज ΔPQR के क्षेत्रफल (सेमी² में) में कितना अन्तर होगा?

नोट $\sqrt{2} = 1.41$, $\sqrt{3} = 1.73$, $\sqrt{7} = 2.65$, $\sqrt{13} = 3.61$, $\sqrt{15} = 3.87$, $\sqrt{21} = 4.58$

(a) 70.05 (b) 53.58
(c) 36.57 (d) 66.75

69. यदि $\cos 24° = \frac{m}{n}$ है, तो (cosec 24° – cos 66°) का मान क्या होगा?

(a) $\frac{n^2}{m\sqrt{n^2 - m^2}}$ (b) $\frac{m^2}{n\sqrt{m^2 - n^2}}$

(c) $\frac{m^2}{n\sqrt{n^2 - m^2}}$ (d) $\frac{n^2}{m\sqrt{m^2 - n^2}}$

70. अक्षरा और सिद्धार्थ क्रमश: 8 किमी/घण्टा और 10 किमी/घण्टा की दर से स्थल P से Q तक 72 किमी की दूरी तय करते हैं। सिद्धार्थ स्थल Q पर पहले पहुँचता है और तुरन्त लौटता है और अक्षरा से स्थल R पर मिलता है। P से R की दूरी ज्ञात कीजिए।

(a) 66 किमी
(b) 65 किमी
(c) 64 किमी
(d) 63 किमी

71. k के किस मान के लिए समीकरण निकाय $kx - 15y + 7 = 0$ और $7x - 21y - 19 = 0$ का कोई हल नहीं है?

(a) 12 (b) 25 (c) 6 (d) 5

72. उस त्रिज्यखण्ड के केन्द्रीय कोण की माप क्या होगी, यदि उसका क्षेत्रफल 16π और त्रिज्या 8 है?

(a) 90° (b) 108°
(c) 60° (d) 75°

73. किस कोण पर चाप की लम्बाई वृत्त की परिधि की आधी होती है?

(a) 90° (b) 120°
(c) 180° (d) 270°

74. पाइप A और B एक टंकी को क्रमश: 15 घण्टे और 25 घण्टे में भर सकते हैं, जबकि पाइप C पूरी टंकी को 40 घण्टे में खाली कर सकता है। तीनों पाइप एकसाथ खोले जाते हैं, लेकिन पाइप A, 5 घण्टे बाद बन्द हो जाता है। टंकी का शेष भाग कितने घण्टे बाद भर जाएगा?

(a) $43\frac{4}{9}$ (b) $39\frac{4}{9}$

(c) $44\frac{4}{9}$ (d) $41\frac{4}{9}$

75. एक बेलनाकार बर्तन के आधार की परिधि 44 सेमी है और इसकी ऊँचाई 25 सेमी है। इसमें कितने लीटर जल आ सकता है? $\left(\pi = \frac{22}{7}\right)$

(a) 38.5 (b) 83.5
(c) 3.85 (d) 3.58

भाग IV
अंग्रेजी भाषा

76. Select the most appropriate option to substitute the underlined segment in the given sentence.

It is very hard for her to provide <u>the necessities of her family.</u>

(a) the necessities to her family
(b) the necessities by her family
(c) the necessity of her family
(d) the necessities from her families

77. The following sentence has been divided into four segments. Identify the segment in which the article has been used incorrectly.

UNESCO works to / strengthen an intellectual / and moral solidarity / of humankind.

(a) strengthen an intellectual
(b) of humankind
(c) UNESCO works to
(d) and moral solidarity

78. Select the option that can be used as a one-word substitute for the given group of words.

The study of coins

(a) Numismatics (b) Choreography
(c) Informatics (d) Cartography

79. Select the incorrectly spelt word.

(a) Eficient
(b) Contribution
(c) Miscalculation
(d) Mediation

80. Select the option that can be used as a one-word substitute for the given group of words.

A person who is inclined to see the worst aspect of things

(a) Pessimist (b) Philanthropist
(c) Optimist (d) Altruist

81. Select the option that expresses the given sentence in passive voice.

He will give a lecture on personality development.

(a) A lecture on personality development can be given by him
(b) A lecture will be given on personality development
(c) A lecture on personality development will be given by him
(d) A lecture on personality development will be giving by him

82. Sentences of a paragraph are given below in jumbled order. Arrange the sentences in the correct order to form a meaningful and coherent paragraph.

Note This is an advertisement of an ice-cream brand.

A. That's why silky is deliciously different and exceptionally versatile, natural, thick and durable ice-cream.
B. Beautifully firm, nice, silky rather than thin and watery, it stays in shape and stands on top of fruits or pastries without soaking in.
C. Silky thick double ice-cream has a unique, fresh taste and texture.

(a) ABC (b) BAC
(c) CBA (d) BCA

83. Select the most appropriate synonym of the given word.

Bully

(a) Plough (b) Oxen
(c) Coddle (d) Oppressor

84. Select the most appropriate synonym of the given word.

Thankful

(a) Ungrateful (b) Affirmation
(c) Obliged (d) Obscure

85. Select the most appropriate option to fill in the blank.

Ram went to .... an ice-cream.

(a) buy (b) by
(c) byre (d) bye

86. The following sentence has been split into four segments. Identify the segment that contains an error.

Dr. Sinha has / brought about a new / book on social / impact of child labour.

(a) impact of child labour
(b) book on social
(c) brought about a new
(d) Dr. Sinha has

87. Select the option that expresses the given sentence in passive voice.
His behaviour vexes me sometimes.
(a) He is being vexing me with his behaviour
(b) Sometimes he vexes me with his behaviour.
(c) I am sometimes vexed by his behaviour.
(d) His behaviour is vexed.

88. Select the sentence that contains a spelling error.
(a) The host institution must provide the delegates with accomodation at a subsidised rate.
(b) The occurrence of the lunar eclipse is often a mystery for children.
(c) The boss addressed the meeting.
(d) Rail lines go parallel.

89. Select the most appropriate synonym of the given word.
Labour
(a) Mesh (b) Toil
(c) Dalliance (d) Relaxation

90. Select the most appropriate option that can substitute the underlined segment in the given sentence.
To the general public, William was best known as a crusader <u>for peace and as an admired critic about</u> social, political and ethical subjects.
(a) for peace and as an admired critic by
(b) for peace and as an admired critic on
(c) about peace and as an admired critic about
(d) in peace and as an admired critic about

91. Select the most appropriate meaning of the underlined idiom.
In those days, we did not expect luxuries; we were thankful if we could <u>keep the wolf from the door</u>.
(a) avoid starvation
(b) wallow in poverty
(c) relish food
(d) encourage starvation

92. Select the most appropriate antonym of the given word.
Entire
(a) Ingress (b) Thorough
(c) Incomplete (d) Undivided

93. Select the most appropriate option that can substitute the underlined segment in the given sentence. If no substitution is required, select 'No substitution'.
No matter how <u>hard work you</u>, your boss will not recognise your efforts.
(a) hard you work
(b) work you do hard
(c) hardly you work
(d) No substitution

94. Select the most appropriate option that can substitute the underlined segment in the given sentence.
My cousin works <u>day and night</u> to achieve success in life.
(a) vale of tears (b) around the clock
(c) great dealing (d) a handful

95. Select the word opposite in meaning to the underlined word in the given sentence.
Feeling <u>discouraged</u>, she finally finds the motivation for pursing her goal.
(a) inspired (b) energetic
(c) admired (d) disappointed

Directions (Q. Nos. 96-100) *In the following passage, some words have been deleted. Read the passage carefully and select the most appropriate option to fill in each blank.*

I have a recurring dream. Actually, I have a few: one is about dismembering a body , I'd rather not get into it, but the ....(1)........ pertinent one is about college. It's the end of the semester, and I suddenly ....(2)........ that there is a class I forgot to attend, ever and now I have to sit for the final exam. I wake up panicked, my GPA in peril. How could I have done this? Why do I so ....(3)........ dissatisfy myself? Then I remember I haven't been in college in more than a decade. Someone with ....(4)........ knowledge of my academic career might point out that this nightmare scenario is not that far removed from my actual collegiate experience and that at certain times in my life, it did not take the magic of slumber to find me completely unprepared for a final. And, well, ...(5)........ of what may or may not be true of my personal scholastic rigour, I suspect the schoolstress dream is quite a common one.

96. Select the most appropriate option to fill in blank number 1.
(a) better (b) best
(c) strong (d) more

97. Select the most appropriate option to fill in blank number 2.
(a) realise (b) praise
(c) offer (d) promise

98. Select the most appropriate option to fill in blank number 3.
(a) unpredictability (b) consistently
(c) conflictingly (d) clumsily

99. Select the most appropriate option to fill in blank number 4.
(a) instigate (b) distant
(c) remote (d) bleak

100. Select the most appropriate option to fill in blank number 5.
(a) nevertheless (b) notwithstanding
(c) regardless (d) in as much

उत्तरमाला

1. (c)	2. (c)	3. (b)	4. (c)
5. (a)	6. (b)	7. (d)	8. (c)
9. (b)	10. (c)	11. (c)	12. (c)
13. (d)	14 (a)	15. (a)	16. (c)
17. (b)	18. (c)	19. (d)	20. (d)
21. (c)	22. (d)	23. (b)	24. (a)
25. (a)	26. (b)	27. (b)	28. (a)
29. (b)	30. (b)	31. (a)	32. (d)
33. (c)	34. (b)	35. (a)	36. (d)
37. (c)	38. (b)	39. (c)	40. (b)
41. (c)	42. (c)	43. (b)	44. (c)
45. (c)	46. (d)	47. (c)	48. (c)
49. (d)	50. (d)	51. (a)	52. (c)
53. (c)	54. (b)	55. (d)	56. (a)
57. (a)	58. (c)	59. (a)	60. (b)
61. (a)	62. (c)	63. (c)	64. (a)
65. (a)	66. (b)	67. (c)	68. (d)
69. (c)	70. (c)	71. (d)	72. (a)
73. (c)	74. (b)	75. (c)	76. (a)
77. (a)	78. (a)	79. (a)	80. (a)
81. (c)	82. (c)	83. (d)	84. (c)
85. (a)	86. (c)	87. (c)	88. (a)
89. (b)	90. (b)	91. (a)	92. (c)
93. (a)	94. (b)	95. (a)	96. (d)
97. (a)	98. (b)	99. (c)	100. (c)

व्याख्या

1. *(c)* यहाँ, $B \xrightarrow{+3} E \xrightarrow{+3} H$

$S \xrightarrow{+3} V \xrightarrow{+3} Y$

$K \xrightarrow{+3} N \xrightarrow{+3} Q$

परन्तु, $I \xrightarrow{+3} L \xrightarrow{+2} N$

अत: ILN अन्य सभी से भिन्न है।

2. *(c)* जिस प्रकार 'Magnify' का समानार्थी शब्द 'Expand' होता है। उसी प्रकार 'Curtail' का समानार्थी शब्द 'Restrict' होता है।

3. *(b)* दी गई आकृति शृंखला में बाहरी वृत्त 45° दक्षिणावर्त आगे बढ़ता है तथा चतुर्भुज में प्रत्येक अगली आकृति में एक रेखा की बढ़ोत्तरी हो रही है।

अत: विकल्प (b) की आकृति, आकृति शृंखला को पूरा करेगी।

4. *(c)* शृंखला का क्रम निम्न प्रकार है

$B \xrightarrow{+3} E \xrightarrow{+3} H \xrightarrow{+3} K \xrightarrow{+3} N$

$K \xrightarrow{+3} N \xrightarrow{+3} Q \xrightarrow{+3} T \xrightarrow{+3} W$

$U \xrightarrow{+2} W \xrightarrow{+2} Y \xrightarrow{+2} A \xrightarrow{+2} C$

$Z \xrightarrow{+2} B \xrightarrow{+2} D \xrightarrow{+2} F \xrightarrow{+2} H$

5. *(a)* सही दर्पण प्रतिबिम्ब विकल्प (a) होगा

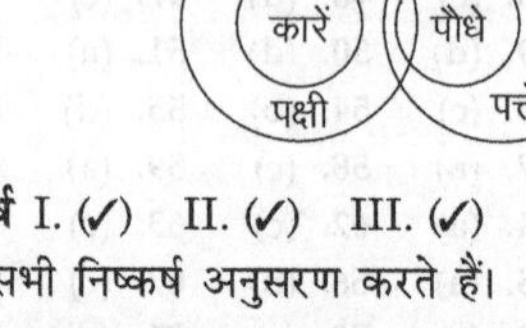

6. *(b)* शृंखला का क्रम निम्न प्रकार है

<u>Z</u>DRG<u>B</u>/ZDRG<u>B</u>/ZD<u>R</u>GB/
Z<u>D</u>RGB ⇒ ZBGRD

7. *(d)* कथनानुसार,

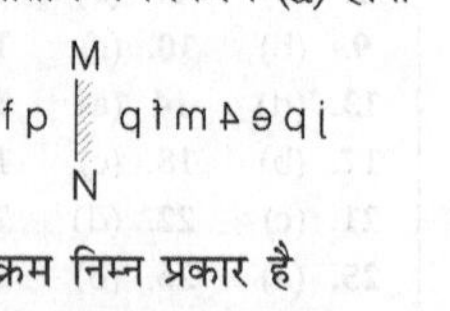

निष्कर्ष I. (✓) II. (✓) III. (✓)

अत: सभी निष्कर्ष अनुसरण करते हैं।

8. *(c)* आकृति के बिन्दुओं का नामकरण करने पर,

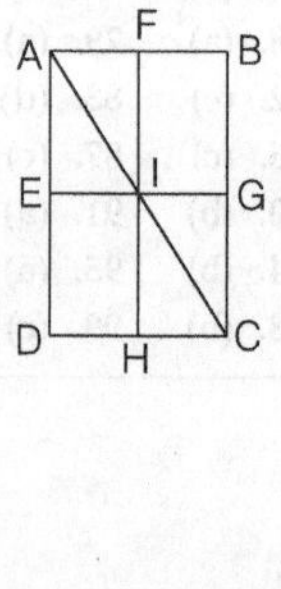

$\Delta AFI, \Delta AIE, \Delta IGC, \Delta ICH, \Delta ACD$

तथा ΔABC = 6 त्रिभुज

अत: आकृति में 6 त्रिभुज हैं।

9. *(b)* शृंखला का क्रम निम्न प्रकार है

96, 77, 60, 47, 36, $\boxed{29}$

(−19, −17, −13, −11, −7)

10. *(c)* जिस प्रकार, 189,21 ⇒ 189 ÷ 9 = 21

तथा 234, 26 ⇒ 234 ÷ 9 = 26

उसी प्रकार, 468, ? ⇒ ? = 468 ÷ 9 = $\boxed{52}$

11. *(c)* शृंखला का क्रम निम्न प्रकार है,

$P \xrightarrow{+3} S \xrightarrow{+3} V \xrightarrow{+3} Y \xrightarrow{+3} \boxed{B}$

$J \xrightarrow{+3} M \xrightarrow{+3} P \xrightarrow{+3} S \xrightarrow{+3} \boxed{V}$

16, 25, 36, 49, $\boxed{64}$

$(4)^2$, $(5)^2$, $(6)^2$, $(7)^2$, $(8)^2$ (+1, +1, +1, +1)

12. *(c)* दी गई आकृति शृंखला निम्न पैटर्न पर आधारित है

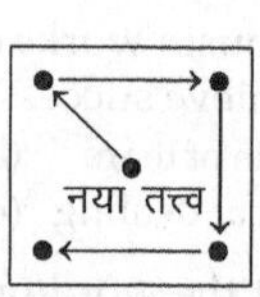

अत: प्रश्नचिह्न के स्थान पर विकल्प (c) की आकृति आएगी।

13. *(d)* प्रश्नानुसार,

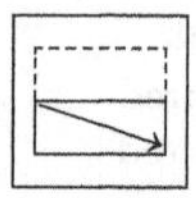

अत: दी गई पारदर्शी शीट को मध्य क्षैतिज रेखा पर मोड़ने पर विकल्प (d) जैसा दिखाई देगा।

14. *(a)* कथनानुसार,

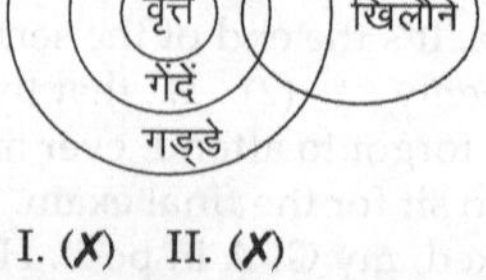

निष्कर्ष I. (✗) II. (✗)

अत: न तो निष्कर्ष I और न ही निष्कर्ष II अनुसरण करता है।

15. *(a)* दिया गया समीकरण

$4 + 9 \times 48 - 6 \div 7 = ?$

प्रश्नानुसार, चिह्नों को आपस में बदलने पर,

$4 \times 9 + 48 \div 6 - 7$

$= 36 + 8 - 7 = \boxed{37}$

16. *(c)* जिस प्रकार,

(20 − 15 − 51)

$\Rightarrow \frac{15}{5} + \frac{51}{3} = 3 + 17 = 20$

$(16 - 45 - 21) \Rightarrow \frac{45}{5} + \frac{21}{3} = 9 + 7 = 116$

(26 − 95 − 21)

$\Rightarrow \frac{95}{5} + \frac{21}{3} = 19 + 7 = 26$

परन्तु, (22 − 67 − 22)

$\Rightarrow \frac{67}{5} + \frac{22}{3} \neq 22$

17. *(b)* जिस प्रकार, (30, 41)

$\Rightarrow (5)^2 + 5 = 25 + 5 = 30$

तथा $(6)^2 + 5 = 36 + 5 = 41$

तथा (14, 21)

$\Rightarrow (3)^2 + 5 = 9 + 5 = 14$

तथा $(4)^2 + 5 = 16 + 5 = 21$

उसी प्रकार, (54, ?)

$(7)^2 + 5 = 49 + 5 = 54$

तथा $? = (8)^2 + 5 = 64 + 5 = \boxed{69}$

18. *(c)* दिए गए पासे की दोनों स्थिति में संख्या 6 उभयनिष्ठ है

स्थिति I → 6 5 3

↕ ↕

स्थिति II → 6 2 1

अत: बची हुई संख्या '8', संख्या 6 वाले फलक के विपरीत फलक पर होगी।

19. *(d)* जिस प्रकार,

(429, 514) ⇒ 429 + 85 = 514

तथा (688, 773) ⇒ 688 + 85 = 773

उसी प्रकार,

(546, 631) ⇒ 546 + 85 = $\boxed{631}$

20. *(d)* दिया गया समीकरण

$101 \div 48 - 13013 \times 13 + 12 = ?$

प्रश्नानुसार, चिह्नों को आपस में बदलने पर,

$101 \times 48 + 13013 \div 13 - 12$

$= 4848 + 1001 - 12$

$= 5849 - 12 = \boxed{5837}$

21. *(c)* प्रश्नानुसार,

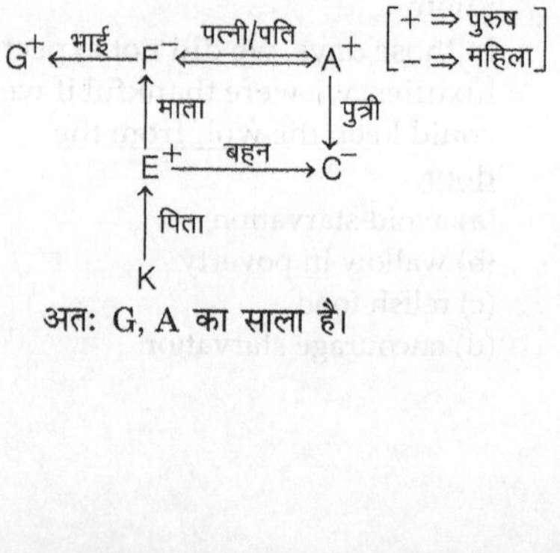

अत: G, A का साला है।

22. *(d)* जिस प्रकार,

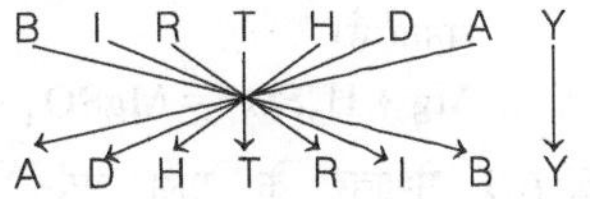

और

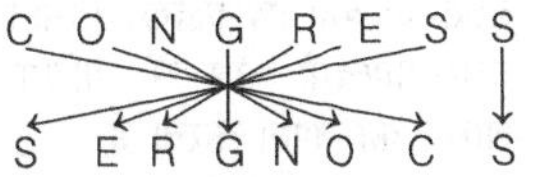

उसी प्रकार,

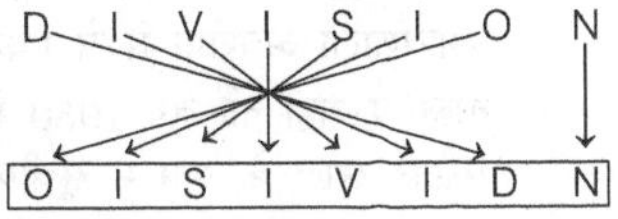

23. *(b)* जिस प्रकार,

F L B S

↓ ↓ ↓ ↓ (वर्णमाला क्रम)

$6 + 12 + 2 + 19 = 39 \times 4 = 156$

और

M X T

↓ ↓ ↓ (वर्णमाला क्रम)

$13 + 24 + 20 = 57 \times 4 = 228$

उसी प्रकार,

V D Z N

↓ ↓ ↓ ↓

$22 + 4 + 26 + 14 = 66 \times 4 = \boxed{264}$

24. *(a)* प्रश्नानुसार,

दिया गया शब्द → CERTAIN

अंग्रेजी वर्णमाला क्रम

में व्यवस्थित करने पर → ACEINRN

अत: शून्य अक्षरों की स्थिति अपरिवर्तित रहेगी।

25. *(a)* कागज को खोलने पर यह विकल्प (a) जैसा दिखाई देगा।

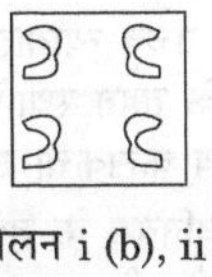

26. *(b)* सही सुमेलन i (b), ii (c), iii (d), iv (a) है।

- व्यापार प्राथमिकताओं की वैश्विक प्रणाली वर्ष 1988 में लागू की गई। यह विश्व व्यापार संगठन (WHO) से सम्बद्ध प्रणाली है। इसका उद्देश्य मुख्य रूप से तरजीही टैरिफ कटौतियों के माध्यम से दक्षिण-दक्षिण व्यापार को बढ़ाना है।
- भारत-खाड़ी सहयोग परिषद् मुक्त व्यापार समझौता वर्ष 2004 में लागू हुआ। वर्ष 2006 में भारत के साथ रियाद में इसका पहला दौर शुरू हुआ।
- भारत-कोरिया गणराज्य व्यापक आर्थिक साझेदारी समझौता वर्ष 2010 में हस्ताक्षरित हुआ। यह समझौता सियोल (दक्षिण कोरिया की राजधानी) में किया गया।
- सातवीं (7वीं) व्यापार नीति की समीक्षा वर्ष 2021 में की गई। इसका उद्देश्य माल और सेवाओं के व्यापार के लिए एक स्थिर, टिकाऊ और पूर्वानुमानित नीतिगत वातावरण प्रदान करना है। इसके तहत डब्ल्यू.टी.ओ. के सभी सदस्यों की व्यापार नीति व प्रथाओं का विश्लेषण किया जाता है।

27. *(b)* **रोहिणी भाटे** एक प्रसिद्ध शास्त्रीय नर्तकी हैं।

- रोहिणी भाटे ने वर्ष 1947 में पुणे में भारती कथक नृत्य अकादमी की स्थापना की।
- इन्हें संगीत नाटक अकादमी पुरस्कार (वर्ष 1979) से सम्मानित किया गया।

28. *(a)* यदि GNP (जीएनपी) पिछले वर्ष की तुलना में 16% अधिक है और मुद्रास्फीति की दर 9% है, तो अर्थव्यवस्था में उत्पादन में **7%** की वृद्धि हुई।

- जीएनपी किसी वित्तीय वर्ष में किसी देश के नागरिकों द्वारा उत्पादित सभी अन्तिम वस्तुओं व सेवाओं का कुल मूल्य है।
- वित्तीय वर्ष 2024 में भारत की जीएनपी 291 ट्रिलियन भारतीय ₹ से अधिक होने का अनुमान है।
- जीएनपी की गणना, जीडीपी में विदेश में नागरिकों द्वारा अर्जित आय को जोड़कर और विदेशी नागरिकों द्वारा अर्जित आय को घटाकर की जाती है।

29. *(b)* भूपेन हजारिका **असम** राज्य के सबसे प्रसिद्ध व्यक्तियों में से एक थे।

- इन्हें वर्ष 1992 में दादासाहब फाल्के पुरस्कार से सम्मानित किया गया।
- ये वर्ष 1998 से वर्ष 2003 तक संगीत नाटक अकादमी के अध्यक्ष भी रहे।
- इन्हें वर्ष 2019 में मरणोपरान्त भारत रत्न से सम्मानित किया गया।

30. *(b)* **स्टार्च,** अण्डे की जर्दी से सुमेलित नहीं है।

- स्टार्च एक स्वादहीन, गन्धहीन, सफेद पाउडर है, जो पौधों में कार्बोहाइड्रेट के रूप में भण्डारित है।
- इसका रासायनिक सूत्र $(C_6H_{10}O_5)_n$ है।
- आलू, जई जैसे खाद्य पदार्थों से स्टार्च प्राप्त होता है।
- माल्टोज गेहूँ, कॉर्नमील और जौ में पाया जाता है।
- फ्रक्टोज अँगूर में पाया जाता है।
- लैक्टोज दूध में पाया जाता है।

31. *(a)* वर्ष 1950 में भारत के चुनाव आयोग की स्थापना की गई थी।

- यह देश में लोकसभा, राज्यसभा, राज्य विधानसभाओं, राष्ट्रपति और उप-राष्ट्रपति के चुनाव का संचालन करता है।
- संविधान के अनुच्छेद 324-329 में भारतीय चुनाव आयोग का वर्णन किया गया है।
- भारतीय चुनाव आयोग में एक मुख्य चुनाव आयुक्त और 2 चुनाव आयुक्त शामिल हैं।
- केन्द्रीय चुनाव आयोग के वर्तमान अध्यक्ष राजीव कुमार हैं।

32. *(d)* भारत की जनगणना 2011 के अनुसार, **दिल्ली** (केन्द्रशासित प्रदेश) में झुग्गियों में रहने वाली आबादी सबसे अधिक है।

- 2011 की जनगणना के अनुसार दिल्ली में झुग्गी झोपड़ियों की आबादी 18 लाख थी।

33. *(c)* **आयकर का भुगतान करना और चुनाव में मतदान करना** भारतीय संविधान में मूल कर्त्तव्य के रूप में शामिल नहीं किया गया है।

संविधान प्रदत्त मौलिक कर्त्तव्य

- राष्ट्रीय ध्वज और राष्ट्रगान का सम्मान।
- स्वतन्त्रता संग्राम सिद्धान्तों का पालन।
- भारत की सम्प्रभुता और अखण्डता की रक्षा।
- मिश्रित संस्कृति को जीवित रखना।
- देश की रक्षा व सेवा करना।
- वन, झील, नदियों और वन्यजीवों। सहित पर्यावरण की रक्षा करना।
- 11वाँ मौलिक कर्त्तव्य 86वें संविधान संशोधन द्वारा वर्ष 2002 में जोड़ा गया। यह 6-14 वर्ष के बच्चों को शिक्षा के अवसर प्रदान करने की बात करता है।

34. *(b)* **शेवरॉय पहाड़ियाँ** पूर्वी घाट में तमिलनाडु राज्य के सेलमनगर के समीप स्थित हैं।

- पूर्वी घाट एक असतत शृंखला है।
- यह ओडिशा, आन्ध्र प्रदेश, तेलंगाना, कर्नाटक और तमिलनाडु से गुजरती है।

35. *(a)* ऑस्ट्रेलिया में उष्णकटिबन्धीय चक्रवातों को **विली-विलीज** के रूप में जाना जाता है।

- उष्णकटिबन्धीय चक्रवात एक मौसमी घटना है; जिसमें निम्न दबाव केन्द्र, तेज हवाएँ और गरज के साथ भारी वर्षा भी शामिल है।
- उष्णकटिबन्धीय चक्रवातों को स्थान और तीव्रता के आधार पर अलग-अलग नामों से जाना जाता है; जैसे— बागुइयों फिलीपींस में, हरिकेन-अमेरिका में।
- प्रशान्त महासागर में आने वाले चक्रवातों को 'टाइफून' कहते हैं।

36. *(d)* प्रभा अत्रे को वर्ष 1990 में पद्मश्री, वर्ष 2002 में पद्म विभूषण और वर्ष 2022 में पद्म विभूषण से सम्मानित किया गया। ये किराना घराने से सम्बन्धित हैं।

- किराना घराने से सम्बन्धित अन्य कलाकार हैं—गंगूबाई हंगल, सुरेशबाबू माने व हीराबाई बरोदेकर।

37. *(c)* आँत्र ज्वर, हैजा, तपेदिक (TB) जैसी बीमारियाँ जीवाणुओं के द्वारा होती हैं।

- जीवाणु जनित बीमारियाँ त्वचा, फेफड़े, मस्तिष्क, रक्त को प्रभावित करती हैं।
- जीवाणु द्वारा अन्य बीमारियाँ— काली खाँसी, गोनोरिया, सिफलिस, प्लेग आदि हैं।

38. *(b)* MPLADS योजना वर्ष 1993 में लागू की गई थी।

- MPLADS एक केन्द्रीय क्षेत्र की योजना है।
- संसद सदस्य स्थानीय क्षेत्र विकास योजना (MPLADS) के तहत विकास हेतु सांसदों को प्रतिवर्ष ₹ 5 करोड़ प्राप्त होते हैं।
- जून, 2016 से MPLAD फण्ड का उपयोग स्वच्छ भारत अभियान, सुगम्य भारत अभियान, सांसद आदर्श ग्राम योजना के कार्यान्वयन में किया जाता है।

39. *(c)* मुगल सम्राट बाबर का उत्तराधिकारी हुमायूँ था।

- बाबर की मृत्यु 1530 ई. में आगरा में हुई।
- बाबर, तैमूर और चंगेज खान का वंशज था।
- बाबर ने 1526 ई. में पानीपत का युद्ध, 1527 ई. में खानवा, 1528 ई. में चन्देरी और 1529 ई. में घग्घर का युद्ध लड़ा।

40. *(b)* प्रधानमन्त्री किसान सम्मान निधि योजना में लाभार्थियों को प्रत्येक वर्ष ₹ 6000 की राशि 3 किश्तों में स्थानान्तरित की जाती है।

- इस योजना का प्रारम्भ 1 फरवरी, 2019 को किया गया।
- यह योजना छोटे और सीमान्त किसानों को वित्तीय सहायता देने हेतु शुरू की गई है।
- इस योजना के क्रियान्वयन हेतु कृषि मन्त्रालय नोडल एजेन्सी है।

41. *(c)* शतरंज में सफेद मोहरों की संख्या 16 होती है।

- शतरंज एक दो खिलाड़ियों वाला रणनीतिक खेल है, जो एक वर्गाकार बोर्ड पर 8 × 8 ग्रिड में व्यवस्थित 64 वर्गों के साथ खेला जाता है।
- विश्वनाथन आनन्द, विदित सन्तोषी, आर-प्रज्ञानन्दा प्रसिद्ध भारतीय शतरंज खिलाड़ी हैं।

42. *(c)* कैलोरीमीटर अच्छी तापीय चालकता वाली ताँबे की पतली शीट से बना एक छोटा कण्टेनर है।

- कैलोरीमीटर का उपयोग रासायनिक प्रतिक्रियाओं या भौतिक परिवर्तनों की ऊष्मा मापने हेतु किया जाता है।
- इसका आविष्कार 18वीं सदी के रसायनज्ञ एण्टोनी लवोइसियार और गणितज्ञ पियरे साइमन डे ला प्लास ने मिलकर किया था।

43. *(b)* भारत में प्रो कबड्डी लीग की शुरुआत वर्ष 2014 में की गई।

- इसमें 8 टीमों ने हिस्सा लिया।
- प्रो कबड्डी लीग का 11वाँ सीजन वर्ष 2024 में 18 अक्टूबर से 24 दिसम्बर तक भारत के तीन शहरों में आयोजित होगा।
- प्रो कबड्डी लीग का 11वाँ सीजन हैदराबाद, नोएडा और पुणे में आयोजित किया जाएगा।

44. *(c)* जैन धर्म में **पर्यूषण पर्व** को पर्वों का राजा कहते हैं। इस पर्व का उद्देश्य आत्मा-शुद्धि से है।

- श्वेताम्बर समाज के लोग इसे आठ दिनों तक मनाते हैं, जिसे अष्टान्हिका कहते हैं।

45. *(c)* जब तनु सल्फ्यूरिक अम्ल (H_2SO_4) मैग्नीशियम (Mg) के साथ अभिक्रिया करते हैं, तो H_2 गैस निकलती है।

- इस अभिक्रिया में मैग्नीशियम सल्फेट भी बनता है।

$$Mg + H_2SO_4 = MgSO_4 + H_2$$

46. *(d)* पेशावर के पास मर्दन से बरामद तख्त-ए-बही शिलालेख वर्तमान पाकिस्तान के उत्तर-पश्चिमी क्षेत्र में पार्थियन राजवंश के शासन का वर्णन करता है।

- तख्त-ए-बही शिलालेख गान्धार के सभी शिलालेखों में बौद्ध धर्म के सबसे प्रभावशाली अवशेषों में से एक है।
- तख्त-ए-बही को वर्ष 1980 में विश्व धरोहर स्थल के रूप में सूचीबद्ध किया गया था।

47. *(c)* वुड का घोषणा-पत्र, 1854 मुख्य रूप से शिक्षा से सम्बन्धित था।

- इसे भारत में अंग्रेजी शिक्षा का 'मैग्नाकार्टा' कहा जाता है।
- इस घोषणा-पत्र में प्राथमिक विद्यालयों में स्थानीय भाषाओं को शुरू करने की सलाह दी गई।
- इसके अन्तर्गत कलकत्ता, बॉम्बे और मद्रास के तीन प्रेसीडेन्सी शहरों में विश्वविद्यालयों की स्थापना की सिफारिश की गई।

48. *(c)* वर्ष 2022 में भारतीय महिला मुक्केबाजी खिलाड़ी लवलीना बोरगोहेन को अन्तर्राष्ट्रीय मुक्केबाजी संघ की अध्यक्षा और मतदान के एक सदस्य के रूप में चुना गया।

- अन्तर्राष्ट्रीय मुक्केबाजी संघ की स्थापना वर्ष 1946 में की गई।
- इसका मुख्यालय लुसाने, स्विट्जरलैण्ड में है।

49. *(d)* ब्रिटिश संसद द्वारा 1861 ई. में भारतीय उच्च नयायालय अधिनियम पेश किया गया।

- भारतीय उच्च न्यायालय अधिनियम 1861 के तहत स्थापित प्रथम उच्च न्यायालय कलकत्ता उच्च न्यायालय है।
- इस अधिनियम के तहत भारत में उच्च न्यायालयों की स्थापना की गई थी।
- महारानी विक्टोरिया ने 1862 ई. में लेटर्स पेटेण्ट द्वारा कलकत्ता, मद्रास और बॉम्बे में उच्च न्यायालय बनाए।

50. *(d)* **टाटा आयरन एण्ड स्टील कम्पनी** निजी क्षेत्र की प्रमुख कम्पनी है।

- इसकी स्थापना वर्ष 1907 में हुई।
- यह जमशेदपुर, झारखण्ड में स्थित है।
- इसका मुख्यालय मुम्बई में है।

51. *(a)* माना कम्पनी में कुल कर्मचारी = 100

तथा प्रति कर्मचारी वेतन = ₹ 100

$\therefore$ कम्पनी में सभी कर्मचारियों का कुल वेतन

$= 100 \times 100 =$ ₹ 10000

वृद्धि के बाद कम्पनी में कर्मचारी की संख्या

$= 100 \times \frac{120}{100} = 120$

कमी के बाद प्रति कर्मचारी वेतन

$= 100 \times \frac{82}{100} =$ ₹ 82

अब, कम्पनी के सभी कर्मचारियों का कुल वेतन $= 120 \times 82 =$ ₹ 9840

$\therefore$ अभीष्ट प्रतिशत कमी

$= \frac{(10000 - 9840)}{10000} \times 100 = 1.6\%$

52. *(c)* संख्या = $249k876$

किसी भी संख्या को 6 से विभाज्य होने के लिए उस संख्या को 2 और 3 दोनों से विभाज्य होना चाहिए।

किसी संख्या को 2 से विभाज्य होने के लिए उस संख्या के इकाई स्थान पर सम संख्या होना चाहिए

संख्या = $249k876$, 2 से विभाज्य है।

किसी संख्या को 3 से विभाज्य होने के लिए संख्या के अंकों का योग भी 3 से विभाज्य होना चाहिए।

दिए गए संख्या के अंकों का योग

$= 2 + 4 + 9 + k + 8 + 7 + 6$

$= 36 + k$

$\because \frac{36 + k}{3}$, k का मान 0 रखने पर,

$\frac{36 + 0}{3}$ यह 3 से विभाज्य है

अत: k का न्यूनतम मान = 0

53. *(c)* प्रश्नानुसार,

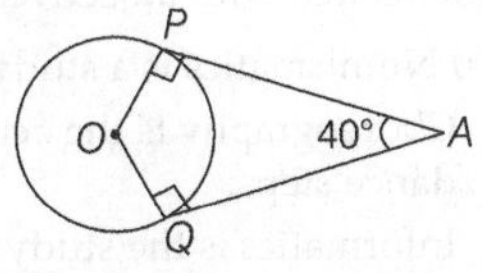

चतुर्भुज $OPAQ$ में,

$\angle POQ + \angle OPA + \angle OQA + \angle PAQ = 360°$

$\Rightarrow \angle POQ + 90° + 90° + 40° = 360°$

$\therefore \quad \angle POQ = 360° - 220° = 140°$

54. *(b)* $x^2 + \frac{1}{x^2} = 83$

$\Rightarrow x^2 + \frac{1}{x^2} - 2 \cdot x \cdot \frac{1}{x} = 83 - 2$

$\Rightarrow \quad \left(x - \frac{1}{x}\right)^2 = 81$

$\Rightarrow \quad x - \frac{1}{x} = 9$

$\therefore x^3 - \frac{1}{x^3} = \left(x - \frac{1}{x}\right)\left(x^2 + \frac{1}{x^2} + x \cdot \frac{1}{x}\right)$

$[a^3 - b^3 = (a - b)(a^2 + b^2 + ab)]$

$= 9 \times (83 + 1)$

$= 9 \times 84 = 756$

55. *(d)* साधारण ब्याज

$= \frac{\text{मूलधन} \times \text{समय} \times \text{दर}}{100}$

प्रश्नानुसार,

$\frac{7200 \times 16 \times 3}{100} = \frac{9600 \times 4 \times x}{100}$

$\Rightarrow \quad 96 \times 4x = 72 \times 16 \times 3$

$\therefore \quad x = \frac{72 \times 16 \times 3}{96 \times 4} = 9\%$

56. *(a)* $\left[\left(\frac{1}{6} \div \frac{1}{9} \times \frac{2}{3}\right) \times 18 + 5\right]$

$= \left[\left(\frac{1}{6} \times \frac{9}{1} \times \frac{2}{3}\right) \times 18 + 5\right]$

$= 1 \times 18 + 5$

$= 18 + 5 = 23$

57. *(a)* वर्ष 2022 में कम्पनी द्वारा निर्मित कारों की औसत संख्या

$= \frac{3551 + 3020 + 2600}{3}$

$= \frac{9171}{3} = 3057$

58. *(c)* $\tan A = 1$

$\tan A = \tan 45°$

$\therefore \quad A = 45°$

$\therefore 4 \sin A \cos A$

$= 4 \times \sin 45° \times \cos 45°$

$= 4 \times \frac{1}{\sqrt{2}} \times \frac{1}{\sqrt{2}} = 2$

59. *(a)* $\sec \theta = \frac{29}{20} = \frac{\text{कर्ण}}{\text{आधार}} = \frac{AC}{BC}$

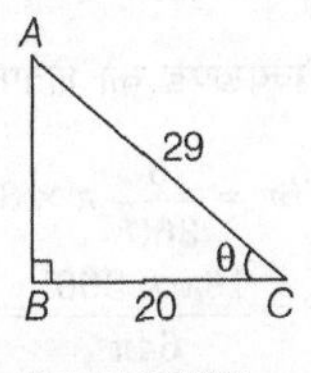

$\therefore \quad AB = \sqrt{AC^2 - BC^2}$

$= \sqrt{(29)^2 - (20)^2} = 21$

$\text{cosec } \theta = \frac{AC}{AB} = \frac{29}{21}$

$\cot \theta = \frac{BC}{AB} = \frac{20}{21}$

$\therefore 3 \text{ cosec } \theta + 3 \cot \theta = 3\left(\frac{29}{21} + \frac{20}{21}\right)$

$= 3 \times \frac{49}{21} = 7$

60. *(b)* माना वस्तु का क्रय मूल्य = ₹ 100

$\therefore$ वस्तु का अंकित मूल्य

$= 100 \times \frac{120}{100} =$ ₹ 120

$\therefore$ वस्तु का विक्रय मूल्य

$= 120 \times \frac{70}{100} =$ ₹ 84

$\therefore$ हानि % $= \frac{(100 - 84)}{100} \times 100$

$= \frac{16}{100} \times 100 = 16\%$

61. *(a)* प्रथम n प्राकृतिक संख्याओं के वर्गों का औसत $= \frac{(n + 1)(2n + 1)}{6}$

यहाँ, $n = 47$

$\therefore$ प्रथम 47 प्राकृतिक संख्याओं के वर्गों का औसत $= \frac{(47 + 1)(2 \times 47 + 1)}{6}$

$= \frac{48 \times 95}{6} = 760$

62. *(c)* $A : B = 6 : 8] \times 7$

$B : C = 7 : 10] \times 8$

$\therefore \quad A : B : C = 42 : 56 : 80$

$= 21 : 28 : 40$

63. *(c)* दुकानदार द्वारा कमाए गए कुल लाभ

$= 20000 \times \frac{10}{100} + 72000 \times \frac{20}{100} + 300 \times \frac{12}{100}$

$= 2000 + 14400 + 36 =$ ₹ 16436

64. *(a)* माना गैर-सोने तथा सोने की सिक्कों की संख्या क्रमश: $4x$ तथा x है।

प्रश्नानुसार, $\frac{x + 20}{4x} = \frac{2}{3}$

$\Rightarrow \quad 3x + 60 = 8x \Rightarrow 5x = 60$

$\therefore \quad x = \frac{60}{5} = 12$

$\therefore$ संग्रह में अब सिक्कों की कुल संख्या

$= (x + 4x) + 20$

$= 5 \times 12 + 20$

$= 60 + 20 = 80$

65. *(a)* कम्पनी C का कुल उत्पादन

$= (8 + 9 + 6) = 23$

कम्पनी A का कुल उत्पादन

$= (9 + 6 + 8) = 23$

$\therefore$ अभीष्ट प्रतिशत $= \frac{23}{23} \times 100 = 100\%$

66. *(b)* चीनी का क्रय मूल्य

$= 44.8 \times \frac{100}{112} = ₹\ 40$

माना, कुल चीनी = 1 किग्रा

शेष चीनी $= 1 - \frac{1}{5} = \frac{4}{5}$ किग्रा

$\frac{4}{5}$ किग्रा चीनी का नया विक्रय मूल्य

$= 40 \times \frac{105}{100} = ₹\ 42$

$\therefore$ 1 किग्रा चीनी नया विक्रय मूल्य

$= 42 \times \frac{5}{4} = ₹\ 52.5$

67. *(c)* कुल उत्पादन = 8600 टन

$\therefore$ चावल का वार्षिक उत्पादन

$= 8600 \times \frac{25}{100} = 2150$ टन

68. *(d)* ΔPQR में,

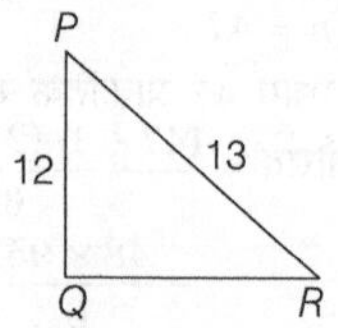

$QR = \sqrt{(13)^2 - (12)^2}$

$= \sqrt{169 - 144} = 5$

$\therefore \Delta PQR$ का क्षेत्रफल $= \frac{1}{2} \times 12 \times 5$

$= 30$ सेमी^{2}

ΔABC में,

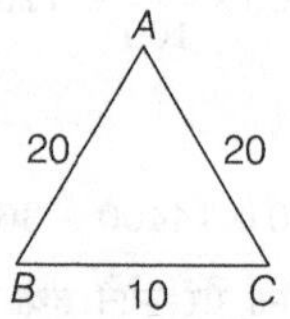

$AB = AC = 20$ सेमी

$BC = 10$ सेमी

$\therefore \Delta ABC$ का क्षेत्रफल $= \frac{b\sqrt{4a^2 - b^2}}{4}$

(यहाँ, a = समान लम्बाई वाले भुजा की लम्बाई तथा b = आधार भुजा की लम्बाई)

$= \frac{10\sqrt{4 \times (20)^2 - (10)^2}}{4}$

$= \frac{10\sqrt{4 \times 400 - 100}}{4}$

$= \frac{10\sqrt{1600 - 100}}{4}$

$= \frac{10 \times 10\sqrt{15}}{4} = 25 \times 3.87 = 96.75$

$\therefore$ अभीष्ट अन्तर $= (96.75 - 30) = 66.75$

69. *(c)* $\cos 24° = \frac{m}{n}$ ...(i)

$\therefore$ $(\text{cosec } 24° - \cos 66°)$

$= \frac{1}{\sin 24°} - \cos(90° - 24°)$

$= \frac{1}{\sin 24°} - \sin 24°$

$= \frac{1 - \sin^2 24°}{\sin 24°}$

$= \frac{\cos^2 24°}{\sqrt{1 - \cos^2 24°}}$

$= \frac{\left(\frac{m}{n}\right)^2}{\sqrt{1 - \left(\frac{m}{n}\right)^2}}$ [समी (i) से]

$= \frac{m^2 \times n}{n^2\sqrt{n^2 - m^2}} = \frac{m^2}{n\sqrt{n^2 - m^2}}$

70. *(c)* माना, P से R की दूरी $= x$ किमी

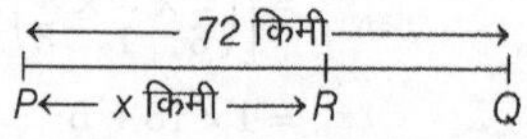

प्रश्नानुसार,

$\frac{x}{8} = \frac{72 + 72 - x}{10}$

$\Rightarrow 10x = 144 \times 8 - 8x$

$\Rightarrow 18x = 144 \times 8$

$\therefore x = \frac{144 \times 8}{18} = 64$ किमी

71. *(d)* $kx - 15y + 7 = 0$ ...(i)

$7x - 21y - 19 = 0$ ...(ii)

यहाँ समीकरणों का कोई हल नहीं है।

$\therefore \frac{a_1}{a_2} = \frac{b_1}{b_2} \neq \frac{c_1}{c_2}$

$\frac{k}{7} = \frac{-15}{-21} \neq \frac{7}{-19}$

$\therefore k = \frac{15 \times 7}{21} = 5$

अत: k का मान = 5

72. *(a)* त्रिज्यखण्ड का क्षेत्रफल $= \frac{\theta}{360} \pi r^2$

$\Rightarrow 16\pi = \frac{\theta}{360°} \pi \times 8 \times 8$

$\therefore \theta = \frac{16\pi \times 360°}{64\pi} = 90°$

73. *(c)* वृत्त की परिधि $= 2\pi r$

प्रश्नानुसार,

चाप की लम्बाई $= \frac{\theta}{180°} \pi r$

$\Rightarrow \frac{2\pi r}{2} = \frac{\theta}{180°} \pi r$

$\therefore \theta = 180°$

74. *(b)* प्रश्नानुसार,

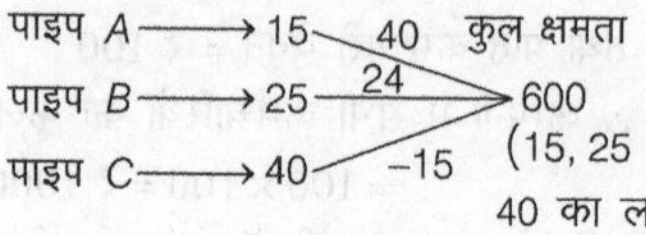

(15, 25 और 40 का ल.स.)

पाइप $(A + B + C)$ द्वारा 1 घण्टे में टंकी का भरा भाग $= (40 + 24 - 15) = 49$

पाइप $(A + B + C)$ द्वारा 5 घण्टे में टंकी का भरा भाग $= 49 \times 5 = 245$

शेष भाग $= (600 - 245) = - 355$

$\therefore$ टंकी का शेष भाग भरने में लगा समय

$= \frac{355}{24 - 15} = \frac{355}{9}$

$= 39\frac{4}{9}$ घण्टा

75. *(c)* बेलनाकार बर्तन के आधार की परिधि $= 2\pi r$

प्रश्नानुसार, $2\pi r = 44$

$\Rightarrow 2 \times \frac{22}{7} \times r = 44$

$\therefore r = 7$ सेमी

$\therefore$ बेलनाकार बर्तन का आयतन $= \pi r^2 h$

$= \frac{22}{7} \times 7 \times 7 \times 25$

$= 3850$ सेमी^{3}

$\therefore$ बेलनाकार बर्तन में जल की मात्रा

$= \frac{3850}{1000} = 3.85$ लीटर

($\because$ 1000 सेमी^{3} = 1 लीटर)

76. *(a)* The underlined part of the sentence contains an error. Replace it with 'the necessities to her family' to make the sentence meaningful.

77. *(a)* Part 'strengthen an intellectual' contains an error. Remove 'an' as it is not needed with adjectives.

78. *(a)* Numismatics is a study of coins.

- Choreography is the act of making dance steps.
- Informatics is the study of how information is represented, processed and communicated in systems, both natural and engineered.
- Cartography is the act of drawing maps.

79. *(a)* The incorrectly spelt word is 'Eficient'. The correct spelling is 'efficient'.

80. *(a)* A Pessimist is a person who is inclined to see the worst aspect of things.

- Philanthropist is a person who seeks to promote the welfare of others, especially by the generous donation of money to good causes.
- Optimist is a person who sees the positive side of things.
- Altruist is one that adheres to or practices altruism: such as a : an unselfish person whose actions show concern for the welfare of others.

81. *(c)* A lecture on personality development will be given by him.

- The sentence is in simple future tense. When such a sentence is transformed into passive voice, the structure followed is Object + will + be + past participle verb.

82. *(c)* The correct order is CBA.

The advertisement thus formed will be 'Silky thick double ice-cream has a unique, fresh taste and texture'.

- Beautifully firm, nice, silky rather than thin and watery, it stays in shape and stands on top of fruits or pastries without soaking in.
- That's why Silky is deliciously different and exceptionally versatile, natural, thick and durable ice-cream.

83. *(d)* A bully is a person who habitually seeks to harm or intimidate those whom they perceive as vulnerable. Hence, its synonym is 'oppressor'.

- **Plough** means a large farming implement with one or more blades fixed in a frame, drawn over soil to turn it over and cut furrows in preparation for the planting of seeds.
- **Oxen** is a bull.
- **Coddle** means to treat (someone) in an indulgent or overprotective way.

84. *(c)* The word 'obliged' is a synonym of 'thankful'.

- **Ungrateful** means not thankful
- **Affirmation** means agreement.
- **Obscure** means not clear.

85. *(a)* The correct filler for the given blank is 'buy'.

86. *(c)* Part 'brought about a new' contains an error. The use of preposition 'about' is not needed in the sentence. Hence, remove 'about' to correct the sentence.

87. *(c)* I am sometimes vexed by his behaviour.

The sentence in active voice is in simple present tense. In passive voice, it would take the past tense structure- Object+ is/are/am+ past participle form of the verb+ Subject.

88. *(a)* The sentence with the spelling error is 'The host institution must provide the delegates with accomodation at a subsidised rate'.

The spelling of 'accomodation' is incorrect. The correct spelling is 'accommodation'.

89. *(b)* 'Labour' means hard work or toil.

- **Mesh** means material made of a network of wire or thread.
- **Dalliance** means a casual romantic or sexual relationship.

90. *(b)* The underlined part of the sentence contains an error. The use of preposition about is incorrect in the sentence. Replace it with 'on' to correct the sentence.

91. *(a)* To keep the wolf from the door means to avoid problems, in the context of the sentence to avoid starvation.

92. *(c)* 'Entire' means complete. Hence, its antonym is 'incomplete'.

- **Ingress** means the action or fact of going in or entering; the capacity or right of entrance.
- **Thorough** means complete.

93. *(a)* The underlined part of the sentence contains an error. The word order is incorrect in the sentence. The correct word order will be 'hard you work'.

94. *(b)* Day and night means throughout the day and around the clock.

95. *(a)* 'Discouraged' means not inspired or motivated. Hence, its antonym is inspired.

96. *(d)* The correct filler for the given blank is 'more'.

97. *(a)* The correct filler for the given blank is 'realise'.

98. *(b)* The correct filler for the given blank is 'consistently'.

99. *(c)* The correct filler for the given blank is 'remote'.

100. *(c)* The correct filler for the given blank is 'regardless'.

सेट 17 17 सितम्बर, 2024 (द्वितीय पाली)

SSC CGL Tier-I
सॉल्वड पेपर

निर्देश

1. इस सेट में कुल 100 प्रश्न हैं।
2. इस सेट में चार भाग हैं, भाग-I सामान्य बुद्धि एवं तर्कशक्ति, भाग-II सामान्य जागरुकता, भाग-III संख्यात्मक अभियोग्यता और भाग-IV अंग्रेजी भाषा।
3. प्रत्येक प्रश्न 2 अंक का है।

भाग I
सामान्य बुद्धि एवं तर्कशक्ति

1. 34 एक निश्चित तर्क का अनुसरण करते हुए 191 से सम्बन्धित है। इसी तर्क का अनुसरण करते हुए 56, 301 से सम्बन्धित है। समान तर्क का अनुसरण करते हुए, 63 निम्नलिखित में से किससे सम्बन्धित है?
(**नोट** संख्याओं को उनके घटक अंकों में विभक्त किए बिना पूर्ण संख्याओं पर संक्रियाएँ की जानी चाहिए। उदाहरण के लिए 13 को लें 13 पर संक्रियाएँ, जैसे कि जोड़ना/घटाना/गुणा करना आदि 13 में की जा सकती हैं। 13 को 1 और 3 में विभक्त करना और फिर 1 और 3 पर गणितीय संक्रियाएँ करने की अनुमति नहीं है।)
(a) 340
(b) 386
(c) 336
(d) 319

2. एक निश्चित कूटभाषा में, 'what you think you become' को 'Fe Mo Su Ta Za' के रूप में लिखा जाता है और 'what you think you achieve' को 'Mo Su Te Fe Za' के रूप में लिखा जाता है। उसी भाषा में 'achieve' को किस प्रकार लिखा जाएगा?
(a) Te (b) Mo
(c) Za (d) Fe

3. विकल्पों में दी गई उस आकृति की पहचान कीजिए जिसे ? के स्थान पर रखने पर शृंखला तर्कसंगत रूप से पूर्ण हो जाएगी।

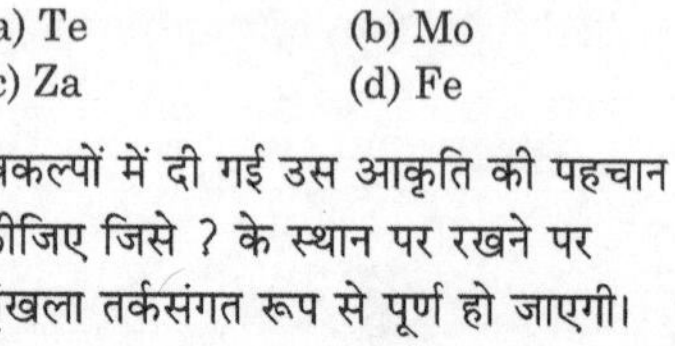

(a) (b) (c) (d)

4. एक निश्चित कूटभाषा में 'TIDE' को '9457' के रूप में कूटबद्ध किया जाता है और 'DENT' को '7593' के रूप में कूटबद्ध किया जाता है। उस भाषा में 'N' के लिए कूट क्या है?
(a) 3 (b) 7 (c) 9 (d) 5

5. इस प्रश्न में, तीन कथन और उसके बाद तीन निष्कर्ष क्रमश: I, II और III दिए गए हैं। कथनों को सत्य मानते हुए, भले ही वे सामान्य रूप में ज्ञात तथ्यों से भिन्न प्रतीत होते हों, तय कीजिए कि कौन-सा/से निष्कर्ष कथनों का तार्किक रूप से अनुसरण करता/करते है/हैं?
कथन सभी कम्प्यूटर, प्रिण्टर हैं।
कुछ प्रिण्टर, लैपटॉप हैं।
सभी लैपटॉप, मोबाइल हैं।
निष्कर्ष
I. कुछ प्रिण्टर, कम्प्यूटर हैं।
II. कुछ लैपटॉप, प्रिण्टर हैं।
III. कुछ मोबाइल, लैपटॉप हैं।
(a) केवल निष्कर्ष I अनुसरण करता है
(b) केवल निष्कर्ष II और III अनुसरण करते हैं
(c) सभी निष्कर्ष अनुसरण करते हैं
(d) केवल निष्कर्ष III अनुसरण करता है

6. यदि निम्नलिखित समीकरण में '+' और '−' को आपस में बदल दिया जाए और '×' और '÷' को आपस में बदल दिया जाए, तो प्रश्नचिह्न (?) के स्थान पर कौन-सी संख्या आएगी?
$31 \div 3 - 186 \times 6 + 17 = ?$
(a) 107 (b) 96
(c) 103 (d) 118

7. एक निश्चित तर्क के अनुसार 27 का सम्बन्ध 119 से है। उसी तर्क का अनुसरण करते हुए, 33 का सम्बन्ध 143 से है। उसी तर्क का अनुसरण करते हुए, 42 का सम्बन्ध निम्नलिखित में से किससे है?
(**नोट** संख्याओं को उनके घटक अंकों में विभक्त किए बिना पूर्ण संख्याओं पर संक्रियाएँ की जानी चाहिए। उदाहरण के लिए 13 को लें— 13 पर संक्रियाएँ, जैसे कि जोड़ना/घटाना/गुणा करना आदि 13 में की जा सकती हैं। 13 को 1 और 3 में विभक्त करना और फिर 1 और 3 पर गणितीय संक्रियाएँ करने की अनुमति नहीं है।)
(a) 188 (b) 179
(c) 162 (d) 153

8. एक कागज को निम्नानुसार मोड़ा और काटा जाता है। खोलने पर यह कैसा दिखाई देगा?

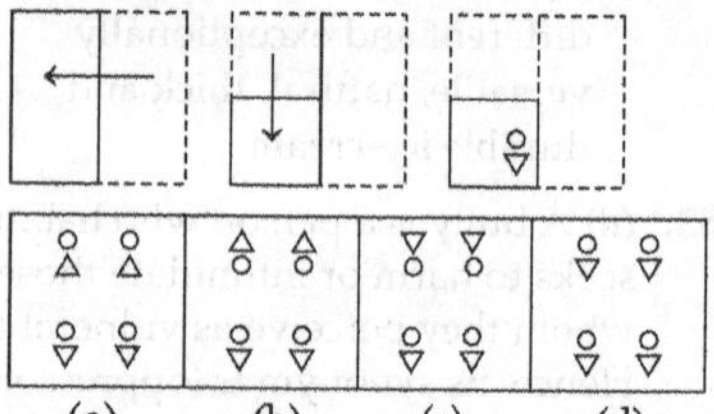

(a) (b) (c) (d)

9. चार अक्षर-समूह दिए गए हैं, जिनमें से तीन किसी-न-किसी रूप में एक जैसे हैं और एक भिन्न है। उस अक्षर-समूह का चयन करें जो भिन्न हो।
(**नोट** अक्षर-समूह में, भिन्न व्यंजनों/स्वरों की संख्या या उनकी स्थिति पर आधारित नहीं है।)
(a) LPN (b) BFD
(c) HLJ (d) GIK

10. अंग्रेजी वर्णमाला-क्रम के आधार पर 'ACKO' एक निश्चित तरीके से 'ZXPL' से सम्बन्धित है। उसी तरह 'HIND' का सम्बन्ध 'SRMW' से है। उसी तर्क के अनुसार 'PUKE' का सम्बन्ध निम्नलिखित में से किससे है?
(a) JGPW
(b) LFQV
(c) JGQW
(d) KFPV

11. उस विकल्प आकृति का चयन करें, जिसमें दी गई आकृति (X) सन्निहित है (घुमाने की अनुमति नहीं है)।

(X)

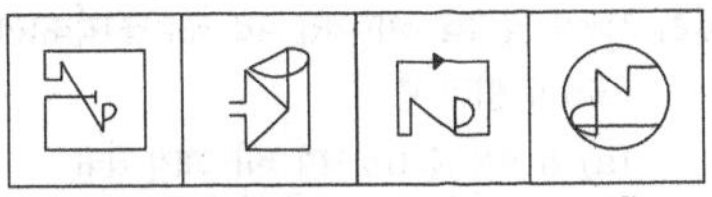

(a) (b) (c) (d)

12. निम्नलिखित आकृति में पैटर्न वाली एक पारदर्शी शीट दी गई है। विकल्पों में से पहचानें कि मध्य क्षैतिज रेखा पर पारदर्शी शीट को मोड़ने पर पैटर्न कैसा दिखाई देगा।

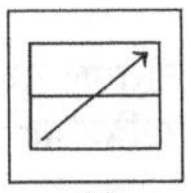

(X)

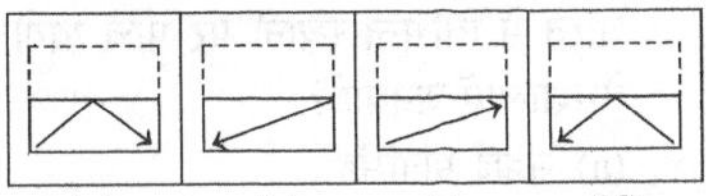

(a) (b) (c) (d)

13. 'शोर' का सम्बन्ध 'मौन' से उसी प्रकार है, जैसे 'प्रकाश का सम्बन्ध' '.........' से है।

(a) दीप्तिमान (b) चमक
(c) गरमाहट (d) अन्धकार

14. उस विकल्प का चयन कीजिए जिसमें संख्याओं के मध्य वही सम्बन्ध है जो नीचे दिए गए युग्म की संख्याओं के मध्य है। (**नोट** संख्याओं को उनके घटक अंकों में विभाजित किए बिना, पूर्ण संख्याओं पर संक्रियाएँ की जानी चाहिए। उदाहरण के लिए 13 को लें—13 पर की जाने वाली संक्रियाएँ, जैसे कि जोड़ना/घटाना/गुणा करना आदि केवल 13 में की जा सकती हैं। 13 को 1 और 3 में तोड़ना और फिर 1 और 3 पर गणितीय संक्रियाएँ करने की अनुमति नहीं है।)

8 : 79
6 : 51

(a) 9 : 96 (b) 7 : 62
(c) 5 : 39 (d) 4 : 32

15. दिए गए विकल्पों में से उस संख्या का चयन कीजिए, जो निम्नलिखित शृंखला में प्रश्नचिह्न (?) को प्रतिस्थापित कर सकती है।

949, 1006, 1066, 1129, 1195, ?

(a) 1233 (b) 1244
(c) 1264 (d) 1254

16. दिए गए संख्या युग्मों में से एक को छोड़कर अन्य सभी में समान संक्रिया/संक्रियाओं का अनुसरण किया गया है। वह असंगत संख्या युग्म ज्ञात कीजिए।
(**नोट** संख्याओं को उसके संघटक अंकों में खण्डित किए बिना संक्रियाएँ पूर्णांकों पर की जानी चाहिए। उदाहरण के लिए 13-13 पर की जाने वाली संक्रियाएँ जैसे जोड़ना/घटाना/गुणा करना इत्यादि 13 पर ही की जानी चाहिए। 13 को 1 और 3 में खण्डित करना और फिर 1 और 3 पर गणितीय संक्रियाएँ करना वर्जित है।)

(a) 40 : 52 (b) 45 : 54
(c) 35 : 42 (d) 55 : 66

17. उस विकल्प आकृति का चयन करें जिसमें दी गई आकृति (X) सन्निहित है (घुमाने की अनुमति नहीं है)।

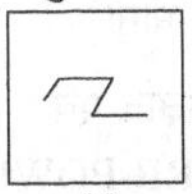

(X)

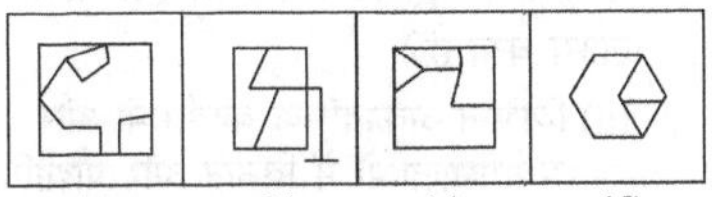

(a) (b) (c) (d)

18. एक निश्चित कूटभाषा में,
'A + B' का अर्थ है 'A, B की माता है';
'A − B' का अर्थ है 'A, B का भाई है';
'A × B' का अर्थ है 'A, B की पत्नी है';
'A ÷ B' का अर्थ है 'A, B का पिता है'।
उपर्युक्त के आधार पर, यदि '5 ÷ 1 × 3 ÷ 4 − 2' है, तो 5, 2 से किस प्रकार सम्बन्धित है?

(a) पिता की माता (b) पिता का पिता
(c) माता की माता (d) माता का पिता

19. यदि '+' और '−' को परस्पर बदल दिया जाए और '×' और '÷' को परस्पर बदल दिया जाए, तो निम्नलिखित समीकरण में प्रश्नचिह्न (?) के स्थान पर कितना मान आएगा?

$63 \times 9 + 21 - 4 \div 5 = ?$

(a) 7 (b) 6
(c) 4 (d) 5

20. उस विकल्प का चयन करें, जो उन अक्षरों को निरूपित करता है जिन्हें नीचे दिए गए रिक्त स्थानों में बाएँ से दाएँ रखे जाने की गई अक्षर शृंखला पूरी जो जाएगी।

M N _ O J K M _ Q O J K _ N Q _ J K M N Q O _ K M N

(a) QNJMO (b) QNMOJ
(c) QNMJO (d) QMNJO

21. शब्द 'LASTING' के प्रत्येक अक्षर को अंग्रेजी वर्णमाला क्रम में व्यवस्थित किया जाता है। इस प्रकार बने नए अक्षर-समूह में बाएँ छोर से दूसरे अक्षर और दाएँ छोर से चौथे अक्षर के बीच अंग्रेजी वर्णमाला शृंखला में कितने अक्षर हैं?

(a) तीन (b) पाँच
(c) छ: (d) चार

22. दी गई आकृति में कितने वर्ग हैं?

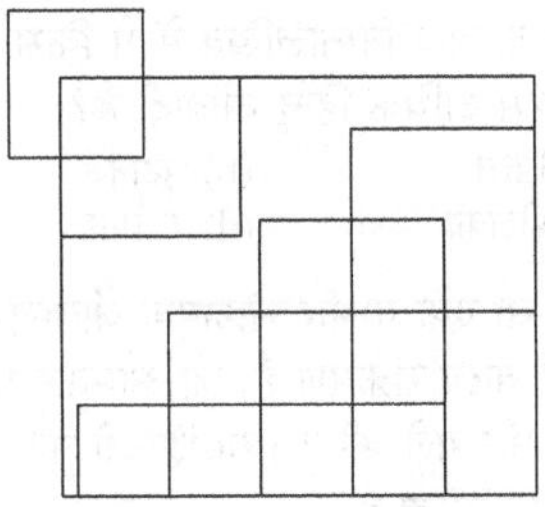

(a) 17 (b) 20
(c) 18 (d) 19

23. निम्नलिखित में से कौन-सा पद दी गई शृंखला में प्रश्न-चिह्न (?) का स्थान लेगा?

EQBY, GPDX, ?, KNHV, MMJU

(a) IOEW (b) IOFW
(c) IPFW (d) HOFW

24. दिए गए विकल्पों में से उस आकृति की पहचान कीजिए, जिसे '?' के स्थान पर रखने पर शृंखला तार्किक रूप से पूर्ण हो जाएगी।

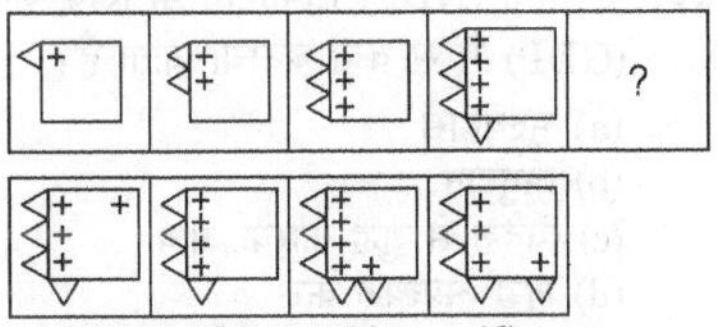

(a) (b) (c) (d)

25. दिए गए कथनों और निष्कर्षों को ध्यानपूर्वक पढ़ें। आपको दिए गए कथनों को सत्य मानना है भले ही वे सामान्य रूप से ज्ञात तथ्यों से भिन्न प्रतीत होते हों। आपको यह तय करना है कि कौन-सा/से निष्कर्ष दिए गए कथनों का तार्किक रूप से अनुसरण करता/करते है/हैं?

कथन
कुछ टेलीफोन, पर्दे हैं।
सभी पर्दे, लैम्प हैं।
कोई भी लैम्प, पुस्तक नहीं हैं।

निष्कर्ष
I. सभी लैम्प, टेलीफोन हैं।

II. कोई भी पुस्तक, लैम्प नहीं हैं।
(a) केवल निष्कर्ष II अनुसरण करता है
(b) निष्कर्ष I और II दोनों अनुसरण करते हैं
(c) केवल निष्कर्ष I अनुसरण करता है।
(d) न तो निष्कर्ष I और न ही II अनुसरण करता है

भाग II

सामान्य जागरुकता

26. भारत के बाद निम्नलिखित में से किस देश में सबसे अधिक हिन्दू आबादी है?
(a) नेपाल (b) भूटान
(c) श्रीलंका (d) म्यांमार

27. कौन-सा एक गम्भीर संक्रामक जीवाणु से फैलने वाला संक्रमण है, जो आमतौर पर नाक और गले की श्लेष्मा झिल्ली को प्रभावित करता है?
(a) मेनिंगोकॉकल (b) डिप्थीरिया
(c) शिगेलॉसिस (d) क्लेमाइडिया

28. निम्नलिखित में से कौन-सा जानवर चोल राजवंश का प्रतीक था?
(a) घोड़ा (b) हाथी
(c) भेड़िया (d) बाघ

29. निम्नलिखित में से कौन-सी प्रायद्वीपीय नदी अरब सागर में गिरती है?
(a) महानदी (b) साबरमती
(c) कृष्णा (d) गोदावरी

30. एनडीपी (NDP) निकालने के लिए जीडीपी (GDP) में से क्या घटाया जाता है?
(a) मूल्यह्रास
(b) अनुदान
(c) विदेश से शुद्ध कारक आय
(d) शुद्ध अप्रत्यक्ष कर

31. हरित क्रान्ति का महत्त्वपूर्ण नकारात्मक पर्यावरणीय प्रभाव क्या था?
(a) मृदा क्षरण
(b) ओजोन परत का क्षरण
(c) वायु प्रदूषण में वृद्धि
(d) वनों की कटाई

32. राज्य के नीति-निदेशक तत्त्वों के निम्नलिखित में से किस अनुच्छेद में ग्राम पंचायतों के संगठन के बारे में उल्लेख है?
(a) अनुच्छेद 40 (b) अनुच्छेद 38
(c) अनुच्छेद 36 (d) अनुच्छेद 42

33. इन्दिरा पी.पी. बोरा को किस भारतीय शास्त्रीय नृत्य में उनके योगदान के लिए वर्ष 2020 में पद्मश्री पुरस्कार से सम्मानित किया गया?
(a) कथक (b) कुचिपुड़ी
(c) सत्रिया (d) भरतनाट्यम

34. भारत के राष्ट्रीय सतत कृषि (NMSA) के बारे में निम्नलिखित में से कौन-सा/से कथन सही है/हैं?
1. कृषि को अधिक उत्पादक बनाना।
2. कृषि को अधिक सतत बनाना।
3. जैविक खेती को बढ़ावा देना।
कूट
(a) 2 और 3
(b) 1 और 2
(c) केवल 1
(d) उपरोक्त सभी

35. निम्नलिखित में से कौन खेलो इण्डिया यूनिवर्सिटी गेम्स 2022 का शुभंकर था?
(a) मोगा (b) जीतू
(c) सावज (d) भीमा

36. 29 अक्टूबर, 2020 को विज्ञान एवं प्रौद्योगिकी मन्त्रालय ने SERB-POWER योजना का शुभारम्भ किया। इस योजना का लक्ष्य क्या है?
(a) विभिन्न अकादमिक कार्यक्रमों और प्रयोगशालाओं में विज्ञान और प्रौद्योगिकी अनुसन्धानार्थ वित्तपोषण में लैंगिक असमानता को न्यूनतम करना
(b) फ्रांस के साथ भारतीय सौर कार्यक्रम को सुदृढ़ करना
(c) विज्ञान एवं प्रौद्योगिकी मन्त्रालय में महिलाओं के लिए आरक्षण की अनुमति देना
(d) संसद और न्यायपालिका में महिला आरक्षण की अनुमति देना

37. वर्ष 2002 में ········· को महाराष्ट्र भूषण प्रदान किया गया था।
(a) पण्डित जसराज
(b) पण्डित रवि शंकर
(c) पण्डित भीमसेन जोशी
(d) पण्डित हरिप्रसाद चौरसिया

38. निम्नलिखित में से कौन ऐसा सरोद वादक है जिसे 'सरोद सम्राट' के नाम से जाना जाता है?
(a) पण्डित रवि शंकर
(b) उस्ताद अमजद अली खान बंगश
(c) पण्डित किशन महाराज
(d) पण्डित शिवकुमार शर्मा

39. निम्नलिखित में से कौन-सी हैलोजन गैस नहीं है?
(a) He (b) Cl
(c) Br (d) F

40. निम्नलिखित में से कौन-सा पोरिफ़ेरा (Porifera) की श्रेणी से सम्बन्धित नहीं है?
(a) साइकॉन (b) स्पोंजिला
(c) यूप्लेक्टेला (d) हाइड्रा

41. ग्लूकोज का रासायनिक सूत्र $C_6H_{12}O_6$ है। ग्लूकोज में कार्बन का भार प्रतिशत कितना होता है?
(a) 72 (b) 40 (c) 25 (d) 53

42. मुख्य चुनाव आयुक्त पद का कार्यकाल कितना होता है?
(a) 5 वर्ष या 65 वर्ष की आयु तक
(b) 5 वर्ष या 60 वर्ष की आयु तक
(c) 6 वर्ष या 65 वर्ष की आयु तक
(d) 6 वर्ष या 60 वर्ष की आयु तक

43. वर्ष 1927 में समता सैनिक दल की स्थापना निम्नलिखित में से किस व्यक्ति के द्वारा की गई थी?
(a) बी.आर. अम्बेडकर (b) नारायण गुरु
(c) महात्मा गाँधी (d) सावित्रीबाई फुले

44. निम्नलिखित में से किस शासक ने उत्तरी भारत में विभिन्न स्थानों पर पाँच खगोलीय वेधशालाएँ बनवाईं?
(a) सवाई मानसिंह
(b) महाराणा प्रताप
(c) सवाई जयसिंह द्वितीय
(d) माधो सिंह

45. फॉलो ऑन (Follow On) निम्नलिखित में से किस क्रिकेट प्रारूप से सम्बन्धित है?
(a) टेस्ट और एकदिवसीय मैच दोनों
(b) केवल टेस्ट मैच
(c) केवल टी-20 मैच
(d) केवल एक दिवसीय मैच

46. नवम्बर, 2022 में भारत सरकार (GOI) के स्वास्थ्य एवं परिवार कल्याण मन्त्रालय ने प्रधानमन्त्री टीबी मुक्त भारत अभियान के तहत शुरू की गई एक पहल, निक्षय मित्र के लिए निम्नलिखित खिलाड़ियों में से किसे ब्राण्ड एम्बेसडर के रूप में नामित किया है?
(a) दीपा मलिक
(b) मैरी कॉम
(c) अभिनव बिन्द्रा
(d) पुल्लेला गोपीचन्द

47. भारत के संविधान के किस अनुच्छेद में कहा गया है कि कानूनी मामलो पर राज्य सरकार को सलाह देना महाधिवक्ता का कर्त्तव्य होगा?
(a) अनुच्छेद 167
(b) अनुच्छेद 166
(c) अनुच्छेद 165
(d) अनुच्छेद 168

48. डिमेकस जो एक यूनानी राजदूत था, मौर्य राजा ········ के शासनकाल के दौरान भारत आया था।
(a) अशोक (b) बिन्दुसार
(c) शतधन्वन (d) चन्द्रगुप्त मौर्य

49. मध्य प्रदेश में निम्नलिखित में से कौन-सा महोत्सव मनाया जाता है?
(a) बिहू (b) खजुराहो नृत्य
(c) जैसलमेर डेजर्ट (d) थाईपुसम

50. महाबलेश्वर में महादेव के प्राचीन मन्दिर में गाय की मूर्ति के मुख से निकलने वाली धारा किस नदी द्रोणी का स्रोत है?
(a) कावेरी (b) गोदावरी
(c) नर्मदा (d) कृष्णा

भाग III
संख्यात्मक अभियोग्यता

51. k के किस मान के लिए समीकरण निकाय $4x + 12y + 36 = 0$ और $5x + ky + 45 = 0$ में अनन्त संख्या में हल हैं?
(a) 15 (b) 22 (c) 20 (d) 25

52. यदि $8a^3 + b^3 + 27c^3 = 18abc$ है, तो a, b और c के बीच सम्बन्ध ज्ञात कीजिए।
(a) $2a + 3c = b$
(b) $b + 3c = -2a$
(c) $2a + b = 3c$
(d) $b + 3c = 2a$

53. एक चुनाव में दो उम्मीदवारों ने चुनाव लड़ा। 80% मतदाताओं ने अपने मत डाले, जिनमें से 5% मत अवैध पाए गए। विजयी उम्मीदवार को 70% वैध मत मिले और वह 36480 मतों से चुनाव जीत गया। मतदाताओं की कुल संख्या की गणना करें।
(a) 115000 (b) 118000
(c) 125000 (d) 120000

54. एक दुकानदार अपने माल पर 40% की छूट देता है। वह 20% की अतिरिक्त छूट भी देता है। इन दो क्रमिक छूटों के बराबर एकल छूट कितनी है?
(a) 50% (b) 60%
(c) 62% (d) 52%

55. दिया गया बार ग्राफ 2019 से 2022 तक विद्युत कारों के वास्तविक उत्पादन और लक्षित उत्पादन को दर्शाता है। दिए गए बार ग्राफ का अध्ययन कीजिए और निम्नलिखित प्रश्न का उत्तर दीजिए।

बार ग्राफ 2019 से 2022 तक विद्युत कारों के वास्तविक उत्पादन और लक्षित उत्पादन को दर्शाता है

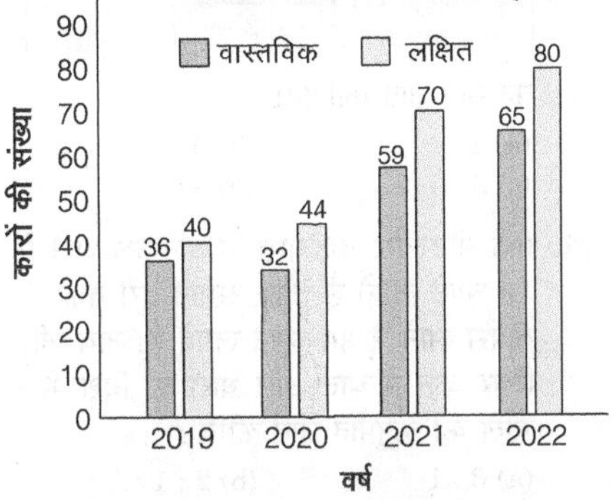

2021 तथा 2022 में कारों के कुल लक्षित उत्पादन और 2019 से 2022 तक कारो के कुल वास्तविक उत्पादन का अनुपात क्या है?
(a) 36 : 25 (b) 32 : 25
(c) 25 : 32 (d) 25 : 36

56. यदि $a^3 + 3a^2 + 3a = 7$ है, तो $a^2 + 2a$ का मान ज्ञात कीजिए।
(a) 3 (b) 1 (c) 2 (d) 4

57. तालिका विभिन्न प्रकार की बाइकों के उत्पादन (हजार में) को दर्शाती है।

बाइक \ वर्ष	2015	2016	2017	2018
A	157	194	271	290
B	138	225	146	206
C	255	227	213	239
D	196	304	162	224

उन वर्षों की संख्या ज्ञात करें, जिनमें C प्रकार की बाइक का उत्पादन, विगत वर्षों में A प्रकार की बाइक के औसत उत्पादन से कम है?
(a) 4 (b) 2
(c) 1 (b) 3

58. 30 छात्रों के एक समूह ने एक टेस्ट दिया। 12 छात्रों का औसत स्कोर 62 है और बाकी छात्रों का औसत स्कोर 76 है। समूह का औसत स्कोर ज्ञात करें।
(a) 69.4 (b) 70.4
(c) 71.4 (d) 68.4

59. समकोण त्रिभुज ABC में, $\angle C = 90°$ है, CM, AB पर लम्ब है। यदि $AB = 18$ सेमी और $BM = 6$ सेमी है, तो CM की लम्बाई ज्ञात कीजिए।
(a) $6\sqrt{2}$ सेमी (b) $4\sqrt{2}$ सेमी
(c) $2\sqrt{2}$ सेमी (d) $7\sqrt{2}$ सेमी

60. M और N क्रमशः 12 सेमी और 8 सेमी त्रिज्या वाले दो वृत्तों के केन्द्र हैं। QR वृत्तों की उभयनिष्ठ स्पर्शरेखा है। यदि $MN = 16$ सेमी है, तो QR की लम्बाई कितनी होगी?
(a) $3\sqrt{19}$ सेमी (b) $4\sqrt{15}$ सेमी
(c) $6\sqrt{8}$ सेमी (d) $5\sqrt{17}$ सेमी

61. AB और CD केन्द्र O वाले एक वृत्त में खींची गई दो समानान्तर जीवाएँ हैं। दोनों जीवाओं के बीच की दूरी 21 सेमी है। यदि AB और CD की लम्बाई क्रमशः 24 सेमी और 18 सेमी है, तो वृत्त की त्रिज्या किसके बराबर है?
(a) 20 सेमी (b) 18 सेमी
(c) 24 सेमी (d) 15 सेमी

62. दो हाथों से गुजरने वाली एक वस्तु को मूल लागत मूल्य के 40% के कुल लाभ पर बेचा जाता है। यदि पहला व्यापारी 30% का लाभ कमाता है, तो दूसरे व्यापारी द्वारा अर्जित लाभ प्रतिशत कितना होगा?
(a) $7\frac{1}{13}\%$ (b) $7\frac{9}{13}\%$
(c) $6\frac{3}{13}\%$ (d) $8\frac{6}{13}\%$

63. यदि $\sin A + \cos A = \frac{1}{2\sqrt{2}}$ है, तो $\sin^4 A + \cos^4 A$ का मान ज्ञात करें।
(a) $\frac{7}{13}$ (b) $\frac{79}{126}$
(c) $\frac{79}{128}$ (d) $\frac{5}{13}$

64. यदि एक बेलन की ऊँचाई और व्यास क्रमशः 12 सेमी और 28 सेमी है, तो कुल पृष्ठीय क्षेत्रफल और वक्र पृष्ठीय क्षेत्रफल का अनुपात ज्ञात कीजिए।
(a) 11 : 6 (b) 13 : 6
(c) 10 : 3 (d) 13 : 5

65. निम्नलिखित तालिका का अध्ययन कीजिए और उसके बाद आने वाले प्रश्न का उत्तर दीजिए। दिए गए वर्षों में विभिन्न मदों में प्रति वर्ष कम्पनी का व्यय (₹ लाखों में)

वर्ष	व्यय की मदें				
	वेतन	ईंधन और परिवहन	बोनस	ऋण पर ब्याज	कर
2010	310	98	3.84	23.4	83
2011	324	112	3.68	32.5	108
2012	338	101	3.00	41.6	74
2013	346	133	2.52	36.4	88
2014	410	142	3.96	49.4	98

दी गई अवधि के दौरान कम्पनी द्वारा भुगतान की गई बोनस की कुल राशि, इस अवधि के दौरान भुगतान की गई वेतन की कुल राशि का लगभग कितने प्रतिशत है? (निकटतम पूर्णांक तक पूर्णांकित।)

(a) 2% (b) 1%
(c) 1.5% (d) 2.5%

66. एक समचतुर्भुज $PQRS$ में O एक आन्तरिक बिन्दु इस प्रकार है कि, $OP = OR$ है। $\angle SOQ$ की अंशीय माप कितनी है?

(a) 180°
(b) 240°
(c) 200°
(d) 120°

67. निम्नलिखित को सरल कीजिए।

$\left(5 - \frac{15}{16}\right) \times 1\frac{12}{13}$

(a) $7\frac{11}{16}$ (b) $5\frac{13}{16}$
(c) $5\frac{11}{16}$ (d) $7\frac{13}{16}$

68. निम्नलिखित तालिका किसी परीक्षा में भौतिकी और रसायन विज्ञान में 100 विद्यार्थियों के वर्गीकरण को उनके अंकों के आधार पर दिखाती है।

विषय	50 में से प्राप्त अंक				
	40 और उससे अधिक	30 और उससे अधिक	20 और उससे अधिक	10 और उससे अधिक	0 और उससे अधिक
भौतिकी	9	32	80	92	100
रसायन विज्ञान	4	21	66	81	100

यदि रसायन विज्ञान में उच्च अध्ययन करने के लिए रसायन विज्ञान में न्यूनतम 40% अंक आवश्यक हैं, तो कितने विद्यार्थी रसायन विज्ञान में उच्च अध्ययन करने के लिए पात्र होंगे?

(a) 45
(b) 25
(c) 66
(d) 21

69. साधारण ब्याज पर प्रतिवर्ष ब्याज की दर कितनी है, जिस पर $1\frac{1}{2}$ वर्षों में ₹ 1040 का मूलधन ₹ 1230 हो जाता है?

(a) $12\frac{7}{39}\%$ (b) $11\frac{7}{39}\%$
(c) $10\frac{7}{39}\%$ (d) $13\frac{7}{39}\%$

70. $\left[\frac{4\cos(90^\circ - \theta)\sin^3(90^\circ + \theta) - 4\sin(90^\circ + \theta)\cos^3(90^\circ - \theta)}{\cos\left(\frac{180^\circ + 8\theta}{2}\right)}\right]$

का मान ज्ञात कीजिए।

(a) 1 (b) 0
(c) 2 (d) –1

71. एक मोटरबोट को धारा के अनुकूल जाने में 18 घण्टे लगते हैं, और समान दूरी तक वापस आने में 36 घण्टे लगते हैं। नाव की, स्थिर जल में चाल और धारा की दिशा में चाल का अनुपात ज्ञात कीजिए।

(a) 3 : 1 (b) 2 : 1
(c) 2 : 3 (d) 3 : 2

72. x का वह न्यूनतम मान ज्ञात करें, जिसके लिए $57x716$, 9 से विभाज्य है।

(a) 9 (b) 0
(c) 8 (d) 1

73. एक कम्पनी में, पुरुषों और महिलाओं का अनुपात क्रमशः 5 : 3 है। जब कम्पनी में 150 अतिरिक्त महिलाओं को नियोजित किया जाता है, तो अनुपात 5 : 4 हो जाता है। कम्पनी में कितने पुरुष कार्यरत हैं?

(a) 750 (b) 550
(c) 950 (d) 850

74. यदि $a = x\cos\theta + y\sin\theta$ और $b = x\sin\theta - y\cos\theta$ है, तो $a^2 + b^2$ का मान कितना होगा?

(a) $x^2 + y^2$
(b) $x^2 - y^2$
(c) $x + y$
(d) $x - y$

75. एक टंकी दो पाइपों द्वारा स्वतन्त्र रूप से 8 मिनट और 10 मिनट में भरी जा सकती है। दोनों पाइपों को एकसाथ कुछ समय के लिए खोला जाता है, लेकिन किसी अवरोध के कारण, पहले पाइप से जल की पूरी मात्रा का केवल 5/8 भाग और दूसरे पाइप से 3/5 भाग प्रवाहित होता है। हालाँकि, अवरोध अचानक निकल जाता है, और उस क्षण से 3 मिनट में टंकी भर जाती है। पूर्ण प्रवाह शुरू होने से पहले कितना समय लगा?

(a) $3\frac{1}{16}$ मिनट
(b) $9\frac{6}{7}$ मिनट
(c) $2\frac{30}{37}$ मिनट
(d) $2\frac{6}{17}$ मिनट

भाग IV
अंग्रेजी भाषा

76. Select the most appropriate meaning of the following idiom.
To bring to light
(a) To engage in conversation
(b) To lighten
(c) To disclose
(d) To disengage

77. Parts of a sentence are given below in jumbled order. Arrange the parts in the correct order to form a meaningful sentence.
A. false news websites
B. spreading propaganda about politics
C. thrive because the advertisements and politicians
D. and social networking sites
E. make a lot of money
(a) AECBD (b) ADCBE
(c) ADECB (d) AEDCB

78. Parts of a sentence are given below in jumbled order. Arrange the parts in the correct order to form a meaningful sentence.
(P) willing to go
(Q) is not
(R) my son
(S) camping
(a) RQPS (b) SPRQ
(c) PQRS (d) QRSP

79. Select the most appropriate homophone to fill in the blank.
The ointment will help to .... the wound.
(a) he'll (b) heel
(c) heal (d) kneel

80. Select the most appropriate antonym of the given word.
Attack
(a) Ambush (b) Defence
(c) Production (d) Engagement

81. Sentences of a paragraph are given below in jumbled order. Arrange the sentences in the correct order to form a meaningful and coherent paragraph.
A. It was as simple as announcing what you have in your store or the services you offer in your premises.

B. Over the years, advertising has evolved into a major industry that goes beyond informing to persuading and influencing.
C. Advertising was initially meant to make people aware of the goods available in the market.
D. It is a form of brainwashing consumers.
(a) BADC (b) ADBC
(c) DABC (d) CABD

82. Select the most appropriate antonym of the underlined word.
We should plan our actions judiciously before going to war.
(a) irreverent (b) irrational
(c) irrelevant (d) irritatingly

83. Select the sentence that has a grammatical error.
(a) It is said that Joseph was not ready to go to war.
(b) Karl Marx was a renowned social scientist.
(c) Indian force are known for their loyalty and integrity.
(d) It is impossible to wake Christine up in the morning.

84. Select the correct meaning of the underlined idiom in the following sentence.
Rina pulled a long face since her husband had not bought her a diamond necklace on their anniversary.
(a) to be euphoric
(b) to be ecstatic
(c) to look saddened
(d) to be electrified

85. Select the correct spelling to fill in the blank.
The thought of eating half-cooked food under compulsion fills me with ....
(a) ripugnance (b) repegnance
(c) repugnance (d) repugnence

86. Select the incorrectly spelt word from the given sentence.
The resturant offers a wide variety of dishes.
(a) variety (b) resturant
(c) dishes (d) offers

87. Select the option that expresses the given sentence in passive voice.
They are building a new hospital in the city.
(a) A new hospital was built in the city by them.
(b) A new hospital has been built in the city by them.
(c) A new hospital will be built in the city by them.
(d) A new hospital is being built in the city by them.

88. Select the most appropriate option to substitute the underlined part of the given sentence. If there is no need to substitute it, select 'No substitution'.
As the rulers of the planet, hum like to think that it is the largest creatures that will emerge victorious from the struggle for survival.
(a) No substitution
(b) it is the most large creatures
(c) they are a largest creature
(d) they are the largest creatures

89. Select the most appropriate option to substitute the underlined segment in the given sentence.
Experts acknowledged that some counterfeiting of document techniques are virtually impossible to detect.
(a) fiasco (b) forgery
(c) impromptu (d) frenzy

90. Select the option that expresses the given sentence in passive voice.
They have built a new bridge across the river.
(a) A new bridge has been built across the river by them.
(b) A new bridge by them has been built across the river.
(c) A new bridge has built across the river by them.
(d) The river has been built a new bridge by them.

91. Select the most appropriate antonym of the word in the brackets to fill in the blank.
The chef requires .... vegetables for the salad. [stale]
(a) green (b) fresh
(c) cut (d) leafy

92. Select the most appropriate antonym of the underlined word in the sentence given below.
I refuse to let anything come in the way of my dreams.
(a) repress (b) balk
(c) accord (d) permit

93. The following sentence has been split into four segments. Identify the segment that contains an error.
The principal gave up / the prizes to/ the winners on / Republic Day.
(a) The principal gave up
(b) the winners on
(c) the prizes to
(d) Republic Day

94. Select the option that can be used as a one-word substitute for the underlined group of words in the following sentence.
Almost immediately, they heard the high shrill piercing cry of tires on the side road.
(a) beseech (b) creche
(c) screech (d) bleach

95. Select the most appropriate antonym of the given word.
Synthetic
(a) Artificial (b) Imitation
(c) Processed (d) Natural

Directions (Q. Nos. 96-100) *In the following passage, some words have been deleted. Read the passage carefully and select the most appropriate option to fill in each blank.*

The adverse ....(1)....... of climate change and environmental degradation are increasingly driving human mobility the world over, particularly in countries with high exposure and low ....(2)....... capacity. While most climate-related mobility currently occurs within countries, desperation and deteriorating environments can also compel people to seek a livelihood elsewhere through ....(3)....... migration. While climate change negatively impacts everyone, everywhere, those already in vulnerable situations due to geography, poverty, gender, age, disability, origin or other status, including migrant women who ....(4).......climate-sensitive livelihoods and children who are less able to survive extreme weather events, are at the greatest risk of suffering harm. It is

.......(5)....... to recognise this reality and take meaningful action to protect the human rights of those most affected by climate change, including migrants.

96. Select the most appropriate option to fill in blank number 1.
(a) renounce (b) affects
(c) effects (d) practice

97. Select the most appropriate option to fill in blank number 2.
(a) adaptive (b) adoptive
(c) minimum (d) affective

98. Select the most appropriate option to fill in blank number 3.
(a) regard (b) fast
(c) fixate (d) irregular

99. Select the most appropriate option to fill in blank number 4.
(a) depend from (b) depend at
(c) depend on (d) depend in

100. Select the most appropriate option to fill in blank number 5.
(a) optional (b) secondary
(c) resistant (d) imperative

उत्तरमाला

1. (c)	2. (a)	3. (c)	4. (a)
5. (c)	6. (a)	7. (b)	8. (b)
9. (d)	10. (d)	11. (b)	12. (a)
13. (d)	14 (a)	15. (c)	16. (a)
17. (c)	18. (d)	19. (b)	20. (b)
21. (d)	22. (b)	23. (b)	24. (c)
25. (a)	26. (a)	27. (b)	28. (d)
29. (b)	30. (a)	31. (a)	32. (a)
33. (c)	34. (d)	35. (b)	36. (a)
37. (c)	38. (b)	39. (a)	40. (d)
41. (b)	42. (c)	43. (a)	44. (c)
45. (b)	46. (a)	47. (c)	48. (b)
49. (b)	50. (d)	51. (a)	52. (b)
53. (d)	54. (d)	55. (c)	56. (a)
57. (b)	58. (b)	59. (a)	60. (b)
61. (d)	62. (b)	63. (c)	64. (b)
65. (b)	66. (a)	67. (d)	68. (c)
69. (a)	70. (d)	71. (a)	72. (d)
73. (a)	74. (a)	75. (d)	76. (c)
77. (b)	78. (a)	79. (c)	80. (b)
81. (d)	82. (c)	83. (c)	84. (c)
85. (c)	86. (b)	87. (d)	88. (d)
89. (b)	90. (a)	91. (b)	92. (d)
93. (a)	94. (c)	95. (d)	96. (c)
97. (a)	98. (d)	99. (c)	100. (d)

व्याख्या

1. ***(c)*** जिस प्रकार,

$34 \rightarrow 34 \times 5 + 21 = 170 + 21 = 191$

तथा

$56 \rightarrow 56 \times 5 + 21 = 280 + 21 = 301$

उसी प्रकार,

$63 \rightarrow 63 \times 5 + 21 = 315 + 21 = \boxed{336}$

2. ***(a)*** प्रश्नानुसार,

[what you think you] become → [Fe Mo Su] Ta [Za]

[what you think you] achieve → [Mo Su] Te [Fe Za]

अत: achieve का कूट = Te

3. ***(c)*** दी गई आकृति श्रृंखला में प्रत्येक अगली आकृति में अक्षर 'A' वाली रेखा 45° दक्षिणावर्त दिशा में स्थानान्तरित हो रही है तथा एक नया अक्षर भी जुड़ते जा रहा है। इस प्रकार अगली आकृति में पाँच अक्षर होंगे जो विकल्प (c) की आकृति में है।

4. ***(a)*** प्रश्नानुसार,

[T] I [D E] → [9] 4 [5 7]

[D E] N [T] → [7 5] [9] 3

अत: N का कूट = 3

5. ***(c)*** कथनानुसार,

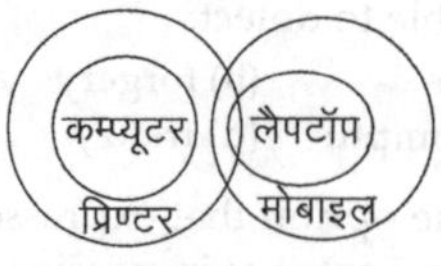

I. (✓) II. (✓) III. (✓)

अत: सभी निष्कर्ष अनुसरण करते हैं।

6. ***(a)*** प्रश्नानुसार,

$+ \Leftrightarrow -$ तथा $\times \Leftrightarrow \div$

मूल व्यंजक $= 31 \div 3 - 186 \times 6 + 17$

चिह्न बदलने पर,

नया व्यंजक $= 31 \times 3 + 186 \div 6 - 17$

$= 31 \times 3 + 31 - 17$

$= 93 + 31 - 17$

$= 124 - 17 = \boxed{107}$

7. ***(b)*** जिस प्रकार,

$27 \rightarrow 27 \times 4 + 11 = 108 + 11 = 119$

तथा

$33 \rightarrow 33 \times 4 + 11 = 132 + 11 = 143$

उसी प्रकार,

$42 \rightarrow 42 \times 4 + 11 = 168 + 11 = \boxed{179}$

8. ***(b)*** प्रश्नानुसार, कागज को मोड़ने, काटने तथा खोलने के पश्चात् यह विकल्प (b) की आकृति जैसा दिखाई देगा।

9. ***(d)*** जिस प्रकार, $L \xrightarrow{+4} P \xrightarrow{-2} N$

$B \xrightarrow{+4} F \xrightarrow{-2} D$

तथा $H \xrightarrow{+4} L \xrightarrow{-2} J$

परन्तु, $G \xrightarrow{+2} I \xrightarrow{+2} K$

10. ***(d)*** जिस प्रकार,

A C K O
↕ ↕ ↕ ↕ (विपरीत अक्षर)
Z X P L

तथा

H N D
↕ ↕ ↕ (विपरीत अक्षर)
S M W

उसी प्रकार,

P U K E
↕ ↕ ↕ ↕ (विपरीत अक्षर)
[K F P V]

11. ***(b)*** दी गई आकृति (X) विकल्प आकृति (b) में सन्निहित है।

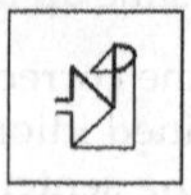

12. ***(a)*** दी गई पारदर्शी शीट को मध्य क्षैतिज रेखा पर मोड़ने से यह विकल्प (a) की आकृति जैसा दिखाई देगा।

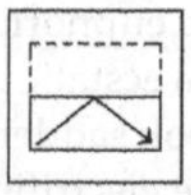

13. ***(d)*** जिस प्रकार, 'शोर' का विपरीतार्थक शब्द 'मौन' है, उसी प्रकार, 'प्रकाश' का विपरीतार्थक शब्द 'अन्धकार' है।

14. ***(a)*** जिस प्रकार, (8 : 79) से,

$8 \rightarrow (8)^2 + 15 = 64 + 15 = 79$

तथा (6 : 51) से,

$6 \rightarrow (6)^2 + 15 = 36 + 15 = 51$

उसी प्रकार, (9 : 96) से,

$(9)^2 + 15 = 81 + 15 = 96$

15. ***(c)*** दी गई संख्या श्रृंखला का क्रम निम्न है

949 → 1006 → 1066 → 1129 → 1195 → [1264]

अन्तर: +57, +60, +63, +66, +69

(+3, +3, +3, +3)

16. ***(a)*** (45 : 54) से

$\frac{45}{5} = 9$ तथा $9 \times 6 = 54$

(35 : 42) से

$\frac{35}{5} = 7$ तथा $7 \times 6 = 42$

(55 : 66) से,

$\frac{55}{5} = 11$ तथा $11 \times 6 = 66$

परन्तु, (40 : 52) से,

$\frac{40}{5} = 8$ तथा $8 \times 6 = 48 \neq 52$

17. ***(c)*** दी गई आकृति (X) विकल्प आकृति (c) में सन्निहित है।

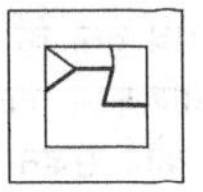

18. ***(d)*** प्रश्नानुसार,

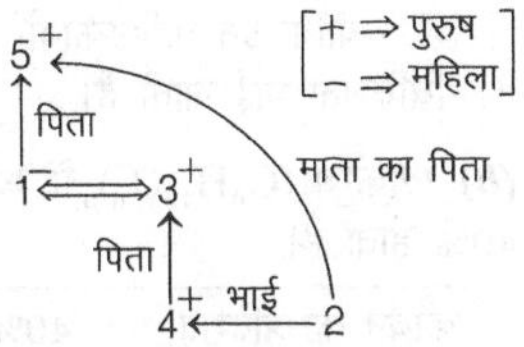

अत: 5, 2 के माता के पिता है।

19. ***(b)*** प्रश्नानुसार,

+ ⇔ – तथा × ⇔ ÷

मूल व्यंजक $= 63 \times 9 + 21 - 4 \div 5$

चिह्न बदलने से,

नया व्यंजक $= 63 \div 9 - 21 + 4 \times 5$

$= 7 - 21 + 4 \times 5$

$= 7 - 21 + 20 = 27 - 21 = 6$

20. ***(b)*** दी गई अक्षर शृंखला का क्रम निम्न है—

MNQOJK / MNQOJK / MNQOJK / MNQOJK / MN

अभीष्ट संयोजन = QNMOJ

21. ***(d)*** मूल शब्द → L A S T I N G

वर्णमाला क्रम में → A G I L N S T

बाएँ से दूसरा अक्षर = G

दाएँ से चौथा अक्षर = L

G तथा L के बीच के अक्षर H, I, J तथा K हैं

∴ अभीष्ट अक्षरों की संख्या = 4

22. ***(b)*** आकृति के बिन्दुओं का नामकरण करने पर,

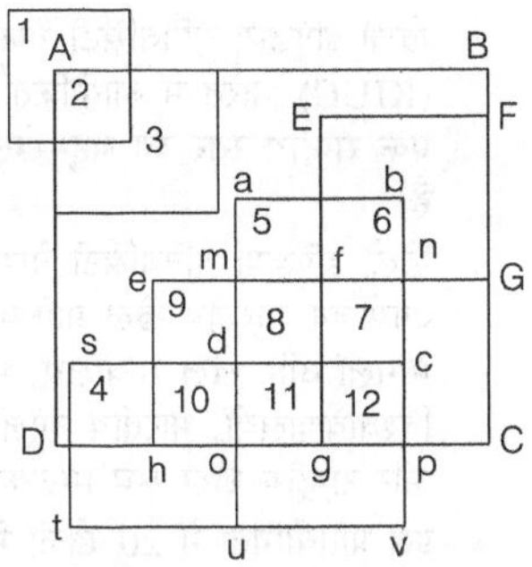

12 नामांकित वर्गों के अतिरिक्त वर्ग हैं □ABCD, □abcd, □mnpo, □efgh, □sdut, □dcvu, □EFGf तथा □GfgC

कुल वर्गों की संख्या = 12 + 8 = 20

23. ***(b)*** दी गई शृंखला का क्रम निम्न हैं

E →(+2) G →(+2) I →(+2) K →(+2) M

Q →(–1) P →(–1) O →(–1) N →(–1) M

B →(+2) D →(+2) F →(+2) H →(+2) J

Y →(–1) X →(–1) W →(–1) V →(–1) U

24. ***(c)*** शृंखला के प्रत्येक अगली आकृति में एक त्रिभुज बाहर तथा एक चिह्न '+' अन्दर वामावर्त दिशा में जुड़ रहा है इस प्रकार शृंखला की अगली आकृति विकल्प (c) की आकृति होगी।

25. ***(a)*** कथनानुसार,

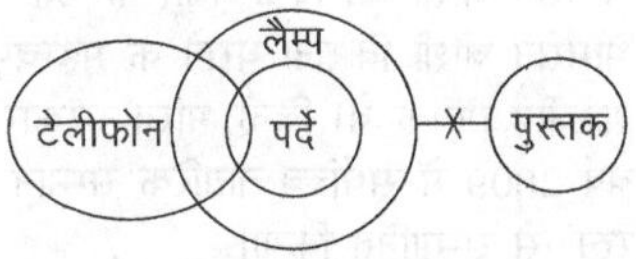

निष्कर्ष

I. (✗) II. (✓)

अत: केवल निष्कर्ष II अनुसरण करता है।

26. ***(a)*** भारत के बाद नेपाल में सर्वाधिक हिन्दू आबादी है। विश्व की कुल जनसंख्या में लगभग 15-16% हिन्दू धर्म के अनुयायी हैं।

- कुल जनसंख्या के प्रतिशत में नेपाल में सर्वाधिक (82%) हिन्दू हैं। उसके बाद भारत (79.89%) तथा मॉरिशस (42.5%) में सर्वाधिक हिन्दू हैं।
- वर्ष 2010 के अनुमान के अनुसार 60 से 70 मिलियन हिन्दू भारत से बाहर रहते हैं।
- गुयाना, फिजी, त्रिनिदाद और टोबैगो तथा सूरीनाम में बड़े पैमाने पर हिन्दू अल्पसंख्यक रहते हैं।

27. ***(b)*** डिफ्थीरिया संक्रामक जीवाणु से फैलने वाला संक्रमण है, जो आमतौर पर नाक और गले की श्लेष्मा झिल्ली को प्रभावित करता है, जो डिफ्थीरिया कॉम्प्लेक्स में कोरिनेबैक्टीरियम प्रजातियों के कारण होता है।

- डिफ्थीरिया आमतौर पर एक श्वसन संक्रमण के रूप में प्रकट होता है, जो केन्द्रीय तन्त्रिका तन्त्र, गले और अन्य अंगों को नुकसान पहुँचाता है।

28. ***(d)*** बाघ चोल राजवंश का प्रतीक था।

- चोल राजवंश के वास्तविक संस्थापक विजयालय थे।
- चोलों ने 8वी शताब्दी में तंजौर साम्राज्य पर कब्जा कर लिया और पल्लवों को हराकर चोल साम्राज्य की स्थापना की।
- तंजौर को चोल साम्राज्य की पहली राजधानी बनाया गया था।
- आदित्य प्रथम विजयालय का उत्तराधिकारी था।

29. ***(b)*** साबरमती नदी अरब सागर में गिरती है। साबरमती नदी भारत की एक प्रमुख नदी है। इस नदी का उद्गम राजस्थान के उदयपुर जिले में अरावली पर्वतमाला से होता है और फिर यह नदी राजस्थान और गुजरात में दक्षिण-पश्चिम दिशा में बहते हुए अरब सागर (खम्भात की खाड़ी) में विलय हो जाती है।

- साबरमती नदी का प्राचीन नाम भोगवा था।
- साबरमती नदी के तट पर अवस्थित प्रमुख शहर अहमदाबाद और गाँधीनगर हैं।

30. ***(a)*** NDP की गणना सकल घरेलू उत्पाद (GDP) से मूल्यह्रास घटाकर की जाती है।

- किसी देश के आर्थिक उत्पादन या परिणामों का अनुमान उसकी NDP से लगाया जाता है।
- यह एक निश्चित अवधि में देश के भीतर तैयार उत्पादों और सेवाओं के कुल मूल्य की गणना करता है।

31. ***(a)*** हरित क्रान्ति का पर्यावरण पर नकारात्मक प्रभाव मिट्टी के क्षरण के रूप में दिखता है।

- हरित क्रान्ति के दौरान शुरू हुई कृषि सब्सिडी व्यवस्था अब सरकार की वित्तीय स्थिति को नुकसान पहुँचा रही है।

- हरित क्रान्ति ने कृषि पारिस्थितिकी को विकृत कर दिया है तथा पर्यावरण क्षरण को बढ़ावा दिया है।
- हरित क्रान्ति में उच्च उत्पादकता वाले बीजों और रासायनिक उर्वरकों के प्रयोग पर बल दिया गया था।
- बार-बार फसल उगाने के पैटर्न और बढ़ती फसल सघनता के कारण मिट्टी की उर्वरता कम हो गई है।
- भारत में हरित क्रान्ति की शुरुआत वर्ष 1967-68 में हुई थी। भारत में हरित क्रान्ति के जनक एमएस स्वामीनाथन को माना जाता है।

32. *(a)* अनुच्छेद 40 में कहा गया है कि राज्य को ग्राम पंचायतों को संगठित करना और उन्हें शक्तियाँ और अधिकार देना चाहिए।
- 73वें संविधान संशोधन अधिनियम 1992 के द्वारा देश के अधिकतर हिस्से में ग्राम, ब्लॉक और जिला स्तर पर त्रिस्तरीय पंचायती राज व्यवस्था की शुरुआत हुई।
- ये सिद्धान्त संविधान के भाग-4 में अनुच्छेद 36 से 51 तक दिए गए हैं।

33. *(c)* इन्दिरा पी.पी. बोरा को वर्ष 2020 में सत्रिया नृत्य में उनके योगदान के लिए पद्मश्री पुरस्कार से सम्मानित किया गया था।
- इन्दिरा पी.पी. बोरा असम की एक प्रसिद्ध सत्रिया नृत्यांगना हैं, इसके अतिरिक्त इन्होंने कुचिपुड़ी और भरतनाट्यम का भी प्रशिक्षण लिया है।
- इन्हें वर्ष 1996 में संगीत नाटक अकादमी पुरस्कार तथा सरकार द्वारा वरिष्ठ फेलोशिप पुरस्कार प्रदान किया गया।
- सत्रिया असम का शास्त्रीय नृत्य है।

34. *(d)* प्रश्न में दिए गए सभी कथन सही हैं। राष्ट्रीय सतत् कृषि मिशन (NMSA) का उद्देश्य खाद्य सुरक्षा को बढ़ावा तथा भूमि, जल, जैव विविधता और आनुवंशिक संसाधनों का संरक्षण करना है।
- राष्ट्रीय सतत कृषि मिशन वर्ष 2014-15 में शुरू किया गया था।
- इसके अन्तर्गत परम्परागत कृषि मिशन योजना (पीकेवीवाई) के तहत मृदा स्वास्थ्य में सुधार के लिए जैविक खेती को बढ़ावा देना शामिल है।

35. *(b)* खेलो इण्डिया यूनिवर्सिटी गेम्स 2022 का शुभंकर 'जीतू' था।
- खेलो इण्डिया यूनिवर्सिटी गेम्स (KIUG) भारत में आयोजित होने वाला एक राष्ट्रीय स्तर का बहु-खेल कार्यक्रम है।
- खेलो इण्डिया यूनिवर्सिटी गेम्स का आयोजन भारतीय खेल प्राधिकरण, युवा मामलों और खेल मन्त्रालय, भारतीय विश्वविद्यालयों, भारतीय ओलम्पिक संघ और राष्ट्रीय खेल संघ मिलकर करते हैं।
- इस प्रतियोगिता में 20 खेलों में पदक हासिल किए जा सकते हैं।
- खेलो इण्डिया यूनिवर्सिटी गेम्स, 2024 का समापन 29 फरवरी को हुआ था।
- 2024 में इसका आयोजन पूर्वोत्तर के 7 राज्यों में किया गया।

36. *(a)* 2020 में प्रौद्योगिक मन्त्रालय ने SERB-POWER कार्यक्रम शुरू किया, जिसका उद्देश्य भारतीय शैक्षणिक संस्थानों और R&D प्रयोगशाला में विभिन्न Science and Technology कार्यक्रमों में विज्ञान और इन्जीनियरिंग अनुसन्धान के वित्तपोषण में लैंगिक असमानता को कम करना है।
- विभिन्न अकादमिक कार्यक्रमों और प्रयोगशालाओं में विज्ञान और प्रौद्योगिकी अनुसन्धानार्थ वित्तपोषण में लैंगिक असमानता को न्यूनतम करना।

37. *(c)* 2002 में महाराष्ट्र भूषण पुरस्कार भीमसेन जोशी को दिया गया। पण्डित भीमसेन जोशी किराना घराने के महत्त्वपूर्ण शास्त्रीय गायक थे। जिन्हें भारत सरकार ने वर्ष 2009 में सर्वोच्च नागरिक सम्मान 'भारत रत्न' से सम्मानित किया।
- इन्हें वर्ष 1998 में संगीत नाटक अकादमी फैलोशिप से सम्मानित किया गया। जो भारत के राष्ट्रीय संगीत नृत्य और नाटक अकादमी द्वारा दिया जाने वाला सर्वोच्च सम्मान है।

38. *(b)* उस्ताद अमजद अली खान बगंश एक प्रसिद्ध सरोद वादक हैं, जिन्हें सरोद सम्राट के नाम से जाना जाता है।
- भारत सरकार ने वर्ष 1991 में कला के क्षेत्र में पद्म भूषण से सम्मानित किया गया था तथा 1975 में पद्मश्री प्रदान किया गया।
- इन्होंने वर्ष 1971 में द्वितीय एशियाई अन्तर्राष्ट्रीय संगीत सम्मेलन में भाग लेकर 'रोस्टम पुरस्कार' प्राप्त किया। इसके अलावा वर्ष 2001 में पद्म विभूषण भी प्रदान किया गया।

39. *(a)* He हैलोजन गैस नहीं है।
- हैलोजन रासायनिक तत्त्वों का एक परिवार है, आवर्त सारणी के समूह 17 में स्थित ये तत्त्व गैर-धात्विक और प्रतिक्रियाशील होते हैं।
- हैलोजन तत्त्व हाइड्रोजन के साथ मिलकर मजबूत अम्लीय यौगिक बनाते हैं।
- प्रमुख हैलोजन-फ्लोरीन (F), क्लोरीन (Cl), ब्रोमीन, (Br), आयोडीन (I), एस्टेटिन (At), टेनेसीन (Ts) हैं।

40. *(d)* हाइड्रा पोरीफोरा की श्रेणी से सम्बन्धित नहीं है। हाइड्रा (Hydra) समूह को सबसे पुराना समूह माना जाता है।
- यह अब तक के सबसे सरल बहुकोशिकीय जानवर हैं। इसके बावजूद इनमें कोई सृजन या अंग नहीं होता है।
- संघ पोरीफेरा का वर्गीकरण उनमें उपस्थित कण्टिकाओं पर आधारित होता हैं, क्योंकि इन कण्टिकाओं में अत्यन्त विविधता पाई जाती है।

41. *(b)* ग्लूकोज ($C_6H_{12}O_6$) में कार्बन का भार 40% होता है।

कार्बन का प्रतिशत	40%
हाइड्रोजन का प्रतिशत	6.67% लगभग
ऑक्सीजन का प्रतिशत	53.290%

- ग्लूकोज में 6 कार्बन परमाणु, 12 हाइड्रोजन परमाणु और 6 ऑक्सीजन परमाणु होते हैं।
- ग्लूकोज को सुक्रोज और स्टार्च से भी तैयार किया जाता है।

42. *(c)* मुख्य निर्वाचन आयुक्त का कार्यकाल 6 वर्ष या 65 वर्ष की आयु जो भी पहले हो तक होता है।
- भारतीय मुख्य चुनाव आयुक्त भारतीय चुनाव आयोग का प्रमुख होता है और भारत में स्वतन्त्र एवं निष्पक्ष चुनाव करवाने के लिए उत्तरदायी होता है।
- मुख्य चुनाव आयुक्त की नियुक्ति भारत का राष्ट्रपति करता है।
- भारत के मुख्य निर्वाचन आयुक्त राजीव कुमार हैं एवं अन्य दो निर्वाचन आयुक्त जानेश कुमार और एस.एस. सिन्धु हैं।
- मुख्य चुनाव आयुक्त को संसद द्वारा महाभियोग आरोपित होने पर राष्ट्रपति द्वारा हटाया जा सकता है।

43. *(a)* समता सैनिक दल की स्थापना 24 सितम्बर, 1924 को डॉ. भीमराव अम्बेडकर द्वारा की गई थी।

- इसका उद्देश्य भारतीय समाज के सभी उत्पीड़ित वर्गों के अधिकारों की सुरक्षा करना था।
- समता सैनिक दल ने भारतीय समाज में सामाजिक सद्भाव का निर्माण करने के लिए एवं शोषित, पीड़ित आदि पिछड़े वर्गों के लिए महत्त्वपूर्ण योगदान दिया।

44. *(c)* महाराजा सवाई जयसिंह द्वितीय ने उत्तरी भारत में पाँच खगोलीय वेधशालाओं का निर्माण नई दिल्ली, उज्जैन, जयपुर, मथुरा एवं वाराणसी में करवाया था।

- इन वेधशालाओं को जन्तर-मन्तर के नाम से जाना जाता है।
- जयपुर का जन्तर-मन्तर सबसे बड़ा है। इसे यूनेस्को द्वारा विश्व धरोहर सूची में शामिल किया गया है।

45. *(b)* फॉलोऑन शब्द का प्रयोग टेस्ट क्रिकेट में होता है।

- क्रिकेट में फॉलोऑन एक ऑप्शनल नियम है। इसका अर्थ है कि अगर कोई टीम पहले बल्लेबाजी करने वाली टीम से कम रन बनाती है, तो उसे दूसरी पारी में बल्लेबाजी करने के लिए मजबूर किया जाता है।
- फॉलो-ऑन लागू करने का फैसला पहले बल्लेबाजी करने वाली टीम का कप्तान करता है।

46. *(a)* दीपा मलिक को टीबी मुक्त अभियान के तहत ब्राण्ड एम्बेसडर के रूप में नियुक्त किया गया है।

- राष्ट्रपति श्रीमती द्रौपदी मुर्मु ने वर्चुअल रूप में प्रधानमन्त्री टीबी मुक्त भारत अभियान लॉन्च किया है।
- विश्व के कुल मरीजों का 25% से अधिक भारत में हैं।
- यह वर्ष 2025 तक टीबी उन्मूलन की दिशा में देश की प्रगति में तेजी लाने के लिए स्वास्थ्य और परिवार कल्याण मन्त्रालय की एक पहल है। वर्ष 2025 तक टीबी को समाप्त करने की भारत की प्रतिबद्धता को पूरा करने की समुदाय की भागीदारी को बढ़ाना इस अभियान का लक्ष्य है।

47. *(c)* महाधिवक्ता का अधिकार और कार्य का वर्णन संविधान के अनुच्छेद 165 के अन्तर्गत किया गया है।

- प्रत्येक राज्य का राज्यपाल एक ऐसे व्यक्ति को राज्य के लिए महाधिवक्ता नियुक्त करेगा, जो उच्च न्यायालय के न्यायाधीश के रूप में नियुक्त होने के लिए योग्य हो।
- यह राज्यपाल के प्रसादपर्यन्त पद धारण करता है।
- राज्य सरकार के कानूनी मामले महाधिवक्ता की सलाह के अनुसार संचालित किए जाते हैं।

48. *(b)* डिमेकस बिन्दुसार के शासनकाल में भारत आया था। बिन्दुसार चन्द्रगुप्त मौर्य का पुत्र था, उन्होंने 297-273 ई.पू. तक शासन किया।

- बिन्दुसार आजीवक धर्म का अनुयायी था।
- चाणक्य कुछ समय तक बिन्दुसार के दरबार में भी मन्त्री थे।
- उन्होंने अशोक को उज्जैन का राज्यपाल नियुक्त किया था।
- बिन्दुसार को अमित्रघात, सिंहसेन और भद्रसार के नाम से भी जाना जाता था।

49. *(b)* खजुराहो नृत्य महोत्सव 20 से 26 फरवरी, 2024 को मध्य प्रदेश के खजुराहो में आयोजित किया गया।

- यह भारतीय शास्त्र नृत्य शैली पर केन्द्रित देश का शीर्षस्थ उत्सव है, जो राष्ट्रीय और अन्तर्राष्ट्रीय स्तर पर प्रसिद्ध है।
- इस समारोह में देश एवं विश्व के प्रतिष्ठित कलाकार अपनी नृत्य प्रस्तुतियाँ देते हैं।

50. *(d)* कृष्णा भारत में बहने वाली एक महत्त्वपूर्ण नदी है। यह पश्चिम घाट के महाबलेश्वर पर्वत से निकलती है।

- इसकी लम्बाई लगभग 1400 किमी है।
- यह दक्षिण-पूर्व राज्य महाराष्ट्र, कर्नाटक, तेलंगाना, आन्ध्र प्रदेश से बहती हुई बंगाल की खाड़ी में गिरती है।
- कृष्णा नदी की प्रमुख सहायक नदी—भीमा, तुंगभद्रा, घाटप्रभा मल्ल प्रभा, मूसी, कोयना, पंचगंगा, दूधगंगा, डिण्डी पेछावगु हैं।

51. *(a)* $4x + 12y + 36 = 0$ ...(i)

$5x + ky + 45 = 0$ ...(ii)

समी (i) और समी (ii) से अनन्त हल के लिए

$\frac{4}{5} = \frac{12}{k} \Rightarrow k = 15$

52. *(b)* $8a^3 + b^3 + 27c^3 = 18abc$

$\Rightarrow (2a)^3 + b^3 + (3c)^3 = 3 \times 2a \times b \times 3c$

$\therefore 2a + b + 3c = 0$

[$\because$ यदि $a + b + c = 0$ तो $a^3 + b^3 + c^3 = 3abc$]

$b + 3c = -2a$

53. *(d)* माना कुल मत $= 100x$

डाले गए मत $= 100x \times \frac{80}{100} = 80x$

वैध मत $= 80x \times \frac{95}{100} = 76x$

$\therefore 76x \times (70\% - 30\%) = 36480$

$\Rightarrow 76x \times \frac{40}{100} = 36480$

$\Rightarrow 100x = \frac{36480 \times 100 \times 100}{76 \times 40}$

$= 120000$

$\therefore$ कुल मत $= 120000$

54. *(d)* कुल एकल छूट

$= \left(40 + 20 - \frac{40 \times 20}{100}\right)\% = 52\%$

55. *(c)* 2021 तथा 2022 में कारों का कुल लक्षित उत्पादन $= 70 + 80 = 150$

2019 तथा 2022 तक कारों का कुल वास्तविक उत्पादन

$= 36 + 32 + 59 + 65 = 192$

$\therefore$ अभीष्ट अनुपात $= 150 : 192 = 25 : 32$

56. *(a)* $a^3 + 3a^2 + 3a = 7$

$\Rightarrow a^3 + 3a^2 + 3a + 1 = 8$

$\Rightarrow (a + 1)^3 = 2^3 \Rightarrow a + 1 = 2$

$a = 1$ रखने पर

बायाँ पक्ष $= 1^3 + 3 \times 1^2 + 3 \times 1$

$= 1 + 3 + 3 = 7 =$ दायाँ पक्ष

$\therefore a^2 + 2a = 1^2 + 2 \times 1 = 1 + 2 = \boxed{3}$

57. *(b)* A प्रकार की कारों का औसत उत्पादन

$= \frac{157 + 194 + 271 + 290}{4}$

$= \frac{912}{4} = 228$

इस प्रकार C प्रकार की कारों का उत्पादन 2 वर्षों (2016, 2017) में, A प्रकार की बाइक के औसत उत्पादन से कम है।

58. *(b)* औसत स्कोर $= \frac{12 \times 62 + 18 \times 76}{30}$

$= \frac{744 + 1368}{30} = \frac{2112}{30} = 70.4$

59. *(a)* $\angle C = 90^\circ$

$CM \perp AB$

$AB = 18$ सेमी

$BM = 6$ सेमी

$\Delta CBA \sim \Delta MBC$

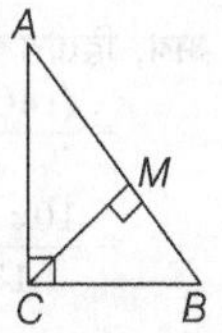

$\Rightarrow \frac{BC}{MB} = \frac{AB}{BC}$

$\Rightarrow BC^2 = 18 \times 6$

$\Rightarrow BC = 6\sqrt{3}$

अब, ΔCMB में,

$$CM^2 = (BC)^2 - (MB)^2$$
$$= (6\sqrt{3})^2 - 6^2$$
$$CM^2 = 108 - 36 = 72$$
$$\Rightarrow CM = \sqrt{72} = 6\sqrt{2} \text{ सेमी}$$

60. *(b)* प्रश्नानुसार, स्पर्श रेखा की लम्बाई

$$(QR) = \sqrt{(MN)^2 - (R_1 - R_2)^2}$$
$$\therefore QR = \sqrt{16^2 - (12-8)^2}$$
$$= \sqrt{256 - 16}$$
$$QR = \sqrt{240} = \sqrt{16 \times 15}$$
$$= 4\sqrt{15} \text{ सेमी}$$

61. *(d)* $AB = 24$ सेमी

$$\therefore AN = \frac{24}{2} = 12 \text{ सेमी}$$

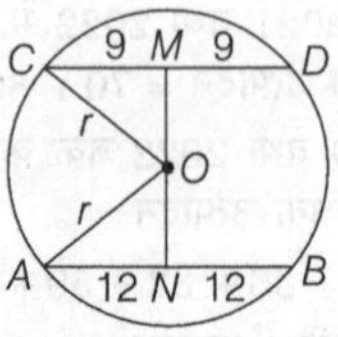

तथा $CD = 18$ सेमी

$$\therefore CM = \frac{18}{2} = 9 \text{ सेमी}$$
$$MN = 21 \text{ सेमी}$$

माना $MO = x$ सेमी

$$\therefore ON = (21 - x) \text{ सेमी}$$

अब, $r^2 = (OM)^2 + (MC)^2$

$$= (ON)^2 + (AN)^2$$
$$\Rightarrow x^2 + 9^2 = (21-x)^2 + (12)^2$$
$$\Rightarrow x^2 + 81 = 441 + x^2 - 42x + 144$$
$$\Rightarrow 42x = 585 - 81 = 504$$
$$\Rightarrow x = 12$$
$$\therefore r^2 = 12^2 + 9^2 = 144 + 81 = 225$$
$$r = 15 \text{ सेमी}$$

62. *(b)* माना वस्तु का लागत मूल्य = ₹ $100x$

∴ प्रथम व्यापारी का विक्रय मूल्य

$$= 100x \times \frac{130}{100} = ₹\ 130x$$

वस्तु का अन्तिम विक्रय मूल्य

$$= ₹\ 100x \times \frac{140}{100} = ₹\ 140x$$

अब, द्वितीय व्यापारी का लाभ

$$= \frac{(140x - 130x)}{130x} \times 100\%$$
$$= \frac{10x \times 100}{130x}\% = \frac{100}{13}\% = 7\frac{9}{13}\%$$

63. *(c)* $\sin A + \cos A = \frac{1}{2\sqrt{2}}$

दोनों पक्षों का वर्ग करने पर,

$$(\sin^2 A + \cos^2 A) + 2\sin A \cos A = \frac{1}{8}$$

$\sin^2 A + \cos^2 A = 1$ रखने पर,

$$1 + 2\sin A \cos A = \frac{1}{8}$$
$$2\sin A \cos A = -\frac{7}{8} \quad \text{...(i)}$$

अब,

$$\sin^4 A + \cos^4 A = (\sin^2 A + \cos^2 A)^2 - 2\sin^2 A \cdot \cos^2 A$$
$$= 1^2 - 2 \times \left(\frac{-7}{16}\right)^2 \quad \text{[समी (i) से]}$$
$$= 1 - \frac{2 \times 49}{16 \times 16} = \frac{128 - 49}{128} = \left(\frac{79}{128}\right)$$

64. *(b)* बेलन का कुल पृष्ठीय क्षेत्रफल : वक्र पृष्ठीय क्षेत्रफल

$$= 2\pi r(r + h) : 2\pi rh$$
$$= (r + h) : h = \left(12 + \frac{28}{2}\right) : 12$$
$$= 26 : 12 = 13 : 6$$

65. *(b)* बोनस की कुल राशि

$$= 3.84 + 3.68 + 3 + 2.52 + 3.96$$
$$= 17 \text{ लाख}$$

वेतन की कुल राशि

$$= 310 + 324 + 338 + 346 + 410$$
$$= 1728 \text{ लाख}$$
$$\therefore \text{अभीष्ट\%} = \frac{17}{1728} \times 100\% = 0.98\%$$
$$\approx 1\%$$

66. *(a)* $OP = OR$

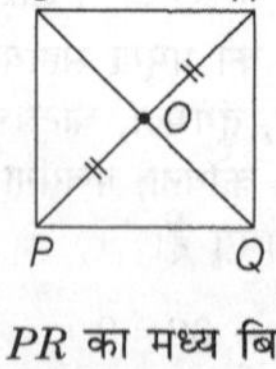

∴ O, PR का मध्य बिन्दु है।

$$\therefore \angle POR = \angle SOQ = 180°$$
$$\Rightarrow \angle SOQ = 180°$$

67. *(d)* $\left(5 - \frac{15}{16}\right) \times 1\frac{12}{13} = \left(\frac{80 - 15}{16}\right) \times \frac{25}{13}$

$$= \frac{65}{16} \times \frac{25}{13} = \frac{125}{16} = 7\frac{13}{16}$$

68. *(c)* उच्च अध्ययन के लिए न्यूनतम अंक

$$= 50 \times \frac{40}{100} = 20$$

∴ 20 और उससे अधिक अंक प्राप्त करने वाले छात्र की संख्या = 66

69. *(a)* प्रश्नानुसार,

$$P = ₹\ 1040,\ A = ₹\ 1230$$
$$\text{SI} = ₹\ (1230 - 1040) = ₹\ 190$$
$$\therefore r = \frac{\text{SI} \times 100}{P \times t} = \frac{190 \times 100}{1040 \times \frac{3}{2}}$$
$$= \frac{190 \times 100 \times 2}{1040 \times 3} = \frac{19 \times 25}{39}$$
$$= \frac{475}{39} = 12\frac{7}{39}\%$$

70. *(d)*

$$\left[\frac{4\cos(90° - \theta)\sin^3(90° + \theta) - 4\sin(90° + \theta) \times \cos^3(90° - \theta)}{\cos\left(\frac{180° + 8\theta}{2}\right)}\right]$$
$$= \frac{4\sin\theta \times \cos^3\theta - 4\cos\theta \times \sin^3\theta}{\cos(90° + 4\theta)}$$
$$= \frac{4\sin\theta \times \cos\theta(\cos^2\theta - \sin^2\theta)}{-\sin 4\theta}$$
$$= \frac{4\sin\theta \times \cos\theta \times \cos 2\theta}{-2\sin 2\theta \times \cos 2\theta}$$
$$= \frac{4\sin\theta \times \cos\theta}{-2 \times 2\sin\theta \times \cos\theta} = -1$$

71. *(a)* माना नाव की चाल = x किमी/घण्टा

धारा की चाल = y किमी/घण्टा

$$\therefore \text{दूरी} = (x + y) \times 18 = (x - y) \times 36$$
$$\Rightarrow x + y = (x - y) \times 2$$
$$\Rightarrow x = 3y \Rightarrow \frac{x}{y} = \frac{3}{1}$$
$$\therefore x : y = 3 : 1$$

72. *(d)* $57x716$

संख्या के अंकों का योग

$$= 5 + 7 + x + 7 + 1 + 6 = (26 + x)$$

कोई भी संख्या 9 से पूर्णत विभाजित होगी यदि उसके अंकों का योग 9 से पूर्णत: विभाजित हो।

∴ $x = 1$ रखने पर अंकों का योग 9 से पूर्णत: विभाजित है।

∴ x का अभीष्ट मान = 1

73. *(a)* माना प्रारम्भ में पुरुष = $5x$

तथा महिला = $3x$

प्रश्नानुसार,

$$\frac{5x}{3x + 150} = \frac{5}{4} \Rightarrow 4x = 3x + 150$$
$$\Rightarrow x = 150$$
$$\therefore \text{पुरुषों की संख्या} = 5x = 5 \times 150$$
$$= 750$$

74. ***(a)*** $a = x\cos\theta + y\sin\theta$ ...(i)

$b = x\sin\theta - y\cos\theta$ ...(ii)

समी (i) तथा समी (ii) का वर्ग करके जोड़ने पर,

$a^2 + b^2 = x^2\cos^2\theta + y^2\sin^2\theta + 2xy\cos\theta\sin\theta + x^2\sin^2\theta + y^2\cos^2\theta - 2xy\sin\theta\cos\theta$

$= x^2(\sin^2\theta + \cos^2\theta) + y^2(\sin^2\theta + \cos^2\theta)$

$= x^2 + y^2$

75. ***(d)*** प्रश्नानुसार, $A \longrightarrow 8$ (5), $B \longrightarrow 10$ (4), 40

अन्तिम 3 मिनट में भरी टंकी $= 3 \times (5 + 4) = 3 \times 9 = 27$

$\therefore$ शेष टंकी $= 40 - 27 = 13$

$\therefore$ अवरोध के दौरान का समय

$= \dfrac{13}{5 \times \frac{5}{8} + 4 \times \frac{3}{5}}$ मिनट

$= \dfrac{13 \times 40}{125 + 96}$ मिनट

$= \dfrac{13 \times 40}{221}$ मिनट

$= \dfrac{40}{17}$ मिनट $= 2\dfrac{6}{17}$ मिनट

76. ***(c)*** To bring to light means to 'disclose'.

77. ***(b)*** The correct order is ADCEB.

- The sentence formed will be-False news websites and social networking sites thrive because the advertisements and politicians spreading propaganda about politics make a lot of money.

78. ***(a)*** The correct order is RQPS.

The sentence formed will be- My son is not willing to go camping.

79. ***(c)*** The correct filler for the given blank is 'heal'.

80. ***(b)*** The antonym of attack is 'defence'.

- **Ambush** is a surprise attack on a target that is either moving or temporarily stopped, carried out from a concealed position.

81. ***(d)*** The first sentence of the paragraph will be C as it introduces the main theme- Advertisement.

- The second sentence will be A which expands the definition.
- The third sentence will be B which states the idea of evolution of advertisement.
- The last sentence will be D which concludes on it. Thus, the correct order is CABD.

82. ***(c)*** Judiciously means rational. Hence, its antonym is 'irrational'.

- **Irreverent** means disrespectful.
- **Irrelevant** means not important.

83. ***(c)*** The grammatically correct sentence is- Indian force are known for their loyalty and integrity.

- As the subject of the sentence is singular- Indian Force. Hence, singular verb 'is' should be used in place of 'are'.

84. ***(c)*** To pull a long face means to look sad.

85. ***(c)*** The correctly spelt word to fill in the blank is 'repugnance' which means intense disgust.

86. ***(b)*** The incorrectly spelt word in the sentence is 'resturant'. The correct spelling is 'restaurant'.

87. ***(d)*** A new hospital is being built in the city by them.

- The sentence is in present continuous tense. When such a sentence is transformed into passive voice, the structure followed is Object + is/are + being + the past participle form of the verb.

88. ***(d)*** The underlined part of the sentence contains an error. The subject of the sentence is 'humans' so, plural pronoun 'they are' should be used.

89. ***(b)*** 'Forgery' is the counterfeiting of document.

- **Fiasco** means a complete failure, especially a ludicrous or humiliating one.
- **Impromptu** means done without being planned, organised or rehearsed.
- **Frenzy** means a state or period of uncontrolled excitement or wild behaviour.

90. ***(a)*** A new bridge has been built across the river by them.

- The sentence is in present perfect tense. When such a sentence is transformed into passive voice, the structure followed is has/have been' + the past participle form of verb.

91. ***(b)*** The antonym of 'stale' is fresh.

92. ***(d)*** The antonym of refuse is to permit or allow.

- Repress means to subdue (someone or something) by force.
- Balk means to hesitate or be unwilling to accept an idea or undertaking.
- Accord means to give or grant someone (power, status or recognition).

93. ***(a)*** Part 'The principal gave up' contains an error.

- The phrasal verb 'gave up' means to refuse ownership. Hence, it should be replaced with 'gave out' which means to distribute.

94. ***(c)*** **A screech** is a high shrill piercing cry.

- **Beseech** means to ask (someone) urgently and fervently to do something; implore; entreat.
- **Creche** refers to a nursery where babies and young children are cared for during the working day.

95. ***(d)*** Synthetic means artificial. Hence, its antonym is natural.

- **Imitation** means a copy.

96. ***(c)*** The correct filler for the given blank is 'effects'.

97. ***(a)*** The correct filler for the given blank is 'adaptive'.

98. ***(d)*** The correct filler for the given blank is 'irregular'.

99. ***(c)*** The correct filler for the given blank is 'depend on'.

100. ***(d)*** The correct filler for the given blank is 'imperative'.

SSC CGL Tier-I
सॉल्वड पेपर

सेट 18 17 सितम्बर, 2024 (तृतीय पाली)

निर्देश
1. इस सेट में कुल 100 प्रश्न हैं।
2. इस सेट में चार भाग हैं, भाग–I सामान्य बुद्धि एवं तर्कशक्ति, भाग–II सामान्य जागरुकता, भाग–III संख्यात्मक अभियोग्यता और भाग–IV अंग्रेजी भाषा।
3. प्रत्येक प्रश्न 2 अंक का है।

भाग I
सामान्य बुद्धि एवं तर्कशक्ति

1. उस समुच्चय का चयन करें, जिसमें दी गई संख्याएँ आपस में उसी प्रकार सम्बन्धित हैं, जिस प्रकार प्रश्न में दिए गए समुच्चय की संख्याएँ आपस में सम्बन्धित हैं।
(**ध्यान दें** संख्याओं को उनके घटक अंकों में तोड़े बिना, पूर्ण संख्याओं पर गणितीय संक्रियाएँ की जानी चाहिए। जैसे, 13 के मामले में 13 पर की जाने वाली विभिन्न गणितीय संक्रियाएँ जैसे जोड़ना/घटाना/गुणा करना आदि केवल 13 के साथ की जा सकती हैं लेकिन 13 को 1 और 3 में तोड़ने और फिर 1 और 3 पर गणितीय संक्रियाएँ करने की अनुमति नहीं है।)
(23, 230, 5)
(17, 272, 8)
(a) (14, 210, 5) (b) (16, 336, 7)
(c) (18, 648, 9) (d) (19, 304, 8)

2. एक निश्चित कूटभाषा में, 'OASIS' को 'RJTBN' लिखा जाता है और 'OBESE' को 'DTFCN' लिखा जाता है। इसी कूटभाषा में 'OCCUR' को किस प्रकार लिखा जाएगा?
(a) VQNDD (b) VQDDN
(c) QVNDD (d) QVDDN

3. यदि '+' और '–' को आपस में बदल दिया जाए और '×' और '÷' को आपस में बदल दिया जाए, तो निम्नलिखित समीकरण में प्रश्नचिह्न (?) के स्थान पर क्या आएगा?
$99 \div 41 + 208 \times 2 - 35 = ?$
(a) 3990 (b) 3890
(c) 3390 (d) 3980

4. उस विकल्प का चयन कीजिए, जिसमें संख्याओं के मध्य वही सम्बन्ध है जो नीचे दिए गए युग्म की संख्याओं के मध्य है।
(**ध्यान दें** संख्याओं को उनके घटक अंकों में विभाजित किए बिना, पूर्ण संख्याओं पर संक्रियाएँ की जानी चाहिए। उदाहरण के लिए 13 को लें-13 पर की जाने वाली संक्रियाएँ जैसे जोड़ना/घटाना/गुणा करना आदि केवल 13 पर की जा सकती हैं। 13 को 1 और 3 में तोड़ना और फिर 1 और 3 पर गणितीय संक्रियाएँ करने की अनुमति नहीं है।)
17 : 67
21 : 79
(a) 42 : 100 (b) 34 : 118
(c) 33 : 110 (d) 23 : 69

5. एक कागज को नीचे दर्शाए अनुसार मोड़ा और काटा जाता है। खोले जाने पर यह कैसा दिखाई देगा?

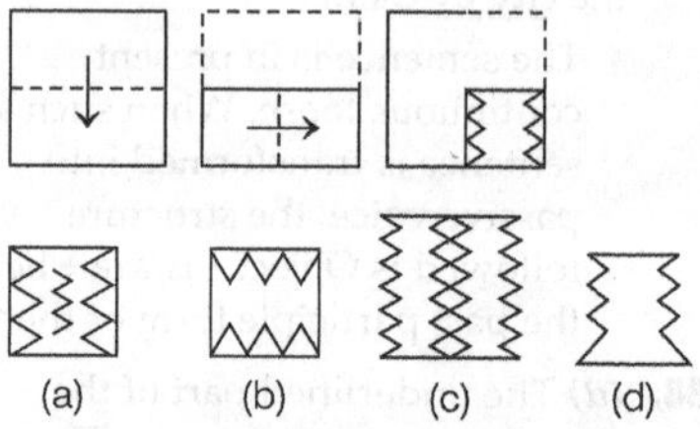

6. एक निश्चित कूटभाषा में 'RUG' को 'EPS' के रूप में और 'SIT' को 'RQG' के रूप में कूटबद्ध किया जाता है। उसी भाषा में 'COP' को किस प्रकार कूटबद्ध किया जाएगा?
(a) NBM (b) MBO
(c) MBM (d) NAM

7. एक निश्चित कूटभाषा में,
'A + B' का अर्थ है 'A, B की माँ है',
'A – B' का अर्थ है 'A, B का भाई है',
'A × B' का अर्थ है 'A, B की बहन है' और
'A ÷ B' का अर्थ है 'A, B की पुत्री है'।
उपरोक्त के आधार पर, यदि 'J + K ÷ L – T × R' है, तो J का L से क्या सम्बन्ध है?
(a) पति की बहन (ननद)
(b) पिता की बहन (बुआ)
(c) बहन
(d) पत्नी

8. उस त्रिक का चयन कीजिए, जिसमें संख्याएँ एक-दूसरे से उसी तरह सम्बन्धित हैं, जैसे दिए गए त्रिकों की संख्याएँ हैं।
(54, 65, 76), (48, 59, 70)
(**ध्यान दें** संख्याओं को उनके घटक अंकों में विभाजित किए बिना, पूर्ण संख्याओं पर संक्रियाएँ की जानी चाहिए। उदाहरण के लिए 13-13 पर संक्रियाएँ जैसे जोड़ना / घटाना/गुणा करना आदि 13 पर किया जा सकता है। 13 को 1 और 3 में तोड़ना और फिर 1 और 3 पर गणितीय संक्रियाएँ करने की अनुमति नहीं है)
(a) (42, 57, 68) (b) (31, 41, 53)
(c) (27, 38, 50) (d) (38, 49, 60)

9. नीचे दिए गए आरेख में चार अलग-अलग आकृतियाँ हैं, जो एक छोटे से गाँव के विभिन्न किसानों को अलग-अलग सम्पत्ति के साथ दर्शाती हैं। वृत्त उन किसानों का प्रतिनिधित्व करता है, जिनके पास 100 गज से अधिक की जमीन है, पंचभुज उन किसानों का प्रतिनिधित्व करता है, जिनके पास गाय हैं, समचतुर्भुज उन किसानों का प्रतिनिधित्व करता है, जिनके पास बकरियाँ हैं और त्रिभुज उन किसानों का प्रतिनिधित्व करता है, जिनके पास ट्रैक्टर हैं।

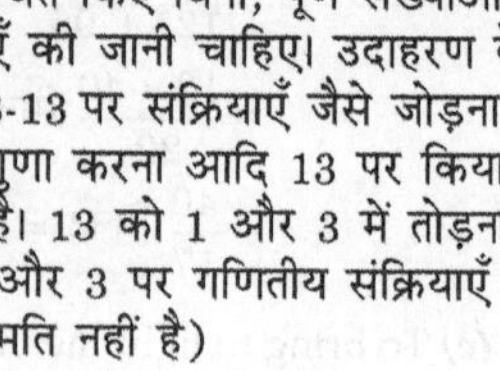

ऐसे कितने किसान हैं, जिनके पास चारों सम्पत्तियाँ हैं?
(a) 16 (b) 30 (c) 14 (d) 21

10. एक पासे के विभिन्न फलकों पर छः शब्द हाथ, पैर, आँख, नाक, मुँह और कान लिखे हुए हैं। नीचे चित्र में इस पासे की तीन स्थितियाँ दिखाई गई हैं। हाथ शब्द के विपरीत फलक पर कौन-सा शब्द है?

(a) पैर (b) नाक
(c) कान (d) मुँह

11. दिए गए विकल्पों में से उस आकृति की पहचान कीजिए जिसे प्रश्नचिह्न (?) के स्थान पर रखने पर शृंखला तार्किक रूप से पूरी हो जाएगी।

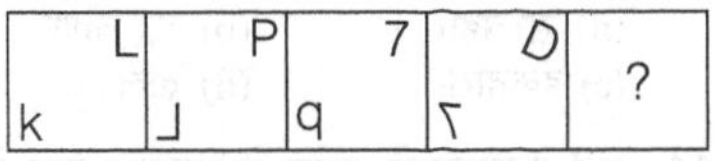

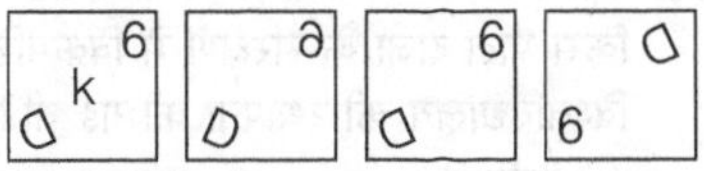

(a) (b) (c) (d)

12. दिए गए विकल्पों में से उस आकृति का चयन कीजिए जो निम्नलिखित शृंखला में प्रश्नचिह्न (?) को प्रतिस्थापित कर सकती है।

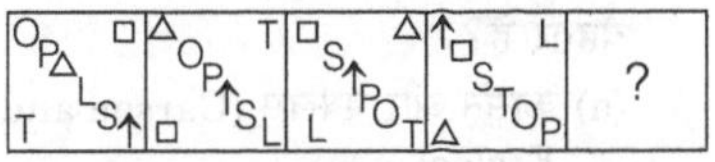

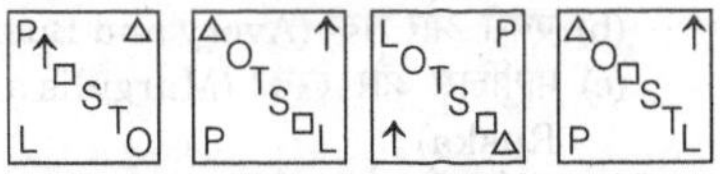

(a) (b) (c) (d)

13. 'विनम्र', 'निडर' से उसी प्रकार सम्बन्धित है, जिस प्रकार 'खर्च करना' ......' से सम्बन्धित है। (शब्दों को सार्थक हिन्दी शब्द माना जाना चाहिए और शब्दों को अक्षरों की संख्या/व्यंजनों/स्वरों की संख्या के आधार पर एक-दूसरे से सम्बन्धित नहीं किया जाना चाहिए।)

(a) संचय करना (b) भुगतान करना
(c) दान करना (d) व्यय करना

14. यदि '+' और '−' को परस्पर बदल दिया जाए और '×' और '÷' को परस्पर बदल दिया जाए, तो निम्नलिखित समीकरण में '?' के स्थान पर कितना मान आएगा?

$6 \div 8 - 91 \times 13 + 30 = ?$

(a) 20 (b) 25
(c) 22 (d) 23

15. जब दर्पण को नीचे दर्शाए गए अनुसार MN पर रखा जाता है तो दी गई आकृति के सही दर्पण प्रतिबिम्ब का चयन कीजिए।

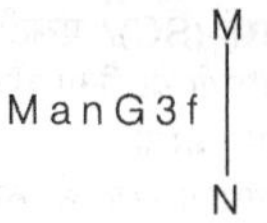

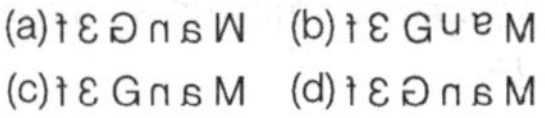

16. दी गई आकृति में कितने त्रिभुज हैं?

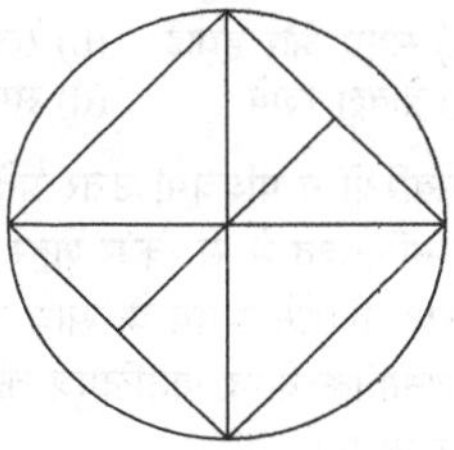

(a) 14 (b) 12
(c) 10 (d) 16

17. दिए गए विकल्पों में से उस संख्या का चयन कीजिए, जो निम्नलिखित शृंखला में प्रश्नचिह्न (?) के स्थान पर आ सकती है।

1225, 1184, 1147, 1116, 1087, ?

(a) 1064 (b) 1072
(c) 1078 (d) 1054

18. शब्द 'MUSICAL' के प्रत्येक अक्षर को अंग्रेजी वर्णमाला क्रम में व्यवस्थित किया जाता है। इस प्रकार बने नए अक्षर-समूह में बाएँ छोर से तीसरे अक्षर और दाएँ छोर से तीसरे अक्षर के बीच अंग्रेजी वर्णमाला शृंखला में कितने अक्षर हैं?

(a) चार (b) दो
(c) तीन (d) पाँच

19. निम्नलिखित में से कौन-सा पद दी गई शृंखला में प्रश्नचिह्न (?) को प्रतिस्थापित करेगा?

JKT, LJR, NIP, ?

(a) PHM (b) OGP
(c) PGO (d) PHN

20. निम्नलिखित चार विकल्पों में से तीन किसी न किसी रूप में समान हैं और इस प्रकार, एक समूह बनाते हैं। कौन-सा विकल्प उस समूह से सम्बन्धित नहीं है? (**ध्यान दें** संख्याओं को उनके घटक अंकों में तोड़े बिना, संक्रियाएँ पूर्ण संख्याओं पर की जानी चाहिए। उदाहरण के लिए 13 को लें-संख्या 13 में की जाने वाली संक्रिया, जैसे कि जोड़ना/घटाना/गुणा करना केवल 13 में किया जा सकता है। 13 को अंक 1 और 3 में तोड़ना और फिर 1 और 3 के साथ गणितीय संक्रियाएँ करने की अनुमति नहीं है।)

(a) 33-15-12 (b) 52-36-56
(c) 118-93-161 (d) 86-41-38

21. दर्पण को MN पर रखे जाने पर दी गई आकृति के सही दर्पण प्रतिबिम्ब का चयन कीजिए।

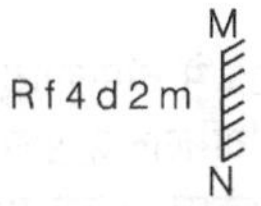

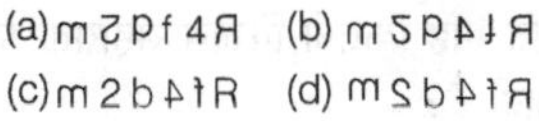

22. उस विकल्प का चयन कीजिए, जो उन अक्षरों को प्रदर्शित करता है जिन्हें नीचे दिए गए रिक्त स्थानों में बाएँ से दाएँ क्रमिक रूप से रखने पर अक्षर शृंखला पूर्ण हो जाएगी।

_ P _ J _ P _ P _ _ P _

(a) J P P J P J P (b) J J P P P P J
(c) J P J P J P J (d) P P J J J J J

23. तीन कथन दिए गए हैं, जिसके बाद तीन निष्कर्ष I, II और III दिए गए हैं। कथनों को सत्य मानते हुए, भले ही वे सामान्य रूप से ज्ञात तथ्यों से भिन्न प्रतीत होते हों, निर्धारित करें कि कौन सा/से निष्कर्ष कथनों का तार्किक रूप से अनुसरण करता/करते है/हैं।

कथन

कुछ वृत्त, आयत हैं।
कुछ आयत, वर्ग हैं।
सभी वर्ग, त्रिभुज हैं।

निष्कर्ष

I. कोई वृत्त, त्रिभुज नहीं है।
II. कुछ आयत, त्रिभुज हैं।
III. सभी आयत, त्रिभुज हैं।

(a) केवल निष्कर्ष II अनुसरण करता है
(b) केवल निष्कर्ष I अनुसरण करता है
(c) केवल निष्कर्ष III अनुसरण करता है
(d) निष्कर्ष I और निष्कर्ष II, दोनों अनुसरण करते हैं

24. चार अक्षर समूह दिए गए हैं, जिनमें से तीन किसी न किसी रूप में एकसमान हैं। उस असमान विकल्प को चुनिए। अक्षर समूह में, असमान विकल्प व्यंजनों/स्वरों की संख्या या उनकी स्थिति पर आधारित नहीं है।

(a) NPRS (b) UVXW
(c) EGIJ (d) KMOP

25. दिए गए विकल्पों में से उस पद का चयन कीजिए, जो निम्नलिखित शृंखला में प्रश्नचिह्न (?) को प्रतिस्थापित कर सकता है।
YL 93, XK 88, WJ 83, VI 78, ?
(a) VG 74 (b) VI 74
(c) UH 72 (d) UH 73

भाग II

सामान्य जागरुकता

26. वर्ष 2023 में तमिलनाडु सरकार द्वारा शुरू की गई 'तमिलनाडु पुधुमई पेन योजना' के तहत सरकारी स्कूलों में पढ़ने वाली छात्राओं को प्रति माह कितनी वित्तीय सहायता प्रदान की जाती है?
(a) ₹ 3000 प्रतिमाह (b) ₹ 500 प्रतिमाह
(c) ₹ 2000 प्रतिमाह (d) ₹ 1000 प्रतिमाह

27. राजीव गाँधी खेल रत्न पुरस्कार का नाम बदलकर मेजर ध्यानचन्द खेल रत्न पुरस्कार कब किया गया था?
(a) 6 अगस्त, 2021 (b) 5 जनवरी, 2022
(c) 5 जनवरी, 2021 (d) 6 अगस्त, 2022

28. कजरी महोत्सव मुख्य रूप से उत्तर प्रदेश के निम्नलिखित में से किस जिले में मनाया जाता है?
(a) गोरखपुर (b) मिर्जापुर
(c) झाँसी (d) कुशीनगर

29. प्रधानमन्त्री फसल बीमा योजना के अन्तर्गत, सभी खरीफ खाद्यान्न और तिलहन फसलों के लिए किसानों द्वारा देय अधिकतम प्रीमियम ········ होगा।
(a) 2% (b) 4% (c) 6% (d) 8%

30. निम्नलिखित में से कौन-सा विकल्प, PPLO (प्ल्यूरो न्यूमोनिया जैसे जीव) के आकार को इंगित करता है?
(a) लगभग 0.1 μm (b) लगभग 30 μm
(c) लगभग 20 μm (d) लगभग 10 μm

31. वर्ष 1976 में भारत में पहला महिला अन्तर्राष्ट्रीय टेस्ट क्रिकेट मैच कहाँ आयोजित किया गया था?
(a) कलकत्ता (b) नई दिल्ली
(c) मुम्बई (d) बैंगलोर

32. वर्ष 1985 में रॉबर्ट एफ कर्ल, हेरोल्ड डब्ल्यू क्रोटो और रिचर्ड ई स्माली ने कार्बन के किस अपररूप की खोज की थी?
(a) लौन्सडेलाइट (b) कार्बोफीन
(c) फुलेरीन (d) ग्राफीन

33. 'स्टैण्ड-अप इण्डिया (Standup India)' पहल का प्राथमिक उद्देश्य क्या है?
(a) देशभर में डिजिटल लेन-देन को बढ़ावा देना
(b) एससी (SC)/ एसटी (ST) और महिला उद्यमियों के लिए बैंक ऋण की सुविधा प्रदान करना
(c) विनिर्माण क्षेत्र को बढ़ावा देना
(d) सभी प्रकार के स्टार्ट-अप को प्रोत्साहित करना

34. भारत का अधिकांश अन्तर्राष्ट्रीय व्यापार किन मार्गों से होता है?
(a) समुद्र और हवाई (b) रेलवे और हवाई
(c) केवल रेलवे (d) समुद्र और रेलवे

35. मौखरियों ने पश्चिमी उत्तर प्रदेश में निम्नलिखित में से किस शहर पर शासन किया, जिसने समय के साथ उत्तर भारत के राजनीतिक केन्द्र पाटलिपुत्र को प्रतिस्थापित कर दिया?
(a) कन्नौज (b) बरेली
(c) आगरा (d) कानपुर

36. भारत की जनगणना 2011 के अनुसार, 'अन्य धर्म और अनुनय (Other Religions and Persuasions (ORP)' की जनसंख्या कितनी है?
(a) 5.9 मिलियन (b) 9.9 मिलियन
(c) 7.9 मिलियन (d) 3.9 मिलियन

37. निम्नलिखित में से कौन उष्णकटिबन्धीय पर्णपाती वनों की प्रजाति है?
(a) महोगनी (b) पाम
(c) सागौन (d) आबनूस

38. निम्नलिखित में से कौन-सी एक ग्रीन हाउस गैस नहीं है?
(a) कार्बन डाइऑक्साइड
(b) नाइट्रस ऑक्साइड
(c) नाइट्रिक ऑक्साइड
(d) मीथेन

39. निम्नलिखित करों को लागू करने के क्रम की पहचान कीजिए
I. भूमि राजस्व II. बिक्री कर
III. मोडवैट IV. सेवा कर

कूट
(a) IV, II, I, III (b) II, IV, I, III
(c) III, II, IV, I (d) I, II, III, IV

40. भारत के राष्ट्रपति द्वारा किस लावणी गायिका को पद्मश्री 2022 प्रदान किया गया है?
(a) देवकी पण्डित
(b) वैशाली सामन्त
(c) सुलोचना चह्वाण
(d) बेला शेंडे

41. निम्नलिखित में से किसने 1814 ई. में आत्मीय सभा की स्थापना की?
(a) राजा राममोहन राय
(b) केशव चन्द्र सेन
(c) देवेन्द्रनाथ टैगोर
(d) ईश्वरचन्द विद्यासागर

42. द्वितीय गोलमेज सम्मेलन में, महात्मा गाँधी ने निम्नलिखित में से किस दल का प्रतिनिधित्व किया था?
(a) मुस्लिम लीग
(b) अखिल भारतीय फॉरवर्ड ब्लॉक
(c) भारतीय कम्युनिस्ट पार्टी
(d) भारतीय राष्ट्रीय कांग्रेस

43. अन्नपूर्णा देवी निम्नलिखित में से किस संगीत वाद्ययन्त्र से सम्बन्धित हैं?
(a) सुरबहार (b) रुद्र वीणा
(c) इकतारा (d) ताल

44. 8वीं शताब्दी में भारत में निम्नलिखित में से किस पाल राजा के संरक्षण में विक्रमशिला विश्वविद्यालय की स्थापना की गई थी?
(a) धर्मपाल (b) महिपाल प्रथम
(c) देवपाल (d) गोपाल

45. वर्ष 1925 में किसने एरिथ्रोसाइट नमूने से लिपिड का निष्कर्षण किया और यह पाया कि लिपिड की मोनो-परतें आण्विक सतह क्षेत्रफल बनाम पार्श्व दाब को मापने के लिए बेहतर हैं?
(a) कार्सन और एक्लस (Carson and Eccles)
(b) एवरी और बक (Avery and Buck)
(c) मार्गुलिस और रुस्का (Margulis and Ruska)
(d) गॉर्टर और ग्रैन्डल (Gorter and Grendel)

46. निम्नलिखित में से कौन-सा सबसे अधिक अम्लीय है?
(a) CH_3COOH (b) $HCOOH$
(c) C_2H_5COOH (d) C_3H_7COOH

47. फरवरी, 2023 में निम्नलिखित में से किसे झारखण्ड का राज्यपाल नियुक्त किया गया?
(a) सी. पी. राधाकृष्णन
(b) आर एन रवि
(c) टी. गहलोत
(d) रमेश बैस

48. जब आप कुछ स्कूली विद्यार्थियों को 'हुमायूँ के मकबरे' की शैक्षणिक यात्रा के दौरान दीवारों पर अपना नाम लिखते हुए देखते हैं, तो आप पर कौन-सा मौलिक कर्त्तव्य लागू होता है?

(a) सार्वजनिक सम्पत्ति की सुरक्षा करना
(b) प्राकृतिक पर्यावरण की रक्षा करना और उसका संवर्द्धन करना
(c) भारत की सम्प्रभुता, एकता और अखण्डता को बनाए रखना और उसकी रक्षा करना
(d) देश की रक्षा करना और राष्ट्रीय सेवा प्रदान करना

49. भारतीय संविधान के निम्नलिखित में से किस अनुच्छेद में यह कहा गया है कि 'राज्यों और केन्द्रशासित प्रदेशों के प्रतिनिधियों द्वारा भरे जाने वाले राज्य परिषद् में सीटों का आवण्टन चौथी अनुसूची में निहित प्रावधानों के अनुसार होगा'?
(a) अनुच्छेद 82 (b) अनुच्छेद 81
(c) अनुच्छेद 80 (d) अनुच्छेद 83

50. मटकी नृत्य निम्नलिखित में से किस राज्य का प्रसिद्ध लोकनृत्य है?
(a) महाराष्ट्र (b) पंजाब
(c) मध्य प्रदेश (d) गुजरात

भाग III
संख्यात्मक अभियोग्यता

51. एक डिब्बे में y पीले कंचे और b नीले कंचे हैं। 18% पीले कंचों को 24% नीले कंचों में मिलाया गया, और योग 30 था। पीले कंचों की संख्या का तीन गुना, नीले कंचों की संख्या के दोगुने से 200 अधिक है। y^2 और b^2 का अनुपात क्या है?
(a) 2 : 1 (b) 4 : 1
(c) 5 : 2 (d) 6 : 5

52. दो पाइप एक टैंक को क्रमश: 12 घण्टे और 18 घण्टे में भर सकते हैं, जबकि तीसरा पाइप इसे 8 घण्टे में खाली कर सकता है। यदि तीनों पाइप एकसाथ खोल दिए जाते हैं, तो खाली टैंक को भरने में कितना समय (घण्टों में) लगेगा?
(a) 72 (b) 36
(c) 24 (d) 48

53. अरविंद और चेतन ने 210 मी लम्बवृत्तीय पथ पर एक ही स्थान से एक ही दिशा में एक साथ दौड़ना शुरू किया। यदि अरविंद को एक चक्कर पूरा करने में 180 सेकण्ड लगते हैं और चेतन को एक चक्कर पूरा करने में 420 सेकण्ड लगते हैं, तो कितने समय के बाद वे पथ पर शुरुआती स्थान पर पहली बार मिलेंगे?
(a) 10 मिनट (b) 28 मिनट
(c) 15 मिनट (d) 21 मिनट

54. यदि $\tan(A) = \frac{3}{5}$ है, तो $\cos(A)$ किसके बराबर है?
(a) $\frac{5}{\sqrt{34}}$ (b) $\frac{3}{\sqrt{34}}$
(c) $\frac{9}{\sqrt{34}}$ (d) $\frac{25}{\sqrt{34}}$

55. यदि x इस प्रकार एक पूर्णांक है, कि $x + \frac{1}{x} = \frac{65}{8}$ है, तो $x - \frac{1}{x}$ का मान ज्ञात कीजिए।
(a) $\frac{32}{6}$ (b) $\frac{63}{6}$
(c) $\frac{63}{8}$ (d) $\frac{36}{8}$

56. यदि $\operatorname{cosec} x = \frac{5}{4}$ है, तो $\frac{5\sin^2 x + 8\cot^2 x}{27\tan^2 x - 125\cos^2 x}$ का मान ज्ञात कीजिए।
(a) $\frac{33}{91}$ (b) $\frac{55}{87}$ (c) $\frac{99}{47}$ (d) $\frac{77}{30}$

57. यदि $\sin\theta + \cos\theta = \sqrt{3}\cos\theta$ है, तो $\cot\theta$ का मान ज्ञात कीजिए।
(a) $\frac{(\sqrt{3}+1)}{2}$ (b) $\sqrt{3}-1$
(c) $\frac{\sqrt{3}-1}{2}$ (d) $\sqrt{3}+1$

58. एक टीवी सेट का अंकित मूल्य ₹ 18500 है। यदि डीलर 20% और 5% की दो क्रमिक छूटें देता है, तो टीवी कितने में उपलब्ध है?
(a) ₹ 14000 (b) ₹ 15060
(c) ₹ 15000 (d) ₹ 14060

59. एक त्रिभुज में, भुजाओं की लम्बाई 6 इकाई, 12 इकाई और x इकाई है। x के लिए सम्भावित पूर्णांक मान कितने हैं?
(a) 11 (b) 10
(c) 12 (d) 9

60. यदि P एक अंक है, जो इस प्रकार है कि $6954P$, 11 से विभाज्य है, तो P का मान क्या होगा?
(a) 6 (b) 7
(c) 8 (d) 2

61. एक वृत्ताकार चाप केन्द्र पर 15° का कोण बनाता है। यदि वृत्ताकार चाप की त्रिज्या 14 सेमी है, तो इस प्रकार बने त्रिज्यखण्ड का परिमाप (दो दशमलव स्थानों तक सही) क्या है? ($\pi = 3.14$) ?
(a) 21.32 सेमी (b) 35.32 सेमी
(c) 17.66 सेमी (d) 31.66 सेमी

62. त्रिभुज ABC में D, BC का मध्य-बिन्दु है। यदि DL, AB पर लम्ब और DM, AC पर लम्ब इस प्रकार हैं कि $DL = DM$ हो, तो त्रिभुज होगा
(a) अधिक कोण त्रिभुज
(b) समद्विबाहु त्रिभुज
(c) समकोण त्रिभुज
(d) समबाहु त्रिभुज

63. अजय अपनी आय का $66\frac{2}{3}\%$ विभिन्न घरेलू मदों पर खर्च करता है। यदि उसकी आय 25% बढ़ जाती है और व्यय 20% बढ़ जाता है, तो उसकी बचत पर कितना प्रभाव पड़ेगा?
(a) 28% (b) 49%
(c) 61% (d) 35%

64. निम्न तालिका वर्ष 2016 से 2020 तक चार निर्माताओं की मोटरबाइकों की बिक्री को दर्शाती है (सभी आँकड़े हजार में हैं)। तालिका का अध्ययन कीजिए और निम्नलिखित प्रश्न का उत्तर दीजिए।

निर्माता	2016	2017	2018	2019	2020
P	220	225	235	240	260
Q	280	290	310	310	330
R	350	375	385	390	400
S	400	420	430	440	450

वर्ष 2016 से 2020 तक निर्माता Q के द्वारा बेची गई मोटरबाइकों की कुल संख्या और निर्माता S के द्वारा बेची गई मोटरबाइकों की कुल संख्या का अनुपात ज्ञात कीजिए।
(a) 72 : 105 (b) 74 : 103
(c) 76 : 107 (d) 78 : 107

65. नीचे दी गई तालिका हैदराबाद, मुम्बई और बेंगलुरु स्टॉक एक्सचेंजों पर कारोबार किए गए शेयरों को दिखाती है (₹ में)। तालिका का अध्ययन करें और निम्नलिखित प्रश्न का उत्तर दें।

	हैदराबाद		मुम्बई		बेंगलुरु	
कम्पनी का नाम	उच्च	निम्न	उच्च	निम्न	उच्च	निम्न
A	150	140	180	165	160	155
B	250	225	325	315	300	290
C	180	175	195	180	190	185
D	350	325	410	395	390	375

C के लिए, शेयरों की निम्न दरें स्थित स्टॉक एक्सचेंज (जों) में उसी कम्पनी के शेयरों की निम्न दरों के औसत से कम है।

(a) हैदराबाद (b) मुम्बई
(c) बेगलुरु
(d) हैदराबाद और मुम्बई

66. दो चर का एक फलन x के अनुक्रमानुपाती है और y के व्युत्क्रमानुपाती है। $x = 5$ और $y = 3$ होने पर फलन ज्ञात कीजिए। दिया है कि $x = 0$ और $y = 1$ के लिए $f = 15$ है तथा $x = 1$ और $y = 15$ के लिए $f = 2$ है।

(a) 5 (b) 2 (c) 15 (d) 10

67. 8% प्रति वर्ष की साधारण ब्याज दर पर कितने वर्षों में ₹ 7200 की राशि ₹ 8928 हो जाएगी?

(a) दो (b) पाँच (c) चार (d) तीन

68. यदि किसी त्रिभुज का परिमाप 52 इकाई है, तो उसकी सभी भुजाओं की लम्बाई .... इकाई होगी।

(a) < 20 (b) < 24 (c) < 18 (d) < 26

69. 1.2 सेमी × 1.3 सेमी × 1.5 सेमी आयामों के एक घनाभाकार बॉक्स के सबसे लम्बे विकर्ण की लम्बाई (सेमी में) बताइए। (दो दशमलव स्थानों तक सही)

(a) 2.23 सेमी (b) 2.35 सेमी
(c) 2.32 सेमी (d) 2.22 सेमी

70. जब $f(m) = m^5 + 5m^4 - 3m + 7$ को $(m - 2)$ से विभाजित किया जाता है, तो शेषफल ...... प्राप्त होता है।

(a) 113 (b) 7
(c) 5 (d) 0

71. निम्नलिखित को सरल कीजिए।

$-\frac{7}{6} + \frac{4}{9} \div \frac{5}{3} \times \frac{1}{16}$

(a) $-\frac{20}{23}$ (b) $-\frac{18}{23}$ (c) $-\frac{23}{20}$ (d) $-\frac{23}{18}$

72. निम्नलिखित बार-ग्राफ दिए गए वर्षों में GATE की परीक्षा उत्तीर्ण करने वाले विद्यार्थियों की संख्या को दर्शाता है।

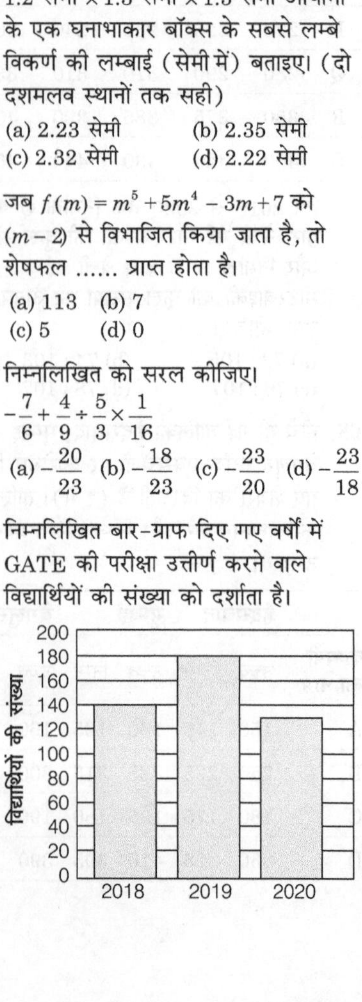

2018 की तुलना में 2019 में विद्यार्थियों की संख्या में कितने प्रतिशत की वृद्धि (दो दशमलव स्थानों तक पूर्णांकित) हुई?

(a) 32.25% (b) 29.52%
(c) 35.79% (d) 28.57%

73. निम्नलिखित तालिका दिए गए वर्षों में प्रति वर्ष विभिन्न मदों पर एक कारखाने के व्यय (₹ लाख में) को दर्शाती है।

वर्ष/व्यय मद	वेतन	परिवहन	बोनस	ऋण ब्याज
1998	125	38	8	25
1999	135	45	18	37
2000	149	57	37	39
2001	153	63	50	43

दी गई अवधि के दौरान कारखाने का प्रति वर्ष परिवहन पर औसत व्यय (₹ लाख में) कितना है जिसका कारखाने ने भुगतान किया?

(a) 56.63 (b) 45.58
(c) 50.75 (d) 48.75

74. एक बैंक में जमा राशि पर 6% ब्याज दिया जाता है। बैंक फिर शेयर बाजार में पैसा निवेश करता है और प्रत्येक ₹ 300000 पर ₹ 30000 अर्जित करता है। यदि बैंक में कुल जमा राशि ₹ 6000000 है, तो बैंक अन्त में कितना लाभ अर्जित कर रहा है?

(a) ₹ 300000 (b) ₹ 640000
(c) ₹ 240000 (d) ₹ 360000

75. ₹ 25 प्रति लीटर वाले 42 लीटर दूध को ₹ 40 प्रति लीटर वाले 28 लीटर दूध के साथ मिश्रित किया जाता है। मिश्रण का औसत मूल्य ज्ञात कीजिए।

(a) ₹ 31 (b) ₹ 31.5
(c) ₹ 32 (d) ₹ 32.5

भाग IV
अंग्रेजी भाषा

76. Select the most appropriate synonym of the underlined word in the given sentence.

I was completely <u>mesmerised</u> by the performance.

(a) Irritated
(b) Annoyed
(c) Bored
(d) Fascinated

77. Select the most appropriate meaning of the given idiom.

Easy does it

(a) Used to tell someone to do something rarely
(b) Used to tell someone to do something violently
(c) Used to tell someone to do something slowly and carefully
(d) Used to tell someone to do something horridly

78. Select the most appropriate antonym of the given word.

Candid

(a) Tender (b) Guileless
(c) Dishonest (d) Irrelevant

79. Select the incorrectly spelt word in the given sentence.

Educational technology has become a necesity if one desires excellent output.

(a) necesity (b) excellent
(c) Educational (d) technology

80. Select the most appropriate meaning of the given idiom.

Cut corners

(a) Complete a work
(b) Do something in an inexpensive and easy way
(c) Find a suitable place
(d) Clear a space

81. Identify the error in the following sentence.

Brr, the city view from the Eiffel Tower is amazing!

(a) amazing (b) from
(c) view (d) Brr

82. Select the option that can be used as a one-word substitute for the given group of words.

A thing fit to eat.

(a) Edible (b) Unpalatable
(c) Uneatable (d) Toxic

83. Select the option that can be used as a one-word substitute for the given group of words.

A person who deceives others by pretending to be someone else

(a) Unrecognisable
(b) Fraud
(c) Impostor
(d) Inaccessible

84. Select the most appropriate antonym of the given word.
Reluctant
(a) Desperate (b) Obedient
(c) Enthusiastic (d) Beautiful

85. Select the most appropriate option that can substitute the underlined segment in the given sentence. If no substitution is required, select 'No substitution'.
If it had not rained, they would not postpone the programmes.
(a) would be postponed
(b) no substitution
(c) would not have postponed
(d) would not postponed

86. Select the option that can be used as a one-word substitute for the underlined group of words.
The workers received a sum for the services they rendered.
(a) Recruitment (b) Remembrance
(c) Remuneration (d) Rejuvenation

87. Select the sentence that does not have a spelling error.
(a) The new caches of materials reveal a secret pleascence that was hidden away from the rest of the world
(b) Statistical patterns and historical data cannot predict the futristic problems that await a civilisation like ours.
(c) Many friends and memoirists have described the author in detail but there are no photos of the author available to the press.
(d) The author is famous for leading a life of subterfuge and contredictions which has led to challenges in understanding past works.

88. The following sentence has been split into four segments. Identify the segment that contains a grammatical error.
Having known that / the train was already on the platform, / they ran fastly / to catch it.
(a) they ran fastly
(b) Having known that
(c) the train was already on the platform
(d) to catch it.

89. Select the most appropriate antonym of the underlined word in the following sentence.
The movie's plot was predictable, with cliched twists and turns.
(a) undeviating (b) evident
(c) unexpected (d) infelicitous

90. Select the option that can be used as a one-word substitute for the underlined group of words.
Foul smell will come if the food is not fresh.
(a) brittle (b) crisp
(c) stale (d) odourless

91. Select the word which means same as the group of words given.
Capable of being done
(a) Suitable (b) Feasible
(c) Practical (d) Useful

92. Select the option that expresses the given sentence in active voice.
By whom were you injured?
(a) Who has injured you?
(b) Who injured you?
(c) Who had injured you?
(d) Who had been injuring you?

93. Select the most appropriate antonym of the underlined word in the given sentence.
The patient was suffering from a chronic disease.
(a) Common (b) Universal
(c) Usual (d) Mild

94. Select the most appropriate antonym of the word in bold.
Many people fought to **abolish** slavery during the Civil War.
(a) kill (b) terminate
(c) establish (d) damage

95. Select the option that expresses the given sentence in active voice.
Were the plants being grafted by the gardener?
(a) Was the gardener grafting the plants?
(b) Was the gardener grafted the plants?
(c) Were the plants grafting the gardener?
(d) Were the gardener grafting the plants?

Directions (Q. Nos. 96-100) *In the following passage, some words have been deleted. Read the passage carefully and select the most appropriate option to fill in each blank.*

Rory Cooper was a top aide to former House Majority Leader Eric Cantor, the up-and-coming Virginia Republican who lost a 2014 House primary. He was also a prominent Never Trumper, openly ....(1)....... how awful he found the 45th president. The cause Cooper has ....(2)....... himself to for the past year, though, is closer to home. He is, as he puts it in his Twitter bio, 'Apparently Mr. Open the Schools'.

A father of a fifth grader, a second grader and a kindergartner, Cooper is ....(3)....... because the public schools in Fairfax, Virginia, where he lives, have not reopened. Fairfax, in the Washington, DC, suburbs, is one of the school districts that has moved ....(4)....... toward in-person learning and it is still not close: only in the past few weeks have students started to return to classrooms and only about half of those eligible have opted to go back, for an ....(5)....... of two days a week.

96. Select the most appropriate option to fill in blank number 1.
(a) frisking (b) skipping
(c) detailing (d) ignoring

97. Select the most appropriate option to fill in blank number 2.
(a) committed (b) pacified
(c) sorted (d) isolated

98. Select the most appropriate option to fill in blank number 3.
(a) indebted
(b) provoked
(c) excited
(d) frustrated

99. Select the most appropriate option to fill in blank number 4.
(a) plainest (b) slowest
(c) longest (d) strangest

100. Select the most appropriate option to fill in blank number 5.
(a) average
(b) amount
(c) ideal
(d) understanding

उत्तरमाला

1. (d)	2. (d)	3. (a)	4. (b)
5. (c)	6. (d)	7. (d)	8. (d)
9. (a)	10. (d)	11. (c)	12. (b)
13. (a)	14 (b)	15. (d)	16. (b)
17. (a)	18. (c)	19. (d)	20. (d)
21. (d)	22. (a)	23. (a)	24. (b)
25. (d)	26. (d)	27. (a)	28. (b)
29. (a)	30. (a)	31. (d)	32. (c)
33. (b)	34. (a)	35. (a)	36. (c)
37. (c)	38. (c)	39. (d)	40. (c)
41. (a)	42. (d)	43. (a)	44. (d)
45. (d)	46. (b)	47. (a)	48. (a)
49. (c)	50. (c)	51. (b)	52. (a)
53. (d)	54. (a)	55. (c)	56. (d)
57. (a)	58. (d)	59. (a)	60. (d)
61. (d)	62. (b)	63. (d)	64. (c)
65. (a)	66. (d)	67. (d)	68. (d)
69. (c)	70. (a)	71. (c)	72. (d)
73. (c)	74. (c)	75. (a)	76. (d)
77. (c)	78. (c)	79. (a)	80. (b)
81. (d)	82. (a)	83. (c)	84. (c)
85. (c)	86. (c)	87. (c)	88. (c)
89. (c)	90. (c)	91. (b)	92. (b)
93. (d)	94. (c)	95. (a)	96. (c)
97. (a)	98. (d)	99. (b)	100. (a)

व्याख्या

1. *(d)* जिस प्रकार,

(23, 230, 5)

$\Rightarrow (23\times 5)\times 2 = 115\times 2 = 230$

तथा (17,272, 8)

$\Rightarrow (17\times 8)\times 2 = 136\times 2 = 272$

उसी प्रकार, (19, 304, 8)

$(19\times 8)\times 2 = 152\times 2 = 304$

2. *(d)* जिस प्रकार,

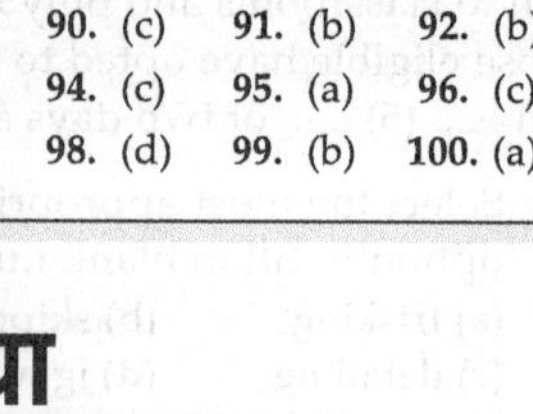

तथा

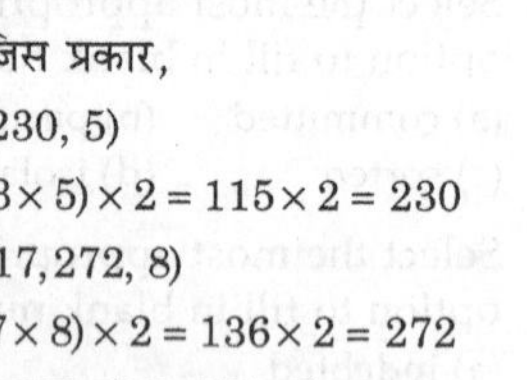

उसी प्रकार,

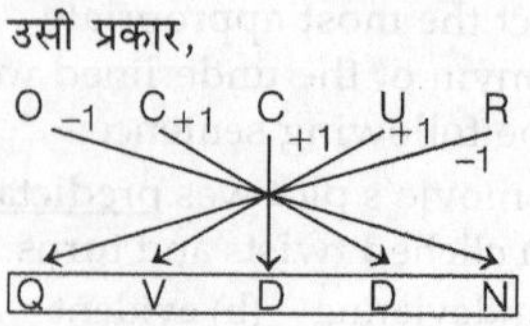

3. *(a)* प्रश्नानुसार,

$+ \Leftrightarrow -$ तथा $\times \Leftrightarrow \div$

मूल व्यंजक $= 99\div 41 + 208\times 2 - 35$

चिह्न बदलने पर नया व्यंजक

$= 99\times 41 - 208\div 2 + 35$

$= 99\times 41 - 104 + 35$

$= 4059 + 35 - 104$

$= 4094 - 104$

$= 3990$

4. *(b)* जिस प्रकार,

(17 : 67)

$\Rightarrow 17\times 3 + 16 = 51 + 16 = 67$

तथा (21 : 79)

$\Rightarrow 21\times 3 + 16 = 63 + 16 = 79$

उसी प्रकार,

(34 : 118)

$\Rightarrow 34\times 3 + 16 = 102 + 16 = 118$

5. *(c)* दिए गए कागज को चित्रानुसार मोड़ने व काटने के उपरान्त खोलने पर यह विकल्प आकृति (c) जैसा दिखाई देगा।

6. *(d)* जिस प्रकार,

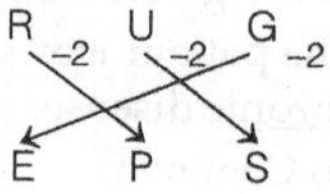

तथा

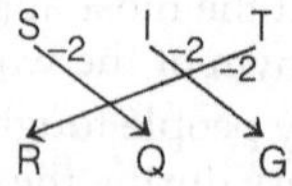

उसी प्रकार,

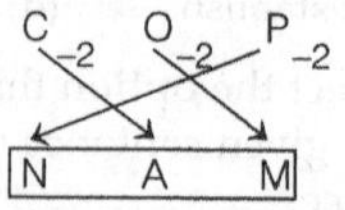

7. *(d)* प्रश्नानुसार,

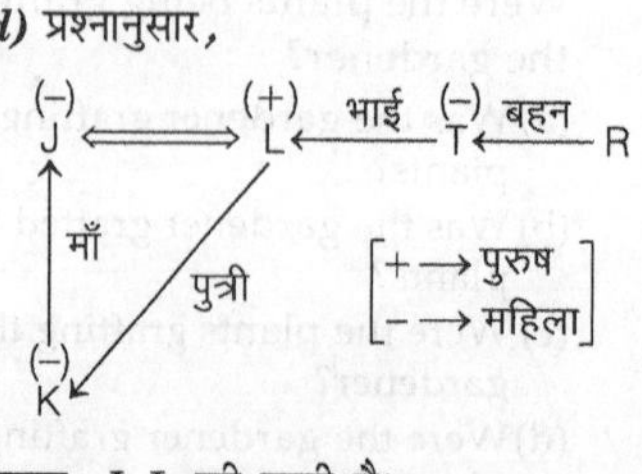

स्पष्टत: J, L की पत्नी है।

8. *(d)* जिस प्रकार,

(54, 65, 76)

$54 + 11 = 65$ तथा $65 + 11 = 76$

तथा (48, 59,70)

$48 + 11 = 59$ तथा $59 + 11 = 70$

उसी प्रकार,

(38, 49, 60)

$38 + 11 = 49$ तथा $49 + 11 = 60$

9. *(a)* दिए गए वेन आरेख से,

चारों सम्पत्तियों वाले किसानों की कुल संख्या $= 16$

10. *(d)* दिए गए पासे की दूसरी व तीसरी स्थिति में नाक और पैर उभयनिष्ठ है। अत: शेष बचा भाग मुँह और हाथ एक-दूसरे के विपरीत फलक पर होंगे।

11. *(c)* दी गई आकृति शृंखला के प्रत्येक अगली आकृति में, ऊपर वाली आकृति नीचे विकर्णत: आकर अपने स्थान पर प्रतिबिम्ब में बदल रही है तथा ऊपर आने वाली आकृति एकान्तर क्रम में नया अक्षर तथा संख्या में बदल रही है।

12. *(b)* दी गई आकृति शृंखला एकान्तर क्रम शृंखला है।

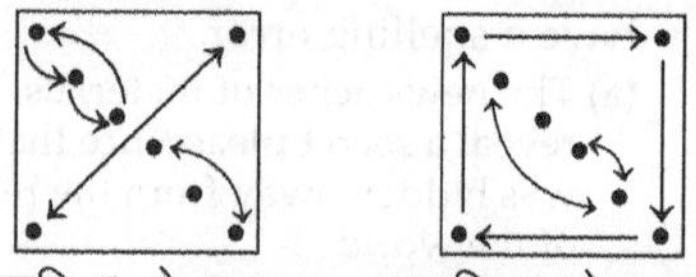

आकृति (i) से (ii) तथा आकृति (iii) से (iv) में   आकृति (ii) से (iii) तथा आकृति (iv) से (v) में

दिए गए पैटर्न का अनुसरण करते हुए शृंखला की अगली अर्थात् पाँचवी आकृति विकल्प आकृति (b) होगी।

13. *(a)* जिस प्रकार विनम्र व निडर विपरीत अर्थ वाले शब्द हैं, उसी प्रकार खर्च करना व संचय करना भी विपरीत अर्थ वाले शब्द हैं।

14. *(b)* प्रश्नानुसार, $+ \Leftrightarrow -$ तथा $\times \Leftrightarrow \div$

मूल व्यंजक $= 6\div 8 - 91\times 13 + 30$

चिह्न बदलने से,

नया व्यंजक $= 6\times 8 + 91\div 13 - 30$

$= 6\times 8 + 7 - 30 = 48 + 7 - 30$

$= 55 - 30 = \boxed{25}$

15. *(d)* दिए गए संयोजन का सही दर्पण प्रतिबिम्ब विकल्प (d) का संयोजन है।

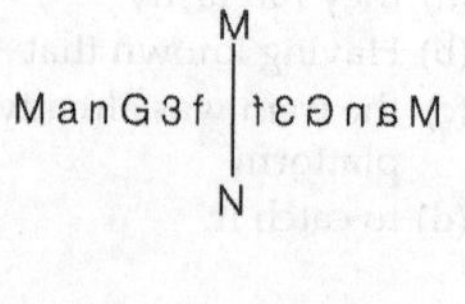

16. *(b)* दी गई आकृति को नामांकित करने से,

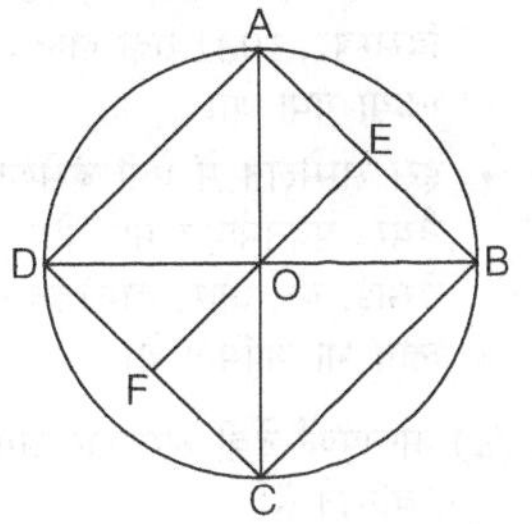

दी गई आकृति के विभिन्न त्रिभुज हैं
ΔOAD, ΔOAE, ΔOBE, ΔOBC, ΔOCF, ΔOFD, ΔADC, ΔABC, ΔDAB, ΔBCD, ΔOAB, ΔODC
कुल त्रिभुजों की संख्या = 12

17. *(a)* दी गई संख्या श्रृंखला का क्रम निम्न है

1225 1184 1147 1116 1087 [1064]
(−41, −37, −31, −29, −23)

तर्क 41, 37, 31, 29 तथा 23 लगातार घटता हुआ अभाज्य संख्याएँ हैं।

18. *(c)* मूल शब्द ⟶ M U S I C A L
वर्णमालानुसार क्रम ⟶ A C [I] L [M] S U

बाएँ से तीसरा अक्षर = I
दाएँ से तीसरा अक्षर = M
अब, I तथा M के बीच के अक्षर = J, K तथा L
अभीष्ट अक्षरों की संख्या = 3

19. *(d)* दी गई श्रृंखला का क्रम है

J $\xrightarrow{+2}$ L $\xrightarrow{+2}$ N $\xrightarrow{+2}$ [P]
K $\xrightarrow{-1}$ J $\xrightarrow{-1}$ I $\xrightarrow{-1}$ [H]
T $\xrightarrow{-2}$ R $\xrightarrow{-2}$ P $\xrightarrow{-2}$ [N]

20. *(d)* (33 − 15 − 12)
$\Rightarrow \frac{33+12}{3} = \frac{45}{3} = 15$
(52 − 36 − 56)
$\Rightarrow \frac{52+56}{3} = \frac{108}{3} = 36$
(118 − 93 − 161)
$\Rightarrow \frac{118+161}{3} = \frac{279}{3} = 93$
परन्तु, (86 − 41 − 38)
$\Rightarrow \frac{86+38}{3} = \frac{124}{3} \neq 41$

21. *(d)* दिए गए संयोजन का सही दर्पण प्रतिबिम्ब विकल्प (d) का संयोजन है।

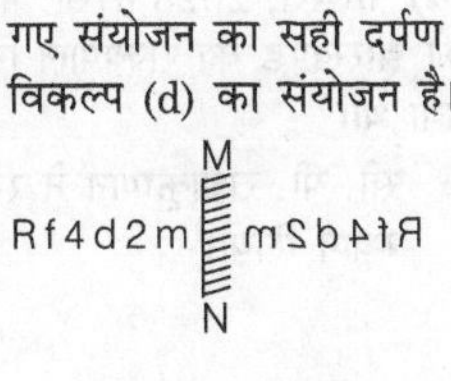

22. *(a)* दी गई अक्षर श्रृंखला का क्रम निम्न है

J P P/J P P/J P P/J P P

अभीष्ट संयोजन = J P P J P J P

23. *(a)* कथनानुसार,

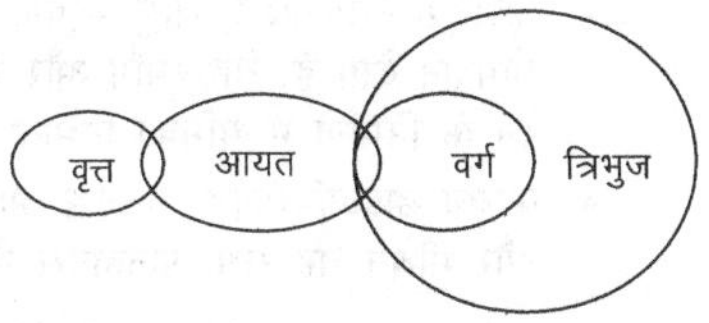

I. (✗) II. (✓) III. (✗)
अत: केवल निष्कर्ष (II) अनुसरण करता है।

24. *(b)* दिए गए विकल्पों से,

N $\xrightarrow{+2}$ P $\xrightarrow{+2}$ R $\xrightarrow{+1}$ S
E $\xrightarrow{+2}$ G $\xrightarrow{+2}$ I $\xrightarrow{+1}$ J
K $\xrightarrow{+2}$ M $\xrightarrow{+2}$ O $\xrightarrow{+1}$ P

परन्तु,

U $\xrightarrow{+1}$ V $\xrightarrow{+2}$ X $\xrightarrow{-1}$ W

अत: UVXW अन्य विकल्पों से भिन्न/असंगत है।

25. *(d)* दी गई श्रृंखला का क्रम निम्न प्रकार है

Y $\xrightarrow{-1}$ X $\xrightarrow{-1}$ W $\xrightarrow{-1}$ V $\xrightarrow{-1}$ [U]
L $\xrightarrow{-1}$ K $\xrightarrow{-1}$ J $\xrightarrow{-1}$ I $\xrightarrow{-1}$ [H]
93 $\xrightarrow{-5}$ 88 $\xrightarrow{-5}$ 83 $\xrightarrow{-5}$ 78 $\xrightarrow{-5}$ [73]

26. *(d)* वर्ष 2023 में तमिलनाडु सरकार द्वारा शुरू की गई तमिलनाडु पुधुमई पेन योजना के तहत सरकारी स्कूलों में पढ़ने वाली छात्राओं को 1000 प्रतिमाह वित्तीय सहायता प्रदान की जाती है।

- तमिलनाडु के मुख्यमन्त्री एम. के. स्टालिन के द्वारा इस योजना की शुरुआत की गई थी।
- इस योजना के कारण, उच्च शिक्षा में छात्राओं के नामांकन में बढ़ोतरी हुई।

27. *(a)* 6 अगस्त, 2021 में राजीव गाँधी खेल रत्न पुरस्कार का नाम बदलकर मेजर ध्यानचन्द खेल रत्न पुरस्कार कर दिया गया।

- यह पुरस्कार खेलों में योगदान के लिए खिलाड़ियों को दिया जाता है।
- इस पुरस्कार में एक पदक, एक प्रमाण पत्र और ₹ 25 लाख नकद दिए जाते हैं।
- वर्ष 2023 के मेजर ध्यानचन्द खेल रत्न पुरस्कार से बैडमिण्टन खिलाड़ी चिराग चन्द्रशेखर शेट्टी और सात्विक साईंराज रंकी रेड्डी को सम्मानित किया गया।

28. *(b)* कजरी महोत्सव मुख्य रूप से उत्तर प्रदेश के मिर्जापुर जिले में मनाया जाता है।

- कजरी महोत्सव लोककला को बढ़ावा देने का एक आयोजन है।
- कजरी उत्सव छत्तीसगढ़ में एक मानसून त्योहार के रूप में किसानों द्वारा भी मनाया जाता है।

29. *(a)* प्रधानमन्त्री फसल बीमा योजना के अन्तर्गत सभी खरीफ खाद्य और तिलहन फसलों के लिए किसानों द्वारा देय अधिकतम प्रीमियम 2% होगा।

- रबी फसलों के लिए किसानों द्वारा देय अधिकतम प्रीमियम 1.50% होगा।
- प्रधानमन्त्री फसल बीमा योजना की शुरुआत 13 जनवरी, 2016 को की गई थी।
- प्रधानमन्त्री फसल बीमा योजना किसानों को प्राकृतिक आपदाओं, कीटों और बीमारियों से होने वाली फसल हानि के लिए वित्तीय सहायता देती है।
- इस योजना के तहत, फसल कटाई के बाद होने वाले नुकसान के लिए भी कवरेज होता है।

30. *(a)* लगभग 0.1μm, PPLO (प्ल्यूरो न्यूमोनिया जैसे जीव) के आकार को इंगित करता है।

- यह बैक्टीरिया जीनस से सम्बन्धित है और उनके समान है, लेकिन इसमें कोशिका भित्ति नहीं होती जो कोशिकांगों की रक्षा करती है।

31. *(d)* वर्ष 1976 में भारत में पहला महिला अन्तर्राष्ट्रीय टेस्ट क्रिकेट बैंगलोर में आयोजित किया गया था।

- पहला महिला अन्तर्राष्ट्रीय टेस्ट क्रिकेट मैच दिसम्बर, 1934 में इंगलैण्ड और ऑस्ट्रेलिया के बीच ब्रिस्बेन में खेला गया था।

32. *(c)* वर्ष 1985 में रॉबर्ट एफ कर्ल, हेरोल्ड डब्ल्यू क्रोटो और रिचर्ड ई स्माली ने कार्बन के फुलेरीन अपररूप की खोज की थी।

- फुलेरीन, कार्बन का एक अपररूप है, यह एक गोलाकार या बहुफलकीय आकार का कार्बन अणु है।
- फुलेरीन में कार्बन अणु प्रचुर मात्रा में होते हैं।

33. *(b)* 'स्टैण्ड-अप इण्डिया' पहल का प्राथमिक उद्देश्य एससी (SC)/एसटी (ST) और महिला उद्यमियों के लिए बैंक ऋण की सुविधा प्रदान करना।

- स्टैण्ड-अप इण्डिया योजना पहल वर्ष 2015 को स्वतन्त्रता दिवस के समय घोषणा की गई।
- इस योजना का लाभ विनिर्माण, व्यापार या सेवा क्षेत्र में उद्यम स्थापित करने के लिए मिल सकता है।

34. *(a)* भारत का अधिकांश अन्तर्राष्ट्रीय व्यापार समुद्र और हवाई मार्गों से होता है।

- भारत तीन तरफ से पानी से घिरा है और इसकी तटरेखा 7516.6 किमी है।
- भारी वस्तुओं को लम्बी दूरी तक ले जाने का सबसे सस्ता और सुविधाजनक उपाय जलमार्ग है।
- भारत का 70% व्यापार समुद्री परिवहन के माध्यम से होता है।

35. *(a)* मौखरियों ने पश्चिमी उत्तर प्रदेश में कन्नौज शहर पर शासन किया, जिसने समय के साथ उत्तर भारत के राजनीतिक केन्द्र पाटलिपुत्र को प्रतिस्थापित कर दिया।

- पाटलिपुत्र समृद्धि के शिखर पर जब पहुँचा, जब यह चन्द्रगुप्त मौर्य और अशोक की राजधानी थी।
- कन्नौज, भारत की सबसे पुरानी जगहों में से एक है, इसका प्राचीन नाम कन्याकुब्जा/महोधी था।

36. *(c)* भारत की जनगणना 2011 के अनुसार अन्य धर्म और अनुनय की जनसंख्या 7.9 मिलियन है।

- अन्य धर्म और अनुनय (ORP), धार्मिक स्वतन्त्रता से जुड़े हैं, जिसमें लोग दूसरे धर्म को अपनाते हैं या किसी धर्म को नहीं मानते हैं।
- भारत में जनगणना की शुरुआत 1872 ई. में हुई थी, लेकिन पहली पूर्ण जनगणना 1881 ई. में हुई थी।
- वर्ष 2011 की जनगणना के अनुसार सबसे अधिक जनसंख्या वाला राज्य उत्तर प्रदेश है और सबसे कम जनसंख्या वाला राज्य सिक्किम है।

37. *(c)* सागौन उष्णकटिबन्धीय पर्णपाती वनों की प्रजाति है।

- ये वन भारत में काफी मात्रा में पाए जाते हैं, इन्हें मानसून वन भी कहा जाता है।
- उष्णकटिबन्धीय पर्णपाती वनों में महुआ, चन्दन, सेमल, साल, आँवला आदि वन शामिल हैं।
- आबनूस, महोगनी और पाम वन उष्णकटिबन्धीय सदाबहार वनों की प्रजाति है।

38. *(c)* नाइट्रिक ऑक्साइड एक ग्रीनहाउस गैस नहीं है।

- नाइट्रिक ऑक्साइड, वायु प्रदूषण में योगदान देती है, यह स्मॉग और एसिड रेन के निर्माण में भूमिका निभाती है।
- कार्बन डाइऑक्साइड, नाइट्रस ऑक्साइड और मीथेन यह सभी ग्रीनहाउस गैसें हैं।

39. *(d)* करों को लागू करने का सही क्रम-I, II, III, IV (भूमि राजस्व, बिक्री कर, मोडवैट और सेवा कर) है।

- टैक्स एक अनिवार्य शुल्क या वित्तीय शुल्क है, जो सरकार द्वारा किसी व्यक्ति या संस्था पर राजस्व जुटाने के लिए लगाया जाता है।
- **भूमि राजस्व** भूमि पर लगाया जाने वाला कर, ऐतिहासिक रूप से कृषि भूमि पर लगाया जाता था।
- **मोडवैट** (MODVAT) वर्ष 1986 में लागू, उत्पादन शुल्क के लिए क्रेडिट सिस्टम, जो इनपुट करों को घटाने की सुविधा देता है।
- **विक्रय कर** 1930 के दशक में लागू, वस्तुओं की बिक्री पर लगाया जाने वाला अप्रत्यक्ष कर।
- **सेवा कर** 1994 में लागू, सेवाओं पर लगाए जाने वाले अप्रत्यक्ष कर।

40. *(c)* भारत के राष्ट्रपति द्वारा सुलोचना चह्वाण को वर्ष 2022 में पद्मश्री पुरस्कार प्रदान किया गया, जोकि एक लावणी गायिका हैं।

- लावणी भारत के महाराष्ट्र राज्य में प्रचलित संगीत की एक शैली है।
- यह पारम्परिक गीत और नृत्य का एक संयोजन है, जो विशेष रूप से ढोलकी, एक ताल वाद्य की थाप पर किया जाता है।

41. *(a)* 1814 ई. में राजा राममोहन राय द्वारा आत्मीय सभा की स्थापना की गई थी।

- इसका उद्देश्य धार्मिक सत्य के प्रचार-प्रसार और धार्मिक विषयों पर मुक्त चर्चा को बढ़ावा देना था।
- आत्मीय सभा ने मूर्तिपूजा, जातिवाद, बाल विवाह और अन्य सामाजिक बुराइयों के खिलाफ अभियान चलाया।

42. *(d)* द्वितीय गोलमेज सम्मेलन में, महात्मा गाँधी ने भारतीय राष्ट्रीय कांग्रेस दल का प्रतिनिधित्व किया था।

- यह सम्मेलन सितम्बर, 1931 से दिसम्बर, 1931 तक लन्दन में आयोजित किया गया था।
- इस सम्मेलन में ऐनी बेसेण्ट, प्यारेलाल नैयर, मदनमोहन मालवीय, महादेव देसाई, बी. आर. अम्बेडकर जैसे कई लोग भी शामिल थे।

43. *(a)* अन्नपूर्णा देवी सुरबहार संगीत वाद्ययन्त्र से सम्बन्धित हैं।

- सुरबहार एक तार वाला वाद्ययन्त्र है, जिसे बाँस सितार के नाम से भी जाना जाता है।
- सुरबहार का आविष्कार गुलाम मुहम्मद खान ने 1825 ई. में लखनऊ, भारत में किया था।

44. *(a)* 8वीं शताब्दी में भारत में धर्मपाल राजा के संरक्षण में विक्रमशिला विश्वविद्यालय की स्थापना की गई थी।

- पाल वंश भारत के बंगाल और बिहार में 8वीं से 12वीं शताब्दी तक शासन करने वाला प्रमुख राजवंश था।
- पाल वंश के संस्थापक गोपाल थे। पाल वंश के शासक बौद्ध धर्म, शिक्षा और कला के संरक्षक थे।
- पाल वंश में गोपाल, धर्मपाल, देवपाल, मदनपाल शासकों का शासन था।

45. *(d)* वर्ष 1925 में गॉर्टर और ग्रैण्डल ने एरिथ्रोसाइट नमूने से लिपिड का निष्कर्षण किया और यह पाया कि लिपिड की मोनो परतें आण्विक सतह क्षेत्रफल बनाम पार्श्व दाब को मापने के लिए बेहतर हैं।

46. *(b)* दिए गए यौगिकों में सबसे अधिक अम्लीय HCOOH फॉर्मिक अम्ल है।

- दिए गए कार्बनिक यौगिकों की तुलना में HCOOH में कोई एल्किल समूह ($—CH_3$, $—CH_2CH_3$ आदि) नहीं है इसलिए कार्बोक्सिल समूह (—COOH) पर इलेक्ट्रॉन घनत्व सबसे कम होता है। परिणामस्वरूप, HCOOH सबसे आसानी से प्रोटॉन (H^+) दे सकता है एवं इलेक्ट्रॉन ले सकता है।
- यह अम्ल चीटियों, जुएँ, शहद की मक्खियों, बिच्छू आदि के डंकों में पाया जाता है।

47. *(a)* फरवरी, 2023 में सी. पी. राधाकृष्णन को झारखण्ड का राज्यपाल नियुक्त किया गया था।

- सी. पी. राधाकृष्णन ने रमेश बैस का स्थान लिया।

- वर्ष 2024 को तमिलिसाई सौंदरराजन के इस्तीफे के बाद उन्हें तेलंगाना के राज्यपाल और पुदुचेरी के उपराज्यपाल के पद सम्भालने की अतिरिक्त जिम्मेदारी दी गई थी।

48. *(a)* सार्वजनिक सम्पत्ति की सुरक्षा करना

- जब आप स्कूली विद्यार्थियों को 'हुमायूँ के मकबरे' की शैक्षणिक यात्रा के दौरान दीवारों पर अपना नाम लिखते हुए देखते हैं, तो वहाँ 'सार्वजनिक सम्पत्ति की सुरक्षा करना' का मौलिक कर्त्तव्य लागू होता है।
- भारतीय संविधान के भाग IV- A में मौलिक कर्त्तव्यों का उल्लेख है।
- मौलिक कर्त्तव्यों को वर्ष 1976 में 42वें संविधान संशोधन के स्वर्ण सिंह समिति की सिफारिशों के द्वारा जोड़ा गया था।

49. *(c)* भारतीय संविधान के अनुच्छेद 80 में यह कहा गया है कि राज्यों और केन्द्रशासित प्रदेशों के प्रतिनिधियों द्वारा भरे जाने वाले राज्य परिषद् में सीटों का आवण्टन चौथी अनुसूची में निहित प्रावधानों के अनुसार होगा।

- अनुच्छेद 80 के अनुसार, राज्यसभा में सदस्यों की अधिकतम संख्या 250 होती है।
- इसमें 12 सदस्यों को राष्ट्रपति मनोनीत करते हैं और बाकी 238 सदस्य राज्यों और केन्द्रशासित प्रदेशों के प्रतिनिधि होते हैं।

50. *(c)* मटकी नृत्य, मध्य प्रदेश का एक प्रसिद्ध लोकनृत्य है।

- यह नृत्य, मालवा क्षेत्र में किया जाता है, इसे घर नृत्य के नाम से भी जाना जाता है।
- इस नृत्य में महिलाएँ अपने सिर पर मटकी रखकर सन्तुलन बनाकर नृत्य करती हैं।
- यह नृत्य, शादी, जन्मदिन या किसी अन्य विशेष अवसर पर किया जाता है।

51. *(b)* प्रश्नानुसार,

$$y \times \frac{18}{100} + b \times \frac{24}{100} = 30$$

$\Rightarrow 3y + 4b = 500$ ...(i)

तथा $3y = 2b + 200$ ...(ii)

समी (i) और (ii) से,

$2b + 4b + 200 = 500$

$\Rightarrow 6b = 300$

$\Rightarrow b = 50$

$\therefore 3y = 2 \times 50 + 200$

$3y = 300$

$y = 100$

$\therefore y^2 : b^2 = 100 \times 100 : 50 \times 50 = 4 : 1$

52. *(a)* $A \longrightarrow 12$ (6)

$B \longrightarrow 18$ (4) $\rightarrow 72$

$C \longrightarrow 8$ (−9)

खाली टैंक को भरने में लगा समय

$$= \frac{72}{(6+4-9)} = \frac{72}{10-9} = \frac{72}{1} = 72 \text{ घण्टे}$$

53. *(d)* अभीष्ट समय = (180 सेकण्ड, 420 सेकेण्ड) का ल.स.

= 1260 सेकण्ड = 21 मिनट

54. *(a)* $\tan A = \frac{3}{5} = \frac{BC}{AB}$

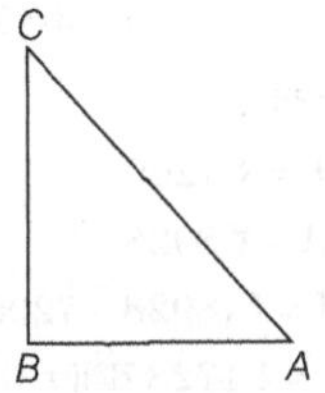

$\therefore (AC)^2 = (AB)^2 + (BC)^2 = 5^2 + 3^2$

$(AC)^2 = 34$

$AC = \sqrt{34}$

$\cos A = \frac{AB}{AC} = \frac{5}{\sqrt{34}}$

55. *(c)* $x + \frac{1}{x} = \frac{65}{8}$

दोनों पक्षों का वर्ग करने पर,

$$x^2 + \frac{1}{x^2} + 2 = \frac{4225}{64}$$

$$\Rightarrow x^2 + \frac{1}{x^2} = \frac{4225-128}{64}$$

$$\Rightarrow x^2 + \frac{1}{x^2} = \frac{4097}{64}$$

$$\Rightarrow x^2 + \frac{1}{x^2} - 2 = \frac{4097}{64} - 2$$

$$= \frac{4097-128}{64}$$

$$\Rightarrow \left(x - \frac{1}{x}\right)^2 = \frac{3969}{64}$$

$$\Rightarrow x - \frac{1}{x} = \sqrt{\frac{3969}{64}} = \left(\frac{63}{8}\right)$$

56. *(d)* $\operatorname{cosec} x = \frac{5}{4} = \frac{AC}{AB}$

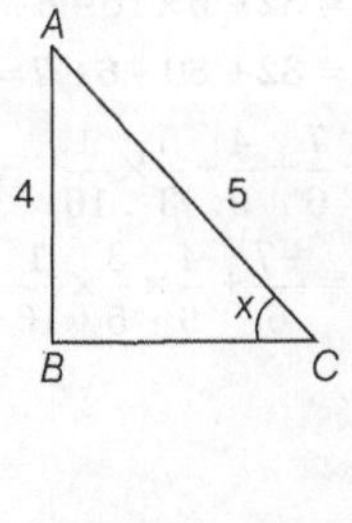

अब, $(BC)^2 = (AC)^2 - (AB)^2$

$= 5^2 - 4^2$

$(BC)^2 = 9$

$BC = 3$

अब, $\frac{5\sin^2 x + 8\cot^2 x}{27\tan^2 x - 125\cos^2 x}$

$$= \frac{5 \times \left(\frac{4}{5}\right)^2 + 8 \times \left(\frac{3}{4}\right)^2}{27 \times \left(\frac{4}{3}\right)^2 - 125 \times \left(\frac{3}{5}\right)^2}$$

$$= \frac{3.2 + 4.5}{48 - 45} = \frac{7.7}{3} = \left(\frac{77}{30}\right)$$

57. *(a)* $\sin\theta + \cos\theta = \sqrt{3}\cos\theta$

$$\Rightarrow \frac{\sin\theta}{\cos\theta} + \frac{\cos\theta}{\cos\theta} = \sqrt{3}$$

$\Rightarrow \tan\theta + 1 = \sqrt{3}$

$\Rightarrow \tan\theta = (\sqrt{3} - 1)$

$$\Rightarrow \frac{1}{\tan\theta} = \frac{1}{(\sqrt{3}-1)} \times \frac{(\sqrt{3}+1)}{(\sqrt{3}+1)}$$

$$\Rightarrow \cot\theta = \frac{(\sqrt{3}+1)}{3-1}$$

$$= \frac{(\sqrt{3}+1)}{2}$$

58. *(d)* टीवी का अंकित मूल्य = ₹ 18500

छूट = 20%, 5%

$\therefore$ टीवी का विक्रय मूल्य

$$= 18500 \times \frac{(100-20)}{100} \times \frac{(100-5)}{100}$$

$$= 18500 \times \frac{80}{100} \times \frac{95}{100} = ₹\ 14060$$

59. *(a)* त्रिभुज की भुजाएँ = 6 इकाई, 12 इकाई, x इकाई

$\therefore (12 - 6) < x < 6 + 12$

$6 < x < 18$

$\therefore x$ के सम्भावित मान

= 7, 8, 9, 10, 11, 12, 13, 14, 15, 16, 17

$\therefore x$ के 11 सम्भावित मान हो सकते हैं।

60. *(d)* संख्या = $6954P$

अब, 11 के विभाज्यता नियम से

सम स्थानों के अंकों का योग ~ विषम स्थानों के अंकों का योग = 0 या 11 का गुणज

$\Rightarrow (6 + 5 + P) \sim (9 + 4) = 0$ या 11 का गुणज

$\Rightarrow (11 + P) \sim (13) = 0$

या 11 का गुणज

$P = 2$ रखने पर अन्तर 0 होगा।

$\therefore P$ का अभीष्ट मान = 2

61. *(d)* त्रिज्यखण्ड का कोण = 15°

त्रिज्या = 14 सेमी

$\therefore$ त्रिज्यखण्ड का परिमाप $= 2\pi \frac{r \times \theta}{360^\circ} + 2r$

$= 2 \times 3.14 \frac{\times 14 \times 15^\circ}{360^\circ} + 2 \times 14$

$= 3.66 + 28$ सेमी

$= 31.66$ सेमी

62. *(b)* D, BC का मध्य-बिन्दु है।

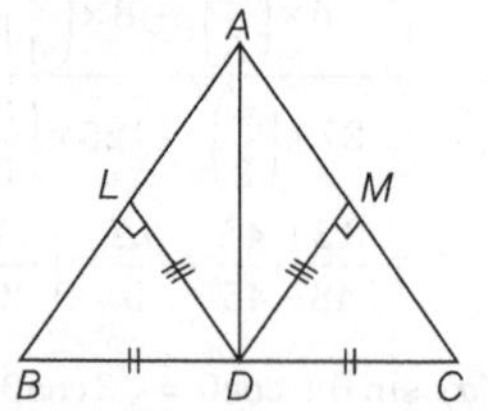

$\therefore \ BD = DC$

दिया है, $DL \perp AB$

$DM \perp AC$

$DL = DM$

$\because$ D, ΔABC का मध्य-बिन्दु है।

$\therefore$ क्षेत्रफल $(\Delta ABD) = (\Delta ACD)$

$\Rightarrow \frac{1}{2} \times AB \times DL = \frac{1}{2} \times AC \times DM$

$\Rightarrow AB \times DL = AC \times DL$

$(\because DL = DM)$

$\Rightarrow AB = AC$

$\therefore$ ΔABC, एक समद्विबाहु त्रिभुज है।

63. *(d)* $66\frac{2}{3}\% = \frac{2}{3}$

माना अजय की आय = 300

$\therefore$ आय = खर्च + बचत

300 = 200 + 100

↓ +25% ↓ +20% ↓ ?

375 = 240 + 135

$\therefore$ बचत में वृद्धि $= \frac{(135-100)}{100} \times 100\%$

$= \frac{35}{100} \times 100\% = 35\%$

64. *(c)* वर्ष 2016 से 2020 तक निर्माता Q द्वारा बेची गई मोटर बाइक की कुल संख्या

$= 280 + 290 + 310 + 310 + 330$

$= 1520$

तथा निर्माता S द्वारा बेची गई मोटर बाइक की कुल संख्या

$= 400 + 420 + 430 + 440 + 450$

$= 2140$

$\therefore$ अभीष्ट अनुपात $= 1520 : 2140$

$= 76 : 107$

65. *(a)* कम्पनी C के लिए,

शेयरों के निम्न दरों का औसत

$= \frac{175 + 180 + 185}{3} = \frac{540}{3} = 180$

$\therefore$ हैदराबाद में, कम्पनी के शेयरों की निम्न दर औसत से कम है।

66. *(d)* $f(x, y) = hx + \frac{k}{y}$

$x = 0, y = 1, f = 15$

$\therefore \ 15 = h \times 0 + \frac{k}{1}$

$k = 15 \quad \ldots(i)$

तथा $x = 1, y = 15, f = 2$

$2 = h \times 1 + \frac{15}{15}$

$2 = h + 1$

$h = 1 \quad \ldots(ii)$

$\therefore \quad f(5, 3) = 1 \times 5 + 15 \times \frac{1}{3}$

$= 5 + 5 = 10$

67. *(d)* दिया है,

$P =$ ₹ 7200

$A =$ ₹ 8928

$\therefore$ SI = ₹ (8928 − 7200)

= ₹ 1728 तथा $r = 8\%$

$\therefore \quad t = \frac{\text{SI} \times 100}{P \times r} = \frac{1728 \times 100}{7200 \times 8} = 3$

$\therefore$ समय = 3 वर्ष

68. *(d)* त्रिभुज का परिमाप = 52 इकाई

माना त्रिभुज की भुजा = a, b, c

$\therefore \ a + b + c = 52$

अब, $a + b > c$

$\Rightarrow \quad a + b + c > 2c$

$\Rightarrow \quad 52 > 2c$

$\Rightarrow \quad 26 > c$

$\Rightarrow \quad c < 26$

$\therefore$ त्रिभुज की सभी भुजाएँ < 26 इकाई होंगी।

69. *(c)* विकर्ण की लम्बाई

$= \sqrt{(12)^2 + (13)^2 + (15)^2}$ सेमी

$= \sqrt{144 + 169 + 225}$ सेमी

$= \sqrt{538}$ सेमी

$= 23.2$ सेमी

70. *(a)* $f(m) = m^5 + 5m^4 - 3m + 7$

$m = 2$ रखने पर,

$f(2) = 2^5 + 5 \times 2^4 - 3 \times 2 + 7$

$= 32 + 5 \times 16 - 6 + 7$

$= 32 + 80 - 6 + 7 = 113$

71. *(c)* $-\frac{7}{6} + \frac{4}{9} \div \frac{5}{3} \times \frac{1}{16}$

$= \frac{-7}{6} + \frac{4}{9} \times \frac{3}{5} \times \frac{1}{16}$

$= \frac{-7}{6} + \frac{1}{60} = \frac{-70+1}{60}$

$= -\frac{69}{60} = \left(-\frac{23}{20}\right)$

72. *(d)* 2018 में विद्यार्थी = 140

2019 में विद्यार्थी = 180

$\therefore$ विद्यार्थी की संख्या में वृद्धि

$= 180 - 140 = 40$

$\therefore$ अभीष्ट वृद्धि % $= \frac{40}{140} \times 100\%$

$= \frac{4000}{140}\% = 28.57\%$

73. *(c)* परिवहन पर औसत व्यय

$= \frac{38 + 45 + 57 + 63}{4} = \frac{203}{4} = 50.75$

74. *(c)* बैंक में जमा करने पर ब्याज दर = 6%

तथा शेयर बाजार में ब्याज दर = r (माना)

$\therefore \ r = \frac{30000 \times 100}{300000} = 10\%$

$\therefore$ बैंक को प्राप्त लाभ %

$= 10\% - 6\% = 4\%$

$\therefore$ बैंक को प्राप्त अभीष्ट लाभ

$= \frac{6000000 \times 4 \times 1}{100} =$ ₹ 240000

75. *(a)* माना मिश्रण का औसत मूल्य ₹ x / लीटर है।

$\therefore \ x \times (42 + 28) = 25 \times 42 + 40 \times 28$

$\Rightarrow \quad 70 \times x = 1050 + 1120$

$\Rightarrow \quad 70 \times x = 2170$

$x = \frac{2170}{70} = 31$

$\therefore$ मिश्रण का औसत मूल्य ₹ 31/ लीटर है।

76. *(d)* Mesmerised means capture the complete attention of (someone). Hence, its synonym is fascinated.

77. *(c)* Easy does it means used to tell someone to do something slowly and carefully.

78. *(c)* Candid means honest. Hence, its antonym is 'dishonest'.

- **Tender** means soft.
- **Guileless** means devoid of guile; innocent and without deception.
- **Irrelevant** means not important.

79. *(a)* The incorrectly spelt word is 'necesity'. The correct spelling is 'necessity'.

80. *(b)* 'Cut corners' means to do something in an inexpensive and easy way.

81. *(d)* Part 'Brr' is erroneous for the emotion of amazement presented by the sentence.
Hence, use 'wow' to correct the sentence.

82. *(a)* The things that are fit to eat is 'edible'.
- **Unpalatable** means not pleasant to taste.

83. *(c)* An 'imposter' is a person who deceives others by pretending to be someone else.
- **Fraud** means someone who cheats others.
- **Inaccessible** means unable to be reached or entered.

84. *(c)* 'Reluctant' means unwilling and hesitant; disinclined.
Hence, its antonym is 'enthusiastic'.

85. *(c)* The underlined part of the sentence contains an error. The sentence is a past hypothetical sentence where in if clause is in past perfect tense, the second clause in the present perfect tense.
Hence, use 'would not have postponed' to correct the sentence.

86. *(c)* **Remuneration** is a sum given for the services they rendered.
- **Rejuvenation** means to renergise.

87. *(c)* The sentence with no spelling error is- Many friends and memoirists have described the author in detail but there are no photos of the author available to the press.

88. *(c)* Part 'they ran fastly' contains an error.
- The use of 'fastly' is incorrect and must be replaced with 'fast' to correct the sentence.

89. *(c)* **Predictable** means expected.
Hence, its antonym is unexpected.
- **Undeviating** means showing no deviation; constant and steady.
- **Evident** means clear.
- **Infelicitous** means unfortunate; inappropriate.

90. *(c)* **Stale** means not fresh.
- **Brittle** means fragile or easily broken.
- **Crisp** means new.
- **Odourless** means without any smell.

91. *(b)* 'Feasible' means capable of being done.

92. *(b)* Who injured you?
- The interrogative sentence in passive voice follows the structure By whom + was/were+ Subject + V3. When such a sentence is transformed into active voice, the structure followed is- who+ V2+ Subject.

93. *(d)* 'Chronic' means severe. Hence, its antonym is 'mild'.

94. *(c)* 'Abolish' means formally put an end to (a system, practice, or institution). Hence, its antonym is establish (to set up).

95. *(a)* Was the gardener grafting the plants?
- The interrogative sentence is in Was/were + being + the past participle form of the verb.
- When such a sentence is transformed into active voice, the structure should be of past continuous tense.

96. *(c)* The correct filler for the given blank is 'detailing'.

97. *(a)* The correct filler for the given blank is 'committed'.

98. *(d)* The correct filler for the given blank is 'frustrated'.

99. *(b)* The correct filler for the given blank is 'slowest'.

100. *(a)* The correct filler for the given blank is 'average'.

सेट 19 18 सितम्बर, 2024 (प्रथम पाली)

SSC CGL Tier-I
सॉल्वड पेपर

निर्देश
1. इस सेट में कुल 100 प्रश्न हैं।
2. इस सेट में चार भाग हैं, भाग-I सामान्य बुद्धि एवं तर्कशक्ति, भाग-II सामान्य जागरुकता, भाग-III संख्यात्मक अभियोग्यता और भाग-IV अंग्रेजी भाषा।
3. प्रत्येक प्रश्न 2 अंक का है।

भाग I
सामान्य बुद्धि एवं तर्कशक्ति

1. निम्नलिखित में से कौन-सा अक्षर-समूह दी गई श्रृंखला को तार्किक रूप से पूर्ण बनाने के लिए इसमें प्रश्नचिह्न (?) को प्रतिस्थापित करेगा?

WIX, VHW, UGV, TFU, ?

(a) TEU (b) SFT
(c) SET (d) SEU

2. एक पासे के विभिन्न फलकों पर छः अक्षर A, B, C, D, E और F लिखे गए हैं। नीचे चित्र में इस पासे की तीन स्थितियाँ दिखाई गई हैं। अक्षर A के विपरीत फलक पर कौन-सा अक्षर है?

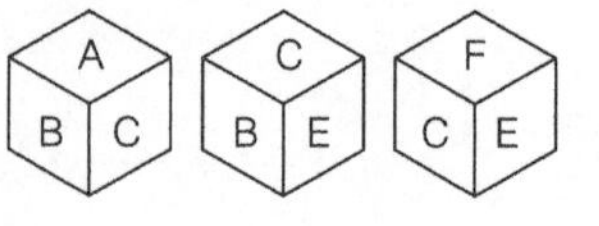

(a) E (b) D
(c) F (d) C

3. एक निश्चित कूटभाषा में, 'DRIVE' को '62749' के रूप में कूटबद्ध किया गया है और 'RIDES' को '76284' के रूप में कूटबद्ध किया गया है। उस भाषा में 'V' के लिए कूट क्या है?

(a) 6 (b) 8
(c) 9 (d) 7

4. एक निश्चित कूटभाषा में, 'she is girl' को '7 3 9' के रूप में कूटबद्ध किया गया है; 'he is boy' को '9 6 5' के रूप में कूटबद्ध किया गया है और 'girl is tall' को '9 3 8' के रूप में कूटबद्ध किया गया है। उसी भाषा में, 'she' को किस प्रकार कूटबद्ध किया गया है?

(a) 7 (b) 3
(c) 8 (d) 9

5. उस समुच्चय का चयन कीजिए, जिसमें संख्याएँ उसी प्रकार सम्बन्धित हैं जिस प्रकार निम्नलिखित समुच्चय की संख्याएँ सम्बन्धित हैं। (**नोट** संख्याओं को उसके घटक अंकों में तोड़े बिना, पूर्ण संख्याओं पर संक्रियाएँ की जानी चाहिए। उदाहरण के लिए संख्या 13 को लें 13 पर संक्रियाएँ, जैसे कि 13 में जोड़ना/घटाना/गुणा करना आदि, की जा सकती हैं। 13 को 1 और 3 में तोड़ने और फिर 1 और 3 पर गणितीय संक्रियाएँ करने की अनुमति नहीं है।)

(5, 80, 16), (18, 108, 6)

(a) (9, 81, 8) (b) (15, 185, 14)
(c) (13, 91, 7) (d) (17, 8, 135)

6. कागज की एक वर्गाकार शीट को बिन्दीदार रेखा के साथ दिखाई गई दिशाओं के अनुसार क्रमिक रूप से मोड़ा जाता है और फिर दिखाए गए चित्र के अनुसार अन्त में पंच किया जाता है। खुलने पर कागज कैसा दिखेगा?

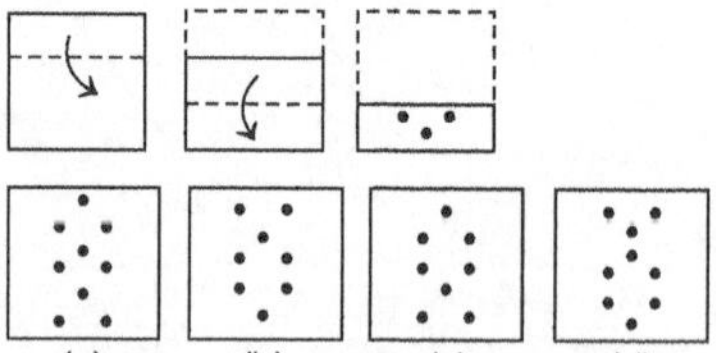

(a) (b) (c) (d)

7. तीन कथन दिए गए हैं, जिसके बाद तीन निष्कर्ष I, II और III दिए गए हैं। कथनों को सत्य मानते हुए, भले ही वे सामान्य रूप से ज्ञात तथ्यों से भिन्न प्रतीत होते हों, निर्धारित करें कि कौन सा/से निष्कर्ष कथनों का तार्किक रूप से अनुसरण करता करते है/हैं।

कथन

कुछ अनानास, सन्तरे हैं।
सभी सन्तरे, केले हैं।
सभी केले, आलूबुखारा हैं।

निष्कर्ष

I. कुछ अनानास, आलूबुखारा हैं।
II. सभी सन्तरे, आलूबुखारा हैं।
III. कोई भी अनानास, केला नहीं है।

(a) केवल निष्कर्ष I और III अनुसरण करते हैं
(b) केवल निष्कर्ष II और III अनुसरण करते हैं
(c) केवल निष्कर्ष I और II अनुसरण करते हैं
(d) केवल निष्कर्ष III अनुसरण करता है

8. उस विकल्प का चयन करें, जो पाँचवें अक्षर-समूह से उसी प्रकार सम्बन्धित है, जिस प्रकार दूसरा अक्षर-समूह पहले अक्षर-समूह से सम्बन्धित है और चौथा अक्षर-समूह तीसरे अक्षर-समूह से सम्बन्धित है।

JAP : BSH :: NDZ : FVR :: LCX : ?

(a) DVP (b) EVP
(c) EUP (d) DUP

9. उस विकल्प आकृति का चयन करें, जिसमें दी गई आकृति (X) सन्निहित है (घुमाने की अनुमति नहीं है)।

(X)

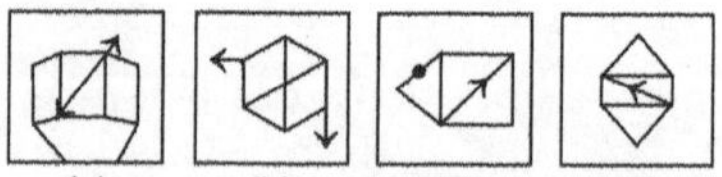

(a) (b) (c) (d)

10. विकल्पों में दी गई उस आकृति की पहचान कीजिए, जिसे प्रश्नचिह्न के स्थान पर रखने पर श्रृंखला तर्कसंगत रूप से पूर्ण हो जाएगी।

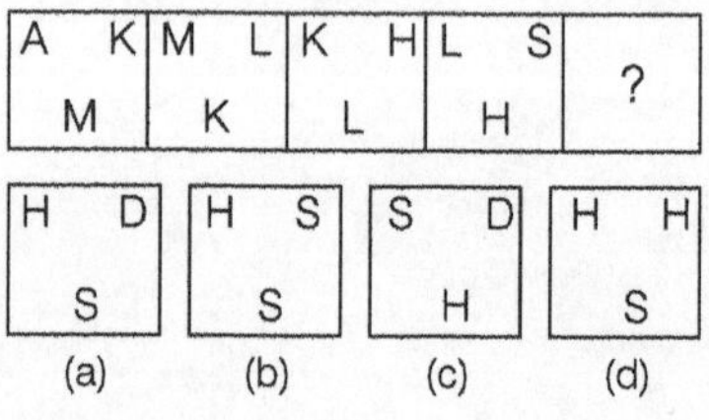

(a) (b) (c) (d)

11. यदि '+' और '−' को आपस में बदल दिया जाए और '×' और '÷' को आपस में बदल दिया जाए, तो निम्नलिखित समीकरण में प्रश्नचिह्न (?) के स्थान पर क्या आएगा?

$1064 \times 2 - 653 \div 2 + 89 = ?$

(a) 1947 (b) 1974
(c) 1749 (d) 1497

12. विकल्पों में दी गई उस आकृति की पहचान कीजिए जिसे प्रश्नचिह्न (?) के स्थान पर रखने पर श्रृंखला तार्किक रूप से पूर्ण हो जाएगी।

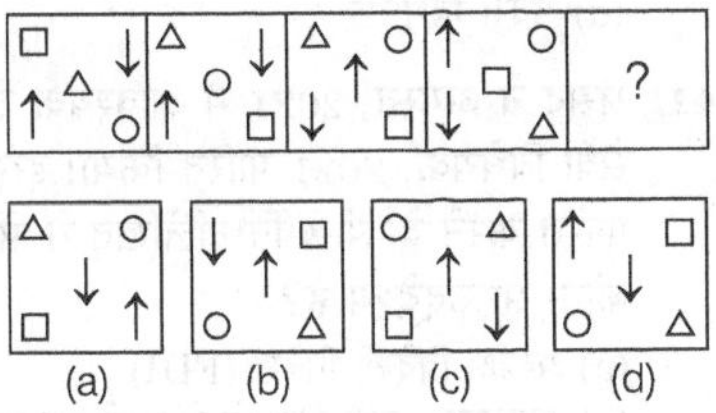

13. यदि MENTOR शब्द के सभी अक्षरों को अंग्रेजी वर्णानुक्रम में व्यवस्थित किया जाए, तो कितने अक्षरों की स्थिति अपरिवर्तित बनी रहेगी?

(a) तीन (b) दो
(c) किसी की भी नहीं (d) एक

14. जब दर्पण को दर्शाए गए अनुसार MN पर रखा जाता है, तो दी गई आकृति के सही दर्पण प्रतिबिम्ब का चयन करें।

(a) ɐmɟɔv (b) amɟcv
(c) amtcv (d) ɒmɟɔv

15. 51 एक निश्चित तर्क का अनुसरण करते हुए 256 से सम्बन्धित है। इसी तर्क का अनुसरण करते हुए 53, 266 से सम्बन्धित है। समान तर्क का अनुसरण करते हुए, 55 निम्नलिखित में से किससे सम्बन्धित है?
नोट संख्याओं को उनके घटक अंकों में विभक्त किए बिना पूर्ण संख्याओं पर संक्रियाएँ की जानी चाहिए। उदाहरण के लिए 13 को लें- 13 पर संक्रियाएँ, जैसे कि जोड़ना/घटाना/गुणा आदि 13 में की जा सकती हैं। 13 को 1 और 3 में विभक्त करना और फिर 1 और 3 पर गणितीय संक्रियाएँ करने की अनुमति नहीं है।

(a) 249 (b) 213
(c) 290 (d) 276

16. उस विकल्प का चयन करें, जो उन अक्षरों को निरूपित करता है जिन्हें नीचे दिए गए रिक्त स्थानों में बाएँ से दाएँ रखे जाने पर अक्षर श्रृंखला पूरी हो जाएगी।

_YZKXKX_ZKX_XY_KXKXYZ_XKXY

(a) KYXZK (b) XYZKK
(c) XYKZK (d) KXYKZ

17. निम्नलिखित समीकरण में, यदि '÷' और '−' को आपस में बदल दिया जाए तथा '×' और '+' को आपस में बदल दिया जाए, तो '?' के स्थान पर क्या आएगा?

$37 \div 56 - 7 \times 2 + 6 = ?$

(a) 47 (b) 41
(c) 55 (d) 37

18. एक निश्चित कूटभाषा में, 'TABU' को 'SBAV' लिखा जाता है और 'TANK' को 'SBML' लिखा जाता है। इसी कूट भाषा में 'TAIL' को किस प्रकार लिखा जाएगा?

(a) SBHM (b) SBMH
(c) SMHB (d) SMBH

19. उस समुच्चय का चयन कीजिए, जिसमें संख्याएँ उसी प्रकार से सम्बन्धित हैं जिस प्रकार निम्नलिखित समुच्चय की संख्याएँ सम्बन्धित हैं।
(3-20-7),
(5-26-8)
(**नोट** संख्याओं को उनके घटक अंकों में तोड़े बिना, पूर्ण संख्याओं पर संक्रियाएँ की जानी चाहिए। उदाहरण के लिए 13-13 पर की जाने वाली संक्रियाएँ, जैसे 13 में जोड़ना/घटाना/गुणा करना आदि की जा सकती हैं। 13 को 1 और 3 में तोड़ना और फिर 1 और 3 पर गणितीय संक्रियाएँ करने की अनुमति नहीं है)

(a) 8-28-6
(b) 17-20-13
(c) 18-70-6
(d) 5-20-8

20. निम्नलिखित संख्याओं में से तीन किसी प्रकार से एकसमान हैं और एक उनसे असंगत है। उस असंगत का चयन कीजिए।
(**नोट** गणितीय संक्रियाएँ संख्याओं को उनके घटक अंकों में तोड़े बिना पूर्ण संख्याओं पर की जानी चाहिए। उदाहरण के लिए 13-13 पर की जाने वाली संक्रियाएँ, जैसे जोड़ना, घटाना, गुणा करना इत्यादि, केवल 13 पर की जा सकती हैं। 13 को 1 और 3 में तोड़ना और तब 1 और 3 पर गणितीय संक्रियाएँ करने की अनुमति नहीं है।)

(a) 17-5-80
(b) 12-7-79
(c) 16-9-139
(d) 25-7-175

21. दिए गए विकल्पों में से उस संख्या का चयन कीजिए, जो निम्नलिखित श्रृंखला में प्रश्नचिह्न (?) को प्रतिस्थापित कर सकती है।

300, 152, 80, 48, 40, 52, ?

(a) 100 (b) 80
(c) 90 (d) 60

22. उस विकल्प का चयन कीजिए, जो तीसरे शब्द से उसी प्रकार सम्बन्धित है जिस प्रकार दूसरा शब्द, पहले शब्द से सम्बन्धित है।
(शब्दों को सार्थक हिन्दी शब्द माना जाना चाहिए और शब्द में अक्षरों की संख्या व्यंजनों/स्वरों की संख्या के आधार पर एक दूसरे से सम्बन्धित नहीं होनी चाहिए)
शक्कर : मीठी :: शिमला मिर्च : ?

(a) तीखी (b) खट्टी
(c) नमकीन (d) कड़वी

23. एक निश्चित कूटभाषा में,
'A + B' का अर्थ है 'A, B की माता है;
'A − B' का अर्थ है 'A, B का भाई है';
A × B' का अर्थ है 'A, B की पत्नी है'
और
'A ÷ B' का अर्थ है 'A, B का पिता है'।
उपर्युक्त के आधार पर, यदि 'P × Q ÷ R − S × A' है, तो S, P से किस प्रकार सम्बन्धित है?

(a) पिता (b) पुत्र
(c) पुत्री (d) माता

24. प्रश्न में ऐसे शब्द युग्म हैं, जो एक निश्चित तरीके से एक-दूसरे से सम्बन्धित हैं। निम्नलिखित चार शब्द युग्मों में से तीन शब्द युग्म एक समान हैं क्योंकि इनमें सम्बन्ध समान है और इस प्रकार वे एक समूह बनाते हैं। निम्नलिखित में से कौन-सा शब्द युग्म उस समूह से सम्बन्धित नहीं है?
(शब्दों को अर्थपूर्ण अंग्रेजी/हिन्दी शब्द माना जाना चाहिए और शब्द में अक्षरों/व्यंजनों/स्वरों की संख्या के आधार पर एक-दूसरे से सम्बन्धित नहीं होने चाहिए।)

(a) थका-थका माँदा
(b) बन्द-खुला
(c) ईमानदार-सत्यनिष्ठ
(d) ऊँचा स्वर-शोरगुल

25. नीचे दर्शाई गई आकृति में कितने त्रिभुज हैं?

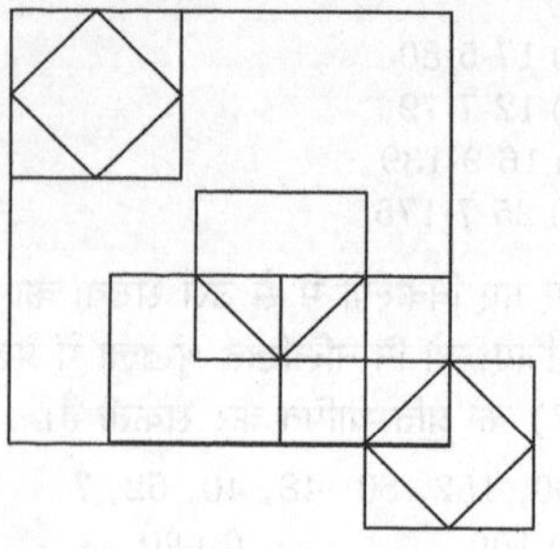

(a) 12 (b) 9
(c) 14 (d) 11

भाग II
सामान्य जागरुकता

26. निम्नलिखित में से कौन एक प्रसिद्ध सितारवादक हैं/थे?
(a) पण्डित भीमसेन जोशी
(b) उस्ताद बिस्मिल्लाह खाँ
(c) जाकिर हुसैन
(d) रविशंकर

27. राज्य विधानमण्डल के ऊपरी सदन को ...... के रूप में जाना जाता है।
(a) राज्यसभा
(b) विधानपरिषद्
(c) विधानसभा
(d) लोकसभा

28. .... पंचवर्षीय योजना के पीछे हैरोड डोमर मॉडल मुख्य विचार था।
(a) प्रथम (b) तृतीय
(c) द्वितीय (d) चतुर्थ

29. पता कीजिए कि श्वेत रंग का सिल्वर क्लोराइड सूर्य के प्रकाश में धूसर रंग का क्यों हो जाता है?
(a) प्रकाश द्वारा सिल्वर क्लोराइड के सिल्वर और क्लोरीन में अपघटन के कारण
(b) ऑक्सीजन की उपस्थिति में सिल्वर में जंग लगने के कारण
(c) सिल्वर क्लोराइड के सिल्वर ऑक्साइड में विस्थापन के कारण
(d) अपचयोपचय (रेडॉक्स) अभिक्रिया के कारण

30. आवर्तता (पीरियोडिसिटी) के सन्दर्भ में .... को मापने के लिए पिकोमीटर नामक इकाई का उपयोग किया जाता है।
(a) परमाणु त्रिज्या
(b) स्पिन क्वाण्टम संख्या
(c) मोलर द्रव्यमान
(d) परमाणु घनत्व

31. प्रथम जनजातीय खेल महोत्सव में निम्नलिखित में से कौन-सा राज्य पुरुष और महिला दोनों श्रेणियों में समग्र चैम्पियन था?
(a) महाराष्ट्र (b) ओडिशा
(c) झारखण्ड (d) छत्तीसगढ़

32. भारतीय संविधान के भाग IV A को भारतीय संविधान में .... संवैधानिक संशोधन अधिनियम के माध्यम से शामिल किया गया था।
(a) 46वें (b) 44वें
(c) 48वें (d) 42वें

33. सड़क परिवहन और राजमार्ग मन्त्रालय की वार्षिक रिपोर्ट (2020-2021) के अनुसार विश्व में सड़क नेटवर्क के सन्दर्भ में भारत का कौन-सा स्थान है?
(a) चौथा (b) पहला
(c) तीसरा (d) दूसरा

34. भूरे समुद्री शैवाल, मैक्रोएल्गी और द्विपरमाणुक (डायटम) में कौन-सा समुद्री कैरोटिनॉइड प्रचुर मात्रा में पाया जाता है?
(a) *निओजैन्थिन* (b) *ऐस्टेजैन्थिन*
(c) *β-क्रिप्टोजेन्थिन* (d) *फ्यूकोजैन्थिन*

35. निम्नलिखित में से कौन पूर्व सचिव (HRD), सूचना और प्रसारण (I & B) थे, जिन्हें अक्टूबर, 2021 में भारत के प्रधानमन्त्री के सलाहकार के रूप में नियुक्त किया गया है?
(a) अमरजीत सिन्हा (b) अमित खरे
(c) श्री अपूर्व चन्द्रा (d) पी. के. सिन्हा

36. निम्नलिखित में से कौन-सी पश्चिम की ओर बहने वाली नदियाँ हैं?
(a) कृष्णा और कावेरी
(b) गंगा और यमुना
(c) गोदावरी और महानदी
(d) माही और साबरमती

37. वैदिककाल में प्रचलित वर्ण व्यवस्था के अनुसार, निम्नलिखित में से कौन-सा एक वर्ण नहीं था?
(a) वैश्य (b) क्षत्रिय
(c) समिति (d) ब्राह्मण

38. दूधवाला ताजे दूध में बहुत कम मात्रा में बेकिंग सोडा क्यों मिलाता है?
(a) ताजे दूध का pH, 6 से बढ़ाकर थोड़ा क्षारीय करने के लिए
(b) ताजे दूध का pH, 6 से घटाकर थोड़ा अधिक अम्लीय करने के लिए
(c) ताजे दूध का pH, 6 से घटाकर थोड़ा क्षारीय करने के लिए
(d) ताजे दूध का pH लम्बे समय तक 6 पर बनाए रखने के लिए

39. वर्ष 2012 लन्दन ओलम्पिक खेलों में देश का प्रतिनिधित्व करने वाली पहली भारतीय महिला पहलवान कौन थी?
(a) विनेश फोगाट (b) साक्षी मलिक
(c) बबीता फोगाट (d) गीता फोगाट

40. भारतीय शास्त्रीय वायलिन वादक अन्नवरपु रामास्वामी को वर्ष 2021 में .... से सम्मानित किया गया।
(a) पद्म भूषण
(b) पद्मश्री
(c) संगीत नाटक अकादमी
(d) पद्म विभूषण

41. संसद ने अगस्त, 2021 में आवश्यक रक्षा सेवा विधेयक, 2021 पारित किया। इसे पारित करने के पीछे निम्नलिखित में से कौन-सा उद्देश्य है?
(a) प्रत्यक्ष विदेशी निवेश (FDI)
(b) आवश्यक रक्षा सेवाओं में लगी इकाइयों में हड़ताल, तालाबन्दी और छँटनी पर रोक लगाना
(c) रक्षा सेवाओं में अधिक महिलाओं की नियुक्ति करना
(d) वन रैंक वन पेंशन लागू करना

42. सिद्धू और कान्हू निम्नलिखित में से कौन-से आदिवासी विद्रोह के नेता थे?
(a) मुण्डा (b) कोल
(c) सन्थाल (d) मोपला

43. 1828 ई. में कलकत्ता में ब्रह्म समाज की स्थापना किसने की थी?
(a) गोपालकृष्ण गोखले
(b) स्वामी विवेकानन्द
(c) राममोहन राय
(d) रमाबाई रानाडे

44. जुलाई, 2023 तक की स्थिति के अनुसार, निम्नलिखित में से कौन उत्तर प्रदेश के उप-मुख्यमन्त्रियों में से एक हैं?
(a) नरोत्तम मिश्रा (b) केशव प्रसाद मौर्य
(c) योगी आदित्यनाथ (d) मनोज सिन्हा

45. निम्नलिखित में से किस अधिनियम के तहत, ब्रिटिश भारत के प्रशासन को नियन्त्रित और संचालित करने के लिए इंग्लैंड में नियन्त्रण बोर्ड की स्थापना की गई थी?
(a) चार्टर अधिनियम, 1813
(b) विनियमन अधिनियम, 1773
(c) चार्टर अधिनियम, 1793
(d) पिट्स इण्डिया अधिनियम, 1784

46. पृथ्वी के सबसे बाहरी भाग को .... के रूप में जाना जाता है।
(a) ज्वालामुखी (b) भूपर्पटी
(c) आच्छादन (d) क्रोड

47. गरीबी रेखा से नीचे के लोगों को स्वास्थ्य बीमा प्रदान करने के लिए राष्ट्रीय स्वास्थ्य बीमा योजना कब शुरू की गई थी?
(a) वर्ष 2008 (b) वर्ष 2017
(c) वर्ष 2009 (d) वर्ष 2014

48. मुद्रा आपूर्ति एक .... अवधारणा है।
(a) प्रवाह (b) स्टॉक
(c) अपरिमेय (d) परिमेय

49. तीन कवियों पम्पा, पोना और रन्ना को .... के तीन रत्न कहा जाता है।
(a) तेलुगू साहित्य
(b) तमिल साहित्य
(c) कन्नड़ साहित्य
(d) संस्कृत साहित्य

50. प्रत्येक राज्य का .... गणतन्त्र दिवस पर अपनी राजधानी में झण्डा फहराता है।
(a) उच्च न्यायालय के न्यायाधीश
(b) मुख्यमन्त्री
(c) राज्यपाल
(d) अध्यक्ष

भाग III
संख्यात्मक अभियोग्यता

51. यदि आयतन 512 सेमी³ के तीन घनों को एक सिरे से दूसरे सिरे तक जोड़ा जाए, तो परिणामी घनाभ का पृष्ठीय क्षेत्रफल ज्ञात कीजिए।
(a) 896 सेमी² (b) 895 सेमी²
(c) 869 सेमी² (d) 986 सेमी²

52. केन्द्र O वाले किसी वृत्त में, AOC व्यास है। B, वृत्त की परिधि पर एक बिन्दु इस प्रकार है कि चाप AB, चाप BC का $\frac{1}{5}$ है। $\angle BOC$ की माप (डिग्री में) कितनी है?
(a) 80° (b) 150°
(c) 30° (d) 120°

53. दी गई तालिका वर्ष 2015 से 2019 तक विभिन्न शोरूमों द्वारा बेचे गए टेलीविज़नों की संख्या को दर्शाती है।

वर्ष/शोरूम	A	B	C	D
2015	212	200	205	208
2016	210	215	225	220
2017	190	204	212	205
2018	198	212	222	224
2019	218	192	205	203

2017 में शोरूम A, B और C से टेलीविज़नों की बिक्री और 2019 में शोरूम B, C और D से टेलीविज़नों की बिक्री के बीच अन्तर ज्ञात कीजिए।
(a) 5 (b) 8
(c) 6 (d) 3

54. किस θ कोण पर, $\sin\theta$ और $\cos\theta$ का मान समान होगा?
(a) 60° (b) 30°
(c) 45° (d) 75°

55. निम्नलिखित का सरलीकरण करें
$\left[\left(5\frac{1}{2}-3\frac{1}{3}\right)\right.$ का
$\left.1\frac{15}{13}+1-2\times3\frac{5}{2}\div2\frac{3}{4}\right]$
(a) $3\frac{1}{2}$ (b) -2
(c) 0 (d) $\frac{11}{2}$

56. एक वृत्त के केन्द्र से 12 सेमी की दूरी पर 32 सेमी लम्बाई वाली एक जीवा खींची जाती है। वृत्त की त्रिज्या ज्ञात कीजिए।
(a) 28 सेमी (b) 20 सेमी
(c) 22 सेमी (d) 18 सेमी

57. एक निर्वाचन क्षेत्र में कुल मतदाताओं में से 45% पुरुष हैं और शेष महिलाएँ हैं। यदि 60% पुरुष निरक्षर हैं और 60% महिलाएँ साक्षर हैं, तो निरक्षर महिलाओं की संख्या, साक्षर पुरुषों की तुलना में कितने प्रतिशत अधिक है? (दशमलव के दो स्थानों तक पूर्णांकित)
(a) 27.23% (b) 30.24%
(c) 22.22इ (d) 19.11%

58. एक दुकानदार ने अपनी $\frac{5}{8}$ वस्तुओं को 20% के लाभ पर और शेष को क्रय मूल्य पर बेचा। पूरे सौदे में उसका लाभ प्रतिशत कितना है?
(a) $16\frac{1}{2}\%$ (b) $12\frac{1}{2}\%$
(c) $13\frac{1}{2}\%$ (d) $14\frac{1}{2}\%$

59. एक संख्या r को 8 से विभाजित करने पर 3 शेष बचता है। (r^2+6r+7) को 8 से विभाजित करने पर शेषफल क्या होगा?
(a) 2 (b) 1
(c) 4 (d) 3

60. एक दुकानदार खरीदारों के लिए निम्नलिखित छूट योजनाएँ प्रदान करता है।
I. 15% और 20% की दो क्रमिक छूट
II. 25% और 10% की क्रमिक छूट
III. 33% की छूट
किस योजना के तहत विक्रय मूल्य न्यूनतम होगा?
(a) II (b) III
(c) I (d) I या II

61. यदि $\sec(t)=\frac{x}{y}$ है, तो $\cot(t)$ किसके बराबर है?
(a) $\frac{x}{\sqrt{x^2-y^2}}$ (b) $\frac{x}{\sqrt{x^2+y^2}}$
(c) $\frac{y}{\sqrt{x^2-y^2}}$ (d) $\frac{y}{\sqrt{x^2+y^2}}$

62. किसी चाल से चलती हुई एक मोटरबोट धारा की विपरीत दिशा में 24 किमी और धारा की दिशा में 40 किमी की दूरी 17 घण्टे में तय कर सकती है। समान चाल से यह 10 घण्टे में धारा की दिशा में 32 किमी और धारा की विपरीत दिशा में 12 किमी की यात्रा कर सकती है। धारा की चाल क्या है?
(a) 2 किमी/घण्टा (b) 4 किमी/घण्टा
(c) 5 किमी/घण्टा (d) 3 किमी/घण्टा

63. यदि निम्नलिखित समीकरणों की प्रणाली में चरों का मान लगातार तीन पूर्णांकों के रूप में है, तो a का मान .... है।
$x-y+z=2a$
$x+4y-2z=3(4-a)$
$2x-3y+4z=6-2a$
(a) 3 (b) 1
(c) 2 (d) 4

64. दिए गए पाई-चार्ट का अध्ययन करें और रिक्त स्थान को भरने के लिए सबसे उपयुक्त विकल्प का चयन करें। दिया गया पाई-चार्ट एक दुकान की एक दिन में विभिन्न फलों की बिक्री दर्शाता है। यदि एक फल विक्रेता द्वारा एक दिन में बेचे गए फलों की कुल संख्या 1200 है, तो बेचे गए केलों की संख्या है.

फलों की बिक्री

(a) 520 (b) 480
(c) 360 (d) 240

65. 36 और 100 का मध्यानुपाती ज्ञात कीजिए।
(a) 55 (b) 65
(c) 70 (d) 60

66. पाइप X एक टंकी को 60 घण्टे में भर सकती है, जबकि पाइप Y उस टंकी को 72 घण्टे में भर सकता है। दोनों पाइपों को एक साथ 20 घण्टे के लिए खोला जाता है। टंकी का कितना भाग खाली बचेगा?

(a) $\frac{3}{8}$ (b) $\frac{1}{8}$
(c) $\frac{243}{360}$ (d) $\frac{7}{18}$

67. पाँच क्रमागत संख्याओं का योग 80 है। सबसे बड़ी संख्या ज्ञात कीजिए।

(a) 14 (b) 19
(c) 18 (d)15

68. 24 सेमी त्रिज्या वाला एक वृत्तीय चाप केन्द्र पर 60° का कोण बनाता है। निर्मित त्रिज्यखण्ड का परिमाप क्या होगा? (? = 3.14 का उपयोग कीजिए।

(a) 73.12 सेमी
(b) 63.12 सेमी
(c) 73.22 सेमी
(d) 74.32 सेमी

69. एक निश्चित मूलधन 6 वर्षों के लिए साधारण ब्याज की एक निश्चित दर पर दिया जाता है। यदि इसे 7% अधिक दर पर दिया जाता, तो ₹ 1512 अधिक प्राप्त होते। वह मूलधन (₹ में) ज्ञात कीजिए।

(a) 3100
(b) 3600
(c) 4200
(d) 3200

70. निम्नलिखित तालिका 2015 से 2019 तक विभिन्न श्रेणियों में किसी कम्पनी के व्यय (हजार रुपयों में) को दर्शाती है।

वर्ष	वेतन	ईंधन और परिवहन	बोनस	ऋणों पर ब्याज	कर
2015	288	98	3	23.4	83
2016	343	112	2.52	32.5	108
2017	324	101	3.84	41.6	74
2018	336	133	3.68	36.4	88
2019	420	142	3.96	49.6	98

2015 से 2019 तक प्रति वर्ष ईंधन और परिवहन पर कम्पनी द्वारा भुगतान की गई औसत राशि (₹ में) ज्ञात कीजिए।

(a) 118200
(b) 115200
(c) 117200
(d) 116500

71. यदि $x = 7 - 4\sqrt{3}$ है, तो $\left(x^2 + \frac{1}{x^2}\right)$ का मान ज्ञात कीजिए।

(a) 188 (b) 186
(c) 196 (d) 194

72. एक आयताकार बगीचे का परिमाप 48 मी है। यदि लम्बाई, चौड़ाई से 6 मी अधिक है, तो बगीचे का क्षेत्रफल (मी² में) क्या है?

(a) 112
(b) 135
(c) 84
(d) 96

73. यदि ΔABC और ΔQPR सर्वांगसम त्रिभुज इस प्रकार हैं कि $AB = 7$ सेमी है, $AC = 8$ सेमी है, $\angle B = 65°$ और $\angle C = 75°$ है, तो निम्नलिखित में से कौन- सा सत्य है?

(a) $\angle R = 75°$ और $PQ = 8$ सेमी
(b) $AC = PR$ और $\angle P = 65°$
(c) $PQ = 7$ सेमी और $\angle R = 75°$
(d) $\angle Q = 40°$ और $RQ = 7$ सेमी

74. 2010 में एक कम्पनी के कुल व्यय को विभिन्न व्यय मदों के तहत वर्गीकृत किया गया था और उनका प्रतिशत बंटन नीचे दिए गए बार- ग्राफ में दर्शाया गया है।

कम्पनी के कुल व्यय का प्रतिशत बंटन

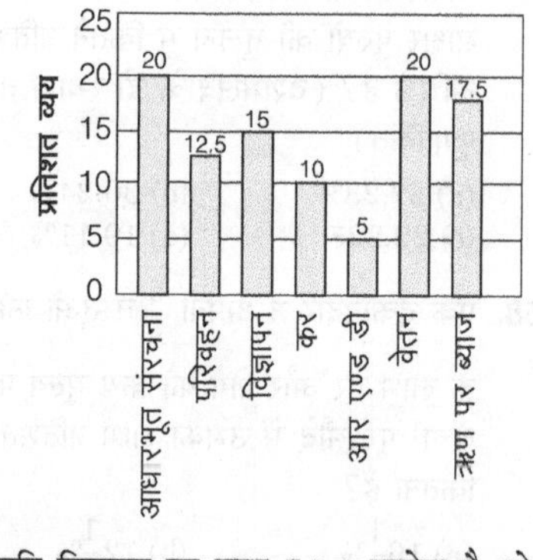

यदि विज्ञापन पर व्यय ₹ 2.1 करोड़ है, तो परिवहन और करों पर व्यय के बीच का अन्तर है।

(a) ₹ 242 लाख
(b) ₹ 32 लाख
(c) ₹ 35 लाख
(d) ₹ 30 लाख

75. यदि $3\sin A + 4\cos A = 5$ है, तो $\tan A$ का मान ज्ञात कीजिए।

(a) $\frac{4}{5}$ (b) $\frac{3}{4}$
(c) $\frac{3}{5}$ (d) $\frac{5}{4}$

भाग IV
अंग्रेजी भाषा

76. Select the incorrectly spelt word.

(a) Conscientious
(b) Mischievious
(c) Ostentatious
(d) Accommodate

77. Select the correctly spelt word to fill in the blank.

Helium is used with oxygen for asthma treatment because it ……….. very easily.

(a) difusez
(b) difuses
(c) diffuses
(d) diffuzes

78. Select the most appropriate synonym of the given word.

Exceptional

(a) Trivial
(b) Emotional
(c) Total
(d) Outstanding

79. Select the sentence in which the '-ing' form of verb expresses the continuity of an action/event.

(a) Reading novels is my favourite pastime.
(b) I am fond of reading science fiction.
(c) Please do not disturb me. I am preparing for exams.
(d) The optician advised me to use reading glasses.

80. Select the option that can be used as a one-word substitute for the given group of words.

One who eats the flesh of his own species

(a) Non-vegetarian
(b) Vegan
(c) Cannibal
(d) Mammal

81. Select the most appropriate antonym of the underlined word in the given sentence.

The appearance of most of the animals in jungle is <u>deceptive</u> in nature.

(a) honest (b) illusive
(c) ugly (d) beautiful

82. Select the option that expresses the given sentence in passive voice.
Dipesh will send Rakesh away to college for certain reasons.
(a) Rakesh will have to be sent away to college for certain reasons by Dipesh.
(b) Rakesh will be sent away to college for certain reasons by Dipesh.
(c) Rakesh would have been sent away to college for certain reasons by Dipesh.
(d) Rakesh would be sent away to college for certain reasons by Dipesh.

83. Select the most appropriate antonym of the underlined word.
The long-standing feud between the two villages was settled due to the intervention of the two chiefs.
(a) humility (b) harmony
(c) humble (d) honesty

84. Select the most appropriate synonym of the given word.
Forsake
(a) Accelerate (b) Reveal
(c) Abandon (d) Clutch

85. Select the most appropriate homophone to fill in the blank.
He .... his bike as fast as he could to reach home.
(a) rode (b) road
(c) rowed (d) rote

86. Select the most appropriate option that can substitute the underlined segment in the given sentence.
Sivamani is working as an electrician for the past 22 years.
(a) had been worked
(b) has been working
(c) have been working
(d) would work

87. Select the most appropriate idiom to fill the blank in the given situation.
I thought Sadhna would always stick by me, but when I got into trouble, she turned out to be a/an ....
(a) hard nut to crack
(b) open secret
(c) fair-weather friend
(d) white elephant

88. Select the most appropriate option to substitute the underlined word segment in the given sentence.
Her thinning grey hair was hanging on her bony forehead.
(a) falling about
(b) urging ahead
(c) straggling over
(d) sinking from

89. Select the option that can be used as a one-word substitute for the underlined segment.
My father always tells amusing and true stories from his childhood at bedtime.
(a) anecdotes (b) sonnets
(c) fables (d) allegories

90. Select the option that spots the error in the use of preposition in the given sentence.
Deepa and Seema are both good with running, but Deepa is also good at catching the ball and throwing it to the right corner in time.
(a) to the right corner.
(b) at catching the ball
(c) good with running
(d) in time

91. Select the most appropriate option that can substitute the underlined word in the given sentence.
An intense wish to learn something keeps the nerves active.
(a) powerful (b) fixed
(c) lazy (d) half-hearted

92. Select the most appropriate option that can substitute the idiom in the given brackets.
His PhD degree seems to be (Penelope's web).
(a) An important task
(b) A difficult task
(c) A secret task
(d) An endless task

93. Select the option that can be used as a one-word substitute for the underlined group of words.
Humour that describes the weaknesses of the other person is itself a crime among peer groups.
(a) A joke (b) Attire
(c) Satire (d) A curse

94. Select the option that expresses the given sentence in active voice.
Why are you repeatedly called by her?
(a) Why she calls you repeatedly?
(b) Why had she called you repeatedly?
(c) Why was she calling you repeatedly?
(d) Why does she call you repeatedly?

95. Select the most appropriate antonym of the given word.
Autonomy
(a) Dependence
(b) Permanence
(c) Independence
(d) Economical

Directions (Q.Nos. 96-100) *In the following passage, some words have been deleted. Read the passage carefully and select the most appropriate option to fill in each blank.*

The limbs of the flying squirrel are interlinked with a membrane. When the creature ....(1)........... into the air, the membrane opens and the squirrel seems to ....(2)........... swiftly downwards. This movement gives the ....(3).......... of flight. However, it is not flying really. It is a ....(4)...........in the air from a higher level. It is also noteworthy that a squirrel cannot ....(5)........... its direction while it is in flying mode.

96. Select the most appropriate option to fill in blank number 1.
(a) spring (b) cross
(c) hurdle (d) leaps

97. Select the most appropriate option to fill in blank number 2.
(a) skate (b) skim
(c) wheel (d) glide

98. Select the most appropriate option to fill in blank number 3.
(a) affect (b) suspicion
(c) fancy
(d) impression

99. Select the most appropriate option to fill in blank number 4.
(a) progress (b) motion
(c) sign (d) wave

100. Select the most appropriate option to fill in blank number 5.
(a) adopt (b) replace
(c) adept (d) swap

उत्तरमाला

1. (c)	2. (a)	3. (c)	4. (a)
5. (c)	6. (d)	7. (c)	8. (d)
9. (a)	10. (a)	11. (c)	12. (d)
13. (d)	14 (d)	15. (d)	16. (c)
17. (b)	18. (a)	19. (a)	20. (d)
21. (c)	22. (a)	23. (c)	24. (b)
25. (c)	26. (d)	27. (b)	28. (a)
29. (a)	30. (a)	31. (b)	32. (d)
33. (d)	34. (d)	35. (b)	36. (d)
37. (c)	38. (a)	39. (d)	40. (b)
41. (b)	42. (c)	43. (c)	44. (b)
45. (d)	46. (b)	47. (a)	48. (b)
49. (c)	50. (c)	51. (a)	52. (b)
53. (c)	54. (c)	55. (c)	56. (b)
57. (c)	58. (b)	59. (a)	60. (b)
61. (c)	62. (d)	63. (b)	64. (b)
65. (d)	66. (d)	67. (c)	68. (a)
69. (b)	70. (c)	71. (d)	72. (b)
73. (c)	74. (c)	75. (b)	76. (b)
77. (c)	78. (d)	79. (c)	80. (c)
81. (a)	82. (b)	83. (b)	84. (c)
85. (a)	86. (b)	87. (c)	88. (c)
89. (a)	90. (c)	91. (a)	92. (d)
93. (c)	94. (d)	95. (a)	96. (d)
97. (d)	98. (d)	99. (b)	100. (d)

व्याख्या

1. *(c)* दी गई शृंखला का पैटर्न निम्न है,

$W \xrightarrow{-1} V \xrightarrow{-1} U \xrightarrow{-1} T \xrightarrow{-1} S$

$I \xrightarrow{-1} H \xrightarrow{-1} G \xrightarrow{-1} F \xrightarrow{-1} E$

$X \xrightarrow{-1} W \xrightarrow{-1} V \xrightarrow{-1} U \xrightarrow{-1} T$

2. *(a)* पासे की पहली व दूसरी स्थिति में अक्षर B तथा C उभयनिष्ठ हैं।

अत: शेष बचा अक्षर 'E', अक्षर 'A' के विपरीत फलक पर होगा।

3. *(c)* प्रश्नानुसार,

Ⓓ Ⓡ Ⓘ V Ⓔ → ⑥②⑦④ 9

Ⓡ Ⓘ Ⓓ Ⓔ S → ⑦⑥②8 ④

अत: V का कूट = 9

4. *(a)* प्रश्नानुसार, she (is) girl → 7 3 ⑨

he (is) boy → ⑨ 6 5

girl (is) tall → ⑨ 3 8

अत: she का कूट = 7

5. *(c)* जिस प्रकार,

$(5, 80, 16) \Rightarrow 5 \times 16 = 80$

तथा $(18, 108, 6) \Rightarrow 18 \times 6 = 108$

उसी प्रकार,

$(13, 91, 7) \Rightarrow 13 \times 7 = 91$

6. *(d)* दिए गए चित्रानुसार कागज को मोड़ने के उपरान्त खोलने पर यह विकल्प आकृति (d) जैसा दिखाई देगा।

7. *(c)* कथनानुसार,

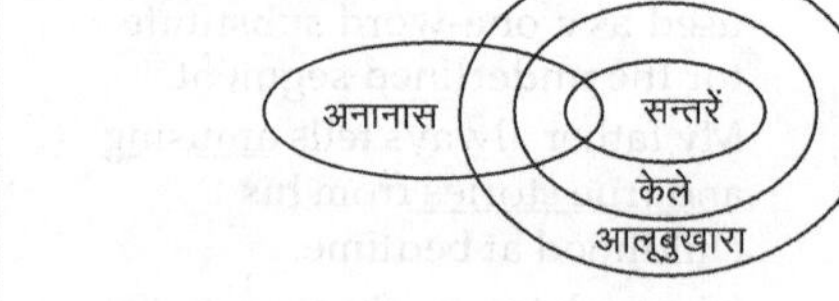

निष्कर्ष I. (✓) II. (✓) (III). (✗)

अत: केवल निष्कर्ष I और II अनुसरण करता है।

8. *(d)* जिस प्रकार,

J → −8 → B, A → −8 → S, P → −8 → H ; तथा N → −8 → F, D → −8 → V, Z → −8 → R

उसी प्रकार,

L → −8 → D, C → −8 → U, X → −8 → P

9. *(a)* दी गई आकृति (X) विकल्प (a) की आकृति में सन्निहित है।

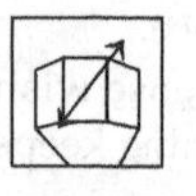

10. *(a)* दी गई आकृति शृंखला के प्रत्येक अगली आकृति में ऊपरी बाएँ कोने का अक्षर, ऊपर दाएँ कोने में नए अक्षर से बदल जाता है, ऊपरी दाएँ कोने का अक्षर निचली पंक्ति में बीच में व निचली पंक्ति के बीच का अक्षर ऊपरी बाएँ कोने पर स्थानान्तरित हो रहा है। इस प्रकार शृंखला की अगली आकृति विकल्प (a) की आकृति होगी।

11. *(c)* $? = 1064 \times 2 - 653 \div 2 + 89$

प्रश्नानुसार,

$? = 1064 \div 2 + 653 \times 2 - 89$

$= 532 + 653 \times 2 - 89$

$= 532 + 1306 - 89$

$= 1838 - 89 = \boxed{1749}$

12. *(d)* दी गई आकृति शृंखला एकान्तर क्रम शृंखला है जिसमें आकृतियों के परिवर्तन का पैटर्न निम्न है,

आकृति (i) से (ii) आकृति (ii) से (iii)

तथा आकृति (iii) से (iv) तथा आकृति (iv) से (v)

इस प्रकार शृंखला की पाँचवीं आकृति दूसरे पैटर्न का अनुसरण कर विकल्प आकृति (d) होगी।

13. *(d)* मूल शब्द क्रम → M E N T O R

वर्णमालानुसार क्रम → E M N O R T

अत: केवल एक अक्षर 'N' की स्थिति अपरिवर्तित रहेगी।

14. *(d)* दिए गए संयोजन का सही दर्पण प्रतिबिम्ब विकल्प (d) की आकृति का संयोजन है।

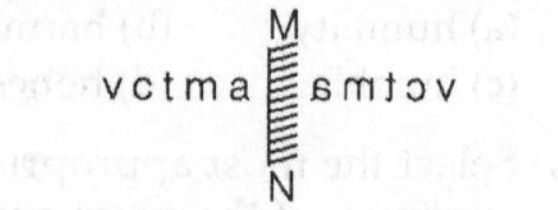

15. *(d)* जिस प्रकार,

$51 \rightarrow 51 \times 5 + 1 = 255 + 1 = 256$

तथा $53 \rightarrow 53 \times 5 + 1 = 265 + 1 = 266$

उसी प्रकार,

$55 \rightarrow 55 \times 5 + 1 = 275 + 1 = \boxed{276}$

16. *(c)* दिए गए अक्षर-शृंखला का क्रम निम्न है

X Y Z K X K / X Y Z K X K / X Y Z K X K / X Y Z K X K / X Y ......

अभीष्ट संयोजन = X Y K Z K

17. *(b)* $? = 37 \div 56 - 7 \times 2 + 6$

प्रश्नानुसार, $\div \Leftrightarrow -, \times \Leftrightarrow +$

$? = 37 - 56 \div 7 + 2 \times 6$

$= 37 - 8 + 2 \times 6$

$= 37 - 8 + 12 = 49 - 8 = \boxed{41}$

18. *(a)* जिस प्रकार,

T → −1 → S, A → +1 → B, B → −1 → A, U → +1 → V

तथा

T → −1 → S, A → +1 → B, N → −1 → M, K → +1 → L

उसी प्रकार,

T → −1 → S, A → +1 → B, I → −1 → H, L → +1 → M

19. *(a)* जिस प्रकार,
$(3-20-7) \Rightarrow (3+7) \times 2 = 10 \times 2 = 20$
तथा $(5-26-8)$
$\Rightarrow (5+8) \times 2 = 13 \times 2 = 26$
उसी प्रकार, $(8-28-6)$
$\Rightarrow (8+6) \times 2 = 14 \times 2 = 28$

20. *(d)* $(17-5-80)$
$\Rightarrow (17 \times 5) - 5 = 85 - 5 = 80$
$(12-7-79)$
$\Rightarrow (12 \times 7) - 5 = 84 - 5 = 79$
$(16-9-139)$
$\Rightarrow (16 \times 9) - 5 = 144 - 5 = 139$
परन्तु, $(25-7-175)$
$\Rightarrow (25 \times 7) - 5 = 175 - 5 = \boxed{170} \neq 175$

21. *(c)* दी गई संख्या श्रृंखला का क्रम निम्न हैं,

300 152 80 48 40 52 [90]
÷2+2 ÷2+4 ÷2+8 ÷2+16 ÷2+32 ÷2+64

22. *(a)* जिस प्रकार शक्कर स्वाद में मीठी होती है, उसी प्रकार शिमला मिर्च स्वाद में 'तीखी' होती है।

23. *(c)* प्रश्नानुसार,

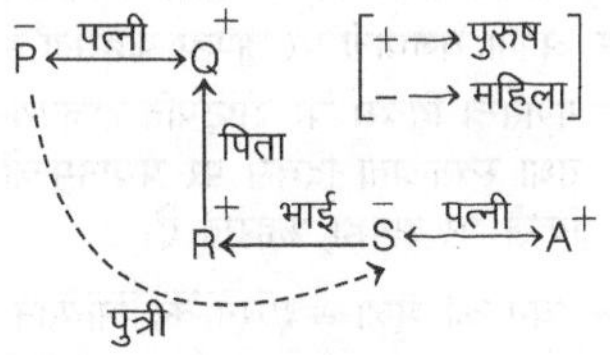

अत: S, P की पुत्री है।

24. *(b)* दिए गए विकल्पों में बन्द व खुला एक-दूसरे के विपरीतार्थक शब्द है जबकि अन्य शब्द युग्म समानार्थी शब्द हैं।

25. *(c)* दी गई आकृति से,

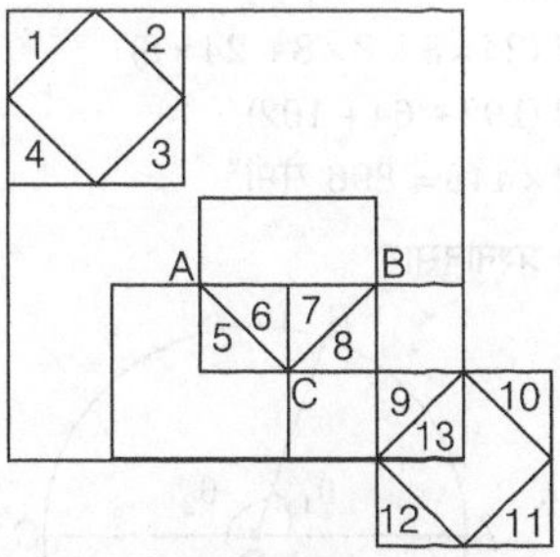

अत: त्रिभुजों की कुल संख्या
$= 13 + \Delta ABC = 14$

26. *(d)* पण्डित रविशंकर एक भारतीय संगीतकार और सितार वादक थे।
- इन्हें वर्ष 1999 में भारत के सर्वोच्च नागरिक सम्मान भारत रत्न से सम्मानित किया गया था।
- इन्हें वर्ष 1967 में ग्रैमी पुरस्कार से भी सम्मानित किया गया था।
- पण्डित रविशंकर को चार अलग-अलग वर्षों (1967, 1971, 2000, 2013) में ग्रैमी अवार्ड मिला था।

27. *(b)* भारतीय संविधान के अनुच्छेद 169 में विधानपरिषद् की स्थापना को परिभाषित किया गया है।
- विधानपरिषद् एक स्थायी निकाय है, जिसके सदस्यों की संख्या निश्चित होती है।
- इसकी संख्या का निर्धारण राष्ट्रपति के द्वारा किया जाता है।
- भारत में केवल छ: राज्यों में विधानपरिषद् हैं-आन्ध्र प्रदेश, बिहार, कर्नाटक, महाराष्ट्र, तेलंगाना और उत्तर प्रदेश।

28. *(a)* प्रथम पंचवर्षीय योजना (1951-56) के पीछे हैरोड-डोमर का मॉडल का मुख्य विचार था।
- इस योजना का मुख्य उद्देश्य प्राथमिक क्षेत्र का विकास था।
- यह योजना सफल रही और 3.6% (अपने लक्ष्य 2.1% से अधिक) की वृद्धि दर प्राप्त की।

29. *(a)* श्वेत रंग का सिल्वर क्लोराइड सूर्य के प्रकाश में धूसर रंग का हो जाता है, जिसका कारण है, प्रकाश द्वारा सिल्वर क्लोराइड के सिल्वर और क्लोरीन में अपघटन।
- सिल्वर आयन पर्यावरण में अन्य पदार्थों के साथ मिलकर एक सफेद अवक्षेप बनाते हैं।
- सिल्वर क्लोराइड को गहरे रंग की बोतलों में रखा जाता है, जिससे प्रकाश के प्रवाह को अवरुद्ध किया जा सके और सिल्वर क्लोराइड का विघटन न हो सके।

30. *(a)* आवर्तता (परियोडिसिटी) के सन्दर्भ में परमाणु त्रिज्या को मापन के लिए पिकोमीटर नामक इकाई का उपयोग किया जाता है।
- परमाणु त्रिज्या एक परमाणु के नाभिक और उसके संयोजकता इलेक्ट्रॉनों के बीच की दूरी है।
- जब परमाणु की त्रिज्या बढ़ती है, तो परमाणु का आकार भी बढ़ता है।

31. *(b)* प्रथम जनजातीय खेल महोत्सव में ओडिशा राज्य पुरुष और महिला दोनों श्रेणियों में समग्र चैम्पियन रहा था।
- यह खेल महोत्सव ओडिशा सरकार और केन्द्रीय संस्कृति मन्त्रालय के संयुक्त प्रयास से आयोजित किया गया था।
- इस खेल का आयोजन 9 जून, 2023 से 12 जून, 2023 तक कलिंगा इन्स्टीट्यूट ऑफ सोशल साइन्स भुवनेश्वर, ओडिशा में किया गया था।
- इस खेल महोत्सव का शुभंकर 'भीम' था।

32. *(d)* संविधान के भाग IV-A में मौलिक कर्त्तव्यों को शामिल करने के लिए वर्ष 1976 में 42वाँ संविधान संशोधन किया गया था।
- 42वें संविधान संशोधन को मिनी-संविधान कहा जाता है।
- इस संशोधन के तहत, प्रस्तावना में समाजवादी, पन्थनिरपेक्ष और अखण्डता शब्द जोड़े गए थे।
- इस संशोधन के तहत भारत के शासन की एकात्मक प्रणाली को संघीय प्रणाली में बदला गया था।

33. *(d)* सड़क परिवहन और राजमार्ग मन्त्रालय की वार्षिक रिपोर्ट (2020-21) के अनुसार विश्व में सड़क नेटवर्क के सन्दर्भ में अमेरिका के बाद भारत का दूसरा स्थान है।
- वर्ष 2024 में भारत में लगभग 66.71 लाख किमी (राष्ट्रीय राजमार्ग : 146145 किमी, राज्य राजमार्ग: 179535 किमी, अन्य सड़कें : 6345403 किमी) का सड़क नेटवर्क है।
- भारतीय राष्ट्रीय राजमार्ग प्राधिकरण (NHAI) को राष्ट्रीय राजमार्गों के विकास और रख-रखाव का कार्य सौंपा गया है।

34. *(d)* भूरे समुद्री शैवाल, मैक्रोएल्गी और द्विपरमाणुक (डायटम) में फ्यूकोजैन्थिन (fucoxanthin) नामक समुद्री कैरोटिनॉइड प्रचुर मात्रा में पाया जाता है।
- फ्यूकोजैन्थिन भूरे रंग का पिगमेण्ट है, जो समुद्री शैवालों को रंग प्रदान एवं प्रकाश संश्लेषण में सहायता करता है।

35. *(b)* अमित खरे पूर्व सचिव (HRD), सूचना और प्रसारण (I & B) थे। इन्हें अक्टूबर 2021 में दो वर्ष के लिए भारत के प्रधानमन्त्री के सलाहकार के रूप में नियुक्त किया गया था।

36. *(d)* भारत में पश्चिम की ओर बहने वाली नदियाँ, नर्मदा, ताप्ती, माही, साबरमती और लूनी हैं।
- माही नदी मध्य प्रदेश के धार जिले के पास विंध्याचल पहाड़ियों में मेहद झील से निकलती है।
- माही नदी भारत की एकमात्र नदी है, जो कर्क रेखा को दो बार काटती है।
- साबरमती नदी राजस्थान के उदयपुर जिले में अरावली पहाड़ियों से निकलती है।

37. *(c)* वैदिककाल वर्ण व्यवस्था को चार वर्गों में बाँटा गया था।
- ये चार वर्ग—ब्राह्मण, क्षत्रिय, वैश्य और शूद्र हैं।
- समिति आम जनमानस की संस्था थी। इनके सदस्य सामान्य विषयों पर चर्चा करते थे।
- वैदिककाल में समिति का मुख्य कार्य राजा का निर्वाचन करना होता था।

38. *(a)* एक दूधवाला दूध के अम्लीकरण को रोकने के लिए ताजे दूध में थोड़ी मात्रा में बेकिंग सोडा ($NaHCO_3$) मिलाता है।
- थोड़ी मात्रा में बेकिंग सोडा मिलाकर, दूधवाला ताजे दूध के pH को 6 से बढ़ाकर थोड़ा क्षारीय में बदल देता है, ताकि वह इसे अधिक समय तक क्षारीय स्थिति में दूध के रूप में रख सके।
- इस तरह दूध के खट्टे व खराब होने में अधिक समय लगता है।

39. *(d)* गीता फोगाट ओलम्पिक के लिए क्वालीफाई करने वाली पहली भारतीय महिला थीं।
- गीता फोगाट एक फ्रीस्टाइल पहलवान है, जिन्होंने वर्ष 2010 में राष्ट्रमण्डल खेल कुश्ती में भारत का पहला स्वर्ण पदक जीता था।

40. *(b)* भारतीय शास्त्रीय वायलिन वादक अन्नवरपु रामास्वामी को वर्ष 2021 में पद्मश्री से सम्मानित किया गया।
- अन्नवरपु रामास्वामी आन्ध्र प्रदेश के भारतीय शास्त्रीय वायलिन वादक हैं।
- इन्हें वंदना राग, श्री दुर्गा राग, तिनत्रादि ताल और वेदादि ताल जैसे नए रागों और तालों के आविष्कार के लिए जाना जाता है।

41. *(b)* संसद ने अगस्त, 2021 में आवश्यक रक्षा सेवा विधेयक, 2021 पारित किया, जिसका उद्देश्य केन्द्र सरकार को आवश्यक रक्षा सेवाओं में लगी इकाइयों में हड़ताल, लॉक-आउट्स और छँटनी पर रोक लगाने की अनुमति देना है।
- इस विधेयक के तहत अवैध तालाबन्दी या छँटनी के माध्यम से निषेध आदेश का उल्लंघन करने वाले नियोक्ताओं को एक वर्ष तक के कारावास या ₹10000 के जुर्माने या दोनों से दण्डित किया जा सकता है।

42. *(c)* सिद्धू और कान्हू सन्थाल विद्रोह के नेता थे। सन्थाल विद्रोह 1855-56 ई. में हुआ था।
- यह भारत का पहला किसान विद्रोह था।
- यह विद्रोह ब्रिटिश औपनिवेशिक सत्ता और जमींदारों के खिलाफ था।

43. *(c)* 1828 ई. में कलकत्ता में ब्रह्म समाज की स्थापना राजा राममोहन राय ने की थी।
- राजा राममोहन राय समाज सुधारक, भारतीय पुनर्जागरण के जनक एवं मानवतावादी विचारधारा के पोषक थे।
- ब्रह्म समाज का उद्देश्य हिन्दू धर्म में एकेश्वरवाद और तर्कवाद को बढ़ावा देना था।
- ब्रह्म समाज ने शिक्षा और सामाजिक सुधारों को प्रोत्साहित किया था। ब्रह्म समाज ने जाति व्यवस्था के खिलाफ आवाज उठाई थी।

44. *(b)* वर्ष 2023 में केशव प्रसाद मौर्य उत्तर प्रदेश के उप-मुख्यमन्त्री हैं।
- उप मुख्यमन्त्री के पद का वर्णन भारतीय संविधान में नहीं है।

45. *(d)* पिट्स इण्डिया अधिनियम, 1784 के तहत, ब्रिटिश भारत के प्रशासन को नियन्त्रित और संचालित करने के लिए इंग्लैण्ड में नियन्त्रण बोर्ड की स्थापना की गई थी।
- पिट्स इण्डिया अधिनियम के तहत, गवर्नर-जनरल को वीटो पावर दी गई थी।
- इस अधिनियम का मुख्य उद्देश्य, 1773 के रेग्यूलेटिंग एक्ट की कमियाँ दूर करना था।
- इस अधिनियम के तहत कम्पनी की कॉर्पोरेट गतिविधियों को कम्पनी की राजनीतिक गतिविधियों से अलग किया गया था।

46. *(b)* पृथ्वी के सबसे बाहरी भाग को भूपर्पटी के रूप में जाना जाता है।
- भूपर्पटी पिघले हुए लावा के जमने से बनी है।
- भूपर्पटी की मोटाई 0 से 60 किमी तक होती है।
- भूपर्पटी में सबसे ज्यादा मात्रा में ऑक्सीजन पाई जाती है।
- इसे तीन परतों में बाँटा गया है-अवसादी, ग्रेनाइटिक और बेसाल्टिक।

47. *(a)* गरीबी रेखा से नीचे के लागों को स्वास्थ्य बीमा प्रदान करने के लिए वर्ष 2008 में राष्ट्रीय स्वास्थ्य बीमा योजना शुरू की गई थी।
- यह योजना स्मार्ट कार्ड के द्वारा कैशलेस स्वास्थ्य बीमा कवर देती है।
- इस योजना के तहत प्रति परिवार को सालाना ₹ 30000 तक का बीमा कवर मिलता है।
- एक परिवार में ज्यादा-से-ज्यादा पाँच लोग इस योजना का लाभ ले सकते हैं।

48. *(b)* मुद्रा आपूर्ति एक स्टॉक अवधारणा है। किसी खास समय में किसी अर्थव्यवस्था में मौजूद कुल धनराशि को मुद्रा आपूर्ति कहते हैं।
- अर्थव्यवस्था को स्थिर रखने के लिए, बैंकिंग नियामक, नीतिगत बदलाव और नियामक निर्णयों के जरिए मुद्रा आपूर्ति को बढ़ाते या घटाते हैं।
- मुद्रा आपूर्ति को मापने के लिए M_1, M_2, M_3 और M_4 का उपयोग किया जाता है।

49. *(c)* पम्पा, पोना और रन्ना तीनों कवि 10वीं सदी से सम्बद्ध थे और इन्होंने कन्नड़ भाषा को समृद्ध बनाने में महत्त्वपूर्ण भूमिका निभाई थी।
- कन्नड़ भाषा का सबसे पुराना ग्रन्थ कविराजमार्ग है, इसे राष्ट्रकूट नरेश, अमोघवर्ष ने लिखा था।
- 13वीं सदी में होयसल शासकों ने कन्नड़ भाषा को संरक्षण प्रदान किया था।

50. *(c)* प्रत्येक राज्य का राज्यपाल गणतन्त्र दिवस पर अपनी राजधानी पर झण्डा फहराता है।
- गणतन्त्र दिवस पर राष्ट्रपति राजपथ पर तथा स्वतन्त्रता दिवस पर प्रधानमन्त्री लाल किले पर झण्डा फहराते हैं।

51. *(a)* घन की भुजा $= \sqrt[3]{\text{घन का आयतन}}$

$= \sqrt[3]{512} = 8$ सेमी

अब, घनाभ की लम्बाई $(l) = 3 \times 8 = 24$ सेमी

घनाभ की चौड़ाई $(b) = 8$ सेमी

तथा घनाभ की ऊँचाई $(h) = 8$ सेमी

अत: घनाभ का परिणामी पृष्ठीय क्षेत्रफल

$= 2(lb + bh + hl)$

$= 2(24 \times 8 + 8 \times 8 + 24 \times 8)$

$= 2(192 + 64 + 192)$

$= 2 \times 448 = 896$ सेमी^{2}

52. *(b)* प्रश्नानुसार,

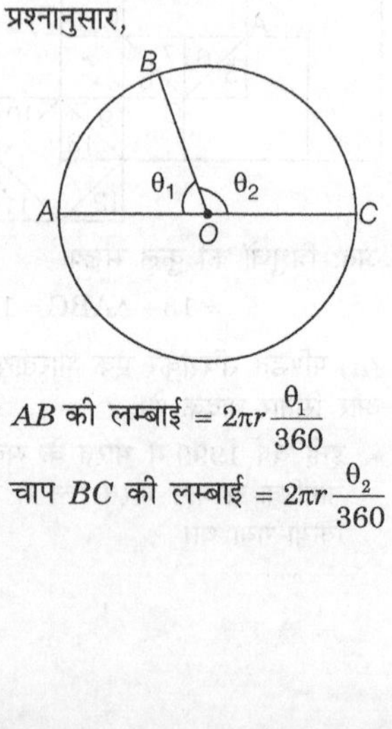

चाप AB की लम्बाई $= 2\pi r \dfrac{\theta_1}{360}$

तथा चाप BC की लम्बाई $= 2\pi r \dfrac{\theta_2}{360}$

प्रश्नानुसार, $2\pi r\frac{\theta_2}{360} = 5\times 2\pi r\frac{\theta_1}{360}$

$\theta_2 = 5\theta_1$

लेकिन $\theta_1 + \theta_2 = 180°$ [रैखिक युग्म कोण]

$\theta_1 + 5\theta_1 = 180° \Rightarrow \theta_1 = 30°$

$\therefore \angle BOC = \theta_2 = 5\theta_1 = 5\times 30 = 150°$

53. *(c)* अभीष्ट अन्तर

$= (190 + 204 + 212) - (192 + 205 + 203)$

$= 606 - 600 = 6$

54. *(c)* $45°$ कोण पर $\sin\theta$ और $\cos\theta$ के मान समान होते हैं, जिनका मान $\frac{1}{\sqrt{2}}$ होता है।

55. *(c)*

$\left[\left(5\frac{1}{2} - 3\frac{1}{3}\right) \text{का } 1\frac{5}{13} + 1 - 2\times 3\frac{5}{2} \div 2\frac{3}{4}\right]$

$= \left[\left(\frac{11}{2} - \frac{10}{3}\right) \text{का } \frac{18}{13} + 1 - 2\times\frac{11}{2}\div\frac{11}{4}\right]$

$= \left[\frac{13}{6} \text{ का } \frac{18}{13} + 1 - 2\times\frac{11}{2}\times\frac{4}{11}\right]$

$= [3 + 1 - 4] = 4 - 4 = 0$

56. *(b)* $AC = \frac{AB}{2} = \frac{32}{2} = 16$ सेमी

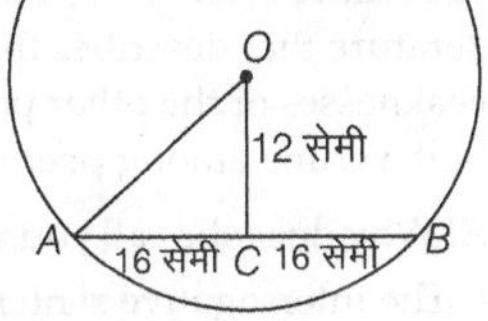

ΔAOC में,

$AO = \sqrt{16^2 + 12^2}$

$= \sqrt{256 + 144}$

$= \sqrt{400} = 20$ सेमी

अतः वृत्त की त्रिज्या 20 सेमी है।

57. *(c)* माना, मतदाताओं की संख्या = 100

$\therefore$ निरक्षर महिलाओं की संख्या

$= 100\times\frac{55}{100}\times\frac{40}{100} = 22$

तथा साक्षर पुरुषों की संख्या

$= 100\times\frac{45}{100}\times\frac{40}{100} = 18$

अतः अभीष्ट % $= \frac{22-18}{18}\times 100$

$= \frac{4}{18}\times 100 = 22.22\%$

58. *(b)* माना 8 वस्तुओं का क्रय मूल्य = ₹ 8

तथा 8 वस्तुओं का विक्रय मूल्य

$= \frac{5\times 120}{100} + 3 = 6 + 3 =$ ₹ 9

अतः अभीष्ट लाभ % $= \frac{9-8}{8}\times 100$

$= \frac{25}{2} = 12\frac{1}{2}\%$

59. *(a)* $\because$ r को 8 से विभाजित करने पर 3 शेष बचता है।

$\therefore$ $\frac{r^2 + 6r + 7}{8}$ का शेषफल

$= \frac{(3)^2 + 6\times 3 + 7}{8}$ का शेषफल

$= \frac{9 + 18 + 7}{8}$ का शेषफल

$= \frac{34}{8}$ का शेषफल = 2

60. *(b)* I. 15% और 20% की प्रभावी एकल छूट

$= 15 + 20 - \frac{15\times 20}{100} = 32\%$

II. 25% और 10% की प्रभावी एकल छूट

$= 25 + 10 - \frac{25\times 10}{100} = 32.5\%$

III. 33% की छूट

$\because$ अधिकतम छूट पर विक्रय मूल्य न्यूनतम होगा।

अतः योजना- III के तहत विक्रय मूल्य न्यूनतम होगा।

61. *(c)* दिया है, $\sec(t) = \frac{x}{y} \Rightarrow \cos(t) = \frac{y}{x}$

तथा $\sin(t) = \sqrt{1 - \frac{y^2}{x^2}} = \frac{\sqrt{x^2 - y^2}}{x}$

अतः $\cot(t) = \frac{\cos(t)}{\sin(t)} = \frac{y}{x}\times\frac{x}{\sqrt{x^2 - y^2}}$

$= \frac{y}{\sqrt{x^2 - y^2}}$

62. *(d)* माना मोटरबोट की धारा की दिशा तथा धारा की विपरीत दिशा की चाल क्रमशः D तथा U किमी/घण्टा है।

प्रश्नानुसार,

$\frac{24}{U} + \frac{40}{D} = 17$ ...(i)

$\frac{12}{U} + \frac{32}{D} = 10$ ...(ii)

समी (i) व (ii) से,

$D = 8$ किमी/घण्टा तथा $U = 2$ किमी/घण्टा

अतः धारा की चाल $= \frac{D - U}{2}$

$= \frac{8-2}{2} = 3$ किमी/घण्टा

63. *(b)* दिया है, चरों का मान लगातार तीन पूर्णांक है।

$\therefore$ माना, $x = 3$, $y = 2$, $z = 1$

इन मानों को समी (i) में रखने पर,

$3 - 2 + 1 = 2a \Rightarrow a = \frac{2}{2} = 1$

x, y और z के मान समी (ii) में रखने पर,

$3 + 4\times 2 - 2\times 1 = 3(4 - a)$

$3(4 - a) = 9$

$\Rightarrow 4 - a = 3 \Rightarrow a = 4 - 3 = 1$

अतः a का मान 1 है।

64. *(b)* बेचे गए केलों की संख्या $= \frac{1200\times 40}{100}$

$= 480$

65. *(d)* अभीष्ट मध्यानुपाती $= \sqrt{a\times b}$

$= \sqrt{36\times 100} = 60$

66. *(d)* प्रश्नानुसार,

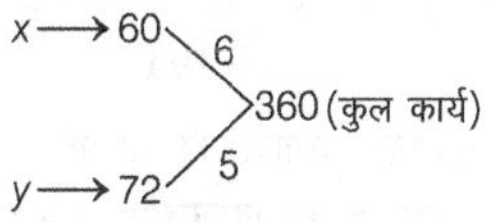

$\therefore$ x और y का 20 घण्टे का कार्य

$= (6 + 5)\times 20 = 220$

शेष कार्य $= 360 - 220 = 140$

अतः अभीष्ट भाग $= \frac{140}{360} = \frac{7}{18}$

67. *(c)* माना पाँच क्रमागत संख्याएँ क्रमशः $x, x+1, x+2, x+3$ तथा $x+4$ हैं।

$\therefore x + x + 1 + x + 2 + x + 3 + x + 4 = 80$

$5x = 80 - 10 \Rightarrow x = \frac{70}{5} = 14$

अतः सबसे बड़ी संख्या $= 14 + 4 = 18$

68. *(a)* त्रिज्यखण्ड का परिमाप

$= 2\pi r\frac{\theta}{360} + 2r$

$= 2\times 3.14\times 24\times\frac{60}{360} + 2\times 24$

$= 25.12 + 48 = 73.12$ सेमी

69. *(b)* माना मूलधन = ₹ P

प्रश्नानुसार,

$\frac{P\times 6\times(r+7)}{100} - \frac{P\times 6\times r}{100} = 1512$

$6Pr + 42P - 6Pr = 151200$

$\therefore P = \frac{151200}{42} =$ ₹ 3600

स्पीडी विधि

माना मूलधन = 100%

दर बढ़ाने पर, अधिक प्राप्त ब्याज

$= 7\times 6 = 42\%$

$\because 42\% \rightarrow 1512$

$\therefore 100\% \rightarrow \frac{1512}{42}\times 100 =$ ₹ 3600

70. *(c)* अभीष्ट औसत

$= \dfrac{98+112+101+133+142}{5}$

$= \dfrac{586}{5} = 117.2$ हजार = ₹ 117200

71. *(d)* $\because \; x = 7 - 4\sqrt{3}$

$\therefore \; x^2 = (7-4\sqrt{3})^2 = 49 + 48 - 56\sqrt{3}$

$= 97 - 56\sqrt{3}$

तथा $\dfrac{1}{x^2} = \dfrac{1}{97-56\sqrt{3}}$

$= \dfrac{97+56\sqrt{3}}{(97-56\sqrt{3})(97+56\sqrt{3})}$

$= 97 + 56\sqrt{3}$

अत: $x^2 + \dfrac{1}{x^2} = 97 - 56\sqrt{3} + 97 + 56\sqrt{3}$

$= 194$

72. *(b)* माना बगीचे की चौड़ाई = x मी

$\therefore$ बगीचे की लम्बाई = $(x+6)$ मी

प्रश्नानुसार, $2(x+6+x) = 48$

$2x = 24 - 6 \Rightarrow x = 9$

अत: अभीष्ट क्षेत्रफल = $(x+6) \times x$

$= (9+6) \times 9 = 15 \times 9 = 135$ मी^{2}

73. *(c)* दिया है,

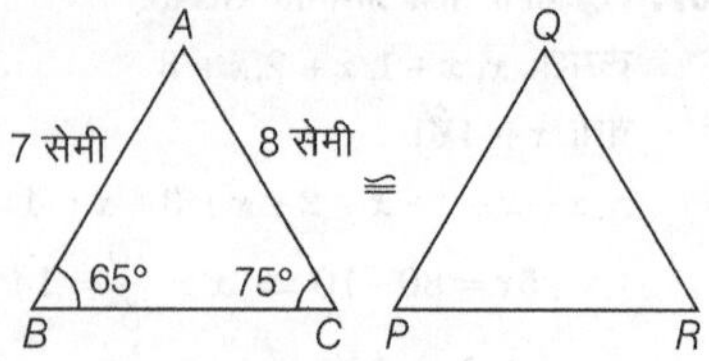

$\therefore \; PQ = BA = 7$ सेमी

तथा $\angle R = \angle C = 75°$

74. *(c)* परिवहन और करों पर व्यय के बीच अन्तर $= 12.5 - 10 = 2.5\%$

अत: अभीष्ट राशि $= \dfrac{2.1}{15} \times 2.5$

$= 0.35$ करोड़ = 35 लाख

75. *(b)* $3\sin A + 4\cos A = 5$

$\dfrac{3}{5}\sin A + \dfrac{4}{5}\cos A = 1$ ...(i)

$\because \; \sin^2 A + \cos^2 A = 1$

$\therefore \; \sin A \sin A + \cos A \cos A = 1$ ...(ii)

समी (i) व समी (ii) की तुलना करने पर,

$\sin A = \dfrac{3}{5}$ तथा $\cos A = \dfrac{4}{5}$

अत: $\tan A = \dfrac{\sin A}{\cos A} = \dfrac{3}{5} \times \dfrac{5}{4} = \dfrac{3}{4}$

76. *(b)* The incorrectly spelt word is 'mischievious'. The correct spelling is 'mischievous'.

77. *(c)* The correct spelling of the word to fill in the blank is 'diffuses'.

78. *(d)* 'Exceptional' means outstanding.
- Trivial means insignificant.

79. *(c)* The sentence which uses –ing form of the verb as action word is 'Please do not disturb me. I am preparing for exams'.

80. *(c)* A cannibal is who eats the flesh of his own species.
- **Mammal** refers to a vertebrate animal whose young are nourished with milk from special mammary glands of the mother.

81. *(a)* 'Deceptive' means dishonest. Hence, its antonym is 'honest'.
- **Illusive** means deceptive.

82. *(b)* Rakesh will be sent away to college for certain reasons by Dipesh.
- The sentence is in simple future tense. When such a sentence is transformed into passive voice, the structure followed is Object + will + be + past participle verb.

83. *(b)* 'Feud' means a prolonged and bitter quarrel or dispute. Hence, its antonym is 'harmony'.
- **Humility** means Humble.

84. *(c)* 'To forsake' means to abandon.
- **Accelerate** means to quicken.
- **Clutch** means to hold tightly.

85. *(a)* The correct filler for the given blank is 'rode'.

86. *(b)* The underlined part of the sentence contains an error.
- As the sentence presents an action that started in the past and is still continuing, present perfect continuous tense should be used.
- Hence, 'has been working' should be used to correct the sentence.

87. *(c)* The correct filler for the given blank is fair-weather friend which means a person whose friendship cannot be relied on in times of difficulty.
- **Hard nut to crack** means difficult to please.
- **Open secret** means a fact that should be a secret when in fact a lot of people know about it.
- **White elephant** refers to something that is expensive or difficult to maintain, but has little or no value and is no longer wanted.

88. *(c)* The underlined part of the sentence is incorrect in the context of the sentence. The correct usage will be 'straggling over' which means to spread or be spread in a scattered fashion or at irregular intervals.

89. *(a)* 'Anecdotes' means amusing and true stories.
- **Sonnets** are 14 line poems,
- **Fables** means a short story, typically with animals as characters, conveying a moral.
- **Allegories** means a story, poem or picture that can be interpreted to reveal a hidden meaning, typically a moral or political one.

90. *(c)* Part 'good with running' contains an error. The use of preposition 'with' is incorrect in the context of the sentence. Use 'at' to correct the sentence.

91. *(a)* 'Intense' means powerful.

92. *(d)* 'Penelope's web' means an endless task.

93. *(c)* A satire refers to a humourous literature that describes the weaknesses of the other person is itself a crime among peer groups.

94. *(d)* Why does she call you repeatedly?
- The interrogative sentence is in passive voice.
- When such a sentence is transformed into active voice, the structure followed is Why + does+ Object + V1+ Subject.

95. *(a)* 'Autonomy' means independence. Hence, its antonym is 'dependence'.

96. *(d)* The correct filler for the given blank is 'leaps'.

97. *(d)* The correct filler for the given blank is 'glide'.

98. *(d)* The correct filler for the given blank is 'impression'.

99. *(b)* The correct filler for the given blank is 'motion'.

100. *(d)* The correct filler for the given blank is 'swap'.

सेट 20 18 सितम्बर, 2024 (द्वितीय पाली)

SSC CGL Tier-I सॉल्वड पेपर

निर्देश
1. इस सेट में कुल 100 प्रश्न हैं।
2. इस सेट में चार भाग हैं, भाग-I सामान्य बुद्धि एवं तर्कशक्ति, भाग-II सामान्य जागरुकता, भाग-III संख्यात्मक अभियोग्यता और भाग-IV अंग्रेजी भाषा।
3. प्रत्येक प्रश्न 2 अंक का है।

भाग I
सामान्य बुद्धि एवं तर्कशक्ति

1. निम्नलिखित में से कौन-सी संख्या दी गई शृंखला में प्रश्नचिह्न (?) का स्थान लेगी?
20, 25, 25, 35, 30, 45, ?, 55, 40
(a) 60 (b) 30
(c) 50 (d) 35

2. नीचे संख्याओं के दो समुच्चय दिए गए हैं। संख्याओं के प्रत्येक समुच्चय में, पहली संख्या पर कुछ निश्चित गणितीय संक्रिया करने पर दूसरी संख्या प्राप्त होती है। इसी प्रकार, दूसरी संख्या पर कुछ निश्चित गणितीय संक्रिया करने पर तीसरी संख्या प्राप्त होती है और इसी तरह आगे भी होती है। दिए गए विकल्पों में से कौन-सा विकल्प दिए गए समुच्चयों की तरह संक्रियाओं के समान समुच्चय का अनुसरण करता है?
(**नोट** संख्याओं को उनके घटक अंकों में तोड़े बिना, पूर्ण संख्याओं पर संक्रियाएँ की जानी चाहिए। उदाहरण के लिए 13 लीजिए-13 पर की जाने वाली संक्रियाएँ जैसे कि 13 में जोड़ना/घटाना/गुणा करना आदि केवल 13 पर किया जा सकता है। 13 को 1 और 3 में तोड़ना, तथा 1 और 3 पर गणितीय संक्रिया करने की अनुमति नहीं है।)
7 – 14 – 28 – 38; 4 – 8 – 16 – 26
(a) 13 – 26 – 52 – 62
(b) 6 – 12 – 24 – 36
(c) 15 – 25 – 50 – 60
(d) 8 – 16 – 32 – 40

3. एक निश्चित कूटभाषा में, 'play in the sunshine' को 'sh ko zm fq' के रूप में कूटबद्ध किया जाता है और 'the sunshine is bright' को 'ko sh gp rs' के रूप में कूटबद्ध किया जाता है। उस भाषा में 'sunshine' के लिए सम्भावित कूट क्या है?
(a) या तो 'sh' या 'ko'
(b) zm
(c) ko
(d) या तो 'gp' या 'sh'

4. विकल्पों में दी गई उस आकृति की पहचान कीजिए, जिसे प्रश्नचिह्न (?) के स्थान पर रखने पर शृंखला तर्कसंगत रूप से पूर्ण हो जाएगी।

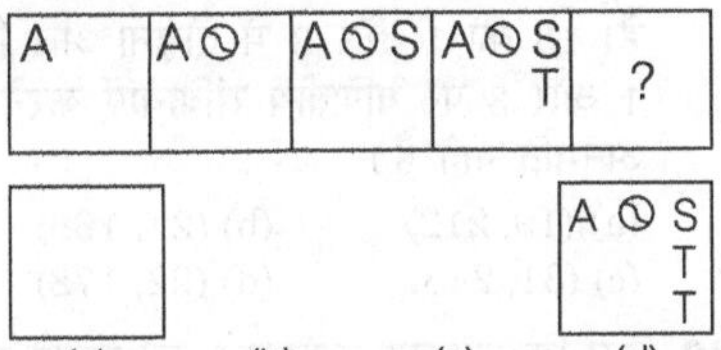

(a) (b) (c) (d)

5. 'डटे रहना' (Persist), 'दृढ़ रहना' (Endure) से उसी प्रकार सम्बन्धित है, जिस प्रकार 'टालना' (Stall)' ...... से सम्बन्धित है। (शब्दों को सार्थक हिन्दी शब्द माना जाना चाहिए और शब्दों को अक्षरों की संख्या/व्यंजनों/स्वरों की संख्या के आधार पर एक-दूसरे से सम्बन्धित नहीं किया जाना चाहिए।)
(a) शिकायत करना (Complain)
(b) स्थगित करना (Delay)
(c) आगे बढ़ना (Surge)
(d) उन्नति करना (Progress)

6. एक निश्चित कूटभाषा में, 'TRIED' को '54123' के रूप में कूटबद्ध किया जाता है और 'TREAD' को '12365' के रूप में कूटबद्ध किया जाता है। दी गई कूटभाषा में 'I' के लिए कूट क्या है?
(a) 1 (b) 5 (c) 4 (d) 6

7. शब्द 'SLANTED' के प्रत्येक अक्षर को अंग्रेजी वर्णमाला क्रम में व्यवस्थित किया जाता है। इस प्रकार बने नए अक्षर-समूह में बाएँ छोर से चौथे अक्षर और दाएँ छोर से दूसरे अक्षर के बीच अंग्रेजी वर्णमाला शृंखला में कितने अक्षर हैं?
(a) छ: (b) पाँच
(c) आठ (d) सात

8. चार अक्षर-समूह दिए गए हैं, जिनमें से तीन किसी न किसी रूप में एकसमान हैं और एक असमान है। निम्नलिखित में से असमान विकल्प को चुनिए।
नोट अक्षर समूह में, असंगत व्यंजनों/स्वरों की संख्या या उनकी स्थिति पर आधारित नहीं है।
(a) WUQ (b) XVS
(c) YWT (d) ZXU

9. यदि '+' और '–' को आपस में बदल दिया जाए और '×' और '÷' को आपस में बदल दिया जाए, तो निम्नलिखित समीकरण में प्रश्नचिह्न (?) के स्थान पर क्या आएगा?
$272 \times 16 + 97 - 23 \div 4 = ?$
(a) 2 (b) 21
(c) 12 (d) 22

10. निम्नलिखित में से कौन-सा पद दी गई शृंखला में प्रश्नचिह्न (?) का स्थान लेगा?
MJPT, PGMW, SDJZ, ?, YXDF
(a) VAGC (b) WAGD
(c) VAGD (d) VZFC

11. निम्नलिखित संख्याओं में से तीन किसी प्रकार से एक समान हैं और एक उनसे असंगत है। उस असंगत का चयन कीजिए।
(**नोट** गणितीय संक्रियाएँ संख्याओं को उनके घटक अंकों में तोड़े बिना पूर्ण संख्याओं पर की जानी चाहिए। उदाहरण के लिए 13 - 13 पर की जाने वाली संक्रियाएं, जैसे जोड़ना, घटाना, गुणा करना इत्यादि, केवल 13 पर की जा सकती है। 13 को 1 और 3 में तोड़ना और तब 1 और 3 पर गणितीय संक्रियाएँ करने की अनुमति नहीं है।)
(a) 15 – 450
(b) 11 – 363
(c) 9 – 243
(d) 13 – 507

12. एक कागज को नीचे दिखाए अनुसार मोड़ा और काटा जाता है। खोलने पर यह कैसा दिखाई देगा?

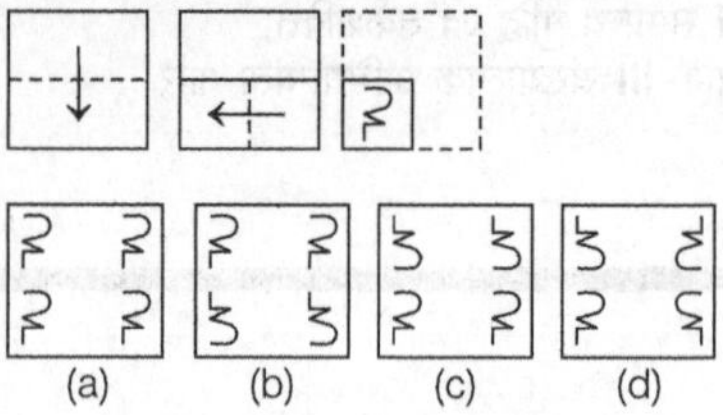

13. उस विकल्प का चयन कीजिए, जिसमें संख्याएँ वही सम्बन्ध साझा करती हैं, जो संख्याओं के दिए गए युग्म द्वारा साझा किया गया है।

(7, 333)

(5, 115)

(**नोट** पूर्ण संख्याओ पर संक्रियाएँ का प्रयोग, संख्याओं को उनके घटक अंकों में विभक्त किए बिना किया जाना चाहिए। उदाहरण के लिए, 13–13 पर संक्रियाएँ जैसे कि जोड़ने/घटाने/गुणा करने आदि को 13 में किया जा सकता है। 13 को 1 और 3 में विभक्त करके और फिर 1 और 3 पर गणितीय संक्रियाओं का प्रयोग करने की अनुमति नहीं है।)

(a) (6, 226) (b) (8, 492)
(c) (3, 24) (d) (4, 54)

14. जब दर्पण को नीचे दर्शाए गए अनुसार MN पर रखा जाता है, तो दी गई आकृति के सही दर्पण प्रतिबिम्ब का चयन कीजिए।

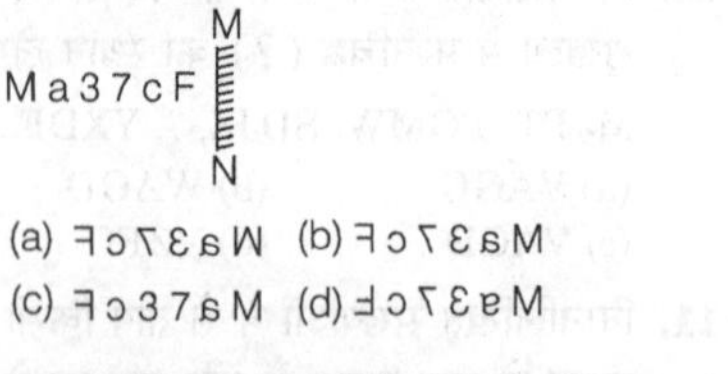

15. एक निश्चित कूटभाषा में 'HIT' को '132' के रूप में कूटबद्ध किया जाता है और 'SBYZ' को '144' के रूप में कूटबद्ध किया जाता है। उसी भाषा में 'YRF' को किस रूप में कूटबद्ध किया जाएगा?

(a) 112 (b) 108
(c) 96 (d) 124

16. यदि निम्नलिखित समीकरण में '+' और '–' को आपस में बदल दिया जाए और '×' और '÷' को आपस में बदल दिया जाए, तो प्रश्नचिह्न (?) के स्थान पर कौन-सी संख्या आएगी?

$121 \times 11 - 28 \div 3 + 17 = ?$

(a) 91 (b) 78 (c) 85 (d) 64

17. एक कागज को नीचे दिखाए अनुसार मोड़ा और काटा जाता है। खोलने पर यह कैसा दिखाई देगा?

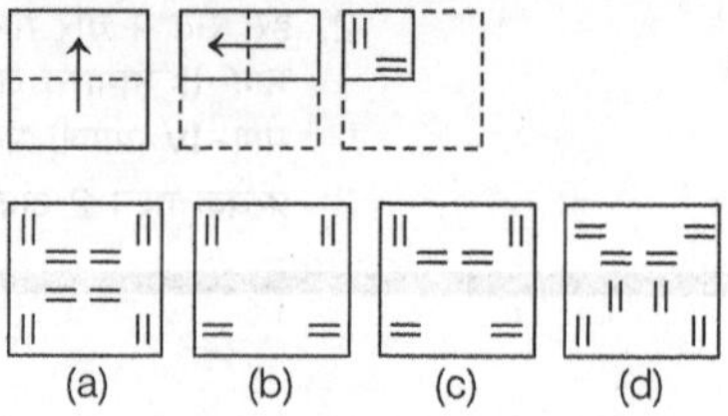

18. उस समुच्चय का चयन कीजिए, जिसमें संख्याएँ एक-दूसरे से उसी तरह सम्बन्धित हैं, जैसे दिए गए समुच्चय की संख्याएँ हैं।

(28, 224); (47, 376)

(**नोट** संख्याओं को उनके घटक अंकों में विभाजित किए बिना, पूर्ण संख्याओं पर संक्रियाएँ की जानी चाहिए। उदाहरण के लिए 13-13 पर संक्रिया जैसे जोड़ना/घटाना /गुणा करना आदि 13 पर किया जा सकता है। 13 को 1 और 3 में तोड़ना और फिर 1 और 3 पर गणितीय संक्रियाएँ करने की अनुमति नहीं है)

(a) (19, 212) (b) (24, 168)
(c) (31, 248) (d) (22, 178)

19. उस विकल्प का चयन करें, जो पाँचवें पद से उसी प्रकार सम्बन्धित है जिस प्रकार दूसरा पद, पहले पद से सम्बन्धित है और चौथा पद, तीसरे पद से सम्बन्धित है।

CARBON : ACIYNO : : DAMAGE : ADNZEG :: MARGIN: ?

(a) AMITNI (b) MARGNI
(c) MATINI (d) AMGRNI

20. दी गई आकृति में कितने त्रिभुज हैं?

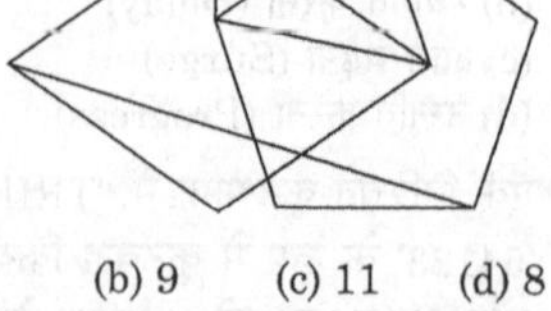

(a) 7 (b) 9 (c) 11 (d) 8

21. उस विकल्प आकृति का चयन करें, जिसमें दी गई आकृति (X) सन्निहित है (घुमाने की अनुमति नहीं है)।

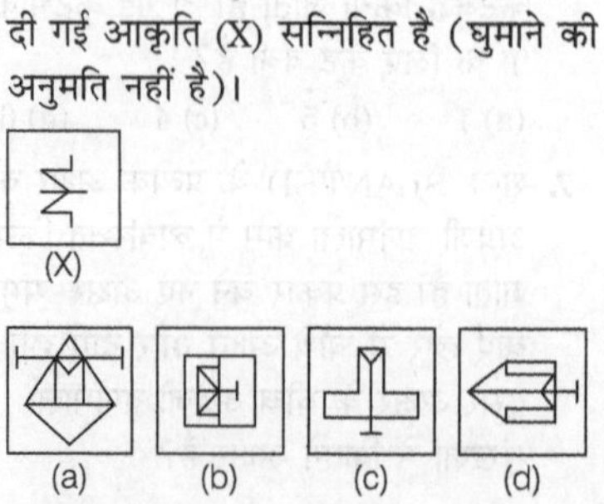

22. एक निश्चित कूटभाषा में,

'A + B' का अर्थ है 'A, B की माता है'

'A – B' का अर्थ है 'A, B का भाई है'

'A × B' का अर्थ है 'A, B की पत्नी है'

'A ÷ B' का अर्थ है 'A, B का पिता है'।

उपर्युक्त के आधार पर,

यदि 'A × B ÷ C + D' है, तो A, D से किस प्रकार सम्बन्धित है?

(a) माता की माता (b) माता का पिता
(c) पिता का पिता (d) पिता की माता

23. अंग्रेजी वर्णमाला क्रम के आधार पर, निम्नलिखित चार अक्षर-समूहों में से तीन किसी निश्चित तरीके से एकसमान हैं और इस प्रकार एक समूह बनाते हैं। कौन-सा अक्षर-समूह उस समूह से सम्बन्धित नहीं है?

(**नोट** असंगत अक्षर-समूह, व्यंजनों/स्वरों की संख्या या अक्षर-समूह में इनके स्थान पर आधारित नहीं है।)

(a) VUT (b) HGF
(c) KJI (d) AAY

24. उस विकल्प का चयन करें, जो उन अक्षरों को निरूपित करता है जिन्हें नीचे दिए गए रिक्त स्थानों में बाएँ से दाएँ रखे जाने पर दी गई अक्षर श्रृंखला पूरी हो जाएगी।

LMN_OLLM_QOLL_NQO_LMNQ_LLM

(a) QLMNO (b) QNMLO
(c) NQLMO (d) QMNLO

25. विकल्पों में दी गई उस आकृति की पहचान कीजिए जिसे (?) के स्थान पर रखने पर श्रृंखला तर्कसंगत रूप से पूर्ण हो जाएगी।

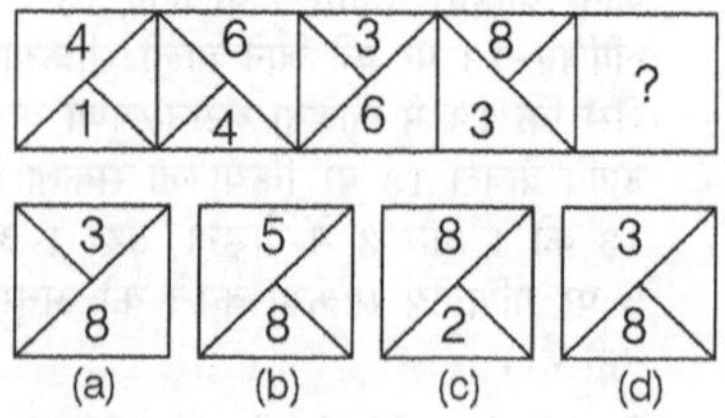

भाग II

सामान्य जागरुकता

26. किस संख्या को आवोगाद्रो नियतांक कहा जाता है, जिसका नाम 19वीं शताब्दी के वैज्ञानिक एमेडियो आवोगाद्रो के नाम पर रखा गया है?

(a) 6.012×10^{21} (b) 6.022×10^{23}
(c) 6.032×10^{19} (d) 6.020×10^{20}

27. एक वर्ष के दौरान फर्म की माल-सूची में परिवर्तन को निम्नलिखित में से कौन-सा विकल्प सही ढंग से परिभाषित करता है?
(a) वर्ष के दौरान फर्म की बिक्री-वर्ष के दौरान फर्म का उत्पादन
(b) वर्ष के दौरान फर्म का उत्पादन-पिछले वर्ष के दौरान फर्म की बिक्री
(c) पिछले वर्ष के दौरान फर्म का उत्पादन-वर्ष के दौरान फर्म की बिक्री
(d) वर्ष के दौरान फर्म का उत्पादन-वर्ष के दौरान फर्म की बिक्री

28. देवी भद्रकाली को प्रसन्न करने के लिए एक स्थानीय नृत्य 'पदायनी' मुख्य रूप से ……… में प्रदर्शित किया जाता है।
(a) असम (b) पश्चिम बंगाल
(c) ओडिशा (d) केरल

29. इजराइल और जॉर्डन के बीच दक्षिण-पश्चिम एशिया में स्थलरुद्ध साल्ट लेक निम्नलिखित में से कौन-सी है?
(a) डॉन जुआन पॉण्ड (b) डेड सी
(c) अरल सी (d) कैस्पियन सी

30. वर्ष 2023 में सिक्किम के मुख्यमन्त्री प्रेम सिंह तमांग द्वारा शुरू की गई 'मेरो रुख मेरो सन्तति' पहल के अन्तर्गत, सिक्किम में जन्म लेने वाले प्रत्येक बच्चे के लिए कितने पेड़ लगाए जाएँगे?
(a) 50 (b) 150 (c) 100 (d) 200

31. निम्नलिखित में से कौन-सी भारतीय संविधान की विशेषता नहीं है?
(a) दोहरी नागरिकता
(b) कठोरता और लचीलेपन का मेल
(c) स्वतन्त्र न्यायपालिका
(d) सार्वभौमिक वयस्क मताधिकार

32. निम्नलिखित में से कौन-सा भारत के प्रमुख औद्योगिक क्षेत्र का एक उदाहरण है?
(a) भोजपुर-मुंगेर (b) छोटानागपुर क्षेत्र
(c) बिलासपुर-कोरबा (d) जयपुर-अजमेर

33. निम्नलिखित में से किस साम्राज्य को अहार या राष्ट्र नामक उपविभागों में विभाजित किया गया था, जिसका अर्थ जिला था?
(a) शक (b) पार्थियन
(c) कुषाण (d) सातवाहन

34. किस भारतीय राजनेता को लोकनायक कहा जाता था?
(a) सुभाषचन्द्र बोस (b) बाल गंगाधर तिलक
(c) जयप्रकाश नारायण (d) राममनोहर लोहिया

35. टाइम मैगजीन की '2021 के 100 सबसे प्रभावशाली लोगों' की सूची में तीन भारतीयों को शामिल किया गया था। सूची में किसका नाम नहीं था?
(a) अदर पूनावाला (b) ममता बनर्जी
(c) अमिताभ बच्चन (d) नरेन्द्र मोदी

36. भारत में 1792 ई. में निम्नलिखित में से किस गवर्नर जनरल द्वारा दरोगा प्रणाली की शुरुआत की गई थी?
(a) लॉर्ड मिण्टो
(b) लॉर्ड मेयो
(c) लॉर्ड विलियम बैण्टिक
(d) लॉर्ड कॉर्नवालिस

37. पारिस्थितिकी की कौन-सी शाखा प्राचीन पर्यावरण की विशेषताओं, प्राचीन पादपों और जन्तुओं के साथ उनके सम्बन्ध से सम्बन्धित है?
(a) मत्स्य विज्ञान (b) कवक विज्ञान
(c) प्रेत-विद्या (d) पुरापारिस्थितिकी

38. $4NH_3(g) + 5O_2(g) \rightarrow 4NO(g) + 6H_2O(g)$ के आधार पर, निम्नलिखित में से कौन-से कथन सत्य हैं?
1. N उपचयित हो जाता है।
2. O उपचयित हो जाता है।
3. N अपचयित हो जाता है।
4. O अपचयित हो जाता है।

कूट
(a) 2 और 4 (b) 2 और 3
(c) 1 और 2 (d) 1 और 4

39. महाराष्ट्र के किस भारतीय संगीतज्ञ को पद्म विभूषण 2023 प्राप्त हुआ है?
(a) जाकिर हुसैन (b) रामदास पलसुले
(c) भरत कामत (d) मिलिंद दाते

40. ……… के दौरान, भारत सरकार द्वारा सूखा प्रवण क्षेत्रों में लोगों को रोज़गार प्रदान करने के लिए, सूखा प्रवण क्षेत्र कार्यक्रम (Drought Prone Area Programme, DPAP) शुरू किया गया था?
(a) तीसरी पंचवर्षीय योजना
(b) चौथी पंचवर्षीय योजना
(c) सातवीं पंचवर्षीय योजना
(d) छठी पंचवर्षीय योजना

41. राजा भलीन्द्र सिंह ट्रॉफी निम्नलिखित में से किस राष्ट्रीय खेल आयोजन से सम्बन्धित है?
(a) खेलो इण्डिया यूनिवर्सिटी गेम्स
(b) खेलो इण्डिया शीतकालीन गेम्स
(c) खेलो इण्डिया यूथ गेम्स
(d) राष्ट्रीय खेल

42. भारत में राजनीतिक दलों के सम्बन्ध में निम्नलिखित में से कौन-सा कथन सही है?
(a) दल की स्थिति संसद द्वारा प्रदान की जाती है
(b) भारत में एक बहुदलीय प्रणाली है, जिसे राष्ट्रीय या क्षेत्रीय स्तर के रूप में वर्गीकृत किया गया है
(c) सभी दल भारत के सर्वोच्च न्यायालय में पंजीकृत होते हैं
(d) किसी राजनीतिक दल का प्रतीक भारत के राष्ट्रपति द्वारा आवण्टित किया जाता है

43. प्रसिद्ध गजल गायिका गिरिजा देवी का जन्म ……… में हुआ था।
(a) उत्तर प्रदेश (b) बिहार
(c) पंजाब (d) कर्नाटक

44. मनुष्यों में अपशिष्ट उत्पादों का निस्यन्दन वृक्क में होता है। वृक्क के भीतर काफी संख्या में निस्यन्दन इकाइयाँ (filtration units) होती हैं, जो इस कार्य को करने में सहायक होती हैं। इन निस्पन्दन इकाइयों को ……… कहा जाता है।
(a) केशिका
(b) बोमैन सम्पुट
(c) कूपिका
(d) वृक्काणु

45. निम्नलिखित में से कौन-सी पूर्व की ओर बहने वाली नदी है?
(a) माही (b) गोदावरी
(c) तापी (d) नर्मदा

46. रथ उत्सव भगवान जगन्नाथ के साथ सुभद्रा और ……… को समर्पित है।
(a) अर्जुन (b) सुदामा
(c) हनुमान (d) बलभद्र

47. भारतीय खेल प्राधिकरण (स्पॉर्ट्स अथॉरिटी ऑफ इण्डिया) किस मन्त्रालय के अन्तर्गत आता है?
(a) युवा मामले और खेल मन्त्रालय
(b) शिक्षा मन्त्रालय
(c) सामाजिक न्याय मन्त्रालय
(d) स्वास्थ्य और परिवार कल्याण मन्त्रालय

48. हरित क्रान्ति के बाद सभी खाद्यान्नों में वृद्धि किस प्रकार थी?
(a) असमानुपाती (b) ऐकिक
(c) अप्रत्याशित (d) समानुपाती

49. ……… तोल्कोप्पियार (Tolkappiyar) द्वारा लिखित सबसे प्रारम्भिक तमिल साहित्य है।
(a) कलित्तोकाई
(b) तोलकोप्पियम
(c) नारीनई
(d) एत्तुतोगई

50. महामारी रोग (संशोधन) अधिनियम, 2020 ने निम्नलिखित में से किस अधिनियम में संशोधन किया?
(a) महामारी रोग अधिनियम, 1890
(b) महामारी रोग अधिनियम, 1897
(c) महामारी रोग अधिनियम, 1895
(d) महामारी रोग अधिनियम, 1892

भाग III
संख्यात्मक अभियोग्यता

51. $4a^2$ और x का मध्यानुपाती $\frac{1}{5a}$ है, जहाँ a धनात्मक संख्या है, तो x का मान ...... है।
(a) $\frac{1}{25a^4}$ (b) $\frac{1}{100a^2}$
(c) $\frac{1}{25a^2}$ (d) $\frac{1}{100a^4}$

52. निम्न तालिका का अध्ययन कीजिए और प्रश्न का उत्तर दीजिए।

विषय	लड़के	लड़कियाँ
इन्जीनियरिंग	120	80
मेडिकल	80	120

मेडिकल का चयन करने वाले विद्यार्थियों में कितने प्रतिशत लड़के हैं?
(a) 45% (b) 30%
(c) 50% (d) 40%

53. निम्नलिखित में से कौन-सी भिन्न सबसे बड़ी है?
$\frac{2}{3}, \frac{6}{53}, \frac{79}{90}, \frac{33}{44}$
(a) $\frac{6}{53}$ (b) $\frac{2}{3}$
(c) $\frac{79}{90}$ (d) $\frac{33}{44}$

54. निम्न का मान ज्ञात करें। $\frac{\sin A}{1+\cos A}+\cot A$, जहाँ A एक न्यून कोण है।
(a) $\operatorname{cosec} A$ (b) $\sin A+\cos A$
(c) $\cos A$ (d) $\sin A$

55. सिद्धि अपने स्कूटर को ₹ 71785 में बेचकर, विक्रय मूल्य के $\frac{1}{5}$ भाग के बराबर लाभ अर्जित करती है। उसका लाभ प्रतिशत ज्ञात कीजिए।
(a) 25% (b) 10%
(c) 20% (d) 15%

56. एक ΔPQR में, $PQ = PR$ और PT, QR पर लम्ब है। यदि $PQ = 17$ सेमी, $PT = 15$ सेमी है, तो QR की माप (सेमी में) क्या है?
(a) 8 (b) 32 (c) 16 (d) 24

57. दो क्रमिक छूट देने के बाद ₹ 150 अंकित मूल्य वाला एक खिलौना ₹ 105 में बेचा जाता है। यदि पहली छूट 12.5% है, तो दूसरी छूट कितनी है?
(a) 18% (b) 21%
(c) 20% (d) 22%

58. दिया गया पाई-चार्ट एक विशेष वर्ष में एक खेल अकादमी द्वारा विभिन्न खेलों पर खर्च की गई धनराशि (₹) को (डिग्री में) दर्शाता है। पाई चार्ट का अध्ययन कीजिए और इसके बाद आगे आने वाले प्रश्न का उत्तर दीजिए।

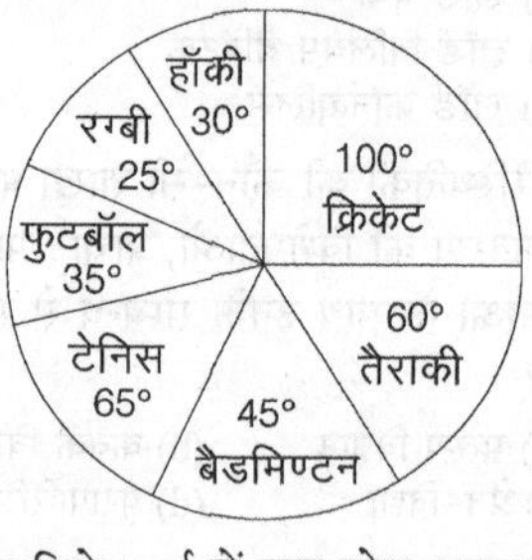

एक विशेष वर्ष में एक खेल अकादमी द्वारा विभिन्न खेलों पर खर्च की गई धनराशि (₹) (डिग्री में)
यदि फुटबॉल पर ₹ 42000 खर्च किए गए थे, तो बैडमिण्टन, टेनिस और रग्बी पर कुल मिलाकर खर्च की गई धनराशि, क्रिकेट, तैराकी और हॉकी पर कुल मिलाकर खर्च की गई धनराशि से कितने प्रतिशत (2 दशमलव स्थान तक पूर्णांकित) अधिक/कमी है?
(a) कमी, 34.87% (b) कमी, 28.95%
(c) अधिक, 28.95% (d) अधिक, 34.87%

59. $\frac{\tan 55°}{\cot 35°}$ का मान ज्ञात कीजिए।
(a) 1 (b) 0
(c) $\cos 35°$ (d) $\sec 55°$

60. यदि 19^{200} को 20 से विभाजित किया जाता है, तो शेषफल ज्ञात कीजिए।
(a) 3 (b) 1
(c) 2 (d) –1

61. 18 सेमी भुजाओं वाले एक समबाहु त्रिभुज का क्षेत्रफल (सेमी² में) ज्ञात कीजिए।
(a) $77\sqrt{3}$ (b) $79\sqrt{3}$
(c) $81\sqrt{3}$ (d) $75\sqrt{3}$

62. साधारण ब्याज पर विभिन्न बैंकों में निवेश के लिए कुल ₹ 200000 को दो भागों में बांटा गया। एक पर 4% वार्षिक ब्याज प्राप्त होता है। जबकि दूसरे पर 6% वार्षिक ब्याज प्राप्त होता है। यदि एक वर्ष के अन्त में पूर्ण राशि पर कुल ब्याज 4.7% वार्षिक दर के बराबर है, तो प्रत्येक बैंक में निवेश की गई राशि (₹ में) क्रमशः है।
(a) 120000 और 80000
(b) 145000 और 55000
(c) 130000 और 70000
(d) 160000 और 40000

63. निम्नलिखित को सरल कीजिए।
$$\frac{(7.3)^3-(4.7)^3}{(7.3)^2+7.3\times 4.7+(4.7)^2}$$
(a) 12 (b) 2.6
(c) 3.2 (d) 11

64. यदि किसी वृत्त के चाप PAQ और RBS सर्वांगसम हैं, तो PQ और RS का अनुपात ज्ञात कीजिए।
(a) 1 : 3 (b) 1 : 1
(c) 1 : 2 (d) 2 : 3

65. यदि $\tan\theta = \frac{8}{15}$ और θ कोई न्यूनकोण हो, तो $\frac{\sqrt{1-\sin\theta}}{\sqrt{1+\sin\theta}}$ का मान ज्ञात कीजिए।
(a) $\frac{1}{5}$ (b) $\frac{4}{5}$ (c) $\frac{2}{5}$ (d) $\frac{3}{5}$

66. निम्न पाई-चार्ट एक प्रकाशक द्वारा पुस्तक प्रकाशन पर विभिन्न मदों में किए गए व्यय को दर्शाता है।

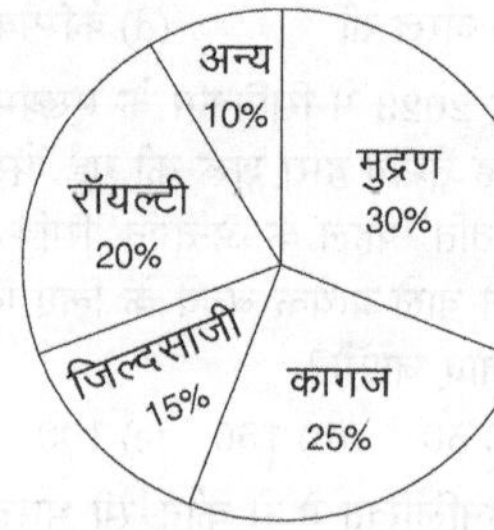

दिया गया है कि, पुस्तक का अंकित मूल्य ₹ 270 है, यदि पुस्तक का अंकित मूल्य इसके क्रय मूल्य से 20% अधिक है, तो पुस्तक की एक प्रति प्रकाशित करने के लिए कागज की लागत क्या है?
(a) ₹ 58.45 (b) ₹ 56.25
(c) ₹ 62.15 (d) ₹ 68.75

67. पाइप A और B एक टैंक को क्रमश 6 घण्टे और 8 घण्टे में पूरा भर सकते हैं। दोनों पाइपों को एक साथ 3 घण्टे के लिए खोल दिया जाता है। उसके बाद पाइप A को बन्द कर दिया जाता है, और पाइप B टैंक को भरना जारी रखता है। टैंक कितने घण्टे में पूरा भर जायेगा?
(a) 4 (b) 2
(c) 3 (d) 6

68. 51 किग्रा वजन वाले एक छात्र के स्थान पर नया छात्र आ जाने पर 10 छात्रों का औसत वजन आधा किग्रा बढ़ जाता है। नए छात्र का वजन ज्ञात करें।
(a) 75 किग्रा (b) 45 किग्रा
(c) 66 किग्रा (d) 56 किग्रा

69. एक लम्ब वृत्तीय शंकु के आधार की त्रिज्या 9 सेमी है और इसकी तिर्यक ऊँचाई 49 सेमी है। शंकु का वक्र पृष्ठीय क्षेत्रफल ज्ञात करें।
(a) 1262 सेमी^{2}
(b) 1265 सेमी^{2}
(c) 1386 सेमी^{2}
(d) 1490 सेमी^{2}

70. दिए गए आँकड़ों से शर्ट और ट्राउज़र के क्रय मूल्य का अनुपात ज्ञात कीजिए।

वस्तु	विक्रय मूल्य	लाभ
शर्ट	₹ 1200	20%
ट्राउज़र	₹ 660	10%

(a) 1 : 3
(b) 3 : 4
(c) 2 : 1
(d) 5 : 3

71. 7 इकाई त्रिज्या वाले एक वृत्त पर, PQ और QR प्रत्येक 7 इकाई लम्बाई वाली जीवाएँ हैं। जीवा PR की लम्बाई इकाई में कितनी है?
(a) $\frac{7}{\sqrt{3}}$ (b) $\frac{28}{\sqrt{3}}$
(c) $\frac{14}{\sqrt{3}}$ (d) $\frac{21}{\sqrt{3}}$

72. A और B की वर्तमान आयु (वर्षों में) 3 : 4 के अनुपात में है। पाँच वर्ष पूर्व, उनकी आयु का अनुपात 2 : 3 था। A की वर्तमान आयु (वर्षों में) कितनी है?
(a) 21 (b) 15
(c) 28 (d) 20

73. यदि $x+\frac{1}{x}=2$ है, तो $\left(x^{2723}+\frac{1}{x^{3356}}\right)$ का मान ज्ञात कीजिए।
(a) 0 (b) 1
(c) –1 (d) 2

74. 4800 मी की एक वृत्ताकार दौड़ में, A और B एक ही बिन्दु से और एक ही समय में 36 किमी/घण्टा और 54 किमी/घण्टा की चाल से दौड़ना शुरू करते हैं। यदि वे विपरीत दिशा में दौड़ रहे हैं तो वे ट्रैक पर पहली बार फिर से कब मिलेंगे?
(a) 192 सेकण्ड (b) 178 सेकण्ड
(c) 205 सेकण्ड (d) 200 सेकण्ड

75. दो उम्मीदवारों के बीच चुनाव में, 88% मत पाने वाला उम्मीदवार 684 मतों के बहुमत से जीत जाता है। डाले गए मतों की कुल संख्या कितनी है? (डाले गए सभी मत वैध हैं)
(a) 800 (b) 900
(c) 750 (d) 850

भाग IV
अंग्रेजी भाषा

76. Select the most appropriate option to substitute the underlined segment in the given sentence.
Rohan exercised and ate a lot, <u>lest he should not be weak</u>.
(a) lest he should not weak.
(b) lest he would be weak.
(c) lest he would not be weak.
(d) lest he should be weak.

77. Select the most appropriate antonym for the underlined word in the given sentence.
Despite his <u>annoyance</u>, Rahul knew that rushing the delicate process would only lead to mistakes.
(a) Susceptibility
(b) Absurdity
(c) Gnawer
(d) Serenity

78. Select the most appropriate option that means the same as the underlined group of words to fill in the blank.
Most of the rivers dry up during the summer season, but the Ganga is full of water <u>round the year</u> because it is ....
(a) biennial
(b) biannual
(c) perennial
(d) annual

79. Select the most appropriate meaning of the given group of words.
On cloud nine
(a) Being angry with someone
(b) Being very delighted
(c) Flying in the sky
(d) Being very high

80. Select the correct spelling to fill in the blank.
When numerous ideas are presented in a historical context, more than mere .... can be seen.
(a) parallelism
(b) paralialism
(c) paralelism
(d) parollelism

81. Parts of a sentence are given below in jumbled order. Arrange the parts in the correct order to form a meaningful sentence.
A. So I am not very sure
B. I have a driving license
C. Of myself reaching home safely
D. But no real driving experience
(a) BCAD (b) BDCA
(c) BDAC (d) CABD

82. Select the correctly spelt word to fill in the blank.
Calder Hall is a Nuclear Power Station in England which is known as the first Nuclear Power Station to generate electricity for .... purposes.
(a) comercial
(b) comercail
(c) commerceil
(d) commercial

83. Select the option that expresses the given sentence in passive voice.
Can you compose an inspiring poem?
(a) Can an inspiring poem be composed?
(b) An inspiring poem can be composed by you.
(c) Can an inspiring poem be composed by you?
(d) Can an inspiring poem by you composed?

84. Select the most appropriate meaning of the given word.
Pugnacious
(a) Impatient
(b) Good-tempered
(c) Arrogant
(d) Waspish

85. Select the most appropriate synonym of the given word.
Condone
(a) Solicitude (b) Penalty
(c) Pardon (d) Solace

86. Select the most appropriate synonym of the given word.
Tendency
(a) Distaste (b) Decoy
(c) Proneness (d) Aversion

87. Select the option that expresses the given sentence in passive voice.

The tutor was not teaching the student.
(a) The student was teaching the tutor.
(b) The student was not taught by the tutor.
(c) The student was not being taught by the tutor.
(d) The student was not being teaching by the tutor.

88. Select the most appropriate meaning of the given group of words.
A bitter pill
(a) Facing a distressing situation
(b) Talking nonsense
(c) Arguing unnecessarily
(d) Getting furious easily

89. Select the most appropriate option that can substitute the underlined word in the given sentence.
Bankrupts are those who are <u>incapable</u> to pay their debts.
(a) capable (b) powerful
(c) incompetent (d) meagre

90. Parts of a sentence are given below in jumbled order. Select the option that arranges the parts in the correct sequence to form a meaningful sentence.
(P) dreams provide an escape
(Q) where reality is suspended
(R) into a world
(O) of endless possibilities
(a) OPQR (b) PROQ
(c) QORP (d) RPOQ

91. The following sentence has been split into segments. Identify the segment that contains an error. If you don't find any error, mark 'No error' as your answer.
People admired him, for / he lived by the same principals / that he preached.
(a) that he preached.
(b) No error
(c) he lived by the same principals
(d) People admired him, for

92. Select the most appropriate antonym of the given word.
Dogmatic
(a) Concerned (b) Liberal
(c) Conservative (d) Diplomatic

93. Select the most appropriate synonym of the given word.
Kilter
(a) Order
(b) Disrepair
(c) Anarchy
(d) Shambles

94. The given sentence is divided into four segments. Select the option that has the segment with a grammatical error.
We were on the way/ to the party;/ suddenly, there/ will a heavy downpour.
(a) to the party;
(b) We were on the way
(c) will a heavy downpour.
(d) suddenly, there

95. Select the option that can substitute/replace the bracketed word correctly and complete the sentence.
He (seek) for the wallet in his pocket.
(a) Sought
(b) Had seeking
(c) Are seeking
(d) Seeking

Directions (Q. Nos. 96-100) *In the following passage, some words have been deleted. Read the passage carefully and select the most appropriate option to fill in each blank.*

This Diwali is more significant because we are going to celebrate it after three years, without the evil shadow of Covid-19 that ......(1)...... looming over all festivities. The lockdowns and endless bad news of death and ......(2)...... had turned our country into a zone of gloom. But, this season of Diwali ......(3)...... all the sorrows of people by lighting the candle of hope in their lives. We can see the lights, the candles, the lanterns, and the busy people coming out of their houses and purchasing toys for their children. Let's ......(4)...... those people who have made such a huge contribution to ......(5)...... good thoughts and saving people's lives.

96. Select the most appropriate option to fill in blank number 1.
(a) is (b) were
(c) are (d) was

97. Select the most appropriate option to fill in blank number 2.
(a) economic boom
(b) demonetisation
(c) disease
(d) new birth

98. Select the most appropriate option to fill in blank number 3.
(a) had recognised
(b) has hovered
(c) has shed
(d) has adopted

99. Select the most appropriate option to fill in blank number 4.
(a) salute (b) berate
(c) terminate (d) onerous

100. Select the most appropriate option to fill in blank number 5.
(a) stagnating
(b) impeding
(c) implicating
(d) spreading

उत्तरमाला

1. (d)	2. (a)	3. (a)	4. (b)
5. (b)	6. (c)	7. (a)	8. (a)
9. (c)	10. (a)	11. (a)	12. (d)
13. (d)	14 (b)	15. (c)	16. (b)
17. (a)	18. (c)	19. (a)	20. (b)
21. (b)	22. (a)	23. (d)	24. (b)
25. (b)	26. (b)	27. (d)	28. (d)
29. (b)	30. (c)	31. (a)	32. (b)
33. (d)	34. (c)	35. (c)	36. (d)
37. (d)	38. (d)	39. (a)	40. (b)
41. (d)	42. (b)	43. (a)	44. (d)
45. (b)	46. (d)	47. (a)	48. (a)
49. (b)	50. (b)	51. (d)	52. (d)
53. (c)	54. (a)	55. (a)	56. (c)
57. (c)	58. (b)	59. (a)	60. (b)
61. (c)	62. (c)	63. (b)	64. (b)
65. (d)	66. (b)	67. (a)	68. (d)
69. (c)	70. (d)	71. (d)	72. (b)
73. (d)	74. (a)	75. (b)	76. (d)
77. (d)	78. (c)	79. (b)	80. (a)
81. (c)	82. (d)	83. (c)	84. (d)
85. (c)	86. (*)	87. (c)	88. (a)
89. (c)	90. (b)	91. (c)	92. (b)
93. (a)	94. (c)	95. (a)	96. (d)
97. (c)	98. (c)	99. (a)	100. (d)

व्याख्या

1. *(d)* दी गई शृंखला का सही क्रम निम्न है,

20 25 25 35 30 45 35 55 40

(+5, +5; +10, +10, +10)

$\therefore$? = 35

2. *(a)* जिस प्रकार,

(7 —— 14 —— 28 —— 38)
(×2, ×2, +10)

और (4 —— 8 —— 16 —— 26)
(×2, ×2, +10)

उसी प्रकार,

(13 —— 26 —— 52 —— 62)
(×2, ×2, +10)

3. *(a)* प्रश्नानुसार,

Play in [the] [sunshine] → [sh] [ko] zm fq

[the] [sunshine] is bright → [ko] [sh] gp rs

$\therefore$ sunshine का कूट = 'sh' या 'ko'

4. *(b)* दी गई आकृति शृंखला में प्रत्येक अगली आकृति में दाईं ओर अर्थात् दक्षिणावर्त दिशा में एक नया तत्त्व जुड़ रहा है। अतः प्रश्नचिह्न के स्थान पर विकल्प (b) की आकृति आएगी।

5. *(b)* जिस प्रकार 'डटे रहना' तथा 'दृढ़ रहना' एक-दूसरे के समानार्थी शब्द है। ठीक उसी प्रकार 'टालना' का समानार्थी शब्द 'स्थगित करना' होगा।

6. *(c)* प्रश्नानुसार,

T R I E D → 5 ④ 1 2 3

और T R E A D → 1 2 3 6 5

$\therefore$ I अभीष्ट कूट = 4

7. *(a)*

दिया गया शब्द → S L A N T E D

वर्णमाला क्रमानुसार → A D E Ⓛ N Ⓢ T

(बाएँ से चौथा, दाएँ से दूसरा)

अतः L तथा S के बीच छः अक्षर होंगे।

8. *(a)* जिस प्रकार,

X V S (−2, −3)

Y W T (−2, −3)

तथा Z X U (−2, −3)

परन्तु, W U Q (−2, −4)

$\therefore$ WUQ असंगत अक्षर समूह है।

9. *(c)* ? = 272 × 16 + 97 − 23 ÷ 4

प्रश्नानुसार,

? = 272 ÷ 16 − 97 + 23 × 4
= 17 − 97 + 92 = 109 − 97 = 12

10. *(a)* दी गई अक्षर-शृंखला का क्रम निम्न है,

M →(+3) P →(+3) S →(+3) V →(+3) Y
J →(−3) G →(−3) D →(−3) A →(−3) X
P →(−3) M →(−3) J →(−3) G →(−3) D
T →(+3) W →(+3) Z →(+3) C →(+3) F

11. *(a)* जिस प्रकार, (11 − 363)
⇒ 11 × 11 × 3 = 363
(9 − 243) ⇒ 9 × 9 × 3 = 243
तथा (13 − 507) ⇒ 13 × 13 × 3 = 507
परन्तु, (15 − 450)
15 × 15 × 3 = 675 ≠ 450

12. *(d)* प्रश्न आकृति में दिए गए कागज के टुकड़े को पंच कर, मोड़े गए पैटर्न में पुनः खोलने पर वह उत्तर आकृति (d) के समान दिखाई देगा।

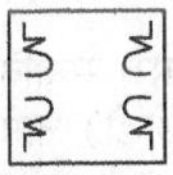

13. *(d)* जिस प्रकार, $(7, 333) = (7)^3 - 10$
⇒ 343 − 10 = 333
और $(5, 115) = (5)^3 - 10$
⇒ 125 − 10 = 115
उसी प्रकार, $(4, 54) = (4)^3 - 10$
⇒ 64 − 10 = 54

14. *(b)* दी गई आकृति का दर्पण प्रतिबिम्ब विकल्प आकृति (b) के समान दिखाई देगा।

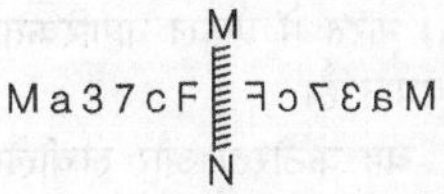

15. *(c)* जिस प्रकार,

H I T (विपरीत अक्षरों के क्रमांक)
19 + 18 + 7 = 44 × 3 = 132
(अक्षरों की संख्या)

और S B Y Z (विपरीत अक्षरों के क्रमांक)
8 + 25 + 2 + 1 = 36 × 4 = 144
(अक्षरों की संख्या)

उसी प्रकार,

Y R F (विपरीत अक्षरों के क्रमांक)
2 + 9 + 21 = 32 × 3 = [96]
(अक्षरों की संख्या)

16. *(b)* 121 × 11 − 28 ÷ 3 + 17 = ?

प्रश्नानुसार,

? = 121 ÷ 11 + 28 × 3 − 17
= 11 + 84 − 17
= 95 − 17 = 78

17. *(a)* प्रश्न आकृति में दिए गए कागज के टुकड़े को पंचकर, मोड़े गए पैटर्न में पुनः खोलने पर वह उत्तर आकृति (a) के समान दिखाई देगा।

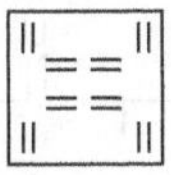

18. *(c)* जिस प्रकार,
(28, 224) ⇒ 28 × 8 = 224
और (47, 376) ⇒ 47 × 8 = 376
उसी प्रकार, (31, 248) ⇒ 31 × 8 = 248

19. *(a)* जिस प्रकार,

C A R B O N
(विपरीत अक्षर)
A C I Y N O

और

D A M A G E
(विपरीत अक्षर)
A D N Z E G

उसी प्रकार,

M A R G I N
(विपरीत अक्षर)
[A M I T N I]

20. *(b)* आकृति में बिन्दुओं के नाम लिखने पर,

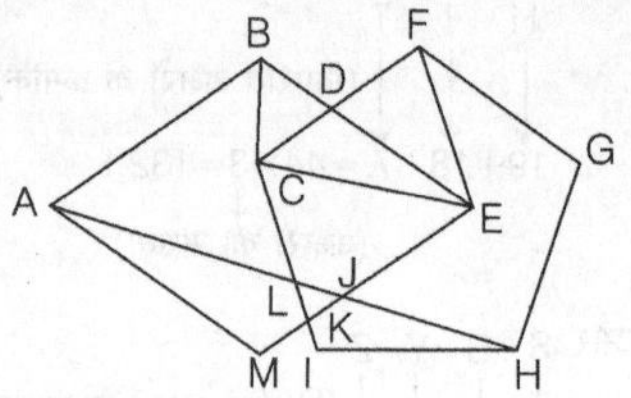

आकृति में निम्न त्रिभुज हैं,

ΔBCD, ΔCDE, ΔBCE, ΔDEF, ΔCFE, ΔAJM, ΔILH, ΔJKL, ΔCEK

अत: आकृति में 9 त्रिभुज हैं।

21. *(b)* दी गई प्रश्न आकृति, विकल्प आकृति (b) में सन्निहित है।

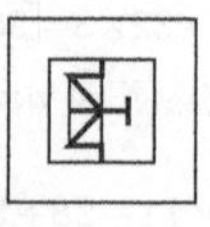

22. *(a)* प्रश्नानुसार,

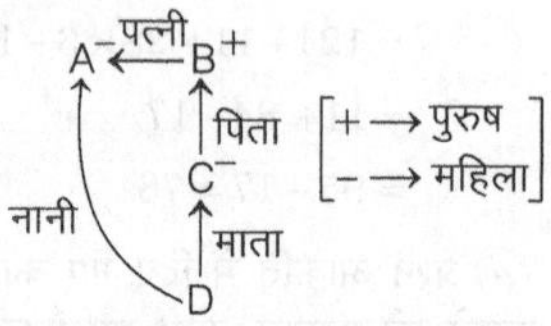

स्पष्टत: A, D की माता की माता है।

23. *(d)* जिस प्रकार,

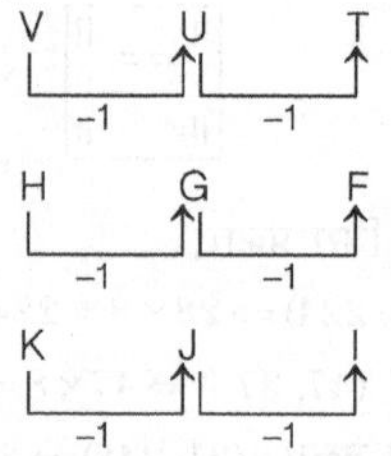

तथा

परन्तु,

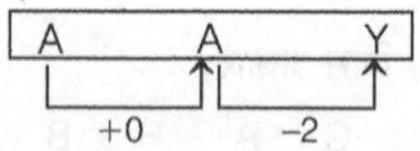

24. *(b)* दी गई शृंखला का क्रम निम्न है,

LMNQOL/LMNQOL/LMNQOL/LMNQOL/LM

अभीष्ट उत्तर = QNMLO

25. *(b)* दी गई आकृति शृंखला की प्रत्येक अगली आकृति में वर्ग के विकर्ण को 90° दक्षिणावर्त घुमाते हैं, जिसमें ऊपर वाला अंक नीचे आ जाता है तथा ऊपर की तरफ एक नया अंक जोड़ दिया जाता है।

अत: '?' के स्थान पर विकल्प (b) की आकृति आएगी।

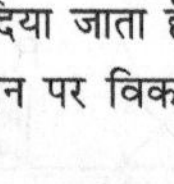

26. *(b)* 6.022×10^{23} संख्या को आवोगाद्रो नियतांक कहा जाता है, जिसका नाम 19वीं शताब्दी के वैज्ञानिक एमेडियो आवोगाद्रो के नाम पर रखा गया है।

27. *(d)* एक वर्ष के दौरान फर्म की माल-सूची में बदलाव को प्रवाह परिवर्तन कहते हैं।

- माल-सूची में बदलाव नियोजित अथवा अनियोजित हो सकता है।
- यह बदलाव एक समयावधि के बाद होता है।
- फर्म के पूँजी स्टॉक में अतिरिक्त योग को निवेश कहते हैं।

28. *(d)* देवी भद्रकाली को प्रसन्न करने के लिए एक स्थानीय नृत्य 'पदायनी' मुख्य रूप से केरल राज्य में प्रदर्शित किया जाता है।

- 'पदायनी' नृत्य एक कला रूप है, जिसमें संगीत, नृत्य, रंगमंच, व्यंग्य, मुखौटे और चित्रकला का मिश्रण होता है।
- यह नृत्य भद्रकाली के सम्मान में किया जाता है, जिसका अर्थ है-योद्धाओं की पंक्ति।
- मुखौटों वाला एक औपचारिक नृत्य भगवती मन्दिरों में किया जाने वाला एक प्राचीन अनुष्ठान है।

29. *(b)* डेड सी, मृत सागर इजरायल और जॉर्डन के बीच स्थित एक प्राकृतिक जल निकाय है।

- यह पृथ्वी का सबसे निचला बिन्दु है, जो समुद्र तल से 431 मी नीचे है।
- मृत सागर के आस-पास के क्षेत्र शुष्क हैं।
- मृत सागर के समुद्री जल का घनत्व 1.240 किग्रा/ली है।

30. *(c)* मेरो रुख मेरो सन्तति (एक पेड़ लगाओ, एक विरासत छोड़ो) नाम की पहल का उद्देश्य बच्चे के जन्म की याद में 100 पेड़ लगाकर माता-पिता, बच्चों और प्रकृति के बीच सम्बन्ध को मजबूत करना है।

- यह पहल भारत में अपनी तरह की पहली अभिनव हरित पहल है।
- इस योजना के अन्तर्गत पौधारोपण, हर वर्ष 7 से 14 जुलाई के मध्य 'सन्तति सप्ताह' के दौरान किया जाता है।
- पौधारोपण के बाद माता-पिता को पौधारोपण प्रमाण-पत्र दिया जाता है।

31. *(a)* भारत में एकल नागरिकता का प्रावधान है।

- यह कठोरता और लचीलेपन का मेल है।
- इसमें संघीय और एकात्मक दोनों विशेषताएँ शामिल हैं।
- भारतीय संविधान की सर्वोच्चता, लिखित संविधान, स्वतन्त्र न्यायपालिका, द्विसदनीयता, शक्तियों का विभाजन आदि विशेषताएँ शामिल हैं।

32. *(b)* छोटानागपुर क्षेत्र लौह अयस्क, मैंगनीज, बॉक्साइट, ताँबा, कोयला और अभ्रक जैसे खनिजों से समृद्ध है।

- यह पूर्वी भारत में स्थित पठार है।
- यह झारखण्ड के ज्यादातर हिस्सों के साथ-साथ छत्तीसगढ़, ओडिशा, पश्चिम बंगाल और बिहार के आस-पास के क्षेत्रों के अन्तर्गत शामिल है।
- जिसका कुल क्षेत्रफल करीब 65000 वर्ग किमी है।

33. *(d)* सातवाहन साम्राज्य को अहार या राष्ट्र नामक उपविभागों में विभाजित किया गया था, जिसका अर्थ-जिला था।

- सातवाहन वंश का संस्थापक सिमुक था तथा इनकी राजधानी प्रतिष्ठान या पैठन थी।
- इनके शासकों को महामात्र और अमात्य कहा जाता था।
- सातवाहन वंश के शासक ब्राह्मण थे।
- यह वंश पितृसत्तात्मक समाज का पालन करता था।

34. *(c)* जयप्रकाश नारायण को 'भारत छोड़ो आन्दोलन के नायक' के रूप में भी जाना जाता है।

- इन्होंने इन्दिरा गाँधी के समय सम्पूर्ण क्रान्ति की शुरुआत की, जिसे दिल्ली चलो आन्दोलन के रूप में जाना जाता है।
- जयप्रकाश नारायण को 'स्वतन्त्रता संग्राम और गरीबों एवं दलितों के उत्थान में अमूल्य योगदान' के लिए मरणोपरान्त भारत के सर्वोच्च नागरिक पुरस्कार 'भारत रत्न' 1999 से सम्मानित किया गया।

35. *(c)* वर्ष 2024 की टाइम मैगजीन के 100 सबसे प्रभावशाली व्यक्ति की सूची में अश्विन वैष्णव, नन्दन नीलेकणि, अनिल कपूर, सुन्दर पिचाई, सत्य नडेला आदि शामिल हैं। इस सूची में अमिताभ बच्चन का नाम शामिल नहीं था।

- टाइम मैगजीन की सूची को 6 श्रेणियों में बाँटा गया है

1. आइकन
2. पायनियर्स
3. आर्टिस्ट
4. टाइटन्स
5. लीडर्स
6. इनोवेटर्स

36. *(d)* लॉर्ड कॉर्नवालिस ने (1786-1793) ने पुलिस सुधारों के तहत दरोगा प्रणाली की शुरुआत की।
- इस प्रणाली के तहत हर जिले को थाना या पुलिस मण्डलों में बाँटा गया था, इन मण्डलों का नेतृत्व दरोगा करते थे।
- हर जिले में पुलिस को जिला न्यायाधीश के अधीन रखा गया था।
- लॉर्ड कॉर्नवालिस को भारत में 'सिविल सेवा का जनक' कहा जाता है।

37. *(d)* पुरापारिस्थितिकी में जीवाश्मों के अध्ययन से जीव-जन्तुओं के बीच के सम्बन्धों का पता चलता है, जिससे जीवों के विकास के बारे में जानकारी मिलती है।
- जीवाश्मों के अध्ययन से जीवों के रूप, शरीर, रचना और उनके विलुप्त होने के बारे में जानकारी मिलती है।

38. *(d)* $4NH_3(g) + 5O_2(g) \longrightarrow 4NO(g) + 6H_2O(g)$

इस क्रिया के फलस्वरूप N उपचयित हो जाता है तथा O अपचयित हो जाता है।
- उपचयित का अर्थ है-किसी पदार्थ में ऑक्सीजन का योग होना।
- उपचयित-अपचयित अभिक्रिया को रेडॉक्स अभिक्रिया भी कहते हैं।

39. *(a)* उस्ताद जाकिर हुसैन भारत के प्रसिद्ध तबला वादक हैं, जिन्हें पद्म विभूषण 2023 प्राप्त हुआ।
- जाकिर हुसैन तबला वादक उस्ताद अल्ला रक्खा के पुत्र हैं।
- वर्ष 1988 में इन्हें पद्मश्री तथा वर्ष 2002 में पद्म भूषण से सम्मानित किया गया।
- जाकिर हुसैन को संगीत नाटक अकादमी पुरस्कार से भी सम्मानित किया जा चुका है।
- जाकिर हुसैन को 2 ग्रैमी पुरस्कार भी प्राप्त हुए हैं।

40. *(b)* चौथी पंचवर्षीय योजना (1969-1974) गॉडविल फॉर्मूले पर आधारित थी, जिसके अन्तर्गत स्थिरता के विकास और आत्मनिर्भरता की ओर बढ़ना था।
- इस पंचवर्षीय योजना के समय देश की प्रधानमन्त्री श्रीमती इन्दिरा गाँधी थी।
- इस पंचवर्षीय योजना के अन्तर्गत 14 बैंकों का राष्ट्रीयकरण किया गया था।
- इस पंचवर्षीय योजना का विकास लक्ष्य 5.7% था, जबकि वास्तविक विकास 3.3% था।

41. *(d)* राजा भलीन्द्र सिंह ट्रॉफी, नेशनल गेम्स में सबसे ज्यादा पदक जीतने वाले राज्य को दी जाने वाली ट्रॉफी है।
- इस ट्रॉफी से सम्मानित होने वाले राज्य का मूल्यांकन अंकों के आधार पर किया जाता है।
- राजा भलीन्द्र सिंह एक क्रिकेटर थे, जो बाद में खेल प्रशासक तथा IOC (International Olympic Committee) के अध्यक्ष भी रहे।

42. *(b)* भारत में एक बहुदलीय प्रणाली है, जिसे राष्ट्रीय, राज्य या क्षेत्रीय स्तर के रूप में वर्गीकृत किया गया है।
- चुनाव आयोग के लिए राजनीतिक संवैधानिक संस्थाओं को अनिवार्यत: पंजीकृत किया जाता है और प्रदर्शन के आधार पर उन्हें राष्ट्रीय या राज्य संवैधानिक संस्थाओं के रूप में मान्यता प्रदान की जाती है।
- वह दल जो लोकसभा चुनाव या चार राज्यों के चुनाव में कुल दावेदारी का कम-से-कम 6% वोट प्राप्त करता है तथा लोकसभा में कम-से-कम 4 सीटें जीतता है, उसे राष्ट्रीय दल के रूप में शामिल किया गया है।
- वह दल जो किसी राज्य की विधानसभा के चुनाव में कुल मिलाकर 6% वोट प्राप्त करता है और कम-से-कम दो पद जीतता है, उसे राज्य दल के रूप में शामिल किया जाता है।

43. *(a)* प्रसिद्ध गजल गायक गिरिजा देवी का जन्म उत्तर प्रदेश के वाराणसी जिले में 8 मई, 1929 को हुआ था।
- गिरिजा देवी को 'ठुमरी की रानी' के नाम से भी जाना जाता है।
- उन्हें शास्त्रीय संगीत में उनके योगदान के लिए वर्ष 1972 में पद्मश्री, वर्ष 1989 में पद्म भूषण तथा वर्ष 2016 में पद्म विभूषण से सम्मानित किया गया था।

44. *(d)* वृक्काणु, वृक्क की कार्यात्मक इकाई है।
- ये रक्त से पानी के आयनों और छोटे अणुओं को अलग करते हैं।
- साथ ही अपशिष्ट और विषाक्त पदार्थों को छानकर जरूरी अणुओं को फिर से रक्त में वापस भेजते हैं।
- वृक्क में होने वाले रक्त के निस्यन्दन की प्रक्रिया को ग्लोमेरुलर निस्यन्दन दर कहते हैं।

45. *(b)* गोदावरी, कृष्णा, कावेरी, महानदी आदि नदियाँ भारत में पूर्व की ओर बहने वाली नदियाँ हैं।
- गोदावरी नदी को 'दक्षिण की गंगा' भी कहते हैं।
- गोदावरी नदी 1465 किमी लम्बी नदी है, जो महाराष्ट्र के पश्चिमी घाट में स्थित ब्रह्मगिरि शिखर (त्र्यम्बकेश्वर) से निकलती है।

46. *(d)* रथ उत्सव, ओडिशा राज्य के पुरी क्षेत्र में प्रत्येक वर्ष आषाढ़ महीने की शुक्ल पक्ष की द्वितीया को मनाया जाता है।
- इस दिन भगवान जगन्नाथ, बलभद्र व सुभद्रा को गुंडिचा मन्दिर ले जाया जाता है।
- रथ उत्सव के दौरान, श्री मन्दिर के समान सभी अनुष्ठान गुंडिचा मन्दिर में ही किए जाते हैं।

47. *(a)* भारतीय खेल प्राधिकरण युवा मामले और खेल मन्त्रालय के अन्तर्गत आता है।
- भारतीय खेल प्राधिकरण (SAI) भारत सरकार द्वारा वर्ष 1984 में स्थापित एक पंजीकृत सोसाइटी है।
- इसका मुख्यालय नई दिल्ली में स्थित है।
- भारत सरकार ने खेलों को बढ़ावा देने, युवा अवस्था में खेल प्रतिभाओं की खोज करने, पोषण, खेल प्रतियोगिताओं का आयोजन करने, सुविधाएँ उपलब्ध कराने, स्टेडियमों का उपयोग करने तथा उन्हें उपयुक्त स्थिति में बनाए रखने के लिए भारतीय खेल प्राधिकरण की स्थापना की गई है।

48. *(a)* हरित क्रान्ति के बाद सभी खाद्यानों में वृद्धि असमानुपाती थी।
- भारत में हरित क्रान्ति के जनक डॉ. एम एस स्वामीनाथन को माना जाता है।
  वहीं नॉर्मन बोरलॉग को दुनिया में हरित क्रान्ति का जनक माना जाता है।
- द्विपक्षीय फसल, हरित क्रान्ति की एक प्राथमिक विशेषता थी। इसके तहत वर्ष में एक के अतिरिक्त दो फसल प्राप्त करने का निर्णय लिया गया।
- इसके अन्तर्गत मुख्य फसलें चावल, गेहूँ, ज्वार, बाजरा व मक्का शामिल थीं।

49. *(b)* तोलकोप्पियम दूसरे संगम का एकमात्र तमिल व्याकरण ग्रन्थ है, जो प्राचीनतम उपलब्ध संगम साहित्य है।
- तोलकोप्पियम से ज्ञात होता है कि संगम काल में विवाह को संस्कार के रूप में मान्यता प्रदान की गई थी।

- संगम का आशय तमिल कवियों का संगम है।
- कुल तीन संगमों का आयोजन पाण्ड्यों के शासनकाल में हुआ।

50. *(b)* महामारी रोग अधिनियम, 1897 की धारा 2 और धारा 3 (कुल धारा 4) को भारत सरकार के स्वास्थ्य मन्त्रालय ने 11 मार्च, 2020 को लागू किया।

- महामारी रोग अधिनियम, 2020 कोविड-19 जैसी महामारियों से निपटने के लिए स्वास्थ्य कर्मियों की सुरक्षा सुनिश्चित करने और केन्द्र सरकार की शक्तियों का विस्तार करने के लिए बनाया गया था।
- इस अधिनियम के तहत स्वास्थ्य कर्मियों पर हमला करने वालों को सात वर्ष तक जेल की सजा हो सकती है।
- यह अपराध संज्ञेय और गैर-जमानती है।

51. *(d)* $4a^2$ और x का मध्यानुपाती $= \sqrt{4a^2 \times x}$

$\therefore \quad \sqrt{4a^2 \times x} = \frac{1}{5a}$

दोनों तरफ का वर्ग करने पर,

$$4a^2 \times x = \frac{1}{25a^2}$$

$$x = \frac{1}{100a^4}$$

52. *(d)* मेडिकल का चयन करने वाले लड़कों का प्रतिशत

$$= \frac{80}{80+120} \times 100$$

$$= \frac{80}{200} \times 100 = 40\%$$

53. *(c)* $\because \frac{2}{3} = 0.66, \frac{6}{53} = 0.11$

$\frac{79}{90} = 0.87, \frac{33}{44} = 0.75$

अतः सबसे बड़ा भिन्न $\frac{79}{90}$ है।

54. *(a)* $\frac{\sin A}{1+\cos A} + \cot A$

$$= \frac{\sin A}{1+\cos A} + \frac{\cos A}{\sin A}$$

$$= \frac{\sin^2 A + \cos A + \cos^2 A}{\sin A\,(1+\cos A)}$$

$$= \frac{1+\cos A}{\sin A\,(1+\cos A)} = \frac{1}{\sin A} = \operatorname{cosec} A$$

55. *(a)* माना स्कूटर का विक्रय मूल्य = 5 इकाई

तथा लाभ $= 5 \times \frac{1}{5} = 1$ इकाई

$\therefore$ स्कूटर का क्रय मूल्य $= 5 - 1 = 4$ इकाई

अतः अभीष्ट लाभ % $= \frac{1}{4} \times 100 = 25\%$

56. *(c)* प्रश्नानुसार,

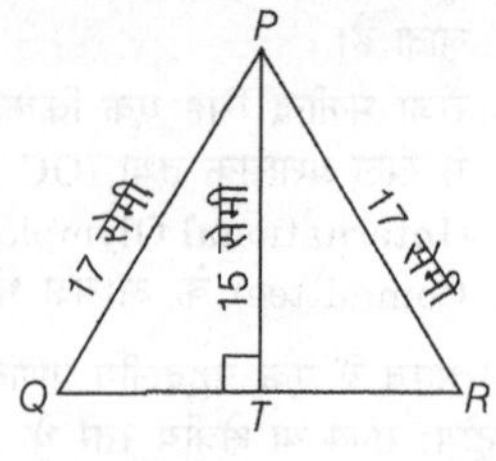

ΔPTQ में,

$$QT = \sqrt{PQ^2 - PT^2}$$

$$= \sqrt{17^2 - 15^2} = \sqrt{289 - 225}$$

$$= \sqrt{64} = 8 \text{ सेमी}$$

तथा ΔPTR में,

$$TR = \sqrt{PR^2 - PT^2}$$

$$= \sqrt{17^2 - 15^2} = 8 \text{ सेमी}$$

$$\therefore \quad QR = QT + TR$$

$$= 8 + 8 = 16 \text{ सेमी}$$

57. *(c)* माना दूसरी छूट $= x\,\%$

प्रश्नानुसार,

$$150 \times \frac{87.5}{100} \times \frac{(100-x)}{100} = 105$$

$$100 - x = \frac{105 \times 100 \times 100}{150 \times 87.5} = 80$$

$$\therefore \quad x = 100 - 80 = 20\%$$

58. *(b)* बैडमिण्टन, टेनिस और रग्बी पर कुल खर्च $= 45 + 65 + 25 = 135^\circ$

तथा क्रिकेट, तैराकी और हॉकी पर कुल खर्च $= 100 + 60 + 30 = 190^\circ$

अतः अभीष्ट प्रतिशत कमी

$$= \frac{190 - 135}{190} \times 100$$

$$= \frac{55}{190} \times 100 = 28.95\%$$

59. *(a)* $\frac{\tan 55^\circ}{\cot 35^\circ} = \frac{\tan 55^\circ}{\cot (90^\circ - 55^\circ)}$

$$= \frac{\tan 55^\circ}{\tan 55^\circ} = 1$$

60. *(b)* $\frac{19^{200}}{20}$ का शेषफल $= (-1)^{200} = 1$

61. *(c)* समबाहु त्रिभुज का क्षेत्रफल $= \frac{\sqrt{3}}{4} a^2$

$$= \frac{\sqrt{3}}{4} \times 18 \times 18$$

$$= 81\sqrt{3} \text{ सेमी}^2$$

62. *(c)* मिश्रण के नियमानुसार,

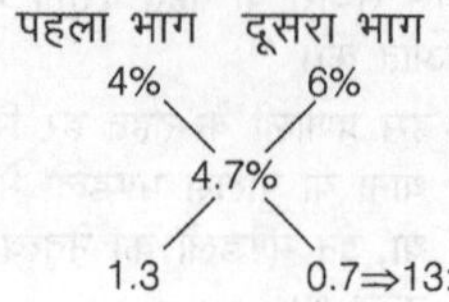

अतः पहला भाग $= \frac{200000}{13+7} \times 13$

$= ₹\,130000$

तथा दूसरा भाग $= ₹\,200000 - 130000$

$= ₹\,70000$

63. *(b)* $\frac{(7.3)^3 - (4.7)^3}{(7.3)^2 + 7.3 \times 4.7 + (4.7)^2}$

$$= \frac{(7.3 - 4.7)\,(7.3^2 + 7.3 \times 4.7 + 4.7^2)}{7.3^2 + 7.3 \times 4.7 + 4.7^2}$$

$$= 7.3 - 4.7 = 2.6$$

64. *(b)* दिया है, वृत्त के चाप PAQ और RQS सर्वांगसम है।

$\therefore \quad PQ = RS$

अतः $PQ : RS = 1 : 1$

65. *(d)* प्रश्नानुसार,

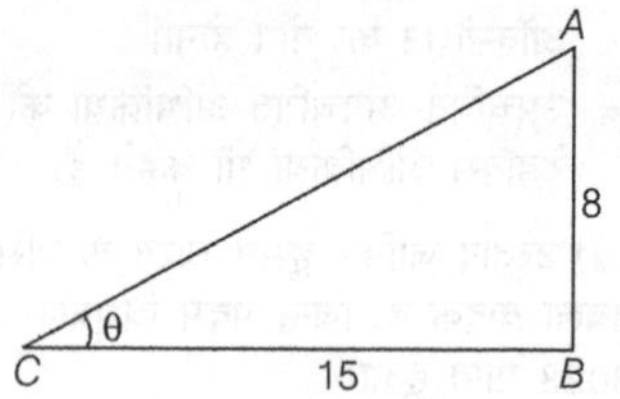

$$\tan\theta = \frac{8}{15} = \frac{AB}{BC}$$

$$\therefore \quad AC = \sqrt{AB^2 + BC^2}$$

$$= \sqrt{8^2 + 15^2}$$

$$= \sqrt{64 + 225} = \sqrt{289} = 17$$

$$\sin\theta = \frac{AB}{AC} = \frac{8}{17}$$

अतः $\sqrt{\frac{1-\sin\theta}{1+\sin\theta}} = \sqrt{\frac{1-\frac{8}{17}}{1+\frac{8}{17}}} = \sqrt{\frac{9}{25}} = \frac{3}{5}$

66. *(b)* पुस्तक का क्रय मूल्य $= \frac{270}{120} \times 100$

$= ₹\,225$

अतः कागज की लागत $= \frac{225 \times 25}{100}$

$= ₹\,56.25$

67. *(a)*

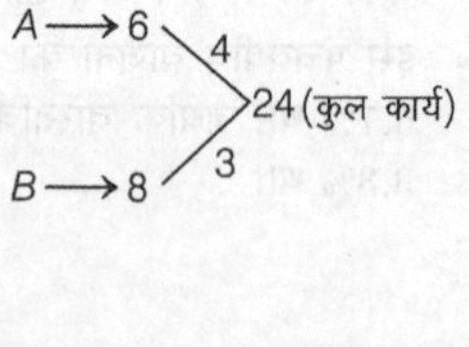

3 घण्टे में पाइप A और B द्वारा किया गया कार्य

$$= (4+3) \times 3 = 21$$

शेष कार्य को पाइप B द्वारा करने में लगा समय

$$= \frac{24-21}{3} = \frac{3}{3} = 1 \text{ घण्टा}$$

अत: अभीष्ट समय $= 3 + 1 = 4$ घण्टे

68. *(d)* माना नए छात्र का वजन $= x$ किग्रा

तथा प्रारम्भिक औसत $= y$ किग्रा

प्रश्नानुसार,

$$10y - 51 + x = (y + 0.5) \times 10$$

$$10y - 51 + x = 10y + 5$$

$$x = 51 + 5 = 56 \text{ किग्रा}$$

स्पीडी विधि

नए छात्र का वजन = औसत + छात्रों की संख्या × औसत वृद्धि

$$= 51 + 10 \times 0.5$$

$$= 51 + 5 = 56 \text{ किग्रा}$$

69. *(c)* शंकु का वक्र पृष्ठीय क्षेत्रफल $= \pi rl$

$$= \frac{22}{7} \times 9 \times 49 = 1386 \text{ सेमी}^2$$

70. *(d)* शर्ट का क्रय मूल्य $= \frac{1200}{120} \times 100$

$$= ₹\,1000$$

तथा ट्राउजर का क्रय मूल्य $= \frac{660}{110} \times 100$

$$= ₹\,600$$

अत: अभीष्ट अनुपात $= 1000 : 600 = 5 : 3$

71. *(d)* प्रश्नानुसार,

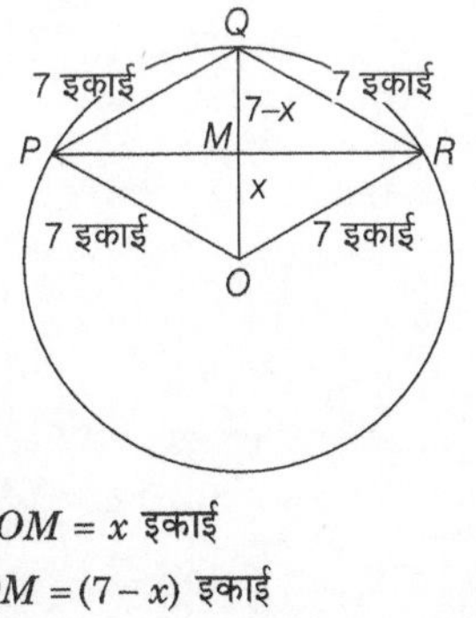

माना $OM = x$ इकाई

$\therefore$ $QM = (7 - x)$ इकाई

[$\because OQ$ वृत्त की त्रिज्या]

ΔQMR में,

$$MR^2 = 7^2 - (7-x)^2$$

तथा ΔMRO में,

$$MR^2 = 7^2 - x^2$$

$$\therefore \quad 7^2 - (7-x)^2 = 7^2 - x^2$$

$$-49 - x^2 + 14x = -x^2$$

$$x = \frac{7}{2} \text{ इकाई}$$

$$\therefore \quad MR = \sqrt{7^2 - \left(\frac{7}{2}\right)^2}$$

$$= \frac{\sqrt{147}}{2} \text{ इकाई}$$

$$\therefore PR = 2 \times MR$$

$$= \frac{2 \times \sqrt{147}}{2} = 7\sqrt{3}$$

$$= \frac{21}{\sqrt{3}} \text{ इकाई}$$

72. *(b)* माना A और B की वर्तमान आयु क्रमश: $3x$ और $4x$ वर्ष हैं।

प्रश्नानुसार,

$$\frac{3x-5}{4x-5} = \frac{2}{3}$$

$$\Rightarrow \quad 9x - 15 = 8x - 10$$

$$\Rightarrow \quad x = 5$$

अत: A की वर्तमान आयु $= 3x$

$$= 3 \times 5 = 15 \text{ वर्ष}$$

73. *(d)* $x + \frac{1}{x} = 2$

$$\Rightarrow \quad x^2 + 1 - 2x = 0$$

$$\Rightarrow \quad (x-1)^2 = 0$$

$$\therefore \quad x = 1$$

अत: $x^{2723} + \frac{1}{x^{3356}}$

$$= (1)^{2723} + \frac{1}{(1)^{3356}}$$

$$= 1 + 1 = 2$$

74. *(a)* पहली बार मिलने का समय

$$= \frac{\text{वृत्ताकार पथ की लम्बाई}}{\text{सापेक्ष चाल}}$$

$$= \frac{4800}{(36+54) \times \frac{5}{18}}$$

$$= \frac{4800 \times 18}{90 \times 5} = 192 \text{ सेकण्ड}$$

75. *(b)* माना डाले गए मतों की संख्या $= x$

प्रश्नानुसार, $\frac{x \times 88}{100} - \frac{x \times 12}{100} = 684$

$$76x = 68400$$

$$x = \frac{68400}{76} = 900$$

76. *(d)* The underlined part of the sentence contains an error. The word 'lest' does not take any other negative word. Hence, remove 'not' to correct the sentence.

77. *(d)* **Annoyance** means irritation. Hence, its nearest antonym is 'serenity' which means peace.

- **Susceptibility** means vulnerable or prone to attack.
- **Absurdity** means strangeness.
- **Gnawer** means small placental mammals having a single pair of constantly growing incisor teeth

78. *(c)* **Perennial** means lasting or existing for a long or apparently infinite time; enduring or continually recurring. Hence, it can be used for round the year.

- **Biennial** means lasting for two years or occurring every two years.
- **Biannual** means occurring twice a year.
- **Annual** means yearly.

79. *(b)* On cloud nine means being very happy or delighted.

80. *(a)* The correctly spelt word to fill in the blank is 'parallelism'.

81. *(c)* The correct order is BDAC.

- The sentence formed will be- I have a driving license but no real driving experience. So, I am not very sure of myself reaching home safely.

82. *(d)* The correctly spelt word to fill in the blank is 'commercial'.

83. *(c)* Can an inspiring poem be composed by you?

- The interrogative sentence in active voice is in simple present tense. In passive voice, it would take the past tense.

84. *(d)* Pugnacious means eager or quick to argue, quarrel or fight. From the given words, 'waspish' is its similar meaning word as it means readily expressing anger or irritation.

85. *(c)* **Condone** means accept (behaviour that is considered morally wrong or offensive); pardon.

- **Solicitude** means care or concern for someone or something.
- **Penalty** means a fine.
- **Solace** means peace.

86. *(*)* Tendency means an inclination towards a particular characteristic or type of behaviour. None of the given words seems similar to it.

87. *(c)* The student was not being taught by the tutor.

- The sentence in past continuous tense in passive voice will follow the structure Object + was/were + being + the past participle form of the verb.

88. *(a)* A bitter pill means facing a distressing situation.

89. *(c)* Incompetent means incapable.

90. *(b)* The correct order is PROQ.

- The sentence formed will be- Dreams provide an escape into a world of endless possibilities where reality is suspended.

91. *(c)* Part 'he lived by the same principals' contains an error.

- The use of 'principals' is incorrect in the sentence. It should be principles.

92. *(b)* Dogmatic means inclined to lay down principles as undeniably true. Hence, its antonym is 'liberal' which means willing to respect or accept behaviour or opinions different from one's own; open to new ideas.

- **Conservative** means averse to change or innovation and holding traditional values.
- **Diplomatic** means acting in a way that does not cause offence.

93. *(a)* Kilter means out of harmony or balance. Hence, its antonym is 'order'.

- **Disrepair** means poor condition of a building or structure due to neglect.
- **Anarchy** is a state of disorder due to absence or non-recognition of authority or other controlling systems.
- **Shambles** means utter destrauction.

94. *(c)* Part 'will a heavy downpour.' contains an error.

- As the sentence is in past tense, use of 'was' is appropriate in place of 'will'.

95. *(a)* The bracketed part of the sentence is erroneous.

- As the sentence is in past tense, 'sought' would be used to correct the sentence.

96. *(d)* The correct filler for the given blank is 'was'.

97. *(c)* The correct filler for the given blank is 'disease'.

98. *(c)* The correct filler for the given blank is 'has shed'.

99. *(a)* The correct filler for the given blank is 'salute'.

100. *(d)* The correct filler for the given blank is 'spreading'.

सेट 21 18 सितम्बर, 2024 (तृतीय पाली)

SSC CGL Tier-I
सॉल्वड पेपर

निर्देश
1. इस सेट में कुल 100 प्रश्न हैं।
2. इस सेट में चार भाग हैं, भाग-I सामान्य बुद्धि एवं तर्कशक्ति, भाग-II सामान्य जागरुकता, भाग-III संख्यात्मक अभियोग्यता और भाग-IV अंग्रेजी भाषा।
3. प्रत्येक प्रश्न 2 अंक का है।

भाग I
सामान्य बुद्धि एवं तर्कशक्ति

1. निम्नलिखित संख्याओं में से तीन किसी प्रकार से एकसमान हैं और एक उनसे असंगत है। उस असंगत का चयन कीजिए।
(**नोट** गणितीय संक्रियाएँ संख्याओं को उनके घटक अंकों में तोड़े बिना पूर्ण संख्याओं पर की जानी चाहिए। उदाहरण के लिए 13-13 पर की जाने वाली संक्रियाएँ, जैसे— जोड़ना, घटाना, गुणा करना इत्यादि, केवल 13 पर की जा सकती हैं। 13 को 1 और 3 में तोड़ना और तब 1 और 3 पर गणितीय संक्रियाएँ करने की अनुमति नहीं है।)
(a) 7-392 (b) 3-72
(c) 4-128 (d) 11-882

2. दिए गए कथनों और निष्कर्षों का ध्यानपूर्वक अध्ययन कीजिए। आपको दिए गए कथनों को सत्य मानना है, भले ही वे सर्वज्ञात तथ्यों से भिन्न प्रतीत होते हों। आपको यह निर्धारित करना है कि कौन-सा/से निष्कर्ष दिए गए कथनों का तर्कसंगत रूप से अनुसरण करता है/करते हैं।
कथन
सभी समुद्रतट, रेत हैं।
कुछ रेगिस्तान, रेत हैं।
सभी पर्वत, चट्टान हैं।
निष्कर्ष
I. कम-से-कम कुछ समुद्रतट, रेगिस्तान हैं।
II. कम-से-कम कुछ रेत, चट्टान हैं।
(a) न तो निष्कर्ष I और न ही निष्कर्ष II अनुसरण करता है
(b) निष्कर्ष I और II दोनों अनुसरण करते हैं
(c) केवल निष्कर्ष I अनुसरण करता है
(d) केवल निष्कर्ष II अनुसरण करता है

3. K, B, V, M, P और T फलकों वाले एक ही पासे की दो अलग-अलग स्थितियाँ नीचे दिखाई गई हैं। उस अक्षर का चयन कीजिए, जो अक्षर B वाले फलक के विपरीत फलक पर होगा।

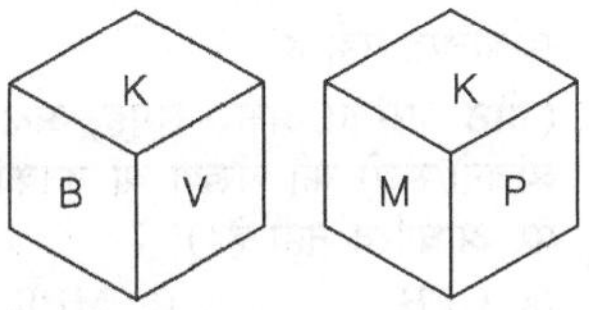

(a) V (b) K (c) P (d) M

4. यदि निम्नलिखित समीकरण में '+' और '−' को आपस में बदल दिया जाए और '×' और '÷' को आपस में बदल दिया जाए, तो प्रश्नचिह्न (?) के स्थान पर कौन-सी संख्या आएगी?
$93 - 7 \div 65 \times 13 + 34 = ?$
(a) 99 (b) 87 (c) 104 (d) 94

5. विकल्पों में दी गई उस आकृति की पहचान कीजिए, जिसे प्रश्नचिह्न (?) के स्थान पर रखने पर श्रृंखला तर्कसंगत रूप से पूर्ण हो जाएगी।

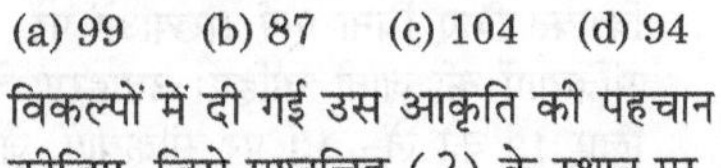

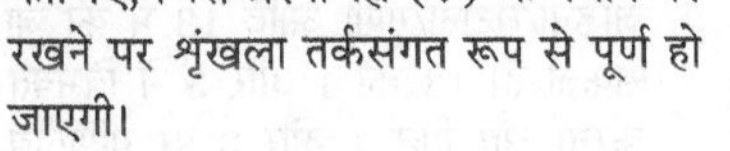

(a) (b) (c) (d)

6. दी गई आकृति में कितने त्रिभुज हैं?

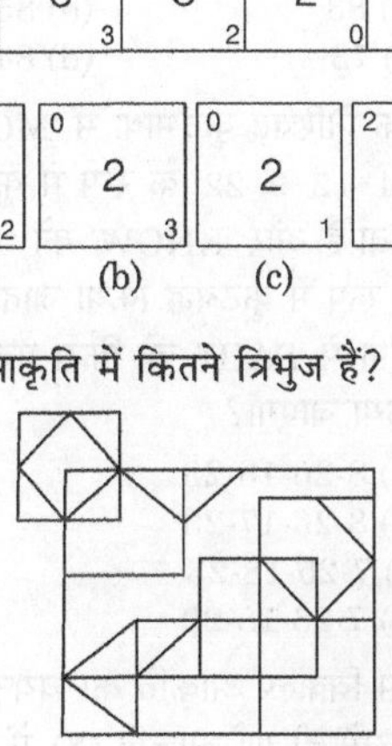

(a) 12 (b) 17
(c) 15 (d) 18

7. उस शब्द-युग्म का चयन कीजिए, जो नीचे दिए गए शब्द-युग्म में व्यक्त किए गए सम्बन्ध के समान सम्बन्ध को सबसे अच्छा दर्शाता है।
(शब्दों को अर्थपूर्ण हिन्दी शब्द माना जाना चाहिए और इन्हें शब्द में अक्षरों की संख्या/व्यंजनों/स्वरों की संख्या के आधार पर एक-दूसरे से सम्बन्धित नहीं किया जाना चाहिए।)
नियन्त्रण : प्रभुत्व
(a) मुक्ति : गुलामी
(b) चालबाजी : छल
(c) सर्जन : विनाश
(d) अवनति : पतन

8. एक कागज को नीचे दिखाए अनुसार मोड़ा और काटा जाता है। खोलने पर यह कैसा दिखाई देगा?

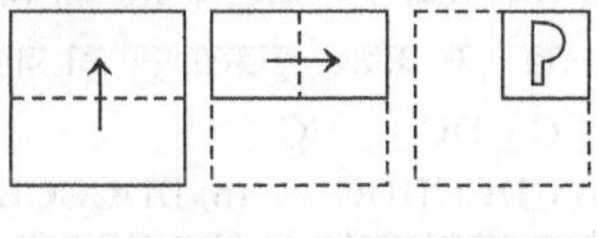

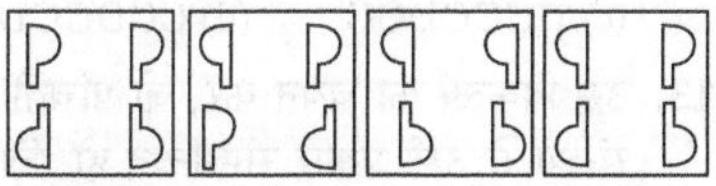

(a) (b) (c) (d)

9. दिए गए विकल्पों में से उस आकृति का चयन कीजिए, जो निम्नलिखित श्रृंखला में प्रश्नचिह्न (?) को प्रतिस्थापित कर सकती है।

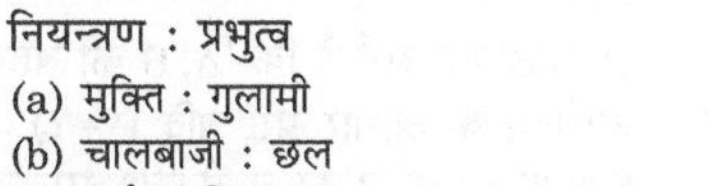

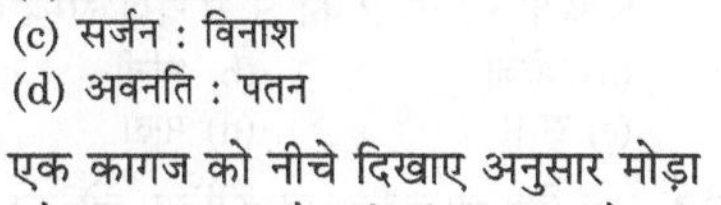

(a) (b) (c) (d)

10. उस समुच्चय का चयन करें, जिसमें दी गई संख्याएँ आपस में उसी प्रकार सम्बन्धित हैं, जिस प्रकार प्रश्न में दिए गए समुच्चय की संख्याएँ आपस में सम्बन्धित हैं।
(**ध्यान दें** संख्याओं को उनके घटक अंकों में विभक्त किए बिना, पूर्ण संख्याओं पर गणितीय संक्रियाएँ की जानी चाहिए। जैसे, उदाहरण के लिए संख्या 13-13 पर की जाने वाली विभिन्न गणितीय संक्रियाएँ, जैसे जोड़ना/घटाना/गुणा करना आदि, केवल 13 के साथ की जा सकती हैं। लेकिन 13 को 1 और 3 में तोड़ने और फिर 1 और 3 पर गणितीय संक्रियाएँ करने की अनुमति नहीं है।)
(21, 504, 8), (15, 270, 6)
(a) (17, 272, 8) (b) (16, 320, 5)
(c) (23, 230, 5) (d) (16, 336, 7)

11. एक निश्चित कूटभाषा में,
'A + B' का अर्थ है कि 'A, B की माता है',
'A − B' का अर्थ है कि 'A, B का पिता है',
'A $ B' का अर्थ है कि 'A, B की पुत्री है' और
'A % B' का अर्थ है कि 'A, B की बहन है'।
उपरोक्त के आधार पर, यदि P + Q − R $ S % T है, तो P का S से क्या सम्बन्ध है?
(a) जीजा (b) भांजी
(c) सास (d) माता

12. उस विकल्प का चयन कीजिए, जो उन अक्षरों को प्रदर्शित करता है, जिन्हें नीचे दिए गए रिक्त स्थानों में बाएँ से दाएँ क्रमिक रूप से रखने पर अक्षर-शृंखला पूर्ण हो जाएगी।
_ _ C _ DC _ _ CC _ _
(a) CDCCDDC (b) DDCCCDD
(c) DCCCDCC (d) CCDCCDD

13. उस विकल्प का चयन करें, जो पाँचवीं संख्या से उसी प्रकार सम्बन्धित हो, जिस प्रकार दूसरी संख्या पहली संख्या से सम्बन्धित है और चौथी संख्या तीसरी संख्या से सम्बन्धित है।
10 : 110 : : 7 : 56 : : 9 : ?
(**नोट** संख्याओं को उनके घटक अंकों में विभक्त किए बिना पूर्ण संख्याओं पर संक्रियाएँ की जानी चाहिए। उदाहरण के लिए संख्या 13 को लें-13 पर संक्रियाएँ, जैसे कि जोड़ना/घटाना/गुणा आदि 13 में की जा सकती हैं। 13 को 1 और 3 में विभक्त करना और फिर 1 और 3 पर गणितीय संक्रियाएँ करने की अनुमति नहीं है।)
(a) 81 (b) 91 (c) 90 (d) 85

14. दिए गए विकल्पों में से उस संख्या का चयन करें, जो निम्नलिखित शृंखला में प्रश्नचिह्न (?) के स्थान पर आ सकती है।
3, 6, 9, 18, 21, ?
(a) 24 (b) 63 (c) 42 (d) 40

15. अक्षरों के उस संयोजन का चयन कीजिए, जिसे दी गई शृंखला के रिक्त स्थानों में क्रमिक रूप से रखे जाने पर शृंखला तार्किक रूप से पूरी हो जाएगी।
QUA_TO_ANT_UAN_KU_NT
(a) NUTAM (b) NULTA
(c) NUMTA (d) NUTMA

16. निम्नलिखित चार अक्षर-समूहों में से तीन अक्षर-समूह एक निश्चित तरीके से समान हैं और इसलिए एक समूह बनाते हैं। वह कौन-सा अक्षर-समूह है, जो उस समूह से सम्बन्धित नहीं है?
(**नोट** असंगत अक्षर-समूह, अक्षर-समूह में व्यंजनों/स्वरों की संख्या या उनकी स्थिति पर आधारित नहीं है।)
(a) CFH (b) MPR
(c) EHJ (d) IKN

17. किसी निश्चित तर्क के अनुसार 40 का सम्बन्ध 53 से है। उसी तर्क के अनुसार 8 का सम्बन्ध 13 से है। उसी तर्क के अनुसार 68, निम्नलिखित में से किस संख्या से सम्बन्धित है?
(**नोट** संख्याओं को उनके घटक अंकों में विभक्त किए बिना पूर्ण संख्याओं पर संक्रियाएँ की जानी चाहिए। उदाहरण के लिए 13 को लें- 13 पर संक्रियाएँ, जैसे कि जोड़ना/घटाना/गुणा आदि 13 में की जा सकती हैं। 13 को 1 और 3 में विभक्त करना और फिर 1 और 3 पर गणितीय संक्रियाएँ करने की अनुमति नहीं है।)
(a) 83 (b) 85
(c) 73 (d) 84

18. एक निश्चित कूटभाषा में 'MORE' को '14-12-9-22' के रूप में कूटबद्ध किया जाता है और 'KNOW' को '16-13-12-4' के रूप में कूटबद्ध किया जाता है। दी गई भाषा में 'SAID' को किस प्रकार कूटबद्ध किया जाएगा?
(a) 8-26-18-23
(b) 8-26-17-23
(c) 7-25-18-23
(d) 7-26-18-22

19. उस विकल्प आकृति का चयन कीजिए, जिसमें दी गई आकृति (X) में सन्निहित है (आकृति को घुमाने की अनुमति नहीं है)।

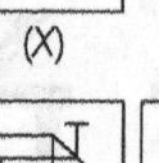
(X)

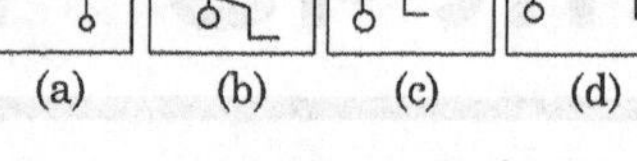
(a) (b) (c) (d)

20. इस प्रश्न में तीन कथन दिए गए हैं, जिसके बाद दो निष्कर्ष I और II दिए गए हैं। कथनों को सत्य मानते हुए, भले ही वे सामान्य रूप से ज्ञात तथ्यों से भिन्न प्रतीत होते हों, निर्धारित करें कि कौन-सा/से निष्कर्ष कथनों का तार्किक रूप से अनुसरण करता है/करते हैं।
कथन
कोई दवा, कैप्सूल नहीं है।
कुछ कैप्सूल, टैबलेट हैं।
कुछ टैबलेट, लैपटॉप हैं।
निष्कर्ष
I. कुछ कैप्सूल, लैपटॉप हैं।
II. सभी टैबलेट कभी भी दवा नहीं हो सकते।
(a) न तो निष्कर्ष I और न ही II अनुसरण करता है
(b) निष्कर्ष I और II दोनों अनुसरण करते हैं
(c) केवल निष्कर्ष II अनुसरण करता है
(d) केवल निष्कर्ष I अनुसरण करता है

21. एक निश्चित कोड भाषा में, 'BIRD' को 'DKTF' लिखा जाता है और 'KITE' को 'MKVG' लिखा जाता है। उसी भाषा में 'EAGLE' को कैसे लिखा जाएगा?
(a) GCING (b) INGGC
(c) IGNCG (d) GGNCI

22. उस विकल्प का चयन करें, जो निम्नलिखित शृंखला में प्रश्नचिह्न (?) के स्थान पर आ सकता है।
NW17, PY19, RA21, TC23, ?
(a) VE25 (b) WF23
(c) WD24 (d) XD24

23. जब दर्पण को नीचे दर्शाए गए अनुसार MN पर रखा जाता है, तो दी गई आकृति के सही दर्पण प्रतिबिम्ब का चयन कीजिए।

24. दिए गए समीकरण को सही करने के लिए किन दो संख्याओं (अंक नहीं) को आपस में बदला जाना चाहिए?
$19 + 125 \div 25 - 100 \div 5 + 4 \times 3 = 52$
(a) 25 और 5
(b) 19 और 4
(c) 4 और 5
(d) 125 और 100

25. यदि शब्द 'HUSBAND' के प्रत्येक अक्षर को अंग्रेजी वर्णमाला क्रम में व्यवस्थित किया जाए, तो कितने अक्षरों की स्थिति अपरिवर्तित रहेगी?
(a) एक (b) शून्य
(c) तीन (d) दो

भाग II
सामान्य जागरुकता

26. 'भागीरथी' और 'अलकनन्दा' नदियों का संगम कहाँ होता है?
(a) देवप्रयाग (b) कर्णप्रयाग
(c) जोशीमठ (d) हरिद्वार

27. जनगणना 2011 के अनुसार, सर्वाधिक जनसंख्या वाला जिला कौन-सा है?
(a) कोल्लम (b) ठाणे
(c) अजमेर (d) पुणे

28. रंजना प्रकाश देसाई, जो भारतीय प्रेस परिषद् की पहली महिला अध्यक्षा बनीं, मूल रूप से सरकार के निम्नलिखित में से किस अंग में कार्य करती थीं?
(a) सतर्कला (b) कार्यपालिका
(c) न्यायपालिका (d) विधानमण्डल

29. भोजन, काम और उत्पादकता नारे का प्रयोग किस पंचवर्षीय योजना में किया गया था?
(a) सातवीं (b) चौथी
(c) छठी (d) पाँचवीं

30. निम्नलिखित में से अशोक के किस प्रमुख शिलालेख में कलिंग युद्ध का उल्लेख किया गया है?
(a) बारहवें (b) ग्यारहवें
(c) तेरहवें (d) दसवें

31. निम्नलिखित में से कौन राष्ट्रीय मानवाधिकार आयोग का सदस्य नहीं होता है?
(a) जिला अधिकारी
(b) सर्वोच्च न्यायालय के पूर्व मुख्य न्यायाधीश
(c) उच्च न्यायालय के पूर्व मुख्य न्यायाधीश
(d) सर्वोच्च न्यायालय के पूर्व न्यायाधीश

32. निम्नलिखित में से कौन-सी रासायनिक अभिक्रिया तब होती है, जब अनबुझा चूना जल के साथ अभिक्रिया करता है?
(a) $C(s) + O_2(g) \rightarrow CO_2(g)$
(b) $CH_4(g) + 2O_2(g) \rightarrow CO_2(g) + 2H_2O(g)$
(c) $CaO(s) + H_2O(I) \rightarrow Ca(OH)_2(aq)$
(d) $CaO(s) + H_2O(I) \rightarrow CO + H_2(aq)$

33. निम्नलिखित में से कौन, 2008 में भारत रत्न प्राप्त करने वाले/वाली पहले/पहली गायक/गायिका हैं और उन्हें 'ख्याल गायकी' को लोकप्रिय बनाने का श्रेय भी दिया जाता है?
(a) बेगम अख्तर
(b) पण्डित भीमसेन जोशी
(c) विष्णु दिगम्बर पलुस्कर
(d) गंगूबाई हंगल

34. निम्नलिखित में से किस अधिनियम ने द्वैध शासन को समाप्त करके प्रान्तीय स्वायत्तता (provincial autonomy) की शुरुआत की?
(a) भारत परिषद् अधिनियम, 1909
(b) 1813 का चार्टर एक्ट
(c) भारत सरकार अधिनियम, 1919
(d) भारत सरकार अधिनियम, 1935

35. 14 अक्टूबर, 2021 तक प्राप्त जानकारी के अनुसार, कौन-सा भारतीय फुटबॉलर पेले के 77 वें अन्तर्राष्ट्रीय गोल-रिकॉर्ड को तोड़ने के लिए चर्चा में था?
(a) सुनील छेत्री (b) गुरप्रीत सिंह सन्धू
(c) भाईचुंग भूटिया (d) सन्देश झिंगन

36. निम्नलिखित में से कौन-सा विकल्प आलिकीय शिराविन्यास से सम्बन्धित नहीं है?
(a) धनिया (b) तुलसी
(c) चाइना रोज (d) मक्का

37. निम्नलिखित कथनों पर विचार कीजिए और गलत कथन/कथनों की पहचान कीजिए।
1. 'सक्षम आँगनवाड़ी और पोषण 2.0' योजना को राष्ट्रीय खाद्य सुरक्षा अधिनियम, 2003 के तहत लागू किया गया है।
2. यह महिला एवं बाल विकास मन्त्रालय के तहत केन्द्र सरकार द्वारा प्रायोजित एक योजना है।
3. यह केवल 6 वर्ष से कम आयु के बच्चों के लिए है।
4. इस योजना के तहत राष्ट्रीय स्वास्थ्य मिशन (National Health Mission) और जन स्वास्थ्य अवसंरचना (Public Health Infrastructure) के माध्यम से छ: सेवाएँ प्रदान की जाती हैं।

कूट
(a) 1, 2 और 3 (b) 2 और 3
(c) 1, 3 और 4 (d) केवल 4

38. वर्ष 1989 में किस समिति ने स्थानीय सरकारी निकायों के लिए संवैधानिक मान्यता की सिफारिश की?
(a) पीके थुंगन समिति
(b) अशोक मेहता समिति
(c) वर्मा समिति
(d) बलवन्त राय समिति

39. एक परमाणुक अणु की पहचान कीजिए
(a) क्लोरीन
(b) कार्बन मोनोऑक्साइड
(c) हीलियम
(d) ऑक्सीजन

40. यामिनी कृष्णमूर्ति निम्नलिखित में से किस नृत्य से सम्बन्धित हैं?
(a) भरतनाट्यम (b) सत्रिया
(c) मोहिनीअट्टम (d) ओडिसी

41. पाण्ड्य साम्राज्य का उल्लेख सबसे पहले मेगस्थनीज ने किया था, जिसने कहा था कि उनका साम्राज्य मोतियों के लिए प्रसिद्ध था। उनकी राजधानी ……… थी।
(a) तंजावुर (b) उरैयूर
(c) मदुरै (d) कावेरीपट्टनम

42. खेलो इण्डिया यूनिवर्सिटी गेम्स का तीसरा संस्करण निम्नलिखित में से किस राज्य में आयोजित किया गया था?
(a) पंजाब (b) हरियाणा
(c) मध्य प्रदेश (d) उत्तर प्रदेश

43. निम्नलिखित में से कौन-सा एक इनोसिलिकेट एम्फिबोल खनिज है, जिसका उपयोग राजमार्ग निर्माण और रेलमार्ग बैलास्ट के रूप में किया जाता है?
(a) गाइज़राइट (b) ऑलिवीन
(c) शेल (d) हॉर्नब्लेण्ड

44. ईस्टर त्योहार किस समुदाय द्वारा मनाया जाता है?
(a) हिन्दू (b) सिख
(c) पारसी (d) ईसाई

45. निम्नलिखित में से किस संस्था ने ग्रामीण क्षेत्रों में मुख्यत: गरीब महिलाओं की आर्थिक स्थिति को सुधारने में योगदान दिया है?
(a) ग्रामीण स्वास्थ्य योजना
(b) एकीकृत विकास परियोजना
(c) स्वयं सहायता समूह
(d) इन्दिरा आवास योजना

46. निम्नलिखित में से किस राज्य सरकार द्वारा संगीत के क्षेत्र में हरिवरासनम पुरस्कार दिया जाता है?
(a) महाराष्ट्र (b) हिमाचल प्रदेश
(c) केरल (d) कर्नाटक

47. भारत के किस राज्य में बड़े बाँधों की संख्या सबसे अधिक है?
(a) ओडिशा (b) राजस्थान
(c) महाराष्ट्र (d) मध्य प्रदेश

48. सर्पिल आकार के बैक्टीरिया की पहचान कीजिए
(a) विब्रियम (b) कॉकस
(c) स्पिरिलम (d) बेसिलस

49. 1873 ई. में अमृतसर में निम्नलिखित में से कौन-सा सिख सुधार आन्दोलन आरम्भ हुआ था?
(a) अकाली आन्दोलन
(b) गुरुद्वारा आन्दोलन
(c) सिंह सभा आन्दोलन
(d) बब्बर अकाली आन्दोलन

50. केन्द्र सरकार ने किस वर्ष 'राष्ट्रीय हवाई खेल नीति' शुरू की?
(a) वर्ष 2021 (b) वर्ष 2020
(c) वर्ष 2022 (d) वर्ष 2023

भाग III
संख्यात्मक अभियोग्यता

51. एना और बेन, दोनों के पास कुछ कंचे हैं। यदि एना, बेन को एक कंचा देती है, तो इन दोनों के पास समान संख्या में कंचे हो जाएँगे। इसके विपरीत, यदि बेन, एना को एक कंचा देता है, तो उसके पास बेन की तुलना में तीन गुना अधिक कंचे हो जाएँगे। इन दोनों के पास कंचों की कुल संख्या ज्ञात कीजिए।
(a) 11 (b) 8
(c) 9 (d) 10

52. दो समान वृत्त एक-दूसरे के केन्द्र से गुजरते हैं। यदि प्रत्येक वृत्त की त्रिज्या 13 सेमी है, तो उभयनिष्ठ जीवा की लम्बाई कितनी होगी?
(a) $13\sqrt{2}$ सेमी (b) $13\sqrt{3}$ सेमी
(c) $13\sqrt{6}$ सेमी (d) $7\sqrt{3}$ सेमी

53. $9 - 5 \times 6 + \{29 - (7 - 2)\} \div 8$ का मान ज्ञात करें।
(a) −18 (b) −8
(c) 8 (d) 18

54. एक विक्रेता ने एक ग्राहक को धोखा देकर एक किग्रा में 20 कुकीज के स्थान पर 19 कुकीज देकर ₹ 95 में बेच दीं। यदि विक्रेता ने ₹ 76 में कुकीज खरीदी, तो लाभ (₹ में) क्या होगा?
(a) 28.2 (b) 22.8
(c) 25.8 (d) 26.2

55. एक निवेशक ने शेयरों में ₹ 200000 का निवेश किया। पहले दिन शेयर 18% बढ़े, दूसरे दिन 15% गिरे और फिर तीसरे दिन 3% गिरे। निवेशक के शेयरों के मूल्य में निवल प्रतिशत वृद्धि या कमी क्या है? (एक दशमलव स्थान तक पूर्णांकित)
(a) 2.7% की वृद्धि (b) 2.2% की वृद्धि
(c) 2.2% की कमी (d) 2.7% की कमी

56. ऐसे शंकु का आयतन (घन इकाई में) क्या होगा, जिसकी त्रिज्या 3 इकाई और तिर्यक ऊँचाई $3\sqrt{2}$ इकाई है?
(a) $\frac{10\pi}{3}$ (b) 9π (c) 18π (d) $\frac{9\pi}{2}$

57. दिया गया व्यंजक किस विकल्प के तुल्य है?
$$\sqrt{\frac{\sec\theta + 1}{\sec\theta - 1}} + \sqrt{\frac{\sec\theta - 1}{\sec\theta + 1}}$$
(a) $2\,\text{cosec}\,\theta$ (b) $2\sin\theta$
(c) $2\tan\theta\sec\theta$ (d) $2\tan\theta$

58. अमन ने 15% वार्षिक साधारण ब्याज की दर से ₹ 192208 की राशि उधार ली। प्रथम वर्ष की समाप्ति पर, वह उधार ली गई मूल राशि की वापसी के लिए ₹ 20196 चुकाता है। यदि अमन दूसरे वर्ष की समाप्ति पर सभी लम्बित बकाया राशि का भुगतान करता है, जिसमें प्रथम वर्ष के दौरान अर्जित ब्याज भुगतान भी शामिल है, तो वह दूसरे वर्ष की समाप्ति पर कितना भुगतान (₹ में) करेगा?
(a) 230028 (b) 221777
(c) 226645 (d) 221757

59. यदि $A : B = 6 : 8$ और $B : C = 7 : 12$ हैं, तो $A : B : C$ का मान ज्ञात कीजिए।
(a) 21 : 28 : 48 (b) 14 : 31 : 20
(c) 21 : 32 : 40 (d) 11 : 23 : 40

60. यदि किसी वस्तु का विक्रय मूल्य 20% छूट के बाद ₹ 1792 है, तो वस्तु का अंकित मूल्य कितना है?
(a) ₹ 2240 (b) ₹ 2140
(c) ₹ 2160 (d) ₹ 2260

61. उस त्रिज्यखण्ड का क्षेत्रफल (सेमी² में) ज्ञात कीजिए, जिसमें वृत्त की त्रिज्या 24 सेमी और चाप की लम्बाई 7 सेमी है।
(a) 48 (b) 84 (c) 168 (d) 72

62. जैसा कि दी गई तालिका में दर्शाया गया है, किसी कम्पनी के उत्पादन में प्रतिवर्ष सतत् वृद्धि दर (% में) होती है।

वर्ष	2018	2019	2020
उत्पादन (इकाइयों में)	9000	10800	X

तालिका में दिए गए आँकड़ों से 'X' का मान ज्ञात कीजिए।
(a) 12960 (b) 11880
(c) 12600 (d) 12000

63. एक व्यक्ति स्थिर जल में 6 किमी की दूरी 1 घण्टे में तय कर सकता है। उतनी ही दूरी को वह धारा के अनुकूल 45 मिनट में तय कर सकता है। धारा के अनुकूल 16 किमी की दूरी तय करने और प्रारम्भिक बिन्दु पर लौटने के लिए उसके द्वारा लिया गया कुल समय ज्ञात कीजिए।
(a) 4 घण्टे 40 मिनट (b) 4 घण्टे
(c) 6 घण्टे (d) 6 घण्टे 40 मिनट

64. निम्नलिखित तालिका में, दिए गए वर्षों में एक कम्पनी का वार्षिक व्यय (₹ 1 लाख में) दर्शाया गया है। तालिका का अध्ययन कीजिए और नीचे दिए गए प्रश्न का उत्तर दीजिए।

वर्ष	वेतन	बोनस	ऋण पर ब्याज	ईंधन और परिवहन	कर
2005	348	3.00	25.0	110	75
2006	405	4.25	28.5	145	90
2007	458	4.50	30.5	120	120
2008	389	4.85	38.0	168	100
2009	425	4.90	48.5	190	140

दी गई अवधि के दौरान कम्पनी द्वारा भुगतान की गई बोनस की कुल राशि, इस अवधि के दौरान ईंधन और परिवहन पर भुगतान की गई कुल राशि का कितने प्रतिशत है (दो दशमलव स्थान तक पूर्णांकित)?
(a) 2.39% (b) 2.93%
(c) 3.92% (d) 3.29%

65. $\sin A \sin B$ का मान होगा
(a) $\frac{1}{2}\{\cos(A - B) - \cos(A + B)\}$
(b) $\frac{1}{2}\{\cos(A + B) - \cos(A - B)\}$
(c) $\frac{1}{2}\{\sin(A + B) + \sin(A - B)\}$
(d) $\frac{1}{2}\{\sin(A + B) - \sin(A - B)\}$

66. यदि 9 अंकों की संख्या $5x79856y6$, 36 से विभाज्य है, तो y के सबसे बड़े सम्भावित मान के लिए $\sqrt{(2x + y)}$ का ऋणात्मक मान क्या है, दिया गया है कि, x और y प्राकृतिक संख्याएँ हैं?
(a) −4 (b) −7
(c) −5 (d) −2

67. पाइप Q, किसी टंकी को 60 घण्टे में भर सकता है, जबकि पाइप R इसे 45 घण्टे में भर सकता है। Q और R पाइप, 6 घण्टे के लिए एकसाथ खोले जाते हैं, जिसके बाद टंकी को खाली करने के लिए पाइप W को भी खोला जाता है। आधे स्तर के निशान तक पहुँचने के लिए तीनों पाइपों को 24 घण्टे के लिए एकसाथ खोला जाता है। अकेले पाइप W द्वारा पूरी टंकी को खाली करने में लगने वाला समय (घण्टे में) ज्ञात कीजिए।
(a) 30 (b) 48 (c) 42 (d) 36

68. एक समान्तर चतुर्भुज $MNOP$ की भुजा MN को Q तक इस प्रकार बढ़ाया गया है कि $MN = NQ$ है। PQ, ON को बिन्दु R पर प्रतिच्छेदित करती है। बिन्दु R, ON को किस अनुपात में विभाजित करता है?
(a) 1 : 1 (b) 3 : 1 (c) 1 : 2 (d) 2 : 1

69. यदि $3a + 2b = 27$ और $27a^3 + 8b^3 = 1458$ है, तो $2ab$ का मान ज्ञात कीजिए।
(a) 72 (b) 70 (c) 77 (d) 75

70. दी गई तालिका का अध्ययन कीजिए और आगे आने वाले प्रश्न का उत्तर दीजिए।
तालिका 2012 से 2015 की अवधि के दौरान चार कम्पनियों A, B, C और D द्वारा निर्मित स्कूटरों की संख्या (हजार में) दर्शाती है।

वर्ष	A	B	C	D
2012	360	420	380	520
2013	580	940	570	980
2014	1000	780	1020	1090
2015	1240	950	1180	1660

कम्पनी D द्वारा उत्पादित स्कूटरों की औसत संख्या, तीन कम्पनियों A, B और C द्वारा उत्पादित स्कूटरों की संयुक्त औसत संख्या से कितने प्रतिशत (दशमलव के 2 स्थानों तक पूर्णांकित) अधिक है?
(a) 35.35% (b) 52.75%
(c) 44.66% (d) 27.25%

71. प्रथम 125 प्राकृत संख्याओं का औसत ज्ञात कीजिए।
(a) 62 (b) 63.5 (c) 62.5 (d) 63

72. दिए गए व्यंजक को हल कीजिए।
$$\frac{(4x^2 + 9y^2 - 12xy)}{(3y - 2x)}$$
(a) $3x - 2y$ (b) $2x - 3y$
(c) $2y - 3x$ (d) $3y - 2x$

73. $\sqrt{\frac{9\sin^2 26° + 9\sin^2 64° + 36}{32 - 7\cos^2 32° - 7\cos^2 58°}}$ का मान क्या है?
(a) $\frac{3\sqrt{5}}{5}$ (b) $\frac{5\sqrt{3}}{3}$ (c) $\frac{3\sqrt{3}}{5}$ (d) $\frac{5\sqrt{5}}{3}$

74. यदि हम किसी जीवा को दोनों तरफ अनन्त रूप से बढ़ाते हैं, तो वह जीवा ……… बन जाती है।
(a) छेदक रेखा (b) लम्ब
(c) स्पर्श रेखा (d) व्यास

75. निम्नलिखित तालिका 5 अलग-अलग कम्पनियों A, B, C, D और E में कर्मचारियों की कुल संख्या और पुरुषों और महिलाओं का प्रतिशत दर्शाती है। तालिका का ध्यानपूर्वक अध्ययन करें और प्रश्न का उत्तर दें।
कम्पनी A, C और E में मिलाकर महिलाओं की संख्या ज्ञात करें।

कम्पनियाँ	कर्मचारियों की कुल संख्या	पुरुषों का प्रतिशत	महिलाओं का प्रतिशत
A	600	75	25
B	570	65	35
C	700	70	30
D	800	55	45
E	850	60	40

(a) 700 (b) 675
(c) 650 (d) 725

भाग IV
अंग्रेजी भाषा

76. Identify the correct antonym for the given word.
Envious
(a) Generous
(b) Suspicious
(c) Malicious
(d) Untrustworthy

77. Select the most appropriate verb / verb phrase to fill in the blank.
They ………….. their house for the past two months, and it's finally starting to look fantastic.
(a) were renovating
(b) will renovate
(c) has renovated
(d) have been renovating

78. Select the most appropriate option to substitute the underlined segment in the given sentence.
Do you know where does she reside ?
(a) where does she resides?
(b) where she reside?
(c) where she resides?
(d) where do she reside?

79. Select the option that expresses the given sentence in passive voice.
People will respect his bravado.
(a) His bravado will being respected by people.
(b) His bravado will have to be respected by people.
(c) His bravado will be respected by people.
(d) His bravado will be respect by people.

80. Select the word with the correct spelling to fill in the blank.
Hiren loves to use ……… words while writing anything.
(a) coloquial (b) colloquial
(c) colloquil (d) colloqual

81. Select the most appropriate anontym of the word in the brackets to fill in the blank.
Dhara ……… the way to Mumbai. [lost]
(a) paved (b) slept
(c) found (d) helped

82. Select the most appropriate synonym of the given word.
Mellifluous
(a) Distinct (b) Musical
(c) Loud (d) Cacophonous

83. Parts of a sentence are given below in jumbled order. Arrange the parts in the correct order to form a meaningful sentence.
A: new facts and advanced
B: but my opinion is
C: he has discovered
D: unchanged
E: new arguments
(a) DACBE (b) CAEBD
(c) BDAEC (d) EBDCA

84. Select the option that expresses the given sentence in passive voice.

People know Stellenbosch for its greenery and delicious street foods.
(a) Stellenbosch was known to people for its greenery and delicious street foods.
(b) Stellenbosch is known to people for its greenery and delicious street foods.
(c) Stellenbosch had been known to people for its greenery and delicious street foods.
(d) Stellenbosch have been known to people for its greenery and delicious street foods.

85. The following sentence has been split into four segments. Identify the segment that contains a grammatical error.
He never talks / for anybody. / He is alone / all day.
(a) He is alone
(b) for anybody
(c) He never talks
(d) all day

86. Select the most appropriate synonym of the underlined word in the given sentence.
A period of free outdoor play can provide a very necessary <u>respite</u> from the hustle and bustle of the day.
(a) progression
(b) commencement
(c) break
(d) continuation

87. Select the option that can be used as a one-word substitute for the given group of words.
Much more than usual or expected
(a) Mordancy (b) Ordinate
(c) Subordinate (d) Exceeding

88. Select the most appropriate antonym of the underlined word in the given sentence.
Coffee was too <u>hot</u>; it burnt my tongue.
(a) Scorching (b) Frigid
(c) Balmy (d) Subtle

89. Select the most appropriate antonym of the given word.
Triumphant
(a) Flourishing (b) Unsuccessful
(c) Jubilant (d) Tender

90. Select the option that can be used as a one-word substitute for the given group of words.
A short stay that you make while on a longer journey
(a) Saga (b) Stopover
(c) Refugee (d) Tent

91. Select the most appropriate meaning of the given idiom.
Creature of habit
(a) A mean person
(b) A bad habit
(c) A faithful dog
(d) One who does same thing in the same way

92. Select the most appropriate option to substitute the underlined segment in the given sentence.
A computer can't function without <u>it's</u> mother board.
(a) its (b) his (c) their (d) it is

93. Select the most appropriate meaning of the given idiom.
Hit the roof
(a) To destruct a building
(b) To become very angry
(c) To jump high
(d) To play joyfully

94. Select the option that can be used as a one-word substitute for the given group of words.
Having unlimited power
(a) Omnipotent (b) Omnipresence
(c) Omniscient (d) Omnivorous

95. Select the Incorrectly spelt word in the given sentence.
Economics began with growth and removel of poverty as its grand theme.
(a) Poverty (b) Grand
(c) Removel (d) Economics

Directions (Q. Nos. 96-100) *In the following passage, some words have been deleted. Read the passage carefully and select the most appropriate option to fill in each blank.*

According to a poll conducted in 2018–19 by an online internship and training platform, ...(1)...... number of businesses actively ......(2)...... intern profiles has increased over the previous five years. This study demonstrates that India received 80% more internship applications in 2018, with 2.2 million applications ......(3)...... 1.27 million in 2017. The rise was influenced ......(4)...... part by an increase in the number of industries seeking fresh perspectives and innovative ideas to improve ......(5)...... on existing projects. Obtaining an internship prior to entering the job market, which was once viewed as a Western concept, is quickly gaining steam in Indian workplaces.

96. Select the most appropriate option to fill in blank number 1.
(a) few (b) a (c) the (d) an

97. Select the most appropriate option to fill in blank number 2.
(a) seeking (b) neglecting
(c) declining (d) reducing

98. Select the most appropriate option to fill in blank number 3.
(a) similar to (b) according to
(c) compared to (d) combine to

99. Select the most appropriate option to fill in blank number 4.
(a) on (b) to (c) up (d) in

100. Select the most appropriate option to fill in blank number 5.
(a) effecting (b) effortless
(c) efficiencies (d) efficient

उत्तरमाला

1. (d)	2. (a)	3. (d)	4. (d)
5. (d)	6. (d)	7. (b)	8. (d)
9. (d)	10. (d)	11. (c)	12. (a)
13. (c)	14 (c)	15. (c)	16. (d)
17. (b)	18. (a)	19. (d)	20. (c)
21. (a)	22. (a)	23. (c)	24. (a)
25. (b)	26. (a)	27. (b)	28. (c)
29. (a)	30. (c)	31. (a)	32. (c)
33. (b)	34. (d)	35. (a)	36. (d)
37. (c)	38. (a)	39. (c)	40. (a)
41. (c)	42. (d)	43. (d)	44. (d)
45. (c)	46. (c)	47. (c)	48. (c)
49. (c)	50. (c)	51. (b)	52. (b)
53. (a)	54. (b)	55. (d)	56. (b)
57. (a)	58. (c)	59. (a)	60. (a)
61. (b)	62. (a)	63. (c)	64. (b)
65. (a)	66. (c)	67. (d)	68. (a)
69. (d)	70. (a)	71. (d)	72. (d)
73. (a)	74. (a)	75. (a)	76. (a)
77. (d)	78. (c)	79. (c)	80. (b)
81. (c)	82. (b)	83. (b)	84. (b)
85. (b)	86. (c)	87. (d)	88. (b)
89. (b)	90. (b)	91. (d)	92. (a)
93. (b)	94. (a)	95. (c)	96. (c)
97. (a)	98. (c)	99. (d)	100. (c)

व्याख्या

1. *(d)* जिस प्रकार, 7-392
$\Rightarrow (7)^2 \times 8 = 49 \times 8 = 392$
$3\text{-}72 \Rightarrow (3)^2 \times 8 = 9 \times 8 = 72$
$4\text{-}128 \Rightarrow (4)^2 \times 8 = 16 \times 8 = 128$
परन्तु, 11-882
$\Rightarrow (11)^2 \times 8 = 121 \times 8 = 968 \neq 882$

2. *(a)* कथनानुसार,

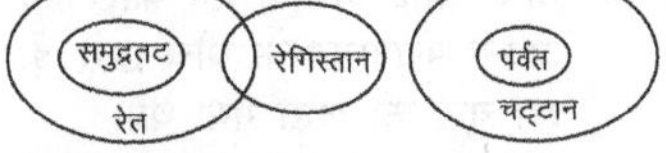

निष्कर्ष I. (✗) II. (✗)
अत: न तो निष्कर्ष I और न ही निष्कर्ष II अनुसरण करता है।

3. *(d)* दोनों पासों में उभयनिष्ठ फलक 'K' है। K के सापेक्ष दक्षिणावर्त घुमाने पर,

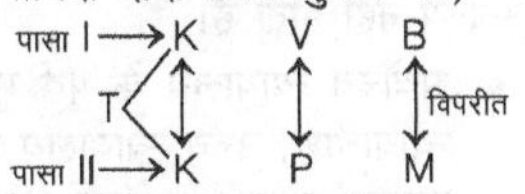

अत: अक्षर 'B' के विपरीत फलक पर अक्षर 'M' होगा।

4. *(d)* दिया गया व्यंजक
$93 - 7 \div 65 \times 13 + 34 = ?$
प्रश्नानुसार,
$93 + 7 \times 65 \div 13 - 34 = ?$
$\Rightarrow \quad ? = 93 + 7 \times 5 - 34$
$\Rightarrow \quad ? = 93 + 35 - 34 = 94$

5. *(d)* दी गई आकृति शृंखला में प्रत्येक अगली आकृति का क्रम निम्न प्रकार है,

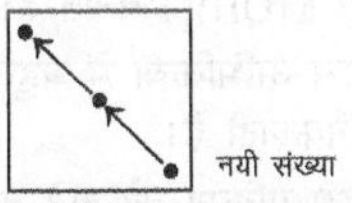

अत: प्रश्नचिह्न के स्थान पर विकल्प आकृति (d) आएगी।

6. *(d)* बिन्दुओं के नाम लिखने पर,

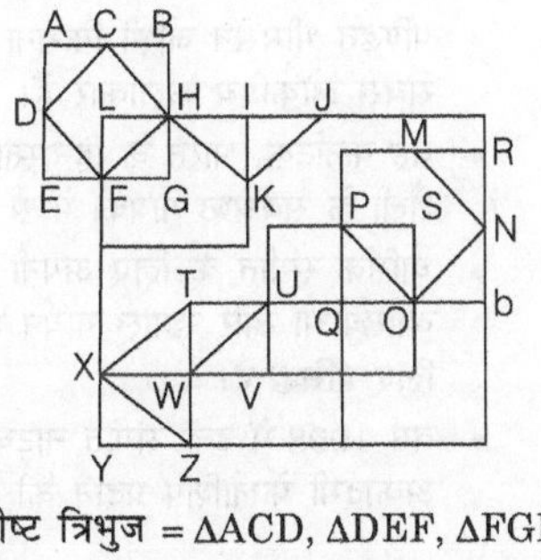

अभीष्ट त्रिभुज = ΔACD, ΔDEF, ΔFGH, ΔBHC, ΔLFH, ΔHKI, ΔIKJ, ΔHKJ, ΔNRM, ΔPSO, ΔPQO, ΔTUW, ΔVWU, ΔXWT, ΔXWZ, ΔXTZ, ΔXYZ, ΔNOb
अत: त्रिभुजों की कुल संख्या '18' है।

7. *(b)* जिस प्रकार, नियन्त्रण तथा प्रभुत्व समानार्थी शब्द हैं। उसी प्रकार, चालबाजी और छल समानार्थी शब्द हैं।

8. *(d)* प्रश्नानुसार, कागज को मोड़ने, काटने तथा खोलने के पश्चात् यह विकल्प आकृति (d) जैसा दिखाई देगा।

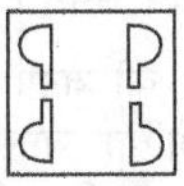

9. *(d)* दी गई एकान्तर आकृति शृंखला का क्रम निम्न प्रकार है,

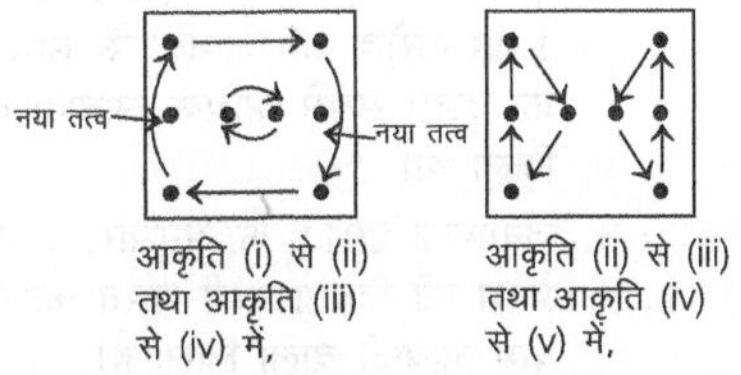

अत: विकल्प आकृति (d) प्रश्नचिह्न के स्थान पर आएगी।

10. *(d)* जिस प्रकार,
(21, 504, 8)
$\Rightarrow (21 \times 8) \times 3 = 168 \times 3 = 504$
तथा (15, 270, 6)
$\Rightarrow (15 \times 6) \times 3 = 90 \times 3 = 270$
उसी प्रकार, (16, 336, 7)
$\Rightarrow (16 \times 7) \times 3 = 112 \times 3 = 336$

11. *(c)* प्रश्नानुसार,

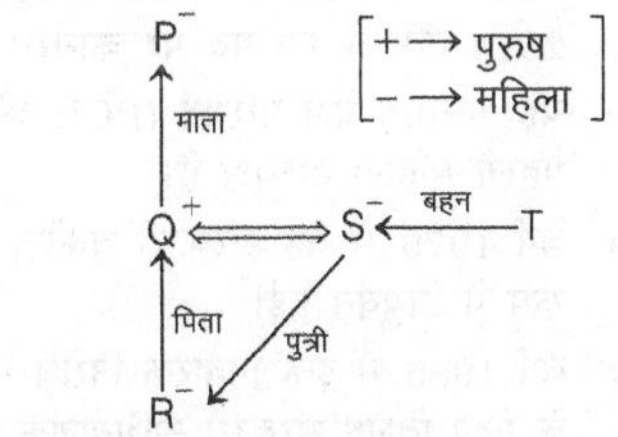

अत: P, S की सास है।

12. *(a)* दी गई शृंखला का क्रम निम्न प्रकार है,
C̲D̲C / C̲DC / C̲D̲C / CD̲C̲
⇒ CDCCDDC

13. *(c)* जिस प्रकार, 10 : 110
$\Rightarrow 10 \times (10 + 1) = 10 \times 11 = 110$
तथा $7 : 56 \Rightarrow 7 \times (7 + 1) = 7 \times 8 = 56$
उसी प्रकार, 9 : ?
$\Rightarrow 9 \times (9 + 1) = 9 \times 10 = \boxed{90}$

14. *(c)* दी गई शृंखला का क्रम निम्न प्रकार है,

3 →(×2) 6 →(+3) 9 →(×2) 18 →(+3) 21 →(×2) $\boxed{42}$

15. *(c)* दी गई शृंखला का क्रम निम्न प्रकार है,

QUAN̲T / OU̲ANT / M̲UANT / KUA̲NT
(–2, –2, –2)

अत: अभीष्ट संयोजन = NUMTA

16. *(d)* जिस प्रकार,

C →(+3) F →(+2) H

M →(+3) P →(+2) R

E →(+3) H →(+2) J

परन्तु, I →(+2) K →(+3) N

17. *(b)* जिस प्रकार, 40 : 53
$40 : 53 \begin{cases} 6^2 + 4 = 36 + 4 = 40 \\ 7^2 + 4 = 49 + 4 = 53 \end{cases}$
तथा 8 : 13
$8 : 13 \begin{cases} 2^2 + 4 = 4 + 4 = 8 \\ 3^2 + 4 = 9 + 4 = 13 \end{cases}$
उसी प्रकार, 68 : 85
$68 : 85 \begin{cases} 8^2 + 4 = 64 + 4 = 68 \\ 9^2 + 4 = 81 + 4 = \boxed{85} \end{cases}$

18. *(a)* जिस प्रकार,

13	15	18	5
M	O	R	E
14	12	9	22

(विपरीत अक्षर का स्थानीय मान)

तथा

11	14	15	23
K	N	O	W
16	13	12	4

(विपरीत अक्षर का स्थानीय मान)

उसी प्रकार,

19	1	9	4
S	A	I	D
8	26	18	23

(विपरीत अक्षर का स्थानीय मान)

19. *(d)* प्रश्न आकृति, विकल्प आकृति (d) में सन्निहित है।

20. *(c)* कथनानुसार,

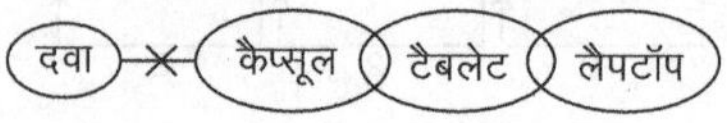

निष्कर्ष I. (✗) II. (✓)

अत: केवल निष्कर्ष II अनुसरण करता है।

21. *(a)* जिस प्रकार,

B I R D → (+2 +2 +2 +2) → D K T F

तथा

K I T E → (+2 +2 +2 +2) → M K V G

उसी प्रकार,

E A G L E → (+2 +2 +2 +2 +2) → G C I N G

22. *(a)* दी गई श्रृंखला का क्रम निम्न प्रकार है,

N $\xrightarrow{+2}$ P $\xrightarrow{+2}$ R $\xrightarrow{+2}$ T $\xrightarrow{+2}$ V

W $\xrightarrow{+2}$ Y $\xrightarrow{+2}$ A $\xrightarrow{+2}$ C $\xrightarrow{+2}$ E

17 $\xrightarrow{+2}$ 19 $\xrightarrow{+2}$ 21 $\xrightarrow{+2}$ 23 $\xrightarrow{+2}$ 25

23. *(c)* दी गई आकृति का दर्पण प्रतिबिम्ब विकल्प (c) की आकृति है।

24. *(a)* $19 + 125 \div 25 - 100 \div 5 + 4 \times 3 = 52$

विकल्प (a) से, 25 और 5 को आपस में बदलने पर,

$19 + 125 \div 5 - 100 \div 25 + 4 \times 3 = 52$

$\Rightarrow \quad 19 + 25 - 4 + 12 = 52$

$\Rightarrow \quad 56 - 4 = 52$

$\Rightarrow \quad 52 = 52$

25. *(b)* दिया गया शब्द ⟶ H U S B A N D

अंग्रेजी वर्णमाला क्रम में व्यवस्थित करने पर नया शब्द ⟶ A B D H N S U

अत: 'शून्य' अक्षरों की स्थिति अपरिवर्तित रहेगी।

26. *(a)* **देवप्रयाग** में 'अलकनन्दा' और 'भागीरथी' नदी का संगम होता है। इनकी संयुक्त धारा गंगा नदी के नाम से जानी जाती है।

- देवप्रयाग पंच प्रयाग में से एक है, इसके अतिरिक्त विष्णुप्रयाग नन्दप्रयाग, कर्णप्रयाग और रुद्रप्रयाग हैं।
- देवप्रयाग, उत्तराखण्ड के टिहरी गढ़वाल जिले में स्थित है।
- संस्कृत में देवप्रयाग का अर्थ है—'ईश्वरीय संगम'।

27. *(b)* 2011 की जनगणना के अनुसार, भारत में सबसे अधिक जनसंख्या वाला जिला ठाणे (महाराष्ट्र) है, जिसकी जनसंख्या लगभग 1.1 करोड़ थी।

- 24 परगना (पश्चिम बंगाल) लगभग 1.08 करोड़ की आबादी के साथ भारत का दूसरा सबसे अधिक आबादी वाला जिला था।
- जनगणना 2011 के अनुसार, अरुणाचल प्रदेश की दिबांग घाटी भारत का सबसे कम आबादी वाला जिला है।
- उत्तर प्रदेश सबसे अधिक जनसंख्या वाला राज्य है।
- गोवा सबसे कम जनसंख्या वाला राज्य है।

28. *(c)* रंजना प्रकाश देसाई, जो भारतीय प्रेस परिषद् की पहली महिला अध्यक्षा बनी, मूल रूप से सरकार के **न्यायपालिका** अंग में कार्य करती थी।

- रंजना प्रकाश देसाई सुप्रीम कोर्ट की न्यायाधीश थी।
- 13 सितम्बर, 2011 से 29 अक्टूबर 2014 तक वे इस पद पर कार्यरत रहीं।
- यह भारतीय प्रेस परिषद् (PCI) की पहली महिला अध्यक्ष हैं।
- वर्ष 1979 में वह सरकारी वकील के रूप में नियुक्त हुई।
- वर्ष 1986 में इन्हें निवारक निरोध मामलों के लिए विशेष सरकारी अभियोजक के रूप में नियुक्त किया गया था।

29. *(a)* सातवीं पंचवर्षीय योजना का मुख्य उद्देश्य 'सामाजिक न्याय' के माध्यम से आर्थिक उत्पादकता, खाद्यान्न उत्पादन में वृद्धि और रोजगार सृजन के क्षेत्रों में विकास स्थापित करना था।

- इस योजना का प्रमुख क्षेत्र सामाजिक न्याय, कमजोरों का उत्पीड़न दूर करना, आधुनिक तकनीक का उपयोग, कृषि विकास, गरीबी उन्मूलन कार्यक्रम, भोजन, कपड़े और आश्रय की पूर्ण आपूर्ति, छोटे और बड़े किसानों की उत्पादकता में वृद्धि और भारत को एक स्वतन्त्र अर्थव्यवस्था बनाना था।
- इस पंचवर्षीय योजना का कार्यकाल 1985-90 था।

30. *(c)* अशोक ने अपने 13वें शिलालेख ने अपने शासनकाल के 8वें वर्ष में हुए कलिंग युद्ध का वर्णन किया है।

- मौर्य सम्राट अशोक एवं कलिंग के राजा अनन्त पद्मनाभन के बीच 261 ई. पू. इस युद्ध को लड़ा गया था।
- कलिंग युद्ध के तत्काल प्रभाव से अशोक ने बौद्ध धर्म ग्रहण कर लिया था।

31. *(a)* राष्ट्रीय मानवाधिकार आयोग (NHRC) भारत सरकार की एक इकाई है। जिला अधिकारी राष्ट्रीय मानवाधिकारी आयोग का सदस्य नहीं होता है।

- सर्वोच्च न्यायालय के पूर्व मुख्य न्यायाधीश, उच्च न्यायालय के पूर्व मुख्य न्यायाधीश तथा सर्वोच्च न्यायालय के पूर्व न्यायाधीश इसके सदस्य होते हैं।
- यह देश में मानवाधिकारों की सुरक्षा के लिए काम करता है।
- इसकी स्थापना वर्ष 1993 में मानवाधिकार संरक्षण अधिनियम के तहत की गई थी।

32. *(c)* $CaO\,(S) + H_2O\,(l) \rightarrow Ca(OH)_2\,(aq)$

- जब अनबूझा चूना जल के साथ अभिक्रिया करता है, दो यौगिक (CaO और H_2O) मिलकर एक यौगिक ($Ca(OH)_2$) बनाते हैं।
- इस अभिक्रिया में बहुत अधिक ऊष्मा निकलती है।
- इस प्रक्रिया को चूने का बुझना कहते हैं।

33. *(b)* वर्ष 2008 में भारत रत्न से सम्मानित पण्डित भीमसेन जोशी को ख्याल गायकी को लोकप्रिय बनाने का श्रेय भी दिया जाता है।

- पण्डित भीमसेन जोशी किराना घराना के सबसे लोकप्रिय कलाकार हैं।
- वह कर्नाटक, भारत के हिन्दुस्तानी शास्त्रीय शैली के सर्वश्रेष्ठ गायकों में से एक थे।
- धार्मिक संगीत के लिए अपनी लोकप्रिय व्याख्याओं और ख्याल गायन शैली के लिए प्रसिद्ध हैं।
- वर्ष 1998 में इन्हें संगीत नाटक अकादमी फेलोशिप प्रदान की गई।

34. *(d)* भारत सरकार अधिनियम 1935 ने द्वैध शासन को समाप्त करके प्रान्तीय स्वायत्तता की शुरुआत की। जिसने भारत सरकार अधिनियम, 1919 के तहत प्रदान की गई द्वैध शासन प्रणाली को बदल दिया।

- प्रान्तीय स्वायत्तता के अन्तर्गत प्रान्तो को एक अलग कानूनी पहचान दी गई थी
- उन्हें गवर्नर-जनरल और भारत के राज्य सचिव के निर्देशों और नियन्त्रण से मुक्त कर दिया गया था।

35. *(a)* 14 अक्टूबर, 2021 तक प्राप्त जानकारी के अनुसार, भारतीय फुटबॉलर सुनील छेत्री ने पेले के 77वें अन्तर्राष्ट्रीय गोल रिकॉर्ड को तोड़ा।

- सुनील छेत्री ने 14 अक्टूबर, 2021 में मालदीव में साउथ एशियन फुटबॉल फेडरेशन चैम्पियनशिप में नेपाल के खिलाफ गोल कर ब्राजील के महान फुटबॉलर पेले के 77 गोल की बराबरी कर ली।
- सुनील छेत्री से अधिक गोल क्रिस्टियानो रोनाल्डो, अली देई एवं लियोनेल मेसी के नाम है।
- वर्तमान में सितम्बर, 2024 तक (संन्यास से पूर्व) 151 अन्तर्राष्ट्रीय मुकाबलों में 94 गोल के साथ सुनील छेत्री, अन्तर्राष्ट्रीय मैचों में चौथे सबसे ज्यादा गोल करने वाले खिलाड़ी हैं।

36. *(d)* मक्का आलिकीय शिराविन्यास से सम्बन्धित नहीं है।

- जब शिराएँ एक संयोजन बनाती हैं, शिराओं को आलिकीय कहते हैं।
- पत्ती के पर्णफल पर शिराओं और शीरिकाओं की व्यवस्था को शिराविन्यास कहते हैं।
- शिराविन्यास, पौधों की प्रजातियों को पहचानने और उन्हें अलग करने में अहम भूमिका निभाते हैं।
- धनिया, तुलसी, चाइना रोज आलिकीय शिराविन्यास के उदाहरण हैं।

37. *(c)* 'सक्षम आँगनवाड़ी और पोषण 2.0 योजना' को राष्ट्रीय खाद्य सुरक्षा अधिनियम, 2003 के तहत लागू किया गया।

- यह 6 वर्ष तक के बच्चों किशोरियों (14-18 वर्ष) और गर्भवती और स्तनपान कराने वाली महिलाओं के बीच कुपोषण की चुनौतीपूर्ण स्थिति का समाधान करेगा।
- इस योजना के तहत राष्ट्रीय स्वास्थ्य मिशन औन जन स्वास्थ्य अवसंरचना के माध्यम से छः सेवाएँ प्रदान की जाती है। इस पुनर्गठित योजना की कार्यान्वयन अवधि 15 वें वित्त आयोग की अवधि 2021-22 से 2025-26 है।

38. *(a)* **पी. के. थुंगन** की अध्यक्षता में वर्ष 1988 में संसद की संविधान समिति की एक उपसमिति का गठन हुआ।

- इस समिति का उद्देश्य जिला एवं जिला नियोजन में राजनीतिक एवं प्रशासनिक ढाँचे की जाँच करना था।
- इस समिति ने (1989) पंचायती राज व्यवस्था को मजबूत बनाने तथा इसे संवैधानिक दर्जा देने का सुझाव दिया।

39. *(c)* **हीलियम,** नियॉन, ऑर्गन, क्रिप्टन आदि उत्कृष्ट गैसें एकपरमाणुक अणु के उदाहरण हैं।

- एक परमाणुक अणु, एक ही तत्त्व के एक परमाणु से बने होते हैं।
- एक परमाणुक अणु में कोई सहसंयोजक आबन्ध नहीं होता है।
- एक परमाणुक अणु अपेक्षाकृत स्थिर व निष्क्रिय होते हैं।

40. *(a)* यामिनी कृष्णमूर्ति **भरतनाट्यम** से सम्बन्धित है

- यामिनी कृष्णमूर्ति ने पाँच वर्ष की आयु से चेन्नई के कलाक्षेत्र स्कूल ऑफ डांस में प्रसिद्ध भरतनाट्यम् नृत्यांगना रुक्मिणी देवी अरुण्डेल के मार्गदर्शन में नृत्य सीखना शुरू किया।
- उन्हें तिरुमाला तिरुपति देवस्थानम की अस्थाना नर्तकी के रूप में सेवा करने का सम्मान प्राप्त है।
- इन्हें वर्ष 1968 में पद्मश्री, वर्ष 2001 में पद्म भूषण व वर्ष 2016 में पद्म विभूषण से सम्मानित किया गया।

41. *(c)* यूनानी राजदूत/इतिहासकार मेगस्थनीज ने अपनी पुस्तक इण्डिका में पाण्ड्य राजवंश का उल्लेख करते हुए कहा है कि इनके साम्राज्य की राजधानी मदुरै मोतियों के लिए प्रसिद्ध है।

- दक्षिण भाग के तीन मुख्य राजवंशों में से एक पाण्ड्य राजवंश दक्षिण भारत में एक प्राचीन तमिल राज्य था, जो संगम युग में विकसित हुआ।
- पाण्ड्य राजवंश ने 560 से 1300 ईस्वी तक शासन किया।
- तीनों संगम संगीतियाँ पाण्ड्यों के शासनकाल में सम्पन्न हुई।
- मार्कोपोलो, इब्नबतूता जैसे यात्रियों ने पाण्ड्य साम्राज्य का विस्तृत वर्णन किया है।

42. *(d)* खेलो इण्डिया यूनिवर्सिटी गेम्स का तीसरा संस्करण उत्तर प्रदेश राज्य में आयोजित किया गया।

- खेलो इण्डिया यूनिवर्सिटी गेम्स का उद्घाटन (25 मई-3 जून, 2023) प्रधानमन्त्री नरेन्द्र मोदी द्वारा वर्चुअली किया गया।
- इस आयोजन का शुभंकर जीतू था, जो उत्तर प्रदेश के राजकीय पशु बारहसिंहा को दर्शाता है।
- इस खेल में देश की 207 यूनिवर्सिटी के 4000 से ज्यादा खिलाड़ियों ने भाग लिया।

43. *(d)* एम्फिबोल, इनोसिलिकेट खनिजों का एक समूह है।

- एम्फिबोल, डबल चेन सिलिका ट्रेटाहेड्रा से बने होते हैं।
- एम्फिबोल का सबसे आम उदाहरण हॉर्नब्लेण्ड है।
- एम्फिबोल में हाइड्रॉक्सिल (OH) या हैलोजन (f – Cl) होता है।

44. *(d)* ईस्टर को ईसाईयों द्वारा एक खुशी के त्योहार के रूप में मनाया जाता है।

- इस दिन को ईसाइयों द्वारा वर्ष के सबसे पवित्र दिन के रूप में मनाया जाता है।
- ईस्टर को चर्च के वर्ष का काल या ईस्टर काल या द ईस्टर भी कहा जाता है।

45. *(c)* स्वयं सहायता समूह ने ग्रामीण क्षेत्रों में मुख्यत: गरीब महिलाओं की स्थिति सुधारने में योगदान दिया।

- स्वयं सहायता समूह (SHG) एक वित्तीय मध्यस्थ समिति है।
- SHG का उद्देश्य गरीबों और जरूरतमन्दों को आर्थिक रूप से सशक्त बनाना और उन्हें वित्तीय सेवाएँ प्रदान करना है।
- SHG समूहों में 12-25 महिलाएँ होती हैं, जिनकी आयु 18-50 वर्ष के बीच होती है।

46. *(c)* हरिवरासनम पुरस्कार की शुरुआत केरल राज्य द्वारा वर्ष 2012 में की गई थी।

- इस पुरस्कार में ₹ 1 लाख नकद तथा एक प्रशस्ति-पत्र प्रदान किया जाता है।
- हरिवरासनम पुरस्कार के पहले प्राप्तकर्ता के.जे. येसुदास (1982) थे।

47. *(c)* महाराष्ट्र में बड़े बाँधों की संख्या सर्वाधिक (1845) है।

- महाराष्ट्र के बाद मध्य प्रदेश (905) व गुजरात (666) बाँधों की संख्या में क्रमश: दूसरे व तीसरे स्थान पर है।
- भारतीय बाँध और जलाशय प्रतिवर्ष लगभग 300 बिलियन क्यूबिक मीटर जल संगृहित करके हमारे देश की आर्थिक व कृषि वृद्धि में महत्त्वपूर्ण भूमिका निभाते हैं।

48. *(c)* **स्पिरिलम** सर्पिल आकार की बैक्टीरिया है।

- बैक्टीरिया को आकृति के आधार पर 4 वर्गों में बाँटा गया है

(i) गोलाकार बैक्टीरिया- कॉकस
(ii) छड़ आकार के बैक्टीरिया- बेसिलस
(iii) कौमा आकार के बैक्टीरिया- विब्रियम
(iv) सर्पिल आकार के बैक्टीरिया- स्पिरिलम

- स्पिरिलम बैक्टीरिया के उदाहरण हैं- हेलिकोबैक्टर पाइलोरी।

49. *(c)* 1873 ई. में अमृतसर में **सिंह सभा आन्दोलन** की शुरुआत हुई, जो एक सिख सुधार आन्दोलन था।

- सिंह सभा आन्दोलन का उद्देश्य था
  - सिख धर्म को पुराने गौरव तक पहुँचाना।
  - सिखों के लिए आधुनिक शिक्षा की उपलब्धता सुनिश्चित करना।
  - ईसाई मिशनरियों व हिन्दू कट्टरपन्थियों से संघर्ष करना।
- इस आन्दोलन ने पूरे पंजाब में खालसा स्कूल की स्थापना की।

50. *(c)* केन्द्र सरकार ने वर्ष 2022 में भारत को हवाई खेलों के मामलों में दुनिया में वायु खेल संस्कृति को बढ़ावा देने के उद्देश्य से 'राष्ट्रीय वायु खेल-नीति' की शुरुआत की।

- इस नीति के लिए एयर स्पोर्ट्स फेडरेशन ऑफ इण्डिया (ASFI) को सर्वोच्च शासी निकाय बनाया गया।
- इसकी अध्यक्षता नागर विमानन मन्त्रालय के सचिव द्वारा की जाती है।

51. *(b)* माना एना और बेन के पास कंचों की संख्या x और y हैं।

प्रश्नानुसार, $x-1=y+1$

$$x-y=2 \quad \ldots(i)$$

तथा $x+1=3(y-1)$

$$x-3y=-4 \quad \ldots(ii)$$

समी (i) और (ii) से,

$x=5$ तथा $y=3$

अत: कुल कंचों की संख्या $= 5+3=8$

52. *(b)*

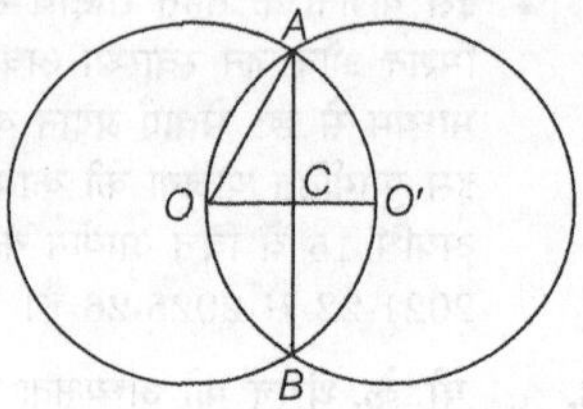

यहाँ, $OA = 13$ सेमी [वृत्त की त्रिज्या]

तथा $OC = \dfrac{OO'}{2} = \dfrac{13}{2}$ सेमी

अब ΔOAC में,

$$AC = \sqrt{OA^2 - OC^2} = \sqrt{13^2 - \frac{13^2}{4}}$$

$$= 13\left(\sqrt{1-\frac{1}{4}}\right) = \frac{13\sqrt{3}}{2} \text{ सेमी}$$

अत: वृत्तों की उभयनिष्ठ जीवा $(AB) = 2\times AC$

$$= 2\times\frac{13\sqrt{3}}{2} = 13\sqrt{3} \text{ सेमी}$$

53. *(a)* $9-5\times 6+\{29-(7-2)\}\div 8$

$= 9-5\times 6+\{29-5\}\div 8$

$= 9-5\times 6+24\div 8 = 9-5\times 6+3$

$= 9-30+3 = 12-30 = -18$

54. *(b)* 19 कुकीज का विक्रय मूल्य = ₹ 95

तथा 19 कुकीज का क्रय मूल्य $= \dfrac{76}{20}\times 19$

= ₹ 72.2

अत: लाभ = 95 − 72.2 = ₹ 22.8

55. *(d)* माना शेयर की कीमत = ₹ 100

प्रश्नानुसार, तीन दिन बाद शेयर की कीमत

$= 100\times\dfrac{118}{100}\times\dfrac{85}{100}\times\dfrac{97}{100}$ = ₹ 97.3

अत: निवल प्रतिशत कमी = 100 − 97.3

= 2.7%

56. *(b)* शंकु की ऊँचाई, $h = \sqrt{l^2 - r^2}$

$= \sqrt{(3\sqrt{2})^2 - 3^2} = 3$ इकाई

अत: शंकु का आयतन $= \dfrac{1}{3}\pi r^2 h$

$= \dfrac{1}{3}\pi\times 3\times 3\times 3 = 9\pi$ घन इकाई

57. *(a)* $\sqrt{\dfrac{\sec\theta+1}{\sec\theta-1}} + \sqrt{\dfrac{\sec\theta-1}{\sec\theta+1}}$

$$= \sqrt{\frac{1+\cos\theta}{1-\cos\theta}} + \sqrt{\frac{1-\cos\theta}{1+\cos\theta}}$$

$$= \sqrt{\frac{(1+\cos\theta)(1+\cos\theta)}{1-\cos^2\theta}} + \sqrt{\frac{(1-\cos\theta)(1-\cos\theta)}{1-\cos^2\theta}}$$

$$= \frac{1+\cos\theta}{\sin\theta} + \frac{1-\cos\theta}{\sin\theta}$$

$$= \frac{1+\cos\theta+1-\cos\theta}{\sin\theta}$$

$$= \frac{2}{\sin\theta} = 2\,\text{cosec}\,\theta$$

58. *(c)* साधारण ब्याज

$= \dfrac{192208\times 1\times 15}{100} + \dfrac{172012\times 1\times 15}{100}$

= 28831.2 + 258018 = ₹ 54633

अत: दूसरे वर्ष भुगतान की गई राशि

= 172012 + 54633

= ₹ 226645

59. *(a)* $A:B = 6:8$

$B:C = 7:12$

$A:B:C = 6\times 7 : 8\times 7 : 8\times 12$

$= 42:56:96$

$= 21:28:48$

60. *(a)* वस्तु का अंकित मूल्य $= \dfrac{1792}{80}\times 100$

= ₹ 2240

61. *(b)* चाप की लम्बाई $= 2\pi r\dfrac{\theta}{360^\circ}$

$\therefore\ 2\pi\times 24\times\dfrac{\theta}{360^\circ} = 7$

$\pi\dfrac{\theta}{360^\circ} = \dfrac{7}{48}$

अत: त्रिज्यखण्ड का क्षेत्रफल $= \pi r^2\dfrac{\theta}{360^\circ}$

$= \dfrac{7}{48}\times 24\times 24 = 84$ सेमी^{2}

62. *(a)* 2019 में वृद्धि दर $= \dfrac{10800}{9000}\times 100$

= 120%

अत: 'X' का मान $= \dfrac{10800\times 120}{100}$

= 12960

63. *(c)* स्थिर जल में व्यक्ति की चाल

$= \dfrac{6}{1} = 6$ किमी/घण्टा

तथा अनुकूल दिशा में चाल

$= \dfrac{6}{45}\times 60$

= 8 किमी/घण्टा

$\therefore$ विपरीत दिशा में व्यक्ति की चाल

$= 6-(8-6)$

= 4 किमी/घण्टा

अत: अभीष्ट समय $= \dfrac{16}{8} + \dfrac{16}{4}$

= 2 + 4 = 6 घण्टे

64. *(b)* बोनस के लिए भुगतान की गई राशि

$= 3 + 4.25 + 4.50 + 4.85 + 4.90$

$= 215$ लाख

तथा ईंधन और परिवहन के लिए भुगतान की गई राशि

$= 110 + 145 + 120 + 168 + 190$

$= 733$ लाख

अत: अभीष्ट % $= \frac{215}{733} \times 100 = 2.93\%$

65. *(a)* हम जानते हैं,

$2\sin A \cdot \sin B = \cos(A-B) - \cos(A+B)$

$\therefore \sin A \sin B = \frac{1}{2}\{\cos(A-B) - \cos(A+B)\}$

66. *(c)* $\because 36 = 4 \times 9$

यदि संख्या 4 से विभाज्य है, तो $y6,4$ से पूर्णत: विभाजित होगी।

$\therefore$ y का अधिकतम मान $= 9$

अब, यदि संख्या 9 से विभाज्य है, तो

$\frac{5+x+7+9+8+5+6+9+6}{9} = \frac{55+x}{9}$

$\because$ 63, 9 से विभाज्य है, तब $x = 8$

अत: $\sqrt{2x+y}$ का ऋणात्मक मान

$= \sqrt{2\times 8 + 9} = \sqrt{25} = -5$

67. *(d)* $Q \rightarrow 60$ — 3, $R \rightarrow 45$ — 4; 180 (कुल कार्य)

पाइप Q और R के द्वारा 6 घण्टे में किया गया कार्य $= (3+4) \times 6 = 42$

अब, आधी टंकी को भरने के लिए किया गया कार्य $= \frac{180}{2} - 42 = 48$

माना, पाइप W की क्षमता $= x$ इकाई/घण्टा

प्रश्नानुसार,

$(3 + 4 - x) \times 24 = 48$

$x = 5$ इकाई

अत: पाइप W द्वारा टंकी को खाली करने में लिया गया समय $= \frac{180}{5} = 36$ घण्टे

68. *(a)*

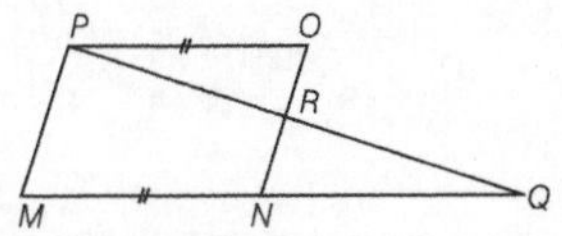

ΔRNQ तथा ΔPOR में,

$\angle NRQ = \angle PRO$ [शीर्षाभिमुख कोण]

$\angle RQN = \angle RPO$ [एकान्तर कोण]

$\therefore \Delta POR \sim \Delta QNR$ [AA नियम से]

$\therefore \frac{OR}{RN} = \frac{PO}{QN} = \frac{QN}{QN}$ [$\because MN = NQ = PO$]

$= 1$

अत: $OR : RN = 1 : 1$

69. *(d)* $\because 3a + 2b = 27$

$\therefore (3a+2b)^3 = 27^3$

$27a^3 + 8b^3 + 3 \times 3a \times 2b(3a+2b) = 19683$

$1458 + 18 \times 27ab = 19683$

$\therefore 2ab = \frac{18225}{9 \times 27} = 75$

70. *(a)* कम्पनी D द्वारा उत्पादित स्कूटरों की औसत संख्या

$= \frac{520 + 980 + 1090 + 1660}{4} = \frac{4250}{4}$

$= 1062.5$ हजार

कम्पनी A, B और C द्वारा उत्पादित स्कूटरों की संयुक्त औसत संख्या

$= \frac{360 + 580 + 1000 + 1240 + 420 + 940 + 780 + 950 + 380 + 570 + 1020 + 1180}{12}$

$= \frac{9420}{12} = 785$ हजार

अत: अभीष्ट % $= \frac{1062.5 - 785}{785} \times 100$

$= \frac{277.5}{785} \times 100 = 35.35\%$

71. *(d)* प्रथम 125 प्राकृत संख्याओं का औसत

$= \frac{n+1}{2} = \frac{125+1}{2} = 63$

72. *(d)* $\frac{4x^2 + 9y^2 - 12xy}{3y - 2x}$

$= \frac{(3y-2x)^2}{3y-2x}$

$= 3y - 2x$

73. *(a)* $\sqrt{\frac{9\sin^2 26° + 9\sin^2 64° + 36}{32 - 7\cos^2 32° - 7\cos^2 58°}}$

$= \sqrt{\frac{9[\sin^2 26° + \sin^2(90 - 26°)] + 36}{32 - 7[\cos^2(90-58)° + \cos^2 58°]}}$

$= \sqrt{\frac{9(\sin^2 26° + \cos^2 26°) + 36}{32 - 7(\sin^2 58° + \cos^2 58°)}}$

$= \sqrt{\frac{9+36}{32-7}} = \sqrt{\frac{45}{25}} = \frac{3\sqrt{5}}{5}$

74. *(a)* यदि हम किसी जीवा को दोनों तरफ अनन्त रूप से बढ़ाते हैं, तो वह जीवा छेदक रेखा बन जाती है।

75. *(a)* महिलाओं की अभीष्ट संख्या

$= 600 \times \frac{25}{100} + 700 \times \frac{30}{100} + 850 \times \frac{40}{100}$

$= 150 + 210 + 340 = 700$

76. *(a)* Envious means a feeling of discontented or resentful longing aroused by someone else's possessions, qualities, or luck.

Hence, its antonym is 'generous' which means kind.

- **Suspicious** means doubtful.
- **Malicious** means evil.

77. *(d)* As the sentence talks about an action that started in the past but is still going on, present perfect continuous tense is required to fill in the blank. Hence, the correct filler for the given blank is 'have been renovating'.

78. *(c)* The underlined part of the sentence contains an error. Replace it with 'where she resides' to correct the sentence.

79. *(c)* His bravado will be respected by people. The sentence is in simple future tense. When such a sentence is transformed into passive voice, the structure followed is Object + will + be + past participle verb.

80. *(b)* The correct filler for the given blank is 'colloquial'.

81. *(c)* The antonym of 'lost' is 'found' which is the correct filler for the given blank.

82. *(b)* Mellifluous means (of a sound) pleasingly smooth and musical to hear.

- **Distinct** means different.
- **Cacophonous** means harsh and unpleasant.

83. *(b)* The correct order is CAEBD.

- The sentence formed will be- He has discovered new facts and advanced new arguments but my opinion is unchanged.

84. *(b)* Stellenbosch is known to people for its greenery and delicious street foods.

- The sentence is in present tense. In passive voice, it would take the structure Object+ is/are+ past participleform of the verb + Subject.

85. *(b)* Part 'for anybody' contains an error and should be replaced it with 'to somebody' to correct the sentence.

86. *(c)* **Respite** means break.

- Commencement means beginning.

87. *(d)* **Exceeding** means much more than usual or expected.

- **Mordancy** means a biting or caustic quality of style or a sharply critical or bitter quality of thought or feeling.
- **Ordinate** means the second number in a pair
- **Subordinate** means inferior in position

88. *(b)* The antonym of hot is 'frigid' which means extremely cool.

- **Scorching** means extremely hot.
- **Balmy** means characterised by
- pleasantly warm weather.
- **Subtle** means so delicate or precise as to be difficult to analyse or describe.

89. *(b)* **Triumphant** means successful. Hence, its antonym is 'unsuccessful'.

- **Flourishing** means growing.
- **Jubilant** means extremely happy.
- **Tender** means soft.

90. *(b)* **Stopover** is a short stay that you make while on a longer journey.

- **Saga** is a story.
- **Refugee** refers to people who move to another country to seek safety.

91. *(d)* Creature of habit means one who does same thing in the same way.

92. *(a)* The underlined part of the sentence contains an error. The use of 'it's' is incorrect as it means it is. The correct replacement would be the possessive adjective 'its'.

93. *(b)* 'Hit the roof' means to become very angry.

94. *(a)* **Omnipotent** means to have unlimited power.

- **Omnipresence** is one who is present everywhere.
- **Omniscient** is one who knows everything.
- **Omnivorous** are animals who eat plants as well as other animals.

95. *(c)* The incorrectly spelt word in the sentence is 'removel'. The correct spelling is 'removal'.

96. *(c)* The correct filler for the given blank is 'the'.

97. *(a)* The correct filler for the given blank is 'seeking'.

98. *(c)* The correct filler for the given blank is 'compared to'.

99. *(d)* The correct filler for the given blank is 'in'.

100. *(c)* The correct filler for the given blank is 'efficiencies'.

सेट 22 19 सितम्बर, 2024 (प्रथम पाली)

SSC CGL Tier-I सॉल्वड पेपर

निर्देश

1. इस सेट में कुल 100 प्रश्न हैं।
2. इस सेट में चार भाग हैं, भाग–I सामान्य बुद्धि एवं तर्कशक्ति, भाग–II सामान्य जागरुकता, भाग–III संख्यात्मक अभियोग्यता और भाग–IV अंग्रेजी भाषा।
3. प्रत्येक प्रश्न 2 अंक का है।

भाग I

सामान्य बुद्धि एवं तर्कशक्ति

1. उस विकल्प का चयन करें, जो पाँचवीं संख्या से उसी प्रकार सम्बन्धित है, जिस प्रकार दूसरी संख्या पहली संख्या से सम्बन्धित है और चौथी संख्या तीसरी संख्या से सम्बन्धित है।

14 : 30 :: 9 : 20 : : 4 : ?

(**नोट** संख्याओं को उनके घटक अंकों में विभक्त किए बिना पूर्ण संख्याओं पर संक्रियाएँ की जानी चाहिए। उदाहरण के लिए 13 को लें- 13 पर संक्रियाएँ, जैसे कि जोड़ना/घटाना/गुणा आदि 13 में की जा सकती है। 13 को 1 और 3 में विभक्त करना और फिर 1 और 3 पर गणितीय संक्रियाएँ करने की अनुमति नहीं है।)

(a) 13 (b) 12
(c) 11 (d) 10

2. एक निश्चित तर्क का अनुसरण करते हुए 17 का सम्बन्ध 21 से है। उसी तर्क का अनुसरण करते हुए, 22 का सम्बन्ध 36 से है। उसी तर्क का अनुसरण करते हुए, 29 का सम्बन्ध निम्नलिखित में से किससे है?

(**नोट** संख्याओं को उनके घटक अंकों में विभक्त किए बिना पूर्ण संख्याओं पर संक्रियाएँ की जानी चाहिए। उदाहरण के लिए 13 को लें- 13 पर संक्रियाएँ, जैसे कि जोड़ना/घटाना/गुणा आदि 13 में की जा सकती हैं। 13 को 1 और 3 में विभक्त करना और फिर 1 और 3 पर गणितीय संक्रियाएँ करने की अनुमति नहीं है।)

(a) 46 (b) 49
(c) 58 (d) 57

3. दिए गए विकल्पों में से उस आकृति की पहचान कीजिए, जिसे प्रश्नचिह्न (?) के स्थान पर रखने पर श्रृंखला तार्किक रूप से पूरी हो जाएगी?

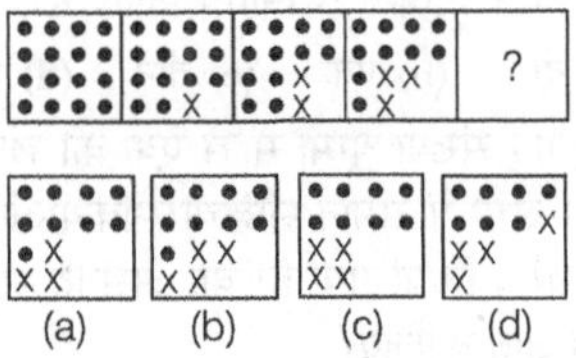

4. उस विकल्प का चयन करें, जो उन अक्षरों को निरूपित करता है जिन्हें नीचे दिए गए रिक्त स्थानों में बाएँ से दाएँ रखे जाने पर दी गई अक्षर श्रृंखला पूरी हो जाएगी।

B _ E N B _ C E N B B C _ N B B C E _ B _ C

(a) CNEBB (b) BCENB
(c) BNECB (d) CBENB

5. जब दर्पण को MN पर रखा जाता है, तो दी गई आकृति के सही दर्पण प्रतिबिम्ब का चयन कीजिए।

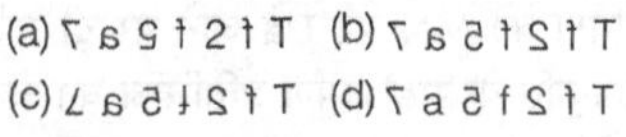

6. एक निश्चित कूटभाषा में,

'A + B' का अर्थ है 'A, B की माता है।'
'A − B' का अर्थ है 'A, B का भाई है।'
'A × B' का अर्थ है 'A, B की पत्नी है।'
'A ÷ B' का अर्थ है 'A, B का पिता है।'

उपरोक्त के आधार पर, यदि 'A × B ÷ C × D' है, तो A का D से क्या सम्बन्ध है?

(a) पिता की बहन
(b) पिता का भाई
(c) सास
(d) ससुर

7. अंग्रेजी वर्णमाला-क्रम के आधार पर 'RUCK' एक निश्चित तरीके से 'TWAI' से सम्बन्धित है। उसी तरह 'DPHM' का सम्बन्ध 'FRFK' से है। उसी तर्क के अनुसार 'KNOM' का सम्बन्ध निम्नलिखित में से किससे है?

(a) MPMK (b) MQNJ
(c) IQNK (d) IPMJ

8. एक पासे के विभिन्न फलकों पर छः रोमन संख्याएँ I, II, III, IV, V और VI अंकित की गई हैं। नीचे चित्र में इस पासे की दो स्थितियों को दिखाया गया है। संख्या 'VI' के विपरीत फलक पर आने वाली रोमन संख्या ज्ञात कीजिए।

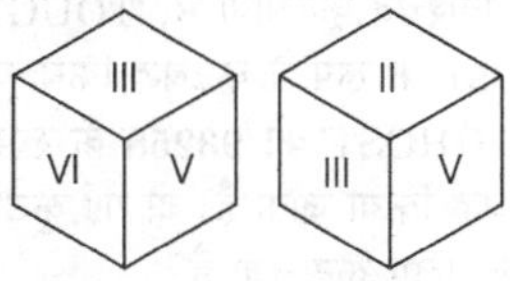

(a) III (b) V
(c) II (d) IV

9. BIRTHDAY - IBTRDHYA
BLAZER-LBZARE
REMOVE - ?

पदों के पहले दो युग्मों के लिए लागू किए गए तर्क का उपयोग करते हुए, उस पद का चयन करें, जो तीसरे युग्म में प्रश्नचिह्न (?) को प्रतिस्थापित कर सकता है।

(a) EROMEV
(b) EVOMER
(c) EROMVE
(d) ERMOVE

10. एक पासे के विभिन्न फलकों पर छः संख्याएँ 5, 6, 7, 8, 9 और 10 लिखी गई हैं। इस पासे की दो स्थितियों को नीचे आकृति में दर्शाया गया है। '7' के विपरीत फलक पर संख्या ज्ञात कीजिए।

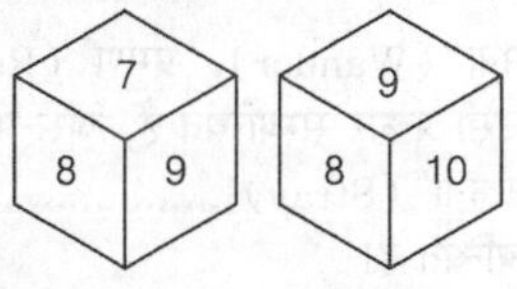

(a) 9 (b) 8
(c) 6 (d) 10

11. दी गई आकृति में कितने त्रिभुज हैं?

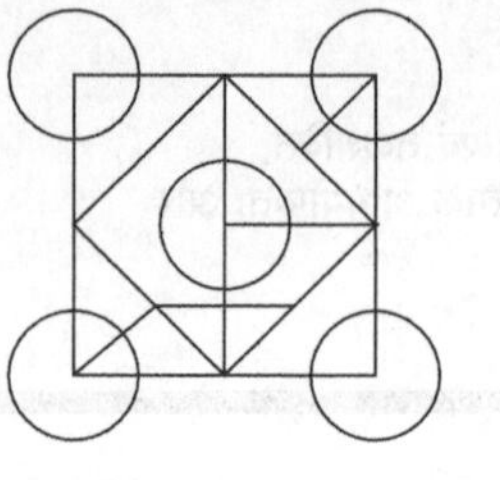

(a) 14 (b) 16
(c) 13 (d) 15

12. विकल्पों में दी गई उस आकृति की पहचान कीजिए, जिसे प्रश्नचिह्न (?) के स्थान पर रखने पर श्रृंखला तर्कसंगत रूप से पूर्ण हो जाएगी।

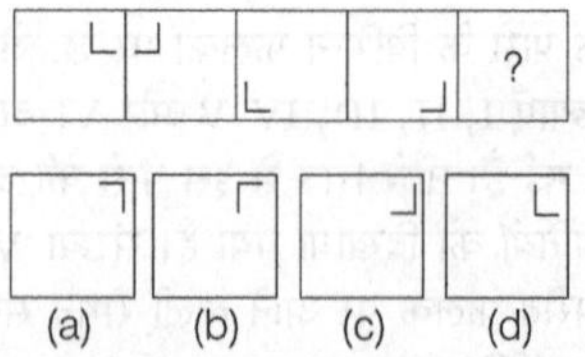

13. एक निश्चित कूटभाषा में, 'TOUGH' को '89251' के रूप में कूटबद्ध किया जाता है और 'GHOST' को '93258' के रूप में कूटबद्ध किया जाता है। दी गई कूटभाषा में 'S' के लिए कूट क्या है?

(a) 3 (b) 8
(c) 1 (d) 9

14. यदि '+' और '–'को आपस में बदल दिया जाए और '×'और '÷'को आपस में बदल दिया जाए, तो निम्नलिखित समीकरण में प्रश्नचिह्न (?) के स्थान पर क्या आएगा?

$1205 \times 5 + 35 - 197 \div 18 = ?$

(a) 3752 (b) 3824
(c) 3482 (d) 3284

15. यदि निम्नलिखित समीकरण में '+' और '–' को आपस में बदल दिया जाता है तथा '×' और '÷' को आपस में बदल दिया जाता है, तो प्रश्नचिह्न (?) के स्थान पर कौन–सी संख्या आएगी?

$20 + 10 \times 2 - 4 \div 5 = ?$

(a) 30 (b) 35
(c) 45 (d) 40

16. 'घूमना' (Wander), 'भ्रमण' (Ramble) से उसी प्रकार सम्बन्धित है, जिस प्रकार 'भटकना' (Stray) .... से सम्बन्धित है।

(शब्दों को सार्थक हिन्दी शब्द माना जाना चाहिए और शब्दों को अक्षरों की संख्या/व्यंजनों/स्वरों की संख्या के आधार पर एक-दूसरे से सम्बन्धित नहीं किया जाना चाहिए।)

(a) सतत (Constant)
(b) स्थिर (Steady)
(c) बेतरतीब (Random)
(d) यात्रा (Trek)

17. शब्द 'KEYBOARD' के प्रत्येक अक्षर को अंग्रेजी वर्णानुक्रम में व्यवस्थित किया गया है। इस प्रकार बने अक्षरों के समूह में दाएँ से तीसरे और दाएँ से दूसरे अक्षर के बीच अंग्रेजी वर्णानुक्रम में कितने अक्षर हैं?

(a) दो (b) एक (c) तीन (d) चार

18. दिए गए संख्या युग्मों में से एक को छोड़कर अन्य सभी में समान संक्रिया/संक्रियाओं का अनुसरण किया गया है। वह असंगत संख्या युग्म ज्ञात कीजिए।

(**नोट** संख्याओं को उसके संघटक अंकों में विभक्त किए बिना संक्रियाएँ पूर्णांकों पर की जानी चाहिए। उदाहरण के लिए 13–13 पर की जाने वाली संक्रियाएँ जैसे जोड़ना/घटाना/गुणा इत्यादि 13 पर ही की जानी चाहिए। 13 को 1 और 3 में विभक्त करना और फिर 1 और 3 पर गणितीय संक्रियाएँ करना वर्जित है।)

(a) 49 : 8 (b) 19 : 3
(c) 55 : 9 (d) 24 : 4

19. निम्नलिखित में से कौन–सी संख्या दी गई श्रृंखला में प्रश्नचिह्न (?) का स्थान लेगी?

3, 17, 83, 329, ?, 1961

(a) 980 (b) 983
(c) 883 (d) 880

20. दर्पण को MN पर रखे जाने पर दी गई आकृति के सही दर्पण प्रतिबिम्ब का चयन कीजिए।

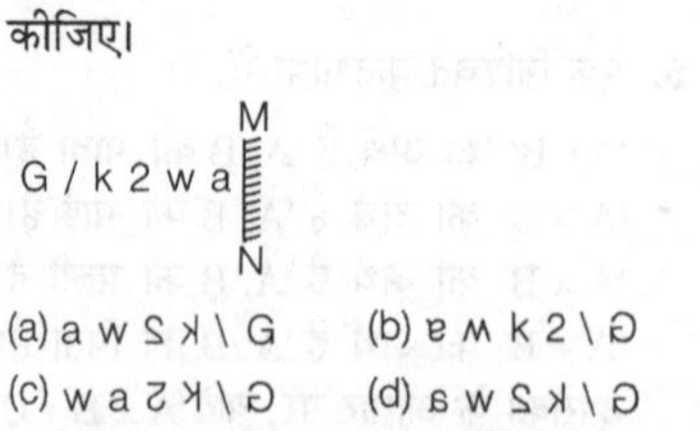

21. अंग्रेजी वर्णानुक्रम पर आधारित, निम्नलिखित चार अक्षर–समूहों में से तीन अक्षर–समूह एक निश्चित तरीके से समान हैं और इसलिए एक समूह बनाते हैं। वह कौन–सा अक्षर–समूह है, जो उस समूह से सम्बन्धित नहीं है?

(**नोट** असंगत अक्षर–समूह, अक्षर–समूह में व्यंजनों/स्वरों की संख्या या उनकी स्थिति पर आधारित नहीं है।)

(a) CHE (b) FLI
(c) AGD (d) MSP

22. दिए गए कथनों और निष्कर्षों का ध्यानपूर्वक अध्ययन कीजिए। कथनों में दी गई जानकारी को सत्य मानते हुए, भले ही यह सामान्य रूप से ज्ञात तथ्यों से भिन्न प्रतीत होती हो, तय कीजिए कि दिए गए निष्कर्ष/निष्कर्षों में से कौन–सा/से कथनों का तर्कसंगत रूप से अनुसरण करता है/करते हैं?

कथन

कुछ गरुड़, गौरैया हैं।
सभी गौरेया, तोते हैं।
कोई भी तोता, पेंगुइन नहीं है।

निष्कर्ष

I. कुछ तोते, गरुड़ हैं।
II. कोई भी पेंगुइन, गौरैया नहीं है।

(a) न तो निष्कर्ष I और न ही निष्कर्ष II अनुसरण करता है
(b) केवल निष्कर्ष I अनुसरण करता है
(c) केवल निष्कर्ष II अनुसरण करता है
(d) निष्कर्ष I और II दोनों अनुसरण करते हैं

23. एक निश्चित कूटभाषा में, 'SHE' को 'EIT' लिखा जाता है और 'SAD' को 'DBT' लिखा जाता है। इसी कूटभाषा में 'SUN' को किस प्रकार लिखा जाएगा?

(a) NTV (b) NVT
(c) NYT (d) NTY

24. नीचे संख्याओं के दो समुच्चय दिए गए हैं। संख्याओं के प्रत्येक समुच्चय में, पहली संख्या पर कुछ निश्चित गणितीय संक्रियाएँ करने पर दूसरी संख्या प्राप्त होती है। इसी प्रकार, दूसरी संख्या पर कुछ निश्चित गणितीय संक्रियाएँ करने पर तीसरी संख्या प्राप्त होती है और इसी तरह आगे भी होती है। दिए गए विकल्पों में से कौन–सा विकल्प दिए गए समुच्चयों की तरह संक्रियाओं के समान समुच्चय का अनुसरण करता है?

(**नोट** संख्याओं को उनके घटक अंकों में तोड़े बिना, पूर्ण संख्याओं पर संक्रियाएँ की जानी चाहिए। उदाहरण के लिए 13-13 पर की जाने वाली संक्रियाएँ जैसे कि 13 में जोड़ना/घटाना/गुणा करना आदि केवल 13 पर किया जा सकता है। 13 को 1 और 3 में तोड़ना, तथा 1 और 3 पर गणितीय संक्रिया करने की अनुमति नहीं है।)

11-14-8-17 ; 12-15-9-18

(a) 6-9-3-12
(b) 5-8-3-10
(c) 4-7-12-18
(d) 3-6-2-8

25. निम्नलिखित में से कौन-सा पद दी गई शृंखला में प्रश्नचिह्न (?) को प्रतिस्थापित करेगा?
AWSO, KGCY, UQMI, EAWS, ?
(a) ZWTQ (b) OGKH
(c) OKGC (d) WAEI

भाग II
सामान्य जागरुकता

26. तरुण भट्टाचार्य, जिन्हें वर्ष 2018 में संगीत नाटक अकादमी पुरस्कार से सम्मानित किया गया था, किस संगीत वाद्ययन्त्र को बजाने के लिए जाने जाते हैं?
(a) सितार (b) सन्तूर
(c) तबला (d) वायलिन

27. 1450 ई. में पहली बार आविष्कृत पवन मापक यन्त्र का क्या नाम था?
(a) सीलिंग प्रोजेक्टर
(b) अध:पाती सोंड
(c) संचरणलेखित्र
(d) पवन वेगमापी

28. श्रम एवं रोजगार मन्त्रालय की एक रिपोर्ट के अनुसार, वर्ष 2021-22 में महाराष्ट्र में बेरोजगारी दर कितनी थी?
(a) 3.5% (b) 3.01%
(c) 4.4% (d) 4.2%

29. निम्नलिखित में से कौन वर्ष 2021 में प्रथम 'प्रोफेसर सी.आर. राव शताब्दी स्वर्ण पदक' पुरस्कार प्राप्त करने वालों में से एक थे?
(a) सुरजीत भल्ला
(b) अमर्त्य सेन
(c) रघुराम राजन
(d) जगदीश भगवती

30. वित्तीय वर्ष 2019 तक प्राप्त जानकारी के अनुसार, भारत में निम्नलिखित में से किस राज्य का सड़क घनत्व सबसे अधिक है?
(a) केरल (b) हरियाणा
(c) तमिलनाडु (d) पंजाब

31. भारत के निम्नलिखित में से किस नेता द्वारा एक स्वैच्छिक संगठन - खुदाई खिदमतगार स्थापित किया गया था?
(a) मुहम्मद अली जिन्ना
(b) मौलाना मुहम्मद अली
(c) खान अब्दुल गफ्फार खान
(d) हकीम अजमल खान

32. उप-राष्ट्रपति को पद की शपथ ……… द्वारा दिलाई जाती है।
(a) प्रधानमन्त्री
(b) भारत के मुख्य न्यायाधीश
(c) सी.ए.जी.
(d) राष्ट्रपति

33. स्वतन्त्रता के समय भारत के औद्योगिक विकास में मुख्य बाधाएँ क्या थीं?
(a) उद्योगों के लिए आवश्यक रोजगार
(b) उद्योगों में पूँजी निवेश
(c) औद्योगिक स्थापना हेतु भूमि
(d) औद्योगिक उत्पादों के लिए बाजार

34. निम्नलिखित में से किस घटना के कारण रवीन्द्रनाथ टैगोर ने अपनी पीड़ा व्यक्त करते हुए ब्रिटिश सरकार को 'नाइटहुड' की उपाधि लौटा दी थी?
(a) जलियाँवाला बाग हत्याकाण्ड
(b) बंगाल का विभाजन
(c) चरण पादुका प्रसंग
(d) चौरी-चौरा काण्ड

35. वर्धा निम्नलिखित में से किस नदी की सहायक नदी है?
(a) गोदावरी
(b) नर्मदा
(c) तापी
(d) महानदी

36. निम्नलिखित में से कौन-सा भारत में SHG-बैंक लिंकेज प्रोग्राम का एक घटक है?
(a) गैर-सरकारी संगठन SHGs को क्षमता निर्माण प्रशिक्षण प्रदान करते हैं
(b) सूक्ष्म वित्त संस्थाएँ SHGs को सीधे ऋण प्रदान करती हैं
(c) बैंक SHGs के व्यक्तिगत सदस्यों को ऋण प्रदान करते हैं
(d) राज्य सरकार SHGs को ऋण के लिए अनुदान प्रदान करती है

37. नवरात्रि उत्सव निम्नलिखित में से किस देवी को समर्पित है?
(a) दुर्गा (b) सरस्वती
(c) ज्वाला (d) लक्ष्मी

38. क्लास्ट्रिडियम टेटनाई नामक विष उत्पन्न करने वाले जीवाणु से होने वाले टिटनेस का दूसरा नाम क्या है?
(a) खण्डित जबड़ा
(b) स्फुटन जबड़ा
(c) धनुस्तम्भ
(d) विदलित जबड़ा

39. तैमूरी परम्परा के अनुसार, हुमायूँ को अपने भाइयों के साथ सत्ता साझा करनी थी। हुमायूँ का दिल्ली, आगरा और मध्य भारत पर नियन्त्रण था, जबकि उसके भाई कामरान का नियन्त्रण निम्नलिखित में से किस क्षेत्र पर था?
(a) अफगानिस्तान और पंजाब
(b) दक्कन
(c) बंगाल और बिहार
(d) गुजरात और राजस्थान

40. निम्नलिखित में से किस शासन के दौरान चतुर्थ बौद्ध संगीति में बौद्ध धर्म दो विचारधाराओं हीनयान और महायान में विभाजित हो गया?
(a) पार्थियन (b) कुषाण
(c) शंक (d) गुप्त

41. वर्ष 1933 में असंतृप्त यौगिकों में अभिकर्मकों को मिलाने पर परॉक्साइड प्रभाव को देखने के लिए कौन-से दो कार्बनिक रसायनज्ञ जाने जाते हैं?
(a) जस्टस वॉन लिबिंग और फ्रेडरिक वोहलर
(b) सी जॉन कैडोगन और लुइस एम कैम्पोस
(c) बी स्टीवन बैचराच और रोआल्ड हॉफमैन
(d) मॉरिस एस खराश और फ्रैंक आर मेयो

42. निम्नलिखित में से किस वर्ष में दिव्यांगजन अधिकार अधिनियम पारित किया गया था?
(a) वर्ष 2002 (b) वर्ष 2019
(c) वर्ष 2010 (d) वर्ष 2016

43. पण्डित ओंकारनाथ ठाकुर ……… के शिष्य थे।
(a) पण्डित गोपाल शंकर मिश्र
(b) पण्डित विष्णु दिगम्बर पलुस्कर
(c) पण्डित विष्णु नारायण भातखण्डे
(d) उस्ताद अब्दुल करीम खान

44. निम्नलिखित में से कौन-सा एक मौलिक कर्त्तव्य नहीं है?
(a) भारत की सम्प्रभुता, एकता और अखण्डता को बनाए रखना और उसकी रक्षा करना
(b) देश की सामासिक संस्कृति की गौरवशाली परम्परा को महत्त्व देना और उसका परिरक्षण करना
(c) सार्वजनिक सम्पत्ति को सुरक्षित रखना और हिंसा का परित्याग करना
(d) दुर्लभ और लुप्तप्राय प्रजातियों के व्यापार को निषेध बनाना

45. निम्नलिखित में से कौन-सा अनुच्छेद बताता है कि प्रधानमन्त्री को राष्ट्रपति द्वारा नियुक्त किया जाना चाहिए?
(a) अनुच्छेद 62 (b) अनुच्छेद 71
(c) अनुच्छेद 75 (d) अनुच्छेद 66

46. निम्नलिखित शास्त्रीय नर्तकियों में से कौन ओडिसी से सम्बन्धित नहीं है?
(a) मायाधर राउत
(b) गीतांजलि लाल
(c) कुमकुम मोहन्ती
(d) किरण सहगल

47. भारत ने अपना पहला व्यक्तिगत ओलम्पिक पदक किस खेल में जीता था?
(a) तैराकी (b) जूड़ो
(c) निशानेबाजी (d) कुश्ती

48. निम्नलिखित में से कौन-सा संघ ऑर्थोपोडा का उदाहरण है?
(a) तितली (b) नेरीस
(c) जोंक (d) घोंघा

49. विजेन्दर सिंह ने कितनी बार ओलम्पिक खेलों में भारत का प्रतिनिधित्व किया है?
(a) 4 (b) 3 (c) 2 (d) 5

50. निम्नलिखित में से कौन-सी ऊर्जा की इकाई नहीं है?
(a) किलोवाट-घण्टा (b) कैलोरी
(c) जूल (d) न्यूटन

भाग III
संख्यात्मक अभियोग्यता

51. प्रति किलोग्राम टमाटर के मूल्य में 300% की वृद्धि होती है, तो एक गृहिणी टमाटर का उपभोग 70% कम कर देती है। इस प्रकार टमाटर पर उसका व्यय कितने प्रतिशत बढ़ा या घटा है?
(a) 30% घटा है (b) 20% बढ़ा है
(c) 20% घटा है (d) 30% बढ़ा है

52. R एक वृत्त के बाहर एक बिन्दु है और यह इसके केन्द्र से 18 सेमी दूर है। बिन्दु R से खींची गई छेदक रेखा वृत्त को बिन्दुओं A और B पर इस प्रकार प्रतिच्छेदित करती है कि $RA = 7$ सेमी और $AB = 5$ सेमी है। वृत्त की त्रिज्या (सेमी में) ज्ञात कीजिए।
(a) $3\sqrt{15}$ (b) $7\sqrt{15}$
(c) $5\sqrt{15}$ (d) $4\sqrt{15}$

53. यदि $\sin A + \cos A = \sqrt{3}$ है, तो $\tan A + \cot A + 2\sin A \cos A$ का मान ज्ञात कीजिए।
(a) 6 (b) 2
(c) 3 (d) 1

54. निम्न तालिका किसी कम्पनी की दो सत्रों के दौरान बिक्री को दर्शाती है। तालिका का अध्ययन कीजिए और निम्नांकित प्रश्न का उत्तर दीजिए।

गर्मी के मौसम में बिक्री (₹ में)			सर्दी के मौसम में बिक्री (₹ में)		
मई	जून	जुलाई	नवम्बर	दिसम्बर	जनवरी
25000	24000	18000	35000	26000	22000

कुल बिक्री में से जून और जुलाई के महीनों के दौरान बिक्री का प्रतिशत भाग कितना है?
(a) 28% (b) 33%
(c) 30% (d) 24%

55. $x^3 - 4x^2 - 8x + 11$ में से कौन-सी संख्या घटाई जानी चाहिए, ताकि संख्या $(x + 2)$ से विभाज्य हो जाए?
(a) 5 (b) 3 (c) 9 (d) 7

56. व्यंजक $\sin x + \operatorname{cosec} x = 2$ हो, तो $\sin^7 x + \operatorname{cosec}^7 x$ का मान ज्ञात कीजिए।
(a) 0 (b) 2 (c) 4 (d) 1

57. AB, 20 सेमी त्रिज्या वाले एक वृत्त की 32 सेमी लम्बी जीवा है, A और B की स्पर्श रेखाएँ, बिन्दु T पर प्रतिच्छेदित करती है। लम्बाई TA ज्ञात कीजिए (दशमलव के बाद दो अंक तक पूर्णांकित)।
(a) 26.67 सेमी (b) 21.33 सेमी
(c) 19.93 सेमी (d) 36.50 सेमी

58. 150 मी और 250 मी लम्बाई की दो रेलगाड़ियाँ समानान्तर लाइनों पर चलती हैं। जब वे एक ही दिशा में चलती हैं, तो वे एक-दूसरे को पार करने में 20 सेकण्ड का समय लेती हैं और जब वे विपरीत दिशा में चलती हैं, तो वे एक-दूसरे को पार करने में 5 सेकण्ड का समय लेती हैं। दोनों रेलगाड़ियों की चाल क्या है?
(a) 160 किमी/घण्टा और 106 किमी/घण्टा
(b) 150 किमी/घण्टा और 250 किमी/घण्टा
(c) 180 किमी/घण्टा और 108 किमी/घण्टा
(d) 150 किमी/घण्टा और 105 किमी/घण्टा

59. 26 सेमी आधार और 18 सेमी ऊँचाई वाले समान्तर चतुर्भुज का क्षेत्रफल क्या होगा?
(a) 468 सेमी^{2} (b) 234 सेमी^{2}
(c) 936 सेमी^{2} (d) 932 सेमी^{2}

60. एक हीरे की कीमत उसके वजन के वर्ग के अनुक्रमानुपाती है। एक बार, यह हीरा वजन के 4 : 3 : 2 : 1 के अनुपात में चार टुकड़ों में टूट गया। जब टुकड़ों को बेचा गया, तो व्यापारी को उस हीरे के एक नग की कीमत से ₹ 63000 कम मिले। हीरे की मूल कीमत ज्ञात कीजिए।
(a) ₹ 80000 (b) ₹ 90000
(c) ₹ 75000 (d) ₹ 86000

61. एक विक्रेता ने ₹ 10 प्रति किग्रा के हिसाब से सब्जियाँ बेचना शुरू किया, लेकिन इस दर पर खरीददार नहीं मिला। इसलिए उसने कीमत घटाकर ₹ 7.2 प्रति किग्रा कर दी, लेकिन 1 किग्रा के बजाय 900 ग्राम के दोषपूर्ण वजन का उपयोग किया। वास्तविक मूल्य में प्रतिशत परिवर्तन ज्ञात कीजिए।
(a) 10% (b) 25%
(c) 20% (d) 15%

62. एक पर्स की खरीद पर 10% एवं 20% की क्रमागत छूट दी जाती है। यदि पर्स का अंकित मूल्य ₹ 2250 है, विक्रय मूल्य ज्ञात करें।
(a) ₹ 1620 (b) ₹ 1320
(c) ₹ 1290 (d) ₹ 1520

63. नीचे दी गई तालिका चार अलग-अलग विषयों में चार विद्यार्थियों द्वारा प्राप्त अंकों को दर्शाती है। प्रत्येक विषय के लिए पूर्णांक 175 है।

विद्यार्थी	विषय			
	गणित	भौतिक विज्ञान	रसायन विज्ञान	अंग्रेजी
अमित	105	98	109	86
गुंजा	112	119	99	97
अर्पित	103	121	94	100
काव्या	108	102	104	120

गुंजा द्वारा सभी चार विषयों में प्राप्त अंकों का कुल प्रतिशत क्या है?
(a) 71 (b) 67
(c) 58 (d) 61

64. यदि $3\sin^2\theta + 5\cos^2\theta = 4$ और θ एक न्यूनकोण है, तो $\tan\theta$ का मान ज्ञात करें।
(a) $\frac{1}{\sqrt{3}}$ (b) $\frac{1}{2}$
(c) 1 (d) $\frac{1}{\sqrt{2}}$

65. P, Q और R एक त्रिभुज के तीन कोण हैं। यदि $P - Q = 20°$ है और $Q - R = 26°$ है, तो $\angle P$ निम्नलिखित में से किसके बराबर है?
(a) 46° (b) 82°
(c) 92° (d) 52°

66. रवि और कविता में से प्रत्येक के पास कुछ कंचे थे। कविता के पास रवि से 12 कंचे अधिक थे। यदि उनमें से प्रत्येक के पास एक कंचा अधिक होता, तो तब कविता के पास मौजूद कंचों की संख्या का तीन गुना, तब रवि के पास मौजूद कंचों की संख्या के चार गुने के बराबर होता। कविता के पास वास्तव में कितने कंचे थे?
(a) 43 (b) 51
(c) 48 (d) 47

67. यदि $\left(a + \frac{1}{a}\right) = 7\sqrt{3}$ है, तो $(a^6 + a^{-6})$ का मान ज्ञात कीजिए।
(a) 3048625 (b) 3048132
(c) 3048190 (d) 3048542

68. छठी कक्षा में पढ़ने वाले एक छात्र ने 6 विभिन्न विषयों में निम्नलिखित अंक प्राप्त किए हैं। प्रत्येक विषय के लिए पूर्णांक 100 है।

विषय	अंक
हिन्दी	98
अंग्रेजी	97
गणित	93
सामाजिक विज्ञान	94
कम्प्यूटर	92
विज्ञान	93

इस छात्र द्वारा प्राप्त किए गए औसत अंक ज्ञात कीजिए।

(a) 95 (b) 96
(c) 92.5 (d) 94.5

69. $WXYZ$ एक चतुर्भुज है जिसमें XQ और ZP, रेखा WY के इस प्रकार लम्बवत् हैं कि $XQ = ZP$ है। विकर्ण ZX और WY एक-दूसरे को बिन्दु O पर प्रतिच्छेद करते हैं। यदि $OX = 12$ सेमी है, तो ZX का मान (सेमी में) ज्ञात कीजिए।

(a) 18 (b) 36
(c) 24 (d) 12

70. एक परिवार में पति, पत्नी और एक पुत्र की संयुक्त आयु (combined age) 90 वर्ष है। पति सबसे बड़ा है। पति और पत्नी की आयु में अन्तर उनके पुत्र की आयु का $\frac{1}{3}$ है। 10 वर्ष बाद पुत्र की आयु उसके पिता की आयु की आधी होगी। उसकी माता की वर्तमान आयु (वर्षों में) कितनी है?

(a) 30 (b) 45 (c) 35 (d) 40

71. $4\frac{1}{6} \div 25 \times 75 \div \frac{1}{5}$ का 125 का मान कितना होगा?

(a) $\frac{1}{4}$ (b) $\frac{1}{2}$ (c) $\frac{1}{3}$ (d) $\frac{1}{6}$

72. अमन ने योजना A में साधारण ब्याज पर 5 वर्ष की अवधि के लिए 8% वार्षिक दर से एक धनराशि निवेश की। उसने साधारण ब्याज पर योजना A की राशि का चार गुना 5% वार्षिक दर से 7 वर्ष के लिए योजना B में निवेश किया। उसे कुल ब्याज राशि के रूप में ₹ 1620 प्राप्त हुए। उसने योजना B में कितनी राशि (₹ में) निवेश की थी?

(a) 3200 (b) 2400
(c) 3600 (d) 900

73. पाइप X एक टंकी को 9 घण्टे में भर सकता है और पाइप Y इसे 21 घण्टे में भर सकता है। यदि उन्हें एकांतर घण्टों में (बारी-बारी से एक-एक घण्टे पर) खोला जाता है और पाइप X को पहले खोला जाता है, तो टंकी कितने घण्टों में पूरी भर जाएगी?

(a) $12\frac{3}{7}$ (b) $10\frac{3}{7}$
(c) $9\frac{3}{7}$ (d) $11\frac{3}{7}$

74. 6 छात्रों के अंक दिए गए हैं। सभी अंक 100 अंक में से हैं।

छात्र	अंग्रेजी	हिन्दी	गणित	भौतिकी	रसायन विज्ञान	जीव विज्ञान
A	70	60	99	80	80	75
B	75	65	85	75	75	70
C	80	80	70	60	70	60
D	72	63	65	70	60	60
E	70	60	60	60	55	55
F	60	60	70	70	60	50

C द्वारा प्राप्त किया गया प्रतिशत ज्ञात करें।

(a) 70% (b) 75%
(c) 65% (d) 68%

75. ₹ 10 प्रति किग्रा मूल्य वाले 15 किग्रा गेहूँ को 5 किग्रा दूसरे प्रकार के गेहूँ के साथ मिलाकर ₹ 30 प्रति किग्रा मूल्य वाला मिश्रण प्राप्त किया जाता है। महँगे गेहूँ का मूल्य (प्रति किग्रा) ज्ञात कीजिए।

(a) ₹ 80 (b) ₹ 90
(c) ₹ 60 (d) ₹ 70

भाग IV

अंग्रेजी भाषा

76. Select the most appropriate meaning of the given idiom.

Start from scratch

(a) To start or create something from the very beginning
(b) To address an issue
(c) To develop something out of waste material
(d) To point out something wrong

77. Select the most appropriate antonym of the underlined word.

Evenings get <u>dark</u> very early in this cold weather.

(a) shadowy (b) dim
(c) bright (d) gloomy

78. Sentences of a paragraph are given below in jumbled order. Arrange the sentences in the correct order to form a meaningful and coherent paragraph.

A. However, their population is declining nowadays due to noise pollution.
B. It is one of the most common birds along with the other two species, the European starling and the rock pigeon.
C. Their constant presence outside our homes makes it easy to overlook them.
D. House sparrows can be found in most places with and without houses (or other structures).

(a) DACB
(b) BDCA
(c) DABC
(d) DBCA

79. Select the option that can be used as a one-word substitute for the given group of words.

A person who performs magic to entertain people

(a) Alchemist (b) Angel
(c) Magician (d) Palmist

80. Select the most appropriate option to substitute the underlined segment in the given sentence.

Transnational linkages, for example, sever the nation-state's <u>integrity and corrupt</u> state-society relations.

(a) cohesion and erode
(b) divergence and relativity
(c) severance and revolution
(d) controversy and diminution

81. Select the most appropriate antonym of the given word.

Desolate

(a) Festive (b) Allusive
(c) Frugal (d) Melancholic

82. Select the option that expresses the given sentence in passive voice.

The cashier had finished the assigned task on time.

(a) The assigned task is finished by the cashier on time.
(b) The assigned task has been finished by the cashier on time.

(c) The assigned task had been finished by the cashier on time.
(d) The assigned task was finished by the cashier on time.

83. Select the most appropriate option that has the same meaning as the italicised segment.
His illness became *a blessing in disguise* when he married his nurse.
(a) an apparent misfortune that eventually has good results
(b) when someone finds it difficult to choose between two alternatives
(c) to present a counter- argument
(d) deal with a problem if and when it becomes necessary

84. Select the most appropriate synonym of the given word.
Garnish
(a) Dwindle
(b) Tarnish
(c) Blemish
(d) Decorate

85. Select the most appropriate synonym of the given word.
Determined
(a) hesitant
(b) loathe
(c) faltering
(d) resolute

86. Select the most appropriate synonym of the given word.
Fallacy
(a) Error
(b) Veracity
(c) Evidence (d) Verify

87. Select the most appropriate antonym of the given word to fill in the blank.
Capricious
Share market prices have remained .... for weeks.
(a) fickle (b) stable
(c) mischievous (d) volatile

88. Select the most appropriate order of the segments in the options that will fill in the blanks and make a coherent paragraph.
Though Sheela loves watching horror movies,
....../....../....../......she rented another romantic today.
(a) she planned to try something different yesterday / so she rented the latest romantic / and to her surprise she enjoyed it very much / so much so that
(b) and to her surprise she enjoyed it very much /so much so that /so she rented the latest romantic /she planned to try something different yesterday
(c) so she rented the latest romantic / and to her surprise she enjoyed it very much / so much so that / she planned to try something different yesterday
(d) so much so that / and to her surprise she enjoyed it very much / she planned to try something different yesterday / so she rented the latest romantic

89. Parts of the following sentence have been given as options. Select the option that contains an error.
The police told the agitators to back in, else they would lathi-charge.
(a) lathi-charge
(b) else they would
(c) the agitators to back in
(d) The police told

90. Select the option that expresses the given sentence in active voice.
Data is being collected by the researcher.
(a) The researcher has collected data.
(b) The researcher is collecting data.
(c) The researcher has been collecting data.
(d) The researcher will be collecting data.

91. Select the most appropriate option to substitute the underlined segment in the given sentence.
His house <u>is smaller than you</u>.
(a) is smaller than yours
(b) is small as you
(c) is small than you
(d) is smaller than your

92. Parts of the following sentence have been given as options. Select the option that contains an error.
We took dinner in a Chinese restaurant and were amazed to see the interior of a restaurant.
(a) and were amazed to see
(b) the interior of a restaurant
(c) We took dinner
(d) in a Chinese restaurant

93. Select the incorrectly spelt word in the given sentence.
Fundamentels of every subject need to be learnt on priority basis.
(a) priority (b) basis
(c) Fundamentels (d) learnt

94. Out of the four sentences given, three have spelling errors. Identify the sentence that has no spelling error.
(a) What advice did he give to young entreprenuers?
(b) She tried to manoeuvre her trolley around people.
(c) The computer's software detected an anamoly caused by a virus.
(d) A clergyman read the litturgy from the prayer-book.

95. Select the option that can be used as a one-word substitute for the given phrase.
A person who is kept captive for fulfilment of demands of money or conditions.
(a) Hostage (b) Hermit
(c) Heretic (d) Introvert

Directions (Q.Nos. 96-100) *In the following passage, some words have been deleted. Read the passage carefully and select the most appropriate option to fill in each blank.*

When Ojeya Cruz Banks moved to Ohio from New Zealand ......(1)...... years ago, she was overwhelmed by the logistics of uprooting her life. But Cruz Banks, a Denison University professor and a single mom, who is also my neighbour and friend, was ......(2)...... to find a house next to a public elementary school. She assumed that she would be able to walk to pick up her daughter, a needed convenience given that she didn't yet have a car.
Unfortunately, when she went to register her daughter for kindergarten, she was met with an ......(3)...... surprise: The only ......(4)...... option was a half-day programme that would bus students to a day-care centre on the outskirts of the town for the afternoon. The district did offer a limited number of full-day slots, but those had all been claimed in a lottery earlier that spring and came with a tuition cost.
"I was like, 'Cost me? What? Public school costs money here?'" she told me. Many parents across the United States, like Cruz Banks, may assume that free, full-day kindergarten is a ......(5)...... part of the country's public education system. I was one

of them, until my youngest had to enter our district's lottery several months ago. When he was assigned to the half-day programme, I swung between alarm and frustration.

96. Select the most appropriate option to fill in blank number 1.
(a) several (b) particular
(c) enormous (d) immense

97. Select the most appropriate option to fill in blank number 2.
(a) distraught (b) dispassionate
(c) relieved (d) worried

98. Select the most appropriate option to fill in blank number 3.
(a) agreeable (b) unpleasant
(c) amusing (d) enjoyable

99. Select the most appropriate option to fill in blank number 4.
(a) futile (b) available
(c) nonviable (d) inaccessible

100. Select the most appropriate option to fill in blank number 5.
(a) disapproved (b) ceaseless
(c) inessential (d) required

उत्तरमाला

1.	(d)	2.	(d)	3.	(c)	4.	(d)
5.	(b)	6.	(c)	7.	(a)	8.	(c)
9.	(a)	10.	(d)	11.	(d)	12.	(d)
13.	(a)	14	(a)	15.	(b)	16.	(c)
17.	(a)	18.	(d)	19.	(b)	20.	(d)
21.	(a)	22.	(d)	23.	(b)	24.	(a)
25.	(c)	26.	(b)	27.	(d)	28.	(a)
29.	(d)	30.	(a)	31.	(c)	32.	(d)
33.	(b)	34.	(a)	35.	(a)	36.	(c)
37.	(a)	38.	(c)	39.	(a)	40.	(b)
41.	(d)	42.	(d)	43.	(b)	44.	(d)
45.	(c)	46.	(b)	47.	(d)	48.	(a)
49.	(b)	50.	(d)	51.	(b)	52.	(d)
53.	(c)	54.	(a)	55.	(b)	56.	(b)
57.	(a)	58.	(c)	59.	(a)	60.	(b)
61.	(c)	62.	(a)	63.	(d)	64.	(c)
65.	(b)	66.	(d)	67.	(c)	68.	(d)
69.	(c)	70.	(c)	71.	(b)	72.	(c)
73.	(a)	74.	(a)	75.	(b)	76.	(a)
77.	(c)	78.	(d)	79.	(c)	80.	(a)
81.	(a)	82.	(c)	83.	(a)	84.	(d)
85.	(d)	86.	(a)	87.	(b)	88.	(c)
89.	(c)	90.	(b)	91.	(a)	92.	(b)
93.	(c)	94.	(b)	95.	(a)	96.	(a)
97.	(c)	98.	(b)	99.	(b)	100.	(d)

व्याख्या

1. ***(d)*** जिस प्रकार,
$14:30 \Rightarrow 14 \times 2 + 2 = 28 + 2 = 30$
तथा $9:20 \Rightarrow 9 \times 2 + 2 = 18 + 2 = 20$
उसी प्रकार,
$4:10 \Rightarrow 4 \times 2 + 2 = 8 + 2 = \boxed{10}$

2. ***(d)*** जिस प्रकार,
$(17 \times 3) - 30 = 51 - 30 = 21$
तथा $(22 \times 3) - 30 = 66 - 30 = 36$
उसी प्रकार,
$(29 \times 3) - 30 = 87 - 30 = \boxed{57}$

3. ***(c)*** दी गई आकृति शृंखला में प्रत्येक अगली आकृति में दो बिन्दु के स्थान पर एक चिह्न (×) आकृति में आ जाता है।
अतः प्रश्नचिह्न के स्थान पर विकल्प आकृति (c) आएगी।

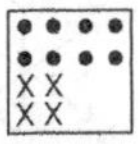

4. ***(d)*** दी गई शृंखला का क्रम निम्न प्रकार है,
B C E N B/B C E N B/B C E N B/B C E N B/B C
⇒ C B E N B

5. ***(b)*** दी गई आकृति का दर्पण प्रतिबिम्ब विकल्प (b) की आकृति है।

6. ***(c)*** प्रश्नानुसार,

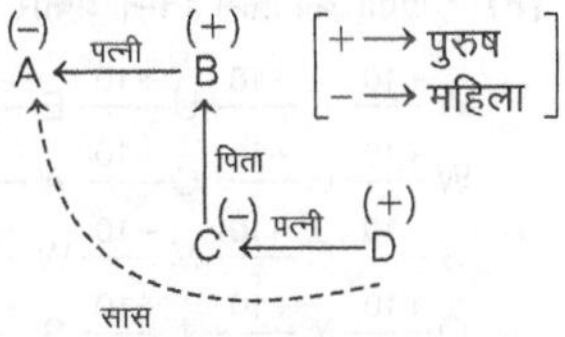

अतः A, D की सास है।

7. ***(a)*** जिस प्रकार,
R U C K
+2 +2 –2 –2
T W A I
तथा
D P H M
+2 +2 –2 –2
F R F K
उसी प्रकार, K N O M
+2 +2 –2 –2
M P M K

8. ***(c)*** ∵ दोनों पासों में संख्या III और 'V' उभयनिष्ठ फलक हैं।
∴ संख्या 'VI' के विपरीत फलक पर संख्या 'II' होगी।

9. ***(a)*** जिस प्रकार,

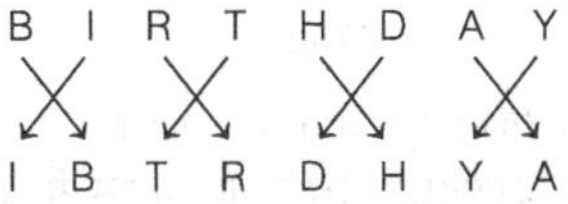

तथा

उसी प्रकार,

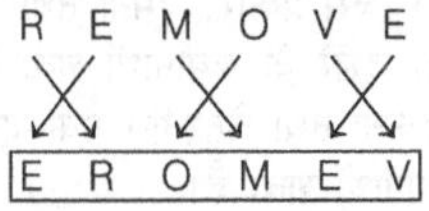

10. ***(d)*** ∵ दोनों पासों में संख्या 8 और 9 उभयनिष्ठ फलक हैं।
∴ संख्या 7 के विपरीत फलक पर संख्या 10 होगी।

11. ***(d)*** आकृति के बिन्दुओं का नामकरण करने पर,

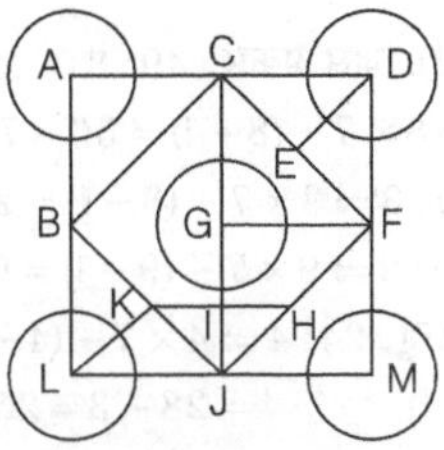

दी गई आकृति में त्रिभुज इस प्रकार हैं
ΔABC, ΔCED, ΔDEF, ΔCDF, ΔCGF, ΔGJF, ΔKIJ, ΔIJH, ΔKJH, ΔBKL, ΔKLJ, ΔBLJ, ΔCFJ, ΔBCJ, ΔJFM
अतः त्रिभुजों की कुल संख्या '15' है।

12. ***(d)*** दी गई आकृति शृंखला में प्रत्येक अगली आकृति में आकृति (∠) वामावर्त दिशा में अगले कोने में स्थानान्तरित हो जाती है तथा आकृति प्रतिबिम्ब के अनुसार परिवर्तित हो जाती है।
अतः प्रश्नचिह्न के स्थान पर विकल्प आकृति (d) आएगी।

13. ***(a)*** प्रश्नानुसार,
T O U G H — 8 9 2 5 1
G H O S T — 9 3 2 5 8

अतः S का कूट = 3

14. *(a)* $1205 \times 5 + 35 - 197 \div 18 = ?$
प्रश्नानुसार, चिह्नों को आपस में बदलने पर,
$1205 \div 5 - 35 + 197 \times 18 = ?$
$\Rightarrow \quad ? = 241 - 35 + 3546$
$\Rightarrow \quad ? = 3787 - 35$
$\therefore \quad ? = 3752$

15. *(b)* $20 + 10 \times 2 - 4 \div 5 = ?$
प्रश्नानुसार, चिह्नों को आपस में बदलने पर,
$20 - 10 \div 2 + 4 \times 5 = ?$
$\Rightarrow \quad ? = 20 - 5 + 20$
$\Rightarrow \quad ? = 40 - 5$
$\therefore \quad ? = 35$

16. *(c)* जिस प्रकार, घूमना तथा भ्रमण एक-दूसरे के समानार्थी शब्द हैं। उसी प्रकार, भटकना तथा बेतरतीब एक-दूसरे के समानार्थी शब्द हैं।

17. *(a)* प्रश्नानुसार,
मूल शब्द → K E Y B O A R D
वर्णमालानुसार → A B D E K O R Y
दूसरा
तीसरा

अत: O तथा R अक्षर के बीच दो अक्षर (P, Q) हैं।

18. *(d)* जिस प्रकार, 49 : 8
$\Rightarrow 8 \times 7 - (8 - 1) = 56 - 7 = 49$
$19 : 3 \Rightarrow 3 \times 7 - (3 - 1) = 21 - 2 = 19$
$55 : 9 \Rightarrow 9 \times 7 - (9 - 1) = 63 - 8 = 55$
परन्तु, $24 : 4 \Rightarrow 4 \times 7 - (4 - 1)$
$= 28 - 3 = 25 \neq 24$

19. *(b)* दी गई श्रृंखला का क्रम निम्न प्रकार है,

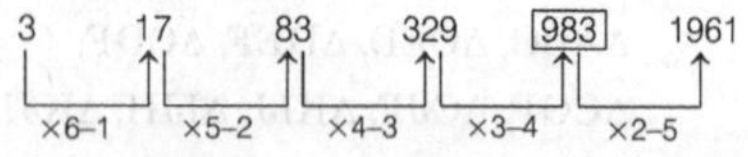

20. *(d)* विकल्प (d) प्रश्न आकृति का सही दर्पण प्रतिबिम्ब होगा

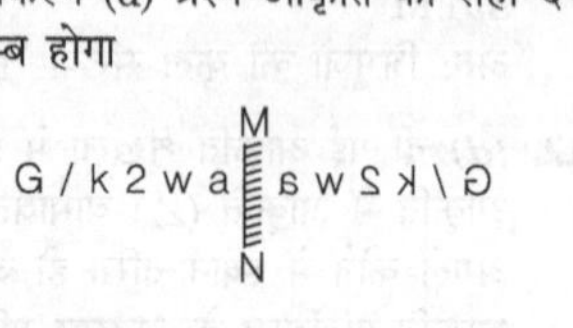

21. *(a)* जिस प्रकार,

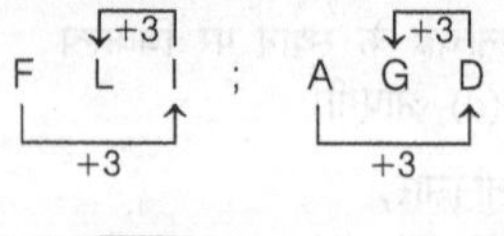

परन्तु,

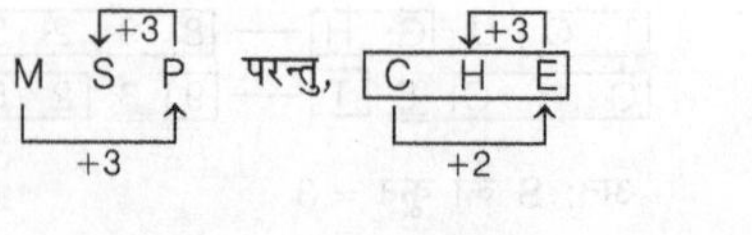

22. *(d)* कथनानुसार,

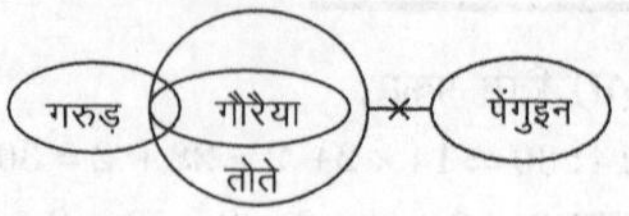

निष्कर्ष I. (✓) II. (✓)
अत: निष्कर्ष I और II दोनों अनुसरण करते हैं।

23. *(b)* जिस प्रकार,

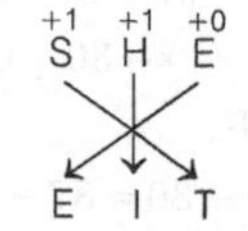

तथा

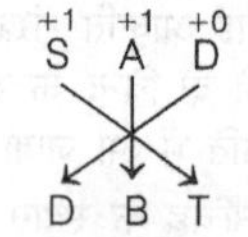

उसी प्रकार,

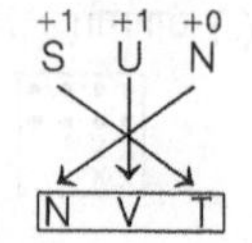

24. *(a)* जिस प्रकार,

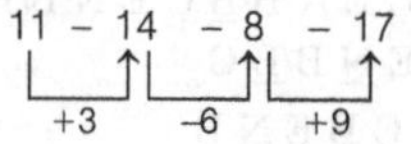

तथा

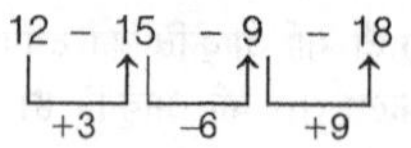

उसी प्रकार,

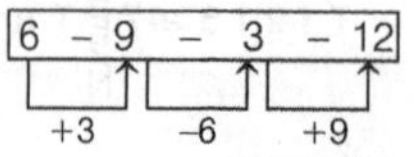

25. *(c)* श्रृंखला का क्रम निम्न प्रकार है,

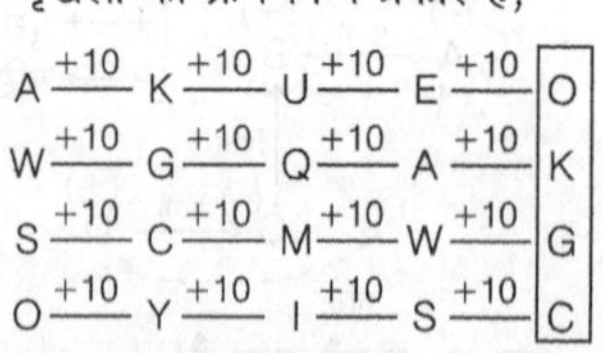

26. *(b)* तरुण भट्टाचार्य, जिन्हें वर्ष 2018 में संगीत नाटक अकादमी पुरस्कार से सम्मानित किया गया था, संगीत वाद्ययन्त्र **सन्तूर** को बजाने के लिए जाने जाते हैं।

- यह मैहर घराने से सम्बन्ध रखने वाले एकमात्र सन्तूर वादक हैं।
- इन्होंने सन्तूर में 'मंकस या फाइन ट्यूनर' का आविष्कार किया।
- सन्तूर बजाने की इनकी यह नवीन तकनीक कृंतन, एक हरातन तथा बोलतन जैसे वाद्ययन्त्रों में भी बजाने में सहायक है।
- इन्होंने युवावस्था में ही अपने पिता से रबी और जलतरंग के उस्ताद दुलाय राय से गिटार, पियानो, ऑर्गन, सितार और तबला सीखा था।

27. *(d)* 1450 ई. को पहली बार आविष्कृत पवन मापक यन्त्र का नाम **पवन वेगमापी** था।

- इसका उपयोग हवा की गति को मापने के लिए किया जाता है।
- यह मौसम केन्द्रों में उपयोग होने वाला उपकरण है।

28. *(a)* श्रम एवं रोजगार मन्त्रालय की रिपोर्ट के अनुसार वर्ष 2021-22 में महाराष्ट्र में बेरोजगारी दर **3.5%** थी।

- नवीनतम वार्षिक रिपोर्ट के अनुसार, 15 वर्ष और उससे अधिक आयु के व्यक्तियों के लिए सामान्य स्थितियों पर अनुमानित बेरोजगारी दर क्रमश: 2020-21, 2021-22 और 2022-23 के दौरान 4.2%, 4.1% और 3.2 थी।
- श्रम एवं रोजगार मन्त्रालय, बेरोजगारी के आँकड़े जारी करता है।

29. *(d)* जगदीश भगवती वर्ष 2021 में प्रथम प्रोफेसर सी. आर. राव शताब्दी स्वर्ण पदक पुरस्कार प्राप्त करने वालों में से एक थे।

- जगदीश भगवती एक भारतीय अर्थशास्त्री हैं।
- इन्होंने वर्ष 2001 में WTO के सलाहकार के रूप में तथा वर्ष 1991-93 तक व्यापार और शुल्क पर सामान्य करार की आर्थिक नीति सलाहकार के रूप में भी कार्य किया।

30. *(a)* वित्तीय वर्ष 2019 तक जानकारी के अनुसार, भारत में केरल राज्य का सड़क घनत्व सबसे अधिक (375 किमी) है।

- केरल, त्रिपुरा और असम राज्य सड़क घनत्व में शीर्ष स्थान पर है।
- भारत में सबसे कम सड़क घनत्व जम्मू व कश्मीर राज्य का (सिर्फ 10 किमी) है।
- प्रति 100 वर्ग किमी में उपलब्ध सड़क की लम्बाई को सड़क घनत्व कहते हैं।

31. *(c)* ब्रिटिश काल के भारतीय नेता खान **अब्दुल गफ्फार खान** द्वारा एक स्वैच्छिक संगठन **खुदाई खिदमतगार** वर्ष 1929 में स्थापित किया गया था।

- इस संगठन के सदस्य लाल कुर्ती पहनते थे।
- यह आन्दोलन विशुद्ध अहिंसक आन्दोलन था।

- गफ्फार खान को 'सीमान्त गाँधी' या 'सरहिन्द गाँधी' के नाम से भी जाना जाता था।
- खान अब्दुल गफ्फार खान ऐसे पहले विदेशी थे, जिन्हें भारत रत्न से सम्मानित किया गया था।

32. *(d)* उप-राष्ट्रपति को पद की शपथ **राष्ट्रपति** द्वारा दिलाई जाती है।

- भारतीय संविधान के अनुच्छेद 69 के अनुसार, राष्ट्रपति, उप-राष्ट्रपति को पद और गोपनीयता की शपथ दिलाता है।
- शपथ में भारत के संविधान के प्रति वफादार रहने और अपने पद के कर्त्तव्यों का ईमानदारी से पालन करने की प्रतिज्ञा शामिल है।
- वर्तमान में (2022 से अब तक) भारत के उप-राष्ट्रपति जगदीश धनखड़ हैं।

33. *(b)* स्वतन्त्रता के समय भारत के औद्योगिक विकास में मुख्य बाधा **उद्योगों में पूँजी निवेश** की थीं।

- उद्योगों में पूँजी निवेश का आशय किसी कम्पनी या उद्योग के व्यावसायिक उद्देश्यों को आगे बढ़ाने के लिए निवेश किए गए धन से है।
- यह निवेश वित्तीय परिसम्पत्तियों के रूप में किया जाता है।

34. *(a)* 13 अप्रैल, 1919 को अमृतसर (पंजाब) में जलियाँवाला बाग हत्याकाण्ड हुआ। इस घटना के कारण रवीन्द्रनाथ टैगोर ने अपनी पीड़ा व्यक्त करते हुए ब्रिटिश सरकार को 'नाइटहुड' की उपाधि लौटा दी थी।

- बैशाखी के दिन जलियाँवाला बाग में एक विशाल सभा का आयोजन डॉ. सत्यपाल व डॉ. किचलू की गिरफ्तारी के विराध में किया गया था।
- ब्रिगेडियर जनरल ओ. डायर ने सभा में उपस्थित (निहत्थी) भीड़ पर गोली चलवा दी, जिसमें हजारों लोग मारे गए।
- इसी घटना के विरोध में टैगोर ने अपनी उपाधि त्याग दी तथा वायसराय की कार्यकारिणी परिषद् के सदस्य सर शंकरन नायर ने अपने पद से इस्तीफा दे दिया।

35. *(a)* वर्धा, गोदावरी नदी की सहायक नदी है।

- यह नदी सतपुड़ा पर्वत से निकलती है, जो महाराष्ट्र के विदर्भ क्षेत्र की एक प्रमुख नदी है।
- वर्धा नदी, मध्य प्रदेश और महाराष्ट्र में बहती है
- गोदावरी नदी की सहायक नदियाँ-पेनगंगा, वर्धा, वेनगंगा, प्राणहिता, इन्द्रावती, प्रवरा, मांजरा और सबरी इत्यादि हैं।

36. *(c)* बैंक SHGs के व्यक्तिगत सदस्यों को ऋण प्रदान करते हैं, यह भारत में SHG बैंक लिंकेज प्रोग्राम का एक घटक है।

- स्वयं सहायता समूह (SHGs) भारत में गरीबी उन्मूलन और महिला सशक्तीकरण के लिए एक अहम कार्यक्रम है।
- इसे नाबार्ड ने वर्ष 1992-93 में शुरू किया गया था।

37. *(a)* नवरात्रि उत्सव देवी दुर्गा को समर्पित है।

- यह एक हिन्दू त्योहार है, जिसे एक वर्ष में दो बार चैत्र नवरात्रि (मार्च/अप्रैल) तथा शारदीय नवरात्रि (सितम्बर/अक्टूबर) के रूप में मनाया जाता है।
- इसमें पहले दिन माँ शैलपुत्री व अन्तिम दिन माँ सिद्धिदात्री की पूजा की जाती है।

38. *(c)* *क्लास्ट्रिडियम टेटनार्ड* नामक विष उत्पन्न करने वाले जीवाणु से होने वाले टिटनेस का दूसरा नाम **धनुस्तम्भ** है।

- यह छड़ के आकार का जीवाणु है, जो सामान्यत: 0.5 माइक्रोन चौड़ा और 2.5 माइक्रोन लम्बा होता है।
- यह ऑक्सीजन की उपस्थिति में नहीं बढ़ता है। इसे बढ़ने/फैलने के लिए 33-37°C का तापमान जरूरी होता है।

39. *(a)* तैमूरी परम्परा के अनुसार, हुमायूँ को अपने भाइयों के साथ सत्ता साझा करनी थी। हुमायूँ का दिल्ली, आगरा और मध्य भारत पर नियन्त्रण था, जबकि उसके भाई कामरान का नियन्त्रण **अफगानिस्तान और पंजाब** क्षेत्र पर था।

- हुमायूँ मुगल वंश के संस्थापक बाबर का बेटा था। उसने 1530-1556 ई. तक अफगानिस्तान, पाकिस्तान और भारत के उत्तर-पूर्वी हिस्से पर शासन किया था।
- हुमायूँ ने अपने पिता बाबर के आदेशानुसार, अपने साम्राज्य का विभाजन 4 भागों में किया, उसने कामरान को काबुल व कान्धार, अस्करी को सम्भल तथा हिन्दाल को मेवात की जागीर दी।
- हुमायूँ अपने साम्राज्य का बटँवारा करने वाला एकमात्र मुगल शासक था।

40. *(b)* **कुषाण** शासक कनिष्क शासन के दौरान आयोजित चतुर्थ बौद्ध संगीति में बौद्ध धर्म दो भागों हीनयान और महायान में विभाजित हो गया।

- चौथी बौद्ध संगीति का आयोजन कश्मीर के कुण्डलवन में 72 ईसवी में हुआ था।
- इस परिषद् के अध्यक्ष वसुमित्र थे, उनके प्रतिनिधि अश्वघोष थे।

41. *(d)* वर्ष 1993 में असंतृप्त यौगिकों में अभिकर्मकों को मिलाने पर परॉक्साइड प्रभाव देखने के लिए कार्बनिक रसायनज्ञ मॉरिस एस खराश और फ्रैंक आर मेयो जाने जाते हैं।

- परॉक्साइड प्रभाव में जब कोई अणु कार्बनिक पराक्साइड की मौजूदगी में असममित एल्कीन से जुड़ा होता है, तो अणु का ऋणात्मक आधा हिस्सा उस कार्बन परमाणु से जुड़ जाता है।
- इसमें अन्य असंतृप्त कार्बन परमाणुओं की तुलना में ज्यादा हाइड्रोजन परमाणु होते हैं।

42. *(d)* वर्ष 2016 में दिव्यांगजन अधिकार अधिनियम पारित किया गया था।

- इस अधिनियम को 27 दिसम्बर, 2016 को राष्ट्रपति की स्वीकृति मिली तथा यह अधिनियम 15 जून, 2017 से लागू है, इसने वर्ष 1995 के विकलांग व्यक्ति अधिनियम की जगह ली।
- इस अधिनियम का उद्देश्य दिव्यांग लोगों को समान अवसर और अधिकार देना है।
- इस अधिनियम में दिव्यांगता को 21 तरह की श्रेणियों में बाँटा गया है।

43. *(b)* पण्डित ओमकार नाथ ठाकुर, पण्डित **विष्णु दिगम्बर पलुस्कर** के शिष्य थे।

- पण्डित विष्णु दिगम्बर पलुस्कर एक हिन्दुस्तानी संगीतकार थे।
- इन्होंने संगीतांजलि खण्ड 1-6 तक की पुस्तक लिखी।
- ये अखिल भारतीय गन्धर्व महाविद्यालय मण्डल के संस्थापक थे।

44. *(d)* दुर्लभ और लुप्तप्राय प्रजातियों के व्यापार को निषेध बनाना, मौलिक कर्त्तव्य नहीं है।

- मौलिक कर्त्तव्य भारतीय संविधान के भाग IV-A में वर्णित है। यह एक नैतिक दायित्व है।
- इसे 42वें संविधान संशोधन अधिनियम 1976 द्वारा संविधान में जोड़ा गया है।
- मौलिक कर्त्तव्यों में भारत की सम्प्रभुता, एकता और अखण्डता को बनाए रखना तथा उसकी रक्षा करना; देश की सामाजिक सांस्कृति परम्परा को महत्त्व

देना और उसका परिरक्षण करना तथा सार्वजनिक सम्पत्ति की रक्षा करना और हिंसा से दूर रहना इत्यादि शामिल है।

45. *(c)* **अनुच्छेद** 75 के अनुसार, प्रधानमन्त्री को राष्ट्रपति द्वारा नियुक्त किया जाना चाहिए।

- इस अनुच्छेद के अनुसार, प्रधानमन्त्री की नियुक्ति राष्ट्रपति द्वारा की जाएगी और अन्य मन्त्रियों की नियुक्ति राष्ट्रपति द्वारा प्रधानमन्त्री की सलाह पर की जाएगी।
- **अनुच्छेद 62** राष्ट्रपति के पद की रिक्ति को भरने के लिए निर्वाचन का समय और रीतियाँ।
- **अनुच्छेद 71** राष्ट्रपति या उपराष्ट्रपति के निर्वाचन से सम्बन्धित विषय।
- **अनुच्छेद 66** उप-राष्ट्रपति का निर्वाचन से सम्बन्धित है।

46. *(b)* शास्त्रीय नर्तकियों में से **गीतांजलि लाल**, ओडिसी नृत्य से सम्बन्धित नहीं हैं।

- गीतांजलि लाल का सम्बन्ध कथक नृत्य से है।
- मायाधर राउत, कुमकुम मोहन्ती और किरण सहगल ओडिसी नृत्य की नृत्यागना हैं।
- ओडिसी, ओडिशा की एक शास्त्रीय नृत्य शैली है। यह नृत्य मन्दिरों में नृत्य करने वाली देवदासियों के नृत्य से बना है।
- इस नृत्य के संगीत में रागों और तालों का पालन किया जाता है।

47. *(d)* भारत ने अपना पहला व्यक्तिगत ओलम्पिक पदक **कुश्ती** खेल में जीता था।

- के. डी. जाधव स्वतन्त्र भारत के पहले व्यक्तिगत ओलम्पिक पदक विजेता थे। इन्होंने कुश्ती में वर्ष 1952 के हेलसिंकी (फिनलैण्ड) ओलम्पिक में कांस्य पदक जीता था।
- इन्हें वर्ष 2000 में मरणोपरान्त अर्जुन पुरस्कार से सम्मानित किया गया।

48. *(a)* **तितली** ऑर्थोपोडा संघ का उदाहरण है।

- ऑर्थोपोडा में जोड़ीदार पैर वाले जानवर आते हैं और इनका बाहरी कंकाल कठोर होता है। इनमें कीड़े, मकड़ियाँ, चीटियाँ, मधुमक्खियाँ, केकड़े, झींगें, आदि शामिल हैं।

49. *(b)* 2004, 2008 एवं 2012 में विजेन्दर सिंह ने 3 बार ओलम्पिक खेलों में भारत का प्रतिनिधित्व किया है।

- विजेन्दर सिंह एक भारतीय पेशेवर मुक्केबाज हैं।
- इन्होंने बीजिंग (चीन) में वर्ष 2008 के ओलम्पिक खेल में बॉक्सिंग में कांस्य पदक जीता था।
- ये ओलम्पिक में पदक जीतने वाले पहले भारतीय मुक्केबाज भी हैं।

50. *(d)* न्यूटन, ऊर्जा की इकाई नहीं है, जबकि अन्य किलोवाट घण्टा, कैलोरी और जूल, ऊर्जा की इकाई हैं।

- न्यूटन, बल की इकाई है। इसे N से प्रदर्शित किया जाता है।
- इसका नाम आइजैक न्यूटन के नाम पर रखा गया है।

51. *(b)* माना प्रारम्भिक टमाटर का मूल्य = ₹ 100

और प्रारम्भिक टमाटर की खपत = 100 किग्रा

$\therefore$ प्रारम्भिक टमाटर पर कुल खर्च

$= (100 \times 100) =$ ₹ 10000

वृद्धि के बाद टमाटर का मूल्य

$= 100 \times \frac{400}{100} =$ ₹ 400

कमी के बाद, टमाटर की खपत

$= 100 \times \frac{30}{100} = 30$ किग्रा

$\therefore$ टमाटर पर कुल खर्च

$= 400 \times 30 =$ ₹ 12000

अभीष्ट प्रतिशत

$= \frac{(12000 - 10000)}{10000} \times 100$

$= \frac{2000}{100} = 20\%$

स्पीडी विधि

$\because 300\% = \frac{3}{1} \uparrow$ तथा $70\% = \frac{7}{10} \downarrow$

	प्रारम्भिक	अन्तिम
मूल्य →	1	4
खपत →	10	3
खर्च →	10	12
		+2

अत: अभीष्ट प्रतिशत वृद्धि

$= \frac{2}{10} \times 100 = 20\%$

52. *(d)* R से वृत्त पर एक स्पर्श रेखा बिन्दु C पर खींचते हैं।

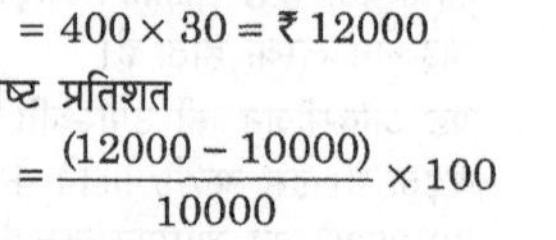

$\because \quad RC^2 = RA \times RB$

$\therefore \quad RC = \sqrt{7 \times 12} = 2\sqrt{21}$ सेमी

अब ΔORC में,

$OC = \sqrt{OR^2 - RC^2}$

$= \sqrt{18^2 - (2\sqrt{21})^2}$

$= \sqrt{324 - 84} = \sqrt{240}$

$= 4\sqrt{15}$ सेमी

अत: वृत्त की त्रिज्या $= 4\sqrt{15}$ सेमी

53. *(c)* $\sin A + \cos A = \sqrt{3}$

दोनों पक्षों का वर्ग करने पर,

$\sin^2 A + \cos^2 A + 2\sin A \cos A = 3$

$\Rightarrow 1 + 2\sin A \cdot \cos A = 3$

$\Rightarrow \quad 2\sin A \cdot \cos A = 2$

$\therefore \quad \sin A \cdot \cos A = 1 \quad \ldots(i)$

अब, $\tan A + \cot A + 2\sin A \cdot \cos A$

$= \frac{\sin A}{\cos A} + \frac{\cos A}{\sin A} + 2\sin A \cdot \cos A$

$= \frac{\sin^2 A + \cos^2 A + 2\sin^2 A \cos^2 A}{\sin A \cdot \cos A}$

(समी (i) से)

$= \frac{1 + 2 \times 1}{1} = 3$

54. *(a)* तालिका से, दोनों सत्रों की कुल बिक्री

$= (25 + 24 + 18 + 35 + 26 + 22) \times 1000 = 150000$

जून और जुलाई के महीनों की कुल बिक्री

$= (24 + 18) \times 1000 = 42000$

$\therefore$ अभीष्ट प्रतिशत $= \frac{42000}{150000} \times 100$

$= 28\%$

55. *(b)* माना घटाई जाने वाली संख्या $= K$

अब, $f(x) = x^3 - 4x^2 - 8x + 11 - K$

$x + 2$ से पूर्णत: विभाजित है।

$\therefore \quad x + 2 = 0 \Rightarrow x = -2$

तथा $\quad f(-2) = 0$

$\Rightarrow (-2)^3 - 4(-2)^2 - 8 \times (-2) + 11 - K = 0$

$\Rightarrow -8 - 16 + 16 + 11 - K = 0 \Rightarrow K = 3$

56. *(b)* $\sin x + \text{cosec} x = 2$

$\Rightarrow \quad \sin x + \frac{1}{\sin x} = 2$

$\Rightarrow \quad \sin^2 x + 1 = 2\sin x$

$\Rightarrow \sin^2 x + 1 - 2\sin x = 0$

$\Rightarrow \quad (\sin x - 1)^2 = 0$

$\Rightarrow \quad \sin x = 1$

$\therefore \quad x = 90°$

अब, $\sin^7 x + \text{cosec}^7 x$

$= \sin^7 90° + \text{cosec}^7 90° = 1 + 1 = 2$

57. *(a)* $OA = OB = 20$ सेमी

$AB = 32$ सेमी

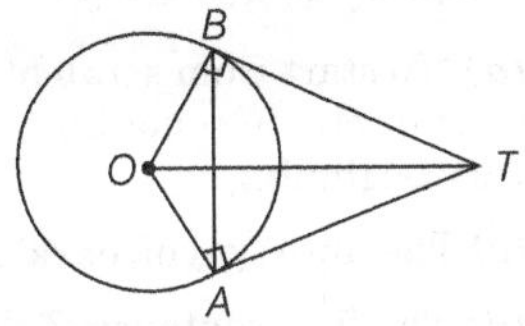

$\because$ चतुर्भुज $OATB$ एक पतंग है

$\therefore$ चतुर्भुज $OATB$ का क्षेत्रफल

$= \frac{1}{2} \times AB \times OT$

$= 2 \times \left(\frac{1}{2} \times OA \times AT\right)$

$\therefore 32 \times OT = 2 \times 20 \times AT$

$\frac{OT}{AT} = \frac{40}{32} = \frac{5}{4}$

माना $OT = 5x$ सेमी, $AT = 4x$ सेमी

ΔOAT में पाइथागोरस प्रमेय से,

$OT^2 = OA^2 + AT^2$

$\Rightarrow 25x^2 = 400 + 16x^2$

$\Rightarrow 9x^2 = 400 \Rightarrow 3x = 20$

$x = \frac{20}{3}$

$\therefore AT = 4 \times \frac{20}{3} = 26.67$ सेमी

58. *(c)* माना दोनों ट्रेन की चाल क्रमशः x मी/से तथा y मी/से है।

प्रश्नानुसार,

एक ही दिशा में चलने पर,

$\frac{150 + 250}{x - y} = 20 \Rightarrow \frac{400}{x - y} = 20$

$\Rightarrow \quad x - y = 20 \quad$ ...(i)

विपरीत दिशा में चलने पर,

$\frac{150 + 250}{x + y} = 5$

$x + y = 80 \quad$ ...(ii)

समी (i) और (ii) को जोड़ने पर,

$2x = 100$

$\therefore \quad x = 50$ मी/से

तथा $y = 30$ मी/से

पहली ट्रेन की चाल

$= 50 \times \frac{18}{5} = 180$ किमी/घण्टा

तथा दूसरी ट्रेन की चाल

$= 30 \times \frac{18}{5} = 108$ किमी/घण्टा

59. *(a)* समान्तर चतुर्भुज का क्षेत्रफल

= आधार × ऊँचाई

$= (26 \times 18) = 468$ सेमी^{2}

60. *(b)* दिया है,

हीरे की कीमत $\propto$ (हीरे का वजन)^2

माना हीरे का कुल वजन 10 किग्रा है।

$\therefore$ हीरे की कीमत = ₹ 100

हीरे के चार टुकड़ों के वजन का अनुपात

$= 4 : 3 : 2 : 1$

$\therefore$ हीरे के चार टुकड़ों का मूल्य का अनुपात

$= 16 : 9 : 4 : 1$

प्रश्नानुसार,

$100 - (16 + 9 + 4 + 1) \equiv 63000$

$\Rightarrow \quad 70 \equiv 63000$

$\therefore \quad 100 \equiv \frac{63000}{70} \times 100 =$ ₹ 90000

अत: हीरे का मूल्य = ₹ 90000

61. *(c)* सब्जियों का वास्तविक मूल्य

= ₹ 10 प्रति किग्रा

$\because$ 900 ग्राम सब्जी का विक्रय मूल्य = ₹7.2

$\therefore$ 1000 ग्राम सब्जी का विक्रय मूल्य

$= \frac{7.2}{900} \times 1000 =$ ₹ 8 किग्रा

$\therefore$ अभीष्ट प्रतिशत $= \frac{10 - 8}{10} \times 100 = 20\%$

62. *(a)* पर्स का अंकित मूल्य = ₹ 2250

$\therefore$ पर्स का विक्रय मूल्य

$= 2250 \times \frac{90}{100} \times \frac{80}{100} =$ ₹ 1620

63. *(d)* गुंजा द्वारा सभी चार विषयों में प्राप्त कुल अंक

$= (112 + 119 + 99 + 97) = 427$

$\therefore$ अभीष्ट प्रतिशत $= \frac{427}{4 \times 175} \times 100$

$= \frac{427}{700} \times 100 = 61\%$

64. *(c)* $3\sin^2\theta + 5\cos^2\theta = 4$

$\Rightarrow 3\sin^2\theta + 3\cos^2\theta + 2\cos^2\theta = 4$

$\Rightarrow 3(\sin^2\theta + \cos^2\theta) + 2\cos^2\theta = 4$

$\Rightarrow \quad 2\cos^2\theta = 4 - 3$

$\Rightarrow \quad 2\cos^2\theta = 1$

$\Rightarrow \quad \cos^2\theta = \frac{1}{2} \Rightarrow \cos\theta = \frac{1}{\sqrt{2}}$

$\Rightarrow \quad \cos\theta = \cos 45^\circ \quad (\because 0^\circ \le \theta < 90^\circ)$

$\Rightarrow \quad \theta = 45^\circ$

$\therefore \quad \tan\theta = \tan 45^\circ = 1$

65. *(b)* दिया है, त्रिभुज के तीन कोण क्रमशः P, Q और R हैं।

तथा $\quad P - Q = 20^\circ$

$\therefore \quad Q = P - 20^\circ \quad$ ...(i)

तथा $\quad Q - R = 26^\circ$

$\Rightarrow \quad R = Q - 26^\circ$

$\Rightarrow \quad R = P - 20^\circ - 26^\circ$ (समी (i) से)

$\therefore \quad R = P - 46^\circ \quad$ ...(ii)

हम जानते हैं

त्रिभुज के तीनों कोण की माप = 180°

$\Rightarrow P + Q + R = 180^\circ$

समी (i) तथा (ii) से,

$P + P - 20^\circ + P - 46^\circ = 180^\circ$

$\Rightarrow \quad 3P - 66^\circ = 180^\circ$

$\Rightarrow \quad 3P = 180^\circ + 66$

$\therefore \quad P = \frac{246}{3} = 82^\circ$

66. *(d)* माना कविता के पास कंचों की वास्तविक संख्या $= x$

$\therefore$ रवि के पास कंचों की वास्तविक संख्या

$= x - 12$

प्रश्नानुसार,

$3(x + 1) = 4(x - 12 + 1)$

$\Rightarrow \quad 3x + 3 = 4x - 44$

$\therefore \quad x = 47$

67. *(c)* $a + \frac{1}{a} = 7\sqrt{3}$

दोनों पक्षों का घन करने पर,

$\left(a + \frac{1}{a}\right)^3 = (7\sqrt{3})^3$

$\Rightarrow a^3 + \frac{1}{a^3} + 3 \cdot a \cdot \frac{1}{a}\left(a + \frac{1}{a}\right) = 1029\sqrt{3}$

$\Rightarrow a^3 + \frac{1}{a^3} + 21\sqrt{3} = 1029\sqrt{3}$

$\Rightarrow a^3 + \frac{1}{a^3} = 1029\sqrt{3} - 21\sqrt{3}$

$\Rightarrow a^3 + \frac{1}{a^3} = 1008\sqrt{3}$

अब, दोनों पक्षों का वर्ग करने पर,

$\left(a^3 + \frac{1}{a^3}\right)^2 = (1008\sqrt{3})^2$

$\Rightarrow a^6 + \frac{1}{a^6} + 2 = 3048192$

$\therefore (a^6 + a^{-6}) = 3048190$

68. *(d)* छात्र द्वारा प्राप्त किए गए औसत अंक

$$= \frac{98 + 97 + 93 + 94 + 92 + 93}{6}$$

$$= \frac{567}{6} = 94.5$$

69. *(c)* ΔZPO और ΔOXQ में,

$ZP = XQ$

$\angle ZPO = \angle XQO = 90°$

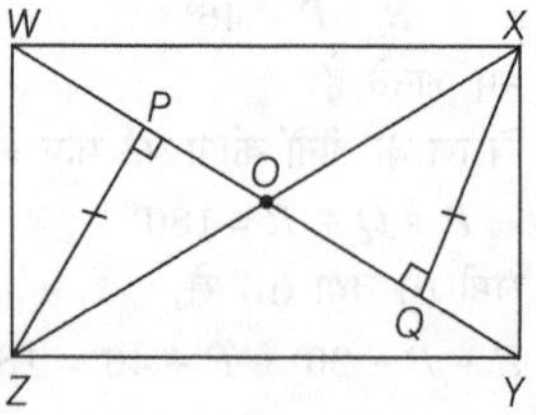

$\angle ZOP = \angle XOQ$ (शीर्षाभिमुख कोण)

$\therefore \Delta ZPO \cong \Delta XQO$ (AAS से,)

$\therefore ZO = OX = 12$ सेमी

$\therefore ZX = ZO + OX$

$= 12 + 12 = 24$ सेमी

70. *(c)* माना पिता, माता तथा पुत्र की आयु क्रमशः x, y और z वर्ष है।

प्रश्नानुसार,

$$x + y + z = 90 \quad \text{...(i)}$$

$$x - y = \frac{1}{3}z$$

$\Rightarrow \quad 3(x - y) - z = 0$

$\Rightarrow \quad 3x - 3y - z = 0 \quad$ ...(ii)

समी (i) × 3 + समी (ii) से,

$6x + 2z = 270 \quad$ ...(iii)

अब, 10 वर्ष बाद,

$$\frac{x + 10}{2} = z + 10$$

$\Rightarrow \quad x = 2z + 10 \quad$ ...(iv)

समी (iv) से x का मान समी (iii) में रखने पर,

$12z + 60 + 2z = 270$

$\Rightarrow \quad 14z = 210$

$$\therefore \quad z = \frac{210}{14} = 15$$

$x = 2 \times 15 + 10 = 40$

तथा $\quad y = 90 - (40 + 15)$

$= 90 - 55 = 35$ वर्ष

71. *(b)* $4\frac{1}{6} \div 25 \times 75 \div \frac{1}{5}$ का 125

$$= \frac{25}{6} \div 25 \times 75 \div 25$$

$$= \frac{25}{6} \times \frac{1}{25} \times 75 \times \frac{1}{25} = \frac{1}{2}$$

72. *(c)* माना अमन द्वारा योजना A में निवेश राशि = ₹x

$\therefore$ अमन द्वारा योजना B में निवेश राशि

= ₹ $4x$

प्रश्नानुसार,

$$\frac{x \times 5 \times 8}{100} + \frac{4x \times 5 \times 7}{100} = 1620$$

$$\Rightarrow \quad \frac{4x}{10} + \frac{14x}{10} = 1620$$

$\Rightarrow \quad 18x = 1620 \times 10$

$$\therefore \quad x = \frac{1620 \times 10}{18} = ₹\ 900$$

$\therefore$ योजना B में निवेश राशि

$= 4x = 4 \times 900$

= ₹ 3600

73. *(a)*

पाइप $X \rightarrow 9$ — 7 — टंकी की क्षमता 63

पाइप $Y \rightarrow 21$ — 3

दोनों पाइपों को एकान्तर घण्टे में खोलने पर, दोनों पाइप द्वारा 2 घण्टे में टंकी का भरा भाग = 7 + 3 = 10

$\therefore$ दोनों पाइप द्वारा 12 घण्टे में टंकी का भरा भाग $= 10 \times \frac{12}{2} = 60$

शेष भाग = 63 − 60 = 3

पाइप X द्वारा टंकी का शेष भाग भरने में लगा समय $= \frac{3}{7}$

$\therefore$ कुल समय $= 12\frac{3}{7}$ घण्टा

74. *(a)* छात्र C द्वारा प्राप्त कुल अंक

= 80 + 80 + 70 + 60 + 70 + 60

= 420

$\therefore$ अभीष्ट प्रतिशत

$$= \frac{420}{6 \times 100} \times 100 = 70\%$$

75. *(b)* माना महँगे गेहूँ का मूल्य = ₹x

सस्ते तथा महँगे गेहूँ का अनुपात

$$= \frac{15}{5} = 3:1$$

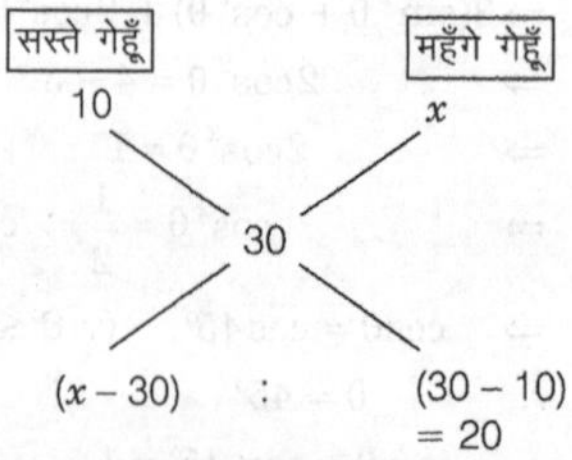

प्रश्नानुसार,

$$\frac{x - 30}{20} = \frac{3}{1}$$

$\Rightarrow \quad x - 30 = 60$

$\therefore \quad x = 90$

$\therefore$ महँगे गेहूँ का मूल्य = ₹ 90

76. *(a)* 'To start from scratch' means to start or create something from the very beginning.

77. *(c)* The antonym of 'dark' is 'bright'.

78. *(d)* The first sentence of the paragraph will be D as it introduces the main theme- House sparrows. The second sentence will be B which expands on their species. The third sentence will be C which states the idea of it being a common bird. The last sentence will be A which concludes it with 'however'. Thus, the correct order is DBCA.

79. *(c)* A **magician** is a person who performs magic to entertain people.

- **Alchemist** is someone who transforms things for the better.
- **Palmist** is a person who reads palms and suggested future.

80. *(a)* The underlined part of the sentence is incorrect in the context. Hence, replace it with 'cohesion and erode' to correct the sentence.

81. *(a)* **Desolate** means feeling or showing great unhappiness or loneliness. Hence, its antonym is 'Festive'.

- **Allusive** means using or containing suggestion rather than explicit mention.
- **Frugal** means someone who does not want to spend money.
- **Melancholic** means sad.

82. *(c)* The assigned task had been finished by the cashier on time.

- The sentence with the tense structure Subject+ had+ V2+ Object.
- When such a sentence is transformed into passive voice, the structure followed is- Had+ been + V2.

83. *(a)* A blessings in disguise refers to an apparent misfortune that eventually has good results.

84. *(d)* '**Garnish**' means to decorate.

- **Dwindle** means to cheat.
- **Tarnish** means to spoil something.
- **Blemish** means a flaw.

85. *(d)* 'Resolute' means determined.
- **Hesitant** means doubtful.
- **Loathe** means hate.
- **Faltering** means wavering or unstable.

86. *(a)* 'Fallacy' means a mistaken belief, especially one based on unsound arguments. Hence, its synonym is an 'error'.

87. *(b)* **Capricious** means given to sudden and unaccountable changes of mood or behaviour or unstable; fickle. Hence, its antonym is 'stable'.
- **Miscahievous** means naughty.
- **Volatile** means unstable.

88. *(c)* The correct filler for the given blank is- she planned to try something different yesterday / so she rented the latest romantic / and to her surprise she enjoyed it very much / so much so that.

89. *(c)* Part 'the agitators to back in' contains an error. The use of preposition 'in' is incorrect in the sentence. Use 'off' to correct the sentence.

90. *(b)* The researcher is collecting data.
- The sentence has the structure Object + is/are + being + the past participle form of the verb. When such a sentence is transformed into active voice, we use present continuous tense.

91. *(a)* The underlined part of the sentence is erroneous. The objective pronoun 'yours' should be used to correct the sentence.

92. *(b)* Part 'the interior of a restaurant' contains an error. The use of article 'a' is incorrect. Hence, use 'the' as the restaurant is already being referred to.

93. *(c)* The incorrectly spelt word in the sentence is 'fundamentels'. The correct spelling is 'fundamentals'.

94. *(b)* The sentence with no spelling error is- She tried to manoeuvre her trolley around people.

95. *(a)* **Hostage** is a person who is kept captive for fulfillment of demands of money or conditions.
- **Hermit** is a person living in solitude as a religious discipline.
- **Heretic** is a person believing in or practising religious heresy.
- **Introvert** is a shy person.

96. *(a)* The correct filler for the given blank is 'several'.

97. *(c)* The correct filler for the given blank is 'relieved'.

98. *(b)* The correct filler for the given blank is 'unpleasant'.

99. *(b)* The correct filler for the given blank is 'available'.

100. *(d)* The correct filler for the given blank is 'required'.

सेट 23 19 सितम्बर, 2024 (द्वितीय पाली)

SSC CGL Tier-I सॉल्वड पेपर

निर्देश

1. इस सेट में कुल 100 प्रश्न हैं।
2. इस सेट में चार भाग हैं, भाग-I सामान्य बुद्धि एवं तर्कशक्ति, भाग-II सामान्य जागरुकता, भाग-III संख्यात्मक अभियोग्यता और भाग-IV अंग्रेजी भाषा।
3. प्रत्येक प्रश्न 2 अंक का है।

भाग I
सामान्य बुद्धि एवं तर्कशक्ति

1. दी गई शीट को दर्शाई गई रेखाओं के अनुदिश मोड़कर एक घन का निर्माण किया जाता है। इस प्रकार बनने वाले घन में, 'Ball' के विपरीत फलक पर कौन-सा शब्द होगा?

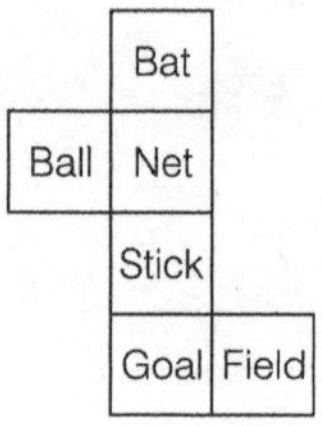

(a) Bat (b) Goal
(c) Field (d) Stick

2. दिए गए विकल्पों में से उस आकृति का चयन कीजिए जो निम्नलिखित श्रृंखला में प्रश्नचिह्न (?) को प्रतिस्थापित कर सकती है।

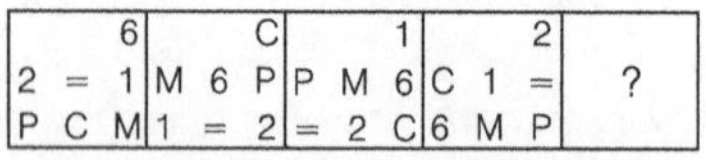

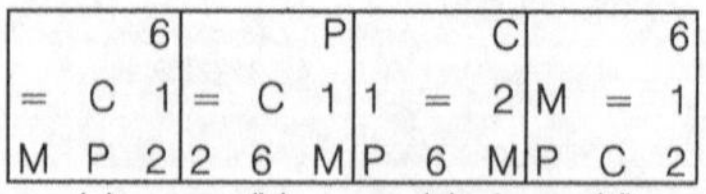

(a) (b) (c) (d)

3. एक निश्चित तर्क का अनुसरण करते हुए 97 का सम्बन्ध 49 से है। उसी तर्क का अनुसरण करते हुए, 115 का सम्बन्ध 58 से है। उसी तर्क का अनुसरण करते हुए, 133 का सम्बन्ध निम्नलिखित में से किससे है?

(**नोट** संख्याओं को उनके घटक अंकों में विभक्त किए बिना पूर्ण संख्याओं पर संक्रियाएँ की जानी चाहिए। उदाहरण के लिए 13 को लें- 13 पर संक्रियाएँ, जैसे कि जोड़ना/घटाना/गुणा करना आदि 13 में की जा सकती हैं। 13 को 1 और 3 में विभक्त करना और फिर 1 और 3 पर गणितीय संक्रियाएँ करने की अनुमति नहीं है।)

(a) 82 (b) 89
(c) 64 (d) 67

4. निम्नलिखित में से कौन-सा पद दी गई श्रृंखला में प्रश्नचिह्न (?) को प्रतिस्थापित करेगा?

ABNI, DAQH, ?, JYWF

(a) GTZG (b) GZTG
(c) TGZG (d) CAYG

5. अंग्रेजी वर्णमाला-क्रम के आधार पर 'NQRP' एक निश्चित तरीके से 'RUVT' से सम्बन्धित है। उसी तरह 'DGLF' का सम्बन्ध 'HKPJ' से है। उसी तर्क के अनुसार 'KCUM' का सम्बन्ध निम्नलिखित में से किससे है?

(a) OHZQ (b) PGZR
(c) PHYR (d) OGYQ

6. एक पासे के विभिन्न फलकों पर छ: अक्षर X, T, S, M, R और O लिखे गए हैं। इस पासे की दो स्थितियाँ नीचे चित्र में दर्शाई गई हैं। R के विपरीत वाले फलक पर आने वाला अक्षर ज्ञात कीजिए।

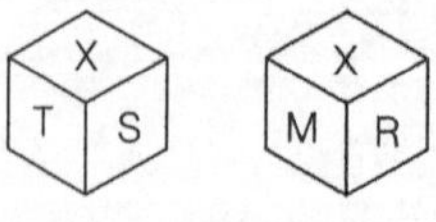

(a) S (b) M (c) O (d) T

7. दी गई आकृति में कितने अर्द्धवृत्त हैं?

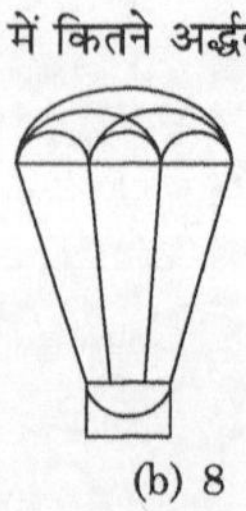

(a) 7 (b) 8
(c) 5 (d) 6

8. एक निश्चित कूटभाषा में, 'toys are gadgets' को 'dj sq ty' के रूप में कूटबद्ध किया जाता है और 'gadgets are machines' को 'mp ty dj' के रूप में कूटबद्ध किया जाता है। उस भाषा में 'gadgets' के लिए सम्भावित कूट क्या है?

(a) sq
(b) dj
(c) या तो 'ty' या 'dj'
(d) या तो 'ty' या 'mp'

9. चार अक्षर समूह दिए गए हैं, जिनमें से तीन किसी न किसी रूप में एकसमान हैं। उस असमान विकल्प को चुनिए।

(**नोट** अक्षर समूह में असमान विकल्प व्यंजनों/स्वरों की संख्या या उनकी स्थिति पर आधारित नहीं है।)

(a) XYW
(b) HGI
(c) TSU
(d) LKM

10. नीचे दी गई आकृतियों में कागज के एक टुकड़े को मोड़ने का क्रम और मुड़े हुए कागज को काटने का तरीका दर्शाया गया है। कागज खुलने पर यह कैसा दिखेगा?

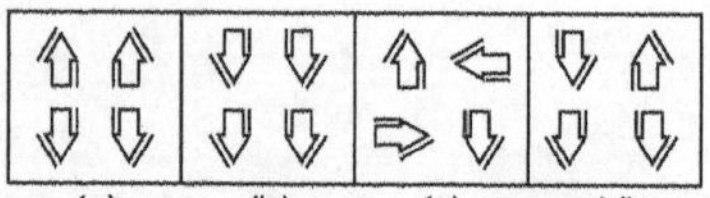

(a) (b) (c) (d)

11. दिए गए संख्या-युग्मों में दूसरी संख्या, पहली संख्या पर कुछ गणितीय संक्रियाएँ करके प्राप्त की गई है। एक को छोड़कर सभी संख्या-युग्मों में समान संक्रियाएँ की गई हैं। वह असंगत संख्या-युग्म ज्ञात कीजिए।

(**नोट** संख्याओं को उसके घटक अंकों में विभाजित किए बिना सम्बन्ध ज्ञात किया जाना चाहिए)

(a) 1521 : 1600 (b) 1156 : 1225
(c) 1764 : 1849 (d) 784 : 961

12. एक निश्चित कूटभाषा में, 'MAIN' को 'OHBL' लिखा जाता है और 'MAIL' को 'MHBL' लिखा जाता है। इसी कूटभाषा में 'MANY' को किस प्रकार लिखा जाएगा?

(a) ZLMB (b) ZBLM
(c) ZMLB (d) ZMBL

13. एक निश्चित तर्क का अनुसरण करते हुए, 13 का सम्बन्ध 119 से है। उसी तर्क का अनुसरण करते हुए, 9 का सम्बन्ध 31 से है। उसी तर्क का अनुसरण करते हुए, 8 का सम्बन्ध निम्नलिखित में से किससे है?

(**नोट** संख्याओं को उनके घटक अंकों में विभक्त किए बिना पूर्ण संख्याओं पर संक्रियाएँ की जानी चाहिए। उदाहरण के लिए 13 को लें 13 पर संक्रियाएँ, जैसे कि जोड़ना/घटाना/गुणा करना आदि 13 में की जा सकती हैं। 13 को 1 और 3 में विभक्त करना और फिर 1 और 3 पर गणितीय संक्रियाएँ करने की अनुमति नहीं है।)

(a) 14 (b) 27 (c) 10 (d) 24

14. उस विकल्प का चयन कीजिए जिसमें संख्याएँ वही सम्बन्ध साझा करती हैं जो सम्बन्ध संख्याओं के दिए गए युग्म द्वारा साझा किया गया है।

(**नोट** संख्याओं को उनके घटक अंकों में तोड़े बिना, पूर्ण संख्याओं पर संक्रियाएँ की जानी चाहिए। उदाहरण के लिए 13 को लें— 13 पर संक्रियाएँ, जैसे 13 में जोड़ना/घटाना/गुणा करना आदि की जा सकती हैं। 13 को 1 और 3 में तोड़ने और फिर 1 और 3 पर गणितीय संक्रियाएँ करने की अनुमति नहीं है)

13 : 55
23 : 105

(a) 7 : 26 (b) 29 : 113
(c) 31 : 145 (d) 11 : 51

15. उस शब्द-युग्म का चयन करें, जो नीचे दिए गए शब्दों के युग्म में व्यक्त किए गए सम्बन्ध के समान सम्बन्धों का सबसे बेहतर ढंग से प्रतिनिधित्व करता है।

(शब्दों को अर्थपूर्ण हिन्दी शब्द माना जाना चाहिए और शब्द में अक्षरों की संख्या व्यंजनों/स्वरों की संख्या के आधार पर एक दूसरे से सम्बन्धित नहीं होना चाहिए)

न्यूजीलैण्ड : वेलिंगटन

(a) इथियोपिया : अदीस अबाबा
(b) मिस्र : ट्यूनिस
(c) दक्षिण कोरिया : सुवन सी
(d) चीन : हाँगकाँग

16. जब दर्पण को MN पर रखा जाता है, तो दी गई आकृति के सही दर्पण प्रतिबिम्ब का चयन कीजिए।

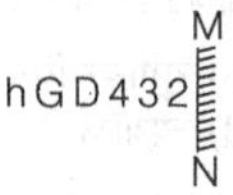

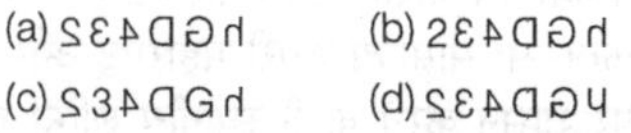

17. शब्द 'ISOLATED' में प्रत्येक स्वर को अंग्रेजी वर्णानुक्रम में उत्तरवर्ती अक्षर से बदल दिया गया है और प्रत्येक व्यंजन को अंग्रेजी वर्णानुक्रम में पूर्ववर्ती अक्षर से बदल दिया गया है। इस प्रकार बने अक्षरों के समूह में बाएँ से तीसरे और बाएँ से दूसरे अक्षर के बीच अंग्रेजी वर्णानुक्रम में कितने अक्षर होते हैं?

(a) दो (b) चार
(c) तीन (d) एक

18. उस विकल्प का चयन कीजिए जो उन अक्षरों को प्रदर्शित करता है जिन्हें नीचे दिए गए रिक्त स्थानों में बाएँ से दाएँ क्रमिक रूप से रखने पर अक्षर श्रृंखला पूर्ण हो जाएगी।

_ B _ _ _ AL _ _ L _ _

(a) BBALLBAA (b) BLABBALL
(c) LALBBABA (d) LBAALLBA

19. उन गणितीय चिह्नों के सही संयोजन का चयन करें, जिन्हें नीचे दिए गए रिक्त स्थानों में क्रमिक रूप से बाएँ से दाएँ रखने पर दिया गया समीकरण संतुलित हो जाएगा।

8_27_9_6_5_ = 0

(a) +, ÷,−,− (b) ÷,+,−,+
(c) −,÷,+,+ (d) −,+,÷,+

20. एक निश्चित कूटभाषा में,

'A ! B' का अर्थ है कि 'A, B का पिता है',
'A & B' का अर्थ है कि 'A, B का भाई है',
'A * B' का अर्थ है कि 'A, B की पत्नी है',
'A # B' का अर्थ है कि 'A, B का पुत्री है',

निम्नलिखित में से किसका अर्थ यह है कि S, M की देवरानी/जेठानी है?

(a) S & F * J ! I # M
(b) S & F ! J * I # M
(c) S * F & J ! I # M
(d) S & F # J ! I * M

21. इस प्रश्न में तीन कथन दिए गए हैं, जिसके बाद दो निष्कर्ष I और II दिए गए हैं। कथनों को सत्य मानते हुए, भले ही वे सामान्य रूप से ज्ञात तथ्यों से भिन्न प्रतीत होते हों, यह निर्णय लीजिए कि कौन-सा/से निष्कर्ष कथनों का तार्किक रूप से अनुसरण करता है/करते हैं।

कथन

सभी शिक्षक, नर्तक हैं।
सभी नर्तक, इंजीनियर हैं।
कुछ इंजीनियर, सुन्दर हैं।

निष्कर्ष

I. सभी शिक्षक, सुन्दर हैं।
II. कुछ नर्तक, सुन्दर हैं।

(a) केवल निष्कर्ष I अनुसरण करता है
(b) निष्कर्ष I और II दोनों अनुसरण करते हैं
(c) केवल निष्कर्ष II अनुसरण करता है
(d) न तो निष्कर्ष I और न ही II अनुसरण करता है।

22. एक निश्चित कूट में, 'it is raining' को 'dy po ko' के रूप में कूटबद्ध किया जाता है, 'is raining now' को 'po jo ko' के रूप में कूटबद्ध किया जाता है और 'is now it' को 'po jo dy' के रूप में कूटबद्ध किया जाता है।

सभी कूट केवल दो अक्षर वाले कूट हैं। 'raining' के लिए कूट क्या है?

(a) dy (b) po
(c) ko (d) jo

23. विकल्पों में दिए गए उस चित्र की पहचान कीजिए, जिसे प्रश्नचिह्न (?) के स्थान पर रखने पर श्रृंखला तार्किक रूप से पूर्ण हो जाएगी?

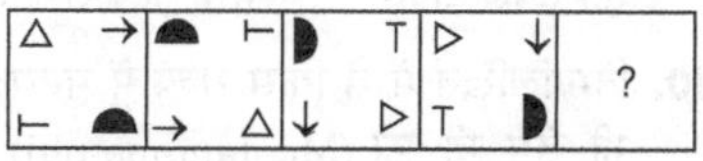

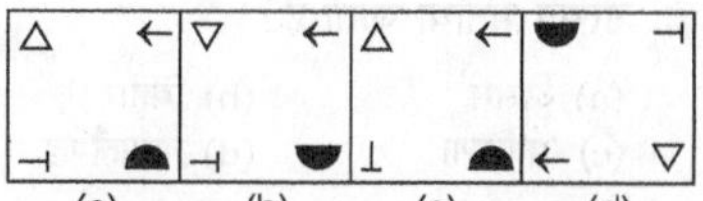

(a) (b) (c) (d)

24. दिए गए विकल्पों में से उस संख्या का चयन कीजिए, जो निम्नलिखित श्रृंखला में प्रश्नचिह्न (?) को प्रतिस्थापित कर सकता है।

625, 382, 301, 274, 265, ?

(a) 248
(b) 260
(c) 258
(d) 262

25. यदि '+' और '×' को आपस में बदल दिया जाए और '–' और '÷' को आपस में बदल दिया जाए, तो निम्नलिखित समीकरण में प्रश्नचिह्न (?) के स्थान पर क्या आएगा?

$16 - 2 \times 42 + 13 \div 12 = ?$

(a) 560 (b) 950
(c) 542 (d) 762

भाग II
सामान्य जागरुकता

26. लूनी नदी किस राज्य-समूह में बहती है?
(a) महाराष्ट्र और कर्नाटक
(b) आन्ध्र प्रदेश और तेलंगाना
(c) राजस्थान और गुजरात
(d) बिहार और पश्चिम बंगाल

27. निम्नलिखित में से कौन-सा, प्रोकैरियोटिक कोशिकाओं का उदाहरण है?
(a) प्लाज्मोडियम (b) यीस्ट
(c) बैक्टीरिया (d) लीशमैनिया

28. निम्न में से कौन-सा दस्तावेज़ भारत में सार्वजनिक एवं निजी उद्योगों की स्थापना के लिए एक रूपरेखा, नियम और विनियम प्रदान करता है?
(a) कम्पनी का वित्तीय विवरण
(b) व्यापार संघ की वार्षिक रिपोर्ट
(c) केन्द्रीय बजट
(d) औद्योगिक नीति

29. एग्रीकल्चरल शॉट (Agricultural shot) शब्द का प्रयोग निम्नलिखित में से किस खेल में किया जाता है?
(a) लॉन टेनिस (b) क्रिकेट
(c) टेबल टेनिस (d) फुटबॉल

30. निम्नलिखित में से किस राज्य में मुख्यत: मी-डैम-मी-फी (Me-dam-me-phi) उत्सव मनाया जाता है?
(a) असम (b) बिहार
(c) ओडिशा (d) नागालैण्ड

31. निम्नलिखित में से किस वर्ष में वी.डी. सावरकर को अंग्रेजों द्वारा अण्डमान जेल भेजा गया था?
(a) 1910 (b) 1923
(c) 1922 (d) 1911

32. निम्नलिखित में से पारिस्थितिक दक्षता की सबसे अच्छी परिभाषा कौन-सी है?
(a) खाद्य शृंखला में विभिन्न बिन्दुओं पर ऊर्जा प्रवाह के बीच का अनुपात
(b) खाद्य शृंखला में विभिन्न पोषी स्तरों पर संचित ऊर्जा की मात्रा
(c) खाद्य शृंखला में विभिन्न पोषी स्तरों पर द्रव्यमान और ऊर्जा प्रवाह के बीच का अनुपात
(d) खाद्य शृंखला में विभिन्न पोषी स्तरों पर उपयोग की जाने वाली ऊर्जा की मात्रा

33. गुटनिरपेक्ष आन्दोलन का पहला आधिकारिक शिखर सम्मेलन कहाँ आयोजित किया गया था?
(a) भारत (b) यूगोस्लाविया
(c) मिस्र (d) न्यूयॉर्क

34. प्रायद्वीपीय भारत में, निम्नलिखित में से कौन-सा साम्राज्य उत्तरी महाराष्ट्र और विदर्भ पर शासन करने वाली स्थानीय शक्ति थी?
(a) वाकाटक (b) चालुक्य
(c) मौखरि (d) मैत्रक

35. एक ही दिन के दौरान होने वाले उच्च वायु तापमान और निम्न वायु तापमान के बीच के अन्तर को .... तापमान कहा जाता है।
(a) ड्यूरियन (b) वार्षिक
(c) आर्द्र बल्ब (d) दैनिक

36. मुलायम सिंह यादव, जिनका अक्टूबर, 2022 में निधन हो गया, किस राज्य के मुख्यमन्त्री थे?
(a) उत्तर प्रदेश (b) गुजरात
(c) मध्य प्रदेश (d) बिहार

37. पण्डवानी गायिका उषा बारले को वर्ष 2023 में भारत सरकार द्वारा निम्नलिखित में से किस पुरस्कार से सम्मानित किया गया?
(a) पद्म भूषण (b) पद्म विभूषण
(c) पद्मश्री (d) भारत रत्न

38. भारतीय संविधान के भाग XI में अनुच्छेद 245 से 255 .... से सम्बन्धित है।
(a) केन्द्र और राज्यों के बीच वित्तीय सम्बन्ध
(b) अधिकरण
(c) आपातकालीन प्रावधान
(d) केन्द्र और राज्यों के बीच विधायी सम्बन्ध

39. गन्धर्व महाविद्यालय, जिसकी स्थापना पण्डित विनय चन्द्र मौग्दल्य ने की थी .... में स्थित है।
(a) कोलकाता (b) पुणे
(c) मुम्बई (d) नई दिल्ली

40. निम्नलिखत में से कौन-सा संयुक्त क्षेत्र उद्योग का एक उदाहरण है?
(a) ऑयल इण्डिया लिमिटेड
(b) स्टील अथॉरिटी ऑफ इण्डिया लिमिटेड
(c) भारत हैवी इलेक्ट्रिकल लिमिटेड
(d) टाटा आयरन एण्ड स्टील कम्पनी

41. शतरंज में, निम्नलिखित में से कौन केवल अपने ठीक सामने वाले खाली खाने में ही आगे बढ़ सकता है?
(a) ऊँट (b) प्यादा
(c) हाथी (d) वजीर/रानी

42. किस राज्य के मुख्यमन्त्री ने वर्ष 2022 में 'कौशल्या मातृत्व योजना' शुरू की है, जो सुरक्षित मातृत्व के लिए दूसरी लड़की को जन्म देने वाली महिलाओं को ₹ 5,000 की वित्तीय सहायता प्रदान करती है?
(a) गुजरात (b) छत्तीसगढ़
(c) उत्तर प्रदेश (d) राजस्थान

43. राष्ट्रीय करियर सेवा और माइक्रोसॉफ्ट इण्डिया द्वारा डिजिटल कौशल के माध्यम से रोजगार के लिए संयुक्त डिजिटल कौशल पहल कौन-सी है?
(a) स्वयं (b) विद्यादान
(c) डिजी सक्षम (d) शिक्षा वाणी

44. वर्ष 2023-24 के लिए वित्त मन्त्रालय का विनिवेश लक्ष्य क्या था?
(a) ₹ 53,000 करोड़
(b) ₹ 50,000 करोड़
(c) ₹ 54,000 करोड़
(d) ₹ 51,000 करोड़

45. तापमान में 10° की वृद्धि के साथ एक रासायनिक अभिक्रिया के लिए, दर स्थिरांक लगभग ...... हो जाता है।
(a) तीन गुना (b) दोगुना
(c) आधा (d) एक-चौथाई

46. निम्नलिखित में से किस आयोग/समिति ने कुछ मौलिक कर्त्तव्यों के कार्यान्वयन के लिए कानूनी प्रावधानों के अस्तित्व की पहचान की?
(a) सरकारिया आयोग
(b) वसन्तराव नाइक समिति
(c) राजमन्नार आयोग
(d) न्यायमूर्ति वर्मा समिति

47. मेण्डलीफ के अनुमान के अनुसार, एल्युमीनियम का परमाणु द्रव्यमान कितना है?
(a) 68 (b) 44 (c) 100 (d) 72

48. कौन-से भारतीय संगीतकार और सितार वादक नेशनल ऑर्केस्ट्रा ऑफ इण्डिया के संस्थापक है/थे?
(a) किशन, महाराज
(b) अय्यागारि श्यामसुन्दरम
(c) शाहिद परवेज खान
(d) रविशंकर

49. 10वीं शताब्दी में भारत में महारानी दिद्दा उत्तर भारत के निम्नलिखित में से किस क्षेत्र की शासिका बनीं?

(a) कन्नौज (b) कश्मीर
(c) मालवा (d) दिल्ली

50. निम्नलिखित में से क्या उन लोगों के लिए छोटे ऋण का प्रावधान करता है, जिनकी वित्तीय सेवाओं तक कोई अन्य पहुँच नहीं होती है?

(a) सूक्ष्म वित्त
(b) गृह ऋण
(c) सूक्ष्म ऋण
(d) प्रधानमन्त्री आवास योजना

भाग III
संख्यात्मक अभियोग्यता

51. एक बल्लेबाज का बीस मैचों में औसत स्कोर 15 है और पच्चीस अन्य मैचों में औसत स्कोर 24 है। सभी पैंतालीस मैचों में औसत स्कोर ज्ञात कीजिए।

(a) 22 (b) 19.5
(c) 20 (d) 21

52. निम्नलिखित बार ग्राफ दिए गए वर्षों में एक कम्पनी द्वारा की गई बिक्री (₹ करोड़ में) को दर्शाता है। ग्राफ का अध्ययन करें और प्रश्न का उत्तर दे।

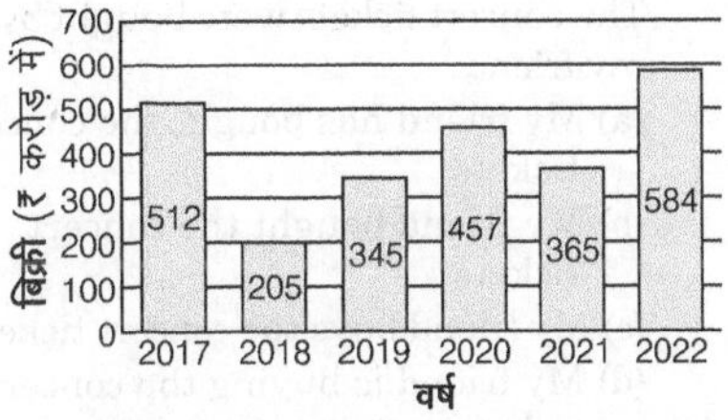

अधिकतम और न्यूनतम बिक्री का माध्य (₹ करोड़ में) कितना है?

(a) 412.3 (b) 394.5
(c) 484.2 (d) 326.7

53. A और B एक काम को क्रमशः 12 दिन और 16 दिन में कर सकते हैं। यदि वे 6 दिन तक एक साथ काम करते हैं, तो कितना भाग काम का शेष रहेगा?

(a) $\frac{1}{8}$ (b) $\frac{5}{7}$ (c) $\frac{7}{8}$ (d) $\frac{1}{7}$

54. एक चोर को एक पुलिसकर्मी 200 मी की दूरी से देखता है। जैसे ही पुलिस कर्मी पीछा करना शुरू करता है, तो चोर भी भागने लगता है। यदि चोर की चाल 9 किमी/घण्टा हो और पुलिसकर्मी की चाल 10 किमी/घण्टा हो, तो चोर पकड़े जाने से पहले कितनी दूर भागेगा?

(a) 1.2 किमी (b) 1.8 किमी
(c) 1.6 किमी (d) 1.4 किमी

55. $(2\sin\theta + 3\cos\theta)$ का अधिकतम मान ज्ञात कीजिए।

(a) 9 (b) $\sqrt{13}$
(c) $\sqrt{17}$ (d) $\sqrt{11}$

56. दिया गया पाई-चार्ट शैक्षणिक वर्ष 2022-23 में एक स्कूल की विभिन्न कक्षाओं में प्रवेश पाने वाले विद्यार्थियों की संख्या को दर्शाता है।

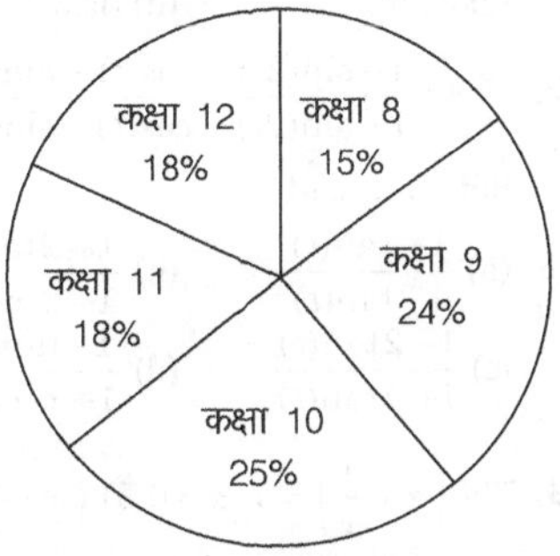

यदि कक्षा 8 में 600 विद्यार्थियों को प्रवेश दिया गया तो कक्षा 12 की तुलना में कक्षा 10 में कितने विद्यार्थी अधिक है?

(a) 295 (b) 280
(c) 240 (d) 298

57. दिए गए दण्ड आलेख का अध्ययन कीजिए और निम्नलिखित प्रश्न का उत्तर दीजिए।

नीचे दिए गए दण्ड आलेख में एक डिपार्टमेण्टल स्टोर के वर्ष 1997 से 2000 तक के तिमाही लाभ (लाख में) को दिखाया गया है।

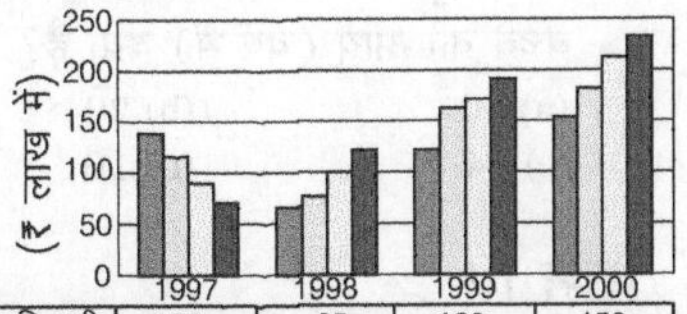

	1997	1998	1999	2000
पहला तिमाही	135	65	120	150
दूसरा तिमाही	115	75	160	180
तीसरा तिमाही	90	100	170	210
चौथा तिमाही	70	120	190	230

वर्ष 1997 से 2000 तक डिपार्टमेण्टल स्टोर के वार्षिक लाभ में कितने प्रतिशत की वृद्धि हुई?

(a) $83\frac{33}{41}\%$ (b) $85\frac{33}{41}\%$
(c) $84\frac{33}{41}\%$ (d) $87\frac{33}{41}\%$

58. एक चतुर्भुज $PQRS$, O केन्द्र वाले वृत्त में इस प्रकार खींचा गया है कि, PQ व्यास है और $\angle PSR = 120°$ है। $\angle QPR$ का मान ज्ञात कीजिए।

(a) 30° (b) 40° (c) 60° (d) 50°

59. एक स्कूल बिल्डिंग में एक ओवरहेड टैंक है। इस टैंक को भरने के लिए 50 बाल्टी पानी की आवश्यकता होती है। मान लीजिए कि बाल्टी की क्षमता इसकी वर्तमान क्षमता का दो-पाँचवाँ भाग कर दी जाती है, तो उसी टैंक को भरने के लिए कितनी बाल्टी पानी की आवश्यकता होगी?

(a) 20 (b) 125
(c) 62.5 (d) 60

60. वृत्त की त्रिज्या 10 सेमी है और जीवा से केन्द्र की लम्बवत दूरी 6 सेमी है। जीवा की लम्बाई कितनी है?

(a) 14 सेमी (b) 12 सेमी
(c) 16 सेमी (d) 18 सेमी

61. नीचे दिया गया दण्ड आलेख दो क्रमिक वर्षों, 2011 और 2012 के दौरान छः दुकानों S_1, S_2, S_3, S_4, S_5 और S_6 से बॉल पेनों की बिक्री (हजार संख्या में) को दर्शाता है।

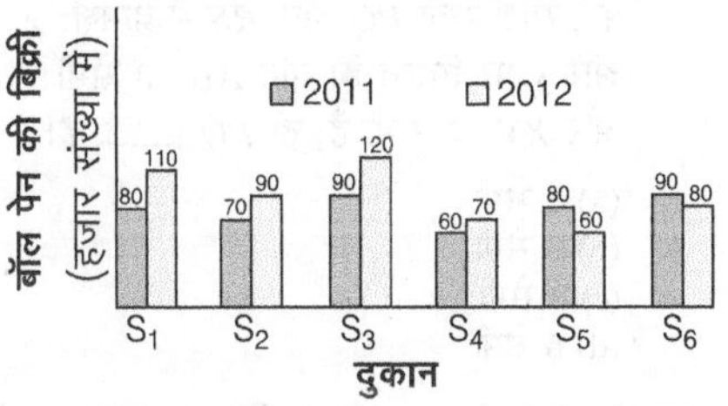

दोनों वर्षों में दुकान S_2, की कुल बिक्री और दोनों वर्षों में दुकान S_5 की कुल बिक्री का अनुपात क्या है?

(a) 5 : 8 (b) 3 : 7
(c) 7 : 5 (d) 8 : 7

62. ₹ 1456 की राशि, जब दस वर्षों के लिए निवेश की जाती है, तो यह परिपक्वता पर ₹ 2366 हो जाती है। साधारण ब्याज की वार्षिक दर ज्ञात कीजिए जिसे निवेश की गई राशि पर भुगतान किया जाना था।

(a) 6.15% (b) 6.25%
(c) 5.75% (d) 6.5%

63. ₹ 275 अंकित मूल्य वाली एक वस्तु को 5% छूट पर बेचा जाता है। विक्रेता अभी भी 4.5% लाभ प्राप्त करता है। उसने इसके लिए कितना भुगतान किया था?

(a) ₹ 200 (b) ₹ 250
(c) ₹ 125 (d) ₹ 225

64. तीन वर्ष पहले, एक व्यक्ति की आयु उसके छोटे भाई की आयु की छ: गुनी थी। आठ वर्ष बाद, व्यक्ति की आयु उसके छोटे भाई की आयु के दोगुने से तीन वर्ष कम होगी। व्यक्ति और उसके छोटे भाई की वर्तमान आयु ज्ञात करें।
(a) 15 वर्ष और 5 वर्ष
(b) 12 वर्ष और 4 वर्ष
(c) 5 वर्ष और 15 वर्ष
(d) 4 वर्ष और 12 वर्ष

65. निम्नलिखित व्यंजक का मान ज्ञात कीजिए।
$25 \div 5 + 3$ का $2 - 4 + 6$ का $3 \div 2 - 8 + 4$
(a) 4 (b) 8
(c) 16 (d) 12

66. $\left[1-\sin^2 32°+\dfrac{1}{1+\tan^2 58°}\right]$ को सरल कीजिए।
(a) $\sin 32°$ (b) $\frac{1}{2}$
(c) $\sqrt{3}$ (d) 1

67. PQ और RS, A और B पर प्रतिच्छेद करने वाली दो वृत्तों की उभयनिष्ठ स्पर्श रेखाएँ है। A और B दोनों ओर बढ़ाएँ जाने पर, स्पर्श रेखा PQ और RS से क्रमश: x और y पर मिलते हैं। यदि $AB = 3$ सेमी और $XY = 5$ सेमी है, तो PQ .... है।
(a) 4 सेमी
(b) 6 सेमी
(c) 3 सेमी
(d) 5 सेमी

68. ΔABC और ΔDEF दो त्रिभुज इस प्रकार हैं कि $\Delta ABC \cong \Delta FDE$ यदि $AB = 17$ सेमी, $\angle B = 52°$ और $\angle A = 95°$ है, तो निम्नलिखित में से कौन-सा विकल्प सत्य है?
(a) $DF = 17$ सेमी, $\angle D = 33°$
(b) $DE = 17$ सेमी, $\angle E = 33°$
(c) $DE = 17$ सेमी, $\angle F = 33°$
(d) $DF = 17$ सेमी, $\angle E = 33°$

69. दी गई संख्याओं A, B, C और D में से कौन-सी संख्या 11 से विभाज्य नहीं है?
$A = 712712$
$B = 177210$
$C = 64614$
$D = 756148$
(a) C (b) B
(c) A (d) D

70. एक वृत्ताकार बेलन की आधार त्रिज्या 10.5 सेमी है। यदि इसके वक्र पृष्ठ का क्षेत्रफल 972 सेमी^{2} है, तो बेलन का आयतन क्या है?
(a) 4185 सेमी^{3} (b) 4158 सेमी^{3}
(c) 4152 सेमी^{3} (d) 4518 सेमी^{3}

71. एक दुकानदार ₹ 44 प्रति किग्रा की दर से चावल बेचता है, जिसका क्रय मूल्य ₹ 40 प्रति किग्रा है। इससे सन्तुष्ट नहीं होने पर वह हर पैकेट से 200 ग्राम चावल निकालकर अपना लाभ बढ़ाने की कोशिश करता है। दुकानदार के कुल लाभ प्रतिशत की गणना करें।
(a) 35% (b) 37%
(c) 37.5% (d) 35.5%

72. व्यंजन $\dfrac{1-\sin(2t)}{1+\sin(2t)} \times \dfrac{\cos(t)+\sin(t)}{\cos(t)-\sin(t)}$ का मान .... है।
(a) $\dfrac{1+\tan(t)}{1-\tan(t)}$ (b) $\dfrac{1+2\tan(t)}{1-2\tan(t)}$
(c) $\dfrac{1-2\tan(t)}{1+2\tan(t)}$ (d) $\dfrac{1-\tan(t)}{1+\tan(t)}$

73. यदि $\left(x+\dfrac{1}{x}\right) = 7, x > 0$ है। $\left(x-\dfrac{1}{x}\right)$ का धनात्मक मान कितना है?
(a) $5\sqrt{4}$ (b) $3\sqrt{5}$ (c) $4\sqrt{5}$ (d) $5\sqrt{5}$

74. किसी वस्तु की कीमत लगातार दो बार बढ़ाई जाती है। अन्तिम कीमत ₹ 2295 है और प्रारम्भिक कीमत ₹ 1000 थी। दूसरी बार प्रतिशत वृद्धि, पहली बार प्रतिशत वृद्धि से दोगुनी थी। दूसरी बार कीमत में कितने प्रतिशत की वृद्धि की गई?
(a) 35% (b) 25%
(c) 70% (d) 65%

75. दो वर्षों के अन्तराल पर पैदा हुए 6 बच्चों की आयु का योग 90 वर्ष है। सबसे बड़े बच्चे की आयु (वर्ष में) क्या है?
(a) 10 (b) 20
(c) 14 (d) 16

भाग IV
अंग्रेजी भाषा

76. The following sentence has been divided into three segments. One of them may contain an error. Select the option that has the segment with the error. If you don't find any error, select 'No error' as your answer.
Mr. Ali's shop / is further to / the hospital.
(a) is further to (b) No error
(c) Mr. Ali's shop (d) the hospital

77. Select the most appropriate synonym of the underlined word in the given sentence.
She is a very <u>creative</u> artist and one can see that in her paintings.
(a) innovative (b) likeable
(c) pedantic (d) good

78. Parts of a sentence are given below in jumbled order. Arrange the parts in the correct order to form a meaningful sentence.
(A) a lot (B) my daily routine
(C) i have missed
(D) since my retirement
(E) at the workplace
(a) CBEAD (b) BACED
(c) BEADC (d) BADEC

79. Identity the most appropriate antonym of the underlined word in the following sentence.
I love the <u>stunning</u> view of the mountain.
(a) toxic (b) superfluous
(c) smashing (d) mundane

80. Select the option that expresses the following sentence in active voice.
The concert tickets were bought by my friend
(a) My friend has bought the concert tickets.
(b) My friend bought the concert tickets.
(c) My friend buys the concert tickets.
(d) My friend is buying the concert tickets.

81. Identify from the given options the word which is similar in meaning to the following word.
Morbid
(a) Blithe (b) Gloomy
(c) Grand (d) Bet

82. Select the most appropriate meaning of the underlined idiom/phrase.
I had heard of <u>henpecked husbands</u> and now, I felt that I saw one.
(a) controlling husband
(b) bossy husbands
(c) oppressed husband
(d) dominating husbands

83. The following sentence has been split into four segments. Identify the segment that contains a spelling error.

Big Data has inandated / the education industry. / It has transformed it / by leaps and bounds.

(a) It has transformed it
(b) by leaps and bounds
(c) the education industry
(d) Big Data has inandated

84. Select the most appropriate antonym of the given word.

Hinder

(a) Praise (b) Facilitate
(c) Joy (d) Block

85. Select the most appropriate antonym of the given word.

Inevitable

(a) Inexorable (b) Clear
(c) Avoidable (d) Confident

86. Select the option that can be used as a one-word substitute for the given group of words.

The statistical study of human populations.

(a) Photography (b) Palaeography
(c) Astronomy (d) Demography

87. Parts of the following sentence have been given as options. Select the option that contains an error.

It rain a lot in this part of the country.

(a) of the country (b) It rain
(c) a lot (d) in this part

88. Parts of a sentence are given below in jumbled order. Arrange the parts in the correct order to form a meaningful sentence.

A. all the plants and animals of today
B. it is written that Brahma is the God of creation
C. and it is He who has made
D. in the book of Hindu mythology

(a) DACB
(b) DBCA
(c) DCBA
(d) CABD

89. Select the correctly spelled sentence.

(a) The athlete's achievements are impressive.
(b) The athlete's acheivements are impressive.
(c) The athlete's achievements are imprressive.
(d) The athletees achievements are impressive.

90. Select the option that expresses the given sentence in passive voice.

Inayat did not greet her.

(a) She was not going to be greeted by Inayat.
(b) She was not at all greeted by Inayat.
(c) She was not greeted by Inayat.
(d) She was not being greeted by Inayat.

91. Select the most appropriate option that can substitute the underlined segment in the given sentence.

She was foolish enough to think that she be <u>completely safe</u> now.

(a) has being completely safe
(b) have been completely safe
(c) is completely safe
(d) were completely safe

92. Select the option that can be used as a one-word substitute for the underlined group of words.

In industries, it is very common to observe that people show <u>undue favour to one's own relative during the hiring process</u>.

(a) nepotism (b) racism
(c) liberalism (d) communism

93. Select the most appropriate idiom that can substitute the underlined segment in the given sentence.

Roshan, it's time for you to give your speech to the whole school, <u>wishing you luck to do well</u>.

(a) down in the dumps
(b) break a leg
(c) high five
(d) hands down

94. Select the most appropriate synonym of the underlined word.

It takes time to <u>adapt</u> to a new environment.

(a) apply (b) adjust
(c) understand (d) control

95. Select the option that can be used as a one-word substitute for the given group of words.

One who tends to look at the dark side of things

(a) Dynamist (b) Polemist
(c) Optimist (d) Pessimist

Directions (Q.Nos. 96-100) *In the following passage, some words have been deleted. Read the passage carefully and select the most appropriate option to fill in each blank.*

Recently, the ......(1)...... of heart-attacks in young Indians ......(2)...... increased tremendously. Doctors are surprised to note that young men and women with seemingly healthy lifestyle are suffering deadly heart attacks. ......(3)......diet and exercise play a ......(4)...... role in a person's overall wellbeing, mental health is also a valuable factor. The ......(5)......urban lifestyle is causing anxiety and depression in young Indians which may be a major factor behind the increased numbers.

96. Select the most appropriate option to fill in blank number 1.

(a) amount (b) number
(c) percent (d) height

97. Select the most appropriate option to fill in blank number 2.

(a) have been (b) had
(c) has (d) have

98. Select the most appropriate option to fill in blank number 3.

(a) Since (b) Although
(c) In spite of (d) However

99. Select the most appropriate option to fill in blank number 4.

(a) historic (b) epic
(c) monumental (d) increased

100. Select the most appropriate option to fill in blank number 5.

(a) fast-paced (b) cosmic
(c) rapidly (d) wilderness

उत्तरमाला

1. (c)	2. (a)	3. (d)	4. (b)
5. (d)	6. (a)	7. (a)	8. (c)
9. (a)	10. (a)	11. (d)	12. (d)
13. (a)	14 (c)	15. (a)	16. (a)
17. (d)	18. (c)	19. (a)	20. (c)
21. (d)	22. (c)	23. (b)	24. (d)
25. (c)	26. (c)	27. (c)	28. (d)
29. (b)	30. (a)	31. (d)	32. (a)
33. (b)	34. (a)	35. (d)	36. (a)
37. (c)	38. (d)	39. (d)	40. (a)
41. (a)	42. (b)	43. (c)	44. (b)
45. (b)	46. (d)	47. (a)	48. (d)
49. (b)	50. (a)	51. (c)	52. (b)
53. (a)	54. (b)	55. (b)	56. (b)
57. (d)	58. (a)	59. (b)	60. (c)
61. (d)	62. (b)	63. (b)	64. (a)
65. (d)	66. (d)	67. (a)	68. (d)
69. (d)	70. (b)	71. (c)	72. (d)
73. (b)	74. (c)	75. (b)	76. (a)
77. (a)	78. (a)	79. (d)	80. (b)
81. (b)	82. (c)	83. (d)	84. (b)
85. (c)	86. (d)	87. (b)	88. (b)
89. (a)	90. (c)	91. (c)	92. (a)
93. (b)	94. (b)	95. (d)	96. (b)
97. (c)	98. (b)	99. (c)	100. (a)

व्याख्या

1. *(c)* दी गई शीट के अनुसार,

Ball ←विपरीत→ Field

Bat ←विपरीत→ Stick

Net ←विपरीत→ Goal

अत: 'Ball' के विपरीत फलक पर शब्द 'Field' होगा।

2. *(a)* दी गई आकृति श्रृंखला एकान्तर क्रम में निम्न प्रकार है

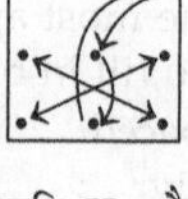

आकृति I से आकृति II और आकृति III से आकृति IV

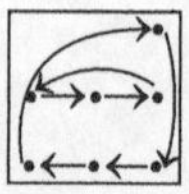

आकृति II से आकृति III और आकृति IV से आकृति V

इस प्रकार श्रृंखला में प्रश्नचिह्न के स्थान पर विकल्प आकृति (a) होगी।

3. *(d)* जिस प्रकार,

$97 \rightarrow \frac{97+1}{2} = \frac{98}{2} = 49$

तथा $115 \rightarrow \frac{115+1}{2} = \frac{116}{2} = 58$

उसी प्रकार,

$133 \rightarrow \frac{133+1}{2} = \frac{134}{2} = \boxed{67}$

4. *(b)* दी गई श्रृंखला का पैटर्न का सही क्रम निम्न है

A —+3→ D —+3→ [G] —+3→ J
B —−1→ A —−1→ [Z] —−1→ Y
N —+3→ Q —+3→ [T] —+3→ W
I —−1→ H —−1→ [G] —−1→ F

5. *(d)* जिस प्रकार,

N Q R P
+4 +4 +4 +4
R U V T

तथा

D G L F
+4 +4 +4 +4
H K P J

उसी प्रकार,

K C U M
+4 +4 +4 +4
[O G Y Q]

6. *(a)* पासे की दोनों स्थितियों में अक्षर 'X' उभयनिष्ठ है

स्थिति I →	X	S	T
	↕	↕	↕
स्थिति II →	X	R	M

अत: 'R' के विपरीत वाले फलक पर अक्षर 'S' होगा।

7. *(a)* दी गई आकृति से,

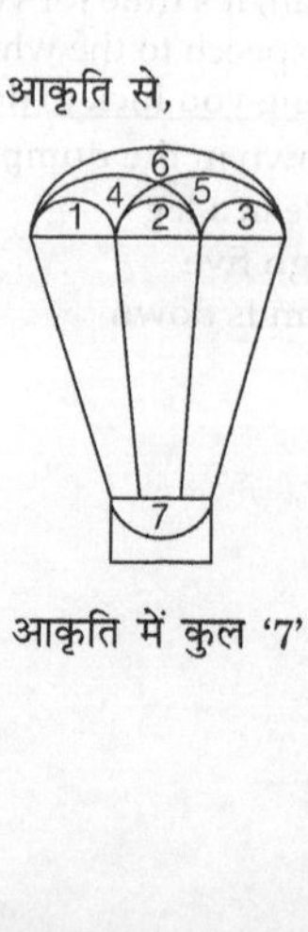

अत: दी गई आकृति में कुल '7' अर्द्धवृत्त हैं।

8. *(c)* प्रश्नानुसार,

[toys] [are] [gadgets] → [dj] sq [ty]

[gadgets] [are] machines → mp [ty] [dj]

यहाँ gadgets का कूट = ty या dj

9. *(a)* जिस प्रकार,

H —−1→ G —+2→ I

T —−1→ S —+2→ U

L —−1→ K —+2→ M

परन्तु X —+1→ Y —−2→ W

अत: XYW समूह से सम्बन्धित नहीं है।

10. *(a)* दी गई आकृति अनुसार, कागज को काटने के बाद खोलने पर यह विकल्प (a) की आकृति जैसा दिखाई देगा।

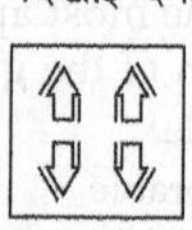

11. *(d)* दी गई संख्या युग्मों के अनुसार,

$1521 : 1600 \Rightarrow 1521 \rightarrow 39^2$

$1600 \rightarrow (39+1)^2 = 40^2$

$1156 : 1225 \Rightarrow 1156 \rightarrow 34^2$

$1225 \rightarrow (34+1)^2 = 35^2$

$1764 : 1849 \Rightarrow 1764 \rightarrow 42^2$

$1849 \rightarrow (42+1)^2 = 43^2$

परन्तु, $784 : 961 \Rightarrow 784 \rightarrow 28^2$

$(28+1)^2 = 29^2 = 841 \neq 961$

12. *(d)* जिस प्रकार,

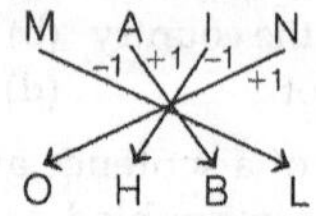

तथा

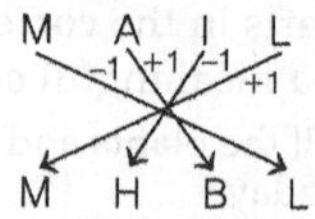

उसी प्रकार,

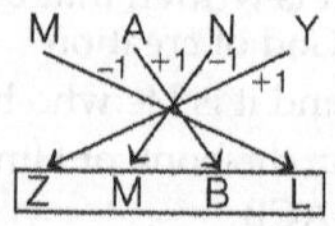

13. *(a)* जिस प्रकार,

$(13)^2 - 50 = 169 - 50 = 119$

और $9^2 - 50 = 81 - 50 = 31$

उसी प्रकार, $8^2 - 50 = 64 - 50 = \boxed{14}$

14. *(c)* जिस प्रकार,

$(13 : 55) \Rightarrow 13 \times 5 - 10 = 65 - 10 = 55$

तथा $(23 : 105) \Rightarrow 23 \times 5 - 10$

$= 115 - 10 = 105$

उसी प्रकार, 31 : 145

$\Rightarrow 31 \times 5 - 10 = 155 - 10 = 145$

15. *(a)* जिस प्रकार न्यूजीलैण्ड की राजधानी वेलिंगटन है, उसी प्रकार इथियोपिया की राजधानी अदीस अबाबा है।

16. *(a)* दी गई आकृति का सही दर्पण प्रतिबिम्ब विकल्प (a) का संयोजन है।

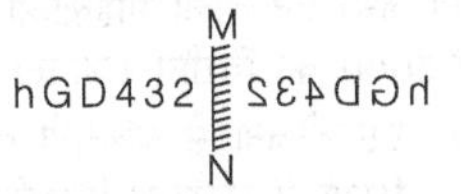

17. *(d)* मूल शब्द → I S O L A T E D

निर्देशानुसार → J R P K B S F C

अक्षरों का नया समूह

बाएँ से दूसरा अक्षर = R

बाएँ से तीसरा अक्षर = P

∴ P तथा R के बीच अंग्रेजी वर्णानुक्रम में अक्षर = 'Q'

∴ अभीष्ट अक्षरों की संख्या = 1

18. *(c)* दी गई अक्षर शृंखला का क्रम निम्न है,

LBA/LBA/LBA/LBA

अभीष्ट संयोजन = LALBBABA

19. *(a)* दिया है,

8 _ 27 _ 9 _ 6 _ 5 = 0

$\Rightarrow 8 + 27 \div 9 - 6 - 5 = 0$

$\Rightarrow 8 + 3 - 6 - 5 = 0$

$\Rightarrow 11 - 11 = 0$

$\Rightarrow 0 = 0$

20. *(c)* विकल्प (c) के व्यंजक से,

S * F & J ! I # M

रक्त सम्बन्ध आरेख बनाने पर,

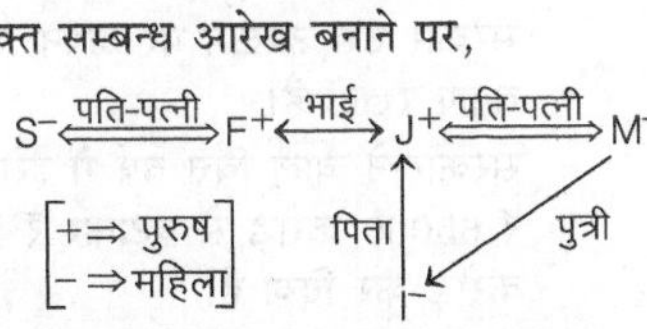

अत: यहाँ S, M की देवरानी/जेठानी है।

21. *(d)* कथनानुसार,

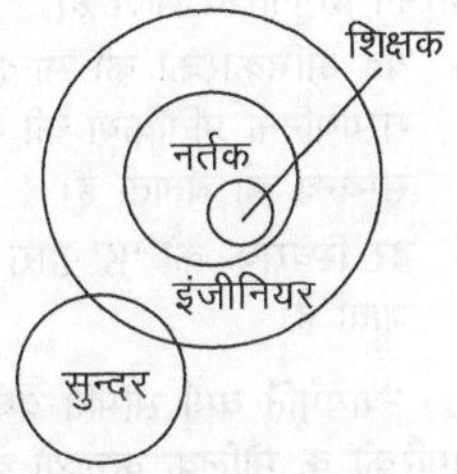

निष्कर्ष I. (✗) II. (✗)

अत: न तो निष्कर्ष I और न ही II अनुसरण करता है।

22. *(c)* प्रश्नानुसार,

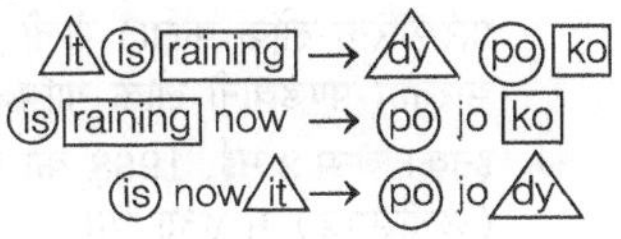

अत: raining का कूट = ko

23. *(b)* दी गई आकृति शृंखला के पहली से दूसरी तथा तीसरी से चौथी आकृति में सभी डिजाइन विकर्णवत अपने स्थान बदल रहे हैं तथा दूसरी से तीसरी तथा चौथी से पाँचवीं आकृति में सभी डिजाइन अपने स्थान पर 90° दक्षिणावर्त घूम रहे हैं। इस प्रकार प्रश्नचिह्न के स्थान पर विकल्प (b) की आकृति होगी।

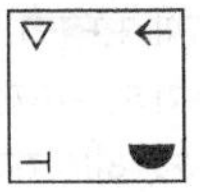

24. *(d)* दी गई संख्या शृंखला का क्रम निम्न है

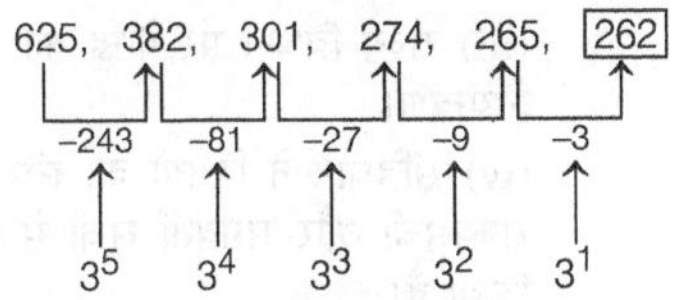

25. *(c)* मूल व्यंजक $= 16 - 2 \times 42 + 13 \div 12$

चिह्न बदलने पर,

नया व्यंजक $= 16 \div 2 + 42 \times 13 - 12$

$= 8 + 546 - 12$

$= 554 - 12$

$= 542$

26. *(c)* लूनी नदी **राजस्थान** और **गुजरात** राज्य में बहती है।

- इसका प्राचीन नाम 'लवणवती' नदी था।
- यह अरावली पर्वत के निकट अजमेर जिले के आनासागर-नाग पहाड़ से निकलकर दक्षिण पश्चिम क्षेत्र में बहती है।
- यह गुजरात में कच्छ के रण की दलदली भूमि में समाप्त हो जाती है।
- लुनी नदी को राजस्थान की मरुगंगा भी कहा जाता है।

27. *(c)* बैक्टीरिया, प्रोकैरियोटिक कोशिकाओं का उदाहरण है।

- बैक्टीरिया एक कोशिकीय होते हैं और इनका आकार 0.2 से 10 माइक्रोन होता है।
- प्रोकैरियोरिक कोशिका में राइबोसोम एकमात्र कोशिकांग होता है।
- बैक्टीरिया में झिल्ली से बँधे हुए नाभिक और अन्य आन्तरिक संरचनाओं का अभाव होता है।
- प्रोकैरियोटिक कोशिकाओं में नीले हरे शैवाल, माइकोप्लाज्मा आदि शामिल होते हैं।

28. *(d)* **औद्योगिक नीति** दस्तावेज, भारत में सार्वजनिक एवं निजी उद्योगों की स्थापना के लिए एक रूपरेखा, नियम और विनिमय प्रदान करता है।

- यह नीति किसी देश की अर्थव्यवस्था के विकास और वृद्धि को बढ़ावा देती है।
- भारत की पहली औद्योगिक नीति की घोषणा वर्ष 1948 में हुई थी।

29. *(b)* एग्रीकल्चरल शॉट शब्द का प्रयोग **क्रिकेट** के खेल में किया जाता है।

- एग्रीकल्चरल शॉट गेंद की लाइन के पार बल्ले से किया जाने वाला एक प्रकार का स्विंग है, जिसे बिना किसी तकनीक के किया जाता है।
- इसे इस तरह खेला जाता है कि रन बनाने के अवसर का पूरा लाभ न उठाया जा सके।

30. *(a)* मी-डैम-मी-फी उत्सव **असम** के चराइदेव समुदाय के द्वारा मनाया जाता है।

- मी-डैम-मी-फी में 'मी' का अर्थ-भेंट करना, 'डैम' का अर्थ-पूर्वजों और 'फी' का अर्थ-भगवान है।
- असम में अहोम समुदाय के अपने सिद्धान्त और आस्था है। इस उत्सव में 'पूर्वजों की पूजा' की जाती है।
- इसे प्रत्येक वर्ष 31 जनवरी को मनाया जाता है।

31. *(d)* वी. डी. सावरकर को अंग्रेजों द्वारा जुलाई, 1911 को अण्डमान जेल भेजा गया था, जहाँ वे मई, 1921 तक रहे।

- अण्डमान जेल को 'सेलुलर जेल' के नाम से भी जाना जाता है।
- इसे 11 फरवरी, 1979 को राष्ट्रीय स्मारक घोषित किया गया।
- वीर दामोदर सावरकर भारत के क्रान्तिकारी, स्वतन्त्रता सेनानी, चिन्तक और समाज सुधारक थे।

32. *(a)* खाद्य शृंखला में विभिन्न बिन्दुओं पर ऊर्जा प्रवाह के बीच का अनुपात पारिस्थितिक दक्षता की सबसे अच्छी परिभाषा है।

- पारिस्थितिकी दक्षता का आशय एक ट्रॉपिक स्तर से दूसरे ट्रॉपिक स्तर तक ऊर्जा का हस्तान्तरण है।

- यह लिण्डेमान द्वारा प्रतिपादित 10% नियम का पालन करती है।

33. *(b)* गुटनिरपेक्ष आन्दोलन का पहला अधिकारिक शिखर सम्मेलन वर्ष 1961 में **यूगोस्लाविया** के बेलग्रेड में आयोजित किया गया था। इसकी अध्यक्षता जोसिप ब्रोज टीटो ने की थी।
- गुटनिरपेक्ष आन्दोलन गुटनिरपेक्ष राष्ट्रों की एक अन्तर्राष्ट्रीय संस्था है।
- इसकी शुरुआत भारत के पहले प्रधानमन्त्री जवाहरलाल नेहरू, मिस्र के पूर्व राष्ट्रपति अब्दुल नासिर और यूगोस्लाविया के राष्ट्रपति टीटो ने मिलकर की थी।

34. *(a)* **वाकाटक साम्राज्य** उत्तरी महाराष्ट्र और विदर्भ पर शासन करने वाला एक स्थानीय राजवंश था, जिसकी शुरुआत तीसरी शताब्दी में हुई थी।
- यह एक ब्राह्मण राजवंश था, जिसकी स्थापना विन्ध्य शक्ति ने की थी।
- वाकाटक कला, वास्तुकला और साहित्य के संरक्षक थे, इन्होंने रॉक कट बौद्ध विहार और अजन्ता के चैत्य बनवाए थे।
- वाकाटक शासकों में केवल 'सम्राट' की उपाधि धारण की तथा उसने प्रवरसेन प्रथम ने 4 अश्वमेघ यज्ञ करवाए थे।

35. *(d)* एक ही दिन के दौरान होने वाले उच्च वायु तापमान और निम्न वायु तापमान के बीच के अन्तर को दैनिक तापमान कहा जाता है।
- दैनिक तापमान को मापने के लिए सेल्सियस और फॉरेनहाइट पैमाने का प्रयोग किया जाता है।
- तापमान मापने के लिए थर्मामीटर का उपयोग किया जाता है।

36. *(a)* मुलायम सिंह यादव एक शिक्षक, राजनेता एवं उत्तर प्रदेश के पूर्व मुख्यमन्त्री थे, जिनका निधन अक्टूबर, 2023 में हो गया।
- इन्होंने भारत के रक्षा मन्त्री (1996-98) के पद पर भी कार्य किया था।
- इन्होंने वर्ष 1992 में 'समाजवादी पार्टी' की स्थापना की।
- ये उत्तर प्रदेश के 3 बार (1989-91, 1993-95 तथा 2003-07) तक मुख्यमन्त्री पद पर रहे।

37. *(c)* पण्डवानी गायिका उषा बारले को भारत सरकार ने वर्ष 2023 में **पद्मश्री** पुरस्कार से सम्मानित किया।
- उषा बारले छत्तीसगढ़ की (एक पारम्परिक लोक कला) शैली की प्रसिद्ध भारतीय पण्डवानी लोक गायिका हैं।
- इनका जन्म 2 मई, 1968 को भिलाई, (छत्तीसगढ़) में हुआ था।
- इन्हें दाऊ महासिंग चन्द्राकर सम्मान, भुईया सम्मान, चक्रधर सम्मान एवं मालवा सम्मान आदि से सम्मानित किया गया है।
- वर्ष 2023 में उन्हें पण्डवानी गायन में उनके योगदान के लिए भारत का सर्वोच्च नागरिक पुरस्कार पद्मश्री मिला।

38. *(d)* भारतीय संविधान के भाग XI में अनुच्छेद 245 से 255, केन्द्र और राज्यों के बीच विधायी सम्बन्ध से सम्बन्धित है।
- केन्द्र-राज्य सम्बन्ध के चार पहलू हैं-
  (i) केन्द्र और राज्य के विधान की क्षेत्रीय सीमा।
  (ii) विधायी विषय का वितरण।
  (iii) राज्य विधान पर केन्द्र का नियन्त्रण।
  (iv) संविधान ने विषयों का संघ सूची, राज्यसूची और समवर्ती सूची में विभाजन किया है।

39. *(d)* गन्धर्व महाविद्यालय, स्थापना पण्डित विनय चन्द्र मौग्दल्य ने वर्ष 1939 में की थी, यह नई दिल्ली में स्थित है।
- पण्डित मौग्दल्य एक भारतीय शास्त्रीय संगीतकार और गायक थे, जिनका जन्म वर्ष 1918 को नई दिल्ली में हुआ।
- भारत सरकार ने इन्हे वर्ष 1984 में चौथे भारतीय सर्वोच्च नागरिक सम्मान पद्मश्री से सम्मानित किया था।

40. *(a)* संयुक्त क्षेत्र के उद्योग निजी कार्यों और सरकारी एजेन्सियों द्वारा संयुक्त रूप से स्वामित्व और प्रबन्धित किए जाते हैं; जैसे— ऑयल इण्डिया लिमिटेड।
- जिन उद्योगों का स्वामित्व और प्रबन्धन निजी व्यक्तियों या लोगों के समूह द्वारा किया जाता है, उन्हें निजी उद्योग कहा जाता है; जैसे— टाटा आयरन एण्ड स्टील।

41. *(a)* शतरंज के खेल में ऊँट केवल अपने ठीक सामने वाले खाली खाने में ही आगे बढ़ सकता है।
- शतरंज खेल में हर पक्ष के पास 8 प्यादे होते हैं।
- प्यादे सामने के वर्ग रिक्त होने पर आगे की ओर एक वर्ग चल सकते हैं।
- प्यादे पीछे की ओर नहीं चल सकते हैं।
- शतरंज दो लोगों के मध्य 32 मोहरों (प्रत्येक खिलाड़ी के लिए 16) के साथ बिसात पर खेला जाने वाला खेल है।

42. *(b)* छत्तीसगढ़ राज्य के मुख्यमन्त्री ने वर्ष 2022 में 'कौशल्या मातृत्व योजना' शुरू की है, जो सुरक्षित मातृत्व के लिए दूसरी लड़की को जन्म देने वाली महिलाओं को ₹ 5000 की वित्तीय सहायता प्रदान करती है।
- इस योजना से बच्चियों के पालन और शिक्षा में सहायता मिलेगी।
- इन योजनाओं के माध्यम से विभिन्न जागरूकता कार्यक्रमों और आर्थिक सहायता से लेकर लिंगानुपात में सुधार करने का प्रयास किया जा रहा है।

43. *(c)* डिजी सक्षम, राष्ट्रीय करियर सेवा और माइक्रोसॉफ्ट इण्डिया की संयुक्त पहल है।
- डिजी सक्षम पहल के माध्यम से पहले वर्ष में 3 लाख से अधिक युवाओं को बुनियादी कौशल के साथ-साथ एडवांस कम्प्यूटिंग सहित डिजिटल कौशल में मुक्त प्रशिक्षण प्रदान किया जाएगा।
- श्रम एवं रोजगार मन्त्री भूपेद्र यादव ने डिजिटल कौशल प्राप्त कर युवाओं की रोजगार क्षमता बढ़ाने के लिए डिजी कार्यक्रम का शुभारम्भ किया था।

44. *(b)* वर्ष 2023-24 में वित्त मन्त्रालय ने विनिवेश के लिए ₹ 50,000 करोड़ का लक्ष्य रखा है।
- सार्वजनिक क्षेत्र के उपक्रमों में सरकार की हिस्सेदारी बेचने की प्रक्रिया विनिवेश कहलाती है, परन्तु इसके अन्तर्गत सरकार उस उपक्रम पर अपना स्वामित्व बनाए रखती है।
- सरकार ने चालू वित्त वर्ष में इसे ₹ 65000 करोड़ से घटाकर ₹ 50,000 करोड़ कर दिया है।

45. *(b)* तापमान में 10° की वृद्धि के साथ एक रासायनिक अभिक्रिया के लिए दर स्थिरांक लगभग दोगुना हो जाता है।
- यह अभिकारकों की सान्द्रता और रासायनिक प्रतिक्रिया की दर के बीच सम्बन्ध को बताती है।
- दर स्थिरांक को 'K' द्वारा निरूपित किया जाता है।

46. *(d)* न्यायमूर्ति वर्मा समिति वर्ष 1999 में नागरिकों के मौलिक कर्त्तव्यों के कार्यान्वयन के लिए तथा कानूनी प्रावधानों की पहचान के लिए गठित की गई थी।

- सरकारिया आयोग वर्ष 1983 में गठित किया गया था। इसका उद्देश्य केन्द्र-राज्य के मध्य सम्बन्धों की जाँच करना था।
- राजमन्नार आयोग को वर्ष 1969 में गठित करने का उद्देश्य केन्द्र-राज्य सम्बन्धों में एकात्मक प्रवृत्तियों की पहचान करना था।
- बसन्त राव नाइक समिति वर्ष 1960 में गठित की गई थी। इस समिति की सिफारिशों के आधार पर महाराष्ट्र सरकार ने महाराष्ट्र पंचायत समिति और जिला परिषद् अधिनियम, 1961 पारित किया गया।

47. *(a)* मेण्डलीफ के अनुसार एल्युमीनियम का परमाणु द्रव्यमान 68 है।
- मेण्डलीफ ने वर्ष 1971 में आवर्त सारणी का निर्माण किया था।
- इस सारणी में तत्त्वों एवं उनके मूल गुण को परमाणु द्रव्यमान और रासायनिक गुणों के आधार पर व्यवस्थित किया गया था।

48. *(d)* भारतीय संगीतकार और सितार वादक रविशंकर नेशनल आर्केस्ट्रा ऑफ इण्डिया (मुम्बई) के संस्थापक हैं।
- पण्डित रविशंकर को संगीत में योगदान हेतु वर्ष 1962 में संगीत नाटक अकादमी पुरस्कार, वर्ष 1999 में भारत रत्न और वर्ष 1975 में यूनेस्को अन्तर्राष्ट्रीय संगीत परिषद् पुरस्कार मिला है।
- पं. रविशंकर जन्म 7 अप्रैल, 1920 को बनारस में हुआ था।

49. *(b)* महारानी दिद्दा 10वीं शताब्दी में उत्तर भारत के कश्मीर क्षेत्र में लोहार वंश की शासिका थी।
- उन्होंने 980 ई. से 1003 ई. तक शासन किया था।
- इनका विवाह कश्मीर के राजा क्षेमेन्द्र के साथ हुआ था।
- कल्हण की 'राजतरंगिणी' में महारानी दिद्दा का उल्लेख मिलता है।

50. *(a)* सूक्ष्म वित्त उन लोगों के लिए छोटे ऋण का प्रावधान करता है, जिनकी वित्तीय सेवाओं तक कोई अन्य पहुँच नहीं होती है।
- भारत में सूक्ष्म वित्त ₹ 1 लाख से कम के सभी ऋण माने जाते हैं।
- वर्ष 1974 में स्थापित सेवा बैंक भारत के पहले माइक्रो फाइनेंस संस्थानों में से एक है।
- बांग्लादेश के अर्थशास्त्री मुहम्मद यूनुस को माइक्रो फाइनेन्स का जनक माना जाता है।

51. *(c)* बल्लेबाज के सभी मैचों का औसत स्कोर $= \dfrac{20 \times 15 + 25 \times 24}{20 + 25}$

$$= \frac{300 + 600}{45} = \frac{900}{45} = 20$$

52. *(b)* अधिकतम और न्यूनतम बिक्री का माध्य

$$= \frac{584 + 205}{2} = \frac{789}{2} = 394.5$$

53. *(a)*

$A \longleftarrow 12$ — 4 (कुल कार्य)

$B \longrightarrow 16$ — 3 → 48 (12 और 16 का ल. स.)

$(A + B)$ का 1 दिन का काम $= 4 + 3 = 7$

$(A + B)$ का 1 दिन का काम $= 7 \times 6 = 42$

शेष काम $= (48 - 42) = 6$

$\therefore$ शेष काम का भाग $= \dfrac{6}{48} = \dfrac{1}{8}$ भाग

54. *(b)* चोर तथा पुलिसकर्मी की सापेक्षिक चाल $= (10 - 9) = 1$ किमी/घण्टा

पुलिसकर्मी द्वारा चोर को पकड़ने में लगा समय $= \dfrac{\frac{200}{1000}}{1} = \dfrac{1}{5}$ घण्टा

$\therefore$ चोर द्वारा तय की गई कुल दूरी

$$= 10 \times \frac{1}{5} - \frac{200}{1000} = 1.8 \text{ किमी}$$

55. *(b)* हम जानते हैं,

$a\sin\theta + b\cos\theta$ का अधिकतम मान $= \sqrt{a^2 + b^2}$

$\therefore 2\sin\theta + 3\cos\theta$ का अधिकतम मान $= \sqrt{2^2 + 3^2}$

$$= \sqrt{4 + 9} = \sqrt{13}$$

56. *(b)* कक्षा 8 में प्रवेश किए गए विद्यार्थियों का कुल प्रतिशत = 15%

प्रश्नानुसार,

$$15\% \equiv 600$$

$$(25 - 18)\% \equiv \frac{600}{15} \times 7 = 280$$

$\therefore$ अभीष्ट विद्यार्थियों की संख्या = 280

57. *(d)* वर्ष 1997 में डिपार्टमेण्टल स्टोर का कुल लाभ $= (135 + 115 + 90 + 70)$ = ₹ 410 लाख

वर्ष 2000 में डिपार्टमेण्टल स्टोर का कुल लाभ $= (150 + 180 + 210 + 230)$ = ₹ 770 लाख

$\therefore$ अभीष्ट प्रतिशत $= \dfrac{(770 - 410)}{410} \times 100$

$$= \frac{360}{410} \times 100 = 87\frac{33}{41}\%$$

58. *(a)* दिया है, $\angle PSR = 120°$

PQ वृत्त का व्यास है

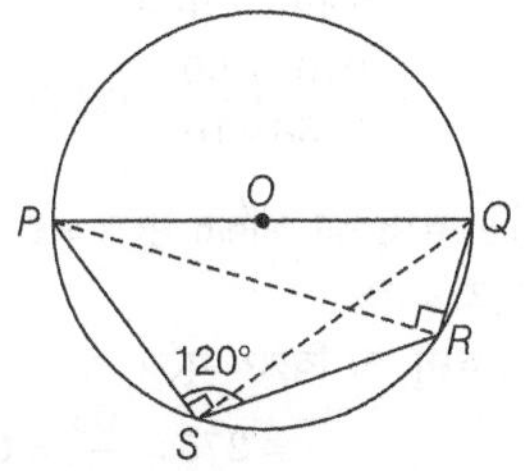

$\therefore \angle PSQ = \angle PRQ = 90°$ (व्यास से वृत्त पर बना कोण)

$\therefore \angle QSR = 120° - 90° = 30°$

$\therefore \angle QSR = \angle QPR$ (सामान जीवा से वृत्त पर बना कोण)

$\therefore \angle QPR = 30°$

59. *(b)* माना बाल्टी की वर्तमान क्षमता $= x$ लीटर

$\therefore$ बाल्टी की नई क्षमता $= x \times \dfrac{2}{5} = \dfrac{2x}{5}$ लीटर

टैंक की कुल क्षमता $= 50x$ लीटर

$\therefore$ कुल नई बाल्टी की संख्या $= \dfrac{50x}{\frac{2x}{5}} = 125$

60. *(c)* दिया है,

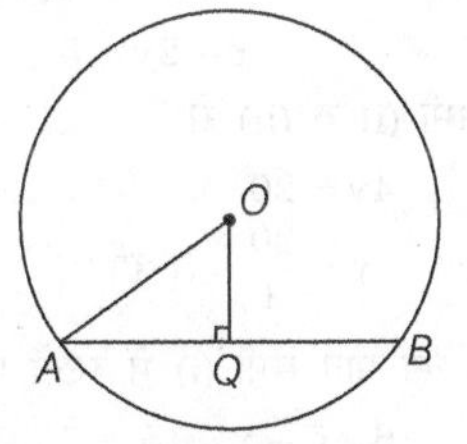

$OA = 10$ सेमी

$OQ = 6$ सेमी

ΔAOQ में,

$AQ = \sqrt{OA^2 - OQ^2}$

$$= \sqrt{10^2 - 6^2} = \sqrt{64} = 8 \text{ सेमी}$$

$\therefore$ जीवा (AB) की लम्बाई $= 2 \times AQ$

$$= 2 \times 8 = 16 \text{ सेमी}$$

61. *(d)* अभीष्ट अनुपात $= \dfrac{70 + 90}{80 + 60}$

$$= \frac{160}{140} = 8 : 7$$

62. *(b)* मूलधन = ₹ 1456

समय = 10 वर्ष

तथा मिश्रधन = ₹ 2366

$\therefore$ साधारण ब्याज = (2366 − 1456)

= ₹ 910

$\therefore$ दर $= \dfrac{\text{ब्याज} \times 100}{\text{मूलधन} \times \text{समय}}$

$= \dfrac{910 \times 100}{1456 \times 10} = 6.25\%$

63. *(b)* वस्तु का अंकित मूल्य = ₹ 275

छूट = 5%

$\therefore$ वस्तु का विक्रय मूल्य

$= 275 \times \dfrac{95}{100} = ₹\, 261.25$

लाभ = 4.5%

$\therefore$ वस्तु का क्रय मूल्य

$= 261.25 \times \dfrac{100}{104.5} = ₹\, 250$

64. *(a)* माना व्यक्ति तथा उसके छोटे भाई की वर्तमान आयु क्रमशः x वर्ष तथा y वर्ष है।

तीन वर्ष पहले,

व्यक्ति की आयु = $(x - 3)$ वर्ष

छोटे भाई की आयु = $(y - 3)$ वर्ष

प्रश्नानुसार,

$x - 3 = 6(y - 3)$

$\Rightarrow \quad x - 3 = 6y - 18$

$\Rightarrow \quad 6y - x = 15 \quad \ldots(i)$

पुनः आठ वर्ष बाद,

व्यक्ति की आयु = 2 × छोटे भाई की आयु

$\Rightarrow \quad x + 8 = 2(y + 8) - 3$

$x - 2y = 5 \quad \ldots(ii)$

समी (i) व (ii) से,

$4y = 20$

$\therefore \quad y = \dfrac{20}{4} = 5$ वर्ष

y का मान समी (i) में रखने पर,

$6 \times 5 - x = 15$

$\therefore \quad x = 15$ वर्ष

65. *(d)* $25 \div 5 + 3$ का $2 - 4 + 6$ का $3 \div 2 - 8 + 4$

$= 25 \div 5 + 6 - 4 + 18 \div 2 - 8 + 4$

$= 5 + 6 - 4 + 9 - 8 + 4$

$= 24 - 12 = 12$

66. *(d)* सरल व्यंजक :

$$\left[1 - \sin^2 32° + \frac{1}{1 + \tan^2 58°}\right]$$

$= \cos^2 32° + \dfrac{1}{\sec^2 58°}$

$= [\cos(90 - 58°)]^2 + \cos^2 58°$

$= \sin^2 58° + \cos^2 58$

$[\cos(90° - \theta) = \sin\theta]$

$[\sin^2\theta + \cos^2\theta = 1]$

$= 1$

67. *(a)* दिया है,

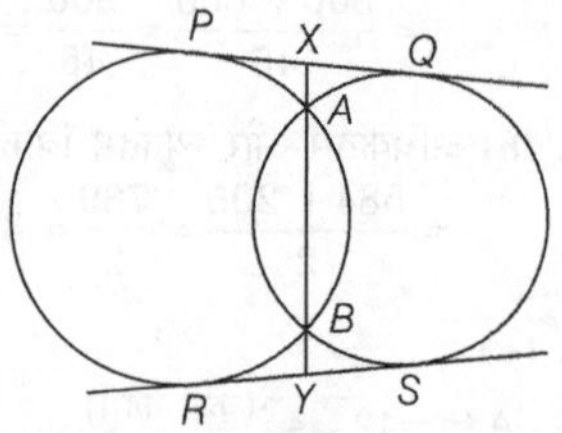

$xy = 5$ सेमी

$AB = 3$ सेमी

हम जानते हैं, $XA = YB$

$\Rightarrow \quad XY = XA + AB + YB$

$\Rightarrow \quad 5 = 2XA + 3$

$\therefore \quad XA = \dfrac{2}{2} = 1$

$XB = XA + AB = 1 + 3 = 4$

अब, $PX^2 = XA \times XB$

$PX^2 = 1 \times 4$

$\therefore \quad PX = 2$ सेमी

इसी प्रकार, $XQ = 2$ सेमी

$\therefore PQ = PX + XQ = 2 + 2 = 4$ सेमी

68. *(d)* $\Delta ABC \cong \Delta FDE$

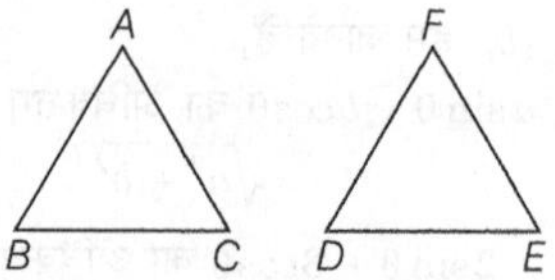

$AB = FD = 17$ सेमी

$\angle B = \angle D = 52°$

$\angle A = \angle F = 95°$

$\therefore \angle E = 180° - \angle F - \angle D$

$= 180° - 52° - 95° = 33°$

69. *(d)* 11 से विभाजिता के लिए दी गई संख्या के सम स्थान के अंकों का योग तथा विषम स्थान के अंकों के योग का अन्तर या तो शून्य या 11 का गुणज होना चाहिए।

$D = 7\,5\,6\,1\,4\,8$

संख्या 7 5 6 1 4 8 के सम स्थान के अंकों का योग = 5 + 1 + 8 = 14

विषम स्थान के अंकों का योग

= 7 + 6 + 4 = 17

$\therefore$ अभीष्ट अन्तर = 17 − 14 = 3 ≠ 0

चूँकि अन्तर शून्य अथवा 11 का गुणज नहीं है,

अतः संख्या (D = 756148), 11 से विभाज्य नहीं है।

70. *(b)* बेलन का वक्रपृष्ठ का क्षेत्रफल

$= 2\pi rh$

$\Rightarrow 2 \times \dfrac{22}{7} \times 10.5 \times h = 792$

$\therefore \quad h = \dfrac{792 \times 7}{2 \times 22 \times 10.5} = 12$ सेमी

$\therefore$ बेलन का आयतन $= \pi r^2 h$

$= \dfrac{22}{7} \times 10.5 \times 10.5 \times 12$

$= 4158$ सेमी^{3}

71. *(c)* चावल का प्रति किग्रा क्रय मूल्य = ₹ 40

चावल का प्रति किग्रा विक्रय मूल्य

$= \dfrac{44}{(1000 - 200)} \times 1000$

$= \dfrac{44}{800} \times 1000 = ₹\, 55$

$\therefore$ लाभ % $= \dfrac{(55 - 40)}{40} \times 100$

$= \dfrac{15}{40} \times 100 = 37.5\%$

72. *(d)* $\dfrac{1 - \sin(2t)}{1 + \sin(2t)} \times \dfrac{\cos t + \sin t}{\cos t - \sin t}$

$= \dfrac{\sin^2 t + \cos^2 t - 2\sin t.\cos t}{\sin^2 t + \cos^2 t + 2\sin t.\cos t} \times \dfrac{\cos t + \sin t}{\cos t - \sin t}$

$= \dfrac{(\cos t - \sin t)^2}{(\sin t + \cos t)^2} \times \dfrac{\cos t + \sin t}{\cos t - \sin t}$

$= \dfrac{\cos t - \sin t}{\cos t + \sin t} = \dfrac{1 - \dfrac{\sin t}{\cos t}}{1 + \dfrac{\sin t}{\cos t}} = \dfrac{1 - \tan t}{1 + \tan t}$

73. *(b)* $x + \dfrac{1}{x} = 7$

$\Rightarrow \left(x - \dfrac{1}{x}\right)^2 = \left(x + \dfrac{1}{x}\right)^2 - 4x.\dfrac{1}{x}$

$[(a - b)^2 = (a + b)^2 - 4ab]$

$\Rightarrow \left(x - \dfrac{1}{x}\right)^2 = (7)^2 - 4$

$\Rightarrow \left(x - \dfrac{1}{x}\right)^2 = 49 - 4$

$\therefore \quad x - \dfrac{1}{x} = \sqrt{45} = 3\sqrt{5}$

74. *(c)* माना पहली बार की प्रतिशत वृद्धि = x

$\therefore$ दूसरी बार की प्रतिशत वृद्धि = $2x$

प्रश्नानुसार,

$$1000 \times \frac{(100+x)}{100} \times \left(\frac{100+2x}{100}\right) = 2295$$

$\Rightarrow (100+x)(100+2x) = 2295 \times 10$

$\Rightarrow 2x^2 + 300x + 10000 = 22950$

$\Rightarrow x^2 + 150x - 6475 = 0$

$\Rightarrow x^2 + 185x - 35x - 6475 = 0$

$\Rightarrow x(x+185) - 35(x+185) = 0$

$\Rightarrow (x-35)(x+185)$

$\therefore x = 35$

∴ दूसरी बार कीमत में प्रतिशत वृद्धि

$= 2 \times 35 = 70\%$

75. *(b)* माना 6 बच्चों की आयु क्रमश: $x-4$, $x-2$, x, $x+2$, $x+4$, $x+6$ है।

प्रश्नानुसार,

$x - 4 + x - 2 + x + x + 2 + x + 4 + x + 6 = 90$

$\Rightarrow 6x + 6 = 90$

$\Rightarrow x + 1 = 15$

$\therefore x = 14$

∴ सबसे बड़े बच्चे की आयु $= x + 6$

$= 14 + 6 = 20$ वर्ष

76. *(a)* Part 'is further to' contains an error. The use of preposition 'to' is incorrect in the sentence. The correct preposition will be 'away'.

77. *(a)* 'Creative' means innovative.
- **Pedantic** means excessively concerned with minor details or rules

78. *(a)* The correct order is CBEAD.
- The sentence formed will be- I have missed my daily routine at the workplace a lot since my retirement.

79. *(d)* 'Stunning' means exceptionally beautiful. Hence, its antonym is 'mundane' which means common.
- **Superfluous** means not necessary.

80. *(b)* option (b) 'My friend bought the concert tickets' follows the structure Object + was/were + V3 + by + Subject. When such a sentence is transformed into active voice, the structure followed is Subject + V2 + Object.

81. *(b)* 'Morbid' means characterised by an unusual interest in disturbing and unpleasant subjects, especially death and disease. Hence, its synonym is 'gloomy'.
- **Blithe** means showing a casual and cheerful indifference considered to be callous or improper.

82. *(c)* Henpecked husbands refers to men who are constantly controlled, oppressed and criticised by their wives.

83. *(d)* Part 'Big Data has inandated' contains a spelling error. The incorrectly spelt word is 'inandated'. The correct spelling is 'inundated' which means overwhelm (someone) with things or people to be dealt with.

84. *(b)* 'Hinder' means to interfere and stop from continuation. Hence, its antonym is 'facilitate' which means to aid or help in continuation.

85. *(c)* 'Inevitable' means unavoidable. Hence, its antonym is 'avoidable'.
- **Inexorable** means impossible to stop or prevent.

86. *(d)* **Demography** is the statistical study of human populations.
- **Palaeography** is the study of historical writing systems, including handwriting, manuscripts and printed media.
- **Astronomy** is the study of everything in the universe beyond Earth's atmosphere.

87. *(b)* Part 'it rain' contains an error of subject verb agreement. The word 'it' is singular. Hence, singular verb 'rains' should be used to correct the sentence.

88. *(b)* The correct order is DBCA.
- The sentence formed will be- In the book of Hindu mythology, it is written that Brahma is the God of creation and it is. He who has made all the plants and animals of today.

89. *(a)* The correctly spelled sentence is- The athlete's achievements are impressive.

90. *(c)* She was not greeted by Inayat.
- The sentence in active voice follows the structure Subject + V2 + Object.
- When such a sentence is transformed into passive voice, the structure followed is Object + was/were + V3 + by + Subject.

91. *(c)* The underlined part of the sentence contains an error.
- The use of 'be' is incorrect in the sentence. Hence, use 'is' in its place to correct the sentence.

92. *(a)* **Nepotism** refers to undue favour to one's own relative during the hiring process.
- **Liberalism** is a political and moral philosophy based on the rights of the individual, liberty, consent of the governed, political equality, right to private property and equality before the law.
- **Communism** is a political and economic system that aims to create a classless society where the state controls the means of production and wealth.

93. *(b)* 'To break a leg' means to wish someone good luck.
- **Down in the dumps** means feeling very sad, depressed or miserable.
- **High five** is a hand gesture.
- **Hands down** means pass something on to a younger person or a successor.

94. *(b)* Adapt means to adjust to something.

95. *(d)* **Pessimist** is one who tends to look at the dark side of things.
- **Dynamist** is a person who supports a philosophical theory that explains phenomena in terms of a force or energy.
- **Polemist** is a person who uses contentious rhetoric to support their position and undermine the opposing position.
- **Optimist** is someone who looks at the positive side of things.

96. *(b)* The correct filler for the given blank is 'number'.

97. *(c)* The correct filler for the given blank is 'as'.

98. *(b)* The correct filler for the given blank is 'although'.

99. *(c)* The correct filler for the given blank is 'monumental'.

100. *(a)* The correct filler for the given blank is 'fast-paced'.

सेट 24 19 सितम्बर, 2024 (तृतीय पाली)

SSC CGL Tier-I सॉल्वड पेपर

निर्देश

1. इस सेट में कुल 100 प्रश्न हैं।
2. इस सेट में चार भाग हैं, भाग-I सामान्य बुद्धि एवं तर्कशक्ति, भाग-II सामान्य जागरुकता, भाग-III संख्यात्मक अभियोग्यता और भाग-IV अंग्रेजी भाषा।
3. प्रत्येक प्रश्न 2 अंक का है।

भाग I
सामान्य बुद्धि एवं तर्कशक्ति

1. अंग्रेजी वर्णमाला-क्रम के आधार पर 'MPQO' एक निश्चित तरीके से 'KNSQ' से सम्बन्धित है। उसी तरह 'DGHF' का सम्बन्ध 'BEJH' से है। उसी तर्क के अनुसार 'EINW' का सम्बन्ध निम्नलिखित में से किससे है?

(a) BGPX (b) CGPY
(c) BHQX (d) CHQY

2. यदि '+' और '–' को आपस में बदल दिया जाए और '×' और '÷' को आपस में बदल दिया जाए, तो निम्नलिखित समीकरण में प्रश्नचिह्न (?) के स्थान पर क्या आएगा?

$69 + 2485 \times 5 - 912 \div 2 = ?$

(a) 1639 (b) 1936
(c) 1963 (d) 1396

3. एक कागज को नीचे दिखाए अनुसार मोड़ा और काटा जाता है। खोलने पर यह कैसा दिखाई देगा?

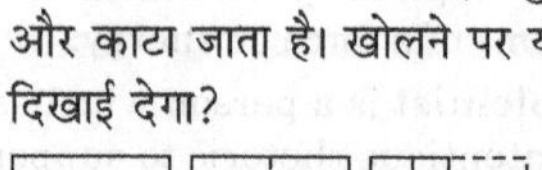

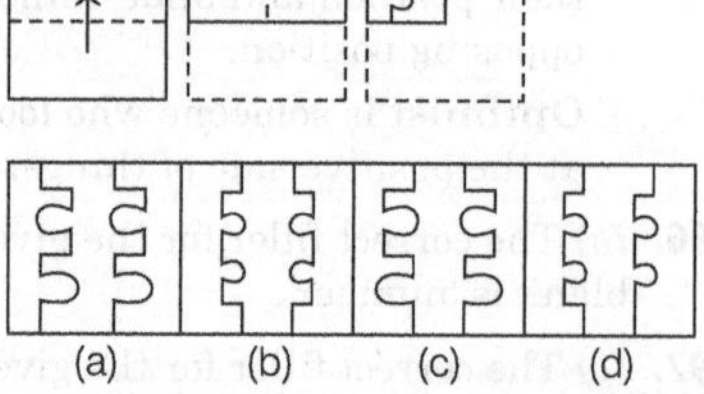

4. उस शब्द-युग्म का चयन करें, जो नीचे दिए गए शब्द-युग्म में व्यक्त किए गए समान सम्बन्ध का सबसे अच्छा निरूपण करता है। (शब्दों को अर्थपूर्ण हिन्दी शब्द माना जाना चाहिए और इन्हें शब्द में अक्षरों की संख्या/व्यंजनों/स्वरों की संख्या के आधार पर एक-दूसरे से सम्बन्धित नहीं किया जाना चाहिए।)

लार्वा : कीट

(a) कुत्ता : पशु
(b) मृगशावक : हिरण
(c) चमगादड़ : चूजा
(d) लोमड़ी : मादा लोमड़ी

5. उस त्रिक का चयन करें जिसमें दी गई संख्याएँ एक-दूसरे से उसी प्रकार सम्बन्धित हैं, जिस प्रकार निम्नलिखित त्रिकों की संख्याएँ एक-दूसरे से सम्बन्धित हैं।

4-5-41
2-3-13

(**नोट** संख्याओं को उनके घटक अंकों में विभक्त किए बिना पूर्ण संख्याओं पर संक्रियाएँ की जानी चाहिए। उदाहरण के लिए 13 को लें-13 पर संक्रियाएँ, जैसे कि जोड़ना/घटाना/गुणा करना आदि 13 में की जा सकती हैं। 13 को 1 और 3 में विभक्त करना और फिर 1 और 3 पर गणितीय संक्रियाएँ करने की अनुमति नहीं है।)

(a) 7 - 8 - 110 (b) 10 - 11 - 211
(c) 12 - 13 - 213 (d) 5 - 6 - 61

6. दी गई आकृति में कितने त्रिभुज हैं?

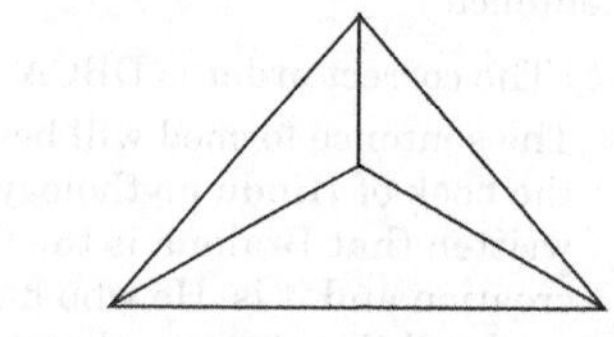

(a) 3 (b) 5 (c) 2 (d) 4

7. यदि शब्द 'DRAFTING' के प्रत्येक अक्षर को अंग्रेजी वर्णमाला क्रम में व्यवस्थित किया जाए, तो कितने अक्षरों का स्थान अपरिवर्तित रहेगा?

(a) तीन (b) दो (c) एक (d) कोई नहीं

8. एक निश्चित कूटभाषा में, 'PANTHER' को '0146283' के रूप में लिखा जाता है और 'ANOTHER' को '2864109' के रूप में लिखा जाता है। उसी भाषा में 'O' को किस प्रकार लिखा जाएगा?

(a) 8 (b) 0 (c) 9 (d) 3

9. शृंखला को पूरा करने के लिए दिए गए विकल्पों में से संख्या का चयन करें।

58, 70, 83, 97, ...

(a) 113 (b) 114
(c) 111 (d) 112

10. नीचे दी गई आकृतियों में कागज के एक टुकड़े को मोड़ने का क्रम और मुड़े हुए कागज को काटने का तरीका दर्शाया गया है। कागज खुलने पर यह कैसा दिखेगा?

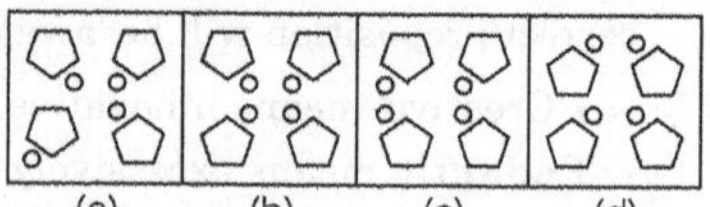

11. जब दर्पण को नीचे दर्शाए गए अनुसार MN पर रखा जाता है, तो दी गई आकृति के सही दर्पण प्रतिबिम्ब का चयन कीजिए।

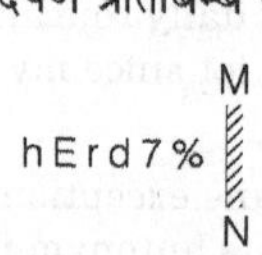

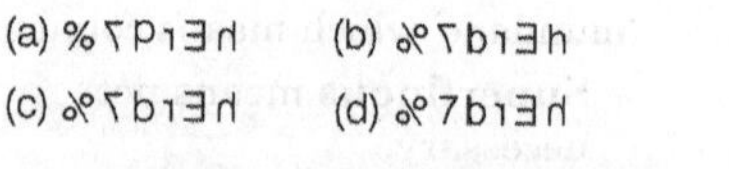

12. चार अक्षर-समूह दिए गए हैं, जिनमें से तीन किसी न किसी रूप में एकसमान हैं, और एक उनसे असंगत है। उस असंगत अक्षर-समूह का चयन कीजिए।
नोट अक्षर समूह में, असंगत व्यंजनों/स्वरों की संख्या या उनकी स्थिति पर आधारित नहीं है।

(a) NPR
(b) MOP
(c) TVX
(d) HJL

13. यदि निम्नलिखित समीकरण में, '+' और '–' को आपस में बदल दिया जाए, तथा '×' और '÷' को आपस में बदल दिया जाए, तो प्रश्नचिह्न (?) के स्थान पर क्या आएगा?

$49 \times 7 - 6 \div 8 + 13 =$

(a) 37 (b) 43 (c) 42 (d) 32

14. उस विकल्प का चयन कीजिए जिसमें संख्याओं के मध्य वही सम्बन्ध है जो नीचे दिए गए युग्म की संख्याओं के मध्य है।

(**ध्यान दें** संख्याओं को उनके घटक अंकों में विभाजित किए बिना, पूर्ण संख्याओं पर संक्रियाएँ की जानी चाहिए। उदाहरण के लिए 13 को लें-13 पर की जाने वाली संक्रियाएँ जैसे जोड़ना/घटाना/ गुणा करना आदि केवल 13 पर की जा सकती हैं। 13 को 1 और 3 में तोड़ना और फिर 1 और 3 पर गणितीय संक्रियाएँ करने की अनुमति नहीं है।)

11 : 62

13 : 64

(a) 12 : 92 (b) 16 : 67
(c) 14 : 37 (d) 9 : 59

15. दिए गए आरेख का ध्यानपूर्वक अध्ययन कीजिए और नीचे दिए गए प्रश्न का उत्तर दीजिए। विभिन्न वर्गों वाली संख्याएँ उन छात्रों की संख्या को दर्शाती हैं जो विशेष विषयों को पसन्द करते हैं।

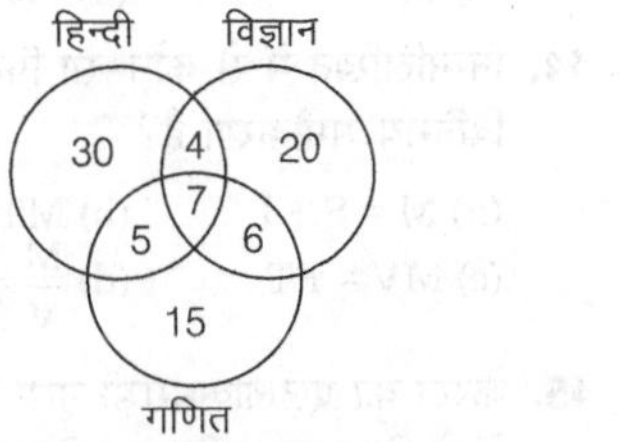

कितने छात्र हिन्दी और विज्ञान दोनों पसन्द करते हैं, लेकिन गणित को पसन्द नहीं करते हैं?

(a) 12 (b) 11 (c) 4 (d) 10

16. उस विकल्प का चयन कीजिए, जो उन अक्षरों को प्रदर्शित करता है जिन्हें नीचे दिए गए रिक्त स्थानों में बाएँ से दाएँ क्रमिक रूप से रखने पर अक्षर श्रृंखला पूर्ण हो जाएगी।

I _ _ I _ I _ _ I _ J _

(a) J I J I J I I
(b) J I I I J J I
(c) I I J J J I J
(d) I J I I J J I

17. इस प्रश्न में तीन कथन दिए गए हैं, जिसके बाद दो निष्कर्ष I और II दिए गए हैं। कथनों को सत्य मानते हुए, भले ही वे सामान्य रूप से ज्ञात तथ्यों से भिन्न प्रतीत होते हों, यह निर्णय लीजिए कि कौन-सा/से निष्कर्ष कथनों का तार्किक रूप से अनुसरण करता है/करते हैं।

कथन

कुछ शर्ट, पैंट हैं।
सभी पैंट, जैकेट हैं।
सभी जैकेट, ट्राउजर हैं।

निष्कर्ष

I. कुछ ट्राउजर, शर्ट हैं।
II. सभी जैकेट, शर्ट हैं।

(a) केवल निष्कर्ष II अनुसरण करता है
(b) न तो निष्कर्ष I और न ही II अनुसरण करता है
(c) निष्कर्ष I और II दोनों अनुसरण करते हैं
(d) केवल निष्कर्ष I अनुसरण करता है

18. निम्नलिखित में से कौन-सा पद दी गई श्रृंखला में प्रश्नचिह्न (?) को प्रतिस्थापित करेगा?

HDLB, LBPZ, PZTX, ?, XVBT

(a) TVWC (b) TWWV
(c) TXXV (d) TWXC

19. उस विकल्प आकृति का चयन करें जिसमें दी गई आकृति (X) सन्निहित है (घुमाने की अनुमति नहीं है)।

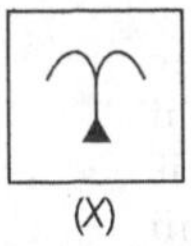
(X)

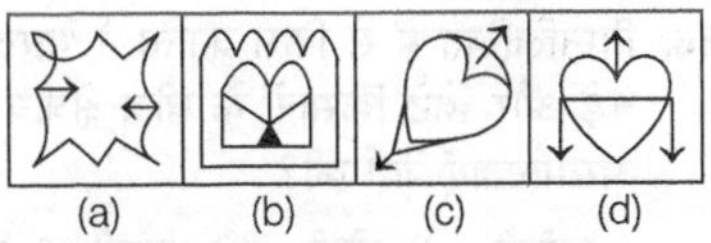
(a) (b) (c) (d)

20. निम्नलिखित चार विकल्पों में से तीन एक निश्चित तरीके से एकसमान हैं और इस प्रकार एक समूह बनाते हैं। वह कौन-सा विकल्प है जो उस समूह से सम्बन्धित नहीं है?

(**ध्यान दें** संख्याओं को उनके घटक अंकों में तोड़े बिना, पूर्ण संख्याओं पर गणितीय संक्रियाएँ की जानी चाहिए। उदाहरण के लिए 13 लें – 13 पर विभिन्न गणितीय संक्रियाएँ जैसे 13 को जोड़ना/घटाना/गुणा करना आदि की जा सकती हैं। 13 को 1 और 3 में तोड़ने और फिर 1 और 3 पर गणितीय संक्रियाएँ करने की अनुमति नहीं है।)

(a) 18-12-72 (b) 22-13-85
(c) 56-31-205 (d) 88-23-245

21. एक निश्चित कूटभाषा में, 'CYCLE' को '242241522' के रूप में कूटबद्ध किया जाता है और 'FINAL' को '2118132615' के रूप में कूटबद्ध किया जाता है। उसी भाषा में 'MUSIC' को किस प्रकार कूटबद्ध किया जाएगा?

(a) 14681824 (b) 146191824
(c) 1421191824 (d) 146192184

22. दिए गए विकल्पों में से उस आकृति की पहचान कीजिए जिसे प्रश्नचिह्न (?) के स्थान पर रखने पर श्रृंखला तार्किक रूप से पूरी हो जाएगी।

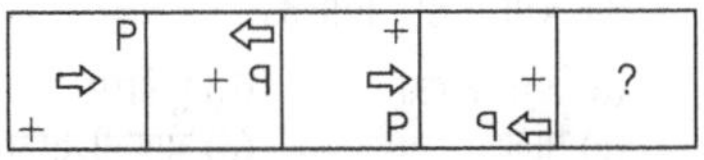

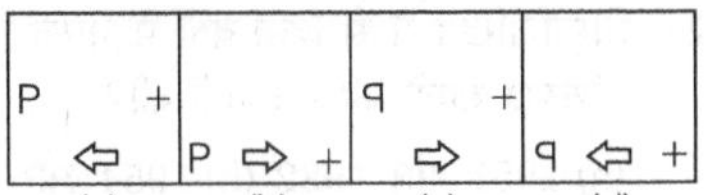
(a) (b) (c) (d)

23. उस त्रिक का चयन कीजिए, जिसमें संख्याएँ उसी प्रकार सम्बन्धित हैं, जिस प्रकार निम्नलिखित त्रिकों की संख्याएँ सम्बन्धित हैं।

(**नोट** संख्याओं को उनके घटक अंकों में विभक्त किए बिना, पूर्ण संख्याओं पर संक्रियाएँ की जानी चाहिए। उदाहरण के लिए 13:13 पर संक्रियाएँ जैसे 13 में जोड़/घटाव/गुणा आदि किया जा सकता है। 13 को 1 और 3 में विभक्त कर और फिर 1 और 3 पर गणितीय संक्रियाएँ करने की अनुमति नहीं है)।

(11, 1, 10)

(13, 7, 90)

(a) (2, 6, 28) (b) (4, 5, 19)
(c) (1, 2, 15) (d) (3, 6, 23)

24. एक निश्चित कूटभाषा में,

X + Y का अर्थ है 'X, Y की बहन है',
X – Y का अर्थ है 'X, Y की पत्नी है',
X × Y का अर्थ है 'X, Y की माता है',
X ÷ Y का अर्थ है 'X, Y का पिता है'।

उपर्युक्त के आधार पर, यदि 'H × I – J ÷ K + L' है, तो H, L से किस प्रकार सम्बन्धित है?

(a) माता की माता (b) पिता की माता
(c) माता (d) पिता की बहन

25. निम्नलिखित शृंखला को जारी रखने के लिए प्रश्नचिह्न (?) के स्थान पर कौन-सी आकृति आनी चाहिए?

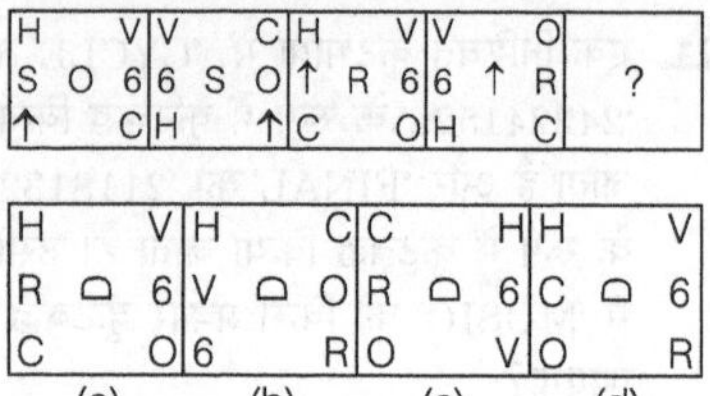

(a) (b) (c) (d)

भाग II
सामान्य जागरुकता

26. वायुमण्डल की निचली परतों में धुएँ या धूल के कणों पर जल की बूंदों के सघन द्रव्यमान को क्या कहा जाता है?
(a) धूम कोहरा (b) कुहासा
(c) पाला (d) बर्फानी तूफान

27. निम्नलिखित में से किन वर्षों में भारत ने एशियाई खेलों की मेजबानी की?
(a) 1951 और 1982 (b) 1954 और 1982
(c) 1951 और 1986 (d) 1954 और 1986

28. युद्ध या बाहरी आक्रमण के आधार पर घोषित आपातकाल के दौरान भी भारतीय संविधान के निम्नलिखित में से कौन-से अनुच्छेद को निलम्बित नहीं किया जा सकता है?
(a) अनुच्छेद 15 और 17
(b) अनुच्छेद 30 और 32
(c) अनुच्छेद 20 और 21
(d) अनुच्छेद 14 और 16

29. निम्नलिखित में से कौन-सा भारतीय संविधान का सबसे विवादास्पद अनुच्छेद है, जो किसी भी राज्य में राष्ट्रपति शासन का प्रावधान करता है?
(a) अनुच्छेद 358 (b) अनुच्छेद 356
(c) अनुच्छेद 352 (d) अनुच्छेद 360

30. भक्ति प्रदीप कुलकर्णी का सम्बन्ध ...... से है।
(a) कबड्डी (b) बैडमिण्टन
(c) शतरंज (d) क्रिकेट

31. सरधना ईसाई मेला निम्नलिखित में से किस राज्य में आयोजित किया जाता है?
(a) पश्चिम बंगाल (b) मध्य प्रदेश
(c) हरियाणा (d) उत्तर प्रदेश

32. भारतीय संविधान के किस अनुच्छेद में उल्लेख है कि राज्य ग्रामीण क्षेत्रों में व्यक्तिगत या सहकारी आधार पर कुटीर उद्योगों को बढ़ावा देने का प्रयास करेगा?
(a) अनुच्छेद 42 (b) अनुच्छेद 44
(c) अनुच्छेद 43 (d) अनुच्छेद 49

33. वॉरेन हेस्टिंग्स के अधीन पारित निम्नलिखित में से किस अधिनियम को 'हाफ-लोफ सिस्टम' भी कहा जाता था?
(a) पिट्स इण्डिया अधिनियम, 1784
(b) विनियमन (रेग्युलेटिंग) अधिनियम, 1773
(c) चार्टर अधिनियम, 1813
(d) भारत सरकार अधिनियम, 1858

34. मात्रात्मक और पौष्टिक दोनों रूप से दूध का सबसे महत्त्वपूर्ण प्रोटीन घटक कौन-सा है, जो गोजातीय दूध में कुल प्रोटीन का लगभग 80% हिस्सा होता है?
(a) केसिन (b) एक्टिन
(c) पेप्सिन (d) एल्बुमिन

35. सुमेलित कीजिए।

	सूची I (खिलाड़ी)		सूची II (पुरस्कार)
A	देवेन्द्र झाझरिया	i	पद्मश्री 2022
B	सुमित अन्तिल	ii	पद्म भूषण 2022
C	नीरज चोपड़ा	iii	अर्जुन पुरस्कार 2021
D	शिखर धवन	iv	मेजर ध्यानचन्द खेल रत्न पुरस्कार 2021

कूट
(a) A- i, B- iii, C- ii, D- iv
(b) A- iii, B- iv, C- i, D- ii
(c) A- iv, B- i, C- iii, D- ii
(d) A- ii, B- i, C- iv, D- iii

36. निम्नलिखित में से किस क्रान्ति ने भारत में बड़े और छोटे किसानों के बीच क्षेत्रीय असमानताएँ पैदा कीं?
(a) पीली (b) नीली (c) गुलाबी (d) हरित

37. 1539 ई. में चौसा की लड़ाई हुमायूँ और ...... के बीच लड़ी गई थी।
(a) सिकन्दर सूरी (b) शेरशाह सूरी
(c) राणा साँगा (d) इब्राहिम लोदी

38. निम्नलिखित में से कौन-सा चित्रण क्लोरोप्लास्ट से सम्बन्धित है?

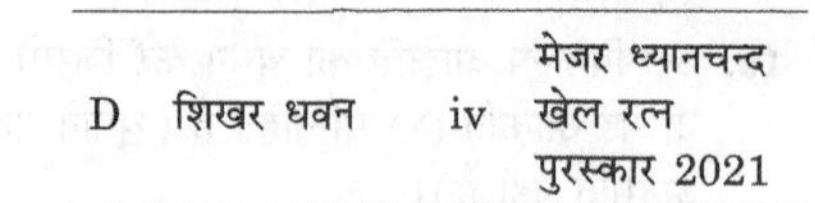

(1) (2) (3) (4)

(a) 2 (b) 3
(c) 4 (d) 1

39. निम्नलिखित में से कौन-सा विश्व का सबसे बड़ा आबाद नदी द्वीप है?
(a) लक्षद्वीप (b) माजुली
(c) भवानी (d) पिकॉक

40. निम्नलिखित में से कौन वर्ष 1947 में संगीत अकादमी (Music Academy) द्वारा संगीत कलानिधि पुरस्कार प्राप्त करने वाला सबसे कम आयु का व्यक्ति था?
(a) मल्लिकार्जुन भीमरयप्पा मंसूर
(b) अरियाकुडी रामानुज अयंगर
(c) सेम्मनगुडी राधाकृष्ण श्रीनिवास अय्यर
(d) भीमसेन जोशी

41. दाहिने हाथ के अँगूठे के नियम में, अँगूठे को निम्नलिखित में से किसकी दिशा की ओर निर्देशित किया जाता है?
(a) चालक की गति
(b) चुम्बकीय क्षेत्र
(c) विद्युत धारा
(d) विद्युत क्षेत्र

42. निम्नलिखित में से कौन आमतौर पर मौर्यों के अधीन प्रान्तीय प्रशासन का नेतृत्व करता था?
(a) प्रशस्ति (b) दण्डपाल
(c) समाहर्ता (d) कुमार

43. अली अकबर खान, निम्नलिखित में से किस घराने से जुड़े थे?
(a) किराना (b) आगरा
(c) मैहर (d) ग्वालियर

44. निम्नलिखित में से कौन-सा फिशर का विनिमय समीकरण है?
(a) $M = S + I$ (b) $MT = VP$
(c) $MV = PT$ (d) $\frac{M}{V} = \frac{T}{P}$

45. केरल का एलेलाक्कराड़ी नृत्य निम्नलिखित में से किस जनजाति द्वारा किया जाता है?
(a) माविलन जनजाति
(b) कुरुम्बा जनजाति
(c) इरुलर जनजाति
(d) आदियान जनजाति

46. बक्सर का युद्ध निम्नलिखित में से किस वर्ष में लड़ा गया था?
(a) 1764 ई. (b) 1757 ई.
(c) 1793 ई. (d) 1777 ई.

47. दूरसंचार विभाग द्वारा मोबाइल टावरों और ईएमएफ (EMF) उत्सर्जन अनुपालन पर जानकारी साझा करने के लिए कौन-सा वेब पोर्टल लॉन्च किया है?
(a) नमस्ते (b) ई-अमृत
(c) पीएम दक्ष (d) तरंग संचार

48. न्यूलैण्ड्स के अष्टक में लीथियम और ...... के गुण समान पाए गए।

(a) मैग्नीशियम (b) सोडियम
(c) एल्युमीनियम (d) बेरीलियम

49. भारत में द्वितीय हरित क्रान्ति का प्रमुख उद्देश्य क्या था?

(a) कृषि में समग्र विकास पर ध्यान केन्द्रित करना
(b) रासायनिक उर्वरकों एवं कीटनाशकों का उपयोग बढ़ाना
(c) पश्चिमी राज्यों में खाद्य सुरक्षा सुनिश्चित करना
(d) पारम्परिक कृषि पद्धतियों को बढ़ावा देना

50. निम्नलिखित में से किस राज्य सरकार ने सार्वजनिक रूप से पेड़ लगाने को बढ़ावा देने के लिए मई, 2021 में 'अंकुर' योजना शुरू की है, जिसमें लोगों को पौधे लगाने और उनकी देखभाल करने के लिए पुरस्कृत किया जाएगा?

(a) पश्चिम बंगाल (b) बिहार
(c) मध्य प्रदेश (d) उत्तराखण्ड

भाग III
संख्यात्मक अभियोग्यता

51. यदि $\tan\theta = \frac{5}{8}$ है, तो $\frac{(1+\cos\theta)(1-\cos\theta)}{(1+\sin\theta)(1-\sin\theta)}$ का मान ज्ञात कीजिए।

(a) $\frac{25}{64}$ (b) $\frac{64}{25}$
(c) $\frac{5}{64}$ (d) $\frac{2}{25}$

52. 30 छात्रों वाली एक कक्षा के सभी छात्रों ने एक टेस्ट दिया। 12 छात्रों का औसत स्कोर 62 है और बाकी छात्रों का औसत स्कोर 68 है। कक्षा का औसत स्कोर ज्ञात करें।

(a) 64.6 (b) 63.6
(c) 66.6 (d) 65.6

53. तीन उम्मीदवारों X, Y और Z ने एक चुनाव में भाग लिया। X को Y से 30% अधिक वोट मिले, जबकि Z को Y से 25% अधिक वोट मिले। X ने Z को भी 5000 वोटों से पीछे छोड़ दिया। यदि 71% मतदाताओं ने मतदान किया और कोई अवैध वोट नहीं डाला गया, तो मतदान सूची में मतदाताओं की कुल संख्या क्या थी?

(a) 355000 (b) 405000
(c) 500000 (d) 450000

54. एक चतुर्भुज पतंग $ABCD$ में, लम्बा विकर्ण BD खींचा गया है। यदि $\angle ABD = 54°$ और $\angle ADB = 50°$; है, तो $\angle DCB$ की माप (डिग्री में) क्या है?

(a) 108 (b) 100
(c) 76 (d) 54

55. निम्नलिखित में से कौन-सी संख्या 8 से विभाज्य नहीं है?

(a) 7344 (b) 4608
(c) 7497 (d) 5544

56. ΔPQR में, यदि PT माध्यिका है, तो निम्नलिखित में से कौन-सा विकल्प सही है?

(a) $PQ^2 + PR^2 = PT^2 + QT^2$
(b) $PQ^2 + PR^2 = 2(PT^2 + QT^2)$
(c) $PQ^2 + PR^2 = 2(PT^2 - QT^2)$
(d) $PQ^2 + PR^2 = PT^2 + QR^2$

57. किसी बिन्दु A से 7 इकाई त्रिज्या वाले वृत्त पर एक स्पर्श रेखा खींची जाती है। उसी बिन्दु से वृत्त पर एक छेदक रेखा खींची जाती है जो वृत्त को B और C पर काटती है और बिन्दु B, C की तुलना में A के निकट है। यदि बिन्दु A से वृत्त की स्पर्श रेखा की लम्बाई 21 इकाई है और AB की लम्बाई 14 इकाई है, तो इकाई में BC की लम्बाई कितनी है?

(a) 16.5 (b) 17.5
(c) 15.5 (d) 18.5

58. दी गई तालिका का अध्ययन कीजिए और निम्नलिखित प्रश्न का उत्तर दीजिए।

दी गई तालिका दो राज्यों X और Z से एक लोक सेवा परीक्षा में उपस्थित होने वाले उम्मीदवारों (पुरुष और महिला दोनों) की संख्या तथा परीक्षा में उत्तीर्ण होने वाले उम्मीदवारों का प्रतिशत दर्शाती है। तालिका में कुछ मान लुप्त है (------ द्वारा दर्शाया गया है)। आपको प्रश्न के अनुसार इन्हें पूर्ण करना होगा।

वर्ष	राज्य X		राज्य Z	
	उपस्थित उम्मीदवारों की संख्या	उत्तीर्ण उम्मीदवारों का प्रतिशत	उपस्थित उम्मीदवारों की संख्या	उत्तीर्ण उम्मीदवारों का प्रतिशत
2008	480	70%	......	70%
2009	560	75%	......	80%
2010	......	60%	650	50%
2011	450	89%	720	72%
2012	790	......	660	......

वर्ष 2008 से 2009 तक राज्य Z तक उपस्थित होने वाले उम्मीदवारों की संख्या में 100% की वृद्धि हुई। यदि 2008 और 2009 में राज्य Z से उत्तीर्ण उम्मीदवारों की कुल संख्या 552 है, तो वर्ष 2009 में राज्य Z से उपस्थित उम्मीदवारों की संख्या कितनी है?

(a) 600 (b) 480 (c) 240 (d) 360

59. यदि किसी वृत्त के त्रिज्यखण्ड का क्षेत्रफल 462 सेमी^{2} है और केन्द्रीय कोण 120° है, तो इसकी त्रिज्या ...... होगी।

(a) 14 सेमी (b) 17 सेमी
(c) 18 सेमी (d) 21 सेमी

60. दो इनलेट पाइप, P_1 और P_2, एक टंकी को क्रमशः 20 घण्टे और 30 घण्टे में भर सकते हैं। उन्हें एक ही समय पर खोला गया, लेकिन टंकी के पूरा भरने से 5 घण्टे पहले पाइप P_1 को बन्द करना पड़ा। दोनों पाइपों के द्वारा टंकी को भरने में कुल कितने घण्टे लगे?

(a) 10 घण्टे (b) 15 घण्टे
(c) 12 घण्टे (d) 9 घण्टे

61. अनुभा अपने स्कूटर को ₹23358 में बेचकर, विक्रय मूल्य के $\frac{1}{6}$ भाग के बराबर लाभ अर्जित करती है। उसका लाभ प्रतिशत ज्ञात कीजिए।

(a) 25% (b) 20% (c) 35% (d) 30%

62. समीकरण $ax + (a^2+1)y = 4$ और $4x + ay = a^2$ के लिए, निम्नलिखित में से कौन-सा कथन सत्य है?

(a) यदि $a = -12$ है, तो $x = \frac{325}{28}$, $y = -\frac{25}{28}$ हल हैं।
(b) यदि $a = -12$ है, तो $x = 48$, $y = 4$ हल हैं।
(c) यदि $a = 6$ है, तो $x = \frac{325}{28}$, $y = -\frac{25}{28}$ हल हैं।
(d) यदि $a = 6$ है, तो $x = 48$, $y = 4$ हल हैं।

63. एक पुलिसकर्मी 195 मी की दूरी से एक चोर को देखता है। जब पुलिसकर्मी उसका पीछा करना शुरू करता है, तो चोर भी भागने लगता है। यदि चोर की चाल 22 किमी/घण्टा है और पुलिसकर्मी की चाल 27 किमी/घण्टा है, तो पकड़े जाने से पहले चोर कितनी दूरी तक (मी में) भाग चुका होगा?

(a) 958 (b) 858
(c) 825 (d) 951

64. दिया गया पाई-चार्ट किसी विशेष वर्ष के दौरान विभिन्न खेलों पर देश के व्ययों (₹ लाख में) को दर्शाता है। पाई-चार्ट का ध्यानपूर्वक अध्ययन कीजिए और निम्नलिखित प्रश्न का उत्तर दीजिए।

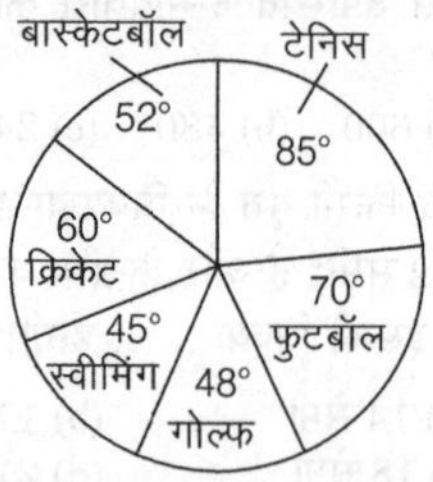

यदि क्रिकेट पर व्यय ₹ 72 लाख है, तो टेनिस, गोल्फ, स्वीमिंग, और बास्केटबॉल पर औसत व्यय (₹ लाख में) कितना है?

(a) 138 (b) 44
(c) 120 (d) 69

65. एक कॉलेज में लड़कों और लड़कियों का अनुपात 5 : 6 है। यदि 40 लड़के कॉलेज छोड देते हैं और 50 लड़कियाँ कॉलेज में शामिल हो जाती है, तो अनुपात 8 : 11 हो जाता है। कॉलेज में लड़कियों की संख्या ज्ञात कीजिए।

(a) 720 (b) 860
(c) 640 (d) 740

66. दी गई तालिका विभिन्न पदों (A, B, C, D, E और F) के लिए साक्षात्कार में उपस्थित अभ्यर्थियों की संख्या को दर्शाती है।

पद	उपस्थित अभ्यर्थी
A	5500
B	8200
C	8600
D	9900
E	5300
F	5100

C, D, E और F पदों के लिए उपस्थित होने वाले अभ्यर्थियों की औसत संख्या कितनी है?

(a) 7500 (b) 8000
(c) 7225 (d) 7600

67. $\frac{(25)^4 + 1250 + 1 - (25)^2}{(25)^2 + 25 + 1}$ को सरल कीजिए।

(a) 603 (b) 601
(c) 602 (d) 604

68. यदि A एक न्यून कोण है, तो, $\sqrt{\frac{1-\cos A}{1+\cos A}} + \sqrt{\frac{1+\cos A}{1-\cos A}}$ का मान ज्ञात कीजिए।

(a) $2\sin A$ (b) $2\operatorname{cosec} A$
(c) $2\sec A$ (d) $2\cos A$

69. $[15 \div 3 \times 7 - 8$ का $2 + 6]$ का मान ज्ञात करें।

(a) 25 (b) −29
(c) 39.5 (d) 13

70. दी गई तालिका अलग-अलग वर्षों में तीन कम्पनियों A, B और C के व्यय (करोड़ ₹ में) और प्रतिशत लाभ को दर्शाती है। दिया है

$$\text{आय} = \text{व्यय} + \text{व्यय} \times \frac{\text{लाभ\%}}{100}$$

वर्ष	कम्पनी A		कम्पनी B		कम्पनी C	
	व्यय	लाभ	व्यय	लाभ	व्यय	लाभ
2002	24	50%	20	40%	40	45%
2003	30	45%	15	25%	50	55%
2004	36	40%	25	35%	60	65%
2005	40	60%	35	48%	80	75%

वर्ष 2003 में कम्पनी C की आय (करोड़ ₹ में) कितनी है?

(a) 77.5 (b) 105
(c) 69.8 (d) 75.7

71. एक आयताकार मैदान की लम्बाई और चौड़ाई का योग 9 सेमी और क्षेत्रफल 18 सेमी^{2} है। यदि लम्बाई 'a' है और चौड़ाई 'b' है, तो $(a^2 - ab + b^2)$ का मान ज्ञात कीजिए।

(a) 18 (b) 36 (c) 24 (d) 27

72. यदि $\tan\theta + \cot\theta = 2$, और θ कोई न्यून कोण हो, तो θ का मान ज्ञात कीजिए।

(a) 45° (b) 60° (c) 15° (d) 30°

73. प्रणव ने 20% वार्षिक साधारण ब्याज की दर से ₹ 598397 की राशि उधार ली। प्रथम वर्ष की समाप्ति पर, वह उधार ली गई मूल राशि की वापसी के लिए ₹24284 चुकाता है। यदि प्रणव दूसरे वर्ष की समाप्ति पर सभी लम्बित बकाया राशि का भुगतान करता है, जिसमें प्रथम वर्ष के दौरान अर्जित ब्याज भुगतान भी शामिल है, तो वह दूसरे वर्ष की समाप्ति पर कितना भुगतान (₹ में) करेगा?

(a) 818513 (b) 808615
(c) 817567 (d) 812514

74. एक बन्द घन का सम्पूर्ण पृष्ठीय क्षेत्रफल 1152 सेमी^{2} दिया गया है। घन की प्रत्येक भुजा की लम्बाई (सेमी में) क्या है?

(a) $4\sqrt{13}$ (b) $9\sqrt{2}$
(c) $8\sqrt{2}$ (d) $8\sqrt{3}$

75. एक कुकर पर ₹ 12500 अंकित है। विक्रेता इस पर 6%, 6% और 4% की क्रमिक छूट प्रदान करता है। कुकर का शुद्ध विक्रय मूल्य क्या है?

(a) ₹ 10306 (b) ₹ 12230
(c) ₹ 10603.20 (d) ₹ 12320.60

भाग IV

अंग्रेजी भाषा

76. Select the option that can be used as a one-word substitute for the given group of words.
An utter state of confusion

(a) Pathos (b) Engross
(c) Innuendos (d) Chaos

77. Select the most appropriate option to substitute the underlined segment in the given sentence.
After reflecting on the matter regarding his boss's selfish attitude, Raju decided to <u>force himself to perform an unpleasant action in a difficult situation in order to resolve the matter</u>.

(a) bite the bullet
(b) dodge the bullet
(c) shoot the bullet
(d) ignore the bullet

78. Identify the incorrectly spelt word in the following sentence and select its correct spelling from the given options.
The occurence of this phenomenon is quite rare.

(a) occurrance
(b) occerence
(c) occurrence
(d) occurance

79. Select the option that expresses the given sentence in passive voice.
Meenakshi could have sent a reply.

(a) A reply could have be sent by Meenakshi.
(b) A reply could have been sent by Meenakshi.
(c) A reply could have sent by Meenakshi.
(d) A reply could have been send by Meenakshi.

80. Select the option that can be used as a one-word substitute for the given group of words.
Lack of interest, enthusiasm or concern
(a) Sympathy
(b) Apathy
(c) Empathy
(d) Antipathy

81. Select the most appropriate synonym of the given word.
Beseech
(a) Pamper (b) Implore
(c) Impart (d) Bequeath

82. Select the option that corrects the error in the given sentence.
She sings good.
(a) better (b) best
(c) goodly (d) well

83. Select the incorrectly spelt word.
(a) Interrupt (b) Occurrence
(c) Beggining (d) Cemetery

84. Parts of a sentence are given below in jumbled order. Select the option that arranges the parts in the correct sequence to form a meaningful sentence.
(P) society benefits from diversity
(Q) enriching cultures and
(O) by fostering understanding and empathy
(R) perspectives from around the world
(a) QPRO (b) POQR
(c) RPOQ (d) ROQP

85. Select the most appropriate option that can substitute the underlined segment in the given sentence.
No sooner did Mr. Piyahri Mishra finish his chemistry lecture <u>that the students began to leave</u>.
(a) so the students began to leave.
(b) then the students began to leave.
(c) and the students began to leave.
(d) than the students began to leave.

86. Select the option that can be used as a one-word substitute for the given group of words.
The study of ancient things such as art, graves, ruins, etc.
(a) Astrology
(b) Archaeology
(c) Geology
(d) Meteorology

87. Select the term which means same as the given group of words.
A continuing unpleasant situation, created when one problem causes another problem that then makes the first problem worse
(a) Vicious cycle
(b) Round cycle
(c) Repetitive cycle
(d) Enclosed cycle

88. Select the most appropriate synonym of the given word.
Miraculous
(a) Draining (b) Average
(c) Expected (d) Incredible

89. Select the option that expresses the given sentence in passive voice.
The school will hire new teachers.
(a) New teachers will join the school.
(b) The school will be hiring new teachers.
(c) New teachers are hired by the school.
(d) New teachers will be hired by the school.

90. Select the most appropriate antonym of the given word.
Absolve
(a) Commend (b) Accuse
(c) Excuse (d) Appeal

91. Select the option that can be used as a one-word substitute for the given group of words.
A person who has supreme power or authority
(a) Secular (b) Sovereign
(c) Diversity (d) Foreign

92. Select the most appropriate antonym of the given word.
Appreciate
(a) Depict (b) Acknowledge
(c) Esteem (d) Depreciate

93. Parts of the following sentence have been given as options. Select the option that contains an error.
In some countries, you are not able to drink until you are 21.
(a) In some countries,
(b) able to drink
(c) until you are 21.
(d) you are not

94. Select the most appropriate option to fill in the blank.
The US .... building was built in the year 1800.
(a) capital (b) cannibal
(c) captain (d) capitol

95. Select the most appropriate synonym of the given word.
Magnificent
(a) Slow (b) Sacred
(c) Scared (d) Splendid

Directions (Q. Nos. 96-100) *In the following passage, some words have been deleted. Read the passage carefully and select the most appropriate option to fill in each blank.*

Augmented reality and virtual reality are two types of reality technologies that either augment or replace a real-world environment with a ...... (1) ...... one. In augmented reality, a virtual environment coexists ...... (2) ...... the actual world, to be instructive and offer more data about the real world that a user can access without having to search. When a handset is pointed at a piece of malfunctioning ...... (3) ......, for example, industrial AR apps might provide rapid troubleshooting information. Virtual reality is a ...... (4) ...... environmental simulation that completely replaces the user's surroundings with a totally virtual world. For example, VR may provide a user with a box containing a cartoon ...... (5) ...... of Mike Tyson in a virtual boxing ring.

96. Select the most appropriate option to fill in blank number 1.
(a) simulated (b) catered
(c) revealed (d) suffocated

97. Select the most appropriate option to fill in blank number 2.
(a) with (b) behind
(c) along (d) beyond

98. Select the most appropriate option to fill in blank number 3.
(a) equipment (b) arsenal
(c) outfit (d) baggage

99. Select the most appropriate option to fill in blank number 4.
(a) comprehensive
(b) conclusive
(c) transgressive
(d) reprehensive

100. Select the most appropriate option to fill in blank number 5.
(a) glossary (b) network
(c) rendition (d) resistance

उत्तरमाला

1. (b)	2. (d)	3. (b)	4. (b)
5. (d)	6. (d)	7. (d)	8. (c)
9. (d)	10. (b)	11. (c)	12. (b)
13. (c)	14 (b)	15. (c)	16. (a)
17. (d)	18. (c)	19. (b)	20. (b)
21. (a)	22. (b)	23. (b)	24. (a)
25. (d)	26. (a)	27. (a)	28. (c)
29. (b)	30. (c)	31. (d)	32. (c)
33. (a)	34. (a)	35. (d)	36. (d)
37. (b)	38. (a)	39. (b)	40. (c)
41. (c)	42. (d)	43. (c)	44. (c)
45. (c)	46. (a)	47. (d)	48. (b)
49. (a)	50. (c)	51. (a)	52. (d)
53. (c)	54. (c)	55. (c)	56. (b)
57. (b)	58. (b)	59. (d)	60. (b)
61. (b)	62. (b)	63. (b)	64. (d)
65. (a)	66. (c)	67. (b)	68. (b)
69. (a)	70. (a)	71. (d)	72. (a)
73. (b)	74. (d)	75. (c)	76. (d)
77. (a)	78. (c)	79. (b)	80. (b)
81. (b)	82. (d)	83. (c)	84. (b)
85. (d)	86. (b)	87. (a)	88. (d)
89. (d)	90. (b)	91. (b)	92. (d)
93. (b)	94. (d)	95. (d)	96. (a)
97. (a)	98. (a)	99. (a)	100. (c)

व्याख्या

1. *(b)* जिस प्रकार,

M P Q O
−2 −2 +2 +2
K N S Q

तथा

D G H F
−2 −2 +2 +2
B E J H

उसी प्रकार, E I N W
−2 −2 +2 +2
C G P Y

2. *(d)* 69 + 2485 × 5 − 912 ÷ 2 = ?
प्रश्नानुसार, चिह्नों को आपस में बदलने पर,
69 − 2485 ÷ 5 + 912 × 2 = ?
⇒ ? = 69 − 497 + 1824
⇒ ? = 1893 − 497 ⇒ ? = 1396

3. *(b)* प्रश्नानुसार, कागज को मोड़ने, काटने तथा खोलने के पश्चात् यह विकल्प आकृति (b) जैसी दिखाई देगी।

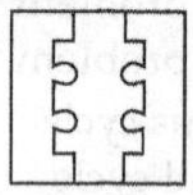

4. *(b)* जिस प्रकार, लार्वा एक कीट का किशोर रूप है उसी प्रकार, मृगशावक एक हिरण का किशोर रूप है।

5. *(d)* जिस प्रकार,
4 − 5 − 41 ⇒ (4 × 5) × 2 + 1
= 20 × 2 + 1 = 41
तथा 2 − 3 − 13
⇒ (2 × 3) × 2 + 1 = 6 × 2 + 1 = 13
उसी प्रकार,
5 − 6 − 61 ⇒ (5 × 6) × 2 + 1
= 30 × 2 + 1 = 61

6. *(d)* आकृति के बिन्दुओं का नामकरण करने पर,

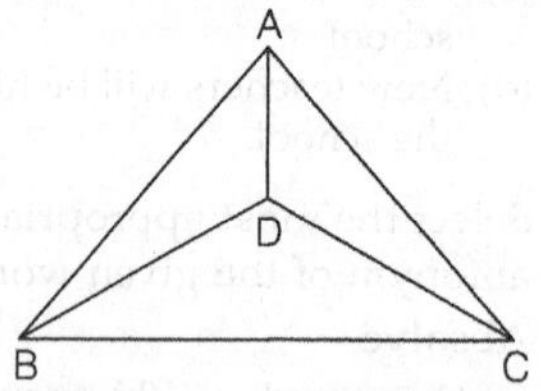

त्रिभुज में ΔABD, ΔACD, ΔBDC, ΔABC
अतः त्रिभुजों की कुल संख्या 4 है।

7. *(d)*
दिया गया शब्द→D R A F T I N G
वर्णमाला क्रम में व्यवस्थित करने पर,→A D F G I N R T
अतः शून्य अक्षरों का स्थान अपरिवर्तित रहेगा।

8. *(c)* प्रश्नानुसार,
PANTHER →0146283
ANOTHER →2864109
अतः O का कूट = 9

9. *(d)* शृंखला का क्रम निम्न प्रकार है
58 70 83 97 112
+12 +13 +14 +15

10. *(b)* प्रश्नानुसार, कागज के टुकड़े को मोड़ने, काटने तथा खोलने के पश्चात् यह विकल्प आकृति (b) जैसी दिखाई देगी।

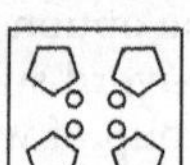

11. *(c)* प्रश्नानुसार,

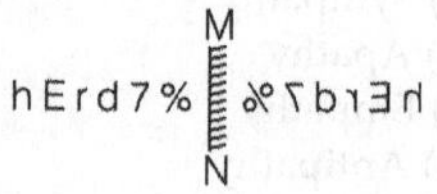

अतः विकल्प (c) सही दर्पण प्रतिबिम्ब होगा।

12. *(b)* जिस प्रकार,
विकल्प (a) से, N P R (+2, +2)
विकल्प (c) से, T V X (+2, +2)
विकल्प (d) से, H J L (+2, +2)
परन्तु, विकल्प (b) से, M O P (+2, +1)

13. *(c)* 49 × 7 − 6 ÷ 8 + 13
प्रश्नानुसार, चिह्नों को आपस में बदलने पर,
49 ÷ 7 + 6 × 8 − 13
= 7 + 48 − 13
= 55 − 13 = 42

14. *(b)* जिस प्रकार,
11 : 62 ⇒ 62 − 11 = 51
तथा 13 : 64 ⇒ 64 − 13 = 51
उसी प्रकार, 16 : 67 ⇒ 67 − 16 = 51

15. *(c)* प्रश्नानुसार,
उन छात्रों की संख्या जो हिन्दी और विज्ञान दोनों पसन्द करते हैं, लेकिन गणित को पसन्द नहीं करते = 4

16. *(a)* शृंखला का क्रम निम्न प्रकार है
I J J/ I J J/ I J J/ I J J
⇒ JIJIJII

17. *(d)* प्रश्नानुसार,

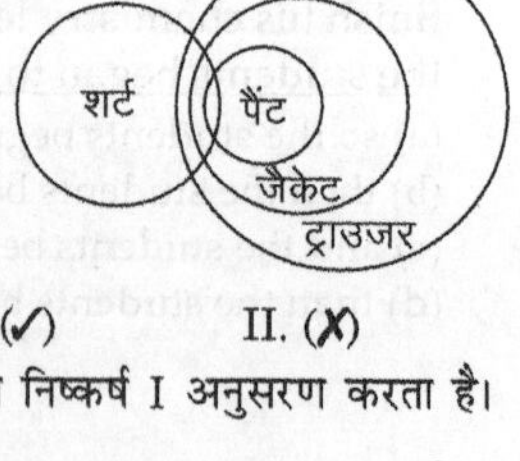

निष्कर्ष I. (✓) II. (✗)
अतः केवल निष्कर्ष I अनुसरण करता है।

18. *(c)* श्रृंखला का क्रम निम्न प्रकार है

H $\xrightarrow{+4}$ L $\xrightarrow{+4}$ P $\xrightarrow{+4}$ T $\xrightarrow{+4}$ X
D $\xrightarrow{-2}$ B $\xrightarrow{-2}$ Z $\xrightarrow{-2}$ X $\xrightarrow{-2}$ V
L $\xrightarrow{+4}$ P $\xrightarrow{+4}$ T $\xrightarrow{+4}$ X $\xrightarrow{+4}$ B
B $\xrightarrow{-2}$ Z $\xrightarrow{-2}$ X $\xrightarrow{-2}$ V $\xrightarrow{-2}$ T

19. *(b)* प्रश्न आकृति विकल्प आकृति (b) में सन्निहित है।

20. *(b)* विकल्प (a) से,
18 – 12 – 72
$\Rightarrow (18 \times 2) + (12 \times 3) = 36 + 36 = 72$
विकल्प (c) से,
56 – 31 – 205
$\Rightarrow (56 \times 2) + (31 \times 3)$
$= 112 + 93 = 205$
विकल्प (d) से,
$88 - 23 - 245 \Rightarrow (88 \times 2) + (23 \times 3)$
$= 176 + 69 = 245$
परन्तु विकल्प (b) से,
$22 - 13 - 85 \Rightarrow (22 \times 2) + (13 \times 3)$
$= 44 + 39 = 83 \neq 85$

21. *(a)* जिस प्रकार,

3	25	3	12	5
C	Y	C	L	E
↓	↓	↓	↓	↓
24	2	24	15	22

(विपरीत अक्षर का स्थानीय मान)

तथा

6	9	14	1	12
F	I	N	A	L
↓	↓	↓	↓	↓
21	18	13	26	15

(विपरीत अक्षर का स्थानीय मान)

उसी प्रकार,

13	21	19	9	3
M	U	S	I	C
↓	↓	↓	↓	↓
14	6	8	18	24

(विपरीत अक्षर का स्थानीय मान)

22. *(b)* दी गई आकृति श्रृंखला का क्रम निम्न प्रकार है,

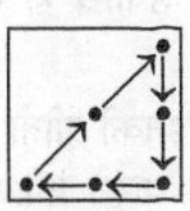

इसके अलावा, प्रत्येक चरण के साथ सभी प्रतीक और अक्षर पार्श्व रूप से पलट जाते हैं। अत: विकल्प आकृति (b) श्रृंखला को पूरा करेगी।

23. *(b)* जिस प्रकार,
$(11, 1, 10) \Rightarrow (11 \times 1) - 1 = 11 - 1 = 10$
तथा (13, 7, 90)
$\Rightarrow (13 \times 7) - 1 = 91 - 1 = 90$
उसी प्रकार, $(4, 5, 19) \Rightarrow (4 \times 5) - 1$
$= 20 - 1 = 19$

24. *(a)* $H \times I - J \div K + L$
प्रश्नानुसार,

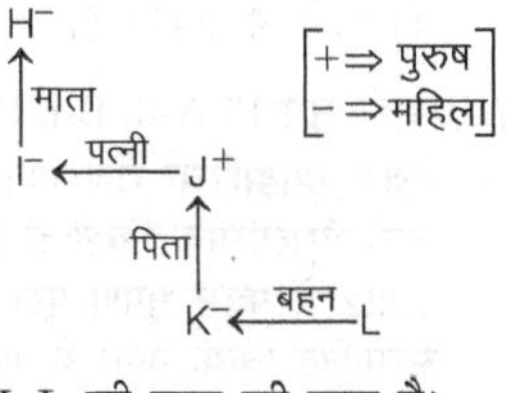

अत: H, L की माता की माता है।

25. *(d)* दी गई आकृति श्रृंखला का क्रम निम्न प्रकार है,

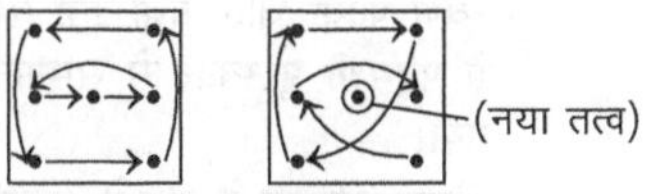

आकृति 1 से 2 तथा 3 से 4 में   आकृति 2 से 3 तथा 4 से 5 में

अत: प्रश्नचिह्न के स्थान पर विकल्प आकृति (d) आएगी।

26. *(a)* वायुमण्डल की निचली परतों में धुएँ या धूल के कणों पर जल की बूँदों के सघन द्रव्यमान को धूम कोहरा कहा जाता है।

- धूम कोहरा कोहरे, धूल एवं वायु प्रदूषकों; जैसे—नाइट्रोजन ऑक्साइड, वाष्पशील कार्बनिक यौगिकों इत्यादि का एक हानिकारक मिश्रण है, जो सूर्य के प्रकाश के साथ मिलकर भूमि स्तर के ओजोन की एक सघन परत का निर्माण करता है।
- धूम कोहरा, स्वचालित वाहनों, कारखानों और उद्योगों से निकलने वाले उत्सर्जन का सूर्य के प्रकाश और वायुमण्डल के साथ अभिक्रिया के परिणाम स्वरूप उत्पन्न होता है।
- धूम कोहरा मनुष्यों एवं जन्तुओं के लिए हानिकारक होता है तथा पादपों को भी नुकसान पहुँचाता है।

27. *(a)* वर्ष 1951 व वर्ष 1982 में भारत ने एशियाई खेलों की मेजबानी की थी।

- एशियाई खेल एशिया की सबसे बड़ी खेल प्रतियोगिता है, जो प्रत्येक चार वर्ष में किसी एशियाई देश में आयोजित की जाती है।
- इस खेल की शुरुआत वर्ष 1951 में हुई थी। प्रथम संस्करण की मेजबानी-भारत, (नई दिल्ली) ने की।
- वर्ष 1982 में 9वें संस्करण की मेजबानी भी भारत (नई दिल्ली) ने की।
- भारत एशियाई खेलों के संस्थापक सदस्यों में से एक है।
- इस खेल का प्रतीक चिह्न उगते हुए सूरज के साथ एक-दूसरे से जुड़े हुए छल्ले हैं।

28. *(c)* युद्ध या बाहरी आक्रमण के आधार पर घोषित भारतीय संविधान के आपातकाल के दौरान भी अनुच्छेद 20 एवं 21 को निलम्बित किया जा सकता है।

- अनुच्छेद 20 का सम्बन्ध अपराधों के लिए सजा के सम्बन्ध में संरक्षण तथा अनुच्छेद 21 का सम्बन्ध जीवन की सुरक्षा और व्यक्तिगत स्वतन्त्रता से है।
- वर्ष 1978 में 44वें संविधान संशोधन अधिनियम के अनुच्छेद 359 में संशोधन किया गया एवं अनुच्छेद 20 एवं अनुच्छेद 21 के तहत अधिकारों को निलम्बित नहीं करने के इस प्रावधान को जोड़ा गया।

29. *(b)* अनुच्छेद 356 किसी भी राज्य में राष्ट्रपति शासन का प्रावधान करता है।

- राज्य आपातकाल भारतीय संविधान के अनुच्छेद 356 के अन्तर्गत आता है, जो भारतीय राष्ट्रपति को किसी विशेष राज्य में अपना शासन लागू करने एवं राज्य की सरकार को खारिज करने की अनुमति देता है अर्थात् राज्य में राष्ट्रपति शासन लगाता है।
- यदि राष्ट्रपति सम्बन्धित राज्य के राज्यपाल से रिपोर्ट प्राप्त के आधार पर सन्तुष्ट हो जाता है कि ऐसी स्थिति उत्पन्न हो गई, जिससे राज्य का शासन इस संविधान के प्रावधानों के अनुसार नहीं चलाया जा सकता है, तो राष्ट्रपति उस राज्य में राष्ट्रपति शासन लगाता है।
- राष्ट्रपति शासन लागू होने से केन्द्र सरकार को राज्य विधानमण्डल को निलम्बित करने एवं राज्यपाल के माध्यम से राज्य पर शासन करने का अधिकार मिल जाता है।

30. *(c)* भक्ति प्रदीप कुलकर्णी का सम्बन्ध शतरंज खेल से है।

- भक्ति प्रदीप कुलकर्णी वर्तमान में भारत की राष्ट्रीय महिला शतरंज चैम्पियन हैं, इन्होंने लगातार दो वर्ष 2018 एवं 2019 में इस खिताब को अपने नाम किया था।

- इन्हें वर्ष 2022 अर्जुन पुरस्कार से सम्मानित किया गया, जो भारत में खेलों के लिए सर्वोच्च सम्मानों में से एक है।
- गोवा की रहने वाली प्रदीप कुलकर्णी ने 7 वर्ष की आयु में अपना पहला (कांस्य पदक) पदक जीता था।

31. *(d)* उत्तर प्रदेश राज्य के मेरठ में सरधना ईसाई मेले का आयोजन नवम्बर माह के दूसरे शनिवार-रविवार को होता है।

- बेगम समरू द्वारा बनवाए गए इस चर्च को पोप जॉन 23वें ने वर्ष 1961 में माइनर बसिलिका का दर्जा दिया था।
- लगभग 11 वर्ष में बना यह चर्च 1822 ई. में पूर्ण हुआ, इस ऐतिहासिक चर्च के दरवाजे अपनी खूबसूरती प्रदर्शित करते हैं।

32. *(c)* **अनुच्छेद** 43 राज्य की नीति-निदेशक सिद्धान्त की अवधारणा को स्पष्ट करते हुए इंगित करता है कि राज्य सभी कामगारों के लिए निर्वाह योग्य मजदूरी और एक उचित जीवन स्तर सुनिश्चित करने का प्रयास करेगा।

- गाँधीवादी सिद्धान्तों पर आधारित अनुच्छेद 43 राज्य के ग्रामीण क्षेत्रों में व्यवस्थित या सहकारी रूप से कुटीर उद्योगों को बढ़ावा देने के लिए प्रतिबिम्बित करता है।
- अनुच्छेद 43 का प्रमुख उद्देश्य आर्थिक एवं सामाजिक कल्याण, समग्र विकास तथा ग्रामीण रोजगार है।

33. *(a)* वॉरेन हेस्टिंग्स के अधीन पारित पिट्स इण्डिया अधिनियम, 1784 को 'हाफ-लोफ सिस्टम' भी कहा जाता था।

- 1773 के रेग्युलेटिंग एक्ट की कमियों को दूर करने के लिए गवर्नर जनरल वॉरेन हेस्टिंग्स के शासनकाल में ब्रिटिश सरकार द्वारा भारत पिट्स इण्डिया अधिनियम, 1784 को पारित किया गया था।
- इस अधिनियम के तहत ईस्ट इण्डिया कम्पनी को भारत में ब्रिटिश सरकार की निगरानी में स्थापित किया गया, इस कारण इस अधिनियम को हाफ-लोफ सिस्टम भी कहा जाता है।
- इस अधिनियम के तहत मद्रास और बम्बई की समितियों को बंगाल परिषद् के अनुरूप परिवर्तित किया गया।

34. *(a)* मात्रात्मक और पौष्टिक दोनों रूप से दूध का सबसे महत्त्वपूर्ण प्रोटीन घटक केसिन होता है, जो गोजातीय दूध में कुल प्रोटीन का लगभग 80% होता है।

- केसिन, दूध से प्राप्त एक प्रोटीन होता है, जिसमें आपके शरीर के लिए आवश्यक सभी अमीनो एसिड होते हैं।
- इसके धीमे पाचन के परिणामस्वरूप अमीनो एसिड की निरन्तर रिहाई होती है, जो माँसपेशियों की रिकवरी में सहायता करती है।
- यह माँसपेशियों के द्रव्यमान को बनाए रखती है और समय के साथ माँसपेशियों को टूटने से रोकती है।

35. *(d)* सही सुमेलन A-ii, B-i, C-iv, D-iii है।

- **देवेन्द्र झाझरिया** राजस्थान के चुरु में जन्मे पैरालम्पिक खिलाड़ी हैं, जिन्हें वर्ष 2022 में पद्म भूषण पुरस्कार से सम्मानित किया गया। ये भाला फेंक खिलाड़ी हैं।
- **सुमित अन्तिल** ने टोक्यो पैरालम्पिक में जैवलिन थ्रो (भाला फेंक) स्पर्धा में स्वर्ण पदक जीता तथा इन्हें वर्ष 2022 में पद्मश्री पुरस्कार से सम्मानित किया गया।
- **नीरज चोपड़ा** ने टोक्यो ओलम्पिक में जैवलिन थ्रो में स्वर्ण पदक जीता तथा इन्हें वर्ष 2021 में मेजर ध्यानचन्द खेल रत्न अवॉर्ड से सम्मानित किया गया। इन्होंने वर्ष 2024 के पेरिस ओलम्पिक में जेवेलियन थ्रो में रजत पदक जीता है।
- **शिखर धवन** भारतीय क्रिकेटर इन्हें वर्ष 2021 में अर्जुन पुरस्कार से सम्मानित किया गया।

36. *(d)* **हरित** क्रान्ति ने भारत में बड़े और छोटे किसानों के बीच क्षेत्रीय असमानताएँ पैदा कीं।

- हरित क्रान्ति के विषय में यह कहना अनुचित नहीं होगा कि यह छोटे और सीमान्त किसानों की तुलना में बड़े किसानों के लिए अधिक लाभप्रद रही।
- इसका मुख्य कारण नई तकनीकी में लगने वाली अत्यधिक लागत थी, जिसे छोटे किसानों द्वारा वहन करना सम्भव नहीं था।
- इसका परिणाम यह हुआ कि धनी व निर्धन किसानों के बीच क्षेत्रीय असमानता बढ़ती गई तथा कुछ स्थानों पर इस असमानता की वजह से संघर्ष भी हुए।

37. *(b)* 1539 ई. में चौसा की लड़ाई मुगल सम्राट हुमायूँ तथा सूर वंश के अफगानी शासक **शेरशाह सूरी** के मध्य हुई।

- यह युद्ध 26 जून, 1539 को चौसा (बिहार में बक्सर से 10 मील दक्षिण-पश्चिम) में लड़ा गया था, जिसमें शेरशाह विजयी हुआ।
- इस युद्ध के बाद शेरखान ने स्वयं को बादशाह घोषित किया तथा अपना नाम शेरशाह रख लिया।
- इस युद्ध के बाद शेरशाह ने जलाल खाँ की अगुवाई में बंगाल पर अधिकार कर लिया।

38. *(a)* विकल्प (a) क्लोरोप्लास्ट से सम्बन्धित है।

- क्लोरोप्लास्ट एक कोशिकांग है, जो झिल्ली नुमा होता है, यह ज्यादातर पौधे और शैवाल कोशिकाओं में प्रकाश संश्लेषण करता है।
- क्लोरोप्लास्ट अत्यधिक गतिशील होता है, ये पौधे की कोशिकाओं के भीतर घूमते हैं और कभी-कभी प्रजनन के लिए दो भागों में पिंच हो जाते हैं।
- यह आकार में अण्डाकार होता है और उनमें दो झिल्ली होती है, जिसमें एक बाहरी तथा एक आन्तरिक झिल्ली होती है।

39. *(b)* **माजुली** दुनिया का सबसे बड़ा नदी द्वीप है और यह पूर्वोत्तर राज्य असम में स्थित है।

- विशाल ब्रह्मपुत्र नदी में बसा माजुली द्वीप अपनी आश्चर्यजनक प्राकृतिक सुन्दरता, जीवन्त संस्कृति एवं आध्यात्मिक महत्त्व के लिए प्रसिद्ध है।
- 20वीं शताब्दी में यह लगभग 880 वर्ग किमी के क्षेत्र में फैला हुआ था, जिसका वर्तमान में कटाव के कारण इसका आकार कम हो गया।
- वर्ष 2016 में इसे आधिकारिक तौर पर विश्व के सबसे बड़े नदी द्वीप के रूप में मान्यता दी गई।

40. *(c)* **सेम्मनगुडी राधाकृष्णन श्रीनिवास अय्यर** भारतीय कर्नाटक गायक थे। यह वर्ष 1947 में संगीत अकादमी द्वारा प्रदान किए गए संगीत कला निधि पुरस्कार प्राप्त करने वाले सबसे कम आयु के व्यक्ति थे।

- आधुनिक कर्नाटक संगीत का पितामह माने जाने वाले अय्यर को वर्ष 1979 में केरल विश्वविद्यालय द्वारा डॉक्टरेट की मानद उपाधि से सम्मानित किया गया था।
- इन्हें, इनकी गीतों की पसन्द, स्वरों को प्रस्तुत करने की गति एवं भक्ति के साथ पसन्द एवं गति को संयोजित करने की क्षमता के लिए जाना जाता था।

41. *(c)* दाहिने हाथ के अँगूठे के नियम में, अँगूठे को विद्युत धारा की दिशा की ओर निर्देशित किया जाता है।

- एक विद्युत धारा एक विद्युत आवेश सामान्यत: इलेक्ट्रॉनों में विस्थापन या प्रवाह की भौतिक घटना है, जो एक चालक पदार्थ के माध्यम से प्रवाहित होती है।
- एक विद्युत धारा होने के लिए किसी निश्चित पदार्थ के परमाणु के नाभिक से सबसे दूर स्थित इलेक्ट्रॉनों से अलग होना चाहिए और विद्युत परिपथ में एक चालक के माध्यम से स्वतन्त्र रूप से परिचालित होना चाहिए।
- विद्युत धारा की तीव्रता समय की एक इकाई में कण्डक्टर से गुजरने वाले आवेश की मात्रा से निर्धारित होती है।

42. *(d)* मौर्य साम्राज्य में प्रान्तीय प्रशासन का नेतृत्व कुमार करते थे।
- मौर्य साम्राज्य प्रान्तों में विभाजित था।
- प्रान्तों को चक्र कहा जाता था।
- प्रान्तों के अधीन छोटे शासन केन्द्र भी थे, जिनमें कुमार के अधीन महामात्य शासन करते थे।
- मौर्य साम्राज्य में प्रान्त, प्रत्येक जिलों में तथा जिले, गाँव के समूहों में बँटे होते थे।

43. *(c)* अली अकबर खान, **मैहर** घराने के भारतीय हिन्दुस्तानी शास्त्रीय संगीतकार थे, जो सरोद वादन में अपनी कलाप्रवीणता के लिए जाने जाते थे।
- अली अकबर खान को भारत सरकार द्वारा वर्ष 1967 में पद्म भूषण तथा वर्ष 1989 में पद्म विभूषण से सम्मानित किया गया था।
- शास्त्रीय हिन्दुस्तानी संगीत में घरानों या शैलियों की एक समृद्ध परम्परा रही है, जिसकी अपनी एक अलग विशेषता होती है।

44. *(c)* अमेरिकी अर्थशास्त्री इरविंग फिशर ने अपने विनिमय समीकरण के सूत्र MV = PT का प्रतिपादन किया।
- फिशर का विनिमय समीकरण अर्थशास्त्र में एक अवधारणा है, जो मुद्रास्फीति के प्रभाव के तहत नाममात्र एवं वास्तविक ब्याजदरों के बीच सम्बन्ध का वर्णन करता है।
- फिशर समीकरण का प्रयोग उन स्थितियों में किया जाता है, जहाँ निवेशक या ऋणदाता उच्च मुद्रास्फीति के कारण क्रय शक्ति में हुई हानि की भरपाई करते हैं।

45. *(c)* एलेलाक्कराड़ी नृत्य एक जनजातीय नृत्य है, जो भारत के केरल राज्य की इरुलर जनजाति द्वारा किया जाता है।
- यह नृत्य पलक्क नृत्य के समान है।
- इस नृत्य में महिलाएँ, पुरुष तथा बच्चे शामिल होते हैं।
- यह नृत्य पारम्परिक रूप से ओणम त्योहार के दौरान किया जाता है।
- नर्तक इस नृत्य में अपने हाथों में लकड़ी की छड़ें या डण्डे लेकर चलते हैं एवं चेंदा और थम्पू नामक पारम्परिक ढोल की थाप पर नृत्य करते हैं।

46. *(a)* 22 अक्टूबर, 1764 को बक्सर का युद्ध मुगल सम्राट शाह आलम द्वितीय, बंगाल के नवाब मीर कासिम एवं अवध के नवाब शुजाउद्दौला की संयुक्त सेना तथा ब्रिटिश ईस्ट इण्डिया कम्पनी की सेना जिसका नेतृत्व हेक्टर मुनरो कर रहा था, के मध्य हुआ था।
- इस युद्ध में अंग्रेज विजय हुए तथा इनकी सत्ता सर्वोच्च रूप से स्थापित हुई।
- बक्सर एक ऐसा निणायक युद्ध था, जिसने अंग्रेजों के भारत में प्रभुत्व को संस्थापित किया था।
- बक्सर के युद्ध से बंगाल, बिहार व ओडिशा पर कम्पनी का प्रभुत्व स्थापित हो गया, साथ ही अवध अंग्रेजों का कृपापान बन गया।

47. *(d)* दूरसंचार विभाग द्वारा मोबाइल टावरों और ईएमएफ EMF उत्सर्जन अनुपालन पर जानकारी साझा करने के लिए वेब पोर्टल **तरंग संचार** को लॉन्च किया गया है।
- तरंग संचार पोर्टल को दूरसंचार विभाग द्वारा सार्वजनिक निजी भागीदारी (PPP) मोड़ में विकसित किया गया।
- इस पोर्टल का उद्देश्य जनता को इलेक्ट्रोमैग्नेटिक फिल्ड (EMF) सिग्नल के बारे में जानकारी देना तथा मोबाइल टावरों से निकलने वाले EMF के उत्सर्जन के कारण स्वास्थ्य सम्बन्धी गलत धारणाओं को दूर करना है।

48. *(b)* न्यूलैण्ड्स के अष्टक में लीथियम और सोडियम के समान गुण पाए गए हैं।
- न्यूलैण्ड्स के अष्टक नियम में तत्त्वों को उनके परमाणु द्रव्यमान के बढ़ते क्रम में व्यवस्थित किया जाता है और यह देखा जाता है कि किसी भी तत्त्व से शुरू होने वाले आठ तत्त्वों का गुण प्रारम्भिक तत्त्वों से मिलता-जुलता है।
- न्यूलैण्ड ने तत्त्वों की तुलना संगीत के सात सुरों से की, जिसमें हर आठवाँ सुर पहले सुर के समान होता है, हालाँकि इस कोशिका की वैज्ञानिक समाज में आलोचना हुई।
- इस नियम के अन्तर्गत पहला तत्त्व लीथियम (Li) से आरम्भ कर आठवें तत्त्व सोडियम (Na) के गुण लीथियम के समान होते हैं।

49. *(a)* कृषि में समग्र विकास पर ध्यान केन्द्रित करना, भारत में द्वितीय हरित क्रान्ति का प्रमुख उद्देश्य था।
- देश में द्वितीय हरित क्रान्ति की शुरुआत बढ़ती आबादी को पोषित करने एवं बनाए रखने के लिए व्यापक रूप से आवश्यक कृषि उत्पादन में बदलाव से की गई।
- यह क्रान्ति अन्य कारकों के साथ-साथ बढ़ती खाद्य वस्तुओं की कीमतों एवं तेल की आशंकाओं की प्रतिक्रिया के रूप में आई थी।
- वर्ष 2000 की शुरुआत में शुरू हुई इस क्रान्ति का नाम द्वितीय हरित क्रान्ति रखा गया, इस क्रान्ति ने जैविक खेती, जैविक खादों इत्यादि के प्रयोग पर बल दिया।

50. *(c)* वृक्षारोपण को प्रोत्साहित करने हेतु वर्ष 2021 में मध्य प्रदेश सरकार ने अंकुर योजना की शुरुआत की।
- इस योजना के तहत नागरिकों को मानसून के दौरान पेड़ लगाने तथा इनकी देखभाल करने हेतु सम्मानित किया जाएगा।
- राज्य सरकार ने पर्यावरण की सुरक्षा के लिए अपने राज्य के नागरिकों को उत्साहित करने तथा वृक्षारोपण की मात्रा को बढ़ाने के लिए इस योजना की शुरुआत की।
- इस योजना का मुख्य उद्देश्य पेड़-पौधों का रोपण करने, पर्यावरण में सन्तुलन लाने एवं राज्यों के लोगों को विकसित रोपण के लिए उत्साहित करना है।

51. *(a)* सरल व्यंजक $\frac{(1+\cos\theta)(1-\cos\theta)}{(1+\sin\theta)(1-\sin\theta)}$

$$= \frac{1-\cos^2\theta}{1-\sin^2\theta} = \frac{\sin^2\theta}{\cos^2\theta}$$

$$= \tan^2\theta = \left(\frac{5}{8}\right)^2 = \frac{25}{64}$$

52. *(d)* कक्षा का औसत स्कोर

$$= \frac{12 \times 62 + 68(30-12)}{30}$$

$$= \frac{744 + 1224}{30}$$

$$= \frac{1968}{30} = 65.6$$

53. *(c)* माना मतदान सूची में मतदाताओं की कुल संख्या = 100

X, Y और Z को मिले वोट का अनुपात

$= 130 : 100 : 125$

$= 26 : 20 : 25$

प्रश्नानुसार,

$\because$ अनुपातिक अन्तर $(26 - 25) \equiv 5000$

$\therefore \quad 1 \equiv 5000$

$\therefore \quad 100 \equiv 5000 \times 100$

$= 500000$

अत: मतदाता सूची में कुल मतदाताओं की संख्या = 500000

54. *(c)* ΔABD में,

$\angle A = 180° - 54° - 50° = 76°$

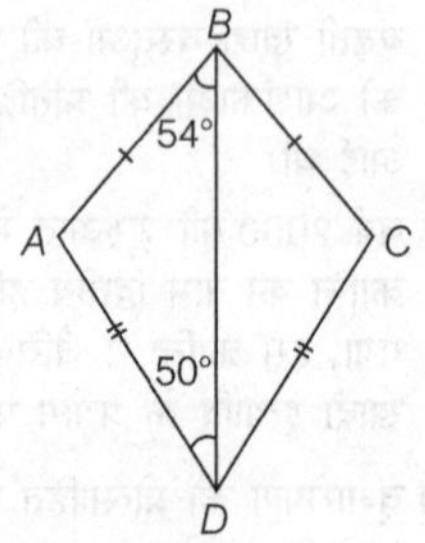

ΔABD और ΔBDC में,

$AB = BC$

$AD = DC$

$BD =$ (उभयनिष्ठ है)

$\Delta ABD \cong CBD$

$\therefore \quad \angle BAD = \angle DCB = 76°$

55. *(c)* कोई संख्या 8 से तब विभाज्य होगी, जब उस संख्या के अन्तिम तीन अंक से बनी संख्या 8 से विभाज्य हो।

विकल्प (c) से,

संख्या = 7497

अन्तिम तीन अंक से बनी संख्या = 497

497, 8 से विभाज्य नहीं है।

$\therefore$ संख्या 7497, 8 से विभाज्य नहीं है।

56. *(b)* ΔPQR में,

PT माध्यिका है

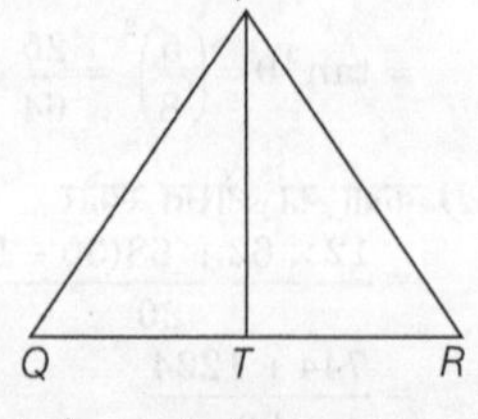

हम जानते हैं, (अपोलोनियस नियम से)

$PQ^2 + PR^2 = 2(PT^2 + QT^2)$

57. *(b)* हम जानते हैं,

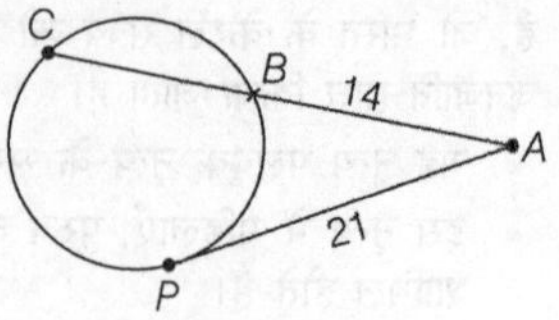

$AP^2 = AB \times AC$

$\Rightarrow 21 \times 21 = 14 \times AC$

$\therefore AC = \dfrac{21 \times 21}{14} = 315$

$\therefore BC = 315 - 14$

$= 17.5$ इकाई

58. *(b)* माना राज्य Z में वर्ष 2008 में उपस्थित होने वाले उम्मीदवारों की संख्या = x

$\therefore$ राज्य Z में वर्ष 2009 में उपस्थित होने वाले उम्मीदवारों की संख्या

$= x \times \dfrac{200}{100} = 2x$

प्रश्नानुसार,

$x \times \dfrac{70}{100} + 2x \times \dfrac{80}{100} = 552$

$\Rightarrow \quad \dfrac{7x}{10} + \dfrac{16x}{10} = 552$

$\Rightarrow 23x = 552 \times 10$

$\therefore \quad x = \dfrac{552 \times 10}{23} = 240$

$\therefore$ वर्ष 2009 में राज्य Z से उपस्थित उम्मीदवारों की संख्या = $2 \times 240 = 480$

59. *(d)* वृत्त के त्रिज्यखण्ड का क्षेत्रफल

$= \dfrac{\pi r^2}{360°} \times \theta$

$\Rightarrow \quad \dfrac{\frac{22}{7} \times r^2}{360°} \times 120° = 462$

$\Rightarrow \quad \dfrac{22r^2}{21} = 462$

$\Rightarrow \quad r^2 = \dfrac{462 \times 21}{22}$

$\therefore \quad r = \sqrt{21 \times 21} = 21$ सेमी

60. *(b)* प्रश्नानुसार,

पाइप $P_1 \leftarrow 20 \;\; 3$ (कुल कार्य)

> 60 (20 और 30 का ल. स.)

पाइप $P_2 \leftarrow 30 \;\; 2$

माना दोनों पाइपों द्वारा टंकी को भरने में लगा कुल समय = x घण्टा

प्रश्नानुसार,

$3(x - 5) + 2x = 60$

$\Rightarrow \quad 3x - 15 + 2x = 60$

$\Rightarrow \quad 5x = 75$

$\therefore \quad x = \dfrac{75}{5} = 15$ घण्टे

61. *(b)* स्कूटर का विक्रय मूल्य = ₹ 23358

लाभ $= 23358 \times \dfrac{1}{6} =$ ₹3893

स्कूटर का क्रय मूल्य = (23358 − 3893)

= ₹ 19465

$\therefore$ लाभ % $= \dfrac{3893}{19465} \times 100 = 20\%$

62. *(b)* $ax + (a^2 + 1)y = 4$ ...(i)

$4x + ay = a^2$ ...(ii)

विकल्प (b) से,

$a = -12$ लेने पर,

$-12x + 145y = 4$ ...(iii)

$4x - 12y = 144$ ...(iv)

समी (iv) × 3 + समी (iii) से,

$145y - 36y = 432 + 4$

$\Rightarrow \quad 109y = 436$

$\therefore \quad y = \dfrac{436}{109} = 4$

y का मान समी (iv) में रखने पर,

$4x - 48 = 144$

$\therefore \quad x = \dfrac{192}{4} = 48$

63. *(b)* चोर तथा पुलिसकर्मी की सापेक्ष चाल

= (27 − 22) = 5 किमी/घण्टा

पुलिसकर्मी द्वारा चोर को पकड़ने में लगा

समय $= \dfrac{195}{5 \times \frac{5}{18}} = \dfrac{195 \times 18}{25}$

= 140.4 सेकण्ड

$\therefore$ चोर द्वारा भागी गई दूरी

$= \left(22 \times \dfrac{5}{18} \times 140.4\right) = 858$ मी

64. *(d)* प्रश्नानुसार, $60° \longrightarrow 72$

$\therefore (85° + 48° + 45° + 52°)$

$\rightarrow \dfrac{72}{60} \times 230 = 276$ लाख

$\therefore$ अभीष्ट औसत $= \dfrac{276}{4} = 69$ लाख

65. *(a)* माना कॉलेज में लड़कों तथा लड़कियों की संख्या क्रमश: $5x$ तथा $6x$ है।

प्रश्नानुसार,

$\dfrac{5x - 40}{6x + 50} = \dfrac{8}{11}$

$\Rightarrow \quad 55x - 440 = 48x + 400$

$\Rightarrow \quad 7x = 840$

$\therefore \quad x = \dfrac{840}{7} = 120$

$\therefore$ कॉलेज में लड़कियों की संख्या

$= 6x = 6 \times 120$

$= 720$

66. *(c)* C, D, E और F पदों के लिए उपस्थित होने वाले अभ्यर्थियों की औसत संख्या

$$= \frac{8600 + 9900 + 5300 + 5100}{4}$$

$$= \frac{28900}{4} = 7225$$

67. *(b)* $\frac{(25)^4 + 1250 + 1 - (25)^2}{(25)^2 + 25 + 1}$

$$= \frac{[(25)^2]^2 + 2\cdot(25)^2 .1 + 1 - 25^2}{(25)^2 + 25 + 1}$$

$$= \frac{[(25)^2 + 1]^2 - 25^2}{(25)^2 + 25 + 1}$$

$$= \frac{[25)^2 + 1 + 25][(25)^2 + 1 - 25]}{(25)^2 + 25 + 1}$$

$[a^2 - b^2 = (a+b)(a-b)]$

$= 625 + 1 - 25 = 601$

68. *(b)* $\sqrt{\frac{1-\cos A}{1+\cos A}} + \sqrt{\frac{1+\cos A}{1-\cos A}}$

$$= \sqrt{\frac{(1-\cos A)(1-\cos A)}{(1+\cos A)(1-\cos A)}} + \sqrt{\frac{(1+\cos A)(1+\cos A)}{(1-\cos A)(1+\cos A)}}$$

$$= \sqrt{\frac{(1-\cos A)^2}{1-\cos^2 A}} + \sqrt{\frac{(1+\cos A)^2}{1-\cos^2 A}}$$

$$= \sqrt{\frac{(1-\cos A)^2}{\sin^2 A}} + \sqrt{\frac{(1+\cos A)^2}{\sin^2 A}}$$

$$= \frac{1-\cos A}{\sin A} + \frac{1+\cos A}{\sin A}$$

$$= \frac{1-\cos A + 1 + \cos A}{\sin A}$$

$$= \frac{2}{\sin A} = 2\operatorname{cosec} A$$

69. *(a)* $[15 \div 3 \times 7 - 8$ का $2 + 6]$

$= [15 \div 3 \times 7 - 16 + 6]$

$= [5 \times 7 - 16 + 6]$

$= [35 - 16 + 6] = [41 - 16] = 25$

70. *(a)* वर्ष 2003 में कम्पनी C की आय

$$= 50 + 50 \times \frac{55}{100}$$

$= 50 + 27.5 = 77.5$ करोड़

71. *(d)* माना आयत की लम्बाई तथा चौड़ाई क्रमश: a तथा b हैं।

$\therefore \quad a + b = 9 \quad \ldots(i)$

आयत का क्षेत्रफल = लम्बाई × चौड़ाई

$\Rightarrow \quad a \times b = 18 \quad \ldots(ii)$

अब, $(a+b)^2 = a^2 + b^2 + 2ab$

$\Rightarrow (9)^2 - 3ab = a^2 + b^2 + 2ab - 3ab$

$\Rightarrow a^2 + b^2 - ab = 81 - 3 \times 18$

$\therefore \quad a^2 + b^2 - ab = 81 - 54 = 27$

72. *(a)* $\tan\theta + \cot\theta = 2$

$\Rightarrow \frac{\sin\theta}{\cos\theta} + \frac{\cos\theta}{\sin\theta} = 2$

$\Rightarrow \sin^2\theta + \cos^2\theta = 2\sin\theta\cdot\cos\theta$

$\Rightarrow \sin^2\theta + \cos^2\theta - 2\sin\theta\cdot\cos\theta = 0$

$\Rightarrow (\sin\theta - \cos\theta)^2 = 0$

$\Rightarrow \quad \sin\theta = \cos\theta$

$\Rightarrow \quad \tan\theta = 1$

$\Rightarrow \quad \tan\theta = \tan 45^\circ$

$\therefore \quad \theta = 45^\circ$

73. *(b)* मूलधन = ₹ 598397

दर = 20%

समय = 1 वर्ष

$\therefore$ साधारण ब्याज $= \frac{598397 \times 20 \times 1}{100}$

= ₹ 119679.4

दूसरे वर्ष के लिए,

मूलधन = (598397 − 24284)

= ₹ 574113

साधारण ब्याज $= \frac{574113 \times 20 \times 1}{100}$

= ₹ 114822.6

अत: प्रणव द्वारा दूसरे वर्ष की समाप्ति पर भुगतान की गई कुल राशि

= 574113 + 119679.4 + 114822.6

= ₹ 808615

74. *(d)* घन का सम्पूर्ण पृष्ठीय क्षेत्रफल

$= 6 \times (\text{भुजा})^2$

$\Rightarrow \quad 1152 = 6 \times (\text{भुजा})^2$

$\therefore$ घन की भुजा $= \sqrt{\frac{1152}{6}}$

$= \sqrt{192} = 8\sqrt{3}$ सेमी

75. *(c)* कुकर का अंकित मूल्य = ₹ 12500

$\therefore$ कुकर का विक्रय मूल्य

$$= 12500 \times \frac{94}{100} \times \frac{94}{100} \times \frac{96}{100}$$

= ₹ 10603.20

76. *(d)* **Chaos** is an utter state of confusion.

- **Pathos** means a quality that evokes pity or sadness.
- **Engross** means absorb all the attention or interest of.
- **Innuendos** means an allusive or oblique remark or hint, typically a suggestive or disparaging one.

77. *(a)* To bite the bullet means to force himself to perform an unpleasant action in a difficult situation in order to resolve the matter.

78. *(c)* The incorrectly spelt word in the given sentence is 'occurence'. The correct spelling is 'occurrence'.

79. *(b)* 'A reply could have been sent by Meenakshi' is in present perfect tense.

- When such a sentence is transformed into passive voice, the structure followed is 'has/have been' + the past participle form of verb.

80. *(b)* **Apathy** is a lack of interest, enthusiasm or concern.

- **Sympathy** means feelings of pity and sorrow for someone else's misfortune.
- **Empathy** means the ability to understand and share another person's feelings, experiences and perspective.
- **Antipathy** means a deep-seated feeling of aversion.

81. *(b)* **Beseech** means ask (someone) urgently and fervently to do something.

- **Implore** means to indulge with every attention, comfort and kindness, spoil.
- **Impart** means to give away.
- **Bequeath** means to honour with a title.

82. *(d)* The sentence contains an error. The use of adjective 'good' is incorrect to modify the verb 'sings'. Hence, it should be replaced with adverb 'well'.

83. *(c)* The incorrectly spelt word is 'Beggining'. The correct spelling is 'beginning'.

84. *(b)* The correct order is POQR. The sentence formed will be- Society benefits from diversity by fostering understanding and empathy enriching cultures and perspectives from around the world.

85. *(d)* The underlined part of the given sentence contains an error. 'No sooner' takes 'than' and not 'that'.

86. *(b)* **Archaeology** is the study of ancient things such as art, graves, ruins etc.

- **Astrology** is the study of the positions and movements of the planets, Sun, moon and stars and their supposed influence on human events and character.

- **Geology** is the scientific study of the Earth, including its physical features, composition, structure and processes that have shaped it over time.
- **Meteorology** means the scientific study of the atmosphere and its effects on weather, including weather forecasting.

87. *(a)* **Vicious cycle** means a continuing unpleasant situation, created when one problem causes another problem that then makes the first problem worse.

88. *(d)* Miraculous means of the nature of a miracle or having the power to work miracles. Hence, its nearest synonym is 'incredible'.

89. *(d)* New teachers will be hired by the school.

- This sentence is in simple future tense. When such a sentence is transformed into passive voice, the structure followed is Object + will + be + past participle verb.

90. *(b)* Absolve means to declare (someone) free from guilt, obligation or punishment. Hence, its antonym is 'accuse' which means 'to blame someone'.

- **Commend** means to praise.
- **Appeal** means to request.

91. *(b)* Sovereign is the word used to refer to a person or institution which has supreme power or authority.

92. *(d)* The antonym of appreciate is to depreciate which means to condemn or criticise.

- **Depict** means to show.
- **Acknowledge** means to accept.
- **Esteem** means confidence.

93. *(b)* Part 'able to drink' contains an error. The use of 'able' is incorrect in the context of the sentence. The correct word to be used in the sentence is 'allowed'.

94. *(d)* The correct filler for the given blank is 'capitol'.

95. *(d)* Magnificent means extremely beautiful, elaborate or impressive. Hence, its synonym is 'splendid'.

96. *(a)* The correct filler for the given blank is 'simulated'.

97. *(a)* The correct filler for the given blank is 'with'.

98. *(a)* The correct filler for the given blank is 'equipment'.

99. *(a)* The correct filler for the given blank is 'comprehensive'.

100. *(c)* The correct filler for the given blank is 'rendition' which means a performance or interpretation, especially of a dramatic role or piece of music.

सेट 25 23 सितम्बर, 2024 (प्रथम पाली)

SSC CGL Tier-I सॉल्वड पेपर

निर्देश

1. इस सेट में कुल 100 प्रश्न हैं।
2. इस सेट में चार भाग हैं, **भाग-I** सामान्य बुद्धि एवं तर्कशक्ति, **भाग-II** सामान्य जागरुकता, **भाग-III** संख्यात्मक अभियोग्यता और **भाग-IV** अंग्रेजी भाषा।
3. प्रत्येक प्रश्न 2 अंक का है।

भाग I
सामान्य बुद्धि एवं तर्कशक्ति

1. एक पैटर्न के साथ एक पारदर्शी शीट नीचे दी गई है। उस विकल्प का चयन कीजिए, जो उस पैटर्न को दर्शाता है, जो दी गई पारदर्शी शीट को मध्य क्षैतिज रेखा पर मोड़ने पर दिखाई देगा।

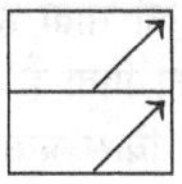

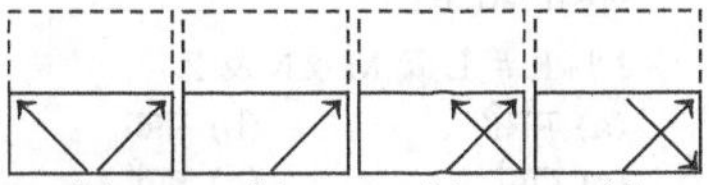

(a) (b) (c) (d)

2. निम्नलिखित में से कौन-सा पद दी गई श्रृंखला में प्रश्नचिह्न (?) का स्थान लेगा?

JHOQ, NFSO,?, VBAK, ZZEI

(a) RCXM (b) RDWM
(c) RDMV (d) RCWM

3. उस विकल्प का चयन कीजिए, जो उन अक्षरों को निरूपित करता है, जिन्हें नीचे रिक्त स्थानों में बाएँ से दाएँ रखे जाने पर अक्षर श्रृंखला पूरी हो जाएगी।

S_YA _ FIKM_SUW

(a) VBP (b) VCQ
(c) VCP (d) UCP

4. एक पासे के विभिन्न फलकों पर छः अक्षर P, J, U, W, L और K लिखे गए हैं। इस पासे की दो स्थितियाँ नीचे चित्र में दर्शाई गई हैं। P के विपरीत वाले फलक पर आने वाला अक्षर ज्ञात कीजिए।

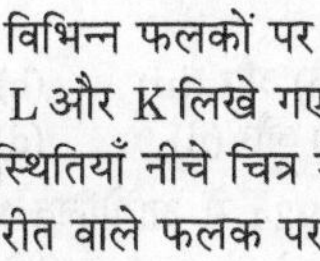

(a) J (b) W (c) K (d) U

5. निम्नलिखित श्रृंखला को जारी रखने के लिए प्रश्नचिह्न (?) के स्थान पर कौन-सी आकृति आनी चाहिए?

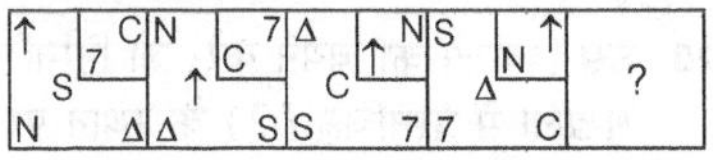

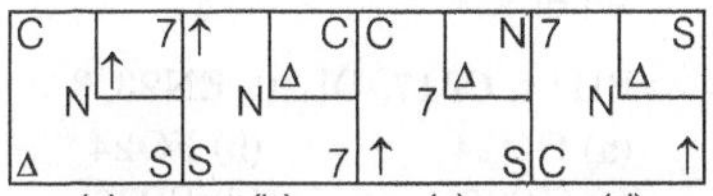

(a) (b) (c) (d)

6. यदि 'MOBILE' शब्द के सभी अक्षरों को अंग्रेजी वर्णानुक्रम में व्यवस्थित किया जाए, तो कितने अक्षरों की स्थिति अपरिवर्तित बनी रहेगी?

(a) किसी की भी नहीं (b) दो
(c) तीन (d) एक

7. एक निश्चित कूटभाषा में, 'BOTH' को 'DQVJ' के रूप में लिखा जाता है और 'DARE' को 'FCTG' के रूप में लिखा जाता है। उसी कूटभाषा में 'WILL' को किस प्रकार लिखा जाएगा?

(a) XJMM (b) YKNN
(c) XKNM (d) YJMN

8. यदि निम्नलिखित समीकरण में '+' और '–' को आपस में बदल दिया जाए और '×' और '÷' को आपस में बदल दिया जाए, तो प्रश्नचिह्न (?) के स्थान पर कौन-सी संख्या आएगी?

$63 \times 7 \div 13 - 64 + 42 = ?$

(a) 139 (b) 124
(c) 144 (d) 131

9. 'DICTIONARY' शब्द के सभी अक्षरों को वर्णानुक्रम में व्यवस्थित किया जाता है। नवसंरचित अक्षर-समूह में बाएँ से चौथे और दाएँ से दूसरे अक्षर के बीच अंग्रेजी वर्णमाला श्रृंखला में कितने अक्षर हैं?

(a) 10 (b) 11 (c) 9 (d) 12

10. दिए गए विकल्पों में से उस संख्या का चयन कीजिए, जो निम्नलिखित श्रृंखला में प्रश्नचिह्न (?) के स्थान पर आ सकती है।

389, 420, 457, 498, 541, ?

(a) 584 (b) 572 (c) 588 (d) 598

11. एक ही पासे की तीन अलग-अलग स्थितियाँ दर्शाई गई हैं। '2' दर्शाने वाले फलक के विपरीत वाले फलक पर कौन-सी संख्या होगी?

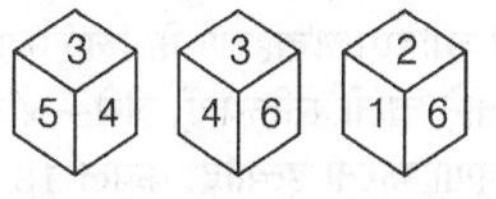

(a) 1 (b) 4 (c) 6 (d) 3

12. उस शब्द-युग्म का चयन करें, जो नीचे दिए गए शब्दों के युग्म में व्यक्त किए गए सम्बन्ध के समान सम्बन्धों का सबसे बेहतर ढंग से प्रतिनिधित्व करता है। (शब्दों को अर्थपूर्ण हिन्दी शब्द माना जाना चाहिए और शब्द में अक्षरों की संख्या/व्यंजनों/स्वरों की संख्या के आधार पर एक-दूसरे से सम्बन्धित नहीं होना चाहिए)

फ्रांस : गैलिक रूस्टर

(a) जर्मनी : हंस
(b) भारत : ईगल
(c) न्यूजीलैण्ड : हॉर्नबिल
(d) ऑस्ट्रेलिया : एमू

13. निम्नलिखित समीकरण में, यदि '+' और '–' को आपस में बदल दिया जाए तथा '×' और '÷' को आपस में बदल दिया जाए, तो '?' के स्थान पर क्या आएगा?

$25 + 3 \div 9 - 14 \times 2 = ?$

(a) 12 (b) 0 (c) 5 (d) 7

14. अंग्रेजी वर्णमाला क्रम में स्थिति के आधार पर, निम्नलिखित में से तीन अक्षर-समूह किसी-न-किसी रूप में संगत हैं और एक असंगत है। असंगत अक्षर-समूह का चयन करें।

(**नोट** असंगत, अक्षर-समूह में व्यंजनों/स्वरों की संख्या या उनकी स्थिति पर आधारित नहीं है।)

(a) MPNK (b) TWGD
(c) JMQN (d) PSKI

15. विकल्पों में दिए गए उस चित्र की पहचान कीजिए, जिसे प्रश्नचिह्न (?) के स्थान पर रखने पर शृंखला तार्किक रूप से पूर्ण हो जाएगी?

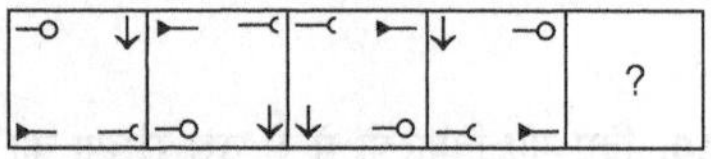

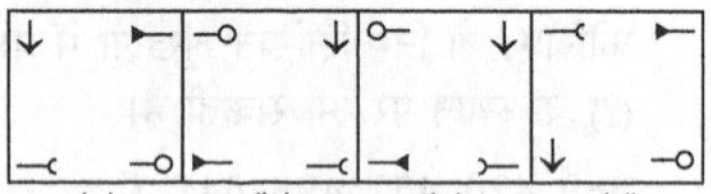

(a) (b) (c) (d)

16. निम्नलिखित संख्याओं में से तीन किसी प्रकार से एकसमान हैं और एक उनसे असंगत है। उस असंगत का चयन कीजिए।
(**नोट** गणितीय संक्रियाएँ संख्याओं को उनके घटक अंकों में तोड़े बिना पूर्ण संख्याओं पर की जानी चाहिए। उदाहरण के लिए 13-13 पर की जाने वाली संक्रियाएँ, जैसे—जोड़ना, घटाना, गुणा करना इत्यादि, केवल 13 पर की जा सकती हैं। 13 को 1 और 3 में तोड़ना और फिर 1 और 3 पर गणितीय संक्रियाएँ करने की अनुमति नहीं है।)

(a) 18-11-63 (b) 12-8-36
(c) 15-3-108 (d) 21-14-72

17. एक निश्चित कोडभाषा में, 'RADIO' को 'SZEHP' और 'FREQUENCY' को 'GQFPVDOBZ' लिखा जाता है। उसी भाषा में 'TELEVISION' कैसे लिखा जाएगा?

(a) UDMDWHHTPM
(b) UDMDWHTHPM
(c) UDMDWHTHOM
(d) UDMDWHTHPN

18. उस त्रिक का चयन कीजिए, जिसमें संख्याएँ एक-दूसरे से उसी तरह सम्बन्धित हैं, जैसे दिए गए त्रिकों की संख्याएँ हैं।
(25, 22, 47), (31, 24, 55)
(**ध्यान दीजिए** संख्याओं को उनके घटक अकों में विभाजित किए बिना, पूर्ण संख्याओं पर संक्रियाएँ की जानी चाहिए। उदाहरण के लिए 13-13 पर संक्रिया जैसे—जोड़ना, घटाना, गुणा करना आदि 13 पर किया जा सकता है। 13 को 1 और 3 में तोड़ना और फिर 1 और 3 पर गणितीय संक्रियाएँ करने की अनुमति नहीं है)

(a) (18, 21, 39) (b) (17, 15, 22)
(c) (27, 25, 42) (d) (22, 19, 45)

19. 12 एक निश्चित तर्क का अनुसरण करते हुए 235 से सम्बन्धित है। इसी तर्क का अनुसरण करते हुए 14, 287 से सम्बन्धित है। समान तर्क का अनुसरण करते हुए, 18 निम्नलिखित में से किससे सम्बन्धित है?
(**नोट** संख्याओं को उनके घटक अंकों में विभक्त किए बिना पूर्ण संख्याओं पर संक्रियाएँ की जानी चाहिए। उदाहरण के लिए 13 को लें- 13 पर संक्रियाएँ, जैसे कि जोड़ना/घटाना/गुणा आदि 13 में की जा सकती हैं। 13 को 1 और 3 में विभक्त करना और फिर 1 और 3 पर गणितीय संक्रियाएँ करने की अनुमति नहीं है।)

(a) 415 (b) 320
(c) 512 (d) 438

20. उस विकल्प का चयन करें, जो निम्नलिखित शृंखला में प्रश्नचिह्न (?) के स्थान पर आ सकता है।
BH14, CJ17, DL20, EN23, ?

(a) GO24 (b) FO24
(c) GP26 (d) FP26

21. अक्षरों का वह सही संयोजन ज्ञात करें, जिन्हें दी गई शृंखला के रिक्त स्थानों पर क्रमिक रूप से रखे जाने पर शृंखला तार्किक दृष्टि से पूरी हो जाएगी।
ABF_HI_NOP_U_WABCDH_

(a) GMTUI (b) GMTVI
(c) IMTVI (d) GMSVI

22. उस विकल्प आकृति का चयन करें, जिसमें दी गई आकृति (X) सन्निहित है (घुमाने की अनुमति नहीं है।)

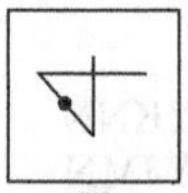

(X)

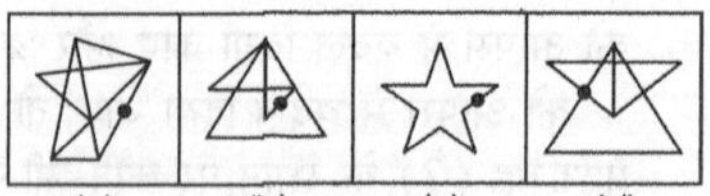

(a) (b) (c) (d)

23. दी गई आकृति में कितने वर्ग हैं?

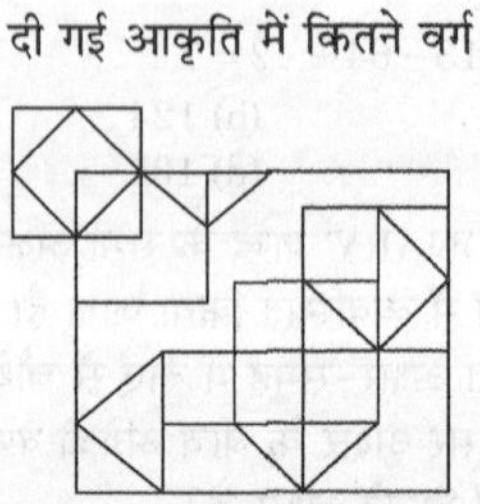

(a) 14 (b) 12
(c) 11 (d) 15

24. उस विकल्प का चयन कीजिए, जिसमें संख्याओं के मध्य वही सम्बन्ध है, जो नीचे दिए गए युग्म की संख्याओं के मध्य है।
(**ध्यान दें** संख्याओं को उनके घटक अंकों में विभाजित किए बिना, पूर्ण संख्याओं पर संक्रियाएँ की जानी चाहिए। उदाहरण के लिए 13 को लें-13 पर की जाने वाली संक्रियाएँ जैसे जोड़ना / घटाना/ गुणा करना आदि केवल 13 पर की जा सकती हैं। 13 को 1 और 3 में तोड़ना और फिर 1 और 3 पर गणितीय संक्रियाएँ करने की अनुमति नहीं है।)
40 : 123
63 : 192

(a) 48 : 152 (b) 68 : 214
(c) 46 : 131 (d) 39 : 120

25. यदि
'A & Z' का अर्थ है 'A, Z का भाई है',
'A # Z' का अर्थ है 'A, Z की बहन है',
'A ∧ Z' का अर्थ है 'A, Z के पिता का भाई है',
'A @ Z' का अर्थ है 'A, Z की पत्नी है',
'A % Z' का अर्थ है 'A, Z की माता है',
'A α Z' का अर्थ है 'A, Z का पिता है',
तो निम्न व्यंजक में J, Z से किस प्रकार सम्बन्धित है?
J % K # L @ M α N & Z

(a) मौसी (b) माता
(c) दादी (d) नानी

भाग II
सामान्य जागरुकता

26. निम्नलिखित में से कौन-सा/से कथन सही है/हैं?

(i) प्रथम हरित क्रान्ति के कारण प्राकृतिक संसाधनों का अत्यधिक दोहन हुआ।
(ii) द्वितीय हरित क्रान्ति दक्षिणी भारत पर अधिक केन्द्रित थी।
(iii) द्वितीय हरित क्रान्ति ने स्थायी आजीविका सुरक्षा प्राप्त करना सुनिश्चित किया।

कूट
(a) (ii) और (iii) (b) (i) और (iii)
(c) (i) और (ii) (d) केवल (ii)

27. वर्ष 1924 में आयोजित भारतीय राष्ट्रीय कांग्रेस के बेलगाम अधिवेशन के अध्यक्ष निम्नलिखित में से कौन थे?

(a) महात्मा गाँधी
(b) जवाहरलाल नेहरू
(c) वल्लभभाई पटेल
(d) सुभाषचन्द्र बोस

28. ऑनलाइन विवाद समाधान (ODR) पुस्तिका से सम्बन्धित निम्नलिखित कथनों पर विचार करें
1. इसे विज्ञान और प्रौद्योगिकी मन्त्रालय द्वारा लॉन्च किया जाएगा।
2. ओ.डी.आर. (ODR) डिजिटल तकनीक और वैकल्पिक विवाद समाधान (ADR) की तकनीकों; जैसे—बातचीत, मध्यस्थता और विवाचन का उपयोग करके मामलों का अदालतों से बाहर किया जाने वाला समाधान है।
3. आई.सी.टी. (ICT) के विकास और इण्टरनेट के बढ़ते प्रयोग ने ओ.डी. आर. (ODR) के लिए एक प्रमुख भूमिका निभाई है।

दिए गए कथनों में से कौन-सा/से कथन सही है/हैं?

(a) केवल 1 (b) 1 और 3
(c) 2 और 3 (d) केवल 2

29. उस परिघटना का नाम बताइए, जिसमें प्रकाश के पथ में रखी एक अपारदर्शी वस्तु अत्यन्त छोटी हो जाती है और जहाँ प्रकाश की प्रवृत्ति सरल रेखा में चलने की बजाय उसके चारों ओर मुड़ने की होती है।

(a) अपवर्तन कोण (b) प्रकाश का विवर्तन
(c) आपतन कोण (d) प्रकाश का परावर्तन

30. संविधान का कौन-सा भाग पंचायतों से सम्बन्धित है?

(a) भाग IV (b) भाग X
(c) भाग IX (d) भाग VII

31. 'अटला तड्डी' किस भारतीय राज्य का व्यापक रूप से मनाया जाने वाला त्योहार है?

(a) बिहार (b) पश्चिम बंगाल
(c) पंजाब (d) आन्ध्र प्रदेश

32. वर्ष 2004 में कबड्डी का पहला विश्व कप कहाँ आयोजित किया गया था?

(a) मुम्बई (b) पंजाब
(c) हैदराबाद (d) कोलकाता

33. निम्नलिखित में से कौन-सा नीम से सम्बन्धित है?

(a) पंखाकार (b) हस्ताकार
(c) कण्टक (d) प्रतान

34. निम्नलिखित में से किस वर्ष में स्थायी बन्दोबस्त लागू किया गया था?

(a) 1793 ई. (b) 1890 ई.
(c) 1790 ई. (d) 1789 ई.

35. मार्च, 2024 तक प्राप्त जानकारी के अनुसार, दुनिया के दूरसंचार बाजार में भारत का कौन-सा स्थान है?

(a) तीसरा (b) दूसरा (c) चौथा (d) पहला

36. भारतीय उपमहाद्वीप के उत्तरी मैदान का निर्माण तीन प्रमुख नदी प्रणालियों और उनकी सहायक नदियों की परस्पर क्रिया से हुआ है। दिए गए विकल्पों में से किसी असंगत का चयन कीजिए।

(a) ब्रह्मपुत्र (b) गोदावरी
(c) गंगा (d) सिन्धु

37. एक रासायनिक अभिक्रिया, जिसमें अभिक्रिया की दर अभिकारक की सान्द्रता की प्रथम घात के अनुक्रमानुपाती होती है, ……… कहलाती है।

(a) द्वितीय कोटि की अभिक्रिया
(b) प्रथम कोटि की अभिक्रिया
(c) शून्य कोटि की अभिक्रिया
(d) तृतीय कोटि की अभिक्रिया

38. निम्नलिखित में से कौन-सा युद्ध 1527 ई. में बाबर और राणा सांगा के बीच लड़ा गया था?

(a) बयाना का युद्ध
(b) पानीपत का द्वितीय युद्ध
(c) चन्देरी का युद्ध
(d) खानवा का युद्ध

39. लचीला मुद्रास्फीति लक्ष्यीकरण फ्रेमवर्क (FITF) भारत में ……… में, भारतीय रिजर्व बैंक (RBI) अधिनियम, 1934 में हुए संशोधन के बाद लागू किया गया था।

(a) वर्ष 2010 (b) वर्ष 2014
(c) वर्ष 2016 (d) वर्ष 2020

40. निम्नलिखित में से किस राज्य सरकार ने वित्तीय वर्ष 2022-23 के अपने वार्षिक बजट में आसरा पेंशन योजना के लिए ₹ 11728 करोड़ आवण्टित किए?

(a) ओडिशा (b) तेलंगाना
(c) गुजरात (d) छत्तीसगढ़

41. भारतीय संविधान के अनुच्छेद 1 में निम्नलिखित में से किसका उल्लेख है?

(a) इण्डिया दैट इज भारत ऐज पार्लियामेण्ट्री डेमोक्रेसी
(b) इण्डिया दैट इज भारत ऐज प्रेसिडेंशियल फॉर्म ऑफ डेमोक्रेसी
(c) इण्डिया दैट इज भारत शैल बी अ यूनियन ऑफ स्टेट्स
(d) इण्डिया देट इज भारत ऐज फेडरेशन ऑफ स्टेट्स

42. वर्ष 2002 में आशा भोंसले ने किस फिल्म के लिए सर्वश्रेष्ठ पार्श्व गायक/गायिका (महिला) वर्ग में अन्तर्राष्ट्रीय भारतीय फिल्म अकादमी (IIFA) पुरस्कार प्राप्त किया?

(a) देवदास (b) हमराज
(c) लगान (d) ओम जय जगदीश

43. वर्ष 2023 तक की स्थिति के अनुसार, भारत में सबसे लम्बी दूरी तक लम्बी कूद का रिकॉर्ड किसके नाम है?

(a) मुरली एस (b) टी.सी. योहानन
(c) नयना जेम्स (d) जेसबिन एल्ड्रिन

44. भारतीय संविधान के भाग V में अनुच्छेद 52 से 78 ……… से सम्बन्धित हैं।

(a) राष्ट्रीय आपातकाल
(b) संघ की कार्यपालिका
(c) संविधान संशोधन
(d) भारतीय वित्त आयोग

45. भारत में मानसून की अवधि कितनी होती है?

(a) 40-60 दिन
(b) 150-200 दिन
(c) 50- 80 दिन
(d) 100-120 दिन

46. महापद पक्षी, केकड़ाभक्षी मैकाक (बन्दर), निकोबार कबूतर और विशालकाय दस्यु केकड़े जैसी प्रजातियों का घर है?

(a) कैम्पबेल बे राष्ट्रीय उद्यान
(b) रायमोना राष्ट्रीय उद्यान
(c) मोलिंग राष्ट्रीय उद्यान
(d) पापिकोंडा राष्ट्रीय उद्यान

47. निम्नलिखित में से कौन ऋग्वैदिक जनजाति के तीन वर्गों का हिस्सा नहीं था?

(a) शिल्पी (b) आम जनता
(c) पुरोहित (d) योद्धा

48. भारत के निम्नलिखित में से किस राज्य में मुख्य रूप से होजागिरी नृत्य किया जाता है?

(a) महाराष्ट्र (b) त्रिपुरा
(c) केरल (d) हिमाचल प्रदेश

49. राष्ट्रीय युवा नीति कब शुरू की गई थी?

(a) वर्ष 2012 (b) वर्ष 2013
(c) वर्ष 2014 (d) वर्ष 2015

50. अली अकबर खाँ ……… वादन के लिए जाने जाते हैं।

(a) एकतारा (b) सरोद
(c) सारंगी (d) तानपूरा

भाग III
संख्यात्मक अभियोग्यता

51. एक टंकी को पाइप A द्वारा 4 घण्टे में और पाइप B द्वारा 6 घण्टे में भरा जा सकता है। 8:00 am पर पाइप A को खोला गया। यदि पाइप B को 9:00 am पर खोला जाए, तो टंकी किस समय भर जाएगी?

(a) 10 : 22 am (b) 10 : 18 am
(c) 10 : 48 am (d) 10 : 16 am

52. 70 सेमी कोर वाले एक घनीय बर्तन में फिट की जा सकने वाली सबसे लम्बी छड़ी की लम्बाई ज्ञात करें।

(a) $70\sqrt{3}$ सेमी (b) $70\sqrt{2}$ सेमी
(c) $35\sqrt{3}$ सेमी (d) $10\sqrt{3}$ सेमी

53. 7 इकाई और $\frac{7}{2}$ इकाई की त्रिज्या वाले उन दो वृत्तों के लिए, जिनके केन्द्र 15 इकाई की दूरी पर हैं, सीधी उभयनिष्ठ स्पर्श रेखा की लम्बाई इकाई में कितनी है? (दशमलव के 3 स्थानों तक शुद्ध।)

(a) 14.586 (b) 16.584
(c) 15.486 (d) 18.684

54. यदि $4\tan\theta - 3 = 0$ है, तो $\frac{1-\cos 2\theta}{1+\cos 2\theta}$ का मान ज्ञात कीजिए।

(a) 1 (b) $\frac{9}{16}$
(c) $\frac{4}{3}$ (d) $\frac{7}{15}$

55. दूध और पानी का 32 लीटर मिश्रण है। इस मिश्रण में दूध और पानी का अनुपात 5:3 है। इस मिश्रण में कितने लीटर पानी मिलाया जाना चाहिए, ताकि परिणामी मिश्रण में 50% पानी हो जाए?

(a) 5 (b) 4
(c) 8 (d) 6

56. यदि $\sqrt{3}\cos\theta + \sin\theta = 1\ (1 \le \theta \le 90°)$ हो, तो θ का मान ज्ञात कीजिए।

(a) 20° (b) 90°
(c) 80° (d) 30°

57. R का लक्ष्य परीक्षा में 85% अंक प्राप्त करना है। उसने 450 अंक प्राप्त किए और अपने लक्ष्य से 35% से चूक गया। लक्ष्य को पूरा करने के लिए उसके द्वारा प्राप्त अंकों के प्रतिशत में कितनी वृद्धि होनी चाहिए?

(a) 70% (b) 53% (c) 45% (d) 35%

58. अमन के पास निश्चित संख्या में ₹ 20 और ₹ 10 मूल्य-वर्ग के नोट हैं, जिनकी राशि ₹ 390 है। यदि प्रत्येक प्रकार के नोटों की संख्याएँ परस्पर बदल दी जाए, तो नई राशि पहले की तुलना में ₹ 90 कम हो जाती है। ₹ 20 मूल्य-वर्ग के नोटों की संख्या ज्ञात कीजिए।

(a) 15 (b) 14 (c) 16 (d) 12

59. सरल कीजिए

$6 \times [28 \div 84 \times \{36 \times 49 \div (6 \times 7)]$

(a) 94 (b) 74
(c) 84 (d) 64

60. 10 वर्ष पूर्व सुनीता की आयु उसकी पुत्री तान्या की आयु की तीन गुना थी। अब से 10 वर्ष बाद, सुनीता की आयु, तान्या की आयु की दोगुनी होगी। उनकी वर्तमान आयु का अनुपात क्या है?

(a) 7 : 3 (b) 2 : 7
(c) 7 : 2 (d) 3 : 7

61. 18 और A का मध्यानुपाती 30 है। A का मान ज्ञात कीजिए।

(a) 60 (b) 40
(c) 50 (d) 45

62. n के किस न्यूनतम मान के लिए, $2^{2n} + 2n$, 6 से पूर्णत: विभाज्य है, जहाँ n एक पूर्णांक है?

(a) 1 (b) 0
(c) 2 (d) 3

63. एक पुलिसकर्मी 92 मी की दूरी से एक चोर को देखता है। चोर भागने लगता है और पुलिसकर्मी उसका पीछा करता है। चोर और पुलिसकर्मी क्रमश: 90 किमी/घण्टा और 104.4 किमी/घण्टा की चाल से दौड़ते हैं। कितने समय में पुलिसकर्मी चोर को पकड़ लेगा?

(a) 21 सेकण्ड (b) 23 सेकण्ड
(c) 26 सेकण्ड (d) 22 सेकण्ड

64. अमित और बिलाल क्रमश: ₹ 1500 और ₹ 2000 का सामान खरीदते हैं। अमित अपनी वस्तुओं पर y% अधिक मूल्य अंकित करता है, जबकि बिलाल अपनी वस्तुओं पर $2y$% अधिक मूल्य अंकित करता है और y% की छूट प्रदान करता है। यदि दोनों समान लाभ कमाते हैं, तो y का मान ज्ञात कीजिए।

(a) 11.5 (b) 10.5
(c) 12 (d) 12.5

65. दी गई तालिका का अध्ययन कीजिए और निम्नलिखित प्रश्न का उत्तर दीजिए।

निम्नलिखित तालिका पाँच वर्षों में एक कम्पनी के चार संयंत्रों द्वारा प्रिण्टरों के उत्पादन को दर्शाती है।

वर्ष	उत्पादन (हजारों में)			
	संयंत्र 1	संयंत्र 2	संयंत्र 3	संयंत्र 4
2018	35	25	40	45
2019	43	44	44	40
2020	48	39	36	30
2021	32	40	35	48
2022	42	44	30	42

पाँच वर्षों के दौरान संयंत्र 1 और संयंत्र 2 के औसत उत्पादन के बीच क्या अन्तर है?

(a) 1400 (b) 3840
(c) 1600 (d) 3000

66. एक वृत्त पर एक त्रिभुज ABC बना है, जहाँ AB वृत्त का व्यास है। यदि BC वृत्त की त्रिज्या के बराबर है और $\angle ABC = x \angle BAC$ है, तो x... का मान है।

(a) 2.5 (b) 1
(c) 2 (d) 1.5

67. मान लें कि, $x = r\cos(t), y = r\sin(t)\cos(u), z = r\sin(t)\sin(u)$ हैं, तो $x^2 + y^2 + z^2$ का मान ज्ञात करें।

(a) r^2 (b) $r^2\sin(t)$
(c) $r^2\cos(u)$ (d) $2r$

68. निम्नलिखित में से कौन विषमबाहु त्रिभुज के कोण हैं?

(a) 60°, 60° और 60°
(b) 110°, 35° और 35°
(c) 60°, 30° और 90°
(d) 90°, 45° और 45°

69. दण्ड आलेख चार दिनों में एक कक्षा में उपस्थित छात्रों की संख्या दर्शाता है।

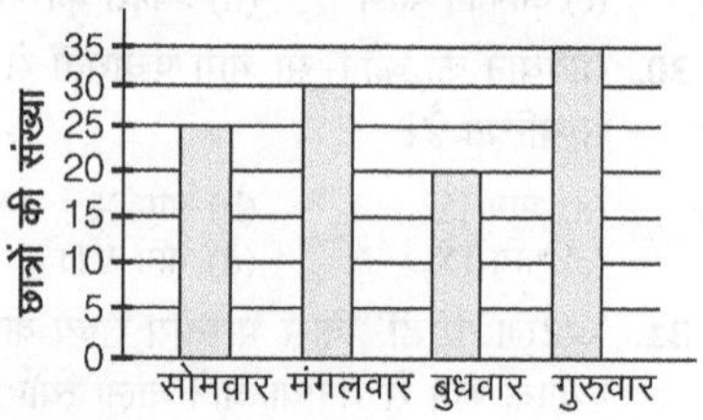

सोमवार, मंगलवार और बुधवार को उपस्थित छात्रों की औसत संख्या ज्ञात कीजिए।

(a) 25 (b) 30 (c) 20 (d) 24

70. निम्नलिखित समुच्चयों में से कौन-सा समुच्चय एक समकोण त्रिभुज की भुजाओं का निरूपण करता है?

(a) (5, 12, 13)
(b) (5, 10, 12)
(c) (8, 15, 16)
(d) (3, 4, 6)

71. ₹ 500 के मूलधन पर 3 वर्ष के लिए 5% वार्षिक ब्याज की दर से प्राप्त साधारण ब्याज और इसी मूलधन पर 4 वर्षों के लिए 4% वार्षिक ब्याज की दर से प्राप्त साधारण ब्याज के बीच कितना अन्तर है?

(a) ₹ 15 (b) ₹ 7.5
(c) ₹ 10 (d) ₹ 5

72. एक व्यापारी रेफ्रिजरेटर की खरीद पर, निम्नलिखित छूट-योजना प्रदान करता है।
(i) 10% की छूट के बाद 8% की छूट
(ii) 12% और 10% की क्रमिक छूट
(iii) 12% की दो क्रमिक छूट
(iv) 20% की छूट
किस योजना में विक्रय मूल्य सबसे कम है?
(a) (iii) (b) (ii) (c) (i) (d) (iv)

73. दिए गए दण्ड-आलेख का अध्ययन कीजिए और नीचे दिए गए प्रश्न का उत्तर दीजिए।
दण्ड-आलेख दो क्रमिक वर्षों 2000 और 2001 के दौरान एक प्रकाशन कम्पनी की छः शाखाओं (B_1, B_2, B_3, B_4, B_5 और B_6) से पुस्तकों की बिक्री (हजार में) दर्शाता है।

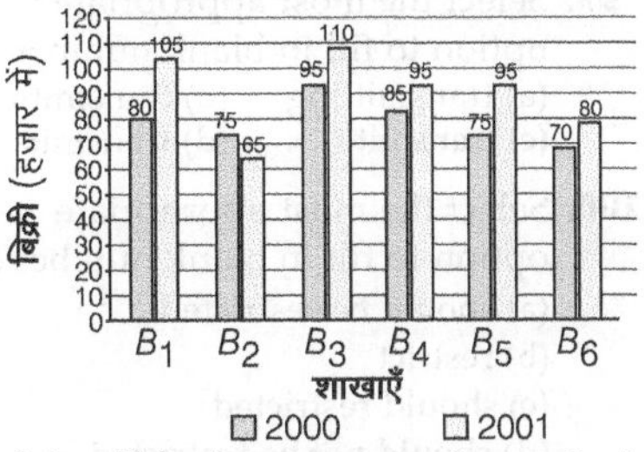

दोनों वर्षों के लिए शाखा B_2 की कुल बिक्री और दोनों वर्षों के लिए शाखा B_4 की कुल बिक्री का अनुपात कितना है?
(a) 2 : 3 (b) 6 : 7 (c) 3 : 5 (d) 7 : 9

74. दिए गए बार-ग्राफ का अध्ययन कीजिए और इसके बाद आगे दिए गए प्रश्न का उत्तर दीजिए।

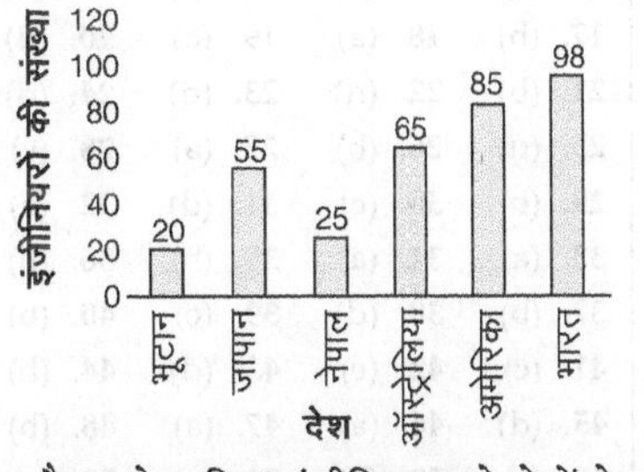

औसत से अधिक इंजीनियर वाले देशों के इंजीनियरों की सख्या और औसत से कम इंजीनियर वाले देशों के इंजीनियरों की संख्या का अनुपात कितना है?
(a) $\frac{62}{25}$ (b) $\frac{2}{1}$ (c) $\frac{1}{1}$ (d) $\frac{39}{71}$

75. निम्नलिखित को सरल कीजिए।
$$\frac{(232)^3 + (140)^3 + (353)^3 - 3\times 232 \times 140\times 353}{(232)^2 + (140)^2 + (353)^2 - 232\times 140 - 140\times 353 - 353\times 232}$$
(a) 445 (b) 261
(c) 725 (d) 596

भाग IV
अंग्रेजी भाषा

76. Select the option that can be used as a one-word substitute for the given group of words.
Speaking disrespectfully about sacred or religious things.
(a) Blasphemy (b) Mystic
(c) Atheist (d) Theist

77. Select the most appropriate option to substitute the underlined word segment in the given sentence.
Sanat has just arrived in Mysore on transfer; he requests his friend Raghu to help him find <u>an appropriate location</u>.
(a) an allocation recommendation
(b) a rented accommodation
(c) a proper junction
(d) a suitable elevation

78. The given sentence is divided into four segments. Select the option that has the segment with a grammatical error.
Two of the world's / best forwards / has played alongside / David Beckham.
(a) Two of the world's
(b) David Beckham
(c) best forwards
(d) has played alongside

79. Select the most appropriate synonym of the given word.
Adequate
(a) Evaluate (b) Hidden
(c) Sufficient (d) Reconcile

80. Select the most appropriate synonym of the given word.
Brittle
(a) Furtive (b) Fickle
(c) Fragile (d) Fatal

81. Select the most appropriate synonym of the given word.
Cherish
(a) Neglect (b) Breach
(c) Nurture (d) Afflict

82. Parts of a sentence are given below in jumbled order. Arrange the parts in the correct order to form a meaningful sentence.
(O) attitude is
(P) or tendency in individuals
(Q) a broad-based behaviour
(R) which implies
(S) a hypothetical postulate
(a) SQPRO (b) OSRQP
(c) OPQRS (d) OPSRQ

83. Select the most appropriate antonym of the given word.
Material
(a) Cheap (b) Abstract
(c) Concrete (d) Temporary

84. Select the most appropriate homonyms from the given alternatives to fill in the blanks.
The rowing instructor commanded them to .... in a ....
A. row (verb) B. roe
C. row (sequence)
(a) C, A (b) B, C
(c) A, B (d) A, C

85. Select the most appropriate meaning of the given idiom.
At a low ebb
(a) In a depressed or weak state
(b) In a happy state
(c) In a critical moment
(d) In an unemployed mode

86. Identify the error in the following sentence.
Ourselves should not boast of one's knowledge.
(a) one's (b) boast
(c) ourselves (d) knowledge

87. Select the most appropriate option that can substitute the underlined segment in the given sentence.
This book <u>giving us much information</u> about our freedom fighters who lost their lives while serving our motherland.
(a) gives us many information
(b) give us many information
(c) give us much information
(d) gives us much information

88. Select the most appropriate meaning of the given idiom.
Off and on
(a) Now and then
(b) Know something thoroughly
(c) Remind
(d) Object to

89. Given below are four jumbled sentences. Select the option that gives their correct logical sequence.

A. These are responsible for producing the major fuel used across the globe.
B. The country has 100 major oil and gas fields.
C. The economy of Saudi Arabia is based on petroleum.
D. The chief oil field is Ghawar Field having an estimated 70 billion reserve resource.

(a) DCAB (b) ABCD
(c) CBAD (d) BACD

90. Select the option that contains all the misspelt words in the following sentences.

1. The new restraunt offers a wide variety of delicious dishes.
2. I can't beleive he made such a silly mistake in his presentation.
3. The teacher asked the students to complete the assigment by Friday.
4. She felt utterly embarassed by her colleague's comments.

(a) delicious, beleive, assigment, utterly
(b) restraunt, silly, assigment, colleague
(c) delicious, silly, assigment, colleague
(d) restraunt, beleive, assigment, embarassed

91. Select the correctly spelt word to fill in the blank.
My mother said that every relationship must have some amount of ....
(a) phlexibility (b) flexebelity
(c) flexibility (d) flaxibilety

92. Select the most appropriate option to substitute the underlined segment in the given sentence.
The food intolerance industry has grown dramatically in the previous decade, <u>chiefly because of a boost</u> in Coeliac and Crohn's disease cases, as well as increasing awareness among health-conscious clients.
(a) contextually because of a spark
(b) pretty much entirely because of a boil-down
(c) casually due to a growth
(d) owing primarily to a rise

93. Select the option that expresses the given sentence in passive voice.
The teenager delivered the speech.
(a) The speech has been delivered by the teenager.
(b) The speech is delivered by the teenager.
(c) The speech was delivered by the teenager.
(d) The speech was being delivered by the teenager.

94. Select the option that expresses the given sentence in passive voice.
I have booked an apartment in the new residential colony.
(a) An apartment have been booked by me in the new residential colony.
(b) An apartment had been booked by me in the new residential colony.
(c) An apartment is been booked by me in the new residential colony.
(d) An apartment has been booked by me in the new residential colony.

95. Select the most appropriate synonym of the word in bold.
The city has **immense** coal piers.
(a) diminutive (b) trifling
(c) set (d) huge

Direction (Q. Nos. 96-100) *In the following passage, some words have been deleted. Read the passage carefully and select the most appropriate option to fill in each blank.*

Culture is ...... (1) ......, understanding and protecting, like the cultivation of a garden, not the destruction or eradication of its roots. Understanding the roots and seeds, taking much care and providing instructed nourishment ...... (2) ...... important for good gardening. Culture also is similar; understanding its acquaintance ...... (3) ...... literature and art and careful protection are required. Culture is the way of life of a particular society in which a group of people live together in one place. The society's culture is visible in its literature, arts, social system, language and religion. It is a combination of traditions, customs, institutions, food habits, manners, morals, thoughts, tastes, views and beliefs. Usually, families ...... (4) ...... culture to the younger generations. As family system is becoming weak, schools, colleges and universities should take up this responsibility as education should promote potential values of its culture. The role of universities ...... (5) ...... only to issue course completed certificates.

96. Select the most appropriate option to fill in blank number 1.
(a) creation (b) to create
(c) create (d) creating

97. Select the most appropriate option to fill in blank number 2.
(a) is (b) were
(c) was (d) are

98. Select the most appropriate option to fill in blank number 3.
(a) for (b) on (c) with (d) in

99. Select the most appropriate option to fill in blank number 4.
(a) transmitting (b) transmitted
(c) transmit (d) transmits

100. Select the most appropriate option to fill in blank number 5.
(a) should be restricted
(b) restrict
(c) should restricted
(d) should not be restricted

उत्तरमाला

1. (d)	2. (b)	3. (c)	4. (b)
5. (d)	6. (a)	7. (b)	8. (a)
9. (a)	10. (c)	11. (d)	12. (d)
13. (c)	14 (d)	15. (b)	16. (d)
17. (b)	18. (a)	19. (a)	20. (d)
21. (b)	22. (d)	23. (d)	24. (d)
25. (d)	26. (b)	27. (a)	28. (c)
29. (b)	30. (c)	31. (d)	32. (a)
33. (a)	34. (a)	35. (b)	36. (b)
37. (b)	38. (d)	39. (c)	40. (b)
41. (c)	42. (c)	43. (d)	44. (b)
45. (d)	46. (a)	47. (a)	48. (b)
49. (c)	50. (b)	51. (c)	52. (a)
53. (a)	54. (b)	55. (c)	56. (b)
57. (a)	58. (c)	59. (c)	60. (a)
61. (c)	62. (a)	63. (b)	64. (d)
65. (c)	66. (c)	67. (a)	68. (c)
69. (a)	70. (a)	71. (d)	72. (a)
73. (d)	74. (c)	75. (c)	76. (a)
77. (b)	78. (d)	79. (c)	80. (c)
81. (c)	82. (b)	83. (b)	84. (d)
85. (a)	86. (c)	87. (d)	88. (a)
89. (c)	90. (d)	91. (c)	92. (d)
93. (c)	94. (d)	95. (d)	96. (d)
97. (d)	98. (c)	99. (c)	100. (d)

व्याख्या

1. *(d)* दी गई पारदर्शी शीट को मध्य क्षैतिज रेखा पर मोड़ने पर यह विकल्प आकृति (d) जैसी दिखाई देगी।

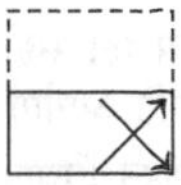

2. *(b)* शृंखला का क्रम निम्न प्रकार है,

J $\xrightarrow{+4}$ N $\xrightarrow{+4}$ [R] $\xrightarrow{+4}$ V $\xrightarrow{+4}$ Z
H $\xrightarrow{-2}$ F $\xrightarrow{-2}$ [D] $\xrightarrow{-2}$ B $\xrightarrow{-2}$ Z
O $\xrightarrow{+4}$ S $\xrightarrow{+4}$ [W] $\xrightarrow{+4}$ A $\xrightarrow{+4}$ E
Q $\xrightarrow{-2}$ O $\xrightarrow{-2}$ [M] $\xrightarrow{-2}$ K $\xrightarrow{-2}$ I

3. *(c)* शृंखला का क्रम निम्न प्रकार है,

S V Y A C F I K M P S U W
+3 +3 +2 +2 +3 +3 +2 +2 +3 +3 +2 +2

⇒ VCP

4. *(b)* पासों की दोनों स्थितियों में उभयनिष्ठ अक्षर 'J' है

∴ J के सापेक्ष दक्षिणावर्त घुमाने पर,

पासा I ⟵ J P U
K ↕ ↕ विपरीत
पासा II ⟵ J W L

अत: P के विपरीत फलक पर अक्षर 'W' होगा।

5. *(d)* दी गई आकृति शृंखला का क्रम निम्न प्रकार है

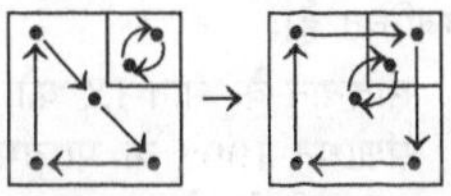

आकृति I से II तथा आकृति III से IV में, आकृति II से III तथा आकृति IV से V में,

अत: विकल्प आकृति (d) आकृति शृंखला को पूर्ण करेगी

6. *(a)* दिया गया शब्द → M O B I L E

अंग्रेजी वर्णमाला के अनुसार व्यवस्थित करने पर, → B E I L M O

अत: स्पष्ट है कि, किसी भी अक्षर की स्थिति, अपनी पूर्व स्थिति पर नहीं रहेगी।

7. *(b)* जिस प्रकार,

B O T H
+2 +2 +2 +2
D Q V J

तथा

D A R E
+2 +2 +2 +2
F C T G

उसी प्रकार,

W I L L
+2 +2 +2 +2
[Y K N N]

8. *(a)* $63\times 7\div 13-64+42=?$

चिह्नों को आपस में बदलने पर,

$63\div 7\times 13+64-42=?$

⇒ $?=9\times 13+64-42$

⇒ $?=117+64-42$

⇒ $?=181-42$

⇒ $?=139$

9. *(a)* दिया गया शब्द → DICTIONARY

प्रश्नानुसार,

शब्द के सभी अक्षरों को वर्णानुक्रम में व्यवस्थित करने पर,

नया शब्द → A C D [I] I N O R [T] Y

(बाएँ से चौथा, 10 अक्षर, दाएँ से दूसरा)

अत: नवसंरचित अक्षर-समूह में बाएँ से चौथे और दाएँ से दूसरे अक्षर के बीच अंग्रेजी वर्णमाला शृंखला में 10 (J, K, L, M, N, O, P, Q, R, S) अक्षर हैं।

10. *(c)* शृंखला का क्रम निम्न प्रकार है

389 420 457 498 541 [588]
+31 +37 +41 +43 +47 (क्रमागत अभाज्य संख्याएँ)

11. *(d)* पासे II तथा III की स्थिति में 6 उभयनिष्ठ फलक है।

6 के सापेक्ष दक्षिणावर्त घुमाने पर,

पासा II ⟵ 6 4 3
5 ↕ ↕
पासा III ⟵ 6 1 2

अत: 2 वाले फलक के विपरीत फलक पर '3' होगा।

12. *(d)* गैलिक रूस्टर, फ्रांस का राष्ट्रीय पक्षी है उसी प्रकार एमु, ऑस्ट्रेलिया का राष्ट्रीय पक्षी है।

13. *(c)* $25+3\div 9-14\times 2=?$

प्रश्नानुसार, चिह्नों को आपस में बदलने पर,

$25-3\times 9+14\div 2=?$

⇒ $?=25-27+7$

⇒ $?=32-27$

⇒ $?=5$

14. *(d)* विकल्प (a) से, M P N K (+3, −3)

विकल्प (b) से, T W G D (+3, −3)

विकल्प (c) से, J M Q N (+3, −3)

परन्तु, विकल्प (d) से, [P S K I] (+3, −2)

15. *(b)* दी गई आकृति शृंखला का क्रम निम्न प्रकार है

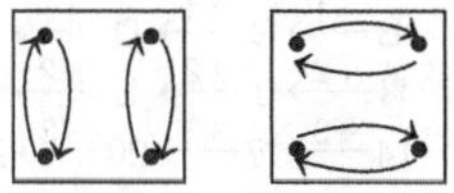

आकृति I से II तथा आकृति III से IV में, आकृति II से III तथा आकृति IV से V में,

अत: विकल्प आकृति (b) दी गई आकृति शृंखला को पूर्ण करेगी।

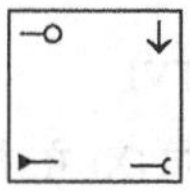

16. *(d)* विकल्प (a) से,

$(18-11)\times 9=7\times 9=63$

विकल्प (b) से,

$(12-8)\times 9=4\times 9=36$

विकल्प (c) से,

$(15-3)\times 9=12\times 9=108$

परन्तु, विकल्प (d) से,

$(21-14)\times 9=7\times 9=63\neq 72$

17. *(b)* जिस प्रकार,

R A D I O
+1 −1 +1 −1 +1
S Z E H P

तथा

F R E Q U E N C Y
+1 −1 +1 −1 +1 −1 +1 −1 +1
G Q F P V D O B Z

उसी प्रकार,

T E L E V I S I O N
+1 −1 +1 −1 +1 −1 +1 −1 +1 −1
[U D M D W H T H P M]

18. *(a)* जिस प्रकार,

(25, 22, 47)

⇒ $47-25=22$

तथा (31, 24, 55)

$\Rightarrow 55-31=24$

उसी प्रकार, (18, 21, 39)

$\Rightarrow 39-18=21$

19. *(a)* जिस प्रकार,

$12^2+91=144+91=235$

तथा $14^2+91=196+91=287$

उसी प्रकार,

$18^2+91=324+91=\boxed{415}$

20. *(d)* श्रृंखला का क्रम निम्न प्रकार है,

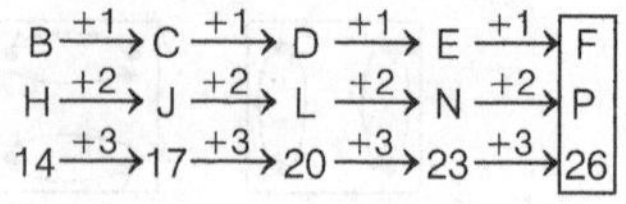

21. *(b)* श्रृंखला का क्रम निम्न प्रकार है,

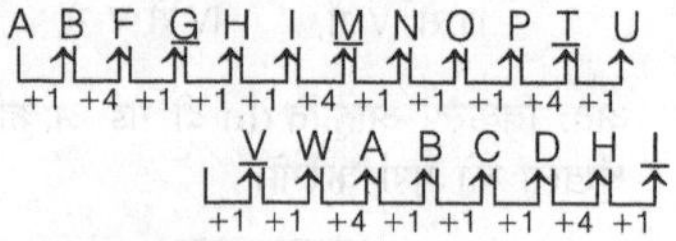

$\Rightarrow$ GMTVI

22. *(d)* आकृति (X) में, विकल्प आकृति (d) सन्निहित है।

23. *(d)* दी गई आकृति का नामकरण करने पर,

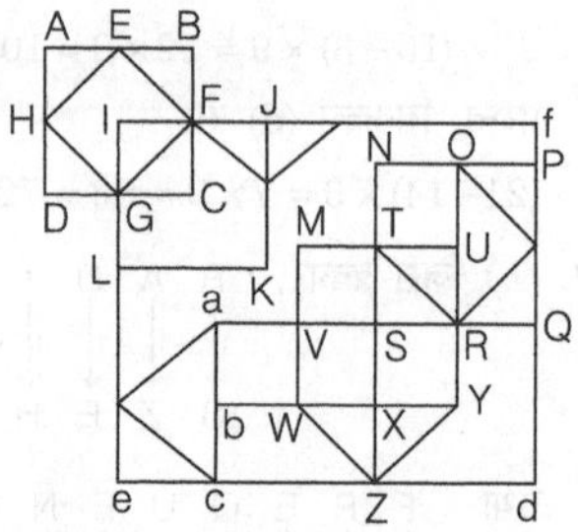

वर्ग = ABCD, EFGH, IFCG, IJKL, NOUT, TURS, NPQS, MTSV, VSXW, SRYX, MUYW, aVWb, aSZc, SQdZ, Ifde

अत: वर्गों की कुल संख्या '15' है।

24. *(d)* जिस प्रकार, 40:123

$\Rightarrow 40\times3+3=120+3=123$

तथा 63:192

$\Rightarrow 63\times3+3=189+3=192$

उसी प्रकार, 39:120

$\Rightarrow 39\times3+3=117+3=120$

25. *(d)* J % K#L@M ∝ N & Z

प्रश्नानुसार

सम्बन्ध आरेख बनाने पर,

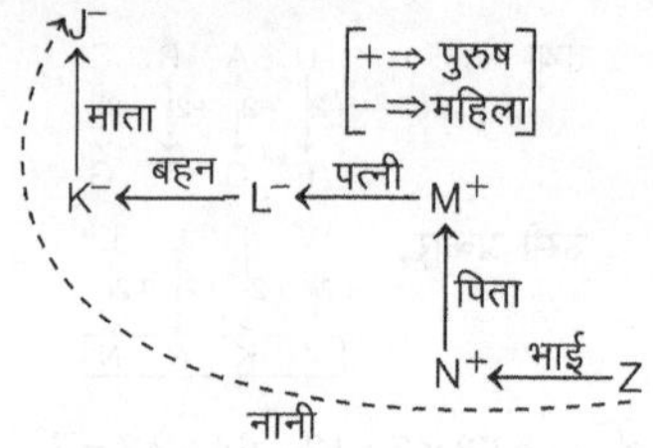

अत: J, Z की नानी है।

26. *(b)* विकल्प (b) सही उत्तर है।

- प्रथम हरित क्रान्ति के कारण प्राकृतिक संसाधनों का अत्यधिक दोहन हुआ तथा द्वितीय हरित क्रान्ति ने स्थायी आजीविका सुरक्षा प्राप्त करना सुनिश्चित किया।
- भारत में प्रथम हरित क्रान्ति की शुरुआत वर्ष 1965 से मानी जाती है।
- भारत में हरित क्रान्ति का जनक डॉ. एम. एस. स्वामीनाथन को माना जाता है।
- प्रथम हरित क्रान्ति से पंजाब, हरियाणा एवं पश्चिमी उत्तर प्रदेश जैसे उत्तरी राज्यों में खाद्यान्न उत्पादन में अत्यधिक वृद्धि हुई।
- प्रथम हरित क्रान्ति विशेष तौर पर गेहूँ एवं चावल के उत्पादन में वृद्धि से सम्बन्धित थी।
- द्वितीय हरित क्रान्ति की शुरुआत 8 अप्रैल, 2000 से मानी जाती है।
- द्वितीय हरित क्रान्ति का बल खाद्यान्न के साथ-साथ मोटे अनाजों के उत्पादन में भी वृद्धि से था।
- हरित क्रान्ति में हाई यील्ड वैरायटी बीजों का उपयोग किया गया था।
- हरित क्रान्ति की सफलता के कारण ही वर्ष 1970 में नॉर्मन बोरलॉग को नोबल पुरस्कार से सम्मानित किया गया। इन्हें विश्व में हरित क्रान्ति का जनक माना जाता है।

27. *(a)* बेलगाम अधिवेशन (1924) कांग्रेस का एकमात्र ऐसा अधिवेशन था, जिसकी अध्यक्षता गाँधीजी के द्वारा की गई थी।

- बेलगाम अधिवेशन भारतीय राष्ट्रीय कांग्रेस का 39वाँ अधिवेशन था।
- बेलगाम कर्नाटक राज्य में स्थित है।
- इस अधिवेशन में संगीतज्ञ विष्णु दिगम्बर पलुस्कर ने वन्दे मातरम गीत गाया था।
- इस अधिवेशन के दौरान एन. एस. हार्डिकर के नेतृत्व में 'हिन्दुस्तान सेवा दल' के सदस्यों ने स्वच्छता एवं सुरक्षा की व्यवस्था की थी।
- इस अधिवेशन के माध्यम से दक्षिण भारतीय किसान भारतीय राष्ट्रीय कांग्रेस के साथ जुड़े।

28. *(c)* विकल्प (c) सही उत्तर है। इसकी शुरुआत नीति आयोग के द्वारा की गई है।

- ऑनलाइन विवाद समाधान (ODR) एक ऐसी डिजिटल तकनीक है, जो छोटे एवं मध्यम प्रवृत्ति के मामलों का समाधान करती है।
- इसके माध्यम से विवादों का निपटारा अदालत के बाहर बातचीत, मध्यस्थल एवं विवाचन के माध्यम से किया जाता है।
- आई. सी. टी. के विकास और इण्टरनेट के बढ़ते उपयोग ने ओ.डी.आर. के लिए एक प्रमुख भूमिका निभाई है।

29. *(b)* फ्रांसेस्को ग्रिमाल्डी के द्वारा 1665 ई. में **प्रकाश के विवर्तन** का पहला अवलोकन किया गया था।

- प्रकाश की तरंगें अवरोध से टकराने के पश्चात् अवरोध के किनारों पर मुड़ जाती हैं और अवरोधक के ज्यामितीय छाया में प्रवेश कर जाती हैं। प्रकाश की तरंगों का इस प्रकार मुड़ने की घटना को ही प्रकाश का विवर्तन कहा जाता है।
- प्रकाश के मुड़ने की मात्रा प्रकाश के तरंगदैर्ध्य के सापेक्ष आकार और छिद्र के आकार पर निर्भर करती है।

30. *(c)* संविधान का भाग IX पंचायतों से सम्बन्धित है।

- संविधान के भाग IX को 73वें संविधान संशोधन 1992 के माध्यम से 11वीं अनुसूची में जोड़ा गया।
- पंचायत से सम्बन्धित प्रावधान अनुच्छेद 243 के अन्तर्गत 243 'क' से 243 'ण' तक दिए गए हैं।
- पंचायतों के कार्यकाल की अवधि 5 वर्ष होती है।
- पंचायतों के हर स्तर पर महिलाओं के लिए सीटें आरक्षित की गई थीं।
- पंचायत के अन्तर्गत 29 विषय शामिल किए गए हैं।
- पंचायतों की वित्तीय स्थिति की समीक्षा हेतु प्रत्येक पाँच वर्ष में सम्बन्धित राज्य के राज्यपाल के द्वारा एक वित्त आयोग का गठन किया जाता है।

31. *(d)* 'अटला तड्डी' त्योहार आन्ध्र प्रदेश की हिन्दू समुदाय की महिलाओं द्वारा पारम्परिक रूप से मनाया जाने वाला त्योहार है।

- यह त्योहार तेलुगू कैलेण्डर के अश्विन माह में कृष्ण पक्ष के तीसरे दिन मनाया जाता है।
- इस त्योहार में देवी गौरी की उपासना की जाती है।
- उत्तर भारत में जिस प्रकार महिलाएँ करवा चौथ का व्रत रखती हैं, ठीक उसी प्रकार आन्ध्र प्रदेश में महिलाएँ अटला टड्डी/तड्डी का व्रत रखती हैं।

32. *(a)* कबड्डी का पहला विश्व कप मुम्बई (भारत) में आयोजित किया गया था, जिसमें भारत ने फाइनल में ईरान को 55-27 के स्कोर से हराकर अपना पहला विश्व कप जीता था।
- इस खेल का आयोजन अन्तर्राष्ट्रीय कबड्डी महासंघ के द्वारा किया गया था।
- भारत ने अब तक तीन कबड्डी विश्वकप अपने नाम किए हैं।

33. *(a)* पंखाकार नीम के पेड़ से सम्बन्धित है।
- पंखाकार नीम का उपयोग खेतों में कीटनाशक छिड़कने हेतु प्रयोग किया जाता है।
- नीम का वास्तविक नाम *एजाधिराच्टा इण्डिका* है।
- नीम से कई प्रकार की औषधियाँ बनाई जाती हैं, जैसे-चर्म रोग, मसूढ़ों के रोग इत्यादि।

34. *(a)* स्थायी बन्दोबस्त की शुरुआत लॉर्ड कॉर्नवालिस के द्वारा 1793 ई. में की गई थी।
- यह ब्रिटिश ईस्ट इण्डिया कम्पनी एवं बंगाल के जमींदारों के मध्य भूमि राजस्व तय करने हेतु किया गया एक समझौता था।
- इसका प्रारम्भ सर्वप्रथम बंगाल एवं बिहार में किया गया था।
- इसके माध्यम से यह तय किया गया था कि एकत्रित भू-राजस्व का $\frac{10}{11}$वाँ भाग ब्रिटिशों को तथा $\frac{1}{11}$वाँ भाग जमींदारों को प्रदान किए जाएगा।
- इस बन्दोबस्त के माध्यम से वे बड़े भू-स्वामी जो कर वसूलते थे, वे अब जमींदार के रूप में परिवर्तित हो गए।

35. *(b)* भारतीय दूरसंचार नियामक प्राधिकरण (TRAI) के नवीनतम आँकड़ों (मार्च, 2024 तक) के अनुसार भारत वर्तमान में 1.21 बिलियन ग्राहक आधार के साथ दुनिया का दूसरा सबसे बड़ा दूरसंचार बाजार है और इसने पिछले डेढ़ दशक में मजबूत विकास दर्ज किया है।
- 9.40% दूरसंचार बाजार में विकास दर के साथ भारत का वर्ष 2029 में 76.16 अमेरिकी डॉलर तक बाजार का आकार होने की सम्भावना है।
- इसके साथ ही भारत वर्ष 2025-26 तक वैश्विक स्तर पर दूसरे सबसे बड़े स्मार्टफोन बाजार बनने की ओर भी अग्रसर है।
- वर्तमान में भारत में लगभग 3 करोड़ इण्टरनेट उपयोगकर्ता हैं।

36. *(b)* प्रश्न के अनुसार **गोदावरी** असंगत विकल्प है।
- गोदावरी को 'दक्षिण की गंगा' भी कहा जाता है।
- यह सबसे बड़ी प्रायद्वीपीय नदी प्रणाली है।
- इसका उद्गम नासिक (महाराष्ट्र) के निकट त्र्यंबकेश्वर पहाड़ी से होता है।
- यह 1465 किमी लम्बी नदी है।
- यह नदी बेसिन उत्तर में सतमाला पहाड़ी, दक्षिण में अजन्ता श्रेणी एवं महादेव पहाड़ी से घिरा हुआ है।
- इस नदी बेसिन के पूर्व में पूर्वी घाट तथा पश्चिम में पश्चिमी घाट अवस्थित है।

37. *(b)* एक रासायनिक अभिक्रिया, जिसमें अभिक्रिया की दर अभिकारक की सान्द्रता की प्रथम घात के अनुक्रमानुपाती होती है, तो वह **प्रथम कोटि की अभिक्रिया** कहलाती है।
- प्रथम कोटि की अभिक्रिया की कोटि सदैव 1 होती है।
- प्रथम कोटि की अभिक्रिया को 75% तक पूर्ण होने में 40 मिनट का समय लगता है।
- यह रासायनिक अभिक्रिया का एक प्रकार है।
- इसमें अभिक्रिया की दर केवल एक अभिकारक की सान्द्रता पर निर्भर करती है।

38. *(d)* 1527 ई. में बाबर एवं राणा साँगा के बीच खानवा का युद्ध हुआ, जिसमें बाबर की जीत हुई।
- इस युद्ध में विजय के पश्चात् बाबर ने 'गाजी' की उपाधि धारण की।
- खानवा राजस्थान के भरतपुर जिले में स्थित एक गाँव है।
- इस युद्ध के पश्चात् बाबर ने आगरा को अपनी शक्ति का केन्द्र बनाया।

39. *(c)* लचीले मुद्रास्फीति लक्ष्य (FTI) को वर्ष 2016 में अपनाया गया था, इसने लचीले मुद्रास्फीति लक्ष्य के मामले में भारत को अन्य देशों के बराबर ला खड़ा किया है।
- FTI ढाँचे के लिए वैधानिक आधार प्रदान करने हेतु भारतीय रिजर्व बैंक अधिनियम 1934 में संशोधन किया गया है।
- भारतीय रिजर्व बैंक अधिनियम, 1934 के तहत भारत सरकार के द्वारा आरबीआई के परामर्श से प्रत्येक पाँच वर्ष में एक बार मुद्रास्फीति लक्ष्य निर्धारित किया जाता है।
- वर्तमान में लचीले मुद्रास्फीति लक्ष्यीकरण ढाँचे के अन्तर्गत 4(+/– 2)% का लक्ष्य रखा गया है।

40. *(b)* आसरा पेंशन योजना तेलंगाना राज्य द्वारा लागू की गई है। इस योजना की शुरुआत नवम्बर, 2014 में की गई थी।
- इस योजना का उद्देश्य गरीब एवं वंचित वर्ग के लोगों को सुरक्षित एवं सम्मानजनक जीवन प्रदान करना है।
- इस योजना में एचआईवी पीड़ित, विधवा एवं वृद्धों पर विशेष ध्यान दिया जाता है।
- इसके अन्तर्गत मासिक रूप से पेंशन प्रदान की जाती है।
- इस योजना के तहत विकलांग व्यक्ति को ₹ 1500 तथा अन्य वंचित लोगों को ₹ 1000 प्रदान किए जाते हैं।

41. *(c)* भारतीय संविधान के अनुच्छेद 1 में इण्डिया दैट इज भारत शैल बी अ यूनियन ऑफ स्टेट्स (इण्डिया अर्थात् भारत राज्यों का एक संघ होगा) का उल्लेख है।
- भारतीय संविधान का अनुच्छेद 1 भाग-1 का हिस्सा है।
- भाग-1 का शीर्षक 'संघ एवं उसका राज्य क्षेत्र' है।
- भारत के क्षेत्र में शामिल होंगे
  – राज्यों के क्षेत्र
  – प्रथम अनुसूची में विनिर्दिष्ट संघ राज्य क्षेत्र।
  – ऐसे अन्य क्षेत्र, जो अर्जित किए जा सकें।

42. *(c)* वर्ष 2002 में आशा भोंसले को लगान फिल्म के लिए सर्वश्रेष्ठ गायिका (महिला) वर्ग में अन्तर्राष्ट्रीय भारतीय फिल्म अकादमी (IFFA) पुरस्कार प्राप्त हुआ।
- आशा भोंसले को वर्ष 2000 में दादा साहब फाल्के पुरस्कार से सम्मानित किया गया।

- इन्हें वर्ष 2008 में पद्म विभूषण से सम्मानित किया गया।
- इन्होंने 800 से अधिक फिल्मों के लिए 10000 से भी ज्यादा गाने रिकॉर्ड किए हैं।
- इनकी बड़ी बहन लता मंगेशकर एवं पिता दीनानाथ मंगेशकर थे।

43. *(d)* **जेसबिन एल्ड्रिन** तमिलनाडु राज्य के निवासी हैं, इन्होंने 8.42 मी के साथ लॉन्ग जम्प में राष्ट्रीय रिकॉर्ड बनाया है।
- ये 2024 ग्रीष्मकालीन ओलम्पिक, पेरिस में प्रतिभागी भी बने थे।

44. *(b)* संविधान के भाग V अनुच्छेद 52 से 78 संघ की कार्यपालिका से सम्बन्धित है। भारतीय संघ की कार्यपालिका में राष्ट्रपति, उपराष्ट्रपति एवं मन्त्रिपरिषद् को शामिल किया जाता है।
- संघ की कार्यपालिकीय शक्ति संवैधानिक रूप में राष्ट्रपति में निहित होती है।

45. *(d)* भारत में मानसून की अवधि जून की शुरुआत से सितम्बर के मध्य तक 100-120 दिनों के बीच होती है।
- दुनिया का सबसे स्पष्ट मानसूनी जलवायु का उदाहरण भारतीय मानसूनी जलवायु का है।
- भारतीय मानसून प्रणाली देश के अधिकांश हिस्सों में तीन सामान्य जलवायु अवधि उत्पन्न करते हैं।
- देश में मानसून आमतौर पर जून के पहले सप्ताह तक भारतीय प्रायद्वीप के दक्षिणी भाग में पहुँच जाता है, इस मौसम में आर्द्र दक्षिण-पश्चिम ग्रीष्म मानसून का प्रभुत्व होता है।

46. *(a)* कैम्बेल बे-राष्ट्रीय उद्यान लगभग 426 वर्ग किमी के क्षेत्र में फैला हिन्द महासागर के सुमात्रा क्षेत्र से लगभग 190 किमी की दूरी पर स्थित है।
- यहाँ पर प्रमुख रूप से महापद पक्षी, केकड़ा खाने वाला मैकाक (बन्दर), मेगापोड़, विशालकाय दस्यु केकड़ा, निकोबार कबूतर, ओलिव रिडले कछुए, लेदरबैक कछुए, जंगली सूअर, हिरण एवं सिवेट बिल्लियाँ इत्यादि वन्यजीव पाए जाते हैं।
- केन्द्रशासित प्रदेश अण्डमान एवं निकोबार द्वीप समूह स्थित यह उद्यान भारत के सबसे एकान्त, शान्त एवं रहस्यमय पार्कों में से एक है।
- वर्ष 1992 में इसे राष्ट्रीय उद्यान के रूप में अधिसूचित किया गया है, जिसे गैलेथिया राष्ट्रीय उद्यान के रूप में भी जाना जाता है।

47. *(a)* शिल्पी ऋग्वैदिक जनजाति के तीन वर्गों का हिस्सा नहीं थे।
- ऋग्वैदिक काल के समाज को तीन समूहों- योद्धा, पुजारी एवं आम लोगों में विभाजित किया गया था।
- ऋग्वैदिक समाज की सबसे छोटी इकाई गृह या कुल थी, गृह का प्रमुख गृहपति एवं कुल का प्रमुख कुलपति कहलाता था। परिवार का मुखिया पिता होता था। आर्य समाज पितृ सत्तात्मक था।
- ऋग्वैदिक कालीन परिवार संयुक्त परिवार था तथा विवाह को एक पवित्र संस्कार माना जाता था।

48. *(b)* होजागिरी नृत्य भारत के **त्रिपुरा राज्य** में किया जाने वाला त्रिपुरी रियाग जनजाति का लोकनृत्य है।
- यह नृत्य होजागिरी उत्सव के दौरान किया जाता है, जिसे लक्ष्मी पूजा के नाम से भी जाना जाता है, जो दुर्गा पूजा के बाद पूर्णिमा की रात को होता है।
- इस दिन देवी मेलुमा (लक्ष्मी) की पूजा की जाती है तथा पुरुष सदस्य खाम और सुमुई (झुमु) के गीतात्मक गायन एवं वादन में भाग लेते हैं।
- इस नृत्य शैली में प्रत्येक कलाकार को एक कलश, एक पारम्परिक दीपक, एक बोतल, चावल धोने के लिए इस्तेमाल की जाने वाली बेंत से बनी एक बेलिंग, एक रूमाल, एक घड़ा और एक साधारण प्लेट का उपयोग करना होता है।

49. *(c)* राष्ट्रीय युवा नीति की शुरुआत वर्ष 2014 में की गई।
- इस नीति का लक्ष्य युवाओं की पूर्ण क्षमता हासिल करने के लिए उन्हें सशक्त बनाने और उनके द्वारा देश को राष्ट्रों के बीच सही जगह हासिल करने में समर्थ बनाना है।
- इस लक्ष्य को हासिल करने के लिए नीति में 5 परिभाषित उद्देश्यों एवं प्राथमिकता वाले 11 क्षेत्रों की पहचान की गई।
- राष्ट्रीय युवा नीति 2014 के अन्तर्गत देश के युवाओं के लिए भारत सरकार के विजन को परिभाषित किया गया है और उन मुख्य क्षेत्रों को अभिज्ञात किया गया, जिनमें युवा विकास के लिए कार्रवाई अपेक्षित है।

50. *(b)* अली अकबर खान मैहर घराने के भारतीय हिन्दुस्तानी शास्त्रीय संगीतकार थे, यह सरोद वादन में अपनी योग्यता के लिए जाने जाते हैं।
- इन्हें संगीत के क्षेत्र में उत्कृष्ट योगदान हेतु वर्ष 1967 में पद्म भूषण तथा वर्ष 1989 में पद्म विभूषण से सम्मानित किया गया था।
- इन्होंने पश्चिम देशों में भारतीय शास्त्रीय संगीत को लोकप्रिय बनाने में महत्त्वपूर्ण भूमिका निभाई।

51. *(c)* प्रश्नानुसार,

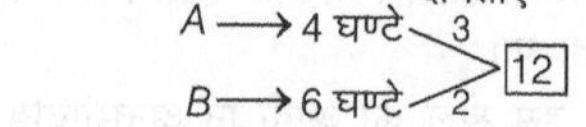

A का 8:00 am से 9:00 am तक का काम $= 3$

शेष कार्य $= 12 - 3 = 9$

A और B को शेष कार्य पूरा करने में लगा समय $= \frac{9}{3+2} = 1$ घण्टा 48 मिनट

अतः टंकी $= 9:00\text{ am} + 1$ घण्टा 48 मिनट $= 10:48\text{ am}$ पर भर जाएगी।

52. *(a)* घनीय बर्तन में फिट की जा सकने वाली सबसे लम्बी छड़ी की लम्बाई $= a\sqrt{3}$ {यहाँ $a = 70$}

$= 70\sqrt{3}$ सेमी

अतः सबसे लम्बी छड़ी की लम्बाई $= 70\sqrt{3}$ सेमी

53. *(a)* $r_1 = 7$ इकाई

$r_2 = \frac{7}{2}$ इकाई

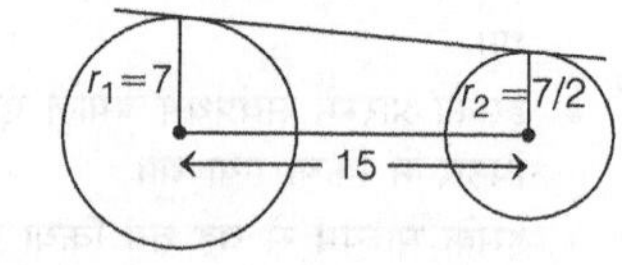

केन्द्रों के बीच की दूरी $(d) = 15$ इकाई

उभयनिष्ठ स्पर्श रेखा की लम्बाई

$$= \sqrt{d^2 - (r_1 - r_2)^2}$$

$$= \sqrt{(15)^2 - \left(7 - \frac{7}{2}\right)^2}$$

$$= \sqrt{225 - 12.25}$$

$$= \sqrt{212.75} = 14.586 \text{ इकाई}$$

54. *(b)* $4\tan\theta - 3 = 0$

$$\tan\theta = \frac{3}{4} = \frac{\text{लम्ब}}{\text{आधार}}$$

पाइथागोरस प्रमेय से,

कर्ण $= \sqrt{3^2 + 4^2} = \sqrt{25} = 5$

$\Rightarrow \dfrac{1-\cos 2\theta}{1+\cos 2\theta} \{\cos 2\theta = 1 - 2\sin^2\theta\}$

$= \dfrac{1-(1-2\sin^2\theta)}{1+(1-2\sin^2\theta)} = \dfrac{2\sin^2\theta}{2(1-\sin^2\theta)}$

$= \dfrac{\left(\frac{3}{5}\right)^2}{\left(1-\left(\frac{3}{5}\right)^2\right)} = \dfrac{\frac{9}{25}}{\frac{16}{25}} = \dfrac{9}{16}$

55. *(c)* दूध और पानी का मिश्रण = 32 लीटर

दूध और पानी का अनुपात = 5 : 3

$\therefore$ दूध की मात्रा $= 32 \times \frac{5}{8} = 20$ लीटर

तथा पानी की मात्रा $= 32 - 20 = 12$ लीटर

माना मिलाए गए पानी की मात्रा = L लीटर

प्रश्नानुसार, $\dfrac{20}{12+L} = \dfrac{50\%}{50\%}$

$\Rightarrow \dfrac{20}{12+L} = \dfrac{1}{1}$

$\Rightarrow 20 = 12 + L$

$\Rightarrow L = 8$ लीटर

अतः मिश्रण में 8 लीटर पानी मिलाया जाए।

56. *(b)* $\sqrt{3}\cos\theta + \sin\theta = 1$

विकल्प (c) से, $\theta = 90°$ रखने पर,

$\sqrt{3}\cos 90° + \sin 90° = 1$

$\Rightarrow \sqrt{3} \times 0 + 1 = 1$

$1 = 1$

अतः विकल्प (b) सही है।

57. *(a)* प्रश्नानुसार,

$R \times 85\% = R \times 35\% + 450$

$\Rightarrow R(85\% - 35\%) = 450$

$\Rightarrow R \times 50\% = 450$

$\Rightarrow R = \dfrac{450}{50} \times 100$

$R = 900$ {पूर्णांक}

R को लक्ष्य प्राप्ति के लिए अंक

$= 900 \times 85\% = 765$

अतः लक्ष्य को पूरा करने के लिए प्राप्त अंकों में प्रतिशत वृद्धि $= \dfrac{765-450}{450} \times 100$

$= \dfrac{315}{450} \times 100 = 70\%$

58. *(c)* माना अमन के ₹ 20 के x नोट हैं और अमन के ₹ 10 के y नोट हैं।

$\therefore x \times 20 + y \times 10 = 390$

$2x + y = 39$ ...(i)

नोटों की संख्या बदलने पर,

$20y + x \times 10 = 300$

$x + 2y = 30$ ...(ii)

समी (i) व (ii) को हल करने पर,

$x = 16, y = 7$

अतः ₹ 20 मूल्य वर्ग के नोटों की संख्या 16 है।

59. *(c)* $6 \times [28 \div 84 \times \{36 \times 49 \div (6 \times 7)\}]$

$= 6 \times \left[\dfrac{28}{84} \times \left\{36 \times 49 \times \dfrac{1}{42}\right\}\right]$

$= 6 \times \left\{\dfrac{28}{84} \times 6 \times 7\right\}$

$= 6 \times 14 = 84$

60. *(a)* माना 10 वर्ष पूर्व सुनीता की आयु = $3x$ वर्ष

तथा 10 वर्ष पूर्व तान्या की आयु = x वर्ष

प्रश्नानुसार,

$3x + 10 + 10 = 2(x + 10 + 10)$

$\Rightarrow 3x + 20 = 2x + 40$

$\Rightarrow x = 20$

अतः अभीष्ट अनुपात

$= 3 \times 20 + 10 : 20 + 10$

$= 70 : 30 = 7 : 3$

61. *(c)* 18 और A का मध्यानुपाती = 30

हम जानते हैं,

मध्यानुपाती $= \sqrt{ab}$ यहाँ $\begin{cases} a = 18 \\ b = A \end{cases}$

$30 = \sqrt{18A}$

दोनो तरफ वर्ग करने पर,

$900 = 18 \times A \Rightarrow A = 50$

अतः $A = 50$

62. *(a)* $\dfrac{2^{2n} + 2n}{6}$

$n = 0$ रखने पर,

$\dfrac{2^{2\times 0} + 2 \times 0}{6} = \dfrac{1+0}{6} = \dfrac{1}{6}$

पूर्णतः विभाजित नहीं है।

$n = 1$ रखने पर,

$\dfrac{2^{2\times 1} + 2 \times 1}{56} = \dfrac{2^2 + 2}{6} = \dfrac{4+2}{6} = \dfrac{6}{6} = 1$

पूर्णतः विभाजित है।

अतः n का न्यूनतम मान 1 है।

63. *(b)* प्रश्नानुसार,

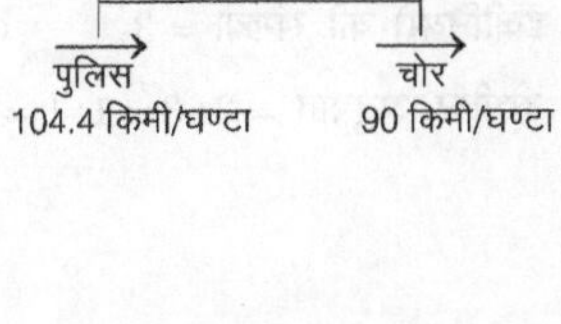

पुलिस और चोर की समान दिशा में सापेक्षिक चाल $= (104.4 - 90) \times \dfrac{5}{18}$

$= 14.4 \times \dfrac{5}{18} = \dfrac{72}{18} = 4$ मी/से

पुलिस और चोर के बीच की दूरी = 92 मी

पुलिस द्वारा चोर को पकड़ने में लगा समय

$= \dfrac{92}{4} = 23$ सेकण्ड

अतः पुलिसकर्मी, चोर को 23 सेकण्ड में पकड़ेगा।

64. *(d)* दिया है,

अमित का क्रय मूल्य = ₹1500

बिलाल का क्रय मूल्य = ₹2000

अमित का अंकित मूल्य

$= 1500 \times \left(\dfrac{100+y}{100}\right) = 1500 + 15y$

बिलाल का अंकित मूल्य

$= 2000 \times \left(\dfrac{100+2y}{100}\right)$

$y\%$ छूट देने के बाद बिलाल का विक्रय मूल्य

$= 2000 \times \left(\dfrac{100+2y}{100}\right)\left(\dfrac{100-y}{100}\right)$

$= \dfrac{(100+2y)(100-y)}{5}$

अमित का लाभ = बिलाल का लाभ

$\Rightarrow (1500 + 15y - 1500)$

$= \dfrac{(100+2y)(100-y)}{5} - 2000$

$\Rightarrow 15y = \dfrac{100y - 2y^2}{5}$

$\Rightarrow 75y = 100y - 2y^2$

$\Rightarrow 2y^2 = 25y \Rightarrow y = 12.5$

अतः $y = 12.5$

65. *(c)* पाँच वर्षों में संयंत्र 1 का औसत उत्पादन $= \dfrac{35 + 43 + 48 + 32 + 42}{5}$

$= \dfrac{200}{5} = 40$ हजार

तथा पाँच वर्षों में संयंत्र 2 का औसत उत्पादन

$= \dfrac{25 + 44 + 39 + 40 + 44}{5}$

$= \dfrac{192}{5} = 38.4$ हजार

$\therefore$ अभीष्ट अन्तर

$= 40 \times 1000 - 38.4 \times 1000$

$= 40000 - 38400$

$= 1600$

66. *(c)* माना $\angle BAC = \theta$

$\therefore \quad \angle ABC = x \times \theta$

$OA = OB = OC = r$ (त्रिज्याएँ)

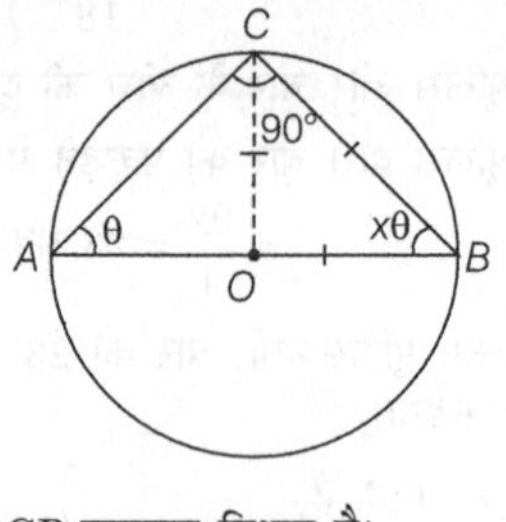

$\therefore$ ΔOCB समबाहु त्रिभुज है।

$\angle OBC = 60°$ ...(i)

$x\theta = 60°$

$\angle ACB = 90°$ [अर्द्धवृत्त का कोण]

अत: ΔABC में,

$\theta + 90 + x\theta = 180°$

$\Rightarrow \quad \theta + 90 + 60 = 180°$

$\Rightarrow \quad \theta = 30°$ ...(ii)

समी (i) से, $60° = 30° \times x$

$\therefore \quad x = 2$

67. *(a)* $x = r\cos(t),\ y = r\sin(t)\cos(u)$

$z = r\sin(t)\sin(u)$

$\therefore \quad x^2 + y^2 + z^2$

$= [r\cos(t)]^2 + \{r\sin(t)\cos(u)\}^2 + \{r\sin(t)\sin u\}^2$

$= r^2\{\cos^2 t + \sin^2 t\cos^2 u + \sin^2 t \sin^2 u\}$

$= r^2\{\cos^2 t + \sin^2 t(\cos^2 u + \sin^2 u)\}$

$= r^2\{\cos^2 t + \sin^2 t \times 1]$

$= r^2\{\cos^2 t + \sin^2 t\} = r^2$

68. *(c)* हम जानते हैं कि, विषमबाहु त्रिभुज के सभी कोणों का मान अलग-अलग होता है।

$\therefore$ विकल्प (c) सही है क्योंकि इसके सभी कोणों का मान अलग-अलग है।

69. *(a)* सोमवार, मंगलवार और बुधवार को उपस्थित छात्रों का औसत

$$= \frac{25 + 30 + 20}{3} = \frac{75}{3} = 25$$

70. *(a)* समकोण त्रिभुज की भुजाओं के निरूपण के लिए

$(\text{कर्ण})^2 = (\text{लम्ब})^2 + (\text{आधार})^2$ होना चाहिए।

$\therefore$ विकल्प (a) से,

$(13)^2 = (5)^2 + (12)^2$

$\Rightarrow \quad 169 = 25 + 144 \Rightarrow 169 = 169$

अत: समुच्चय [5, 12, 13] समकोण त्रिभुज की भुजाओं का निरुपण करता है।

71. *(d)* साधारण ब्याज $= \dfrac{P \times R \times T}{100}$

$\therefore$ साधारण ब्याज में अन्तर

$$= \frac{500 \times 4 \times 4}{100} - \frac{500 \times 3 \times 5}{100}$$

$= 80 - 75 = ₹ 5$

72. *(a)* योजना I से,

10% और 8% की छूट के बराबर एकल छूट $= \left\{-10\% - 8\% + \dfrac{(-10\%) \times (-8\%)}{100}\right\}$

$= \{-17.2\%\}$

योजना II से,

12% और 10% की क्रमिक छूट के बराबर एकल छूट

$$= \left\{-12\% - 10\% + \frac{(-12\%) + (-10\%)}{100}\right\}$$

$= \{-20.8\%\}$

योजना III से,

12% की दो क्रमिक छूट के बराबर एकल छूट

$$= \left\{-12\% - 12\% + \frac{(-12\%)\ (-12\%)}{100}\right\}$$

$= \{-22.56\%\}$

योजना IV से, 20% छूट

अत: जिसकी एकल छूट सबसे अधिक होगी, उसका विक्रय मूल्य सबसे कम होगा। इसलिए विकल्प (a) सही है।

73. *(d)* दोनों वर्षों के लिए शाखा B_2 की कुल बिक्री $= 75 + 65 = 140$ (हजार)

दोनों वर्षों के लिए शाखा B_4 की कुल बिक्री

$= 85 + 95 = 180$ (हजार)

$\therefore$ अभीष्ट अनुपात $= 140 : 180$

$= 7 : 9$

74. *(c)* सभी देशों में इंजीनियरों की औसत संख्या

$$= \frac{20 + 55 + 25 + 65 + 85 + 98}{6}$$

$$= \frac{348}{6} = 58$$

औसत से अधिक इंजीनियर वाले देशों के इंजीनियरों की संख्या = 3

औसत से कम इंजीनियर वाले देशों के इंजीनियरों की संख्या = 3

अभीष्ट अनुपात $= 3 : 3 = 1 : 1 = \dfrac{1}{1}$

75. *(c)* $$\frac{(232)^3 + (140)^3 + (353)^3 - 3 \times 232 \times 140 \times 353}{(232)^2 + (140)^2 + (353)^2 - 232 \times 140 - 140 \times 353 - 353 \times 232}$$

माना $232 = a,\ 140 = b,\ 353 = c$

$$\therefore \quad \frac{a^3 + b^3 + c^3 - 3 \times a \times b \times c}{a^2 + b^2 + c^2 - ab - bc - ca}$$

$$\therefore \quad \frac{a^3 + b^3 + c^3 - 3abc}{a^2 + b^2 + c^2 - (ab + bc + ca)}$$

$$= \frac{(a + b + c)\{a^2 + b^2 + c^2 - (ab + bc + ca)\}}{\{a^2 + b^2 + c^2 - (ab + bc + ca)\}}$$

$= (a + b + c)$

a, b, c का मान रखने पर,

$232 + 140 + 353 = 725$

76. *(a)* Blasphemy is speaking disrespectfully about sacred or religious things.

- **Mystic** is a person who seeks to obtain unity with or absorption into the deity or the absolute.
- **Atheist** is a person who does not believe in god.
- **Theist** is a person who does not believe in god.

77. *(b)* The underlined part of the sentence contains an error. Use 'a rented accommodation' to correct the sentence.

78. *(d)* Part 'has played alongside' contains an error of subject verb agreement.

- As the subject of the sentence, two of the world's best forwards', the verb will be plural. Hence, 'have' should be used in place of 'has' to correct the sentence.

79. *(c)* 'Adequate' means sufficient or enough.

- **Evaluate** means to test.
- **Reconcile** means to accept someone.

80. *(c)* 'Brittle' means hard but liable to break easily; fragile.

- **Furtive** means attempting to avoid notice or attention, typically because of guilt or a belief that discovery would lead to trouble; secretive.
- **Fickle** means changing frequently, especially as regards one's loyalties or affections.
- **Fatal** means deadly.

81. *(c)* 'Cherish' means protect and care for (someone) lovingly. Hence, its nearest synonym is 'nurture' which means care for and protect (someone or something) while they are growing.
- **Neglect** means ignorance.
- **Breach** means a failure to do what is required by a law, an agreement or a duty.
- **Afflict** means (of a problem or illness) cause pain or trouble to; affect adversely.

82. *(b)* The correct order is OSRQP.
- The sentence formed will be 'Attitude is a hypothetical postulate which implies a broad-based behaviour or tendency in individuals.'

83. *(b)* Material is something that can be touched. Hence, its antonym is 'abstract' which is something that can be felt.
- **Concrete** means strong.

84. *(d)* The correct fillers for the given blanks are A-row and C-row. The first row is an act of moving the boat using oars and the second row refers to a queue.

85. *(a)* 'At a low ebb' means in a depressed or weak state.

86. *(c)* Part 'ourselves' contains an error.
- Ourselves can never form the subject of the sentence. Hence, it should be replaced with pronoun 'We' to correct the sentence.

87. *(d)* The underlined part of the sentence is erroneous. The use of 'giving' is incorrect and must be replaced with simple present 'gives' to correct the sentence.

88. *(a)* 'On and Off' means now and then.

89. *(c)* The first sentence of the paragraph will be C as it introduces the main theme- The economy of Saudi Arabia is based on Petroleum.
- The second sentence will be B which expands on it.
- The third sentence will be A which states how it is profitable. The last sentence will be D which concludes it with the chief oil field. Thus, the correct order is CBAD.

90. *(d)* In the first sentence, the misspelt word is 'restraunt'. The correct spelling is 'restaurant'.
- In the second sentence, the misspelt word is 'beleive'. The correct spelling is 'believe'.
- In the third sentence, the misspelt word is 'assigment'. The correct spelling is 'assignment'.
- In the fourth sentence, the misspelt word is 'embarassed'. The correct spelling is 'embarrassed'.

91. *(c)* The correct spelling to fill in the given blank is 'flexibility'.

92. *(d)* The underlined part of the sentence is grammatically correct but awkward. Hence, we can improve it by using 'owing primarily to a rise'.

93. *(c)* The speech was delivered by the teenager.
- The sentence is in past tense. When such a sentence is transformed into passive voice, the structure followed is Object + was/were + V3 + by + Subject.

94. *(d)* An apartment has been booked by me in the new residential colony.
- The sentence is in present perfect tense. When such a sentence is transformed into passive voice, the structure followed is has/have been' + the past participle form of verb.

95. *(d)* 'Immense' means huge.
- **Diminutive** means extremely or unusually small.
- **Trifling** means insignificant.

96. *(d)* The correct filler for the given blank is 'creating'.

97. *(d)* The correct filler for the given blank is 'are'.

98. *(c)* The correct filler for the given blank is 'with'.

99. *(c)* The correct filler for the given blank is 'transmit'.

100. *(d)* The correct filler for the given blank is 'should not be restricted'.

SSC CGL Tier-I
सॉल्वड पेपर

सेट 26 23 सितम्बर, 2024 (द्वितीय पाली)

निर्देश

1. इस सेट में कुल 100 प्रश्न हैं।
2. इस सेट में चार भाग हैं, भाग-I सामान्य बुद्धि एवं तर्कशक्ति, भाग-II सामान्य जागरुकता, भाग-III संख्यात्मक अभियोग्यता और भाग-IV अंग्रेजी भाषा।
3. प्रत्येक प्रश्न 2 अंक का है।

भाग I
सामान्य बुद्धि एवं तर्कशक्ति

1. विकल्पों में दी गई उस आकृति की पहचान कीजिए, जिसे प्रश्नचिह्न के स्थान पर रखने पर श्रृंखला तर्कसंगत रूप से पूर्ण हो जाएगी।

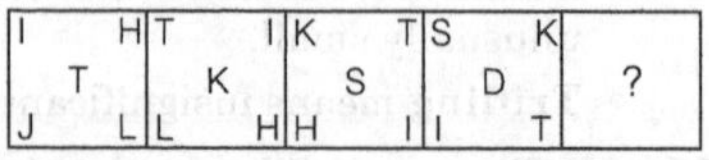

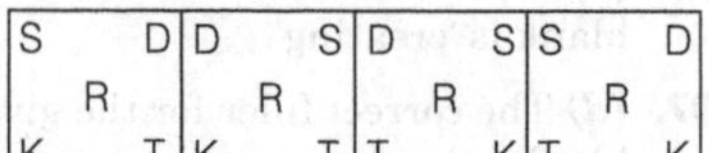

(a) (b) (c) (d)

2. तीन कथन और उसके बाद तीन निष्कर्ष क्रमांकित I, II और III दिए गए हैं। कथनों को सत्य मानते हुए, भले ही वे सामान्य रूप से ज्ञात तथ्यों से भिन्न प्रतीत होते हों, निर्णय लें कि कौन-सा/से निष्कर्ष तार्किक रूप से कथनों का अनुसरण करता है/करते हैं।

कथन
सभी कौए, तोते हैं।
सभी गरुड़, तोते हैं।
सभी तोते, पक्षी हैं।

निष्कर्ष
I. कोई भी कौआ, पक्षी नहीं है।
II. कुछ पक्षी, गरुड़ हैं।
III. सभी पक्षी, कौए हैं।

(a) केवल निष्कर्ष II अनुसरण करता है
(b) सभी निष्कर्ष अनुसरण करते हैं
(c) दोनों निष्कर्ष I और III अनुसरण करते हैं
(d) या तो निष्कर्ष II या III अनुसरण करता है

3. उस शब्द-युग्म का चयन करें, जो नीचे दिए गए शब्दों के युग्म में व्यक्त किए गए सम्बन्ध के समान सम्बन्धों का सबसे बेहतर ढंग से प्रतिनिधित्व करता है।

(**ध्यान दें** शब्दों को अर्थपूर्ण हिन्दी शब्द माना जाना चाहिए और शब्द में अक्षरों की संख्या/व्यंजनों/स्वरों की संख्या के आधार पर एक-दूसरे से सम्बन्धित नहीं होना चाहिए)

आवृत्ति : हर्ट्ज

(a) शक्ति : न्यूटन
(b) प्रदीप्ति घनत्व : लक्स
(c) बल : वोल्ट
(d) प्रतिरोध : कैण्डेला

4. एक निश्चित कूटभाषा में, 'BAKE' को 'FDMF' के रूप में कूटबद्ध किया जाता है और 'TURN' को 'XXTO' के रूप में कूटबद्ध किया जाता है। दी गई भाषा में 'MOCK' को किस प्रकार कूटबद्ध किया जाएगा?

(a) QSEL (b) QREL
(c) RRFL (d) RQGL

5. अक्षरों के उस संयोजन का चयन कीजिए, जिसके अक्षरों को दी गई श्रृंखला के रिक्त स्थानों में क्रमिक रूप से रखने पर श्रृंखला पूर्ण हो जाएगी।

X _ _ Y _ X X _ _ X _ _

(a) X X Y Y A A X (b) Y Y X Y A X X
(c) Y X X Y Y X X (d) X X X Y X X Y

6. उस विकल्प का चयन कीजिए, जिसमें संख्याओं के मध्य वही सम्बन्ध है, जो नीचे दिए गए युग्म की संख्याओं के मध्य है।

(**ध्यान दें** संख्याओं को उनके घटक अंकों में विभाजित किए बिना, पूर्ण संख्याओं पर संक्रियाएँ की जानी चाहिए। उदाहरण के लिए 13 को लें-13 पर की जाने वाली संक्रियाएँ जैसे जोड़ना/घटाना/गुणा करना आदि केवल 13 पर की जा सकती हैं। 13 को 1 और 3 में तोड़ना और फिर 1 और 3 पर गणितीय संक्रियाएँ करने की अनुमति नहीं है।)

4 : 32
7 : 98

(a) 10 : 1000 (b) 12 : 144
(c) 8 : 192 (d) 3 : 18

7. उस विकल्प आकृति का चयन कीजिए, जो पैटर्न को पूरा करने के लिए नीचे दी गई आकृति में प्रश्नचिह्न (?) को प्रतिस्थापित करेगी।

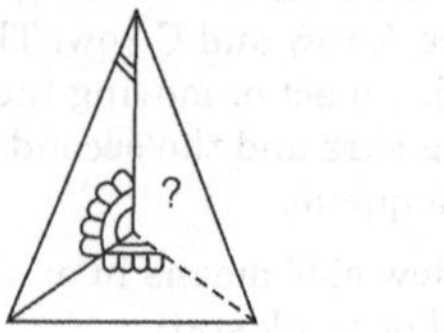

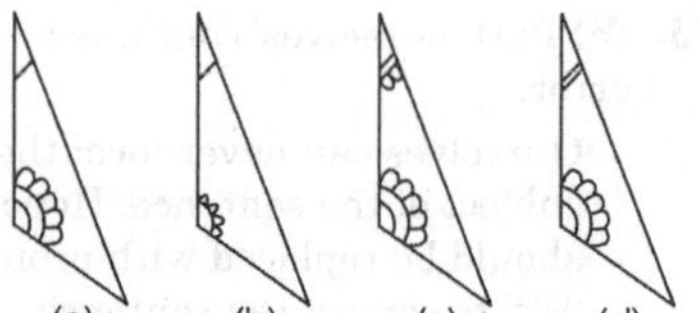

(a) (b) (c) (d)

8. उस समुच्चय का चयन कीजिए, जिसमें संख्याएँ उसी प्रकार सम्बन्धित हैं, जिस प्रकार निम्नलिखित समुच्चयों की संख्याएँ सम्बन्धित हैं।

(84, 63, 42)
(79, 47, 64)

(**ध्यान दें** पूर्ण संख्याओं पर संक्रियाएँ का प्रयोग, संख्याओं को उनके घटक अंकों में विभक्त किए बिना किया जाना चाहिए। उदाहरण के लिए 13 – 13 पर संक्रिया जैसे कि जोड़ने/घटाने/गुणा करने आदि को 13 में किया जा सकता है। 13 को 1 और 3 में विभक्त करके और फिर 1 और 3 पर गणितीय संक्रियाओं का प्रयोग करने की अनुमति नहीं है।)

(a) (71, 53, 36) (b) (64, 51, 52)
(c) (67, 48, 57) (d) (75, 33, 48)

9. जब दर्पण को नीचे दर्शाए गए अनुसार MN पर रखा जाता है, तो दी गई आकृति के सही दर्पण प्रतिबिम्ब का चयन कीजिए।

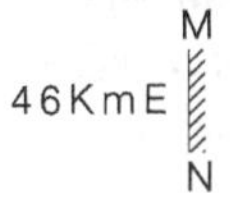

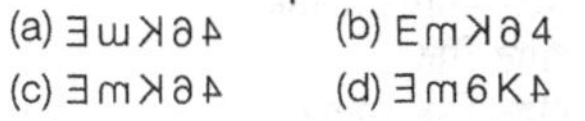

10. चार अक्षर समूह दिए गए हैं, जिनमें से तीन किसी-न-किसी रूप में एकसमान हैं। उस असमान विकल्प को चुनिए। अक्षर समूह में, असमान विकल्प व्यंजनों/स्वरों की संख्या या उनकी स्थिति पर आधारित नहीं है।

(a) RTTUWW (b) ACCDFF
(c) NOPPSS (d) IKKLNN

11. निम्नलिखित में से कौन-सा पद दी गई शृंखला में प्रश्नचिह्न (?) का स्थान लेगा?

XJUM, VLSO, TNQQ, RPOS, ?

(a) PRMU (b) PRNU
(c) QRMT (d) PRMT

12. निम्नलिखित में से कौन-सी संख्या दी गई शृंखला में प्रश्नचिह्न (?) को प्रतिस्थापित करेगी?

81, 65, 50, ?, 23, 11

(a) 34 (b) 36
(c) 35 (d) 37

13. दी गई आकृति में कितने वृत्त हैं?

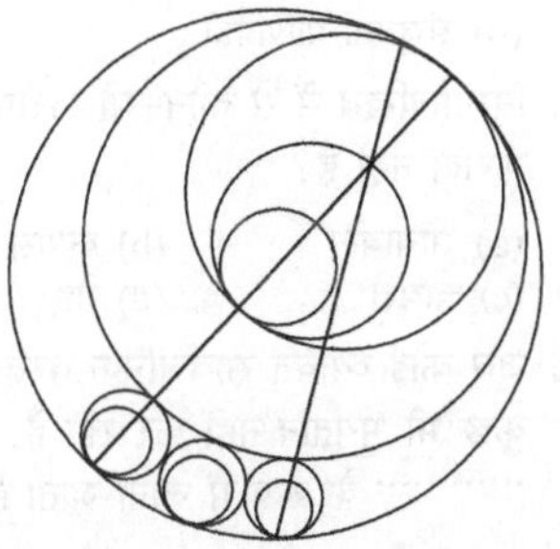

(a) 12 (b) 11
(c) 13 (d) 10

14. उस समुच्चय का चयन कीजिए, जिसमें संख्याएँ उसी प्रकार सम्बन्धित हैं, जिस प्रकार दिए गए समुच्चय की संख्याएँ सम्बन्धित हैं।

(3, 9, 27)

(4, 16, 64)

(**ध्यान दें** संख्याओं को इसके घटक अंकों में तोड़े बिना, सम्पूर्ण संख्याओं पर गणितीय संक्रियाएँ की जानी चाहिए। उदाहरण के लिए 13 – 13 पर गणितीय संक्रियाएँ जैसे कि 13 में जोड़ना/घटाना/गुणा करना आदि की जा सकती हैं। 13 को 1 और 3 में तोड़ने और फिर 1 और 3 पर गणितीय संक्रियाएँ करने की अनुमति नहीं है।)

(a) (7, 49, 343) (b) (6, 36, 84)
(c) (5, 25, 120) (d) (9, 81, 731)

15. एक निश्चित कूटभाषा में, 'FLAKE' को '&2348' के रूप में लिखा जाता है और 'LAKES' को '23@84' के रूप में लिखा जाता है। उसी भाषा में 'S' को किस प्रकार लिखा जाएगा?

(a) & (b) 3 (c) @ (d) 4

16. कागज की एक वर्गाकार शीट को बिन्दीदार रेखा के साथ दिखाई गई दिशाओं के अनुसार क्रमिक रूप से मोड़ा जाता है और फिर दिखाए गए चित्र के अनुसार अन्त में पंच किया जाता है। खुलने पर कागज कैसा दिखेगा?

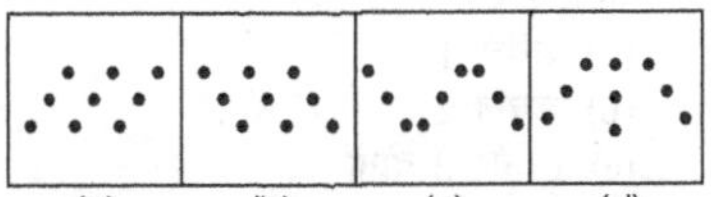

(a) (b) (c) (d)

17. यदि '+' और '–' को आपस में बदल दिया जाए और '×' और '÷' को आपस में बदल दिया जाए, तो निम्नलिखित समीकरण में प्रश्नचिह्न (?) के स्थान पर क्या आएगा?

$6408 \times 8 + 27 - 15 \div 10 = ?$

(a) 921 (b) 922 (c) 924 (d) 923

18. निम्नलिखित समीकरण में यदि '+' और '–' को आपस में बदल दिया जाए और '×' और '÷' को आपस में बदल दिया जाए, तो प्रश्नचिह्न (?) के स्थान पर कौन-सी संख्या आएगी?

$15 - 7 \div 4 + 36 \times 9 = ?$

(a) 40 (b) 39 (c) 42 (d) 34

19. एक निश्चित कूटभाषा में,

X + Y का अर्थ है 'X, Y की बहन है'
X – Y का अर्थ है 'X, Y का पुत्र है'
X × Y का अर्थ है 'X, Y का पति है'
X ÷ Y का अर्थ है 'X, Y की माता है'

उपर्युक्त के आधार पर, यदि 'T + U – V × W ÷ X' है, तो T, X से किस प्रकार सम्बन्धित है?

(a) पिता की माता (b) पिता की बहन
(c) माता की बहन (d) बहन

20. एक पासे के विभिन्न फलकों पर छह अक्षर V, C, R, E, X और Z लिखे गए हैं। इस पासे की दो स्थितियाँ नीचे चित्र में दर्शाई गई हैं। C के विपरीत वाले फलक पर आने वाला अक्षर ज्ञात कीजिए।

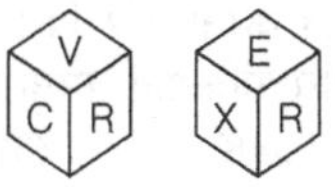

(a) R (b) X
(c) Z (d) V

21. यदि शब्द 'IMPROVE' के प्रत्येक अक्षर को अंग्रेजी वर्णमाला क्रम में व्यवस्थित किया जाए, तो कितने अक्षरों की स्थिति अपरिवर्तित रहेगी?

(a) दो (b) एक
(c) शून्य (d) तीन

22. तीन कथन और उसके बाद तीन निष्कर्ष क्रमांकित I, II और III दिए गए हैं। कथनों को सत्य मानते हुए, भले ही वे सामान्य रूप से ज्ञात तथ्यों से भिन्न प्रतीत होते हों, निर्णय लें कि कौन-सा/से निष्कर्ष तार्किक रूप से कथनों का अनुसरण करता है/करते हैं।

कथन

सभी मटर, सब्जियाँ हैं।
सभी गाजर, सब्जियाँ हैं।
सभी सब्जियाँ हरी/हरे हैं।

निष्कर्ष

I. सभी मटर, हरी/हरे हैं।
II. सभी हरी/हरे, गाजर हैं।
III. कुछ हरी/हरे, मटर हैं।

(a) सभी निष्कर्ष अनुसरण करते हैं
(b) दोनों निष्कर्ष I और III अनुसरण करते हैं
(c) दोनों निष्कर्ष II और III अनुसरण करते हैं
(d) दोनों निष्कर्ष I और II अनुसरण करते हैं

23. उस विकल्प आकृति की पहचान कीजिए, जिसे प्रश्नचिह्न (?) के स्थान पर रखने पर शृंखला तार्किक रूप से पूरी हो जाएगी।

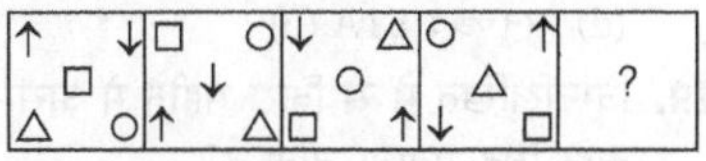

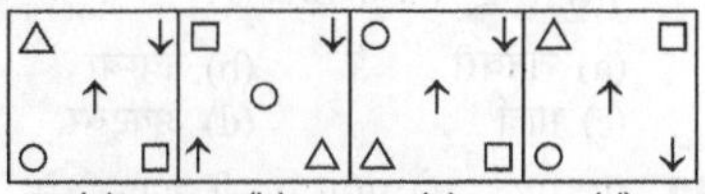

(a) (b) (c) (d)

24. दिए गए संख्या युग्मों में से एक को छोड़कर अन्य सभी में समान संक्रियाएँ/संक्रियाओं का अनुसरण किया गया है। वह असंगत संख्या युग्म ज्ञात कीजिए।

(**ध्यान दें** संख्याओं को उसके संघटक अंकों में खण्डित किए बिना संक्रियाएँ पूर्णांकों पर की जानी चाहिए। उदाहरण के लिए 13 – 13 पर की जाने वाली संक्रियाएँ जैसे जोड़ना/घटाना/गुणा इत्यादि 13 पर ही की जानी चाहिए। 13 को 1 और 3 में खण्डित करना और फिर 1 और 3 पर गणितीय संक्रियाएँ करना वर्जित है।)

(a) 72 : 48 (b) 12 : 8
(c) 24 : 4 (d) 36 : 24

25. दिए गए विकल्पों में से उस पद का चयन कीजिए, जो निम्नलिखित शृंखला में प्रश्नचिह्न (?) को प्रतिस्थापित कर सकता है।

MY 84, KW 80, IU 76, GS 72, ?

(a) FQ 71 (b) ER 70
(c) EQ 68 (d) FP 69

भाग II
सामान्य जागरुकता

26. वर्ष 2022 में निम्नलिखित में से किसको भारत सरकार का मुख्य आर्थिक सलाहकार (CEA) नियुक्त किया गया था?

(a) कौशिक बसु
(b) वेंकटरमन अनन्त नागेश्वरन
(c) टी.वी. सोमनाथन
(d) रघुराम राजन

27. वर्ष 2022 में किसे भारत का नया अटॉर्नी जनरल नियुक्त किया गया?

(a) नीरेन डे (b) आर.वेंकटरमणि
(c) मुकुल रोहतगी (d) के.के. वेणुगोपाल

28. जब आप किसी निजी पार्टी में देखते हैं कि भारतीय ध्वज का उपयोग वक्ता की मेज को ढकने के लिए किया गया है, तो मौलिक कर्त्तव्यों का कौन-सा अनुच्छेद लागू होता है?

(a) अनुच्छेद 51A (d)
(b) अनुच्छेद 51A (c)
(c) अनुच्छेद 51A (a)
(d) अनुच्छेद 51A (b)

29. निम्नलिखित में से किस महीने में असम में कटि बिहू मनाया जाता है?

(a) जनवरी (b) नवम्बर
(c) मार्च (d) अक्टूबर

30. ………… को प्राय: 20वीं शताब्दी के तानसेन के रूप में जाना जाता है, संगीत के इस प्रतिभाशाली व्यक्ति ने सर्वश्रेष्ठ शास्त्रीय संगीत का मिश्रण किया और अपनी खुद की एक अनूठी शैली बनाई।

(a) मुबारक अली खान
(b) बड़े गुलाम अली खान
(c) बरकत अली खान
(d) उस्ताद अली बख्श खान

31. किसने सर्वप्रथम अपवर्तन के उस सिद्धान्त को प्रतिपादित किया था, जो यह स्वत: सिद्ध करता है कि प्रत्येक पदार्थ का एक विशिष्ट बंकन अनुपात अपवर्तक सूचकांक' होता है?

(a) डेविड ब्रूस्टर
(b) विलेबरोर्ड स्नेलियस
(c) थॉमस यंग
(d) डेनिस गैबोर

32. निम्नलिखित में से कौन-सा विटामिन C का दूसरा नाम है?

(a) *पाइरिडोक्सल* (b) *पाइरिडोक्सिन*
(c) *एस्कॉर्बिक अम्ल* (d) *पाइरिडोक्सामाइन*

33. आजीवकों के सन्दर्भ में निम्नलिखित कथनों पर विचार कीजिए

1. मक्खलि गोशाल आजीवक सम्प्रदाय के प्रमुख शिक्षक थे।
2. आजीवक भाग्यवाद में विश्वास करते थे।

उपरोक्त कथनों में से कौन-सा/से कथन सही है/हैं?

(a) केवल 1
(b) केवल 2
(c) 1 और 2 दोनों
(d) न तो 1 और न ही 2

34. कॉयर कण्डक्टर कूमी नरीमन वाडिया को वर्ष 2023 में भारत सरकार द्वारा निम्नलिखित में से किस पुरस्कार से सम्मानित किया गया?

(a) पद्म विभूषण (b) पद्मश्री
(c) भारत रत्न (d) पद्म भूषण

35. जिंक के सल्फ्यूरिक अम्ल के साथ अभिक्रिया करने पर कौन-सी गैस निकलती है?

(a) हाइड्रोजन
(b) कार्बन डाइऑक्साइड
(c) हाइड्रोजन सल्फाइड
(d) ऑक्सीजन

36. निम्नलिखित में से कौन-सा कथन द्वितीय पंचवर्षीय योजना के सन्दर्भ में गलत है?

(a) योजना में समाज का समाजवादी स्वरूप प्रतिबिम्बित था
(b) योजना में भारी और मूल उद्योगों के तीव्र औद्योगिकीकरण पर बल दिया गया
(c) यह योजना कीनेसियन मॉडल पर आधारित थी
(d) योजना के दौरान विद्युत, रेलवे, इस्पात आदि उद्योग स्थापित किए गए

37. निम्नलिखित में से कौन-सी गंगा की सहायक नदी नहीं है?

(a) लोहित (b) कोसी
(c) गण्डक (d) यमुना

38. वर्ष 1936 में स्वतन्त्र लेबर पार्टी की स्थापना ………… के द्वारा की गई थी।

(a) बाल गंगाधर तिलक
(b) भगत सिंह
(c) मोहन सिंह भखना
(d) बी.आर. अम्बेडकर

39. निम्नलिखित में से कौन-सा टीम इवेण्ट 'लक्ष्य ओलम्पिक पोडियम योजना' में शामिल है?

(a) फुटबॉल (b) हॉकी
(c) क्रिकेट (d) टेनिस

40. 1735 ई. में प्रकृति के तीन जगतों को वर्गीकृत करते हुए और पादपों के वर्गीकरण के लिए लैंगिक प्रणाली को रेखांकित करते हुए सिस्टेमा नेचुरे (Systema Naturae) का प्रकाशन किसने किया था?

(a) रॉबर्ट व्हिटेकर
(b) कार्ल वोइज
(c) कैरोलस लिनिअस
(d) अर्न्स्ट हेकेल

41. निम्नलिखित भारतीय शास्त्रीय नर्तकियों में से कौन कुचिपुड़ी से सम्बन्धित हैं?

(a) वेम्पति चिन्ना सत्यम
(b) मालविका सरकार
(c) मीनाक्षी मेधी
(d) संजुक्ता पाणिग्रही

42. निम्नलिखित में से कौन-सी खरीफ की फसल नहीं है?

(a) सोयाबीन (b) कपास
(c) चावल (d) गेहूँ

43. जब कोई व्यक्ति सार्वजनिक वस्तुओं के लिए कुछ भी भुगतान नहीं कर रहा है, तो इसे ………… के रूप में जाना जाता है।

(a) निजी वस्तुएँ (b) गैर-बहिष्कृत
(c) प्रतिद्वन्द्विता (d) फ्री राइडर

44. वर्षा का सबसे आम मापन एक निश्चित अवधि के दौरान कुल वर्षा की गहराई है, जिसे ………… में व्यक्त किया जाता है।

(a) हेक्टोपास्कल (b) मिलीबार
(c) मिलीमीटर (d) किलोपास्कल

45. भारत ने ओ.डी.आई (ODI) में कितने आई.सी.सी. (ICC) विश्वकप जीते हैं?

(a) 4 (b) 1
(c) 3 (d) 2

46. असंगठित श्रमिकों के लिए वृद्धावस्था सुरक्षा सुनिश्चित करने वाली पेन्शन योजना का नाम बताइए।

(a) प्रधानमन्त्री सुरक्षा बीमा योजना
(b) प्रधानमन्त्री मुद्रा योजना
(c) अटल पेन्शन योजना
(d) प्रधानमन्त्री श्रम योगी मानधन योजना

47. पीएम दक्ष योजना का शुभारम्भ निम्नलिखित में से किस मन्त्रालय ने किया?

(a) सामाजिक न्याय एवं अधिकारिता मन्त्रालय
(b) खाद्य प्रसंस्करण उद्योग मन्त्रालय
(c) इलेक्ट्रॉनिक्स और सूचना प्रौद्योगिकी मन्त्रालय
(d) शिक्षा मन्त्रालय

48. भारतीय संविधान के भाग VI में अनुच्छेद 214 से 231 .... से सम्बन्धित हैं।

(a) अधीनस्थ न्यायालय
(b) जिला न्यायालय
(c) उच्चतम न्यायालय
(d) उच्च न्यायालय

49. दिल्ली के निम्नलिखित में से किस सुल्तान ने मुख्य रूप से विस्तार के अतिरिक्त सुदृढ़ीकरण की नीति अपनाई?

(a) इब्राहिम लोदी
(b) अलाउद्दीन खिलजी
(c) बहलोल लोदी
(d) बलबन

50. भारतीय राष्ट्रीय कांग्रेस के अध्यक्ष होने के नाते, निम्नलिखित में से किसने वर्ष 1929 में ब्रिटिश राज से पूर्ण स्वतन्त्रता का आह्वान किया था?

(a) सुभाषचन्द्र बोस
(b) महात्मा गाँधी
(c) जवाहरलाल नेहरू
(d) सरदार वल्लभभाई पटेल

भाग III
संख्यात्मक अभियोग्यता

51. निम्न तालिका का अध्ययन कीजिए और प्रश्न का उत्तर दीजिए।

सप्ताह का दिन	जॉगिंग की दूरी (किमी में)
सोमवार	6
मंगलवार	5.5
बुधवार	5.5
गुरुवार	7
शुक्रवार	5
शनिवार	3.5
रविवार	7.5

यदि 6 किमी जॉगिंग करने से 300 कैलोरी बर्न होती है, तो दिए गए सप्ताह में कितनी कैलोरी बर्न हुई?

(a) 1800 (b) 2000
(c) 1600 (d) 2200

52. तीन पाइप P, Q और R मिलकर एक टैंक को भरने में चार घण्टे का समय लेते हैं। तीनों पाइपों को एकसाथ खोला जाता है। तीन घण्टे के बाद, P को बन्द कर दिया जाता है, और Q तथा R शेष टैंक को दो घण्टों में भर देते हैं। P अकेले टैंक को भरने में कितने घण्टे का समय लेगा?

(a) 9 (b) 12
(c) 10 (d) 8

53. एक मोटरबोट, जिसकी स्थिर जल में चाल 15 किमी/घण्टा है, को धारा के अनुकूल 50 किमी जाने और वापस आने में 7 घण्टे 30 मिनट का समय लगता है। धारा की चाल (किमी/घण्टा में) की गणना कीजिए।

(a) 5 (b) 7
(c) 11 (d) 9

54. XAB और XCD एक वृत्त की दो छेदक रेखाएँ हैं। यदि $XA = 18$ सेमी है, $AB = 22$ सेमी है और $XC = 24$ सेमी है, तो XD का मान (सेमी में) ज्ञात कीजिए।

(a) 28 (b) 34
(c) 21 (d) 30

55. AB केन्द्र O वाले वृत्त की जीवा है। प्रमुख खण्ड में वृत्त की परिधि पर बिन्दु D से निकलने वाला एक रेखाखण्ड DOC, C पर निर्मित AB से इस प्रकार मिलता है कि $BC = OD$ है। यदि कोण $BCO = 30°$ है, तो कोण AOD ज्ञात कीजिए।

(a) 30° (b) 80°
(c) 90° (d) 60°

56. निम्नलिखित पाई-चार्ट किसी पुस्तक के प्रकाशन में किए गए व्यय का प्रतिशत वितरण दर्शाता है। पाई-चार्ट का अध्ययन कीजिए और निम्नलिखित प्रश्न का उत्तर दीजिए।

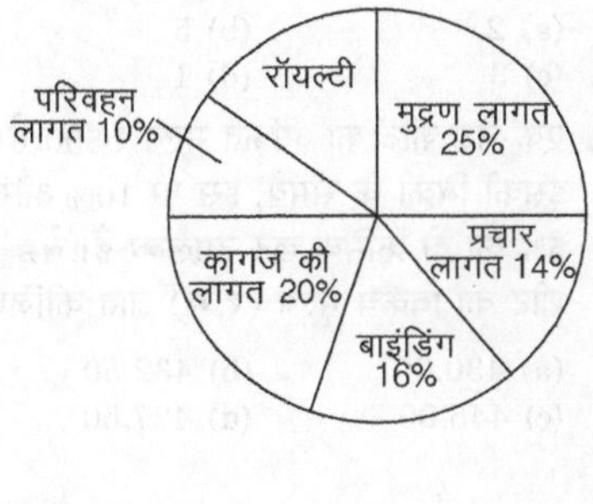

यदि निश्चित संख्या में पुस्तकों के प्रकाशन में रॉयल्टी पर व्यय ₹43500 है, तो परिवहन, बाइंडिंग और प्रिंटिंग पर संयुक्त व्यय (₹ में) कितना है?

(a) 179400 (b) 147900
(c) 197900 (d) 179900

57. सबसे लम्बी जीवा और वृत्त के केन्द्र के बीच की दूरी ...... होती है।

(a) व्यास के बराबर
(b) त्रिज्या के आधे के बराबर
(c) त्रिज्या के बराबर
(d) शून्य इकाई के बराबर

58. यदि किसी त्रिभुज की माध्यिकाएँ बराबर हों, तो त्रिभुज .... होगा।

(a) अधिक कोण त्रिभुज
(b) विषमबाहु त्रिभुज
(c) समबाहु त्रिभुज
(d) समकोण त्रिभुज

59. दिया गया पाई-चार्ट किसी पुस्तक के प्रकाशन पर हुए व्यय का प्रतिशत वितरण दर्शाता है।

व्यय का प्रतिशत वितरण

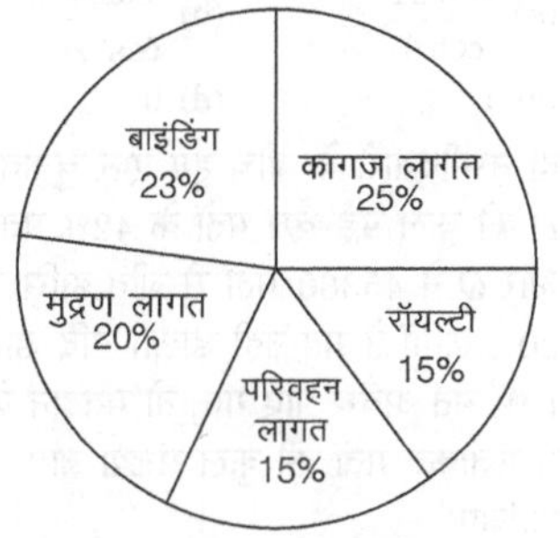

बाइंडिंग पर किए गए व्यय के संगत वृत्तखण्ड का केन्द्रीय कोण क्या है?

(a) 82.8° (b) 78.8°
(c) 48.8° (d) 61.8°

60. $\frac{1}{\operatorname{cosec}\theta - \cot\theta} - \frac{1}{\sin\theta}$ का मान किसके बराबर है?

(a) $\sec\theta$ (b) $\cot\theta$
(c) $\operatorname{cosec}\theta$ (d) $\tan\theta$

61. यदि $\sin A - \cos A = \frac{\sqrt{3}-\sqrt{2}}{2}$ हो, तो $\sin A \cdot \cos A$ का मान ज्ञात कीजिए।

(a) $\frac{2\sqrt{6}-1}{8}$ (b) $\frac{3\sqrt{2}-1}{4}$
(c) $\frac{2\sqrt{2}-1}{8}$ (d) $\frac{2\sqrt{3}-1}{4}$

62. 4, 9 और 16 का चतुर्थानुपाती ज्ञात कीजिए।

(a) 16 (b) 27 (c) 18 (d) 36

63. एक कमरे की लम्बाई, चौड़ाई और ऊँचाई क्रमश: 15 मी, 9 मी और 5 मी है। पेन्ट के एक डिब्बे से 40 वर्ग मी क्षेत्रफल कों पेन्ट किया जा सकता है। केवल कमरे की दीवारों को पेन्ट करने के लिए पेन्ट के कितने डिब्बों की आवश्यकता होगी?

(a) 6 (b) 12
(c) 4 (d) 8

64. किसी राशि पर 8 वर्षों का साधारण ब्याज उस राशि का तीन-पाँचवाँ भाग है। इसके लिए प्रतिवर्ष ब्याज दर कितनी होगी?

(a) 6% (b) $7\frac{1}{2}$%
(c) $5\frac{1}{2}$% (d) 9%

65. निम्नलिखित को सरल कीजिए।
$25 - (18 - 4 \times 9 \div 3)$

(a) −31 (b) −17
(c) 33 (d) 19

66. यदि $\cos A + \cos^2 A = 1$ है, तो $\sin^2 A + \sin^4 A$ किसके बराबर है?

(a) $\frac{\cos^2 A}{\cos A}$ (b) $\frac{\cos A}{\cos^2 A}$
(c) 1 (d) 0

67. दो उम्मीदवारों के बीच हुए एक चुनाव में, P को कुल पड़े वैध मतों के 42% मत मिले और Q ने 45360 मतों से जीत हासिल की। 20% लोगों ने मत नहीं डाला। यदि डाले गए 10% मत अवैध पाए गए, तो मतदान केन्द्र में पंजीकृत मतों की कुल संख्या ज्ञात कीजिए।

(a) 353790 (b) 359000
(c) 393600 (d) 393750

68. 55 वस्तुओं का अंकित मूल्य 99 वस्तुओं के क्रय मूल्य के बराबर था। 56 वस्तुओं का विक्रय मूल्य 35 वस्तुओं के अंकित मूल्य के बराबर था। प्रत्येक वस्तु की बिक्री से होने वाले लाभ या हानि प्रतिशत की गणना करें।

(a) 12.5% लाभ
(b) 12.5% हानि
(c) 15% लाभ
(d) 12.25% लाभ

69. यदि $a + b + c = 0$ है, तो $(a^2 + b^2 + 2ab)$ का मान क्या है?

(a) $-c^2$ (b) c^2
(c) $-c$ (d) c

70. निम्न बार-चार्ट पिछले वर्ष के सन्दर्भ में ईंधन की कीमत में वर्षवार प्रतिशत वृद्धि दर्शाता है।

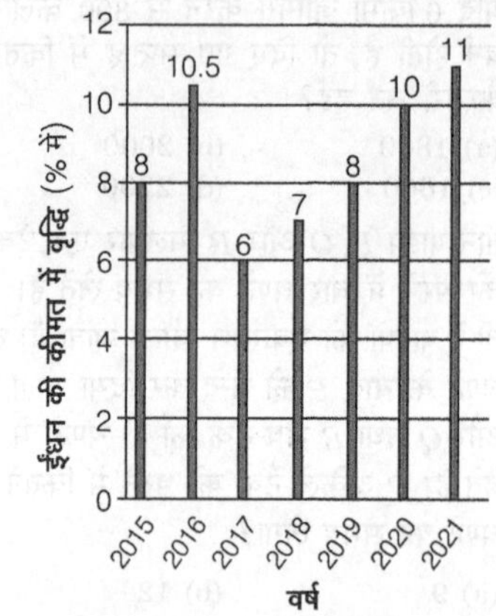

कितने वर्षों में ईंधन की कीमतों में कोई वृद्धि नहीं हुई?

(a) 0 (b) 5
(c) 2 (d) 1

71. हेमा 20 वर्ष की है और उनकी बहन नेहा 30 वर्ष की है। कितने वर्ष पहले उनकी आयु 3 : 5 के अनुपात में थी?

(a) 3 (b) 2
(c) 7 (d) 5

72. पानी और आम के सान्द्रण को 9 : 7 के अनुपात में मिलाकर आम का जूस बनाया जाता है। यदि 160 लीटर आम के जूस में x लीटर पानी और $3x$ लीटर आम के सान्द्रण को मिलाया जाता है, तो नया अनुपात 13 : 14 हो जाता है। आम के नए जूस की मात्रा (लीटर में) क्या है?

(a) 197 (b) 216
(c) 212 (d) 206

73. दस कुर्सियों और छ: मेजों का कुल मूल्य ₹ 5140 है, तीन कुर्सियों और दो मेजों का कुल मूल्य ₹ 1635 है 1 कुर्सी और 1 मेज का मूल्य कितना है?

(a) ₹ 700 (b) ₹ 800
(c) ₹ 600 (d) ₹ 900

74. 11से विभाज्य संख्या प्राप्त करने के लिए 7278745 में से घटाई जाने वाली छोटी-से-छोटी संख्या कौन-सी है?

(a) 2 (b) 5
(c) 3 (d) 1

75. एक बेड शीट का अंकित मूल्य ₹ 500 है। इसकी बिक्री के समय, इस पर 10% और 5% की दो क्रमिक छूट उपलब्ध हैं। बेड शीट का विक्रय मूल्य (₹ में) ज्ञात कीजिए।

(a) 430.00 (b) 432.50
(c) 445.00 (d) 427.50

भाग IV
अंग्रेजी भाषा

76. Select the most appropriate synonym of the given word.
Obstinate

(a) Obedient (b) Adaptive
(c) Stubborn (d) Submissive

77. Select the most appropriate meaning of the given idiom.
Left out in the cold

(a) To go underground
(b) To be in hiding
(c) To be ignored
(d) To be extremely negative

78. Parts of a sentence are given below in jumbled order. Arrange the parts in the correct order to form a meaningful sentence.

P. and has also created a wide gap between them
Q. laid too much stress on
R. teachers and students
S. online mode of education has

(a) SRPQ (b) RQPS
(c) SQRP (d) PSQR

79. Select the option that can be used as a one-word substitute for the given group of words.
A thing that can be easily carried by hands

(a) Export (b) Import
(c) Potable (d) Portable

80. Parts of the following sentence have been given as options. Select the option that contains an error.
He always wants to be in the company of those who are intellectually superior than him.

(a) superior than him.
(b) be in the company of
(c) He always wants to
(d) those who are intellectually

81. Parts of a sentence are given below in jumbled order. Arrange the parts in the correct order to form a meaningful sentence.

O. want
P. movie tonight
Q. do you
R. to watch S. the

(a) RSPQO (b) QORSP
(c) OSQPR (d) OSPQR

82. Parts of a sentence are given below in jumbled order. Arrange the parts in the correct order to form a meaningful sentence.
(P) always favours
(Q) only the
(R) fortune
(S) bold
(a) SQPR (b) RPQS
(c) SRQP (d) PQRS

83. Parts of a sentence are given below in jumbled order. Arrange the parts in the correct order to form a meaningful sentence.
A. only for themselves
B. is full of
C. people who live
D. the world
(a) BCAD (b) ABCD
(c) DBAC (d) DBCA

84. Select the option that correctly expresses the given sentence in passive voice.
Mr. Amar refused him admittance.
(a) Admittance will be refused to him by Mr. Amar.
(b) Admittance shall be refused to him by Mr. Amar.
(c) Admittance would be refused to him by Mr. Amar.
(d) Admittance was refused to him by Mr. Amar.

85. Select the most appropriate meaning of the given idiom.
Break the ice
(a) Nervousness before a performance
(b) Ill-feeling carried by a person over a period of time
(c) Respect for someone's achievements
(d) To say or do something that makes people feel more relaxed, especially at the beginning of a meeting, party

86. Select the most appropriate homophone to fill in the blank.
The summer was .... hot this year.
(a) tow (b) two (c) to (d) too

87. Select the most appropriate synonym of the bracketed word in the following sentence to fill in the blank.
The mothers, who suffer from postpartum depression, feel .... by their children. (vexed)
(a) delighted
(b) recovered
(c) pacific
(d) annoyed

88. Parts of the following sentence have been given as options. Select the option that contains an error.
I have sing 'Let It Go' before a crowd of thousands of people.
(a) a crowd of
(b) thousands of people
(c) I have sing
(d) 'Let It Go' before

89. Select the most appropriate option to substitute the underlined segment in the given sentence.
Aesthetic value is specifically a way in which we can get positive conclude value from the world at large.
(a) can get positive convalescent value
(b) can get positive convulsive value
(c) can get positive conclusive value
(d) can get positive contrastive value

90. Select the correctly spelt word to fill in the blank.
My grandmother .... the preparation of every festival celebration in my house.
(a) initiates (b) inetiates
(c) enitiates (d) enetiates

91. In the question, four alternatives are given for the underlined word in the sentence. Choose the alternative which best expresses the opposite meaning of the word.
It was as if the newer hybrids had an <u>insatiable</u> appetite for chemicals.
(a) satisfiable (b) urgent
(c) curbed (d) pressing

92. Identify the most appropriate antonym of the underlined word in the given sentence.
Lady Stranleigh continued to smile at him <u>brilliantly</u>.
(a) brightly (b) dimly
(c) cunningly (d) strangely

93. Select the correct spelling of the underlined word in the sentence.
Can you please come back to reality from the <u>fectitious</u> world you live in?
(a) factitious
(b) fractional
(c) factional
(d) fictitious

94. Select the most appropriate antonym of the given word.
Purify
(a) Chant (b) Invite
(c) Pollute (d) Wash

95. Select the option that expresses the given sentence in active voice.
Trigonometry has been taught by him for donkey's years.
(a) He had been teaching trigonometry for donkey's years.
(b) He has been trigonometry teaching for donkey's years.
(c) He is teaching trigonometry for donkey's years.
(d) He has been teaching trigonometry for donkey's years.

Directions (Q. Nos. 96-100) *In the following passage, some words have been deleted. Read the passage carefully and select the most appropriate option to fill in each blank.*

Music is perhaps the most popular and widely practised ......(1)...... of fine arts, transcending all kinds of cultural and linguistic barriers. Any form of fine art is ......(2)......to master and almost impossible to perfect, and music is no exception. Nature, it is learnt, has blessed almost two-thirds of the human race with musical ability of some sort. Music has the power to ......(3)...... out the deepest emotions. In fact, it is a magic medicine, and many seek refuge in it when they are depressed or stressed. It is this intimacy that makes us listen to music ......(4)...... even hum or sing sometimes. This singing, or realistically speaking, expressing one's emotion musically sometimes takes a serious turn. The desire to sing before an audience is innocent and beautiful, and indeed, it is perfectly alright to have such a genuine desire. But it is also important to understand that singing is an ......(5)...... art — a highly refined one at that, which requires systematic, prolonged and strict training to be acceptable.

96. Choose the most appropriate option to fill in blank number 1.
(a) format (b) substance
(c) form (d) design

97. Choose the most appropriate option to fill in blank number 2.
(a) difficult (b) irksome
(c) serious (d) easy

98. Choose the most appropriate option to fill in blank number 3.
(a) bring
(b) catalyse
(c) yield
(d) effect

99. Choose the most appropriate option to fill in blank number 4.
(a) or (b) neither
(c) nor (d) either

100. Choose the most appropriate option to fill in blank number 5.
(a) uncomplicated
(b) uniform
(c) mixed
(d) intricate

उत्तरमाला

1.	(c)	2.	(a)	3.	(b)	4.	(b)
5.	(d)	6.	(d)	7.	(d)	8.	(a)
9.	(c)	10.	(c)	11.	(a)	12.	(b)
13.	(b)	14	(a)	15.	(c)	16.	(c)
17.	(c)	18.	(b)	19.	(d)	20.	(b)
21.	(c)	22.	(b)	23.	(d)	24.	(c)
25.	(c)	26.	(b)	27.	(b)	28.	(c)
29.	(d)	30.	(b)	31.	(b)	32.	(c)
33.	(c)	34.	(b)	35.	(a)	36.	(c)
37.	(a)	38.	(d)	39.	(b)	40.	(c)
41.	(a)	42.	(d)	43.	(d)	44.	(c)
45.	(d)	46.	(d)	47.	(a)	48.	(d)
49.	(d)	50.	(c)	51.	(b)	52.	(d)
53.	(a)	54.	(d)	55.	(c)	56.	(b)
57.	(d)	58.	(c)	59.	(a)	60.	(b)
61.	(a)	62.	(d)	63.	(a)	64.	(b)
65.	(d)	66.	(c)	67.	(d)	68.	(a)
69.	(b)	70.	(a)	71.	(d)	72.	(b)
73.	(a)	74.	(d)	75.	(d)	76.	(c)
77.	(c)	78.	(c)	79.	(d)	80.	(a)
81.	(b)	82.	(b)	83.	(d)	84.	(d)
85.	(d)	86.	(d)	87.	(d)	88.	(c)
89.	(c)	90.	(a)	91.	(a)	92.	(b)
93.	(d)	94.	(c)	95.	(d)	96.	(c)
97.	(a)	98.	(a)	99.	(a)	100.	(d)

व्याख्या

1. *(c)* दी गई आकृति शृंखला का क्रम निम्न प्रकार है,

∴ विकल्प आकृति (c) को प्रश्नचिह्न (?) के स्थान पर रखने पर शृंखला तर्कसंगत रूप से पूर्ण हो जाएगी।

2. *(a)* कथनानुसार,

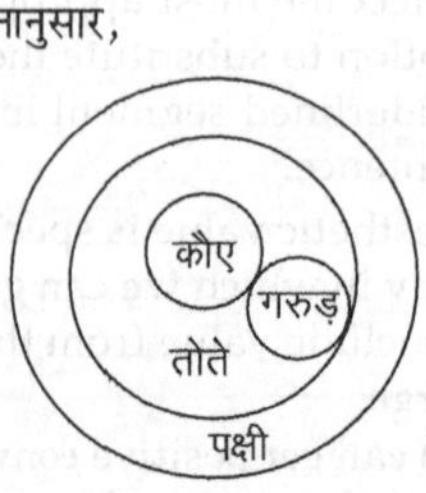

निष्कर्ष I. (✗) II. (✓) III. (✗)
अत: केवल निष्कर्ष II अनुसरण करता है।

3. *(b)* जिस प्रकार, आवृत्ति की SI इकाई हर्ट्ज है। उसी प्रकार, प्रदीप्ति घनत्व की SI इकाई लक्स है।

4. *(b)* जिस प्रकार,

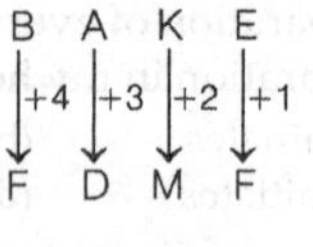

तथा

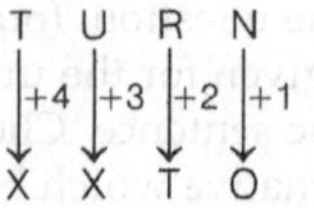

उसी प्रकार,

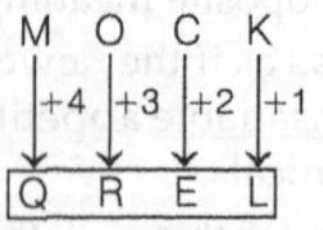

5. *(d)* दी गई शृंखला का क्रम निम्न प्रकार है,
X X X Y/X XXY/XXXY
⇒ XXXYXXY

6. *(d)* जिस प्रकार,
$(4:32) \Rightarrow (4)^2 \times 2 = 16 \times 2 = 32$
तथा $(7:98) \Rightarrow (7)^2 \times 2 = 49 \times 2 = 98$
उसी प्रकार,
$(3:18) \Rightarrow (3)^2 \times 2 = 9 \times 2 = 18$

7. *(d)* दिए गए पैटर्न को पूरा करने के लिए प्रश्नचिह्न (?) के स्थान पर विकल्प आकृति (d) को प्रतिस्थापित किया जाएगा।

8. *(a)* जिस प्रकार, (84, 63, 42)
$\Rightarrow (84-63) \times 2 = 21 \times 2 = 42$
तथा (79, 47, 64)
$\Rightarrow (79-47) \times 2 = 32 \times 2 = 64$
उसी प्रकार, (71, 53, 36)
$\Rightarrow (71-53) \times 2 = 18 \times 2 = 36$

9. *(c)* विकल्प आकृति (c) दी गई आकृति का सही दर्पण प्रतिबिम्ब होगा।

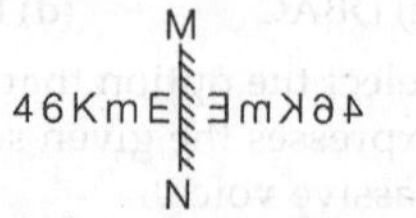

10. *(c)* जिस प्रकार,

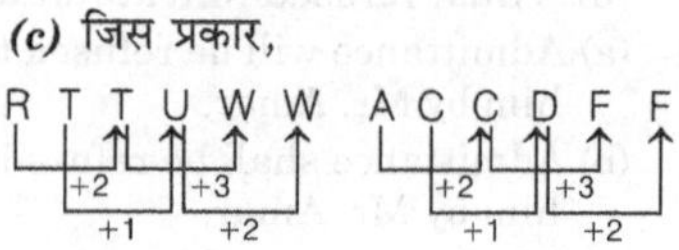

परन्तु,

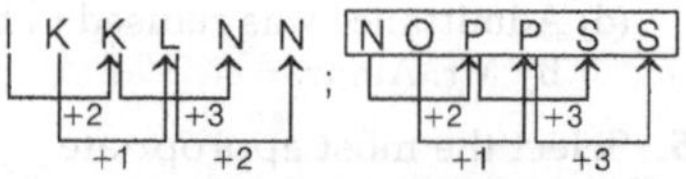

11. *(a)* दी गई शृंखला का क्रम निम्न प्रकार है,

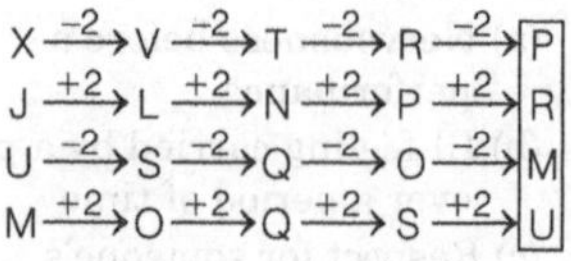

12. *(b)* दी गई शृंखला का क्रम निम्न प्रकार है,

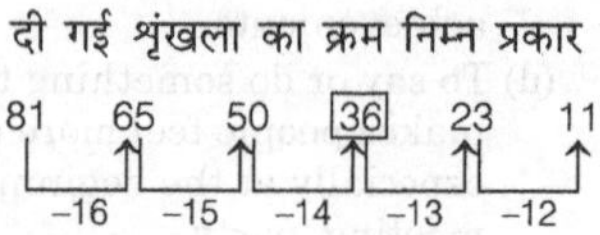

13. *(b)* प्रश्नानुसार,

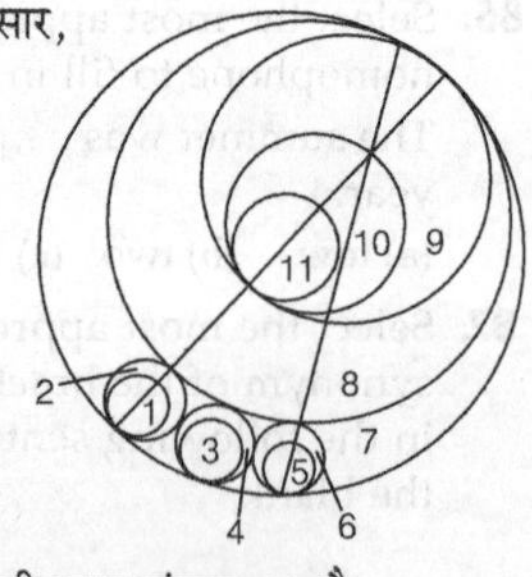

अत: वृत्तों की कुल संख्या 11 है।

14. *(a)* जिस प्रकार,
$(3, 9, 27) \Rightarrow 3^1 = 3; 3^2 = 9; 3^3 = 27$
तथा (4, 16, 64)
$\Rightarrow 4^1 = 4; 4^2 = 16; 4^3 = 64$
उसी प्रकार,
(7, 49, 343)
$\Rightarrow 7^1 = 7; 7^2 = 49; 7^3 = 343$

15. *(c)* प्रश्नानुसार,
F LAKE → & 2348
LAKE S → 23 @ 84
$\therefore$ S का कूट = @

16. *(c)* प्रश्नानुसार, कागज की वर्गाकार शीट को मोड़ने, पंच करने तथा पुन: खोलने के पश्चात् यह विकल्प आकृति (c) जैसा दिखाई देगा।

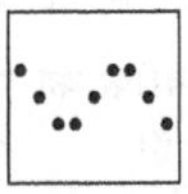

17. *(c)* $6408 \times 8 + 27 - 15 \div 10 = ?$
प्रश्नानुसार, चिह्नों को आपस में बदलने पर,
$6408 \div 8 - 27 + 15 \times 10 = ?$
$\Rightarrow ? = 801 - 27 + 150$
$\Rightarrow ? = 951 - 27$
$\Rightarrow ? = 924$

18. *(b)* $15 - 7 \div 4 + 36 \times 9 = ?$
प्रश्नानुसार, चिह्नों को आपस में बदलने पर,
$15 + 7 \times 4 - 36 \div 9 = ?$
$\Rightarrow ? = 15 + 28 - 4$
$\Rightarrow ? = 43 - 4$
$\Rightarrow ? = 39$

19. *(d)* प्रश्नानुसार,

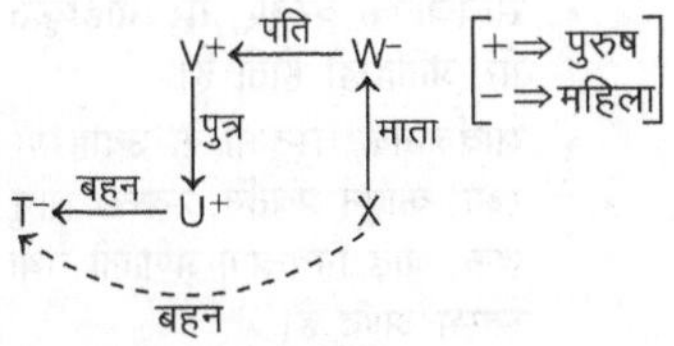

अत: T, X की बहन है।

20. *(b)* दोनों पासों में अक्षर 'R' उभयनिष्ठ है।
$\therefore$ R के दक्षिणावर्त में संगत फलक एक-दूसरे के विपरीत होंगे।

पासा I → R C V
पासा III → R X E
(C ↕ X, V ↕ E विपरीत)

अत: अक्षर 'C' के विपरीत फलक पर 'X' होगा।

21. *(c)* प्रश्नानुसार,
मूल शब्द → I M P R O V E
वर्णमालानुसार → E I M O P R V
अत: शून्य अक्षर की स्थिति अपरिवर्तित रहेगी।

22. *(b)* कथनानुसार,

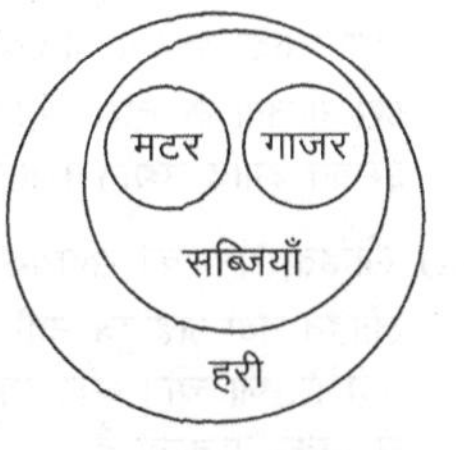

निष्कर्ष I. (✓) II. (✗) III. (✓)
अत: निष्कर्ष I और III अनुसरण करते हैं।

23. *(d)* दी गई आकृति श्रृंखला का क्रम निम्न प्रकार है,

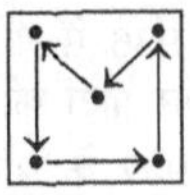

$\therefore$ विकल्प आकृति (d) को प्रश्नचिह्न (?) के स्थान पर रखने पर श्रृंखला तार्किक रूप से पूरी हो जाएगी।

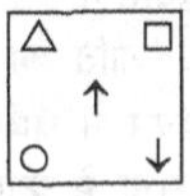

24. *(c)* जिस प्रकार,
$72 : 48 \Rightarrow 48 + \frac{48}{2} = 48 + 24 = 72$
$12 : 8 \Rightarrow 8 + \frac{8}{2} = 8 + 4 = 12$
तथा $36 : 24 \Rightarrow 24 + \frac{24}{2} = 24 + 12 = 36$
परन्तु, $24 : 4 \Rightarrow 4 + \frac{4}{2} = 4 + 2 = 6 \neq 24$

25. *(c)* दी गई श्रृंखला का क्रम निम्न प्रकार है,
M $\xrightarrow{-2}$ K $\xrightarrow{-2}$ I $\xrightarrow{-2}$ G $\xrightarrow{-2}$ E
Y $\xrightarrow{-2}$ W $\xrightarrow{-2}$ U $\xrightarrow{-2}$ S $\xrightarrow{-2}$ Q
84 $\xrightarrow{-4}$ 80 $\xrightarrow{-4}$ 76 $\xrightarrow{-4}$ 72 $\xrightarrow{-4}$ 68

26. *(b)* वर्ष 2022 में **वेंकटरमन अनन्त** नागेश्वरन को भारत के 18वें (CEA) के रूप में नियुक्त किया गया था।
- भारत के मुख्य आर्थिक सलाहकार, सरकार को आर्थिक मामलों पर सलाह देता है और भारत के आर्थिक सर्वेक्षण की तैयारी के लिए उत्तरदायी होता है।

27. *(b)* वर्ष 2022 (दिसम्बर, 2024 में भी अपने पद पर हैं) में **आर. वेंकटरमणि** को भारत का नया अटॉर्नी जनरल नियुक्त किया गया था।
- भारत का अटॉर्नी जनरल, भारत सरकार का मुख्य कानूनी सलाहकार होता है।
- अटॉर्नी जनरल भारत के सर्वोच्च न्यायालय में केन्द्र सरकार का प्रतिनिधित्व करता है।
- भारत का राष्ट्रपति केन्द्रीय मन्त्रिमण्डल की सलाह पर अटॉर्नी जनरल की नियुक्ति करता है।

28. *(c)* यदि हम किसी निजी पार्टी में देखते हैं कि भारतीय ध्वज का उपयोग वक्ता की मेज को ढकने के लिए किया गया है, तो मौलिक कर्त्तव्यों का **अनुच्छेद 51A(a)** लागू होता है।
- मौलिक कर्त्तव्यों में, भारतीय संविधान का पालन करना, अपने ध्वज का सम्मान करना, राष्ट्रगान के प्रति सम्मान की भावना रखना आदि शामिल हैं।
- भारतीय संविधान में मौलिक कर्त्तव्यों को वर्ष 1976 में 42वें संविधान संशोधन अधिनियम द्वारा स्वर्ण सिंह समिति की सिफारिशों के आधार पर शामिल किया गया था।
- भारतीय संविधान के भाग IV-A, अनुच्छेद 51A में 11 मौलिक कर्त्तव्य वर्णित हैं, जिनमें से 11वें मौलिक कर्त्तव्य को वर्ष 2002 में 86वें संशोधन द्वारा जोड़ा गया था।

29. *(d)* कटि बिहू त्योहार असम में अक्टूबर माह में मनाया जाता है।
- कटि बिहू को कोंगाली बिहू के नाम से भी जाना जाता है।
- यह त्योहार चावल की फसल के स्थानान्तरण और नई फसल के मौसम की शुरुआत का प्रतीक है।

30. *(b)* बड़े गुलाम अली खान जिन्हें 'जगत उस्ताद' के नाम से भी जाना जाता है।
- बड़े गुलाम अली खान को प्राय: 20वीं शताब्दी के तानसेन के रूप में भी जाना जाता है।
- संगीत के इस प्रतिभाशाली व्यक्ति ने सर्वश्रेष्ठ शास्त्रीय संगीत का मिश्रण कर स्वयं की एक अनूठी शैली बनाई थी।
- उस्ताद बड़े गुलाम अली खान को संगीत के क्षेत्र में संगीत नाटक अकादमी पुरस्कार (1962), पद्म भूषण पुरस्कार (1962), संगीत नाटक अकादमी फेलो पुरस्कार (1967) से सम्मानित किया गया था।

31. *(b)* प्रत्येक पदार्थ का एक विशिष्ट बंकन अनुपात 'अपवर्तक सूचकांक' होता है, इस सिद्धान्त का प्रतिपादन **विलेबरोर्ड स्नेलियस** द्वारा किया गया था।

- अपवर्तक सूचकांक का सूत्र $(n) = \frac{C}{V}$ है।
- C = किसी विशिष्ट तरंगदैर्ध्य की हवा में प्रकाश का वेग।
- V = किसी भी माध्यम में प्रकाश की गति को दर्शाता है।
- अपवर्तनांक एक मान को सन्दर्भित करता है, जिसका ऑप्टिकल विज्ञान में सामान्य उपयोग होता है।

32. *(c)* विटामिन 'C' का दूसरा नाम **एस्कॉर्बिक अम्ल** है।

- अल्बर्ट सेण्ट ग्योर्गी को विटामिन सी की खोज के लिए वर्ष 1937 में फिजियोलॉजी या मेडिसिन में नोबेल पुरस्कार से सम्मानित किया गया था।
- विटामिन 'सी' की कमी से स्कर्वी रोग हो सकता है।

33. *(c)* आजीवक सम्प्रदाय (भाग्यवादी या नियतिवादी) की स्थापना 5वीं शताब्दी में मक्खलि पुत्र गोशाल ने की थी। ये इस सम्प्रदाय के प्रमुख शिक्षक थे।

- आजीवक, पुरुषार्थ में विश्वास नहीं करते थे। ये भाग्य में विश्वास करते थे। वे नियति को मनुष्य की सभी अवस्थाओं के लिए उत्तरदायी ठहराते हैं।
- आजीवक सम्प्रदाय के लोग ईश्वर, पुनर्जन्म और कर्म में विश्वास नहीं करते थे।

34. *(b)* कॉयर कण्डक्टर कूमी नरीमन वाडिया को वर्ष 2023 में भारत सरकार द्वारा **पद्मश्री पुरस्कार** से सम्मानित किया गया था।

- ये एक भारतीय संगीत कण्डक्टर हैं।
- यह भारत की कोरल संगीत की पहली महिला एवं संवाहक भी हैं। इन्होंने 200 से अधिक संगीत कार्यक्रमों का नेतृत्व किया है।

35. *(a)* जिंक के सल्फ्यूरिक अम्ल के साथ अभिक्रिया करने पर **हाइड्रोजन गैस** निकलती है।

$$Zn + H_2SO_4 \longrightarrow ZnSO_4 + H_2$$

- हाइड्रोजन एक ज्वलनशील गैस है, जिसके जलने पर चटकने जैसी आवाज निकलती है।
- हाइड्रोजन का प्रतीक H और परमाणु संख्या 1 है।

36. *(c)* द्वितीय पंचवर्षीय योजना नेहरू-महालनोबिस मॉडल पर आधारित थी, न कि **कीनेसियन मॉडल** पर।

- इस योजना का उद्देश्य बुनियादी और भारी उद्योगो के विकास पर विशेष बल देने के साथ-साथ तेजी से औद्योगीकरण करना था।
- इस योजना का उद्देश्य समाज का समाजवादी स्वरूप प्रतिबिम्बित करना था।
- इस योजना के दौरान विद्युत, रेलवे, इस्पात आदि उद्योग स्थापित किए गए।

37. *(a)* लोहित, गंगा की सहायक नदी नहीं है।

- लोहित नदी ब्रह्मपुत्र नदी की सहायक नदी है, जो चीन और भारत दोनों देशों से होकर गुजरती है।
- यह पूर्वी तिब्बत के जयाल छू पर्वतश्रेणी से निकलती है।
- लोहित नदी को खून की नदी तथा जायु नदी के नाम से भी जाना जाता है।

38. *(d)* वर्ष 1936 में बी. आर. अम्बेडकर ने स्वतन्त्र लेबर पार्टी की स्थापना की।

- वर्ष 1937 के बॉम्बे केन्द्रीय विधानसभा चुनाव में 13 आरक्षित तथा 4 सामान्य सीटों के लिए चुनाव हुए, जिसमें उन्होंने क्रमश: 11 और 3 सीटें जीतीं।
- अम्बेडकर ने 15 मई, 1936 को अपनी पुस्तक 'जाति का विनाश' प्रकाशित की।
- अम्बेडकर ने वर्ष 1937 में बॉम्बे विधानसभा में कोंकण में भूमि काश्तकारी की खेती प्रणाली के उन्मूलन के लिए विधेयक पेश किया था।

39. *(b)* हॉकी इवेण्ट 'लक्ष्य ओलम्पिक पोडियम योजना' में शामिल है।

- लक्ष्य ओलम्पिक पोडियम योजना (टॉप्स) भारत के शीर्ष एथलीटों को सहायता देने का एक प्रमुख कार्यक्रम है।
- इस योजना का उद्देश्य देश के बेहतरीन एथलीटों की तैयारी को बढ़ावा देने और उन्हें ओलम्पिक पदक जीतने में मदद करना है।
- इस योजना का उद्देश्य पेरिस 2024 और लॉस एंजिल्स, 2028 के लिए ओलम्पिक सम्भावितों की तैयारी में अतिरिक्त प्रोत्साहन देना है।
- एथलीटों का चयन राष्ट्रीय खेल महासंघों (एनएसएफ) के सहयोग से किया जा रहा है।

40. *(c)* **कैरोलस लिनियस** एक स्वीडिश चिकित्सक, वनस्पतिशास्त्री और प्राणीशास्त्री थे।

- इन्होंने पौधों और जन्तुओं को वर्गीकृत करने के लिए एक नई प्रणाली बनाई थी।
- लिनियस ने जीवों के नामकरण, रैंकिंग और वर्गीकरण की एक परिष्कृत प्रणाली बनाई।
- लिनियस ने अपने जीवनकाल में पौधों, जानवरों और सीपियों के करीब 40,000 नमूने एकत्र किए थे।
- लिनियस को व्यवस्थित वनस्पति विज्ञान का जनक कहा जाता है।

41. *(a)* भारतीय शास्त्रीय नर्तकियों में से वेम्पति चिन्ना सत्यम कुचिपुड़ी नृत्य से सम्बन्धित हैं, इन्होंने वर्ष 1963 में मद्रास में कुचिपुड़ी कला अकादमी की शुरुआत की थी।

- इन्हें तमिलनाडु सरकार द्वारा कलैमामणि तथा मध्य प्रदेश सरकार द्वारा कालिदास पुरस्कार से भी सम्मानित किया गया था।

42. *(d)* **गेहूँ** खरीफ की फसल नहीं है। गेहूँ रबी की फसल है।

- रबी की फसलों को नवम्बर-दिसम्बर में बोया जाता है।
- गेहूँ, सरसों, दाल और जौ, रबी की फसलें हैं।
- खरीफ की फसलों को जुलाई-अगस्त में बोया जाता है।
- चावल, मक्का, बाजरा, रागी, ज्वार, सोयाबीन, मूँगफली, कपास इत्यादि खरीफ की फसलें हैं।

43. *(d)* जब कोई व्यक्ति सार्वजनिक वस्तुओं के लिए कुछ भी भुगतान नहीं कर रहा है, तो इसे **फ्री राइडर** के रूप में जाना जाता है।

- सार्वजनिक वस्तुएँ वे वस्तुएँ होती हैं, जिनका लाभ समाज या समुदाय के सभी लोगों को मिलता है।
- सार्वजनिक वस्तुएँ, गैर-बहिष्कृत और गैर-प्रतिद्वन्द्वी होती हैं।
- सार्वजनिक वस्तुओं के उदाहरण राष्ट्रीय रक्षा, कानून प्रवर्तन, स्वच्छ वायु और जल, बाढ़ नियन्त्रण प्रणाली तथा प्रकाश स्तम्भ आदि हैं।

44. *(c)* वर्षा का सबसे आम मापन एक निश्चित अवधि के दौरान कुल वर्षा की गहराई है, जिसे मिलीमीटर में व्यक्त किया जाता है।

- वर्षा को मापने के लिए मौसम विज्ञानी रेन गेज का उपयोग करते हैं, जिसे मिमी में व्यक्त किया जाता है।
- रेन गेज में एक फनल होता है, जिसमें बारिश का पानी एकत्र होता है। इस तरह

यह पता चलता है कि एक निश्चित समय में कितनी बारिश हुई है।

- वर्षा को मापने के लिए उपयोग होने वाले कुछ यन्त्र, वजन गेज, टिपिंग बकेट रेन गेज आदि हैं।

45. *(d)* भारत ने अब तक **2 ओ.डी.आई** (ODI) आई.सी.सी. (ICC) विश्व कप जीते हैं।

- वर्ष 1983 में कपिल देव की कप्तानी में भारत ने ODI विश्वकप जीता था।
- वर्ष 2011 में महेन्द्र सिंह धोनी की कप्तानी में भारत ने ODI विश्वकप जीता था।
- वर्ष 2007 और वर्ष 2024 में भारत ने T20 विश्वकप जीता है।
- भारत ने वर्ष 2013 में चैम्पियन्स ट्रॉफी जीती थी।

46. *(d)* **प्रधानमन्त्री श्रम योगी मानधन योजना** के तहत, 60 वर्ष की आयु के बाद हर महीने ₹ 3000 की पेन्शन दी जाएगी।

- इस योजना के तहत, यदि किसी व्यक्ति की मृत्यु हो जाती है, तो उसके जीवनसाथी को पेन्शन का 50% पारिवारिक पेन्शन के तौर पर मिलेगा।

47. *(a)* पीएम दक्ष योजना की शुरुआत वर्ष 2020-21 में सामाजिक न्याय और अधिकारिता मन्त्रालय द्वारा की गई थी।

- इस योजना के तहत कमजोर वर्गों के उत्थान के लिए कौशल विकास कार्यक्रमों को पेश करना है।
- ओबीसी और ईडब्ल्यूएस उम्मीदवार, जिनके परिवार की वार्षिक आय ₹ 3 लाख से कम है, वे व्यक्ति इस योजना के लिए पात्र हैं।

48. *(d)* संविधान के अनुच्छेद 214 के अनुसार, प्रत्येक राज्य के लिए एक **उच्च न्यायालय** होगा, लेकिन अनुच्छेद 231 के तहत संसद विधि द्वारा दो-या-दो से अधिक राज्यों और किसी संघ राज्य क्षेत्र के लिए एक ही उच्च न्यायालय स्थापित कर सकती है।

- वर्तमान में भारत में 23 उच्च न्यायालय हैं, जिसमें से तीन उच्च न्यायालय का अधिकार क्षेत्र एक राज्य से अधिक है।
- उच्च न्यायालय एक अभिलेख न्यायालय होता है, उसके निर्णय आधिकारिक माने जाते हैं।
- उच्च न्यायालय के न्यायाधीशों की नियुक्ति राष्ट्रपति द्वारा उच्च न्यायालय के न्यायाधीश के परामर्श पर की जाती है।

49. *(d)* दिल्ली के सुल्तान बलबन ने मूल रूप से विस्तार की अपेक्षा सुदृढ़ीकरण की नीति अपनाई थी।

- बलबन को दिल्ली सल्तनत का उद्धारकर्ता के नाम से भी जाना जाता है।
- बलबन ने अपने प्रशासन के लिए जर्मन चांसलर बिस्मार्क के समान 'रक्त और लौह' की नीति अपनाई।
- बलबन द्वारा 'सिजदा' और 'पैबोस' जैसी ईरानी प्रथा की शुरुआत की गई थी।

50. *(c)* भारतीय राष्ट्रीय कांग्रेस के अध्यक्ष होने के नाते, **जवाहरलाल नेहरू** ने वर्ष 1929 में लाहौर अधिवेशन में ब्रिटिश राज से पूर्ण स्वतन्त्रता का आह्वान किया था।

- इन्होंने 31 दिसम्बर, 1931 को रावी नदी के तट पर भारतीय तिरंगा झण्डा फहराया।
- 1930 को कांग्रेस पार्टी ने भारतीयों से 26 जनवरी को स्वतन्त्रता दिवस के रूप में मनाने का आग्रह किया।

51. *(b)* सप्ताह के सभी दिनों में जॉगिंग की कुल दूरी (किमी)

$= 6 + 5.5 + 5.5 + 7 + 5 + 3.5 + 7.5$

$= 40$ किमी

अत: बर्न की गई कुल कैलौरी

$= \frac{40}{6} \times 300 = 2000$ कैलौरी

52. *(d)* $(P+Q+R)$ द्वारा टैंक भरने में लिया गया समय = 4 घण्टे

$\therefore$ $(P+Q+R)$ का 1 घण्टे का कार्य $= \frac{1}{4}$

$(P+Q+R)$ का 3 घण्टे का कार्य $= \frac{3}{4}$ भाग

शेष कार्य $= 1 - \frac{3}{4} = \frac{1}{4}$

(Q तथा R) द्वारा शेष टैंक को भरने में लिया गया समय = 2 घण्टे

(Q तथा R) का 1 घण्टे का कार्य

$= \frac{1}{\left(\frac{4}{2}\right)} = \frac{1}{8}$

P का 1 घण्टे का कार्य $= \frac{1}{4} - \frac{1}{8} = \frac{1}{8}$

अत: P को अकेले टैंक भरने में लगा समय = 8 घण्टे

53. *(a)* माना धारा की चाल = y किमी/घण्टा

धारा के अनुकूल मोटरबोट की चाल $= (15 + y)$ किमी/घण्टा

धारा के प्रतिकूल मोटरबोट की चाल $= (15 - y)$ किमी/घण्टा

प्रश्नानुसार,

$\frac{50}{(15+y)} + \frac{50}{(15-y)} = 7$ घण्टे 30 मिनट

$\Rightarrow \frac{750 - 50y + 750 + 50y}{(15)^2 - (y)^2} = 7\frac{1}{2}$ घण्टे

$\Rightarrow \frac{1500}{225 - y^2} = \frac{15}{2}$

$\Rightarrow \frac{100}{225 - y^2} = \frac{1}{2}$

$\Rightarrow 225 - y^2 = 200$

$\Rightarrow y^2 = 25$

$\therefore y = 5$

अत: धारा की चाल = 5 किमी/घण्टा

54. *(d)* माना CD की लम्बाई x है।

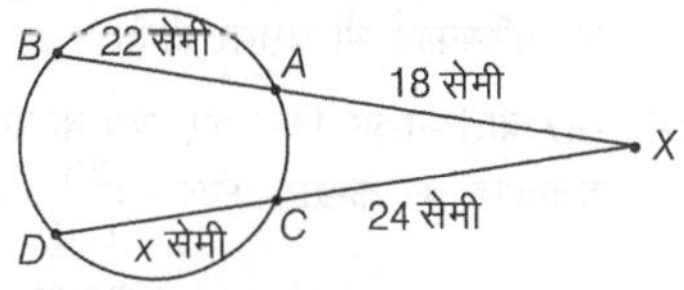

$\because BX \times AX = XD \times XC$

$\Rightarrow (22 + 18) \times 18 = (24 + x) \times 24$

$\Rightarrow 40 \times 18 = (24 + x) \times 24$

$\Rightarrow 30 = 24 + x$

$\Rightarrow x = 6$

अत: XD की लम्बाई $= 24 + x$

$= 24 + 6 = 30$ सेमी

55. *(c)* दिया है, $BC = OD$

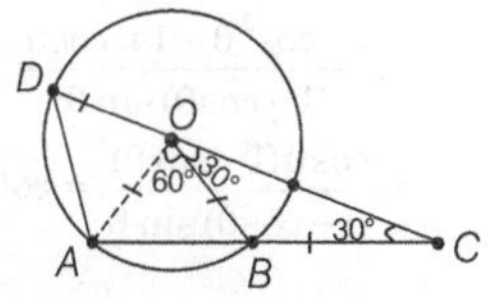

$\angle BCO = 30°$

$OA = OB = OD = BC = r$

ΔBOC में,

$\angle BOC = \angle BCO = 30°$

$\because \angle OBC + \angle BCO + \angle BOC = 180°$

$\Rightarrow \angle OBC + 30° + 30° = 180°$

$\Rightarrow \angle OBC = 120°$

$\Rightarrow \angle OBA = 180° - 120° = 60°$

ΔOAB में,

$OA = OB$

$\therefore \angle OAB = \angle OBA = 60°$

$\Rightarrow \angle AOB + \angle OAB + \angle OBA = 180°$

$\Rightarrow \angle AOB + 60° + 60° = 180°$

$\Rightarrow \angle AOB = 60°$

$\because \angle AOD = 180° - (60° + 30°)$

$= 180° - 90° = 90°$

56. *(b)* दिया है,
रायल्टी पर व्यय = 15% = ₹43500
परिवहन, बाइंडिंग और प्रिंटिंग पर संयुक्त व्यय = 10% + 16% + 25% = 51%
$= \frac{43500}{15} \times 51 =$ ₹147900

57. *(d)* सबसे लम्बी जीवा वृत्त का व्यास होती है, जो केन्द्र से होकर जाती है।
∴ सबसे लम्बी जीवा और वृत्त के केन्द्र के बीच की दूरी शून्य इकाई के बराबर होगी।

58. *(c)* किसी त्रिभुज की मध्यिकाएँ बराबर हैं, तो त्रिभुज समबाहु त्रिभुज होगा, क्योंकि समबाहु त्रिभुज की सभी भुजाएँ और सभी कोण बराबर होते है, इसलिए समबाहु त्रिभुज की मध्यिकाएँ भी बराबर होगी।

59. *(a)* बाइंडिंग पर किए गए व्यय के संगत वृत्तखण्ड का केन्द्रीय कोण $= \frac{23}{100} \times 360°$
$= 82.8°$

60. *(b)* $\frac{1}{\text{cosec}\,\theta - \cot\theta} - \frac{1}{\sin\theta}$
$= \frac{1}{\left(\frac{1}{\sin\theta} - \frac{\cos\theta}{\sin\theta}\right)} - \frac{1}{\sin\theta}$
$= \frac{\sin\theta}{1-\cos\theta} - \frac{1}{\sin\theta}$
$= \frac{\sin^2\theta - (1-\cos\theta)}{(1-\cos\theta)\sin\theta}$
$= \frac{1-\cos^2\theta - 1 + \cos\theta}{(1-\cos\theta)\sin\theta}$
$= \frac{\cos\theta(1-\cos\theta)}{(1-\cos\theta)\sin\theta} = \cot\theta$

61. *(a)* $\sin A - \cos A = \frac{\sqrt{3}-\sqrt{2}}{2}$
दोनों ओर वर्ग करने पर,
$\sin^2 A + \cos^2 A - 2\sin A\cos A = \frac{3+2-2\sqrt{6}}{4}$
$\Rightarrow 1 - 2\sin A\cos A = \frac{5-2\sqrt{6}}{4}$
$\Rightarrow 1 - \left[\frac{5-2\sqrt{6}}{4}\right] = 2\sin A\cos A$
$\Rightarrow \frac{4-5+2\sqrt{6}}{4} = 2\sin A\cos A$
अत: $\sin A\cos A = \frac{2\sqrt{6}-1}{8}$

62. *(d)* अभीष्ट चतुर्थानुपाती $= \frac{9\times16}{4} = 36$

63. *(a)* कमरे की चारो दीवारों का क्षेत्रफल
= 2 (लम्बाई + चौड़ाई) ऊँचाई
= 2(15 + 9) × 5 = 240 मी
पेन्ट के लिए आवश्यक डिब्बे $= \frac{240}{40} = 6$

64. *(b)* माना धनराशि (P) = ₹100
∴ साधारण ब्याज (SI) $= 100 \times \frac{3}{5} =$ ₹60
अब $60 = \frac{100 \times R \times 8}{100}$
$\Rightarrow \quad R = \frac{60}{8} = 7\frac{1}{2}\%$

65. *(d)* $25 - (18 - 4 \times 9 \div 3)$
$= 25 - (18 - 4 \times 3)$
$= 25 - (18 - 12) = 25 - 6 = 19$

66. *(c)* दिया है,
$\cos A + \cos^2 A = 1$
$\Rightarrow \cos A = 1 - \cos^2 A$
$\cos A = \sin^2 A$ ...(i)
$\therefore \sin^2 A + \sin^4 A$
$= \sin^2 A + (\sin^2 A)^2$
[समी (i) से]
$= \sin^2 A + (\cos^2 A)$
$= 1$

67. *(d)* माना मतदान केन्द्र में पंजीकृत मतों की कुल संख्या = x
∴ डाले गए वैध मत
$= x \times \frac{(100-20)}{100} \times \frac{(100-10)}{100}$
$= x \times \frac{4}{5} \times \frac{9}{10}$
P को कुल वैध मत मिलें = 42%
∴ Q को कुल वैध मत मिलें = 58%
प्रश्नानुसार,
$x \times \frac{4}{5} \times \frac{9}{10} \times \frac{(58-42)}{100} = 45360$
$\Rightarrow \quad x \times \frac{4}{5} \times \frac{9}{10} \times \frac{16}{100} = 45360$
$\Rightarrow \quad x = \frac{45360 \times 5 \times 1000}{4 \times 9 \times 16}$
$\Rightarrow \quad x = 393750$
अत: मतदान केन्द्र में पंजीकृत मतों की कुल संख्या = 393750

68. *(a)* 55 वस्तुओं का अंकित मूल्य = 99 वस्तुओं का क्रय मूल्य
$\frac{\text{अंकित मूल्य}}{\text{क्रय मूल्य}} = \frac{99}{55} = \frac{9}{5}$
56 वस्तुओं का विक्रय मूल्य = 35 वस्तुओं का अंकित मूल्य
$\frac{\text{विक्रय मूल्य}}{\text{अंकित मूल्य}} = \frac{35}{56} = \frac{5}{8}$
अंकित मूल्य : क्रय मूल्य
= (9 : 5) × 8 = 72 : 40
विक्रय मूल्य : अंकित मूल्य
= (5 : 8) × 9 = 45 : 72
⇒ क्रय मूल्य : अंकित मूल्य : विक्रय मूल्य
⇒ 40 : 72 : 45
⇒ लाभ = 45 − 40 = 5
लाभ प्रतिशत $= \frac{5}{40} \times 100 = 12.5\%$

69. *(b)* दिया है,
$a + b + c = 0$
$\Rightarrow \quad a + b = -c$
दोनों ओर वर्ग करने पर,
$(a+b)^2 = (-c)^2$
$\Rightarrow \quad a^2 + b^2 + 2ab = c^2$
$\therefore \quad a^2 + b^2 + 2ab = c^2$

70. *(a)* उपर्युक्त बार-चार्ट से स्पष्ट होता है कि 0 वर्षों में ईंधन की कीमतों में कोई वृद्धि नहीं हुई।

71. *(d)* माना n वर्ष पहले हेमा और नेहा की आयु का अनुपात 3 : 5 होगा।
प्रश्नानुसार,
$\frac{20-n}{30-n} = \frac{3}{5}$
$\Rightarrow 100 - 5n = 90 - 3n$
$\Rightarrow \quad 10 = 2n$
$\Rightarrow \quad n = 5$ वर्ष

72. *(b)* मिश्रण में पानी की मात्रा $= 160 \times \frac{9}{16}$
= 90 लीटर
मिश्रण में आम की मात्रा = 160 − 90
= 70 लीटर
प्रश्नानुसार,
$\frac{90+x}{70+3x} = \frac{13}{14}$
$\Rightarrow \quad 1260 + 14x = 910 + 39x$
$\Rightarrow \quad 350 = 25x$
$\Rightarrow \quad x = \frac{350}{25} = 14$
∴ आम के नए जूस की मात्रा
$= 160 + x + 3x$
$= 160 + 14 + 3 \times 14$
$= 160 + 14 + 42$
= 216 लीटर

73. *(a)* माना एक कुर्सी का मूल्य ₹x और एक मेज का मूल्य ₹y हैं।
प्रश्नानुसार,
$10x + 6y = 5140$ ...(i)
$3x + 2y = 1635$ ...(ii)

समी (i) व (ii) से,

$x = ₹\ 235$

$y = ₹\ 465$

अत: 1 कुर्सी और 1 मेज का कुल मूल्य

$= 235 + 465$

$= ₹\ 700$

74. *(d)* संख्या = 7278745

11 का नियम

सम स्थानों के अंकों का योग – विषम स्थानों के अंकों का योग

$= (2 + 8 + 4) \sim (7 + 7 + 7 + 5)$

$= (14) \sim (26)$

$= \frac{12}{11} = 1$ शेषफल

अत: संख्या 7278745 में से 1 घटाने पर, यह संख्या 11 से पूर्णत: विभाजित होगी।

75. *(d)* बेड शीट का अंकित मूल्य = ₹500

∴ बेड शीट का विक्रय मूल्य

$= 500 \times \frac{90}{100} \times \frac{95}{100}$

$= \frac{5 \times 9 \times 95}{10} = ₹\ 427.50$

76. *(c)* **Obstinate** means stubbornly refusing to change one's opinion or chosen course of action, despite attempts to persuade.

- **Adaptive** means adjustable.
- **Submissive** means Obedient.

77. *(c)* Left out in the cold means 'to be ignored'.

78. *(c)* The correct order is SQRP.

- The sentence formed will be- Online mode of education has laid too much stress on teachers and students and has also created a wide gap between them.

79. *(d)* A thing that can be easily carried by hands is called portable.

- **Export** means to send something to another land.
- **Import** means to bring something from another land.
- **Potable** is something that is safe to drink.

80. *(a)* Part 'superior than him' contains an error. The word 'superior' takes 'to' to make the comparison and not 'than'.

81. *(b)* The correct order is QORSP.

- The sentence formed will be- Do you want to watch the movie tonight?

82. *(b)* The correct order is RPQS.

- The sentence formed will be- Fortune always favours only the bold.

83. *(d)* The correct order is DBCA.

- The sentence formed will be- The world is full of people who live only for themselves.

84. *(d)* Admittance was refused to him by Mr. Amar.

- The sentence is in past tense. When such a sentence is transformed into passive voice, the structure followed is Object + was/were+ V3+ by+ Subject.

85. *(d)* Break the ice means to say or do something that makes people feel more relaxed, especially at the beginning of a meeting, party.

86. *(d)* The correct filler for the given blank is 'too'.

87. *(d)* Vexed means annoyed. Hence, 'annoyed' is the correct filler for the given blank.

88. *(c)* Part 'I have sing' contains an error. The verb 'has/have' takes past participle form of the verb. Hence, use 'sung' to correct the sentence.

89. *(c)* The underlined part of the given sentence contains an error.

- The use of form 'conclude' is incorrect and adjective form 'conclusive' should be used to correct the sentence.

90. *(a)* The correct spelling of the word to fill in the blank is 'initiates'.

91. *(a)* **Insatiable** means to be never satisfied. Hence, its antonym is 'satisfied'.

- **Curbed** means restricted.
- **Pressing** means Urgent.

92. *(b)* The antonym of 'brilliantly' is 'dimly'.

93. *(d)* The correct spelling is 'fictitious'.

94. *(c)* The antonym of 'purify' is to 'pollute or make dirty'.

95. *(d)* He has been teaching trigonometry for donkey's years.

- The sentence is in present perfect tense. When such a sentence is transformed into passive voice, the structure followed is has/have been' + the past participle form of verb.

96. *(c)* The correct filler for the given blank is 'form'.

97. *(a)* The correct filler for the given blank is 'difficult'.

98. *(a)* The correct filler for the given blank is 'bring'.

99. *(a)* The correct filler for the given blank is 'or'.

100. *(d)* The correct filler for the given blank is 'intricate'.

सेट 27 23 सितम्बर, 2024 (तृतीय पाली)

SSC CGL Tier-I
सॉल्वड पेपर

निर्देश
1. इस सेट में कुल 100 प्रश्न हैं।
2. इस सेट में चार भाग हैं, भाग-I सामान्य बुद्धि एवं तर्कशक्ति, भाग-II सामान्य जागरुकता, भाग-III संख्यात्मक अभियोग्यता और भाग-IV अंग्रेजी भाषा।
3. प्रत्येक प्रश्न 2 अंक का है।

भाग I
सामान्य बुद्धि एवं तर्कशक्ति

1. यदि '+' और '–' को आपस में बदल दिया जाए और '×' और '÷' को आपस में बदल दिया जाए, तो निम्नलिखित समीकरण में प्रश्नचिह्न (?) के स्थान पर क्या आएगा?

$152 \div 6 + 1617 \times 7 - 77 = ?$

(a) 758 (b) 578
(c) 587 (d) 785

2. निम्नलिखित संख्या-युग्मों में से तीन किसी तरह से समान हैं और इसलिए एक समूह बनाते हैं। कौन-सा संख्या-युग्म उस समूह से सम्बन्धित नहीं है?

(**नोट** संख्याओं को उसके घटक अंकों में तोड़े बिना, पूर्ण संख्याओं पर गणितीय संक्रियाएँ की जानी चाहिए। उदाहरण के लिए 13-13 पर संक्रियाएँ जैसे कि 13 में जोड़ना/घटाना/गुणा करना आदि की जा सकती हैं। 13 को 1 और 3 में तोड़ने और फिर 1 और 3 पर गणितीय संक्रियाएँ करने की अनुमति नहीं है।)

(a) 21-462 (b) 14-196
(c) 17-306 (d) 12-156

3. उस समुच्चय का चयन कीजिए, जिसमें संख्याएँ उसी तरह सम्बन्धित हैं, जैसे दिए गए समुच्चय की संख्याएँ हैं।

(6, 31) (10, 91)

(**नोट** संख्याओं को उनके घटक अंकों में विभाजित किए बिना, पूर्ण संख्याओं पर संक्रियाएँ की जानी चाहिए। उदाहरण के लिए 13-13 पर संक्रिया जैसे जोड़ना/घटाना/गुणा करना आदि 13 पर किया जा सकता है। 13 को 1 और 3 में तोड़ना और फिर 1 और 3 पर गणितीय संक्रियाएँ करने की अनुमति नहीं है)

(a) (9, 81) (b) (12, 146)
(c) (8, 57) (d) (7, 68)

4. एक निश्चित कूटभाषा में 'cat dog monkey' को '55 66 88' के रूप में कूटबद्ध किया गया है; 'camel cat donkey' को '66 99 33' के रूप में कूटबद्ध किया गया है और 'dog goat tiger' को '88 11 22' के रूप में कूटबद्ध किया गया है। उसी भाषा में 'monkey' को किस प्रकार कूटबद्ध किया गया है?

(a) 66 (b) 88
(c) 11 (d) 55

5. एक निश्चित कूटभाषा में, 'WJSL' को '25-12-21-14' लिखा जाता है और 'DUOH' को '6-23-17-10' लिखा जाता है। उसी कूटभाषा में 'PFKR' को कैसे लिखा जाएगा?

(a) 20-9-12-20 (b) 19-9-12-19
(c) 18-8-13-20 (d) 20-10-14-21

6. विकल्पों में दी गई उस आकृति की पहचान कीजिए, जिसे प्रश्नचिह्न (?) के स्थान पर रखने पर श्रृंखला तार्किक रूप से पूरी हो जाएगी।

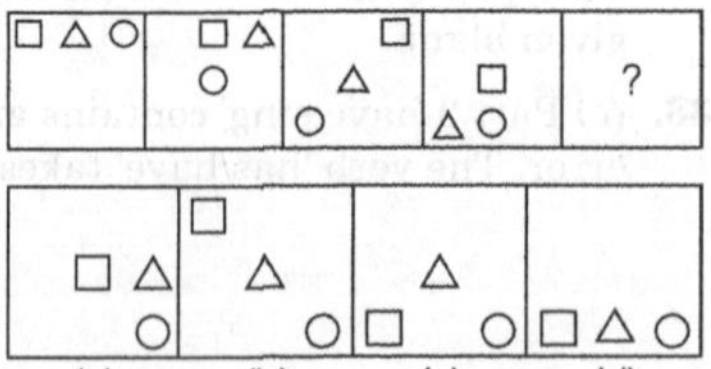

(a) (b) (c) (d)

7. उस विकल्प का चयन करें, जो पाँचवें अक्षर-समूह से उसी प्रकार सम्बन्धित है जिस प्रकार दूसरा अक्षर-समूह पहले अक्षर-समूह से सम्बन्धित है और चौथा अक्षर-समूह तीसरे अक्षर-समूह से सम्बन्धित है।

MSD: NHW : : OAE : LZV : : NIP : ?

(a) NSL (b) NRL
(c) MRK (d) MQK

8. उस विकल्प का चयन कीजिए, जो उन अक्षरों को दर्शाता है, जिन्हें नीचे दिए गए रिक्त स्थानों में बाएँ से दाएँ क्रमिक रूप से रखने पर अक्षर श्रृंखला पूरी हो जाएगी।

_YRWIY_XI_R_IYRZ

(a) XRYY (b) IRZY
(c) IRYY (d) IYYX

9. उस विकल्प का चयन कीजिए, जो पाँचवें अक्षर-समूह से उसी प्रकार सम्बन्धित है जिस प्रकार दूसरा अक्षर-समूह, पहले अक्षर-समूह से सम्बन्धित है और चौथा अक्षर-समूह, तीसरे अक्षर-समूह से सम्बन्धित है।

EXPENSE : EPXEESN : :
FASHION : HSAFNOI : :
FORTUNE : ?

(a) TUNEFOR (b) ROFNUTE
(c) ENUTROF (d) TROFENU

10. यदि 'LAUNDER' शब्द के सभी अक्षरों को अंग्रेजी वर्णमाला क्रम में व्यवस्थित किया जाए, तो कितने अक्षरों की स्थिति में कोई बदलाव नहीं होगा?

(a) तीन (b) एक
(c) एक भी नहीं (d) दो

11. किसी निश्चित तर्क के अनुसार 13 का सम्बन्ध 21 से है। उसी तर्क के अनुसार 35 का सम्बन्ध 43 से है। उसी तर्क के अनुसार 66 निम्नलिखित में से किस संख्या से सम्बन्धित है?

(**नोट** संख्याओं को उनके घटक अंकों में विभक्त किए बिना पूर्ण संख्याओं पर संक्रियाएँ की जानी चाहिए। उदाहरण के लिए 13 को लें- 13 पर संक्रियाएँ जैसे कि जोड़ना/ घटाना/ गुणा आदि 13 में की जा सकती हैं। 13 को 1 और 3 में विभक्त करना और फिर 1 और 3 पर गणितीय संक्रियाएँ करने की अनुमति नहीं है।)

(a) 74 (b) 71 (c) 72 (d) 73

12. 21 एक निश्चित तर्क का अनुसरण करते हुए 220 से सम्बन्धित है। इसी तर्क का अनुसरण करते हुए 72,781 से सम्बन्धित है। समान तर्क का अनुसरण करते हुए, 27 निम्नलिखित में से किससे सम्बन्धित है?

(**नोट** संख्याओं को उनके घटक अंकों में विभक्त किए बिना पूर्ण संख्याओं पर संक्रियाएँ की जानी चाहिए। उदाहरण के लिए 13 को लें-13 पर संक्रियाएँ, जैसे कि जोड़ना/ घटाना/ गुणा आदि 13 में की जा सकती हैं। 13 को 1 और 3 में विभक्त करना और फिर 1 और 3 पर गणितीय संक्रियाएँ करने की अनुमति नहीं है।)

(a) 316 (b) 340
(c) 290 (d) 286

13. प्रश्न में ऐसे शब्द युग्म हैं जो एक निश्चित तरीके से एक-दूसरे से सम्बन्धित हैं। निम्नलिखित चार शब्द युग्मों में से तीन शब्द युग्म एकसमान हैं क्योंकि इनमें सम्बन्ध समान है और इस प्रकार वे एक समूह बनाते हैं। निम्नलिखित में से कौन-सा शब्द युग्म उस समूह से सम्बन्धित नहीं है?

(शब्दों को अर्थपूर्ण अंग्रेजी/हिन्दी शब्द माना जाना चाहिए और शब्द में अक्षरों/व्यंजनों/स्वरों की संख्या के आधार पर एक-दूसरे से सम्बन्धित नहीं होने चाहिए।)

(a) शतरंज - एक टीम में 1 खिलाड़ी
(b) मुक्केबाजी - एक टीम में 1 खिलाड़ी
(c) पोलो - एक टीम में 4 खिलाड़ी
(d) फुटबॉल - एक टीम में 10 खिलाड़ी

14. निम्नलिखित शृंखला को जारी रखने के लिए प्रश्नचिह्न (?) के स्थान पर कौन-सी आकृति आनी चाहिए?

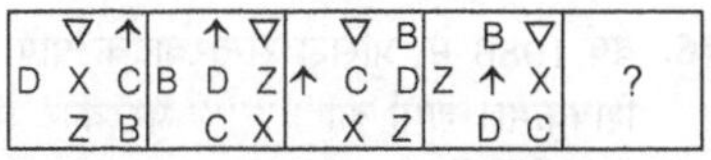

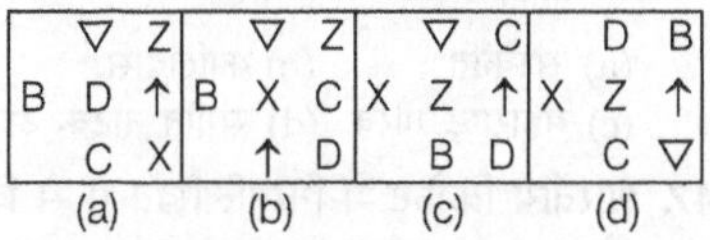

15. दिए गए विकल्पों में से उस संख्या का चयन कीजिए, जो निम्नलिखित शृंखला में प्रश्नचिह्न (?) को प्रतिस्थापित कर सकती है।

45, 52, 63, 76, 93, ?

(a) 116 (b) 122
(c) 118 (d) 112

16. एक पासे के विभिन्न फलकों पर छः अक्षर O, Z, F, T, R और M लिखे गए हैं। इस पासे की दो स्थितियाँ नीचे चित्र में दर्शाई गई हैं। Z के विपरीत वाले फलक पर आने वाला अक्षर ज्ञात कीजिए।

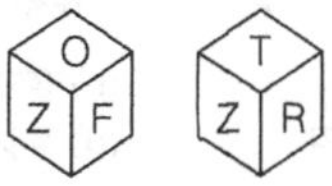

(a) T (b) F
(c) R (d) M

17. जब दर्पण को नीचे दर्शाए गए अनुसार MN पर रखा जाता है तो दी गई आकृति के सही दर्पण प्रतिबिम्ब का चयन कीजिए।

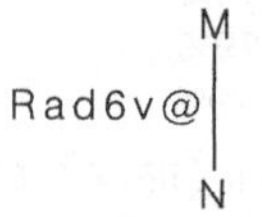

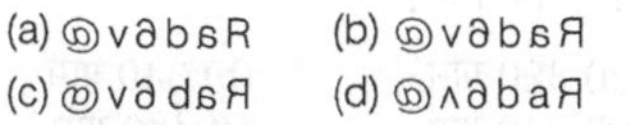

18. दिए गए वेन आरेख के अनुसार कितने लोग या तो केवल मसालेदार या केवल मीठा पसन्द करते हैं?

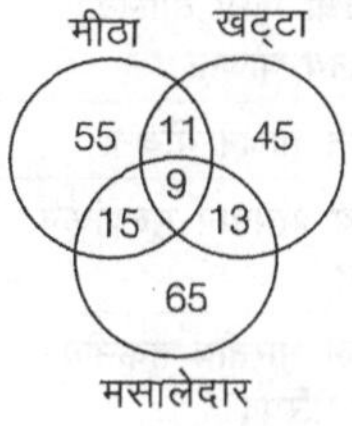

(a) 110 (b) 144
(c) 120 (d) 135

19. नीचे दिया गया वेन आरेख चाय, कॉफी और सूप के लिए लोगों की पसन्द को दर्शाता है।

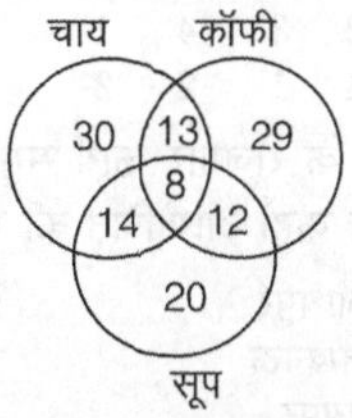

कितने लोग चाय और कॉफी दोनों पसन्द करते हैं?

(a) 29 (b) 43 (c) 21 (d) 13

20. नीचे दी गई आकृतियों में कागज के एक टुकड़े को मोड़ने का क्रम और मुड़े हुए कागज को काटने का तरीका दर्शाया गया है। कागज खुलने पर यह कैसा दिखेगा?

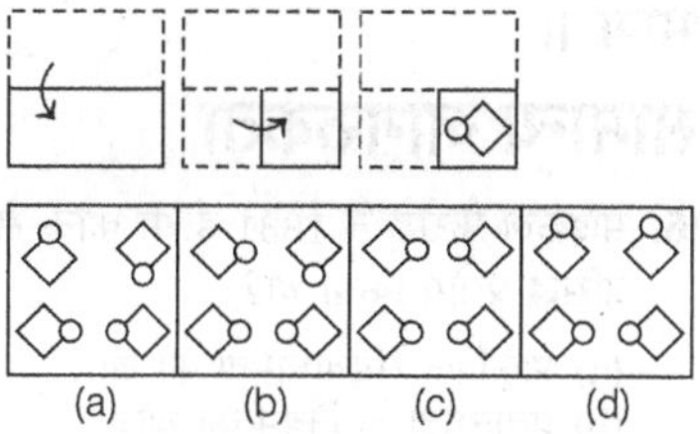

21. दी गई आकृति में कितने आयत हैं?

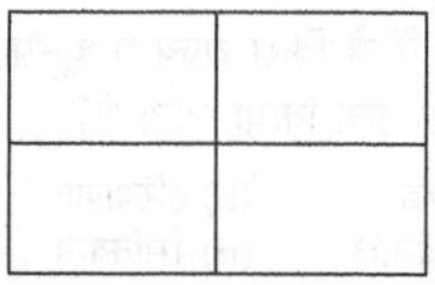

(a) 9 (b) 4 (c) 6 (d) 8

22. एक निश्चित कूटभाषा में,
'A & B' का अर्थ है कि 'A, B का भाई है',
'A × B' का अर्थ है कि 'A, B का पिता है',
'A ? B' का अर्थ है कि 'A, B की माता है'
और 'A! B' का अर्थ है कि 'A, B की पत्नी है',
निम्नलिखित में से किसका अर्थ यह है कि W, P की नानी है?

(a) W ? R ! Y & O × P
(b) W ? R × Y ! O & P
(c) W ! R × Y ? O & P
(d) W & R ! Y × O ? P

23. अक्षरों के उस संयोजन का चयन कीजिए, जिसे दी गई शृंखला के रिक्त स्थानों में क्रमिक रूप से रखे जाने पर शृंखला तार्किक रूप से पूरी हो जाएगी।

ME_ICM_DIC_GDI_MHD_C

(a) DCFMI (b) DFMCI
(c) DFMBI (d) DEMAI

24. जब दर्पण को MN पर रखा जाता हो, तो दी गई आकृति के सही दर्पण प्रतिबिम्ब का चयन कीजिए।

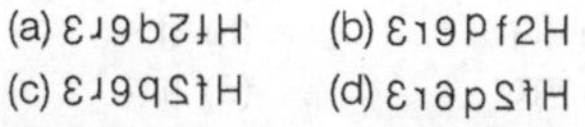

25. दिए गए समीकरण को सही करने के लिए किन दो संख्याओं (अंक नहीं) को आपस में बदलना चाहिए?

$6 \times 3 + 8 \div 2 + 21 + 5 \times 4 - 14 \div 7 = 53$

(a) 8 और 4 (b) 21 और 14
(c) 2 और 4 (d) 3 और 5

भाग II

सामान्य जागरुकता

26. माइकल फैराडे ने 1831 ई. में कौन-सा प्रसिद्ध प्रयोग किया था?
(a) प्राकृतिक रेडियोधर्मिता की खोज
(b) प्रत्यास्थता के नियम की खोज
(c) क्वाण्टम मैग्नेटोमीटर की खोज
(d) विद्युत चुम्बकीय प्रेरण की खोज

27. निम्नलिखित में से किस राज्य में चू-फाट (Chu-Faat) नृत्य किया जाता थे?
(a) उत्तराखण्ड (b) हरियाणा
(c) पश्चिम बंगाल (d) सिक्किम

28. भारत द्वारा आयोजित G20 शिखर सम्मेलन के लिए मुख्य समन्वयक कौन थे?
(a) विजय गोखले (b) विनय क्वात्रा
(c) एस जयशंकर (d) हर्षवर्धन श्रृंगला

29. 'पावर्टी एण्ड अन-ब्रिटिश रूल इन इण्डिया' पुस्तक की रचना ······ के द्वारा की गई थी।
(a) लाला लाजपत राय (b) बिपिनचन्द्र पाल
(c) दादाभाई नौरोजी (d) एम.एन. रॉय

30. निम्नलिखित में से कौन-सा, किसी स्थान का प्रमुख जलवायु नियन्त्रण नहीं है?
(a) उन्नतांश (b) महासागरीय धाराएँ
(c) अक्षांश (d) भूगर्भ

31. 1811 ई. में आयतनों के संयोजन (Combination of Volumes) पर गे-लुसाक के परिणामों के साथ डाल्टन की परमाण्वीय परिकल्पना का मिलान किसने किया था?
(a) जैक्स चार्ल्स
(b) रॉबर्ट बॉयल
(c) फ्रेड हॉयल
(d) अमेदिओ आवागाद्रो

32. राज्य के ········ नीति-निदेशक तत्त्वों को वर्ष 1976 के 42वें संविधान संशोधन अधिनियम द्वारा भारतीय संविधान में जोड़ा गया था।
(a) तीन (b) दो
(c) चार (d) पाँच

33. ईस्ट इण्डिया कम्पनी की गतिविधियों को विनियमित करने के लिए ब्रिटिश संसद ने 1773 ई. में कौन-सा अधिनियम पारित किया था?
(a) विनियमन अधिनियम
(b) सहमति की आयु अधिनियम
(c) भारतीय दासता अधिनियम
(d) पिट्स इण्डिया अधिनियम

34. खाद्य पदार्थों का पाचन, जन्तु शरीर का एक महत्त्वपूर्ण कार्य होता है। शेर, गाय, मनुष्य आदि जन्तुओं में, मुख से शुरू होकर गुदा (anus) तक विभिन्न अंगों का उपयोग इस प्रक्रिया में शामिल होता है। इस मार्ग के दीर्घतम भाग को ········ कहा जाता है।
(a) ग्रसिका (b) छोटी आँत
(c) आमाशय (d) बड़ी आँत

35. भारत की जनगणना 2011 के अनुसार, 2001 की जनगणना की तुलना में पुरुषों और महिलाओं की साक्षरता दर में क्रमशः कितनी वृद्धि हुई है?
(a) 3.88% और 13.79%
(b) 6.88% और 11.79%
(c) 4.88% और 10.79%
(d) 5.88% और 12.79%

36. मृत सागर की लवणता (प्रति लीटर जल की) कितनी है?
(a) 390 ग्राम (b) 340 ग्राम
(d) 240 ग्राम (c) 440 ग्राम

37. सुमेलित कीजिए

	सूची I		सूची II
A.	कस्तूरबा गाँधी बालिका विद्यालय योजना	1.	1994
B.	मध्याह्न भोजन योजना	2.	2004
C.	राष्ट्रीय प्रत्यायन मूल्यांकन परिषद्	3.	1945
D.	अखिल भारतीय तकनीकी शिक्षा परिषद्	4.	1995

कूट

	A	B	C	D
(a)	3	4	2	1
(b)	2	4	1	3
(c)	2	3	4	1
(d)	4	1	2	3

38. G20 के रोजगार कार्य समूह की पहली बैठक कहाँ आयोजित की गई?
(a) जोधपुर
(b) लखनऊ
(c) जयपुर
(d) कोलकाता

39. निम्नलिखित में से कौन-सा त्योहार मुख्य रूप से ओडिशा राज्य में मनाया जाता है?
(a) बैशागु (b) छठ
(c) मी-डैम-मी-फी (d) रज पर्व

40. किसी राज्य में मुख्यमन्त्री सहित मन्त्रियों की संख्या ········ से कम नहीं होनी चाहिए।
(a) 13 (b) 11 (c) 12 (d) 10

41. निम्नलिखित में से कौन शतरंज में पहली भारतीय महिला ग्रैण्डमास्टर हैं?
(a) हरिका द्रोणावल्ली (b) तानिया सचदेव
(c) आर. वैशाली (d) एस. विजयालक्ष्मी

42. निम्नलिखित में से कौन-सा विकल्प भारत में स्वयं सहायता समूहों (SHGs) और सूक्ष्म वित्त संस्थाओं (MFIs) के बीच अन्तर है?
(a) SHG केवल क्रेडिट प्रदान करते हैं, जबकि MFI वित्तीय सेवाओं की एक श्रृंखला प्रदान करते हैं
(b) SHGs वित्तपोषण के लिए सरकारी सब्सिडी पर निर्भर होते हैं, जबकि MFIs वित्तपोषण के वाणिज्यिक स्रोतों पर भरोसा करते हैं
(c) SHG सामान्यतः छोटे, समुदाय आधारित संगठन होते हैं, जबकि MFI बड़ी और अधिक औपचारिक संस्था होती है
(d) SHGs गैर-लाभकारी संगठन है, जबकि MFIs लाभकारी संगठन हैं

43. 1838 ई. में किसने जनसंख्या वृद्धि के लॉजिस्टिक समीकरण मॉडल को प्रकाशित किया था?
(a) पियरे फ्राँस्वा वेरहल्स्ट
(b) हावर्ड थॉमस ओडुम
(c) अल्फ्रेड रसेल वॉलेस
(d) जॉर्ज एवलिन हचिंसन

44. ICAR – गन्ना प्रजनन संस्थान (Sugarcane Breeding Institute) कहाँ स्थित है?
(a) कुड्डालोर (b) कोयम्बटूर
(c) वेल्लोर (d) तिरुनेलवेली

45. निम्नलिखित में से किसने 8वीं शताब्दी ईस्वी में पाल वंश की स्थापना की थी?
(a) धर्मपाल (b) रामपाल
(c) देवपाल (d) गोपाल

46. वर्ष 1986 में, प्रसिद्ध सन्तूरवादक पण्डित शिवकुमार शर्मा को ········ पुरस्कार से सम्मानित किया गया था।
(a) संस्कृति (b) कालिदास
(c) महाराष्ट्र गौरव (d) संगीत नाटक अकादमी

47. भारतीय क्रिकेट में निम्नलिखित में से किसे 'कैप्टन कूल' के नाम से जाना जाता है?
(a) कपिल देव (b) सचिन तेन्दुलकर
(c) महेन्द्र सिंह धोनी (d) विराट कोहली

48. आर्य उस भूमि पर रहते थे, जिसे सप्त सिन्धु (सात नदियों की भूमि) कहा जाता था। निम्नलिखित में से कौन-सा इसका भाग नहीं था?
(a) रावी (b) सिन्धु (c) झेलम (d) शिप्रा

49. 31 जुलाई, 2021 को भारतीय नौसेना के नए उप-प्रमुख के रूप में किसने पदभार ग्रहण किया?
(a) करमबीर सिंह
(b) रवनीत सिंह
(c) एस. एन. घोरमडे
(d) दिनेश के. त्रिपाठी

50. पापनासम रामय्या सिवन किस संगीत शैली के भारतीय संगीतकार थे?
(a) कर्नाटक संगीत (b) भजन
(c) कव्वाली (d) लोक संगीत

भाग III
संख्यात्मक अभियोग्यता

51. 60%, 70% और 80% की क्रमिक छूट किस एकल छूट के बराबर है?
(a) 97.6% (b) 70%
(c) 95.5% (d) 85%

52. निम्नलिखित बार ग्राफ में वर्ष 2021 की दूसरी छमाही के दौरान एक कम्पनी द्वारा बिजली के बल्बों का किया गया मासिक उत्पादन दर्शाया गया है। बार ग्राफ का ध्यानपूर्वक अध्ययन कीजिए और नीचे दिए गए प्रश्न का उत्तर दीजिए।

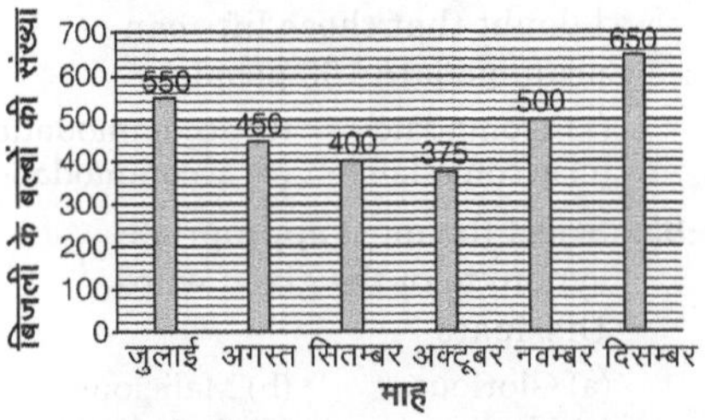

जुलाई में किए गए उत्पादन की तुलना में, अक्टूबर में बिजली के बल्बों के उत्पादन में कितने प्रतिशत की कमी हुई है? (दो दशमलव स्थान तक पूर्णांकित)
(a) 31.82% (b) 29.82%
(c) 30.28% (d) 32.28%

53. 4 सेमी त्रिज्या वाले एक वृत्त के केन्द्र से 10 सेमी दूर स्थित एक बिन्दु से खींची गई स्पर्श रेखा की लम्बाई ज्ञात कीजिए।
(a) $3\sqrt{14}$ सेमी (b) $2\sqrt{14}$ सेमी
(c) $3\sqrt{21}$ सेमी (d) $2\sqrt{21}$ सेमी

54. 3 वर्ष पहले, A और B की आयु का अनुपात 5 : 7 था। अब से 13 वर्ष बाद, उनकी आयु का अनुपात 9 : 11 होगा। यदि C की वर्तमान आयु B की वर्तमान आयु से 11 वर्ष कम है, तो C की वर्तमान आयु (वर्ष में) क्या है?
(a) 23 (b) 36
(c) 20 (d) 31

55. सात सदस्यों की एक टीम में, छः सदस्यों की औसत आयु 42 वर्ष है जबकि टीम के सातवें सदस्य की आयु, सभी सात सदस्यों की औसत आयु से 36 वर्ष अधिक है। टीम के सातवें सदस्य की आयु (वर्ष में) ज्ञात करें।
(a) 84 (b) 80 (c) 90 (d) 78

56. यदि किसी कर्मचारी की आय ₹ 72000 है, वह जो राशि खर्च करता है वह उसकी बचत से 40% अधिक है। उसकी बचत (₹ में) है
(a) 30000 (b) 32000
(c) 34000 (d) 28000

57. यदि $3x + 2y = 10$ और $2xy = 7$ है, तो $3x - 2y$ का मान ज्ञात कीजिए (यदि $3x - 2y > 0$)।
(a) 8 (b) 4 (c) 10 (d) 6

58. यदि एक समबाहु त्रिभुज की प्रत्येक भुजा $37\sqrt{3}$ सेमी है, तो शीर्षलम्ब (सेमी में) ज्ञात कीजिए।
(a) 18.5 (b) 60.5
(c) 55.5 (d) 37.5

59. एक ग्राहक ₹ 975 का भुगतान किस्तों में करता है। हर महीने, पिछले महीने की तुलना में ₹ 5 कम का भुगतान किया जाता है। यदि पहली किस्त ₹ 100 है, तो पूरी राशि का भुगतान करने में कितना समय लगेगा?
(a) 15 महीने (b) 27 महीने
(c) 14 महीने (d) 26 महीने

60. एक ऐसे आयत का क्षेत्रफल ज्ञात कीजिए, जिसकी लम्बाई 52 मी और चौड़ाई 9 मी है।
(a) 253 $मी^2$ (b) 468 $मी^2$
(c) 552 $मी^2$ (d) 625 $मी^2$

61. दो पाइप A और B एक टंकी को क्रमशः 20 और 30 घण्टे में भर सकते हैं। टंकी को भरने के लिए दोनों पाइप खोले जाते हैं, लेकिन जब टंकी एक-तिहाई भर जाती है, तो एक रिसाव विकसित होता है जिससे दोनों पाइपों द्वारा भरा गया एक-चौथाई पानी निकल जाता है। टंकी को भरने में लगने वाला कुल समय (घण्टे में) ज्ञात कीजिए।
(a) 14 (b) $12\frac{1}{3}$ (c) $11\frac{2}{5}$ (d) $14\frac{2}{3}$

62. t के किस मान के लिए $\sin^2(t)$ का मान, $\tan(t)$ के मान का आधा है?
(a) 60° (b) 30°
(c) 45° (d) 22.5°

63. यदि $\tan A = \frac{1}{\sqrt{10}}$ है, A एक न्यून कोण है, तो $\sin A + \text{cosec}\, A$ का मान कितना होगा?
(a) $\frac{10}{\sqrt{11}}$ (b) $\frac{11}{\sqrt{10}}$ (c) $\frac{12}{\sqrt{11}}$ (d) $\frac{1}{\sqrt{10}}$

64. एक कम्पनी द्वारा तीन वर्षों की अवधि में निर्मित दो प्रकार की साइकिलों B_1 और B_2 की बिक्री (लाखों में) नीचे दी गई तालिका में दर्शाई गई है।

वर्ष	B_1	B_2
2001	95	184
2002	130	200
2003	150	216

2001 से 2003 तक, साइकिल B_1 की कुल बिक्री, साइकिल B_2 की कुल बिक्री का कितना प्रतिशत है?
(a) 68.2% (b) 62.5%
(c) 56.7% (d) 70.6%

65. मान लीजिए $3t - \frac{1}{3t} = 3$ है, तो निम्नलिखित में से किस व्यंजक का मान 12 के बराबर है?
(a) $9t^2 + \frac{1}{9t^2} + 2$ (b) $9t^2 + \frac{1}{9t^2}$
(c) $9t^2 + \frac{1}{9t^2} - 2$ (d) $9t^2 + \frac{1}{9t^2} + 1$

66. दिए गए व्यंजक का सरलीकरण करें।
$0.07 \times 0.28 \div 0.04 + 0.64 - 1.64 \div 0.04$
(a) 38.56 (b) −46.48
(c) 36.78 (d) −39.87

67. ΔPQR में, यदि $4\angle P = 5\angle Q = 20\angle R$ है, तो $\angle Q$ का मान क्या है?
(a) 72° (b) 90° (c) 45° (d) 36°

68. संख्या 429714 निम्नलिखित में से किन संख्याओं से विभाज्य है?
(a) 3 और 6 (b) 3 और 5
(c) 4 और 6 (d) 6 और 5

69. अनुभा अपने स्कूटर को ₹ 31524 में बेचकर, विक्रय मूल्य के $\frac{1}{6}$ भाग के बराबर लाभ अर्जित करती है। उसका लाभ प्रतिशत ज्ञात कीजिए।
(a) 30% (b) 5% (c) 35% (d) 20%

70. 30 छात्रों वाली एक कक्षा के सभी छात्रों ने एक टेस्ट दिया। 12 छात्रों का औसत स्कोर 62 है, और बाकी छात्रों का औसत स्कोर 60 है। कक्षा का औसत स्कोर ज्ञात करें।

(a) 59.8 (b) 60.8
(c) 58.8 (d) 61.8

71. $\theta = 45°$ पर $\frac{\sin^2\theta - 2\sin^4\theta}{2\cos^4\theta + \cos^2\theta}$ का मान ज्ञात कीजिए।

(a) 2 (b) 1 (c) 0 (d) 3

72. यदि किसी वृत्त में 14 सेमी लम्बाई की एक जीवा इसके केन्द्र से 24 सेमी की दूरी पर है, तो वृत्त की त्रिज्या की लम्बाई ज्ञात कीजिए।

(a) 28 सेमी (b) 25 सेमी
(c) 31 सेमी (d) 24 सेमी

73. निम्नलिखित तालिका में वर्ष 2010 से 2013 तक एक विश्वविद्यालय में उच्च शिक्षा के लिए दाखिला लेने वाले विद्यार्थियों की सख्या दर्शाई गई है।

वर्ष	विद्यार्थियों की संख्या
2010	450
2011	540
2012	370
2013	680

वर्ष 2010 से 2013 तक विश्वविद्यालय में दाखिला लेने वाले विद्यार्थियों की औसत सख्या क्या है?

(a) 495 (b) 510 (c) 522 (d) 499

74. एक नाव धारा की दिशा में 55 किमी की दूरी 5 घण्टे में तय करती है जबकि धारा के विपरीत दिशा में समान दूरी को तय करने में उसे 11 घण्टे लगते हैं। नाव की चाल क्या है?

(a) 9 किमी/घण्टा (b) 11 किमी/घण्टा
(c) 8 किमी/घण्टा (d) 7 किमी/घण्टा

75. निम्नलिखित तालिका एक विद्यालय में विभिन्न कक्षाओं में छात्रों की कुल सख्या और शाकाहारी छात्रों की सम्बन्धित संख्या को दर्शात्की है। तालिका का ध्यानपूर्वक अध्ययन कीजिए और निम्नलिखित प्रश्न का उत्तर दीजिए।

कक्षा	छात्रों की कुल सख्या	शाकाहारी छात्रों की सख्या
XII	150	105
XI	165	100
X	125	80
IX	140	90

कक्षा XII में माँसाहारी छात्रों का प्रतिशत कितना है?

(a) 25% (b) 40%
(c) 35% (d) 30%

भाग IV
अंग्रेजी भाषा

76. Select the most appropriate meaning of the underlined idiom in the following sentence.
Sejal visits the nearby temple <u>off and on</u>.

(a) Periodically (b) Constantly
(c) Continuously (d) Regularly

77. Parts of a sentence are given below in jumbled order. Select the option that arranges the parts in the correct sequence to form a meaningful sentence.
(P) unlock their potential
(Q) empowers individuals to
(O) and shape their future
(R) the power of education

(a) QROP (b) OPRQ
(c) RQPO (d) RPOQ

78. The following sentence has been divided into four segments. Identify the segment that contains an error.
Mr. Suman / asked me / to pack / my luggages.

(a) asked me
(b) my luggages.
(c) to pack
(d) Mr. Suman

79. Select the option that can be used as a one-word substitute for the given group of words.
A place to park aeroplanes

(a) Hanger (b) Depot
(c) Shed (d) Hangar

80. Select the option that expresses the following sentence in passive voice.
The baker baked the cake.

(a) The cake was baked by the baker.
(b) The cake had been baked by the baker.
(c) The baker has been baking the cake.
(d) The cake has been baked by the baker.

81. Select the most appropriate antonym of the underlined word in the following sentence.
The teammates made several <u>jibes</u> at the opponent team members during the interview.

(a) Consolation (b) Mockery
(c) Inspiration (d) Contradict

82. Select the most appropriate option to substitute the underlined segment in the given sentence.
Athens was suffering under the rule of <u>a powerful small group</u> that had no concern for the people's welfare.

(a) a democracy (b) an oligarchy
(c) a monarchy (d) a missionary

83. Select the correct spelling to fill in the blank.
I often fail to ……… remember someone's name.

(a) accuriately (b) accuratially
(c) acusatively (d) accurately

84. Select the most appropriate option that can rectify the incorrectly spelt word in the following sentence.
I doubt that these lifts can acommodate 100 people.

(a) acomodate (b) accommodatte
(c) accomodate (d) accommodate

85. Select the most appropriate synonym of the given word.
Dissipate

(a) Glorious (b) Malicious
(c) Haste (d) Spend

86. Select the sentence that is expressed in passive voice.

(a) I prefer tea to coffee.
(b) Children are participating in sand-art competition.
(c) She sketches beautifully.
(d) The consignment was delivered yesterday.

87. Select the most appropriate meaning of the underlined idiom.
This year's budget is unlikely to pass as law since the President's proposed budgets typically face a <u>jaundiced eye</u> but this one has gotten even more scepticism.

(a) Jealousy (b) Confidence
(c) Resentment (d) Good will

88. Select the most appropriate synonym of the given word.
Dodge
(a) Avoid (b) Force
(c) Boarding (d) Amount

89. Select the most appropriate antonym of the underlined word in the given sentence.
Her behaviour was so ostentatious that it attracted the attention of everyone in the room.
(a) Attractive (b) Restrained
(c) Gentle (d) Repulsive

90. Select the most appropriate antonym of the underlined word.
Her remarks were relevant to the discussion.
(a) Inappropriate
(b) Suitable
(c) Introductory
(d) Conclusive

91. Select the option with the correct use of future tense.
(a) By next December, I will have been completed six years in this home.
(b) By next December, I will be completed six years in this home.
(c) By next December, I will have complete six years in this home.
(d) By next December, I will have completed six years in this home.

92. Select the most appropriate option that can substitute the underlined words in the given sentence.
Ranjith failed in all his exams as he had been addicted of social media.
(a) as he had been addicted at
(b) as he had been addicted on
(c) as he had been addicted in
(d) as he had been addicted to

93. Select the most appropriate antonym of the given word.
Lethargic
(a) Active
(b) Languid
(c) Moderate
(d) Angry

94. Select the option that can be used as a one-word substitute for the given group of words.
The evening time when the Sun has just set and it is almost dark.
(a) Dusk (b) Night
(c) Dawn (d) Day break

95. Select the most appropriate option to substitute the underlined segment in the given sentence.
The cynical investors believed in every word the analysts said.
(a) credulous
(b) distrustful
(c) persuasive
(d) credible

Directions (Q. Nos. 96-100) *In the following passage, some words have been deleted. Read the passage carefully and select the most appropriate option to fill in each blank.*

The Human Development Index (HDI) is a summary ......(1)...... of average accomplishment in important areas of human development, ...(2)...... living a long and healthy life, being informed and having a good quality of living. The HDI is the geometric mean of the normalised ......(3)...... for each dimension. The health component is ......(4)...... by life expectancy at birth, while the education dimension is measured by the average number of years of schooling for individuals aged 25 and above, as well as the ......(5)...... number of years of schooling for school-age children.

96. Select the most appropriate option to fill in blank number 1.
(a) regiment (b) assessment
(c) involvement (d) collect

97. Select the most appropriate option to fill in blank number 2.
(a) segregating (b) exaggerating
(c) including (d) manifesting

98. Select the most appropriate option to fill in blank number 3.
(a) features (b) contents
(c) indices (d) glimpses

99. Select the most appropriate option to fill in blank number 4.
(a) levitated (b) escaped
(c) triggered (d) measured

100. Select the most appropriate option to fill in blank number 5.
(a) accompanied
(b) hypnotised
(c) predicted
(d) neglected

उत्तरमाला

1. (a)	2. (b)	3. (c)	4. (d)
5. (c)	6. (d)	7. (c)	8. (c)
9. (d)	10. (c)	11. (a)	12. (d)
13. (d)	14 (a)	15. (d)	16. (d)
17. (b)	18. (c)	19. (c)	20. (c)
21. (a)	22. (c)	23. (b)	24. (d)
25. (b)	26. (d)	27. (d)	28. (d)
29. (c)	30. (d)	31. (d)	32. (c)
33. (a)	34. (b)	35. (b)	36. (b)
37. (b)	38. (a)	39. (d)	40. (c)
41. (d)	42. (c)	43. (a)	44. (b)
45. (d)	46. (d)	47. (c)	48. (c)
49. (c)	50. (a)	51. (a)	52. (a)
53. (d)	54. (c)	55. (a)	56. (a)
57. (b)	58. (c)	59. (a)	60. (b)
61. (d)	62. (c)	63. (c)	64. (b)
65. (d)	66. (d)	67. (a)	68. (a)
69. (d)	70. (b)	71. (c)	72. (b)
73. (b)	74. (c)	75. (d)	76. (a)
77. (c)	78. (b)	79. (d)	80. (a)
81. (d)	82. (b)	83. (d)	84. (d)
85. (d)	86. (d)	87. (c)	88. (a)
89. (b)	90. (a)	91. (d)	92. (d)
93. (a)	94. (a)	95. (a)	96. (b)
97. (c)	98. (c)	99. (d)	100. (c)

व्याख्या

1. ***(a)*** दिया है,
$$152 \div 6 + 1617 \times 7 - 77 = ?$$
प्रश्नानुसार चिह्नों को आपस में बदलने पर,
$152 \times 6 - 1617 \div 7 + 77 = ?$
$\Rightarrow \quad ? = 912 - 231 + 77$
$\Rightarrow \quad ? = 989 - 231 \Rightarrow ? = 758$

2. ***(b)*** विकल्प (a) से,
21-462 $\Rightarrow 21 \times (21 + 1) = 21 \times 22 = 462$
विकल्प (c) से,
17-306 $\Rightarrow 17 \times (17 + 1) = 17 \times 18 = 306$
विकल्प (d) से,
12-156 $\Rightarrow 12 \times (12 + 1) = 12 \times 13 = 156$
परन्तु, विकल्प (b) से,
14-196 $\Rightarrow$
$14 \times (14 + 1) = 14 \times 15 = 210 \neq 196$

3. ***(c)*** जिस प्रकार,
$(6, 31) \Rightarrow 6^2 - (6 - 1) = 36 - 5 = 31$

तथा (10, 91) ⇒

$10^2 - (10-1) = 100 - 9 = 91$

उसी प्रकार,

$(8, 57) \Rightarrow 8^2 - (8-1) = 64 - 7 = 57$

4. *(d)* प्रश्नानुसार,

cat dog monkey → 55 66 88

camel cat donkey → 66 99 33

dog goat tiger → 88 11 22

अत: monkey का कूट → 55

5. *(c)* जिस प्रकार,

23	10	19	12
W	J	S	L
+2	+2	+2	+2
25	12	21	14

तथा

4	21	15	8
D	U	O	H
+2	+2	+2	+2
6	23	17	10

उसी प्रकार,

16	6	11	18
P	F	K	R
+2	+2	+2	+2
18	8	13	20

6. *(d)* दी गई आकृति श्रृंखला में निम्न पैटर्न का अनुसरण हो रहा है।

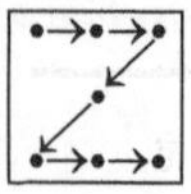

अत: विकल्प आकृति (d), आकृति श्रृंखला को पूरा करेगी।

7. *(c)* जिस प्रकार,

M S D
↕ ↕ ↕ विपरीत
N H W

तथा

O A E
↕ ↕ ↕ विपरीत
L Z V

उसी प्रकार,

N I P
↕ ↕ ↕ विपरीत
M R K

8. *(c)* दी गई श्रृंखला का क्रम निम्न प्रकार है,

IYRW / IYRX / IYRY / IYRZ
+1 +1 +1

⇒ IRYY

9. *(d)* जिस प्रकार,

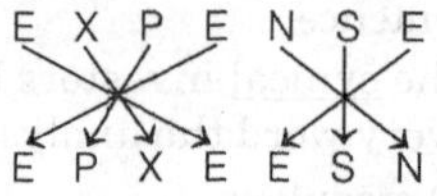

तथा

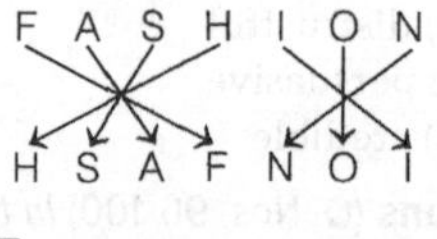

उसी प्रकार,

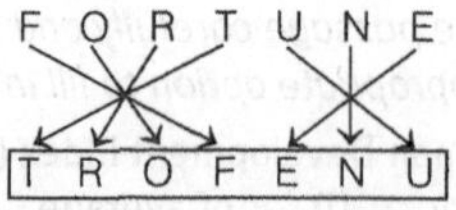

10. *(c)* दिया गया शब्द → LAUNDER

वर्णमाला क्रम → ADELNRU

अत: सभी अक्षरों की स्थिति बदल जाएगी।

11. *(a)* जिस प्रकार,

$13 + 8 = 21$

तथा $35 + 8 = 43$

उसी प्रकार, $66 + 8 = \boxed{74}$

12. *(d)* जिस प्रकार, 21 : 220 ⇒

$(21-1) \times 10 + (21-1) = 20 \times 10 + 20 = 220$

तथा 72 : 281 ⇒

$(72-1) \times 10 + (72-1) = 71 \times 10 + 71 = 781$

उसी प्रकार, 27 : 286 ⇒

$(27-1) \times 10 + (27-1) = 26 \times 10 + 26 = \boxed{286}$

13. *(d)* विकल्प (d) को छोड़कर, अन्य सभी विकल्पों में दूसरा, पहले के खेल के एक टीम के सदस्यों की संख्या को दर्शाता है। जबकि, फुटबॉल खेल में एक टीम में 11 खिलाड़ी होते हैं।

अत: विकल्प (d) समूह से सम्बन्धित नहीं है।

14. *(a)* दी गई आकृति श्रृंखला का क्रम निम्न प्रकार है,

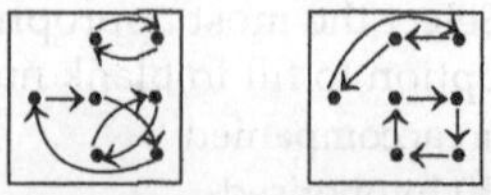

आकृति I से II तथा आकृति III से IV में, आकृति II से III तथा आकृति IV से V में,

अत: विकल्प आकृति (a) श्रृंखला को पूर्ण करेगी।

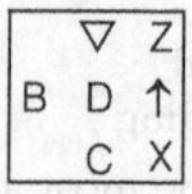

15. *(d)* श्रृंखला का क्रम निम्न प्रकार है,

45 → 52 → 63 → 76 → 93 → 112
+7 +11 +13 +17 +19

(क्रमागत अभाज्य संख्याएँ)

16. *(d)* दोनों पासो की स्थिति में उभयनिष्ठ फलक 'Z' है।

∴ Z के सापेक्ष में पासो की स्थिति को दक्षिणावर्त घुमाने पर,

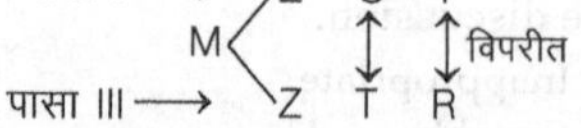

अत: Z के विपरीत फलक पर अक्षर 'M' होगा।

17. *(b)* विकल्प (b) सही दर्पण प्रतिबिम्ब होगा।

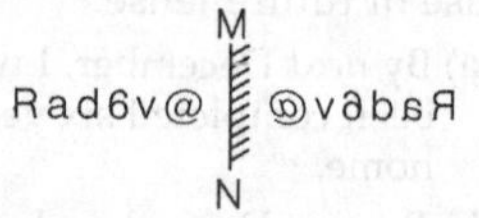

18. *(c)* प्रश्नानुसार, वे व्यक्ति, जो या तो केवल मसालेदार या केवल मीठा पसन्द करते हैं

$= 55 + 65 = 120$

19. *(c)* प्रश्नानुसार,

वे व्यक्ति, जो चाय और कॉफी दोनों पसन्द करते हैं $= 13 + 8 = 21$

20. *(c)* प्रश्नानुसार, कागज के टुकड़े को मोड़ने, काटने तथा खोलने के पश्चात्, यह विकल्प आकृति (c) जैसा दिखाई देगा।

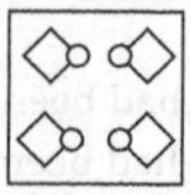

21. *(a)* दी गई आकृति को नामांकित करने पर,

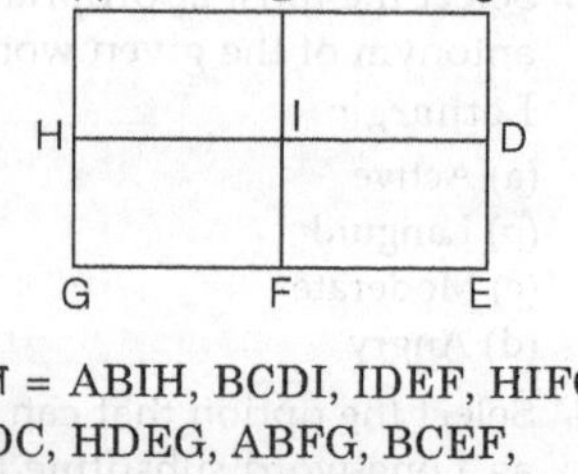

आयत = ABIH, BCDI, IDEF, HIFG, AHDC, HDEG, ABFG, BCEF, ACEG

अत: आयतों की कुल संख्या '9' है।

22. *(c)* विकल्प (c) से,
W!R×Y?O&P
प्रश्नानुसार सम्बन्ध आरेख बनाने पर,

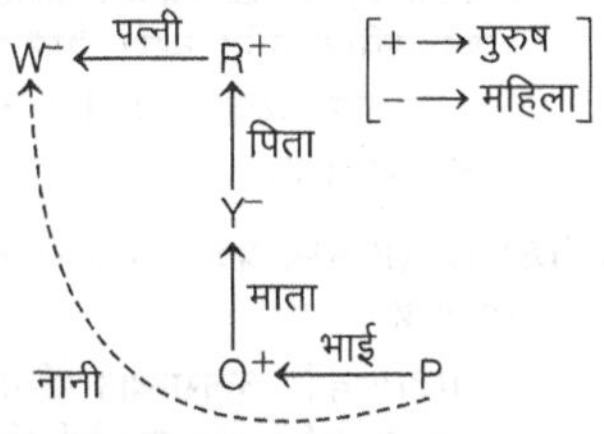

अत: W, P की नानी है।

23. *(b)* श्रृंखला का क्रम निम्न प्रकार है,

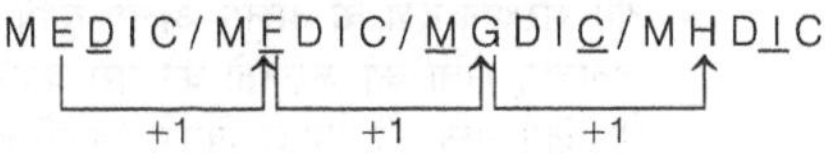

⇒ DFMCI

24. *(d)* प्रश्नानुसार,

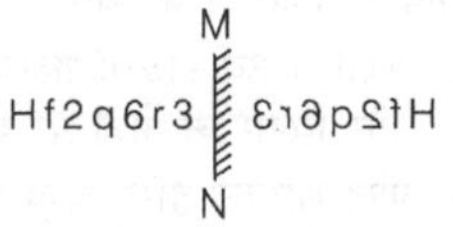

अत: विकल्प (d) सही दर्पण प्रतिबिम्ब होगा।

25. *(b)* दिया गया समीकरण,
$6\times3+8\div2+21+5\times4-14\div7=53$
विकल्प (b) से, 21 और 14 को आपस में बदलने पर,
$6\times3+8\div2+14+5\times4-21\div7=53$
$\Rightarrow\quad 18+4+14+20-3=53$
$\Rightarrow\quad 56-3=53 \Rightarrow 53=53$

26. *(d)* माइकल फैराडे ने 1831 ई. में विद्युत चुम्बकीय प्रेरण के सिद्धान्त की खोज की थी।
- विद्युत चुम्बकीय प्रेरण का तात्पर्य, जब किसी कुण्डली और चुम्बक के बीच सापेक्ष गति होती है, तो कुण्डली में विद्युत धारा प्रेरित होती है।
- माइकल फैराडे को विद्युत चुम्बक का जनक कहा जाता है।
- उन्होंने 1821 ई. में पहली इलेक्ट्रिक मोटर बनाई और पहला ट्रांसफॉर्मर बनाया था।

27. *(d)* भारत के सिक्किम राज्य में चू-फाट नृत्य त्योहारों और विशेष अवसरों पर किया जाता है।
- चू-फाट, लेचा समुदाय का लोकनृत्य है।
- इस नृत्य में, पुरुष और महिला दोनों शामिल होते हैं। इसमें जटिल पैर विन्यास और हस्त गतिविधियाँ शामिल हैं।
- यह नृत्य हर वर्ष बौद्ध चन्द्र कैलेण्डर के अनुसार, सातवें महीने के पन्द्रहवें दिन मनाया जाता है।

28. *(d)* भारत द्वारा आयोजित G20 शिखर सम्मेलन के लिए मुख्य समन्वयक हर्षवर्धन श्रृंगला थे।
- हर्षवर्धन श्रृंगला, सेवानिवृत्त भारतीय राजनयिक और IFs कैडर के अधिकारी हैं।
- सितम्बर, 1999 में G20 का गठन किया गया था एवं इसका उद्देश्य सभी देशों के लाभ के लिए स्थिर और सतत् वैश्विक आर्थिक विकास प्राप्त करने की दिशा में सहयोग को बढ़ावा देना था।
- वर्ष 2024 में G20 शिखर सम्मेलन का आयोजन रियो डी जेनेरियो (ब्राजील) में हुआ।
- यह ब्राजील में आयोजित होने वाला पहला G-20 शिखर सम्मेलन था।

29. *(c)* 'पावर्टी एण्ड अन-ब्रिटिश रूल इन इण्डिया' पुस्तक की रचना दादाभाई नौरोजी के द्वारा की गई थी।
- यह पुस्तक वर्ष 1901 में प्रकाशित हुई थी। इसमें भारत से ब्रिटेन धन निकासी के सिद्धान्त पर प्रकाश डाला गया है।
- दादाभाई नौरोजी को 'भारत का ग्रैण्ड ओल्ड मैन' कहा जाता है।
- वे भारतीय राष्ट्रीय कांग्रेस के संस्थापक सहयोगियों में से एक थे।
- वे तीन बार (1886, 1893, 1906) कांग्रेस अध्यक्ष भी रहे थे।

30. *(d)* **भूगर्भ,** किसी स्थान का प्रमुख जलवायु नियन्त्रण नहीं है।
- जलवायु को नियन्त्रित करने वाले प्रमुख कारकों में अक्षांश, ऊँचाई, समुद्री धाराएँ, स्थलाकृति, वनस्पति एवं प्रचलित हवाएँ आदि शामिल हैं।
- जलवायु नियन्त्रण से अभिप्राय हवा के तापमान, आर्द्रता और गति पर कृत्रिम नियन्त्रण रखना या प्रदान करना है।
- गे-लुसाक के नियम को लागू करने के लिए 'आयतन' और 'अणुओं की संख्या' को स्थिर रखा जाना चाहिए।

31. *(d)* 1811 ई. में आयतनों के संयोजन पर गे-लुसाक के परिणामों के साथ डाल्टन की परमाण्वीय परिकल्पना का मिलान अमेदिओ आवागाद्रो द्वारा किया जाता था।
- डाल्टन के परमाणु सिद्धान्त के अनुसार सभी तत्त्व, यौगिक या मिश्रण सूक्ष्म कणों से बने होते हैं, इन्हें परमाणु कहते हैं।
- गे-लुसाक के नियम को लागू करने के लिए आयतन और अणुओं की संख्या को स्थिर रखा जाना चाहिए।

32. *(c)* राज्य के चार नीति-निदेशक तत्त्वों को वर्ष 1976 के 42 वें संविधान संशोधन अधिनियम द्वारा भारतीय संविधान में जोड़ा गया था, जिसमें अनुच्छेद 39, अनुच्छेद 39A, अनुच्छेद 43A, अनुच्छेद 48A शामिल थे।
- 42वें संशोधन द्वारा ही संविधान की प्रस्तावना में 'समाजवादी', धर्मनिरपेक्ष और अखण्डता शब्द जोड़े गए थे।
- भारतीय संविधान के 42वें संशोधन को 'मिनी कॉन्स्टिट्यूशन' या 'इन्दिरा गाँधी का संविधान' भी कहा जाता है।

33. *(a)* ईस्ट इण्डिया कम्पनी की गतिविधियों को विनियमित करने के लिए ब्रिटिश संसद ने 1773 ई. में विनियमन अधिनियम पारित किया था।
- विनियमन अधिनियम ने भारत के केन्द्रीकृत प्रशासन की नींव रखी।
- वॉरेन हेस्टिंग को बंगाल का गवर्नर जनरल बनाया गया।
- इस अधिनियम द्वारा कलकत्ता में सुप्रीम कोर्ट की स्थापना की गई, जिसके पहले मुख्य न्यायाधीश 'एलिजा इम्पे' थे।

34. *(b)* खाद्य पदार्थों का पाचन, जन्तु शरीर में छोटी आँत का एक महत्त्वपूर्ण कार्य होता है। शेर, गाय, मनुष्य आदि जन्तुओं में मुख से शुरू होकर गुदा तक विभिन्न अंगों का उपयोग इस प्रक्रिया में शामिल होता है। इस मार्ग के दीर्घतम भाग को छोटी आँत कहा जाता है।
- छोटी आँत पाचन तन्त्र का एक महत्त्वपूर्ण हिस्सा है, यह पेट और बड़ी आँत के बीच होती है और भोजन से पोषक तत्त्वों का अवशोषण करती है।
- पाचन प्रक्रिया में भोजन को मिलाना, भोजन को पाचन तन्त्र के माध्यम से ले जाना और भोजन को छोटे अणुओं में तोड़ने के लिए रसायनों का उपयोग करना शामिल है।

35. *(b)* भारत की जनगणना 2011 के अनुसार, 2001 की जनगणना की तुलना में पुरुषों और महिलाओं की साक्षरता दर में क्रमश: 6.88% और 11.79% की वृद्धि हुई है।
- वर्ष 2011 में पुरुष साक्षरता 82.14% थी तथा वर्ष 2001 में यह दर 75.26% थी। अत: दोनों में अन्तर 6.88% का है।
- वर्ष 2011 में महिला साक्षरता 65.46% थी तथा वर्ष 2001 में यह दर 53.67% थी। अत: दोनों में अन्तर 11.79% का है।

- वर्ष 2011 की जनगणना के अनुसार, भारत में सबसे कम साक्षरता वाला राज्य बिहार है और सबसे अधिक साक्षरता वाला राज्य केरल है।
- वर्ष 2011 की जनगणना के अनुसार, केरल में सबसे ज्यादा लिंगानुपात है और सबसे कम हरियाणा में है।

36. *(b)* मृत सागर की लवणता 340 ग्राम प्रति लीटर पानी है।

- लवणता शब्द का प्रयोग समुद्री जल में घुले हुए नमक की मात्रा को निर्धारित करने के लिए किया जाता है।
- यह एक खारे पानी की झील है, जो इजरायल और जॉर्डन की सीमा पर स्थित है।
- मृत सागर में नमक की मात्रा इतनी ज्यादा है कि इसमें कोई व्यक्ति डूब नहीं सकता है।
- मृत सागर, पृथ्वी पर सबसे निचला बिन्दु है, इसकी सतह और तट समुद्र तल से 427 मी नीचे है।

37. *(b)* **A-2, B-4, C-1, D-3**

- कस्तूरबा गाँधी बालिका विद्यालय योजना वर्ष 2004 में शुरू की गई, जिसका उद्देश्य लड़कियों को आठवीं कक्षा तक शिक्षा आवासीय विद्यालयों के माध्यम से देना है व सर्वशिक्षा अभियान को बल प्रदान करना है।
- मध्याह्न भोजन योजना वर्ष 1995 में शुरू की गई थी, इसका उद्देश्य बच्चों के पोषण स्तर में सुधार करना और स्कूलों में बच्चों का प्रवेश और ठहराव सुनिश्चित करना है।
- राष्ट्रीय प्रत्यायन मूल्यांकन परिषद् एक स्वायत्त निकाय है, जो वर्ष 1994 में स्थापित की गई थी। इसका उद्देश्य उच्च शिक्षा की गुणवत्ता का मूल्यांकन करने पर विशेष बल दिया गया था।
- अखिल भारतीय तकनीकी शिक्षा परिषद् की स्थापना वर्ष 1945 में एक परामर्शी निकाय के रूप में की गई थी, जिसे वर्ष 1987 में सांविधिक दर्जा दिया गया था।

38. *(a)* वर्ष 2023 के दौरान G20 रोजगार कार्य समूह की पहली बैठक राजस्थान के जोधपुर में आयोजित की गई थी।

- इस समूह का उद्देश्य रोजगार के अवसर बढ़ाना, कामगारों की समस्याओं को समझना और उनकी सामाजिक सुरक्षा सुनिश्चित करना है।
- G20 की स्थापना वर्ष 1999 में एशियाई वित्तीय संकट के बाद की गई थी।
- G20 में 19 देश और यूरोपीय संघ शामिल हैं।

39. *(d)* ओडिशा में मनाया जाने वाला रज पर्व तीन दिवसीय त्योहार है।

- यह त्योहार मिथुन संक्रान्ति के दिन मनाया जाता है, जिसमें धरती माता और बारिश के देवता इन्द्र देव की पूजा की जाती है।
- इस त्योहार को नारीत्व का जश्न माना जाता है।
- छठ पर्व उत्तर भारत के कुछ क्षेत्रों मुख्यत: बिहार में मनाया जाने वाला त्योहार है।
- बैशागु और मी-डैम-मी-फी असम राज्य में मनाए जाने वाले त्योहार हैं।

40. *(c)* 91वें संवैधानिक संशोधन अधिनियम, 2003 के अनुसार किसी राज्य में मुख्यमन्त्री सहित मन्त्रियों की संख्या 12 से कम नहीं होनी चाहिए।

- किसी राज्य में मन्त्रिपरिषद् में मुख्यमन्त्री सहित मन्त्रियों की कुल संख्या उस राज्य की विधानसभा की कुल संख्या के 15% से अधिक नहीं होनी चाहिए।
- मुख्यमन्त्री, मन्त्रिपरिषद् की बैठक की अध्यक्षता करता है।
- मुख्यमन्त्री, राज्यपाल से मन्त्रियों की नियुक्ति के लिए सिफारिश करता है।

41. *(d)* एस. विजयलक्ष्मी पहली भारतीय महिला हैं, जिन्होंने वर्ष 2001 में ग्रैण्डमास्टर का खिताब प्राप्त किया था।

- एस.विजयलक्ष्मी को वर्ष 2001 में भारत सरकार ने अर्जुन पुरस्कार से सम्मानित किया था।

42. *(c)* SHG सामान्यत: छोटे समुदाय आधारित संगठन होते हैं, जबकि MFI बड़े और अधिक औपचारिक संस्था होती हैं।

- स्वयं सहायता समूहों और सूक्ष्म वित्त संस्थाओं दोनों का ही लक्ष्य सीमित आय वाले परिवारों के लिए वित्तीय समावेशन और सशक्तीकरण का साधन बनना है।
- SHG मॉडल में, ऋण पूरे समूह के लिए एकल ऋण होता है, जबकि MFI व्यक्तिगत उधारकर्ताओं के नाम पर ऋण लेता है।

43. *(a)* 1838 ई. में पियरे फ्राँस्वा वेरहल्स्ट द्वारा जनसंख्या वृद्धि के लॉजिस्टिक समीकरण मॉडल को प्रकाशित किया गया था।

- लॉजिस्टिक समीकरण, जनसंख्या वृद्धि का एक मॉडल है।
- लॉजिस्टिक समीकरण को ग्रोथ कर्व भी कहते हैं, यह S-आकार का होता है। यह क्रमिक वृद्धि चरण, फिर तीव्र वृद्धि चरण और उसके बाद धीमी वृद्धि दर को दर्शाता है।

44. *(b)* ICAR-गन्ना प्रजनन संस्थान कोयम्बटूर में स्थित है।

- भारतीय कृषि अनुसन्धान परिषद् की स्थापना वर्ष 1929 को हुई थी, इससे पहले इसका नाम इम्पीरियल काउंसिल ऑफ एग्रीकल्चरल रिसर्च था।
- यह संस्थान देश के अलग-अलग कृषि जलवायु क्षेत्रों की जरूरतों को पूरा करने के लिए गन्ने की बेहतर किस्में विकसित करता है।

45. *(d)* 8वीं शताब्दी ई. में पाल वंश की स्थापना गोपाल ने की थी।

- पालों ने 8वीं-12वीं शताब्दी तक बंगाल और बिहार के क्षेत्रों पर शासन किया।
- पाल शासकों द्वारा, बौद्ध धर्म, शिक्षा तथा कला के संरक्षण के रूप में महत्त्वपूर्ण कार्य किए गए थे।
- गोपाल ने ओदन्तपुरी विश्वविद्यालय, धर्मपाल ने विक्रमशिला विश्वविद्यालय की स्थापना की।
- पाल वंश के अन्तर्गत गोपाल, देवपाल, धर्मपाल आदि महत्त्वपूर्ण शासक थे।

46. *(d)* वर्ष 1986 में प्रसिद्ध सन्तूरवादक पण्डित शिवकुमार शर्मा को संगीत नाटक अकादमी पुरस्कार से सम्मानित किया गया था।

- इसके अतिरिक्त वर्ष 1991 में उन्हें पद्मश्री से तथा वर्ष 2001 में पद्म विभूषण से सम्मानित किया गया था।
- पण्डित शिवकुमार शर्मा को सन्तूर को भारतीय शास्त्रीय संगीत का प्रमुख वाद्य बनाने का श्रेय दिया जाता है।

47. *(c)* भारतीय क्रिकेट टीम के पूर्व कप्तान महेन्द्र सिंह धोनी को 'कैप्टन कूल' के नाम से भी जाना जाता है।

- महेन्द्र सिंह धोनी को दबाव की स्थिति में भी शान्त रहने की उनकी क्षमता के कारण यह नाम मिला है।
- धोनी की कप्तानी में भारतीय टीम ने तीन आई.सी.सी. खिताब जीते, जिसमें वर्ष 2007 में T20 विश्वकप, 2011 में वनडे विश्वकप और वर्ष 2013 में चैम्पियन ट्रॉफी शामिल हैं।

48. *(c)* आर्य उस भूमि पर रहते थे, जिसे सप्त सिन्धु कहा जाता था। शिप्रा नदी सात सैन्धव का भाग नहीं है।

- सप्त सिन्धु में शामिल सात नदियाँ—सिन्धु, झेलम, चिनाब, रावी, सतलज, व्यास और सरस्वती हैं, जिन्हें भारत में सबसे पवित्र माना जाता है।
- शिप्रा नदी मध्य प्रदेश की एक प्रमुख नदी है। यह एक बारहमासी नदी है। उज्जैन में कुम्भ का मेला इसी नदी के किनारे लगता है।

49. *(c)* 31 जुलाई, 2021 को भारतीय नौसेना के नए उप-प्रमुख के रूप में एस.एन. घोरमडे ने पद्भार ग्रहण किया था।

- वर्तमान में नौसना प्रमुख एडमिरल दिनेश कुमार त्रिपाठी हैं।

50. *(a)* पापनासम रामय्या सिवन कर्नाटक संगीत शैली के भारतीय संगीतकार थे।

- इन्हें तमिल त्यागराज के नाम से भी जाना जाता था।
- पापनासम रामय्या सिवन की कुछ रचनाओं में नान ओरू विलायस्तु बोम्मैया, परतपरा परमेश्वर, काना कन्न कोडी आदि शामिल हैं।

51. *(a)* माना वस्तु का अंकित मूल्य = ₹ 100

क्रमिक छूट क्रमशः = 60%,70% व 80%

$$\therefore 100\times\left(\frac{100-60}{100}\right)\times\left(\frac{100-70}{100}\right)\times\left(\frac{100-80}{100}\right)$$

$$=100\times\frac{40}{100}\times\frac{30}{100}\times\frac{20}{100}=2.4$$

अतः एकल छूट $=\frac{100-2.4}{100}\times100$

$$=\frac{97.6}{100}\times100=97.6\%$$

52. *(a)* जुलाई में बिजली के बल्बों का उत्पादन = 550

अक्टूबर में बिजली के बल्बों का उत्पादन = 375

अभीष्ट प्रतिशत कमी $=\frac{550-375}{550}\times100$

$$=\frac{175}{550}\times100=3182\%$$

53. *(d)* $OA = 4$ सेमी (त्रिज्या)

$OB = 10$ सेमी

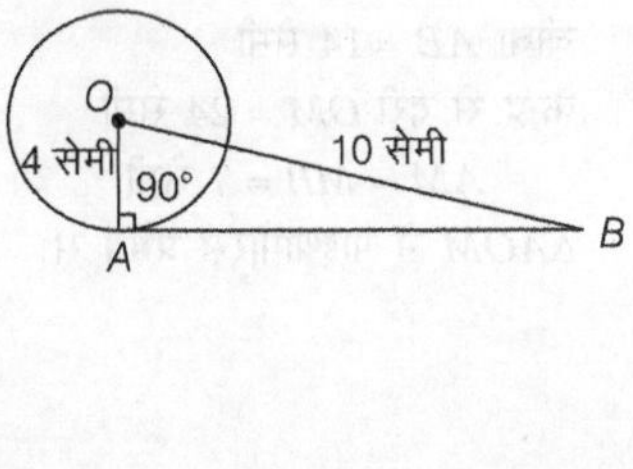

AB = स्पर्श रेखा की लम्बाई

$OA \perp AB$ (वृत्त की त्रिज्या स्पर्श बिन्दु पर लम्ब होती है।)

$\therefore \angle OAB = 90°$

ΔOAB में पाइथागोरस प्रमेय से,

$$(OB)^2 = OA^2 + AB^2$$

$\Rightarrow (100)^2 = (4)^2 + AB^2$

$\Rightarrow 100-16 = AB^2$

$\Rightarrow AB = \sqrt{84}$

$\Rightarrow AB = \sqrt{4\times21}$

$\Rightarrow AB = 2\sqrt{21}$ सेमी

अतः स्पर्श रेखा AB की लम्बाई $2\sqrt{21}$ सेमी है।

54. *(c)* माना 3 वर्ष पहले A और B की आयु क्रमशः $5x$ और $7x$ थी।

$\therefore$ A और B की वर्तमान आयु

$= (5x+3), (7x+3)$

अब से 13 वर्ष बाद,

A की आयु $= 5x+3+13 = 5x+16$

B की आयु $= 7x+3+13 = 7x+16$

$$\therefore \frac{5x+16}{7x+16}=\frac{9}{11}$$

$55x+176 = 63x+144$

$\Rightarrow 8x = 32 \Rightarrow x = 4$

B की वर्तमान आयु $= 7x+3$

$= 7\times4+3 = 31$ वर्ष

अतः C की वर्तमान आयु

$= 31-11 = 20$ वर्ष है।

55. *(a)* माना सभी 7 सदस्यों की औसत आयु $= x$ वर्ष

$\therefore$ सभी 7 सदस्यों की आयु का योग $= 7x$

6 सदस्यों की आयु का योग

$= 42\times6 = 252$

7 वें सदस्य की आयु $= x+36$

$252 + x + 36 = 7x$

$\Rightarrow 288 = 6x$

$\Rightarrow x = \frac{288}{6} = 48$

अतः टीम के 7वें सदस्य की आयु

$= 48+36 = 84$ वर्ष

56. *(a)* माना कर्मचारी की बचत ₹ x है।

$\therefore$ कर्मचारी का खर्च

$$= x\times\frac{(100+40)}{100} = x\times\frac{140}{100}$$

कर्मचारी की आय = ₹ 72000

$\Rightarrow 72000 = x + x\times\frac{140}{100}$

$\Rightarrow 72000 = \frac{240x}{100}$

$\Rightarrow x = \frac{72000\times100}{240}$

$\Rightarrow x =$ ₹ 30000

अतः कर्मचारी की बचत ₹ 30000 है।

57. *(b)* दिया है,

$3x+2y = 10$ ... (i)

$2xy = 7$

समी (i) में दोनों ओर वर्ग करने पर,

$$(3x+2y)^2 = (10)^2$$

$$[(a+b)^2 = a^2+b^2+2ab]$$

$\Rightarrow 9x^2+4y^2+2\times xy\times3\times2 = 100$

$\Rightarrow 9x^2+4y^2+7\times3\times2 = 100$ $[\because 2xy = 7]$

$9x^2+4y^2 = 58$ ...(ii)

$\therefore$ $3x-2y$ का वर्ग करने पर,

$(3x-2y)^2 = 9x^2+4y^2-2\times xy\times3\times2$

$\Rightarrow (3x-2y)^2 = 58-7\times6$ [समी (i) से]

$\Rightarrow (3x-2y)^2 = 58-42$

$\Rightarrow 3x-2y = \sqrt{16}$

$\Rightarrow 3x-2y = 4$

अतः $3x-2y$ का मान 4 होगा।

58. *(c)* समबाहु त्रिभुज का शीर्षलम्ब/माध्यिका/ऊँचाई $= \frac{\sqrt3}{2}a$

[a = समबाहु त्रिभुज की भुजा है।]

$$= \frac{\sqrt3}{2}\times37\sqrt3$$

$$= \frac{111}{2} = 55.5 \text{ सेमी}$$

59. *(a)* दिया है,

पहली किस्त = ₹ 100

कुल भुगतान = ₹ 975

प्रत्येक महीने किस्त = ₹ 5 कम हो जाती है।

$\therefore [100+95+90+......] = 975$

समान्तर श्रेणी के नियम से,

योगफल $S_n = 975$

$a = 100$

$d = 5$

n = (महीने/कुल पद)

$$S_n = \frac{n}{2}[2a+(n-1)d]$$

$$975 = \frac{n}{2}[2\times100+(n-1)(-5)]$$

$1950 = n[205-5n]$

$n^2-41n+390 = 0$

$n^2-26n-15n+390 = 0$

$(n-26)(n-15) = 0$

$n = 26$ लेने पर योग ऋणात्मक संख्याओं के कारण कम हो जाएगा

$\therefore \quad n = 15$

अत: पूरी राशि का भुगतान करने में 15 महीने का समय लगेगा।

60. *(b)* आयत का क्षेत्रफल = 52 मी × 9 मी = 468 मी^{2}

61. *(d)* प्रश्नानुसार,

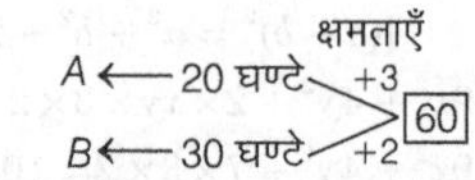

पाइप $(A + B)$ द्वारा 1 घण्टे में भरी गई टंकी $= 3 + 2 = 5$

पाइप $(A + B)$ द्वारा टंकी का 1/3 भाग भरने में लगा समय

$$= \frac{60\times\frac{1}{3}}{5} = \frac{20}{5} = 4 \text{ घण्टे}$$

शेष टंकी $= 60\times\frac{2}{3} = 40$

शेष टंकी को भरने में लगा समय

$$= \frac{40}{(2+3)\times\frac{3}{4}} = \frac{40\times 4}{15}$$

$$= \frac{32}{3} = 10\frac{2}{3} \text{ घण्टे}$$

अत: टंकी को भरने में लगा कुल समय

$$= 4 + 10\frac{2}{3} = 14\frac{2}{3} \text{ घण्टे}$$

62. *(c)* $\sin^2(t) = \frac{1}{2}\tan(t)$

$\therefore$ विकल्प (c) से $t = 45°$ रखने पर,

$$\sin^2 45° = \frac{1}{2}\tan 45° \qquad \left[\because \tan 45° = 1,\ \sin 45° = \frac{1}{\sqrt{2}}\right]$$

$$\left(\frac{1}{\sqrt{2}}\right)^2 = \frac{1}{2}\times 1$$

$$\frac{1}{2} = \frac{1}{2}$$

अत: विकल्प (c) सही है।

63. *(c)* $\tan A = \frac{1}{\sqrt{10}} = \frac{\text{लम्ब}}{\text{आधार}}$

पाइथागोरस प्रमेय से,

$$(\text{कर्ण})^2 = (\sqrt{10})^2 + (1)^2$$

$$\text{कर्ण} = \sqrt{11}$$

$$\sin A + \operatorname{cosec} A = \frac{1}{\sqrt{11}} + \frac{\sqrt{11}}{1}$$

$$= \frac{1+11}{\sqrt{11}} = \frac{12}{\sqrt{11}}$$

64. *(b)* 2001 से 2003 तक साइकिल B_1 की कुल बिक्री $= 95 + 130 + 150 = 375$

2001 से 2003 तक साइकिल B_2 की कुल बिक्री $= 184 + 200 + 216 = 600$

अभीष्ट प्रतिशत $= \frac{375}{600}\times 100 = 62.5\%$

65. *(d)* दिया है, $3t - \frac{1}{3t} = 3$

दोनों ओर का वर्ग करने पर,

$$\left(3t - \frac{1}{3t}\right)^2 = (3)^2$$

$$\Rightarrow \quad 9t^2 + \frac{1}{9t^2} - 2\times 3t\times\frac{1}{3t} = 9$$

$$\Rightarrow \quad 9t^2 + \frac{1}{9t^2} - 2 = 9$$

$$\Rightarrow \quad 9t^2 + \frac{1}{9t^2} = 11$$

(दोनों ओर 1 जोड़ने पर)

$$\Rightarrow \quad 9t^2 + \frac{1}{9t^2} + 1 = 11 + 1$$

$$\Rightarrow \quad 9t^2 + \frac{1}{9t^2} + 1 = 12$$

66. *(d)* दिया है,

$$0.07\times 0.28 \div 0.04 + 0.64 - 1.64 \div 0.04$$

$$= 0.07\times\frac{0.28}{0.04} + 0.64 - \frac{1.64}{0.04}$$

$$= 0.07\times 7 + 0.64 - 41$$

$$= 0.49 + 0.64 - 41$$

$$= 1.13 - 41 = -39.87$$

67. *(a)* ΔPQR में,

$$4\angle P = 5\angle Q = 20\angle R$$

$$\therefore \frac{\angle P}{\angle Q} = \frac{5}{4}, \frac{\angle Q}{\angle R} = \frac{20}{5} = \frac{4}{1}$$

$$\therefore \angle P : \angle Q : \angle R$$

$$5x : 4x : 1x$$

$$\angle P + \angle Q + \angle R = 180°$$

$$\Rightarrow \quad 5x + 4x + 1x = 180°$$

$$\Rightarrow \quad 10x = 180°$$

$$\Rightarrow \quad x = 18$$

अत: $\quad \angle Q = 4x = 4\times 18 = 72°$

68. *(a)* संख्या = 429714

2 से विभाज्यता का नियम दी गई संख्या का इकाई अंक सम संख्या है इसलिए यह संख्या 2 से विभाजित होगी।

$$= \frac{429714}{2}$$

3 से विभाज्यता का नियम अंकों का योग 3 से विभाजित हो

$$= \frac{4+2+9+7+1+4}{3} = \frac{27}{3} = 9$$

$\therefore$ दी गई संख्या 3 से भी पूर्णत: विभाजित है।

6 से विभाज्यता का नियम जो संख्या 2 और 3 दोनों से विभाजित होगी, वह संख्या हमेशा 6 से पूर्णत: विभाजित होगी।

अत: विकल्प (a) सही है।

69. *(d)* अनुभा के स्कूटर का विक्रय मूल्य = ₹ 31524

लाभ $= 31524\times\frac{1}{6}$ = ₹ 5254

स्कूटर का क्रय मूल्य $= 31524 - 5254$ = ₹ 26270

$\therefore$ लाभ प्रतिशत $= \frac{5254}{26270}\times 100 = 20\%$

70. *(b)* दिया है, कुल छात्र = 30

12 छात्रों का औसत स्कोर = 62

शेष 18 छात्रों का औसत = 60

कक्षा का औसत स्कोर

$$= \frac{12\times 62 + 18\times 60}{30}$$

$$= \frac{744 + 1080}{30} = \frac{1824}{30} = 60.8$$

अत: कक्षा का औसत स्कोर 60.8 है।

71. *(c)* दिया है, $\theta = 45°$

$$\frac{\sin^2\theta - 2\sin^4\theta}{2\cos^4\theta + \cos^2\theta}$$

$$= \frac{\sin^2 45° - 2\sin^4 45°}{2\cos^4 45° + \cos^2 45°}$$

$$\left[\sin 45° = \frac{1}{\sqrt{2}}, \cos 45° = \frac{1}{\sqrt{2}}\right]$$

$$= \frac{\left(\frac{1}{\sqrt{2}}\right)^2 - 2\times\left(\frac{1}{\sqrt{2}}\right)^4}{2\left(\frac{1}{\sqrt{2}}\right)^4 + \left(\frac{1}{\sqrt{2}}\right)^2}$$

$$= \frac{\frac{1}{2} - \frac{1}{2}}{2\times\frac{1}{4} + \frac{1}{2}} = \frac{0}{\frac{1}{2} + \frac{1}{2}} = 0$$

72. *(b)* दिया है,

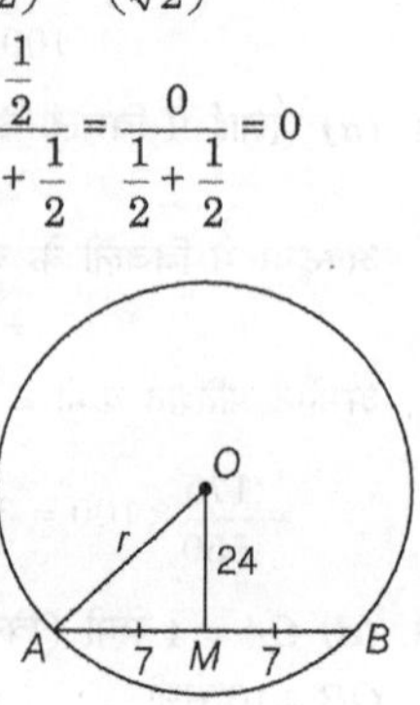

जीवा $AB = 14$ सेमी

केन्द्र से दूरी $OM = 24$ सेमी

$AM = MB = 7$ सेमी

ΔAOM में पाइथागोरस प्रमेय से,

$(OA)^2 = (AM)^2 + (OM)^2$

$\Rightarrow (OA)^2 = (24)^2 + (7)^2$

$\Rightarrow OA = \sqrt{576+49} = \sqrt{625}$

$\Rightarrow OA = 25$ सेमी

अत: वृत्त की त्रिज्या, $OA = 25$ सेमी

73. *(b)* वर्ष 2010 से 2013 तक विश्वविद्यालय में दाखिला लेने वाले विद्यार्थियों की औसत संख्या $= \frac{450+540+370+680}{4}$

$= \frac{2040}{4} = 510$

74. *(c)* माना नाव की चाल $= x$ किमी/घण्टा

धारा का वेग $= y$ किमी/घण्टा

नाव की धारा की दिशा में चाल,

$(x+y) = \frac{55}{5} = 11$ किमी/घण्टा

नाव की धारा की विपरीत दिशा में चाल

$(x-y) = \frac{55}{11} = 5$ किमी/घण्टा

$\Rightarrow x+y = 11$

$\Rightarrow x-y = 5$

$\therefore x = \frac{11+5}{2} = \frac{16}{2} = 8$ किमी/घण्टा

अत: नाव की चाल 8 किमी/घण्टा है।

75. *(d)* कक्षा XII में छात्रों की कुल संख्या $= 150$

शाकाहारी छात्रों की संख्या $= 105$

माँसाहारी छात्रों की संख्या $= 150 - 105 = 45$

अत: माँसाहारी छात्रों का प्रतिशत

$= \frac{45}{150} \times 100 = 30\%$

76. *(a)* On and off means now and then or periodically.

77. *(c)* The correct order is RQPO.
- The sentence formed will be- The power of education empowers individuals to unlock their potential and shape their future.

78. *(b)* Part 'my luggages' contains an error. The word 'luggage' is an uncountable noun and thus, does not have any plural form. It is used as luggage in both singular and plural cases.

79. *(d)* **Hangar** is a place to park aeroplanes.
- **Hanger** means a person who hangs something.
- **Depot** means a place for the storage of large quantities of equipment, food or goods.
- **Shed** means a simple roofed structure used for garden storage, to shelter animals or as a workshop.

80. *(a)* The cake was baked by the baker.
- The sentence is in past tense. When such a sentence is transformed into passive voice, the structure followed is Object + was/were+ V3+ by+ Subject.

81. *(d)* **Jibes** means be in accord; agree. Hence, its antonym is 'contradict'.
- **Consolation** means the comfort received by a person after a loss or disappointment.
- **Mockery** means joke to insult someone.

82. *(b)* **Oligarchy** is a small but powerful group that takes an authoritative position.
- **Democracy** is a government elected by the people.
- **Monarchy** is a form of government where a monarch, such as a king or queen, is the head of state and has supreme authority.
- **Missionary** is a member of a religious group who is sent to a specific area to promote their faith or provide services to the people there.

83. *(d)* The correctly spelt word to fill in the blank is 'accurately'.

84. *(d)* The incorrectly spelt word is 'acommodate'. The correct spelling is 'accommodate'.

85. *(d)* **Dissipate** means (with reference to a feeling or emotion) disappear or cause to disappear. Hence, its nearest synonym is spend.
- **Glorious** means worthy of praise and honour.
- **Malicious** means evil and wicked.
- **Haste** means quick.

86. *(d)* The sentence that is in passive voice is- The consignment was delivered yesterday.

87. *(c)* Jaundiced eye means to view something with prejudice, usually in a cynical or negative way. Hence, resentment is the correct answer.

88. *(a)* Dodge means to avoid.

89. *(b)* Ostentatious means characterised by pretentious or showy display; designed to impress. Hence, its nearest antonym is 'restrained' which means characterised by reserve or moderation; unemotional or dispassionate.
- **Repulsive** means not attractive.

90. *(a)* Relevant means appropriate. Hence, its antonym is inappropriate.

91. *(d)* By next December, I will have completed six years in this home.
- Future tense always uses the modal 'will/shall'.

92. *(d)* The underlined part of the given sentence contains an error. The use of preposition 'of' is incorrect in the context of the sentence. Hence, replace it with 'to' to correct the sentence.

93. *(a)* Lethargic means lazy. Hence, its antonym is 'active'.
- **Languid** means slow and lazy.

94. *(a)* Dusk is the evening time when the Sun has just set and it is almost dark.

95. *(a)* The word 'cynical' means believing that people are motivated purely by self-interest; distrustful of human sincerity or integrity.

Hence, it does not seem correct in the sentence. Use 'credulous' which means having or showing too great a readiness to believe things.

96. *(b)* The correct filler for the given blank is 'assessment'.

97. *(c)* The correct filler for the given blank is 'including'.

98. *(c)* The correct filler for the given blank is 'indices'.

99. *(d)* The correct filler for the given blank is 'measured'.

100. *(c)* The correct filler for the given blank is 'predicted'.

सेट 28 24 सितम्बर, 2024 (प्रथम पाली)

SSC CGL Tier-I
सॉल्वड पेपर

निर्देश

1. इस सेट में कुल 100 प्रश्न हैं।
2. इस सेट में चार भाग हैं, **भाग-I** सामान्य बुद्धि एवं तर्कशक्ति, **भाग-II** सामान्य जागरुकता, **भाग-III** संख्यात्मक अभियोग्यता और **भाग-IV** अंग्रेजी भाषा।
3. प्रत्येक प्रश्न 2 अंक का है।

भाग I
सामान्य बुद्धि एवं तर्कशक्ति

1. चार अक्षर-समूह दिए गए हैं, जिनमें से तीन किसी-न-किसी रूप में एकसमान हैं। उस असमान विकल्प को चुनिए, जो अक्षर-समूह में, असमान विकल्प व्यंजनों/स्वरों की संख्या या उनकी स्थिति पर आधारित नहीं है।

(a) CBE (b) NMP (c) UTW (d) LKM

2. 'RX-21' एक निश्चित तरीके से UU-11 से सम्बन्धित है। उसी प्रकार 'PM-39' का सम्बन्ध 'SJ-29' से है। उसी तर्क के अनुसार 'DP-17' का सम्बन्ध निम्नलिखित में से किससे है?

(a) HN- 7 (b) HO- 10
(c) GM- 10 (d) GM- 7

3. उस विकल्प का चयन कीजिए, जिसमें संख्याओं के मध्य वही सम्बन्ध है, जो नीचे दिए गए युग्म की संख्याओं के मध्य है। (**ध्यान दें** संख्याओं को उनके घटक अंकों में विभाजित किए बिना, पूर्ण संख्याओं पर संक्रियाएँ की जानी चाहिए। उदाहरण के लिए 13 को लें-13 पर की जाने वाली संक्रियाएँ जैसे जोड़ना/घटाना/गुणा करना आदि केवल 13 पर की जा सकती हैं। 13 को 1 और 3 में तोड़ना और फिर 1 और 3 पर गणितीय संक्रियाएँ करने की अनुमति नहीं है।)

33 : 340
48 : 490

(a) 31 : 279 (b) 44 : 460
(c) 63 : 640 (d) 27 : 270

4. नीचे दी गई आकृति में कितने त्रिभुज हैं?

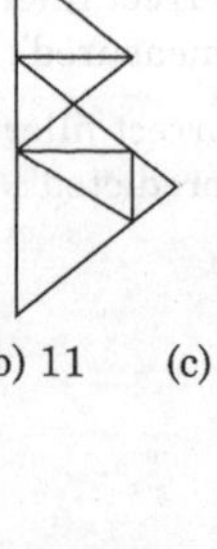

(a) 12 (b) 11 (c) 13 (d) 10

5. जब दर्पण को MN पर रखा जाता हो, तो दी गई आकृति के सही दर्पण प्रतिबिम्ब का चयन कीजिए।

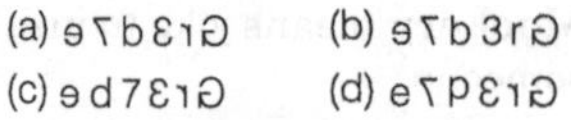

6. एक पासे के विभिन्न फलकों पर छः शब्द 'खाना', 'खेलना', 'रोना', 'सोना', 'नाचना' और 'दौड़ना' लिखे हुए हैं। नीचे चित्र में इस पासे की दो स्थितियों को दिखाया गया है। 'खाना' शब्द के विपरीत फलक पर कौन-सा शब्द होगा?

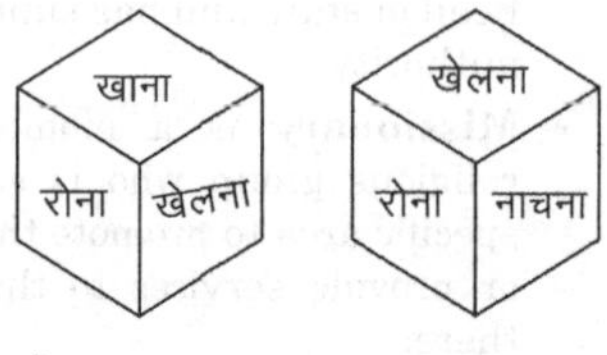

(a) सोना (b) नाचना
(c) खेलना (d) रोना

7. तीन कथन दिए गए हैं, जिसके बाद तीन निष्कर्ष I, II और III दिए गए हैं। कथनों को सत्य मानते हुए, भले ही वे सामान्य रूप से ज्ञात तथ्यों से भिन्न प्रतीत होते हों, निर्धारित करें कि कौन-सा/से निष्कर्ष कथनों का तार्किक रूप से अनुसरण करता/करते है/हैं?

कथन
सभी चम्मच, कांटे हैं।
सभी कांटे, चाकू हैं।
कोई चाकू, कड़छी नहीं है।

निष्कर्ष
I. कुछ चाकू, चम्मच है।
II. कोई कांटा, कड़छी नहीं है।
III. कुछ चम्मच, कड़छियाँ हैं।

(a) केवल निष्कर्ष III अनुसरण करता है
(b) केवल निष्कर्ष I और II अनुसरण करते हैं
(c) केवल निष्कर्ष I अनुसरण करता है
(d) कोई भी निष्कर्ष अनुसरण नहीं करता है

8. दिए गए कथनों और निष्कर्षों का ध्यानपूर्वक अध्ययन कीजिए। कथनों में दी गई जानकारी को सत्य मानते हुए, भले ही यह सर्वज्ञात तथ्यों से भिन्न प्रतीत होती हो, निर्धारित कीजिए कि दिए गए निष्कर्षों में से कौन-सा/से निष्कर्ष कथनों का तर्कसंगत रूप से अनुसरण करता है/करते हैं?

कथन
कुछ दर्पण, सजावटी हैं।
कोई सजावटी, पौधा नहीं है।
सभी पौधे, वृक्ष हैं।

निष्कर्ष
I. कुछ दर्पण, पौधे हैं।
II. कुछ सजावटी, वृक्ष हैं।

(a) न तो निष्कर्ष I और न ही II अनुसरण करता है
(b) केवल निष्कर्ष II अनुसरण करता है
(c) केवल निष्कर्ष I अनुसरण करता है
(d) निष्कर्ष I और II दोनों अनुसरण करते हैं

9. शृंखला को पूरा करने के लिए दिए गए विकल्पों में से संख्या का चयन करें।

32, 36, 44, 56, 72, ?

(a) 98 (b) 90
(c) 80 (d) 92

10. यदि शब्द 'DELIGHT" के प्रत्येक अक्षर को अंग्रेजी वर्णमाला क्रम में व्यवस्थित किया जाए, तो कितने अक्षरों का स्थान अपरिवर्तित रहेगा?

(a) कोई नहीं (b) एक
(c) तीन (d) दो

11. एक पासे के विभिन्न फलकों पर छः अक्षर M, N, O, P, Q और R लिखे गए हैं। नीचे दिए गए चित्र में इस पासे की दो स्थितियों को दर्शाया गया है। दिए गए विकल्पों में से O के विपरीत फलक पर लिखा अक्षर ज्ञात कीजिए।

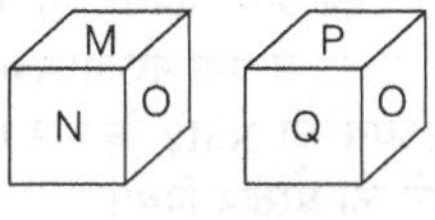

(a) P (b) M
(c) R (d) Q

12. दिए गए विकल्पों में से उस आकृति का चयन कीजिए, जो निम्नलिखित शृंखला में प्रश्नचिह्न (?) को प्रतिस्थापित कर सकती है।

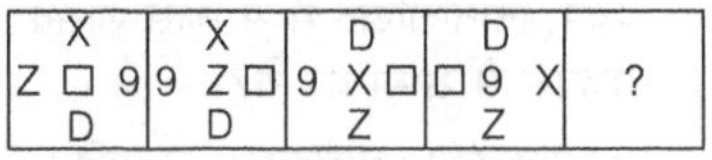

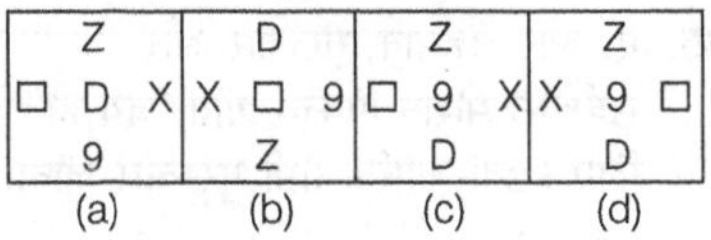

13. यदि A, B की बहन है, C, A की पुत्री है, D, A की बहन है और E, C का भाई है, तो D, E से किस प्रकार सम्बन्धित है?

(a) मौसी (b) मामा
(c) नानी (d) मामा

14. एक निश्चित तर्क का अनुसरण करते हुए 61 का सम्बन्ध 18 से है। उसी तर्क का अनुसरण करते हुए, 213 का सम्बन्ध 38 से है। उसी तर्क का अनुसरण करते हुए, 509 का सम्बन्ध निम्नलिखित में से किससे है?

(**नोट** संख्याओं को उनके घटक अंकों में विभक्त किए बिना पूर्ण संख्याओं पर संक्रियाएँ की जानी चाहिए। उदाहरण के लिए 13 को लें—13 पर संक्रियाएँ, जैसे कि जोड़ना/घटाना/गुणा आदि 13 में की जा सकती हैं। 13 को 1 और 3 में विभक्त करना और फिर 1 और 3 पर गणितीय संक्रियाएँ करने की अनुमति नहीं है।)

(a) 64 (b) 66
(c) 72 (d) 78

15. उस त्रिक का चयन कीजिए, जिसमें संख्याएँ एक-दूसरे से उसी प्रकार सम्बन्धित हैं, जैसे दिए गए त्रिकों की संख्याएँ हैं।

(8, 9, 7), (24, 13, 35)

(**ध्यान दीजिए** संख्याओं को उनके घटक अंकों में विभाजित किए बिना, पूर्ण संख्याओं पर संक्रियाएँ की जानी चाहिए। उदाहरण के लिए 13-13 पर संक्रिया जैसे जोड़ना/घटाना/गुणा करना आदि 13 पर किया जा सकता है। 13 को 1 और 3 में तोड़ना और फिर 1 और 3 पर गणितीय संक्रियाएँ करने की अनुमति नहीं है।

(a) (28, 19, 56) (b) (17, 11, 23)
(c) (21, 12, 32) (d) (11, 15, 19)

16. एक निश्चित कूटभाषा में, 'PUPIL' को '162116912' लिखा जाता है और 'PURGE' को '16211875' लिखा जाता है। इसी कूटभाषा में, 'PURSE' को किस प्रकार लिखा जाएगा?

(a) 162118195 (b) 162118159
(c) 126118195 (d) 162111895

17. उन अक्षरों के संयोजन का चयन कीजिए, जिन्हें दी गई शृंखला के रिक्त स्थानों में क्रमिक रूप से रखने पर शृंखला पूरी हो जाएगी।

_TUVTR_WU_UXVN_Y

(a) SUUP (b) PSVU
(c) SUPU (d) SVUP

18. निम्नलिखित में से कौन-सा अक्षर-समूह, दी गई शृंखला को तार्किक रूप से पूर्ण करने के लिए प्रश्नचिह्न (?) के स्थान पर आएगा?

TGO, VIN, XKM, ZML, ?

(a) XKO (b) BOK
(c) BNN (d) BOM

19. एक निश्चित कूटभाषा में, 'LIGHT' को '25709' के रूप में कूटबद्ध किया जाता है और 'SIGHT' को '97065' के रूप में कूटबद्ध किया जाता है। उसी 'भाषा' में 'S' के लिए क्या कूट होगा?

(a) 6 (b) 0
(c) 7 (d) 2

20. निम्नलिखित चार विकल्पों में से तीन किसी-न-किसी रूप में समान हैं और इस प्रकार, एक समूह बनाते हैं। कौन-सा विकल्प उस समूह से सम्बन्धित नहीं है?

(**ध्यान दें** संख्याओं को उनके घटक अंकों में तोड़े बिना, संक्रियाएँ पूर्ण संख्याओं पर की जानी चाहिए। उदाहरण के लिए 13 को लें—संख्या 13 में की जाने वाली संक्रिया, जैसे कि जोड़ना/घटाना/गुणा करना केवल 13 में किया जा सकता है। 13 को अंक 1 और 3 में तोड़ना और फिर 1 और 3 के साथ गणितीय संक्रियाएँ करने की अनुमति नहीं है।)

(a) 12 – 122 – 99 (b) 89 – 212 – 34
(c) 58 – 139 – 23 (d) 23 – 84 – 38

21. यदि '+' और '–' को आपस में बदल दिया जाए और '×' और '÷' को आपस में बदल दिया जाए, तो निम्नलिखित समीकरण में प्रश्नचिह्न (?) के स्थान पर क्या आएगा?

$125 \div 5 + 1809 \times 9 - 14 = ?$

(a) 483 (b) 348
(c) 438 (d) 384

22. यदि '+' और '÷' को आपस में बदल दिया जाए और '×' और '–' को आपस में बदल दिया जाए, तो निम्नलिखित समीकरण में प्रश्नचिह्न (?) के स्थान पर क्या आएगा?

$20 + 4 \div 2 \times 3 - 6 = ?$

(a) –9 (b) –7 (c) –11 (d) 2

23. जब दर्पण को MN पर रखा जाता हो, तो दी गई आकृति के सही दर्पण प्रतिबिम्ब का चयन कीजिए।

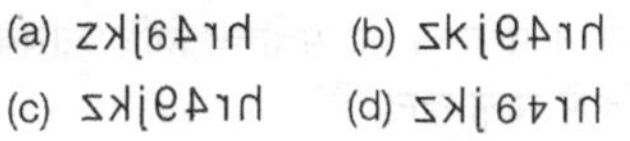

24. निम्नलिखित शृंखला को जारी रखने के लिए प्रश्नचिह्न (?) के स्थान पर कौन-सी आकृति आनी चाहिए?

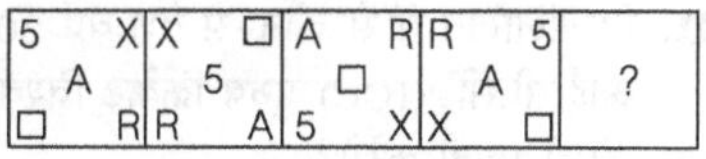

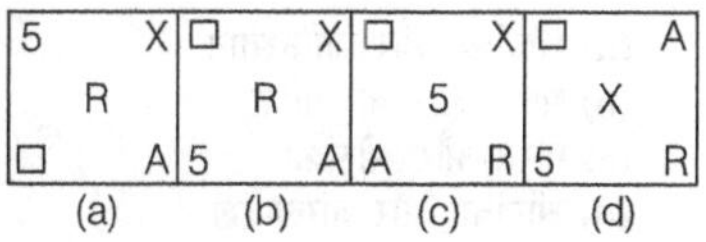

25. उस विकल्प का चयन करें, जो पाँचवें अक्षर-समूह से उसी प्रकार सम्बन्धित है। जिस प्रकार, दूसरा अक्षर-समूह पहले अक्षर-समूह से सम्बन्धित है और चौथा अक्षर-समूह तीसरे अक्षर-समूह से सम्बन्धित है।

LOI : QTN : : VES : AJX : : AND : ?

(a) FSJ (b) FTJ (c) FSI (d) FTI

भाग II

सामान्य जागरुकता

26. अखिल भारतीय ट्रेड यूनियन कांग्रेस (AITUC) की स्थापना कब हुई थी?

(a) वर्ष 1920 में (b) वर्ष 1926 में
(c) वर्ष 1924 में (d) वर्ष 1928 में

27. निम्नलिखित में से कौन-सा संविधान संशोधन विधेयक तमिलनाडु में अनुसूचित जाति की सूची को संशोधित करने के प्रावधान से सम्बन्धित है?

(a) संविधान (अनुसूचित जाति) आदेश (संशोधन) विधेयक 2015
(b) संविधान (अनुसूचित जनजाति) आदेश संशोधन अधिनियम 2013

(c) संविधान (अनुसूचित जाति) आदेश (संशोधन) विधेयक 2021
(d) संविधान (अनुसूचित जनजाति) आदेश (संशोधन) विधेयक 2019

28. भारत के किस राष्ट्रीय जलमार्ग (NW) द्वारा महानदी और ब्राह्मणी नदी के डेल्टा चैनल और पूर्वी तटीय चैनल जुड़े हुए हैं?
(a) NW-1 (b) NW-3
(c) NW-5 (d) NW-2

29. पदार्थ की अवस्था के रूप में प्लाज्मा के एक उदाहरण की पहचान कीजिए।
(a) रक्त (b) नियॉन साइन बल्ब
(c) फ्रेऑन (d) शुष्क बर्फ

30. भारत में राज्य का सर्वोच्च विधि अधिकारी किसे माना जाता है?
(a) उच्च न्यायालय के मुख्य न्यायाधीश
(b) महान्यायवादी
(c) महालेखापरीक्षक
(d) महाधिवक्ता

31. निम्नलिखित में से कौन-से देश वर्ष 2031 में आई.सी.सी. (ICC) पुरुष क्रिकेट विश्व कप की मेजबानी करेंगे?
(a) श्रीलंका और पाकिस्तान
(b) भारत और बांग्लादेश
(c) भारत और श्रीलंका
(d) श्रीलंका और बांग्लादेश

32. रजिया सुल्ताना सल्तनत की पहली और एकमात्र महिला शासक थी, जो ······ ई. में सिंहासन पर बैठीं।
(a) 1241 (b) 1236
(c) 1242 (d) 1238

33. विशेष आर्थिक क्षेत्रों (Special Economic Zones (SEZs)) में व्यवसायों को दिया जाने वाला प्राथमिक लाभ क्या है?
(a) असीमित विदेशी निवेश
(b) कर और शुल्क रियायतें
(c) गारण्टीयुक्त मार्केट शेयर
(d) अनिवार्य सरकारी अनुबन्ध

34. ताडोबा राष्ट्रीय उद्यान भारत के किस राज्य में स्थित है?
(a) महाराष्ट्र (b) मध्य प्रदेश
(c) गुजरात (d) केरल

35. कौन-सा अनुच्छेद राष्ट्रपति के निर्वाचन से सम्बन्धित है?
(a) अनुच्छेद 72 (b) अनुच्छेद 74
(c) अनुच्छेद 54 (d) अनुच्छेद 66

36. निम्नलिखित में से किसे भारत में स्थानीय स्वशासन के जनक के रूप में जाना जाता है?
(a) लॉर्ड विलियम बैण्टिक
(b) लॉर्ड रिपन
(c) लॉर्ड कॉर्नवालिस
(d) लार्ड वेलेजली

37. भारत की जनगणना 2011 के अनुसार, केन्द्रशासित प्रदेशों के किस समूह का जनसंख्या घनत्व सर्वाधिक है?
(a) लक्षद्वीप, दमन और दीव तथा चण्डीगढ़
(b) लक्षद्वीप, दमन और दीव तथा पुदुचेरी
(c) दिल्ली, चण्डीगढ़ और पुदुचेरी
(d) दिल्ली, चण्डीगढ़ तथा दमन और दीव

38. असम में मकर संक्रान्ति का पर्व किस नाम से मनाया जाता है?
(a) माघ बिहू (b) थाई पोंगल
(c) पेड्डा पडुंगा (d) पोंगल

39. जब आप देखते हैं कि आपके कॉलेज के दोस्त कैण्टीन वाले के कुछ धर्म-विरोधी बयान देने पर उससे झगड़ने लगते हैं, तो आप पर कौन-सा मौलिक कर्त्तव्य लागू होता है?
(a) हमारे प्राकृतिक पर्यावरण की रक्षा और सुधार करना
(b) वैज्ञानिक दृष्टिकोण, मानववाद और जाँच की भावना को विकसित करना
(c) हमारी समृद्ध विरासत को महत्त्व देना और उसका परिरक्षण करना
(d) सद्भाव और भ्रातृत्व की भावना को बढ़ावा देना

40. निम्नलिखित में से कौन-सा भौतिक परिवर्तन नहीं है?
(a) दूध से दही बनाना
(b) डीजल का वाष्पीकरण
(c) NH_4Cl का ऊर्ध्वपातन
(d) लोहे की छड़ को गर्म करके लाल करना

41. लाल शैवाल निम्नलिखित में से किस विधि द्वारा प्रजनन करते हैं?
(a) फ्रेग्मेंटेशन
(b) माइक्रोप्रोपगेशन
(c) कटिंग
(d) ग्राफ्टिंग

42. 1875 ई. में मुम्बई में आर्य समाज की स्थापना किसने की थी?
(a) देवेन्द्रनाथ टैगोर
(b) राजा राममोहन राय
(c) स्वामी विवेकानन्द
(d) स्वामी दयानन्द सरस्वती

43. ······की अध्यक्षता में बने कार्य समूह ने वर्ष ······ में एक नए मध्यवर्ती मौद्रिक समुच्चय को NM2 के रूप में सन्दर्भित करने का प्रस्ताव दिया।
(a) डॉ. के. वी. कामथ; 1995
(b) डॉ. वाई.वी. रेड्डी; 1998
(c) डॉ. पी. के. मोहन्ती; 1998
(d) डॉ. सी. रंगराजन; 1996

44. मत्तविलास-प्रहसन के रचयिता महेन्द्रवर्मन प्रथम, निम्नलिखित में से किस शासक राजवंश से सम्बन्धित थे?
(a) पल्लव (b) चालुक्य (c) पुष्यभूति (d) मैत्रक

45. ए. आर. रहमान, गुलज़ार और ······ ने सर्वश्रेष्ठ मोशन पिक्चर गीत 'जय हो' के लिए 52वाँ वार्षिक ग्रेमी पुरस्कार जीता।
(a) डैनी बॉयल (b) तन्वी शाह
(c) देव पटेल (d) फ्रीडा पिण्टो

46. चुकन्दर के लाल रंग के होने के लिए निम्नलिखित में से कौन उत्तरदायी है?
(a) बीटानिन (b) लाइकोपीन
(c) करक्यूमिन (d) बीटा कैरोटीन

47. निम्नलिखित भारतीय क्रिकेटरों में से किन्हें अल्मनैक (Almanack) के 2022 संस्करण में विजडन क्रिकेटर ऑफ द ईयर नामित किया गया?
(a) सूर्य कुमार यादव और अक्षर पटेल
(b) रोहित शर्मा और विराट कोहली
(c) विराट कोहली और भुवनेश्वर कुमार
(d) रोहित शर्मा और जसप्रीत बुमराह

48. निम्नलिखित में से कौन-सा शब्द फुटबॉल से सम्बन्धित है?
(a) ओवर्स (b) एल बी डब्ल्यू
(c) थर्ड मैन (d) बाइसिकल किक

49. शास्त्रीय सरोद वादक अमजद अली खान को 2001 में भारत सरकार द्वारा ······ से सम्मानित किया गया था।
(a) भारत रत्न (b) पद्म विभूषण
(c) पद्म भूषण (d) पद्म श्री

50. निम्नलिखित में से कौन-सा कथन सही है?
(a) नदियाँ, खाड़ियाँ, झीलें तालाब और सोतें मीठे पानी (Fresh water) के स्रोत हैं।
(b) समुद्र का पानी मीठे पानी का स्रोत है
(c) तालाब के पानी और समुद्री जल को ताजा पानी माना जाता है
(d) नदियों और समुद्र के पानी को ताजा पानी माना जाता है

भाग III
संख्यात्मक अभियोग्यता

51. दी गई तालिका पाँच वर्षों में कॉलेज M से उत्तीर्ण होने वाले विद्यार्थियों का प्रतिशत दर्शाती है।

वर्ष	कॉलेज M
2018	68
2019	72
2020	40
2021	80
2022	92

पिछले वर्ष की तुलना में वर्ष 2022 में कॉलेज M से उत्तीर्ण होने वाले विद्यार्थियों की संख्या में कितने प्रतिशत की वृद्धि हुई है?
(a) 20% (b) 10% (c) 15% (d) 25%

52. ΔABC और ΔPQR क्रमशः सर्वांगसम हैं। यदि $AB = 8 = PQ, BC = 10 = QR$ और $\angle B = 35°$ हो, तो $\angle P + \angle C$ का मान कितना होगा?
(a) 160° (b) 145° (c) 130° (d) 120°

53. एक वृत्त की त्रिज्या 12.5 सेमी है और इसकी एक जीवा की लम्बाई 11 सेमी है। केन्द्र से जीवा की दूरी कितनी है?
(एक दशमलव स्थान तक सही मान दीजिए)
(a) 10 सेमी (b) 13.2 सेमी
(c) 11.2 सेमी (d) 12 सेमी

54. A, B और C ने एक व्यवसाय में धनराशि का निवेश इस प्रकार किया कि A के हिस्से का 2 गुना, B के हिस्से का 4 गुना और C के हिस्से का 6 गुना सभी बराबर हैं। यदि उन्होंने ₹ 44000 अर्जित किए, तो A का हिस्सा ज्ञात कीजिए।
(a) ₹ 22000 (b) ₹ 20000
(c) ₹ 24000 (d) ₹ 12000

55. यदि $2\sin^2\theta + 3\sin\theta - 2 = 0$, $(0 < \theta < 90°)$ है, तो θ का मान कितना होगा?
(a) 45° (b) 60° (c) 15° (d) 30°

56. दो चरों में रैखिक समीकरणों के निम्नलिखित निकाय के हल के बारे में क्या निष्कर्ष निकाला जा सकता है?
$3x + 2y = 7$
$2x + 3y = 7$
(a) दो से अधिक हल (b) अद्वितीय हल
(c) अनन्त हल (d) कोई हल नहीं

57. यदि $\sec\theta = \sqrt{2}$ है, तो $\operatorname{cosec}\theta$ का मान कितना होगा?
(a) 0 (b) −1 (c) 1 (d) $\sqrt{2}$

58. निम्नलिखित व्यंजक को हल कीजिए।
$(3x + 17 - 2y)(3x - 17 - 2y)$
(a) $9x^2 - 12xy + 4y^2 - 289$
(b) $9x^2 - 6xy + 4y^2 - 289$
(c) $9x^2 - 12xy + 4y^2 + 289$
(d) $9x^2 + 12xy + 4y^2 - 289$

59. त्रिभुज XYZ एक समद्विबाहु त्रिभुज है, जिसकी भुजाएँ $XY = XZ$ हैं। यदि कोण Y की माप 80° है, तो कोण X की माप क्या है?
(a) 30° (b) 50°
(c) 40° (d) 20°

60. दो उम्मीदवारों के बीच हुए एक चुनाव में 80% मतदाताओं ने मत डाले, जिनमें से 4% मत अवैध घोषित कर दिए गए। एक उम्मीदवार को 15360 मत मिले, जो वैध मतों का 80% थे। मतों की कुल संख्या ज्ञात करें।
(a) 18000 (b) 25000
(c) 20000 (d) 23000

61. अमित के पिता की आयु, अमित की आयु से पाँच गुना अधिक है। 6 वर्ष बाद, उनकी आयु अमित की आयु की साढ़े तीन गुना होगी। 9 वर्ष बाद, उनकी आयु अमित की आयु की कितनी गुना होगी?
(a) $2\frac{1}{4}$ गुना (b) $2\frac{3}{7}$ गुना
(c) $2\frac{3}{4}$ गुना (d) $3\frac{2}{7}$ गुना

62. समरीन एक की-बोर्ड को ₹ 1260 में 25% के लाभ पर और दूसरे की-बोर्ड को ₹ 1440 में 10% की हानि पर बेचती है। उसका कुल लाभ या हानि प्रतिशत ज्ञात करें।
(a) $3\frac{86}{163}$ % हानि (b) $3\frac{86}{163}$ % लाभ
(c) $3\frac{11}{27}$ % हानि (d) $3\frac{11}{27}$ % लाभ

63. दी गई तालिका का अध्ययन कीजिए और प्रश्न का उत्तर दीजिए।

वर्ष	चावल ग्राम/दिन	गेहूँ ग्राम/दिन	दालें ग्राम/दिन	सब्जियाँ ग्राम/दिन
2019	450	55	160	280
2020	430	60	150	300
2021	380	65	140	320
2022	350	70	125	400
2023	350	80	120	350

किस वर्ष की दैनिक खपत, किसी अन्य वर्ष की दैनिक खपत के बराबर है?
(a) 2021 और 2023
(b) 2019 और 2022
(c) 2020 और 2022
(d) 2019 और 2023

64. एक पाइप, दूसरे पाइप की तुलना में किसी टंकी को 6 गुना तेजी से भर सकता है। यदि दोनों पाइप एकसाथ टंकी को 40 मिनट में भर सकते हैं, तो धीमा पाइप अकेले टंकी को कितने मिनट में भरेगा?
(a) 290 (b) 285
(c) 275 (d) 280

65. $11 - \{(3 \div 4)$ का $8 - \overline{4 - 8}\}$ का मान ज्ञात कीजिए।
(a) 1 (b) 3 (c) −1 (d) 2

66. 6 अंकों की संख्या $6745k2$ में 'k' का वह अधिकतम मान ज्ञात कीजिए, जिससे संख्या 3 से विभाज्य हो जाए।
(a) 8 (b) 7 (c) 6 (d) 9

67. 30 सेमी त्रिज्या वाले एक लम्बवृत्तीय बेलनाकार बॉक्स का आयतन 600 सेमी³ है। बॉक्स की ऊँचाई ज्ञात करें।
(a) 0.31 सेमी (b) 0.21 सेमी
(c) 0.61 सेमी (d) 0.51 सेमी

68. यदि $\sin 3A = \cos(A - 26°)$ है, तो A = ... होगा, जहाँ $3A$ न्यून कोण है।
(a) 29° (b) 78°
(c) 52° (d) 26°

69. नीचे दिया गया चित्र (पाई-चार्ट) एक परिवार के अनुमानित व्यय को दर्शाता है, जिनका कुल अनुमानित व्यय ₹ 250000 था। चित्र (पाई-चार्ट) का अध्ययन करें और उसके बाद दिए गए प्रश्न का उत्तर दें।

अनुमानित व्यय का प्रतिशत हिस्सा

यह पाया गया कि बिजली पर हुआ वास्तविक व्यय अनुमानित व्यय से 10% अधिक था और किराए पर हुआ वास्तविक व्यय अनुमानित व्यय से 20% कम था।

बाकी सभी व्यय अनुमान के मुताबिक ही थे। कुल वास्तविक व्यय की गणना करें।
(a) ₹ 243750 (b) ₹ 248750
(c) ₹ 252500 (d) ₹ 240750

70. एक पुलिसकर्मी 100 मी की दूरी से एक चोर को देखता है। चोर भागने लगता है और पुलिसकर्मी उसका पीछा करता है। यदि चोर और पुलिसकर्मी की चाल क्रमशः 21 किमी/घण्टा और 23 किमी/घण्टा है, तो पकड़े जाने से पहले चोर कितनी दूर तक भाग पाएगा?
(a) 1090 मी (b) 1080 मी
(c) 1020 मी (d) 1050 मी

71. एक घूमने वाली कुर्सी का अंकित मूल्य ₹ 15000 है। यह 20% और 12% की दो क्रमिक छूटों पर उपलब्ध है। इसका विक्रय मूल्य (₹ में) क्या है?
(a) 10560 (b) 9230
(c) 10230 (d) 9560

72. ₹ 78 प्रति किग्रा कीमत वाली चीनी को ₹ 46 प्रति किग्रा कीमत वाली चीनी के साथ किस अनुपात में मिलाया जाए, ताकि मिश्रण को ₹ 75 प्रति किग्रा में बेचने पर 20% का लाभ हो?
(a) 33 : 37 (b) 33 : 31
(c) 37 : 31 (d) 31 : 29

73. PQ, केन्द्र A वाले एक वृत्त का व्यास है। M, वृत्त की परिधि पर एक बिन्दु है। यदि $m\angle MAP = 110°$, तो $m\angle MQA$ का मान ज्ञात कीजिए।
(a) 35° (b) 65° (c) 55° (d) 70°

74. दी गई तालिका अलग-अलग वर्षों में तीन कम्पनियों A, B और C के व्यय (करोड़ ₹ में) और प्रतिशत लाभ को दर्शाती है। दिया है, आय = व्यय + व्यय × $\frac{\text{लाभ \%}}{100}$

वर्ष	कम्पनी A		कम्पनी B		कम्पनी C	
	व्यय	लाभ	व्यय	लाभ	व्यय	लाभ
2002	24	50%	20	40%	40	45%
2003	30	45%	15	25%	50	55%
2004	36	40%	25	35%	60	65%
2005	40	60%	35	48%	80	75%

वर्ष 2005 में कम्पनी A और कम्पनी B के लाभ के बीच का अन्तर (करोड़ ₹ में) कितना है?
(a) 10.4 (b) 12.5 (c) 8.3 (d) 7.2

75. यदि ₹ 10800 की राशि को 15.5% वार्षिक दर से साधारण ब्याज पर निवेश किया जाता है, तो कितने समय में (वर्षों में, 2 दशमलव स्थानों तक पूर्णांकित) यह राशि ₹ 24800 हो जाएगी?
(a) 7.72 (b) 9.54
(c) 6.89 (d) 8.36

भाग IV

अंग्रेजी भाषा

76. Select the most appropriate antonym of the underlined word in the following sentence.
It was difficult to accommodate the <u>avariciousness</u> of the people.
(a) generosity
(b) criticism
(c) hatred
(d) envy

77. Select the option that expresses the given sentence in passive voice.
He has written a best-selling novel.
(a) A best-selling novel was being written by him.
(b) A best-selling novel has been written by him.
(c) A best-selling novel was written by him.
(d) A best-selling novel would have been written by him.

78. Parts of a sentence are given below in jumbled order. Arrange the parts in the correct order to form a meaningful sentence.
P. her face Q. I have
R. for a year S. not seen
(a) PQRS (b) PSQR
(c) SPQR (d) QSPR

79. Select the most appropriate antonym of the given word from the following sentence.
Barren
'Can you believe how much traffic there is today?', grumbled Tom, glancing at the congested road ahead.
(a) Believe
(b) Grumbled
(c) Glancing
(d) Congested

80. Select the most appropriate option to substitute the underlined word segment in the given sentence.
A <u>herd of cattle</u> consists of related females, cubs and a small number of adult males.
(a) pride of lions (b) pack of wolves
(c) school of fish (d) flock of birds

81. Select the most appropriate idiom for the given group of words.
A time when money might unexpectedly be needed
(a) A rainy day
(b) A raw deal
(c) A rash of something
(d) A rap over the knuckles

82. Select the option that can be used as a one-word substitute for the given group of words.
A person who does not believe in God
(a) Amateur (b) Anarchy
(c) Autocrat (d) Atheist

83. Select the incorrectly spelt word.
(a) Measerement (b) Region
(c) Confidential (d) Strengths

84. Select the most appropriate option that can substitute the underlined word in the given sentence.
I saw a shabby looking man living in the <u>cavity</u> of a mountain.
(a) elevation (b) height
(c) mound (d) hole

85. Sentences of a paragraph are given below in jumbled order. Arrange the sentences in the correct order to form a meaningful and coherent paragraph.
A. The door of the flat was ajar.
B. The taxi stopped.
C. Mr. Satterthwaite flung himself out and raced up the stone stairs to the second floor like a young athlete.
D. He pushed it open and the great voice welcomed him.
(a) BACD (b) ABCD
(c) BCAD (d) DCBA

86. Select the option that expresses the given sentence in passive voice.

He wrote an inspiring speech for the event.
(a) An inspiring speech was being written by him for the event.
(b) An inspiring speech was written by him for the event.
(c) An inspiring speech is written by him for the event.
(d) An inspiring speech has been written by him for the event.

87. Select the most appropriate option that can substitute the underlined segment in the given sentence.
It is nothing else your pride which makes you say such a thing.
(a) else your pride that makes
(b) else your pride which make
(c) else but your pride which make
(d) else but your pride which makes

88. Select the most appropriate synonym of the underlined word in the given sentence.
This is a clear example of conflict of egos.
(a) clash (b) mingling
(c) infliction (d) crash

89. Select the most appropriate option that can substitute the underlined segment in the given sentence.
Mr. Adhil called back but he wasn't able to find the scooter part he needed.
(a) called down but he wasn't able to
(b) called off but he wasn't able to
(c) called around but he wasn't able to
(d) called upto but he wasn't able to

90. Select the most appropriate meaning of the underlined idiom in the following sentence.
Instead of confusing others, let us call a spade a spade in front of the audience.
(a) pretend superiority
(b) remain silent
(c) speak truthfully
(d) be at strife

91. Select the incorrectly spelt word.
(a) Connoisseur (b) Neccessary
(c) Privilege (d) Dilemma

92. Select the most appropriate phrasal verb to fill in the blank.
We need to .... a solution to this problem before it gets worse.
(a) cut down on
(b) break down
(c) break up
(d) come up with

93. Select the most appropriate meaning of the underlined word in the given sentence.
This building is colossal and it can hold a village's population in it.
(a) very huge (b) temporary
(c) very beautiful (d) puny

94. Select the most appropriate synonym of the given word.
Maverick
(a) Conformist (b) Orthodox
(c) Bohemian (d) Follower

95. Identify the error in the given sentence.
Camels tend to move slowly than other domestic animals in the plains.
(a) domestic animals in the plains
(b) than other
(c) move slowly
(d) Camels tend to

Directions (Q. Nos. 96-100) *In the following passage, some words have been deleted. Read the passage carefully and select the most appropriate option to fill in each blank.*

The mathematician Federico Ardila-Mantilla grew up in Colombia, an ...... (1) ...... student but gifted in math. He was failing most of his classes at his high school in Bogota when someone ...... (2) ...... him to apply to MIT. He had not heard of the school. To his surprise, he got in, and he went on scholarship. Mathematically, he did well. One of his professors, an acid-tongued theoretician known to ...... (3) ...... his audience to a herd of cows, routinely tucked 'open' math problems into homework assignments, without telling the students. These had never been solved by anyone. Ardila solved one. He went on to receive his bachelor's and PhD in math from MIT.

But his academic experience was also one of isolation. Part of it had to do with his own ...... (4) .... Part of it was cultural. As a Latino, he was very much in the minority in the department and he did not feel comfortable in American mathematical spaces. No one had tried to explicitly ...... (5) ...... him, yet he felt alone. In math, collaborating with others opens up new kinds of learning and thinking. But in his nine years at MIT, Ardila worked with others only twice.

96. Select the most appropriate option to fill in blank number 1.
(a) apprehensive (b) apologetic
(c) indifferent (d) excellent

97. Select the most appropriate option to fill in blank number 2.
(a) dissuaded (b) suggested
(c) removed (d) dispirited

98. Select the most appropriate option to fill in blank number 3.
(a) compare (b) malign
(c) strangulate (d) differentiate

99. Select the most appropriate option to fill in blank number 4.
(a) introversion
(b) molestation
(c) quantification
(d) interrogation

100. Select the most appropriate option to fill in blank number 5.
(a) exclude
(b) fabricate
(c) incorporate
(d) stratify

उत्तरमाला

1. (d)	2. (d)	3. (c)	4. (b)
5. (a)	6. (b)	7. (b)	8. (a)
9. (d)	10. (c)	11. (c)	12. (a)
13. (a)	14 (b)	15. (b)	16. (a)
17. (c)	18. (b)	19. (a)	20. (a)
21. (c)	22. (c)	23. (c)	24. (c)
25. (c)	26. (a)	27. (c)	28. (c)
29. (b)	30. (d)	31. (b)	32. (b)
33. (b)	34. (a)	35. (c)	36. (b)
37. (c)	38. (a)	39. (d)	40. (a)
41. (a)	42. (d)	43. (b)	44. (a)
45. (b)	46. (a)	47. (d)	48. (d)
49. (b)	50. (a)	51. (c)	52. (b)
53. (c)	54. (c)	55. (d)	56. (b)
57. (d)	58. (a)	59. (d)	60. (b)
61. (b)	62. (b)	63. (b)	64. (d)
65. (a)	66. (d)	67. (b)	68. (a)
69. (a)	70. (d)	71. (a)	72. (b)
73. (c)	74. (d)	75. (d)	76. (a)
77. (b)	78. (d)	79. (d)	80. (a)
81. (a)	82. (d)	83. (a)	84. (d)
85. (c)	86. (b)	87. (d)	88. (a)
89. (c)	90. (c)	91. (b)	92. (d)
93. (a)	94. (c)	95. (c)	96. (c)
97. (b)	98. (a)	99. (a)	100. (a)

व्याख्या

1. (d) जिस प्रकार,

C B E | N M P
(−1, +3) | (−1, +3)

और U T W परन्तु, L K M
(−1, +3) | (−1, +2)

अत: LKM असंगत अक्षर-समूह है।

2. (d) जिस प्रकार, R → U (+3), X−21 → U−11 (−3, −10)

और P → S (+3), M−39 → J−29 (−3, −10)

उसी प्रकार, D → G (+3), P−17 → M−7 (−3, −10)

3. (c) जिस प्रकार, (33 : 340)

$\Rightarrow 33\times10+10=330+10=340$

और (48 : 490)

$\Rightarrow 48\times10+10=480+10=490$

उसी प्रकार, (63 : 640)

$\Rightarrow 63\times10+10=630+10=640$

4. (b) दी गई आकृति में बिन्दुओं के नाम लिखने पर,

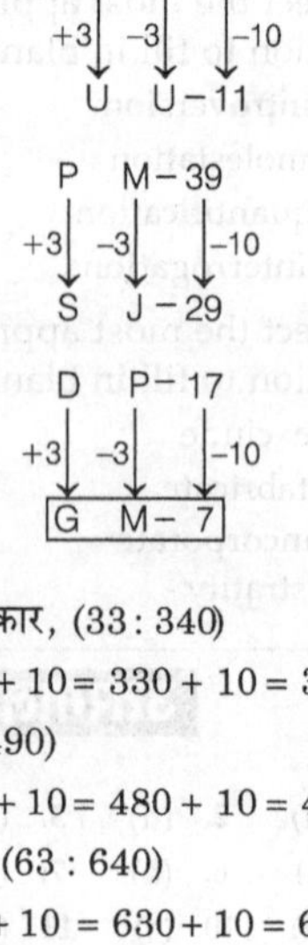

आकृति में निम्न त्रिभुज हैं,

$\Delta ABC, \Delta BCD, \Delta DEF, \Delta EFH, \Delta FGH, \Delta EHI, \Delta BDE, \Delta ACE, \Delta BCE, \Delta BEF, \Delta BGI$

अत: आकृति में 11 त्रिभुज हैं।

5. (a) विकल्प आकृति (a) दी गई प्रश्न आकृति का सही दर्पण प्रतिबिम्ब है।

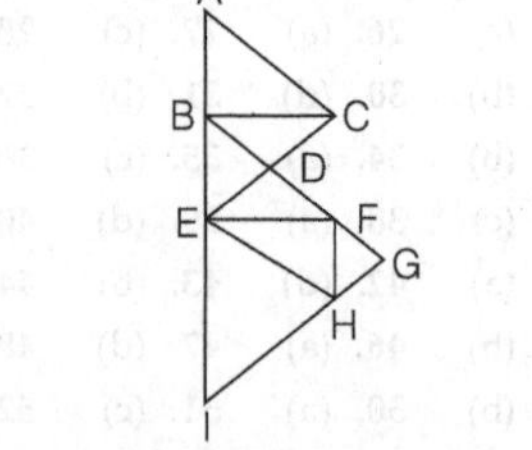

6. (b) दिए गए पासे की दोनों स्थितियों में 'रोना' तथा 'खेलना' उभयनिष्ठ हैं, तब शेष फलक एक-दूसरे के विपरीत हो जाते है।

अत: 'खाना' के विपरीत फलक पर 'नाचना' होगा।

7. (b) कथनानुसार,

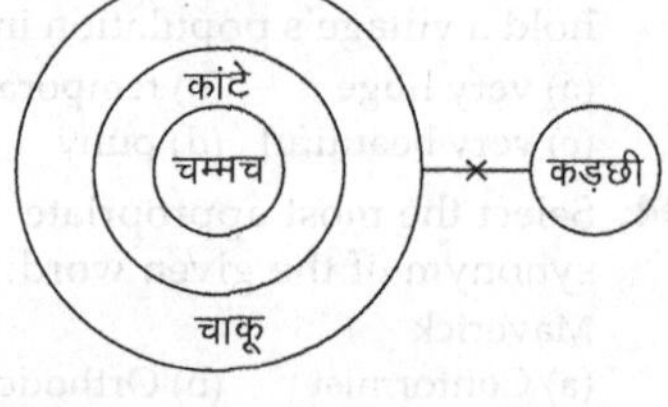

निष्कर्ष I. (✓) II. (✓) III. (✗)

अत: केवल निष्कर्ष I और II अनुसरण करते है।

8. (a) कथनानुसार,

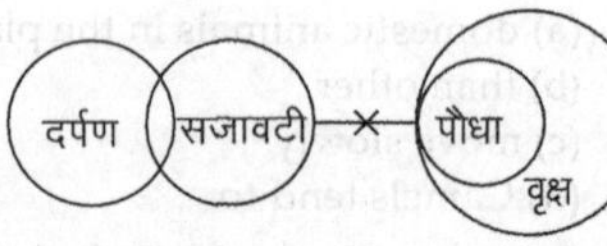

निष्कर्ष I. (✗) II. (✗)

अत: न तो निष्कर्ष I और न ही II अनुसरण करता है।

9. (d) दी गई शृंखला का क्रम निम्न प्रकार है,

32 (+4) 36 (+8) 44 (+12) 56 (+16) 72 (+20) [92]

(+4, +4, +4, +4)

10. (c) प्रश्नानुसार,

दिया गया शब्द → [D] [E] L I G H [T]

वर्णमाला क्रमानुसार → [D] [E] G H I L [T]

अत: तीन अक्षर D, E तथा T का स्थान अपरिवर्तित रहेगा।

11. (c) दिए गए पासे की दोनों स्थितियों में अक्षर 'O' उभयनिष्ठ है, इसलिए 'O' से दक्षिणावर्त लिखने पर,

स्थिति I → O N M

विपरीत विपरीत

स्थिति II → O Q P

अत: शेष फलक या अक्षर 'R', O के विपरीत फलक पर होगा।

12. (a) दी गई आकृति शृंखला में निम्न क्रम या नियम का अनुसरण हो रहा है।

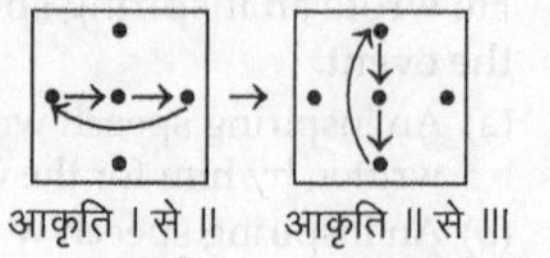

आकृति I से II तथा आकृति III से IV में, आकृति II से III तथा आकृति IV से V में,

अत: विकल्प आकृति (a), दी गई आकृति शृंखला को उपरोक्त क्रम के अनुसार पूर्ण करेगी।

13. (a) प्रश्नानुसार, रक्त सम्बन्ध आरेख बनाने पर,

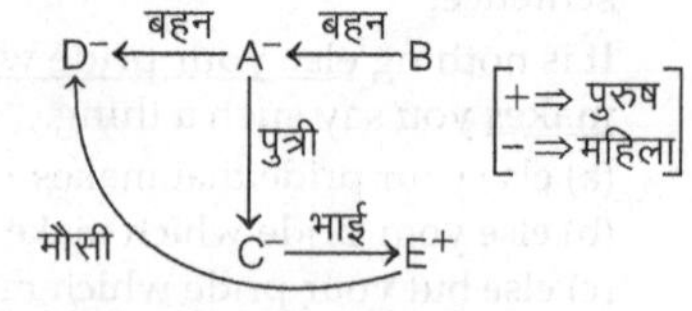

स्पष्टत: D, E की मौसी है।

14. (b) जिस प्रकार,

(61, 18)

$\Rightarrow (4)^3-3=61, (4)^2+2=18$

और (213, 38)

$\Rightarrow (6)^3-3=213, (6)^2+2=38$

उसी प्रकार,

$(509, ?) \Rightarrow (8)^3-3, = 509$

$(8)^2+2 \Rightarrow 64+2=66$

$\therefore\ ?=66$

15. (b) जिस प्रकार, (8, 9, 7)

$\Rightarrow \frac{9+7}{2}=\frac{16}{2}=8$

और (24, 13, 35)

$\Rightarrow \frac{13+35}{2}=\frac{48}{2}=24$

उसी प्रकार, (17, 11, 23)

$\Rightarrow \frac{11+23}{2}=\frac{34}{2}=17$

16. (a) जिस प्रकार,

P U P I L → 16 21 16 9 12

तथा P U R G E → 16 21 18 7 5

उसी प्रकार,

P U R S E → [16 21 18 19 5]

17. *(c)* दी गई अक्षर-शृंखला का क्रम निम्न प्रकार है,

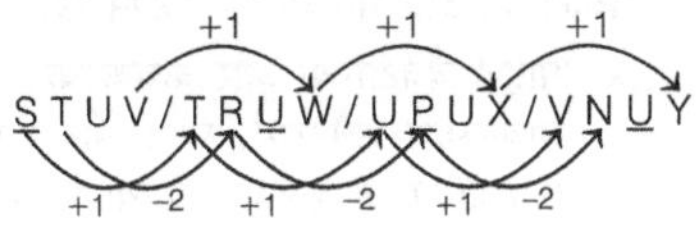

∴ अभीष्ट उत्तर = SUPU

18. *(b)* दी गई शृंखला का क्रम निम्न है,

T $\xrightarrow{+2}$ V $\xrightarrow{+2}$ X $\xrightarrow{+2}$ Z $\xrightarrow{+2}$ B

G $\xrightarrow{+2}$ I $\xrightarrow{+2}$ K $\xrightarrow{+2}$ M $\xrightarrow{+2}$ O

O $\xrightarrow{-1}$ N $\xrightarrow{-1}$ M $\xrightarrow{-1}$ L $\xrightarrow{-1}$ K

19. *(a)* प्रश्नानुसार,

L IGHT → 2 5709

S IGHT → 9706 5

अत: S का कूट = 6

20. *(a)* जिस प्रकार, (89 – 212 – 34)

$\Rightarrow \quad 89 + 34 = 123$

$\Rightarrow \quad 212 - 123 = 89$

(58 – 139 – 23)

$\Rightarrow \quad 58 + 23 = 81$

$\Rightarrow \quad 139 - 81 = 58$

और (23 – 84 – 38)

$\Rightarrow \quad 23 + 38 = 61$

$\Rightarrow \quad 84 - 61 = 23$

परन्तु, विकल्प (a) से,

(12 – 122 – 99)

$\Rightarrow \quad 12 + 99 = 111$

$\Rightarrow \quad 122 - 111 = 11 \neq 12$

21. *(c)* $125 \div 5 + 1809 \times 9 - 14 = ?$

प्रश्नानुसार, चिह्नों को परस्पर बदलने पर,

$? = 125 \times 5 - 1809 \div 9 + 14$

$\Rightarrow \quad ? = 125 \times 5 - 201 + 14$

$\Rightarrow \quad ? = 625 - 201 + 14$

$\therefore \quad ? = 639 - 201 = 438$

22. *(c)* $20 + 4 \div 2 \times 3 - 6 = ?$

प्रश्नानुसार, चिह्नों को परस्पर बदलने पर,

$? = 20 \div 4 + 2 - 3 \times 6$

$\Rightarrow \quad ? = 5 + 2 - 18$

$\therefore \quad ? = 7 - 18 = -11$

23. *(c)* उत्तर आकृति (c) दी गई आकृति का सही दर्पण प्रतिबिम्ब है।

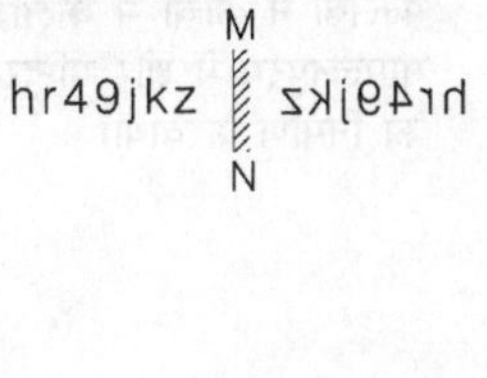

24. *(c)* दी गई आकृति शृंखला में निम्न क्रम/नियम का अनुसरण हो रहा है,

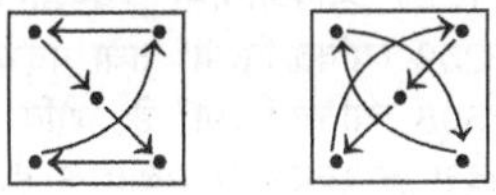

आकृति I से II तथा आकृति III से IV में, आकृति II से III तथा आकृति IV से V में,

अत: इस क्रम का अनुसरण करते हुए उत्तर आकृति (c) इस आकृति शृंखला को पूर्ण करेंगी।

25. *(c)* जिस प्रकार,

L O I $\xrightarrow{+5}$ Q T N

तथा V E S $\xrightarrow{+5}$ A J X

उसी प्रकार, A N D $\xrightarrow{+5}$ F S I

26. *(a)* अखिल भारतीय ट्रेड यूनियन कांग्रेस (AITUC) की स्थापना वर्ष 1920 में लाला लाजपत राय ने की थी और वे इसके पहले अध्यक्ष बने।

- भारतीय राष्ट्रीय ट्रेड यूनियन कांग्रेस के बाद दूसरा सबसे बड़ा ट्रेड यूनियन महासंघ है।
- भारत में ट्रेड यूनियनें, ट्रेड यूनियन अधिनियम, 1926 के तहत पंजीकृत हैं।
- इसका मुख्यालय नई दिल्ली में है। रामेन्द्र कुमार AITUC के वर्तमान अध्यक्ष हैं।

27. *(c)* सामाजिक न्याय और अधिकारिता मन्त्री कृष्णपाल गुर्जर ने फरवरी, 2021 में लोकसभा में संविधान (अनुसूचित जाति) आदेश (संशोधन) विधेयक 2021 पेश किया।

- यह विधेयक संविधान (अनुसूचित जाति) आदेश 1950 को संशोधित करता है।
- यह विधेयक तमिलनाडु राज्य के देवेन्द्रकुलनाथन समुदाय की प्रविष्टि को देवेन्द्रकुल/वेलालर से बदल देता है।

28. *(c)* भारत के NW-5 द्वारा महानदी और ब्राह्मणी नदी के डेल्टा चैनल और पूर्वी तटीय चैनल जुड़े हुए हैं।

- राष्ट्रीय जलमार्गों की कुल लम्बाई 20275.5 किमी है। NW-5 पश्चिम बंगाल और ओडिशा में है। इसकी कुल लम्बाई 623 किमी है।
- राष्ट्रीय जलमार्ग अधिनियम, 2016 के अनुसार, भारत में 111 जलमार्गों को राष्ट्रीय जलमार्ग घोषित किया गया है।

29. *(b)* सड़कों के किनारे लगे **नियॉन साइन बल्ब प्लाज्मा** के उदाहरण हैं।

- प्लाज्मा, पदार्थ की चौथी अवस्था है। ठोस, तरल, गैस प्रथम तीन अवस्थाएँ हैं।
- प्लाज्मा की अवस्था की खोज सर विलियम क्रुक्स ने की थी।
- प्लाज्मा की खोज 1879 ई. को हुई थी।

30. *(d)* राज्य के किसी भी कानूनी मामलों या कानूनी कर्त्तव्यों के निर्वहन से महाधिवक्ता सम्बन्धित होता है, इसलिए वह राज्य का सर्वोच्च विधि अधिकारी होता है।

- महाधिवक्ता के सम्बन्ध में संविधान के अनुच्छेद 165 में वर्णन है।
- महाधिवक्ता, राज्य सरकार को कानूनी मामलों में सलाह देता है। केन्द्र में इसके समकक्ष महान्यायवादी होता है।
- महाधिवक्ता की नियुक्ति राज्यपाल करता है।
- यह राज्य के दोनों सदनों (विधानसभा और विधान परिषद्) की कार्यवाही में शामिल हो सकता है।

31. *(b)* वर्ष 2031 में आईसीसी (ICC) पुरुष क्रिकेट विश्व कप की भारत व बांग्लादेश सह मेजबानी करेंगे।

- इस वर्ल्ड कप में कुल 14 टीमें हिस्सा लेंगी।
- इससे पहले 2011 विश्व कप में भारत ने बांग्लादेश और श्रीलंका के साथ 2011 विश्व कप का आयोजन किया था।
- क्रिकेट वर्ल्ड कप 2027 की मेजबानी दक्षिण अफ्रीका, जिम्बाब्वे और नामीबिया संयुक्त रूप से करेंगे।

32. *(b)* रजिया सुल्तान सल्तनत की पहली और एकमात्र **महिला शासिका** थी, जो **1236 ई.** में सिंहासन पर बैठी।

- रजिया सुल्तान, दिल्ली सल्तनत के शासक इल्तुतमिश की पुत्री थी।
- रजिया सुल्तान ने 1236-1240 ई. तक दिल्ली पर शासन किया।
- रजिया सुल्तान ने पर्दा प्रथा का त्याग किया।
- रजिया सुल्तान को फिरोजशाह ने पद से अपदस्थ कर दिया था।

33. ***(b)*** विशेष आर्थिक क्षेत्रों में व्यवसायों को दिया जाने वाला प्राथमिक लाभ कर और रियायतें हैं।

- **विशेष आर्थिक क्षेत्र** (SEZs) किसी देश के अन्दर ऐसा क्षेत्र होता है, जहाँ आर्थिक कानून देश के अन्य हिस्सों से अलग होता है।
- SEZs में कर शुल्क जैसी विशेष रियायतें व छूट दी जाती हैं।
- SEZs की स्थापना के पीछे उद्देश्य हैं आर्थिक गतिविधि बढ़ाना, वस्तुओं और सेवाओं का निर्यात बढाना, घरेलू और विदेशी निवेश को बढावा देना, रोजगार के अवसर पैदा करना आदि।

34. ***(a)*** ताडोबा राष्ट्रीय उद्यान महाराष्ट्र राज्य के चन्द्रपुर जिले में है।

- इसकी स्थापना वर्ष 1955 में हुई थी।
- ताडोबा राष्ट्रीय उद्यान की दो प्रमुख झीलें कोलसा और ताडोबा हैं।
- गोण्ड जनजाति के स्थानीय देवता के नाम पर इस राष्ट्रीय उद्यान का नाम ताडोबा रखा गया है।
- चन्दोली नेशनल पार्क, संजय गाँधी नेशनल पार्क व पेंच नेशनल पार्क महाराष्ट्र में स्थित हैं।

35. ***(c)*** अनुच्छेद 54 राष्ट्रपति के निर्वाचन के सम्बन्ध में प्रावधान करता है।

- राष्ट्रपति के चुनाव में निर्वाचकगण संसद के दोनों सदनों के निर्वाचित सदस्य तथा राज्यों की विधानसभाओं के निर्वाचित सदस्य शामिल होते हैं।
- राष्ट्रपति का चुनाव आनुपातिक प्रतिनिधित्व प्रणाली के अनुसार **एकल संक्रमणीय** मत पद्धति द्वारा होता है तथा गुप्त मतदान की प्रक्रिया अपनाई जाती है।
- संविधान के भाग V में अनुच्छेद 52-62 तक राष्ट्रपति के चुनाव व अपदस्थ सम्बन्धी प्रावधानों का वर्णन किया गया है।

36. ***(b)*** लॉर्ड रिपन ने 1882 ई. में स्थानीय स्वशासन का एक प्रस्ताव पारित किया, इसलिए रिपन को भारत में स्थानीय स्वशासन का जनक माना जाता है।

- लॉर्ड रिपन ने भारत में प्रतिनिधि संस्थानों की नींव रखी।
- लॉर्ड रिपन का कार्यकाल 1880-84 ई. तक (4 वर्षों का) था।
- लॉर्ड कॉर्नवालिस को भारतीय सिविल सेवा का जनक कहा जाता है।

37. ***(c)*** भारत की वर्ष 2011 की जनगणना के अनुसार दिल्ली का जनसंख्या घनत्व 11297 व्यक्ति/किमी^{2}, चण्डीगढ़ का 9252 व्यक्ति/किमी^{2} तथा पुदुचेरी का 2598 व्यक्ति/किमी^{2} है, जोकि केन्द्रशासित प्रदेश के सन्दर्भ में सर्वाधिक है।

- केन्द्रशासित प्रदेशों में सबसे कम जनसंख्या घनत्व दादरा नगर हवेली का 698 व्यक्ति/किमी^{2} है।

38. ***(a)*** माघ बिहू असम का एक प्रमुख त्योहार है, इसे भोगाली बिहू और मगहर बिहू भी कहते हैं।

- मकर संक्रान्ति को असम में माघ बिहू के नाम से जाना जाता है।
- यह फसल कटाई के मौसम का प्रतीक है।
- माघ बिहू, अग्नि देवता को समर्पित त्योहार है।

39. ***(d)*** अनुच्छेद 51A(e) सद्भाव और भ्रातृत्व की भावना को बढ़ावा देने से सम्बन्धित है। भारतीय संविधान का भाग IVA मौलिक कर्त्तव्यों से सम्बन्धित है। मौलिक कर्त्तव्यों की संख्या 11 है, जो निम्न है

- संविधान का पालन करते हुए राष्ट्रीय ध्वज और राष्ट्रगान का सम्मान।
- स्वतन्त्रता संग्राम के सिद्धान्तों का पालन।
- भारत की सम्प्रभुता और अखण्डता की रक्षा।
- मिश्रित संस्कृति को जीवित रखना
- देश की रक्षा करना तथा आह्वान किए जाने पर राष्ट्र की सेवा करना।
- वन, झील, नदियों और वन्यजीवों सहित पर्यावरण की रक्षा करना व जीवों के प्रति दया भाव रखना।
- वैज्ञानिक दृष्टिकोण तथा मानवतावाद की खोज करना।
- सार्वजनिक सम्पत्ति की रक्षा करना इत्यादि।

40. ***(a)*** दूध से दही बनना भौतिक नहीं, बल्कि रासायनिक परिवर्तन है।

- भौतिक परिवर्तन वे परिवर्तन हैं, जो किसी रासायनिक पदार्थ के रूप को प्रभावित करते हैं, लेकिन इसकी रासायनिक संरचना को नहीं।
- भौतिक परिवर्तन के अन्तर्गत, पानी का उबलना, जल से बर्फ बनना, तौलिए में पानी का सूख जाना जैसी घटनाएँ शामिल हैं।

41. ***(a)*** लाल शैवाल फ्रेग्मेण्टेशन की विधि से प्रजनन करते हैं। फ्रेग्मेण्टेशन, अलैंगिक प्रजनन का एक रूप है। इसमें जीव अपने आप को कई टुकड़ों में विखण्डित करते हैं। शैवाल भी इसी माध्यम से प्रजनन करते हैं।

- साइनो बैक्टीरिया और कवक के साथ-साथ फ्लैटवर्म, स्पंज और एनेलिड कृमियों में भी प्रजनन प्रक्रिया फ्रेग्मेण्टेशन है।
- इस समूह में कैरेजन, डाल्स और लेवर शामिल हैं, जिन्हें लाल समुद्री शैवाल भी कहा जाता है।

42. ***(d)*** आर्य समाज की स्थापना 1875 ई. में स्वामी दयानन्द सरस्वती द्वारा मुम्बई में की गई थी।

- आर्य समाज हिन्दू सुधार आन्दोलन था।
- आर्य समाज मूर्ति पूजा, अवतारवाद, बलि का विरोधी व कर्मकाण्ड तथा अन्धविश्वास को अस्वीकार करता था।
- स्वामी दयानन्द सरस्वती को उनके धार्मिक सुधार प्रयासों के लिए भारत का 'मार्टिन लूथर' कहा जाता है।
- इनकी प्रसिद्ध पुस्तक का नाम 'सत्यार्थ प्रकाश' है।
- 1877 ई. में आर्य समाज का मुख्यालय लाहौर में स्थापित किया गया।

43. ***(b)*** डॉ. वाई. वी रेड्डी की अध्यक्षता में बने कार्य समूह ने वर्ष 1998 में एक नए मध्यवर्ती मौद्रिक समुच्चय को NM_2 में सन्दर्भित करने की अनुशंसा की थी।

- डॉ. वाई वी रेड्डी कमिटी ने छोटी बचत पर प्रशासित दरों को कम करने की सिफारिश की थी।
- NM_2 मुद्रा आपूर्ति की माप है, जो मौजूद तरलता के आधार पर भिन्न होती है।
- NM_2, NM_1 (संकीर्ण धन) और निवासियों की अल्पकालिक सांवधि जमाराशि (1 वर्ष की संविदागत परिपक्वता सहित) का योग है।

44. ***(a)*** सातवीं शताब्दी में राजा महेन्द्रवर्मन प्रथम ने इसकी रचना की, जो पल्लव वंश के शासक थे।

- मत्तविलास-प्रहसन एक संस्कृत एकाकी नाटक है। यह नाटक धार्मिक आडम्बरों पर कटाक्ष है। इसमें बौद्ध तथा कपालिकाओं का उपहास किया गया है।
- पल्लवों की राजधानी **काँचीपुरम** थी। पल्लवों ने काँची में **कैलाशनाथ मन्दिर**, मामल्लपुरम में शोर मन्दिर तथा पंच रथ का निर्माण करवाया।

45. *(b)* 'जय हो' के लिए सर्वश्रेष्ठ मोशन पिक्चर गीत के लिए 52वाँ वार्षिक ग्रैमी पुरस्कार गुलजार, ए. आर. रहमान और तन्वी शाह को प्राप्त हुआ।

- 52वें वार्षिक ग्रैमी पुरस्कार समारोह का आयोजन जनवरी, 2010 में लॉस एंजिल्स में हुआ।
- सर्वाधिक पुरस्कार बेयोंसे ने प्राप्त किए।
- वर्ष 2024 में शंकर महादेवन और जाकिर हुसैन के फ्यूजन बैण्ड शक्ति ने 66वें ग्रैमी अवार्ड में ग्लोबल म्यूजिक का अवार्ड जीता।

46. *(a)* चुकन्दर में बीटानिन नामक एक यौगिक होता है, जो चुकन्दर के लाल रंग के होने के लिए उत्तरदायी है।

- चुकन्दर को वैज्ञानिक भाषा में बीटा वल्गेरिस कहते हैं। इसमें कार्बोहाइड्रेट, विटामिन और खनिज भरपूर मात्रा में पाए जाते है।
- सेब का लालपन एंथोसायनिन के कारण तथा टमाटर का लालपन लाइकोपिन के कारण होता है।
- हल्दी में करक्यूमिन पाया जाता है।
- गाजर, शकरकन्द, ब्रोकली आदि में बीटा-कैरोटिन पाई जाती है।

47. *(d)* अल्मनैक के 2022 के संस्करण में विजडन क्रिकेटर ऑफ द ईयर भारत के रोहित शर्मा और जसप्रीत बुमराह को नामित किया गया।

- अल्मनैक विजडन क्रिकेटर संस्करण की शुरुआत 1864 ई. में हुई थी।
- विजडेन क्रिकेटर अल्मनैक का प्रकाशन इंग्लैण्ड द्वारा किया जाता है।

48. *(d)* बाइसिकल किक फुटबॉल से सम्बन्धित शब्द है, जिसका तात्पर्य है- पैरों की क्रिया, जिसमें साईकल की तरह पैर मूव होते हैं।

- बॉल टू हैड, बॉक्स टू बॉक्स प्लेयर, चिप शॉट ब्रेस जैसे शब्द फुटबॉल से सम्बन्धित हैं।

49. *(b)* प्रत्येक वर्ष 26 जनवरी को पद्म विभूषण पुरस्कार प्रदान किए जाते हैं। शास्त्रीय सरोद वादक अमजद अली खान को वर्ष 2001 में भारत सरकार द्वारा पद्म विभूषण से सम्मानित किया गया था।

- अमजद अली खान का सम्बन्ध ग्वालियर घराने से था।
- अमजद अली खान ने राग बापू कौस की रचना की।
- इन्हें वर्ष 2001 में पद्म विभूषण, वर्ष 1991 में पद्म भूषण और वर्ष 1975 में पद्म श्री से सम्मानित किया गया।
- अमेरिकी राज्य मैसाचुसेट्स ने 20 अप्रैल, 1984 को अमजद अली खान दिवस के रूप में घोषित किया था।

50. *(a)* नदियाँ, खाड़ियाँ, झीलें, तालाब और सोतें मीठे पानी के स्रोत हैं।

- वर्षा, बर्फ, भू-जल भी मीठे पानी के स्रोत हैं।
- सम्पूर्ण पृथ्वी पर केवल 2.5% जल मीठे पानी के रूप में उपलब्ध है।
- महासागरों, नदियों और समुद्र के मिलन स्थल, दलदल और झीलें खारे पानी के स्रोत हैं।

51. *(c)* अभीष्ट प्रतिशत $= \frac{(92-80)}{80} \times 100$

$= \frac{12}{80} \times 100 = 15\%$

52. *(b)* दिया है, $\Delta ABC \cong \Delta PQR$

$\therefore \angle P = \angle A$

$\Rightarrow \angle A + \angle B + \angle C = 180°$

$\Rightarrow \quad \angle A + \angle C = 180° - 35°$

$= 145°$

$\therefore \quad \angle P + \angle C = 145°$

53. *(c)* प्रश्नानुसार,

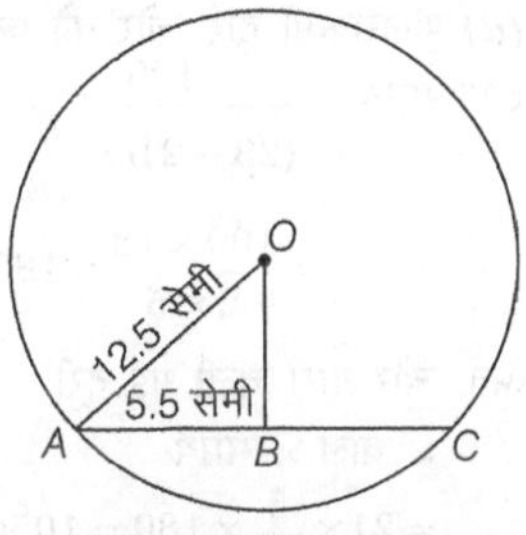

$\Rightarrow AB = \frac{AC}{2} = \frac{11}{2} = 5.5$ सेमी

ΔAOB में,

$OB = \sqrt{AO^2 - AB^2}$

$= \sqrt{12.5^2 - 5.5^2}$

$= \sqrt{156.25 - 30.25}$

$= \sqrt{126}$

$= 11.2$ सेमी

अतः केन्द्र से जीवा की दूरी 11.2 सेमी है।

54. *(c)* प्रश्नानुसार,

$2A = 4B = 6C$

$A : B : C = \frac{1}{2} : \frac{1}{4} : \frac{1}{6} = 6 : 3 : 2$

अतः A का हिस्सा $= \frac{44000}{(6+3+2)} \times 6$

$= ₹\, 24000$

55. *(d)* $2\sin^2\theta + 3\sin\theta - 2 = 0$

$\Rightarrow \quad 2\sin^2\theta + 4\sin\theta - \sin\theta - 2 = 0$

$\Rightarrow 2\sin\theta(\sin\theta + 2) - 1(\sin\theta + 2) = 0$

$\Rightarrow \quad (\sin\theta + 2)(2\sin\theta - 1) = 0$

$\Rightarrow \quad \sin\theta = -2$ तथा $\frac{1}{2}$

$\therefore \quad \sin\theta = \frac{1}{2}$

{$\because \sin\theta = -2$ सम्भव नहीं है}

$\Rightarrow \quad \sin\theta = \sin 30°$

$\Rightarrow \quad \theta = 30°$

56. *(b)* यहाँ, $a_1 = 3,\ b_1 = 2$

$a_2 = 2,\ b_2 = 3$

$\because \quad \frac{a_1}{a_2} \neq \frac{b_1}{b_2} \Rightarrow \frac{3}{2} \neq \frac{2}{3}$

अतः रैखिक समीकरणों का अद्वितीय हल है।

57. *(d)* $\sec\theta = \sqrt{2} \Rightarrow \cos\theta = \frac{1}{\sqrt{2}}$

$\Rightarrow \quad \cos\theta = \cos 45° \Rightarrow \theta = 45°$

अतः $\text{cosec}\,\theta = \text{cosec}\,45° = \sqrt{2}$

58. *(a)* $(3x + 17 - 2y)(3x - 17 - 2y)$

$= [(3x - 2y) + 17][(3x - 2y) - 17]$

$= (3x - 2y)^2 - 17^2$

$[\because (a+b)(a-b) = a^2 - b^2]$

$= 9x^2 + 4y^2 - 12xy - 289$

59. *(d)* प्रश्नानुसार,

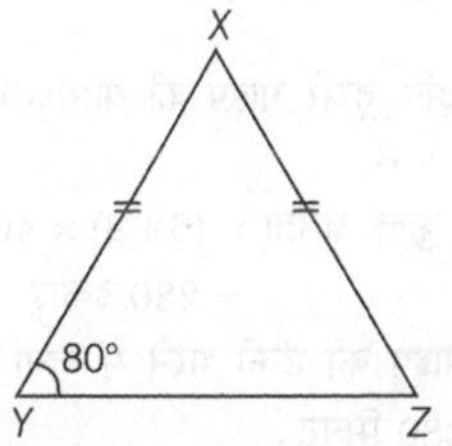

$\because \quad XY = XZ$

$\therefore \quad \angle Z = \angle Y = 80°$

अतः $\angle X = 180° - (80° + 80°) = 20°$

60. *(b)* माना मतों की कुल संख्या $= x$

प्रश्नानुसार,

$x \times \frac{80}{100} \times \frac{96}{100} \times \frac{80}{100} = 15360$

$\Rightarrow x = \frac{15360 \times 100 \times 100}{64 \times 96} = 25000$

61. *(b)* माना अमित की वर्तमान आयु $= x$ वर्ष

पिता की वर्तमान आयु $= 6x$ वर्ष

प्रश्नानुसार,

$$6x + 6 = 3.5(x + 6)$$

$$\Rightarrow \quad 6x + 6 = 3.5x + 21$$

$$\Rightarrow \quad 2.5x = 15 \Rightarrow x = 6$$

अत: अभीष्ट गुना

$$= \frac{6x + 15}{x + 15} = \frac{51}{21} = \frac{17}{7} = 2\frac{3}{7}$$

62. *(b)* पहले की-बोर्ड का क्रय मूल्य

$$= \frac{1260}{125} \times 100 = ₹\ 1008$$

तथा दूसरे की-बोर्ड का क्रय मूल्य

$$= \frac{1440}{90} \times 100 = ₹\ 1600$$

कुल क्रय मूल्य = 1008 + 1600 = ₹ 2608

तथा कुल विक्रय मूल्य = 1260 + 1440

= ₹ 2700

अत: अभीष्ट लाभ प्रतिशत

$$= \frac{(2700 - 2608)}{2608} \times 100$$

$$= \frac{92}{2608} \times 100$$

$$= \frac{575}{163} = 3\frac{86}{163}\ \%$$

63. *(b)* वर्ष 2019 में कुल दैनिक खपत

= 450 + 55 + 160 + 280

= 945 ग्राम

वर्ष 2022 में कुल दैनिक खपत

= 350 + 70 + 125 + 400

= 945 ग्राम

अत: वर्ष 2019 तथा 2022 की दैनिक खपत बराबर है।

64. *(d)* पहले और दूसरे पाइप की कार्यक्षमता का अनुपात = 6 : 1

∴ टंकी की कुल क्षमता = (6 + 1) × 40

= 280 इकाई

अत: धीमे पाइप को टंकी भरने में लगा समय

$$= \frac{280}{1} = 280 \text{ मिनट}$$

65. *(a)* $11 - \{(3 \div 4)$ का $8 - \overline{4 - 8}\}$

$= 11 - \{3 \div 4$ का $8 + 4\}$

$$= 11 - \{\frac{3}{4} \times 8 + 4\}$$

$$= 11 - \{6 + 4\} = 11 - 10 = 1$$

66. *(d)* यदि संख्या के अंकों का योग 3 से विभाजित है,

तो वह संख्या 3 से विभाजित होगी।

$$\Rightarrow \frac{6745k2}{3} = \frac{(6 + 7 + 4 + 5 + k + 2)}{3}$$

$$= \frac{24 + k}{3}$$

k = 9 रखने पर,

$$= \frac{33}{3} = 11$$

अत: k का अधिकतम मान = 9

67. *(b)* बेलनाकार बॉक्स का आयतन = $\pi r^2 h$

$$\therefore \quad \frac{22}{7} \times 30 \times 30 \times h = 600$$

$$\Rightarrow h = \frac{600 \times 7}{22 \times 30 \times 30} = 0.21 \text{ सेमी}$$

68. *(a)* $\sin 3A = \cos(A - 26°)$

$$\Rightarrow \cos(90° - 3A) = \cos(A - 26°)$$

$$\Rightarrow \quad 90° - 3A = A - 26°$$

$$\Rightarrow \quad 4A = 116°$$

$$\Rightarrow \quad A = \frac{116°}{4} = 29°$$

69. *(a)* बिजली पर हुआ अधिक व्यय

$$= 250000 \times \frac{11}{100} \times \frac{10}{100} = ₹\ 2750$$

तथा किराए पर हुआ कम व्यय

$$= 250000 \times \frac{18}{100} \times \frac{20}{100}$$

= ₹ 9000

अत: कुल वास्तविक व्यय

= 250000 + 2750 − 9000

= 250000 − 6250

= ₹ 243750

70. *(d)* पुलिसकर्मी द्वारा चोर को पकड़ने में लगा समय

$$= \frac{100}{(23 - 21) \times \frac{5}{18}}$$

$$= \frac{100 \times 18}{2 \times 5} = 180 \text{ सेकण्ड}$$

अत: चोर द्वारा चली गई दूरी

= चाल × समय

$$= 21 \times \frac{5}{18} \times 180 = 1050 \text{ मी}$$

71. *(a)* कुर्सी का विक्रय मूल्य

$$= 15000 \times \frac{80}{100} \times \frac{88}{100}$$

= ₹ 10560

72. *(b)* मिश्रण का क्रय मूल्य $= \frac{75}{120} \times 100$

= ₹ 62.5

मिश्रण के नियमानुसार,

78		46
	62.5	
16.5		15.5

अत: अभीष्ट अनुपात $= \frac{16.5}{15.5} = 33 : 31$

73. *(c)* प्रश्नानुसार,

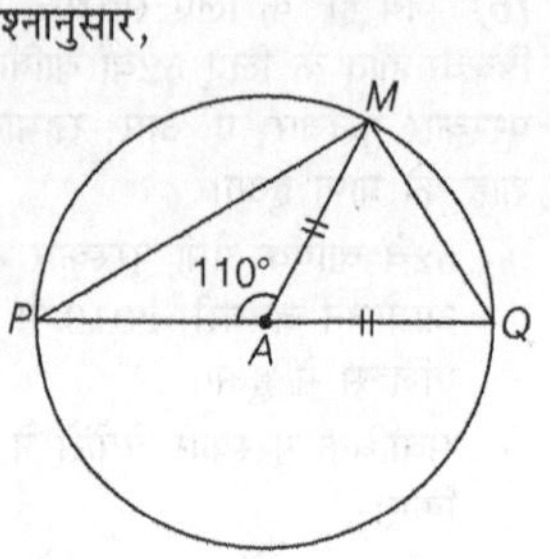

ΔMAQ में,

AM = AQ [वृत्त की त्रिज्याएँ]

$\therefore \angle AMQ = \angle AQM$

अब, $\angle MAQ = 180° - 110°$

$= 70°$

$$\Rightarrow 70° + 2\angle MQA = 180°$$

$$\Rightarrow \angle MQA = \frac{180° - 70°}{2} = 55°$$

74. *(d)* अभीष्ट अन्तर $= \frac{40 \times 60}{100} - \frac{35 \times 48}{100}$

= 24 − 16.8

= ₹ 7.2 करोड़

75. *(d)* साधारण ब्याज = 24800 − 10800

= ₹ 14000

$$\because \quad SI = \frac{PRT}{100}$$

$$14000 = \frac{10800 \times 15.5 \times T}{100}$$

$$\Rightarrow \quad T = \frac{14000}{108 \times 15.5} = 8.36 \text{ वर्ष}$$

अत: अभीष्ट समय 8.36 वर्ष है।

76. *(a)* 'Avariciousness' means an intense, selfish desire for wealth or possessions.

Hence, its antonym is 'generosity' which means kindness.

77. *(b)* A best-selling novel has been written by him.

- The sentence is in present perfect tense. When such a sentence is transformed into passive voice, the structure followed is has/have been' + the past participle form of verb.

78. *(d)* The correct order is QSPR. The sentence formed will be 'I have not seen her face for a year.'

79. *(d)* 'Barren' means (of land) too poor to produce much or any vegetation. Hence, its nearest antonym is 'congested' which means full.

80. *(a)* The underlined part of the sentence contains an error. As the sentence mentions cubs or the young ones of a lion, the correct expression would be 'pride of lions'.

81. *(a)* 'A rainy day' means a time when money might unexpectedly be needed.
- **A raw deal** is a situation in which someone receives unfair or harsh treatment.
- **A rash of something** means a large number of unpleasant events or undesirable things that have happened or appeared within a short period of time.
- **A rap over the knuckles** means a punishment.

82. *(d)* An atheist is a person who does not believe in God.
- **Amateur** is a person who participates in an activity for pleasure, not for pay.
- **Anarchy** is a state of disorder due to absence or non-recognition of authority or other controlling systems.
- **Autocrat** is a ruler who has absolute power.

83. *(a)* The incorrectly spelt word is 'measerement'. The correct spelling is 'measurement'.

84. *(d)* A cavity is a hole.

85. *(c)* The correct order is BCAD.
- The paragraph formed will be- The taxi stopped. Mr. Satterthwaite flung himself out and raced up the stone stairs to the second floor like a young athlete.
- The door of the flat was ajar.He pushed it open and the great voice welcomed him.

86. *(b)* An inspiring speech was written by him for the event.
- The sentence is in past tense. When such a sentence is transformed into passive voice, the structure followed is Object + was/were+ V3+ Subject.

87. *(d)* The underlined part of the sentence seems to be missing a contrasting conjunction. Hence, replace it with 'else but your pride which makes' to correct the sentence.

88. *(a)* A conflict is a clash or quarrel.
- **Mingling** means mix or cause to mix together.
- **Infliction** means to cause pain.

89. *(c)* The underlined part of the sentence contains an error. The use of phrasal verb 'called back' is incorrect in the sentence. Replace it with 'called around' to correct the sentence.

90. *(c)* 'Call a spade a spade' means to speak truthfully.

91. *(b)* The incorrectly spelt word is 'neccessary'. The correct spelling is 'necessary'.

92. *(d)* The correct filler for the given blank is 'come up with' which means produce something, especially when pressured or challenged.
- **Cut down** on means to reduce the use of something.
- **Break down** means to stop working.
- **Break up** means to end.

93. *(a)* Colossal means very huge.

94. *(c)* 'Maverick' means an unorthodox or independent-minded person. Hence, its synonym is 'bohemian' which means a social and cultural movement that promotes a way of life that rejects mainstream society's expectations and norms.
- **Conformist** and **Orthodox** refer to a person who conforms to accepted behaviour or established practices.

95. *(c)* Part 'move slowly' contains an error. As the sentence makes a comparison, use 'move slower' to correct the sentence.

96. *(c)* The correct filler for the given blank is 'indifferent'.

97. *(b)* The correct filler for the given blank is 'suggested'.

98. *(a)* The correct filler for the given blank is 'compare'.

99. *(a)* The correct filler for the given blank is 'introversion' which means the quality of being shy.

100. *(a)* The correct filler for the given blank is 'exclude'.

SSC CGL Tier-I
सॉल्वड पेपर

निर्देश
1. इस सेट में कुल 100 प्रश्न हैं।
2. इस सेट में चार भाग हैं, भाग–I सामान्य बुद्धि एवं तर्कशक्ति, भाग–II सामान्य जागरुकता, भाग–III संख्यात्मक अभियोग्यता और भाग–IV अंग्रेजी भाषा।
3. प्रत्येक प्रश्न 2 अंक का है।

भाग I
सामान्य बुद्धि एवं तर्कशक्ति

1. उस विकल्प का चयन कीजिए, जिसमें संख्याएँ वही सम्बन्ध साझा करती हैं, जो संख्याओं के दिए गए युग्म द्वारा साझा किया गया है।

(317, 202)
(438, 323)

(**नोट** पूर्ण संख्याओं पर संक्रिया का प्रयोग, संख्याओं को उनके घटक अंकों में विभक्त किए बिना किया जाना चाहिए। उदाहरण के लिए, 13—13 पर संक्रियाएँ जैसे कि जोड़ने/घटाने/गुणा करने आदि को 13 में किया जा सकता है। 13 को 1 और 3 में विभक्त करके और फिर 1 और 3 पर गणितीय संक्रियाओं का प्रयोग करने की अनुमति नहीं है।)

(a) (415, 295)
(b) (424, 315)
(c) (402, 287)
(d) (391, 270)

2. यदि निम्नलिखित समीकरण में '+' और '–' को आपस में बदल दिया जाता है तथा '×' और '÷' को आपस में बदल दिया जाता है, तो प्रश्नचिह्न (?) के स्थान कौन–सी संख्या आएगी?

$14 - 45 \times 5 + 6 \div 3 = ?$

(a) 4 (b) 3 (c) 6 (d) 5

3. एक निश्चित कूटभाषा में, 'IFF' को '21' के रूप में कूटबद्ध किया जाता है और 'ARB' को '21' के रूप में कूटबद्ध किया जाता है। उसी भाषा में 'CAW' को किस प्रकार कूटबद्ध किया जाएगा?

(a) 27 (b) 23
(c) 25 (d) 26

4. एक निश्चित कोड भाषा में, 'TERRAIN' को 'VETTAIP' लिखा जाता है और 'TRAFFIC' को 'VTAHHIE' लिखा जाता है। उसी भाषा में 'MOTOR' को कैसे लिखा जाएगा?

(a) OOTVO (b) OVOTO
(c) VOOOT (d) OOVOT

5. उस विकल्प का चयन करें, जो तीसरे शब्द से उसी प्रकार सम्बन्धित है, जिस प्रकार दूसरा शब्द, पहले शब्द से सम्बन्धित है। (शब्दों को सार्थक अंग्रेजी/हिन्दी शब्द माना जाना चाहिए और इन्हें शब्द में अक्षरों की संख्या व्यंजनों की संख्या/स्वरों की संख्या के आधार पर एक-दूसरे से सम्बद्ध नहीं किया जाना चाहिए।)

सुअर : पिगलेट :: हिरण : ?

(a) फॉन (Fawn) (b) फॉल (Foal)
(c) बछड़ा (Calf) (d) पिल्ला (Pup)

6. नीचे दी गई आकृतियों में कागज के एक टुकड़े को मोड़ने का क्रम और मुड़े हुए कागज को काटने का तरीका दर्शाया गया है। कागज खुलने पर यह कैसा दिखेगा?

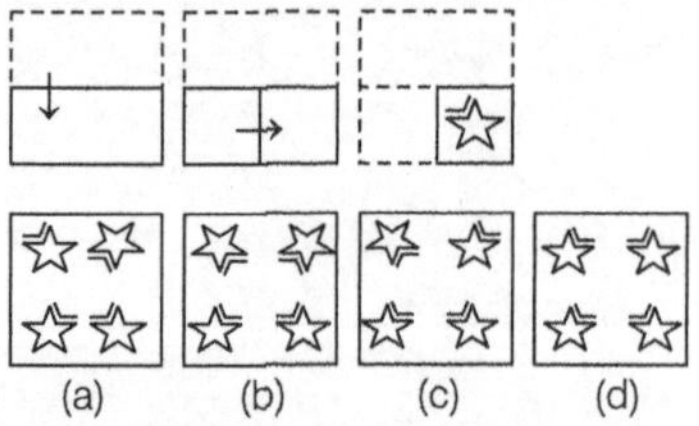

7. जब दर्पण को दर्शाए गए अनुसार MN पर रखा जाता है, तो दी गई आकृति के सही दर्पण प्रतिबिम्ब का चयन करें।

YFUIZ | M–N

(a) ƩIUFY (b) ZI∩FY
(c) ƩIUꟻY (d) ZIUꟻY

8. एक निश्चित कूटभाषा में,
'A + B' का अर्थ है 'A, B की माँ है',
'A – B' का अर्थ है 'A, B का भाई है'
'A × B' का अर्थ है 'A, B की पत्नी है'
'A ÷ B' का अर्थ है 'A, B का पिता है'
उपरोक्त के आधार पर, यदि M + Q – R + K – Y है, तो M का Y से क्या सम्बन्ध है?

(a) भाई की पत्नी (भाभी)
(b) माँ की माँ (नानी)
(c) माँ
(d) पिता की माँ (दादी)

9. एक निश्चित तर्क का अनुसरण करते हुए 22, 176 से सम्बन्धित है। उसी तर्क का अनुसरण करते हुए, 32, 256 से सम्बन्धित है। उसी तर्क का अनुसरण करते हुए, 48 निम्नलिखित में से किससे सम्बन्धित है?
(**नोट** संख्याओं को उसके घटक अंकों में तोड़े बिना, पूर्ण संख्याओं पर संक्रियाएँ की जानी चाहिए। उदाहरण के लिए संख्या 13 को लें— 13 पर संक्रियाएँ, जैसे कि 13 में जोड़ना/घटाना/गुणा करना आदि, की जा सकती हैं। 13 को 1 और 3 में तोड़ने और फिर 1 और 3 पर गणितीय संक्रियाएँ करने की अनुमति नहीं है।)

(a) 370 (b) 374 (c) 384 (d) 380

10. जब दर्पण को MN पर रखा जाता हो, तो दी गई आकृति के सही दर्पण प्रतिबिम्ब का चयन कीजिए।

Rp73dh6 | M–N

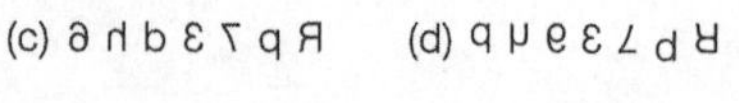

11. दिए गए विकल्पों में से उस संख्या का चयन कीजिए, जो निम्नलिखित श्रृंखला में प्रश्नचिह्न (?) को प्रतिस्थापित कर सकती है।

5, 10, 17, 26, 37, ?

(a) 54 (d) 52
(c) 50 (d) 60

12. निम्नलिखित में से कौन-सा पद दी गई श्रृंखला में प्रश्नचिह्न (?) का स्थान लेगा?

HKPT, JLNS, LMLR, ?, POHP

(a) NNJQ (b) NNQJ
(c) NNIQ (d) NNKO

13. उस आकृति का चयन कीजिए, जो नीचे दी गई आकृति श्रृंखला में प्रश्नचिह्न (?) को प्रतिस्थापित करेगी।

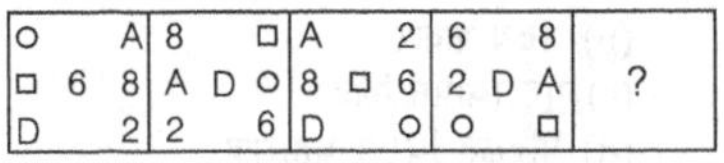

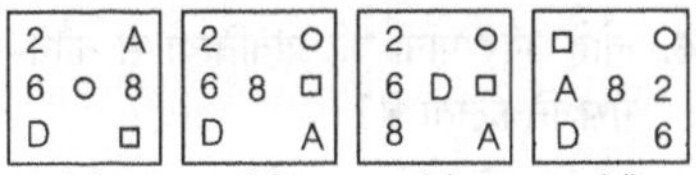

(a) (b) (c) (d)

14. निम्नलिखित समीकरण को सही करने के लिए किन दो चिह्नों को आपस में बदलना चाहिए?

$29 \times 145 + 5 - 640 \div 15 = 216$

(a) − और + (b) − और ×
(c) ÷ और + (d) ÷ और ×

15. दिए गए विकल्पों में से उस आकृति का चयन कीजिए, जो प्रश्नचिह्न (?) को प्रतिस्थापित कर सकती है और श्रृंखला को तार्किक रूप से पूरा कर सकती है।

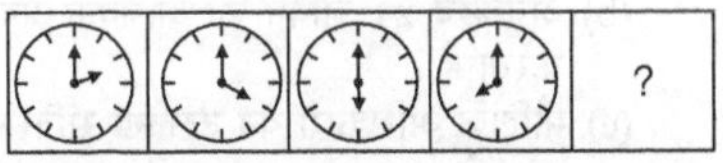

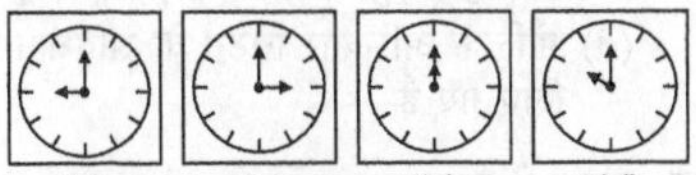

(a) (b) (c) (d)

16. एक पासे के विभिन्न फलकों पर छः अक्षर J, T, E, X, I और O लिखे गए हैं। इस पासे की दो स्थितियाँ नीचे चित्र में दर्शाई गई हैं। X के विपरीत वाले फलक पर आने वाला अक्षर ज्ञात कीजिए।

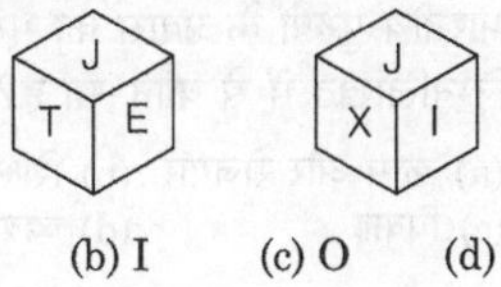

(a) E (b) I (c) O (d) T

17. चार अक्षर-समूह दिए गए हैं, जिनमें से तीन किसी-न-किसी रूप में एक समान हैं और एक उनसे असंगत है। उस असंगत अक्षर-समूह का चयन कीजिए।

(**नोट** अक्षर समूह में, असंगत व्यंजनों/स्वरों की संख्या या उनकी स्थिति पर आधारित नहीं है।)

(a) TWZ (b) DGJ
(c) MPS (d) KNP

18. उस शब्द-युग्म का चयन कीजिए, जो नीचे दिए गए शब्द-युग्म में व्यक्त किए गए सम्बन्ध के समान सम्बन्ध को सबसे अच्छा दर्शाता है। (शब्दों को अर्थपूर्ण हिन्दी शब्द माना जाना चाहिए और इन्हें शब्द में अक्षरों की संख्या/व्यंजनों/स्वरों की संख्या के आधार पर एक-दूसरे से सम्बन्धित नहीं किया जाना चाहिए)

कैंची : कागज

(a) भट्ठी : पानी
(b) खान : हीरा
(c) कुल्हाड़ी : लकड़ी
(d) हीटर : प्लास्टिक

19. दिए गए संख्या-युग्मों में दूसरी संख्या, पहली संख्या पर कुछ गणितीय संक्रिया/संक्रियाएँ करके प्राप्त की गई हैं। एक को छोड़कर, सभी संख्या-युग्मों में समान संक्रिया/संक्रियाएँ की गई है/हैं। वह असंगत संख्या-युग्म ज्ञात कीजिए।

(**नोट** संख्याओं को उसके घटक अंकों में विभाजित किए बिना सम्बन्ध ज्ञात किया जाना चाहिए)

(a) 23 :552 (b) 25 : 650
(c) 18 : 306 (d) 13 : 182

20. दी गई आकृति में कितने त्रिभुज हैं?

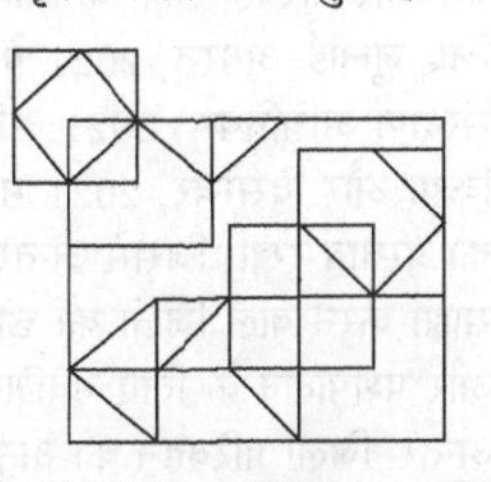

(a) 17 (c) 16 (d) 18 (d) 19

21. निम्न प्रश्न में तीन कथन दिए गए हैं, जिसके बाद तीन निष्कर्ष I, II, III दिए गए हैं। कथनों को सत्य मानते हुए भले ही वे सामान्य रूप से ज्ञात तथ्यों से भिन्न प्रतीत होते हों, पद तय करें कि कौन-सा/से निष्कर्ष तार्किक रूप से अनुसरण करता/करते है/हैं?

कथन

सभी हार, वर्ग हैं।
कुछ वर्ग, वृत्त हैं।
कोई भी वृत्त, वलय नहीं है।

निष्कर्ष

I. कोई वर्ग, वलय नहीं है।
II. कोई वलय, वृत्त नहीं है।
III. कुछ वर्ग, हार है।

(a) सभी निष्कर्ष अनुसरण करते हैं
(b) केवल निष्कर्ष II और III अनुसरण करते हैं
(c) केवल निष्कर्ष I और III अनुसरण करते हैं
(d) केवल निष्कर्ष III अनुसरण करता है

22. उस विकल्प का चयन कीजिए, जिसमें संख्याओं के मध्य वहीं सम्बन्ध है जो नीचे दिए गए युग्म की संख्याओं के मध्य है।

(**ध्यान दें** संख्याओं को उनके घटक अंकों में विभाजित किए बिना, पूर्ण संख्याओं पर संक्रियाएँ की जानी चाहिए। उदाहरण के लिए 13 को लें-13 पर की जाने वाली संक्रियाएँ जैसे जोड़ना/घटाना/गुणा करना आदि, केवल 13 पर की जा सकती हैं। 13 को 1 और 3 में तोड़ना और फिर 1 और 3 पर गणितीय संक्रियाएँ करने की अनुमति नहीं है।)

11 : 1331
9 : 729

(a) 7 : 343 (b) 13 : 2028
(c) 6 : 180 (d) 8 : 6561

23. यदि 'ASTEROID' शब्द के सभी अक्षरों को अंग्रेजी वर्णमाला क्रम में व्यवस्थित किया जाए, तो कितने अक्षरों की स्थिति में कोई बदलाव नहीं होगा?

(a) तीन (b) एक भी नहीं
(c) एक (d) दो

24. उन अक्षरों के संयोजन का चयन कीजिए, जिन्हें दी गई श्रृंखला के रिक्त स्थानों में क्रमिक रूप से रखने पर श्रृंखला पूरी हो जाएगी।

LM_O_NPMRO_KU_TI

(a) RPMO (b) NORP
(c) NOPR (d) PNOR

25. उस शब्द-युग्म का चयन कीजिए, जो नीचे दिए गए शब्द-युग्म में व्यक्त किए गए सम्बन्ध के समान सम्बन्ध को सबसे अच्छा दर्शाता है। (शब्दों को अर्थपूर्ण हिन्दी शब्द माना जाना चाहिए और इन्हें शब्द में अक्षरों की संख्या व्यंजनों/स्वरों की संख्या के आधार पर एक-दूसरे से सम्बन्धित नहीं किया जाना चाहिए)

समापि : प्रारम्भ
(a) जुनून : समस्या
(b) विशाल : सूक्ष्म
(c) वितलीय : अथाह
(d) अतुल्य : शानदार

भाग II

सामान्य जागरुकता

26. गति और उनके उदाहरणों के सम्बन्ध में गलत युग्म की पहचान करें?
(a) घूर्णन गति - पंखे के ब्लेड्स
(b) आवर्त गति - घड़ी की सूइयाँ
(c) दोलन गति - पृथ्वी का सूर्य के चारों ओर घूमना
(d) स्थानान्तरीय गति - चट्टान से गिर रही एक गेंद

27. भारत में लगभग कितने प्रतिशत परिवहन सड़कों द्वारा किया जाता है?
(a) 77% (b) 67% (c) 87% (d) 57%

28. निम्नलिखित में से किस वर्ग में कछुओं का परिवार शामिल है?
(a) उभयचर (b) कॉण्ड्रिक्थीज़
(c) एवीज (d) सरीसृप

29. भीमराव अम्बेडकर द्वारा मन्दिर प्रवेश आन्दोलन किस वर्ष शुरू किया गया था?
(a) 1922 (b) 1935
(c) 1927 (d) 1918

30. भारतीय राष्ट्रीय कांग्रेस का वर्ष 1912 का अधिवेशन बिहार में कहाँ आयोजित हुआ था?
(a) सहसराम (b) गया
(c) मधुबनी (d) बाँकीपुर

31. मई, 2021 में एन. रंगास्वामी ने पुदुचेरी के मुख्यमन्त्री के रूप में शपथ ग्रहण की। उनके द्वारा बनाई गई पार्टी का नाम क्या है?
(a) विदुथलाई चिरुथिगल काची
(b) नाम तमिलर काची
(c) ऑल इण्डिया एनआर कांग्रेस
(d) अम्मा मक्कल मुनेत्र कज़गम

32. 'मेक इन इण्डिया' पहल मुख्य रूप से किस क्षेत्र पर केन्द्रित है?
(a) कृषि (b) आयात
(c) सेवा (d) विनिर्माण

33. रुद्राक्ष पाटिल का सम्बन्ध ……… से है।
(a) शतरंज
(b) निशानेबाजी (शूटिंग)
(c) बैडमिण्टन
(d) कुश्ती

34. हारमोनियम वादक तुलसीदास बोरकर को वर्ष 2016 में ……… से सम्मानित किया गया था।
(a) भारत रत्न (b) पद्मश्री
(c) पद्म भूषण (d) पद्म विभूषण

35. निम्नलिखित में से किस योजना के तहत, भारत में सदस्य ऋणदात्री संस्थाओं (MLIs) द्वारा ₹ 10 लाख तक के सम्पार्श्विक मुक्त ऋण दिए जाते हैं?
(a) वित्तीय समावेशन के लिए राष्ट्रीय रणनीति
(b) स्टैण्ड-अप इण्डिया योजना
(c) प्रधानमन्त्री मुद्रा योजना
(d) प्रधानमन्त्री जन-धन योजना

36. कौन-सा महासागर अण्टार्कटिका महाद्वीप को घेरे हुए है और उत्तर की ओर 60 डिग्री दक्षिण अक्षांश तक फैला हुआ है?
(a) दक्षिणी महासागर
(b) हिन्द महासागर
(c) अटलाण्टिक महासागर
(d) प्रशान्त महासागर

37. असम में मनाए जाने वाले निम्नलिखित उत्सवों में से कौन-सा उत्सव प्रमुख रूप से वैष्णवों द्वारा मनाया जाता है?
(a) अम्बुबाची मेला (b) दोल जात्रा
(c) बिहू (d) रोंगकर

38. निम्नलिखित में से कौन-सी विशेषता अशोक के धम्म की मूलभूत विशेषताओं में से एक नहीं थी?
(a) ब्रह्मचर्य
(b) धर्मनिरपेक्षता
(c) अहिंसा
(d) राजनीतिक एकीकरण

39. निम्नलिखित में से किस राज्य ने मवेशियों के वध और परिवहन को विनियमित करने के लिए जुलाई-अगस्त, 2021 में मवेशी संरक्षण अधिनियम, 2021 अधिनियमित किया और दिसम्बर, 2021 में एक संशोधन का प्रस्ताव रखा, जिसमें अन्तर्राष्ट्रीय सीमा साझा करने वाले जिलों को छोड़कर कृषि और पशुपालन के लिए मवेशियों के अन्तर-जिला परिवहन की अनुमति दी गई?
(a) असम (b) सिक्किम
(c) अरुणाचल प्रदेश (d) त्रिपुरा

40. संकल्प गुप्ता निम्नलिखित में से किस स्पर्द्धा से सम्बन्ध रखते हैं?
(a) शतरंज (b) बैडमिण्टन
(c) कुश्ती (d) मुक्केबाजी

41. ……… द्वारा आविष्कार की गई कुछ तालों में त्रिमुखी, पंचमुखी, सप्तमुखी और नवमुखी शामिल हैं।
(a) हरिप्रसाद चौरसिया
(b) यशराज
(c) भीमसेन जोशी
(d) एम. बालमुरलीकृष्ण

42. किस अनुच्छेद में भारत के नियन्त्रक एवं महालेखापरीक्षक का उल्लेख है?
(a) अनुच्छेद 148 (b) अनुच्छेद 154
(c) अनुच्छेद 156 (d) अनुच्छेद 136

43. निम्नलिखित नर्तकों में से कौन ओडिशा राज्य से पद्म विभूषण पुरस्कार से सम्मानित होने वाले प्रथम नर्तक थे?
(a) केलुचरण महापात्र
(b) उदय शंकर
(c) गुरु बिपिन सिंह
(d) पण्डित बिरजू महाराज

44. लोहे और पानी की प्रतिक्रिया से कौन-सी गैस निकलती है?
(a) हाइड्रोजन (b) ऑक्सीजन
(c) मीथेन (d) अमोनिया

45. स्पाइरोगायरा में किस प्रकार के युग्मक पाए जाते हैं?
(a) विषमयुग्मकी और गैर-कशाभी
(b) समयुग्मकी और कशाभी
(c) समयुग्मकी और गैर-कशाभी
(d) विषमयुग्मकी और कशाभी

46. मौलिक अधिकारों के सम्बन्ध में निम्नलिखित में से कौन-सा कथन गलत है?
(a) मौलिक अधिकारों को कानून द्वारा लागू किया जा सकता है
(b) अनुच्छेद 21 जीवन का अधिकार प्रदान करता है
(c) मौलिक अधिकारों का उल्लेख संविधान में अनुच्छेद 12 से 35 तक किया गया है
(d) मौलिक अधिकार ब्रिटेन के संविधान से लिए गए हैं

47. भारत में मुगल राजवंश के संस्थापक बाबर का वास्तविक नाम ……… था।
(a) रुकनुद्दीन मुहम्मद
(b) जैनुद्दीन मुहम्मद
(c) इरफानुद्दीन मुहम्मद
(d) जहीरुद्दीन मुहम्मद

48. भारत की 2001 की जनगणना के अनुसार, भारतीय पुरुषों के प्रवास का मुख्य कारण निम्नलिखित में से कौन-सा है?
(a) काम और रोजगार (b) शिक्षा
(c) विवाह (d) व्यवसाय

49. निम्नलिखित में से कौन मई, 2022 में जूनियर विश्व भारोत्तोलन चैम्पियनशिप में स्वर्ण जीतने वाला/वाली पहला/पहली भारतीय हैं?

(a) सतीश शिवलिंगम (b) हर्षदा शरद गरुड़
(c) सन्तोषी मत्सा (d) मीराबाई चानू

50. निम्नलिखित में से कौन-से महीनों का समूह उत्तर भारत में सबसे ठण्डा होता है?

(a) फरवरी और मार्च
(b) दिसम्बर और जनवरी
(c) अक्टूबर और नवम्बर
(d) सितम्बर और अक्टूबर

भाग III
संख्यात्मक अभियोग्यता

51. किसी संख्या को 55 से विभाजित करने पर शेषफल 28 प्राप्त होता है। उसी संख्या को 11 से विभाजित करने पर शेषफल क्या आएगा?

(a) 7 (b) 6 (c) 5 (d) 8

52. पाइप A एक खाली टैंक को अकेले भरने में, पाइप B द्वारा लिए गए आवश्यक समय का $\frac{4}{5}$ समय लेता है। जब एक निर्गम पाइप C को पाइप A और B के साथ एकसाथ खोला जाता है, तो खाली टैंक को भरने में केवल पाइप A और पाइप B को एक साथ खोलने में लगने वाले समय की तुलना में $\frac{4}{5}$ अधिक समय लगता है। यदि तीनों पाइपों को एकसाथ खोलने पर टैंक को भरने में 40 घण्टे लगते हैं, तो अकेले कार्य करते हुए पाइप C कितने समय में (घण्टों में) पूरा टैंक खाली कर देगा?

(a) 50 (b) 45 (c) 75 (d) 65

53. यदि $\tan A + \cot A = 2$ है, तो $\tan^2 A + \cot^2 A$ का मान ज्ञात कीजिए।

(a) 16 (b) 4 (c) 2 (d) 8

54. एक सेल फोन ₹ 600 या ₹ 300 नकद तत्काल भुगतान के साथ-साथ दो महीने के बाद ₹ 360 का भुगतान करने पर उपलब्ध है। इस योजना के तहत ब्याज दर कितनी है?

(a) 20% (b) 120%
(c) 60% (d) 50%

55. निम्न तालिका 2022 के जून और जुलाई महीनों में, विभिन्न शहरों के लिए किसी कम्पनी की बिक्री (इकाइयों में) को दर्शाती है। तालिका का अध्ययन कीजिए और निम्नांकित प्रश्न का उत्तर दीजिए।

शहर	जून	जुलाई
दिल्ली	252	332
मुम्बई	325	248
चेन्नई	362	247
कोलकाता	245	195
पुणे	218	284

जून महीने में दिल्ली शहर की बिक्री और जुलाई महीने में चेन्नई शहर की बिक्री के बीच का अन्तर कितना है?

(a) 5 (b) 80
(c) 30 (d) 155

56. $$\frac{(453 \times 453 \times 453 - 383 \times 383 \times 383)}{(453 \times 383 + 383 \times 383 + 453 \times 453)}$$

का मान ज्ञात कीजिए।

(a) 60 (b) 70
(c) 80 (d) 50

57. दी गई तालिका का अध्ययन कीजिए और निम्नलिखित प्रश्न का उत्तर दीजिए।

दी गई तालिका में विज्ञापन में खर्च की गई कुल धनराशि (₹ में) और एक कम्पनी द्वारा पाँच वर्षों (2018 से 2022) के लिए विभिन्न समाचार-पत्रों में दिए गए विज्ञापनों की कुल संख्या दी गई है।

वर्ष	विज्ञापन में खर्च की गई कुल धनराशि (₹ में)			विज्ञापनों की कुल संख्या		
	एन वाई टाइम्स	द टेली-ग्राफ	अन्य	एन वाई टाइम्स	द टेली-ग्राफ	अन्य
2018	350000	360000	210000	10	12	15
2019	480000	345000	289000	12	15	17
2020	615000	400000	576000	15	20	36
2021	760000	480000	440000	19	24	22
2022	1400000	350000	309000	38	18	30

वर्ष 2021 के लिए एन वाई टाइम्स, द टेलीग्राफ और अन्य में से प्रत्येक से लिए गए प्रत्येक विज्ञापन पर खर्च की गई धनराशि और वर्ष 2018 के लिए एन वाई टाइम्स, द टेलीग्राफ और अन्य में से प्रत्येक से लिए गए प्रत्येक विज्ञापन पर खर्च की गई धनराशि का अनुपात क्या है?

(a) 80 : 79 (b) 71 : 80
(c) 80 : 71 (d) 79 : 80

58. मान लीजिए C एक वृत्त है, जिसका केन्द्र O है और PQ, C पर एक लघु चाप है। मान लीजिए कि R और S, C पर PQ के दीर्घ चाप पर दो बिन्दु हैं। यदि PQ, O पर 80° का कोण अन्तरित करता है, तो क्रमशः $\angle PRQ$ और $\angle PSQ$ ज्ञात कीजिए।

(a) 40° और 60° (b) 40° और 40°
(c) 40° और 50° (d) 50° और 80°

59. यदि एक घन का आयतन 13824 सेमी^{3} है, तो घन की प्रत्येक भुजा की लम्बाई (सेमी में) क्या है?

(a) 22 (b) 34
(c) 24 (d) 20.4

60. एक वस्तु 17% और x% की क्रमिक छूटों के बाद ₹ 747 में बेची जाती है। यदि वस्तु का अंकित मूल्य ₹ 1600 है, तो x का मान क्या है?

(a) ₹ 40.28 (b) ₹ 32.26
(c) ₹ 22.12 (d) ₹ 43.75

61. दो वृत्तों की त्रिज्याएँ 8 सेमी और 15 सेमी हैं। उस वृत्त की परिधि ज्ञात कीजिए (सेमी में), जिसका क्षेत्रफल दोनों वृत्तों के क्षेत्रफलों के योगफल के बराबर है।

(a) 32π (b) 34π
(c) 28π (d) 30π

62. दिए गए दंड आलेख का अध्ययन करें और निम्नलिखित प्रश्न का उत्तर दें। नीचे दिए गए दंड आलेख में एक स्कूल के वर्ष 2008, 2009 और 2010 के उच्च माध्यमिक विद्यार्थियों को दर्शाया गया है।

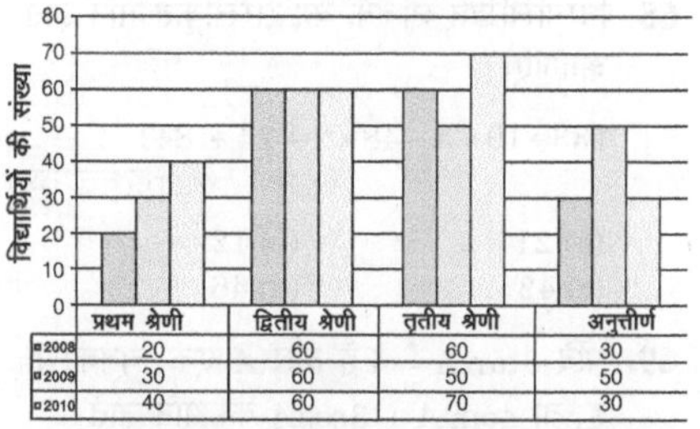

वर्ष 2009 में प्रथम श्रेणी से उत्तीर्ण होने वाले विद्यार्थियों का प्रतिशत कितना था?

(a) $15\frac{13}{19}$% (b) $16\frac{13}{19}$%
(c) $16\frac{15}{19}$% (d) $15\frac{15}{19}$%

63. k के किस मान के लिए निम्नलिखित निकाय के अनन्त हल हैं?

$x + 2ky - 8 = 0$

$2x - y - 16 = 0$

(a) 4 (b) 2
(c) $-\frac{1}{2}$ (d) $-\frac{1}{4}$

64. ΔDEF में, $DE = 12$ सेमी, $EF = 15$ सेमी और $\angle DEF = 90°$ है। ΔDEF, ΔXYZ के सर्वांगसम है। यदि $YZ = 15$ सेमी है, तो XZ की लम्बाई कितनी होगी?
(a) $3\sqrt{41}$ सेमी (b) $4\sqrt{41}$ सेमी
(c) $2\sqrt{41}$ सेमी (d) $5\sqrt{41}$ सेमी

65. घनश्याम की आयु, आकाश की आयु की तीन गुना है। 10 वर्ष पहले, घनश्याम की आयु, आकाश की आयु की चार गुना थी। उनकी वर्तमान आयु (वर्ष में) के बीच कितना अन्तर है?
(a) 55 (b) 65
(c) 50 (d) 60

66. $(\sin A + \operatorname{cosec} A)^2 + (\cos A + \sec A)^2$ का मान ज्ञात कीजिए।
(a) $3 + \tan^2 A + \cot^2 A$
(b) $5 + \tan^2 A + \cot^2 A$
(c) $7 + \tan^2 A + \cot^2 A$
(d) $1 + \tan^2 A + \cot^2 A$

67. विपुल अपनी मासिक आय का 30% किराए पर, शेष का 60% किराने के सामान पर और शेष का 40%, अन्य पर खर्च करता है। यदि वह एक महीने में ₹ 7056 बचाता है, तो वह किराने के सामान पर कितना (₹ में) खर्च करता है?
(a) 18323 (b) 17640
(c) 22386 (d) 15230

68. निम्नलिखित व्यंजक का सरलीकृत मान ज्ञात कीजिए।

$$133 \div 19 \times 3 - 48 \times 2 \div 24 + 841 \div [\{\overline{45 - 16}\}]$$

(a) 21 (b) 12
(c) 42 (d) 46

69. यदि $3\tan A = 4$ है और A एक न्यूनकोण है, तो $4\sin A + 3\cos A$ का मान ज्ञात कीजिए।
(a) 3 (b) 5 (c) 4 (d) 1

70. एक व्यक्ति ₹ 26/किग्रा की दर से 10 किग्रा गेहूँ खरीदता है। ₹ 35/किग्रा की कीमत वाला मिश्रण प्राप्त करने के लिए गेहूँ को 6 किग्रा अन्य अच्छी गुणवत्ता वाले गेहूँ के साथ मिलाया जाता है। अच्छी गुणवत्ता वाले गेहूँ की कीमत प्रति किग्रा (₹ में) कितनी है?
(a) 50 (b) 38 (c) 42 (d) 46

71. 132 मी और 108 मी लम्बी दो मालगाड़ियाँ समानान्तर पटरियों पर एक-दूसरे की ओर आ रही हैं। पहली ट्रेन 32 किमी/घण्टा की चाल से चल रही है और दूसरी 40 किमी/घण्टा की गति से चल रही है। मिलने के बाद वे एक-दूसरे को पार करने में कितना समय लेंगी?
(a) 15 सेकण्ड (b) 12 सेकण्ड
(b) 13 सेकण्ड (d) 10 सेकण्ड

72. यदि p और q के बीच का मध्यानुपाती 12 है, तो क्रमशः p और q के सम्भावित मान क्या हैं?
(a) 3, 28 (b) 3, 38
(c) 24, 6 (d) 24, 16

73. निम्नलिखित तालिका किसी देश में चाय पीने वाले व्यक्तियों की क्षेत्रवार सर्वेक्षण रिपोर्ट देती है। तालिका का अध्ययन कीजिए और प्रश्न का उत्तर दीजिए।

चाय पीते हैं	क्षेत्र			
	पूर्व	पश्चिम	उत्तर	दक्षिण
दिन में 3 से अधिक बार	1732	1842	6045	2741
दिन में 1 से 3 बार	1462	2328	2584	4264
सप्ताह में दो बार	2280	2529	1123	3598
सप्ताह में केवल एक बार	4059	1874	3169	7051
बिल्कुल भी नहीं	317	127	223	293

सर्वेक्षण में शामिल दिन में 3 बार से अधिक चाय पीने वाले व्यक्तियों की कुल संख्या और बिल्कुल भी चाय न पीने वाले व्यक्तियों की संख्या का अनुपात क्या है?
(a) 5 : 107 (b) 103 : 8
(c) 8 : 103 (d) 101 : 5

74. एक व्यक्ति ने ₹ 28000 में एक मेज और एक सोफा खरीदा। उसने सोफे को 10% के लाभ पर और मेज को 15.25% के लाभ पर बेचा। यदि उसका कुल लाभ 13% था, तो सोफे और मेज के क्रय मूल्य के बीच का अंतर (₹ में) ज्ञात करें।
(a) 1500 (b) 4000
(c) 2500 (d) 5000

75. दो संकेंद्रित वृत्तों की त्रिज्याएँ 26 सेमी और 10 सेमी हैं। यदि बड़े वृत्त की जीवा छोटे वृत्त की अनुस्पर्श रेखा है, तो उस जीवा की लम्बाई ज्ञात कीजिए।
(a) 48 सेमी (b) 28.7 सेमी
(c) 38.7 सेमी (d) 28 सेमी

भाग IV

अंग्रेजी भाषा

76. Sentences of a paragraph are given below in jumbled order. Select the option that arranges the sentences in the correct logical sequence to form a meaningful and coherent paragraph.
A. It regulates the operation of all body organs protects the body and mind from becoming unbalanced as a result of negative circumstances and unhealthy lifestyles.
B. It only requires frequent practice of the proper body motions and breathing techniques.
C. The physical benefits of yoga can be enjoyed for a lifetime without risk or injury.
D. It regulates the relationship between the body, the intellect and the spirit.
(a) D, A, B, C (b) C, B, D, A
(c) B, A, C, D (d) A, B, C, D

77. Select the most appropriate meaning of the underlined word.
At times, David behaves in a very <u>obdurate</u> manner to kids.
(a) trusting (b) amiable
(c) obstinate (d) envious

78. Select the most appropriate meaning of the underlined idiom in the following sentence.
Rahul won the extempore competition. He is lucky to be blessed with the <u>gift of the gab</u>.
(a) an honest person
(b) a big surprise
(c) a lucky person
(d) a talent for speaking

79. Select the most appropriate option to substitute the underlined segment in the given sentence.
Nina has not yet learned how to <u>straighten up and fly right</u>.
(a) forget the wrongdoings of the others
(b) improve her absurd behaviour and act seriously
(c) be professional in flying the aircraft
(d) remember the past and prepare for the future

80. Select the most appropriate option to substitute the underlined segment in the given sentence.

I had not only helped her by giving hints but also with providing her links.

(a) helped her not only by
(b) helped her not by
(c) helped her only by
(d) helped not only her by

81. Select the most appropriate option to substitute the underlined segment in the given sentence.

Positive self-talk have a great affect on one's self-worth.

(a) has a great affect
(b) have a great effect
(c) having a great affect
(d) has a great effect

82. Parts of the following sentence have been given as options. Select the option that contains an error.

Deepak is studying B.Tech. at IIT Delhi to become the engineer.

(a) B.Tech. at IIT Delhi
(b) the engineer
(c) to become
(d) Deepak is studying

83. Select the option that expresses the given sentence in active voice.

He was given a reward for his contribution by the Governor.

(a) For his contribution, he was rewarded by the governor.
(b) The governor rewarded him.
(c) The governor gave him a reward for his contribution.
(d) Rewarded by the governor, as he contributed along.

84. Select the most appropriate antonym of the given word.

Hostile

(a) Incoherent (b) Doubtful
(c) Eager (d) Friendly

85. Select the option that can be used as a one-word substitute for the given group of words.

Dealing with things in a practical and sensible way

(a) Pragmatic (b) Sceptic
(c) Stoic (d) Cynic

86. Select the correct spelling to fill in the blank.

Definitions of .... are subjective to various interpretations.

(a) sovereignty (b) suvereignty
(c) sovereinity (d) soverenty

87. Select the most appropriate antonym of the given word.

Foment

(a) Proximity (b) Remoteness
(c) Separation (d) Regulate

88. Select the incorrectly spelt word.

(a) Guilty (b) Atempt
(c) Admit (d) Agree

89. Select the option that can be used as a one-word substitute for the given group of words

Anything pertaining to cats

(a) Bovine (b) Canine
(c) Taurine (d) Feline

90. Select the most appropriate option to fill in the blank.

Sharat is always .... about showing up for work because he believes that tardiness gets us nowhere.

(a) selective (b) patient
(c) drowsy (d) punctual

91. Select the most appropriate synonym of the underlined word in the following sentence.

Sachin Tendulkar was an indispensable member of the Indian cricket team in his days.

(a) Motivational (b) Essential
(c) Optional (d) Functional

92. The following sentence has been divided into four segments. Identify the segment in which the article has been used incorrectly.

Master Sam / is a heaviest / boy in / grade twelve.

(a) boy in (b) Master Sam
(c) grade twelve. (d) is a heaviest

93. Select the option that expresses the given sentence in passive voice.

We have to say little in this matter.

(a) Little had to be said in this matter.
(b) In this matter, little is to be said.
(c) In this matter, little must be said.
(d) Little has to be said in this matter.

94. Select the option that can be used as a one-word substitute for the given group of words.

That which is no longer in existence

(a) Extinct (b) Removed
(c) Vanished (d) Destroyed

95. Select the most appropriate synonym of the given word.

Cascade

(a) Garden (b) Waterfall
(c) Criticise (d) Arcade

Directions (Q. Nos. 96-100) *In the following passage, some words have been deleted. Read the passage carefully and select the most appropriate option, in the questions that follow, to fill in each blank.*

A dance which is created or choreographed and performed according ...... (1) ...... the tenets of the Natya Shastra is called a classical dance. The two broad ...... (2) ...... of classical dancing are the tandava and the lasya. Power and force are typical of the tandava; grace and delicacy of the lasya. Tandava is ...... (3) ...... with Shiva and lasya with Parvati. Dance which is pure movement is called nritta, and dance which is ...... (4) ...... in nature is called nritya. A dancer, in the classical tradition, has to have years of training before he or she can begin to perform on the stage. The four main ...... (5) ...... of classical dancing in India are : Bharatanatyam, Kathakali, Manipuri and Kathak. Bharatanatyam is the oldest and most popular dance-form of India.

96. Select the most appropriate option to fill in blank number 1.

(a) to (b) for
(c) of (d) with

97. Select the most appropriate option to fill in blank number 2.

(a) criteria (b) options
(c) display (d) aspects

98. Select the most appropriate option to fill in blank number 3.

(a) renovate (b) informed
(c) flourished (d) associated

99. Select the most appropriate option to fill in blank number 4.

(a) vegetative
(b) commodious
(c) haphazard
(d) interpretative

100. Select the most appropriate option to fill in blank number 5.

(a) terminologies
(b) schools
(c) characters
(d) functions

उत्तरमाला

1. (c)	2. (d)	3. (a)	4. (d)
5. (a)	6. (b)	7. (c)	8. (b)
9. (c)	10. (c)	11. (c)	12. (a)
13. (b)	14 (c)	15. (d)	16. (d)
17. (d)	18. (c)	19. (c)	20. (d)
21. (b)	22. (a)	23. (c)	24. (b)
25. (b)	26. (c)	27. (c)	28. (d)
29. (c)	30. (d)	31. (c)	32. (d)
33. (b)	34. (b)	35. (c)	36. (a)
37. (b)	38. (a)	39. (a)	40. (a)
41. (d)	42. (a)	43. (a)	44. (a)
45. (c)	46. (d)	47. (d)	48. (a)
49. (b)	50. (b)	51. (b)	52. (a)
53. (c)	54. (b)	55. (a)	56. (b)
57. (a)	58. (b)	59. (c)	60. (d)
61. (b)	62. (d)	63. (d)	64. (a)
65. (d)	66. (c)	67. (b)	68. (d)
69. (b)	70. (a)	71. (b)	72. (c)
73. (b)	74. (b)	75. (a)	76. (b)
77. (c)	78. (d)	79. (b)	80. (a)
81. (d)	82. (b)	83. (c)	84. (d)
85. (a)	86. (a)	87. (d)	88. (b)
89. (d)	90. (d)	91. (b)	92. (d)
93. (d)	94. (a)	95. (b)	96. (a)
97. (d)	98. (d)	99. (d)	100. (b)

व्याख्या

1. *(c)* जिस प्रकार,

$(317, 202) \Rightarrow 317 - 202 = 115$

और $(438, 323) \Rightarrow 438 - 323 = 115$

उसी प्रकार, (402, 287)

$\Rightarrow (402 - 287) = 115$

2. *(d)* $14 - 45 \times 5 + 6 \div 3 = ?$

प्रश्नानुसार,

$(+ \Leftrightarrow -)$ तथा $(\times \Leftrightarrow \div)$

$? = 14 + 45 \div 5 - 6 \times 3$

$= 14 + 9 - 18$

$= 23 - 18 = 5$

3. *(a)* जिस प्रकार,

I F F → 9 + 6 + 6 = 21

और A R B → 1 + 18 + 2 = 21

उसी प्रकार, C A W → 3 + 1 + 23 = 27

4. *(d)* जिस प्रकार,

T E R R A I N → (+2) → V E T T A P (T→V, R→T, N→P)

और T R A F F I C → (+2) → V T A H H I E

उसी प्रकार,

M O T O R → (+2) → O O V O T

5. *(a)* जिस प्रकार, सुअर के बच्चे को पिगलेट कहा जाता है, उसी प्रकार, हिरण के बच्चे को फॉन (fawn) कहा जाता है।

6. *(b)* दी गई आकृति में कागज को मोड़कर तथा पंचकर एवं मोड़े गए पैटर्न में पुनः खोलने पर वह उत्तर आकृति (b) के समान दिखाई देगा।

7. *(c)* उत्तर आकृति (c) दी गई प्रश्न आकृति का सही दर्पण प्रतिबिम्ब है

YFUIZ | ZIUꟻY

8. *(b)* प्रश्नानुसार,

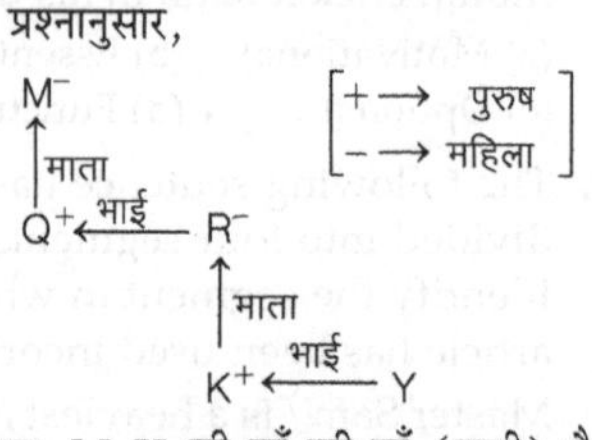

स्पष्टतः M, Y की माँ की माँ (नानी) है।

9. *(c)* जिस प्रकार, (22, 176)

$\Rightarrow 22 \times 8 = 176$

और $(32, 256) \Rightarrow 32 \times 8 = 256$

उसी प्रकार, (48, ?)

$\Rightarrow 48 \times 8 = 384$

$\therefore ? = 384$

10. *(c)* उत्तर आकृति (c), प्रश्न आकृति का सही दर्पण प्रतिबिम्ब है।

Rp73dh6 | 6hd37qЯ

11. *(c)* दी गई शृंखला का क्रम निम्न है,

5 →(+5) 10 →(+7) 17 →(+9) 26 →(+11) 37 →(+13) 50

(+2, +2, +2, +2)

$\therefore ? = 50$

12. *(a)* दी गई शृंखला का क्रम निम्न है,

H →(+2) J →(+2) L →(+2) N →(+2) P

K →(+1) L →(+1) M →(+1) N →(+1) O

P →(−2) N →(−2) L →(−2) J →(−2) H

T →(−1) S →(−1) R →(−1) Q →(−1) P

13. *(b)* दी गई आकृति शृंखला में निम्न क्रम का अनुसरण हो रहा है।

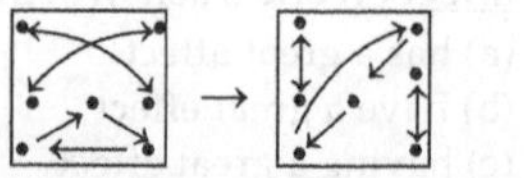

आकृति (i) से (ii) तथा आकृति (iii) से (iv) | आकृति (ii) से (iii) तथा आकृति (iv) से (v)

अतः उपरोक्त क्रम के अनुसार, उत्तर आकृति (b) दी गई शृंखला को पूर्ण करेगी।

14. *(c)* व्यंजक,

$29 \times 145 + 5 - 640 \div 15 = 216$

विकल्प (c) से, $(\div \Leftrightarrow +)$

$29 \times 145 \div 5 - 640 + 15 = 216$

$\Rightarrow 29 \times 29 - 640 + 15 = 216$

$\Rightarrow 841 - 640 + 15 = 216$

$\Rightarrow 856 - 640 = 216$

$\Rightarrow 216 = 216$

15. *(d)* दी गई आकृति शृंखला में प्रत्येक अगली आकृति में घड़ी का समय 2 घण्टे लगातार बढ़ रहा है।

अतः उत्तर आकृति (d) इस शृंखला को पूर्ण करेगी।

16. *(d)* दिए गए पासे की दोनों स्थितियों में एक फलक 'J' उभयनिष्ठ हैं, J से दक्षिणावर्त लिखने पर,

स्थिति I → J E T

स्थिति II → J I X

(E ↕ I विपरीत, T ↕ X विपरीत)

अतः X के विपरीत फलक पर 'T' होगा।

17. *(d)* जिस प्रकार,

T →(+3) W →(+3) Z

D →(+3) G →(+3) J

और

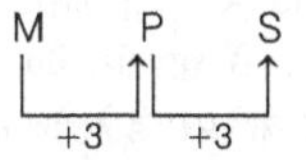

परन्तु,

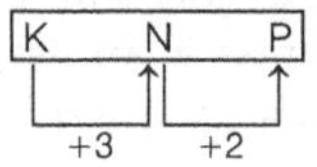

अत: KNP असंगत अक्षर-समूह है।

18. *(c)* जिस प्रकार, 'कागज' को काटने के लिए 'कैंची' का प्रयोग किया जाता है, उसी प्रकार, 'लकड़ी' को काटने के लिए 'कुल्हाड़ी' का प्रयोग किया जाता है।

19. *(c)* जिस प्रकार, (23 : 552)
$\Rightarrow (23)^2 + 23 = 552$
$(25 : 650) \Rightarrow (25)^2 + 25 = 650$
और $(13 ; 182) \Rightarrow (13)^2 + 13 = 182$
परन्तु, (18 : 306)
$\Rightarrow (18)^2 + 18 = 342 \neq 306$
अत: (18 : 306) असंगत संख्या समूह है।

20. *(d)* प्रश्नानुसार,

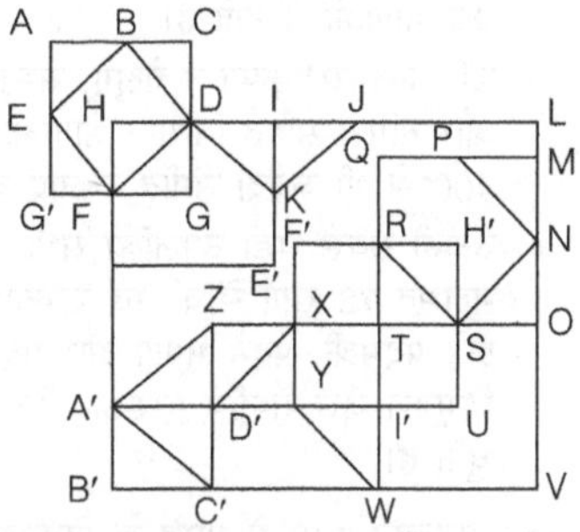

आकृति में निम्न त्रिभुज हैं,
ΔABE, ΔBCD, ΔDFG, ΔEFG′, ΔFHD, ΔDIK, ΔIJK, ΔDKJ, ΔAZD′, ΔA′B′C′, ΔAZC′, ΔD′ZX, ΔD′YX, ΔAZC′, ΔPMN, ΔNOS, ΔRH′S, ΔWYI′, ΔRST
अत: आकृति में 19 त्रिभुज हैं।

21. *(b)* कथनानुसार,

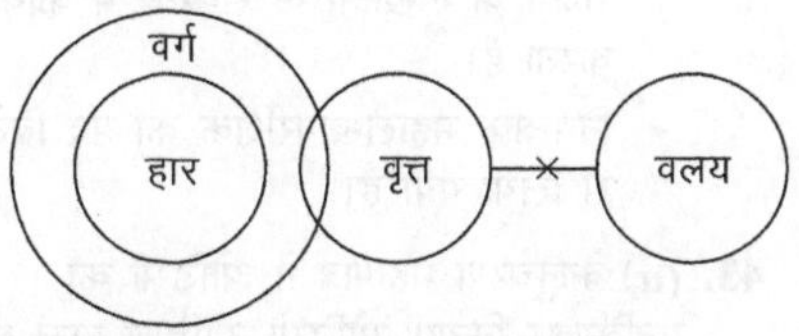

निष्कर्ष I. (✗) II. (✓) III. (✓)
अत: निष्कर्ष II तथा III दोनों अनुसरण करते हैं।

22. *(a)* जिस प्रकार, (11 , 1331)
$\Rightarrow (11)^3 = 1331$
और $(9 : 729) \Rightarrow (9)^3 = 729$
उसी प्रकार, $(7 : 343) \Rightarrow (7)^3 = 343$

23. *(c)* दिया गया शब्द → A S T E R O I D
वर्णमाला क्रमानुसार → A D E I O R S T
अत: केवल एक अक्षर 'A' के स्थान में कोई बदलाव नहीं आया।

24. *(b)* दी गई श्रृंखला का क्रम निम्न है,

$L \xrightarrow{+3} O \xrightarrow{+3} R \xrightarrow{+3} U$
$M \xrightarrow{+1} N \xrightarrow{+1} O \xrightarrow{+1} P$
$N \xrightarrow{+2} P \xrightarrow{+2} R \xrightarrow{+2} T$
$O \xrightarrow{-2} M \xrightarrow{-2} K \xrightarrow{-2} I$

∴ अभीष्ट उत्तर = N O R P

25. *(b)* जिस प्रकार, 'समाप्ति' का विपरीतार्थक शब्द 'प्रारम्भ' है, उसी प्रकार, 'विशाल' का विपरीतार्थक शब्द 'सूक्ष्म' है।

26. *(c)* दोलन गति-पृथ्वी का सूर्य के चारों ओर घूमना, गति और उनके उदाहरणों के सम्बन्ध में गलत युग्म है।

- किसी वस्तु की स्थिति में बदलाव को गति कहते हैं।
- जब कोई वस्तु अपने चारों ओर की वस्तुओं के मुकाबले अपनी स्थिति बदलती रहती है, तो इसे गति कहते हैं।
- गति का पहला समीकरण, वेग और समय के बीच सम्बन्ध को दर्शाता है। इसका समीकरण है
$$V = u + at$$
- गति के कुछ महत्त्वपूर्ण उदाहरण-आवर्त गति, घूर्णी गति और दोलन गति आदि।

27. *(c)* भारत में यात्री यातायात का लगभग 87% हिस्सा सड़क परिवहन से होता है तथा सड़कें देश के माल ढुलाई का भी करीब 60% हिस्सा सम्भालती हैं।

- सड़क नेटवर्क जनवरी, 2024 तक लगभग 66.71 लाख किमी सड़कों के साथ भारत दुनिया में अमेरिका के बाद दूसरा सबसे बड़ा सड़क नेटवर्क है।
- भारत में राष्ट्रीय राजमार्गों की लम्बाई देश के कुल सड़क नेटवर्क का 2% है। भारत में प्रति 1000 लोगों पर सड़क की लम्बाई 5.13 किमी है।
- सड़क परिवहन को विकसित करना और बनाए रखना अपेक्षाकृत सस्ता है।

28. *(d)* सरीसृपों में साँप, छिपकली, मगरमच्छ और कछुए शामिल हैं।

- सरीसृपों की त्वचा शल्कदार होती है, वे फेफड़ों से साँस लेते हैं तथा उनका हृदय तीन कक्षीय होता है।
- सरीसृप ठण्डे खून वाले कशेरुकियों का एक वर्ग है। उनके शरीर का तापमान उनके पर्यावरण के साथ बदलता रहता है।
- अधिकांश सरीसृप अण्डे देते हैं, हालाँकि कुछ ऐसे भी होते हैं, जिनके अण्डे अन्दर ही फूट जाते हैं।

29. *(c)* भीमराव अम्बेडकर द्वारा वर्ष 1927 में मन्दिर प्रवेश आन्दोलन चलाया गया था, जिसका उद्देश्य निचली जाति के लोगों को मन्दिरों में प्रवेश की अनुमति देना था।

- इस आन्दोलन के द्वारा अम्बेडकर जी देश में फैली सामाजिक और जातिगत कुरीतियों को समाप्त करना चाहते थे।
- इस आन्दोलन के तहत अम्बेडकर जी ने वर्ष 1927 से 1935 के बीच तीन आन्दोलन चलाए।
- इस आन्दोलन में लगभग 15000 स्वयंसेवक शामिल हुए थे।

30. *(d)* वर्ष 1912 में, भारतीय राष्ट्रीय कांग्रेस ने अपना 27वाँ अधिवेशन बाँकीपुर, पटना में आयोजित किया था, जिसकी अध्यक्षता रघुनाथ नरसिंह मुधोलक ने की थी।

- भारतीय राष्ट्रीय कांग्रेस की स्थापना दिसम्बर, 1885 में हुई थी। इसके पहले अध्यक्ष व्योमेशचन्द्र बनर्जी थे।
- दूसरे सत्र की अध्यक्षता दादाभाई नौरोजी ने 1886 ई. में कलकत्ता में की थी।

31. *(c)* मई, 2021 में एन. रंगास्वामी ने पुदुचेरी के मुख्यमन्त्री के रूप में शपथ ग्रहण की। उनके द्वारा बनाई गई पार्टी ऑल इण्डिया एन आर कांग्रेस है।

- रंगास्वामी चौथी बार पुदुचेरी के मुख्यमन्त्री बने और एआईएनआरसी-भाजपा गठबन्धन का नेतृत्व कर रहे हैं।
- पुदुचेरी के उप-राज्यपाल तमिलिसाई सुन्दरराजन ने एन. रंगास्वामी को पद और गोपनीयता की शपथ दिलाई।
- पुदुचेरी भारत गणराज्य का एक केन्द्रशासित प्रदेश है। पहले पुदुचेरी एक फ्रांसीसी उपनिवेश था, जिसमें 4 पृथक् जिलों का समावेश था।

32. *(d)* 'मेक इन इण्डिया' पहल मुख्य रूप से विनिर्माण क्षेत्र पर केन्द्रित है, जिसकी शुरुआत वर्ष 2014 में हुई थी।

- इसका उद्देश्य भारत को वैश्वक डिजाइन और विनिर्माण के क्षेत्र में समृद्ध बनाना है।
- इस पहल के तहत निवेश के लिए अनुकूल माहौल बनाना, आधुनिक

बुनियादी संरचना बनाना और विदेशी निवेश के लिए नए क्षेत्र खोलने जैसे लक्ष्य रखे गए हैं।

33. *(b)* रुद्राक्ष बालासाहेब पाटिल एक भारतीय निशानेबाज हैं और इन्होंने शूटिंग विश्व कप में पदक जीते हैं।

- दिसम्बर, 2022 में इन्होंने आईएसएसएफ रैंकिंग में 10 मी एयर राइफल में पहला स्थान प्राप्त किया।
- हांजो में 2022 एशियाई खेलों में पाटिल ने 25 सितम्बर, 2023 को पहला स्वर्ण पदक जीता और एक विश्व रिकॉर्ड स्कोर बनाया।

34. *(b)* हारमोनियम वादक तुलसीदास बोरकर को वर्ष 2016 में पद्मश्री सम्मान से सम्मानित किया गया था।

- तुलसीदास बोरकर को मराठी नाट्य संगीत में ऑर्गन वादक के रूप में प्रारम्भिक प्रसिद्धि मिली।
- एक प्रतिष्ठित हारमोनियम संगीतकार होने के अतिरिक्त तुलसीदास बोरकर को एक महान एकल वादक के रूप में भी सराहा गया।
- भारतीय संगीत के क्षेत्र में उनके योगदान के लिए वर्ष 2005 में उन्हें प्रतिष्ठित संगीत नाटक अकादमी पुरस्कार प्रदान किया गया।

35. *(c)* भारत सरकार ने विकास और पुनर्वित के लिए संस्थानों की स्थापना करके सूक्ष्म क्षेत्र को बढ़ावा देने के लिए वर्ष 2015 में प्रधानमन्त्री मुद्रा योजना शुरू की।
इस योजना के तहत तीन उत्पाद है

– शिशु ₹ 50000 तक का ऋण।
– किशोर ₹ 50000 से 5 लाख का ऋण।
– तरुण ₹ 5 लाख से ₹ 10 लाख का ऋण।

- MUDRA ऋण का उद्देश्य सूक्ष्म इकाइयों के लिए उपकरण वित्त ऋण और व्यापारियों व दुकानदारों के लिए व्यावसायिक ऋण उपलब्ध कराना है।
- मुद्रा ऋण के लिए अर्हता प्राप्त करने हेतु आवेदक की आयु कम-से-कम 18 वर्ष होनी चाहिए।

36. *(a)* दक्षिणी महासागर अण्टार्कटिका महाद्वीप को घेरे हुए और उत्तर की ओर 60° दक्षिण अक्षांश तक फैला हुआ है।

- अण्टार्कटिका महाद्वीप को घेरने वाली विश्व की सबसे बड़ी महासागरीय धारा, अण्टार्कटिका सर्कपोलर है।
- नेशनल ज्योग्राफिक पत्रिका ने वर्ष 2021 में दक्षिणी महासागर को विश्व का पाँचवाँ महासागर माना था।

37. *(b)* दोल जात्रा असम में वैष्णवों द्वारा मनाया जाने वाल प्रमुख उत्सव है।

- दोल जात्रा होली से एक दिन पहले मनाया जाता है। इस दिन महिलाएँ लाल किनारी वाली पारम्परिक सफेद साड़ी पहनकर शंख बजाते हुए राधा-कृष्ण की पूजा करती हैं।
- इस दोल जात्रा में चैतन्य महाप्रभु द्वारा रचित कृष्ण-भक्ति संगीत की प्रचुरता रहती है।
- यह त्योहार ब्रजक्षेत्र, राजस्थान, गुजरात, ओडिशा, असम, त्रिपुरा और बंगाल क्षेत्र में होली के त्योहार के दौरान मनाया जाता है।

38. *(a)* ब्रह्मचर्य अशोक की धम्म नीति की मूलभूत विशेषताओं में शामिल नहीं था।

- अशोक का धम्म सार्वभौमिक था, प्रत्येक स्थान पर प्रत्येक व्यक्ति, प्रत्येक समय में धम्म का पालन कर सकता था।
- उसने इन सिद्धान्तों का पालन अपनी प्रशासनिक नीति में भी किया।
- धम्म विभिन्न धार्मिक परम्पराओं से लिए गए सिद्धान्तों का मिश्रण था।
- अशोक अपनी धम्म की नीति के अन्तर्गत अहिंसा, सहिष्णुता तथा सामाजिक दायित्व का उपदेश देना चाहता था।

39. *(a)* असम राज्य ने मवेशियों के वध और परिवहन को विनियमित करने के लिए जुलाई-अगस्त, 2021 में मवेशी संरक्षण अधिनियम, 2021 अधिनियमित किया और दिसम्बर, 2021 में एक संशोधन का प्रस्ताव रखा, जिसमें अन्तर्राष्ट्रीय सीमा साझा करने वाले जिलों को छोड़कर कृषि और पशुपालन के लिए मवेशियों के अन्तर-जिला परिवहन की अनुमति दी गई।

- यह मुख्य रूप से हिन्दू, जैन, सिख और अन्य बीफ न खाने वाले समुदायों या किसी भी मन्दिर या सत्र के 5 किमी के दायरे में रहने वाले क्षेत्र में बीफ या बीफ उत्पादों की बिक्री और खरीद पर रोक लगाता है।
- इसका उद्देश्य मवेशियों के वध, उपभोग, अवैध परिवहन' को विनियमित करना है।
- यह अधिनियम असम मवेशी संरक्षण अधिनियम 1950 को निरस्त कर देता है।

40. *(a)* संकल्प गुप्ता शतरंज स्पर्द्धा से सम्बन्धित हैं। ये 71वें भारतीय ग्रैण्डमास्टर बने और सर्बिया के अरण्डजेलोवैक में जीएम आस्क 3 राउण्ड-रॉबिन इवेंट में दूसरे स्थान पर रहे।

- महाराष्ट्र के इस खिलाड़ी ने टूर्नामेण्ट के दौरान 2500 एलो रेटिंग का आँकड़ा भी छुआ।
- गुप्ता ने पाँच प्रतिस्पर्द्धाएँ जीतीं, तीन ड्रॉ की, जबकि रुडिक मार्करियन (रूस) से उन्हें हार झेलनी पड़ी।
- भारत के एक अन्य खिलाड़ी एस. नितिन 5.5 अंक लेकर चौथे स्थान पर रहे।
- वैशाली रमेशबाबू भारत की 84वीं ग्रैण्डमास्टर और भारत की तीसरी महिला ग्रैण्डमास्टर बनीं।

41. *(d)* एम. बालमुरलीकृष्ण एक कर्नाटक गायक, बहुवाद्ययन्त्र वादक और एक पार्श्वगायक हैं।

- उनकी मातृभाषा तेलुगू है। वे न केवल तेलुगू, बल्कि कन्नड़, संस्कृत, तमिल, मलयालम, हिन्दी, बंगाली, पंजाबी सहित कई भाषाओं में गाते हैं।
- डॉ. बालमुरलीकृष्ण ने तेलुगू, संस्कृत और तमिल सहित विभिन्न भाषाओं में 400 से भी ज्यादा संगीत रचनाएँ की है।
- उनकी सबसे बड़ी उपलब्धि सभी मूलभूत 72 रागों में की गई रचनाएँ हैं। इन्हें पद्मश्री, पद्म भूषण और पद्म विभूषण जैसे राष्ट्रीय पुरस्कार मिल चुके हैं।

42. *(a)* अनुच्छेद 148 में भारत के नियन्त्रक एवं महालेखा परीक्षक का उल्लेख है।

- राष्ट्रपति अपने हस्ताक्षर और मुहर से अधिपत्र जारी करके नियन्त्रक-महालेखापरीक्षक की नियुक्ति करते हैं।
- नियन्त्रक महालेखापरीक्षक का वेतन और सेवा शर्तें संसद द्वारा बनाए गए कानून के अनुसार तय की जाती हैं।
- नियन्त्रक महालेखापरीक्षक संघ और राज्यों के लेखाओं के सम्बन्ध में कार्य करता है।
- नियन्त्रक महालेखापरीक्षक का पद ब्रिटेन से लिया गया है।

43. *(a)* केलुचरण महापात्र ने ओडिसी का पुनर्विस्तार किया। ओडिसी ओडिशा प्रान्त की एक शास्त्रीय नृत्य शैली है।

- केलुचरण महापात्र को वर्ष 1988 में भारत सरकार द्वारा कला के क्षेत्र में पद्म भूषण से सम्मानित किया गया था।
- केलुचरण महापात्र ताल वाद्यों-मर्दला और तबला में भी निपुण थे, जो उनकी

नृत्य रचनाओं से स्पष्ट रूप से प्रतिध्वनित होता है।

- वे पारम्परिक पट्टचित्र चित्रकला में भी कुशल थे।

44. *(a)* जब भाप (गर्म पानी) को लोहे के ऊपर प्रवाहित किया जाता है, तो हाइड्रोजन गैस और आयरन (III) ऑक्साइड बनता है।

- लोहे के बुरादे में तनु हाइड्रोक्लोरिक अम्ल मिलाने पर हाइड्रोजन गैस और आयरन क्लोराइड का उत्पादन होता है।
- हाइड्रोजन एक रासायनिक तत्त्व है, इसका प्रतीक H और परमाणु क्रमांक 1 है। यह सबसे हल्का तत्त्व है।

45. *(c)* स्पाइरोगायरा में लैंगिक प्रजनन के अन्तर्गत दो आकारिकीय रूप से समान गैमीट्स का संलयन सम्मिलित होता है, परन्तु गैमीट्स कायिकीय रूप से असमान तथा नॉनसीलीएटेड होते हैं।

- स्पाइरोगायरा एक शैवाल है। इसमें क्लोरोफिल पाया जाता है। अत: यह प्रकाश संश्लेषण की क्रिया द्वारा अपना भोजन स्वयं बनाता है।
- दुनिया में इस पौधे की 400 से अधिक जातियाँ हैं।

46. *(d)* मौलिक अधिकार ब्रिटेन के संविधान से लिए गए हैं, विकल्प गलत है, जबकि मौलिक अधिकार अमेरिका से लिए गए हैं।

- मौलिक अधिकार भारतीय संविधान के अनुच्छेद 12 से 35 में दिए गए हैं। ये अधिकार नागरिकों के व्यक्तित्व विकास में मदद करते हैं और उनकी गरिमा की रक्षा करते हैं।
- मौलिक अधिकारों को संवैधानिक संशोधन के द्वारा बढ़ाया, घटाया या बदला जा सकता है।
- राष्ट्रीय आपातकाल के दौरान अनुच्छेद 19 के तहत दिए गए अधिकारों को निलम्बित किया जा सकता है। इनमें भाषण, सभा और आवागमन की आजादी शामिल हैं।
- मौलिक अधिकारों की संख्या 6 है।

47. *(d)* बाबर का वास्तविक नाम जहीरूद्दीन मुहम्मद था। बाबर भारत में मुगल साम्राज्य का संस्थापक था।

- वह तैमूर और चंगेज खान का वंशज था।
- 11 वर्ष की आयु में बाबर अपने पिता उमर शेख मिर्जा के स्थान पर 1494 ई. में फरगना का शासक बना था।
- 1526 ई. में उसने इब्राहिम लोदी के साथ पानीपत की पहली लड़ाई लड़ी और मुगल साम्राज्य की नींव रखी। 1530 ई. में उसकी मृत्यु हो गई।

48. *(a)* भारत की 2001 की जनगणना के अनुसार भारतीय पुरुषों के प्रवास का मुख्य कारण काम और रोजगार है। इसके अतिरिक्त पुरुष प्रवास के कुछ और महत्त्वपूर्ण कारण शिक्षा, व्यवसाय व अन्य कारण हैं।

- महिलाओं के प्रवास का मुख्य कारण शादी 65% है।
- लगभग 307 मिलियन लोगों को जन्म स्थान से प्रवास के रूप में सूचित किया गया था।
- इनमें 259 मिलियन (84.2%) लोग राज्य के एक हिस्से से दूसरे हिस्से में चले जाते हैं और 42 मिलियन (2%) लोग देश से बाहर चले जाते हैं।

49. *(b)* लियोन में आयोजित भारोत्तोलन चैम्पियनशिप में हर्षदा शरद गरुड़ ने कुल 157 किग्रा का भार उठाकर एशियन यूथ और जूनियर भारोत्तोलन चैम्पियनशिप में स्वर्ण पदक जीता था।

- इसके अतिरिक्त मई में उन्होंने IWF जूनियर विश्व चैम्पियनशिप में स्वर्ण पदक जीतने वाली पहली भारतीय महिला भारोत्तोलक बनकर इतिहास रचा।
- हर्षदा गरुड़ विश्व जूनियर भारोत्तोलन चैम्पियनशिप में स्वर्ण पदक जीतने वाली पहली भारतीय है।

50. *(b)* शीत ऋतु (winter) नवम्बर से मार्च तक, जिसमें दिसम्बर और जनवरी सबसे ठण्डे महीने होते हैं।

- उत्तरी भारत में औसत तापमान 10 से 15 डिग्री सेल्सियस होता है।
- इस अवधि के दौरान उत्तर-पूर्वी व्यापारिक पवनें भूमि से समुद्र की ओर चलती हैं।
- ठण्ड के मौसम में दिन गर्म और रातें ठण्डी होती हैं।

51. *(b)* प्रश्नानुसार,

संख्या $= 55n + 28$

$= 11(5n + 2) + 6$

अत: संख्या को 11 से विभाजित करने पर शेषफल 6 आएगा।

52. *(a)* माना पाइप A द्वारा टैंक को भरने में लगा समय $= 4x$ घण्टा

$\therefore$ पाइप B द्वारा लिया गया समय $= 5x$ घण्टा

पाइप A और B का 1 घण्टे का कार्य

$$= \frac{1}{4x} + \frac{1}{5x} = \frac{9}{20x}$$

$\therefore$ पाइप A और पाइप B द्वारा टैंक को भरने में लगा समय $= \frac{20x}{9}$ घण्टे

प्रश्नानुसार,

अब पाइप A, B और C द्वारा टैंक को भरने में लगा समय $= \frac{20x}{9} + \frac{20x}{9} \times \frac{4}{5}$

$$= \frac{100x + 80x}{45} = 4x$$

$\therefore \quad 4x = 40$ (दिया है)

$x = 10$

अकेले C द्वारा 1 घण्टे में किया गया कार्य

$$= \frac{1}{40} + \frac{1}{50} - \frac{1}{40} = \frac{1}{50}$$

अत: पाइप C टैंक को 50 घण्टे में पूरा खाली कर देगा।

53. *(c)* दिया है,

$\tan A + \cot A = 2$

दोनों पक्षों का वर्ग करने पर,

$\tan^2 A + \cot^2 A + 2\tan A \cdot \cot A = 4$

$\therefore \tan^2 A + \cot^2 A = 4 - 2 = 2$

54. *(b)* मूलधन $= 600 - 300 =$ ₹ 300

माना, दर $= r\%$

तथा ब्याज $= 360 - 300 =$ ₹ 60

अब, $60 = \frac{300 \times 2 \times r}{100 \times 12}$

$$r = \frac{60 \times 100 \times 12}{300 \times 2} = 120\%$$

55. *(a)* अभीष्ट अन्तर $= 252 - 247$

$= 5$ इकाई

56. *(b)* $\frac{453 \times 453 \times 453 - 383 \times 383 \times 383}{453 \times 453 + 383 \times 383 + 453 \times 383}$

$$= \frac{(453)^3 - (383)^3}{(453)^2 + (383)^2 + 453 \times 383}$$

$$= \frac{(453 - 383)[(453)^2 + (383)^2 + 453 \times 383]}{(453)^2 + (383)^2 + 453 \times 383}$$

$= 453 - 383 = 70$

57. *(a)* वर्ष 2021 में प्रत्येक विज्ञापन पर खर्च की गई कुल राशि

$$= \frac{760000}{19} + \frac{480000}{24} + \frac{440000}{22}$$

$= 40000 + 20000 + 20000 =$ ₹ 80000

वर्ष 2018 में प्रत्येक विज्ञापन पर खर्च की गई कुल राशि

$$= \frac{350000}{10} + \frac{360000}{12} + \frac{210000}{15}$$

$= 35000 + 30000 + 14000$

$=$ ₹ 79000

अत: अभीष्ट अनुपात $= 80000 : 79000$

$= 80 : 79$

58. *(b)* प्रश्नानुसार,

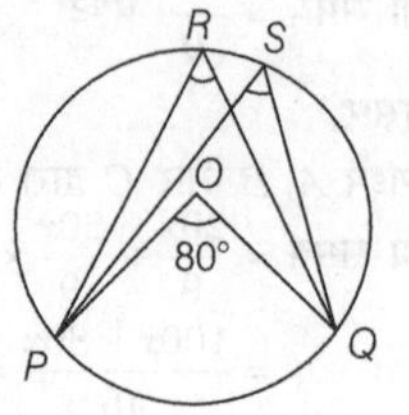

हम जानते हैं, कि एक चाप द्वारा केन्द्र पर बनाया गया कोण वृत्त के शेष भाग के किसी भी बिन्दु पर इसके द्वारा बनाए गए कोण का दोगुना होता है।

$\therefore \quad \angle PRQ = \angle PSQ = \dfrac{\angle POQ}{2}$

$= \dfrac{80}{2} = 40°$

59. *(c)* घन की भुजा की लम्बाई

$= \sqrt[3]{\text{घन का आयतन}}$

$= \sqrt[3]{13824} = 24$ सेमी

60. *(d)* वस्तु का अंकित मूल्य = ₹ 1600

$\therefore 1600 \times \dfrac{83}{100} \times \dfrac{(100-x)}{100} = 747$

$\Rightarrow \quad 100 - x = \dfrac{747 \times 100}{16 \times 83}$

$\Rightarrow \quad 100 - x = 56.25$

$\therefore \quad x = 100 - 56.25$

$=$ ₹ 43.75

61. *(b)* माना उस वृत्त की त्रिज्या = R सेमी

प्रश्नानुसार, $\quad \pi r_1^2 + \pi r_2^2 = \pi R^2$

$\therefore \quad R^2 = 8^2 + 15^2$

$= 64 + 225 = 289$

$R = 17$ सेमी

अतः उस वृत्त की परिधि $= 2\pi R$

$= 2\pi \times 17$

$= 34\pi$ सेमी

62. *(d)* वर्ष 2009 में कुल विद्यार्थी

$= 30 + 60 + 50 + 50$

$= 190$

तथा वर्ष 2009 में प्रथम श्रेणी से उत्तीर्ण विद्यार्थी = 30

अतः अभीष्ट % $= \dfrac{30}{190} \times 100$

$= \dfrac{300}{19} = 15\dfrac{15}{19}\%$

63. *(d)* यहाँ, $a_1 = 1, b_1 = 2k, c_1 = -8$

$a_2 = 2, b_2 = -1, c_2 = -16$

$\because$ निकाय के अनंत हल है

$\therefore \quad \dfrac{a_1}{a_2} = \dfrac{b_1}{b_2} = \dfrac{c_1}{c_2}$

$\Rightarrow \quad \dfrac{1}{2} = \dfrac{2k}{-1}$

$\Rightarrow \quad 4k = -1$

$\Rightarrow \quad k = -\dfrac{1}{4}$

64. *(a)* प्रश्नानुसार,

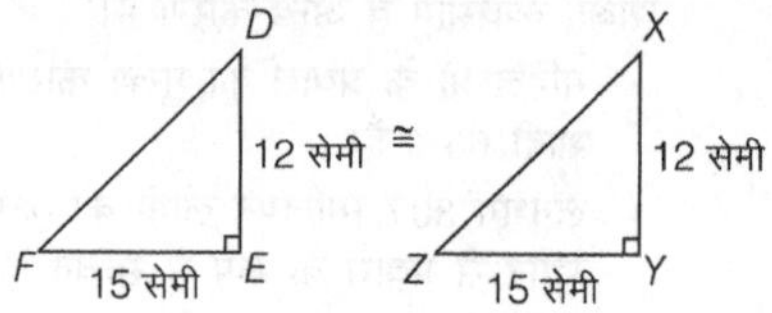

$\because \Delta DEF \cong XYZ$

$\therefore \angle XYZ = \angle DEF = 90°$

तथा $XZ = DF = \sqrt{DE^2 + FE^2}$

$= \sqrt{12^2 + 15^2}$

$= \sqrt{369} = 3\sqrt{41}$ सेमी

65. *(d)* माना आकाश की आयु = x वर्ष

तथा घनश्याम की आयु = $3x$ वर्ष

प्रश्नानुसार,

$3x - 10 = 4(x - 10)$

$\Rightarrow \quad 3x - 10 = 4x - 40$

$\Rightarrow \quad x = 30$

अतः अभीष्ट अन्तर $= 3x - x$

$= 2x = 2 \times 30$

$= 60$ वर्ष

66. *(c)* $(\sin A + \operatorname{cosec} A)^2 + (\cos A + \sec A)^2$

$= \sin^2 A + \operatorname{cosec}^2 A + 2\sin A \cdot \operatorname{cosec} A + \cos^2 A + \sec^2 A + 2\cos A \cdot \sec A$

$= \sin^2 A + \cos^2 A + 4 + \operatorname{cosec}^2 A + \sec^2 A$

$= 1 + 4 + 1 + \cot^2 A + 1 + \tan^2 A$

$= 7 + \tan^2 + \cot^2 A$

67. *(b)* माना विपुल की मासिक आय = ₹ x

प्रश्नानुसार,

$x \times \dfrac{70}{100} \times \dfrac{40}{100} \times \dfrac{60}{100} = 7056$

$\Rightarrow \quad x = \dfrac{7056000}{28 \times 6} =$ ₹ 42000

अतः किराने के सामान पर खर्च

$= 42000 \times \dfrac{70}{100} \times \dfrac{60}{100}$

$=$ ₹ 17640

68. *(d)* $133 \div 19 \times 3 - 48 \times 2 \div 24 + 841 \div [\{45 - \overline{16}\}]$

$= 133 \div 19 \times 3 - 48 \times 2 \div 24 + 841 \div 29$

$= 7 \times 3 - \dfrac{48 \times 2}{24} + 29$

$= 21 - 4 + 29 = 50 - 4 = 46$

69. *(b)* $3\tan A = 4$

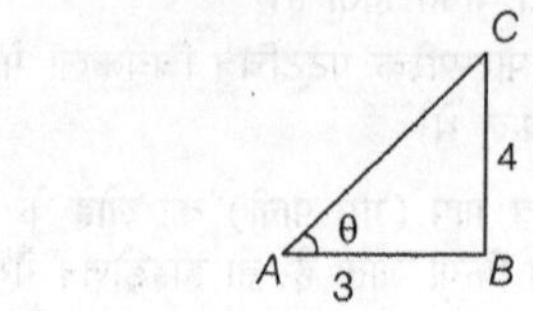

$\therefore \quad \tan A = \dfrac{4}{3} = \dfrac{BC}{AB}$

$\therefore \quad AC = \sqrt{4^2 + 3^2} = 5$

अतः $4\sin A + 3\cos A = 4 \times \dfrac{4}{5} + 3 \times \dfrac{3}{5}$

$= \dfrac{16}{5} + \dfrac{9}{5} = \dfrac{25}{5} = 5$

70. *(a)* माना अच्छी गुणवत्ता वाले गेहूँ की कीमत = ₹ x प्रति किग्रा

प्रश्नानुसार,

$26 \times 10 + 6 \times x = (10 + 6) \times 35$

$260 + 6x = 560$

$x = \dfrac{560 - 260}{6} =$ ₹ 50 प्रति किग्रा

71. *(b)* एक-दूसरे को पार करने में लगा समय

$= \dfrac{\text{दोनों रेलगाड़ियों की लम्बाई का योगफल}}{\text{सापेक्ष चाल}}$

$= \dfrac{132 + 108}{(40 + 32) \times \dfrac{5}{18}}$

$= \dfrac{240 \times 18}{72 \times 5} = 12$ सेकण्ड

72. *(c)* p और q का मध्यानुपाती $= \sqrt{p \times q}$

$\therefore \quad \sqrt{p \times q} = 12$

$\Rightarrow \quad p \times q = 144 = 24 \times 6$

अतः p और q के सम्भावित मान 24 और 6 हैं।

73. *(b)* दिन में 3 बार से अधिक चाय पीने वाले व्यक्तियों की कुल संख्या

$= 1732 + 1842 + 6045 + 2741$

$= 12360$

बिल्कुल भी चाय न पीने वाले व्यक्तियों की कुल संख्या

$= 317 + 127 + 223 + 293 = 960$

अतः अभीष्ट अनुपात $= 12360 : 960$

$= 103 : 8$

74. *(b)* मिश्रण के नियमानुसार,

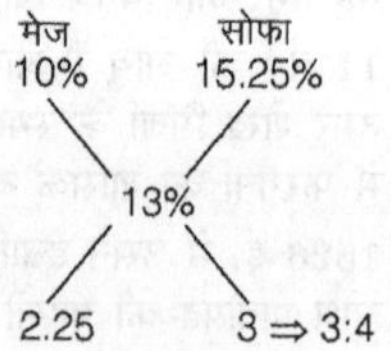

अत: अभीष्ट अन्तर $= \frac{28000}{(3+4)} \times (4-3)$

$= ₹\ 4000$

75. *(a)* प्रश्नानुसार,

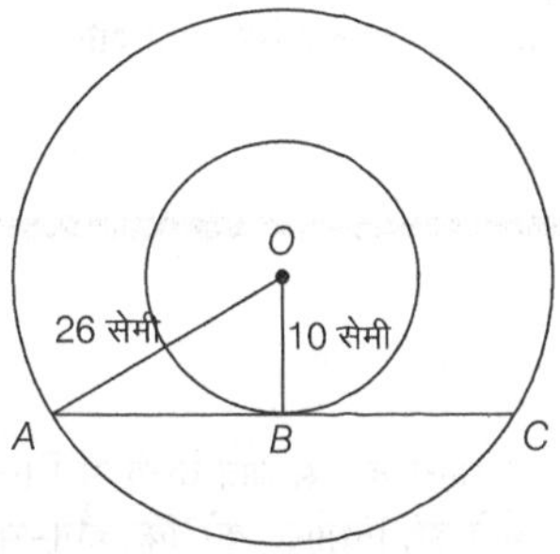

ΔAOB में,

$AB = \sqrt{AO^2 - OB^2}$

$= \sqrt{26^2 - 10^2} = \sqrt{576} = 24$ सेमी

अत: जीवा की लम्बाई $(AC) = 2 \times AB$

$= 2 \times 24 = 48$ सेमी

76. *(b)* The first sentence of the paragraph will be (C) as it introduces the main theme-physical benefits of yoga. The second sentence will be (B) which expands on it. The third sentence will be (D) which states its benefits. The last sentence will be (A) which further expands its benefits. Thus, the correct order is C, B, D, A.

77. *(c)* 'Obdurate' means stubbornly refusing to change one's opinion or course of action. Hence, its synonym is 'obstinate' which means the same.

78. *(d)* 'Gift of the gab' means a talent for speaking.

79. *(b)* 'Straighten up and fly right' means to improve her absurd behaviour and act seriously.

80. *(a)* The underlined part of the sentence contains an error. The place of the main verb will be before the conjunction 'not only'.

81. *(d)* The underlined part of the sentence contains an error. As the subject of the sentence is singular, the verb should also be singular. Hence, use 'has' to correct the sentence.

82. *(b)* Part 'the engineer' contains an error. The use of 'the' is incorrect with 'engineer' and should be replaced by 'an' to correct the sentence.

83. *(c)* The governor gave him a reward for his contribution.

- The sentence follows the structure Object + was/were + V_3 + by + Subject. When such a sentence is transformed into active voice, the structure followed is Subject + V_2 + Object.

84. *(d)* 'Hostile' means showing or feeling opposition or dislike; unfriendly. Hence, its antonym is 'friendly'.

- **Incoherent** means not understandable.

85. *(a)* 'Pragmatic' means practical and sensible.

- **Sceptic** refers to a person who is doubtful of something.
- **Stoic** refers to someone who does not show any emotion.
- **Cynicis** a person who believes that people are motivated purely by self-interest rather than acting for honourable or unselfish reasons.

86. *(a)* The correct spelling to fill in the blank is 'sovereignty'.

87. *(d)* 'Foment' means to cause trouble to develop. Hence, its antonym is 'regulate'.

- **Proximity** means nearness.
- **Remoteness** means aloofness.

88. *(b)* The incorrectly spelt word is 'Atempt'. The correct spelling is 'Attempt'.

89. *(d)* 'Feline' is anything that pertains to cats.

- **Bovine** means related to a cow.
- **Canine** means related to a dog.
- **Taurine** means related to a chemical that produces an amino acid that helps with bodily functions, including those of the digestive, cardiovascular, skeletal muscular and nervous systems.

90. *(d)* The given sentence presents that Sharat likes to be on time. Hence, the correct filler for the given blank is 'punctual'.

91. *(b)* 'Indispensable' means essential or compulsory.

92. *(d)* Part 'is a heaviest' contains an error. Superlative degree of adjective takes definite article 'the'.

93. *(d)* The correct passive voice for the given sentence is 'Little has to be said in this matter.'

94. *(a)* Extinct means something that is no longer in existence.

95. *(b)* 'Cascade' means a small, steep waterfall or a series of small waterfalls.

- **Arcade** refers to a place where there are many electronic or other coin-operated games for the public.

96. *(a)* The correct filler for the given blank is 'to'.

97. *(d)* The correct filler for the given blank is 'aspects'.

98. *(d)* The correct filler for the given blank is 'associated'.

99. *(d)* The correct filler for the given blank is 'interpretative'.

100. *(b)* The correct filler for the given blank is 'schools'.

सेट 30 24 सितम्बर, 2024 (तृतीय पाली)

SSC CGL Tier-I
सॉल्वड पेपर

निर्देश
1. इस सेट में कुल 100 प्रश्न हैं।
2. इस सेट में चार भाग हैं, भाग-I सामान्य बुद्धि एवं तर्कशक्ति, भाग-II सामान्य जागरुकता, भाग-III संख्यात्मक अभियोग्यता और भाग-IV अंग्रेजी भाषा।
3. प्रत्येक प्रश्न 2 अंक का है।

भाग I
सामान्य बुद्धि एवं तर्कशक्ति

1. नीचे दर्शाई गई आकृति में कितने वर्ग हैं?

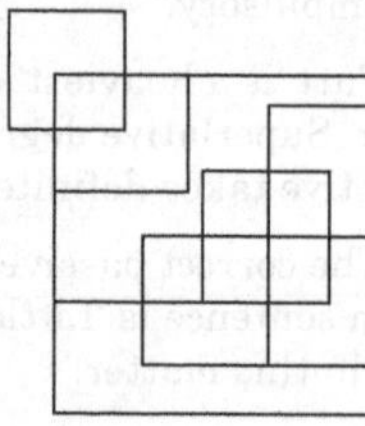

(a) 11 (b) 14 (c) 13 (d) 12

2. यदि '+' और '−' को आपस में बदल दिया जाए और '×' और '÷' का आपस में बदल दिया जाए, तो निम्नलिखित समीकरण में प्रश्नचिह्न (?) के स्थान पर क्या आएगा?

$1604 \times 4 + 87 - 16 \div 16 = ?$

(a) 570 (b) 770 (c) 670 (d) 870

3. 7 एक निश्चित तर्क का अनुसरण करते हुए 40 से सम्बन्धित है। इसी तर्क का अनुसरण करते हुए 5, 16 से सम्बन्धित है। समान तर्क का अनुसरण करते हुए, 9 निम्नलिखित में से किससे सम्बन्धित है?

(**नोट** संख्याओं को उनके घटक अंकों में विभक्त किए बिना पूर्ण संख्याओं पर संक्रियाएँ की जानी चाहिए। उदाहरण के लिए 13 को लें– 13 पर संक्रियाएँ, जैसे कि जोड़ना/घटाना/गुणा आदि 13 में की जा सकती हैं। 13 को 1 और 3 में विभक्त करना और फिर 1 और 3 पर गणितीय संक्रियाएँ करने की अनुमति नहीं है।)

(a) 70 (b) 54 (c) 48 (d) 72

4. यदि शब्द 'SIGNATURE' के प्रत्येक अक्षर को अंग्रेजी वर्णमाला के क्रम में बाएँ से दाएँ पुनर्व्यवस्थित किया जाए, तो कितने अक्षरों की स्थिति अपरिवर्तित रहेगी?

(a) एक (b) तीन (c) दो (d) चार

5. निम्नलिखित संख्याओं में से तीन संख्याएँ एक निश्चित प्रकार से एकसमान हैं और एक उनसे असंगत है। उस असंगत संख्या का चयन कीजिए।

(**नोट** संख्याओं को उसके संघटक अंकों में खण्डित किए बिना संक्रियाएँ पूर्णांकों पर की जानी चाहिए। उदाहरण के लिए 13-13 पर की जाने वाली संक्रियाएँ जैसे जोड़ना/घटाना/गुणा इत्यादि 13 पर ही की जानी चाहिए। 13 को 1 और 3 में खण्डित करना और फिर 1 और 3 पर गणितीय संक्रियाएँ करना वर्जित है।)

(a) 829 (b) 237
(c) 643 (d) 821

6. दिए गए विकल्पों में से उस आकृति का चयन कीजिए जो नीचे दी गई शृंखला में प्रश्नचिह्न (?) को प्रतिस्थापित कर सके।

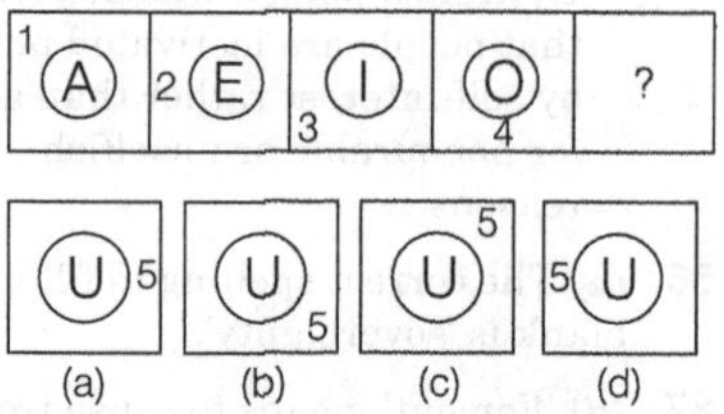

7. दिए गए विकल्पों में से उस आकृति की पहचान कीजिए जिसे प्रश्नचिह्न (?) के स्थान पर रखने पर शृंखला तार्किक रूप से पूरी हो जाएगी।

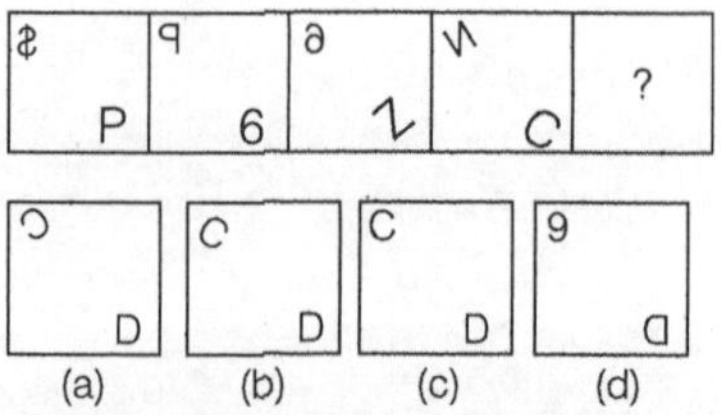

8. इस प्रश्न में तीन कथन दिए गए हैं, जिसके बाद दो निष्कर्ष I और II दिए गए हैं। कथनों को सत्य मानते हुए, भले ही वे सामान्य रूप से ज्ञात तथ्यों से भिन्न प्रतीत होते हों, निर्धारित करें कि कौन-सा/से निष्कर्ष कथनों का तार्किक रूप से अनुसरण करता है/करते हैं?

कथन
सभी अनाज, सीरियल हैं।
कुछ सीरियल, फल हैं।
कोई फल, सब्जी नहीं है।

निष्कर्ष
I. सभी सीरियल, सब्जियाँ हो सकते हैं।
II. सभी अनाज, फल हैं।

(a) केवल निष्कर्ष I अनुसरण करता है
(b) न तो निष्कर्ष I और न ही II अनुसरण करता है
(c) केवल निष्कर्ष II अनुसरण करता है
(d) निष्कर्ष I और II दोनों अनुसरण करते हैं

9. Q, T की माता है। R, P का पति है। S, Q का पिता है। T, P का भाई है। P, S से किस प्रकार सम्बन्धित है?

(a) नानी (b) भाभी
(c) नाना (d) नातिन

10. निम्नलिखित में से कौन-सी संख्याएँ दी गई शृंखला में प्रश्नचिह्न (?) का स्थान लेंगी?

61, ?, ?, 73, 79, 83, 89

(a) 67,71 (b) 63, 65
(c) 63, 67 (d) 67,69

11. अंग्रेजी वर्णमाला क्रम के आधार पर, निम्नलिखित चार अक्षर-समूहों में से तीन किसी निश्चित तरीके से एकसमान हैं और इस प्रकार एक समूह बनाते हैं। कौन-सा अक्षर-समूह उस समूह से सम्बन्धित नहीं है?

(**नोट** असंगत अक्षर-समूह, व्यंजनों/स्वरों की संख्या या अक्षर-समूह में इनके स्थान पर आधारित नहीं है।)

(a) MPN (b) HKI
(c) QUR (d) RUS

12. एक निश्चित तर्क का अनुसरण करते हुए 64, 4 से सम्बन्धित है। उसी तर्क का अनुसरण करते हुए, 216, 6 से सम्बन्धित है। उसी तर्क का अनुसरण करते हुए, 729 निम्नलिखित में से किससे सम्बन्धित है?

(**नोट** संख्याओं को उसके घटक अंकों में तोड़े बिना, पूर्ण संख्याओं पर संक्रियाएँ की जानी चाहिए। उदाहरण के लिए संख्या 13 को लें– 13 पर संक्रियाएँ, जैसे कि 13 में जोड़ना/घटाना/गुणा करना आदि, की जा सकती हैं। 13 को 1 और 3 में तोड़ने और फिर 1 और 3 पर गणितीय संक्रियाएँ करने की अनुमति नहीं है)

(a) 13 (b) 7 (c) 11 (d) 9

13. एक कागज को नीचे दिखाए अनुसार मोड़ा और काटा जाता है। खोलने पर यह कैसा दिखाई देगा?

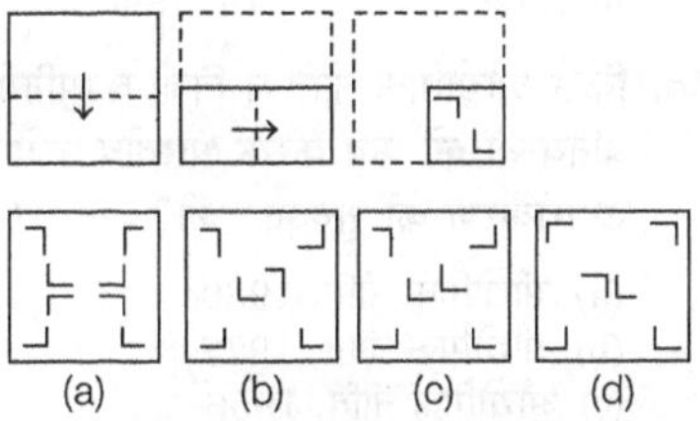

14. एक निश्चित कूटभाषा में,'BLEACHERS' को '63' के रूप में कूटबद्ध किया जाता है और 'ABACUS' को '42' के रूप में कूटबद्ध किया जाता है। उस भाषा में 'FIZZY' को किस प्रकार कूटबद्ध किया जाएगा?

(a) 44 (b) 35 (c) 52 (d) 45

15. उस शब्द-युग्म का चयन कीजिए, जो नीचे दिए गए शब्द-युग्म में व्यक्त किए गए सम्बन्ध के समान सम्बन्ध को सबसे अच्छा दर्शाता है। (शब्दों को अर्थपूर्ण हिन्दी शब्द माना जाना चाहिए और इन्हें शब्द में अक्षरों की संख्या/व्यंजनों/स्वरों की संख्या के आधार पर एक-दूसरे से सम्बन्धित नहीं किया जाना चाहिए।)

प्रेम : मैत्री

(a) शान्ति : परमानन्द (b) रोष : धैर्य
(c) क्रोध : आवेश (d) शान्त : उदास

16. जब दर्पण को MN पर रखा जाता हो, तो दी गई आकृति के सही दर्पण प्रतिबिम्ब का चयन कीजिए।

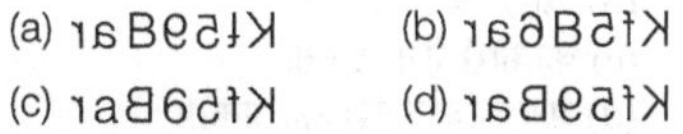

17. निम्नलिखित में से कौन-सा अक्षर-समूह दी गई शृंखला को तार्किक रूप से पूर्ण बनाने के लिए इसमें प्रश्नचिह्न (?) को प्रतिस्थापित करेगा?

JAL, MDO, PGR, SJU, ?

(a) VMX (b) VMY
(c) WNX (d) WMX

18. एक निश्चित कूटभाषा में, 'ZCJV' को 'YBIU' के रूप में कूटबद्ध किया जाता है और 'GKMD' को 'FJLC' के रूप में कूटबद्ध किया जाता है। उसी भाषा में 'EYOR' को किस प्रकार कूटबद्ध किया जाएगा?

(a) DXNQ (b) DWMP
(c) CXNQ (d) QWMP

19. जब दर्पण को MN पर रखा जाता हो, तो दी गई आकृति के सही दर्पण प्रतिबिम्ब का चयन कीजिए।

20. उन अक्षरों के संयोजन का चयन कीजिए, जिन्हें दी गई शृंखला के रिक्त स्थानों में क्रमिक रूप से रखने पर शृंखला पूरी हो जाएगी।

B_DE_GDGBK_IB_DK

(a) OCBD (b) CBDO
(c) CODB (d) CBDP

21. 'निम्नलिखित संख्या-युग्मों में, पहली संख्या पर निश्चित गणितीय संक्रियाएँ करके दूसरी संख्या प्राप्त की जाती है। उस समुच्चय का चयन कीजिए, जिसमें संख्याएँ उसी प्रकार सम्बन्धित हैं जिस प्रकार निम्नलिखित समुच्चय की संख्याएँ सम्बन्धित हैं।

(**नोट** संख्याओं को उसके घटक अंकों में तोड़े बिना, पूर्ण संख्याओं पर संक्रियाएँ की जानी चाहिए। उदाहरण के लिए संख्या 13 को लें– 13 पर संक्रियाएँ, जैसे कि 13 में जोड़ना/घटाना/गुणा करना आदि, की जा सकती हैं। 13 को 1 और 3 में तोड़ने और फिर 1 और 3 पर गणितीय संक्रियाएँ करने की अनुमति नहीं है।)

(26, 114), (47, 198)

(a) (22, 88) (b) (18,74)
(c) (15,70) (d) (25, 105)

22. नीचे एक ही पासे की दो अलग-अलग स्थितियाँ दी गई हैं। संख्या 5 वाले फलक के विपरीत फलक पर कौन-सी संख्या है?

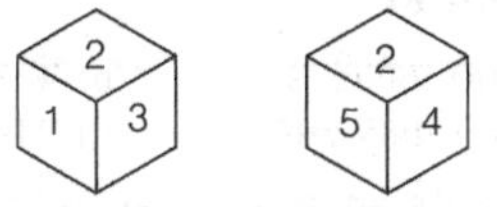

(a) 2 (b) 1 (c) 3 (d) 6

23. यदि निम्नलिखित समीकरण में '+' और '–' को आपस में बदल दिया जाता है तथा '×' और '÷' को आपस में बदल दिया जाता है, तो प्रश्नचिह्न (?) के स्थान कौन-सी संख्या आएगी?

$7 \div 5 - 30 \times 6 + 4 = ?$

(a) 36 (b) 32 (c) 30 (d) 34

24. दिए गए आरेख का ध्यानपूर्वक अध्ययन करें और निम्नलिखित प्रश्न का उत्तर दें। विभिन्न खण्डों में दी गई संख्याएँ अलग-अलग वाहन चला सकने वाले व्यक्तियों की संख्या को दर्शाती हैं।

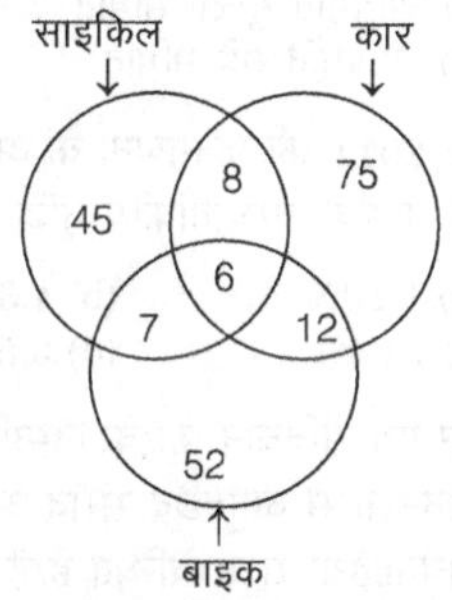

सभी तीनों वाहन चला सकने वाले व्यक्तियों की संख्या और इनमें से कोई भी दो वाहन चला सकने वाले व्यक्तियों की संख्या के बीच का अन्तर क्या है?

(a) 27 (b) 12 (c) 21 (d) 15

25. उस विकल्प का चयन कीजिए, जो तीसरे शब्द से उसी प्रकार सम्बन्धित है, जिस प्रकार दूसरा शब्द पहले शब्द से सम्बन्धित है। (शब्दों को अर्थपूर्ण अंग्रेजी शब्दों के रूप में माना जाना चाहिए और वे शब्द में अक्षरों/व्यंजनों/स्वरों की संख्या के आधार पर एक-दूसरे से सम्बन्धित नहीं होने चाहिए)

वनस्पति विज्ञान : पौधे :: शंख विज्ञान : ?

(a) मिट्टी (b) नाम
(c) सीप (d) जीवाश्म

भाग II
सामान्य जागरुकता

26. ……… पोर्टल, किसानों के लिए कृषि से सम्बन्धित कोई भी जानकारी प्राप्त करने हेतु भारत सरकार द्वारा प्रदान किया गया एक मंच है।
(a) क्रॉपलैण्ड (b) कल्टीवेशन
(c) एग्रीकल्चरल (d) फॉर्मर्स

27. जब किसी पिण्ड पर दो बल विपरीत दिशाओं में कार्य करते हैं, तो क्या होता है?
(a) पिण्ड पर लगने वाला परिणामी बल दोनों पिण्डों के बीच के अन्तर के बराबर होता है
(b) पिण्ड पर लगने वाला परिणामी बल दोनों बलों के बीच के अन्तर के बराबर होता है
(c) पिण्ड पर लगने वाला परिणामी बल दोनों पिण्डों के योग के बराबर होता है
(d) पिण्ड पर लगने वाला परिणामी बल दोनों बलों के योग के बराबर होता है

28. किस समिति ने कुछ मौलिक कर्त्तव्यों के कार्यान्वयन के लिए कानूनी प्रावधानों के अस्तित्व की पहचान की?
(a) न्यायमूर्ति वीआर कृष्ण अय्यर समिति
(b) न्यायमूर्ति वर्मा समिति
(c) न्यायमूर्ति मुल्ला समिति
(d) न्यायमूर्ति सप्रे समिति

29. वर्ष 2011 की जनगणना के अनुसार, भारत की वार्षिक चरघातांकीय वृद्धि दर क्या थी?
(a) 1.10% (b) 4.34%
(c) 1.64% (d) 3.54%

30. भारतीय संविधान का/के निम्नलिखित में से कौन-सा/से अनुच्छेद संसद और उसकी कार्यवाहियों से सम्बन्धित है/हैं?
(a) अनुच्छेद 51A
(b) अनुच्छेद 12 से 35
(c) अनुच्छेद 79 से 122
(d) अनुच्छेद 36 से 51

31. निम्नलिखित में से कौन-सा कथन सही है?
(a) राष्ट्रीय आय, बाजार मूल्य (MP) पर सकल देशी उत्पाद (GDP) है
(b) राष्ट्रीय आय, बाजार मूल्य (MP) पर निवल देशी उत्पाद (NDP) है
(c) राष्ट्रीय आय, उपादान लागत (FC) पर निवल राष्ट्रीय उत्पाद (NNP) है
(d) राष्ट्रीय आय उपादान लागत (FC) पर सकल राष्ट्रीय उत्पाद (GNP) है

32. निम्नलिखित में से किस घटना के बाद असहयोग आन्दोलन बन्द कर दिया गया था?
(a) कामागाटा मारू घटना
(b) चौरी-चौरा काण्ड
(c) काकोरी ट्रेन डकैती
(d) प्रथम विश्वयुद्ध का प्रकोप

33. गंगूबाई हंगल ……. से सम्बन्धित थी।
(a) बनारस घराने (b) किराना घराने
(c) ग्वालियर घराने (d) आगरा घराने

34. प्रतिहार, जिसकी प्रथम राजधानी भीनमाल में थी, ने ……. के शासन के दौरान प्रख्याति प्राप्त की।
(a) देवपाल (b) नागभट्ट प्रथम
(c) नागार्जुन (d) कनिष्क

35. चन्द्रप्रभा वन्यजीव अभयारण्य भारत के किस राज्य में स्थित है?
(a) बिहार (b) उत्तर प्रदेश
(c) मध्य प्रदेश (d) गुजरात

36. 'उनगलिल ओरुवन' (वन अमंग यू) निम्नलिखित में से किस मुख्यमन्त्री की आत्मकथा है?
(a) बासवराज बोम्मई (b) एम. के. स्टालिन
(c) के. चन्द्रशेखर राव (d) पिनराई विजयन

37. निम्नलिखित प्रसिद्ध बैडमिण्टन खिलाड़ियों में से किसने स्विस ओपन, 2022 जीता?
(a) अपर्णा पोपट (b) पी.वी. सिन्धु
(c) साइना नेहवाल (d) ज्वाला गुट्टा

38. भारत का निम्नलिखित में से कौन-सा जिला औद्योगिक जिले का एक उदाहरण है?
(a) फरीदाबाद (b) कोटा
(c) मेरठ (d) जयपुर

39. भारत में शिक्षक दिवस प्रतिवर्ष 5 सितम्बर को किसके जन्मदिन पर मनाया जाता है?
(a) ए.पी.जे. अब्दुल कलाम
(b) सरदार वल्लभभाई पटेल
(c) सुभाषचन्द्र बोस
(d) सर्वपल्ली राधाकृष्णन

40. प्रशान्त महासागर और आर्कटिक महासागर के बीच पाए जाने वाले जलडमरूमध्य का नाम क्या है, जो रूस के सुदूर पूर्व के चुक्ची प्रायद्वीप को अलास्का के सीवार्ड प्रायद्वीप से अलग करता है?
(a) डेविस जलडमरूमध्य
(b) मेसिना जलडमरूमध्य
(c) फ्लोरिडा जलडमरूमध्य
(d) बेरिंग जलडमरूमध्य

41. निम्नलिखित में से कौन-सा दवाओं का वर्गीकरण मानदण्ड नहीं है?
(a) रासायनिक संरचना (b) आण्विक लक्ष्य
(c) औषधीय प्रभाव (d) व्यावहारिक स्थिति

42. ईश्वरचन्द्र विद्यासागर के सन्दर्भ में निम्नलिखित कथनों पर विचार कीजिए।
1. उन्होंने बाल विवाह और बहुविवाह का विरोध किया था।
2. उनके प्रयासों के कारण, पहला हिन्दू विधवा पुनर्विवाह अधिनियम, 1856 पेश किया गया था।
3. वह मुख्य रूप से फ़ारसी भाषा में अपनी विद्वता के लिए जाने जाते थे।

उपरोक्त कथनों में से कौन-सा/कौन-से कथन सही है/हैं?
(a) 1, 2 और 3 (b) 2 और 3
(c) 1 और 2 (d) 1 और 3

43. निम्नलिखित में से कौन-सा राजीव गाँधी राष्ट्रीय सद्भावना पुरस्कार उस्ताद अमजद अली खान को प्रदान किया गया था?
(a) 18वाँ (b) 21वाँ
(c) 20वाँ (d) 19वाँ

44. किस औद्योगिक नीति ने निजी कम्पनियों पर प्रतिबन्धों को कम करके भारतीय उद्योग में उदारीकरण की शुरुआत की?
(a) औद्योगिक नीति, 1980
(b) औद्योगिक नीति, 1977
(c) औद्योगिक नीति, 1956
(d) औद्योगिक नीति, 1991

45. आई.पी.एल. (IPL) 2023 का फाइनल मैच निम्नलिखित में से किस शहर में आयोजित किया गया था?
(a) अहमदाबाद (b) मुम्बई
(c) बेंगलुरु (d) चेन्नई

46. भारत सरकार ने अप्रैल, 2020 में iGOT लॉन्च किया, यह क्या है?
(a) कोविड-19 प्रबन्धन के लिए ऑनलाइन प्रशिक्षण पोर्टल
(b) सामाजिक सुरक्षा योजनाओं के लिए ऑनलाइन पोर्टल
(c) डिजिटल भुगतान के लिए ऑनलाइन पोर्टल
(d) सिंगल गर्ल चाइल्ड (इकलौती बालिका शिशु) को छात्रवृत्ति हेतु ऑनलाइन पोर्टल

47. निम्नलिखित में से कौन-सा एक संतृप्त हाइड्रोकार्बन है?
(a) C_6H_6 (b) C_3H_8
(c) C_2H_4 (d) C_4H_8

48. अण्डर-20 विश्व कुश्ती चैम्पियनशिप जीतने वाली पहली भारतीय महिला ……… हैं।
(a) प्रणति नायक
(b) अन्तिम पंघाल
(c) स्वाति संजय
(d) हिना खलीफा

49. कुचिपुड़ी नृत्य निम्नलिखित में से किस राज्य से सम्बन्धित है?

(a) तमिलनाडु (b) मणिपुर
(c) आन्ध्र प्रदेश (d) मध्य प्रदेश

50. गो शब्द, जिसका अर्थ गाय है, से बहुत सारे शब्द व्युत्पन्न हुए हैं। वैदिक काल में एक धनी व्यक्ति को ……… कहा जाता था।

(a) गोत्र (b) गोमत
(c) गवेषणा (d) गबाक्ष

भाग III
संख्यात्मक अभियोग्यता

51. एक त्रिभुज के कोणों का अनुपात 1 : 2 : 3 है। सबसे बड़े और सबसे छोटे कोण का अन्तर (अंश में) है।

(a) 60 (b) 30
(c) 45 (d) 15

52. एक व्यक्ति की आय ₹ 16500 है और उसका व्यय ₹ 12000 है। अगले वर्ष उसकी आय 24% बढ़ती है लेकिन उसका व्यय 10% कम हो जाता है, तो उसकी बचत में प्रतिशत वृद्धि (निकटतम पूर्णांक तक पूर्णांकित) कितनी होगी?

(a) 115% (b) 90%
(c) 95% (d) 120%

53. यदि किसी बैग का अंकित मूल्य क्रय मूल्य से 25% अधिक है, और उस पर 18% की छूट घोषित की गई है, तो लाभ प्रतिशत ज्ञात कीजिए।

(a) 2.5% (b) 1.5%
(c) 2.0% (d) 3.0%

54. यदि 436P5, 3 से विभाज्य है, तो P का अधिकतम मान ज्ञात करें।

(a) 9 (b) 8 (c) 6 (d) 12

55. $\dfrac{1+\sin\theta-\cos\theta}{1+\sin\theta+\cos\theta}$ को हल कीजिए।

(a) $\cos\dfrac{\theta}{2}$ (b) $\tan\dfrac{\theta}{2}$
(c) $\sin\dfrac{\theta}{2}$ (d) $\cot\dfrac{\theta}{2}$

56. यदि $A = 15°$ है, तो $\dfrac{11\sqrt{2}\cos 3A + 10\sin 2A}{7\sqrt{3}\sin 4A}$ का मान कितना होगा?

(a) $\dfrac{21}{32}$ (b) $\dfrac{7}{11}$ (c) $\dfrac{11}{7}$ (d) $\dfrac{32}{21}$

57. रामू ने एक ही समय पर 8% प्रति वर्ष की साधारण ब्याज की समान दर पर राजू को ₹ 3000 और रवि को एक निश्चित राशि उधार दी। 5 वर्षों के बाद, उसे राजू और रवि से ब्याज के रूप में ₹ 1600 की राशि प्राप्त हुई। रवि को उधार दी गई राशि ज्ञात कीजिए।

(a) ₹ 1500 (b) ₹ 1200
(c) ₹ 1250 (d) ₹ 1000

58. एक कक्षा में उन छात्रों की संख्या, जिन्होंने किसी परीक्षा में प्रत्येक प्रश्न का सही उत्तर, गलत उत्तर दिया है, या उसे हल करने का प्रयास नहीं किया है, नीचे दी गई तालिका में दर्शाई गई है। प्रत्येक प्रश्न के अंक भी सूचीबद्ध हैं कोई ऋणात्मक या आंशिक मार्किंग नहीं है।

प्रश्न संख्या	अंक	सही उत्तर दिया	गलत उत्तर दिया	हल करने का प्रयास नहीं किया
1	1	20	10	10
2	2	15	15	10
3	5	20	20	0
4	10	12	15	13

परीक्षा में कक्षा द्वारा प्राप्त अंकों का औसत ज्ञात करें।

(a) 6.75 (b) 5.75 (c) 5.25 (d) 6.25

59. 30 छात्रों वाली एक कक्षा के सभी छात्रों ने एक टेस्ट दिया। 12 छात्रों का औसत स्कोर 62 है और बाकी छात्रों का औसत स्कोर 78 है। कक्षा का औसत स्कोर ज्ञात करें।

(a) 70.6 (b) 71.6
(c) 72.6 (d) 69.6

60. अदिति अपने स्कूटर को ₹ 25404 में बेचकर, विक्रय मूल्य के $\dfrac{1}{6}$ भाग के बराबर लाभ अर्जित करती है। उसका लाभ प्रतिशत ज्ञात कीजिए।

(a) 40% (b) 25% (c) 20% (d) 30%

61. दिया गया पाई-चार्ट, 240 दाताओं के A, B, O और AB रक्त वर्गों का डेटा दशार्ता है। चार्ट का अध्ययन कीजिए और नीचे दिए गए प्रश्न का उत्तर दीजिए।

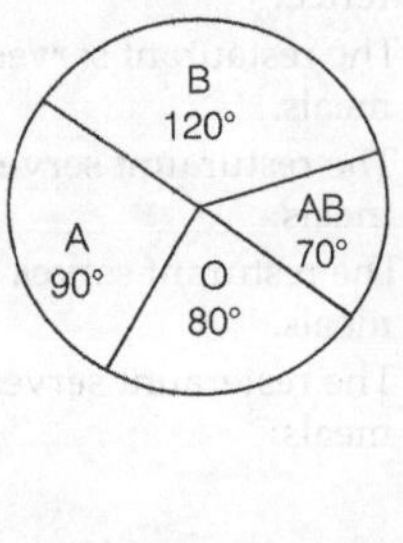

रक्त वर्ग 'A', 'O', तथा 'AB' के औसत दाताओं और रक्त वर्ग 'B' के दाताओं का अनुपात कितना है?

(a) 2 : 3 (b) 3 : 4
(c) 1 : 3 (d) 4 : 3

62. एक पुलिसकर्मी 82 किमी/घण्टा की चाल से एक चोर का पीछा कर रहा है। चोर 1300 मी दूर है और 64 किमी/घण्टा की चाल से भाग रहा है। यदि दोनों बाइक पर सवार हैं, तो पुलिसकर्मी चोर को कितने समय में पकड़ लेगा?

(a) 260 सेकण्ड (b) 300 सेकण्ड
(c) 350 सेकण्ड (d) 250 सेकण्ड

63. कौन-सी भाज्य संख्या प्रथम 12 प्राकृत संख्याओं के योग को विभाजित कर सकती है?

(a) 8 (b) 4 (c) 12 (d) 6

64. एक वर्ष पहले, B की आयु, A की आयु की दोगुनी थी। 9 वर्ष बाद, यदि B और A की आयु का अनुपात 4 : 3 होगा, तो उनकी वर्तमान आयु का योग वर्ष ……… है।

(a) 17 (b) 15 (c) 21 (d) 30

65. दिए गए पाई-चार्ट का ध्यानपूर्वक अध्ययन कीजिए और उसके बाद पूछे गए प्रश्न का उत्तर दीजिए। दिया गया पाई-चार्ट किसी संस्थान की विभिन्न हॉबी क्लासेज पर किए गए व्यय को दर्शाता है।

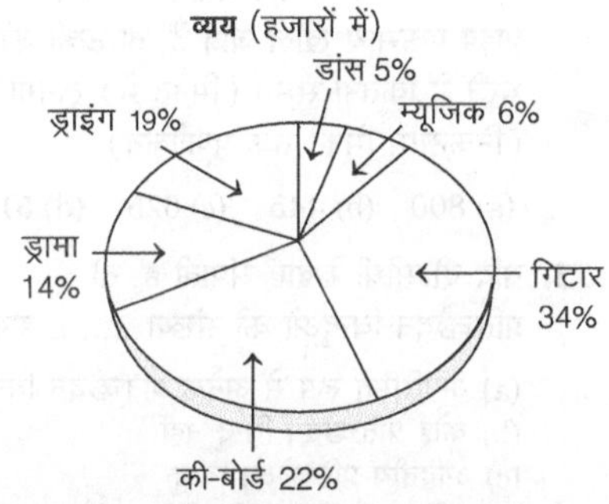

यदि कुल व्यय ₹1070000 है, तो 'ड्राइंग' का निरूपण करने वाले वृत्त खण्ड का केन्द्रीय कोण ज्ञात कीजिए।

(a) 90° (b) 68.4° (c) 19° (d) 70°

66. यदि $10\sin^2\theta + 6\cos^2\theta = 7, 0 < \theta < 90°$ है, तो $\tan\theta$ का मान ज्ञात कीजिए।

(a) $\dfrac{1}{\sqrt{3}}$ (b) $\sqrt{3}$ (c) $\dfrac{1}{2}$ (d) 1

67. दो संख्याओं का अनुपात 2 : 5 है और उनका अन्तर 210 है। छोटी संख्या है

(a) 60 (b) 350 (c) 140 (d) 150

68. ΔABC में, $AB = 6$ सेमी है, $BC = 9$ सेमी है और $AC = 12$ सेमी है। यदि AD, $\angle BAC$ का कोण समद्विभाजक है, जहाँ D, BC पर एक बिन्दु है, तो DC का मान (सेमी में) होगा

(a) 7 (b) 6 (c) 9 (d) 3

69. माना कि ABC एक त्रिभुज है। यदि AB, BC और AC के मध्य-बिन्दु क्रमश: D, E और F हैं, तो ΔDEF .... के सर्वांगसम नहीं है।

(a) ΔBDE (b) ΔECF
(c) ΔADF (d) ΔABC

70. यदि $a + b = c$ है, तो व्यंजक $a^3 + b^3 - c^3 + 3abc$ का मान, ... के बराबर होगा

(a) 1 (b) 0
(c) 3 (d) 2

71. एक रेखा दो संकेन्द्रित वृत्तों को काटती है। वृत्तों पर इस रेखा द्वारा बनाई गई जीवाओं की लम्बाई 6 सेमी और 18 सेमी हैं। दो वृत्तों की त्रिज्याओं के वर्गों में अन्तर ज्ञात कीजिए।

(a) 90 (b) 120 (c) 72 (d) 60

72. पाइप A एक टंकी को 4 घण्टे में भर सकता है और पाइप B उसी टंकी को 5 घण्टे में भर सकता है। पाइप C पूरी टंकी को 3 घण्टे में खाली कर सकता है। यदि तीनों पाइप एकसाथ खोले जाते हैं, तो टंकी को भरने में कितना समय (मिनट में) लगेगा? (निकटतम मिनट तक पूर्णांकित)

(a) 800 (b) 445 (c) 625 (d) 514

73. यदि दो सीधी रेखाएँ संपाती हैं, तो प्रतिच्छेदन बिन्दुओं की संख्या .... होगी।

(a) अपरिमित रूप से अनेक प्रतिच्छेदन बिन्दु
(b) कोई प्रतिच्छेदन बिन्दु नहीं
(c) अद्वितीय प्रतिच्छेदन बिन्दु
(d) प्रतिच्छेदन बिन्दु की परिमित संख्या

74. निम्न तालिका का अध्ययन कीजिए और प्रश्न का उत्तर दीजिए।

2020 में भारत का निर्यात	मूल्य मिलियन अमेरिकी डॉलर में
इलेक्ट्रॉनिक्स	720
कपास	680
आभूषण	500
स्टील	450
सॉफ्टवेयर	850

आभूषण का निर्यात कुल निर्यात का कितना प्रतिशत था? (दो दशमलव स्थानों तक पूर्णांकित)

(a) 14.34% (b) 15.78%
(c) 14.63% (d) 15.63%

75. एक ठोस घनाभ की लम्बाई, चौड़ाई और ऊँचाई का अनुपात 3 : 2 : 1 दिया गया है और इस घनाभ की चौड़ाई 12 सेमी दी गई है। घनाभ का आयतन (सेमी³ में) ज्ञात कीजिए।

(a) 1296 (b) 1500
(c) 1250 (d) 1200

भाग IV

अंग्रेजी भाषा

76. The given sentence is divided into four segments. Select the option that has the segment with a grammatical error.
Jerry driving / home late / when the incident / took place.
(a) took place
(b) when the incident
(c) Jerry driving
(d) home late

77. Select the incorrectly spelt word.
(a) Possession
(b) Unfourseen
(c) Referred
(d) Weather

78. Select the most appropriate synonym of the given word.
Evoke
(a) Induce (b) Abandon
(c) Divert (d) Reduce

79. Select the most appropriate synonym of the word in brackets to fill in the blanks.
The soldiers spent long period .... (convalescing).
(a) attacking (b) travelling
(c) recovering (d) ailing

80. Select the correctly spelled sentence.
(a) The restaurant serves delicious meals.
(b) The resturaunt serves delisious meals.
(c) The resturant serves deliscious meals.
(d) The resteraunt serves delicious meals.

81. Select the most appropriate antonym of the given word.
Intelligible
(a) Scriptable (b) Embezzle
(c) Incoherent (d) Deliberate

82. The following sentence has been divided into four segments. Identify the segment that contains a grammatical error.
The lions became violently / when the visitors / started throwing / stones at them.
(a) stones at them.
(b) The lions became violently
(c) started throwing
(d) when the visitors

83. Select the word which means the same as the group of words given.
Essence or main point of any passage, lecture or book
(a) Gist
(b) Significance
(c) Meaning
(d) Heart

84. Select the most appropriate synonym of the given word.
Grotesque
(a) Shameful
(b) Comely
(c) Ugly
(d) Spontaneous

85. Select the most appropriate option that can substitute the underlined segment in the given sentence.
Arushya purchased <u>the most good</u> of all the suits kept in the shop.
(a) the goods (b) the best
(c) the more good (d) the good

86. Select the most appropriate synonym of the given word.
Loving
(a) Subordinate (b) Affectionate
(c) Rejuvenate (d) Offish

87. Select the option that can be used as a one-word substitute for the underlined group of words.
We, as human beings, have a tendency of believing in the <u>things that can be seen and touched</u>.
(a) impalpable
(b) spiritual
(c) inexpressible (d) tangible

88. Select the most appropriate idiom to fill in the blank.

After months of dedication and effort, I finally completed the marathon. I can really .... for this accomplishment.

(a) eat like a horse
(b) up a creek without a paddle
(c) blow hot and cold
(d) pat myself on the back

89. Select the most appropriate meaning of the underlined idiom in the following sentence.

The leader of the Legislative Assembly won the hearts of the members through his maiden speech during the session in state council.

(a) final speech
(b) closure speech
(c) first speech
(d) logical speech

90. Select the most appropriate option that can substitute the underlined segment in the given sentence.

Even if you've never heard his name, you've probably met someone with his words tattooed in their skin or heard them sung at a music concert.

(a) tattooed through their skin
(b) tattooed until their skin
(c) tattooed overdoing their skin
(d) tattooed on their skin

91. Parts of a sentence are given below in jumbled order. Arrange the parts in the correct order to form a meaningful sentence.

A. at the same time giving happiness to the poor
B. by providing them with food, clothes, money or grain
C. festivals in India are celebrated to share happiness
D. by being in the presence of the members of the family and

(a) ACBD (b) CBAD
(c) CABD (d) CDAB

92. Select the option that expresses the given sentence in passive voice.

The chef prepares the meal with great care.

(a) The meal was prepared with great care by the chef.
(b) The meal will be prepared with great care by the chef.
(c) The meal is prepared with great care by the chef.
(d) The meal has been prepared with great care by the chef.

93. Select the most appropriate synonym of the given word.

Necessary

(a) Potential
(b) Essential
(c) Existential
(d) Spatial

94. Select the option that expresses the following sentence in active voice.

The novels of Dickens are being read by Mayank.

(a) Mayank is reading the novels of Dickens.
(b) Mayank has been reading the novels of Dickens.
(c) Mayank was reading the novels of Dickens.
(d) Mayank had been reading the novels of Dickens.

95. Select the option that can be used as a one-word substitute for the given group of words.

Fear of snakes

(a) Claustrophobia
(b) Syngenesophobia
(c) Xenophobia
(d) Ophidiophobia

Directions (Q. Nos. 96-100) *In the following passage, some words have been deleted. Read the passage carefully and select the most appropriate option, in the questions that follow, to fill in each blank.*

Listening starts with hearing but goes ...... (1) .... Hearing, in other words, is necessary, but is not a sufficient ...... (2) ...... for listening. Listening involves hearing with attention. Listening is a process that ...... (3) ...... concentration. While listening, one should also be observant. In other words, listening has to do with the ears, ... (4) ...... with the eyes and the mind. Listening is to be understood as the total process that involves hearing with attention, being observant and making interpretations. Good communication is essentially a/an ...... (5) ...... process.

96. Select the most appropriate option to fill in blank number 1.

(a) towards (b) across
(c) beyond (d) throughout

97. Select the most appropriate option to fill in blank number 2.

(a) place (b) decorum
(c) condition (d) scenario

98. Select the most appropriate option to fill in blank number 3.

(a) calls for (b) disposes of
(c) takes for (d) brings up

99. Select the most appropriate option to fill in blank number 4.

(a) although (b) rather
(c) as well as (d) yet

100. Select the most appropriate option to fill in blank number 5.

(a) onerous (b) obnoxious
(c) interactive (d) pecuniary

उत्तरमाला

1. (c)	2. (a)	3. (d)	4. (a)
5. (b)	6. (b)	7. (a)	8. (b)
9. (d)	10. (a)	11. (c)	12. (d)
13. (a)	14 (b)	15. (a)	16. (d)
17. (a)	18. (a)	19. (a)	20. (b)
21. (c)	22. (b)	23. (a)	24. (c)
25. (c)	26. (d)	27. (b)	28. (b)
29. (c)	30. (c)	31. (c)	32. (b)
33. (b)	34. (b)	35. (b)	36. (b)
37. (b)	38. (b)	39. (d)	40. (d)
41. (d)	42. (c)	43. (b)	44. (d)
45. (a)	46. (a)	47. (b)	48. (b)
49. (c)	50. (b)	51. (a)	52. (a)
53. (a)	54. (a)	55. (b)	56. (d)
57. (d)	58. (a)	59. (b)	60. (c)
61. (a)	62. (a)	63. (d)	64. (a)
65. (b)	66. (a)	67. (c)	68. (b)
69. (d)	70. (b)	71. (c)	72. (d)
73. (a)	74. (d)	75. (a)	76. (c)
77. (b)	78. (a)	79. (c)	80. (a)
81. (c)	82. (b)	83. (a)	84. (c)
85. (b)	86. (b)	87. (d)	88. (d)
89. (c)	90. (d)	91. (d)	92. (c)
93. (b)	94. (a)	95. (d)	96. (c)
97. (c)	98. (a)	99. (c)	100. (c)

व्याख्या

1. (c) दी गई आकृति के बिन्दुओं के नाम लिखने पर,

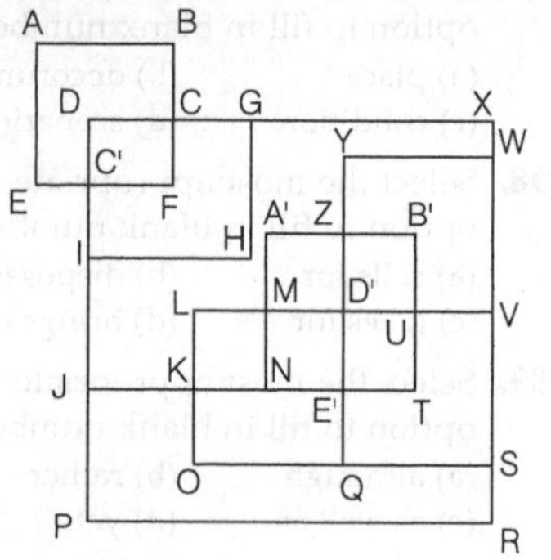

आकृति में निम्न वर्ग हैं,
वर्ग = □ABFE, □DCFC', □DGHI, □DPRX, □YWVD', □ZB'UD', □A'ZD'M, □MD'E'N, □E'D'UT, □A'B'TN, □LOQD', □KNML, □D'VSQ

अत: आकृति में 13 वर्ग हैं।

2. (a) व्यंजक $1604 \times 4 + 87 - 16 \div 16 = ?$
प्रश्नानुसार, चिह्नों को परस्पर बदलने पर,
नया व्यंजक $= 1604 \div 4 - 87 + 16 \times 16$
$= 401 - 87 + 256$
$= 657 - 87 = 570$

3. (d) जिस प्रकार, (7 : 40)
$\Rightarrow (7)^2 - 9 = 49 - 9 = 40$
और $(5:16) \Rightarrow (5)^2 - 9 = 25 - 9 = 16$
उसी प्रकार, (9 : ?)
$\Rightarrow \quad (9)^2 - 9 = 81 - 9 = 72$
$\therefore \quad ? = 72$

4. (a) दिया गया शब्द ⟶ S I [G] N A T U R E
वर्णमाला क्रमानुसार ⟶ A E [G] I N R S T U

अत: केवल अक्षर 'G' का स्थान अपरिवर्तित रहेगा।

5. (b) '237' को छोड़कर अन्य सभी संख्या अभाज्य संख्या हैं, लेकिन '237' एक भाज्य संख्या है।

अत: 237 असंगत संख्या है।

6. (b) दी गई आकृति श्रृंखला का क्रम निम्न प्रकार है,

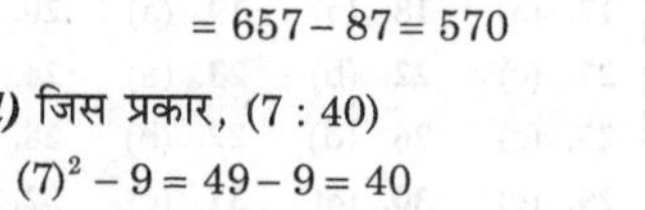

इसी क्रम का अनुसरण करते हुए, उत्तर आकृति (b) इस आकृति श्रृंखला को पूर्ण करेगी।

7. (a) दी गई आकृति श्रृंखला में निम्न क्रम/नियम का अनुसरण हो रहा है।

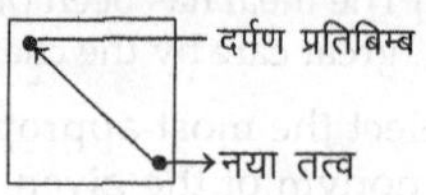

इसी क्रम के अनुसार, उत्तर आकृति (a), इस आकृति श्रृंखला को पूर्ण करेगी।

8. (b) कथनानुसार,

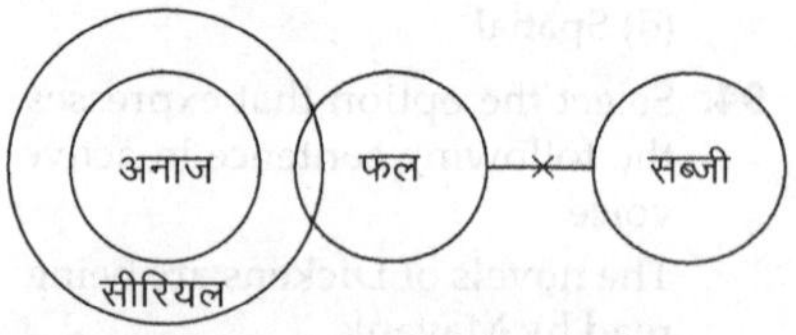

निष्कर्ष I. (✗) II. (✗)
अत: न तो निष्कर्ष I और न ही II अनुसरण करता है।

9. (d) प्रश्नानुसार, रक्त सम्बन्ध आरेख बनाने पर,

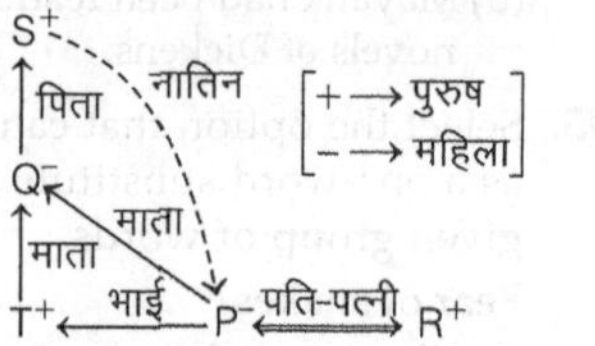

स्पष्टत: P, S की नातिन है।

10. (a) दी गई श्रृंखला का क्रम निम्न प्रकार है,
61, [67], [71], 73, 79, 83, 89
यह एक अभाज्य-संख्याओं के बढ़ते क्रम पर आधारित श्रृंखला है।
∴ ?, ? = 67, 71

11. (c) जिस प्रकार,

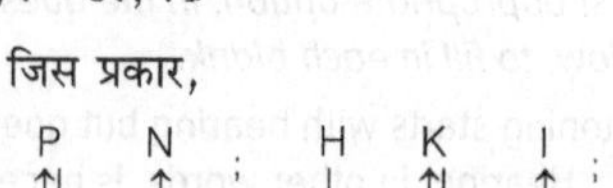

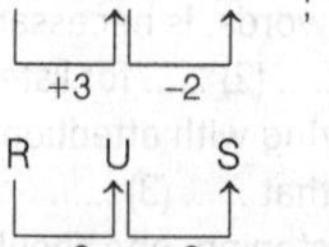

परन्तु विकल्प (c) से,

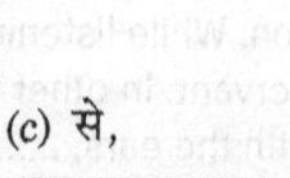

अत: QUR असंगत अक्षर-समूह है।

12. (d) जिस प्रकार, $(64, 4) \Rightarrow (4)^3 = 64$
तथा $(216, 6) \Rightarrow (6)^3 = 216$
उसी प्रकार, $(729, ?) \Rightarrow (?)^3 = 729$
$\Rightarrow \quad ? = \sqrt[3]{729}$
$\therefore \quad ? = 9$

13. (a) आकृति में दिए गए कागज को मोड़कर तथा पंचकर, मोड़े गए पैटर्न में पुन: खोलने पर वह उत्तर आकृति (a) के समान दिखाई देगी।

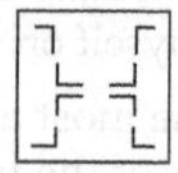

14. (b) जिस प्रकार,

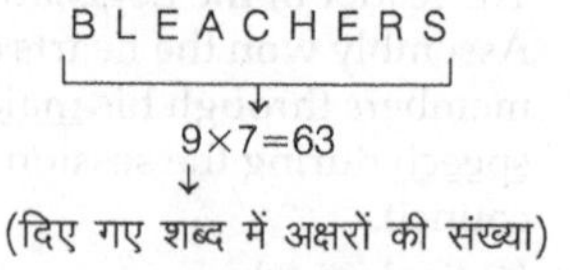

और

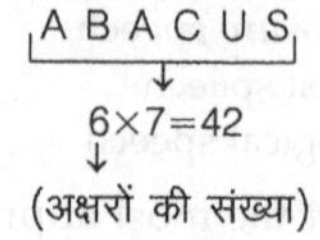

उसी प्रकार,

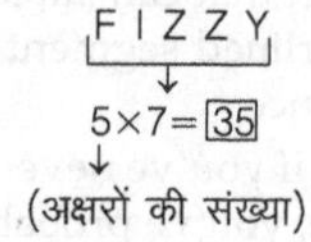

15. (a) जिस प्रकार, प्रेम तथा मैत्री एक-दूसरे के समानार्थी शब्द है, उसी प्रकार शान्ति तथा परमानन्द भी एक-दूसरे के समानार्थी शब्द हैं।

16. (d) प्रश्न आकृति का सही दर्पण प्रतिबिम्ब उत्तर आकृति (d) के समान दिखाई देगा।

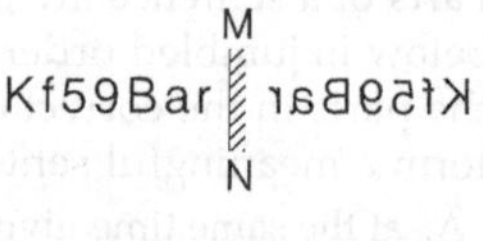

17. (a) दी गई अक्षर-श्रृंखला का क्रम निम्न प्रकार है,

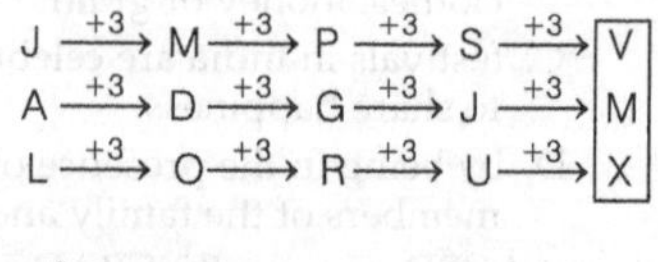

18. (a) जिस प्रकार,

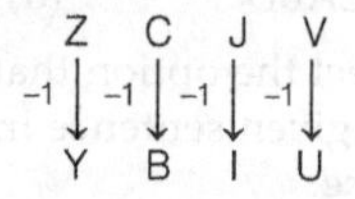

और

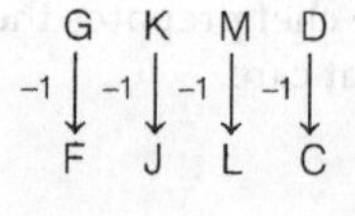

उसी प्रकार, E Y O R

−1 −1 −1 −1

D X N Q

19. *(a)* दी गई आकृति का सही दर्पण प्रतिबिम्ब उत्तर आकृति (a) के समान दिखाई देगा।

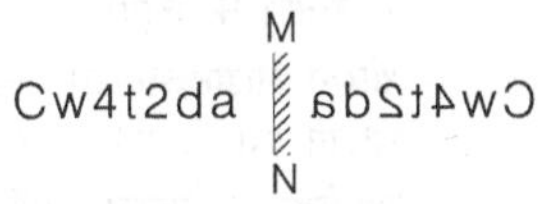

20. *(b)* दी गई श्रृंखला का क्रम निम्न है,

BCDE/BGDG/BKDI/BODK

+4 +2 +4 +2 +4 +2

∴ अभीष्ट उत्तर = CBDO

21. *(c)* जिस प्रकार, (26, 114)

$\Rightarrow 26 \times 4 = 104 + 10 = 114$

और (47, 198)

$\Rightarrow 47 \times 4 = 188 + 10 = 198$

उसी प्रकार, (15, 70)

$\Rightarrow 15 \times 4 = 60 + 10 = 70$

22. *(b)* दिए गए पासे की दोनों स्थितियों में अंक '2' उभयनिष्ठ फलक हैं, 2 से दक्षिणावर्त लिखने पर,

स्थिति I → 2 3 1

↕ विपरीत ↕ विपरीत

स्थिति II → 2 4 5

अत: फलक '5' के विपरीत फलक पर अंक '1' होगा।

23. *(a)* व्यंजक $7 \div 5 - 30 \times 6 + 4 = ?$

प्रश्नानुसार, चिह्नों को परस्पर बदलने पर,

नया व्यंजक → $7 \times 5 + 30 \div 6 - 4$

$= 7 \times 5 + 5 - 4$

$= 35 + 5 - 4$

$= 40 - 4 = 36$

24. *(c)* प्रश्नानुसार,

सभी तीनों वाहन चलाने वाले व्यक्तियों की संख्या = 6

कोई भी दो वाहन चलाने वालों की संख्या

$= 8 + 12 + 7 = 27$

अभीष्ट अन्तर $= 27 - 6 = 21$

25. *(c)* जिस प्रकार, 'वनस्पति विज्ञान' में 'पौधों' का अध्ययन किया जाता है।

उसी प्रकार, शंख विज्ञान में 'सीपों' का अध्ययन किया जाता है।

26. *(d)* **फॉर्मर्स पोर्टल** भारत सरकार के कृषि, सहकारिता एवं किसान कल्याण विभाग के द्वारा संचालित किया जाता है।

- यह पोर्टल किसानों को सीधे तौर पर हाईटेक खेती से जोड़ने का एक माध्यम है।
- इसके माध्यम से किसानों को उनकी भाषाओं में मोबाइल के माध्यम से जानकारी उपलब्ध कराई जाएगी।

27. *(b)* पिण्ड पर लगने वाला परिणामी बल दोनों बलों के बीच के अन्तर के बराबर होता है।

- यदि दो समान बल विपरीत दिशाओं में किसी पिण्ड पर कार्य करते हैं, तो वस्तु पर लगने वाला शुद्ध बल शून्य होता है। ऐसे बलों को सन्तुलित बल कहते हैं। संतुलित बल पिण्ड की स्थिति में कोई बदलाव नहीं लाते।
- जब दो बल किसी वस्तु पर एक ही दिशा में कार्य करते हैं, तो वे मिलकर एक बड़ा परिणामी बल बनाते हैं।
- परिणामी बल प्राप्त करने हेतु बड़े बल के परिणाम में से छोटे बल के परिमाण को घटाया जाता है।

28. *(b)* न्यायमूर्ति वर्मा समिति का गठन भारत सरकार के द्वारा वर्ष 1999 में किया गया था।

- इस समिति के द्वारा विद्यालयों में मौलिक कर्त्तव्यों को पढ़ाने के तरीके सुझाए गए।
- इस समिति के द्वारा मौलिक कर्त्तव्यों को लागू करने हेतु कुछ अन्य महत्त्वपूर्ण कानूनी प्रावधान लाने के सुझाव दिए गए; जैसे—
- जनप्रतिनिधित्व अधिनियम-1951, नागरिक अधिकार संरक्षण अधिनियम-1955, राष्ट्रीय सम्मान, अपमान निवारण अधिनियम-1971 इत्यादि।

29. *(c)* वर्ष 2011 की जनगणना के अनुसार, भारत की वार्षिक चरघातांकीय वृद्धि दर 1.64% थी।

- चरघातांकीय वृद्धि दर एक विशिष्ट प्रकार की वृद्धि है, जिसमें समय के सम्बन्ध में किसी संख्या (राशि) के परिवर्तन की दर उस संख्या के समानुपाती होती है।
- वर्ष 2001 से 2011 के मध्य दशकीय जनसंख्या वृद्धि 17.64% थी।
- 2011 की जनगणना देश की 15वीं राष्ट्रीय जनगणना थी।

30. *(c)* अनुच्छेद 79 से 122 तक सभी अनुच्छेद भारतीय संविधान के भाग-5 में वर्णित 'भारत की संसद' से सम्बन्धित हैं।

- संसद से सम्बन्धित इन अनुच्छेदों में कुछ महत्त्वपूर्ण अनुच्छेद हैं।
  - **अनुच्छेद 79** संघ के लिए एक संसद होगी, जो राष्ट्रपति और दो सदनों से मिलकर बनेगी।
  - **अनुच्छेद 80** राज्यसभा का गठन।
  - **अनुच्छेद 81** लोकसभा की संरचना।
  - **अनुच्छेद 82** संसद द्वारा प्रत्येक जनगणना के बाद एक परिसीमन अधिनियम लागू किया जाना।
  - **अनुच्छेद 83** संसद के सदनों की अवधि।
  - **अनुच्छेद 84** संसद की सदस्यता के लिए योग्यताएँ।
  - **अनुच्छेद 85** संसद के सत्र, सत्रावसान और विघटन।
  - **अनुच्छेद 87** राष्ट्रपति का विशेष सम्बोधन।
  - **अनुच्छेद 110** धन विधेयक।

31. *(c)* राष्ट्रीय आय, उपादान लागत (FC) पर निवल राष्ट्रीय उत्पाद (NNP) है। कथन सही है।

- किसी वित्तीय या लेखा वर्ष की अवधि में किसी देश के सामान्य निवासियों के द्वारा उत्पादित अन्तिम वस्तुओं एवं सेवाओं के कुल मूल्य को राष्ट्रीय आय कहा जाता है। इसमें मूल्यह्रास को घटा दिया जाता है।
- राष्ट्रीय आय के मापन हेतु उत्पादन विधि, आय विधि एवं व्यय विधि का प्रयोग किया जाता है।
- राष्ट्रीय आय का पहला अनुमान दादाभाई नौरोजी के द्वारा 1867-68 ई. में किया गया था।
- भारत सरकार के द्वारा पहली बार राष्ट्रीय आय का अनुमान वर्ष 1948-49 में लगाया गया।
- राष्ट्रीय सांख्यिकी कार्यालय (एन. एस. ओ.) के द्वारा राष्ट्रीय आय का अनुमान लगाया जाता है।

32. *(b)* चौरी-चौरा काण्ड के बाद महात्मा गाँधीजी के द्वारा असहयोग आन्दोलन को वापस ले लिया गया था।

- असहयोग आन्दोलन के दौरान 4 फरवरी, 1922 को किसानों की एक बड़ी भीड़ के द्वारा चौरी-चौरा पुलिस स्टेशन को जला दिया गया। इस आगजनी में 22 पुलिसकर्मी मारे गए।
- चौरी-चौरा उत्तर प्रदेश के गोरखपुर जिले में अवस्थित एक शहर है।

33. *(b)* गंगूबाई हंगल किराना घराने से सम्बन्धित थीं।
- इन्होंने भारत में ख्याल गायिकी को पहचान दिलाने में महत्त्वपूर्ण भूमिका निभाई।
- इन्हें वर्ष 1962 में कर्नाटक संगीत नृत्य अकादमी से पुरस्कृत किया गया।
- इन्हें वर्ष 1971 में पद्म भूषण तथा 2002 में पद्म विभूषण सम्मान से सम्मानित किया गया।

34. *(b)* नागभट्ट प्रथम के द्वारा गुर्जर-प्रतिहार राजवंश की स्थापना 8वीं शताब्दी के उत्तराद्ध में की गई।
- नागभट्ट प्रथम का शासनकाल 730-756 ई. के मध्य रहा था।
- इसके द्वारा अपनी राजधानी जालौर में स्थापित की गई।
- इन्होंने लम्बे समय तक कन्नौज पर शासन किया।
- इनके समकालिक राजवंश पाल और राष्ट्रकूट थे।

35. *(b)* चन्द्रप्रभा वन्यजीव अभयारण्य उत्तर प्रदेश के दक्षिण-पूर्वी भाग में विन्ध्याचल पर्वतमाला के समीप चन्दौली जिले में अवस्थित है।
- यह 78 वर्ग किमी क्षेत्र में विस्तृत है।
- इस वन्यजीव अभयारण्य में 150 से अधिक विभिन्न प्रजाति के पक्षी पाए जाते हैं।
- यहाँ राजदारी एवं देवदारी जलप्रपात स्थित हैं।
- गंगा की एक सहायक नदी करमनाशा इस नदी अभयारण्य से होकर बहती है। साथ ही करमनाशा की एक सहायक नदी चंद्रप्रभा नदी भी इस अभयारण्य से होकर बहती है।

36. *(b)* उनगलिल ओरुवन (वन अमंग यू) एम. के. स्टालिन की आत्मकथा है। इनका पूरा नाम मुथुवेल करुणानिधि स्टालिन है।
- ये द्रविड़ मुनेत्र कड़गम (डी एम के) राजनीतिक दल से जुड़े हुए हैं।
- ये वर्तमान में तमिलनाडु के 8वें मुख्यमन्त्री हैं।
- उनगलिल ओरुवन (वन अमंग यू) पुस्तक का विमोचन वर्ष 2022 में किया गया।

37. *(b)* स्विस ओपन 2022 प्रसिद्ध बैडमिण्टन खिलाड़ी पी.वी. सिन्धु ने जीता था।
- पी. वी. सिन्धु का पूरा नाम पुसरला वेंकट सिन्धु है।
- इन्होंने वर्ष 2014 के राष्ट्रमण्डल खेलों में महिला एकल स्पर्द्धा में कांस्य पदक जीता।
- इन्होंने रियो ओलम्पिक 2016 में रजत पदक जीता।
- पी. वी. सिन्धु को उनके खेल में उत्कृष्ट प्रदर्शन के लिए भारत सरकार ने वर्ष 2016 में राजीव गाँधी खेल रत्न पुरस्कार (अब मेजर ध्यानचन्द पुरस्कार), 2015 में पद्मश्री और 2013 में अर्जुन पुरस्कार से सम्मानित किया है।

38. *(b)* कोटा राजस्थान में स्थित एक औद्योगिक जिले का उदाहरण है।
- इन्द्रप्रस्थ औद्योगिक क्षेत्र कोटा में स्थित एक महत्त्वपूर्ण औद्योगिक क्षेत्र है।
- कोटा शहर की नींव राव जैतसी के द्वारा कोटिया भील को पराजित कर की गई थी।

39. *(d)* भारत में शिक्षक दिवस डॉ. सर्वपल्ली राधाकृष्णन के जन्मदिन पर प्रतिवर्ष 5 सितंबर को मनाया जाता है।
- इन्होंने वर्ष 1962 से 1967 तक भारत के दूसरे राष्ट्रपति के रूप में कार्य किया।
- इससे पूर्व वर्ष 1952 में भारत के प्रथम उप-राष्ट्रपति बने थे।
- यह वर्ष 1936 में ऑक्सफोर्ड विश्वविद्यालय में प्रोफेसर के रूप में नियुक्त भी रहे थे। इन्हें वर्ष 1931 में नाइट की उपाधि प्रदान की गई।
- इन्हें वर्ष 1946 में संविधान सभा के सदस्य के रूप में भी चुना गया था।
- इन्हें वर्ष 1954 में भारत रत्न से सम्मानित किया गया था।

40. *(d)* बेरिंग जलडमरूमध्य अथवा बेरिंग जलसन्धि आर्कटिक महासागर को प्रशान्त महासागर से जोड़ता है।
- इसे प्रशान्त महासागर एवं आर्कटिक महासागर के मध्य का प्रवेश द्वार भी कहा जाता है।
- इसकी औसत गहराई 30 से 50 मी है।
- इसका सबसे संकरा हिस्सा 85 किमी (लगभग 53 मील) चौड़ाई वाला है।

41. *(d)* व्यावहारिक स्थिति में दवाओं का वर्गीकरण मानदण्ड नहीं है।
- दवाओं के कुछ सामान्य औषधि श्रेणियाँ इस प्रकार हैं
- **एनाल्जेसिक-दर्द निवारक**
  - एण्टासिड-पेट के एसिड को निष्क्रिय करने हेतु।
- **चिन्ता निवारक औषधियाँ**
  - एण्टीअरिदमिक्स-हृदय की धड़कन की अनियमितता को नियन्त्रित करने हेतु।
- **जीवाणुरोधी**
  - एण्टीबायोटिक्स
  - एण्टीकोएगुलण्ट्स—रक्त को जमने से रोकने के लिए।
  - थ्रोम्बो लाइटिक्स-रक्त के थक्कों को घोलने एवं फैलाने में सहायक।
  - एण्टीकॉन्वल्सेण्ट्स-मिर्गी रोग के उपचार हेतु।
- **अवसादरोधी दवाएँ**
  - एण्टीडायरियल्स-दस्त से राहत हेतु।
  - एण्टीमेटिक्स-मतली/उल्टी के इलाज हेतु।
  - एण्टीफंगल—फंगल संक्रमण के इलाज हेतु।
  - एण्टीहाइपर टेंसिव्स-रक्तचाप को कम करने हेतु।

42. *(c)* ईश्वरचन्द्र विद्यासागर को 1839 ई. में विद्यासागर की उपाधि प्रदान की गई।
- इन्होंने बाल विवाह एवं बहुविवाह का विरोध किया था।
- इनके प्रयासों के परिणामस्वरूप तत्कालीन ब्रिटिश सरकार के द्वारा 1856 ई. में प्रथम हिन्दू विधवा पुनर्विवाह अधिनियम पारित किया गया।
- इनके द्वारा साप्ताहिक अवकाश के रूप में रविवार की शुरुआत की गई।
- इनकी कुछ प्रमुख रचनाएँ हैं—बेताल पंचविंशति (1847), बांग्लार इतिहास (1848), शकुंतला (1854), महाभारत (1860), सीतार वनवास (1860) इत्यादि।

43. *(b)* उस्ताद अमजद अली खान भारतीय शास्त्रीय सरोदवादक हैं, उन्हें 21वाँ राजीव गाँधी पुरस्कार प्रदान किया गया था।
- इन्हें वर्ष 1975 में पद्मश्री, 1991 पद्म-भूषण एवं 2001 में पद्म विभूषण से सम्मानित किया गया।
- इन्हें वर्ष 2011 में संगीत नाटक अकादमी फेलोशिप से भी सम्मानित किया गया।

44. *(d)* औद्योगिक नीति, 1991 प्रधानमन्त्री नरसिम्हा राव के कार्यकाल में प्रारम्भ हुई थी।
- इस समय भारत के वित्तमन्त्री, मनमोहन सिंह थे।
- मनमोहन सिंह के द्वारा 24 जुलाई, 1991 को नई आर्थिक नीति पेश की गई थी।
- इस नीति को सामान्यत: 'LPG' सुधारों के नाम से जाना जाता है। यहाँ 'L' का

अर्थ, लिबरलाइजेशन, 'P' का अर्थ प्राइवेटाइजेशन और 'G' का अर्थ ग्लोबलाइजेशन है।

- इस आर्थिक नीति का उद्देश्य उत्पादकता में निरन्तर वृद्धि करना, रोजगार में वृद्धि करना, अन्तर्राष्ट्रीय बाजार में स्वयं को स्थापित करना, वैश्विक भागीदारी में भूमिका निभाना, मानव संसाधनों का इष्टतम उपयोग करना इत्यादि था।

45. *(a)* आई. पी. एल. (IPL) 2023 का फाइनल मैच अहमदाबाद में गुजरात टाइटन्स एवं चेन्नई सुपर किंग्स के मध्य हुआ था।
- इसका आयोजन गुजरात के नरेन्द्र मोदी स्टेडियम में किया गया था।
- इस मैच में चेन्नई सुपर किंग्स की 5 विकेटों से जीत हुई थी।
- वर्ष 2024 का आई. पी. एल. मैच कोलकाता नाइट राइडर्स के द्वारा जीता गया।
- इसमें उसने सनराइजर्स हैदराबाद को हराया था।
- इस मैच का आयोजन चेन्नई के एम ए चिदम्बरम स्टेडियम में किया गया था।

46. *(a)* कोविड-19 प्रबन्धन के लिए ऑनलाइन प्रशिक्षण पोर्टल iGOT लॉन्च किया गया।
- यह एक एकीकृत सरकारी ऑनलाइन प्रशिक्षण पोर्टल है।
- इसका अत्यधिक लाभ सरकारी कर्मचारियों ने भी प्राप्त किया।

47. *(b)* C_3H_8 एक तीन कार्बन वाला एल्केन है।
- इसका रासायनिक नाम प्रोपेन है।
- प्रोपेन को एन-प्रोपेन, डाइमिथाइलमीथेन या प्रोपाइल हाइड्रॉइड भी कहा जाता है।
- संतृप्त हाइड्रोकार्बन वे हाइड्रोकार्बन हैं, जिसके सभी कार्बन परमाणु चार अन्य परमाणुओं से बन्धे होते हैं।
- इनके कार्बन परमाणुओं के मध्य केवल एकल बन्ध होते हैं।

48. *(b)* अण्डर-20 विश्व कुश्ती चैम्पियनशिप जीतने वाली पहली महिला अन्तिम पंघाल हैं।
- अन्तिम पंघाल हरियाणा की एक भारतीय महिला पहलवान हैं।
- इन्होंने बुल्गारिया के सोफिया में आयोजित इस प्रतियोगिता में महिलाओं के 53 किग्रा वर्ग में खिताब जीता था।
- इन्होंने एशियाई कुश्ती चैम्पियनशिप 2023 में भी रजत पदक जीता।

49. *(c)* कुचिपुड़ी आन्ध्र प्रदेश की एक शास्त्रीय नृत्य शैली है।
- कुचिपुडी आन्ध्र प्रदेश के कृष्णा जिले में स्थित एक गाँव का नाम है।
- इस नृत्य का आविष्कार 1502 ई. में हुआ।
- इस नृत्य के दौरान भगवान श्रीकृष्ण को याद किया जाता है।
- इस नृत्य से सम्बन्धित महत्त्वपूर्ण कलाकार राजा राधा रेड्डी, यामिनी कृष्णमूर्ति, यामिनी रेड्डी, कैलाश रेड्डी और लक्ष्मी नारायण शास्त्री हैं।

50. *(b)* 'गो' शब्द, जिसका अर्थ गाय है, से बहुत सारे शब्द व्युत्पन्न हुए हैं। वैदिक काल में एक धनी व्यक्ति को **गोमत** कहा जाता था।
- वैदिक काल में गायों को धन एवं समृद्धि का प्रतीक माना जाता था।
- बड़ी संख्या में गायों का होना एक व्यक्ति के धन और स्थिति का प्रतीक था।
- **गोमती** गाय का स्वामी अथवा पशुओं का रक्षक।
- **गवेष्ठि** गायों की खोज करना (गोधूली के समय)।

51. *(a)* माना त्रिभुज के कोण क्रमशः $x°$, $2x°$ और $3x°$ हैं।

$\therefore \quad x + 2x + 3x = 180°$

$\Rightarrow \quad 6x = 180°$

$\Rightarrow \quad x = \frac{180°}{6} = 30°$

अतः अभीष्ट अन्तर $= 3x - x$

$= 2x = 2 \times 30° = 60°$

52. *(a)* व्यक्ति की बचत $= 16500 - 12000$

$= ₹\, 4500$

व्यक्ति की नई आय $= \frac{16500 \times 124}{100}$

$= ₹\, 20460$

व्यक्ति का नया व्यय $= \frac{12000 \times 90}{100}$

$= ₹\, 10800$

व्यक्ति की नई बचत $= 20460 - 10800$

$= ₹\, 9660$

अतः अभीष्ट % $= \frac{9660 - 4500}{4500} \times 100$

$\approx 115\%$

53. *(a)* माना बैग का क्रय मूल्य $= ₹\, 100$

अंकित मूल्य $= 100 \times \frac{125}{100} = ₹\, 125$

विक्रय मूल्य $= \frac{125 \times 82}{100} = ₹\, 102.5$

अतः अभीष्ट लाभ % $= \frac{102.5 - 100}{100} \times 100$

$= 2.5\%$

54. *(a)* यदि संख्या के अंकों का योग 3 से विभाजित है, तो वह संख्या भी 3 से विभाजित होगी।

$\Rightarrow 436P5 = 4 + 3 + 6 + 5 + P$

$\because$ 27, 3 से पूर्णतः विभाजित है।

$\therefore$ P का अधिकतम मान $= 9$

55. *(b)* $\frac{1 + \sin\theta - \cos\theta}{1 + \sin\theta + \cos\theta}$

$$= \frac{1 + 2\frac{\sin\theta}{2} \cdot \frac{\cos\theta}{2} - \left(1 - 2\sin^2\frac{\theta}{2}\right)}{1 + 2\frac{\sin\theta}{2} \cdot \frac{\cos\theta}{2} + \left(2\cos^2\frac{\theta}{2} - 1\right)}$$

$$= \frac{2\sin\frac{\theta}{2}\left(\cos\frac{\theta}{2} + \sin\frac{\theta}{2}\right)}{2\cos\frac{\theta}{2}\left(\cos\frac{\theta}{2} + \sin\frac{\theta}{2}\right)}$$

$= \tan\frac{\theta}{2}$

56. *(d)* $\frac{11\sqrt{2}\cos 3A + 10\sin 2A}{7\sqrt{3}\sin 4A}$

$$= \frac{11\sqrt{2}\cos 45° + 10\sin 30°}{7\sqrt{3}\sin 60°}$$

$$= \frac{11\sqrt{2} \times \frac{1}{\sqrt{2}} + 10 \times \frac{1}{2}}{7\sqrt{3} \times \frac{\sqrt{3}}{2}} = \frac{32}{21}$$

57. *(d)* माना रवि को उधार दी गई राशि $= ₹\, x$

प्रश्नानुसार,

$\frac{3000 \times 8 \times 5}{100} + \frac{x \times 8 \times 5}{100} = 1600$

$\Rightarrow \quad \frac{4x}{10} = 1600 - 1200$

$\therefore \quad x = \frac{400 \times 10}{4} = ₹\, 1000$

58. *(a)* कक्षा में छात्रों की कुल संख्या

$= 20 + 10 + 10 = 40$

तथा कुल प्राप्त अंक

$= 20 \times 1 + 2 \times 15 + 5 \times 20 + 10 \times 12$

$= 20 + 30 + 100 + 120$

$= 270$

अतः अभीष्ट औसत $= \frac{270}{40} = 6.75$

59. *(b)* कक्षा का कुल स्कोर

$= 12 \times 62 + 18 \times 78$

$= 744 + 1404$

$= 2148$

अतः अभीष्ट औसत $= \frac{2148}{30} = 71.6$

60. *(c)* माना विक्रय मूल्य = 6 इकाई
तथा लाभ = 1 इकाई
$\therefore$ क्रय मूल्य = 6 − 1 = 5 इकाई
अत: अभीष्ट लाभ % $= \frac{1}{5} \times 100 = 20\%$

61. *(a)* रक्त वर्ग 'A', 'O' तथा 'AB' के औसत दाता
$$= \frac{240 \times (90 + 80 + 70)}{3 \times 360} = \frac{160}{3}$$
तथा रक्त वर्ग 'B' के दाता
$$= \frac{240 \times 120}{360} = 80$$
अत: अभीष्ट अनुपात $= \frac{160}{3} : 80 = 2 : 3$

62. *(a)* पुलिसकर्मी द्वारा चोर को पकड़ने में लिया गया समय $= \frac{\text{दूरी}}{\text{सापेक्ष चाल}}$
$$= \frac{1300}{(82 - 64) \times \frac{5}{18}}$$
$$= \frac{1300 \times 18}{18 \times 5}$$
= 260 सेकण्ड

63. *(d)* प्रथम 12 प्राकृतिक संख्याओं का योग
सूत्र $S_n = \frac{n(n+1)}{2}$
$$S_{12} = \frac{12 \times 13}{2} = 6 \times 13$$
अत: प्रथम 12 प्राकृत संख्याओं का योग 6 से विभाजित होगा।

64. *(a)* माना 1 वर्ष पहले A की आयु = x वर्ष
तथा 1 वर्ष पहले B की आयु = $2x$ वर्ष
प्रश्नानुसार,
$$\frac{2x + 10}{x + 10} = \frac{4}{3}$$
$$\Rightarrow \quad 6x + 30 = 4x + 40$$
$$x = \frac{40 - 30}{2} = 5$$
अत: दोनों की वर्तमान आयु का योग
$= x + 1 + 2x + 1$
$= 3x + 2 = 3 \times 5 + 2$
= 17 वर्ष

65. *(b)* 'ड्राइंग' का निरूपण करने वाले वृत्त खण्ड का केन्द्रीय कोण
$$= \frac{360°}{100} \times 19 = 68.4°$$

66. *(a)* $\quad 10\sin^2\theta + 6\cos^2\theta = 7$
$\Rightarrow \quad 10(1 - \cos^2\theta) + 6\cos^2\theta = 7$
$\Rightarrow \quad 10 - 10\cos^2\theta + 6\cos^2\theta = 7$
$\cos^2\theta = \frac{3}{4}$
$\Rightarrow \quad \cos\theta = \frac{\sqrt{3}}{2}$
$\therefore \quad \sin^2\theta = 1 - \cos^2\theta = 1 - \frac{3}{4} = \frac{1}{4}$
$\sin\theta = \frac{1}{2}$
अत: $\tan\theta = \frac{\sin\theta}{\cos\theta}$
$= \frac{1}{2} \times \frac{2}{\sqrt{3}} = \frac{1}{\sqrt{3}}$

67. *(c)* छोटी संख्या $= \frac{210}{(5-2)} \times 2 = 140$

68. *(b)* प्रश्नानुसार,

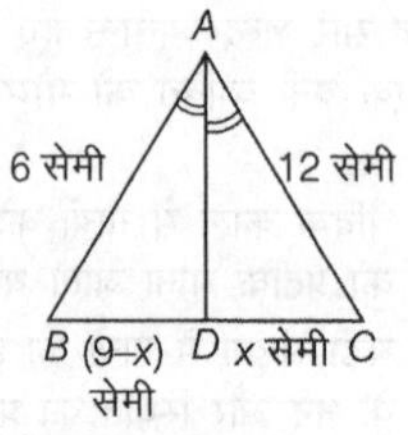

कोण समद्विभाजक प्रमेय से,
$$\frac{AB}{AC} = \frac{BD}{DC}$$
$$\Rightarrow \quad \frac{6}{12} = \frac{9 - x}{x}$$
$$\Rightarrow \quad 6x = 108 - 12x$$
$$x = \frac{108}{18} = 6 \text{ सेमी}$$

69. *(d)* प्रश्नानुसार,

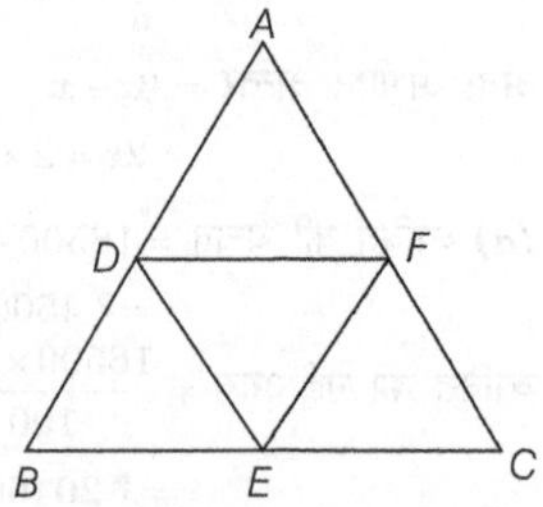

$\because \Delta DEF$ का क्षेत्रफल
$= \frac{1}{4} \times \Delta ABC$ का क्षेत्रफल
हम जानते हैं, कि दो सर्वांगसम त्रिभुजों का क्षेत्रफल बराबर होता है।
अत: ΔABC और ΔDEF सर्वांगसम नहीं हो सकते हैं।

70. *(b)* दिया है, $a + b = c$
दोनों ओर का घन करने पर,
$$(a + b)^3 = c^3$$
$$a^3 + b^3 + 3ab(a + b) = c^3$$
$$a^3 + b^3 - c^3 + 3abc = 0$$

71. *(c)* प्रश्नानुसार,

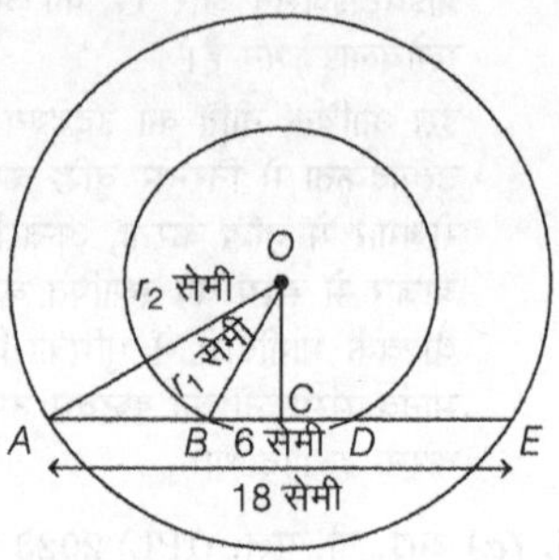

यहाँ, BD = 6 सेमी
$\therefore \quad BC = \frac{6}{2} = 3$ सेमी
तथा AE = 18 सेमी
$\therefore \quad AC = \frac{18}{2} = 9$ सेमी
ΔOBC में,
$OC^2 = r_1^2 - 3^2 = r_1^2 - 9$
ΔAOC में,
$OC^2 = r_2^2 - 9^2 = r_2^2 - 81$
अब, $r_1^2 - 9 = r_2^2 - 81$
$\therefore \quad r_2^2 - r_1^2 = 81 - 9 = 72$

72. *(d)* प्रश्नानुसार,

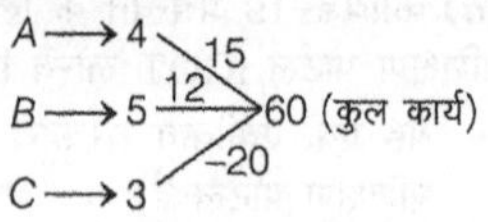

तीनों पाइपों के द्वारा टंकी को भरने में लगा समय
$$= \frac{60}{15 + 12 - 20} = \frac{60}{7} \text{ घण्टे}$$
$$= \frac{60 \times 60}{7} \approx 514 \text{ मिनट}$$

73. *(a)* यदि दो रेखाएँ सीधी रेखाएँ सम्पाती है, तो प्रतिच्छेदन बिन्दुओं की संख्या अपरिमित रूप से अनेक प्रतिच्छेदन बिन्दु होंगी।

74. *(d)* कुल निर्यात
= 720 + 680 + 500 + 450 + 850
= 3200 मिलियन डॉलर
अत: अभीष्ट प्रतिशत
$$= \frac{500}{3200} \times 100 = 15.63\%$$

75. *(a)* माना घनाभ की लम्बाई, चौड़ाई और ऊँचाई क्रमश: $3x$, $2x$ और x सेमी है।
$\therefore \quad 2x = 12 \Rightarrow x = 6$
अत: घनाभ का आयतन $= 3x \times 2x \times x$
$= 6x^3$
$= 6 \times 6 \times 6 \times 6$
= 1296 सेमी^{3}

76. *(c)* Part 'Jerry driving' contains an error. As the sentence is in past continuous tense, 'was' will be added before 'driving' to correct the sentence.

77. *(b)* The incorrectly spelt word is 'unfourseen'. The correct spelling is 'unforeseen'.

78. *(a)* 'Evoke' means to bring to mind or recollection or to make someone feel an emotion. Hence, its synonym is 'induce' which means initiate or enhance a biochemical process.

79. *(c)* 'Convalescing' means recovering.

80. *(a)* The sentence with the correct spelling is 'The restaurant serves delicious meals.'

81. *(c)* 'Intelligible' means easily understood. Hence, its antonym is 'incoherent' which means not easily understood.
- **Scriptable** means relating to data containers that store large amounts of data, independent of class instances.
- **Embezzle** means steal or misappropriate (money placed in one's trust or belonging to the organisation for which one works).
- **Deliberate** means done consciously and intentionally.

82. *(b)* Part 'The lions became violently' contains an error. The use of 'violently' is incorrect in the sentence and it should be replaced with 'violent'.

83. *(a)* Gist is the essence of or main point of any passage, lecture or book.

84. *(c)* 'Grotesque' means comically or repulsively ugly or distorted.

85. *(b)* The underlined part of the sentence is incorrect. Use 'the best' to correct the sentence.

86. *(b)* 'Loving' means affectionate.
- **Subordinate** means inferior in position.
- **Rejuvenate** means give new energy or vigour to; revitalise.
- **Offish** means aloof or distant in manner; not friendly.

87. *(d)* Things that can be seen and touched is called tangible.
- **Impalpable** means unable to be felt by touch.

88. *(d)* The correct idiom for the given blank is 'pat myself on the back' which means to praise oneself for doing something good.
- **Eat like a horse** means to eat a lot of food.
- **Up a creek without a paddle** means to be in a difficult or dangerous situation with no clear way out.
- Blow hot and cold means to frequently change one's mind or attitude towards something, making it difficult to understand how someone truly feels.

89. *(c)* Maiden speech is first speech.

90. *(d)* The underlined part of the sentence contains an error. The use of preposition 'in' is incorrect. Use 'on' to correct the sentence.

91. *(d)* The correct order is CDAB.
- The sentence formed will be 'Festivals in India are celebrated to share happiness by being in the presence of the members of the family and at the same time giving happiness to the poor by providing them with food, clothes, money or grain.'

92. *(c)* The meal is prepared with great care by the chef.
- The sentence is in present tense with the structure 'does'. When such a sentence is transformed into passive voice, the structure followed is- Is/are + Object + V_2+ Subject.

93. *(b)* 'Necessary' means essential.
- **Existential** means of, relating to or affirming existence.
- **Spatial** means relating to or occupying space.

94. *(a)* Mayank is reading the novels of Dickens.
- The sentence has the structure Object + is/are + being + the past participle form of the verb. When such a sentence is transformed into active voice, we use present continuous tense.

95. *(d)* 'Ophidiophobia' is the fear of snakes.
- **Claustrophobia** is a fear of closed spaces.
- **Syngenesophobia** is an intense fear of relatives, including siblings.
- **Xenophobia** means dislike of or prejudice against people from other countries.

96. *(c)* The correct filler for the given blank is 'beyond'.

97. *(c)* The correct filler for the given blank is 'condition'.

98. *(a)* The correct filler for the given blank is 'calls for'.

99. *(c)* The correct filler for the given blank is 'as well as'.

100. *(c)* The correct filler for the given blank is 'interactive'.

सेट 31 25 सितम्बर, 2024 (प्रथम पाली)

SSC CGL Tier-I सॉल्वड पेपर

निर्देश

1. इस सेट में कुल 100 प्रश्न हैं।
2. इस सेट में चार भाग हैं, भाग-I सामान्य बुद्धि एवं तर्कशक्ति, भाग-II सामान्य जागरुकता, भाग-III संख्यात्मक अभियोग्यता और भाग-IV अंग्रेजी भाषा।
3. प्रत्येक प्रश्न 2 अंक का है।

भाग I
सामान्य बुद्धि एवं तर्कशक्ति

1. उस विकल्प का चयन करें, जो पाँचवें अक्षर-समूह से उसी प्रकार सम्बन्धित है, जिस प्रकार दूसरा अक्षर-समूह पहले अक्षर-समूह से सम्बन्धित है और चौथा अक्षर-समूह तीसरे अक्षर-समूह से सम्बन्धित है।

CRW : TIN :: DOZ : UFQ :: ALW : ?

(a) JCM (b) JCN
(c) RCN (d) RCM

2. दिए गए विकल्पों में से उस आकृति का चयन कीजिए, जो निम्नलिखित शृंखला में प्रश्नचिह्न (?) को प्रतिस्थापित कर सकती है।

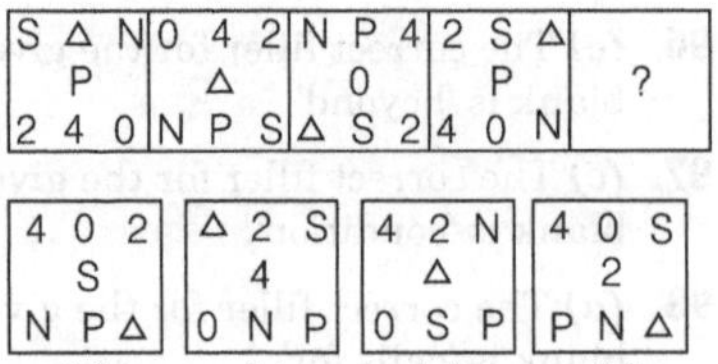

3. उस समुच्चय का चयन कीजिए, जिसमे संख्याएँ उसी प्रकार सम्बन्धित हैं, जिस प्रकार निम्नलिखित समुच्चयों की संख्याएँ सम्बन्धित हैं।

(24, 15, 120)
(21, 19, 133)

(**नोट** पूर्ण संख्याओं पर संक्रिया का प्रयोग, संख्याओं को उनके घटक अंकों में विभक्त किए बिना किया जाना चाहिए। उदाहरण के लिए 13 – 13 पर संक्रिया, जैसे कि जोड़ने/घटाने/गुणा करने आदि को 13 में विभक्त किया जा सकता है। 13 को 1 और 3 में विभक्त करके और फिर 1 और 3 पर गणितीय संक्रियाओं का प्रयोग करने की अनुमति नहीं है।)

(a) (18, 16, 99) (b) (31, 9, 96)
(c) (27, 12, 108) (d) (33, 10, 170)

4. एक कागज को निम्न चित्र के अनुसार मोड़ा और काटा जाता है। खोलने पर यह कागज कैसा दिखाई देगा?

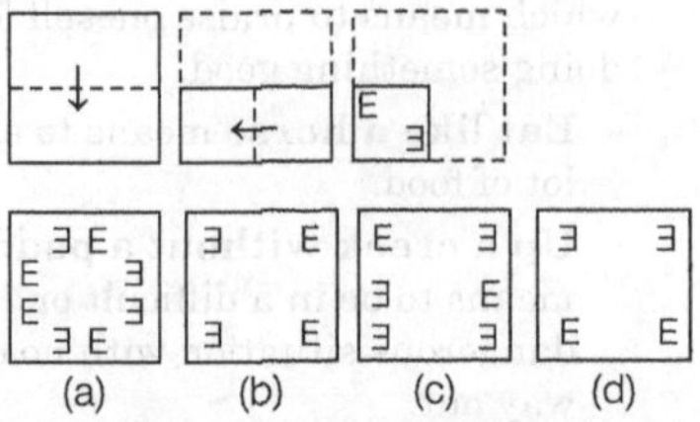

5. एक निश्चित कूटभाषा में 'EAGLE' को 'DZFKD' के रूप में लिखा जाता है और 'DREAM' को 'CQDZL' के रूप में लिखा जाता है। उसी कूटभाषा में 'SINCE' को किस प्रकार लिखा जाएगा?

(a) THMDF (b) RHMBD
(c) RJOBD (d) TJODF

6. चार अक्षर-समूह दिए गए हैं, जिनमें से तीन किसी-न-किसी रूप में एकसमान हैं और एक असमान है। निम्नलिखित में से असमान विकल्प को चुनिए।

(**नोट** अक्षर-समूह में, असमान विकल्प व्यंजनों/स्वरों की संख्या या उनकी स्थिति पर आधारित नहीं है।)

(a) WVTS (b) SQPN
(c) YWVT (d) NLKI

7. एक परिवार के सभी छः सदस्य 1, 2, 3, 4, 5 और 6 एकसाथ रहते हैं। 2, 3 की पुत्री है, लेकिन 3, 2 की माता नहीं है। 1 और 3 विवाहित युगल हैं। 5, 3 की बहन है। 4, 1 की पुत्री है। 6, 2 का भाई है। 2 की माता कौन है?

(a) 2 (b) 4
(c) 5 (d) 1

8. यदि निम्नलिखित समीकरण में '+' और '–' को आपस में बदल दिया जाता है तथा '×' और '÷' को आपस में बदल दिया जाता है, तो प्रश्नचिह्न (?) के स्थान पर कौन-सी संख्या आएगी?

$27 \times 3 + 4 \div 2 - 7 = ?$

(a) 9 (b) 6 (c) 10 (d) 8

9. नीचे दर्शाई गई आकृति में कितने वर्ग हैं?

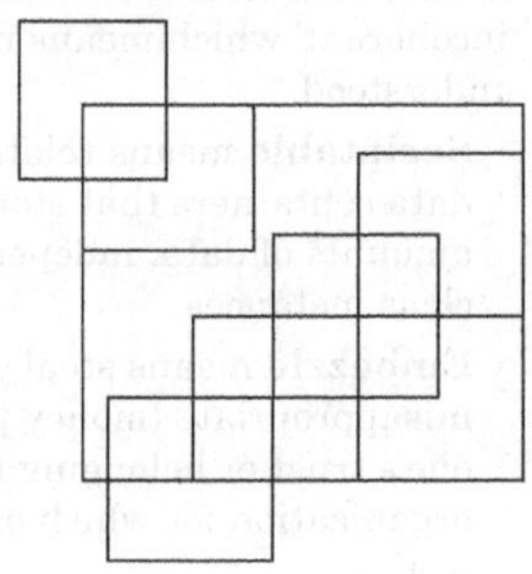

(a) 16 (b) 17
(c) 18 (d) 15

10. एक पासे के विभिन्न फलकों पर छः अक्षर J, K, L, M, N और O लिखे गए हैं। इस पासे की दो स्थितियों को नीचे चित्र में दर्शाया गया है। N के विपरीत फलक पर आने वाले अक्षर की पहचान कीजिए।

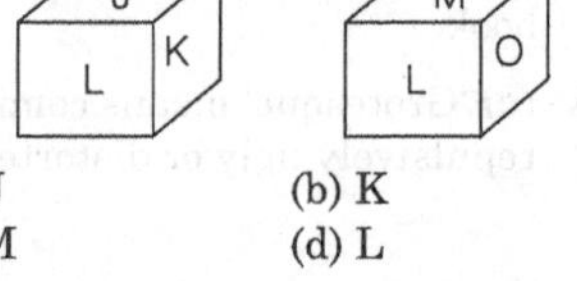

(a) J (b) K
(c) M (d) L

11. दिए गए विकल्पों में से उस आकृति का चयन कीजिए, जो प्रश्न आकृति (?) को प्रतिस्थापित कर सकती है और पैटर्न को पूरा कर सकती है।

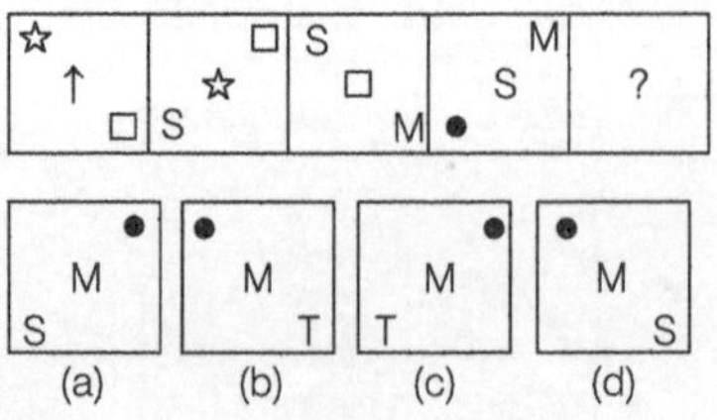

12. उस विकल्प का चयन कीजिए, जो उन अक्षरों को प्रदर्शित करता है, जिन्हें नीचे दिए गए रिक्त स्थानों में बाएँ से दाएँ क्रमिक रूप से रखने पर अक्षर शृंखला पूर्ण हो जाएगी।

Z_A_Z_ _ZA_Z_

(a) ZZAZZA (b) ZZZAAA
(c) AZZAZZ (d) AZAZAZ

13. जब दर्पण को नीचे दर्शाए गए अनुसार MN पर रखा जाता है, तो दी गई आकृति के सही दर्पण प्रतिबिम्ब का चयन कीजिए।

14. दी गई शृंखला को पूरा करने के लिए कौन-सा अक्षर-समूह प्रश्नचिह्न (?) को प्रतिस्थापित करेगा?

CQJG, ERMJ, ?, ITSP, KUVS

(a) GSQM (b) GTPM
(c) GRPM (d) GSPM

15. प्रश्न में ऐसे शब्द युग्म हैं, जो एक निश्चित तरीके से एक-दूसरे से सम्बन्धित हैं। निम्नलिखित चार शब्द युग्मों में से तीन शब्द युग्म एकसमान हैं, क्योंकि इनमें समान सम्बन्ध है और इस प्रकार वे एक समूह बनाते हैं। निम्नलिखित में से कौन-सा शब्द युग्म उस समूह से सम्बन्धित नहीं है?
(शब्दों को अर्थपूर्ण अंग्रेजी/हिन्दी शब्द माना जाना चाहिए और शब्द में अक्षरों/व्यंजनों/स्वरों की संख्या के आधार पर एक-दूसरे से सम्बन्धित नहीं होने चाहिए।)

(a) पुस्तक-पृष्ठ (b) जूते-पैर
(c) फूल-पंखुड़ियाँ (d) चश्मा-लेंस

16. उन गणितीय चिह्नों के सही संयोजन का चयन करें, जिन्हें नीचे दिए गए रिक्त स्थानों में क्रमिक रूप से बाएँ से दाएँ रखने पर दिया गया समीकरण सन्तुलित हो जाएगा।

75 _ 3 _ 17 _ 8 = 0

(a) ÷, −, − (b) −, −, +
(c) ×, +, − (d) −, −, ×

17. एक निश्चित तर्क का अनुसरण करते हुए 11, 121 से सम्बन्धित है। उसी तर्क का अनुसरण करते हुए 22, 484 से सम्बन्धित है। उसी तर्क का अनुसरण करते हुए 31 निम्नलिखित में से किससे सम्बन्धित है?
(**नोट** संख्याओं को उसके घटक अंकों में तोड़े बिना पूर्ण संख्याओं पर संक्रियाएँ की जानी चाहिए। उदाहरण के लिए संख्या 13 को लें - 13 पर संक्रियाएँ, जैसे कि 13 में जोड़ना/घटाना/गुणा करना आदि की जा सकती हैं। 13 को 1 और 3 में तोड़ने और फिर 1 और 3 पर गणितीय संक्रियाएँ करने की अनुमति नहीं है)

(a) 957 (b) 973
(c) 961 (d) 943

18. यदि शब्द 'CORNFLAKES' के प्रत्येक अक्षर को अंग्रेजी वर्णमाला के क्रम में बाएँ से दाएँ पुनर्व्यवस्थित किया जाए, तो कितने अक्षरों की स्थिति परिवर्तित होगी?

(a) दस (b) नौ
(c) आठ (d) सात

19. दिए गए विकल्पों में से उस संख्या का चयन कीजिए, जो निम्नलिखित शृंखला में प्रश्नचिह्न (?) को प्रतिस्थापित कर सकती है।

35, 46, 68, 101, 145, ?

(a) 210 (b) 212
(c) 200 (d) 214

20. दिए गए कथनों और निष्कर्षों को ध्यानपूर्वक पढ़िए। यह मानते हुए कि कथनों में दी गई जानकारी सत्य है, भले ही वह सामान्य रूप से ज्ञात तथ्यों से भिन्न प्रतीत होती हो, यह तय कीजिए कि दिए गए निष्कर्षों में से कौन-सा/से निष्कर्ष कथनों का तार्किक रूप से अनुसरण करता है/करते हैं।

कथन
कुछ सब्जियाँ, फल हैं।
कुछ फल, फूल हैं।
सभी फूल, मालाएँ हैं।

निष्कर्ष
I. कुछ मालाएँ, फल हैं।
II. कुछ सब्जियाँ, फूल हैं।
III. कुछ सब्जियाँ, मालाएँ हैं।

(a) केवल निष्कर्ष I अनुसरण करता है
(b) केवल निष्कर्ष I और II अनुसरण करते हैं
(c) केवल निष्कर्ष I और III अनुसरण करते हैं
(d) केवल निष्कर्ष II और III अनुसरण करते हैं

21. एक निश्चित कूटभाषा में, 'EXCESS' को '726572121' लिखा जाता है, 'ENERGY' को '716720927' लिखा जाता है, उसी कूटभाषा में 'ESCAPE' को कैसे लिखा जाएगा?

(a) 72151167 (b) 72153165
(c) 72153187 (d) 71933187

22. दिए गए विकल्पों में से उस पद का चयन कीजिए, जो दी गई शृंखला में प्रश्नचिह्न (?) के स्थान पर आ सकता है।

HM71, JP68, LS65, NV62, ?

(a) RX59 (b) QY57
(c) QX58 (d) PY59

23. उस विकल्प आकृति का चयन कीजिए, जिसमें दी गई आकृति सन्निहित है (आकृति को घुमाने की अनुमति नहीं है)।

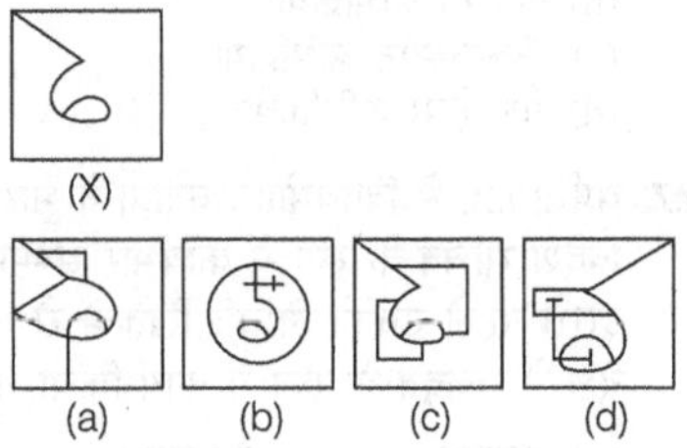

24. उस विकल्प का चयन करें, जो पाँचवीं संख्या से उसी प्रकार सम्बन्धित है जिस प्रकार दूसरी संख्या पहली संख्या से सम्बन्धित है और चौथी संख्या तीसरी संख्या से सम्बन्धित है।

4 : 68 :: 8 : 136 :: 9 : ?

(**नोट** संख्याओं को उनके घटक अंकों में विभक्त किए बिना पूर्ण संख्याओं पर संक्रियाएँ की जानी चाहिए। उदाहरण के लिए 13 को लें-13 पर संक्रियाएँ, जैसे कि जोड़ना/घटाना/गुणा आदि 13 में की जा सकती हैं। 13 को 1 और 3 में विभक्त करना और फिर 1 और 3 पर गणितीय संक्रियाएँ करने की अनुमति नहीं है।)

(a) 149
(b) 153
(c) 147
(d) 152

25. दिए गए संख्या युग्मों में से एक को छोड़कर अन्य सभी में समान संक्रिया/संक्रियाओं का अनुसरण किया गया है। वह असंगत संख्या युग्म ज्ञात कीजिए।
(**नोट** संख्याओं को उसके संघटक अंकों में खण्डित किए बिना संक्रियाएँ पूर्णांकों पर की जानी चाहिए। उदाहरण के लिए 13-13 पर की जाने वाली संक्रियाएँ, जैसे जोड़ना/घटाना/गुणा करना इत्यादि 13 पर ही की जानी चाहिए। 13 को 1 और 3 में खण्डित करना और फिर 1 और 3 पर गणितीय संक्रियाएँ करना वर्जित है।)

(a) 5 : 11
(b) 7 : 15
(c) 22 : 45
(d) 11 : 121

भाग II

सामान्य जागरुकता

26. कॉपर (1) हैलाइड उत्प्रेरक का उपयोग करके एरिल डायज़ोनियम लवण को एरिल हैलाइड में परिवर्तित करने के लिए उपयोग की जाने वाली कार्बनिक अभिक्रिया क्या कहलाती है?

(a) बाल्ज-शीमन अभिक्रिया
(b) गैटरमैन अभिक्रिया
(c) फिंकेलस्टीन अभिक्रिया
(d) सैण्डमेयर अभिक्रिया

27. वर्ष 2022 में विनयमोहन क्वात्रा ने भारत के विदेश सचिव के रूप में कार्यभार सम्भाला। इससे पहले उन्होंने निम्नलिखित में से किस देश में राजदूत के रूप में कार्य किया था?

(a) मालदीव (b) भूटान
(c) श्रीलंका (d) नेपाल

28. मेण्डलीफ की आवर्त सारणी के अनुसार, किन तत्त्वों के गुण ईका-सिलिकॉन के साथ पर्याप्त मेल खाते हैं?

(a) स्कैंडियम (b) जर्मेनियम
(c) टाइटेनियम (d) गैलियम

29. भूकम्प की माप से प्राप्त रिकॉर्ड को क्या कहा जाता है?

(a) भूकम्प-सूचक यन्त्र (b) भूकम्पी तरंग
(c) भूकम्प विज्ञान (d) भूकम्प लेख

30. अटल इनोवेशन मिशन (Atal Innovation Mission) वर्ष ······· में शुरू किया गया था।

(a) 2014 (b) 2004
(c) 2021 (d) 2016

31. पुलकेशिन द्वितीय ने उत्तर भारत के निम्नलिखित में से किस शासक को पराजित करने के बाद दक्षिणापथेश्वर (दक्षिण का स्वामी) की उपाधि धारण की?

(a) रुद्रसेन द्वितीय (b) प्रभाकरवर्द्धन
(c) ध्रुवसेन द्वितीय (d) हर्षवर्द्धन

32. एन.डी.पी. (NDP) = ·········· ।

(a) जी. डी.पी. (GDP) + मूल्यह्रास
(b) जी.डी.पी. (GDP) – विदेशों से शुद्ध कारक आय
(c) जी.डी.पी. (GDP) + विदेशों से शुद्ध कारक आय
(d) जी.डी.पी. (GDP) – मूल्यह्रास

33. ग्यासुद्दीन बलबन ने एक ········· विभाग की स्थापना करवाई थी, जिसे 'दीवान-ए-अर्ज़' कहा जाता था।

(a) सैन्य (b) शैक्षिक
(c) कृषि (d) वाणिज्यिक

34. भारत में सूक्ष्म, लघु और मध्यम उद्यम विकास (MSMED) अधिनियम, 2006 का प्राथमिक उद्देश्य क्या है?

(a) केवल बड़े पैमाने के उद्योगों पर ध्यान केन्द्रित करना
(b) विदेशी कम्पनियों को विनियमित करना
(c) MSMEs के विकास को बढ़ावा देना और सुविधाजनक बनाना
(d) MSMEs की सुरक्षा के लिए आयात शुल्क बढ़ाना

35. भारतीय संविधान का कौन-सा भाग चुनाव आयोग से सम्बन्धित है?

(a) भाग XI (b) भाग XV
(c) भाग XII (d) भाग IV

36. निम्नलिखित में से कौन-सा भारत में लौटते मानसून से सम्बन्धित है?

(a) हरिकेन (b) अक्टूबर की गर्मी
(c) काल बैसाखी (d) लू

37. 1888 ई. में भारत में डूरण्ड कप टूर्नामेण्ट कहाँ शुरू किया गया था?

(a) मुम्बई (b) दिल्ली
(c) कलकत्ता (d) शिमला

38. वर्ष 1910 में USA के सिएटल में यूनाइटेड इण्डिया हाउस की स्थापना ·········· द्वारा की गई थी।

(a) तारकनाथ दास और जी.डी. कुमार
(b) वी.डी. सावरकर और गणेश
(c) श्यामजी कृष्ण वर्मा
(d) खुदीराम बोस और प्रफुल्ल चाकी

39. विधवा पुनर्विवाह का समर्थन करने के लिए 1856 ई. में ब्रिटिश सरकार द्वारा पारित कानून का सुझाव किसने दिया था?

(a) आत्माराम पाण्डुरंग
(b) केशवचन्द्र सेन
(c) राजा राममोहन राय
(d) ईश्वरचन्द्र विद्यासागर

40. भारत की जनगणना 2011 के अनुसार, 10-19 वर्ष के आयु वर्ग की किशोरियों का प्रतिशत कितना था?

(a) 120.9 (b) 52.7
(c) 47.3 (d) 31.3

41. शतरंज में निम्नलिखित में से कौन केवल तिरछा ही चल सकता है?

(a) घोड़ा (b) वजीर/रानी
(c) हाथी (d) ऊँट

42. सुमेलित कीजिए

सूची I (रोग)		सूची II (उत्तरदायी जीव)	
A.	मलेरिया	1.	बिब्रियो
B.	अतिसार	2.	साल्मोनेला
C.	आँत्र ज्वर	3.	रोटावायरस
D.	हैज़ा	4.	प्लाज्मोडियम

कूट

A B C D
(a) 2 1 3 4
(b) 1 3 2 4
(c) 4 3 2 1
(d) 1 2 3 4

43. राज्य पुनर्गठन आयोग का गठन कब किया गया था, जिसने वृहत्तर भाषायी समूहों के आधार पर भाषायी राज्यों के सृजन की सिफारिश की थी?

(a) दिसम्बर, 1956 (b) दिसम्बर, 1963
(c) दिसम्बर, 1953 (d) दिसम्बर, 1958

44. वर्ष 1998 में किस प्रसिद्ध सन्तूरवादक को उस्ताद हाफ़िज़ अली खान पुरस्कार से सम्मानित किया गया था?

(a) अभय सोपारी (b) तरुण भट्टाचार्य
(c) शिवकुमार शर्मा (d) सतीश व्यास

45. ईश्वरी प्रसाद को कथक के ········· घराने की शुरुआत करने का श्रेय दिया जाता है।

(a) रायगढ़ (b) लखनऊ
(c) बनारस (d) जयपुर

46. भारतीय संविधान का कौन-सा अनुच्छेद पर्यावरण की रक्षा और सुधार तथा वनों और वन्यजीवों की सुरक्षा प्रदान करता है?

(a) अनुच्छेद 47-A (b) अनुच्छेद 47-B
(c) अनुच्छेद 48-A (d) अनुच्छेद 49-C

47. कौन-सा आवश्यक एमिनो अम्ल कैल्शियम अवशोषण को बढ़ाता है और कोलेजन के निर्माण में भी महत्त्वपूर्ण भूमिका निभाता है?

(a) आर्जीनिन (b) लाइसीन
(c) हिस्टीडीन (d) टायरोसीन

48. निम्नलिखित में से कौन-सा पूर्वी तटीय बन्दरगाह का एक उदाहरण है?

(a) चेन्नई (b) मुम्बई
(c) न्यू मैंगलोर (d) मोरमुगाओ

49. अल्ला रक्खा निम्नलिखित में से किस संगीत वाद्ययन्त्र को बजाने के लिए प्रसिद्ध हैं?

(a) तबला (b) शहनाई
(c) बाँसुरी (d) डमरू

50. मकर संक्रान्ति निम्नलिखित में से किस भगवान को समर्पित त्योहार है?
(a) गणेश (b) चन्द्र
(c) इन्द्र (d) सूर्य

भाग III
संख्यात्मक अभियोग्यता

51. $9 \div \left[1+\left\{4\times\left(\frac{5}{6}-\frac{1}{3}+\frac{1}{2}\right)\right\}\right]$ किसके बराबर है?
(a) 1 (b) 9 (c) 0 (d) $\frac{9}{5}$

52. निम्नलिखित तालिका 3 प्रिण्टरों (P, Q और R) द्वारा 3 दिनों के दौरान मुद्रित पृष्ठों की संख्या को दर्शाती है।

दिन	P	Q	R
सोमवार	100	130	200
मंगलवार	120	145	160
बुधवार	180	85	120

उन तीन दिनों के दौरान प्रिण्टर P द्वारा मुद्रित पृष्ठों की कुल संख्या और उन्हीं तीन दिनों के दौरान प्रिण्टर Q द्वारा मुद्रित पृष्ठों की कुल संख्या का अनुपात क्या है?
(a) 10 : 11 (b) 10 : 9
(c) 11 : 10 (d) 9 : 10

53. रोहिणी एक थोक दुकान से ₹ 1700 में ब्लूटूथ हेडफोन सेट खरीदती है और उसका अंकित मूल्य ₹ 2000 निर्धारित करती है। बाद में, वह इसकी बिक्री पर 40% की छूट देती है। उसका हानि या लाभ प्रतिशत क्या है (दो दशमलव स्थानों तक सही)?
(a) 29.41% लाभ (b) 25.19% लाभ
(c) 29.41% हानि (d) 25.19% हानि

54. निम्नलिखित में से कौन-सी भिन्न सबसे बड़ी है?
$\frac{3}{7}, \frac{7}{53}, \frac{41}{80}, \frac{29}{79}$
(a) $\frac{3}{7}$ (b) $\frac{29}{79}$ (c) $\frac{41}{80}$ (d) $\frac{7}{53}$

55. यदि $a^3+\frac{1}{a^3}=2 (a>0)$ हो, तो $a+\frac{1}{a}$ का मान ज्ञात कीजिए।
(a) 4 (b) 3 (c) 2 (d) 1

56. यदि $m+5=\sec^2 A\cdot \text{cosec}^2 A(1-\cos^2 A)(1-\sin^2 A)+5$ है, तो m का मान ज्ञात कीजिए।
(a) 1 (b) 0 (c) 5 (d) 10

57. $2\frac{\tan 54^\circ}{\cot 36^\circ}-\frac{\cot 41^\circ}{\tan 49^\circ}$ का मान ज्ञात कीजिए।
(a) 0 (b) 1
(c) −1 (d) 2

58. मान लीजिए P, 8 किमी/घण्टा की चाल से चलना शुरू करता है। 8 घण्टे के बाद B, 24 किमी/घण्टा की चाल से साइकिल से यात्रा करना शुरू करता है। प्रारम्भिक स्थान से वह दूरी जहाँ B, A से मिल सकता है, कितनी है?
(a) 88 किमी
(b) 96 किमी
(c) 64 किमी
(d) 72 किमी

59. किसी बेलनाकार बर्तन के आधार की परिधि 154 सेमी है और इसकी ऊँचाई 49 मिमी है। इसमें कितने लीटर पानी आ सकता है? (दशमलव के तीन स्थानों तक शुद्ध, $\pi=\frac{22}{7}$ का उपयोग कीजिए)
(a) 9.244 (b) 4.329
(c) 2.439 (d) 3.924

60. यदि एक समद्विबाहु त्रिभुज की दो भुजाओं की लम्बाई 6 सेमी और 12 सेमी है, तो तीसरी भुजा की लम्बाई ज्ञात कीजिए।
(a) 14 सेमी
(b) 8 सेमी
(c) 12 सेमी
(d) 6 सेमी

61. यदि $x^2+7x+8=0$, तो $\frac{4x}{x^2-5x+8}$ का मान ज्ञात कीजिए।
(a) $\frac{1}{6}$ (b) $\frac{1}{2}$
(c) $-\frac{1}{4}$ (d) $-\frac{1}{3}$

62. P और Q का कुल वेतन ₹ 960000 है। P और Q अपने-अपने वेतन के क्रमश: 64% और 44% की बचत करते हैं। यदि P का व्यय Q के व्यय का 1.5 गुना है, तो P के वेतन और Q के वेतन का अनुपात ज्ञात करें।
(a) 7 : 3 (b) 3 : 7
(c) 2 : 3 (d) 3 : 2

63. दी गई सारणी का अध्ययन कीजिए और प्रश्न का उत्तर दीजिए।
सारणी 2018 और 2023 के बीच छः अलग-अलग ब्राण्ड द्वारा उत्पादित कारों की संख्या (लाखों में) को दर्शाती है।

प्रकार	2018	2019	2020	2021	2022	2023
A	36	40	42	45	47	42
B	23	37	28	32	34	26
C	45	47	51	54	56	48
D	35	37	42	32	36	28
E	57	56	52	38	48	42
F	43	45	56	41	52	40

2018-2023 के दौरान B और D के औसत उत्पादन में अन्तर ज्ञात कीजिए।
(a) 4 लाख (b) 6 लाख
(c) 5 लाख (d) 5.5 लाख

64. एक इनलेट पाइप किसी जल भण्डारण टंकी को 11 घण्टे में भर सकता है और एक आउटलेट पाइप पूरी तरह से भरी हुई टंकी को 15 घण्टे में खाली कर सकता है। यदि दोनों पाइप को एकसाथ खोल दिया जाए, तो खाली टंकी को भरने में लगने वाला समय (घण्टे में) ज्ञात कीजिए।
(a) 40 (b) $41\frac{1}{4}$
(c) $49\frac{3}{4}$ (d) $45\frac{1}{2}$

65. रमेश ने 130 पुस्तकें ₹ 200 प्रति पुस्तक की दर से खरीदीं और उनमें से आधी पुस्तकें ₹ 300 प्रति पुस्तक की दर से बेच दी, उनमें से $\frac{1}{5}$ पुस्तकें ₹ 350 प्रति पुस्तक की दर से और शेष पुस्तकें क्रय मूल्य पर बेच दी। उसका लाभ प्रतिशत ज्ञात कीजिए।
(a) 35% (b) 40%
(c) 44% (d) 38%

66. 'a' और 'b' के मान ज्ञात कीजिए, जिनके लिए समीकरणों के निकाय $3x+y=3$ तथा $(a-b)\times x+(a+b)\times y=3a+b-3$ के अनन्त हल हैं।
(a) $a=-\frac{3}{2}, b=2$ (b) $a=2, b=-\frac{3}{2}$
(c) $a=3, b=-\frac{2}{3}$ (d) $a=3, b=\frac{-3}{2}$

67. प्रथम 48 प्राकृतिक संख्याओं के वर्गों का औसत ज्ञात कीजिए।
(a) 792.17 (b) 793.17
(c) 794.17 (d) 791.17

68. दो वृत्तों के केन्द्रों के बीच की दूरी 36 सेमी है। यदि इन दो वृत्तों की त्रिज्याएँ क्रमश: 15 सेमी और 9 सेमी हैं, तो इन वृत्तों की सीधी उभयनिष्ठ स्पर्श रेखा और अनुप्रस्थ

उभयनिष्ठ स्पर्श रेखा की लम्बाइयों (सेमी में) का योग क्या है?

(a) $6\sqrt{5}(\sqrt{5}+2)$ (b) $6\sqrt{5}(\sqrt{7}+2)$
(c) $6\sqrt{7}(\sqrt{5}+2)$ (d) $6\sqrt{7}(\sqrt{7}+2)$

69. ΔABC की भुजा BC को बिन्दु D तक बढ़ाया जाता है। यदि $AC = BC$ और $\angle BAC = 70°$ है, तो $\angle ACD - \angle ABC$ का मान ज्ञात कीजिए।

(a) 45° (b) 70°
(c) 60° (d) 75°

70. किसी समतल में .... असंरेख बिन्दुओं से गुजरने वाला एक वृत्त खींचना सदैव सम्भव होता है।

(a) 6 (b) 3 (c) 4 (d) 5

71. $(\text{cosec}\,\theta - \sin\theta)(\sec\theta - \cos\theta)(\tan\theta + \cot\theta)$ का मान ज्ञात कीजिए।

(a) $\frac{1}{2}$ (b) 1
(c) -1 (d) 0

72. दिया गया बार ग्राफ पिछले कुछ वर्षों में किसी देश के चीनी आयात (हजार टन में) को दर्शाता है। ग्राफ का अध्ययन कीजिए और निम्नलिखित प्रश्न का उत्तर दीजिए।

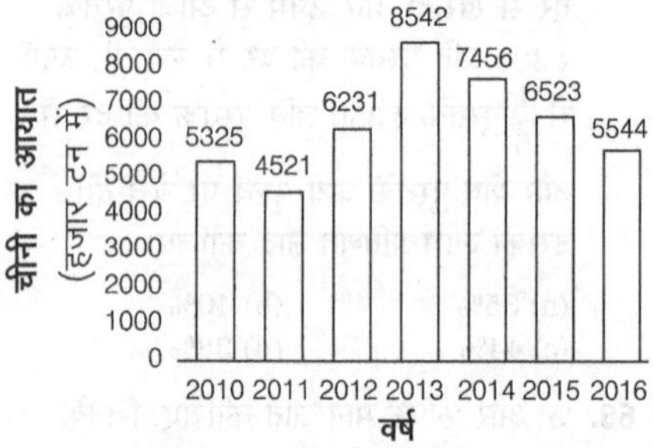

सभी वर्षों का औसत आयात (हजार टन में) कितना है?

(a) 6433 (b) 6603
(c) 6469 (d) 6306

73. एक निश्चित राशि पर 6 वर्षों के लिए साधारण ब्याज उस राशि का 3/5 भाग है। इसके लिए वार्षिक ब्याज दर कितनी होगी?

(a) 7% (b) 5%
(c) 10% (d) 3%

74. निहिरा 25 वर्ष की है और पुनीथ 30 वर्ष का है। कितने वर्ष पहले उनकी आयु का अनुपात 3:4 था?

(a) 15 वर्ष (b) 20 वर्ष
(c) 10 वर्ष (d) 5 वर्ष

75. दी गई तालिका का अध्ययन कीजिए और निम्नलिखित प्रश्न का उत्तर दीजिए।

दी गई तालिका पिछले कुछ वर्षों में एक ऑटोमोबाइल कम्पनी द्वारा निर्मित तीन प्रकार की कारों (A, B और C) का उत्पादन (हजार में) दर्शाती है।

वर्ष	A	B	C
2015	840	680	890
2016	900	750	960
2017	760	620	1000
2018	800	540	1200

वर्ष 2015 से 2017 तक कम्पनी द्वारा उत्पादित A प्रकार की कारों की कुल संख्या, वर्ष 2016 से 2018 तक कम्पनी द्वारा उत्पादित C प्रकार की कारों की कुल संख्या से कितने प्रतिशत (निकटतम पूर्णांक तक पूर्णांकित) अधिक या कम है?

(a) 24% अधिक (b) 24% कम
(c) 21% अधिक (d) 21% कम

भाग IV

अंग्रेजी भाषा

76. The following sentence has been split into four segments. Identify the segment that contains a grammatical error.

My dog / barks / very louder / at night.

(a) My dog (b) very louder
(c) barks (d) at night

77. Select the option that expresses the given sentence in active voice.

A comic play was performed by the comedian.

(a) The comedian performs a comic play.
(b) The comedian performed a comic play.
(c) The comedian performance a comic play.
(d) The comedian do perform a comic play.

78. Select the most appropriate antonym of the underlined word to fill in the blank.

Ram <u>failed</u> initially but after a few years, he .... in every field.

(a) elevated (b) succeeded
(c) enjoyed (d) reserved

79. Select the most appropriate option to fill in the blank.

Raj is very interested in studying human psychology, so he decided to pursue his master's degree in ....

(a) Archaeology (b) Philosophy
(c) Psychology (d) Anatomy

80. Select the correctly spelt word.

(a) Exhilaration (b) Exilaration
(c) Exhillaration (d) Exhileration

81. Select the most appropriate option that can substitute the underlined part in the following sentence.

The entire speech of the revivalist <u>fell flat with</u> the crowd that was present there.

(a) had a great impact on
(b) had moderate influence on
(c) had somewhat of a result on
(d) had no effect on

82. Select the option that can be used as a one-word substitute for the given group of words.

A performer's first public appearance

(a) Foundation (b) Debut
(c) Premise (d) Dawn

83. Parts of a sentence are given below in jumbled order. Arrange the parts in the correct order to form a meaningful sentence.

(A) and was searching for them
(B) the grandmother couldn't find
(C) all around the house
(D) placed them on her head
(E) her spectacles because she had

(a) BADEC (b) BEDAC
(c) CABED (d) ADBEC

84. Select the option that can be used as a one-word substitute for the given group of words.

To go through an area making a lot of noise and causing damage

(a) Brutality (b) Cacophony
(c) Violence (d) Rampage

85. Select the option that can substitute/replace the bracketed word correctly and complete the sentence.

If he runs, he (get) there in time.

(a) will get
(b) is getting
(c) got there in time
(d) has to get

86. Select the most appropriate antonym of the given word.
Laudable
(a) Commendable (b) Severe
(c) Deplorable (d) Humorous

87. Select the most appropriate antonym of the given word.
Dissolve
(a) Vanish (b) Fade
(c) Solve (d) Appear

88. Parts of a sentence are given below in jumbled order. Arrange the parts in the correct order to form a meaningful sentence.
(P) achieve success
(Q) when you
(R) and polite
(S) stay humble
(a) PRQS (b) SRQP
(c) RQPS (d) PQRS

89. The following sentence contains a word with a spelling error. Rectify the sentence by selecting the correct spelling of the identified word from the given options.
Later on, he was truely apologetic for his misconduct in the meeting.
(a) Trooly (b) Truily
(c) Truly (d) Treuly

90. Select the most appropriate synonym of the underlined word.
Our university is affiliated with various institutes all over the world.
(a) disparate (b) diverse
(c) unalike (d) allied

91. The following sentence has been split into four segments. Identify the segment that contains a grammatical error.
The company specialises at / designing, crafting and manufacturing / exquisite, high-quality furniture / of exceptional craftsmanship.
(a) exquisite, high-quality furniture
(b) designing, crafting and manufacturing
(c) The company specialises at
(d) of exceptional craftsmanship

92. Select the most appropriate synonym of the underlined word.
We went to a legitimate Mexican restaurant for my birthday, where they served cuisine like you would find in Mexico.
(a) genuine (b) fictitious
(c) falsified (d) productive

93. Select the most appropriate synonym of the given word.
Derogatory
(a) Insulting (b) Derivative
(c) Delegation (d) Salutary

94. Select the option that expresses the given sentence in passive voice.
The research team is conducting experiments on a new drug that could revolutionise the treatment of the disease.
(a) Experiments have been conducted on a new drug that could have revolutionised the treatment of the disease through the research team.
(b) Experiments were being conducted on a new drug that could revolutionise the treatment of the disease by the research team.
(c) Experiments are conducted on a new drug that could revolutionise the treatment of the disease from the research team.
(d) Experiments are being conducted on a new drug that could revolutionise the treatment of the disease by the research team.

95. Select the most appropriate idiom that can substitute the underlined segment in the given sentence.
Leela was in class when the big fight happened. So, if you want to know the details, you should ask her, you will get the truth given by somebody who is directly involved and therefore likely to be accurate.
(a) with kid gloves
(b) shooting off the cuff
(c) calling a spade a spade
(d) straight from the horse's mouth

Directions (Q. Nos. 96-100) *In the following passage, some words have been deleted. Read the passage carefully and select the most appropriate option to fill in each blank.*

The Kuno Palpur National Park, located in Madhya Pradesh's Chambal ..... (1) ..... , has an area of 750 square kilometres. It now has leopards, jackals, spotted deer, sambhar, neelgai, chinkara, wild boar, and four-horned antelope, making it a perfect ..... (2) ..... base for felids. Despite strong objections from Gujarat, which ..... (3) ..... that lions were part of the state's heritage, that MP had a poor ..... (4) ..... in wildlife management and that Kuno Palpur had other big cat species that would .... (5) ..... lion relocation, the sanctuary was chosen for the lion reintroduction project in 2013.

96. Select the most appropriate option to fill in blank number 1.
(a) reason (b) region
(c) reign (d) river

97. Select the most appropriate option to fill in blank number 2.
(a) guard (b) fun (c) aid (d) prey

98. Select the most appropriate option to fill in blank number 3.
(a) restricted (b) accused
(c) claimed (d) adjourned

99. Select the most appropriate option to fill in blank number 4.
(a) summary (b) gaze
(c) record (d) loss

100. Select the most appropriate option to fill in blank number 5.
(a) innocuous
(b) jeopardise
(c) channelise
(d) safeguard

उत्तरमाला

1. (c)	2. (d)	3. (c)	4. (a)
5. (b)	6. (a)	7. (d)	8. (d)
9. (b)	10. (d)	11. (b)	12. (a)
13. (a)	14 (d)	15. (b)	16. (a)
17. (c)	18. (c)	19. (c)	20. (a)
21. (c)	22. (d)	23. (c)	24. (b)
25. (d)	26. (d)	27. (d)	28. (b)
29. (d)	30. (d)	31. (d)	32. (d)
33. (a)	34. (c)	35. (b)	36. (b)
37. (d)	38. (a)	39. (d)	40. (c)
41. (d)	42. (c)	43. (c)	44. (c)
45. (b)	46. (c)	47. (b)	48. (a)
49. (a)	50. (d)	51. (b)	52. (b)
53. (c)	54. (c)	55. (c)	56. (a)
57. (b)	58. (b)	59. (a)	60. (c)
61. (d)	62. (a)	63. (c)	64. (b)
65. (b)	66. (d)	67. (a)	68. (b)
69. (b)	70. (b)	71. (b)	72. (d)
73. (c)	74. (c)	75. (d)	76. (b)
77. (b)	78. (b)	79. (c)	80. (a)
81. (d)	82. (b)	83. (b)	84. (d)
85. (a)	86. (c)	87. (d)	88. (b)
89. (c)	90. (d)	91. (c)	92. (a)
93. (a)	94. (d)	95. (d)	96. (b)
97. (d)	98. (c)	99. (c)	100. (b)

व्याख्या

1. *(c)* जिस प्रकार, C R W
−9 | −9 | −9
T I N

और D O Z
−9 | −9 | −9
U F Q

उसी प्रकार, A L W
−9 | −9 | −9
R C N

2. *(d)* दी गई आकृति शृंखला में निम्न क्रम/नियम का अनुसरण हो रहा है।

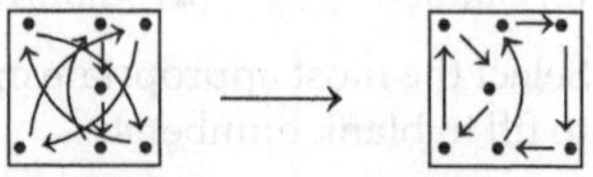

तथा आकृति (iii) से (iv) तथा आकृति (iv) से (v)

अत: उपरोक्त क्रमों का अनुसरण करते हुए, उत्तर आकृति (d), दी गई आकृति शृंखला को पूर्ण करेगी

3. *(c)* जिस प्रकार, (24, 15, 120)

$\Rightarrow \frac{120}{15} \times 3 = 8 \times 3 = 24$

और (21, 19, 133)

$\Rightarrow \frac{133}{19} \times 3 = 7 \times 3 = 21$

उसी प्रकार, (27, 12, 108)

$\Rightarrow \frac{108}{12} \times 3 = 9 \times 3 = 27$

4. *(a)* दिए गए कागज को निर्देशानुसार मोड़कर, काटने के उपरान्त खोलने पर उत्तर आकृति (a) के समान दिखाई देगी।

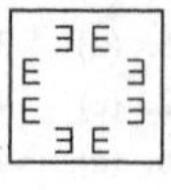

5. *(b)* जिस प्रकार,
E A G L E
−1 | −1 | −1 | −1 | −1
D Z F K D

तथा D R E A M
−1 | −1 | −1 | −1 | −1
C Q D Z L

उसी प्रकार, S I N C E
−1 | −1 | −1 | −1 | −1
R H M B D

6. *(a)* जिस प्रकार,
S Q P N
−2 −1 −2

Y W V T
−2 −1 −2

तथा
N L K I
−2 −1 −2

परन्तु,
W V T S
−1 −2 −1

अत: WVTS असंगत अक्षर-समूह है।

7. *(d)* प्रश्नानुसार,
रक्त सम्बन्ध आरेख बनाने पर,

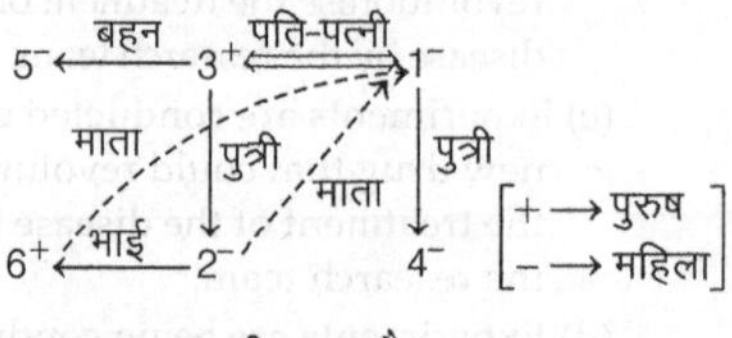

स्पष्टत: 1, 2 की माता है।

8. *(d)* दिया है,

+ ⟷ −
× ⟷ ÷

दिया गया व्यंजक → 27 × 3 + 4 ÷ 2 − 7 = ?

प्रश्नानुसार, चिह्नों को परस्पर बदलने पर,

नया व्यंजक → 27 ÷ 3 − 4 × 2 + 7
= 9 − 8 + 7
= 16 − 8 = 8

9. *(b)* दी गई आकृति के बिन्दुओं के नाम लिखने पर,

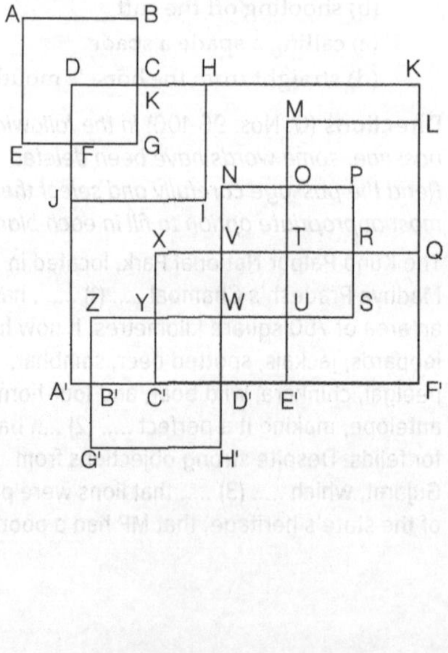

आकृति में निम्न वर्ग हैं,
□ABGE, □DCGF, □DHIJ,
□DA'F'K, □OPRT, □ONVT,
□VTWU, □TRSU, □NPSW,
□MLQT, □TE'F'Q, □XVWY,
□YWD'C', □WUE'D', □ZB'C'Y
□ZWH'G', □XTE'C'

अत: आकृति में 17 वर्ग हैं।

10. *(d)* दिए गए पासे की दोनों स्थितियों में फलक 'L' उभयनिष्ठ है। 'L' से दक्षिणावर्त लिखने पर,

स्थिति I → L J K
⇕ विपरीत ⇕ विपरीत
स्थिति II → L M O

अत: शेष फलक 'N' के विपरीत फलक 'L' होगा।

11. *(b)* दी गई आकृति शृंखला में निम्न क्रम/नियम का अनुसरण हो रहा है।

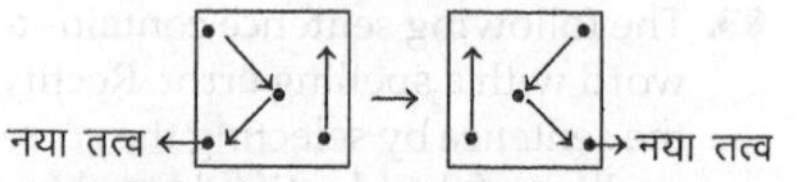

तथा आकृति (iii) से (iv) तथा आकृति (iv) से (v)

उपरोक्त क्रम के अनुसार, उत्तर आकृति (b) इस शृंखला को पूर्ण करेगी।

12. *(a)* दी गई शृंखला का क्रम निम्न है,

ZZA/ZZA/ZZA/ZZA

∴ अभीष्ट उत्तर = ZZAZZA

13. *(a)* दी गई आकृति का सही दर्पण प्रतिबिम्ब, उत्तर आकृति (a) के समान दिखाई देगा।

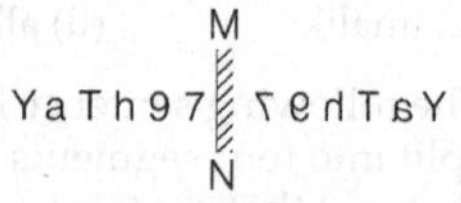

14. *(d)* दी गई अक्षर शृंखला का क्रम निम्न है,

C →(+2) E →(+2) G →(+2) I →(+2) K
Q →(+1) R →(+1) S →(+1) T →(+1) U
J →(+3) M →(+3) P →(+3) S →(+3) V
G →(+3) J →(+3) M →(+3) P →(+3) S

15. *(b)* 'जूते-पैर' शब्द युग्म को छोड़कर अन्य सभी शब्द-युग्मों में पहली वस्तु, दूसरी वस्तु से मिलकर बनी है या दूसरी वस्तु, पहली वस्तु के अन्दर सन्निहित होती है।

16. *(a)* 75 _ 3 _ 17 _ 8 = 0

विकल्प (a) से, चिह्न रखने पर,

75 ÷ 3 − 17 − 8 = 0

⇒ 25 − 25 = 0 ⇒ 0 = 0

17. *(c)* जिस प्रकार, (11, 121)

$\Rightarrow \quad (11)^2 = 11 \times 11 = 121$

तथा (22, 484)

$\Rightarrow \quad (22)^2 = 22 \times 22 = 484$

उसी प्रकार, (31, ?)

$\Rightarrow \quad (31)^2 = 31 \times 31 = 961$

$\therefore \quad ? = \boxed{961}$

18. *(c)* प्रश्नानुसार,

दिया गया शब्द → C O R N F L A K E S

वर्णमाला क्रमानुसार → A C E F K L N O R S

अत: आठ अक्षरों की स्थिति परिवर्तित होगी।

19. *(c)* दी गई श्रृंखला का क्रम निम्नवत् है,

35 → 46 → 68 → 101 → 145 → 200

+11, +22, +33, +44, +55

+11, +11, +11, +11

20. *(a)* कथनानुसार,

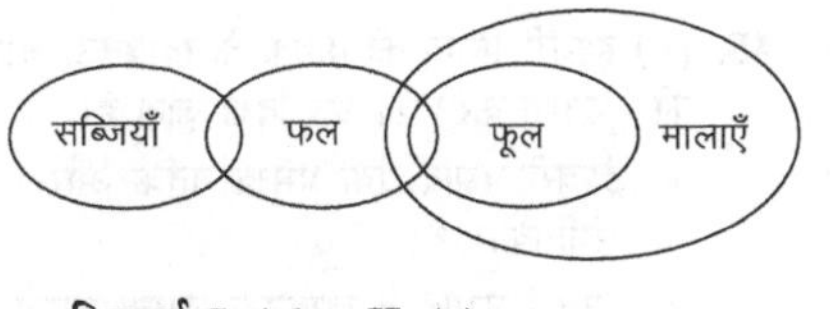

निष्कर्ष I. (✓) II. (✗)

III. (✗)

अत: केवल निष्कर्ष I अनुसरण करता है।

21. *(c)* जिस प्रकार,

E X C E S S → 5 24 3 5 19 19 (वर्णों के क्रमांक)

+2 +2 +2 +2 +2 +2 → 7 26 5 7 21 21

और

E N E R G Y → 5 14 5 18 7 25 (वर्णों के क्रमांक)

+2 +2 +2 +2 +2 +2 → 7 16 7 20 9 27

उसी प्रकार,

E S C A P E → 5 19 3 1 16 5 (वर्णों के क्रमांक)

+2 +2 +2 +2 +2 +2 → 7 21 5 3 18 7

22. *(d)* दी गई श्रृंखला का क्रम निम्न है,

H $\xrightarrow{+2}$ J $\xrightarrow{+2}$ L $\xrightarrow{+2}$ N $\xrightarrow{+2}$ P

M $\xrightarrow{+3}$ P $\xrightarrow{+3}$ S $\xrightarrow{+3}$ V $\xrightarrow{+3}$ Y

71 $\xrightarrow{-3}$ 68 $\xrightarrow{-3}$ 65 $\xrightarrow{-3}$ 62 $\xrightarrow{-3}$ 59

23. *(c)* प्रश्न आकृति, उत्तर आकृति (c) में सन्निहित है।

24. *(b)* जिस प्रकार, $(4:68) \Rightarrow 4 \times 17 = 68$

तथा $(8:136) \Rightarrow 8 \times 17 = 136$

उसी प्रकार, $(9:?) \Rightarrow 9 \times 17 = 153$

$\therefore \quad ? = 153$

25. *(d)* जिस प्रकार,

$(5:11) \Rightarrow 5 \times 2 + 1 = 11$

$(7:15) \Rightarrow 7 \times 2 + 1 = 15$

$(22:45) \Rightarrow 22 \times 2 + 1 = 45$

परन्तु, (11 : 121)

$\Rightarrow 11 \times 2 + 1 = 23 \neq 121$

अत: (11 : 121) असंगत संख्या समूह है।

26. *(d)* कॉपर (1) हैलाइड उत्प्रेरक का उपयोग करके एरिल डायजोनियम लवण को एरिल हैलाइड में परिवर्तित करने के लिए **सैण्डमेयर अभिक्रिया** का उपयोग किया जाता है, जो कार्बनिक अभिक्रिया कहलाती है।

- इस रासायनिक प्रतिक्रिया में एरिल डायजोनियम लवणों को विविध एरिल हैलाइड में परिवर्तित करना शामिल है।
- इस प्रक्रिया में कॉपर (1) लवण को उत्प्रेरक के रूप में उपयोग किया जाता है।
- सैण्डमेयर अभिक्रिया से बेंजीन पर कई तरह के बदलाव किए जा सकते हैं; जैसे कि हैलीजनीकरण, सायनीकरण।

27. *(d)* वर्ष 2022 में, विनयमोहन क्वात्रा ने भारत के विदेश सचिव के रूप में कार्यभार सम्भाला। इससे पहले उन्होंने नेपाल देश में राजदूत के रूप में कार्य किया था।

- विनयमोहन क्वात्रा, एक भारतीय राजनयिक हैं। वे वर्ष 2022 से जुलाई, 2024 तक भारत के 34वें विदेश सचिव के रूप में कार्यरत थे।
- विनयमोहन क्वात्रा अगस्त, 2024 से संयुक्त राज्य अमेरिका में भारत के राजदूत हैं।

28. *(b)* मेण्डलीफ की आवर्त सारणी के अनुसार, जर्मेनियम तत्त्वों के गुण ईका-सिलिकॉन के साथ पर्याप्त मेल खाते हैं।

- इसका प्रतीक Ge और इसकी परमाणु संख्या 32 है।
- जर्मेनियम एक अर्द्धचालक है, जर्मेनियम का आविष्कार 1886 ई. में **सी. विंकलर** ने किया था।
- जर्मेनियम का उपयोग ऑप्टिकल सिस्टम और अर्द्धचालक उपकरणों में किया जाता है।

29. *(d)* भूकम्प की माप से प्राप्त रिकॉर्ड को **भूकम्प लेख** कहा जाता है।

- भूकम्प लेख का आविष्कार इतालवी भूकम्प वैज्ञानिक फिलियो रेची ने 1875 ई. में किया था।
- भूकम्प लेख का उपयोग भूकम्प के कम्पन्न को मापने और **मरकेली स्केल** का उपयोग भूकम्प की तीव्रता को मापने के लिए एक पैमाने के रूप में किया जाता है।

30. *(d)* अटल इनोवेशन मिशन वर्ष 2016 में शुरू किया गया था।

- यह भारत सरकार की एक प्रमुख पहल है, इसका उद्देश्य देश भर में नवाचार और उद्यमिता को बढ़ावा देना है।
- नीति आयोग की प्रमुख पहल अटल इनोवेशन मिशन के दायरे में विस्तार के साथ 31 मार्च, 2028 तक बढ़ा दिया गया है।

31. *(d)* पुलकेशिन द्वितीय ने उत्तर भारत के हर्षवर्द्धन शासक को पराजित करने के बाद **दक्षिणापथेश्वर** की उपाधि धारण की थी।

- पुलकेशिन द्वितीय चालुक्य वंश का राजा था। इनका शासनकाल 609-642 ई. के मध्य तक था।
- हर्षवर्द्धन, पुष्यभूति वंश के राजा थे। इनका शासनकाल 606-647 ई. तक था।
- पुलकेशिन द्वितीय के दरबारी कवि रविकीर्ति थे, उन्होंने ऐहोल शिलालेख लिखा था।

32. *(d)* एन. डी. पी. (NDP) = जी. डी. पी. (GDP) – मूल्यह्रास।

- NDP, किसी देश के आर्थिक उत्पादन की वार्षिक माप है। यह किसी देश में उत्पादित वस्तुओं और सेवाओं के बाजार मूल्य में से उन वस्तुओं और सेवाओं के उत्पादन में उपयोग की गई पूँजी के मूल्य को घटाकर प्राप्त की गई राशि होती है।
- GDP (सकल घरेलू उत्पाद) किसी निश्चित वर्ष में किसी देश द्वारा उत्पादित सभी वस्तुओं और सेवाओं के कुल मूल्य को कहते हैं।

33. *(a)* ग्यासुद्दीन बलबन ने एक **सैन्य विभाग** की स्थापना **करवाई** थी, जिसे **'दीवान-ए-अर्ज'** कहा जाता था।
- बलबन दिल्ली सल्तनत के नौवें सुल्तान थे, वे एक इल्बारी तुर्क थे और मामलुक वंश से सम्बन्ध रखते थे।
- बलबन ने **'बरीद'** नाम की एक जासूसी एजेंसी बनाई थी।
- बलबन का मकबरा महरौली, नई दिल्ली में स्थित है।

34. *(c)* भारत में सूक्ष्म, लघु और मध्यम उद्यम विकास अधिनियम, 2006 का प्राथमिक उद्देश्य MSMEs के विकास को बढ़ावा देना और सुविधाजनक बनाना है।
- MSMEs का अभिप्राय, सूक्ष्म, लघु एवं मध्यम उद्यम अर्थात् छोटे और मध्यम स्तर के व्यवसाय हैं।
- MSMEs का भारत की GDP में 29% से अधिक योगदान है।
- इसे भारतीय अर्थव्यवस्था की रीढ़ कहा जाता है, क्योंकि यह भारत के सामाजिक आर्थिक विकास में महत्त्वपूर्ण योगदान देता है।

35. *(b)* भारतीय संविधान का **भाग XV** चुनाव आयोग से सम्बन्धित है।
- भारतीय निर्वाचन आयोग एक स्वायत्त संवैधानिक प्राधिकार है।
- निर्वाचन आयोग की स्थापना **वर्ष 1950** में हुई थी।
- चुनाव आयोग लोकसभा, राज्यसभा, राज्य विधानसभाओं, राज्य विधानपरिषदों और देश के राष्ट्रपति और उप-राष्ट्रपति के चुनाव करवाता है।

36. *(b)* **अक्टूबर की गर्मी** भारत में लौटते मानसून से सम्बन्धित है।
- दक्षिण-पश्चिम मानसून की हवाओं के कमजोर होने और उत्तर भारत से पीछे हटने की अवधि को लौटता हुआ **मानसून** कहते हैं।
- इस समय तापमान तेजी से नीचे आता है तथा आसमान साफ हो जाता है।
- लौटते मानसून के दौरान, बंगाल की खाड़ी से भयंकर **उष्णकटिबन्धीय चक्रवात** उठते हैं।

37. *(d)* 1888 ई. में भारत में **डूरण्ड कप** टूर्नामेण्ट शिमला में शुरू किया गया था।
- रॉयल स्कॉट्स फ्यूसिलियर्स ने हाइलैण्ड लाइट इन्फैण्ट्री को 2-1 से हराकर पहला डूरण्ड कप जीता था।
- डूरण्ड कप 2024 का आयोजन कोलकाता, कोकराझार, जमशेदपुर और शिलांग में किया गया था।
- नॉर्थ ईस्ट यूनाइटेड ने मोहन बागान सुपर ज्वॉइण्ट को हराकर 2024 डूरण्ड कप जीता है।

38. *(a)* वर्ष 1910 में USA के सिएटल में यूनाइटेड इण्डिया हाउस की स्थापना **तारकनाथ दास और जी.डी. कुमार** के द्वारा की गई थी।
- यह भारतीय राष्ट्रवादी गतिविधियों का केन्द्र था।
- इसका उद्देश्य ब्रिटिश शासन के खिलाफ आजादी की लड़ाई को बढ़ावा देना था।

39. *(d)* **विधवा पुनर्विवाह** का समर्थन करने के लिए 1856 ई. में ब्रिटिश सरकार द्वारा पारित कानून का सुझाव **ईश्वरचन्द्र विद्यासागर** द्वारा दिया गया था।
- ईश्वरचन्द्र विद्यासागर एक महान् समाज सुधारक थे।
- इस अधिनियम को **लॉर्ड डलहौजी** के द्वारा तैयार किया गया था और लॉर्ड कैनिंग ने इसे पारित किया था।
- यह कानून 16 जुलाई, 1856 को पारित हुआ था।
- इस कानून के तहत उत्तरी कलकत्ता में 7 दिसम्बर, 1856 को पहली शादी हुई थी।

40. *(c)* भारत की जनगणना 2011 के अनुसार 10-19 वर्ष के आयु वर्ग की किशोरियों का प्रतिशत 47.3 था।
- भारत में पहली बार जनगणना 1872 ई. में हुई थी
- भारत में स्थायी रूप से पहली पूर्ण जनगणना 1881 ई. में हुई थी, यह जनगणना लॉर्ड रिपन के शासनकाल में हुई थी।
- 2011 की जनगणना भारत की 15वीं जनगणना थी।

41. *(d)* शतरंज में केवल ऊँट ही तिरछा चल सकता है।
- शतरंज दो खिलाड़ियों के बीच खेला जाने वाला एक बोर्ड गेम है।
- शतरंज के बोर्ड पर 64 वर्ग होते हैं, जो आठ ऊर्ध्वाधर पंक्तियों और आठ क्षैतिज पंक्तियों में बँटे होते हैं।
- यह एक टर्न-आधारित रणनीति गेम है।

42. *(c)* सही सुमेलन A-4, B-3, C-2, D-1 है। मलेरिया का सम्बन्ध प्लाज्मोडियम से, अतिसार का सम्बन्ध रोटावायरस से, आन्त्र ज्वर का सम्बन्ध साल्मोनेला से तथा हैजा का सम्बन्ध विब्रियो से है।

43. *(c)* राज्य पुनर्गठन आयोग का गठन दिसम्बर, 1953 में किया गया था, जिसने वृहत्तर भाषायी समूहों के आधार पर भाषायी राज्यों के सृजन की सिफारिश की थी।
- आयोग का गठन, राज्यों की सीमाओं के पुनर्गठन के लिए किया गया था।
- राज्य पुनर्गठन आयोग के पहले अध्यक्ष फजल अली एवं सदस्य के. एम. पणिक्कर और एच. एन कुंजरु थे।

44. *(c)* वर्ष 1998 में प्रसिद्ध सन्तूर वादक शिवकुमार शर्मा को उस्ताद हाफिज अली खान पुरस्कार से सम्मानित किया गया था।
- भारत के प्रसिद्ध **सरोदवादक उस्ताद** अमजद अली खान द्वारा अपने पिता तथा गुरु हाफिज अली खान की स्मृति में वर्ष 1985 में शुरू किया गया था।
- यह पुरस्कार प्रत्येक वर्ष संगीत के क्षेत्र में उल्लेखनीय योगदान करने वाले व्यक्ति को प्रदान किया जाता है।

45. *(b)* ईश्वरी प्रसाद को कथक के **लखनऊ** घराने की शुरुआत करने का श्रेय दिया जाता है।
- ईश्वरी प्रसाद एक प्रमुख नर्तक और संगीतकार थे।
- ईश्वरी प्रसाद ने लखनऊ घराना बनाने के लिए पारम्परिक कथक शैली को फारसी और उर्दू संस्कृति के तत्त्वों के साथ मिश्रित किया।

46. *(c)* भारतीय संविधान का अनुच्छेद 48-A पर्यावरण की रक्षा और सुधार तथा वनों और वन्यजीवों की सुरक्षा प्रदान करता है।
- राज्य की नीति के निदेशक सिद्धान्तों का उल्लेख संविधान के भाग 4, अनुच्छेद 36 से 51 तक में किया गया है।
- भारतीय संविधान का अनुच्छेद 48 गायों और अनुच्छेद 61 बछड़ों की सुरक्षा को नियन्त्रित करने वाले मूलभूत सिद्धान्तों को निर्धारित करता है।

47. *(b)* लाइसीन आवश्यक एमिनो अम्ल कैल्शियम अवशोषण को बढ़ाता है और कोलेजन के निर्माण में भी महत्त्वपूर्ण भूमिका निभाता है।
- लाइसीन शरीर के कैल्शियम को अवशोषित करने में मदद करता है और यह कोलेजन के निर्माण में एक महत्त्वपूर्ण भूमिका निभाता है।
- लाइसिन, प्रोटीन संश्लेषण और मांसपेशियों के निर्माण में मदद करता है।

48. (a) चेन्नई बन्दगाह पूर्वी तटीय बन्दरगाह का एक उदाहरण है।

- चेन्नई 'बन्दरगाह बंगाल की खाड़ी में सबसे बड़ा बन्दरगाह और भारत का दूसरा सबसे बड़ा सागरीय व्यापार केन्द्र है।
- मुम्बई बन्दरगाह, न्यू मैंगलोर बन्दरगाह और मोरमुगाओ बन्दरगाह, ये सभी **पश्चिमी तटीय बन्दरगाह** के उदाहरण हैं।
- पूर्वी तटीय बन्दरगाह में एन्नोर, विशाखापत्तनम, पारादीप, पोर्ट ब्लेयर आदि भी शामिल हैं।

49. (a) अल्ला रक्खा 'तबला' संगीत वाद्ययन्त्र को बजाने के लिए प्रसिद्ध हैं।

- अल्ला रक्खा ने तबला वादन की कला को पूरी दुनिया में लोकप्रिय बनाया, उन्होंने वर्ष 1985 में बॉम्बे में अल्ला रक्खा संगीत संस्थान की स्थापना की थी।
- अल्ला रक्खा को वर्ष 1977 में पद्मश्री और वर्ष 1982 में **संगीत नाटक अकादमी अवॉर्ड** से सम्मानित किया गया था।

50. (d) मकर संक्रान्ति भगवान सूर्य को समर्पित त्योहार है।

- मकर संक्रान्ति को उत्तरायण भी कहा जाता है, इस दिन सूर्य उत्तर दिशा की ओर बढ़ना शुरू करता है।
- यह दिन बसन्त ऋतु की शुरुआत और नई फसलों की कटाई का प्रतीक है।

51. (b) $9 \div \left[1 + \left\{4 \times \left(\frac{5}{6} - \frac{1}{3} + \frac{1}{2}\right)\right\}\right]$

$= 9 \div \left[1 + \left\{4 \times \left(\frac{5}{6} - \frac{5}{6}\right)\right\}\right]$

$= 9 \div [1 + \{4 \times 0\}]$

$= 9 \div [1 + 0]$

$= 9 \div 1 = 9$

52. (b) प्रिण्टर P द्वारा मुद्रित पृष्ठों की संख्या

$= 100 + 120 + 180 = 400$

प्रिण्टर Q द्वारा मुद्रित पृष्ठों की संख्या

$= 130 + 145 + 85 = 360$

अभीष्ट अनुपात $= 400 : 360 = 10 : 9$

53. (c) दिया है,

हेडफोन का क्रय मूल्य $=$ ₹ 1700

हेडफोन का अंकित मूल्य $=$ ₹ 2000

हेडफोन का विक्रय मूल्य

$= 2000 \times \frac{(100 - 40)}{100}$

$= 2000 \times \frac{60}{100} =$ ₹ 1200

$\therefore$ हानि % $= \frac{1700 - 1200}{1700} \times 100\%$

$= \frac{500}{1700} \times 100\%$

$= 29.41\%$

54. (c) यहाँ, $\frac{3}{7} = 0.428$

$\frac{7}{53} = 0.132$

$\frac{41}{80} = 0.512$

$\frac{29}{79} = 0.367$

$\therefore \left(\frac{41}{80}\right)$ सबसे बड़ी भिन्न है।

55. (c) $a^3 + \frac{1}{a^3} = 2$ ...(i)

$a^6 - 2a^3 + 1 = 0$

$\Rightarrow (a^3 - 1)^2 = 0 \quad \Rightarrow \quad a^3 = 1$

$\Rightarrow \quad a = 1$

$\therefore \quad a + \frac{1}{a} = 1 + \frac{1}{1} = 1 + 1 = 2$

56. (a) $m + 5 = \sec^2 A \cdot \operatorname{cosec}^2 A$

$(1 - \cos^2 A)\,(1 - \sin^2 A) + 5$

$\Rightarrow m + 5 - 5 = \frac{1}{\cos^2 A} \times \frac{1}{\sin^2 A} \times \sin^2 A \times \cos^2 A$

$\Rightarrow \quad m = 1 \times 1 = 1$

57. (b) $2\frac{\tan 54^\circ}{\cot 36^\circ} - \frac{\cot 41^\circ}{\tan 49^\circ}$

$= \frac{2\tan(90^\circ - 36^\circ)}{\cot 36^\circ} - \frac{\cot(90^\circ - 49^\circ)}{\tan 49^\circ}$

$= 2\frac{\cot 36^\circ}{\cot 36^\circ} - \frac{\tan 49^\circ}{\tan 49^\circ}$

$= 2 \times 1 - 1 = 1$

58. (b) A द्वारा 8 घण्टे में चली गई दूरी

$= 8 \times 8 = 64$ किमी

B द्वारा A को पकड़ने में लगा समय

$= \frac{\text{दूरी}}{\text{सापेक्ष चाल}}$

$= \frac{64}{(24 - 8)} = 4$ घण्टे

$\therefore$ अभीष्ट दूरी $= 24 \times 4 = 96$ किमी

59. (a) प्रश्नानुसार,

परिधि $= 2\pi r = 154$

$\Rightarrow 2 \times \frac{22}{7} \times r = 154$

$\Rightarrow \quad r = \frac{154 \times 7}{2 \times 22} = \frac{49}{2}$

$\therefore$ बेलन का आयतन $= \pi r^2 h$

$= \frac{22}{7} \times \frac{49}{2} \times \frac{49}{2} \times \frac{49}{10}$

$= 9243.85$ सेमी^{3}

$= 9.24385 = 9.244$ लीटर

60. (c) प्रश्नानुसार,

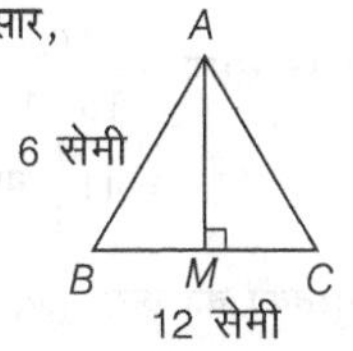

$AB = 6$ सेमी

$BC = 12$ सेमी

$\therefore (12 - 6) < AC < (12 + 6)$

$\Rightarrow 6 < AC < 18$

$\Rightarrow AC = 7, 8, 9, 10, 11, 12, 13, 14, 15, 16, 17$

$\because$ यह त्रिभुज समद्विबाहु है।

$\therefore$ भुजा की लम्बाई 12 सेमी होगी।

61. (d) $x^2 + 7x + 8 = 0$

$x^2 + 8 = -7x$ ...(i)

अब, $\frac{4x}{(x^2 + 8) - 5x} = \frac{4x}{-7x - 5x}$

$= \frac{4x}{-12x} = -\frac{1}{3}$

62. (a) माना P और Q का वेतन क्रमशः ₹ P तथा ₹ Q है।

$\therefore \frac{P \text{ का व्यय}}{Q \text{ का व्यय}} = \frac{1.5}{1} = \frac{3}{2}$

$\Rightarrow \frac{P \times \frac{(100 - 64)}{100}}{Q \times \frac{(100 - 44)}{100}} = \frac{3}{2}$

$\Rightarrow \frac{P \times 36}{Q \times 56} = \frac{3}{2}$

$\Rightarrow \frac{P}{Q} = \frac{3}{2} \times \frac{56}{36} = \frac{7}{3}$

$\therefore P : Q = 7 : 3$

63. (c) वर्ष (2018 – 2023) तक,

B का कुल उत्पादन का औसत

$= \frac{23 + 37 + 28 + 32 + 34 + 26}{6}$

$= \frac{180}{6} = 30$ लाख

D का कुल उत्पादन का औसत

$= \frac{35 + 37 + 42 + 32 + 36 + 28}{6}$

$= \frac{210}{6} = 35$ लाख

$\therefore$ अभीष्ट अन्तर $= (35 - 30) = 5$ लाख

64. *(b)* प्रश्नानुसार,

समय क्षमता
$A \longrightarrow 11$ +15 कुल कार्य
165
$B \longrightarrow 15$ −11

$\therefore$ अभीष्ट समय $= \frac{165}{15-11} = \frac{165}{4}$

$= 41\frac{1}{4}$ घण्टे

65. *(b)* पुस्तकों का क्रय मूल्य $= 130 \times 200$

$= ₹\, 26000$

पुस्तकों का विक्रय मूल्य

$= 65 \times 300 + 130 \times \frac{1}{5} \times 350 + \left(65 - 130 \times \frac{1}{5}\right) \times 200$

$= 65 \times 300 + 26 \times 350 + 39 \times 200$

$= 19500 + 9100 + 7800 = ₹\, 36400$

$\therefore$ लाभ $= 36400 - 26000 = ₹10400$

$\therefore$ लाभ % $= \frac{10400 \times 100}{26000} = 40\%$

66. *(d)* $3x + y - 3 = 0$ ...(i)

$(a-b)x + (a+b)y - 3a - b + 3 = 0$ ...(ii)

अनन्त हल होंगे यदि,

$\frac{3}{a-b} = \frac{1}{a+b} = \frac{-3}{-3a-b+3}$

$\Rightarrow 3(a+b) = 1(a-b)$

$\Rightarrow 2a = -4b$

$\Rightarrow a = -2b$

$\Rightarrow \frac{a}{b} = \frac{-2}{1} = \frac{+3}{-\frac{3}{2}}$

$\therefore a = 3,\ b = -\frac{3}{2}$

67. *(a)* प्रथम n प्राकृतिक संख्याओं के वर्गों का औसत $= \frac{(n+1)(2n+1)}{6}$

$\therefore$ प्रथम 48 प्राकृतिक संख्याओं के वर्गों का औसत $= \frac{(48+1)(2 \times 48+1)}{6}$

$= \frac{49 \times 97}{6} = 792.166 = 792.17$

68. *(b)* माना सीधी स्पर्श रेखा $= PQ$

अनुप्रस्थ स्पर्श रेखा $= ST$

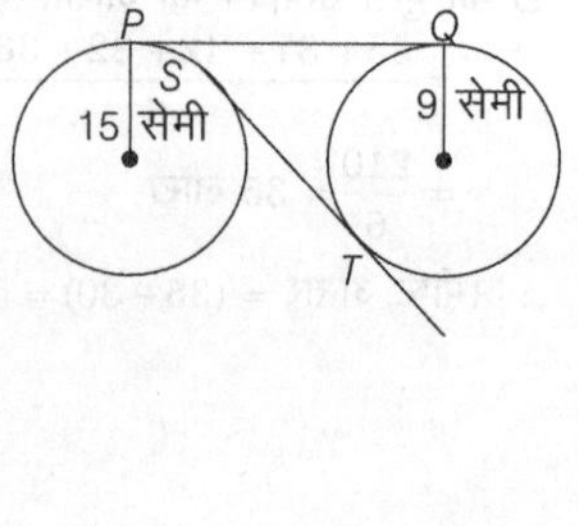

$\therefore (PQ)^2 = 36^2 - (15-9)^2$

$= 1296 - 36$

$(PQ)^2 = 1260$

$PQ = 6\sqrt{35}$

तथा $(ST)^2 = 36^2 - (15+9)^2$

$= 1296 - 576$

$(ST)^2 = 720$

$ST = 12\sqrt{5}$

अब, $PQ + ST = 6\sqrt{35} + 12\sqrt{5}$

$= 6\sqrt{5}(\sqrt{7} + 2)$

69. *(b)* प्रश्नानुसार, $AC = BC$

अब,

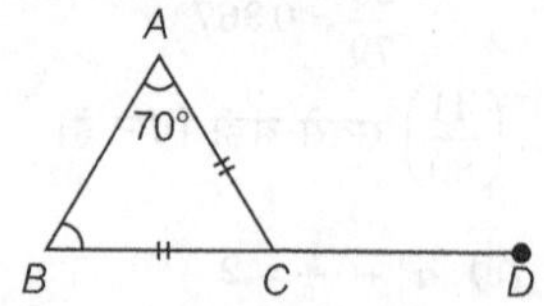

$\angle ACD = \angle BAC + \angle ABC$

(बहिष्कोण प्रमेय)

$\Rightarrow \angle ACD - \angle ABC = 70°$

70. *(b)* किसी समतल में 3 असंरेख बिन्दुओं से गुजरने वाला एक वृत्त खींचना सदैव सम्भव होता है।

71. *(b)* $(\operatorname{cosec}\theta - \sin\theta) \times (\sec\theta - \cos\theta) \times (\tan\theta + \cot\theta)$

$= \left(\frac{1}{\sin\theta} - \sin\theta\right) \times \left(\frac{1}{\cos\theta} - \cos\theta\right) \times \left(\frac{\sin\theta}{\cos\theta} + \frac{\cos\theta}{\sin\theta}\right)$

$= \frac{\cos^2\theta}{\sin\theta} \times \frac{\sin^2\theta}{\cos\theta} \times \frac{(\sin^2\theta + \cos^2\theta)}{\sin\theta \times \cos\theta}$

$= \frac{\cos^2\theta}{\sin^2\theta} \times \frac{\sin^2\theta}{\cos^2\theta} \times 1 = 1 \times 1 = 1$

72. *(d)* औसत आय

$= \frac{(5325 + 4521 + 6231 + 8542 + 7456 + 6523 + 5544)}{7}$

$= \frac{44142}{7} = 6306$ हजार टन

73. *(c)* माना राशि $= P$

साधारण ब्याज $= ₹\, \frac{3P}{5}$

समय = 6 वर्ष

$\therefore$ दर $= \frac{\text{साधारण ब्याज} \times 100}{\text{मूलधन} \times \text{समय}}$

$= \frac{\frac{3P}{5} \times 100}{P \times 6} = \frac{3 \times 100}{5 \times 6} = 10\%$

74. *(c)* निहिरा की आयु = 25 वर्ष

पुनीथ की आयु = 30 वर्ष

माना x वर्ष पहले उनकी आयु का अनुपात 3 : 4 था।

$\therefore \frac{25-x}{30-x} = \frac{3}{4}$

$\Rightarrow 100 - 4x = 90 - 3x$

$\Rightarrow x = 10$ वर्ष

$\therefore$ अभीष्ट समय = 10 वर्ष

75. *(d)* वर्ष 2015 से 2017 तक कम्पनी द्वारा उत्पादित A प्रकार की कारों की कुल संख्या

$= 840 + 900 + 760 = 2500$

वर्ष 2016 से 2018 तक कम्पनी द्वारा उत्पादित C प्रकार की कारों की कुल संख्या

$= 960 + 1000 + 1200 = 3160$

$\therefore$ अभीष्ट कमी = 660

$\therefore$ अभीष्ट कमी % $= \frac{660 \times 100}{3160}$

$= 20.886\% \approx 21\%$

76. *(b)* Part 'very louder' contains an error. The use of 'louder' is incorrect in the sentence and adverb 'loudly' should be used to correct the sentence.

77. *(b)* The comedian performed a comic play.

- The sentence follows the structure Object + was/were+ V_3+ by+ Subject. When such a sentence is transformed into active voice, the structure followed is Subject + V_2 + Object.

78. *(b)* The antonym of 'failed' is succeeded.

79. *(c)* The correct filler for the given blank is 'Psychology'.

80. *(a)* The correctly spelt word is 'Exhilaration'.

81. *(d)* 'Fell flat with' means to have no effect on.

82. *(b)* A performer's first public appearance means a debut.

- **Foundation** and **Premise** refer to the base an argument, theory or undertaking on.
- **Dawn** refers to the first appearance of light in the sky before sunrise.

83. *(b)* The correct order is BEDAC. The sentence formed will be 'The grandmother couldn't find her spectacles because she had placed them on her head and was searching for them all around the house.'

84. *(d)* 'Rampage' means to go through an area making a lot of noise and causing damage.
- **Brutality** means cruelty.
- **Cacophony** means a harsh and unpleasant sound.

85. *(a)* The bracketed part of the sentence is incorrect as the sentence is a present conditional sentence wherein the if clause is in present tense and the other clause is in future tense.

86. *(c)* 'Laudable' means praiseworthy. Hence, its antonym is 'deplorable' which means deserving strong condemnation; completely unacceptable.
- **Commendable** means praiseworthy. Severe means serious.
- **Humorous** means funny.

87. *(d)* 'Dissolve' means to disappear. Hence, its antonym is to 'appear'.

88. *(b)* The correct order is SRQP.
- The sentence formed will be- Stay humble and polite when you achieve success.

89. *(c)* The incorrectly spelt word in the given sentence is 'truely'. The correct spelling is 'truly'.

90. *(d)* 'Affiliated' means (of a subsidiary group or a person) officially attached or connected to an organisation.
- Hence, its antonym is 'allied' which means united and joined.
- **Disparate** means essentially different in kind; not able to be compared.

91. *(c)* Part 'The company specialises at' contains an error. The uses of preposition 'at' is incorrect. Use 'in' to correct the sentence.

92. *(a)* 'Legitimate' means genuine and true.
- **Fictitious** means not real.

93. *(a)* 'Derogatory' means insulting.
- **Derivative** means imitative of the work of another artist, writer, etc., and usually disapproved of for that reason.
- **Delegation** is the act of assigning work, responsibility or decision-making to another person.
- **Salutary** means (especially with reference to something unwelcome or unpleasant) producing good effects; beneficial.

94. *(d)* Experiments are being conducted on a new drug that could revolutionise the treatment of the disease by the research team.
- The sentence is in present continuous tense. When such a sentence is transformed into passive voice, the structure followed is Object + is/are + being + the past participle form of the verb.

95. *(d)* 'Straight from the horse's mouth' means given by somebody who is directly involved and therefore likely to be accurate.
- 'With kid gloves' means to do so with special consideration or in a tactful manner, often due to a perceived sensitivity.
- 'Shooting off the cuff' means to expose one's shirt cuffs beyond the coat sleeves.
- 'Calling a spade a spade' means to say the truth.

96. *(b)* The correct filler for the given blank is 'region'.

97. *(d)* The correct filler for the given blank is 'prey'.

98. *(c)* The correct filler for the given blank is 'claimed'.

99. *(c)* The correct filler for the given blank is 'record'.

100. *(b)* The correct filler for the given blank is 'jeopardise'.

सेट 32 25 सितम्बर, 2024 (द्वितीय पाली)

SSC CGL Tier-I
सॉल्वड पेपर

निर्देश
1. इस सेट में कुल 100 प्रश्न हैं।
2. इस सेट में चार भाग हैं, भाग-I सामान्य बुद्धि एवं तर्कशक्ति, भाग-II सामान्य जागरुकता, भाग-III संख्यात्मक अभियोग्यता और भाग-IV अंग्रेजी भाषा।
3. प्रत्येक प्रश्न 2 अंक का है।

भाग I
सामान्य बुद्धि एवं तर्कशक्ति

1. अक्षरों के उस सही संयोजन का चयन कीजिए, जिसके अक्षरों को नीचे दी गई शृंखला के रिक्त स्थानों में क्रमिक रूप से भरने पर शृंखला तार्किक रूप से पूर्ण हो जाएगी।

B_FH_LNP_T_X

(a) CKSU (b) DJRV
(c) CIQW (d) DIQU

2. एक निश्चित कोड भाषा में 'CLERK' को 'BKEQJ' लिखा जाता है और 'OFFICE' को 'OEEIBE' लिखा जाता है। उसी भाषा में 'POST' को कैसे लिखा जाएगा?

(a) RSOO (b) OSOR
(c) OROS (d) OORS

3. दी गई आकृति में कितने त्रिभुज हैं?

(a) 12 (b) 13 (c) 10 (d) 11

4. नीचे एक ही पासे की दो अलग-अलग स्थितियाँ दी गई हैं। संख्या 5 वाले फलक के विपरीत फलक पर कौन-सी संख्या है?

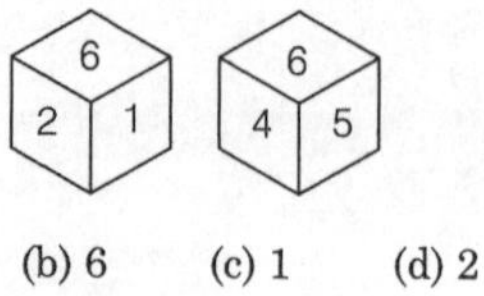

(a) 3 (b) 6 (c) 1 (d) 2

5. संख्याओं के दो सेट नीचे दिए गए हैं। संख्याओं के प्रत्येक सेट में, पहले नंबर पर कुछ गणितीय संक्रियाएँ का परिणाम दूसरे नंबर पर होता है। इसी प्रकार, दूसरे नंबर पर कुछ गणितीय संक्रियाएँ का परिणाम तीसरे नंबर पर होता है, और इसी प्रकार आगे भी होता है। दिए गए विकल्पों में से कौन-सा विकल्प दिए गए सेटों की तरह समान संक्रियाएँ वाले सेट का अनुसरण करता है? (**नोट** संख्याओं को उनके घटक अंकों में तोड़े बिना, ये संक्रियाएँ सम्पूर्ण संख्याओं पर की जानी चाहिए। उदाहरण के लिए 13 को लीजिए-13 पर संक्रियाएँ, जैसे कि 13 में जोड़ना/घटाना/गुणा करना आदि की जा सकती हैं। 13 को 1 और 3 में तोड़ना और फिर 1 और 3 पर गणितीय संक्रियाएँ करने की अनुमति नहीं है।)

8-33-66-81; 11-36-72-87

(a) 21-46-82-107
(b) 6-31-62-97
(c) 15-40-80-95
(d) 18-43-86-100

6. जब दर्पण को दर्शाए गए अनुसार MN पर रखा जाता है, तो दी गई आकृति के सही दर्पण प्रतिबिम्ब का चयन करें।

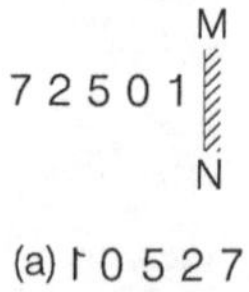

7. यदि RICKET शब्द के सभी अक्षरों को अंग्रेजी वर्णानुक्रम में व्यवस्थित किया जाए, तो कितने अक्षरों की स्थिति अपरिवर्तित बनी रहेगी?

(a) एक (b) किसी की भी नहीं
(c) दो (d) तीन

8. एक निश्चित तर्क का अनुसरण करते हुए 18, 90 से सम्बन्धित है। उसी तर्क का अनुसरण करते हुए 31, 155 से सम्बन्धित है। उसी तर्क का अनुसरण करते हुए 52, निम्नलिखित में से किससे सम्बन्धित है? (**नोट** संख्याओं को उनके घटक अंकों में तोड़े बिना, संक्रियाएँ पूर्ण संख्याओं पर की जानी चाहिए। उदाहरण के लिए 13 को लीजिए-13 पर संक्रियाएँ, जैसे कि 13 में जोड़ना/घटाना/गुणा करना आदि की जा सकती हैं। 13 को 1 और 3 में तोड़ना और फिर 1 और 3 पर गणितीय संक्रियाएँ करने की अनुमति नहीं है।)

(a) 248 (b) 260 (c) 265 (d) 256

9. दिए गए समीकरण को सही करने के लिए किन दो संख्याओं (अंक नहीं) को आपस में बदलना चाहिए?

$15 + 5 \times 8 - 72 \div 4 + 16 \times 3 = 101$

(a) 5 और 4 (b) 5 और 3
(c) 8 और 4 (d) 15 और 16

10. 'जिद्दी' (Obstinate), 'हठी' (Stubborn) से उसी प्रकार सम्बन्धित है, जिस प्रकार 'दृढ़प्रतिज्ञ' (Resolute) ..... से सम्बन्धित है। (शब्दों को सार्थक हिन्दी शब्द माना जाना चाहिए और शब्दों को अक्षरों की संख्या/व्यंजनों/स्वरों की संख्या के आधार पर एक-दूसरे से सम्बन्धित नहीं माना जाना चाहिए।

(a) डगमगाना (Wavering)
(b) थरथराना (Dithering)
(c) विचारपूर्ण (Thoughtful)
(d) कृतसंकल्प (Determined)

11. दिए गए विकल्पों में से उस आकृति का चयन कीजिए, जो प्रश्नचिह्न (?) को प्रतिस्थापित कर सकती है और शृंखला को तार्किक रूप से पूरा कर सकती है।

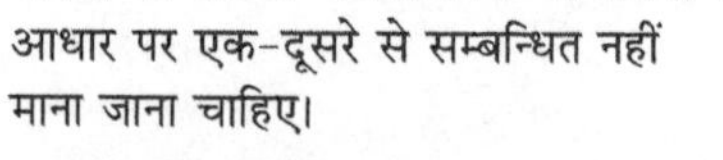

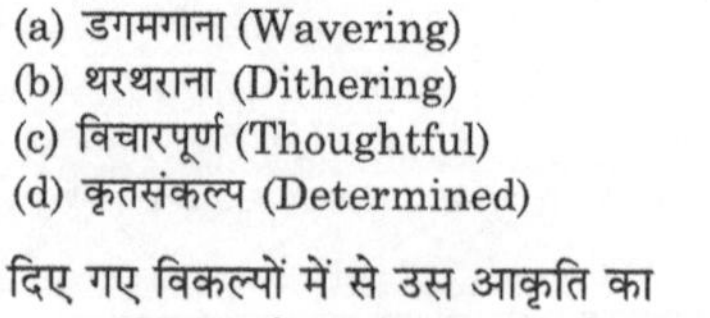

12. निम्नलिखित चार विकल्पों में से तीन किसी न किसी रूप में समान हैं और इस प्रकार, एक समूह बनाते हैं। कौन-सा विकल्प उस समूह से सम्बन्धित नहीं है?

(**नोट** संख्याओं को उनके घटक अंकों में तोड़े बिना, संक्रियाएँ पूर्ण संख्याओं पर की जानी चाहिए। उदाहरण के लिए 13 को लें–13 पर संक्रियाएँ, जैसे कि 13 में जोड़ना/घटाना/गुणा करना, की जा सकती हैं। 13 को 1 और 3 में तोड़ना और फिर 1 और 3 पर गणितीय संक्रियाएँ करने की अनुमति नहीं है।)

(a) 23-56-51
(b) 36-88-80
(c) 68-54-94
(d) 34-56-62

13. एक निश्चित तर्क का अनुसरण करते हुए 17, 102 से सम्बन्धित है। उसी तर्क का अनुसरण करते हुए 29, 174 से सम्बन्धित है। उसी तर्क का अनुसरण करते हुए, 39 निम्नलिखित में से किससे सम्बन्धित है?

(**नोट** संख्याओं को उनके घटक अंकों में तोड़े बिना, संक्रियाएँ पूर्ण संख्याओं पर की जानी चाहिए। उदाहरण के लिए 13 को लें–13 पर संक्रियाएँ जैसे कि 13 में जोड़ना/घटाना/गुणा करना, की जा सकती हैं। 13 को 1 और 3 में तोड़ना और फिर 1 और 3 पर गणितीय संक्रियाएँ करने की अनुमति नहीं है।)

(a) 230 (b) 234
(c) 238 (d) 228

14. उस विकल्प का चयन कीजिए, जो पाँचवें पद से उसी प्रकार सम्बन्धित है जैसे दूसरा पद, पहले पद से और चौथा पद, तीसरे पद से सम्बन्धित है।

EYES : FTFZ :: MIND : OENJ :: REST : ?

(a) STSF (b) STRE
(c) TUFS (d) TUSF

15. एक निश्चित कूटभाषा में, 'DRAPE' को 65432' के रूप में कूटबद्ध किया जाता है और 'TAPED' को '24596' के रूप में कूटबद्ध किया जाता है। उसी भाषा में 'R' के लिए क्या कूट होगा?

(a) 2 (b) 9
(c) 3 (d) 6

16. 'CARDBOARD' शब्द के सभी अक्षरों को वर्णानुक्रम में व्यवस्थित किया जाता है। नौ अक्षरों के नवसंरचित समूह में बाएँ से चौथे और दाएँ से दूसरे अक्षर के बीच अंग्रेजी वर्णमाला शृंखला में कितने अक्षर हैं?

(a) 10 (b) 14
(c) 16 (d) 12

17. एक कागज को नीचे दिखाए गए चित्र के अनुसार मोड़ा और काटा जाता है। खोलने पर यह कैसा दिखाई देगा?

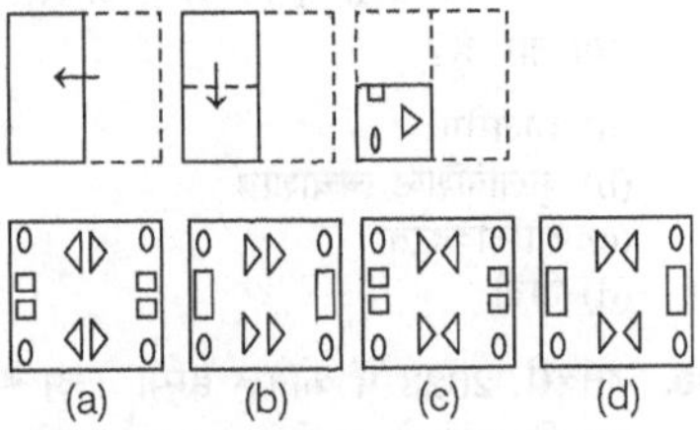

18. दिए गए विकल्पों में से उस आकृति की पहचान कीजिए, जिसे प्रश्नचिह्न (?) के स्थान पर रखने पर शृंखला तार्किक रूप से पूरी हो जाएगी।

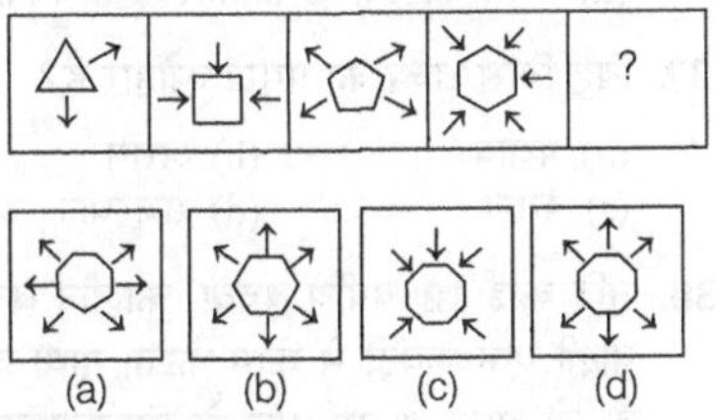

19. जब दर्पण को नीचे दर्शाए गए अनुसार MN पर रखा जाता है, तो दी गई आकृति के सही दर्पण प्रतिबिम्ब का चयन कीजिए।

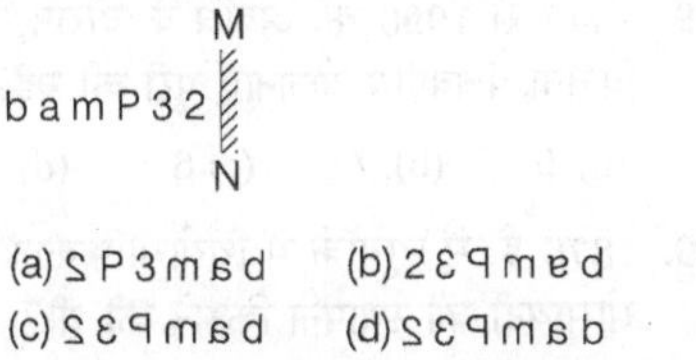

20. दिए गए विकल्पों में से उस संख्या का चयन कीजिए, जो निम्नलिखित शृंखला में प्रश्नचिह्न (?) को प्रतिस्थापित कर सकती है।

66, 75, 86, 99, 114, ?

(a) 139 (b) 131
(c) 135 (d) 140

21. निम्नलिखित समीकरण को सही करने के लिए किन दो चिह्नों को आपस में बदलना चाहिए?

$139 + 40 \div 5 - 168 \times 3 = 283$

(a) – और + (b) ÷ और ×
(c) + और ÷ (d) – और ×

22. एक निश्चित कूटभाषा में,

A + B का अर्थ है 'A, B का पुत्र है।'
A – B का अर्थ है 'A, B की पत्नी है।'
A × B का अर्थ है 'A, B का भाई है।'
A ÷ B का अर्थ है 'A, B की माता है।'

उपरोक्त के आधार पर, यदि 'P – M + R ÷ T × S' है, तो T, P से किस प्रकार सम्बन्धित है?

(a) जेठ/देवर (b) भाभी
(c) भाई (d) बहन

23. निम्नलिखित शृंखला में, केवल एक अक्षर-समूह गलत है। गलत अक्षर-समूह का चयन कीजिए।

ZXU, SQN, LKI, ECZ, XVS

(a) SQN (b) XVS
(c) ECZ (d) LKI

24. अंग्रेजी वर्णमाला क्रम के आधार पर, निम्नलिखित चार अक्षर-समूहों में से तीन किसी निश्चित तरीके से एकसमान हैं और इस प्रकार एक समूह बनाते हैं। कौन-सा अक्षर-समूह उस समूह से सम्बन्धित नहीं है?

(**नोट** असंगत अक्षर-समूह, व्यंजनों/स्वरों की संख्या या अक्षर-समूह में इनके स्थान पर आधारित नहीं है।)

(a) IKL
(b) QST
(c) ACD
(d) TWW

25. दिए गए कथनों और निष्कर्षों को ध्यानपूर्वक पढ़िए। यह मानते हुए कि कथनों में दी गई जानकारी सत्य है, भले ही यह सामान्य रूप से ज्ञात तथ्यों से भिन्न प्रतीत होती हो, तय कीजिए कि दिए गए निष्कर्षों में से कौन-से निष्कर्ष कथनों का तार्किक रूप से अनुसरण करते हैं।

कथन

सभी पेपर, पेंसिलें हैं।
सभी पेंसिले, रबड़ (इरेजर) हैं।
सभी रबड़ (इरेजर), पेन हैं।

निष्कर्ष

I. सभी पेन, पेपर हैं।
II. कुछ पेपर, रबड़ (इरेजर) हैं।
III. कुछ पेन, पेंसिलें हैं।

(a) सभी निष्कर्ष अनुसरण करते हैं
(b) केवल निष्कर्ष I और II अनुसरण करते हैं
(c) केवल निष्कर्ष II और III अनुसरण करते हैं
(d) केवल निष्कर्ष I और III अनुसरण करते हैं

भाग II

सामान्य जागरुकता

26. न्यू मूर द्वीप भौगोलिक रूप से निम्नलिखित में से किसके समीप है?

(a) म्यांमार (b) श्रीलंका
(c) पाकिस्तान (d) बांग्लादेश

27. प्रधानमन्त्री ग्रामीण आवास योजना में, उत्तर-पूर्वी और हिमालयी राज्यों के लिए इकाई सहायता की लागत केन्द्र और राज्य सरकारों के बीच .... के अनुपात में साझा की जाती है।

(a) 60 : 40 (b) 90 : 10
(c) 45 : 55 (d) 50 : 50

28. निम्नलिखित में से कौन-सा एवीज (पक्षी) वर्ग का एक सदस्य नहीं है?

(a) *टेरोपस* (b) *सिटैक्यूला*
(c) *स्ट्रुथियो* (d) *नियोफ्रॉन*

29. निम्नलिखित में से कौन-सी नदी हिमालय से निकलती है?

(a) गोदावरी (b) नर्मदा
(c) गंगा (d) तापी

30. अन्त: उष्णकटिबन्धीय अभिसरण क्षेत्र (ITCZ-इण्टर ट्रॉपिकल कन्वर्जेंस ज़ोन) किस महीने में लगभग 20°N-25°N अक्षांश (गंगा के मैदान के ऊपर) पर स्थित होता है?

(a) जून (b) मई
(c) जुलाई (d) अगस्त

31. दिल्ली के निम्नलिखित में से किस सुल्तान ने चाँदी का टंका और ताँबे का जीतल नामक दो सिक्के चलवाए?

(a) बहलोल लोदी
(b) इल्तुतमिश
(c) ग्यासुद्दीन बलबन
(d) कुतुबुद्दीन ऐबक

32. निम्नलिखित में से कौन-सा पूँजीगत प्राप्तियों का उदाहरण है?

(a) सरकारी बॉण्ड पर ब्याज
(b) अन्य सरकारों से सहायता अनुदान
(c) आय पर कर
(d) सरकारी परिसम्पत्तियों की बिक्री से राजस्व

33. मीराबाई चानू ने किस राष्ट्रमण्डल खेल में रजत पदक जीता था?

(a) 2010 (b) 2022
(c) 2014 (d) 2018

34. From Plassey to Partition and After: A History of Modern India पुस्तक के लेखक/लेखिका कौन हैं?

(a) शेखर बन्द्योपाध्याय (b) डेविड हार्डीमैन
(c) सुमित सरकार (d) रोमिला थापर

35. विटामिन B2 की कमी के कारण मुँह के कोनों में दरारें, पपड़ी और स्केलिंग का कारण बनने वाली सूजन-सम्बन्धी स्थिति का क्या नाम है?

(a) छालरोग
(b) कुलविशिष्ट त्वचाशोध
(c) ओष्ठविदरता
(d) पित्ती

36. जनवरी, 2023 में कोनेरू हम्पी ने अल्माटी, कजाकिस्तान में आयोजित .... में भारत का पहला रजत पदक जीता।

(a) एफआईडीई विश्व शतरंज चैम्पियनशिप
(b) विश्व रैपिड शतरंज चैम्पियनशिप
(c) विश्व ब्लिट्ज शतरंज चैम्पियनशिप
(d) विश्व कॉरस्पॉण्डेन्स शतरंज चैम्पियनशिप

37. बिहू किस राज्य का प्रमुख त्योहार है?

(a) पंजाब (b) असम
(c) केरल (d) राजस्थान

38. यदि कोई 12-वर्षीय बच्चा, कालीन बनाने वाली एक फैक्ट्री में काम करता पाया जाता है, तो भारत के संविधान के निम्नलिखित में से किस अनुच्छेद का उल्लंघन होगा?

(a) अनुच्छेद 24 (b) अनुच्छेद 23
(c) अनुच्छेद 25 (d) अनुच्छेद 26

39. 1947 से 1990 की अवधि के दौरान, कितनी पंचवर्षीय योजनाएँ पूरी की गईं?

(a) 9 (b) 7 (c) 6 (d) 8

40. 1875 ई. में न्यूयॉर्क में थियोसोफिकल सोसायटी की स्थापना किसने की थी?

(a) रमाबाई रानाडे और जीके देवधर
(b) मैडम एचपी ब्लावात्स्की और कर्नल ओल्कोट
(c) नौरोजी फरदुनजी और सत्येन्द्रनाथ बोस
(d) बाबा दयाल दास और मदनलाल

41. औपनिवेशिक शोषण की आलोचना 'धन-निष्कासन' (Drain of Wealth) निम्नलिखित में से किस राष्ट्रवादी नेता द्वारा दी गई थी?

(a) राजेन्द्र प्रसाद
(b) दादाभाई नौरोजी
(c) चक्रवर्ती राजगोपालाचारी
(d) सरदार वल्लभभाई पटेल

42. निम्नलिखित में से कौन-सा राज्य उन राज्यों में से एक है, जहाँ कोई पंचायती राज व्यवस्था नहीं है?

(a) नागालैण्ड (b) पंजाब
(c) असम (d) गुजरात

43. जब आप लेड नाइट्रेट पाउडर को क्वथन नली में लेते हैं और उसे गर्म करते हैं, तो आप देखेंगे कि भूरे रंग के धुएँ का उत्सर्जन होता है, जो .... का होता है।

(a) नाइट्रिक ऑक्साइड
(b) नाइट्रोजन डाइऑक्साइड
(c) डाइनाइट्रोजन ट्राइऑक्साइड
(d) नाइट्रस ऑक्साइड

44. जयपाल सिंह मुण्डा निम्नलिखित में से किस खेल से सम्बन्धित हैं?

(a) क्रिकेट (b) हॉकी
(c) कबड्डी (d) बैडमिण्टन

45. निम्नलिखित में से किसने मेगस्थनीज़ को चन्द्रगुप्त मौर्य के दरबार में भेजा था?

(a) सेल्यूकस प्रथम निकेटर
(b) एण्टिओकस प्रथम सोटर
(c) अलेक्जेण्डर तृतीय
(d) एण्टिओकस तृतीय

46. रासायनिक सूत्र C_9H_{20} वाले ऋजु शृंखलित एल्केन का नाम बताइए, जिसका उपयोग एक शोध रसायन के रूप में और जैवनिम्नीकरणीय अपमार्जक के निर्माण में किया जाता है।

(a) नोनेन (b) डोडेकेन
(c) इकोसेन (d) नोनाडेकेन

47. निम्नलिखित में से किस पार्श्व गायक/गायिका को कर्नाटक रत्न पुरस्कार, 2005 प्रदान किया गया?

(a) सिस्टला जानकी (b) पण्डित जसराज
(c) भीमसेन जोशी (d) रवीन्द्र जैन

48. भारतीय चाय बोर्ड की रिपोर्ट (2021-22) के अनुसार भारत में राज्यों का कौन-सा समूह सबसे बड़ा चाय उत्पादक है?

(a) आन्ध्र प्रदेश और केरल
(b) तमिलनाडु और केरल
(c) हिमाचल प्रदेश और उत्तराखण्ड
(d) पश्चिम बंगाल और असम

49. 'संगीत बाल प्रकाश' पुस्तक किसने लिखी?

(a) भीमसेन जोशी
(b) विष्णु दिगम्बर पलुस्कर
(c) पण्डित नारायण राव
(d) विष्णु नारायण भातखण्डे

50. अनुच्छेद 158 के अनुसार, राज्यपाल संसद के किसी भी सदन या .... अनुसूची में निर्दिष्ट किसी भी राज्य के विधानमण्डल के किसी भी सदन का सदस्य नहीं होगा।

(a) सातवीं (b) तीसरी
(c) पहली (d) पाँचवीं

भाग III
संख्यात्मक अभियोग्यता

51. $(x+y)^2+(x-y)^2$ का मान निम्न में से किसके बराबर होगा?

(a) $(2x+2y)^2$ (b) $2(x^2+y^2)$
(c) $4xy$ (d) $2(x+y)^2$

52. 5 वर्षों में 5 कम्पनियों के माल के कुल निर्यात (₹ लाख में) के लिए निम्नलिखित तालिका पर विचार कीजिए।

वर्ष \ कम्पनियाँ	R	S	T	U	V
2012	60	40	15	45	25
2013	30	60	70	15	90
2014	51	25	55	100	110
2015	45	51	20	70	65
2016	24	35	60	55	125

यदि वर्ष 2015 में कम्पनियों S और U के निर्यात और आयात का अनुपात क्रमश: 3 : 2 और 1 : 2 है, तो वर्ष 2015 में कम्पनियों S और U का कुल आयात (₹ लाख में) कितना है?

(a) 157 (b) 187
(c) 121 (d) 174

53. यदि $A:B=6:8$ और $B:C=5:11$ है, तो $A:B:C$ का मान ज्ञात कीजिए।

(a) 11 : 23 : 14 (b) 14 : 31 : 25
(c) 15 : 20 : 44 (d) 15 : 32 : 44

54. k_1 और k_2 के बीच सम्बन्ध जिसके लिए रैखिक समीकरणों $k_1x+3y=8$ और $4x+k_2y=16$ का निकाय सम्पाती रेखाओं को दर्शाता है, क्या है?

(a) $k_2=3k_1$ (b) $k_2+3k_1=0$
(c) $k_1+k_2=0$ (d) $k_2=k_1$

55. उस वृत्त का व्यास (सेमी में) ज्ञात कीजिए, जिसकी परिधि 12 सेमी और 16 सेमी त्रिज्या वाले दो वृत्तों की परिधियों के योगफल के बराबर है।

(a) 64 (b) 32 (c) 28 (d) 56

56. एक चतुर्भुज $ABCD$ में, $AB=BC$, $AD=DC$, $\angle ABD=68°$ $\angle ADB=(2y-7)°$, $\angle BDC=33°$, $\angle DBC=(3x+2)°$ हैं, तो $2x+3y$ का मान क्या है?

(a) 118 (b) 144
(c) 104 (d) 108

57. एक व्यक्ति को ₹ 144 में एक वस्तु बेचने पर 28% की हानि होती है। यदि वह इसे ₹ 288 में बेचता है, तो उसकी लाभ/हानि प्रतिशत कितना होगा?

(a) हानि, 43% (b) हानि, 46%
(c) लाभ, 41% (d) लाभ, 44%

58. यदि m सम संख्या है, तो (8^m-1) .... से विभाज्य है।

(a) 8 (b) 65
(c) 42 (d) 63

59. दी गई तालिका वर्ष 2011 से वर्ष 2014 तक चार अलग-अलग बैंकों A, B, C और D द्वारा भर्ती किए गए लिपिक और अधिकारी संवर्ग के कर्मचारियों की संख्या को दर्शाती है।

वर्ष	A		B		C		D	
	अधिकारी	लिपिक	अधिकारी	लिपिक	अधिकारी	लिपिक	अधिकारी	लिपिक
2011	260	458	255	460	205	428	265	470
2012	310	569	286	584	230	539	246	554
2013	350	730	321	725	340	740	361	725
2014	400	890	452	845	380	850	482	860

बैंक A के अधिकारी संवर्ग के कमचारियों की संख्या और बैंक C के अधिकारी संवर्ग के कर्मचारियों की सख्या के अनुपात की गणना कीजिए।

(a) 5 : 6 (b) 8 : 7 (c) 6 : 5 (d) 7 : 8

60. दो वृत्त, दो बिन्दुओं P और Q पर प्रतिच्छेद करते हैं। PR और PS दो वृत्तों के व्यास हैं। $\angle PQR$ क्या है?

(a) 90° (b) 45°
(c) 0° (d) 60°

61. एक वृत्ताकार चाप, जिसकी त्रिज्या 14 सेमी है, केन्द्र पर 45° का कोण बनाता है। त्रिज्यखण्ड का परिमाप (सेमी में) ज्ञात कीजिए। ($\pi=\frac{22}{7}$ उपयोग कीजिए)

(a) 28 (b) 34
(c) 38 (d) 39

62. दो पाइप X और Y एक टंकी को क्रमश: 14 घण्टे और 21 घण्टे में भर सकते हैं। टंकी को भरने के लिए दोनों पाइप एकसाथ खोले जाते हैं। खाली टंकी कितने घण्टे में भर जाएगी?

(a) $5\frac{2}{5}$ घण्टे (b) $8\frac{2}{5}$ घण्टे
(c) $6\frac{2}{5}$ घण्टे (d) $7\frac{2}{5}$ घण्टे

63. यदि $\cot^2\theta-2\cos^2\theta=0$ है, जहाँ $(0°<\theta<90°)$, तो θ का मान ज्ञात कीजिए।

(a) 60° (b) 30°
(c) 90° (d) 45°

64. दी गई तालिका का अध्ययन करें और उसके बाद दिए गए प्रश्न का उत्तर दें।

दी गई तालिका दिए गए वर्षों में एक व्यक्ति की वार्षिक आय (₹ हजार में) को दर्शाती है।

वर्ष	स्कूल से वेतन	कोचिंग	होम ट्यूशन
2018	132	42	12
2019	148	55	18
2020	166	68	24
2021	178	74	28
2022	196	88	35

दिए गए वर्षों में व्यक्ति ने स्कूल से वेतन के रूप में प्रतिवर्ष औसत कितनी आय अर्जित की है?

(a) ₹ 158000 (b) ₹ 148000
(c) ₹ 164000 (d) ₹ 174000

65. एक पुलिसकर्मी को कुछ दूरी पर एक चोर नजर आया। पुलिसकर्मी उस चोर को पकड़ने के लिए दौड़ने लगा और चोर भी उसी समय दौड़ने लगा। पुलिसकर्मी और चोर दोनों की चाल क्रमश: 12 किमी/घण्टा और 10 किमी/घण्टा थी। चोर को पकड़ने में पुलिस को 30 मिनट लग गए। उनके बीच की प्रारम्भिक दूरी (मीटर में) ज्ञात कीजिए।

(a) 1000 (b) 500
(c) 600 (d) 100

66. एक महिला के व्यय और बचत का अनुपात 4 : 1 है। यदि उसकी आय और व्यय में क्रमश: 20% और 10% की वृद्धि होती है, तो उसकी बचत में प्रतिशत परिवर्तन ज्ञात कीजिए।

(a) 40% (b) 50%
(c) 30% (d) 60%

67. दी गई तालिका का अध्ययन कीजिए और निम्नलिखित प्रश्न का उत्तर दीजिए।
दी गई तालिका 2016 - 2019 के दौरान एक संस्थान के विभिन्न शैक्षणिक संकायों में नामांकित छात्रों की संख्या दर्शाती है।

वर्ष	विज्ञान	वाणिज्य	मानविकी
2016	550	457	699
2017	584	554	574
2018	625	332	743
2019	676	444	1223

वर्ष 2016 से 2019 तक, विज्ञान में नामांकित छात्रों की कुल संख्या और मानविकी में नामांकित छात्रों की कुल संख्या के बीच का अन्तर कितना है?
(a) 870 (b) 804
(c) 912 (d) 930

68. नए वर्ष की सेल के दौरान, एक दुकानदार अपने ग्राहकों को 5 स्वेटर खरीदें, 2 स्वेटर मुफ्त पाएं छूट योजना की पेशकश करता है। दुकानदार द्वारा दिया जाने वाला प्रभावी छूट प्रतिशत ज्ञात कीजिए।
(a) $22\frac{2}{9}\%$ (b) 30%
(c) $28\frac{4}{7}\%$ (d) 25%

69. यदि $x = p\sec A\cos B$, $y = q\sec A\sin B$ और $z = r\tan A$ है, तो निम्नलिखित व्यंजक का मान क्या है?
$\frac{x^2}{p^2}+\frac{y^2}{q^2}-\frac{z^2}{r^2}$
(a) 1 (b) $p^2-q^2+r^2$
(c) $p^2+q^2-r^2$ (d) 0

70. निम्नलिखित को सरल कीजिए।
$[25-48\div6+12\times2]+78-[5+3$ का $(25-2\times10)]$
(a) 90 (b) 99 (c) 89 (d) 98

71. नमन ने 8% वार्षिक साधारण ब्याज की दर से ₹ 348020 की राशि उधार ली। प्रथम वर्ष की समाप्ति पर, वह उधार ली गई मूल राशि की वापसी के लिए ₹ 15090 चुकाता है। यदि नमन दूसरे वर्ष की समाप्ति पर सभी लंबित बकाया राशि का भुगतान करता है, जिसमें प्रथम वर्ष के दौरान अर्जित ब्याज भुगतान भी शामिल है, तो वह दूसरे वर्ष की समाप्ति पर कितना भुगतान (₹ में) करेगा?
(a) 392733 (b) 387406
(c) 388931 (d) 379386

72. 30 विद्यार्थियों वाली 8वीं कक्षा में, गणित की परीक्षा ली गई। 10 विद्यार्थियों का औसत स्कोर 90 था। अन्य विद्यार्थियों का औसत स्कोर 75 था। पूरी कक्षा का औसत स्कोर ज्ञात करें।
(a) 76 (b) 80
(c) 78 (d) 74

73. k का मान ज्ञात कीजिए, जिसके लिए समीकरणों के निकाय $4x+6y=7$ तथा $6x+(k+4)y-21=0$ का एक अद्वितीय हल है।
(a) $k=7$ (b) $k=5$
(c) $k\neq5$ (d) $k\neq7$

74. 14 सेमी त्रिज्या का एक बेलनाकार टैंक जल से भरा है। यदि 616 लीटर जल निकाला जाता है, तो टैंक में जल का स्तर .... मी कम हो जाता है।
($\pi=\frac{22}{7}$ लें)
(a) 10 (b) 1000
(c) 1 (d) 100

75. $\tan72°-\tan27°-\tan72°\tan27°$ का मान ज्ञात कीजिए।
(a) 1 (b) −2
(c) −1 (d) 0

भाग IV

अंग्रेजी भाषा

76. Select the option that can be used as a one-word substitute for the given group of words.
One who eats human flesh
(a) Scavengers (b) Herbivores
(c) Cannibal (d) Omnivores

77. Select the most appropriate option to substitute the underlined part of the following sentence.
My brother always received the lion's share of every meal that we had.
(a) a very small part
(b) the pet's share
(c) the last bite
(d) the major portion

78. The following sentence has been split into four segments. Identify the segment that contains a grammatical error.
He and his friends / does not / want to / attend the meeting.
(a) does not (b) want to
(c) attend the meeting
(d) He and his friends

79. Select the most appropriate option that can substitute the underlined part in the following sentence.
We all have to pull our socks up for the upcoming Board exam, if we want to get outstanding grades.
(a) act in a proper manner
(b) work harder than before
(c) calm down impudent contempt
(d) revive interest in old matters

80. The following sentence has been divided into four segments. Identify the segment in which the article has been used incorrectly.
In the recent past, the IT industry has emerged / as a major contributor to an industry revenue / as well as employment / opportunity provider in the country.
(a) opportunity provider in the country.
(b) In the recent past, the IT industry has emerged
(c) as a major contributor to an industry revenue
(d) as well as employment

81. Select the most appropriate antonym of the given word.
Nominal
(a) Nasty (b) Sound
(c) Constant (d) Significant

82. Select the sentence that does not have a spelling error.
(a) There were no intermittent showers in the city, as was predicted during the whether forecast.
(b) She is very particular about pronounciation in her classes.
(c) The movie was very successful in the urban areas, but not among rural audiences.
(d) There wedding was during the summer, which is why we didn't attend it.

83. Select the option that expresses the following sentence in passive voice.
He had cleaned the bathroom.
(a) The bathroom has cleaned by him.
(b) The bathroom had cleaned by him.
(c) The bathroom had been cleaned by him.
(d) The bathroom has been cleaned by him.

84. Select the most appropriate option to substitute the underlined segment in the given sentence.

Ashoka was the greatest than all the Mauryan Emperors.

(a) all Mauryan Emperors
(b) of the Mauryan Emperors
(c) to all another Mauryan Emperors
(d) to other Mauryan Emperors

85. Select the most appropriate antonym of the given word.

Concede

(a) Surrender (b) Battle
(c) Avow (d) Deny

86. Identify the incorrectly spelt word in the following sentence.

Parul is known as a rigteous and honest lady.

(a) rigteous (b) known
(c) lady (d) honest

87. Parts of a sentence are given below in jumbled order. Arrange the parts in the correct order to form a meaningful sentence.

P- for a
Q- exercise daily
R- one must
S- good body

(a) PRQS (b) PRSQ
(c) RQPS (d) PQRS

88. Select the most appropriate antonym of the given word.

Bombastic

(a) Simple (b) Wicked
(c) Elevated (d) Pastoral

89. Select the most appropriate antonym of the given word.

Forgive

(a) Unburden (b) Requite
(c) Clear (d) Loathe

90. Select the most appropriate synonym of the word in brackets to fill in the blank.

He said that he lacks the .... to stand in a queue. (patience)

(a) relevance (b) elegance
(c) endurance (d) acceptance

91. Parts of a sentence are given below in jumbled order. Arrange the parts in the correct order to form a meaningful sentence.

A. the Industrial Revolution denotes
B. and continued until the middle of the 19th century
C. a significant period of social, economic and technological revolution
D. that commenced in the latter part of the 18th century

(a) DCBA (b) ACDB
(c) ABCD (d) CADB

92. Select the most appropriate option to substitute the underlined segment in the given sentence.

The ship launched out on a journey by water or sea of discovery.

(a) voyage (b) rendezvous
(c) verso (d) vespers

93. Select the most appropriate antonym of the word in the brackets to fill in the blank.

The pool was too .... at this end for kids to play. (shallow)

(a) green (b) blue
(c) deep (d) cold

94. Select the option that can substitute/replace the bracketed word correctly and complete the sentence.

I said I (don't) understand.

(a) doesn't (b) am doing
(c) didn't (d) done

95. Select the option that correctly expresses the given sentence in passive voice.

Why didn't she bring her son to my house?

(a) Why wasn't her son brought by her to my house?
(b) Why isn't her son brought to my house?
(c) Why wasn't her son brought to my house?
(d) Why isn't her son brought by you to my house?

Directions (Q. Nos. 96-100) *In the following passage, some words have been deleted. Read the passage carefully and select the most appropriate option to fill, each blank.*

We naturally seek the company of those whose ...... (1) ...... are the same as our own. Fools do not like the ...... (2) ...... of wise men and wise men avoid fools. Serious-minded people do not find much in common with ...... (3) ...... folk and vice-versa. Sinners feel uncomfortable with ...... (4) ...... and do not seek their company. We can, therefore, as a rule, judge a man's ...... (5) ...... by the company he keeps.

96. Select the most appropriate option to fill in blank number 1.

(a) organisations (b) institutes
(c) apathy (d) tastes

97. Select the most appropriate option to fill in blank number 2.

(a) company (b) culture
(c) serious (d) antagonist

98. Select the most appropriate option to fill in blank number 3.

(a) solemn (b) thoughtful
(c) grave (d) frivolous

99. Select the most appropriate option to fill in blank number 4.

(a) knave
(b) rowdy
(c) saints
(d) commoners

100. Select the most appropriate option to fill in blank number 5.

(a) futurities (b) character
(c) heirloom (d) legacy

उत्तरमाला

1. (b)	2. (d)	3. (b)	4. (c)
5. (c)	6. (d)	7. (c)	8. (b)
9. (b)	10. (d)	11. (b)	12. (c)
13. (b)	14 (d)	15. (c)	16. (b)
17. (d)	18. (a)	19. (c)	20. (b)
21. (b)	22. (a)	23. (d)	24. (d)
25. (c)	26. (d)	27. (b)	28. (a)
29. (c)	30. (c)	31. (b)	32. (d)
33. (c)	34. (a)	35. (c)	36. (c)
37. (b)	38. (a)	39. (b)	40. (b)
41. (b)	42. (a)	43. (b)	44. (b)
45. (a)	46. (a)	47. (c)	48. (d)
49. (b)	50. (c)	51. (b)	52. (d)
53. (c)	54. (a)	55. (d)	56. (c)
57. (d)	58. (d)	59. (b)	60. (a)
61. (d)	62. (b)	63. (d)	64. (c)
65. (a)	66. (d)	67. (b)	68. (c)
69. (a)	70. (b)	71. (b)	72. (b)
73. (c)	74. (a)	75. (a)	76. (c)
77. (d)	78. (d)	79. (b)	80. (c)
81. (d)	82. (c)	83. (c)	84. (b)
85. (d)	86. (a)	87. (c)	88. (a)
89. (d)	90. (c)	91. (b)	92. (a)
93. (c)	94. (c)	95. (a)	96. (d)
97. (a)	98. (d)	99. (c)	100. (b)

व्याख्या

1. *(b)* दी गई श्रृंखला का क्रम निम्न है,

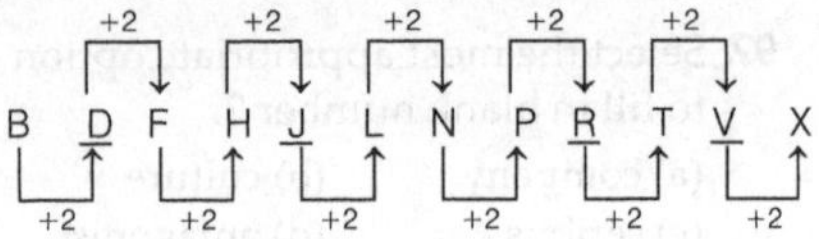

∴ अभीष्ट उत्तर = DJRV

2. *(d)* जिस प्रकार,

C L E R K → B K E Q J (−1 −1 +0 −1 −1)

व्यंजन → −1
स्वर → +0

तथा O F F I C E → O E E I B E (+0 −1 −1 +0 −1 +0)

उसी प्रकार, P O S T → O O R S (−1 +0 −1 −1)

3. *(b)* दी गई आकृति में बिन्दुओं के नाम लिखने पर,

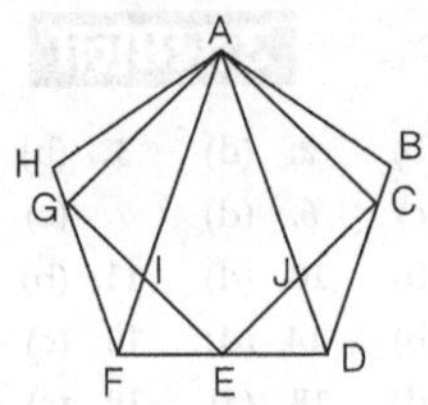

आकृति में निम्न त्रिभुज हैं,

ΔABC, ΔACJ, ΔABD, ΔJCD, ΔAHG, ΔAGI, ΔAHF, ΔGIF, ΔFIE, ΔEJD, ΔGEF, ΔCDE, ΔAFD

अत: आकृति में '13' त्रिभुज हैं।

4. *(c)* दिए गए पासे की दोनों स्थितियों में फलक '6' उभयनिष्ठ फलक है, '6' से दक्षिणावर्त लिखने पर,

स्थिति I ⟶ 6 1 2

स्थिति II ⟶ 6 5 4

(1 विपरीत 5, 2 विपरीत 4)

अत: 5 के विपरीत फलक पर '1' होगा।

5. *(c)* जिस प्रकार,

(8 – 33 – 66 – 81) : +25, ×2, +15

तथा (11 – 36 – 72 – 87) : +25, ×2, +15

उसी प्रकार, (15 – 40 – 80 – 95) : +25, ×2, +15

6. *(d)* दी गई प्रश्न आकृति का सही दर्पण प्रतिबिम्ब, उत्तर आकृति (d) के समान दिखाई देगा।

7. *(c)* दिया गया शब्द → R I C K E T

वर्णमाला क्रमानुसार → C E I K R T

अत: दो अक्षरों के स्थान अपरिवर्तित रहेगें।

8. *(b)* जिस प्रकार,

(18, 90) ⇒ $18 \times 5 = 90$

तथा (31, 155) ⇒ $31 \times 5 = 155$

उसी प्रकार, (52,?)

⇒ $52 \times 5 = 260$

∴ ? = 260

9. *(b)* दिया है,

$15 + 5 \times 8 - 72 \div 4 + 16 \times 3 = 101$

विकल्प (b) से, 5 तथा 3 को परस्पर बदलने पर,

$15 + 3 \times 8 - 72 \div 4 + 16 \times 5 = 101$

⇒ $15 + 24 - 18 + 80 = 101$

⇒ $39 - 18 + 80 = 101$

⇒ $119 - 18 = 101$

$101 = 101$

10. *(d)* जिस प्रकार, 'जिद्दी (Obstinate) एवं 'हठी' (Stubborn) एक-दूसरे के समानार्थी हैं, उसी प्रकार, 'दृढ़प्रतिज्ञ' (Resolute) एवं 'कृतसंकल्प' (Determined) एक-दूसरे के समानार्थी हैं।

11. *(b)* दी गई आकृति शृंखला में आकृति (⟶▷) 90° दक्षिणावर्त घूम रही है तथा आकृति (◁) 45° वामावर्त दिशा में घूम रही है।

अत: प्रश्नचिह्न (?) के स्थान पर विकल्प आकृति (b) आएगी।

12. *(c)* जिस प्रकार,

(23-56-51) ⇒ $51 - 23 = 28 \times 2 = 56$

तथा (36-88-80)

⇒ $80 - 36 = 44 \times 2 = 88$

(34-56-62)

⇒ $62 - 34 = 28 \times 2 = 56$

परन्तु, (68-54-94)

⇒ $94 - 68 = 26 \times 2 = 52 \neq 54$

13. *(b)* जिस प्रकार,

(17, 102) ⇒ $17 \times 6 = 102$

तथा (29, 174) ⇒ $29 \times 6 = 174$

उसी प्रकार, (39, ?) ⇒ $39 \times 6 = 234$

∴ ? = 234

14. *(d)* जिस प्रकार,

E Y E S → F T F Z (+1 +1 +1 +1)

तथा M I N D → O E N J (+1 +1 +1 +1)

उसी प्रकार,

R E S T → T U S F (+1 +1 +1 +1)

15. *(c)* प्रश्नानुसार,

D R A P E ⟶ 6 5 4 3 2

T A P E D ⟶ 2 4 5 9 6

अत: R का कूट = 3

16. *(b)* प्रश्नानुसार,

दिया गया शब्द → C A R D B O A R D

वर्णमाला क्रमानुसार → A A B C D D O R R

बाएँ से चौथे, दाएँ से दूसरे

अत: अंग्रेजी वर्णमाला में C तथा R के बीच कुल 14 अक्षर होगें।

17. *(d)* प्रश्नानुसार, कागज को मोड़ने, काटने तथा खोलने के पश्चात् यह विकल्प आकृति (d) जैसी दिखाई देगी।

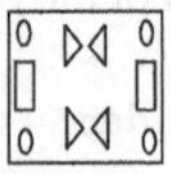

18. *(a)* दी गई आकृति शृंखला में प्रत्येक अगली आकृति में क्रमश: एक भुजा की वृद्धि हो रही है और आकृति क्रमश: तीन, चार, पाँच, छ: भुजाओं वाली है। अत: पाँचवी आकृति सात भुजाओं वाली होगी। इसके अतिरिक्त प्रत्येक अगली आकृति में तीरों की संख्या में भी वृद्धि हो रही है तथा एकान्तर आकृति में तीरों के सिर अन्दर तथा बाहर की तरफ हो रहे है। अत: इस क्रमानुसार, विकल्प आकृति (a) इस आकृति शृंखला को पूर्ण करेगी।

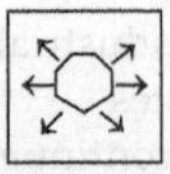

19. *(c)* दी गई प्रश्न आकृति का सही दर्पण प्रतिबिम्ब विकल्प आकृति (c) के समान दिखाई देगा।

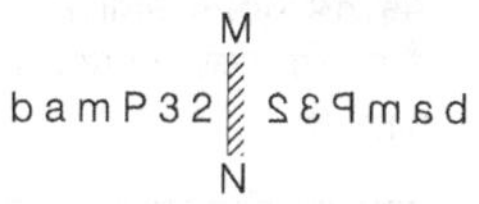

20. *(b)* दी गई श्रृंखला का क्रम निम्न है,

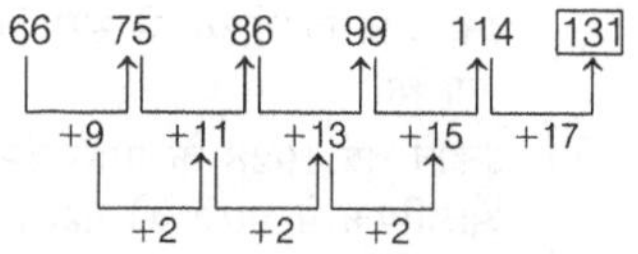

21. *(b)* दिया है,

$139+40\div 5-168\times 3=283$

विकल्प (b) से, ÷ तथा × को परस्पर बदलने पर,

$139+40\times 5-168\div 3=283$

$\Rightarrow \quad 139+200-56=283$

$\Rightarrow \quad 339-56=283$

$\Rightarrow \quad 283=283$

22. *(a)* दिया है, $P-M+R\div T\times S$

प्रश्नानुसार, रक्त सम्बन्ध आरेख बनाने पर,

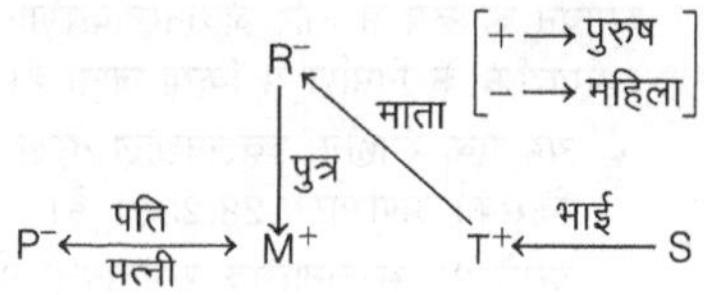

स्पष्टत: T, P का जेठ/देवर है।

23. *(d)* जिस प्रकार,

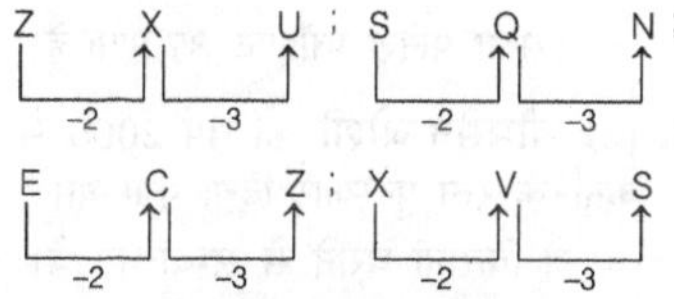

परन्तु,

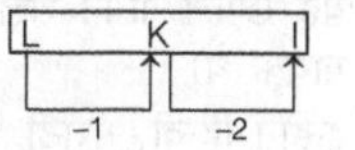

अत: LKI गलत अक्षर-समूह है।

24. *(d)* जिस प्रकार,

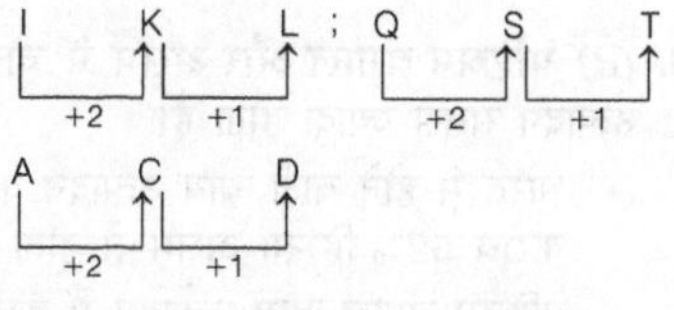

परन्तु,

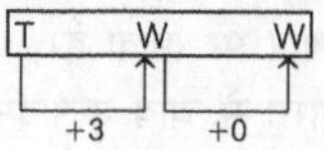

अत: TWW असंगत अक्षर-समूह है।

25. *(c)* कथनानुसार,

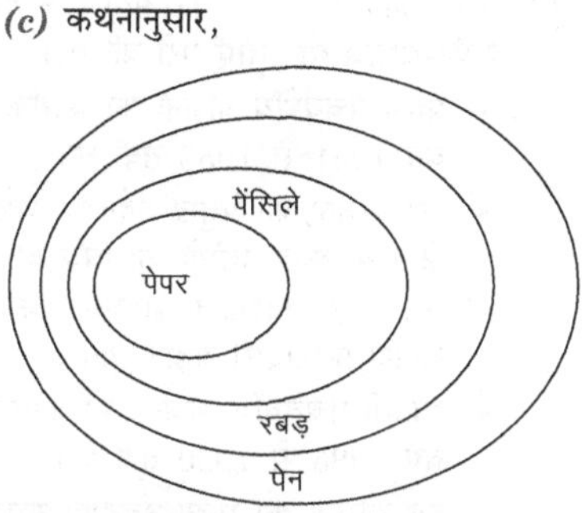

निष्कर्ष I. (✗) II. (✓) III. (✓)

अत: केवल निष्कर्ष II तथा III अनुसरण करते हैं।

26. *(d)* न्यू मूर द्वीप **बांग्लादेश** के सतखीरा जिले और भारत के पश्चिम बंगाल के दक्षिण 24 परगना जिले के बीच बहने वाली हरियाभंगा नदी के दक्षिण में स्थित है।

- इस द्वीप का क्षेत्रफल 2500 वर्ग मी है।
- इस द्वीप को पुरबाशा द्वीप के नाम से भी जाना जाता है।

27. *(b)* प्रधानमन्त्री ग्रामीण आवास योजना के तहत हिमालयी राज्यों के लिए सहायता लागत केन्द्र व राज्यों के बीच **90 : 10** के अनुपात में होगी।

- प्रधानमन्त्री ग्रामीण आवास योजना के तहत लाभार्थी, स्थायी घर बनाने के लिए 3% से कम ब्याज दर पर ₹ 70,000 तक का लोन ले सकते हैं।
- मैदानी क्षेत्रों में केन्द्र और राज्य सरकारों के बीच अनुपात 60 : 40 है।
- इस योजना के तहत लाभार्थियों को शौचालय निर्माण के लिए ₹ 12,000 तक की वित्तीय सहायता प्रदान की जाती है।

28. *(a)* ***टेरोपस*** (Pteropus) मेगाबैटास की एक प्रजाति है, जिसे फ्लाइंग फॉक्स या फ्रूट बैट के नाम से भी जाना जाता है।

- ये दुनिया के सबसे बड़े चमगादड़ों में से एक है।
- यह प्रजाति CITES परिशिष्ट II में सूचीबद्ध है, जिसका अर्थ है कि वर्तमान में यह खतरे में नहीं है, लेकिन यदि सुरक्षात्मक उपाय नहीं किए गए, तो यह खतरे में पड़ सकती है।

29. *(c)* हिमालय से निकलने वाली प्रमुख नदियाँ गंगा, यमुना, ब्रह्मपुत्र, कोसी, घाघरा, झेलम इत्यादि हैं।

- नर्मदा नदी सतपुड़ा पर्वत से निकलती है।
- गोदावरी और तापी नदी दक्षिण भारत की प्रायद्वीपीय नदियाँ हैं।

30. *(c)* **जुलाई** महीने में 20°N-25°N अक्षांश के आस-पास स्थित अन्त:उष्णकटिबन्धीय अभिसरण क्षेत्र को मानसून गर्त भी कहा जाता है।

- यह भूमध्य रेखा पर स्थित एक निम्न दाब वाला क्षेत्र है।
- यह पृथ्वी के तापीय भूमध्य रेखा के पास स्थित क्षेत्र है, जहाँ उत्तर-पूर्व और दक्षिण-पूर्व व्यापारिक हवाएँ मिलती हैं।
- शीत ऋतु में ITCZ दक्षिण की ओर खिसक जाता है।

31. *(b)* इल्तुतमिश दिल्ली सल्तनत के तीसरे शासक थे एवं उसने चाँदी का टंका और ताँबे का जीतल नामक सिक्के चलवाए तथा इनका सम्बन्ध मामलुक वंश से था।

- इसने सिक्कों पर टकसाल का नाम लिखने की परम्परा शुरू की थी।
- उसने भू-राजस्व की इक्ता प्रणाली को वेतन के आधार पर व्यवस्थित किया था।

32. *(d)* सरकारी परिसम्पत्तियों की बिक्री से **राजस्व** पूँजीगत प्राप्तियों का एक उदाहरण हैं। पूँजीगत प्राप्तियाँ, वे प्राप्तियाँ हैं, जो सरकार की देनदारियाँ बढ़ाती हैं या उसकी परिसम्पत्तियों के मूल्य को कम करती हैं।

- ये प्रकृति में गैर-आवर्ती होती हैं।
- सार्वजनिक क्षेत्र की कम्पनियों के शेयरों की बिक्री से प्राप्त आय, ऋणों की वसूली, जनता से उधार लेना, स्वामी द्वारा व्यवसाय में किया गया योगदान बैंकों से लिया गया ऋण, शेयर पूँजी जारी करने पर प्राप्त राशि पूँजीगत प्राप्तियों के कुछ अन्य उदाहरण हैं।
- पूँजीगत प्राप्तियाँ आय उत्पन्न करने वाले गैर-संचालन स्रोत होते हैं।
- पूँजीगत प्राप्तियाँ गैर-ऋण और ऋण दोनों तरह की होती हैं।

33. *(c)* **वर्ष** 2014 का राष्ट्रमण्डल खेल ग्लासगो, स्कॉटलैण्ड में आयोजित किया गया था, जिसमें मीराबाई चानू ने 48 किग्रा भार वर्ग में रजत पदक जीता था।

- वर्ष 2014 के राष्ट्रमण्डल खेल में भारत ने कुल 64 पदक जीते थे और पाँचवें स्थान पर रहा था।
- वर्ष 2022 के राष्ट्रमण्डल खेलों का आयोजन इंग्लैण्ड, बर्मिंघम में हुआ था।

34. *(a)* From Plassey to Partition and After: A History of Modern India पुस्तक के लेखक **शेखर बन्द्योपाध्याय** हैं।

- अशोक और मौर्य साम्राज्य का पतन, प्राचीन भारत, वंश से राज्य तक

आदिकालीन भारत की व्याख्या रोमिला थापर की प्रमुख पुस्तकें हैं।

- 'आधुनिक भारत' सुमित सरकार की प्रमुख पुस्तक है।
- फीडिंग द बनिया, सबाल्टर्न स्टडीज VIII, मिशनरी और उनकी चिकित्सा डेविड हार्डीमैन की प्रमुख पुस्तकें है।

35. *(c)* **ओष्ठविदरता** (Cheilosis) विटामिन B $_2$ की कमी के कारण मुँह के कोनों पर इक्ट्ठा होने वाले थूक से बहुत छोटे-छोटे जीवाणु पैदा हो जाते हैं, जिनसे बीमारी होती है।

- यह बीमारी नकली दाँतों के सेट लगाने या मास्क पहनने से बढ़ जाती है।

36. *(c)* **विश्व ब्लिट्ज शतरंज चैम्पियनशिप** टूर्नामेण्ट में कोनेरू हम्पी ने चीन की झोंग्यी टैन को हराया व भारत का प्रथम रजत पदक जीता।

- कोनेरू हम्पी, शतरंज के इतिहास में सबसे कम आयु की ग्रैण्डमास्टर हैं, इन्होंने यह खिताब 15 वर्ष की आयु में वर्ष 2002 में हासिल किया था।
- इन्हें वर्ष 2003 में अर्जुन पुरस्कार और वर्ष 2007 में पद्मश्री पुरस्कार से सम्मानित किया गया था।

37. *(b)* **बिहू** असम राज्य का पारम्परिक त्योहार है और इसे वर्ष में तीन बार मनाया जाता है।

- रोंगाली या बोहाग बिहू अप्रैल में मनाया जाता है। यह असमिया नववर्ष है और कृषि की शुरुआत को दर्शाता है।
- कोंगाली या काटी बिहू अक्टूबर या नवम्बर में मनाया जाता है। यह अनाज काटने और बाँधने का समय होता है।
- भोगाली या माघ बिहू जनवरी में मनाया जाता है।

38. *(a)* **अनुच्छेद** 24 बालश्रम के निषेध से सम्बन्धित है। इसके अन्तर्गत चौदह वर्ष से कम आयु के किसी भी बच्चे को किसी कारखाने या खाद्यान में काम करने या किसी अन्य खतरनाक रोजगार में नहीं लगाया जाएगा का उल्लेख है।

- संविधान के अनुच्छेद 23 के तहत मानव तस्करी और जबरन मजदूरी पर रोक लगाई जाती है।
- अनुच्छेद 25 लोगों को अपने धर्म को स्वतन्त्र रूप से मानने, उसका पालन करने और उसका प्रचार करने का अधिकार देता है।
- अनुच्छेद 26 धार्मिक सम्बन्धों की स्वतन्त्रता का प्रावधान करता है।

39. *(b)* 1947 से 1990 की अवधि के दौरान **7 पंचवर्षीय योजनाएँ** पूरी की गईं।

- प्रथम पंचवर्षीय योजना का कार्यकाल वर्ष 1951 से 1956 तक था।
- इस योजना का प्रमुख उद्देश्य ग्रामीण क्षेत्रों के कुछ उद्योगों का विकेन्द्रीकरण करना एवं कारखाना प्रतिष्ठानों की सापेक्ष हिस्सेदारी बढ़ाना था।
- सातवीं पंचवर्षीय योजना का कार्यकाल वर्ष 1985 से 1900 तक था।
- इस योजना का मुख्य उद्देश्य सामाजिक न्याय के माध्यम से आर्थिक उत्पादकता बढ़ाना था।

40. *(b)* **मैडम एचपी ब्लावत्स्की** और **कर्नल ओल्कोट** ने 1875 ई. में थियोसोफिकल सोसायटी की स्थापना की।

- 1882 ई. में इन्होंने अपना मुख्यालय भारत में मद्रास के अडयार में स्थानान्तरित किया था।
- इस सोसायटी ने जाति, पंथ, लिंग या रंग भेद के बिना मानवता के सार्वभौमिक भाइचारे के लिए कार्य करने का लक्ष्य रखा था।
- थियोसोफिकल आन्दोलन का उद्देश्य हिन्दू पुनजार्गरण था।

41. *(b)* औपनिवेशिक शोषण की आलोचना धन निष्कासन के सन्दर्भ में **दादाभाई नौरोजी** द्वारा की गई।

- दादाभाई नौरोजी ने 1867 ई. में 'पावर्टी एण्ड अन-ब्रिटिश रूल इन इण्डिया' नामक पुस्तक लिखी थी।
- इस पुस्तक में भारत से लूटे हुए धन को ब्रिटेन ले जाने का उल्लेख था।
- दादाभाई नौरोजी को ग्रैण्ड ओल्ड मैन ऑफ इण्डिया के नाम से भी जाना जाता है।

42. *(a)* भारतीय संविधान के अनुच्छेद 243M के तहत **नागालैण्ड**, मेघालय और मिजोरम को छोड़कर सभी राज्यों में पंचायती राजव्यवस्था लागू है।

- भारतीय संविधान के भाग IX के अनुच्छेद 243 से 243'O' में पंचायती राजव्यवस्था से जुड़े प्रावधान हैं।
- पंचायती राजव्यवस्था लागू करने वाला प्रथम राज्य राजस्थान व दूसरा राज्य आन्ध्र प्रदेश है।

43. *(b)* जब लेड नाइट्रेट पाउडर के क्वथन नली में रखते हैं और उसे गर्म करते हैं, तो भूरे रंग के धुएँ का उत्सर्जन होता है, जो **नाइट्रोजन डाइऑक्साइड** का होता है। नाइट्रोजन डाइऑक्साइड लाल-भूरे रंग की गैस होती है।

- इसकी गन्ध तीखी होती है।
- यह तब उत्पन्न होती है, जब जीवाश्म ईंधन को उच्च तापमान पर जलाया जाता है।

44. *(b)* जयपाल सिंह मुण्डा भारत के पहले पुरुष **हॉकी** टीम के कप्तान थे।

- इन्हें ऑक्सफोर्ड ब्लू से सम्मानित किया गया था।
- इन्होंने वर्ष 1928 के एमस्टर्डम ओलम्पिक में भारत को पहला स्वर्ण पदक दिलाया था।

45. *(a)* मेगस्थनीज 302 ईसा पूर्व में चन्द्रगुप्त मौर्य के दरबार में आया था, जिसे **सेल्यूकस प्रथम** निकेटर ने भेजा था।

- मेगस्थनीज की प्रमुख पुस्तक इण्डिका है।
- सेल्यूकस निकेटर ने सेल्यूसिड साम्राज्य की स्थापना की थी।
- सेल्यूकस निकेटर ने चन्द्रगुप्त मौर्य की बेटी हेलन कर्निलिया से विवाह किया था।

46. *(a)* नोनेन (C_9H_2O) का उपयोग शोध रसायन के रूप में और जैवनिम्नीकरणीय अपमार्जक के निर्माण में किया जाता है।

- यह एक रंगहीन, ज्वलनशील तरल है, जिसका अणुभार 128.2551 है।
- इसमें 35 संरचनात्मक समावयवी होते हैं।
- यह पानी में अघुलनशील और पानी से कम घना है।
- इसका फ्लैश प्वॉइण्ट 87.8°F है।

47. *(c)* **भीमसेन जोशी** को वर्ष 2005 में कर्नाटक रत्न पुरस्कार दिया गया था।

- वे किराना घराने से सम्बन्धित थे।
- यह ख्याल गायन शैली के लोकप्रिय गायक थे।
- इन्होंने हिन्दी, मराठी और कन्नड़ में भजन गायन किया।
- इन्हें वर्ष 2008 में भारत रत्न दिया गया था।

48. *(d)* **पश्चिम बंगाल और असम** में चाय उत्पादन सबसे ज्यादा होता है।

- भारत में होने वाले चाय उत्पादन का करीब 52% हिस्सा असम से होता है।
- पश्चिम बंगाल चाय उत्पादन में दूसरे स्थान पर आता है।
- भारत में चाय उत्पादन करने वाले अन्य राज्य हिमाचल प्रदेश, उत्तराखण्ड, मेघालय, आन्ध्र प्रदेश और त्रिपुरा हैं।

49. *(b)* **विष्णु दिगम्बर पलुस्कर** ने 'संगीत बाल प्रकाश' पुस्तक तीन खण्डों में लिखी थी।
- इन्होंने 18 खण्डों में रागों की स्वरलिपियों को संगृहीत किया था।
- इन्होंने वर्ष 1909 में बम्बई (वर्तमान मुम्बई) में गन्धर्व महाविद्यालय की स्थापना की थी।

50. *(c)* अनुच्छेद 158 के तहत राज्यपाल, संसद के किसी सदन या **पहली** अनुसूची में निर्दिष्ट किसी राज्य के विधानमण्डल के सदन का सदस्य नहीं हो सकता है।
- इस अनुच्छेद के तहत राज्यपाल कोई अन्य लाभ का पद धारण नहीं कर सकता है।
- राज्यपाल को बिना किराए के शासकीय निवासों का उपयोग करने का अधिकार होता है।

51. *(b)* $(x+y)^2+(x-y)^2$
$= x^2+y^2+2xy+x^2+y^2-2xy$
$= 2x^2+2y^2 = 2(x^2+y^2)$

52. *(d)* माना वर्ष 2015 में S के लिए निर्यात $= 3x$
$\therefore$ आयात $= 2x$
तथा $3x = 51$ लाख
$\Rightarrow \quad 2x = \frac{51\times 2x}{3x} = 34$ लाख
माना वर्ष 2015 में U के लिए निर्यात $= y$
आयात $= 2y$
$\therefore \quad y = 70$ लाख
$\Rightarrow 2y = \frac{70\times 2}{1} = 140$ लाख
$\therefore S$ और U का कुल आयात $= 2x+2y$
$= (34+140) = 174$ लाख

53. *(c)* $A:B = 6:8$
$B:C = 5:11$
B का मान बराबर करने पर,
$A:B = 30:40$
$B:C = 40:88$
$\therefore A:B:C = 30:40:88 = 15:20:44$

54. *(a)* रैखिक समीकरण
$k_1x+3y = 8$ ...(i)
$4x+k_2y = 16$ ...(ii)
$a_1 = k_1,\ b_1 = 3,\ c_1 = 8$
$a_2 = 4,\ b_2 = k_2,\ c_2 = 16$
$\frac{a_1}{a_2} = \frac{b_1}{b_2} = \frac{c_1}{c_2}$
$\Rightarrow \frac{k_1}{4} = \frac{3}{k_2} = \frac{8}{16} \Rightarrow \frac{k_1}{4} = \frac{8}{16}$
$k_1 = \frac{8\times 4}{16} = 2 \Rightarrow \frac{3}{k_2} = \frac{8}{16}$
$k_2 = \frac{16\times 3}{8} \Rightarrow k_2 = 6$
अत: $k_2 = 3k_1$

55. *(d)* 12 सेमी त्रिज्या वाले वृत्त की परिधि
$= 2\pi r_1 = 2\pi\times 12 = 24\pi$
16 सेमी त्रिज्या वाले वृत्त की परिधि
$= 2\pi r_2 = 2\pi\times 16 = 32\pi$
बड़े वृत्त की परिधि
= दो छोटे वृत्त की परिधियों का योग
$2\pi R = 24\pi+32\pi$
$2\pi R = 56\pi \Rightarrow R = 28$
अत: बड़े वृत्त का व्यास $= 2\times R$
$= 2\times 28 = 56$ सेमी

56. *(c)* $\Delta ADB \cong \Delta CDB$ (SSS)

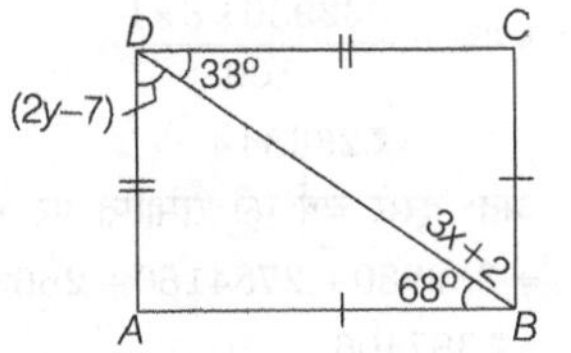

$\Rightarrow \quad \angle ADB = \angle CDB$
$\Rightarrow (2y-7)° = 33°$
$\Rightarrow \quad 2y = 40° \Rightarrow y = 20°$
तथा $\angle ABD = \angle CBD$
$\Rightarrow \quad 68° = (3x+2)°$
$\Rightarrow \quad 3x = 66$
$x = 22$
$\therefore 2x+3y = 2\times 22+3\times 20 = 44+60$
$= 104$

57. *(d)* वस्तु का विक्रय मूल्य = ₹144
हानि = 28%
$\therefore$ वस्तु का क्रय मूल्य $= 144\times\frac{100}{(100-28)}$
$= 144\times\frac{100}{72} =$ ₹ 200
जब विक्रय मूल्य ₹ 288 हो, तब लाभ
$= 288-200 =$ ₹ 88
$\therefore$ लाभ प्रतिशत $= \frac{88}{200}\times 100 = 44\%$

58. *(d)* 8^m-1, m एक संख्या है।
$\therefore \quad m = 0, 2, 4, 6......$
$m = 0$ रखने पर,
$8^0-1 = 1-1 = 0$
$m = 2$ रखने पर,
$8^2-1 = 64-1 = 63$
$m = 4$ रखने पर,
$8^4-1 = 4096-1 = 4095 = 63\times 65$
अत: (8^m-1) हमेशा 63 से विभाज्य होगा।

59. *(b)* बैंक A के अधिकारी संवर्ग की संख्या
$= 260+310+350+400 = 1320$
बैंक C के अधिकारी संवर्ग की संख्या
$= 205+230+340+380 = 1155$
अभीष्ट अनुपात $= 1320:1155 = 8:7$

60. *(a)* प्रश्नानुसार,

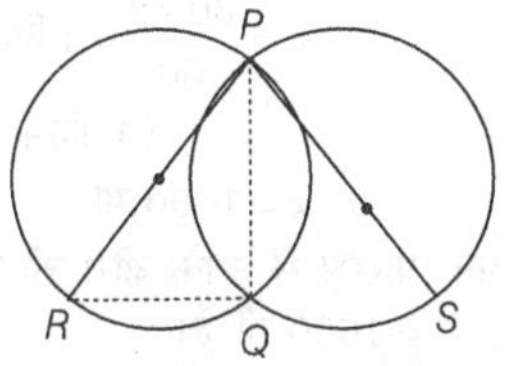

$\because \quad PR =$ व्यास
$\therefore \angle PQR = 90°$
(अर्द्धवृत्त में बना कोण समकोण होता है।)

61. *(d)* त्रिज्यखण्ड का परिमाप
$= 2\pi r\frac{\theta}{360}+2r$
$= 2\times\frac{22}{7}\times 14\times\frac{45}{360}+2\times 14$
$= 11+28 = 39$ सेमी

62. *(b)*

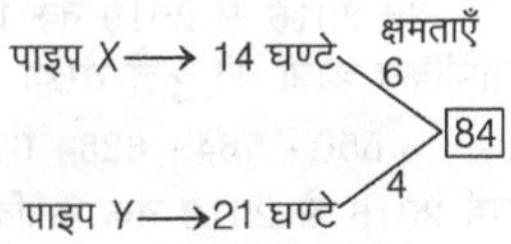

दोनों पाइप एकसाथ खाली टंकी को भरेगे
$= \frac{84}{6+4} = \frac{84}{10} = 8\frac{4}{10}$
$= 8\frac{2}{5}$ घण्टे

63. *(d)* $\cot^2\theta - 2\cos^2\theta = 0$
$\Rightarrow \quad \cot^2\theta = 2\cos^2\theta$
$\Rightarrow \quad \frac{\cos^2\theta}{\sin^2\theta} = 2\cos^2\theta$
$\Rightarrow \quad \frac{1}{\sin^2\theta} = 2$
$\Rightarrow \quad \sin^2\theta = \frac{1}{2} \quad \left[\sin 45° = \frac{1}{\sqrt{2}}\right]$
$\Rightarrow \quad \sin\theta = \frac{1}{\sqrt{2}}$
$\Rightarrow \quad \sin\theta = \sin 45°$
$\Rightarrow \quad \theta = 45°$
अत: θ का मान 45° होगा।

64. *(c)* सभी वर्षों में स्कूल से वेतन के रूप में प्रतिवर्ष औसत आय
$= \frac{132+148+166+178+196}{5}\times 1000$
$= \frac{820}{5}\times 1000 =$ ₹164000

65. *(a)* माना प्रारम्भ में चोर और पुलिस के बीच की दूरी = x किमी

सापेक्षिक चाल = (12 − 10) = 2 किमी/घण्टा

$\therefore$ समय $= \dfrac{x}{2}$

$\Rightarrow \dfrac{30}{60} = \dfrac{x}{2}$

$\Rightarrow x = \dfrac{30 \times 2}{60} = 1$ किमी

(1 किमी = 1000 मी)

$x = 1000$ मी

अत: प्रारम्भ में उनके बीच की दूरी = 1000 मी है।

66. *(d)* आय = व्यय + बचत

5 = 4 + 1

(प्रत्येक पद में 100 से गुणा करने पर)

500 = 400 + 100

+100 ↓ 20 %↑   +40 ↓ 10 %↑   ↓ +60

600 = 440 + 160

बचत में परिवर्तन $= \dfrac{60}{100} \times 100$

= 60% होगा।

67. *(b)* वर्ष 2016 से 2019 तक विज्ञान में नामांकित छात्रों की कुल संख्या

= 550 + 584 + 625 + 676 = 2435

वर्ष 2016 से 2019 तक मानविकी में नामांकित छात्रों की कुल सख्या

= 699 + 574 + 743 + 1223

= 3239

$\therefore$ अभीष्ट अन्तर = 3239 − 2435

= 804

68. *(c)* प्रभावी छूट प्रतिशत $= \dfrac{2}{5+2} \times 100$

$= \dfrac{200}{7} = 28\frac{4}{7}\%$

69. *(a)* $x = p\sec A\cos B$

$y = q\sec A\sin B$

$z = r\tan A$

$\therefore \dfrac{x}{p} = \sec A\cos B$

$\dfrac{y}{q} = \sec A\sin B$

$\dfrac{z}{r} = \tan A$

$\therefore \dfrac{x^2}{p^2} + \dfrac{y^2}{q^2} - \dfrac{z^2}{r^2}$

$= \sec^2 A\cos^2 B + \sec^2 A\sin^2 B - \tan^2 A$

$= \sec^2 A(\cos^2 B + \sin^2 B) - \tan^2 A$

$[\sin^2\theta + \cos^2\theta = 1]$

$= \sec^2 A - \tan^2 A = 1$

$[\sec^2 A - \tan^2 A = 1]$

70. *(b)* [25 − 48 ÷ 6 + 12 × 2] + 78 − [5 + 3 का (25 − 2 × 10)]

= [25 − 8 + 12 × 2] + 78 − [5 + 3 का 5]

= [49 − 8] + 78 − [5 + 15]

= 41 + 78 − 20 = 99

71. *(b)* नमन के प्रथम वर्ष का साधारण ब्याज

$= \dfrac{348020 \times 8 \times 1}{100} =$ ₹2784160

प्रथम वर्ष बाद वापिस की गई राशि

= ₹15090

शेष बची राशि = (348020 − 15090)

= ₹332930

शेष बची राशि पर दूसरे वर्ष का साधारण ब्याज $= \dfrac{332930 \times 8 \times 1}{100}$

= ₹266344

अत: दूसरे वर्ष की समाप्ति पर भुगतान

= 332930 + 2784160 + 266344

= ₹387406

72. *(b)* पूरी कक्षा का औसत स्कोर

$= \dfrac{10 \times 90 + 20 \times 75}{30}$

$= \dfrac{900 + 1500}{30}$

$= \dfrac{2400}{30} = 80$

73. *(c)* यहाँ $a_1 = 4,\ b_1 = 6,\ c_1 = 7$

$a_2 = 6,\ b_2 = k + 4,\ c_2 = 21,$

अद्वितीय हल के लिए

$\dfrac{a_1}{a_2} \neq \dfrac{b_1}{b_2}$

$\Rightarrow \dfrac{4}{6} \neq \dfrac{6}{k+4}$

$\Rightarrow 4(k+4) \neq 36$

$k + 4 \neq 9$

$k \neq 5$

74. *(a)* माना टैंक का जल स्तर h सेमी कम होगा।

$\therefore$ टैंक/बेलन का आयतन $= \pi r^2 h$

[1 लीटर = 1000 घन सेमी]

$\Rightarrow 616 \times 1000 = \dfrac{22}{7} \times 14 \times 14 \times h$

$\Rightarrow \dfrac{616 \times 1000 \times 7}{22 \times 14 \times 14} = h$

$\Rightarrow h = 1000$ सेमी

$h = \dfrac{1000}{100} = 10$ मी

75. *(a)* $\tan 45° = \tan(72° - 27°)$

$\tan 45° = \dfrac{\tan 72° - \tan 27°}{1 + \tan 27° \tan 72°}$

$1 = \dfrac{\tan 72° - \tan 27°}{1 + \tan 27° \tan 72°}$

$1 + \tan 27° \tan 72° = \tan 72° - \tan 27°$

$1 = \tan 72° - \tan 27° - \tan 27° \tan 72°$

$\therefore \tan 72° - \tan 27° - \tan 27° \tan 72° = 1$

76. *(c)* A Cannibal is one who eats the flesh of his own species.

- **Scavengers** are animals that consume dead organisms that have died from causes other than predation or have been killed by other predators.
- **Herbivoresare** animals that eat only plants.
- **Omnivores** are animals that eat both plants and meat.

77. *(d)* The lion's share means the major portion of something.

78. *(d)* Part 'does not' contains an error. The subject of the sentence is plural, so the verb should also be plural.

- Hence, replace 'does' with 'do' to correct the sentence.

79. *(b)* 'To pull our socks up' means to work harder than before.

80. *(c)* Part 'as a major contributor to an industry revenue' contains an error. The use of 'an' is incorrect in the sentence. Use 'the' in place of 'an' to correct the sentence.

81. *(d)* 'Nominal' means existing in name only. Hence, its antonym is 'significant'.

82. *(c)* The sentence with no spelling error is 'The movie was very successful in the urban areas, but not among rural audiences.'

83. *(c)* The bathroom had been cleaned by him.

- The sentence with the tense structure Subject + had + V_2 + Object. When such a sentence is transformed into passive voice, the structure followed is- Had + been + V_2.

84. *(b)* The underlined part of the sentence contains an error. Use 'of the Mauryan Emperors' to correct the sentence.

85. *(d)* 'Concede' means to agree. Hence, its antonym is to 'deny'.

- **Surrender** means to give up.
- **Battle** means war.
- **Avow** means to promise.

86. *(a)* The incorrectly spelt word is 'rigteous'. The correct spelling is 'righteous'.

87. *(c)* The correct order is RQPS.
- The sentence formed will be 'One must exercise daily for a good body.'

88. *(a)* 'Bombastic' means high-sounding but with little meaning; inflated. Hence, its antonym is 'simple'.
- **Elevated** means to be set at a height.
- **Pastoral** means related to agricultural.

89. *(d)* The antonym of 'forgive' is 'loathe' which means to hate.

90. *(c)* 'Endurance' means the ability to keep doing something difficult, unpleasant or painful for a long time.
- Hence, it is the nearest synonym of 'patience' that can fill in the blank.

91. *(b)* The correct order is ACDB.
The sentence formed will be 'The Industrial Revolution denotes a significant period of social, economic and technological revolution that commenced in the latter part of the 18th century and continued until the middle of the 19th century.'

92. *(a)* Voyage is a journey by water or sea.
- **Rendezvous** means a meeting at an agreed time and place.
- **Verso** means a left-hand page of an open book or the back of a loose document.
- **Vespers** means a Christian evening prayer service that takes place in the late afternoon or evening.

93. *(c)* The antonym of 'shallow' is 'deep', which is the correct filler for the given blank.

94. *(c)* The bracketed part of the sentence contains an error.
- As the sentence is in past tense, 'didn't' should be used.

95. *(a)* Why wasn't her son brought by her to my house?
- The interrogative sentence is in past tense with the structure 'did'. When such a sentence is transformed into passive voice, the structure followed is- Was/were+ Object + V_2+ Subject.

96. *(d)* The correct filler for the given blank is 'tastes'.

97. *(a)* The correct filler for the given blank is 'company'.

98. *(d)* The correct filler for the given blank is 'frivolous'.

99. *(c)* The correct filler for the given blank is 'saints'.

100. *(b)* The correct filler for the given blank is 'character'.

सेट 33 25 सितम्बर, 2024 (तृतीय पाली)

SSC CGL Tier-I
सॉल्वड पेपर

निर्देश

1. इस सेट में कुल 100 प्रश्न हैं।
2. इस सेट में चार भाग हैं, भाग-I सामान्य बुद्धि एवं तर्कशक्ति, भाग-II सामान्य जागरुकता, भाग-III संख्यात्मक अभियोग्यता और भाग-IV अंग्रेजी भाषा।
3. प्रत्येक प्रश्न 2 अंक का है।

भाग I
सामान्य बुद्धि एवं तर्कशक्ति

1. एक निश्चित कूटभाषा में, 'CASE' को 'FTBD' लिखा जाता है और 'CAKE' को 'FLBD' लिखा जाता है। इसी कूटभाषा में 'CALF' को किस प्रकार लिखा जाएगा?

(a) GBMD
(b) GMBD
(c) GMDB
(d) GBDM

2. एक निश्चित तर्क का अनुसरण करते हुए 14, 42 से सम्बन्धित है। उसी तर्क का अनुसरण करते हुए, 26, 78 से सम्बन्धित है। उसी तर्क का अनुसरण करते हुए, 47 निम्नलिखित में से किससे सम्बन्धित है?

(**नोट** संख्याओं को उसके घटक अंकों में तोड़े बिना, पूर्ण संख्याओं पर संक्रियाएँ की जानी चाहिए। उदाहरण के लिए संख्या 13 को लें-13 पर संक्रियाएँ, जैसे कि 13 में जोड़ना/घटाना/गुणा करना आदि, की जा सकती हैं। 13 को 1 और 3 में तोड़ने और फिर 1 और 3 पर गणितीय संक्रियाएँ करने की अनुमति नहीं है)

(a) 135 (b) 137
(c) 143 (d) 141

3. दिए गए विकल्पों में से उस आकृति का चयन कीजिए, जो निम्नलिखित श्रृंखला में प्रश्नचिह्न (?) को प्रतिस्थापित कर सके।

प्रश्न आकृतियाँ

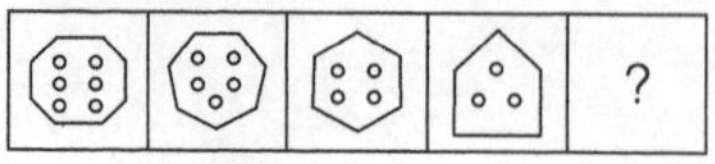

उत्तर आकृतियाँ

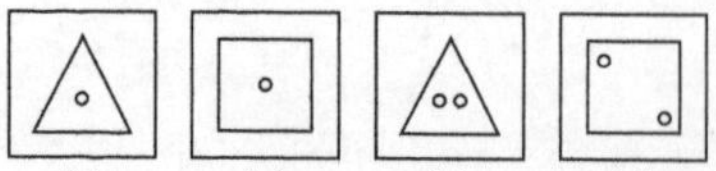

(a) (b) (c) (d)

4. यदि '÷' और '–' को आपस में बदल दिया जाए और '×' और '+' को आपस में बदल दिया जाए, तो निम्नलिखित समीकरण में प्रश्नचिह्न (?) के स्थान पर क्या आएगा?

$2 \times 16 \div 36 + 42 - 6 = ?$

(a) –234 (b) –216
(c) –246 (d) –280

5. जब दर्पण को नीचे दर्शाए गए अनुसार MN पर रखा जाता है, तो दी गई आकृति के सही दर्पण प्रतिबिम्ब का चयन कीजिए।

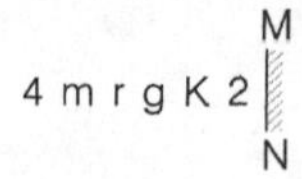

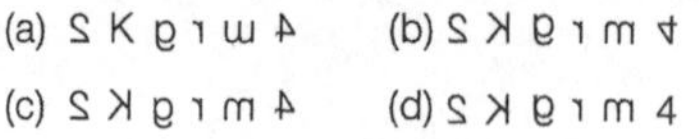

6. निम्नलिखित में से कौन-सी संख्याएँ दी गई श्रृंखला में प्रश्नचिह्न (?) का स्थान लेंगी?

88, 78, 70, 64, 60, ?, ?

(a) 56, 54 (b) 58, 58
(c) 56, 56 (d) 58, 56

7. उस विकल्प का चयन करें, जो उन अक्षरों को निरूपित करता है, जिन्हें नीचे दिए गए रिक्त स्थानों में बाएँ से दाएँ रखे जाने पर दी गई अक्षर-श्रृंखला पूरी हो जाएगी।

C A R E T _ R C A _ E T C R C A R _ T C R _ A R E T _ R C A

(a) CRCCE (b) CRCEC
(c) CRECC (d) CERCC

8. दी गई आकृति में कितने त्रिभुज हैं?

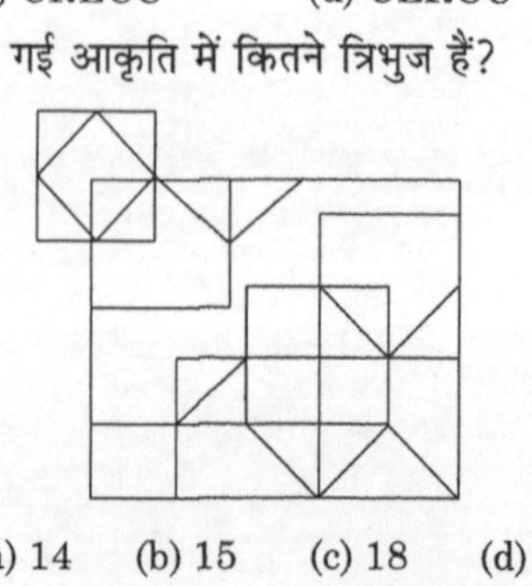

(a) 14 (b) 15 (c) 18 (d) 17

9. दिए गए विकल्पों में से उस आकृति का चयन कीजिए, जो निम्नलिखित श्रृंखला में प्रश्नचिह्न (?) को प्रतिस्थापित कर सकती है।

प्रश्न आकृतियाँ

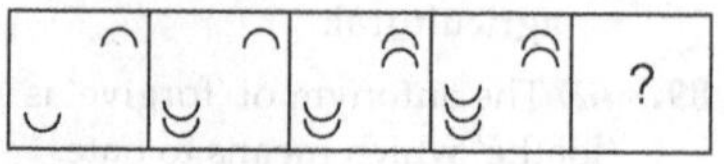

उत्तर आकृतियाँ

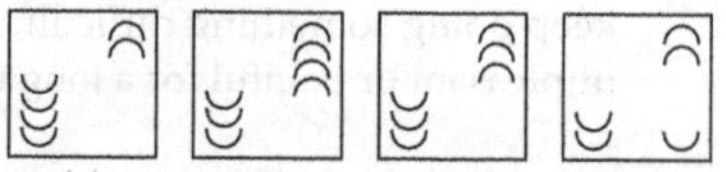

(a) (b) (c) (d)

10. दिए गए आरेख का ध्यानपूर्वक अध्ययन करें और निम्नलिखित प्रश्न का उत्तर दें। विभिन्न खण्डों में दी गई संख्याएँ अलग-अलग विषयों का अध्ययन करना पसन्द करने वाले छात्रों की संख्या को दर्शाती हैं।

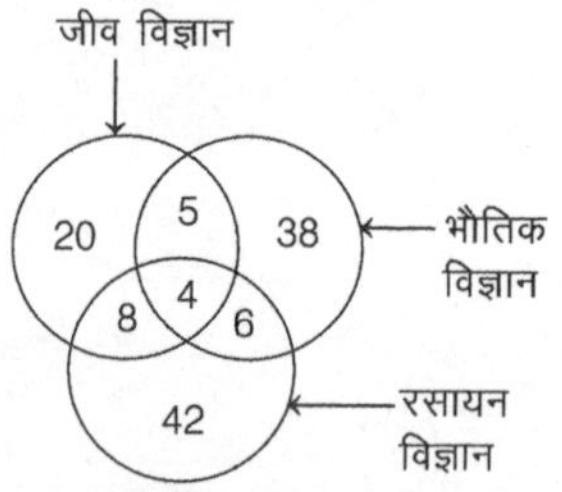

सभी तीनों विषयों का अध्ययन करना पसन्द करने वाले छात्रों की संख्या और केवल जीव विज्ञान का अध्ययन करना पसन्द करने वाले छात्रों की संख्या के बीच का अन्तर क्या है?

(a) 16 (b) 3 (c) 17 (d) 19

11. एक कागज को नीचे दिए गए चित्र के अनुसार मोड़ा और काटा जाता है। यह कागज खोलने पर कैसा दिखाई देगा?

प्रश्न आकृतियाँ

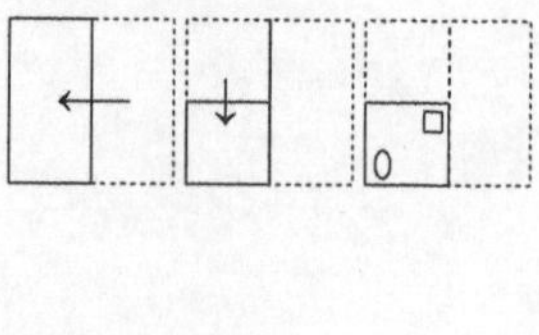

उत्तर आकृतियाँ

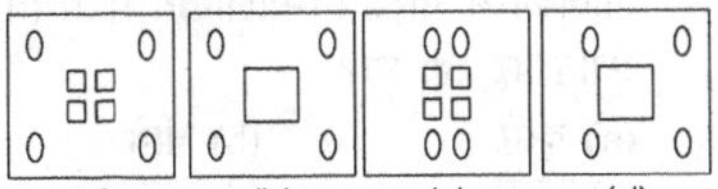

(a) (b) (c) (d)

12. एक निश्चित कूटभाषा में,
A + B का अर्थ है 'A, B का पति है',
A − B का अर्थ है 'B, A की माता है',
A × B का अर्थ है 'B, A की बहन है' और
A ÷ B का अर्थ है 'A, B की पुत्री है'। उपरोक्त के आधार पर, यदि 'P + Q × R − S ÷ T' है, तो Q, T से किस प्रकार सम्बन्धित है?

(a) नानी (b) बहन
(c) दामाद (d) नातिन

13. निम्नलिखित में से कौन-सा पद दी गई शृंखला में प्रश्नचिह्न (?) को प्रतिस्थापित करेगा?
AEYT, CGWR, EIUP, ? , IMQL

(a) GLSN (b) GLTN
(c) GKTN (d) GKSN

14. दर्पण को MN पर रखे जाने पर दी गई आकृति के सही दर्पण प्रतिबिम्ब का चयन कीजिए।

प्रश्न आकृति

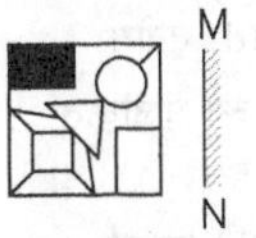

उत्तर आकृतियाँ

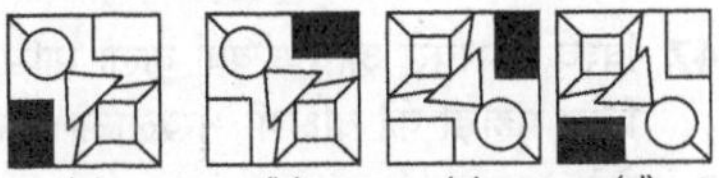

(a) (b) (c) (d)

15. दिए गए आरेख का ध्यानपूर्वक अध्ययन कीजिए और नीचे दिए गए प्रश्न का उत्तर दीजिए। विभिन्न वर्गों वाली संख्याएँ परिवहन के विभिन्न साधनों से यात्रा करने वाले व्यक्तियों की संख्या को दर्शाती हैं।

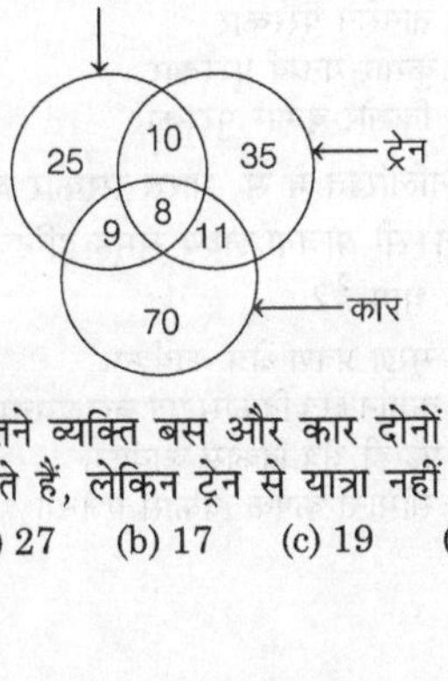

कितने व्यक्ति बस और कार दोनों से यात्रा करते हैं, लेकिन ट्रेन से यात्रा नहीं करते?

(a) 27 (b) 17 (c) 19 (d) 9

16. चार अक्षर-समूह दिए गए हैं, जिनमें से तीन किसी-न-किसी रूप में एक जैसे हैं और एक भिन्न है। उस अक्षर-समूह का चयन करें, जो भिन्न हो।
नोट अक्षर समूह में, भिन्न व्यंजनों/स्वरों की संख्या या उनकी स्थिति पर आधारित नहीं है।

(a) PJR (b) UOW
(c) LFN (d) IAK

17. दिए गए संख्या युग्मों में से एक को छोड़कर अन्य सभी में समान संक्रिया/संक्रियाओं का अनुसरण किया गया है। वह असंगत संख्या युग्म ज्ञात कीजिए।
(**नोट** संख्याओं को उसके संघटक अंकों में खण्डित किए बिना संक्रियाएँ पूर्णांकों पर की जानी चाहिए। उदाहरण के लिए 13-13 पर की जाने वाली संक्रियाएँ जैसे जोड़ना/घटाना/गुणा इत्यादि 13 पर ही की जानी चाहिए। 13 को 1 और 3 में खण्डित करना और फिर 1 और 3 पर गणितीय संक्रियाएँ करना वर्जित है।)

(a) 12 : 152 (b) 13 : 169
(c) 15 : 195 (d) 11 : 143

18. 9, 2, 5, 3, 8 और 6 फलकों वाले एक ही पासे की दो अलग-अलग स्थितियाँ नीचे दिखाई गई हैं। उस संख्या का चयन कीजिए, जो 2 संख्या वाले फलक के विपरीत फलक पर होगी।

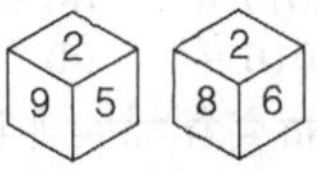

(a) 5 (b) 3
(c) 9 (d) 6

19. यदि शब्द 'DOWNSIZE' के प्रत्येक अक्षर को अंग्रेजी वर्णमाला के क्रम में बाएँ से दाएँ पुनर्व्यवस्थित किया जाए, तो कितने अक्षरों की स्थिति अपरिवर्तित रहेगी ?

(a) एक (b) तीन
(c) दो (d) चार

20. 'पालतू', 'जंगली' से उसी प्रकार सम्बन्धित है, जिस प्रकार 'निकटवर्ती' '........' से सम्बन्धित है।
(**नोट** शब्दों को सार्थक हिन्दी शब्द माना जाना चाहिए और शब्दों को अक्षरों की संख्या/व्यंजनों/स्वरों की संख्या के आधार पर एक-दूसरे से सम्बन्धित नहीं किया जाना चाहिए।)

(a) समीपवर्ती (b) मिलनसार
(c) नजदीक (d) सुदूरवर्ती

21. उस विकल्प का चयन करें, जो पाँचवीं संख्या से उसी प्रकार सम्बन्धित है, जिस प्रकार दूसरी संख्या, पहली संख्या से सम्बन्धित है और चौथी संख्या, तीसरी संख्या से सम्बन्धित है।
45 : 56 :: 62 : 73 :: 19 : ?
(**नोट** संख्याओं को उनके घटक अंकों में विभक्त किए बिना पूर्ण संख्याओं पर संक्रियाएँ की जानी चाहिए। उदाहरण के लिए 13 को लें- 13 पर संक्रियाएँ, जैसे कि जोड़ना/घटाना/गुणा आदि 13 में की जा सकती हैं। 13 को 1 और 3 में विभक्त करना और फिर 1 और 3 पर गणितीय संक्रियाएँ करने की अनुमति नहीं है।)

(a) 28 (b) 31
(c) 27 (d) 30

22. अंग्रेजी वर्णमाला-क्रम के आधार पर 'LISP' एक निश्चित तरीके से 'ORHK' से सम्बन्धित है। उसी तरह 'WAND' का सम्बन्ध 'DZMW' से है। उसी तर्क के अनुसार 'BOTE' का सम्बन्ध निम्नलिखित में से किससे है?

(a) YMHV (b) YKFU
(c) YLGV (d) YKFW

23. यदि निम्नलिखित समीकरण में '+' और '−' को आपस में बदल दिया जाए और '×' और '÷' को आपस में बदल दिया जाए, तो प्रश्नचिह्न (?) के स्थान पर कौन-सी संख्या आएगी?

$61 - 42 \times 6 \div 9 + 27 = ?$

(a) 84 (b) 89
(c) 97 (d) 101

24. एक निश्चित तर्क का अनुसरण करते हुए 19, 76 से सम्बन्धित है। उसी तर्क का अनुसरण करते हुए, 27, 108 से सम्बन्धित है। उसी तर्क का अनुसरण करते हुए, 49 निम्नलिखित में से किससे सम्बन्धित है?
(**नोट** संख्याओं को उनके घटक अंकों में तोड़े बिना, पूर्ण संख्याओं पर संक्रियाएँ की जानी चाहिए। उदाहरण के लिए संख्या 13 को लें - 13 पर संक्रियाएँ, जैसे कि 13 में जोड़ना/घटाना/गुणा करना आदि, की जा सकती हैं। 13 को 1 और 3 में तोड़ने और फिर 1 और 3 पर गणितीय संक्रियाएँ करने की अनुमति नहीं है)

(a) 202 (b) 196
(c) 190 (d) 198

25. एक निश्चित कूटभाषा में, 'BREAK' को '57123' के रूप में कूटबद्ध किया जाता है और 'BROKE' को '91753' के रूप में कूटबद्ध किया जाता है। उसी भाषा में 'A' के लिए क्या कूट होगा?

(a) 9 (b) 5 (c) 2 (d) 3

भाग II

सामान्य जागरुकता

26. निम्नलिखित में से किस शोधकर्ता ने केन्द्रक के चारों ओर घनी रंजित जालीदार संरचनाओं को देखा (संकेत: आकृति)?

(a) विलियम हार्वे (b) कैमिलो गॉल्जी
(c) फ्रांसिस क्रिक (d) लुई पाश्चर

27. 2 नवम्बर, 2021 में सरकार ने 15 नवम्बर को जनजातीय गौरव दिवस के रूप में घोषित किया। यह दिन निम्नलिखित में से किस स्वतन्त्रता सेनानी की जयन्ती है?
(a) बिरसा मुण्डा (b) वीर नारायण सिंह
(c) कान्हू मुर्मू (d) अर्जुन मुण्डा

28. शिलालेखों के अनुसार, पुष्यमित्र शुंग निम्नलिखित में से किस देवता के भक्त थे?
(a) इन्द्र (b) शिव
(c) कृष्ण (d) राम

29. होला मोहल्ला किस धर्म/आस्था से जुड़ा त्योहार है?
(a) जैन धर्म (b) बौद्ध धर्म
(c) इस्लाम (d) सिख धर्म

30. निम्नलिखित में से किस संवैधानिक संशोधन अधिनियम के कारण वस्तु एवं सेवा कर परिषद् (Goods and Services Tax Council) का गठन हुआ?
(a) 100वाँ संविधान संशोधन अधिनियम
(b) 103वाँ संविधान संशोधन अधिनियम
(c) 101वाँ संविधान संशोधन अधिनियम
(d) 102वाँ संविधान संशोधन अधिनियम

31. निम्नलिखित में से किन राजवंशों के बीच कन्नौज पर शासन करने के लिए त्रिपक्षीय संघर्ष हुआ था?
(a) खिलजी, तुग़लक और लोदी
(b) पल्लव, पाण्ड्य और चोल
(c) प्रतिहार, राष्ट्रकूट और पाल
(d) सोलंकी, परमार और चन्देल

32. आय के चक्रीय प्रवाह के सम्बन्ध में निम्नलिखित में से कौन-सा सही नहीं है?
(a) वास्तविक प्रवाह और मौद्रिक प्रवाह विपरीत दिशा में चक्रीय गति करते हैं
(b) बचत के साथ-साथ सरकारी व्यय चक्रीय प्रवाह में अन्त:क्षेपण (injections) हैं
(c) एक क्षेत्र की आय दूसरे की व्यय बन जाती है
(d) एक चक्रीय प्रवाह में क्षरण अन्त:क्षेपण (injections) के बराबर होते हैं

33. कृषि में हरित क्रान्ति की उपलब्धि का जश्न मनाने के लिए सरकार ने क्या कदम उठाए?
(a) सभी लोगों को नि:शुल्क भोजन वितरित किया गया
(b) एक विशेष डाक टिकट 'गेहूँ क्रान्ति' जारी किया गया
(c) लोगों को हरी सब्जियाँ वितरित की गई
(d) किसानों के लिए नियमित वेतन जारी किया गया

34. कौन-सा कोयला निम्न कोटि का भूरा और प्रचुर आर्द्रता के साथ मृदु होता है?
(a) लिग्नाइट (b) एन्थ्रेसाइट
(c) धातुकर्म (d) बिटुमिनस

35. भारत में पहली सफल कपड़ा मिल कहाँ स्थापित की गई थी?
(a) सूरत (b) कलकत्ता
(c) जयपुर (d) मुम्बई

36. भारतीय संविधान के निम्नलिखित में से किस अनुच्छेद में उल्लेख किया गया है कि राज्य, विशेष रूप से, अपनी नीति को यह सुनिश्चित करने के लिए निर्देशित करेगा कि समुदाय के भौतिक संसाधनों का स्वामित्व और नियन्त्रण इस प्रकार वितरित किया जाए कि यह सामान्य भलाई के लिए सबसे अच्छा हो?
(a) अनुच्छेद 39(b) (b) अनुच्छेद 39(d)
(c) अनुच्छेद 39(a) (d) अनुच्छेद 39(c)

37. उजाला योजना किस वर्ष शुरू की गई थी?
(a) वर्ष 2017 में (b) वर्ष 2015 में
(c) वर्ष 2016 में (d) वर्ष 2014 में

38. निम्नलिखित में से कौन-सी गैस टाइटेनियम, एल्युमीनियम, स्टेनलेस स्टील और मैग्नीशियम की वेल्डिंग में महत्त्वपूर्ण भूमिका निभाती है?
(a) ऑर्गन (b) फ्लोरीन
(c) नियॉन (d) क्लोरीन

39. अर्जुन सिंह धुर्वे को निम्नलिखित में से किस आदिवासी संगीत और नृत्य विधा के लिए तुलसी सम्मान से सम्मानित किया गया था?
(a) मर्दाना (b) बैगा
(c) झुमटा (d) पवारा

40. ब्लू लाइन (Blue Line) शब्द निम्नलिखित में से किस खेल से सम्बन्धित है?
(a) क्रिकेट (b) फुटबॉल
(c) टेबल टेनिस (d) आइस हॉकी

41. पठानों के बीच एक अहिंसात्मक आन्दोलन खुदाई खिदमतगार की शुरुआत .... के द्वारा की गई थी।
(a) खान अब्दुल ग़फ़्फ़ार खान
(b) अल्लूरी सीताराम राजू
(c) सचिन्द्र बख्शी (d) बख्त खान

42. राष्ट्रमण्डल खेल 2022 में समग्र पदक तालिका में भारत निम्नलिखित में से किस स्थान पर रहा था?
(a) दूसरे (b) चौथे
(c) तीसरे (d) पहले

43. सिरका, मसालेदार सब्जियों और सॉस में मिलाए जाने वाले खट्टे कारक के रूप में और सीज़निंग के लिए कच्चे माल के रूप में किस अम्ल का उपयोग किया जाता है?
(a) एसीटिक अम्ल (b) फॉर्मिक अम्ल
(c) साइट्रिक अम्ल (d) टार्टरिक अम्ल

44. निम्नलिखित में से किस अधिनियम ने सरकार को राजनीति की गतिविधियों को दबाने की अपार शक्तियाँ दी और राजनीतिक कैदियों को बिना मुकदमे के दो वर्ष तक हिरासत में रखने की अनुमति दी?
(a) भारतीय दासता अधिनियम, 1843
(b) आपराधिक जनजाति अधिनियम, 1871
(c) भारत अनुबन्ध अधिनियम, 1872
(d) रॉलेट एक्ट, 1919

45. अभिक्रिया का वह प्रकार, जो आमतौर पर तब पाया जाता है, जब अभिक्रिया के आगे बढ़ने के लिए आवश्यक सामग्री, जैसे सतह या उत्प्रेरक, अभिकारकों द्वारा सन्तृप्त होता है, ... कोटि की अभिक्रिया कहलाता है।
(a) शून्य (b) द्वितीय
(c) प्रथम (d) तृतीय

46. संगीत नाटक अकादमी का पंजीकृत कार्यालय कहाँ है?
(a) कोलकाता (b) मुम्बई
(c) नई दिल्ली (d) चेन्नई

47. विश्व में सबसे अधिक वर्षा वाला मासिनराम, किस पहाड़ी की दक्षिणी श्रृंखलाओं में स्थित है?
(a) शेवरॉय (b) मिज़ो
(c) नागा (d) खासी

48. मध्य प्रदेश सरकार द्वारा वर्ष 1980 में हिन्दुस्तानी शास्त्रीय संगीत के प्रतिपादकों के लिए कौन-सा पुरस्कार शुरू किया गया था?
(a) इक़बाल पुरस्कार
(b) तानसेन पुरस्कार
(c) कुमार गन्धर्व पुरस्कार
(d) किशोर कुमार पुरस्कार

49. निम्नलिखित में से, भारत सरकार की कौन-सी योजना लक्ष्य समूह दृष्टिकोण का एक भाग है?
(a) सूखा प्रवण क्षेत्र कार्यक्रम
(b) कमान क्षेत्र विकास एवं जल प्रबन्धन कार्यक्रम
(c) पहाड़ी क्षेत्र विकास कार्यक्रम
(d) सीमान्त कृषक विकास एजेन्सी

50. वर्ष 1924 के पेरिस ग्रीष्मकालीन ओलम्पिक में भारत का प्रतिनिधित्व करने के लिए कितने एथलीटों का चयन किया गया था?
(a) 10 (b) 11
(c) 8 (d) 12

भाग III
संख्यात्मक अभियोग्यता

51. 15%, 20% और 5% की क्रमिक छूट के तुल्य एकल छूट क्या है?
(a) 20% (b) 35.4%
(c) 32.5% (d) 32%

52. 30 छात्रों वाली एक कक्षा के सभी छात्रों ने एक टेस्ट दिया। 12 छात्रों का औसत स्कोर 60 है और शेष छात्रों का औसत स्कोर 80 है। कक्षा का औसत स्कोर ज्ञात करें।
(a) 73 (b) 72
(c) 70 (d) 71

53.

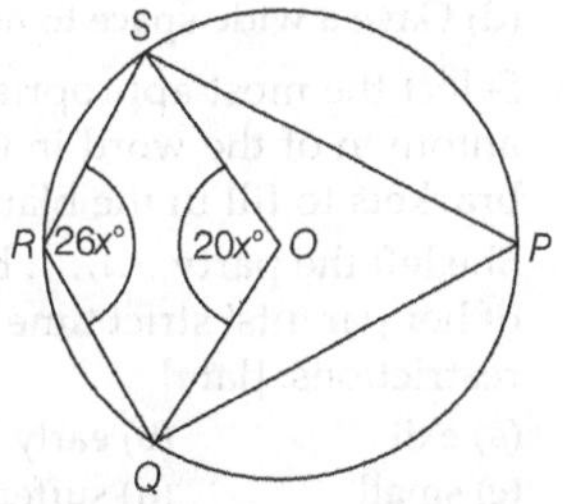

ऊपर दर्शाए गए चित्र में चतुर्भुज $PQRS$ के शीर्ष O केन्द्र वाले वृत्त की परिधि पर स्थित है। यदि $m\angle QOS = 20x°$ और $m\angle QRS = 26x°$ हैं, तो 'x' का मान क्या है?
(a) 3 (b) 4 (c) 6 (d) 5

54. 'x', 'y' के घन के अनुक्रमानुपाती और 'z' के वर्ग के व्युत्क्रमानुपाती है। यदि $y = 2$ और $z = 3$ होने पर $x = \frac{1}{36}$ है, तो $y = 3$ और $z = 5$ होने पर $800x$ का मान क्या होगा?
(a) $\frac{9}{800}$ (b) 9 (c) $\frac{800}{9}$ (d) 27

55. 14 सेमी त्रिज्या का एक कुआँ 23 सेमी गहरा खोदा जाता है। इसमें से निकाली गई मिट्टी का आयतन ज्ञात कीजिए।
(a) 14178 सेमी^{3} (b) 15168 सेमी^{3}
(c) 14168 सेमी^{3} (d) 14108 सेमी^{3}

56. एक वृत्त की परिधि और व्यास का अनुपात 3 : 5 है। यदि परिधि 6 सेमी है, तो वृत्त की त्रिज्या ज्ञात कीजिए।
(a) 10 सेमी (b) 1.8 सेमी
(c) 5 सेमी (d) 15 सेमी

57. $3\sin 15° - 4\sin^3 15°$ का मान ज्ञात कीजिए।
(a) $\frac{1}{\sqrt{2}}$ (b) 2 (c) $\sqrt{2}$ (d) $\frac{1}{2}$

58. एक कम्पनी द्वारा तीन वर्षों की अवधि में निर्मित दो प्रकार की साइकिलों B_1 और B_2 की बिक्री (₹ लाख में) नीचे दी गई तालिका में दिखाई गई है।

वर्ष	B_1	B_2
2004	195	284
2005	230	300
2006	250	416

वर्ष 2004 से 2006 तक, साइकिल B_1 की कुल बिक्री का और साइकिल B_2 की कुल बिक्री का अनुपात क्या है?
(a) 40 : 27 (b) 27 : 40
(c) 9 : 10 (d) 10 : 9

59. यदि $a^2 + b^2 = 148$ और $ab = 54$ हैं, तो $\frac{a+b}{a-b}$ का मान ज्ञात कीजिए।
(a) $\frac{2}{\sqrt{10}}$ (b) $8\sqrt{7}$
(c) $5\sqrt{3}$ (d) $\frac{8}{\sqrt{10}}$

60. तीन दिनों में दो प्रिण्टर P_1 और P_2 द्वारा मुद्रित पृष्ठों की संख्या निम्नलिखित तालिका में दी गई है। तालिका का ध्यानपूर्वक अध्ययन कीजिए और नीचे दिए गए प्रश्न का उत्तर दीजिए।

दिन/प्रिण्टर	P_1	P_2
सोमवार	200	250
मंगलवार	150	300
बुधवार	225	210

इन तीन दिनों के दौरान दोनों प्रिण्टरों द्वारा मुद्रित पृष्ठों की कुल संख्या के बीच कितना अन्तर है?
(a) 180 (b) 175
(c) 170 (d) 185

61. यदि $x^2 + 1 = x$ है, तो $(x^{14} + x^8 + 1)$ का मान क्या है?
(a) 0 (b) 3
(c) 2 (d) 1

62. प्रणव ने 13% वार्षिक साधारण ब्याज की दर से ₹ 335180 की राशि उधार ली। प्रथम वर्ष की समाप्ति पर, वह उधार ली गई मूल राशि की वापसी के लिए ₹ 23060 चुकाता है। यदि प्रणव दूसरे वर्ष की समाप्ति पर सभी लंबित बकाया राशि का भुगतान करता है, जिसमें प्रथम वर्ष के दौरान अर्जित ब्याज भुगतान भी शामिल है, तो वह दूसरे वर्ष की समाप्ति पर कितना भुगतान (₹ में) करेगा?
(a) 396269 (b) 393949
(c) 388076 (d) 398876

63. ΔPQR में, S और T क्रमश: भुजाओं PQ और PR के मध्य बिन्दु हैं। भुजा QR की लम्बाई 12 सेमी है। यदि ST, QR के समान्तर हो, तो ST की लम्बाई (सेमी में) ज्ञात कीजिए।
(a) 10 (b) 8
(c) 4 (d) 6

64. एक नल एक टंकी को 10 मिनट में भर सकता है और दूसरा नल इसे 12 मिनट में खाली कर सकता है। यदि दोनों नल खुले हैं, तो टंकी भरने में लगने वाला समय (घण्टों में) कितना होगा?
(a) 1.5 घण्टे (b) 1 घण्टा
(c) 2 घण्टे (d) 2.5 घण्टे

65. निम्नलिखित में से कौन-सी संख्या 6 से विभाज्य है?
(a) 128530 (b) 438750
(c) 12581 (d) 62233

66. यदि $\sec\theta + \tan\theta = x$ है, तो $\sin\theta$ का मान ज्ञात कीजिए।
(a) $\frac{x^2+1}{1-x^2}$ (b) $\frac{x^2-1}{1+x^2}$
(c) $\frac{1-x^2}{1+x^2}$ (d) $\frac{x^2-1}{1+2x^2}$

67. वर्ष 2021 में रमेश की मासिक आय ₹ 18600 थी और उसका मासिक खर्च ₹ 12400 था। वर्ष 2022 में उसकी आय 15% और खर्च 8% बढ़ गया। उसकी बचत में प्रतिशत वृद्धि की गणना करें।
(a) 27% (b) 29%
(c) 32% (d) 25%

68. अदिति अपने स्कूटर को ₹ 40620 में बेचकर, विक्रय मूल्य के $\frac{1}{5}$ भाग के बराबर लाभ अर्जित करती है। उसका लाभ प्रतिशत ज्ञात कीजिए।
(a) 10% (b) 20%
(c) 25% (d) 35%

69. दिए गए दण्ड-आलेख का अध्ययन कीजिए और नीचे दिए गए प्रश्न का उत्तर दीजिए।
दण्ड-आलेख दो क्रमिक वर्षों 2000 और 2001 के दौरान एक प्रकाशन कम्पनी की छ: शाखाओं (B_1, B_2, B_3, B_4, B_5 और B_6) से पुस्तकों की बिक्री (हजार में) दर्शाता है।

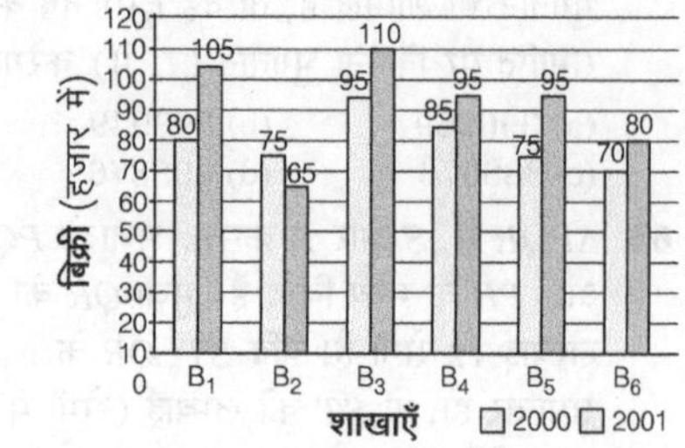

2000 में शाखाओं B_1, B_3 और B_6 की औसत बिक्री, 2001 में शाखाओं B_1, B_2 और B_3 की औसत बिक्री का कितने प्रतिशत है?

(a) 65.25% (b) 80.25%
(c) 87.5% (d) 78.5%

70. $\left(\frac{5}{\sqrt{3}} - \text{cosec } 60°\right)$ का मान कितना होगा?

(a) $3\sqrt{3}$ (b) $\sqrt{3}$
(c) $\frac{1}{\sqrt{3}}$ (d) $\frac{2}{\sqrt{3}}$

71. सिंडी ने 15 सेब और 12 सन्तरे खरीदे और इस खरीद के लिए ₹ 447 का भुगतान किया। नीचे दिए गए कथनों में से कौन-सा कथन, पिछले कथन में दी गई जानकारी से परस्पर विरोधी है, जिससे दोनों फलों की कोई सम्भावित कीमत नहीं हो सकती है?

(a) 10 सेब और 13 सन्तरे खरीदे और ₹ 353 का भुगतान किया
(b) 12 सेब और 8 सन्तरे खरीदे और ₹ 340 का भुगतान किया
(c) 25 सेब और 20 सन्तरे खरीदे और ₹ 745 का भुगतान किया
(d) 35 सेब और 28 सन्तरे खरीदे और ₹ 1029 का भुगतान किया

72. नीचे दी गई सारणी वर्ष 2016 से 2020 के दौरान तीन कम्पनियों द्वारा उत्पादित शीतल पेय की 1 लीटर की बोतलों की संख्या को दर्शाती है। दी गई जानकारी का ध्यानपूर्वक अध्ययन कीजिए और नीचे दिए गए प्रश्न का उत्तर दीजिए।

वर्ष	A (लाख में)	B (लाख में)	C (लाख में)
2016	38000	43000	51000
2017	41000	52000	57000
2018	53000	65000	63000
2019	30000	35000	32000
2020	20000	25000	28000

2016 से 2018 के दौरान A और C के औसत उत्पादन (लाख में) में कितना अन्तर है?

(a) 7800 (b) 9500
(c) 14000 (d) 13000

73. समीकरण $9 \times N$ का $4 \div 4 - 15 \times 4 = 12$ में N का मान क्या है?

(a) 0 (b) 12
(c) 9 (d) 8

74. सीमा 3 चक्कर प्रति घण्टे की दर से एक वृत्ताकार मैदान के चारों ओर घूमती है, जबकि प्रिया 8 चक्कर प्रति घण्टे की दर से इसी मैदान के चारों ओर दौड़ती है। वे दोनों 11:54 pm बजे एक ही स्थान से एक ही दिशा में बढ़ना शुरू करती हैं। वे दोनों पहली बार एक-दूसरे को कितने बजे पार करेंगी?

(a) 11:59 pm (b) 12:00 am
(c) 12:06 am (d) 12:06 pm

75. केन्द्र O वाले एक वृत्त पर बिन्दु T से, बिन्दु P तक एक स्पर्श रेखा TP खींची जाती है। एक छेदक रेखा TQR (बिन्दु Q, बिन्दु T के समीप है) बिन्दु T से खींची जाती है। बिन्दुओं P, Q और R को स्पर्श करते हुए वृत्त के अन्दर एक ΔPQR बनाया गया है। रेखाएँ OQ और OR खींचिए। यदि $\angle PTQ = 27°$ है, और $\angle TPQ = 55°$ है, तो $\angle ROQ$ का (डिग्री में) माप क्या है?

(a) 86° (b) 82°
(c) 94° (d) 98°

भाग IV
अंग्रेजी भाषा

76. Select the most appropriate homophone to fill in the blank.
Ruby gave her mother a hug and offered to knead the..... .

(a) flora (b) flavour
(c) floor (d) flour

77. Select the most appropriate option to substitute the underlined segment in the given sentence.
The line, <u>Round the rugged rocks the ragged rascal ran</u> uses the repetition of usually initial consonant sounds in two or more neighbouring words or syllables .

(a) alliteration (b) epithet
(c) simile (d) allegory

78. Select the most appropriate option to fill in the blank.
The mother couldn't .... such an insult from her son in front of the others.

(a) bier (b) bare
(c) beer (d) bear

79. Parts of the following sentence have been given as options. Select the option that contains an error.
While I was walking to the store, my friend calls me and ask for a favour.

(a) While I was walking
(b) my friend calls me and ask
(c) to the store
(d) for a favour.

80. Select the correct idiom to substitute the underlined segment in the following sentence.
Due to her impoverished state, most of her relatives <u>treated her with contempt</u>.

(a) Came in handy
(b) Turned up their nose at her
(c) Turned the corner at her
(d) Gave a wide space to her

81. Select the most appropriate antonym of the word in the brackets to fill in the blank.
She left the party .... because of her parents' strict time restrictions. [late]

(a) exit (b) early
(c) small (d) suffer

82. Select the option that can be used as a one-word substitute for the underlined group of words.
The soldier struck the enemy with the <u>short sword fixed onto the end of the gun</u>.

(a) Baron (b) Bayonet
(c) Bigot (d) Baton

83. Select the most appropriate option to substitute the underlined word segment in the given sentence.
I picked up my little clock and it began to <u>dance gracefully</u>.

(a) move gradually
(b) lift smoothly
(c) chimes prettily
(d) work agreeably

84. Select the option that expresses the given sentence in passive voice.
We should clean the house regularly.

(a) The house should have been cleaned regularly by us.

(b) The house should be being cleaned regularly by us.
(c) The house should be cleaned regularly by us.
(d) The house should be clean regularly by us.

85. Parts of a sentence are given below in jumbled order. Select the option that arranges the parts in the correct sequence to form a meaningful sentence.
(P) hard work and perseverance
(Q) no matter how difficult
(O) lead to success
(R) the journey may seem
(a) POQR (b) ORQP
(c) RPQO (d) RPOQ

86. Sentences of a paragraph are given below in jumbled order. Select the option that arranges the sentences in the correct order to form a meaningful and coherent paragraph.
A. Summative assessment is the assignment of the student's performance at the end of the academic term.
B. This new pattern ensures that besides just textbook teaching and learning, effective child-teacher interaction is encouraged.
C. The CBSE envisages two types of examinations, Formative and Summative.
D. Formative assessment is a part of the teaching-learning process and is done through conversation, quizzes, interviews, projects, assignments, etc.
(a) B, C, A, D (b) D, A, C, B
(c) A, B, C, D (d) C, D, A, B

87. Select the most appropriate synonym of the word in bold.
The choice was **judicious** as further events proved.
(a) prudent (b) silly
(c) hasty (d) ridiculous

88. Select the most appropriate option to substitute the underlined segment in the given sentence.
The <u>betrayer of the country</u> was at last unmasked.
(a) traitor (b) truant
(c) transgressor (d) theist

89. Select the most appropriate meaning of the given idiom.
Let the dust settle
(a) To make use of a situation
(b) Wait for the other person to make a move
(c) To make a space tidy
(d) To wait for a situation to become clear or certain

90. Select the option that substitutes the incorrectly spelt word in the given sentence.
In any time of crisis, there is always one mument that stands out from all the others.
(a) mumunt (b) mumont
(c) momont (d) moment

91. Select the most appropriate synonym for the underlined word in the given sentence.
It was his <u>decency</u> that he employed him.
(a) Rudeness (b) Deception
(c) Courtesy (d) Perversion

92. The following sentence has been divided into four segments. Identify the segment that contains a grammatical error.
Please go and meet the chairperson. / She will be / away for the / few next days.
(a) She will be
(b) away for the
(c) few next days
(d) Please go and meet the chairperson

93. Select the option that expresses the given sentence in active voice.
His father's arm was bandaged by the kind nurse.
(a) The kind nurse has bandaged his father's arm.
(b) The kind nurse had bandaged his father's arm.
(c) The kind nurse bandages his father's arm.
(d) The kind nurse bandaged his father's arm.

94. Read the sentence carefully and select the antonym of the underlined word from the given options.
I heard his suggestion, but I am quite <u>unsure</u> about the risks involved in it.
(a) Thoughtful (b) Interested
(c) Certain (d) Doubtful

95. Select the sentence that contains a spelling error.
(a) Fermented apple juice is touted to have many health benefits though most are anecdotal and not supported by scientific facts.
(b) Intriguing as it is, the house was never sold because it was thought to be haunted.
(c) It is important for scientists to acknowledge their humanity and the implications of their inventions.
(d) There are many believes about ancient artefacts that some of them are patently not true.

Directions (Q. Nos. 96-100) *In the following passage, some words have been deleted. Read the passage carefully and select the most appropriate option to fill in each blank.*

The rise in global temperature ....(1)......... already occurred is leading to extreme weather events that bring ....(2)......... heat waves and droughts, devastating floods and increasingly powerful hurricanes and tropical storms. The combination of these factors methe impact on human health is increasing and is ....(3)......... accelerate. But there is room for hope, particularly if governments take action now to ....(4)......... the pledges made at Glasgow in November 2021 and to go further in resolving the climate crisis. Who is ....(5)......... governments to lead a just, equitable, and fast phase out of fossil fuels and transition to a clean energy future.

96. Select the most appropriate option to fill in blank number 1.
(a) which had (b) that is
(c) which have (d) that has

97. Select the most appropriate option to fill in blank number 2.
(a) intense (b) mild
(c) maximise (d) minor

98. Select the most appropriate option to fill in blank number 3.
(a) rarely to (b) likely to
(c) barely to (d) hardly to

99. Select the most appropriate option to fill in blank number 4.
(a) honour (b) take
(c) watch (d) keep

100. Select the most appropriate option to fill in blank number 5.
(a) calling at
(b) calling on
(c) calling for
(d) calling from

उत्तरमाला

1. (b)	2. (d)	3. (d)	4. (a)
5. (c)	6. (b)	7. (c)	8. (d)
9. (c)	10. (a)	11. (a)	12. (d)
13. (d)	14. (b)	15. (d)	16. (d)
17. (a)	18. (b)	19. (c)	20. (d)
21. (d)	22. (c)	23. (c)	24. (b)
25. (c)	26. (b)	27. (a)	28. (c)
29. (d)	30. (c)	31. (c)	32. (b)
33. (b)	34. (a)	35. (d)	36. (a)
37. (b)	38. (a)	39. (b)	40. (d)
41. (a)	42. (b)	43. (a)	44. (d)
45. (a)	46. (c)	47. (d)	48. (b)
49. (d)	50. (c)	51. (b)	52. (b)
53. (d)	54. (d)	55. (c)	56. (c)
57. (a)	58. (b)	59. (d)	60. (d)
61. (b)	62. (a)	63. (d)	64. (b)
65. (b)	66. (c)	67. (b)	68. (c)
69. (c)	70. (b)	71. (c)	72. (d)
73. (d)	74. (c)	75. (a)	76. (d)
77. (a)	78. (d)	79. (b)	80. (b)
81. (b)	82. (b)	83. (c)	84. (c)
85. (a)	86. (d)	87. (a)	88. (a)
89. (d)	90. (d)	91. (c)	92. (c)
93. (d)	94. (c)	95. (d)	96. (d)
97. (a)	98. (b)	99. (a)	100. (b)

व्याख्या

1. *(b)* जिस प्रकार,

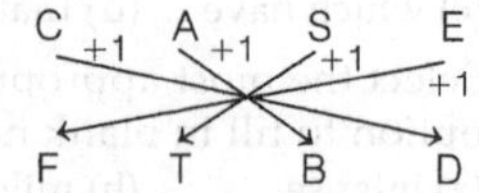

तथा

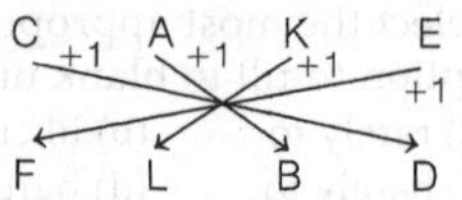

उसी प्रकार,

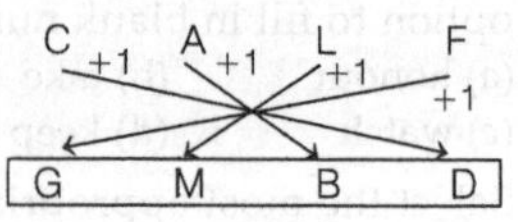

2. *(d)* जिस प्रकार, (14, 42) ⇒ $14 \times 3 = 42$

तथा (26, 78) ⇒ $26 \times 3 = 78$

उसी प्रकार, (47, ?) ⇒ $47 \times 3 = \boxed{141}$

3. *(d)* दी गई आकृति शृंखला की प्रत्येक अगली आकृति में क्रमशः एक भुजा की कमी हो रही है और आकृति क्रमशः आठ, सात, छः तथा पाँच भुजाओं वाली हैं। इसके अतिरिक्त प्रत्येक आकृति के अन्दर कुछ वृत्त है, जिनकी संख्या में, प्रत्येक अगली आकृति में क्रमशः एक वृत्त की कमी हो रही है। अतः विकल्प आकृति (d) इस आकृति शृंखला को पूर्ण करेगी।

4. *(a)* दिया है, $2 \times 16 \div 36 + 42 - 6 = ?$

प्रश्नानुसार, चिह्नों को परस्पर बदलने पर,

$$2 + 16 - 36 \times 42 \div 6$$
$$= 2 + 16 - 36 \times 7$$
$$= 2 + 16 - 252$$
$$= 18 - 252 = -234$$

5. *(c)* दी गई प्रश्न आकृति का सही दर्पण प्रतिबिम्ब विकल्प आकृति (c) के समान दिखाई देगा।

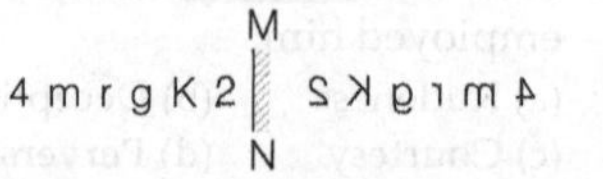

6. *(b)* दी गई शृंखला का क्रम निम्न है

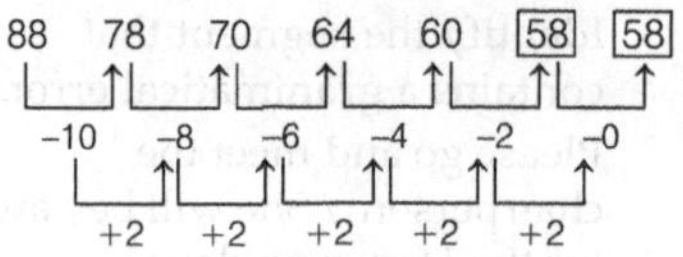

7. *(c)* दी गई अक्षर शृंखला का क्रम निम्न है

CARETCR/CARETCR/CARETCR/C ARETCR/CA

∴ अभीष्ट उत्तर = CRECC

8. *(d)* दी गई आकृति के बिन्दुओं के नाम लिखने पर,

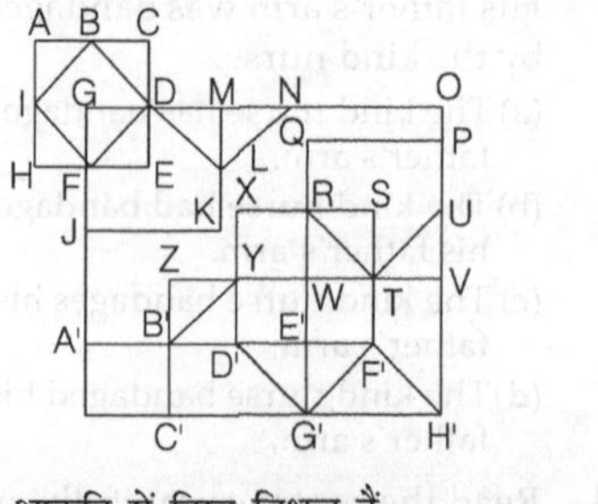

आकृति में निम्न त्रिभुज हैं

ΔABI, ΔBCD, ΔIHF, ΔFDE, ΔFGD, ΔDLN, ΔDLM, ΔMLN, ΔRST, ΔTUV, ΔRWT, ΔZYB', ΔB'YD', ΔD'E'G', ΔG'E'F, ΔD'F'G', ΔG'F'H'

अतः आकृति में 17 त्रिभुज हैं।

9. *(c)* दी गई आकृति शृंखला में निम्न क्रम का अनुसरण हो रहा है।

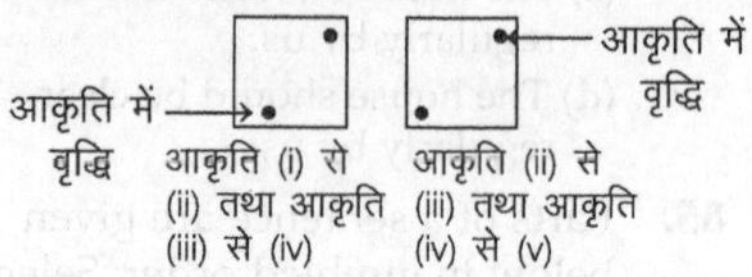

अतः विकल्प आकृति (c), इस क्रम का अनुसरण करते हुए, दी गई आकृति शृंखला को पूर्ण करेगी।

10. *(a)* प्रश्नानुसार,

तीनों विषयों का अध्ययन करने वाले छात्रों की संख्या (A) = 4 तथा

केवल जीव विज्ञान का अध्ययन करने वालों की संख्या (B) = 20

(A – B) दोनों का अन्तर = 20 – 4 = 16

11. *(a)* प्रश्नानुसार, कागज को मोड़ने, काटने तथा खोलने के पश्चात् यह विकल्प आकृति (a) जैसी दिखाई देगी।

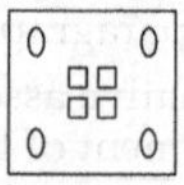

12. *(d)* दिया है P + Q × R – S ÷ T

प्रश्नानुसार,

रक्त सम्बन्ध आरेख बनाने पर,

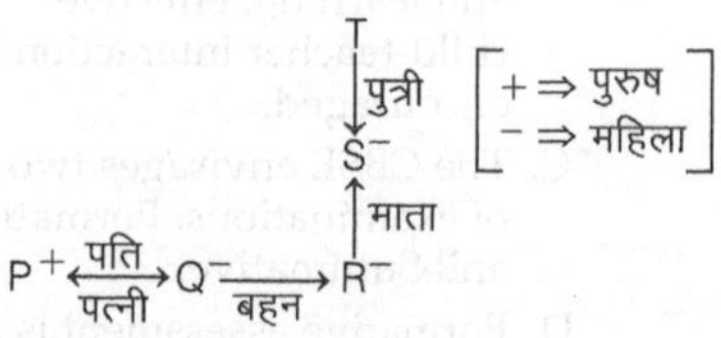

स्पष्टतः Q, T की नातिन है।

13. *(d)* दी गई शृंखला का क्रम निम्न है

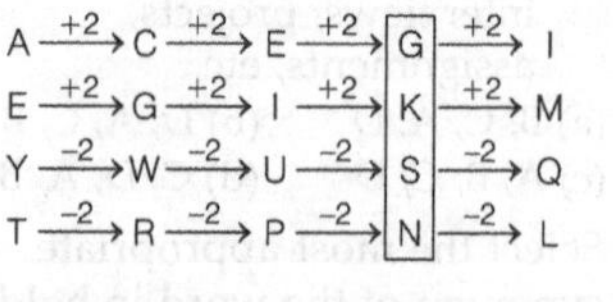

14. *(b)* दी गई आकृति का सही दर्पण प्रतिबिम्ब, विकल्प आकृति (b) के समान दिखाई देगा।

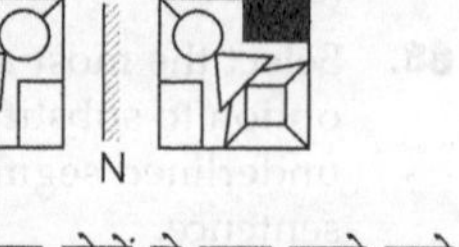

15. *(d)* बस तथा कार दोनों से यात्रा करने वाले लेकिन ट्रेन से यात्रा न करने वालों की संख्या = 9

16. *(d)* जिस प्रकार,

P J R U O W

P → J (−6), J → R (+8); U → O (−6), O → W (+8)

तथा L F N

L → F (−6), F → N (+8)

परन्तु, I A K

I → A (−8), A → K (+10)

अत: IAK असंगत अक्षर-समूह है।

17. *(a)* जिस प्रकार,

$(13:169) \Rightarrow \frac{169}{13} = 13$

$(15:195) \Rightarrow \frac{195}{15} = 13$

तथा $(11:143) \Rightarrow \frac{143}{11} = 13$

परन्तु, $(12:152) \Rightarrow \frac{152}{12} \neq 13$

अत: (12 : 152) असंगत संख्या-समूह है।

18. *(b)* दिए गए पासे की दोनों स्थितियों में अंक '2' उभयनिष्ठ है। अंक '2' से दक्षिणावर्त लिखने पर,

स्थिति I ⟶ 2 5 9

स्थिति II ⟶ 2 6 8

(5 ↕ 6 विपरीत, 9 ↕ 8 विपरीत)

अत: शेष फलक/अंक '3', अंक '2' के विपरीत होगा।

19. *(c)* दिया गया शब्द→ DOWNSIZE

वर्णमाला क्रमानुसार→ DEINOSWZ

अत: दो अक्षर (D तथा N) के स्थान अपरिवर्तित रहेंगे।

20. *(d)* जिस प्रकार, पालतू तथा जंगली एक-दूसरे के विपरीतार्थक शब्द हैं उसी प्रकार, निकटवर्ती तथा सुदूरवर्ती एक-दूसरे के विपरीतार्थक शब्द हैं।

21. *(d)* जिस प्रकार,

$(45:56) \Rightarrow 45 + 11 = 56$

$(62:73) \Rightarrow 62 + 11 = 73$

उसी प्रकार, $(19, ?) \Rightarrow 19 + 11 = \boxed{30}$

22. *(c)* जिस प्रकार,

L I S P ↕ (विपरीत अक्षर) O R H K

तथा W A N D ↕ (विपरीत अक्षर) D Z M W

उसी प्रकार,

B O T E ↕ (विपरीत अक्षर) Y L G V

23. *(c)* दिया है, $61 - 42 \times 6 \div 9 + 27 = ?$

प्रश्नानुसार, चिह्नों को परस्पर बदलने पर,

नया व्यंजक $\rightarrow 61 + 42 \div 6 \times 9 - 27$

$= 61 + 7 \times 9 - 27$

$= 61 + 63 - 27$

$= 124 - 27 = 97$

24. *(b)* जिस प्रकार, $(19, 76) \Rightarrow 19 \times 4 = 76$

तथा $(27, 108) \Rightarrow 27 \times 4 = 108$

उसी प्रकार, $(49, ?) \Rightarrow 49 \times 4 = \boxed{196}$

25. *(c)* प्रश्नानुसार,

BRE Ⓐ K ⟶ 571 ② 3

तथा BROKE ⟶ 91753

∴ A का कूट = 2

26. *(b)* **कैमिलो गॉल्जी** एक इतालवी वैज्ञानिक थे। इन्होंने केन्द्रक के चारों ओर घनी रंजित जालीदार संरचनाओं को देखा था।

- इन्होंने 1898 ई. में मस्तिष्क में एक नई संरचना की खोज की, जिसे गॉल्जी उपकरण कहते हैं।
- तन्त्रिका तन्त्र पर अध्ययन के लिए वर्ष 1906 में इन्हें नोबेल पुरस्कार प्रदान किया गया।
- 1873 ई. में गॉल्जी ने ब्लैक रिएक्शन का आविष्कार किया था।
- यह तकनीक न्यूरॉन्स को उनकी सभी प्रक्रियाओं के साथ दिखाने वाली पहली तकनीक थी।

27. *(a)* बिरसा मुण्डा का जन्म 15 नवम्बर, 1875 को मुण्डा जनजाति में हुआ था। बिरसा मुण्डा की जयन्ती को जनजातीय गौरव दिवस के रूप में मनाया जाता है। इन्हें 'धरती आबा' भी कहा जाता था।

- उन्होंने 19वीं सदी के अन्त में ब्रिटिश शासन के दौरान भारतीय आदिवासी धार्मिक सहस्त्राब्दि आन्दोलन का नेतृत्व किया।
- उलगुलान (क्रान्ति) का आह्वान बिरसा मुण्डा ने किया।

28. *(c)* पुष्यमित्र शुंग, शुंग साम्राज्य के संस्थापक थे। ये **कृष्ण** को अपना देवता मानते थे।

- पुष्यमित्र शुंग, मौर्य साम्राज्य के अन्तिम शासक वृहद्रथ के सेनापति थे। वृहद्रथ की हत्या कर पुष्यमित्र ने स्वयं को राजा घोषित किया।
- इनका शासनकाल 185-149 ई. पू. तक था।
- पुष्यमित्र शुंग के शासनकाल में मगध की राजधानी विदिशा थी।

29. *(d)* होला मोहल्ला त्योहार सिख धर्म से जुड़ा है एवं यह पवित्र धार्मिक स्थल आनन्दपुर साहिब में मनाया जाता है।

- इस त्योहार को मनाने की शुरुआत सिखों के 10वें गुरु, गुरुगोविन्द सिंह ने की थी।
- इस त्योहार के दौरान, पंच प्यारे नगर कीर्तन का आयोजन किया जाता है।
- यह सिख त्योहार चैत्र माह के दूसरे दिन मनाया जाता है।

30. *(c)* वस्तु एवं सेवा कर परिषद् एक संवैधानिक निकाय है। इसका गठन 101वें **संविधान संशोधन** द्वारा हुआ है।

- इसकी पहली बैठक 22-23 सितम्बर, 2016 को हुई।
- संविधान के अनुच्छेद 279A के अनुसार, जीएसटी परिषद् केन्द्र और राज्यों का संयुक्त मंच है।
- परिषद् में शामिल सदस्य निम्न हैं
  - केन्द्रीय वित्तमन्त्री इसका अध्यक्ष होता है।
  - केन्द्रीय राज्य मन्त्री, राजस्व या वित्त के प्रभारी-सदस्य।
  - वित्त या कराधान का प्रभारी मन्त्री या प्रत्येक राज्य सरकार द्वारा नामित कोई अन्य मन्त्री-सदस्य।

31. *(c)* **प्रतिहार, राष्ट्रकूट और पाल** राजवंशों के बीच कन्नौज पर शासन करने के लिए त्रिपक्षीय संघर्ष हुआ था।

- यह संघर्ष उत्तरी भारत में रणनीतिक महत्व रखने वाले कन्नौज पर नियन्त्रण के लिए लड़ा गया था।
- त्रिपक्षीय संघर्ष में गुर्जर प्रतिहार वंश अन्त तक कन्नौज पर अपना कब्जा बनाए रखने में सफल रहा।

32. *(b)* आय के चक्रीय प्रवाह के सम्बन्ध में बचत के साथ-साथ सरकारी व्यय चक्रीय प्रवाह में अन्त:क्षेपण (injections) नहीं है।

- आय का चक्रीय प्रवाह अर्थव्यवस्था में धन के प्रवाह का मॉडल है। यह एक बन्द परिपथ में होता है।
- यह दो प्रकार का होता है, वास्तविक प्रवाह और मौद्रिक प्रवाह।
- खुली अर्थव्यवस्थाओं में आय के चक्रीय प्रवाह मॉडल में अन्तर्राष्ट्रीय व्यापार को भी शामिल किया जाता है।

33. *(b)* भारत में हरित क्रान्ति की उपलब्धियों को दर्शाने के लिए तत्कालीन प्रधानमन्त्री इन्दिरा गाँधी ने जुलाई, 1968 में गेहूँ क्रान्ति नाम का एक विशेष टिकट जारी किया था।
- हरित क्रान्ति की शुरुआत 1960 के दशक में नॉर्मन बोरलॉग ने की थी, इन्हें विश्व में हरित क्रान्ति का जनक कहा जाता है।
- भारत में हरित क्रान्ति का जनक एम.एस स्वामीनाथन को कहा जाता है।

34. *(a)* लिग्नाइट कोयला निम्न कोटी का भूरा और प्रचुर आर्द्रता के साथ मृदु होता है। ,
- इस कोयले का निर्माण 100°C से कम तापमान में प्राकृतिक रूप से सम्पीडित पीट से होता है।
- लिग्नाइट में कार्बन की मात्रा 25-35% होती है।
- भारत में लिग्नाइट राजस्थान, जम्मु-कश्मीर और तमिलनाडु में पाया जाता है।

35. *(d)* भारत में पहली सफल कपड़ा मिल की स्थापना 1854 ई. में **मुम्बई** में कावसजी नानाभाई डावर ने की थी।
- मुम्बई को भारत का 'कपास पोलिस' कहते हैं।
- भारत में सबसे बड़ा कपड़ा उद्योग सूरत (गुजरात) में है।
- भारत का लगभग दो-तिहाई कपास उत्पादन महाराष्ट्र, गुजरात, आन्ध्र प्रदेश और तेलंगाना राज्य करते हैं, जिन्हें सामूहिक रूप से भारत की 'कपास टोकरी' कहा जाता है।

36. *(a)* **अनुच्छेद 39(b)** के तहत, सरकार को समाज की भलाई हेतु भौतिक संसाधनों को उचित तरीके से साझा करने के लिए नीतियाँ बनाने का अधिकार है।
- इसमें निजी स्वामित्व वाली सम्पत्ति भी शामिल है।
- संविधान के भाग 4 के अन्तर्गत राज्य के नीति-निदेशक सिद्धान्तों के रूप में इसका वर्णन है।

37. *(b)* उजाला योजना की शुरुआत **1 मई, 2015** को प्रधानमन्त्री नरेन्द्र मोदी ने की थी।
- यह योजना, भारत सरकार के सार्वजनिक क्षेत्र के उपक्रमों, केन्द्रीय विद्युत मन्त्रालय की ऊर्जा दक्षता सेवा लिमिटेड और डिस्कॉम की संयुक्त परियोजना है।

38. *(a)* **आॅर्गन** गैस टाइटेनियम, एल्युमीनियम, स्टेनलेस स्टील और मैग्नीशियम वेल्डिंग में महत्त्वपूर्ण भूमिका निभाते हैं।
- ऑर्गन एक परिरक्षण गैस है, जिसका प्रयोग विभिन्न तरह की सामग्री को वेल्ड करने के लिए किया जाता है।
- वेल्डिंग में उपयोग की जाने वाली गैसें ऑक्सीजन और एसिटिलीन हैं।

39. *(b)* अर्जुन सिंह धुर्वे को बैगा आदिवासी संगीत और नृत्य विद्या के लिए तुलसी सम्मान (1993-94) से सम्मानित किया गया था।
- ये मध्य प्रदेश के डिण्डोरी जिले के एक लोकनर्तक और सेवानिवृत्त शिक्षक हैं।
- ये बैगा लोकगीतों और नृत्य को लोकप्रिय बनाने के लिए प्रसिद्ध हैं।

40. *(d)* **आइस हॉकी** में ब्लू लाइन रिंग क्षेत्र का निर्धारण करता है।
- आइस हॉकी रिंग का आकार 20 फीट × 85 फीट होता है।
- इसमें प्रत्येक टीम में 11 खिलाड़ी होते हैं।
- आइस हॉकी कनाडा का राष्ट्रीय खेल है।

41. *(a)* खुदाई खिदमतगार आन्दोलन की स्थापना वर्ष 1929 में खान अब्दुल गफ्फार खान के द्वारा की गई।
- इसे भगवान के सेवक या लाल कुर्ती दल आन्दोलन भी कहते हैं।
- फ्रण्टियर गाँधी, बच्चा खान और बादशाह खान जैसे अन्य नामों से इस आन्दोलन के नेता खान अब्दुल गफ्फार को सम्बोधित करते थे।

42. *(b)* राष्ट्रमण्डल खेल, 2022 में समग्र पदक तालिका में भारत **चौथे** स्थान पर था एवं इस खेल का आयोजन इंग्लैण्ड कि बर्मिंघम में हुआ था।
- इस खेल में भारत ने कुल 61 पदक जीते, जिनमें 22 स्वर्ण पदक, 16 रजत और 23 कांस्य पदक शामिल थे।
- वर्ष 2026 में राष्ट्रमण्डल खेलों का आयोजन ग्लासगो (स्कॉटलैण्ड) में होगा।
- वर्ष 2026 में आयोजित होने वाला यह राष्ट्रमण्डल खेलों का 23वाँ संस्करण होगा।

43. *(a)* सिरका मसालेदार सब्जियों और सॉस में मिलाए जाने वाले खट्टे कारक के रूप में सीजनिंग के लिए कच्चे माल के रूप में **एसीटिक अम्ल** का उपयोग किया जाता है।
- सिरके में 6-10% एसिटिक अम्ल होता है।
- एसिटिक अम्ल (CH_3COOH) को एथेनोइक अम्ल भी कहा जाता है।
- एसिटिक अम्ल का उपयोग रेयॉन फाइबर के निर्माण में किया जाता है।

44. *(d)* रॉलेट एक्ट, 1919 अधिनियम ने सरकार को राजनीति की गतिविधियों को दबाने की अपार शक्तियाँ दी और राजनीतिक कैदियों को बिना मुकदमे के दो वर्ष तक हिरासत में रखने की अनुमति दी।
- **रॉलेट एक्ट, 1919** को आधिकारिक रूप में अराजकतावादी और क्रान्तिकारी अपराध अधिनियम भी कहते हैं।
- महात्मा गाँधी ने इसे 'काला अधिनियम' कहा।
- 13 अप्रैल, 1919 में जलियाँवाला बाग हत्याकाण्ड की घटना रॉलेट एक्ट के विरोध में हुई।
- इस एक्ट को बिना वकील बिना दलील कानून भी कहते हैं।

45. *(a)* **शून्य** प्रतिक्रिया एक रासायनिक अभिक्रिया है, जिसमें अभिकारकों की सान्द्रता बढ़ने या घटने पर स्थिर रहती है।
- शून्य क्रम प्रतिक्रियाओं में दर अभिकारकों की सान्द्रता की शून्य घात के समानुपाती होती है।
- शून्य कोटि की अभिक्रिया के लिए वेग स्थिरांक की इकाई मोल ली$^{-1}$ $\left(\frac{\text{मोल}}{\text{लीटर}}\right)$ है।

46. *(c)* संगीत नाटक अकादमी की स्थापना 31 मई, 1952 को **नई दिल्ली** में की गई।
- संगीत नाटक अकादमी, भारत सरकार के संस्कृति मन्त्रालय के तहत एक स्वायत्त निकाय है।
- इस अकादमी के अध्यक्ष की नियुक्ति भारत के राष्ट्रपति द्वारा पाँच वर्ष के लिए की जाती है।
- संगीत नाटक अकादमी ने वर्ष 2006 में युवा कलाकारों के लिए उस्ताद बिस्मिल्लाह खान युवा पुरस्कार प्रारम्भ किया।

47. *(d)* विश्व में सबसे अधिक वर्षा वाला मासिनराम **खासी** पहाड़ी श्रृंखलाओं में स्थित है। मासिनराम मेघालय राज्य में स्थित है।
- यहाँ सालाना औसतन 11.872 मिलीमीटर वर्षा होती है।
- खासी पहाड़ी की सबसे ऊँची चोटी लुम शिलांग है।
- खासी पहाड़ियाँ मेघालय उपोष्ण कटिबन्धीय का पारिस्थितिकी क्षेत्र का हिस्सा है।

48. *(b)* तानसेन सम्मान पुरस्कार मध्य प्रदेश सरकार के संस्कृति विभाग द्वारा (वर्ष 1980) प्रदान किया जाता है।

- वर्ष 2019 में, भारतीय हिन्दुस्तानी गायक विद्याधर व्यास को तानसेन सम्मान से सम्मानित किया गया।
- वर्ष 2022 में पण्डित गणपति भट्ट हासणगि धारवाड़ को इस सम्मान से सम्मानित किया गया।
- यह पुरस्कार प्रतिवर्ष ग्वालियर में प्रदान किया जाता है।

49. *(d)* सीमान्त कृषक विकास एजेन्सी की स्थापना वर्ष 2007-08 में की गई एवं यह योजना लक्ष्य समूह दृष्टिकोण का एक भाग है।

- इसका उद्देश्य कृषि व्यवसाय को एकीकृत करके छोटे सीमान्त किसानों की आय बढ़ाना है।
- सीमान्त कृषक विकास एजेन्सी राष्ट्रीय कृषि बाजार इलेक्ट्रॉनिक ट्रेडिंग (ई-नाम) के साथ सम्बद्ध है।

50. *(c)* वर्ष 1924 ग्रीष्मकालीन ओलम्पिक में भारत का प्रतिनिधित्व करने लिए 8 एथलीटों का चयन किया गया था।

- इस ओलम्पिक खेल में कुल 44 देशों ने भाग लिया।
- इस ओलम्पिक में सर्वाधिक पदक संयुक्त राज्य अमेरिका ने जीते।
- वर्ष 1924 के पेरिस ओलम्पिक में भारत का प्रतिनिधित्व दलीप सिंह, लक्ष्मणन, हिंगे, हॉल, पाला सिंह, पिट, हीथकोट और वेंकटरमन ने किया।

51. *(b)* माना वस्तु का अंकित मूल्य = ₹ 100

$\therefore$ क्रमिक छूट = 15%, 20%, 5%

विक्रय मूल्य $= 100 \times \left(\frac{100-15}{100}\right) \times \frac{(100-20)}{100} \times \frac{(100-5)}{100}$

$= 100 \times \frac{85}{100} \times \frac{80}{100} \times \frac{95}{100} =$ ₹ 64.6

एकल छूट प्रतिशत $= \frac{(100-64.6)}{100} \times 100$

$= 35.4\%$

52. *(b)* कक्षा का औसत स्कोर

$= \frac{12 \times 60 + 18 \times 80}{30}$

$= \frac{720 + 1440}{30}$

$= \frac{2160}{30} = 72$

53. *(d)* दिया है,

$m\angle QRS = (26x)°$

$m\angle QOS = (20x)°$

$\therefore \quad \angle SPQ = \frac{1}{2}(20x)°$

[केन्द्रीय कोण प्रमेय द्वारा]

$\angle SPQ = (10x)°$

चक्रीय चतुर्भुज $PQRS$ में,

$\angle SRQ + SPQ = 180°$

$\Rightarrow \quad (26x)° + (10x)° = 180°$

$\Rightarrow \quad (36x)° = 180°$

$\therefore \quad x = \frac{180°}{36} = 5$

54. *(d)* $x \propto \frac{y^3}{z^2}$

$\Rightarrow \quad x = \frac{ky^3}{z^2}$

$x = \frac{1}{36}, y = 2, z = 3$ हो, तब

$\frac{1}{36} = k \times \frac{(2)^3}{(3)^2} \Rightarrow \frac{1}{36} = k \times \frac{8}{9}$

$= \frac{1}{4} = 8k \Rightarrow k = \frac{1}{32}$

अब, यदि $y = 3, z = 5$ हो, तब

$x = k\frac{y^3}{z^2}$

$\Rightarrow \quad x = \frac{1}{32} \times \frac{(3)^3}{(5)^2}$

$\Rightarrow \quad x = \frac{1}{32} \times \frac{27}{25}$

$= \frac{27}{32 \times 25} = \frac{27}{800}$

अत: $800x = 800 \times \frac{27}{800} = 27$

55. *(c)* दिया है,

त्रिज्या $(r) = 14$ सेमी

गहराई $(h) = 23$ सेमी

कुएँ से निकाली गई मिट्टी/बेलन का आयतन $= \pi r^2 h$

$= \frac{22}{7} \times 14 \times 14 \times 23$

$= 14168$ सेमी^{3}

56. *(c)* माना वृत्त की परिधि और व्यास क्रमश: $3x$ और $5x$ हैं।

प्रश्नानुसार,

$3x = 6$

$x = 2$ सेमी

$\therefore$ वृत्त का व्यास $= 5 \times 2 = 10$ सेमी

अत: वृत्त की त्रिज्या $= \frac{10}{2} = 5$ सेमी

57. *(a)* $3\sin 15° - 4\sin^3 15°$

$= \sin 3 \times 15° = \sin 45° = \frac{1}{\sqrt{2}}$

$[\because 3\sin A - 4\sin^3 A = \sin 3A]$

58. *(b)* वर्ष 2004 से 2006 तक साइकिल B_1 की कुल बिक्री $= 195 + 230 + 250 = 675$

वर्ष 2004 से 2006 तक साइकिल B_2 की कुल बिक्री $= 284 + 300 + 416 = 1000$

$\therefore$ अभीष्ट अनुपात $= 675 : 1000 = 27 : 40$

59. *(d)* दिया है,

$a^2 + b^2 = 148 \quad \ldots(i)$

$ab = 54 \quad \ldots(ii)$

समी (i) में, दोनों पक्षों में $2ab$ जोड़ने पर,

$a^2 + b^2 + 2ab = 148 + 2ab$

$\Rightarrow \quad (a+b)^2 = 148 + 2 \times 54$

$\Rightarrow \quad (a+b)^2 = 256$

$\Rightarrow \quad a + b = 16$

अब समी (i) में दोनों पक्षों में $-2ab$ जोड़ने पर,

$a^2 + b^2 - 2ab = 148 - 2ab$

$(a-b)^2 = 148 - 2 \times 54$

$a - b = \sqrt{40} = 2\sqrt{10}$

अत: $\frac{a+b}{a-b} = \frac{16}{2\sqrt{10}} = \frac{8}{\sqrt{10}}$

60. *(d)* तीन दिनों के दौरान प्रिण्टर P_1 द्वारा मुद्रित पृष्ठों की कुल संख्या

$= 200 + 150 + 225 = 575$

प्रिण्टर P_2 द्वारा मुद्रित पृष्ठों की कुल संख्या

$= 250 + 300 + 210 = 760$

अभीष्ट अन्तर $= 760 - 575 = 185$

61. *(b)* $x^2 + 1 = x$

$\Rightarrow x^2 - x + 1 = 0$

दोनों तरफ $(x+1)$ से गुणा करने पर,

$(x+1)(x^2 - x + 1) = 0$

$\Rightarrow \quad x^3 + 1^3 = 0$

$\Rightarrow \quad x^3 = -1$

$\Rightarrow \quad x = -1$

$\therefore \quad x^{14} + x^8 + 1 = (-1)^{14} + (-1)^8 + 1$

$= 1 + 1 + 1 = 3$

62. *(a)* प्रणव का प्रथम वर्ष का साधारण ब्याज

$= \frac{335180 \times 13 \times 1}{100}$

$=$ ₹43573.40

प्रथम वर्ष में भुगतान की गई राशि

$=$ ₹23060

अब शेष बची राशि $= 335180 - 23060$

$=$ ₹ 312120

शेष बची राशि पर दूसरे वर्ष का साधारण ब्याज $= \dfrac{312120 \times 13 \times 1}{100}$

$= ₹ 40575.60$

अत: दूसरे वर्ष की समाप्ति पर भुगतान राशि

$= 312120 + 40575.60 + 43573.40$

$= ₹ 396269$

63. *(d)* दिया है,

$QR = 12$ सेमी

$\because \quad ST \parallel QR$

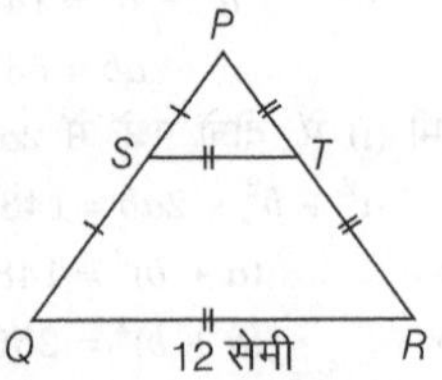

तथा S और T मध्य-बिन्दु है

$\therefore \quad ST = \dfrac{1}{2} QR$

$\Rightarrow \quad ST = \dfrac{1}{2} \times 12$

$\Rightarrow \quad ST = 6$ सेमी

64. *(b)*

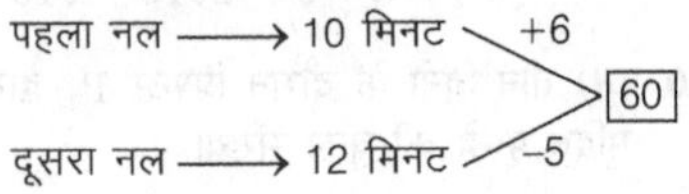

अत: टंकी को भरने में लगने वाला समय

$= \dfrac{60}{(6-5)} = \dfrac{60}{1} = 60$ मिनट $= 1$ घण्टा

65. *(b)* **6 का नियम** जो संख्या 2 और 3 दोनों से विभाजित होगी, वह संख्या हमेशा 6 से विभाजित होगी।

$\therefore$ **2 का नियम** किसी भी संख्या का इकाई अंक सम संख्या या 0 है, तो वह संख्या 2 से पूर्णत: विभाजित होगी।

3 का नियम किसी संख्या के अंकों का योग 3 से विभाजित है, तो वह 3 से विभाजित होगी।

$\therefore$ विकल्प (b) से संख्या $= 438750$

$= \dfrac{4+3+8+7+5+0}{3}$

$= \dfrac{27}{3} = 9$

अत: 438750, 3 तथा 2 से पूर्णत: विभाजित है इसलिए यह संख्या 6 से पूर्णत: विभाजित होगी।

66. *(c)* $\sec\theta + \tan\theta = x \quad \ldots(i)$

$[\because \sec^2\theta - \tan^2\theta = 1]$

$\therefore \sec\theta - \tan\theta = \dfrac{1}{x} \quad \ldots(ii)$

समी (i) व (ii) को जोड़ने पर,

$2\sec\theta = x + \dfrac{1}{x}$

$\sec\theta = \dfrac{x^2+1}{2x} = \dfrac{\text{कर्ण}}{\text{आधार}}$

पाइथागोरस प्रमेय से,

लम्ब $= \sqrt{(x^2+1)^2 - (2x)^2}$

$= 1 - x^2$

$[\because (a+b)^2 - 4ab = (a-b)^2]$

अत: $\sin\theta = \dfrac{1-x^2}{1+x^2}$

67. *(b)* वर्ष 2021 में रमेश की मासिक आय $= ₹ 18600$

मासिक खर्च $= ₹ 12400$

$\therefore$ रमेश की मासिक बचत

$= 18600 - 12400 = ₹ 6200$

15% वृद्धि के बाद रमेश की मासिक आय

$= 18600 \times \dfrac{(100+15)}{100} = ₹ 21390$

8% वृद्धि के बाद रमेश का मासिक खर्च

$= 12400 \times \dfrac{(100+8)}{100} = ₹ 13392$

अब, रमेश की नई मासिक बचत

$= 21390 - 13392 = ₹ 7998$

बचत में वृद्धि प्रतिशत

$= \dfrac{(7998 - 6200)}{6200} \times 100$

$= \dfrac{1798}{6200} \times 100 = 29\%$

68. *(c)* स्कूटर का विक्रय मूल्य $= ₹ 40620$

लाभ $=$ विक्रय मूल्य $\times \dfrac{1}{5}$

$= 40620 \times \dfrac{1}{5} = ₹ 8124$

$\therefore$ स्कूटर का क्रय मूल्य $= 40620 - 8124$

$= ₹ 32496$

लाभ प्रतिशत $= \dfrac{8124}{32496} \times 100 = 25\%$

69. *(c)* 2000 में शाखाओं B_1, B_3, और B_6, की औसत बिक्री $= 80 + 95 + 70 = \dfrac{245}{3}$

2001 में शाखाओं B_1, B_2, और B_3, की औसत बिक्री $= 105 + 65 + 110 = \dfrac{280}{3}$

अभीष्ट प्रतिशत $= \dfrac{\left(\dfrac{245}{3}\right)}{\left(\dfrac{280}{3}\right)} \times 100$

$= \dfrac{245}{280} \times 100 = 87.5\%$

70. *(b)* $\left[\dfrac{5}{\sqrt{3}} - \operatorname{cosec} 60°\right]$

$\left[\operatorname{cosec} 60° = \dfrac{2}{\sqrt{3}}\right]$

$= \dfrac{5}{\sqrt{3}} - \dfrac{2}{\sqrt{3}} = \dfrac{5-2}{\sqrt{3}} = \dfrac{3}{\sqrt{3}} = \sqrt{3}$

71. *(c)* 15 सेब + 12 सन्तरे = 447 ...(i)

समी (i) में 3 से भाग देने पर

5 सेब + 4 सन्तरे = 149 ...(ii)

समी (ii) में 5 से गुणा करने पर

= 25 सेब + 20 सन्तरे $= 149 \times 5 = 745$

अत: विकल्प (c) से एक सेब व 1 सन्तरे की कीमत निकालना असम्भव है।

72. *(d)* वर्ष 2016 से 2018 के दौरान A का औसत उत्पादन

$= \dfrac{38000 + 41000 + 53000}{3}$

$= \dfrac{132000}{3} = 44000$ (लाख)

वर्ष 2016 से 2018 के दौरान C का औसत उत्पादन

$= \dfrac{51000 + 57000 + 63000}{3}$

$= \dfrac{171000}{3} = 57000$ (लाख)

अभीष्ट अन्तर $= 57000 - 44000$

$= 13000$

73. *(d)* $9 \times N$ का $4 \div 4 - 15 \times 4 = 12$

$\Rightarrow \quad 9 \times 4N + 4 - 15 \times 4 = 12$

$\Rightarrow \quad 9 \times 4N \times \dfrac{1}{4} - 60 = 12$

$\Rightarrow \quad 9N = 12 + 60 \Rightarrow 9N = 72$

$N = \dfrac{72}{9} = 8$

74. *(c)* सापेक्षिक गति $= 8 - 3$

$= 5$ चक्कर/घण्टा

एक चक्कर, पूरा करने में लगा समय

$= \dfrac{1}{5} \times 60 = 12$ मिनट

$\therefore$ दोनों पहली बार एक-दूसरे को पार करेंगे।

$= 11:54$ pm $+ 12$ मिनट

$= 12:06$ am

75. *(a)* दिया है,

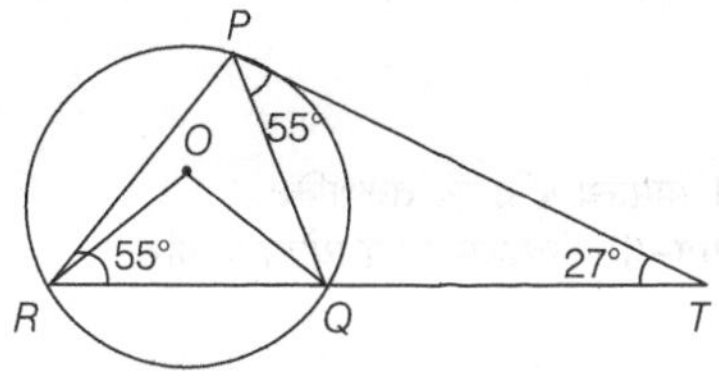

$\angle PTQ = 27°$

$TPQ = 55°$

जीवा PQ स्पर्श रेखा के साथ 55° बनाती है।

$\therefore \angle PRQ = QPT = 55°$

[एकान्तर खण्ड प्रमेय]

$\angle PQR = 55° + 27° = 82°$

$\therefore \Delta PQR$ में,

$\Rightarrow \angle P + \angle R + \angle Q = 180°$

$\Rightarrow \angle P + 55° + 82° = 180°$

$\Rightarrow \angle P = 180° - 137°$

$\Rightarrow \angle P = 43°$

$\angle ROQ = 2\angle P$

[वृत्त की जीवा द्वारा परिधि पर बना कोण केन्द्र पर बने कोण का आधा होता है]

$\Rightarrow \angle ROQ = 2 \times 43°$

$\therefore \angle ROQ = 86°$

76. *(d)* The correct filler for the given blank is 'flour'.

77. *(a)* 'Alliteration' is the repetition of usually initial consonant sounds in two or more neighbouring words or syllables.

- **Epithet** is a descriptive word or phrase that is used to describe a person, place or thing and often appears in place of its name.
- **Simile** is a literary device wherein we make a comparison using words like and as.
- **Allegory** is a literary device wherein a story, poem or picture that can be interpreted to reveal a hidden meaning, typically a moral or political one.

78. *(d)*The sentence indicates that she couldn't accept or tolerate the insults. Hence, the correct filler for the given blank is 'bear'.

79. *(b)* Part 'my friend calls me and ask' contains an error.

- As the sentence is in past tense, called and asked should be used to correct the sentence.

80. *(b)* 'Turned up their nose at her' means treated her with contempt.

- **Came in handy** means to be useful.
- **Turned the corner** means to get past a difficult time, period or crisis and to start to improve.
- **Gave a wide space** means to avoid or stay away from them.

81. *(b)* The antonym of 'late' is 'early'.

82. *(b)* 'Bayonet' refers to a short sword fixed onto the end of the gun.

- **Baron** means a member of the lowest order of the British nobility. Baron is not used as a form of address, barons usually being referred to as 'Lord'.
- **Bigot** means a person who has strong, unreasonable ideas, especially. about race or religion and who thinks anyone who does not have the same beliefs is wrong.
- **Baton** means a thick, heavy stick used as a weapon by police officers.

83. *(c)* The underlined part of the sentence is incorrect in the context of the clock. Hence, use 'chimes prettily' to correct the sentence.

84. *(c)* The house should be cleaned regularly by us.

The sentence is in present tense. When such a sentence is transformed into passive voice, the structure followed is Object +Be+ V_2+ Subject.

85. *(a)* The correct order is POQR.

- The sentence formed will be 'Hard work and perseverance lead to success no matter how difficult the journey may seem.'

86. *(d)* The first sentence of the paragraph will be C as it introduces the main theme- CBSE envisages two types of examinations, Formative and Summative.

- The second sentence will be D which expands on formative assessment. The third sentence will be A which expands on summative assessment. The last sentence will be B which concludes it. Thus, the correct order is C, D, A, B.

87. *(a)* 'Judicious' means having, showing or done with good judgement or sense. Hence, its synonym is 'prudent' which means the same.

88. *(a)* 'Traitor' means a betrayer of the country.

- **Truant** means a pupil who stays away from school without leave or explanation.
- **Transgressor** means a person who breaks a law or moral rule.
- **Theist** means a person who believes in the existence of a God or Gods, specifically of a creator who intervenes in the universe.

89. *(d)* 'Let the dust settle' means to wait for a situation to become clear or certain.

90. *(d)* The incorrectly spelt word in the given sentence is 'mument'. The correct spelling is 'moment'.

91. *(c)* 'Decency' means behaviour that conforms to accepted standards of morality or respectability. Hence, its synonym is 'courtesy' which means the same.

- **Deception** means dishonesty or lie.
- **Perversion** means distortion or corruption of the original course, meaning or state of something.

92. *(c)* Part 'few next days' contains an error. To correct it, the words would change order to next few days.

93. *(d)* The kind nurse bandaged his father's arm.

- The sentence is in past tense. When such a sentence is transformed into passive voice, the structure followed is Object + was/were+ V_3+ by+ Subject.

94. *(c)* The antonym of 'unsure' is 'certain'.

95. *(d)* The sentence with a spelling error is 'There are many believes about ancient artefacts that some of them are patently not true.'

- The incorrectly spelt word is 'believes'. The correct spelling is 'beliefs'.

96. *(d)* The correct filler for the given blank is 'that has'.

97. *(a)* The correct filler for the given blank is 'intense'.

98. *(b)* The correct filler for the given blank is 'likely to'.

99. *(a)* The correct filler for the given blank is 'honour'.

100. *(b)* The correct filler for the given blank is 'calling on'.

SSC CGL Tier-I सॉल्वड पेपर

सेट 34 26 सितम्बर, 2024 (प्रथम पाली)

निर्देश
1. इस सेट में कुल 100 प्रश्न हैं।
2. इस सेट में चार भाग हैं, भाग-I सामान्य बुद्धि एवं तर्कशक्ति, भाग-II सामान्य जागरुकता, भाग-III संख्यात्मक अभियोग्यता और भाग-IV अंग्रेजी भाषा।
3. प्रत्येक प्रश्न 2 अंक का है।

भाग I
सामान्य बुद्धि एवं तर्कशक्ति

1. यदि '+' और '–' को आपस में बदल दिया जाए और '×' और '÷' को आपस में बदल दिया जाए, तो निम्नलिखित समीकरण में प्रश्नचिह्न (?) के स्थान पर क्या आएगा?

$229 \div 41 + 502 \times 2 - 44 = ?$

(a) 9182 (b) 9812
(c) 9281 (d) 9218

2. यदि शब्द 'SPIDER' के प्रत्येक अक्षर को अंग्रेजी वर्णमाला के क्रम में व्यवस्थित किया जाए, तो कितने अक्षरों का स्थान अपरिवर्तित रहेगा?

(a) तीन (b) कोई नहीं
(c) एक (d) दो

3. नीचे संख्याओं के दो समुच्चय दिए गए हैं। संख्याओं के प्रत्येक समुच्चय में, पहली संख्या पर कुछ निश्चित गणितीय संक्रिया करने पर दूसरी संख्या प्राप्त होती है। इसी प्रकार, दूसरी संख्या पर कुछ निश्चित गणितीय संक्रिया करने पर तीसरी संख्या प्राप्त होती है और इसी तरह आगे भी होती है। दिए गए विकल्पों में से कौन-सा विकल्प दिए गए समुच्चयों की तरह संक्रियाओं के समान समुच्चय का अनुसरण करता है?

(**नोट** संख्याओं को उनके घटक अंकों में तोड़े बिना, पूर्ण संख्याओं पर संक्रियाएँ की जानी चाहिए। उदाहरण के लिए 13 लीजिए- 13 पर की जाने वाली संक्रियाएँ जैसे कि 13 में जोड़ना/घटाना/गुणा करना आदि केवल 13 पर किया जा सकता है। 13 को 1 और 3 में तोड़ना तथा 1 और 3 पर गणितीय संक्रिया करने की अनुमति नहीं है।)

17 – 19 –16 – 20; 22 – 24 – 21 – 25

(a) 18 – 20 – 16 – 14
(b) 11 – 13 – 10 – 15
(c) 15 – 17 – 14 – 18
(d) 16 – 18 – 12 – 16

4. निम्नलिखित चार विकल्पों में से तीन किसी-न-किसी रूप में समान हैं और इस प्रकार, एक समूह बनाते हैं। कौन-सा विकल्प उस समूह से सम्बन्धित नहीं है?

(**नोट** संख्याओं को उनके घटक अंकों में तोड़े बिना, संक्रियाएँ पूर्ण संख्याओं पर की जानी चाहिए। उदाहरण के लिए 13 को लें- संख्या 13 में की जाने वाली संक्रिया, जैसे कि जोड़ना/घटाना/गुणा करना केवल 13 में किया जा सकता है। 13 को अंक 1 और 3 में तोड़ना और फिर 1 और 3 के साथ गणितीय संक्रियाएँ करने की अनुमति नहीं है।)

(a) 90 – 51 – 13 (b) 90 – 99 – 108
(c) 82 – 46 – 10 (d) 67 – 45 – 23

5. एक निश्चित कूटभाषा में, 'FRAMED' को '497621' के रूप में कूटबद्ध किया जाता है और 'DREAMT' को '769542' के रूप में कूटबद्ध किया जाता है। उसी भाषा में 'T' के लिए क्या कूट होगा?

(a) 7 (b) 4
(c) 1 (d) 5

6. जब दर्पण को MN पर रखा जाता हो, तो दी गई आकृति के सही दर्पण प्रतिबिम्ब का चयन कीजिए।

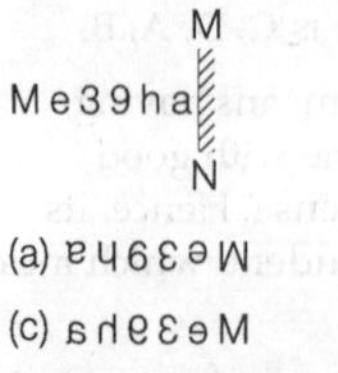

7. एक निश्चित कूटभाषा में,
'A + B' का अर्थ है 'A, B' का पुत्र है',
'A # B' का अर्थ है 'A, B की बहन है',
'A × B' का अर्थ है 'A, B की पत्नी है',
'A @ B' का अर्थ है 'A, B का पिता है'।
उपरोक्त के आधार पर, यदि 'M # N @ L × P + T' है, तो M का T से क्या सम्बन्ध है?

(a) पुत्र की पत्नी के पिता
(b) पुत्र की पत्नी की बहन
(c) पुत्र की पत्नी के पिता की बहन
(d) पुत्र की पत्नी के पिता की माता

8. अंग्रेजी वर्णमाला क्रम में स्थिति के आधार पर, निम्नलिखित में से तीन अक्षर-समूह किसी-न-किसी रूप में संगत हैं और एक असंगत है। असंगत अक्षर- समूह का चयन करें।

(**नोट** असंगत, अक्षर-समूह में व्यंजनों/स्वरों की संख्या या उनकी स्थिति पर आधारित नहीं है।)

(a) MPUT (b) SUZY
(c) PRWW (d) QSXW

9. एक निश्चित कूटभाषा में, FIGURE को 'VSUGJW' के रूप में कूटबद्ध किया जाता है और COPIED को 'YMLSWX' के रूप में कूटबद्ध किया जाता है। तो उसी कूटभाषा में BLANKET के लिए कूट क्या होगा?

(a) ZPANQHW (b) ZPANQWH
(c) ZPMNQHW (d) ZPNAQWH

10. दिए गए विकल्पों में से उस संख्या का चयन कीजिए, जो निम्नलिखित शृंखला में प्रश्नचिह्न (?) को प्रतिस्थापित कर सकती है।

30, 22, 36, 75, 178, ?

(a) 400 (b) 480
(c) 343 (d) 361

11. यदि निम्नलिखित समीकरण में, '+' और '−' को आपस में बदल दिया जाए, और '×' और '÷' को आपस में बदल दिया जाए, तो प्रश्नचिह्न (?) के स्थान पर क्या आएगा?

$4 - 5 \div 9 + 6 \times 2 = ?$

(a) 38 (b) 46 (c) 36 (d) 42

12. इस प्रश्न में तीन कथन और उसके बाद दो निष्कर्ष I और II दिए गए हैं। कथनों को सत्य मानते हुए, भले ही वे सर्वज्ञात तथ्यों से भिन्न प्रतीत होते हों, यह निर्णय करें कि कौन-सा/से निष्कर्ष कथनों का तार्किक रूप से अनुसरण करता/करते है/हैं।

कथन

सभी लाल, हरे हैं।
सभी हरे, गुलाबी हैं।
कोई गुलाबी, नीला नहीं है।

निष्कर्ष

I. कोई हरा, नीला नहीं है।
II. कुछ नीले, लाल हैं।

(a) केवल निष्कर्ष II अनुसरण करता है
(b) निष्कर्ष I और II दोनों अनुसरण करते हैं
(c) केवल निष्कर्ष I अनुसरण करता है
(d) न तो निष्कर्ष I और न ही II अनुसरण करता है

13. 'सरल' का सम्बन्ध 'बुनियादी' से उसी प्रकार है, जैसे 'मुश्किल' का सम्बन्ध '..........' से है।

(a) जटिल (b) गलत
(c) काल्पनिक (d) मामूली

14. एक कागज को नीचे दिखाए अनुसार मोड़ा और काटा जाता है। खोलने पर यह कैसा दिखाई देगा?

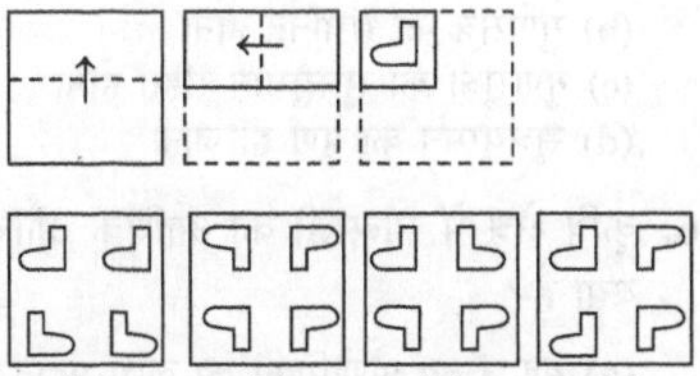

(a) (b) (c) (d)

15. उस विकल्प का चयन कीजिए, जो उन अक्षरों को प्रदर्शित करता है जिन्हें नीचे दिए गए रिक्त स्थानों में बाएँ से दाएँ क्रमिक रूप से रखने पर अक्षर श्रृंखला पूर्ण हो जाएगी।

Y_Y__Y_T_Y_Y

(a) YTYTYT
(b) TYTYTY
(c) TYTYYT
(d) TTYYTT

16. एक कागज को नीचे दर्शाए अनुसार मोड़ा और काटा जाता है। खोले जाने पर यह कैसा दिखाई देगा?

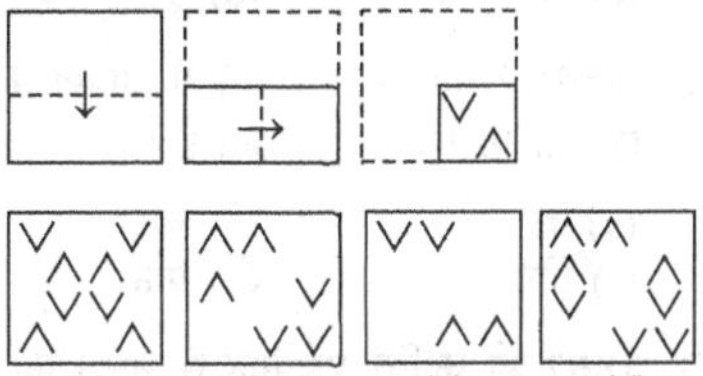

(a) (b) (c) (d)

17. उस समुच्चय का चयन कीजिए, जिसमें संख्याएँ उसी प्रकार सम्बन्धित हैं जिस प्रकार निम्नलिखित समुच्चय की संख्याएँ सम्बन्धित हैं।

(**नोट** संख्याओं को उसके घटक अंकों में तोड़े बिना, पूर्ण संख्याओं पर संक्रियाएँ की जानी चाहिए। उदाहरण के लिए संख्या 13 को लें— 13 पर संक्रियाएँ, जैसे कि 13 में जोड़ना/घटाना/गुणा करना आदि, की जा सकती हैं। 13 को 1 और 3 में तोड़ने और फिर 1 और 3 पर गणितीय संक्रियाएँ करने की अनुमति नहीं है।)

(108, 12, 9), (114, 19, 6)

(a) (136, 17, 8) (b) (148, 16, 9)
(c) (156, 18, 5) (d) (144, 14, 8)

18. दी गई आकृति में कितने त्रिभुज हैं?

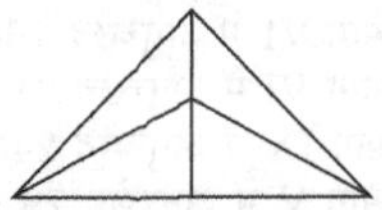

(a) 8 (b) 11 (c) 10 (d) 9

19. दिए गए कथनों और निष्कर्षों का ध्यानपूर्वक अध्ययन कीजिए। कथनों में दी गई जानकारी को सत्य मानते हुए, भले ही यह सामान्य रूप से ज्ञात तथ्यों से भिन्न प्रतीत होती हो, तय कीजिए कि दिए गए निष्कर्ष(षों) में से कौन-सा/से निष्कर्ष, कथनों का तर्कसंगत रूप से अनुसरण करता है/करते हैं?

कथन

सभी पेस्ट्री, चॉकलेट हैं।
कुछ चॉकलेट, कुकीज़ हैं।
सभी कुकीज़, केक हैं।

निष्कर्ष

I. कोई भी पेस्ट्री, केक नहीं है।
II. कुछ केक, चॉकलेट हैं।

(a) केवल निष्कर्ष II अनुसरण करता है
(b) केवल निष्कर्ष I अनुसरण करता है
(c) न तो निष्कर्ष I और न ही II अनुसरण करता है
(d) निष्कर्ष I और II दोनों अनुसरण करते हैं

20. विकल्पों में दी गई उस आकृति की पहचान कीजिए, जिसे (?) के स्थान पर रखने पर श्रृंखला तर्कसंगत रूप से पूर्ण हो जाएगी।

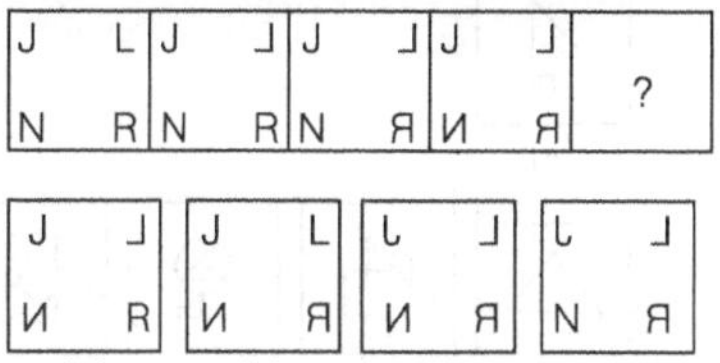

(a) (b) (c) (d)

21. निम्नलिखित में से कौन-सा पद दी गई श्रृंखला में प्रश्नचिह्न (?) का स्थान लेगा?

OPOR, NOPS, ?, LMRU, KLSV

(a) MNQT (b) NMQT
(c) MNTQ (d) MNQP

22. दिए गए विकल्पों में से उस उत्तर आकृति का चयन कीजिए, जो निम्नलिखित श्रृंखला में प्रश्नचिह्न (?) को प्रतिस्थापित कर सकती है।

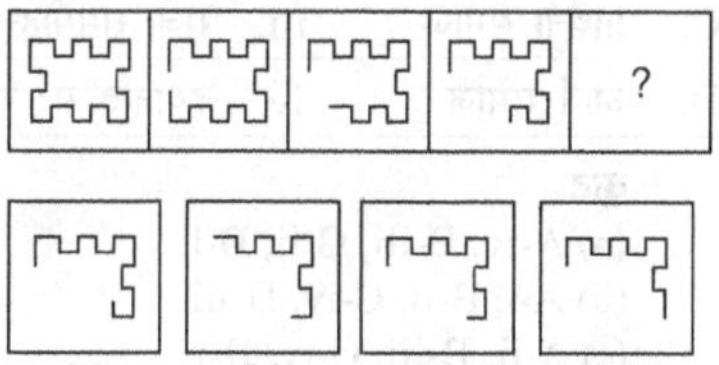

(a) (b) (c) (d)

23. उस त्रिक का चयन कीजिए, जिसमें संख्याएँ उसी प्रकार सम्बन्धित हैं, जिस प्रकार निम्नलिखित त्रिकों की संख्याएँ सम्बन्धित हैं।

(**नोट** संख्याओं को उनके घटक अंकों में विभक्त किए बिना, पूर्ण संख्याओं पर संक्रिया की जानी चाहिए। उदाहरण के लिए 13— 13 पर संक्रिया जैसे 13 में जोड़/घटाव/गुणा आदि किया जा सकता है। 13 को 1 और 3 में विभक्त कर और फिर 1 और 3 पर गणितीय संक्रियाएँ करने की अनुमति नहीं है)।

(3, 5, 32)
(9, 1, 26)

(a) (2, 6, 30) (b) (4, 2, 28)
(c) (5, 6, 33) (d) (6, 1, 23)

24. उस विकल्प का चयन करें, जो निम्नलिखित श्रृंखला में प्रश्नचिह्न (?) के स्थान पर आ सकता है।

OA33, RD36, UG39, XJ42, ?

(a) BN44 (b) AM45
(c) BO43 (d) CN41

25. उस विकल्प आकृति का चयन कीजिए जिसमें दी गई आकृति (X) सन्निहित है (आकृति को घुमाने की अनुमति नहीं है।)

(X)

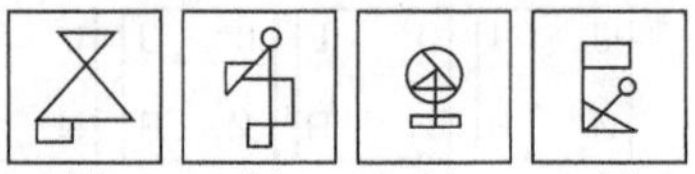

(a) (b) (c) (d)

भाग II
सामान्य जागरुकता

26. सुमेलित कीजिए।

सूची I (समाज सुधार संगठन)		सूची II (उनके संस्थापक)
A. ब्रह्म समाज	i.	स्वामी विवेकानन्द
B. रामकृष्ण मिशन	ii.	आत्माराम पाण्डुरंग
C. प्रार्थना समाज	iii.	राजा राममोहन राय
D. आर्य समाज	iv.	दयानन्द सरस्वती

कूट
(a) A-iv, B-iii, C-ii, D-i
(b) A-i, B-ii, C-iv, D-iii
(c) A-ii, B-iii, C-iv, D-i
(d) A-iii, B-i, C-ii, D-iv

27. निम्नलिखित में से किसमें स्तनधारी और पक्षी दोनों की विशेषता है?
(a) वर्णकित त्वचा (b) वातिल अस्थि
(c) सजीवप्रजता (d) नियततापी प्राणी

28. भारतीय संविधान का कौन-सा भाग उप-राष्ट्रपति के निर्वाचन से सम्बन्धित है?
(a) भाग IV (b) भाग V
(c) भाग I (d) भाग VI

29. वर्ष 1987 में किस पार्श्व गायिका को नाइटिंगेल ऑफ एशिया पुरस्कार से सम्मानित किया गया था?
(a) आशा भोंसले (b) मुबारक बेगम
(c) पुलापका सुशीला
(d) कविता कृष्णमूर्ति

30. 'लोकरंजन' त्योहार किस भारतीय राज्य की लोक और जनजातीय संस्कृति के जश्न के रूप में मनाया जाता है?
(a) मणिपुर (b) मध्य प्रदेश
(c) झारखण्ड (d) मेघालय

31. भारत में निम्नलिखित में से कौन-सा क्षेत्र मौसमी बेरोजगारी का सामना करता है?
(a) चिकित्सा (b) सूचना प्रौद्योगिकी
(c) विनिर्माण (d) कृषि

32. पश्चिम बंगाल में एक वर्ष में चावल की कितनी फसलें उगाई जाती हैं?
(a) दो (b) चार
(c) तीन (d) एक

33. 1857 की क्रान्ति मई माह में भारत की किस छावनी से आरम्भ हुई थी?
(a) लखनऊ (b) कानपुर
(c) झाँसी (d) मेरठ

34. निम्नलिखित में से किस पल्लव राजा ने वातापी (बादामी) पर कब्ज़ा करके चालुक्यों को हराया था?
(a) परमेश्वरवर्मन (b) सिंहवर्मन
(c) नरसिंह वर्मन (d) से सभी

35. निम्नलिखित प्रसिद्ध बैडमिण्टन खिलाड़ियों में से किसने सिंगापुर ओपन, 2022 जीता?
(a) अपर्णा पोपट (b) पी.वी. सिन्धु
(c) साइना नेहवाल (d) ज्वाला गुट्टा

36. निम्नलिखित में से भारतीय संविधान का कौन-सा अनुच्छेद और भाग राज्य विधानमण्डल से सम्बन्धित है?
(a) भाग VI में अनुच्छेद 168 से 212
(b) भाग VI में अनुच्छेद 214 से 231
(c) भाग IX में अनुच्छेद 243 से 243-0
(d) भाग V में अनुच्छेद 79 से 122

37. यदि निम्नलिखित समीकरण को सन्तुलित किया जाए, तो उत्पाद पक्ष में कार्बन डाइऑक्साइड और पानी के अणुओं की संख्या कितनी होगी?

$$C_2H_5OH + O_2 \longrightarrow CO_2 + H_2O$$

(a) क्रमशः 3 और 2 (b) क्रमशः 2 और 3
(c) क्रमशः 3 और 6 (d) क्रमशः 1 और 1

38. कृषि को बढ़ावा देने के लिए मुहम्मद तुग़लक ने निम्नलिखित में से कौन-से नए मन्त्रालय की स्थापना की थी?
(a) दीवान-ए-रिसालत
(b) दीवान-ए-अर्ज
(c) दीवान-ए अमीर-ए कोही
(d) दीवान-ए-इंशा

39. 'कुकी नृत्य' भारत का एक लोकनृत्य है, जो मुख्य रूप से .... में किया जाता है।
(a) राजस्थान (b) नागालैण्ड
(c) कर्नाटक (d) उत्तर प्रदेश

40. माइक्रोफाइनेंसिंग' शब्द का पहली बार उपयोग 1970 के दशक में बांग्लादेश के ग्रामीण बैंक के विकास के दौरान किया गया था, जिसकी स्थापना ...... द्वारा की गई थी।
(a) एडम स्मिथ (b) जेरेमी बेंथम
(c) मुहम्मद यूनुस (d) अल्फ्रेड मार्शल

41. पृथ्वी के ऊपरी भाग को क्या कहा जाता है?
(a) स्थलमण्डल
(b) समतापमण्डल
(c) क्षोभमण्डल
(d) मध्यमण्डल

42. निम्नलिखित में से किस खेल में बॉल्क लाइन (Baulk Line) का उपयोग किया जाता है?
(a) बैडमिण्टन (b) टेनिस
(c) कबड्डी (d) खो-खो

43. पद्म भूषण पुरस्कार से सम्मानित अरविन्द पारिख निम्नलिखित में से कौन-सा संगीत वाद्ययन्त्र बजाते हैं?
(a) तबला (b) सितार
(c) सारंगी (d) बाँसुरी

44. भारतीय संविधान के भाग IV में अनुच्छेद 36 से 51 तक निम्नलिखित में से किसका वर्णन किया गया है?
(a) संघ
(b) मौलिक कर्त्तव्य
(c) मौलिक अधिकार
(d) राज्य के नीति-निदेशक सिद्धान्त

45. कोशिका विभाजन के सन्दर्भ में तनुपट्ट (लिप्टोटीन) अवस्था में कौन-सा गुणसूत्र सम्बन्धी व्यवहार होता है?
(a) समजात गुणसूत्र जोड़े बनना
(b) गुणसूत्र का संघनित होना
(c) गुणसूत्रों का सूत्रयुग्मन रहित होना
(d) सूत्रयुग्मन का पूर्ण हो जाना

46. कृषि क्षेत्र में सब्सिडी का आर्थिक औचित्य क्या है?
(a) यह उन्नत प्रौद्योगिकी का लाभ प्रदान करने और उत्पादन की लागत को कम करने के लिए एक प्रोत्साहन है
(b) यह सेवा क्षेत्र में सरकारी व्यय का एक भाग है
(c) इसका उपयोग अधिकतर अमीर किसानों को लाभ प्रदान करने के लिए किया जाता है
(d) इसका उपयोग कृषि में पूँजीगत माल के उत्पादकों को लाभ प्रदान करने के लिए किया जाता है

47. निम्नलिखित में से कौन-सा कथन सही नहीं है?

(a) प्रकाश वर्ष एक वर्ष में प्रकाश द्वारा तय की गई दूरी है
(b) प्रकाश वर्ष दूरी की इकाई है
(c) प्रकाश वर्ष समय की इकाई है
(d) एंगस्ट्रम लम्बाई की इकाई है

48. निरुपमा संजीव भारत की प्रसिद्ध ……… खिलाड़ी हैं।

(a) शतरंज (b) तैराकी
(c) बैडमिण्टन (d) टेनिस

49. पर्यावरण (संरक्षण) अधिनियम, 1986 ……… को पर्यावरण प्रदूषण के सभी रूपों की रोकथाम के लिए अधिकृत प्राधिकरण स्थापित करने का अधिकार देता है।

(a) केन्द्र सरकार
(b) राज्य सरकार
(c) स्थानीय नगरपालिका
(d) सर्वोच्च न्यायालय

50. गण्डक नदी किस नदी की सहायक नदी है?

(a) कावेरी (b) ब्रह्मपुत्र
(c) यमुना (d) गंगा

भाग III
संख्यात्मक अभियोग्यता

51. कोई संख्या जिसके पाँचवें भाग में 5 की वृद्धि की जाती है, तो वह उसके तीसरे भाग में 7 की कमी के बराबर हो जाती है। संख्या का आधा भाग ज्ञात कीजिए।

(a) 80 (b) 60
(c) 150 (d) 45

52. तीन व्यक्ति, A, B और C, एक व्यवसाय में 2 : 3 : 5 के अनुपात में निवेश करते हैं। यह निर्णय लिया गया कि लाभ का 9% दान में दिया जाएगा। यदि कुल लाभ ₹ 250000 हुआ, तो लाभ में C का हिस्सा (₹ में) ज्ञात कीजिए।

(a) 121850
(b) 111650
(c) 113750
(d) 126950

53. यदि $(48° + k)$ एक न्यून कोण है और $\sin(48° + k) = \cos 13°$ है, तो k का मान (° में) कितना होगा?

(a) 23 (b) 29
(c) 37 (d) 17

54. दिया गया चित्र विभिन्न वर्षों में चार शहरों में लाख इकाइयों में मोबाइल के उत्पादन को दर्शाता है। चित्र (ग्राफ) का अध्ययन करें और उसके बाद दिए गए प्रश्न का उत्तर दें।

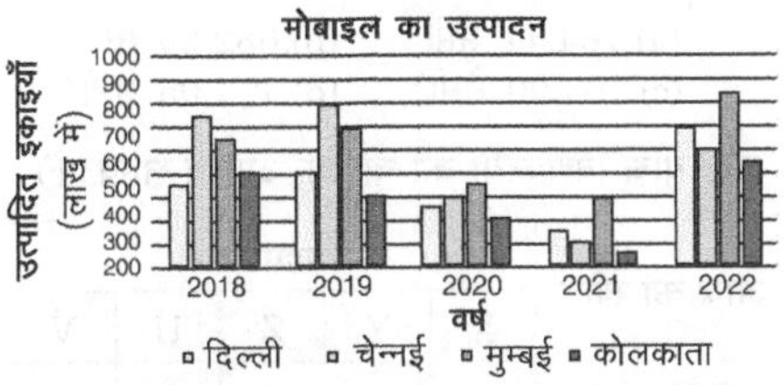

वर्ष 2019 से 2022 की अवधि के दौरान दिल्ली और कोलकाता में औसत उत्पादन के बीच अनुपात ज्ञात करें।

(a) 13 : 7 (b) 11 : 7
(c) 13 : 9 (d) 11 : 9

55. यदि ₹ 1875 की राशि 4 वर्षों में ₹ 2625 हो जाती है, तो उसी ब्याज दर पर साधारण ब्याज पर 9 वर्षों में ₹ 24000 की राशि कितनी हो जाएगी?

(a) ₹ 34800 (b) ₹ 45600
(c) ₹ 21600 (d) ₹ 43200

56. एक व्यक्ति पहले किसी वस्तु की कीमत में 8% की वृद्धि करता है और फिर वह 18% की छूट की घोषणा करता है मूल कीमत पर वास्तविक छूट (% में) कितनी है?

(a) 11.44 (b) 14.44
(c) 9.44 (d) 8.44

57. 150 विद्यार्थियों (केवल लड़के और लड़कियाँ) की एक कक्षा में 60 लड़कियाँ हैं। लड़कों का औसत वजन 52 किग्रा है और लड़कियों का औसत वजन 48 किग्रा है। पूरी कक्षा का औसत वजन (किग्रा में) क्या है?

(a) 51.2 (b) 48.8
(c) 50.4 (d) 49.6

58. ΔABC एक समकोण त्रिभुज है, जिसमें $\angle ABC = 90°$ है। यदि $m(\overline{AB}) = 28$ सेमी, और $m(\overline{BC}) = 96$ सेमी है, तो $\angle ABC$ के परिवृत्त का क्षेत्रफल (सेमी² में) ज्ञात करें। ($\pi = 3.14$ का उपयोग करें।)

(a) 7850 (b) 7536
(c) 7693 (d) 8164

59. दो चरों में एक रैखिक समीकरण दिया गया है $5x + 7y - 8 = 0$, निम्नलिखित में से कौन-सा रैखिक समीकरण, दिए गए समीकरण के साथ, रैखिक समीकरणों का एक निकाय बनाता है जिसका कोई हल नहीं है?

(a) $10x + 14y - 16 = 0$
(b) $7x + 5y - 8 = 0$
(c) $5x - 7y - 8 = 0$
(d) $5x + 7y - 16 = 0$

60. यदि A एक न्यून कोण है और $\tan A + \cot A = 2$ है, तो $7\tan^8 A - 6\cot^8 A + 8\sec^2 A$ का मान ज्ञात कीजिए।

(a) 17 (b) 16 (c) 6 (d) 7

61. एक बिन्दु A से, जो 8 सेमी त्रिज्या वाले एक वृत्त के केन्द्र C से 17 सेमी की दूरी पर है, वृत्त पर स्पर्श रेखा AB और AD का युग्म खींचा जाता है। चतुर्भुज $ABCD$ का क्षेत्रफल _____ सेमी² है।

(a) 60 (b) 120 (c) 192 (d) 360

62. दो एथलीट 220 मी के वृत्ताकार ट्रैक पर एक दौड़ में भाग ले रहे हैं। रवि 22 मी/से की चाल से दौड़ता है, जबकि कपिल 11 मी/से की चाल से दौड़ता है। वे एक ही बिन्दु से, एक ही समय पर और एक ही दिशा में दौड़ना शुरू करते हैं। कितने सेकण्ड के बाद वे पहली बार मिलेंगे?

(a) 15 सेकण्ड (b) 16 सेकण्ड
(c) 20 सेकण्ड (d) 24 सेकण्ड

63. एक कमरे में कुछ कुर्सियाँ और कुछ व्यक्ति हैं। यदि प्रत्येक कुर्सी पर केवल एक व्यक्ति बैठता है, तो ठीक एक व्यक्ति के लिए कुर्सी नहीं बचती है। यदि प्रत्येक कुर्सी पर दो व्यक्ति बैठते हैं, तो एक कुर्सी खाली रहती है। कमरे में कुर्सियों की संख्या कितनी है?

(a) 6 (b) 4 (c) 3 (d) 7

64. दी गई तालिका का अध्ययन कीजिए और निम्नलिखित प्रश्न का उत्तर दीजिए।

निम्नलिखित तालिका वर्ष 2021-22 के दौरान चार अलग-अलग स्कूलों में छात्रों के प्रतिशतता-बंटन को दर्शाती है।

वर्ष	स्कूल			
	स्कूल 1	स्कूल 2	स्कूल 3	स्कूल 4
2021	28	25	24	23
2022	27	28	23	22

यदि वर्ष 2021 और 2022 के दौरान छात्रों की कुल संख्या क्रमशः 16000 और 18000 थी, तो 2021 के सापेक्ष 2022 में स्कूल 4 में छात्रों की संख्या में अन्तर ज्ञात कीजिए।

(a) 280 (b) 180 (c) 240 (d) 380

65. त्रिभुजों के लिए, निम्नलिखित में से कौन-सा/कौन-से कथन सत्य है/हैं?

(A) आन्तरिक कोणों का योग 180° होता है

(B) सभी आन्तरिक कोण समान नहीं हो सकते हैं

(C) अधिक से अधिक एक अधिक कोण हो सकता है

(D) दो भुजाओं का योग तीसरी भुजा के बराबर हो भी सकता है और नहीं भी हो सकता है

(a) (B), (C) और (D)
(b) (A), (B) और (D)
(c) (A) और (B)
(d) (A) और (C)

66. यदि $\frac{3(16^3 - 6^3)}{(16^2 + 6^2 + Q)} = 30$ है, तो Q का मान ज्ञात कीजिए।

(a) 96 (b) 112 (c) 98 (d) 108

67. निम्न तालिका का अध्ययन कीजिए और प्रश्न का उत्तर दीजिए।

	2017	2018	2019	2020	2021
कम्पनी P	2000	4000	2000	3000	4000
कम्पनी Q	1500	3000	1500	3000	3000
कम्पनी R	1400	2000	2000	3000	3000

निम्नलिखित में से किस युग्म वर्ष में एक साथ मिलकर तीनों कम्पनियों का कुल निर्यात बराबर है?

(a) 2018 और 2019 (b) 2020 और 2021
(c) 2018 और 2020 (d) 2017 और 2018

68. एक पाइप, दूसरे पाइप की तुलना में चार गुना तेजी से एक टैंक भर सकता है। यदि दोनों पाइप मिलकर टैंक को 48 मिनट में भर सकते हैं, तो धीमा पाइप अकेले टैंक को कितने समय में भरने में सक्षम होगा?

(a) 240 मिनट
(b) 144 मिनट
(c) 288 मिनट
(d) 192 मिनट

69. $9^{20} + 2$ को 4 से विभाजित करने पर शेषफल क्या आएगा?

(a) 2 (b) 1
(c) 0 (d) 3

70. दिए गए व्यंजक का मान ज्ञात करें।

$$\frac{5}{1+\cot^2\theta} + \frac{3}{1+\tan^2\theta} + 2\cos^2\theta$$

(a) 3 (b) 2
(c) 5 (d) 0

71. उस शंकु का कुल पृष्ठीय क्षेत्रफल क्या होगा, जिसका वक्र पृष्ठीय क्षेत्रफल 550 सेमी^{2} और त्रिज्या 7 सेमी है? $\left(\pi = \frac{22}{7} \text{ लें}\right)$

(a) 764.71 सेमी^{2} (b) 682.60 सेमी^{2}
(c) 704.00 सेमी^{2} (d) 714.05 सेमी^{2}

72. पाँच विद्यालयों की वार्षिक आय (लाख में)

आय का स्रोत	विद्यालय				
	X	Y	Z	U	V
ट्यूशन शुल्क	13	26	15	17	16
सेमेस्टर शुल्क	43	56	39	89	59
दान	14	17	14	50	19
विविध	25	18	29	13	23
कुल	95	117	97	169	117

कितने विद्यालयों की सेमेस्टर शुल्क से होने वाली आय, दान के तीन गुने से कम है?

(a) 3 (b) 5
(c) 2 (d) 4

73. यदि एक त्रिभुज के कोण 7 : 8 : 3 के अनुपात में हैं, तो सबसे बड़े कोण का मान ज्ञात कीजिए।

(a) 80° (b) 60°
(c) 100° (d) 120°

74. यदि ₹ 200 से ₹ 260 तक की कीमतों पर खरीदी गई पुस्तकों को ₹ 250 से ₹ 300 तक की कीमतों पर बेचा जाता है, तो 25 पुस्तकों को बेचने पर अधिकतम सम्भावित लाभ क्या होगा?

(a) ₹ 2700 (b) ₹ 2500
(c) ₹ 1800 (d) ₹ 2300

75. 25% प्रत्येक की दो क्रमिक प्रतिशत कमी, 25% प्रत्येक की दो क्रमिक प्रतिशत वृद्धि से कितने प्रतिशत कम है? (दशमलव के दो स्थानों तक पूर्णांकित करें।)

(a) 22.22% (b) 56.25%
(c) 50% (d) 43.75%

भाग IV

अंग्रेजी भाषा

76. Select the most appropriate antonym to replace the word in brackets.
The author's writing was so captivating that readers were [enthralled], while the other book left them completely uninterested.

(a) interested
(b) agreement
(c) bored
(d) intrigued

77. Select the most appropriate antonym of the underlined word in the given sentence.
This library building is very high and has 25 floors.

(a) low (b) sturdy
(c) hale (d) elevated

78. In the given question, a statement divided into different segments is given. Rearrange all the segments to form a coherent statement.

O : that the Soviet Army had liberated
P : from the fascist forces came under
Q : the East European countries
R : the control of the USSR
S : after the Second World War

(a) SROPQ (b) POQSR
(c) POSQR (d) SQOPR

79. Select the most appropriate option to substitute the underlined segment in the given sentence.
Ranveer never has the habit of making a beeline for his academic activities.

(a) behaving abnormally
(b) selecting inconsiderately
(c) going straight and quick
(d) immediately responding to things

80. Select the option that expresses the given sentence in passive voice.
Rohit did not slap Kunal.

(a) Kunal was not being slapped by Rohit.
(b) Kunal had not been slapped by Rohit.
(c) Kunal was not slapped by Rohit.
(d) Kunal has not been slapped by Rohit.

81. Select the most appropriate meaning of the underlined idiom.
The company understood that these small protests of employees regarding low wages were just the tip of the iceberg.

(a) A small, noticeable part of a problem, the total size of which is non-existent
(b) A small, noticeable part of a problem, the total size of which is solvable
(c) A large part of a problem which is really noticeable
(d) A small, noticeable part of a problem, the total size of which is really much greater

82. Given below are four jumbled sentences. Select the option that gives their correct logical sequence.

A. The world's biggest radio telescope is in Puerto Rico.
B. It is called Arecibo dish.
C. It was built 40 years ago.
D. It is also 300 metres across.

(a) ABDC (b) CBDA
(c) DCAB (d) DCBA

83. Select the option that can be used as a one-word substitute for the given group of words.

One who looks at the bright side of things/situations

(a) Saint (b) Optimist
(c) Pessimist (d) Scientist

84. Select the incorrectly spelt word.

(a) Recieve (b) Necessary
(c) Possession (d) Accommodate

85. Select the option that expresses the given sentence in passive voice.

Will you give me an independent project?

(a) Will you be given an independent project by me?
(b) Would an independent project be given?
(c) Would I be given an independent project?
(d) Will I be given an independent project by you?

86. Select the most appropriate option that can substitute the underlined segment in the given sentence.

The chair I have bought recently <u>is costly</u> than what I bought last year.

(a) is the costliest
(b) is costlier
(c) was costly
(d) will be costly

87. Select the most appropriate verb /verb phrase to fill in the blank.

Akshaya .... hard for the entrance exam and received a high score.

(a) studies (b) has studied
(c) was studied (d) studied

88. Select the option that can be used as a one-word substitute for the underlined group of words.

His parents didn't allow him to enrol in the arts college because he is a <u>dabbler in arts, science or literature</u>.

(a) Connoisseur (b) Taciturn
(c) Dilettante (d) Ignoramus

89. Select the most appropriate synonym of the underlined word.

He was the most <u>honest</u> and good-hearted man that she had ever met.

(a) deceptive (b) sincere
(c) biased (d) fake

90. Select the most appropriate antonym of the underlined word in the following sentence.

I do not have any <u>access</u> to the information in this matter.

(a) doubt (b) reach
(c) clue (d) denial

91. Parts of the following sentence have been given as options. Select the option that contains an error.

The teacher asked him not to keep disturbing the class, but it had no affect.

(a) but it had no affect
(b) him not to keep
(c) disturbing the class
(d) The teacher asked

92. Select the most appropriate antonym of the given word.

Profuse

(a) Scarce (b) Humble
(c) Prompt (d) Just

93. Select the most appropriate synonym of the underlined word in the given sentence.

Even when he was left with plenty of fortune, he lived a <u>frugal</u> life.

(a) thrifty (b) purposeless
(c) extraordinary (d) hardworking

94. Select the most appropriate option that can substitute the underlined segment in the given sentence.

RN Right's literary works helped redefine discussions <u>in race relations in America</u> in the mid-20th century.

(a) by race relations in America
(b) beside race relations in America
(c) to race relations in America
(d) of race relations in America

95. Select the sentence that contains a spelling error.

(a) Researchers recommend that pesticides should not be used indiscriminately as they eliminate biodiversity for future generations.
(b) Journalism is often the work of painstaking rigour and perseverence that detail the socio-political experiences of our worlds.
(c) The venerated singer was also secretive, moody and very intense, famous for erratic and difficult behaviour
(d) Elephants are in trouble mainly because people desire ivory trinkets that are made of tusks, often gruesomely killing them to achieve their purpose.

Directions (Q. Nos. 96-100) *In the following passage, some words have been deleted. Read the passage carefully and select the most appropriate option to fill in each blank.*

2022 sees us entering a third year of the pandemic and the harm ....(1)....... children is increasingly evident : A record rise in child poverty. Setbacks to progress on ....(2)....... vaccinations. Disruption to education for entire generation. That harm ....(3)....... as an unintended side effect of the world's efforts to manage the crisis. COVID has been a uniquely dis-equalising crisis. Lopsided ....(4)....... vaccines aside, learning losses have been greatest among poorest children and job losses have been disproportionately borne by women and youth. What next for the world's children in the year ahead? As in the past two years, prospects for children will continue to hinge ....(5)....... on the pandemic and how it is managed.

96. Select the most appropriate option to fill in blank number 1.
(a) did to (b) done to
(c) does to (d) seems to

97. Select the most appropriate option to fill in blank number 2.
(a) different (b) irregular
(c) routine (d) similar

98. Select the most appropriate option to fill in blank number 3.
(a) had emerged
(b) has emerged
(c) have emerged
(d) was emerged

99. Select the most appropriate option to fill in blank number 4.
(a) keeps to
(b) access to
(c) seems to
(d) assess to

100. Select the most appropriate option to fill in blank number 5.
(a) almost (b) minor
(c) foremost (d) most

उत्तरमाला

1. (a)	2. (c)	3. (c)	4. (a)
5. (d)	6. (c)	7. (c)	8. (a)
9. (b)	10. (b)	11. (b)	12. (c)
13. (a)	14 (c)	15. (c)	16. (a)
17. (a)	18. (a)	19. (a)	20. (c)
21. (a)	22. (c)	23. (d)	24. (b)
25. (b)	26. (d)	27. (d)	28. (b)
29. (a)	30. (b)	31. (d)	32. (c)
33. (d)	34. (c)	35. (b)	36. (a)
37. (b)	38. (c)	39. (b)	40. (c)
41. (a)	42. (c)	43. (b)	44. (d)
45. (b)	46. (a)	47. (c)	48. (d)
49. (a)	50. (d)	51. (d)	52. (c)
53. (b)	54. (d)	55. (b)	56. (a)
57. (c)	58. (a)	59. (d)	60. (a)
61. (b)	62. (c)	63. (c)	64. (a)
65. (d)	66. (a)	67. (c)	68. (a)
69. (d)	70. (c)	71. (c)	72. (c)
73. (a)	74. (b)	75. (a)	76. (c)
77. (a)	78. (d)	79. (c)	80. (c)
81. (d)	82. (a)	83. (b)	84. (a)
85. (d)	86. (b)	87. (d)	88. (c)
89. (b)	90. (d)	91. (a)	92. (a)
93. (a)	94. (d)	95. (b)	96. (b)
97. (c)	98. (b)	99. (b)	100. (c)

व्याख्या

1. *(a)* दिया गया व्यंजक

$$229 \div 41 + 502 \times 2 - 44 = ?$$

प्रश्नानुसार, चिह्नों को आपस में बदलने पर,

नया व्यंजक → $229 \times 41 - 502 \div 2 + 44$
$= 9389 - 251 + 44$
$= 9433 - 251 = 9182$

2. *(c)*

दिया गया शब्द → S P I D E R
अंग्रेजी वर्णमाला में व्यवस्थित करने पर, → D E I P R S

अतः एक अक्षर का स्थान अपरिवर्तित रहेगा।

3. *(c)* जिस प्रकार,

17 – 19 – 16 – 20 (+2, –3, +4)

तथा 22 – 24 – 21 – 25 (+2, –3, +4)

उसी प्रकार,

15 – 17 – 14 – 18 (+2, –3, +4)

4. *(a)* जिस प्रकार,

$$(90 - 99 - 108) \Rightarrow \frac{90+108}{2} = \frac{198}{2} = 99$$

$$(82 - 46 - 10) \Rightarrow \frac{82+10}{2} = \frac{92}{2} = 46$$

तथा

$$(67 - 45 - 23) \Rightarrow \frac{67+23}{2} = \frac{90}{2} = 45$$

परन्तु, $(90 - 51 - 13) \Rightarrow \frac{90+13}{2} = \frac{103}{2} = 51.5 \neq 51$

5. *(d)* प्रश्नानुसार,

Ⓕ R A M E D → 4 9 7 6 2 ①

D R E A M △T → 7 6 9 △5 4 2

अतः T को कूटभाषा में 5 लिखा जाएगा।

6. *(c)* दी गई आकृति का सही दर्पण प्रतिबिम्ब विकल्प (c) की आकृति होगा।

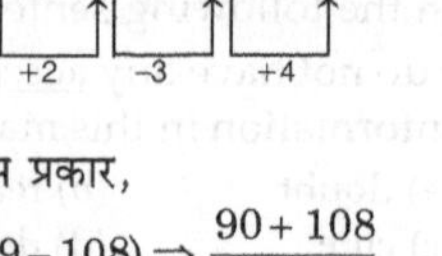

7. *(c)* प्रश्नानुसार, M # N @ L × P + T

रक्त सम्बन्ध आरेख बनाने पर,

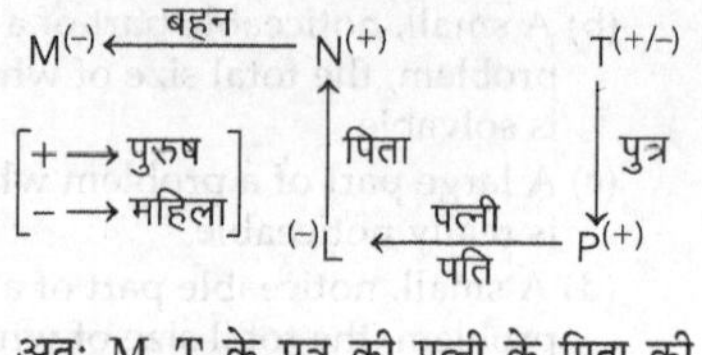

अतः M, T के पुत्र की पत्नी के पिता की बहन है।

8. *(a)* जिस प्रकार

S →(+2) U →(+5) Z →(–1) Y

P →(+2) R →(+5) W →(–1) V

तथा Q →(+2) S →(+5) X →(–1) W

परन्तु, M →(+3) P →(+5) U →(–1) T

9. *(b)* जिस प्रकार,

F G U R E → V S U G J W (विपरीत अक्षर स्थिति में +1)

तथा C O P E D → Y M L S W X (विपरीत अक्षर स्थिति में +1)

उसी प्रकार,

B L A N K E T → Z P A N Q W H (विपरीत अक्षर स्थिति में +1)

10. *(b)* दी गई, शृंखला का क्रम निम्न प्रकार है,

30 → 22 → 36 → 75 → 178 → 480

(×0.5+7, ×1+14, ×1.5+21, ×2+28, ×2.5+35)

11. *(b)* दिया गया व्यंजक,

$$4 - 5 \div 9 + 6 \times 2 = ?$$

प्रश्नानुसार, चिह्नों को आपस में बदलने पर,

नया व्यंजक → $4 + 5 \times 9 - 6 \div 2$
$= 4 + 5 \times 9 - 3$
$= 4 + 45 - 3 = 46$

12. *(c)* कथनानुसार,

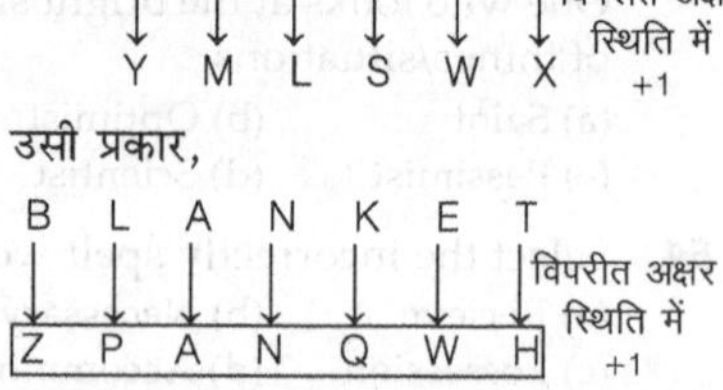

निष्कर्ष I. (✓) II. (✗)

अतः केवल निष्कर्ष I अनुसरण करता है।

13. *(a)* जिस प्रकार, सरल का समानार्थी शब्द बुनियादी (साधारण) है उसी प्रकार, मुश्किल का समानार्थी शब्द जटिल है।

14. *(c)* प्रश्नानुसार, कागज को मोड़कर काटने के बाद खोलने पर वह विकल्प (c) जैसा दिखाई देगा।

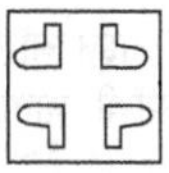

15. *(c)* दी गई श्रृंखला का क्रम निम्न प्रकार है,

$Y\underline{T}Y/\underline{Y}\,\underline{T}Y/\underline{Y}T\underline{Y}/Y\underline{T}Y$

$\Rightarrow$ T Y T Y Y T

16. *(a)* प्रश्नानुसार, कागज को मोड़कर काटने के बाद खोलने पर विकल्प (a) जैसा दिखाई देगा।

17. *(a)* जिस प्रकार,

$(108, 12, 9) \Rightarrow 12 \times 9 = 108$

तथा $(114, 19, 6) \Rightarrow 19 \times 6 = 114$

उसी प्रकार, $(136, 17, 8) \Rightarrow 17 \times 8 = 136$

18. *(a)* आकृति के बिन्दुओं का नामकरण करने पर,

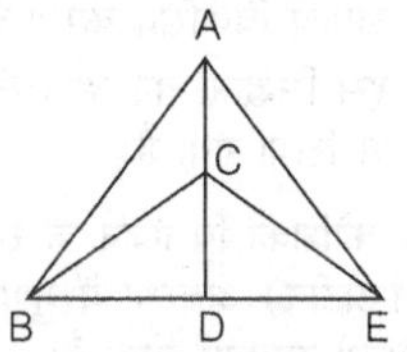

$\Delta ABC, \Delta BCD, \Delta ABD, \Delta ACE,$
$\Delta CDE, \Delta ADE, \Delta BCE$ तथा ΔABE

अत: आकृति में 8 त्रिभुज हैं।

19. *(a)* कथनानुसार,

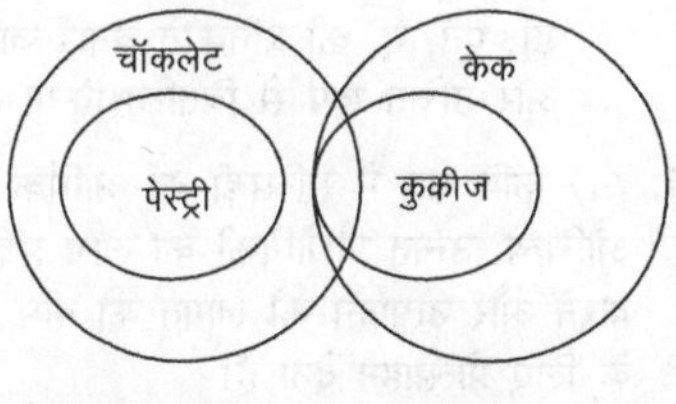

निष्कर्ष I. (✗) II. (✓)

अत: केवल निष्कर्ष II अनुसरण करता है।

20. *(c)* दी गई आकृति श्रृंखला प्रत्येक अगले पद में ऊपरी दाएँ कोने से प्रारम्भ वाले दक्षिणावर्त दिशा में क्रमश: अक्षर प्रतिबिम्ब में बदल जाते हैं। अत: विकल्प (c) आकृति, श्रृंखला को पूरा करेगी।

21. *(a)* दी गई श्रृंखला का क्रम निम्न प्रकार है,

$O \xrightarrow{-1} N \xrightarrow{-1} \boxed{M} \xrightarrow{-1} L \xrightarrow{-1} K$

$P \xrightarrow{-1} O \xrightarrow{-1} \boxed{N} \xrightarrow{-1} M \xrightarrow{-1} L$

$O \xrightarrow{+1} P \xrightarrow{+1} \boxed{Q} \xrightarrow{+1} R \xrightarrow{+1} S$

$R \xrightarrow{+1} S \xrightarrow{+1} \boxed{T} \xrightarrow{+1} U \xrightarrow{+1} V$

22. *(c)* दी गई श्रृंखला के प्रत्येक अगले पद में वामावर्त दिशा में तीन-तीन रेखाएँ कम हो रही हैं। अत: श्रृंखला में प्रश्नचिह्न के स्थान पर विकल्प आकृति (c) होगी।

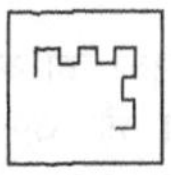

23. *(d)* जिस प्रकार, $(3, 5, 32) \Rightarrow 3 \times 5 + 17$
$= 15 + 17 = 32$

तथा $(9, 1, 26) \Rightarrow 9 \times 1 + 17$
$= 9 + 17 = 26$

उसी प्रकार, $(6, 1, 23) \Rightarrow 6 \times 1 + 17$
$= 6 + 17 = 23$

24. *(b)* श्रृंखला का क्रम निम्न प्रकार है,

$O \xrightarrow{+3} R \xrightarrow{+3} U \xrightarrow{+3} X \xrightarrow{+3} \boxed{A}$

$A \xrightarrow{+3} D \xrightarrow{+3} G \xrightarrow{+3} J \xrightarrow{+3} \boxed{M}$

$33 \xrightarrow{+3} 36 \xrightarrow{+3} 39 \xrightarrow{+3} 42 \xrightarrow{+3} \boxed{45}$

25. *(b)* दी गई प्रश्न आकृति उत्तर आकृति (b) में सन्निहित है।

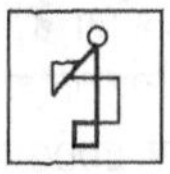

26. *(d)* सही सुमेलन A-iii, B-i, C-ii, D-iv है।

- ब्रह्म समाज की स्थापना 1828 ई. में राजा राममोहन राय ने की थी।
- रामकृष्ण मिशन की स्थापना 1 मई, 1897 को स्वामी विवेकानन्द जी ने की थी।
- प्रार्थना समाज की स्थापना 1867 ई. में मुम्बई में आत्माराम पाण्डुरंग ने की थी।
- आर्य समाज की स्थापना 10 अप्रैल, 1875 में मुम्बई में दयानन्द सरस्वती ने की थी।

27. *(d)* **नियततापी प्राणी** में स्तनधारी और पक्षी दोनों की विशेषता है।

- नियततापी प्राणी ऐसी जातियों को कहा जाता है, जिनके रक्त का तापमान शीत ऋतु में रहने वाले जानवरों की तुलना में अधिक होता है।

28. *(b)* भारतीय संविधान का भाग V उप-राष्ट्रपति के निर्वाचन से सम्बन्धित है।

- भारतीय संविधान का भाग V संघ सरकार के कामकाज से सम्बन्धित है।
- उप-राष्ट्रपति के निर्वाचन का उल्लेख संविधान के अनुच्छेद 66 में किया गया है।
- उप-राष्ट्रपति का चुनाव संसद के दोनों सदनों के सदस्यों से मिलकर बने निर्वाचक मण्डल के सदस्यों द्वारा आनुपातिक प्रतिनिधित्व पद्धति के अनुसार एकल संक्रमणीय मत द्वारा किया जाएगा और ऐसे चुनाव में मतदान गुप्त होगा।

29. *(a)* वर्ष 1987 में **आशा भोंसले** पार्श्व गायिका को नाइटिंगेल ऑफ एशिया पुरस्कार से सम्मानित किया गया था।

- आशा भोंसले एक भारतीय पार्श्व गायिका, उद्यमी, अभिनेत्री और टेलीविजन व्यक्तित्व हैं।
- इनका जन्म 8 सितम्बर, 1933 को महाराष्ट्र में हुआ था।
- इन्हें वर्ष 2000 में दादा साहेब फाल्के पुरस्कार, वर्ष 2008 में पद्म विभूषण एवं वर्ष 2021 में महाराष्ट्र भूषण पुरस्कार से सम्मानित किया गया था।

30. *(b)* लोकरंजन त्योहार **मध्य प्रदेश** राज्य में लोक और जनजातीय संस्कृति के जश्न के रूप में मनाया जाता है।

- यह मध्य प्रदेश के खजुराहों में आयोजित होने वाला जनजातीय नृत्य उत्सव है, जिसे प्रत्येक वर्ष दिसम्बर माह में मनाया जाता है।
- यह उत्सव सामाजिकता, समरसता और भाईचारे की संस्कृति को बढ़ावा देता है।

31. *(d)* भारत में **कृषि क्षेत्र** मौसमी बेरोजगारी का सामना करता है।

- मौसमी बेरोजगारी वह स्थिति है, जिसमें वर्ष के कुछ विशिष्ट महीनों में बेरोजगारी का स्तर बढ़ने की उम्मीद होती है। फलत: लोगों को कुछ महीने नौकरी नहीं मिल पाती है।
- मौसमी बेरोजगारी मुख्यत: ग्रामीण क्षेत्रों में देखने को मिलती है।

32. *(c)* पश्चिम बंगाल में एक वर्ष में चावल की तीन फसलें उगाई जाती हैं।

- ये तीन फसलें औस, अमन और बोरो हैं।
- ये फसलें पश्चिम बंगाल के अतिरिक्त असम और ओडिशा आदि राज्यों में भी उगाई जाती हैं।
- चावल की खेती के लिए 25°C से अधिक तापमान, उच्च आर्द्रता और 100 सेमी से अधिक वर्षा की आवश्यकता होती है।

33. *(d)* 1857 की क्रान्ति मई माह में भारत की **मेरठ** छावनी से आरम्भ हुई थी।
- मेरठ में 10 मई, 1857 को 'भारतीय स्वतन्त्रता का पहला संग्राम' शुरू हुआ था।
- यह ब्रिटिश ईस्ट इण्डिया कम्पनी की सेना के सिपाहियों के रूप में शुरू हुआ, लेकिन अन्ततः इसके जनता की भागीदारी भी प्राप्त कर ली।
- इस विद्रोह का तात्कालिक कारण चर्बी वाले कारतूसों का सैन्य उपयोग था।
- मार्च, 1857 में बैरकपुर में एक सिपाही मंगल पाण्डे ने कारतूस उपयोग से इंकार कर दिया था और अपने वरिष्ठ अधिकारियों पर हमला कर दिया।

34. *(c)* **नरसिंह वर्मन** पल्लव राजा ने वातापी (बादामी) पर कब्जा करके चालुक्यों को हराया था।
- नरसिंह वर्मन प्रथम पल्लव वंश के सम्राट थे, जिन्होंने 630-668 ई. तक शासन किया था।
- यह एक हिन्दू राजा और शिव भक्त थे।
- नरसिंह वर्मन प्रथम के बाद नरसिंह वर्मन द्वितीय (668 ई. में) गद्दी पर बैठा।
- नरसिंह वर्मन ने 'महामल्ल' की उपाधि धारण की।

35. *(b)* प्रसिद्ध बैडमिण्टन खिलाड़ियों में से **पी. वी. सिन्धु** ने सिंगापुर ओपन-2022 जीता।
- सिन्धु ने फाइनल में चीनी शटलर वांग झी पी को हराकर सिंगापुर ओपन का खिताब जीता।
- इन्हें वर्ष 2015 में पद्मश्री, वर्ष 2016 में मेजर ध्यानचन्द पुरस्कार और वर्ष 2020 में पद्म विभूषण से सम्मानित किया गया है।

36. *(a)* भारतीय संविधान के **भाग VI में अनुच्छेद 168 से 212** राज्य विधानमण्डल से सम्बन्धित है।
- राज्य विधानमण्डल, राज्यस्तर पर कानून बनाने वाली संस्था है।
- राज्य विधानमण्डल में दो सदन होते हैं, विधानसभा और विधानपरिषद्।

37. *(b)* यदि प्रश्न में दी गई समीकरण को सन्तुलित किया जाए, तो उत्पाद पक्ष में कार्बन डाइऑक्साइड और पानी के अणुओं की संख्या क्रमशः 2 और 3 होगी।

असन्तुलित अभिक्रिया

$C_2H_5OH + O_2 \rightarrow CO_2 + H_2O$

सन्तुलित अभिक्रिया

$C_2H_5OH + O_2 \rightarrow 2CO_2 + 3H_2O$

38. *(c)* कृषि क्षेत्र को बढ़ावा देने के लिए मुहम्मद-बिन-तुगलक ने **दीवान-ए-अमीर-ए कोही** नाम से नए विभाग की स्थापना की थी।
- इसके तहत किसानों को ऋण प्रदान कर उनकी सहायता की जाती थी।
- इसका उद्देश्य दोआब में खेती की स्थिति में सुधार करना था।

39. *(b)* 'कुकी नृत्य' भारत का एक लोकनृत्य है, जो मुख्य रूप से **नागालैण्ड** में किया जाता है।
- कुकी नृत्य का आयोजन त्योहारों, शादियों और अन्य महत्त्वपूर्ण आयोजनों पर किया जाता है।
- यह नृत्य कुकी जनजाति का सांस्कृतिक अंग है। इसमें पुरुष और महिलाएँ पारम्परिक पोशाक पहन कर नृत्य करते हैं।
- कुकी जनजाति भारत के पूर्वोत्तर राज्यों मणिपुर, नागालैण्ड, असम, मेघालय, त्रिपुरा और मिजोरम में रहती है।

40. *(c)* माइक्रोफाइनेंसिंग शब्द का पहली बार उपयोग 1970 के दशक में बांग्लादेश के ग्रामीण बैंक के विकास के दौरान किया गया था, जिसकी स्थापना **मुहम्मद यूनुस** ने की थी।
- मुहम्मद यूनुस एक अर्थशास्त्री, उद्यमी तथा राजनेता हैं, जिनका जन्म 28 जून, 1940 बांग्लादेश में हुआ था।
- इन्हें वर्ष 2006 में सामाजिक और आर्थिक सुधार के लिए नोबेल पुरस्कार दिया गया।
- इन्होंने वर्ष 1983 में ग्रामीण बैंक की स्थापना की, जो दुनिया के विभिन्न देशों में गरीबी उन्मूलन में महत्त्वपूर्ण भूमिका निभाता है।

41. *(a)* पृथ्वी के ऊपरी भाग को **स्थलमण्डल** कहा जाता है।
- स्थलमण्डल पृथ्वी का ठोस एवं बाहरी हिस्सा है।
- यह चट्टानों एवं खनिजों से बना होता है एवं मिट्टी की पतली परत से ढका होता है।
- स्थलमण्डल हमें वन, कृषि एवं मानव बस्तियों के लिए भूमि, पशुओं को चरने के लिए घास स्थल प्रदान करता है।
- पृथ्वी का लगभग 29% भाग स्थलमण्डल द्वारा तथा 71% भाग जलमण्डल द्वारा घिरा हुआ है।

42. *(c)* **कबड्डी** खेल में बॉल्क लाइन का उपयोग किया जाता है।
- खिलाड़ी को बॉल्क लाइन को पार करके बचाव करने वाली टीम के क्षेत्र में जाना चाहिए और फिर बिना टैकल किए मैदान के अपने आधे हिस्से में वापस लौटना चाहिए।
- बॉल्क रेखा मध्य रेखा से 3.75 मी की दूरी पर होती है।
- बोनस लाइन बॉल्क लाइन से 1 मीटर आगे खींची जाती है।

43. *(b)* पद्म भूषण पुरस्कार से सम्मानित अरविन्द पारिख **सितार** संगीत वाद्ययन्त्र बजाते हैं।
- इन्हें वर्ष 1997-98 में गुजरात संगीत नाटक अकादमी द्वारा गौरव पुरस्कार से सम्मानित किया गया।
- इन्हें वर्ष 2003 मे वाद्य संगीत के लिए संगीत नाटक अकादमी द्वारा राष्ट्रीय पुरस्कार से भी सम्मानित किया गया था।

44. *(d)* भारतीय संविधान के भाग IV में अनुच्छेद 36-51 तक राज्य के नीति-निदेशक सिद्धान्त का वर्णन किया गया है।
- ये सिद्धान्त राज्य और उसके नागरिकों के समग्र विकास को सक्षम करने के लिए लागू किए गए हैं।
- इन सिद्धान्तों का उद्देश्य देश में न्यायपूर्ण और समानता पर आधारित समाज विकसित करना है।
- इस सिद्धान्त को आयरलैण्ड के संविधान से लिया गया है।

45. *(b)* कोशिका विभाजन के सन्दर्भ में तनुपट्ट (लिप्टोटीन) अवस्था में गुणसूत्र का संघनित सम्बन्धी व्यवहार होता है।
- गुणसूत्र डी. एन. ए. का एक पैकेज है, जिसमें किसी जीव की आनुवंशिक सामग्री का कुछ या पूरा हिस्सा होता है।
- गुणसूत्र यह सुनिश्चित करने में मदद करते हैं कि कोशिका विभाजन के दौरान डी. एन. ए. की प्रतिकृति बनाई जाए और उचित रूप से वितरित किया जाए।

46. *(a)* कृषि क्षेत्र में सब्सिडी का आर्थिक औचित्य, उन्नत प्रौद्योगिकी का लाभ प्रदान करने और उत्पादन की लागत को कम करने के लिए प्रोत्साहन देना है।
- कृषि क्षेत्र में सब्सिडी के द्वारा सरकार किसानों को मौद्रिक भुगतान करती है; जैसे-उर्वरक सब्सिडी, ऋण सब्सिडी, सिंचाई सब्सिडी आदि।
- कृषि क्षेत्र में सब्सिडी से वस्तुओं और सेवाओं की लागत कम होती है।

47. *(c)* प्रकाश वर्ष, समय की इकाई नहीं है, जबकि अन्य सभी विकल्प सही हैं। समय का मात्रक सेकण्ड होता है।

- प्रकाश वर्ष एक वर्ष में निर्वात में प्रकाश द्वारा तय की गई दूरी है।
- प्रकाश वर्ष खगोलीय दूरी को मापने का यन्त्र है। इसकी गति 3 लाख किमी प्रति सेकण्ड होती है।

48. *(d)* निरुपमा संजीव भारत की प्रसिद्ध **टेनिस** खिलाड़ी हैं।

- ये वर्ष 1998 में ऑस्ट्रेलिया ओपन ग्रैण्ड स्लैम में एक राउण्ड जीतने वाली पहली भारतीय महिला थी।
- इन्होंने एशियाई खेलों-1998 में महेश भूपति के साथ मिक्स्ड डबल में कांस्य पदक जीता था।
- इनका जन्म वर्ष 1976 में दक्षिण भारत के कोयम्बटूर शहर में हुआ था।

49. *(a)* पर्यावरण (संरक्षण) अधिनियम, 1986 **केन्द्र सरकार** को पर्यावरण प्रदूषण के सभी रूपों की रोकथाम के लिए अधिकृत प्राधिकरण स्थापित करने अधिकार देता है।

- इस अधिनियम में 26 धाराएँ और 4 अध्याय हैं।
- इस अधिनियम के तहत खतरनाक पदार्थों के संचालन, भण्डारण और अन्तिम निपटान के लिए नियम बनाए गए हैं।

50. *(d)* गण्डक नदी, गंगा नदी की सहायक नदी है।

- यह नदी भारत और नेपाल के मध्य बहती है।
- यह नदी मुंगेर (बिहार) में **गंगा नदी** से मिलती है।
- गण्डक नदी को नारायणी या सालग्रामी नदी के नाम से भी जाना जाता है।
- इसका कुल जलग्रहण क्षेत्र 46300 किमी^{2} है।

51. *(d)* माना वह संख्या $15x$ है।

$\therefore$ संख्या का पाँचवा भाग $= 15x \times \frac{1}{5} = 3x$

संख्या का तीसरा भाग $= 15 \times \frac{1}{3} = 5x$

प्रश्नानुसार,

$$3x + 5 = 5x - 7$$

$\Rightarrow \quad -2x = -12$

$\Rightarrow \quad x = 6$

$\therefore$ संख्या $= 15 \times 6 = 90$

अतः संख्या का आधा भाग $= \frac{90}{2} = 45$

52. *(c)* माना A, B, C के निवेश क्रमशः $2x$, $3x$ और $5x$ है।

कुल लाभ = ₹ 250000

कुल लाभ में से दान किया गया भाग

$= 250000 \times \frac{9}{100}$

$=$ ₹22500

शेष बचत लाभ $= 250000 - 22500$

$= 227500$

शेष लाभ में C का हिस्सा

$= \frac{227500}{10x} \times 5x$

$=$ ₹113750

अतः लाभ में C का हिस्सा $=$ ₹113750

53. *(b)* दिया है,

$\sin(48° + k) = \cos 13°$

{ $\sin A = \cos B$ होंगे जब $A + B = 90°$ हो}

$\therefore \quad 48° + k + 13° = 90°$

$\Rightarrow \quad 61° + k = 90°$

$\Rightarrow \quad k = 90° - 61°$

$\Rightarrow \quad k = 29°$

अतः $k = 29°$ होगा।

54. *(d)* वर्ष 2019 से 2022 तक की अवधि के दिल्ली में औसत उत्पादन

$= 600 + 450 + 350 + 800$

$= \frac{2200}{4}$ (लाख)

कोलकाता में औसत उत्पादन (2019 से 2022 तक)

$= 500 + 400 + 250 + 650$

$= \frac{1800}{4}$ (लाख)

अभीष्ट अनुपात $= \frac{2200}{4} : \frac{1800}{4}$

$= 22 : 18 = 11 : 9$

55. *(b)* दिया है,

$P =$ ₹1875

$T = 4$ वर्ष

मिश्रधन $=$ ₹2625

$\therefore$ साधारण ब्याज $= 2625 - 1875 =$ ₹750

$\therefore$ साधारण ब्याज $= \frac{P \times R \times T}{100}$

$\Rightarrow \quad 750 = \frac{1875 \times 4 \times R}{100}$

$\Rightarrow \quad \frac{750 \times 100}{1875 \times 4} = R$

$R = 10\%$

अब धनराशि $P =$ ₹24000, $R = 10\%$, $T = 9$ वर्ष

$\text{SI} = \frac{24000 \times 10 \times 9}{100} =$ ₹21600

अतः अभीष्ट धनराशि

$= 24000 + 21600$

$=$ ₹45600

56. *(a)* वस्तु की कीमत में वृद्धि $= 8\%$

वस्तु की कीमत पर छूट $= 18\%$

$\therefore$ मूल कीमत पर वास्तविक छूट

$= \left\{x\% + y\% + \frac{x\% y\%}{100}\right\}$

$= 8\% - 18\% + \frac{(8\%) \times (-18\%)}{100}$

$= -10\% - \frac{144\%}{100}$

$= -10\% - 144\%$

$= -1144\%$

अतः मूल कीमत पर वास्तविक छूट

$=$ ₹ 1144%

57. *(c)* छात्रों की कुल संख्या $= 150$

लड़कियों की कुल संख्या $= 60$

$\therefore$ लड़कों की संख्या $= 150 - 60 = 90$

पूरी कक्षा का औसत

$= \frac{60 \times 48 + 90 \times 52}{150}$

$= \frac{2880 + 4680}{150}$

$= \frac{7560}{150} = 50.4$ किग्रा

58. *(a)* प्रश्नानुसार,

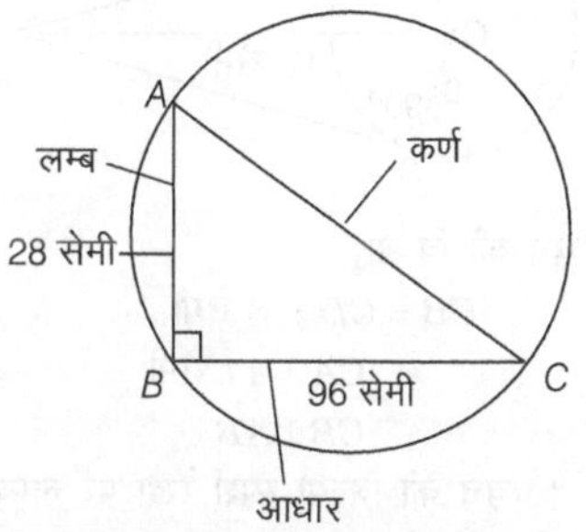

ΔABC में, पाइथागोरस प्रमेय से,

$AC^2 = AB^2 + BC^2$

$\Rightarrow AC^2 = (28)^2 + (96)^2$

$\Rightarrow AC = \sqrt{10000} \Rightarrow AC = 100$ सेमी

परिवृत्त की त्रिज्या $(R) = \frac{\text{कर्ण}}{2}$

$= \frac{100}{2} = 50$ सेमी

परिवृत्त का क्षेत्रफल $= \pi r^2$

$= 3.14 \times 50 \times 50$

$= 3.14 \times 2500$

$= 7850$ सेमी^{2}

59. *(d)* दिया है,

रैखिक समीकरण $5x + 7y - 8 = 0$

कोई हल नहीं है

$$\frac{a_1}{a_2} = \frac{b_1}{b_2} \neq \frac{c_1}{c_2}$$

∵ दूसरा रैखिक समीकरण विकल्प (d) से,

$$5x + 7y - 16 = 0$$

यहाँ $a_1 = 5, b_1 = 7, c_1 = -8$

यहाँ $a_2 = 5, b_2 = 7, c_2 = -16$

$$\Rightarrow \frac{5}{5} = \frac{7}{7} = \frac{8}{16} \Rightarrow 1 = 1 \neq \frac{1}{2}$$

अत: विकल्प (d) सही हैं।

60. *(a)* दिया है, $\tan A + \cot A = 2$

$$\tan A + \frac{1}{\tan A} = 2 \left\{\because \cot A = \frac{1}{\tan A}\right\}$$

$$\therefore \quad A = 45° \quad \{\because \tan 45° = 1\}$$

$$\tan 45° + \frac{1}{\tan 45°} = 2$$

$$1 + \frac{1}{1} = 2$$

$$2 = 2$$

$\therefore 7\tan^8 A - 6\cot^8 A + 8\sec^2 A$

$= 7\tan^8 45 - 6\cot^8 45 + 8\sec^2 45°$

$= 7 \times (1)^8 - 6 \times (1)^8 + 8 \times (\sqrt{2})^2$

$= 7 - 6 + 16 = 17$

61. *(b)* दिया है,

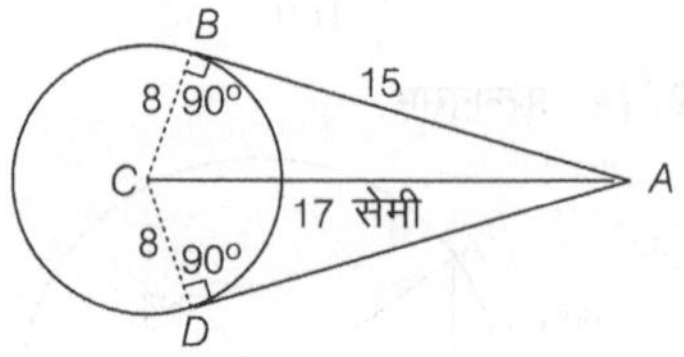

वृत्त की त्रिज्या,

$$CB = CD = 8 \text{ सेमी}$$

$$CA = 17 \text{ सेमी}$$

$$CB \perp AB$$

{∵ वृत्त की त्रिज्या स्पर्श रेखा पर लम्ब होती है।}

$\therefore \Delta ACB$ में पाइथागोरस प्रमेय से,

$$(CA)^2 = (CB)^2 + (AB)^2$$

$$\Rightarrow \quad (17)^2 = (8)^2 + (AB)^2$$

$$\Rightarrow \quad AB^2 = 225$$

$$\Rightarrow \quad AB = 15 \text{ सेमी}$$

$$\therefore \quad AB = AD = 15 \text{ सेमी}$$

{∵ स्पर्श रेखा बराबर होती है।}

ΔACB का क्षेत्रफल $= \frac{1}{2} \times AB \times CB$

$$= \frac{1}{2} \times 15 \times 8$$

$$= 60 \text{ सेमी}^2$$

∴ चतुर्भुज $ABCD$ का क्षेत्रफल

$= 2 \times \Delta ABC$ का क्षेत्रफल

$= 2 \times 60 = 120$ सेमी^{2}

62. *(c)* अभीष्ट समय $= \frac{\text{ट्रैक की लम्बाई}}{\text{सापेक्ष चाल}}$

$$= \frac{220}{22 - 11} = \frac{220}{11} = 20 \text{ सेकण्ड}$$

63. *(c)* माना तीन कुर्सी $= C_1, C_2, C_3$

चार व्यक्ति $= P_1, P_2, P_3, P_4$

अब प्रश्नानुसार,

प्रत्येक कुर्सी पर एक व्यक्ति को बिठानें पर एक व्यक्ति शेष बचेगा तथा प्रत्येक कुर्सी पर दो व्यक्ति बिठाने पर, एक कुर्सी शेष बचेगी। इसलिए कुर्सियों की संख्या 3 होगी।

अत: विकल्प (c) सही होगा।

64. *(a)* वर्ष 2021 में स्कूल 4 में छात्रों की संख्या $= 16000 \times \frac{23}{100} = 3680$

वर्ष 2022 में स्कूल 4 में छात्रों की संख्या

$$= 18000 \times \frac{22}{100} = 3960$$

अभीष्ट अन्तर $= 3960 - 3680 = 280$

65. *(d)* कथन (A)–त्रिभुज के आन्तरिक कोणों का योग 180° होता है इसलिए कथन (A) सही है।

कथन (C)–किसी भी त्रिभुज में अधिक से अधिक एक अधिक कोण होता है इसलिए कथन (C) सही है।

कथन (A) और (C) सही है तथा कथन (B) और (D) गलत है।

अत: विकल्प (d) सही है।

66. *(a)* $\frac{3(16^3 - 6^3)}{(16^2 + 6^2 + Q)} = 30$

$\{a^3 - b^3 = (a - b)(a^2 + ab + b^2)\}$

$$= \frac{3(16 - 6)(16^2 + 6^2 + 16 \times 6)}{(16^2 + 6^2 + Q)} = 30$$

तुलना करने पर,

$$(16^2 + 6^2 + 16 \times 6) = (16^2 + 6^2 + Q)$$

$$Q = 16 \times 6 = 96$$

67. *(c)* वर्ष 2017 में सभी कम्पनियों का कुल निर्यात $= 2000 + 1500 + 1400 = 4900$

वर्ष 2018 में सभी कम्पनियों का कुल निर्यात $= 4000 + 3000 + 2000 = 9000$

वर्ष 2019 में सभी कम्पनियों का कुल निर्यात $= 2000 + 1500 + 2000 = 5500$

वर्ष 2020 में सभी कम्पनियों का कुल निर्यात $= 3000 + 3000 + 3000 = 9000$

वर्ष 2021 में सभी कम्पनियों का कुल निर्यात $= 4000 + 3000 + 3000 = 10000$

अत: वर्ष 2018 और 2020 में निर्यात बराबर है।

68. *(a)* तेज पाइप धीमा पाइप

क्षमताएँ = 4 : 1

∴ टैंक की क्षमता $= 48 \times (4 + 1) = 240$

धीमें पाइप द्वारा टैंक भरने में लगा समय

$$= \frac{240}{1} = 240 \text{ मिनट में}$$

69. *(d)* $\frac{9^{20} + 2}{4} = \frac{9^{20}}{4} + \frac{2}{4}$

$$= \frac{(8+1)^{20}}{4} + \frac{2}{4}$$

$$= \frac{(1)^{20}}{4} + \frac{2}{4}$$

$$= \frac{1}{4} + \frac{2}{4} = 1 + 2 = 3$$

70. *(c)* $\frac{5}{1 + \cot^2\theta} + \frac{3}{1 + \tan^2\theta} + 2\cos^2\theta$

$$\left\{\begin{matrix} 1 + \cot^2\theta = \text{cosec}^2\theta \\ 1 + \tan^2\theta = \sec^2\theta \end{matrix}\right\}$$

$$= \frac{5}{\text{cosec}^2\theta} + \frac{3}{\sec^2\theta} + 2\cos^2\theta$$

$$\left\{\begin{matrix} \frac{1}{\sec^2\theta} = \cos^2\theta \\ \frac{1}{\text{cosec}^2\theta} = \sin^2\theta \end{matrix}\right\}$$

$= 5\sin^2\theta + 3\cos^2\theta + 2\cos^2\theta$

$= 5\sin^2\theta + 5\cos^2\theta$

$\{\sin^2\theta + \cos^2\theta = 1\}$

$= 5(\sin^2\theta + \cos^2\theta)$

$= 5 \times 1 = 5$

71. *(c)* दिया है,

शंकु का वक्र पृष्ठीय क्षेत्रफल = 550 सेमी^{2}

$$\Rightarrow \quad \pi rl = 550$$

$$\Rightarrow \quad \frac{22}{7} \times 7 \times l = 550$$

$$\Rightarrow \quad l = \frac{550 \times 7}{22 \times 7}$$

$$\Rightarrow \quad l = 25 \text{ सेमी}$$

शंकु का कुल पृष्ठीय क्षेत्रफल $= \pi rl + \pi r^2$

$$= \pi r(l + r) = \frac{22}{7} \times 7(25 + 7)$$

$$= 22 \times 32 = 70400 \text{ सेमी}^2$$

72. *(c)*

विद्यालय	X	Y	Z	U	V
सेमेस्टर शुल्क →	43	56	39	89	59
दान की तीन गुना आय →	42	51	42	150	57

अत: विद्यालय Z और U में सेमेस्टर शुल्क से होने वाली आय, दान के तीन गुने से कम है।

73. *(a)* माना त्रिभुज के कोण क्रमशः: $7x$, $8x$, $3x$ हैं।

$\therefore \quad 7x + 8x + 3x = 180$

(तीनों कोणों का योग 180° होता है)

$18x = 180$

$x = 10°$

अत: त्रिभुज का सबसे बड़ा कोण $= 8x$

$= 8 \times 10 = 80°$

74. *(b)* खरीदी गई पुस्तकों की कीमत

= ₹ 200 से ₹ 260 तक

बेची गई पुस्तकों की कीमत

= ₹ 250 से ₹ 300 तक

∵ अधिकतम लाभ कमाने के लिए वस्तु को कम-से-कम कीमत पर खरीदना पड़ेगा और अधिकतम कीमत पर बेचना पड़ेगा तब अधिकतम लाभ सम्भव है।

∴ 1 पुस्तक का क्रय मूल्य = ₹ 200

तथा 1 पुस्तक का विक्रय मूल्य = ₹ 300

1 पुस्तक पर लाभ = 300 − 200 = ₹100

∴ 25 पुस्तक पर अधिकतम लाभ

$= 25 \times 100 =$ ₹ 2500

75. *(a)* 25% की दो क्रमिक कमी प्रतिशत

$= \left[-25\% - 25\% + \frac{(-25\%) \times (-25\%)}{100}\right]$

$= -50\% + 6.25\%$

$= -50\% + 6.25\% = 43.75\%$

25% की दो क्रमिक वृद्धि प्रतिशत

$= \left[+25\% + 25\% + \frac{25\% + 25\%}{100}\right]$

$= \left[50\% + \frac{625}{100}\%\right] = 56.25\%$

कमी प्रतिशत

$= \frac{(56.25\% - 43.75\%)}{56.25\%} \times 100$

$= \frac{12.5\%}{56.25\%} \times 100$

$= \frac{1250}{5625} \times 100 = 22.22\%$

76. *(c)* 'Enthralled' means interested. Hence, its antonym is 'bored'.

77. *(a)* The antonym of 'high' is 'low'.

78. *(d)* The correct order is SQOPR.

- The sentence formed will be 'After the Second World War the East European countries that the Soviet Army had liberated from the fascist forces came under the control of the USSR'.

79. *(c)* 'Making a beeline' means going straight and quick.

80. *(c)* Kunal was not slapped by Rohit.

- The sentence in active voice follows the structure Subject +V2+ Object. When such a sentence is transformed into active voice, the structure followed is Object + was/were+ V3+ by+ Subject.

81. *(d)* 'The tip of the iceberg' means a small, noticeable part of a problem, the total size of which is really much greater.

82. *(a)* The correct order is ABDC.

- The sentence formed will be 'The world's biggest radio telescope is in Puerto Rico. It is called Arecibo dish. It is also 300 metres across. It was built 40 years ago'.

83. *(b)* 'Optimist' means who looks at the bright side of things/situations.

- **Saint** means a person acknowledged as holy or virtuous and regarded in Christian faith as being in heaven after death.
- **Pessimist** refers to a person who sees the negative side of things.

84. *(a)* The incorrectly spelt word is 'Recieve'. The correct spelling is 'Receive'.

85. *(d)* The correct passive voice of the given sentence is 'Will I be given an independent project by you?'

86. *(b)* The underlined part of the sentence contains an error. As the sentence makes a comparison, 'is costlier' should be used.

87. *(d)* As the sentence is in simple past tense, the correct filler for the given blank is 'studied'.

88. *(c)* Dilettante is a dabbler in arts, science or literature.

- **Connoisseur** means an expert judge in matters of taste.
- **Taciturn** means (of a person) reserved or uncommunicative in speech; saying little.
- **Ignoramus** means an ignorant or stupid person.

89. *(b)* Honest is truthful and sincere.

- **Deceptive** means dishonest and lying.
- **Biased** means unfairly prejudiced for or against someone or something.

90. *(d)* 'Access' means to allow. Hence, its antonym is 'denial' which means to refuse.

91. *(a)* Part 'but it had no affect' contains an error. The use of noun 'affect' is incorrect in the sentence. It should be 'effect' to correct the sentence.

92. *(a)* 'Profuse' means (especially of something offered or discharged) very plentiful; abundant. Hence, its antonym is 'scarce' which means in low quantity.

- **Humble** means kind and polite.
- **Prompt** means quick.

93. *(a)* 'Frugal' means thrifty and not wanting to spend money.

94. *(d)* Part 'in race relations in America' contains an error. Preposition 'in' before 'race' is incorrect in the sentence. Use 'of' to correct the sentence.

95. *(b)* The sentence with no spelling error is 'Journalism is often the work of painstaking rigour and perseverence that detail the socio-political experiences of our worlds.'

The incorrect spelling is 'perseverence'. The correct spelling is 'perseverance'.

96. *(b)* The correct filler for the given blank is 'done to'.

97. *(c)* The correct filler for the given blank is 'routine'.

98. *(b)* The correct filler for the given blank is 'has emerged'.

99. *(b)* The correct filler for the given blank is 'access to'.

100. *(c)* The correct filler for the given blank is 'foremost'.

सेट 35 26 सितम्बर, 2024 (द्वितीय पाली)

SSC CGL Tier-I सॉल्वड पेपर

निर्देश

1. इस सेट में कुल 100 प्रश्न हैं।
2. इस सेट में चार भाग हैं, भाग-I सामान्य बुद्धि एवं तर्कशक्ति, भाग-II सामान्य जागरुकता, भाग-III संख्यात्मक अभियोग्यता और भाग-IV अंग्रेजी भाषा।
3. प्रत्येक प्रश्न 2 अंक का है।

भाग I
सामान्य बुद्धि एवं तर्कशक्ति

1. एक निश्चित कूटभाषा में 'bright colour rainbow' को 'mq bj st' के रूप में कूटबद्ध किया जाता है और 'sunny bright day' को 'nv bj fm' के रूप में कूटबद्ध किया जाता है। उस भाषा में 'bright' को किस प्रकार कूटबद्ध किया है?

(a) mq
(b) nv
(c) bj
(d) st

2. नीचे संख्याओं के दो समुच्चय दिए गए हैं। संख्याओं के प्रत्येक समुच्चय में, पहली संख्या पर कुछ निश्चित गणितीय संक्रिया करने पर दूसरी संख्या प्राप्त होती है। इसी प्रकार, दूसरी संख्या पर कुछ निश्चित गणितीय संक्रिया करने पर तीसरी संख्या प्राप्त होती है और इसी तरह आगे भी होती है। दिए गए विकल्पों में से कौन-सा विकल्प दिए गए समुच्चयों की तरह संक्रियाओं के समान समुच्चय का अनुसरण करता है?

(**नोट** संख्याओं को उनके घटक अंकों में तोड़े बिना, पूर्ण संख्याओं पर संक्रियाएँ की जानी चाहिए। उदाहरण के लिए 13 लीजिए – 13 पर की जाने वाली संक्रियाएँ, जैसे कि 13 में जोड़ना/घटाना/गुणा करना आदि, केवल 13 पर किया जा सकता है। 13 को 1 और 3 में तोड़ना तथा 1 और 3 पर गणितीय संक्रिया करने की अनुमति नहीं है।)

48 – 50 – 46 – 52, 37 – 39 – 35 – 41

(a) 19 – 17 – 21 – 25
(b) 21 – 23 – 29 – 27
(c) 26 – 28 – 24 – 30
(d) 15 – 13 – 9 – 19

3. अक्षरों के उस संयोजन का चयन कीजिए, जो दी गई श्रृंखला के रिक्त स्थान में क्रमिक रूप से रखे जाने पर श्रृंखला को पूर्ण करेगा।

ABC_FG_JK_MOPQ_TUV_Y

(a) EHLRX (b) DHLRW
(c) DHLSX (d) EHLRW

4. निम्नलिखित में से कौन-सा पद दी गई श्रृंखला में प्रश्नचिह्न (?) का स्थान लेगा?

QGMW, VCPU, AYSS, ?, KQYO

(a) FUXO (b) FVQO
(c) FUVQ (d) FTUO

5. यदि निम्नलिखित समीकरण में '+' और '–' को आपस में बदल दिया जाए और '×' और '÷' को आपस में बदल दिया जाए, तो प्रश्नचिह्न (?) के स्थान पर कौन-सी संख्या आएगी?

$11 \div 8 - 78 \times 6 + 37 = ?$

(a) 62 (b) 58
(c) 71 (d) 64

6. एक निश्चित कूटभाषा में 'D' को '16' के रूप में कूटबद्ध किया जाता है, 'B' को '4' के रूप में कूटबद्ध किया जाता है और 'T' को '400' के रूप में कूटबद्ध किया जाता है। उसी भाषा में 'H' को किस प्रकार कूटबद्ध किया जाएगा?

(a) 36 (b) 8
(c) 25 (d) 64

7. कागज के एक टुकड़े को निर्देशों के अनुसार क्रमिक रूप से बिन्दुदार रेखा पर से मोड़ा जाता है और फिर उस पर आखिरी में छिद्र किया जाता है, तो बताइए कि खोलने पर यह कागज कैसा दिखेगा?

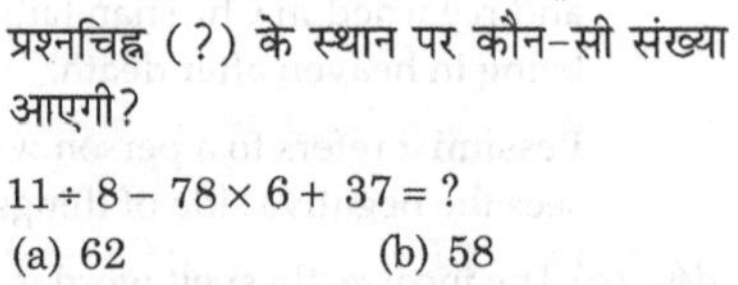

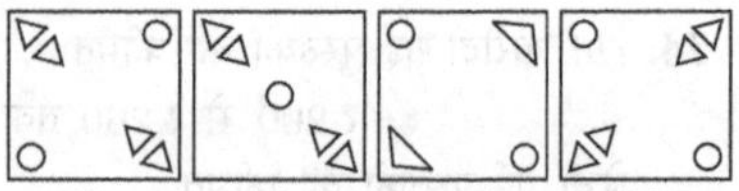

(a) (b) (c) (d)

8. निम्नलिखित समीकरण में यदि '+' और '–' को आपस में बदल दिया जाए तथा '×' और '÷' को आपस में बदल दिया जाए, तो प्रश्नचिह्न (?) के स्थान पर क्या आएगा?

$7 + 4 \div 18 - 3 \times 2 = ?$

(a) 20 (b) 24 (c) 16 (d) 18

9. एक पासे के विभिन्न फलकों पर छह संख्याएँ 5, 3, 6, 7, 9 और 2 अंकित हैं। इस पासे की दो स्थितियाँ नीचे दी गई आकृति में दर्शाई गई हैं। 5 वाले फलक के विपरीत फलक पर संख्या ज्ञात कीजिए।

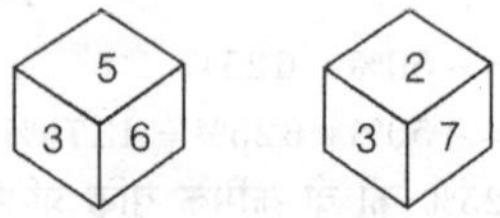

(a) 3 (b) 6
(c) 9 (d) 2

10. शब्द 'DARKEN' के प्रत्येक अक्षर को अंग्रेजी वर्णमाला क्रम में व्यवस्थित किया जाता है। इस प्रकार बने नए अक्षर-समूह में बाएँ छोर से दूसरे अक्षर और दाएँ छोर से तीसरे अक्षर के बीच अंग्रेजी वर्णमाला श्रृंखला में कितने अक्षर हैं?

(a) सात (b) आठ
(c) पाँच (d) छ:

11. नीचे दी गई आकृति में कितने त्रिभुज हैं?

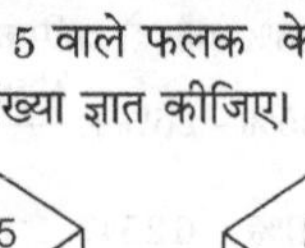

(a) 8 (b) 14 (c) 12 (d) 10

12. निम्नलिखित श्रृंखला को जारी रखने के लिए प्रश्नचिह्न (?) के स्थान पर कौन-सी आकृति आनी चाहिए?

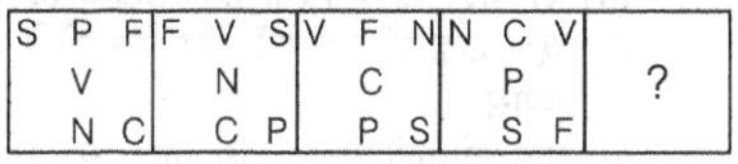

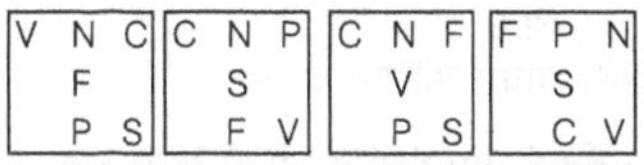

(a) (b) (c) (d)

13. Z, G, M, F, H और S फलकों वाले एक ही पासे की दो अलग-अलग स्थितियाँ नीचे दिखाई गई हैं। उस अक्षर का चयन कीजिए, जो G अक्षर वाले फलक के विपरीत फलक पर होगा।

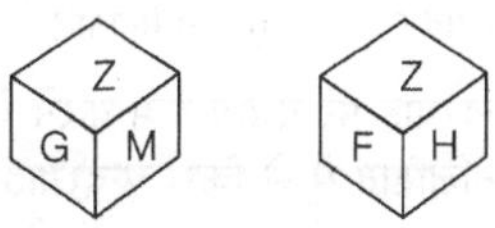

(a) M (b) F (c) S (d) H

14. दिए गए कथनों और निष्कर्षों को ध्यानपूर्वक पढ़िए। आपको दिए गए कथनों को सत्य मानना है, भले ही वे सामान्यत: ज्ञात तथ्यों से भिन्न प्रतीत होते हों। आपको यह तय करना है कि कौन-सा/से निष्कर्ष दिए गए कथनों का तार्किक रूप से अनुसरण करता है/करते हैं।

कथन
सभी अँगूर, जामुन हैं।
कुछ जामुन, जूस हैं।
सभी जूस, सोडा हैं।
निष्कर्ष
I. कुछ जामुन, अँगूर हैं।
II. कुछ सोडा, जामुन हैं।
(a) निष्कर्ष I और II दोनों अनुसरण नहीं करते हैं
(b) केवल निष्कर्ष II अनुसरण करता है
(c) निष्कर्ष I और II दोनों अनुसरण करते हैं
(d) केवल निष्कर्ष I अनुसरण करता है

15. दिए गए संख्या युग्मों में दूसरी संख्या, पहली संख्या पर कुछ गणितीय संक्रिया/संक्रियाएँ करके प्राप्त की गई है। एक संख्या-युग्म को छोड़कर, शेष सभी पर उसी संक्रिया/संक्रियाओं का अनुपालन किया गया है। उस असंगत संख्या-युग्म का चयन कीजिए।

(**नोट** संख्याओं को उसके घटक अंकों में तोड़े बिना, संक्रियाएँ पूर्णांकों पर की जानी चाहिए। उदाहरण के लिए 13 लीजिए – 13 पर की जाने वाली संक्रियाएँ, जैसे जोड़ना/घटाना/गुणा करना आदि केवल 13 पर ही की जानी चाहिए। 13 को 1 और 3 में तोड़ना तथा 1 और 3 पर गणितीय संक्रिया करने की अनुमति नहीं है।)
(a) 34 : 44 (b) 13 : 16
(c) 23 : 25 (d) 35 : 36

16. दिए गए विकल्पों में से उस संख्या का चयन कीजिए, जो निम्नलिखित श्रृंखला में प्रश्नचिह्न (?) को प्रतिस्थापित कर सकती है।
176, 167, 156, 147, 136, ?
(a) 126 (b) 124 (c) 119 (d) 127

17. 'छिपाना', 'प्रकट करना' से उसी प्रकार सम्बन्धित है, जिस प्रकार 'समरूप' '..........' से सम्बन्धित है। (शब्दों को सार्थक हिन्दी शब्द माना जाना चाहिए और शब्दों को अक्षरों की संख्या/व्यंजनों/स्वरों की संख्या के आधार पर एक-दूसरे से सम्बन्धित नहीं किया जाना चाहिए।
(a) भिन्न (b) अनुरूप
(c) सजातीय (d) समान

18. उस समुच्चय का चयन कीजिए, जिसमें संख्याएँ उसी प्रकार सम्बन्धित हैं जिस प्रकार निम्नलिखित समुच्चय की संख्याएँ सम्बन्धित हैं।
(**नोट** संख्याओं को उनके घटक अंकों में तोड़े बिना, पूर्ण संख्याओं पर संक्रियाएँ की जानी चाहिए। उदाहरण के लिए 13 लीजिए – 13 पर की जाने वाली संक्रियाएँ, जैसे कि 13 में जोड़ना/घटाना/गुणा करना आदि केवल 13 पर किया जा सकता है। 13 को 1 और 3 में तोड़ना तथा 1 और 3 पर गणितीय संक्रिया करने की अनुमति नहीं है।)
(16, 7, 112)
(8, 12, 96)
(a) (14, 9 128) (b) (12, 5, 65)
(c) (13, 7, 96) (d) (15, 8, 120)

19. उस विकल्प आकृति का चयन कीजिए, जिसमें दी गई आकृति (X) सन्निहित है (आकृति को घुमाने की अनुमति नहीं है)।

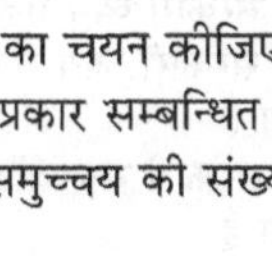
(X)

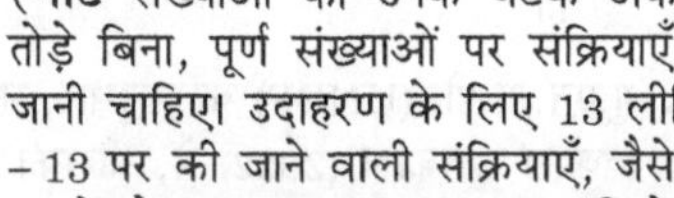
(a) (b) (c) (d)

20. एक निश्चित कूटभाषा में 'FUTURE' को 'IXWXUH' के रूप में लिखा जाता है और 'ISLAND' को 'LVODQG' के रूप में लिखा जाता है। उसी भाषा में 'JERSEY' को किस प्रकार लिखा जाएगा?
(a) MHUVHB (b) KHTUHA
(c) MHTVGB (d) KGTVGA

21. चार विकल्पों में से कौन-सा विकल्प निम्नलिखित शृंखला में प्रश्नचिह्न (?) के स्थान पर आएगा?
FX32, EV38, DT44, CR50, ?
(a) CR54 (b) BP56
(c) CQ55 (d) DP55

22. उस समुच्चय का चयन कीजिए, जिसमें संख्याएँ उसी प्रकार से सम्बन्धित हैं, जिस प्रकार निम्नलिखित समुच्चय की संख्याएँ सम्बन्धित हैं।
3-20-5
4-17-3
(**नोट** संख्याओं को उनके घटक अंकों में तोड़े बिना, पूर्ण संख्याओं पर संक्रियाएँ की जानी चाहिए। उदाहरण के लिए 13 लीजिए – 13 पर की जाने वाली संक्रियाएँ, जैसे कि 13 में जोड़ना/घटाना/गुणा करना आदि केवल 13 पर किया जा सकता है। 13 को 1 और 3 में तोड़ना तथा 1 और 3 पर गणितीय संक्रिया करने की अनुमति नहीं है।)
(a) 5-28-9 (b) 8-36-11
(c) 11-28-5 (d) 9-77-8

23. चार अक्षर-समूह दिए गए हैं, जिनमें से तीन किसी न किसी रूप में एकसमान हैं और एक उनसे असंगत है। उस असंगत अक्षर-समूह का चयन कीजिए।
(**नोट** अक्षर-समूह में, असंगत व्यंजनों/स्वरों की संख्या या उनकी स्थिति पर आधारित नहीं है।)
(a) ORTU (b) XZCH
(c) MORW (d) PRUZ

24. एक निश्चित कूटभाषा में,
'A + B' का अर्थ है 'A, B की माता है'
'A – B' का अर्थ है 'A, B का भाई है'
'A × B' का अर्थ है 'A, B की पत्नी है',
'A ÷ B' का अर्थ है 'A, B का पिता है।'
उपरोक्त के आधार पर, यदि 'B + R × I – T ÷ H' है, तो I का H से क्या सम्बन्ध है?
(a) भाई (b) पिता के पिता
(c) पिता का भाई (d) पिता की बहन

25. विकल्पों में दिए गए उस चित्र की पहचान कीजिए, जिसे प्रश्नचिह्न (?) के स्थान पर रखने पर शृंखला तार्किक रूप से पूर्ण हो जाएगी?

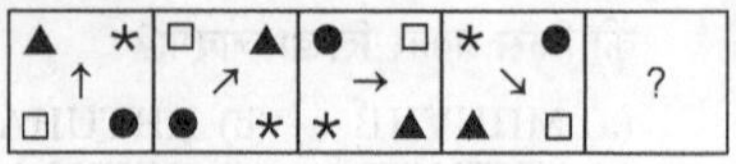

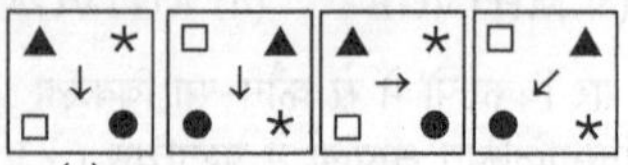

(a) (b) (c) (d)

भाग II
सामान्य जागरुकता

26. निम्नलिखित में से कौन-सा दल/पार्टी भारतीय राष्ट्रीय आन्दोलन के दौरान सैन फ्रांसिस्को, संयुक्त राज्य अमेरिका में शुरू किया गया था/ की गई थी?

(a) स्वराज पार्टी
(b) गदर पार्टी
(c) खिलाफत समिति
(d) हिन्दुस्तान सोशलिस्ट रिपब्लिकन एसोसिएशन

27. चन्देरी के मेदिनी राय, मेवात के हसन खान और महमूद लोदी निम्नलिखित में से किस मुगल शासक के खिलाफ लड़ने के लिए अपनी सेना सहित राणा साँगा के साथ मिल गए थे?

(a) औरंगजेब (b) हुमायूँ
(c) बाबर (d) अकबर

28. ब्रिटिश भारत में बेल्लूर मठ की स्थापना निम्नलिखित में से किस समाज सुधारक द्वारा की गई थी?

(a) के. टी. तेलंग
(b) स्वामी विवेकानन्द
(c) आर.जी. भण्डारकर
(d) वी. एन. माण्डलिक

29. हरित क्रान्ति से भारत के किस राज्य का सबसे अधिक रूपान्तरण हुआ?

(a) महाराष्ट्र (b) पंजाब
(c) केरल (d) पश्चिम बंगाल

30. सुमेलित कीजिए

सूची I (उपसंघ)	सूची II (जीव)
A. हेक्सापोडा	1. डैफिनया
B. क्रस्टेशिया	2. मच्छर
C. मीरियापोडा	3. लिमूलस
D. चेलीसेराटा	4. जूलस

कूट

	A	B	C	D
(a)	1	2	3	4
(b)	2	3	1	4
(c)	2	1	4	3
(d)	4	3	2	1

31. दुग्ध उत्पादकों को डेयरी सहकारी समितियों के माध्यम से गाँवों में उचित मूल्य पर अपना दूध बेचने की सुविधा प्रदान करने के लिए उत्तर प्रदेश राज्य सरकार द्वारा वर्ष 2023 में शुरू की गई 'नन्द बाबा दुग्ध मिशन' योजना की लागत क्या है?

(a) ₹ 1000 करोड़ (b) ₹ 1500 करोड़
(c) ₹ 2000 करोड़ (d) ₹ 500 करोड़

32. यदि एक छड़ चुम्बक को एक डोरी से लटका दिया जाए, तो उसका उत्तरी ध्रुव किस दिशा में इंगित करेगा?

(a) उत्तर (b) पूर्व
(c) दक्षिण (d) पश्चिम

33. निम्नलिखित में से किस स्थिति में सरकार घाटे का बजट चलाती है?

(a) जब सरकारी व्यय राजस्व के बराबर होता है
(b) जब सरकारी व्यय राजस्व से अधिक हो जाता है
(c) जब सरकारी राजस्व व्यय से अधिक हो जाता है
(d) जब सरकारी व्यय और राजस्व दोनों शून्य हों

34. यू.एन.डी.पी. (UNDP) के अनुसार, मानव विकास सूचकांक (2022) में, श्रीलंका का स्थान क्या है?

(a) 74/189 (b) 75/189
(c) 72/189 (d) 73/189

35. 'कैसलिंग (Castling) निम्नलिखित में से किस खेल से सम्बन्धित है?

(a) बिलियर्ड्स (b) टेनिस
(c) टेबल टेनिस (d) शतरंज

36. निम्न में से कौन-सा संगठन स्वस्थ और पोषणीय भोजन' तक पहुँच में सुधार करने हेतु प्रेरणादायक, विविध और प्रभावशाली समाधान प्रदान करने के लिए संयुक्त राष्ट्र द्वारा घोषित 'सर्वश्रेष्ठ लघु व्यवसाय: सभी के लिए अच्छा भोजन' के रूप में $100,000 के नकद पुरस्कार का विजेता नहीं है?

(a) एडिबल रूट्स प्राइवेट लिमिटेड
(b) डेवलपमेण्ट सॉल्यूशन्स इण्डिया प्राइवेट लिमिटेड
(c) तरु नेचुरल्स
(d) पतंजलि

37. वर्नियर कैलीपर के सन्दर्भ में आन्तरिक जबड़े (जॉ) का उपयोग निम्न के मापन के लिए किया जाता है:

(a) लम्बाई, जो 1 मिमी तक सटीक हो
(b) एक छड़ की लम्बाई और एक गोले का व्यास
(c) एक खोखले बेलन और पाइप का आन्तरिक व्यास
(d) बीकर की गहराई

38. पर्वत के निम्नलिखित में से किस दिशा में नमी युक्त हवाओं से सबसे अधिक वर्षा होगी?

(a) ऊपर की दिशा में (b) उच्चावच दिशा में
(c) हवा की दिशा में (d) अनुवात दिशा में

39. रोट्टेला पाण्डुगा या रोटी महोत्सव किस भारतीय राज्य में मनाया जाता है?

(a) महाराष्ट्र (b) कर्नाटक
(c) आन्ध्र प्रदेश (d) तमिलनाडु

40. मुम्बई बन्दरगाह पर दबाव कम करने के लिए निम्नलिखित में से किस बन्दरगाह को उपग्रह बन्दरगाह (Satellite port) के रूप में विकसित किया गया था?

(a) मोर्मुगाओ बन्दरगाह
(b) दीनदयाल बन्दरगाह
(c) न्यू मैंगलोर बन्दरगाह
(d) जवाहरलाल नेहरू बन्दरगाह

41. वर्ष 2019 में असम के किस गायक/गायिका को मरणोपरान्त भारत रत्न से सम्मानित किया गया था?

(a) अर्चना महन्त (b) रामेश्वर पाठक
(c) पद्मनाव बोरदोलोई (d) भूपेन हजारिका

42. मथुरा कला विद्यालय के सन्दर्भ में, निम्नलिखित में से किस काल के दौरान कार्तिकेय, विष्णु और कुबेर जैसे ब्राह्मण देवताओं की कई मूर्तियाँ उकेरी गई थीं?

(a) पार्थियन (b) कुषाण
(c) सातवाहन (d) शक

43. फुगड़ी (Fugdi) नृत्य निम्नलिखित में से किस राज्य से सम्बन्धित है?

(a) गोवा (b) उत्तराखण्ड
(c) उत्तर प्रदेश (d) केरल

44. जब निचली अदालत ने अपने अधिकार क्षेत्र से बाहर जाकर किसी मामले पर विचार किया हो, तो किसी उच्च न्यायालय या सर्वोच्च न्यायालय द्वारा कौन-सी रिट जारी की जाती है?

(a) उत्प्रेषण लेख
(b) अधिकार पृच्छा
(c) बन्दी प्रत्यक्षीकरण
(d) निषेधाज्ञा

45. उमयालपुरम के. शिवरामन निम्नलिखित में से किस वाद्य यंत्र से जुड़े एक प्रसिद्ध संगीतकार हैं?

(a) ढोल (b) गिटार (c) मृदंगम (d) सितार

46. भारतीय संविधान में 'न्यायपालिका की स्वतन्त्रता' की अवधारणा .... के संविधान से ली गई है।

(a) फ्रांस
(b) आयरलैण्ड
(c) ब्रिटेन
(d) संयुक्त राज्य अमेरिका

47. निम्नलिखित में से कौन भारत के सबसे कम समय तक सेवा करने वाले प्रधानमन्त्री थे?

(a) गुलजारीलाल नन्दा (b) चरण सिंह
(c) अटल बिहारी वाजपेयी (d) चन्द्रशेखर

48. सुमेलित कीजिए

सूची I	सूची II
A. ग्लूकोज	1. ग्लूकोज के टूटने में मध्यवर्ती पदार्थ
B. यीस्ट	2. ग्लूकोज पाइरुविक अम्ल में परिवर्तित हो जाता है
C. ग्लाइकोलिसिस	3. किण्वन प्रक्रम के लिए पोषक तत्त्वों का उपयोग करता है
D. पाइरुविक अम्ल	4. श्वसन के लिए सर्वोत्तम कार्बनिक क्रियाधार

कूट

	A	B	C	D
(a)	4	3	2	1
(b)	1	2	3	4
(c)	2	4	1	3
(d)	2	1	4	3

49. त्सांग पो और जमुना किस नदी के अन्य नाम हैं?

(a) गंगा (b) ब्रह्मपुत्र
(c) सिन्धु (d) नर्मदा

50. 36वें राष्ट्रीय खेलों में, हशिका रामचन्द्र ने निम्नलिखित में से किस खेल में छः स्वर्ण पदक जीते?

(a) मुक्केबाजी (b) बैडमिण्टन
(c) तैराकी (d) कुश्ती

भाग III
संख्यात्मक अभियोग्यता

51. सुरेश के खर्च और बचत का अनुपात 3 : 1 है। उसका वेतन 25% बढ़ जाता है। यदि उसकी बचत 20% बढ़ जाए, तो उसका खर्च कितने प्रतिशत बढ़ेगा?

(a) $25\frac{2}{3}\%$ (b) $27\frac{2}{3}\%$
(c) $26\frac{2}{3}\%$ (d) $28\frac{2}{3}\%$

52. ΔABC में, B पर समकोण है। यदि $\tan C = \sqrt{3}$ है, तो $\frac{\sin^2 C + \cos^2 C}{1+\cot^2 C}$ ज्ञात कीजिए।

(a) $\frac{4}{15}$ (b) $\frac{3}{4}$
(c) $\frac{3}{16}$ (d) $\frac{16}{3}$

53. O केन्द्र वाले वृत्त में, एक चाप ABC वृत्त के केन्द्र पर 138° का कोण अन्तरित करता है। जीवा AB को बिन्दु P तक बढ़ाया जाता है तो, $\angle CBP$ की माप कितनी होगी?

(a) 108° (b) 69°
(c) 42° (d) 111°

54. दिया गया बार ग्राफ पाँच कम्पनियों का टर्नओवर (करोड़ में) दर्शाता है।

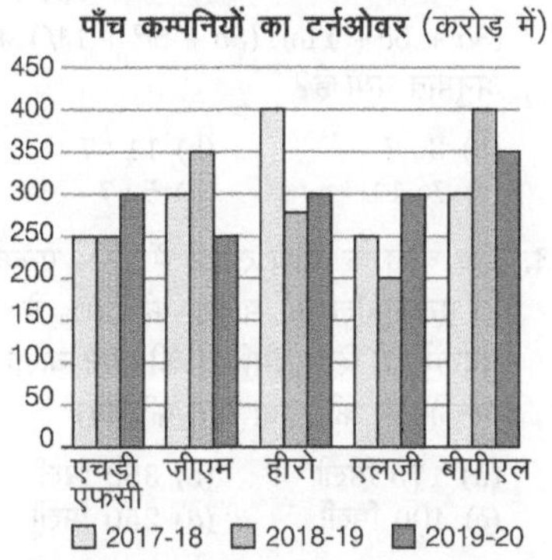

वर्ष 2018-2019 और 2019-2020 के बीच सभी कम्पनियों के कुल औसत बिक्री टर्नओवर के बीच कितना अन्तर है?

(a) ₹ 2 करोड़ (b) ₹ 6.5 करोड़
(c) ₹ 3.5 करोड़ (d) ₹ 5 करोड़

55. ΔABC की भुजा BC को बिन्दु D तक बढ़ाया गया है। यदि $AC = BC$ और $\angle BAC = 70°$ है, तो $2.5\ \angle ACD - 1.5\ \angle ABC$ का मान ज्ञात कीजिए।

(a) 245° (b) 225°
(c) 230° (d) 235°

56. रमन अपनी वस्तुओं का अंकित मूल्य, क्रय मूल्य से 16% अधिक पर निर्धारित करता है। वह अपनी वस्तुएँ निर्धारित मूल्य से 12% कम पर बेचता है। दो दशमलव स्थान तक सही लाभ प्रतिशत ज्ञात कीजिए।

(a) 1.07% (b) 3.01%
(c) 0.08% (d) 2.08%

57. यदि $x = \sqrt{6} + 2$ और $y = \sqrt{6} - 2$ है, तो $\left(\frac{x}{y} + \frac{y}{x}\right)^2 - 3$ का मान क्या होगा?

(a) 42 (b) 97 (c) 22 (d) 35

58. 250 मी की दूरी पर एक पुलिस कार को देखकर एक चोर एक निश्चित चाल से अपनी बाइक से भागता है। पुलिस की गाड़ी चोर का पीछा करती है और उसे पकड़ लेती है। यदि चोर पकड़े जाने से पहले 1.5 किमी भागता है और पुलिस की कार की चाल 70 किमी/घण्टा है, तो चोर की बाइक की चाल (किमी/घण्टा में) कितनी है?

(a) 65 (b) 55 (c) 50 (d) 60

59. निम्नलिखित व्यंजक को सरल कीजिए।

(60 + 64 ÷ 4 का 4) × {1000 ÷ ((10 का (3 + 2)) × 2 का 5)} − 28 + (100 × 3 का 3)

(a) 600 (b) 1000
(c) 500 (d) 100

60. ΔABC में, $DE \parallel BC$ है और $5AE = 3EC$ है। यदि $AB = 6.4$ इकाई है, तो DB का मान (इकाई में) ज्ञात कीजिए।

(a) 5 (b) 4 (c) 2.4 (d) 3.2

61. यदि एक लम्बवृत्तीय बेलन की त्रिज्या और ऊँचाई क्रमशः 21 सेमी और 5 सेमी है, तो बेलन का सम्पूर्ण पृष्ठीय क्षेत्रफल क्या है? $\left(\pi = \frac{22}{7}\right.$ का उपयोग कीजिए$\left.\right)$

(a) 4312 सेमी^{2} (b) 3816 सेमी^{2}
(c) 3432 सेमी^{2} (d) 5212 सेमी^{2}

62. दो क्रमागत सम संख्याओं का योग 174 है। छोटी संख्या ज्ञात कीजिए।

(a) 84 (b) 86 (c) 90 (d) 88

63. निम्न आँकड़ों का अध्ययन कीजिए और प्रश्न का उत्तर दीजिए।

साझेदार	शेयरों का प्रतिशत
जीवन	10%
किरण	15%
लोकेश	8%
रसूल	22%
मीरा	45%

कम्पनी ने अपने पाँच साझेदारों के बीच 10 लाख शेयर जारी किए हैं। यदि जीवन, मीरा को अपने 20000 शेयर बेचने की पेशकश करता है, तो मीरा के पास कितने शेयर होंगे?

(a) 460000 (b) 480000
(c) 470000 (d) 510000

64. एक त्रिज्यखण्ड का केन्द्रीय कोण 80° है और जिसकी लम्बाई 96 π हैं। वृत्त की त्रिज्या क्या है?

(a) 196 इकाई (b) 116 इकाई
(c) 204 इकाई (d) 216 इकाई

65. दिए गए बार-ग्राफ का अध्ययन कीजिए और इसके बाद आगे दिए गए प्रश्न का उत्तर दीजिए।

निम्नलिखित बार ग्राफ उल्लिखित महीनों में शहर 1, 2, 3 और 4 में हुई मौतों की संख्या को दर्शाता है।

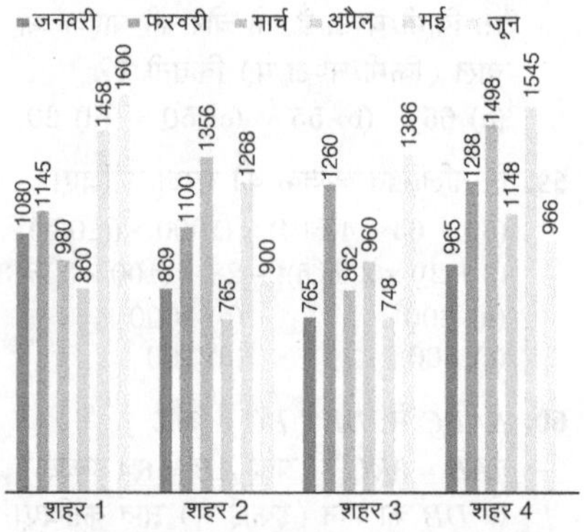

सभी शहरों में अप्रैल के दौरान होने वाली मौतों की औसत संख्या (अगले पूर्णांक तक पूर्णांकित) ज्ञात कीजिए।

(a) 953
(b) 928
(c) 965
(d) 934

66. वरुण और राजू, एकसाथ मिलकर कार्य करते हुए, किसी कार्य को 40 घण्टे में पूरा कर सकते हैं, जबकि अकेले वरुण, उसी कार्य को 50 घण्टे में पूरा कर सकता है। अकेले राजू, कितने घण्टे में कार्य पूरा करेगा?

(a) 200
(b) 150
(c) 170
(d) 190

67. यदि $2a - b = 3$ और $8a^3 - b^3 = 999$ है, तो $4a^2 - b^2$ का मान ज्ञात कीजिए।

(a) 67 (b) 65
(c) 61 (d) 63

68. यदि $8 \cot \theta = 7$ है, तो $\frac{1+\sin\theta}{\cos\theta}$ का मान ज्ञात कीजिए।

(a) $\frac{1+\sqrt{113}}{8}$ (b) $\frac{7+\sqrt{113}}{8}$
(c) $\frac{8+\sqrt{113}}{7}$ (d) $\frac{1+\sqrt{113}}{7}$

69. यदि $p = \frac{\sin A}{1+\cos A}$ है, तो $\frac{\sin A}{1-\cos A}$ का मान किसके बराबर है?

(a) $\frac{1}{1-p}$ (b) $\frac{1}{p}$ (c) $\frac{1}{p+1}$ (d) $p-1$

70. 9.5% वार्षिक साधारण ब्याज की दर से 2 वर्षों में कितना मूलधन ₹21420 हो जाएगा?

(a) ₹11273 (b) ₹18000
(c) ₹12000 (d) ₹16000

71. किसी स्टोर में एक इलेक्ट्रॉनिक घड़ी का अंकित मूल्य ₹15620 है और यह 27% की छूट पर उपलब्ध है। यदि कोई ग्राहक स्टोर से खरीदारी करता है, तो उसके द्वारा चुकाया गया मूल्य (₹ में, निकटतम दहाई स्थान तक) कितना है?

(a) 10800 (b) 12500
(c) 11400 (d) 9880

72. यदि $a : b = c : d = e : f = 5 : 7$ है, तो $(3a + 5c + 11e) : (3b + 5d + 11f)$ का अनुपात क्या है?

(a) 3 : 7 (b) 11 : 7
(c) 7 : 11 (d) 5 : 7

73. एक घोल के आधे लीटर में 15% एल्कोहॉल है। एल्कोहॉल की सांद्रता को 50% में बदलने के लिए, मिश्रित की जाने वाली एल्कोहॉल की मात्रा ज्ञात कीजिए।

(a) 175 मिली (b) 350 मिली
(c) 400 मिली (d) 250 मिली

74. $45yz0$ पाँच अंकों की एक ऐसी संख्या है, जो 40 से विभाज्य है। $(y + z)$ का अधिकतम सम्भावित मान क्या है?

(a) 15 (b) 18
(c) 16 (d) 17

75. नीचे दी गई तालिका 2022 में चार विभिन्न कम्पनियों में कर्मचारियों का बंटन दशाती है।

कम्पनी	परिक्षेत्रों की संख्या	प्रति परिक्षेत्र कर्मचारियों की औसत संख्या	पुरुष: महिला
A	30	300	3 : 5
B	35	400	5 : 3
C	27	500	4 : 5
D	25	450	5 : 4

2022 में कम्पनी D में कार्यरत पुरुष कर्मचारियों की कुल संख्या ज्ञात करें।

(a) 6000 (b) 6500
(c) 6750 (d) 6250

भाग IV
अंग्रेजी भाषा

76. Select the most appropriate option to fill in the blank.
Just bite the ……… and tell him the truth.

(a) bullet (b) gun
(c) dust (d) shot

77. Select the most appropriate option to fill in the blank.
I like bread made up of corn ………

(a) flower (b) flour
(c) floor (d) failure

78. Select the option that can be used as a one-word substitute for the given group of words.
Loud enough to be heard.

(a) Audible (b) Audit
(c) Audacious (d) Audacity

79. Select the most appropriate antonym of the given word.
Insert

(a) Remove (b) Inform
(c) Select (d) Inject

80. Select the most appropriate option that can substitute the underlined word in the given sentence.
Verity is a good virtue for human life.

(a) Knowledge (b) Truth
(c) Information (d) Cooperation

81. Parts of a sentence are given below in jumbled order. Arrange the parts in the correct order to form a meaningful sentence.
Founding Father / is / of / New Historicism / Greenbalt / considered / the.

(a) The founding Father of New Historicism is considered Greenbalt.
(b) The founding Father is considered Greenbalt of New Historicism.
(c) Greenbalt is considered the founding Father of New Historicism.
(d) Greenbelt is the founding Father of New Historicism considered.

82. Select the option that expresses the following sentence in active voice.
The issue has been successfully resolved by the customer care team.
(a) The customer care team successfully resolves the issue.
(b) The customer care team successfully resolved the issue.
(c) The issue has successfully resolved the customer care team.
(d) The customer care team has successfully resolved the issue.

83. Select the most appropriate verb/verb phrase to fill in the blank.
The team .... the championship before their star player got injured.
(a) was won (b) had won
(c) has won (d) win

84. Select the option that can be used as a one-word substitute for the given group of words.
Money collected from people for a cause.
(a) Collection (b) Deposit
(c) Fund (d) Savings

85. Select the most appropriate option that can rectify the incorrectly spelt word in the following sentence.
In our quest for power, we often fail to acknowlege the existence of other people.
(a) acknowledje (b) accknowledge
(c) acknowledge (d) acknowlede

86. Sentences of a paragraph are given below in jumbled order. Arrange the sentences in the correct order to form a meaningful and coherent paragraph.
A. He remembered her as she once was an eager, glowing girl.
B. He had not seen her for nearly thirteen years.
C. Mr. Satterthwaite went to meet her.
D. And now he saw – a Frozen Lady.
(a) DCBA (b) CBAD
(c) DBAC (d) ABCD

87. Identify from the given options the word which is similar in meaning to the following word.
Munificent
(a) Magnanimous
(b) Malicious
(c) Miserly
(d) Underappreciated

88. Parts of a sentence are given below in jumbled order. Arrange the parts in the correct order to form a meaningful sentence.
(P) once said
(Q) a wise man
(R) that action speaks
(S) louder than words
(a) QSRP (b) QPRS
(c) PQRS (d) SQPR

89. Select the most appropriate meaning of the underlined idiom.
Bincy's mother <u>kept her cards close to her chest</u>.
(a) decided to show more affection
(b) informed that all the cards must be kept safe
(c) kept her purse and money by herself
(d) kept her plans and thoughts hidden

90. Identify the error in the given sentence.
My colleague always works latest than me.
(a) My colleague (b) latest
(c) always works (d) than me.

91. Select the option that expresses the following sentence in passive voice.
Gill scored 3 centuries in Tata IPL 2023
(a) 3 centuries has been scored by Gill in Tata IPL 2023.
(b) 3 centuries were scored by Gill in Tata IPL 2023.
(c) 3 centuries had been scored by Gill in Tata IPL 2023.
(d) 3 centuries were being scored by Gill in Tata IPL 2023.

92. Select the most appropriate synonym of the given word.
Carcass
(a) Gale (b) Scrap
(c) Prison (d) Corpse

93. Select the incorrectly spelt word.
(a) Accessibility
(b) Aptitude
(c) Apparatus
(d) Atrocios

94. Select the correct antonym of the underlined word to fill in the blank and complete the following sentence.
He is always <u>active</u> in a party but .... in the class.
(a) inert (b) careless
(c) angry (d) naughty

95. Select the option that expresses the opposite meaning of the underlined word.
In front of the big screen, this behaviour is generally considered <u>taboo</u>.
(a) obedience (b) acceptable
(c) promotion (d) prescription

Directions (Q. Nos. 96-100) *In the following passage, some words have been deleted. Read the passage carefully and select the most appropriate option to fill in each blank.*

Social media companies ....(1)........ claim that they promote democracy and are dedicated to the empowerment of ordinary individuals. The assertion ....(2)........ entirely unfounded. Recent history shows how ....(3)........citizens have been mobilised against totalitarian regimes on social networking sites. Starting from MeToo to Black Lives Matter, digital networks ....(4)........ indispensable in bringing together critical voices against social and political ....(5)....... .

96. Select the most appropriate option to fill in blank number 1.
(a) frequently (b) seldom
(c) never (d) don't

97. Select the most appropriate option to fill in blank number 2.
(a) cannot (b) should
(c) shall (d) may not be

98. Select the most appropriate option to fill in blank number 3.
(a) alien
(b) common
(c) neutral
(d) foreign

99. Select the most appropriate option to fill in blank number 4.
(a) can (b) were
(c) that (d) have been

100. Select the most appropriate option to fill in blank number 5.
(a) election (b) democracy
(c) injustice (d) justice

उत्तरमाला

1. (c)	2. (c)	3. (d)	4. (c)
5. (d)	6. (d)	7. (d)	8. (b)
9. (d)	10. (d)	11. (d)	12. (b)
13. (b)	14 (c)	15. (a)	16. (d)
17. (a)	18. (d)	19. (d)	20. (a)
21. (b)	22. (d)	23. (a)	24. (c)
25. (a)	26. (b)	27. (c)	28. (b)
29. (b)	30. (c)	31. (a)	32. (a)
33. (b)	34. (d)	35. (d)	36. (d)
37. (c)	38. (c)	39. (c)	40. (d)
41. (d)	42. (b)	43. (a)	44. (d)
45. (c)	46. (d)	47. (a)	48. (a)
49. (b)	50. (c)	51. (c)	52. (b)
53. (b)	54. (d)	55. (a)	56. (d)
57. (b)	58. (d)	59. (b)	60. (b)
61. (c)	62. (b)	63. (c)	64. (d)
65. (d)	66. (a)	67. (d)	68. (c)
69. (b)	70. (b)	71. (c)	72. (d)
73. (b)	74. (c)	75. (d)	76. (a)
77. (b)	78. (a)	79. (a)	80. (b)
81. (c)	82. (d)	83. (b)	84. (c)
85. (c)	86. (b)	87. (a)	88. (b)
89. (d)	90. (b)	91. (b)	92. (d)
93. (d)	94. (a)	95. (b)	96. (a)
97. (d)	98. (b)	99. (d)	100. (c)

व्याख्या

1. (c) प्रश्नानुसार,

[bright] colour rainbow ⟶ mq [bj] st

sunny [bright] day ⟶ nv [bj] fm

अत: bright का कूट 'bj' है।

2. (c) जिस प्रकार, 48 — 50 — 46 — 52 (+2, −4, +6)

और 37 — 39 — 35 — 41 (+2, −4, +6)

उसी प्रकार, [26 — 28 — 24 — 30] (+2, −4, +6)

3. (d) दी गई श्रृंखला का क्रम निम्न प्रकार है,

$A \xrightarrow{+1} B \xrightarrow{+1} C \xrightarrow{+2} E / \xrightarrow{+1} F \xrightarrow{+1} G$

$\xrightarrow{+1} \underline{H} \xrightarrow{+2} J / \xrightarrow{+1} K \xrightarrow{+1} \underline{L} \xrightarrow{+1} M$

$\xrightarrow{+2} O / \xrightarrow{+1} P \xrightarrow{+1} Q \xrightarrow{+1} R \xrightarrow{+2} T /$

$\xrightarrow{+1} U \xrightarrow{+1} V \xrightarrow{+1} \underline{W} \xrightarrow{+2} Y$

⇒ EHLRW

4. (c) दी गई श्रृंखला का क्रम निम्न प्रकार है,

$Q \xrightarrow{+5} V \xrightarrow{+5} A \xrightarrow{+5} \boxed{F} \xrightarrow{+5} K$

$G \xrightarrow{-4} C \xrightarrow{-4} Y \xrightarrow{-4} \boxed{U} \xrightarrow{-4} Q$

$M \xrightarrow{+3} P \xrightarrow{+3} S \xrightarrow{+3} \boxed{V} \xrightarrow{+3} Y$

$W \xrightarrow{-2} U \xrightarrow{-2} S \xrightarrow{-2} \boxed{Q} \xrightarrow{-2} O$

5. (d) दिया गया व्यंजक

$11 \div 8 - 78 \times 6 + 37 = ?$

प्रश्नानुसार, चिह्नों को आपस में बदलने पर,

नया व्यंजक $\rightarrow 11 \times 8 + 78 \div 6 - 37$

$= 88 + 13 - 37$

$= 101 - 37 = \boxed{64}$

6. (d) जिस प्रकार,

$D \xrightarrow[\text{क्रम}]{\text{वर्णमाला}} (4)^2 = 16$

$B \xrightarrow[\text{क्रम}]{\text{वर्णमाला}} (2)^2 = 4$

और $T \xrightarrow[\text{क्रम}]{\text{वर्णमाला}} (20)^2 = 400$

उसी प्रकार, $H \xrightarrow[\text{क्रम}]{\text{वर्णमाला}} (8)^2 = \boxed{64}$

7. (d) दी गई आकृति को प्रश्नानुसार, खोलने पर यह उत्तर आकृति (d) के समान दिखाई देगी।

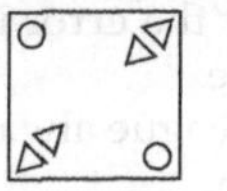

अत: कागज को खोलने पर यह आकृति विकल्प (d) जैसी दिखाई देगी।

8. (b) दिया गया समीकरण

$7 + 4 \div 18 - 3 \times 2 = ?$

प्रश्नानुसार, चिह्नों को आपस में बदलने पर,

नया व्यंजक $\rightarrow 7 \times 4 - 18 \div 3 + 2$

$= 28 - 6 + 2 = \boxed{24}$

9. (d) दिए गए पासे की दोनों स्थिति में संख्या '3' उभयनिष्ठ है। संख्या '3' के दक्षिणावर्त दिशा में संगत फलक एक-दूसरे के विपरीत होंगे।

स्थिति I → 3 5 6

↕ ↕ विपरीत अक्षर

स्थिति II → 3 2 7

अत: 5 वाले फलक के विपरीत फलक पर संख्या '2' होगी।

10. (d) दिया गया शब्द

⟶ D A R K E N

अंग्रेजी वर्णमाला में व्यवस्थित करने पर,

A [D] E [K] R N

बाएँ से दूसरा दाएँ से तीसरा

अब, D और K के बीच अंग्रेजी वर्णमाला श्रृंखला के अक्षर = E, F, G, H, I, J

∴ अभीष्ट अक्षरों की संख्या = 6

11. (d) आकृति के बिन्दुओं का नामकरण करने पर,

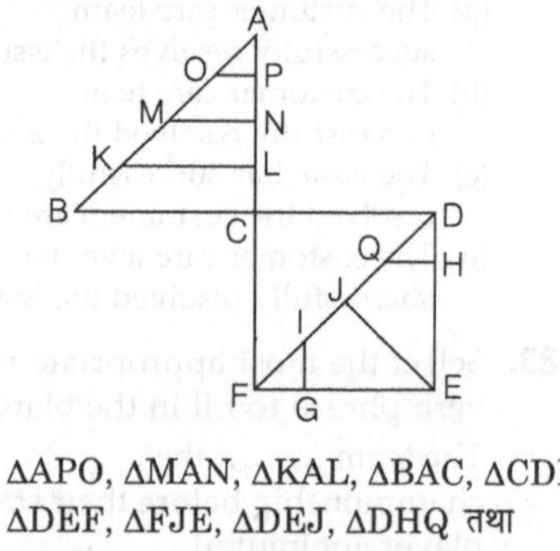

ΔAPO, ΔMAN, ΔKAL, ΔBAC, ΔCDF, ΔDEF, ΔFJE, ΔDEJ, ΔDHQ तथा ΔFGI

अत: आकृति में कुल 10 त्रिभुज हैं।

12. (b) दी गई आकृति श्रृंखला में एकान्तर क्रम में निम्न पैटर्न लागू हो रहा है।

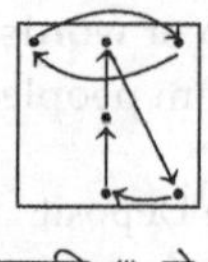

आकृति (i) से (ii) तथा (iii) से (iv) में

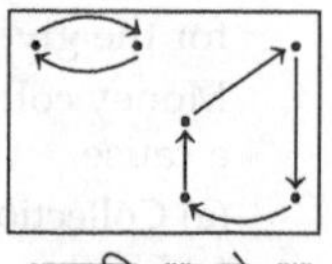

आकृति (ii) से (iii) तथा (iv) से (v) में

अत: विकल्प (b) सही उत्तर होगा।

13. (b) दिए गए पासे की दोनों स्थितियों में अक्षर 'Z' उभयनिष्ठ है, अक्षर 'Z' के दक्षिणावर्त दिशा में संगत फलक एक-दूसरे के विपरीत होंगे।

स्थिति I Z – M – [G] विपरीत

↕ ↕

स्थिति II Z – H – [F]

अत: G अक्षर वाले फलक के विपरीत 'F' होगा।

14. (c) कथनानुसार,

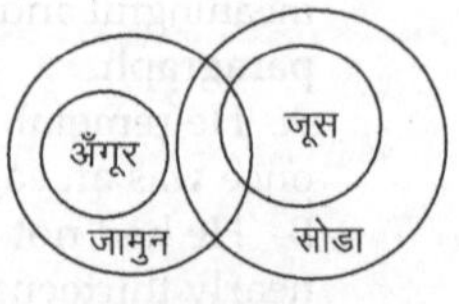

निष्कर्ष I. (✓) II. (✓)

अत: निष्कर्ष I और II दोनों अनुसरण करते हैं।

15. (a) जिस प्रकार,

$13 : 16 \Rightarrow \sqrt{16} = 4$

तथा $4 \times (4 + 1) - 7 = 13$

$23 : 25 \Rightarrow \sqrt{25} = 5$

तथा $5 \times (5 + 1) - 7 = 23$

$35 : 36 \Rightarrow \sqrt{36} = 6$

तथा $6 \times (6+1) - 7 = 35$

लेकिन, $34 : 44$

$\Rightarrow \sqrt{44} = 6.63$

$6.63 \times (6.63) + 1 - 7 = 43.58 \neq 34$

16. *(d)* दी गई श्रृंखला का क्रम निम्न प्रकार है,

$176 \xrightarrow{-9} 167 \xrightarrow{-11} 156 \xrightarrow{-9} 147 \xrightarrow{-11} 136 \xrightarrow{-9} \boxed{127}$

17. *(a)* जिस प्रकार, 'छिपाना' का विपरीत शब्द 'प्रकट करना' होता है। उसी प्रकार, 'समरूप' का विपरीत शब्द भिन्न होता है।

18. *(d)* जिस प्रकार,

$(16, 7, 112) \Rightarrow 16 \times 7 = 112$

तथा $(8, 12, 96) \Rightarrow 8 \times 12 = 96$

उसी प्रकार, $(15, 8, 120) \Rightarrow 15 \times 8 = 120$

19. *(d)* दी गई प्रश्न आकृति, उत्तर आकृति (d) में सन्निहित है।

20. *(a)* जिस प्रकार,

F U T U R E

↓+3 ↓+3 ↓+3 ↓+3 ↓+3 ↓+3

I X W X U H

तथा

I S L A N D

↓+3 ↓+3 ↓+3 ↓+3 ↓+3 ↓+3

L V O D Q G

उसी प्रकार,

J E R S E Y

↓+3 ↓+3 ↓+3 ↓+3 ↓+3 ↓+3

M H U V H B

21. *(b)* श्रृंखला का क्रम निम्न प्रकार है,

$F \xrightarrow{-1} E \xrightarrow{-1} D \xrightarrow{-1} C \xrightarrow{-1} B$

$X \xrightarrow{-2} V \xrightarrow{-2} T \xrightarrow{-2} R \xrightarrow{-2} P$

$32 \xrightarrow{+6} 38 \xrightarrow{+6} 44 \xrightarrow{+6} 50 \xrightarrow{+6} 56$

22. *(d)* जिस प्रकार,

$(3 - 20 - 5) \Rightarrow 5 \times 3 + 5$

$= 15 + 5 = 20$

तथा $(4 - 17 - 3) \Rightarrow 4 \times 3 + 5$

$= 12 + 5 = 17$

उसी प्रकार, $(9 - 77 - 8) \Rightarrow 9 \times 8 + 5$

$= 72 + 5 = 77$

23. *(a)* जिस प्रकार,

$X \xrightarrow{+2} Z \xrightarrow{+3} C \xrightarrow{+5} H$

$M \xrightarrow{+2} O \xrightarrow{+3} R \xrightarrow{+5} W$

और $P \xrightarrow{+2} R \xrightarrow{+3} U \xrightarrow{+5} Z$

लेकिन, $O \xrightarrow{+3} R \xrightarrow{+2} T \xrightarrow{+1} U$

अत: ORTU अन्य सभी से भिन्न है।

24. *(c)* प्रश्नानुसार, सम्बन्ध आरेख बनाने पर,

$B + R \times I - T \div H$

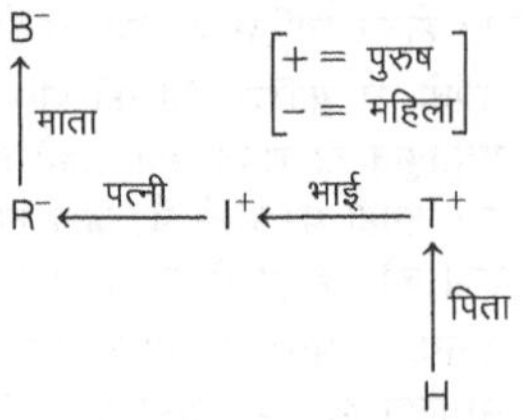

अत: I, H के पिता का भाई है।

25. *(a)* दी गई आकृति शृंखला के प्रत्येक अगली आकृति में मध्य का चिह्न अपने स्थान पर 45° दक्षिणावर्त घूम रहा है तथा कोनों पर स्थित तत्त्व 90° दक्षिणावर्त आगे बढ़ रहे है। इस प्रकार, अगली आकृति विकल्प (a) की आकृति होगी।

26. *(b)* **गदर पार्टी** का गठन संयुक्त राज्य अमेरिका (सैन फ्रांसिस्को) में वर्ष 1913 में प्रवासी भारतीय, लाला हरदयाल द्वारा किया गया था।

- गदर पार्टी के संस्थापक अध्यक्ष सोहन सिंह भाखना थे।
- गदर पार्टी एक भारतीय क्रान्तिकारी संगठन था, जिसका उद्देश्य भारत को ब्रिटिश शासन से मुक्त करना था।
- सैन फ्रांसिस्को में अपने मुख्यालय युगान्तर आश्रम से गदर पत्रिका शुरू करने के बाद इसे गदर पार्टी के रूप में जाना जाने लगा।

27. *(c)* चन्देरी के मेदिनी राय, मेवात के हसन खान और महमूद लोदी **बाबर** के खिलाफ लड़ने के लिए राणा साँगा के साथ मिल गए थे।

- राणा साँगा ने बाबर के खिलाफ एक सैन्य गठबन्धन बनाया था।
- चन्देरी का युद्ध 29 जनवरी, 1528 में मुगलों तथा राजपूतों के मध्य लड़ा गया था।
- इस युद्ध के कारण मुगल साम्राज्य का मालवा की ओर विस्तार हुआ।

28. *(b)* **स्वामी विवेकानन्द** ने 1897 ई. की शुरुआत में बेल्लूर में मठ की स्थापना की थी। यह मठ पश्चिम बंगाल में हुगली नदी के पश्चिम तट पर बेलूड़ में स्थित है।

- इस मठ के भवनों की वास्तु में हिन्दू, ईसाई तथा इस्लामी तत्त्वों का सम्मिश्रण है, जो धर्मों की एकता का प्रतीक है।
- यह रामकृष्ण मिशन और रामकृष्ण मठ का मुख्यालय है।

29. *(b)* भारत में हरित क्रान्ति से सबसे ज्यादा रूपान्तरण पंजाब का हुआ था।

- इसके साथ हरियाणा तथा पश्चिमी उत्तर प्रदेश को भी लाभ हुआ था।
- हरित क्रान्ति की शुरुआत 1960 के दशक के आखिर में हुई थी।
- भारत में हरित क्रान्ति के जनक एम.एस स्वामीनाथन माने जाते हैं।
- हरित क्रान्ति में उच्च उत्पादकता वाले बीजों और उर्वरकों के प्रयोग पर बल दिया गया था।
- हरित क्रान्ति का दूसरा चरण 1970 के दशक के मध्य से 1980 के दशक के मध्य तक चला।

30. *(c)* सही सुमेलन A-2, B-1, C-4, D-3 है।

- हेक्सापोडा समूह से सम्बन्धित मच्छर है। हेक्सापोडा उपसंघ ऑर्थ्रोपोडा संघ का सबसे बड़ा समूह है।
- क्रस्टेशिया के अन्तर्गत डैफिनया (Daphnia) आता है। क्रस्टेशिया अपने अण्डों से निकलने और वयस्क रूप से पहुँचने के बीच कई लार्वा और अपरिपक्व अवस्था से गुजरते हैं।
- मीरियापोडा एक जूलस है। यह एक प्राणी उपसंघ है, जो ऑर्थ्रोपोडा संघ का एक मुख्य उपविभाग है।
- चेलीसेराटा लिमूलस से सम्बन्धित है। इसकी जीवित समुद्री प्रजातियों में चार प्रजातियाँ शामिल हैं।

31. *(a)* उत्तर प्रदेश सरकार ने डेयरी किसानों के उचित मूल्य पर दूध बेचने की सुविधा देने के लिए वर्ष 2023 में 'नन्द बाबा दुग्ध मिशन' योजना शुरू की थी। इस योजना के लिए ₹ 1000 करोड़ की राशि जारी की गई थी।

- इस योजना के माध्यम से गाँवों में उचित मूल्य पर डेयरी किसनों को अपना दूध बेचने की सुविधा प्रदान की जाती है।

32. *(a)* यदि किसी छड़ चुम्बक को इस तरह लटका दिया जाए कि वह स्वतन्त्र रूप से घूम सके, तो चुम्बक का एक ध्रुव हमेशा

उत्तर की ओर घूमेगा, जबकि विपरीत ध्रुव दक्षिण की ओर होगा।

- ऐसा इसलिए होता है, क्योंकि चुम्बक स्थानीय बल रेखाओं के साथ संरेखित हो जाता है।

33. *(b)* सरकार जब घाटे का बजट चलाती है, तो इसका अर्थ है कि **सरकारी व्यय राजस्व से ज्यादा हो गया है।**

- करों की वृद्धि भी घाटे को कम करने का एक तरीका है, अर्थात् उच्च करों से राजस्व में वृद्धि होती है और बजट घाटे को कम करने में मदद मिलती है।
- नई कल्याणकारी योजनाओं का आरम्भ बजट घाटे को और बढ़ाता है।

34. *(d)* संयुक्त राष्ट्र विकास कार्यक्रम (UNDP) के मुताबिक, वर्ष 2021-22 के मानव विकास सूचकांक (HDI) में श्रीलंका का स्थान **73वाँ** था। यह भारतीय उपमहाद्वीप में सबसे अच्छा प्रदर्शन करने वाला देश था।

- मानव विकास सूचकांक (HDI) 2023-24 में भारत का स्थान **134वाँ** है।
- मानव विकास सूचकांक (HDI) को विकसित करने और समन्वित करने का काम UNDP करता है।
- मानव विकास रिपोर्ट वर्ष 1990 से जारी की जा रही है।
- HDI विभिन्न देशों के आर्थिक और सामाजिक विकास स्तरों की गणना करने का एक सांख्यिकीय उपाय है।

35. *(d)* कैसलिंग **शतरंज** से जुड़ी एक विशेष चाल है।

- कैसलिंग में एक खिलाड़ी का राजा और मूल सिपाही शामिल होता है।
- कैसलिंग शतरंज की एकमात्र ऐसी चाल है, जिसमें एक ही समय में दो मोहरे चलते हैं।
- कैसलिंग की उत्पत्ति मध्ययुगीन काल के अन्त में हुई थी।

36. *(d)* एडिबल रूट्स प्राइवेट लिमिटेड, ऊर्जा डेवलपमेण्ट सोल्यूशंस इण्डिया प्राइवेट लिमिटेड और तरु नेचुरल्स संगठन स्वस्थ और पोषणीय भोजन तक पहुँच में सुधार करने हेतु प्रेरणादायक, विविध और प्रभावशाली समाधान प्रदान करने के लिए संयुक्त राष्ट्र द्वारा घोषित 'सर्वश्रेष्ठ लघु व्यवसाय', सभी के लिए अच्छा भोजन के रूप में $100,000 के नकद पुरस्कार के विजेता हैं, जबकि पतंजलि इसका विजेता नहीं है।

37. *(c)* वर्नियर कैलीपर के सन्दर्भ में आन्तरिक जबड़े (जॉ) का उपयोग एक खोलने बेलन और पाइप की आन्तरिक व्यास के मापन के लिए किया जाता है। इसका अल्पतमांक 0.01 सेण्टीमीटर होता है।

38. *(c)* पर्वत की **हवा की ओर वाली दिशा में** नमी युक्त हवाओं से सबसे ज्यादा बारिश होती है। ऐसा इसलिए होता है, क्योंकि पहाड़ की ढलान पर ऊपर की ओर जाने वाली हवा ठण्डी हो जाती है। ठण्डी हवा में मौजूद नमी संघनित होकर बारिश का रूप ले लेती है।

- पर्वतों पर बारिश होने की प्रक्रिया को पर्वतकृत या राहत वर्षा कहते हैं। यह उन जगहों पर होती है, जहाँ नमी भरी हवा को पहाड़ों से रुकना पड़ता है।
- दुनिया में सबसे ज्यादा बारिश भारत के मेघालय के पूर्वी खासी हिल्स जिले में मासिनराम में होती है।

39. *(c)* रोट्टेला पाण्डुगा या रोटी महोत्सव नेल्लोर **आन्ध्र प्रदेश** में मनाए जाने वाले प्रसिद्ध वार्षिक उत्सवों में से एक है।

- यह त्योहार वर्ष 1930 से बारा शहीद दरगाह पर मनाया जा रहा है।
- इस त्योहार का मुख्य कार्यक्रम रोटियों का आदान-प्रदान है, लोग एक-दूसरे के साथ रोटियों की अदला-बदली करते हैं।
- रोटी महोत्सव इतना प्रसिद्ध है कि आन्ध्र प्रदेश और पड़ोसी राज्यों से कई लोग इस त्योहार में भाग लेने के लिए यहाँ आते हैं।

40. *(d)* मुम्बई बन्दरगाह पर दबाव कम करने के लिए **जवाहरलाल नेहरू बन्दरगाह** को सेटेलाइट बन्दरगाह के रूप में विकास किया जा रहा है।

- सेटेलाइट बन्दरगाह पहले से मौजूद बन्दरगाह या ऐसे बन्दरगाह के पास बनाया जाता है, ताकि वह अपनी पूर्ण क्षमता का लाभ प्रदान करने में सक्षम हो सके।
- सेटेलाइट बन्दरगाह सीमित जमीन और ड्राफ्ट की कमी जैसी समस्याओं को दूर करने में मदद करता है।
- मुम्बई बन्दरगाह भारत के पश्चिमी तट पर स्थित है।
- मुम्बई बन्दरगाह का प्रशासन मुम्बई पोर्ट ट्रस्ट (MBPT) करता है।

41. *(d)* असम के प्रसिद्ध गायक **भूपेन हजारिका** को वर्ष 2019 में मरणोपरान्त भारत रत्न से सम्मानित किया गया था।

- भारत सरकार ने वर्ष 2011 में उन्हें पद्म भूषण सम्मान से सम्मानित किया।
- इन्होंने अपनी मूल भाषा असमिया के अतिरिक्त हिन्दी, बांग्ला समेत कई अन्य भारतीय भाषा में गाने गाए हैं।
- इन्होंने फिल्म 'गाँधी टू हिटलर' में महात्मा गाँधी का पसंदीदा भजन 'वैष्णव जन' गया था।

42. *(b)* मथुरा कला विद्यालय के अन्तर्गत **कुषाणकाल** में कार्तिकेय विष्णु और कुबेर जैसे ब्राह्मण देवताओं की कई मूर्तियाँ बनाई गई थी।

- कुषाणकाल में मथुरा कला का विकास हुआ। यह कला का प्रमुख केन्द्र था।
- इस काल में मथुरा में कई स्तूप, विहार और मूर्तिया बनाई गईं।
- मथुरा कला शैली, गांधार शैली के समान ही कुषाण काल में प्रचलित थी।
- कुषाणकालीन मूर्तियों में नारी को त्रिभंग मुद्रा में दर्शाया गया है।
- कुषाणकालीन मूर्तियों में आभूषणों को सुव्यवस्थित तरीके से दर्शाया गया है।

43. *(a)* फुगड़ी नृत्य **गोवा** और महाराष्ट्र के कोंकण तटीय क्षेत्र से सम्बन्धित है।

- यह कोंकणी समुदाय की महिलाओं द्वारा किया जाने वाला लोक नृत्य है।
- यह गणेश चतुर्थी जैसे हिन्दू त्योहारों के दौरान अन्त में किया जाता है।

44. *(d)* जब कोई निचली अदालत अपने अधिकार क्षेत्र से बाहर जाकर किसी मामले पर विचार करती है, तो उस पर **निषेधाज्ञा** (प्रोहिबिशन) रिट जारी की जाती है।

- निषेधाज्ञा रिट को 'स्टे आर्डर' के नाम से भी जाना जाता है।
- यह रिट किसी भी उच्च न्यायालय या सर्वोच्च न्यायालय द्वारा जारी की जा सकती है।
- इस रिट के जारी होने के बाद, निचली अदालत में कार्यवाही खत्म हो जाती है।

45. *(c)* उमयालपुरम के. शिवरामन कर्नाटक संगीत में **मृदंगम** से जुड़े एक प्रसिद्ध संगीतकार हैं। वे इस वाद्ययन्त्र के प्रतिपादक भी हैं।

- उमयालपुरम के शिवरामन को भारत सरकार द्वारा वर्ष 2010 में पद्म विभूषण और संगीत नाटक अकादमी पुरस्कार वर्ष 1992 में प्रदान किए गए थे तथा वर्ष 1988 में पद्मश्री पुरस्कार प्रदान किया गया था।
- मृदंगम दक्षिण भारत में प्रमुख ताल वाद्ययन्त्र है। यह बैरल के आकार का

ड्रम होता है और इसे उंगलियों और हथेलियों से बजाया जाता है।

46. *(d)* भारतीय संविधान में न्यायपालिका की स्वतन्त्रता की अवधारणा **संयुक्त राज्य अमेरिका** के संविधान से ली गई है।

- न्यायपालिका की स्वतन्त्रता का अर्थ है कि न्यायाधीश किसी भी बाहरी दबाव से मुक्त होकर निष्पक्ष तरीके से अपना काम करे।
- न्यायपालिका को भारत के लोकतन्त्र का प्रहरी माना जाता है।
- न्यायपालिका भारत के संविधान की संरक्षक है।

47. *(a)* **गुलजारीलाल नन्दा** भारत के सबसे कम समय तक प्रधानमन्त्री रहे।

- वे दो बार भारत के कार्यवाहक प्रधानमन्त्री बने और दोनों बार उनका कार्यकाल 13-13 दिन का रहा।

48. *(a)* सही सुमेलन A-4, B-3, C-2, D-1 है।

- **ग्लूकोज** श्वसन के लिए सर्वोत्तम कार्बनिक क्रियाधार है।
- **यीस्ट** किण्वन प्रक्रम के लिए पोषक तत्त्वों का उपयोग करता है।
- **ग्लाइकोलिसिस** ग्लूकोज पाइरुविक अम्ल में परिवर्तित हो जाता है।
- **पाइरुविक अम्ल** ग्लूकोज के टूटने में मध्यवर्ती पदार्थ होते हैं।

49. *(b)* त्सांग पो और जमुना **ब्रह्मपुत्र** नदी के अन्य नाम हैं।

- ब्रह्मपुत्र एक सीमा पार की नदी है, जो दक्षिण-पश्चिम चीन, पूर्वोत्तर भारत और बांग्लादेश से होकर बहती है।
- इसे असमिया में ब्रह्मपुत्र या लोहित, तिब्बती में यारलुंग त्सांगपो, अरुणाचल में सियांग/दिहांग और बंगाल में जमुना नदी के नाम से जाना जाता है।
- ब्रह्मपुत्र नदी का उद्गम तिब्बत के मानसरोवर के निकट चेमायुंग डुंग नामक हिमनदी से हुआ है। इसकी कुल लम्बाई 2900 किमी है।
- विश्व का सबसे बड़ा नदी द्वीप माजुली ब्रह्मपुत्र नदी पर ही अवस्थित है।

50. *(c)* वर्ष 2022 में हुए 36वें राष्ट्रीय खेलों में हशिका ने 6 गोल्ड मेडल जीते। इन्होंने 200 मीटर तैराकी और 400 मीटर फ्रीस्टाइल रिले में गोल्ड मेडल जीते थे।

- इसके अतिरिक्त इन्होंने एक कांस्य पदक भी जीता था। अत: इन्होंने कुल 7 पदक जीते थे। इस प्रतियोगिता में हशिका को सर्वश्रेष्ठ महिला एथलीट का अवार्ड भी दिया गया था।
- वर्ष 2024 में 77वीं सीनियर राष्ट्रीय एक्वेटिक चैम्पियनशिप में हशिका ने महिलाओं की 400 मीटर फ्रीस्टाइल स्पर्धा में राष्ट्रीय रिकॉर्ड बनाया, जो राँची की ऋचा मिश्रा के 13 वर्ष पुराने रिकॉर्ड से बेहतर था।

51. *(c)* माना सुरेश का कुल वेतन = ₹100

सुरेश का कुल खर्च $= 100 \times \frac{3}{4} =$ ₹75

सुरेश की कुल बचत $= 100 \times \frac{1}{4} =$ ₹25

वृद्धि के बाद, सुरेश का वेतन

$= 100 \times \frac{125}{100} =$ ₹125

तथा सुरेश की बचत $= 25 \times \frac{120}{100} =$ ₹30

∴ सुरेश का वृद्धि के बाद खर्च

$= (125 - 30) = 95$

∴ खर्च में % वृद्धि $= \frac{(95-75)}{75} \times 100$

$= \frac{80}{3} = 26\frac{2}{3}\%$

52. *(b)* $\tan C = \sqrt{3} \Rightarrow \tan C = \tan 60°$

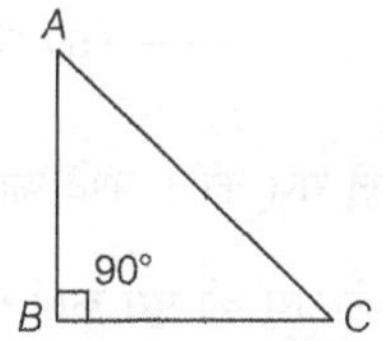

$\therefore \quad C = 60°$

$\therefore \quad \frac{\sin^2 C + \cos^2 C}{1 + \cot^2 C}$

$= \frac{1}{\text{cosec}^2 C} = \sin^2 C$

$= \sin^2 60° = \left(\frac{\sqrt{3}}{2}\right)^2 = \frac{3}{4}$

53. *(b)* $\because \angle ADC = \frac{1}{2} \angle AOC$

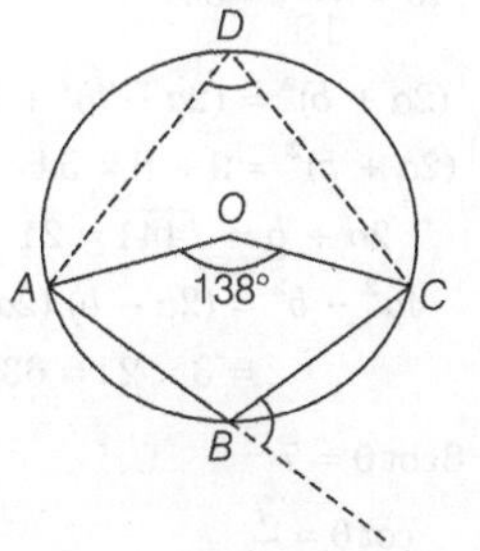

$\therefore \quad \angle ADC = \frac{1}{2} \times 138° = 69°$

अब, $\angle ADC = \angle CBP$

(चक्रीय चतुर्भुज का बाहरी कोण)

$\therefore \quad \angle CBP = 69°$

54. *(d)* वर्ष 2018-2019 के बीच सभी कम्पनियों का कुल टर्नओवर का औसत

$= \frac{(250 + 350 + 275 + 200 + 400)}{5}$

$= \frac{1475}{5} = 295$ करोड़

वर्ष 2019-2020 के बीच सभी कम्पनियों का कुल टर्नओवर का औसत

$= \frac{(300 + 250 + 300 + 300 + 350)}{5}$

$= \frac{1500}{5} = 300$ करोड़

∴ अभीष्ट अन्तर = (300 − 295)

= 5 करोड़

55. *(a)* दिया है,

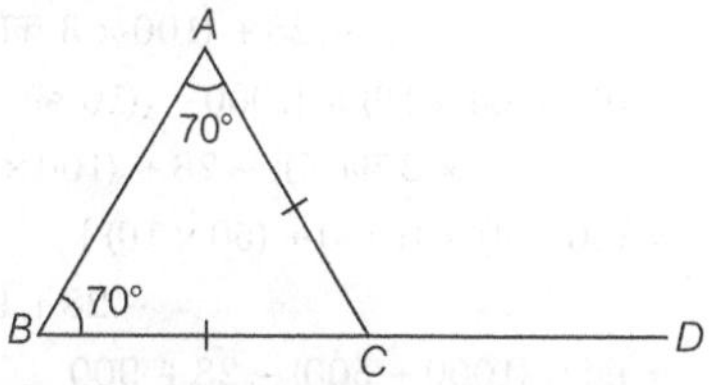

$AC = BC$

$\angle BAC = 70°$

$\therefore \quad \angle BAC = \angle ABC = 70°$

$\therefore \quad \angle ACD = \angle BAC + \angle ABC$

$= 70° + 70° = 140°$

अब, $2.5 \angle ACD - 1.5 \angle ABC$

$= 2.5 \times 140° - 1.5 \times 70°$

$= 350 - 105 = 245°$

56. *(d)* माना वस्तु का क्रय मूल्य = ₹100

∴ वस्तु का अंकित मूल्य $= 100 \times \frac{116}{100}$

= ₹116

∴ वस्तु का विक्रय मूल्य

$= 116 \times \frac{88}{100} =$ ₹102.08

∴ सही लाभ % $= \frac{(102.08 - 100)}{100} \times 100$

$= 2.08\%$

57. *(b)* दिया है, $x = \sqrt{6} + 2$

$y = \sqrt{6} - 2$

$\left(\frac{x}{y} + \frac{y}{x}\right)^2 - 3 = \left(\frac{x^2 + y^2}{xy}\right)^2 - 3$

$= \left[\frac{(\sqrt{6}+2)^2 + (\sqrt{6}-2)^2}{(\sqrt{6}+2)(\sqrt{6}-2)}\right]^2 - 3$

$= \left(\frac{6 + 4 + 4\sqrt{6} + 6 + 4 - 4\sqrt{6}}{6 - 4}\right)^2 - 3$

$= \left(\frac{20}{2}\right)^2 - 3 = 100 - 3 = 97$

58. *(d)* चोर को पकड़ने के लिए पुलिस की कार द्वारा तय की गई कुल दूरी

$= \left(1.5 + \frac{250}{1000}\right) = 1.75$ किमी

पुलिस की कार की चाल = 70 किमी/घण्टा

$\therefore$ चोर को पकड़ने में लगा समय

$= \frac{1.75}{70} = 0.025$ घण्टा

चोर द्वारा तय की दूरी = 1.5 किमी

$\therefore$ चोर की बाइक की चाल

$= \frac{1.5}{0.025} = 60$ किमी/घण्टा

59. *(b)* $(60 + 64 \div 4$ का $4) \times \{1000 \div ((10$ का $(3+2)) \times 2$ का $5)\} - 28 + (100 \times 3$ का $3)$

$= (60 + 64 \div 16) \times \{1000 \div ((10$ का $5) \times 2$ का $5)\} - 28 + (100 \times 9)$

$= (60 + 4) \times \{1000 \div (50 \times 10)\} - 28 + 900$

$= 64 \times \{1000 \div 500\} - 28 + 900$

$= 64 \times 2 - 28 + 900$

$= 128 - 28 + 900$

$= 1028 - 28 = 1000$

60. *(b)* दिया है, ΔABC में,

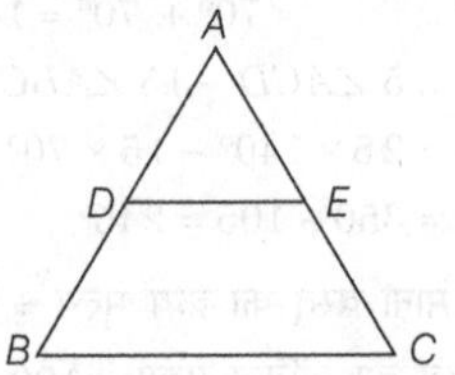

$DE \parallel BC$

$5AE = 3EC \Rightarrow \frac{AE}{EC} = \frac{3}{5}$

हम जानते है,

$\frac{AD}{DB} = \frac{AE}{EC} = \frac{3}{5}$

$\Rightarrow \frac{DB}{AB} = \frac{EC}{AC} = \frac{5}{8}$ $[\because DE \parallel BC]$

$\therefore DB$ का मान $= 6.4 \times \frac{5}{8} = 4$ इकाई

61. *(c)* बेलन का सम्पूर्ण पृष्ठीय क्षेत्रफल

$= 2\pi r\,(r + h)$

$= 2 \times \frac{22}{7} \times 21\,(21 + 5)$

$= 2 \times \frac{22}{7} \times 21 \times 26 = 3432$ सेमी^{2}

62. *(b)* माना दो क्रमागत सम संख्या क्रमशः x तथा $x + 2$ है।

प्रश्नानुसार, $x + x + 2 = 174$

$\Rightarrow \quad 2x + 2 = 174$

$\Rightarrow \quad 2x = 172$

$\therefore \quad x = \frac{172}{2} = 86$

अत: छोटी सम संख्या = 86

63. *(c)* मीरा के पास कुल शेयर

$= 1000000 \times \frac{45}{100} + 20000$

$= 450000 + 20000 = 470000$

64. *(d)* त्रिज्यखण्ड की लम्बाई $= \frac{\theta}{180^\circ}\pi r$

$\Rightarrow \quad \frac{80}{180} \times \pi \times r = 96\pi$

$\therefore \quad r = \frac{96 \times 180}{80} = 216$ इकाई

65. *(d)* सभी शहरों में अप्रैल के दौरान होने वाली मौतों की औसत संख्या

$= \frac{860 + 765 + 960 + 1148}{4}$

$= \frac{3733}{4} \simeq 934$

66. *(a)*

वरुण + राजू ⟶ 40 — 5 — कुल कार्य 200

वरुण ⟶ 50 — 4 — (40 और 50 का ल.स.)

$\because$ अकेले राजू का 1 घण्टे का काम $= (5 - 4) = 1$

$\therefore$ अकेले राजू को पूरा कार्य करने में लगा समय $= \frac{200}{1} = 200$ घण्टे

67. *(d)* $2a - b = 3$

दोनों तरफ घन करने पर,

$(2a - b)^3 = 3^3$

$\Rightarrow 8a^3 - b^3 - 3 \cdot 2a \cdot b\,(2a - b) = 27$

$\Rightarrow 999 - 6ab\,(3) = 27$

$\Rightarrow 18ab = 999 - 27$

$\therefore \quad ab = \frac{972}{18} = 54$

अब, $(2a + b)^2 = (2a - b)^2 + 8ab$

$\Rightarrow \quad (2a + b)^2 = 9 + 8 \times 54$

$\therefore \quad 2a + b = \sqrt{441} = 21$

$\therefore \quad 4a^2 - b^2 = (2a - b)\,(2a + b)$

$= 3 \times 21 = 63$

68. *(c)* $8\cot\theta = 7$

$\therefore \quad \cot\theta = \frac{7}{8}$

$\frac{1 + \sin\theta}{\cos\theta} = \frac{1}{\cos\theta} + \frac{\sin\theta}{\cos\theta}$

$= \sec\theta + \tan\theta$

$= \sqrt{1 + \tan^2\theta} + \tan\theta$

$(\because \sec^2\theta = 1 + \tan^2\theta)$

$= \sqrt{1 + \left(\frac{8}{7}\right)^2} + \frac{8}{7} \quad \left[\tan\theta = \frac{1}{\cot\theta}\right]$

$= \sqrt{\frac{49 + 64}{49}} + \frac{8}{7} = \frac{8 + \sqrt{113}}{7}$

69. *(b)* दिया है,

$p = \frac{\sin A}{1 + \cos A}$

$\Rightarrow \quad p = \frac{\sin A}{1 + \cos A} \times \frac{(1 - \cos A)}{(1 - \cos A)}$

(परिमेयीकरण करने पर)

$\Rightarrow \quad p = \frac{\sin A\,(1 - \cos A)}{\sin^2 A} = \frac{1 - \cos A}{\sin A}$

$\Rightarrow \quad \frac{1}{p} = \frac{\sin A}{1 - \cos A}$

70. *(b)* माना मूलधन = ₹ x

साधारण ब्याज $= \frac{\text{मूलधन} \times \text{समय} \times \text{दर}}{100}$

प्रश्नानुसार,

मिश्रधन = मूलधन + साधारण ब्याज

$\Rightarrow \quad 21420 = x + \frac{x \times 9.5 \times 2}{100}$

$\Rightarrow \quad 21420 = \frac{100x + 19x}{100}$

$\therefore \quad x = \frac{21420 \times 100}{119} = ₹18000$

71. *(c)* इलेक्ट्रॉनिक घड़ी का अंकित मूल्य

= ₹15620

छूट = 27%

$\therefore$ इलेक्ट्रॉनिक घड़ी का विक्रय मूल्य

$= 15620 \times \frac{73}{100}$

$= ₹11402.60 \simeq ₹11400$

72. *(d)* दिया है,

$\frac{a}{b} = \frac{c}{d} = \frac{e}{f} = \frac{5}{7}$

$\therefore \frac{3a + 5c + 11e}{3b + 5d + 11f}$

$= \frac{3 \times 5 + 5 \times 5 + 11 \times 5}{3 \times 7 + 5 \times 7 + 11 \times 7}$

$= \frac{15 + 25 + 55}{21 + 35 + 77} = \frac{95}{133} = \frac{5}{7} = 5:7$

73. *(b)* $\because$ 1 लीटर = 1000 मिली

माना मिश्रित की जाने वाली एल्कोहॉल की मात्रा = x मिली

प्रश्नानुसार,

$\frac{\frac{1}{2} \times 1000 \times \frac{15}{100} + x}{500 + x} = \frac{50}{100}$

$\Rightarrow \quad \frac{75 + x}{500 + x} = \frac{1}{2}$

$\Rightarrow \quad 150 + 2x = 500 + x$

$\therefore \quad x = 350$ मिली

74. *(c)* संख्या $= 45yz0$

चूँकि संख्या 40 से विभाज्य है इसलिए यह 8 और 5 से भी विभाज्य है।

$\therefore$ 8 के विभाज्यता नियम से, $yz0$, 8 से विभाज्य है।

तब, y और z का अधिकतम मान लेने पर यदि $y = 8$ तथा $z = 8$

$yz0 \Rightarrow 880$ जोकि, 8 से विभाज्य है।

अत: $y + z$ का अधिकतम मान $= 8 + 8 = 16$

75. *(d)* कम्पनी D में कार्यरत पुरुष कर्मचारियों की कुल संख्या $= 25 \times 450 \times \frac{5}{5+4}$

$= 25 \times 450 \times \frac{5}{9} = 6250$

76. *(a)* The correct filler for the given blank is 'bullet' to make the idiom 'bite the bullet' which means decide to do something difficult or unpleasant that one has been putting off or hesitating over.

77. *(b)* The correct filler for the given blank is 'flour'.

78. *(a)* 'Audible' means something that is loud enough to hear.

- **Audit** means an official inspection of an organisation's accounts, typically by an independent body.
- **Audacious** and **Audacity** indicate boldness.

79. *(a)* The antonym of 'insert' is to 'remove'.

80. *(b)* Verity means a true principle or belief, especially one of fundamental importance.

81. *(c)* The correct sentence after rearrangement is 'Greenbalt is considered the founding Father of New Historicism'.

82. *(d)* The customer care team has successfully resolved the issue.

- The sentence has the structure has/have been' + the past participle form of verb. When such a sentence is transformed into active voice, the structure followed is Subject + has/have+ V3+ Object.

83. *(b)* As the given sentence present two actions of the past, past perfect tense 'had won' should be used to fill in the blank.

84. *(c)* Money collected from people for a cause is called a fund.

85. *(c)* The incorrectly spelt word is 'acknowlege'. The correct spelling is 'acknowledge'.

86. *(b)* The correct order is CBAD.

- The sentence formed will be 'Mr. Satterthwaite went to meet her. He had not seen her for nearly thirteen years. He remembered her as she once was an eager, glowing girl. And now he saw a Frozen Lady'.

87. *(a)* 'Munificent' means characterised by or displaying great generosity. Hence, its synonym is 'magnanimous' which means the same.

- **Malicious** means evil and wicked.
- **Miserly** means not wanting to spend money.

88. *(b)* The correct order is QPRS.

- The sentence formed will be 'A wise man once said that action speaks louder than words'.

89. *(d)* Kept her cards close to her chest means to keep her plans and thoughts hidden.

90. *(b)* Part 'latest' contains an error. As the sentence makes a comparison, the comparative degree of adjective 'later' should be used to correct the sentence.

91. *(b)* 3 centuries were scored by Gill in Tata IPL 2023.

- The sentence is in past tense. When such a sentence is transformed into passive voice, the structure followed is Object + was/were+ V3+ Subject.

92. *(d)* 'Carcass' means a corpse or a dead body.

- **Gale** means a very strong wind.
- **Scrap** means waste.

93. *(d)* The incorrectly spelt word is 'Atrocios'. The correct spelling is 'Atrocious'.

94. *(a)* The antonym of 'active' is inert which means lazy.

95. *(b)* A taboo is a social or religious custom prohibiting or restricting a particular practice or forbidding association with a particular person, place or thing. Hence, its antonym is 'acceptable'.

96. *(a)* The correct filler for the given blank is 'frequently'.

97. *(d)* The correct filler for the given blank is 'may not be'.

98. *(b)* The correct filler for the given blank is 'common'.

99. *(d)* The correct filler for the given blank is 'have been'.

100. *(c)* The correct filler for the given blank is 'injustice'.

SSC CGL Tier-I सॉल्वड पेपर

सेट 36 26 सितम्बर, 2024 (तृतीय पाली)

निर्देश

1. इस सेट में कुल 100 प्रश्न हैं।
2. इस सेट में चार भाग हैं, भाग-I सामान्य बुद्धि एवं तर्कशक्ति, भाग-II सामान्य जागरुकता, भाग-III संख्यात्मक अभियोग्यता और भाग-IV अंग्रेजी भाषा।
3. प्रत्येक प्रश्न 2 अंक का है।

भाग I
सामान्य बुद्धि एवं तर्कशक्ति

1. चार अक्षर-समूह दिए गए हैं, जिनमें से तीन किसी न किसी रूप में एक जैसे हैं और एक भिन्न है। उस अक्षर-समूह का चयन करें, जो भिन्न हो।

नोट अक्षर समूह में, भिन्न व्यंजनों/स्वरों की संख्या या उनकी स्थिति पर आधारित नहीं है।

(a) LJO (b) YWA
(c) JHL (d) OMQ

2. यदि MOLTEN शब्द के सभी अक्षरों को अंग्रेजी वर्णानुक्रम में व्यवस्थित किया जाए, तो कितने अक्षरों की स्थिति अपरिवर्तित बनी रहेगी?

(a) किसी की भी नहीं (b) तीन
(c) दो (d) एक

3. कागज की एक वर्गाकार शीट को दर्शाई गई दिशाओं में बिन्दुदार रेखा के अनुदिश क्रमिक रूप से मोड़ा जाता है और फिर अन्त में इसे छिद्रित किया जाता है। खोले जाने पर यह कागज कैसा दिखाई देगा?

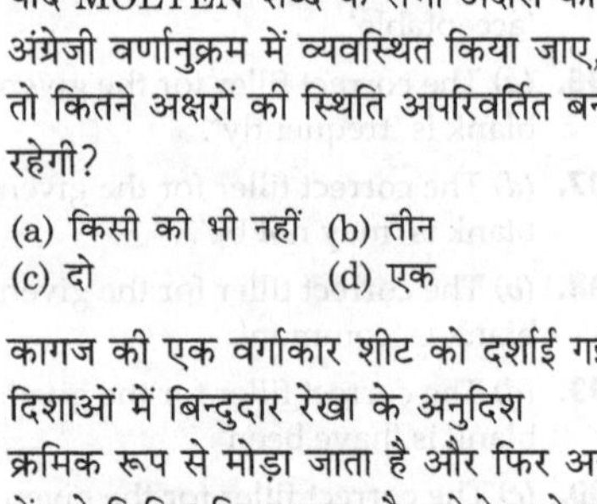

4. एक निश्चित कूटभाषा में,

'A + B' का अर्थ है 'A, B की माता है';
'A − B' का अर्थ है 'A, B का भाई है';
'A × B' का अर्थ है 'A, B की पत्नी है' और
'A ÷ B' का अर्थ है 'A, B का पिता है'।

उपरोक्त के आधार पर, यदि '4 × 3 − 2 − 1' है, तो 4 का 1 से क्या सम्बन्ध है?

(a) माता (b) भाई की पत्नी
(c) पिता की बहन (d) बहन

5. निम्नलिखित संख्या-युग्मों में से तीन किसी तरह से समान हैं और इसलिए एक समूह बनाते हैं। कौन-सा संख्या-युग्म उस समूह से सम्बन्धित नहीं है? (**नोट** संख्याओं को उसके घटक अंकों में तोड़े बिना, पूर्ण संख्याओं पर गणितीय संक्रियाएँ की जानी चाहिए। उदाहरण के लिए 13 – 13 पर संक्रियाएँ जैसे कि 13 में जोड़ना/घटाना/गुणा करना आदि की जा सकती हैं। 13 को 1 और 3 में तोड़ने और फिर 1 और 3 पर गणितीय संक्रियाएँ करने की अनुमति नहीं है।)

(a) 9 – 121 (b) 8 – 100
(c) 6 – 64 (d) 12 – 225

6. एक निश्चित कूटभाषा में, 'VTPM' को '37' के रूप में कूटबद्ध किया जाता है और 'CGNK' को '73' के रूप में कूटबद्ध किया जाता है। उस भाषा में, 'MVLC' को किस प्रकार कूटबद्ध किया जाएगा?

(a) 58 (b) 64 (c) 72 (d) 81

7. दिए गए विकल्पों में से उस आकृति का चयन कीजिए, जो प्रश्न चिह्न (?) को प्रतिस्थापित कर सकती है और शृंखला को तार्किक रूप से पूरा कर सकती है।

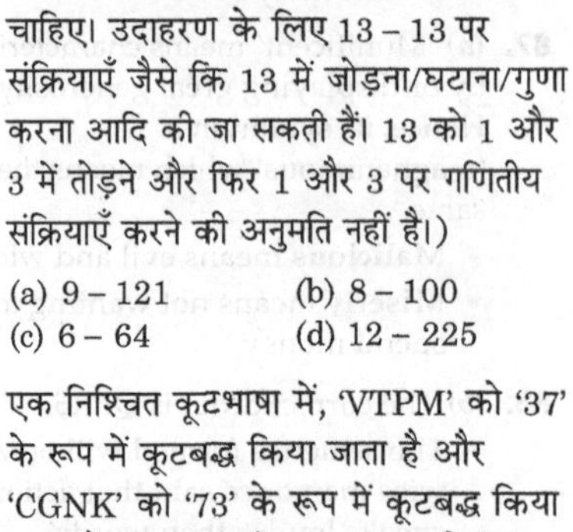

8. निम्नलिखित संख्या-युग्मों में, पहली संख्या पर निश्चित गणितीय संक्रियाएँ करके दूसरी संख्या प्राप्त की जाती है। उस समुच्चय का चयन कीजिए जिसमें संख्याएँ उसी प्रकार सम्बन्धित हैं जिस प्रकार निम्नलिखित समुच्चय की संख्याएँ सम्बन्धित हैं।

(**नोट** संख्याओं को उसके घटक अंकों में तोड़े बिना, पूर्ण संख्याओं पर संक्रियाएँ की जानी चाहिए। उदाहरण के लिए संख्या 13 को लें – 13 पर संक्रियाएँ, जैसे कि 13 में जोड़ना/घटाना/गुणा करना आदि, की जा सकती हैं। 13 को 1 और 3 में तोड़ने और फिर 1 और 3 पर गणितीय संक्रियाएँ करने की अनुमति नहीं हैं।)

(96, 29) (112, 33)

(a) (204, 55)
(b) (108, 30)
(c) (188, 52)
(d) (176, 45)

9. विकल्पों में दिए गए उस चित्र की पहचान कीजिए जिसे प्रश्नचिह्न (?) के स्थान पर रखने पर शृंखला तार्किक रूप से पूर्ण हो जाएगी?

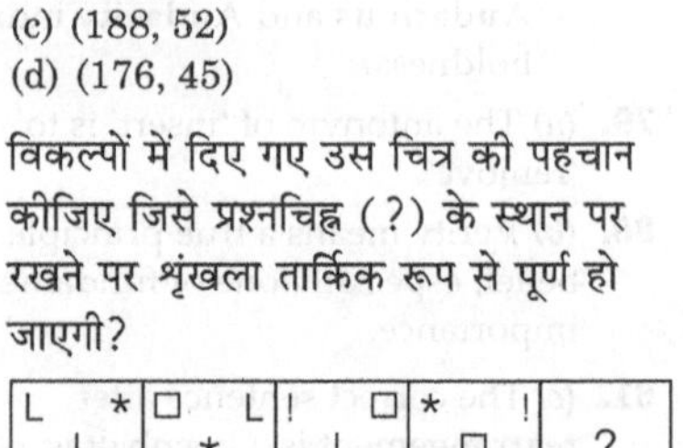

10. यदि '+' और '×' को आपस में बदल दिया जाए और '–' और '÷' को आपस में बदल दिया जाए, तो निम्नलिखित समीकरण में प्रश्नचिह्न (?) के स्थान पर कौन-सी संख्या आएगी?

95 – 19 × 4 + 6 ÷ 16 = ?

(a) 13 (b) 14
(c) 12 (d) 11

11. किसी निश्चित तर्क के अनुसार 80 का सम्बन्ध 99 से है। उसी तर्क के अनुसार 0 का सम्बन्ध 3 से है। उसी तर्क के अनुसार 35 निम्नलिखित में से किस संख्या से सम्बन्धित है?

नोट संख्याओं को उनके घटक अंकों में विभक्त किए बिना पूर्ण संख्याओं पर संक्रियाएँ की जानी चाहिए। उदाहरण के लिए 13 को लें – 13 पर संक्रियाएँ, जैसे कि जोड़ना/घटाना/गुणा करना आदि 13 में की जा सकती है। 13 को 1 और 3 में विभक्त करना और फिर 1 और 3 पर गणितीय संक्रियाएँ करने की अनुमति नहीं है।

(a) 46 (b) 42 (c) 48 (d) 44

12. यदि '+' और '–' को आपस में बदल दिया जाए और '×' और '÷' को आपस में बदल दिया जाए, तो निम्नलिखित समीकरण में प्रश्नचिह्न (?) के स्थान पर क्या आएगा?

$2736 \times 8 - 55 + 105 \div 2 = ?$

(a) 137 (b) 127 (c) 187 (d) 177

13. जब दर्पण को MN पर रखा जाता हो तो दी गई आकृति के सही दर्पण प्रतिबिम्ब का चयन कीजिए।

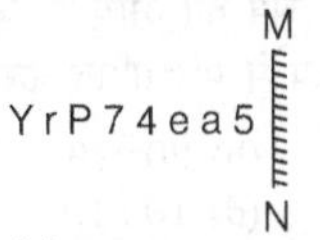

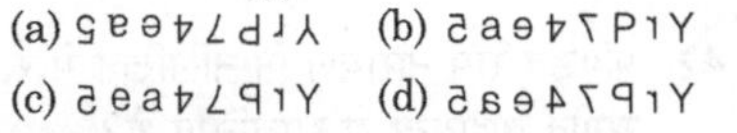

14. इस प्रश्न में, तीन कथन और उसके बाद तीन निष्कर्ष क्रमांक I, II और III दिए गए हैं। कथनों को सत्य मानते हुए, भले ही वे सामान्य रूप से ज्ञात तथ्यों से भिन्न प्रतीत होते हों, तय कीजिए कि कौन-सा/से निष्कर्ष कथनों का तार्किक रूप से अनुसरण करता/करते है/हैं।

कथन
सभी फोन, टीवी हैं।
कुछ टीवी, बड़े/बड़ी हैं।
कुछ बड़े/बड़ी, कारें हैं।

निष्कर्ष
I. कुछ टीवी, फोन हैं।
II. कुछ बड़े/बड़ी, टीवी हैं।
III. सभी बड़े/बड़ी, कारें हैं।

(a) केवल निष्कर्ष I और II अनुसरण करते हैं
(b) कोई भी निष्कर्ष अनुसरण नहीं करता है
(c) केवल निष्कर्ष II और III अनुसरण करते हैं
(d) केवल निष्कर्ष III अनुसरण करता है

15. उस विकल्प का चयन करें, जो पाँचवें अक्षर-समूह से उसी प्रकार सम्बन्धित है जिस प्रकार दूसरा अक्षर-समूह, पहले अक्षर-समूह से सम्बन्धित है और चौथा अक्षर-समूह, तीसरे अक्षर-समूह से सम्बन्धित है।

WEL : DVO :: FOR : ULI :: SDX: ?

(a) GWC (b) GXC
(c) HWC (d) HXC

16. उस विकल्प का चयन कीजिए, जो उन अक्षरों को दर्शाता है, जिन्हें नीचे दिए गए रिक्त स्थानों में बाएँ से दाएँ क्रमिक रूप से रखने पर अक्षर शृंखला पूरी हो जाएगी।

_ V D W Y _ D W Y V _ W Y _ D _

(a) YWDVW (b) YVYVW
(c) YVDVY (d) YVDVW

17. जब दर्पण को नीचे दर्शाए गए अनुसार MN पर रखा जाता है, तो दी गई आकृति के सही दर्पण प्रतिबिम्ब का चयन कीजिए।

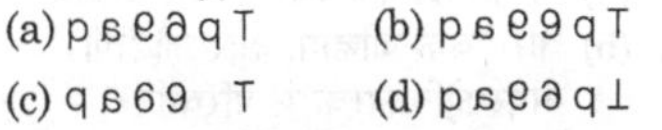

18. एक पासे के विभिन्न फलकों पर छह अक्षर I, O, A, Y, Z और X लिखे गए हैं। इस पासे की दो स्थितियाँ नीचे चित्र में दर्शाई गई हैं। O के विपरीत वाले फलक पर आने वाला अक्षर ज्ञात कीजिए।

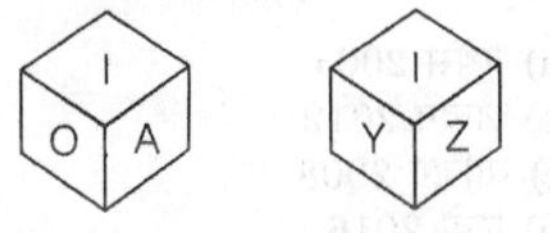

(a) X (b) Z (c) Y (d) A

19. एक निश्चित तर्क के अनुसार, 624 का सम्बन्ध 160 से है। उसी तर्क का अनुसरण करते हुए, 448 का सम्बन्ध 116 से है। उसी तर्क का अनुसरण करते हुए, 528 का सम्बन्ध निम्नलिखित में से किससे हैं?

(**ध्यान दें** संख्याओं को उनके घटक अंकों में विभक्त किए बिना, पूर्ण संख्याओं पर संक्रियाएँ की जानी चाहिए। उदाहरण के लिए 13 को लें – 13 पर की जाने वाली संक्रियाएँ, जैसे जोड़ना/घटाना/गुणा करना आदि 13 में की जा सकती है। 13 को 1 और 3 में विभक्त करना और फिर 1 और 3 पर गणितीय संक्रियाएँ करने की अनुमति नहीं है।)

(a) 148 (b) 130 (c) 136 (d) 126

20. उस विकल्प का चयन कीजिए, जो पाँचवें अक्षर-समूह से उसी प्रकार सम्बन्धित है जिस प्रकार दूसरा अक्षर-समूह, पहले अक्षर-समूह से सम्बन्धित है और चौथा अक्षर-समूह, तीसरे अक्षर-समूह से सम्बन्धित है।

IMPROVE : RPMIEVO :: HISTORY : TSIHYRO :: JOURNEY : ?

(a) YENRUOJ
(b) NEYJOUR
(c) JOURYEN
(d) RUOJYEN

21. एक निश्चित कूटभाषा में, 'open the door' को 'wu ko tn' के रूप में कूटबद्ध किया गया है और 'door is solid' को 'ko gk mb' के रूप में कूटबद्ध किया गया है। दी गई भाषा में, 'door' को किस प्रकार से कूटबद्ध किया जाएगा?

(a) tn (b) ko
(c) wu (d) gk

22. दी गई आकृति में कितने त्रिभुज हैं?

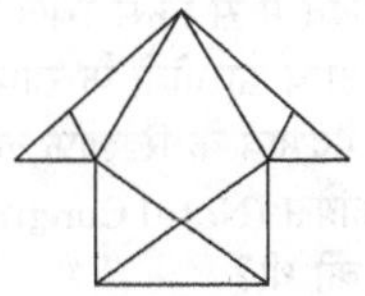

(a) 12 (b) 10 (c) 13 (d) 11

23. इस प्रश्न में, तीन कथन और उसके बाद तीन निष्कर्ष I, II और III दिए गए हैं। कथनों को सत्य मानते हुए, भले ही वे सामान्य रूप से ज्ञात तथ्यों से भिन्न प्रतीत होते हों, तय कीजिए कि कौन-सा/से निष्कर्ष इन कथनों का तार्किक रूप से अनुसरण करता है/करते हैं।

कथन
कुछ कप, गिलास हैं।
कोई भी गिलास, पत्थर नहीं है।
सभी पत्थर, धातुएँ हैं।

निष्कर्ष
I. सभी कप कभी भी पत्थर नहीं हो सकते हैं।
II. कोई भी कप, धातु नहीं है।
III. सभी धातुएँ कभी भी गिलास नहीं हो सकती हैं।

(a) निष्कर्ष I, II और III सभी अनुसरण करते हैं
(b) केवल निष्कर्ष I और III अनुसरण करते हैं
(c) केवल निष्कर्ष I अनुसरण करता है
(d) केवल निष्कर्ष II और III अनुसरण करते हैं

24. दिए गए विकल्पों में से उस संख्या का चयन कीजिए, जो निम्नलिखित शृंखला में प्रश्नचिह्न (?) को प्रतिस्थापित कर सकती है।

672, 677, 686, 699, 716, ?

(a) 749 (b) 747
(c) 757 (d) 737

25. निम्नलिखित में से कौन-सा पद दी गई शृंखला में प्रश्नचिह्न (?) का स्थान लेगा?

FHVQ, IJSO, LLPM, ONMK, ?

(a) QPJI (b) RPJI
(c) RPKJ (d) ROJI

भाग II
सामान्य जागरुकता

26. फरवरी, 2023 में, वी.वी.आर सुब्रमण्यम को ………… के रूप में नियुक्त किया गया था।

(a) नीति आयोग के सीईओ
(b) मुख्य चुनाव आयुक्त
(c) भारत के नियन्त्रक महालेखाकार
(d) मुख्य सतर्कता आयुक्त

27. निम्नलिखित में से किस स्थान पर महात्मा गाँधी ने अन्य भारतीयों के साथ मिलकर नस्लीय भेदभाव के खिलाफ लड़ने के लिए नेटाल कांग्रेस (Natal Congress) की स्थापना की थी?

(a) भारत (b) दक्षिण अफ्रीका
(c) इंग्लैण्ड (d) फ्रांस

28. प्रभाकरवर्द्धन के बाद, पुष्यभूति राजवंश ने निम्नलिखित में से किस राजवंश को हराकर पंजाब और हरियाणा के क्षेत्रों में अपनी स्थिति मजबूत कर ली?

(a) मैत्रक (b) चालुक्य
(c) हूण (d) मौखरि

29. यूपीएससी (UPSC) एक संवैधानिक निकाय है, जो अनुच्छेद ………… के तहत क्रमशः संघ की सेवाओं और राज्य की सेवाओं हेतु नियुक्तियों के लिए परीक्षा आयोजित करता है।

(a) 324 (b) 328
(c) 332 (d) 320

30. भारतीय संविधान के किस अनुच्छेद में अनुसूचित जातियों, अनुसूचित जनजातियों और अन्य कमजोर वर्गों के शैक्षिक और आर्थिक हितों को बढ़ावा देने के बारे में उल्लेख है?

(a) अनुच्छेद 47 (b) अनुच्छेद 48
(c) अनुच्छेद 45 (d) अनुच्छेद 46

31. यक्षगान निम्नलिखित में से किस राज्य का लोकनृत्य है?

(a) मध्य प्रदेश (b) कर्नाटक
(c) ओडिशा (d) पश्चिम बंगाल

32. भारतीय संगीत के क्षेत्र में सर्वश्रेष्ठ प्रतिभा को पुरस्कृत करने के उद्देश्य से कौन-सा टेलीविजन चैनल प्रत्येक वर्ष आईएमएमआईईएस (IMMIES) पुरस्कार प्रदान करता है?

(a) बी4यू म्यूजिक
(b) 9एक्सएम
(c) चैनल V
(d) एमटीवी

33. विशिष्ट प्रतिरोध का मात्रक क्या होता है?

(a) एम्पियर (b) फैरड
(c) कूलॉम (d) ओम मीटर

34. निम्नलिखित में से प्रत्येक कथन में दो शब्द शामिल हैं। तीन मामलों में दो शब्दों का अर्थ एक-दूसरे के समान है। निम्नलिखित में से किस मामले में दो शब्दों का अर्थ एक-दूसरे के समान नहीं है?

(a) आधार अवधि और सन्दर्भ अवधि
(b) वास्तविक जीडीपी और जीडीपी अपस्फीतिकारक में परिवर्तन
(c) वास्तविक जीडीपी और स्थिर कीमतों पर जीडीपी
(d) नॉमिनल जीडीपी और वर्तमान कीमतों पर जीडीपी

35. अभिनव बिन्द्रा ने कौन-से ओलम्पिक खेल में स्वर्ण पदक जीता था?

(a) एथेंस 2004
(b) लन्दन 2012
(c) बीजिंग 2008
(d) रियो 2016

36. कौन-सा सिद्धान्त यह उल्लेख करता है कि शीत जलवायु के आन्तरोष्मी प्राणियों में ऊष्म जलवायु से सम्बन्धित प्रजातियों की तुलना में छोटे अंग या उपांग होते हैं?

(a) हार्पर का नियम
(b) मोलर का नियम
(c) एलन का नियम
(d) रीच का नियम

37. स्वतन्त्रता प्राप्ति के पश्चात् भारत में सूती वस्त्र उद्योग को किसने मुख्य रूप से प्रोत्साहन दिया?

(a) स्वदेशी आन्दोलन
(b) 1947 में भारत के विभाजन
(c) रेलवे नेटवर्क के विकास
(d) इंग्लैण्ड को कच्चे कपास के निर्यात

38. स्वतन्त्रता के समय भारत में किस प्रकार का सुप्रबन्धित उद्योग स्थापित किया गया था?

(a) इस्पात और इलेक्ट्रॉनिक्स
(b) सीमेण्ट और चीनी
(c) इस्पात और सूती वस्त्र
(d) इलेक्ट्रॉनिक्स और इलेक्ट्रिकल्स

39. विश्व पर्यावरण दिवस, 2023 के अवसर पर प्रधानमन्त्री नरेन्द्र मोदी द्वारा शुरू की गई 'अमृत धरोहर योजना' का मुख्य केन्द्रित क्षेत्र निम्नलिखित में से कौन-सा है?

(a) प्राचीन भारतीय विरासत स्थलों का संरक्षण करना
(b) आर्द्रभूमि पारिस्थितिकी तन्त्र के संरक्षण में स्थानीय समुदायों के महत्त्व को बढ़ावा देना
(c) जैविक खेती को बढ़ावा देना
(d) ग्रामीण बुनियादी ढाँचे का विकास

40. गुरु घासीदास ने ब्रिटिश भारत में चमड़ा श्रमिकों की सामाजिक स्थिति में सुधार के लिए निम्नलिखित में से किस आन्दोलन का नेतृत्व किया?

(a) निरंकारी आन्दोलन
(b) सतनामी आन्दोलन
(c) सत्यशोधक आन्दोलन
(d) अरविपुरम आन्दोलन

41. राष्ट्रीय युवा नीति, 2014 युवाओं को ……… से ……… वर्ष की आयु के बीच की जनसंख्या के रूप में परिभाषित करती है।

(a) 15 : 25 (b) 20 : 29
(c) 15 : 29 (d) 10 : 19

42. पण्डित राम नारायण निम्नलिखित में से किस संगीत वाद्ययन्त्र से सम्बन्धित थे?

(a) मोहन वीणा (b) रुद्र वीणा
(c) सरोद (d) सारंगी

43. मिट्टी के घड़े (मटका) में पानी के अधिक ठण्डा रहने के सम्बन्ध में निम्नलिखित में से कौन-सा कथन गलत है?

(a) मिट्टी के घड़े में छिद्रों के माध्यम से पानी रिसता रहता है
(b) मिट्टी का घड़ा छिद्रपूर्ण (porous) होता है
(c) पर्यावरणीय जलवाष्प (Environmental water vapour) छिद्रों के माध्यम से घड़े में प्रवेश करती है
(d) मिट्टी के घड़े की सतह पर पानी वाष्पीकृत हो जाता है

44. विशु उत्सव निम्नलिखित में से किस राज्य में मनाया जाता है?

(a) केरल और तमिलनाडु
(b) मध्य प्रदेश और राजस्थान
(c) गुजरात और महाराष्ट्र
(d) केरल और कर्नाटक

45. निम्नलिखित में से कौन-सा विकल्प प्रति व्यक्ति आय में गिरावट के प्राथमिक कारण का सबसे अच्छा वर्णन करता है?
(a) सकल घरेलू उत्पाद में गिरावट
(b) जनसंख्या वृद्धि में गिरावट
(c) आय का समान वितरण
(d) जनसंख्या वृद्धि में बढ़ोतरी

46. पालों, प्रतिहारों और ········ के बीच त्रिपक्षीय संघर्ष हुआ।
(a) राष्ट्रकूटों (b) चन्देलों
(c) चालुक्यों (d) मौखरियों

47. निम्नलिखित में से कौन-सा राज्य 'लू' से प्रभावित होता है?
(a) असम (b) कर्नाटक
(c) राजस्थान (d) केरल

48. सुबनसिरी, जिया भराली, धनसीरी और पुठिमारी किस नदी की प्रमुख सहायक नदियाँ हैं?
(a) ब्रह्मपुत्र (b) महानदी
(c) गोदावरी (d) भागीरथी

49. पहले भारतीय ओलम्पिक खेल किस शहर में आयोजित किए गए थे?
(a) मद्रास (b) इलाहाबाद
(c) बॉम्बे (बम्बई) (d) लाहौर

50. निम्नलिखित में से कौन-सा संगठन वेब संस्करण ई-गोपाला (e-GOPALA) एप्लीकेशन के विकास से जुड़ा है?
(a) राष्ट्रीय कृषि विस्तार प्रबन्धन संस्थान
(b) राष्ट्रीय डेयरी विकास बोर्ड (NDDB)
(c) राष्ट्रीय डेयरी अनुसन्धान संस्थान (NDRI)
(d) भारतीय कृषि अनुसन्धान परिषद्

भाग III
संख्यात्मक अभियोग्यता

51. $\frac{4x^2 - 49y^2}{2x + 7y} + 7y - 2x$ का मान क्या होगा?
(a) $4x$ (b) 0
(c) $4x - 14y$ (d) $7y$

52. अज्ञात का मान ज्ञात कीजिए
$x + 1.5y + 2z = 5.5$
$x + 5y + 7z = 15$
$3x + 11y + 13z = 25$
(a) $x = 2, y = 4, z = -3$
(b) $x = -3, y = 2, z = 4$
(c) $x = 2, y = -3, z = 4$
(d) $x = 4, y = -3, z = 2$

53. आधार त्रिज्या 3.5 सेमी और ऊँचाई 18 सेमी वाले शंकु का आयतन ज्ञात कीजिए।
(a) 201 सेमी^{3} (b) 241 सेमी^{3}
(c) 231 सेमी^{3} (d) 221 सेमी^{3}

54. किसी शहर से वर्ष 2022 के आखिरी चार महीनों के दौरान 4-पहिया ड्राइविंग लाइसेंस टेस्ट में उपस्थित और उत्तीर्ण आवेदकों की संख्या निम्नलिखित तालिका में सूचीबद्ध है। तालिका का ध्यानपूर्वक अध्ययन कीजिए और निम्नलिखित प्रश्न का उत्तर दीजिए।

महीना	उपस्थित आवेदक	उत्तीर्ण आवेदक
सितम्बर	2500	1200
अक्टूबर	2000	1100
नवम्बर	2100	900
दिसम्बर	3000	1500

सितम्बर महीने में ड्राइविंग लाइसेंस टेस्ट के लिए अयोग्य आवेदकों का प्रतिशत कितना है?
(a) 48% (b) 54%
(c) 50% (d) 52%

55. कितने वर्षों में ₹ 5000 की धनराशि पर 4% वार्षिक साधारण ब्याज दर पर प्राप्त ब्याज, ₹ 8000 की धनराशि पर 8% वार्षिक साधारण ब्याज दर पर $2\frac{1}{2}$ वर्ष में प्राप्त ब्याज के बराबर हो जाएगा?
(a) 8 वर्ष (b) 4 वर्ष
(c) 5 वर्ष (d) 2 वर्ष

56. 1600 मी लम्बी एक वृत्तीय दौड़ में भास्कर और विनय एक ही समय में एक ही स्थान से 27 किमी/घण्टा और 45 किमी/घण्टा की चाल से दौड़ना शुरू करते हैं। वे क्रमश: विपरीत दिशाओं और समान दिशा में दौड़ते हुए पथ पर पहली बार कब मिलेंगे?
(a) 2 मिनट 40 सेकण्ड और 5 मिनट 40 सेकण्ड
(b) 2 मिनट 20 सेकण्ड और 4 मिनट 20 सेकण्ड
(c) 1 मिनट 20 सेकण्ड और 5 मिनट 20 सेकण्ड
(d) 1 मिनट 40 सेकण्ड और 5 मिनट 20 सेकण्ड

57. निम्नांकित तालिका किसी स्टील कम्पनी की विभिन्न वस्तुओं के उत्पादन (इकाइयों में) और बिक्री को दर्शाती है। तालिका का अध्ययन कीजिए और उसके बाद पूछे गए प्रश्न का उत्तर दीजिए।

वस्तु	उत्पादन (इकाइयाँ)	बिक्री (इकाइयाँ)
प्लेट	252	190
कटोरा	356	307
चम्मच	185	133
पाइप	220	155
होल्डर	458	419

किस वस्तु में बिना बिकी वस्तुओं की संख्या सबसे कम है?
(a) होल्डर (b) पाइप
(c) प्लेट (d) स्पून

58. एक दुकानदार के 3 किग्रा के वजन (बांट) में 100 ग्राम कम है। उसने इसी गलत वजन (बांट) का उपयोग करके चारू को 3 किग्रा आलू ₹ 46 में बेच दिए। विक्रेता के लिए आलू का क्रय मूल्य ₹ 12 प्रति किग्रा था। उसने आलू पर कितना लाभ (₹ में) कमाया?
(a) 10 (b) 11.2
(c) 10.2 (d) 11.6

59. यदि $\cot\theta = \sqrt{11}$ हो, तो $\frac{\text{cosec}^2\theta - \sec^2\theta}{\text{cosec}^2\theta + \sec^2\theta}$ का मान ज्ञात कीजिए।
(a) $\frac{4}{5}$ (b) $\frac{5}{6}$
(c) $\frac{6}{7}$ (d) $\frac{3}{5}$

60. दी गई तालिका पिछले कुछ वर्षों में एक कम्पनी का वार्षिक व्यय (लाख रुपये में) दर्शाती है।

वर्ष	वेतन	ईंधन एवं परिवहन	बोनस	ऋण पर ब्याज	कर
2005	212	78	4.00	24.6	88
2006	225	98	4.25	29.7	110
2007	236	105	4.75	36.8	125
2008	247	125	5.55	42.3	103
2009	295	145	6.25	49.6	118
2010	325	155	6.85	58.4	135

2006 में इन सभी श्रेणियों पर किया गया कुल व्यय, 2009 में किए गए कुल व्यय का कितने प्रतिशत (दशमलव के दो स्थानों तक पूर्णांकित) है?
(a) 66.07% (b) 76.07%
(c) 66.09% (d) 76.09%

61. निम्नलिखित को सरल कीजिए।
$626 \times 2912 \div 8138$
(a) 310 (b) 224
(c) 285 (d) 364

62. एक सेल्समैन के लिए एक वस्तु की लागत ₹ 1000 है। वह इसका अंकित मूल्य ₹ 1500 निर्धारित करता है। वह इसे एक ग्राहक को 20% की छूट पर बेचता है। वह प्रत्येक नकद भुगतान पर 10% की अतिरिक्त छूट देता है। सेल्समैन को बिक्री पर होने वाला हानि या लाभ प्रतिशत ज्ञात कीजिए।

(a) हानि 10% (b) लाभ 10%
(c) लाभ 8% (d) हानि 8%

63. त्रिभुज XYZ में, YZ पर एक बिन्दु A इस प्रकार है कि $XA = YA$ है। यदि $\angle XYA = 50°$ और $\angle AXZ = 19°$ है, तो $\angle XZA$ का डिग्री माप ज्ञात कीजिए।

(a) 41° (b) 53°
(c) 49° (d) 61°

64. त्रिभुज PQR में, $\angle P + \angle Q = 84°$ है। $\angle R$ का मान ज्ञात कीजिए।

(a) 96° (b) 74°
(c) 102° (d) 60°

65. O केन्द्र वाले एक वृत्त के बाहरी बिन्दु P से एक छेदक PAB खींचा गया है, जो इसे A और B पर काटता है। यदि $OP = 17$ सेमी, $PA = 12$ सेमी और $PB = 22.5$ सेमी है, तो वृत्त की त्रिज्या ज्ञात करें।

(a) $\sqrt{23}$ सेमी (b) $\sqrt{19}$ सेमी
(c) $\sqrt{17}$ सेमी (d) $\sqrt{21}$ सेमी

66. यदि $x = a \sec\theta \cos\phi$, $y = b\sec\theta \sin\phi$ और $z = c\tan\theta$ है, तो $\left(\frac{x^2}{a^2} + \frac{y^2}{b^2} - \frac{z^2}{c^2}\right)$ का मान .... होगा।

(a) 2 (b) 1
(c) 0 (d) 3

67. A, B और C की मासिक आय $2:9:3$ के अनुपात में है और उनके खर्चे $3:9:5$ के अनुपात में हैं। यदि A की बचत उसकी कुल आय की आधी है, तो A, B और C की बचत क्रमशः .... अनुपात में होगी।

(a) $1:2:1$ (b) $2:5:2$
(c) $3:18:4$ (d) $3:9:2$

68. $7^{15} + 7^{16} + 7^{17}$ निम्नलिखित में से कौन-सी संख्या से विभाज्य है?

(a) 3 (b) 4
(c) 2 (d) 5

69. दो पाइप A और B, एक टंकी को 45 मिनट में भरते हैं। पाइप B, पाइप A की तुलना में टंकी को दोगुना तेज भरता है। अकेले पाइप A को टंकी भरने में कितना समय (मिनट में) लगेगा?

(a) 135 (b) 125
(c) 115 (d) 140

70. ₹4 प्रति किग्रा मूल्य वाले कितने चावल को ₹10 प्रति किग्रा वाले 15 किग्रा चावल में मिलाया जाए, ताकि ₹6.50 प्रति किग्रा मूल्य वाला मिश्रण बन जाए?

(a) 40 किग्रा (b) 30 किग्रा
(c) 15 किग्रा (d) 21 किग्रा

71. यदि किसी त्रिभुज के दो शीर्षों से सम्मुख भुजाओं पर शीर्षलम्ब बराबर हो, तो त्रिभुज .... होगा।

(a) अधिक कोण त्रिभुज
(b) समबाहु त्रिभुज
(c) विषमबाहु त्रिभुज
(d) समद्विबाहु त्रिभुज

72. निम्नलिखित पाई-चार्ट एक शहर में विभिन्न संस्थानों में स्नातक स्तर पर छात्रों के वितरण को दर्शाता है। दिए गए चार्ट का अध्ययन कीजिए और आगे आने वाले प्रश्न का उत्तर दीजिए।

स्नातक स्तर के संस्थानों में छात्रों का वितरण।

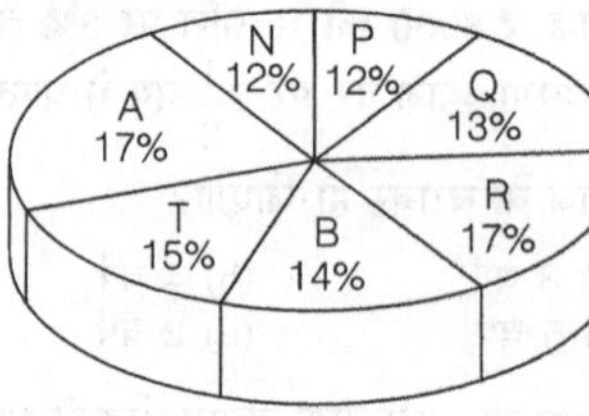

यदि स्नातक स्तर पर छात्रों की कुल संख्या 246000 है, तो संस्थान A और B के कितने छात्र स्नातक स्तर पर पढ़ रहे हैं?

(a) 78370 (b) 86190
(c) 74580 (d) 76260

73. राम की आय, श्याम की आय से 2.5% अधिक है। श्याम की आय, राम की आय से कितने प्रतिशत कम है?

(a) 4.43% (b) 1.43%
(c) 2.43% (d) 3.43%

74. $\sin^4\theta + \cos^4\theta$ का अधिकतम मान ज्ञात कीजिए।

(a) 2 (b) 3 (c) 4 (d) 1

75. यदि $\frac{x}{x^2 - 2x + 1} = \frac{1}{3}$ है, तो $x^3 + \frac{1}{x^3}$ का मान ज्ञात कीजिए।

(a) 180 (b) 160
(c) 130 (d) 110

भाग IV
अंग्रेजी भाषा

76. Select the most appropriate antonym of the given word.
Astute
(a) Stupid (b) Temporary
(c) Illegal (d) Dispute

77. Sentences of a paragraph are given below in jumbled order. Select the option that arranges the sentences in the correct logical sequence to form a meaningful and coherent paragraph.

a. This figure is predicted to climb as the percentage of Americans residing in rural areas falls by an average of 1.6% annually.
b. The United Nations reports that India's urban population is growing at a rate of 1.1 % annually, while the country's rural population is shrinking at a rate of 0.37 percent annually.
c. While 82% of Americans live in urban settings, only 30% of Indians do so.
d. It's still a considerably smaller percentage of the Indian population than it is in the US that resides in urban areas.

(a) d, b, a, c (b) a, c, b, d
(c) b, d, c, a (d) b, d, a, c

78. Parts of a sentence are given below in jumbled order. Arrange the parts in the correct order to form a meaningful sentence.
(A) to become severely seasick
(B) a world tour, but he was
(C) a nervous flyer and tended
(D) he wanted to go on
(a) BADC (b) ADBC
(c) CADB (d) DBCA

79. Select the option that can be used as a one-word substitute for the given group of words.
Study of flying airplanes
(a) Aviation (b) Alchemy
(c) Astronomy (d) Acoustics

80. Select the option that expresses the given sentence in passive voice.
A famous company conducted the workshop for its customers.
(a) The workshop were conducted by a famous company for its customers.
(b) The workshop had been conducted by a famous company for its customers.

(c) The workshop was conducted by a famous company for its customers.
(d) The workshop is conducted by a famous company for its customers.

81. Select the option that expresses the given sentence in active voice.
How have they been ordered by the minister?
(a) How have the minister ordered them?
(b) How had the minister ordered them?
(c) How did the minister order them?
(d) How has the minister ordered them?

82. Select the most appropriate option to substitute the underlined part of the following sentence.
The playwright has faced <u>many ups and downs</u> in his literary career, which spanned for almost 30 years.
(a) much truth and falsehood
(b) many agreements and disagreements
(c) much light and darkness
(d) many good and bad times

83. Select the most appropriate option that can substitute the underlined segment in the given sentence. If no substitution is required, select 'No substitution'.
The chief guest concluded his speech as <u>he requested</u> to stop by the organisers.
(a) No substitution
(b) he was requested
(c) he is requested
(d) he will be requested

84. The following sentence has been split into four segments. Identify the segment that contains an error.
He was / bad injured / in the / last match.
(a) last match (b) in the
(c) bad injured (d) He was

85. Select the most appropriate synonym of the word in brackets to fill in the blank.
She ……… requested him to pay the bills. (persistently)
(a) impetuously (b) obliviously
(c) tremendously (d) continuously

86. Select the most appropriate antonym of the given word.
Coy
(a) Shy (b) Uptight
(c) Recent (d) Extroverted

87. Complete the sentence with the most appropriate set of antonyms of the highlighted word.
'Grisly'
The other day Jimmy behaved ……… with Jammy and that was quite ……… for me.
(a) rudely, attractive
(b) disgusting, atrocious
(c) ghastly, shameless
(d) pleasantly , comforting

88. Select the most appropriate antonym of the given word.
Customary
(a) Fashion (b) Protection
(c) Habitual (d) Unusual

89. Select the most appropriate homophone to fill in the blank.
The ……… of the flowers spread everywhere when they bloom.
(a) sent (b) saint
(c) scent (d) cent

90. The following sentence has been divided into four segments. Identify the segment that contains a grammatical error.
My sister and I / work very hard / nevertheless my brother does not do / any task assigned to him.
(a) nevertheless my brother does not do
(b) work very hard
(c) any task assigned to him.
(d) My sister and I

91. Select the correct meaning of the underlined idiom in the following sentence.
Lucy's conceited conduct with her colleagues has left her <u>high and dry</u>.
(a) helpless
(b) superseding
(c) impoverished
(d) surrounded by people

92. Select the correct spelling of the word that means 'to replace'.
(a) Superceed (b) Supersed
(c) Superseed (d) Supersede

93. Select the word segment that can substitute the bracketed word segment correctly and complete the sentence meaningfully.
We will have to (put the meeting away) as the Director is not well.
(a) put the meeting off
(b) put the meeting up
(c) put the meeting on
(d) put the meeting again

94. Parts of a sentence are given below in jumbled order. Arrange the parts in the correct order to form a meaningful sentence.
(a) one of the primary obstacles encountered
(b) is the risk of sample contamination
(c) during the analysis of Controlled Dangerous Substance (CDS)
(d) from improper handling and collecting methodologies
(e) proof bloodstain patterns and DNA evidence
(a) eacdb (b) acebd
(c) aecdb (d) abcde

95. Select the incorrectly spelt word.
(a) Convinient
(b) Embarrass
(c) National
(d) Discipline

Directions (Q. Nos. 96-100) *In the following passage, some words have been deleted. Read the passage carefully and select the most appropriate option to fill in each blank.*

Global warming is a major problem. The result will be the problems created by the rising temperatures of the Arctic region. As a result of global warming, ...(1).......... in rainfall and plant distribution affect the migration patterns, feeding behaviour and breeding preferences of numerous bird species. The increase in the temperature may also alter ocean currents, which may alter the ....(2).......... ecology as a whole. Greenhouse gas emissions are responsible for the ongoing melting of the Arctic. This will result in a ....(3).......... loop since greenhouse gases trap the heat in the atmosphere and the additional emissions may ....(4).......... the global warming process. Now, the only way to reverse the harm is for every person to be environmentally sensitive. This may offer us hope that we will be able to leave a green planet to our future generations, who presently appear to face ....(5).......... .

96. Select the most appropriate option to fill in blank number 1.
(a) stabilisation
(b) stagnation
(c) fixation
(d) alterations

97. Select the most appropriate option to fill in blank number 2.
(a) grassland (b) biosphere
(c) marine (d) landscape

98. Select the most appropriate option to fill in blank number 3.
(a) feeble (b) gentle
(c) vicious (d) moderate

99. Select the most appropriate option to fill in blank number 4.
(a) hinder (b) repress
(c) restrain (d) accelerate

100. Select the most appropriate option to fill in blank number 5.
(a) renovation (b) extinction
(c) redemption (d) salvation

उत्तरमाला

1. (a)	2. (a)	3. (d)	4. (b)
5. (d)	6. (a)	7. (a)	8. (c)
9. (c)	10. (a)	11. (c)	12. (c)
13. (d)	14 (a)	15. (c)	16. (d)
17. (a)	18. (c)	19. (c)	20. (d)
21. (b)	22. (d)	23. (b)	24. (d)
25. (b)	26. (a)	27. (b)	28. (c)
29. (d)	30. (d)	31. (b)	32. (d)
33. (d)	34. (b)	35. (c)	36. (c)
37. (a)	38. (c)	39. (b)	40. (b)
41. (c)	42. (d)	43. (c)	44. (a)
45. (d)	46. (a)	47. (c)	48. (a)
49. (d)	50. (b)	51. (b)	52. (c)
53. (c)	54. (d)	55. (a)	56. (c)
57. (a)	58. (b)	59. (b)	60. (b)
61. (b)	62. (c)	63. (d)	64. (a)
65. (b)	66. (b)	67. (c)	68. (a)
69. (a)	70. (d)	71. (d)	72. (d)
73. (c)	74. (d)	75. (d)	76. (a)
77. (c)	78. (d)	79. (a)	80. (c)
81. (d)	82. (d)	83. (b)	84. (c)
85. (d)	86. (d)	87. (d)	88. (d)
89. (c)	90. (a)	91. (a)	92. (d)
93. (a)	94. (b)	95. (a)	96. (d)
97. (c)	98. (c)	99. (d)	100. (b)

व्याख्या

1. *(a)* जिस प्रकार,

$Y \xrightarrow{-2} W \xrightarrow{+4} A$

$J \xrightarrow{-2} H \xrightarrow{+4} L$

तथा $O \xrightarrow{-2} M \xrightarrow{+4} Q$

लेकिन $L \xrightarrow{-2} J \xrightarrow{+5} O$

2. *(a)* दिया गया शब्द → M O L T E N
वर्णानुक्रम में व्यवस्थित करने पर,
E L M N O T
अत: किसी भी अक्षरों की स्थिति अपरिवर्तित नहीं बनी रहेगी।

3. *(d)* प्रश्नानुसार,

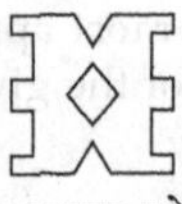

अत: दिए गए कागज को खोलने पर विकल्प (d) जैसी आकृति दिखाई देगी।

4. *(b)* प्रश्नानुसार,
$4 \times 3 - 2 - 1$
रक्त सम्बन्ध आरेख बनाने पर,

[+ = पुरुष, – = महिला]

$4^{-} \xleftarrow{\text{पत्नी}} 3^{+} \xleftarrow{\text{भाई}} 2^{+} \xleftarrow{\text{भाई}} 1$

अत: 4, 1 के भाई की पत्नी है।

5. *(d)* विकल्पों द्वारा

$9 - 121 \Rightarrow (9 + 2)^2 = (11)^2 = 121$

$8 - 100 \Rightarrow (8 + 2)^2 = (10)^2 = 100$

$6 - 64 \Rightarrow (6 + 2)^2 = (8)^2 = 64$

लेकिन, 12 – 225

$\Rightarrow (12 + 2)^2 = (14)^2 = 196 \neq 225$

6. *(a)* जिस प्रकार,

V T P M (विपरीत अक्षर का मान)

$5 + 7 + 11 + 14 = 37$

तथा

C G N K (विपरीत अक्षर का मान)

$24 + 20 + 13 + 16 = 73$

उसी प्रकार,

M V L C (विपरीत अक्षर का मान)

$14 + 5 + 15 + 24 = \boxed{58}$

7. *(a)* दी गई आकृति शृंखला के प्रत्येक अगले पद में पंचभुजनुमा आकृति अपने स्थान पर दक्षिणावर्त दिशा में 45° घुम रहा है तथा अक्षर और चिह्न आपस में अपना स्थान बदल रहे हैं तथा इनमें से जो भी बाहर आ रहे वह एकान्तर क्रम में नए चिह्न और अक्षर में बदलता जा रहा है। इस प्रकार शृंखला के प्रश्नचिह्न के स्थान पर विकल्प आकृति (a) होगा।

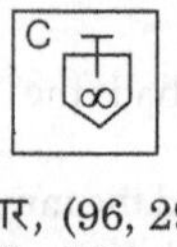

8. *(c)* जिस प्रकार, (96, 29)

$\Rightarrow \frac{96 + 20}{4} = \frac{116}{4} = 29$

तथा (112, 33)

$\Rightarrow \frac{112 + 20}{4} = \frac{132}{4} = 33$

उसी प्रकार, (188, 52)

$\Rightarrow \frac{188 + 20}{4} = \frac{208}{4} = \boxed{52}$

9. *(c)* दी गई आकृति शृंखला का क्रम निम्न पैटर्न पर आधारित है।

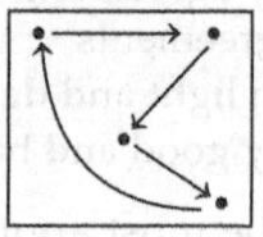

इस प्रकार प्रश्नचिह्न के स्थान पर विकल्प आकृति (c) आएगी।

10. *(a)* दिया गया व्यंजक,

$95 - 19 \times 4 + 6 \div 16 = ?$

प्रश्नानुसार, चिह्नों को आपस में बदलने पर

नया व्यंजक → $95 \div 19 + 4 \times 6 - 16$

$= 5 + 24 - 16 = \boxed{13}$

11. *(c)* जिस प्रकार,

$(9)^2 - 1 = 81 - 1 = 80$

और $(10)^2 - 1 = 100 - 1 = 99$

तथा $(1)^2 - 1 = 1 - 1 = 0$

और $(2)^2 - 1 = 4 - 1 = 3$

उसी प्रकार, $(6)^2 - 1 = 36 - 1 = 35$

और $(7)^2 - 1 = 49 - 1 = \boxed{48}$

12. *(c)* दिया गया समीकरण,

$2736 \times 8 - 55 + 105 \div 2 = ?$

प्रश्नानुसार, चिह्नों को आपस में बदलने पर

नया व्यंजक → $2736 \div 8 + 55 - 105 \times 2$

$= 342 + 55 - 210$

$= 397 - 210 = \boxed{187}$

13. *(d)* दी गई प्रश्न आकृति का सही दर्पण प्रतिबिम्ब उत्तर आकृति (d) के समान दिखाई देगा।

14. *(a)* कथनानुसार,

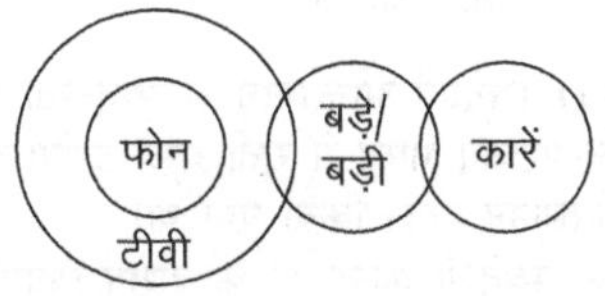

निष्कर्ष I. (✓) II. (✓) III. (✗)

अत: केवल निष्कर्ष I और II अनुसरण करते हैं।

15. *(c)* जिस प्रकार,

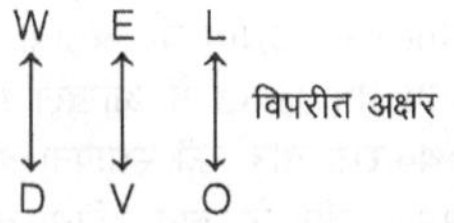

तथा

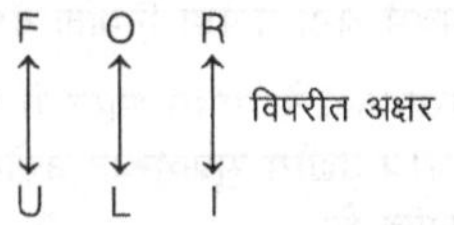

उसी प्रकार,

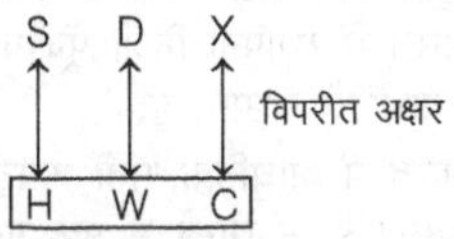

16. *(d)* दी गई श्रृंखला का क्रम निम्न प्रकार है,

Y Y D W / Y Y D W / Y V D W / Y Y V D W

⇒ YVDVW

17. *(a)* दी गई प्रश्न आकृति का सही दर्पण प्रतिबिम्ब उत्तर आकृति (a) के समान दिखाई देगा।

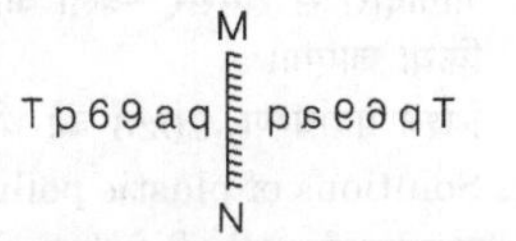

18. *(c)* प्रश्नानुसार, पासे की दोनों स्थितियों में अक्षर I, समान एवं उभयनिष्ठ फलक पर है, इसलिए I दक्षिणावर्त क्रम में संगत फलक एक-दूसरे के विपरीत होंगे।

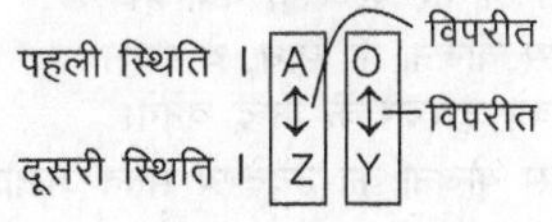

अत: O के विपरीत वाले फलक पर Y बनेगा।

19. *(c)* जिस प्रकार, (624 – 160)

$\Rightarrow \frac{624+16}{4} = 160$

तथा (448 – 116) $\Rightarrow \frac{448+16}{4} = 116$

उसी प्रकार, (528 – ?)

$\Rightarrow \frac{528+16}{4} = \boxed{136}$

20. *(d)* जिस प्रकार,

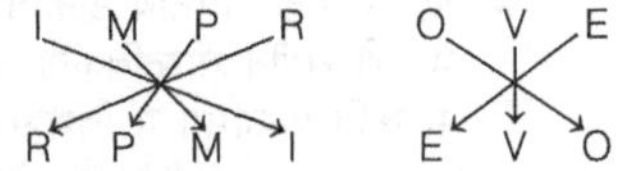

तथा

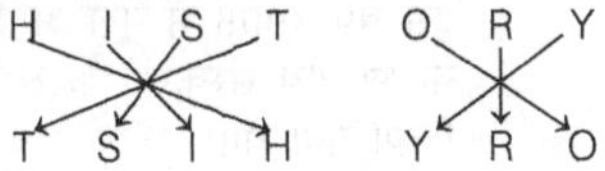

उसी प्रकार,

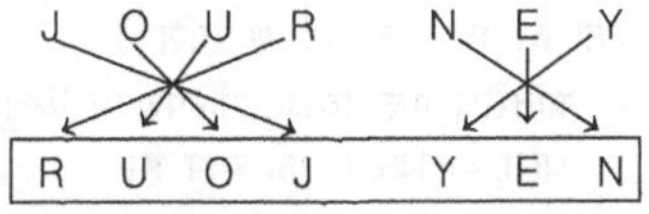

21. *(b)* प्रश्नानुसार,

open the [door] ⟶ wu [ko] tn

[door] is solid ⟶ [ko] gk mb

अत: दी गई कूटभाषा में door को ko से कूटबद्ध किया जाएगा।

22. *(d)* प्रश्नानुसार,

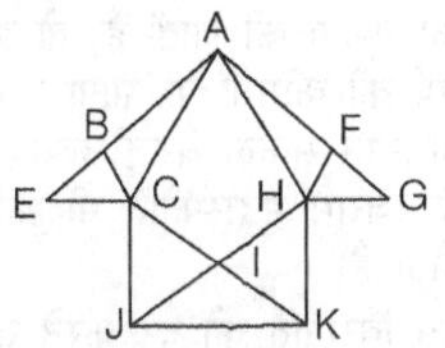

ΔBEC, ΔHFG, ΔABC, ΔAHF, ΔACE, ΔAHG, ΔCIJ, ΔJIK, ΔHIK, ΔHJK तथा ΔCJK = कुल 11 त्रिभुज

अत: आकृति में कुल 11 त्रिभुज हैं।

23. *(b)* कथनानुसार,

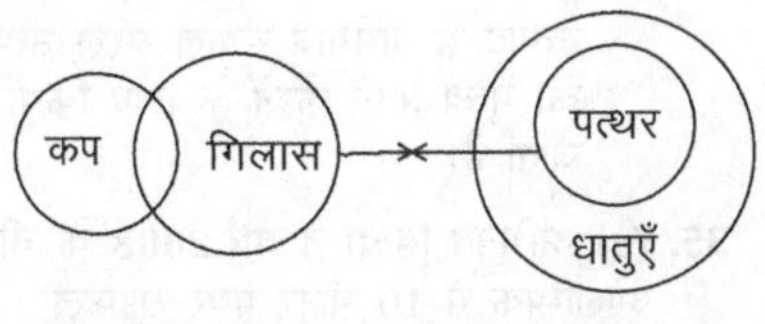

निष्कर्ष I. (✓) II. (✗) III. (✓)

अत: केवल निष्कर्ष I और III अनुसरण करते हैं।

24. *(d)* दी गई श्रृंखला का क्रम निम्न प्रकार है,

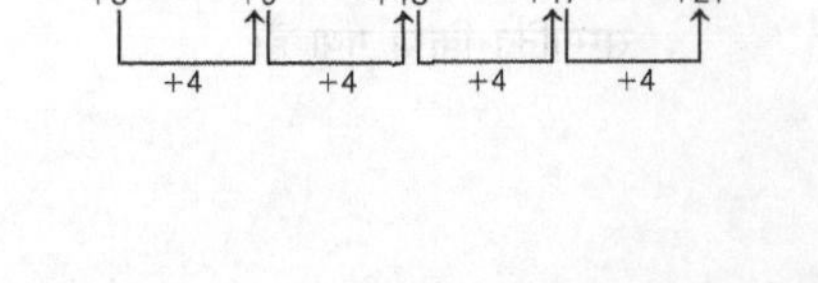

25. *(b)* दी गई श्रृंखला का क्रम निम्न प्रकार है,

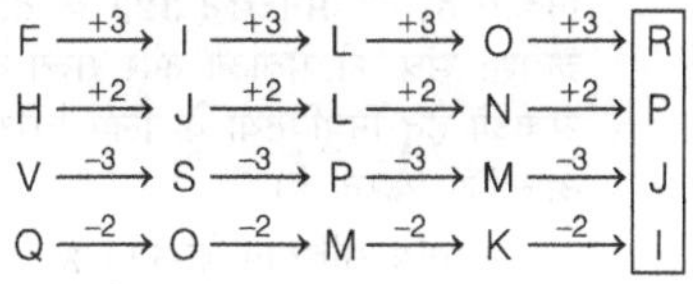

26. *(a)* **नीति आयोग के सीईओ** के रूप में फरवरी, 2023 में वी.वी. आर सुब्रह्मण्यम को नियुक्त किया गया है।

- वी.वी.आर सुब्रह्मण्यम ने परमेश्वरन अय्यर का स्थान लिया है।
- बीवीआर सुब्रह्मण्यम की नियुक्ति पदभार ग्रहण करने की तिथि से दो वर्ष के लिए या अगले आदेश तक के लिए हुई है।
- सुब्रह्मण्यम आन्ध्र प्रदेश के मूल निवासी हैं और वर्ष 1988 के आई ए एस अधिकारियों के छत्तीसगढ़ कैडर के सदस्य हैं।

27. *(b)* नेटाल इण्डियन, कांग्रेस की स्थापना महात्मा गाँधी ने अन्य भारतीयों के साथ मिलकर 1894 ई. में **दक्षिण अफ्रीका** में की थी।

- इस संगठन का उद्देश्य दक्षिण अफ्रीका में भारतीयों के विरुद्ध भेदभाव का विरोध करना था।
- अपने प्रारम्भिक चरण में नेटाल कांग्रेस का ध्यान सभी जातियों, लिगों और पन्थों के लोगों को समानता प्रदान करने पर केन्द्रित था।
- 1920 के दशक में यह संगठन SAIC (दक्षिण अफ्रीकी भारतीय कांग्रेस) के अन्तर्गत कार्य करने लगा।

28. *(c)* प्रभाकरवर्द्धन के बाद पुष्यभूति राजवंश ने **हूणों** को पराजित कर पंजाब और हरियाणा में अपनी स्थिति मजबूत की थी।

- पुष्यभूति राजवंश को वर्धन राजवंश के नाम से भी जाना जाता है।
- इस राजवंश ने 6वीं और 7वीं शताब्दी के दौरान उत्तरी भारत पर शासन किया, जिसका संस्थापक पुष्यभूति था।
- इस वंश में तीन प्रसिद्ध शासक हुए। प्रभाकरवर्द्धन तथा उसके दो पुत्र राज्यवर्द्धन व हर्षवर्द्धन।
- बाणभट्ट द्वारा रचित हर्षचरित में प्रभाकरवर्द्धन को 'हूणहरिणके सूरी' कहा गया है अर्थात् प्रभाकरवर्द्धन हूण रूपी हिरण के लिए सिंह के समान थे।
- सर्वप्रथम प्रभाकरवर्द्धन ने ही इस वंश में हूणों को परास्त किया।
- हर्षवर्द्धन इस वंश का महानतम् शासक था एवं बाणभट्ट, हर्षवर्द्धन के दरबारी कवि थे।

29. *(d)* यूपीएससी (UPSC) एक संवैधानिक निकाय है, जो **अनुच्छेद 320** के तहत क्रमशः संघ की सेवाओं और राज्य की सेवाओं हेतु नियुक्तियों के लिए परीक्षा आयोजित करता है।

- भारतीय संविधान के भाग XIV में अनुच्छेद 315-323 के तहत संघ लोक सेवा आयोग की संरचना, उसके सदस्यों की नियुक्ति और निष्कासन तथा संघ लोक सेवा आयोग की शक्तियों और कार्यों से सम्बन्धित प्रावधान किए गए हैं।
- केन्द्र में UPSC के समानान्तर राज्य में राज्य लोक सेवा आयोग (SPSC) कार्यरत है।
- UPSC के अध्यक्ष तथा अन्य सदस्यों की नियुक्ति राष्ट्रपति द्वारा की जाती है।
- UPSC का कोई भी सदस्य छह (6) वर्ष की अवधि के लिए या 65 वर्ष की आयु तक, जो भी पहले हो, पद पर रहेगा।
- भारतीय संविधान के अनुच्छेद 324 से 329 तक चुनाव आयोग से सम्बन्धित है, जबकि अनुच्छेद 332 राज्यों की विधानसभाओं में अनुसूचित जातियों और अनुसूचित जनजातियों के लिए सीटों के आरक्षण का प्रावधान है।

30. *(d)* संविधान का **अनुच्छेद 46** प्रावधान करता है कि राज्य समाज के कमजोर वर्गों में शैक्षणिक और आर्थिक हितों विशेषतः अनुसूचित जातियों और अनुसूचित जनजातियों का विशेष ध्यान रखेगा और उन्हें सामाजिक अन्याय एवं सभी प्रकार के शोषण से संरक्षित रखेगा।

- अनुच्छेद 46, भारतीय संविधान के भाग 4 में निहित है, जो राज्य नीति के निदेशक सिद्धान्तों के अन्तर्गत आता है।
- यह अनुच्छेद आर्थिक न्याय के मूलभूत सिद्धान्तों को तय करता है।
- अनुच्छेद 45 में 'शिशुओं और बालकों की देखभाल' के बारे में, जबकि अनुच्छेद 47 में 'पोषण, जीवन स्तर और लोक स्वास्थ्य' के सन्दर्भ में चर्चा की गई है। वहीं अनुच्छेद 48 में 'वैज्ञानिक कृषि और पशुपालन' से सम्बन्धित प्रावधान दिए गए हैं।

31. *(b)* यक्षगान एक पारम्परिक नृत्य शैली है, जिसकी उत्पत्ति **कर्नाटक** के तटीय जिलों में हुई है।

- यह नृत्य-नाटिका का एक अनूठा रूप है, जो पौराणिक कहानियों को बताने के लिए संगीत नृत्य और नाटक के तत्त्वों को जोड़ता है।
- यक्षगान के कलाकार कहानियों के विभिन्न पात्रों को चित्रित करने के लिए रंग-बिरंगे परिधान और आभूषण पहनते हैं।

32. *(d)* **एमटीवी** आईएमएमआईईएस (IMMIES) प्रत्येक वर्ष भारतीय संगीत उद्योग में सर्वश्रेष्ठ प्रतिभाओं को पुरस्कृत करने के उद्देश्य से आयोजित किया जाता है।

- MTV एक भारतीय टेलीविजन चैनल है, जो संगीत वास्तविकता और युवा संस्कृति प्रोग्रामिंग में विशेषता रखता है।
- इसे वर्ष 1996 में मूल अमेरिकी नेटवर्क के भारतीय संस्करण के रूप में लॉन्च किया गया था।

33. *(d)* विशिष्ट प्रतिरोध का मात्रक **ओम मीटर** होता है। यह एक अदिश राशि है।

- प्रतिरोध एक विद्युत परिपथ में विद्युत धारा के विरोध की माप है।

34. *(b)* **वास्तविक जीडीपी और जीडीपी अपस्फीतिकारक में परिवर्तन का अर्थ एक-दूसरे के समान नहीं है।**

- जीडीपी अपस्फीतिकारक (डिफ्लेटर) एक सूचकांक संख्या है, जो मुद्रास्फीति को मापता है।
- जब किसी देश में सकल घरेलू उत्पाद की गणना की जाती है, तो इसे वर्तमान वर्ष की कीमतों पर मापा जाता है, जिसे नाममात्र सकल घरेलू उत्पाद कहा जाता है, जिसमें मुद्रास्फीति भी शामिल होती है।
- इस विसंगति को दूर करने तथा आधार वर्ष के अनुसार, वास्तविक वृद्धि ज्ञात करने के लिए वास्तविक जीडीपी का मान प्राप्त करने के लिए नाममात्र जीडीपी को जीडीपी अपस्फीतिकारक से विभाजित किया जाता है।
- इसका उपयोग वास्तविक सकल घरेलू उत्पाद से नाममात्र सकल घरेलू उत्पाद का मूल्य प्राप्त करने के लिए किया जाता है।

35. *(c)* अभिनव बिन्द्रा ने **वर्ष 2008** के बीजिंग ओलम्पिक में 10 मीटर एयर राइफल प्रतियोगिता में स्वर्ण पदक जीता था।

- अभिनव बिन्द्रा भारत के लिए व्यक्तिगत स्वर्ण पदक जीतने वाले पहले व्यक्ति हैं।
- वर्ष 2024 के पेरिस ओलम्पिक में अभिनव बिन्द्रा को 142वें IOC सत्र में अन्तर्राष्ट्रीय ओलम्पिक समिति (IOC) द्वारा प्रतिष्ठित ओलम्पिक ऑर्डर से सम्मानित किया गया है।

36. *(c)* **एलन का नियम** यह नियम बताता है कि ठण्डे मौसम में रहने वाले जानवरों के अंग और शारीरिक उपांग गर्म मौसम में रहने वाले जानवरों की तुलना में छोटे और मोटे होते हैं।

- एलन का नियम पारिस्थितिक भौगोलिक नियम है।
- 1877 ई. में जेएल असफ एलन ने यह नियम दिया था।

37. *(a)* **स्वदेशी आन्दोलन** से स्वतन्त्रता प्राप्ति के पश्चात् भारत में सूती वस्त्र उद्योग को प्रोत्साहन प्रदान किया गया था।

- स्वदेशी आन्दोलन के दौरान विदेशी वस्तुओं का बहिष्कार किया गया और लोगों को भारतीय वस्तुओं का उपयोग करने के लिए प्रोत्साहित किया गया।
- भारत में पहली आधुनिक सूती मिल 1854 ई. में बॉम्बे में शुरू हुई।
- सूती वस्त्र उद्योग को बढ़ावा देने के लिए वर्ष 1952 में अखिल भारतीय हथकरघा बोर्ड की स्थापना की गई।
- भारत, चीन के बाद दुनिया का दूसरा सबसे बड़ा कपड़ा निर्माता देश है।

38. *(c)* स्वतन्त्रता के समय भारत में **इस्पात और सूती वस्त्र उद्योग** सुप्रबन्धित उद्योग की श्रेणी में स्थापित थे।

- सूती वस्त्र उद्योग और इस्पात उद्योगों की भारत में स्थापना निजी पूँजीपतियों के प्रयासों से सम्पन्न हुई।
- भारत में आधुनिक सूती कपड़ा कारखाना 1854 ई. में बॉम्बे में एक पारसी उद्यमी द्वारा की गई थी तथा TISCO (टाटा लौह और इस्पात) कम्पनी की स्थापना वर्ष 1905 में हुई थी।

39. *(b)* **आर्द्रभूमि पारिस्थितिकी तन्त्र के संरक्षण में स्थानीय समुदायों के महत्त्व को बढ़ावा देना** अमृत धरोहर योजना का मुख्य केन्द्र था।

- 'अमृत धरोहर योजना' के तहत जन भागीदारी से रामसर स्थलों का संरक्षण किया जाएगा।
- विश्व पर्यावरण, 2023 की थीम Solutions of plastic pollution थी।
- प्रधानमन्त्री मोदी जी ने 'एक पेड़ माँ के नाम' अभियान की शुरुआत की।
- रामसर कन्वेंशन के अन्तर्गत रामसर स्थल आधार का नाम अन्तर्राष्ट्रीय महत्त्व के आधार पर रखा गया है।
- इस योजना के साथ, ये स्थल इको-टूरिज्म के केन्द्र बनेंगे।
- इस योजना का उद्देश्य सतत अलौकिक विकास को प्राप्त करना है और इसे अगले तीन वर्षों में लागू करना है।

40. *(b)* गुरु घासीदास ने 1820 के दशक में मध्य भारत के छत्तीसगढ़ क्षेत्र में **सतनामी आन्दोलन** की शुरुआत की।
- इनका सतनाम पन्थ (सच्चे नाम का मार्ग) बड़ी संख्या में छत्तीसगढ़ के निचली जाति को धार्मिक और सामाजिक पहचान प्रदान करने में सफल रहा।
- उन्होंने नैतिक एवं आहार सम्बन्धी आत्म-संयम तथा सामाजिक समानता की संहिता का प्रचार किया।
- सत्यशोधक समाज की स्थापना ज्योतिबा फुले द्वारा, जबकि निरंकारी आन्दोलन की शुरुआत बाबा दयाल साहब द्वारा की गई थी।

41. *(c)* राष्ट्रीय युवा नीति, 2014 युवाओं को **15 से 29 वर्ष** की आयु समूह की जनसंख्या के रूप में परिभाषित करती है।
- इसका लक्ष्य युवाओं को पूर्ण क्षमता हासिल करने के लिए उन्हें सशक्त बनाने और उनके द्वारा देश को राष्ट्रों के बीच सही जगह हासिल करने में समर्थ बनाना है।

42. *(d)* पण्डित राम नारायण हिन्दुस्तानी शास्त्रीय संगीतकार हैं। इन्हें सारंगी को एकल शास्त्रीय वाद्ययन्त्र के रूप में लोकप्रिय बनाने का श्रेय दिया जाता है।
- सारंगी एक वाद्ययन्त्र है, जिसे वायलिन की तरह धनुष से बजाया जाता है।
- वर्ष 2005 में पण्डित राम नारायण को भारत के द्वितीय सर्वोच्च नागरिक पुरस्कार पद्म विभूषण से सम्मानित किया गया।

43. *(c)* **पर्यावरणीय जलवाष्प छिद्रों के माध्यम से घड़े में प्रवेश करती** है। यह कथन मिट्टी के मटके/घड़ें में पानी के ठण्डा रहने के सम्बन्ध में सही नहीं है।
- मिट्टी के घड़े में पानी ठण्डा रहने की वजह यह है कि मिट्टी के घड़े की दीवारों में कई छोटे-छोटे छिद्र होते हैं।
- इन छिद्रों से रिसकर पानी घड़े के बाहर आता है और वाष्पित हो जाता है।
- इस प्रक्रिया में वाष्पीकरण के लिए जरूरी ऊष्मा पानी से ली जाती है। जिससे पानी ठण्डा हो जाता है।
- मिट्टी के घड़े में पानी ठण्डा होने की प्रक्रिया को वाष्पीकरण कहते हैं, वाष्पीकरण, जल चक्र का एक अहम् हिस्सा है।

44. *(a)* **केरल और तमिलनाडु** में विशु उत्सव मनाया जाता है।
- विशु उत्सव, फसल उत्सव और मलयाली लोगों के ज्योतिषीय नववर्ष के रूप में मनाया जाता है।
- विशु, सूर्य के मेष राशि में प्रवेश को दर्शाता है और यह वह दिन होता है, जब से किसान भूमि की जुताई और अन्य कृषि गतिविधियाँ शुरू करते हैं।

45. *(d)* **जनसंख्या में तेजी से वृद्धि,** प्रति व्यक्ति आय में गिरावट का प्रमुख कारण है।
- किसी भी देश के लिए प्रति व्यक्ति आय की गणना देश की राष्ट्रीय आय को उसकी जनसंख्या से विभाजित करके बताई जाती है।
- तेजी से बढ़ती आबादी के कारण, दुर्लभ संसाधनों के आवण्टन में समस्या आती है।
- प्रति व्यक्ति आय को प्रभावित करने वाले कुछ और कारक बेरोजगारी, धन असमानता में वृद्धि, उचित बुनियादी ढाँचे की कमी, अशिक्षा आदि हैं।

46. *(a)* त्रिपक्षीय संघर्ष, 8वीं सदी के दौरान कन्नौज पर नियन्त्रण करने के लिए भारत के तीन प्रमुख साम्राज्यों पाल, प्रतिहार व **राष्ट्रकूटों** के मध्य हुआ।
- पाल का भारत के पूर्वी भागों पर शासन था, जबकि प्रतिहार के नियन्त्रण में पश्चिमी भारत का अवन्ती (जालौर) था। राष्ट्रकूटों ने दक्कन पर शासन किया।
- इस युद्ध में अन्ततः गुर्जर-प्रतिहारों की विजय हुई तथा उन्होंने कन्नौज पर आधिपत्य स्थापित किया।
- प्रतिहारों को गुर्जर-प्रतिहार के नाम से जाना जाता है।

47. *(c)* **राजस्थान राज्य** 'लू' से प्रभावित होता है।
- उत्तरी भारत में गर्मियों के मौसम में उत्तर-पूर्व तथा पश्चिम से पूर्व दिशा की ओर चलने वाली धूलभरी, प्रचण्ड उष्ण तथा शुष्क हवाओं को 'लू' कहा जाता है।
- राजस्थान के बाड़मेर जिले में सबसे ज्यादा लू चलती है।
- लू के दौरान तापमान 45°C-50°C तक पहुँच सकता है।

48. *(a)* सुबनसिरी, जिया भराली, धनसीरी और पुठिभारी **ब्रह्मपुत्र** नदी की सहायक नदियाँ हैं।
- इसका उद्गम मानसरोवर झील के निकट चेमायुंगडुंग हिमनद से होता है।
- विश्व का सबसे बड़ा नदी द्वीप माजुली इसी नदी पर स्थित है।
- तिब्बत से बहने के बाद अरुणाचल प्रदेश से होते हुए यह नदी उत्तर भारत में प्रवेश करती है और बंगाल की खाड़ी में मिलने से पहले असम और बांग्लादेश से होकर बहती है।
- दिबांग, लोहित, सियांग, बूढ़ी दिहांग, तिस्ता आदि इसकी अन्य सहायक नदियाँ हैं।
- इसे तिब्बत में त्सांगपो और चीन में यारलुंग जांग्बो के नाम से जाना जाता है।

49. *(d)* भारतीय ओलम्पिक खेलों का पहला संस्करण अविभाजित पंजाब के लाहौर में वर्ष 1924 में आयोजित किया गया।
- भारतीय ओलम्पिक के पहले तीन संस्करण लाहौर में ही हुए।
- भारत ने पहली बार वर्ष 1900 में ओलम्पिक खेलों में भाग लिया तथा दो रजत पदक जीते।

50. *(b)* **राष्ट्रीय डेयरी विकास बोर्ड** (NDDB) द्वारा डेयरी किसानों की सहायता के लिए द्वारा ई-गोपाला एप्लीकेशन का वेब संस्करण 29 अगस्त, 2021 को लॉन्च किया गया।
- यह किसानों को सभी रूपों में रोग मुक्त जर्मप्लाज्म की खरीद और बिक्री सहित अपने पशुधन का प्रबन्धन करने में मदद करेगा।
- इसका कार्य किसानों को पशु पोषण, उचित आयुर्वेदिक एथनोवेटनरी दवा का उपयोग करके पशुओं के उपचार के लिए मार्गदर्शन करना है।
- यह पोर्टल विभिन्न परियोजनाओं और सरकारी योजनाओं की कवरेज और प्रगति की वास्तविक समय पर जाँच की सुविधा भी प्रदान करेगा।

51. *(b)* $\dfrac{4x^2 - 49y^2}{2x + 7y} + 7y - 2x$

$$= \frac{4x^2 - 49y^2 + (7y - 2x)(7y + 2x)}{7y + 2x}$$

$$= \frac{4x^2 - 49y^2 + 49y^2 - 4x^2}{7y + 2x}$$

$$= \frac{0}{7y + 2x} = 0$$

52. *(c)* $x + 15y + 2z = 5.5$ ...(i)

$x + 5y + 7z = 15$ ...(ii)

$3x + 11y + 13z = 25$ ...(iii)

समी (ii) − (i) से,

$3.5y + 5z = 9.5$

$\Rightarrow 7y + 10z = 19$ ...(iv)

अब, समी (ii) × 3 − (iii) से,

$3x + 15y + 21z - 3x - 11y - 13z = 45 - 25$

$\Rightarrow \quad 4y + 8z = 20$

$\Rightarrow \quad y + 2z = 5 \qquad \ldots(v)$

समी (v) × 5 − (iv) से,

$5y + 10z - 7y - 10z = 25 - 19$

$\Rightarrow \quad -2y = 6$

$\therefore \quad y = \frac{6}{-2} = -3$

y का मान समी (v) में रखने पर,

$-3 + 2z = 5$

$\therefore \quad z = \frac{8}{2} = 4$

y तथा *z* का मान समी (ii) में रखने पर,

$x + 5(-3) + 7(4) = 15$

$\Rightarrow \quad x - 15 + 28 = 15$

$\therefore \quad x = 2$

53. *(c)* शंकु का आयतन $= \frac{1}{3}\pi r^2 h$

$= \frac{1}{3} \times \frac{22}{7} \times 3.5 \times 3.5 \times 18$

$= 231$ सेमी^{3}

54. *(d)* सितम्बर महीने में ड्राइविंग लाइसेंस टेस्ट के लिए अयोग्य आवेदकों %

$= \frac{(2500 - 1200)}{2500} \times 100$

$= \frac{1300}{25} = 52\%$

55. *(a)* माना अभीष्ट समय = *x* वर्ष

प्रश्नानुसार,

$\frac{5000 \times 4 \times x}{100} = \frac{8000 \times 8 \times 5}{100 \times 2}$

$\Rightarrow \quad 5x = 40$

$\therefore \quad x = \frac{40}{5} = 8$ वर्ष

56. *(c)* वृत्तीय दौड़ की कुल लम्बाई = 1600 मी

सापेक्ष चाल (विपरीत दिशा)

$= (45 + 27) \times \frac{5}{18}$

$= 72 \times \frac{5}{18} = 20$ मी/से

विपरीत दिशा में पहली बार मिलने का समय

$= \frac{1600}{20} = 80$ सेकण्ड

= 1 मिनट 20 सेकण्ड

सापेक्ष चाल (समान दिशा)

$= (45 - 27) \times \frac{5}{18}$

$= 18 \times \frac{5}{18} = 5$ मी/से

समान दिशा में पहली बार मिलने का समय

$= \frac{1600}{5} = 320$ सेकण्ड

= 5 मिनट 20 सेकण्ड

57. *(a)* दी गई जानकारी के अनुसार,

वस्तु	बिना बिकी वस्तु की संख्या
प्लेट	(252 − 190) = 62
कटोरा	(356 − 307) = 49
चम्मच	(185 − 133) = 52
पाइप	(220 − 155) = 65
होल्डर	(458 − 419) = 39

अत: बिना बिकी वस्तुओं की सबसे कम संख्या होल्डरों की है।

58. *(b)* 3 किग्रा आलू का क्रय मूल्य

$= 12 \times 3 = ₹36$

$\therefore$ 2.9 किग्रा आलू का क्रय मूल्य

$= \frac{36}{3} \times 2.9 = ₹34.8$

आलू का विक्रय मूल्य = ₹46

$\therefore$ आलू पर कुल लाभ

$= (46 - 34.8) = ₹11.2$

59. *(b)* $\cot\theta = \sqrt{11}$

$\Rightarrow \quad \cot^2\theta = 11$

$\therefore \csc^2\theta = 1 + \cot^2\theta$

$= 1 + 11 = 12$

अब,

$\sec^2\theta = 1 + \tan^2\theta$

$= 1 + \frac{1}{\cot^2\theta}$

$= 1 + \frac{1}{11} = \frac{12}{11}$

$\therefore \frac{\csc^2\theta - \sec^2\theta}{\csc^2\theta + \sec^2\theta}$

$= \frac{12 - \frac{12}{11}}{12 + \frac{12}{11}}$

$= \frac{11 - 1}{11 + 1} = \frac{10}{12} = \frac{5}{6}$

60. *(b)* वर्ष 2006 में कुल व्यय

$= 225 + 98 + 4.25 + 29.7 + 110$

= 466.95 लाख

वर्ष 2009 में कुल व्यय

$= 295 + 145 + 6.25 + 49.6 + 118$

= 613.85 लाख

अभीष्ट प्रतिशत

$= \frac{466.95}{613.85} \times 100 = 76.07\%$

61. *(b)* $626 \times 2912 \div 8138$

$= 626 \times \frac{2912}{8138} = 224$

62. *(c)* वस्तु का क्रय मूल्य = ₹1000

वस्तु का अंकित मूल्य = ₹1500

$\therefore$ वस्तु का विक्रय मूल्य

$= 1500 \times \frac{80}{100} \times \frac{90}{100}$

= ₹1080

$\therefore$ लाभ प्रतिशत

$= \frac{(1080 - 1000)}{1000} \times 100$

$= 8\%$

63. *(d)* दिया है,

ΔXYZ में,

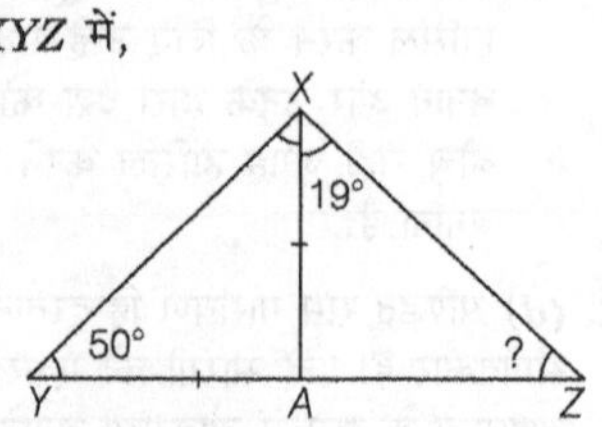

$XA = YA$

$\angle XYA = 50°$

$\angle AXZ = 19°$

$\therefore \quad \angle XYA = \angle YXA = 50 \qquad (\because XA = YA)$

$\therefore \quad \angle XZY = 180° - (50 + 50 + 19)°$

$= 180° - 119° = 61°$

$\therefore \quad \angle XZA$ का मान $= 61°$

64. *(a)* त्रिभुज के तीनों कोणों का योग = 180°

$\Rightarrow \quad \angle P + \angle Q + \angle R = 180°$

$\Rightarrow \quad 84° + \angle R = 180°$

$\therefore \quad \angle R = 180° - 84° = 96°$

65. *(b)* $\because$ *PT* वृत्त की स्पर्श रेखा है।

$\therefore \quad PT^2 = PA \times PB$

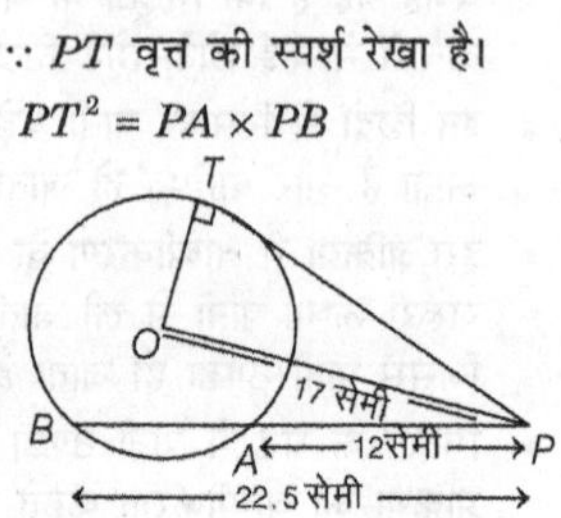

$\Rightarrow \quad PT^2 = 12 \times 22.5 = 270$

ΔOTP में,

$\angle T = 90°$

$\therefore \quad OT = \sqrt{OP^2 - PT^2}$

$= \sqrt{289 - 270} = \sqrt{19}$

$\therefore$ वृत्त की त्रिज्या $= \sqrt{19}$ सेमी

66. *(b)* $x = a \sec\theta \cdot \cos\phi$

$\Rightarrow \quad \frac{x}{a} = \frac{\cos\phi}{\cos\theta}$

$\Rightarrow \quad \frac{x^2}{a^2} = \frac{\cos^2\phi}{\cos^2\theta}$

$y = b\sec\theta \sin\phi$

$\Rightarrow \quad \frac{y}{b} = \frac{\sin\phi}{\cos\theta}$

$\Rightarrow \quad \frac{y^2}{b^2} = \frac{\sin^2\phi}{\cos^2\theta}$

$z = c\tan\theta$

$\Rightarrow \quad \frac{z}{c} = \tan\theta \Rightarrow \frac{z^2}{c^2} = \tan^2\theta$

$\therefore \quad \frac{x^2}{a^2} + \frac{y^2}{b^2} - \frac{z^2}{c^2}$

$= \frac{\cos^2\phi}{\cos^2\theta} + \frac{\sin^2\phi}{\cos^2\theta} - \tan^2\theta$

$= \frac{\sin^2\phi + \cos^2\phi}{\cos^2\theta} - \tan^2\theta$

$= \frac{1}{\cos^2\theta} - \tan^2\theta$

$= \sec^2\theta - \tan^2\theta = 1$

67. *(c)* माना A, B और C की मासिक आय क्रमशः $2x, 9x$ तथा $3x$ हैं।

तथा उनके खर्च क्रमशः $3y, 9y$ और $5y$ हैं।

प्रश्नानुसार, $(2x - 3y) = \frac{1}{2} \times 2x$

$\Rightarrow \quad 2x - 3y = x$

$\Rightarrow \quad x = 3y$

$\frac{x}{y} = \frac{3}{1}$

$\therefore A, B$ और C की बचत का अनुपात

$= (2x - 3y) : (9x - 9y) : (3x - 5y)$

$= (2 \times 3 - 3) : (9 \times 3 - 9) : (3 \times 3 - 5)$

$= 3 : 18 : 4$

68. *(a)* $7^{15} + 7^{16} + 7^{17} = 7^{15}\ (1 + 7^1 + 7^2)$

$= 7^5\ (1 + 7 + 49)$

$= 7^5\ (57) = 7^3\ (3 \times 19)$

$\therefore (7^{15} + 7^{16} + 7^{17})$, 3 से विभाज्य है।

69. *(a)* पाइप A और B की क्षमता का अनुपात $= 1 : 2$

टंकी की कुल क्षमता $= 45 \times (1 + 2)$

$= 45 \times 3 = 135$

$\therefore$ पाइप A द्वारा टंकी भरने में लगा समय

$= \frac{135}{1} = 135$ मिनट

70. *(d)* प्रश्नानुसार,

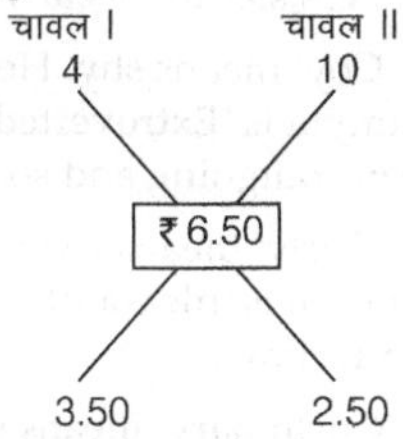

चावल I और II का अनुपात

$= \frac{3.50}{2.50} = 7 : 5$

$\therefore$ चावल I की मात्रा $= \frac{15}{5} \times 7 = 21$ किग्रा

71. *(d)* ΔABC में,

$AD \perp BC,\ BE \perp AC$

$AD = BE$

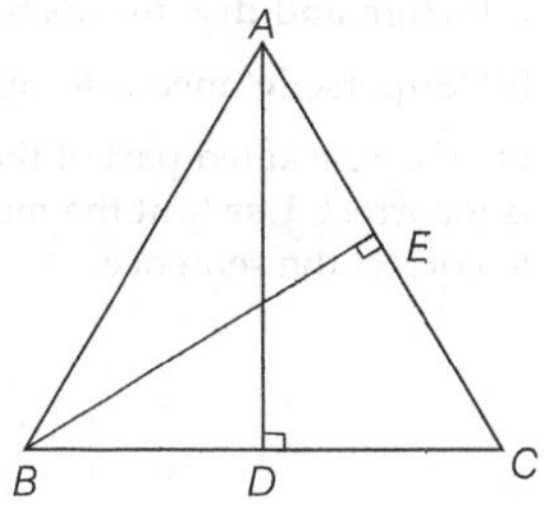

ΔABC का क्षेत्रफल

$= \frac{1}{2} \times$ आधार $\times$ ऊँचाई

$\Rightarrow \quad \frac{1}{2} \times BC \times AD = \frac{1}{2} \times AC \times BE$

$\Rightarrow \quad \frac{1}{2} \times BC \times AD = \frac{1}{2} \times AC \times AD$

$\therefore \quad BC = AC$

चूँकि त्रिभुज की दो भुजा एक-दूसरे के बराबर है, इसलिए यह एक समद्विबाहु त्रिभुज है।

72. *(d)* स्नातक स्तर पर छात्रों की कुल संख्या $= 246000$

$\therefore$ संस्थान A और B के स्नातक स्तर पर छात्रों की संख्या

$= 246000 \times \frac{(17 + 14)}{100}$

$= 2460 \times 31 = 76260$

73. *(c)* अभीष्ट कमी प्रतिशत

$= \frac{2.5}{(100 + 2.5)} \times 100$

$= \frac{2.5}{(100 + 2.5)} \times 100$

$= 2.43\%$

74. *(d)* $\sin^2\theta + \cos^2\theta = 1$

दोनों तरफ का वर्ग करने पर,

$\sin^4\theta + \cos^4\theta + 2\sin^2\theta\cos^2\theta = 1$

$\Rightarrow \quad \sin^4\theta + \cos^4\theta = 1 - 2\sin^2\theta\cos^2\theta$

$\sin^4\theta + \cos^4\theta$ का मान अधिकतम के लिए,

$2\sin^2\theta \cdot \cos^2\theta = 0$

$\therefore \quad \sin^4\theta + \cos^4\theta = 1$

75. *(d)* $\frac{x}{x^2 - 2x + 1} = \frac{1}{3}$

$\Rightarrow \quad \frac{x^2 - 2x + 1}{x} = 3$

$\Rightarrow \quad x + \frac{1}{x} - 2 = 3$

$\Rightarrow \quad x + \frac{1}{x} = 5$

दोनों तरफ का घन करने पर,

$\left(x + \frac{1}{x}\right)^3 = (5)^3$

$\Rightarrow \quad x^3 + \frac{1}{x^3} + 3 \cdot x \cdot \frac{1}{x}\left(x + \frac{1}{x}\right) = 125$

$\Rightarrow \quad x^3 + \frac{1}{x^3} + 3 \times 5 = 125$

$\therefore \quad x^3 + \frac{1}{x^3} = 125 - 15 = 110$

76. *(a)* 'Astute' means sharp and clever. Hence, its antonym is 'Stupid'.

77. *(c)* The first sentence of the paragraph will be (b) as it introduces the main theme- United Nations reports about Indian Urban population. The second sentence will be (d) which expands on it. The third sentence will be (c) which makes a comparison between Indian and American population. The last sentence will be (a) which concludes it. Thus, the correct order is b, d, c, a.

78. *(d)* The correct order is DBCA.

- The sentence formed will be 'He wanted to go on a world tour, but he was a nervous flyer and tended to become severely seasick'.

79. *(a)* 'Aviation' is the study of flying airplanes.

- **Alchemy** is a process of transformation, creation or combination.
- **Astronomy** is the study of everything in the universe beyond Earth's atmosphere.
- **Acoustics** is the science that deals with the production, control, transmission, reception and effects of sound.

80. *(c)* The workshop was conducted by a famous company for its customers.

- The sentence is in past tense. When such a sentence is transformed into passive voice, the structure followed is Object + was/were + V3+ by+ Subject.

81. *(d)* How has the minister ordered them?
The interrogative sentence has the structure has/have been' + the past participle form of verb. When such a sentence is transformed into active voice, the structure followed is Subject + has/have+ V3+ Object.

82. *(d)* 'Many ups and downs' means many good and bad times.

83. *(b)* The underlined part of the sentence contains an error. As the sentence is in indirect speech, 'was requested' should be used to correct the sentence.

84. *(c)* Part 'bad injured' contains an error. The use of adjective to modify the verb 'injured' is incorrect. Hence, use 'badly' to correct the sentence.

85. *(d)* 'Persistently' means continuously.

86. *(d)* 'Coy' means shy. Hence, its antonym is 'Extroverted' which means outgoing and social.

87. *(d)* 'Grisly' means sadly. Hence, its antonym is 'pleasantly' and 'comforting'.

88. *(d)* 'Customary' means usual or normal. Hence, its antonym is 'unusual'.

89. *(c)* The correct filler for the given blank is 'scent'.

90. *(a)* Part 'nevertheless my brother does not do' contains an error. The use of conjunction 'nevertheless' is incorrect. Hence, replace it with 'but'.

91. *(a)* 'High and dry' means hopeless.

92. *(d)* 'Supersede' means to replace.

93. *(a)* The bracketed part of the sentence is incorrect. Use 'put the meeting off' to correct the sentence.

94. *(b)* The correct order is acebd.
The sentence formed will be 'One of the primary obstacles encountered during the analysis of Controlled Dangerous Substance (CDS) proof bloodstain patterns and DNA evidence is the risk of sample contamination from improper handling and collecting methodologies'.

95. *(a)* The incorrectly spelt word is 'Convinient'. The correct spelling is 'convenient'.

96. *(d)* The correct filler for the given blank is 'alterations'.

97. *(c)* The correct filler for the given blank is 'marine'.

98. *(c)* The correct filler for the given blank is 'vicious' which means evil.

99. *(d)* The correct filler for the given blank is 'accelerate'.

100. *(b)* The correct filler for the given blank is 'extinction'.